Management
Bibliothek

Michael E. Porter

Nationale Wettbewerbsvorteile

Erfolgreich konkurrieren
auf dem Weltmarkt

Die Deutsche Bibliothek – CIP-Einheitsaufnahme

Porter, Michael E.:
Nationale Wettbewerbsvorteile : erfolgreich konkurrieren auf dem Weltmarkt /
Michael E. Porter. – Wien : Wirtschaftsverlag Ueberreuter, 1999
  (Management-Bibliothek)
  ISBN 3-7064-0606-3

S 0510   1 2 3 / 2001 2000 1999

INHALT

Für
Deborah

VORWORT

Was bedingt den Fortschritt einzelner gesellschaftlicher Gruppen, wirtschaftlicher Institutionen und ganzer Länder, und warum florieren sie? Diese Frage fasziniert und beschäftigt Autoren, Unternehmen und Regierungen, seit es gesellschaftliche, wirtschaftliche und politische Einheiten gibt. In so unterschiedlichen Disziplinen wie der Anthropologie, Geschichte, Soziologie, Wirtschaftswissenschaft und Politologie hat man sich ausdauernd darum bemüht, Einsicht in Kräfte zu erlangen, die den Aufstieg einiger Wirtschaftsgebilde und den Niedergang anderer begreifbar machen.

Ein großer Teil der Arbeit der letzten Jahre über dieses Thema hat sich auf Länder bzw. Nationen konzentriert und wurde unter der Überschrift der gewöhnlich so genannten »Wettbewerbfähigkeit« abgehandelt. Die rapide Internationalisierung des Wettbewerbs in den Jahrzehnten nach dem Zweiten Weltkrieg hatte größere Verlagerungen hinsichtlich des wirtschaftlichen Aufschwungs der Länder und ihrer Unternehmen zur Folge. Regierungen und Unternehmen sind zwangsläufig in eine hitzige Debatte darüber gezogen worden, was geschehen soll.

Ich selbst bin etwas wider Willen auf diese Frage gestoßen, nachdem ich mich beruflich bisher überwiegend nicht auf Länder konzentriert hatte, sondern auf Unternehmen. Mein zentrales Interesse galt dem Wesen des Wettbewerbs in einzelnen Branchen und den Grundsätzen der Wettbewerbsstrategie. Bei meinen früheren Untersuchungen, die ich 1980 in *Wettbewerbsstrategie* zusammengefaßt habe, ging es mir um Branchenstrukturen und die Standortwahl innerhalb der Branchen. Das Buch *Wettbewerbsvorteile* (1985) bot einen Rahmen, die Ursprünge des Wettbewerbsvorteils eines Unternehmens zu verstehen und wie er gesteigert werden konnte. In *Competition in Global Industries* (1986) habe ich den Rahmen weiter gesteckt und die Herausforderungen des internationalen Wettbewerbs umrissen. Aber auch wenn die Strategie, sich dem internationalen Wettbewerb zu stellen, ein wesentlicher Bestandteil des Gesamtkomplexes war, galt meine Analyse doch in erster Linie der Branche und dem Unternehmen. Die Nation und die sie tragende Regierung haben in meinem System zwar eine Rolle gespielt, aber eine begrenzte.

Das änderte sich, als ich von Präsident Ronald Reagan in den Regierungsausschuß für industrielle Wettbewerbsfähigkeit berufen wurde, ein Gremium aus Wirtschafts- und Gewerkschaftsführern, Hochschullehrern und ehemaligen Regierungsbeamten, der die Wettbewerbsfähigkeit der Vereinigten Staaten untersuchen sollte. Der Ausschuß, der während einer stark politisierten Debatte über die Notwendigkeit einer »Industriepolitik« in Amerika eingesetzt wurde, befaßte sich mit dem Problem über ein Jahr und erstattete dann einen umfassenden und ausgewogenen Bericht.[1]

Mir wurde während der Ausschußarbeit eines klar: daß es keine generell anerkannte Definiton des Begriffs »Wettbewerbsfähigkeit« gab. Für Unternehmen bedeutete Wettbewerbsfähigkeit, mit einer Globalstrategie auf den Weltmärkten zu konkurrieren. Für viele Kongreßabgeordnete bedeutete Wettbewerbsfähigkeit, daß das Land eine positive Handelsbilanz hatte. Einige Wirtschaftler sahen in ihr niedrige, den Wechselkursen angepaßte Arbeitsstückkosten. Zum Teil wegen dieser unterschiedlichen Auffassungen wurde in den Vereinigten Staaten sehr intensiv darüber debattiert, ob es überhaupt ein Wettbewerbsproblem gäbe. Anstatt jedoch einen Konsens herbeizuführen, der zum Handeln befähigt, hat der Ausschußbericht kaum etwas bewirkt. Die Diskussion über die Wettbewerbsfähigkeit ging unvermindert weiter und ist noch heute im Gange.

Wie auch immer die Wettbewerbsfähigkeit definiert wurde, ein größeres Problem war, daß ihr keine allgemein anerkannte Theorie zugrunde lag. Zahllose Landes- und Firmencharakteristika sind als wichtig bezeichnet worden, aber es bestand keine Möglichkeit, die signifikanten Faktoren zu isolieren und zusammenzufassen. Viele Erklärungen beruhen überdies auf Annahmen, die weitab vom tatsächlichen Wettbewerb liegen, was Fragen ihrer Relevanz und Allgemeingültigkeit aufwirft. Mir fiel es schwer, viele dieser Erklärungen mit meinem eigenen Erfahrungsbereich – der Beschäftigung und Arbeit mit internationalen Unternehmen – in Einklang zu bringen.

An Empfehlungen für Verbesserungen der Wettbewerbsfähigkeit sowohl durch Unternehmensstrategie als auch staatliche Lenkung herrschte wahrscheinlich kein Mangel. Diese Empfehlungen waren genauso unterschiedlich und widersprüchlich wie die expliziten und impliziten Ansichten über die Wettbewerbsfähigkeit, auf denen sie beruhten. Viele dieser Empfehlungen schienen mir, wieder aus der Perspektive desjenigen, der sich mit Unternehmen gut auskennt, das genaue Gegenteil zu bewirken.

Es entwickelte sich bei mir jedoch die feste Überzeugung, daß das nationale Umfeld eine entscheidende Rolle für den Wettbewerbserfolg der Unternehmen spielt. Mit verblüffender Regelmäßigkeit haben Unternehmen aus ein, zwei Ländern weltweit einen unverhältnismäßig großen Erfolg in bestimmten Branchen. Das Umfeld einiger weniger Länder ist dem Wachstum und Fortschritt offenbar förderlicher als das anderer Staaten. Ich kam zu der Überzeugung, daß es für Unternehmen ebenso wertvoll sein müsse wie für den Staat, die Rolle des Landes im internationalen Wettbewerb zu verstehen, weil das fundamentale Einsichten böte: Wie entsteht ein Wettbewerbsvorteil, und wie wird er aufrechterhalten.

In diesem Buch habe ich mich bemüht, zum Verständnis des Wettbewerbsvorteils beizutragen, sei es von Ländern oder bestimmten nationalen Merkmalen, die den Wettbewerbsvorteil in bestimmten Branchen fördern, und wie sich das wiederum auf die Unternehmen und die Politik auswirkt. Den Kern meiner Theorie bilden die Grundsätze der Wettbewerbsstrategie in einzelnen Wirtschaftszweigen. Wer mit meiner bisherigen Arbeit vertraut ist, wird nicht überrascht sein: Wir können zwar nationale Merkmale bestimmen, die auf viele Branchen zutreffen, doch werden sie – nach meiner Erfahrung – im tatsächlichen Wettbewerb von besonderen und häufig branchenspezifischen Umständen, Entscheidungen und Ergebnissen überlagert. Sicherlich kann man viel durch einen zusammengefaßten, gesamtwirtschaftlichen

Ansatz zum Verstehen des Wettbewerbserfolgs eines Landes lernen, doch suche ich hier nach einem anderen Ausgangspunkt. Meine Theorie geht von einzelnen Branchen und Wettbewerbern aus und geht dann zur gesamten Volkswirtschaft über. Der Wettbewerbsvorteil wird in den einzelnen Wirtschaftszweigen – bei Automobilen, Telefaxgeräten, Wirtschaftsprüfungen, Kugellagern – erarbeitet oder verspielt. Das eigene Land beeinflußt die Fähigkeit der Firmen zum Erfolg in bestimmten Branchen. Das Ergebnis Tausender von Bemühungen in einzelnen Branchen bestimmt den wirtschaftlichen Zustand eines Landes und seine Befähigung zum Fortschritt. Der Weg von den Branchen zur Gesamtwirtschaft ist zwar mit einigen geistigen Fallgruben gesäumt, die wir meiden müssen, doch diese Methode bietet, wie ich meine, einen genaueren Einblick in den wirtschaftlichen Fortschritt eines Landes.

Die in diesem Buch vorgelegte Theorie will die komplizierte Fülle des realen Wettbewerbs erfassen, nicht von ihr abstrahieren. Ich habe mich bemüht, die Vielzahl der Elemente einzubeziehen, die Einfluß darauf haben, wie Unternehmen sich verhalten und wie Volkswirtschaften sich entwickeln. Das Ergebnis ist ein ganzheitlicher Ansatz, der in seiner Komplexität vielleicht nicht immer behagt. Ich bin jedoch der Meinung, daß eine stärkere Vereinfachung einige der wichtigsten Aspekte des Problems verwischen würde, etwa die Wechselwirkung der individuellen Einflüsse und ihre zeitliche Entfaltung.

Die Theorie greift auf verschiedene Gebiete zurück. Den Kern bildet die Theorie der Wettbewerbsstrategie, unter Einbeziehung von Erkenntnissen aus laufenden Untersuchungen – so aus technologischer Innovation, Betriebswirtschaft, Wirtschaftsentwicklung, Wirtschaftsgeographie, internationalem Handel, Politologie und Industriesoziologie –, die im allgemeinen nicht im Verbund betrachtet werden.

Bei der Fülle der Fachliteratur in einzelnen Disziplinen, die unser Thema auf die eine oder andere Weise behandelt, war es einfach nicht möglich, eine Gesamtbibliographie zu erstellen. Ich kann auch keine geschichtliche Darstellung unseres Gegenstandes geben. Allerdings habe ich einige der bedeutendsten Vordenker meiner Methode aus verschiedenen Bereichen und auch einige individuelle Arbeiten angeführt, die mir besonders zwingend erschienen.

Damit eine umfassende Theorie des Wettbewerbsvorteils der Länder gebildet werden kann und ihre Bedeutung evident wird, habe ich viele Länder in die Untersuchung einbezogen und jeweils die Einzelheiten zahlreicher Branchen erörtert. Untersuchungen, die sich nur auf ein, zwei Länder oder auf eine Handvoll Branchen stützen, laufen Gefahr, die Ausnahme für das allgemeine Prinzip zu halten. Ich habe für die vorliegende Untersuchung zehn Länder mit sehr unterschiedlichen Eigenschaften und Einrichtungen ausgewählt.

Bedingt durch die Eigenart der Theorie, bedingt auch durch die Darstellungsmethode, ist dieses Buch sehr umfangreich geworden. Ich bedaure, dem Leser das aufbürden zu müssen, aber es ließ sich nicht vermeiden, wenn ich meine Theorie nicht hinreichend absichern und ihre Folgerungen für den Wirtschaftspraktiker und den Politiker aufbereiten wollte. Teil I des Buches enthält die Theorie selbst und bietet einen umfassenden Überblick über die Prinzipien der Wettbewerbsstrategie; das erforderliche Grundwissen wird so vermittelt. Im Teil II wird die Theorie angewandt, um die Entwicklung vier repräsentativer Branchen zu erklären, die wir aus den vielen untersuchten ausgewählt haben. Ich wende die Theorie auch auf den Dienstleistungssektor an, seit langem ein bedeutender Sektor, in dem der internationale Wettbewerb bisher kaum untersucht wurde; er ist jedoch von zunehmender Relevanz. Im Teil III wende ich die Theorie auf Länder an. Bei acht der zehn untersuchten Länder habe ich ein detailliertes Profil der international erfolgreichen Wirtschaftsbranchen aufgezeichnet und wie sich das Muster verändert hat. Ich erkläre mit Hilfe der Theorie Erfolge und Mißerfolge und zeichne die Entwicklung der Volkswirtschaft des jeweiligen Landes seit 1945 nach. Die Gesamterfahrung der Länder erlaubt mir, die Theorie auszuweiten und zu erklären, wie ganze Volkswirtschaften sich entfalten. Teil IV beschreibt einige der Auswirkungen der Theorie auf die Unternehmensstrategie und die staatliche Politik. Das abschließende Kapitel verdeutlicht, wie die Theorie zur Bestimmung einiger Problemstellungen benutzt werden kann, die die zukünftige wirtschaftliche Entwicklung ebendieser Länder beherrschen werden.

Aber vielleicht möchte der eine oder andere Leser auf kürzeren Wegen durch das Buch wandern. Die meisten Leser sollten die ersten vier Kapitel so eingehend lesen, wie ihr Background und ihre Vertrautheit mit der Theorie dies zulassen. Teil II wird besonders interessant für diejenigen sein, die eine Demonstration der Theorie am Beispiel einiger Branchen wünschen. Mitarbeiter in leitenden Positionen sollten diesen Teil II ausführlicher lesen, der allgemein Interessierte sollte wenigstens hineinschauen. Den Prozeß, durch den ein nationaler Wirtschaftszweig sich bildet und im internationalen Wettbewerb Erfolg hat, zumindest in einigen speziellen Fällen, zu verstehen ist ein wichtiger Bezugsrahmen für spätere Kapitel.

Teil III bietet dem Leser die Möglichkeit, nach der eigenen Interessenslage unter den Ländern auszuwählen, die behandelt werden. Jeder Leser sollte sich jedoch die Einführung zu Kapitel 7 ansehen, die Methode und Struktur der einzelnen Länderdarstellungen erklärt, und auch den Schlußabschnitt von Kapitel 9, in dem die Länder als Gruppe verglichen werden. Der Leser kann sich dann für sein Heimatland entscheiden, für Länder, in denen wichtige Konkurrenten operieren, oder für sonst ein interessantes Land. Nach der Lektüre einiger oder aller Länder sollte jeder das Kapitel 10 lesen, das sich mit dem Gedanken beschäftigt, eine Theorie über den Progreß ganzer Volkswirtschaften zu entwickeln. Die Gedanken in Kapitel 10 können weiterführen, wenn man sich mit den Programmen befaßt, vor denen die Länder stehen – das Thema des 13. Kapitels.

Auch Teil IV kann so überflogen werden, wie die Interessen des Lesers dies nahelegen, wenngleich die Folgerungen der Theorie für Topmanager den politisch Verantwortlichen etwas zu sagen haben und umgekehrt. Die Manager werden Kapitel 11 lesen wollen, wo es um die Auswirkungen meiner Theorie auf die Unternehmensstrategie geht. Wer sich mit der Gestaltung staatlicher Politik befaßt oder an ihr teilhat, sollte Kapitel 12 lesen. Kapitel 13, das einige der Fragen weiterbehandelt, mit denen jedes Land zu tun hat, wenn seine Wirtschaft florieren soll, kann je nach Interessenslage selektiv gelesen werden. Da es eines der Hauptanliegen des 13. Kapitels ist zu verdeutlichen, wie die Theorie anzuwenden ist, damit Einschränkungen für den nationalen wirtschaftlichen Fortschritt bestimmt werden können, wird der Leser nicht nur von der Behandlung des eigenen Landes profitieren, sondern auch, wenn er die Probleme erkennt, vor denen andere Länder mit einem anderen Umfeld stehen. Das Buch schließt mit einem kurzen Nachwort, das eine Anzahl eigener Überlegungen zum Thema enthält.

Der Text stellt den Hauptgedanken und die empirischen Ergebnisse in einer dem interessierten Leser verständlichen Form dar. In den Fußnoten findet der Fachmann bibliographische Hinweise und auch fachliche Anmerkungen zur Theorie und ihrer Beziehung zu früheren Arbeiten. Das methodische Vorgehen wird in den Kapiteln 1 und 7 sowie im Anhang A beschrieben.

Mein Ziel ist nicht eine Darstellung über irgendein bestimmtes Land, sondern über Grundsätze, die allgemeiner anwendbar sind. Falls der eine oder andere Leser eine amerikanisch gefärbte Sicht fürchten sollte – ich habe mich bemüht, dies zu vermeiden. Ich hoffe auch, daß sich niemand ausschließlich auf das konzentriert, was ich über bestimmte Länder zu sagen habe, vor allem im 13. Kapitel. Erklärtermaßen reicht mein Wissen über irgendein Land nicht an das eines Fachmanns heran; ich würde mir auch niemals ein umfassendes Wissen über all die komplexen politischen und sozialen Belange anmaßen, die in persönliche politische Entscheidungen einfließen. Das Ziel kann nicht sein, unumstößliche und ins Detail gehende Empfehlungen für jedes Land zu geben oder alle maßgeblichen Probleme zu erörtern, sondern einen brauchbaren Denkansatz aufzuzeigen, der auf jedes Land anwendbar ist. Ich hoffe, daß die Leser mit ihren unterschiedlichen Erfahrungen und Perspektiven in der Lage sind, für ihre Interessensgebiete weitere Schlußfolgerungen zu ziehen.

Dieses Buch entstand in einer Zeit aufregender und ungewöhnlich bedeutsamer Entwicklungen innerhalb einzelner Länder und Ländergruppen, die erheblichen Einfluß auf die hier angesprochenen Fragen haben. Zu den bemerkenswertesten Ereignissen gehören die Maßnahmen zur Einführung eines größeren wirtschaftlichen Zusammenschlusses in Europa, ein Freihandelsabkommen zwischen Kanada und den Vereinigten Staaten, eine Welle neuer politischer Initiativen in Großbritannien, geplante steuerliche Veränderungen in Japan und Deutschland, ein umstrittenes neues Handelsgesetz in den USA und die sozialen und politischen Umwälzungen in Osteuropa mit ihren noch nicht vorhersehbaren wirtschaftlichen Folgen.

Ich habe allerdings nicht die Absicht, aktuelle Ereignisse zu analysieren, sondern eine Theorie aufzustellen, mit der diese Analyse ermöglicht wird. Tatsächlich ist eines der Ergebnisse unserer geschichtlichen Untersuchung, daß sich die bestimmenden Faktoren des nationalen Wettbewerbsvorteils als stabiler erwiesen als ursprünglich angenommen, obwohl das Ausmaß der Internationalisierung zugenommen hat. Viele der Grundsätze sind unabhängig von Augenblickseinflüssen. Auf Auswirkungen meiner Theorie bei wichtigen Entwicklungen wie Europa 1992 weise ich dort hin, wo sie auftreten; eine umfassende Analyse der gegenwärtigen Ereignisse überlasse ich anderen.

Mancher wird die hier vertretenen Ansichten für kontrovers halten. Ich hatte weder die Absicht, die Kontroverse zu suchen, noch, ihr auszuweichen, sondern eine solide Theorie zu erarbeiten, die durch faktische Unterlagen breit abgesichert ist. Nach Beendigung dieser Arbeit muß ich feststellen, daß meine Ergebnisse Positionen zuwiderlaufen, die normalerweise als liberal oder konservativ bezeichnet werden und deren Sichtweise des Problems im allgemeinen besonders philosophische Haltungen wiedergibt. In Übereinstimmung mit der traditionellen liberalen Position finde ich zum Beispiel, daß strenge Kartellgesetze, rigide Gesundheits- und Sicherheitsbestimmungen und hohe Ausbildungsinvestitionen vorteilhaft sind. Aber meine Beweise stellen ernstlich die Klugheit von Eingriffen zur Wiederbelebung kranker Branchen in

Frage, genauso wie Bestimmungen zur Wettbewerbsbegrenzung, die meisten Bemühungen zur Importbeschränkung und die Maßnahmen, Gewinne aus langfristigem Kapital zu besteuern. Ich vermute zwar, daß nur wenige Leser meine Erkenntnisse vollständig teilen, hoffe jedoch, daß sich viele überzeugen lassen.

Diese Untersuchung wäre ohne die großzügige Hilfe vieler Personen und Institutionen nicht möglich gewesen. Es war ein wirklich globales Bemühen, unter Einschluß zahlreicher Branchen und Länder, die die Vielfalt des internationalen Wettbewerbs darstellen. Das Arbeitsseminar meines Projektteams, abgehalten 1987 in Harvard, um unsere ersten Feststellungen zu diskutieren, ergab einige Aufschlüsse. Die vierundzwanzig Teilnehmer kamen aus neun verschiedenen Ländern. Die koreanische und die japanische Gruppe wetteiferten miteinander, wer in der Lage sei, abends länger zu arbeiten. Die schwedische und die dänische Gruppe tauschten Einsichten über Ähnlichkeiten und Unterschiede ihrer Länder aus. Die deutschen, schweizerischen und italienischen Wissenschaftler tauschten Daten aus und sprachen über die verschiedenen Positionen ihrer Länder etwa in der Druckindustrie und bei Verpackungsmaschinen. Alle Teilnehmer lernten eine Menge über ihr Land, indem sie von anderen Ländern lernten – mit Hilfe einer gemeinsamen Methodik, die wir uns erarbeitet hatten.

Michael J. Enright war der Projektkoordinator. Er half das ganze Projekt gestalten und organisieren, pendelte ein Jahr zwischen den Ländern hin und her und überwachte die Bemühungen hüben wie drüben mit kritischem Blick. Viele Untersuchungen führte er selbst durch. Er war während jeder Projektphase wie auch bei der Vorbereitung des Manuskripts mit Ideen, Anmerkungen und Rat zur Stelle. Ohne ihn, den hochbegabten, eigenständigen Wissenschaftler, wäre eine Studie dieses Umfangs kaum möglich gewesen. Enright promoviert in Harvard und wird durch eigene Untersuchungen sicher noch Wertvolles zu diesem Thema beitragen.

Eine in den USA arbeitende Gruppe von Forschern war nicht nur mit dem US-spezifischen Teil der Untersuchung befaßt, sondern spielte auch in anderen Phasen des Projekts eine größere Rolle. Mein Dank gilt Cheng Gaik Ong für ihren besonderen Einsatz während der Studie, ebenso William McClements, Thomas Lockerby, Thomas Wesson und Maria Sakakibara. Auch Alice Hill verdient Dank für ihre Hilfe.

Forschungsteams direkt in den einzelnen Ländern führten eine Reihe länderspezifischer Untersuchungen durch und trugen so ganz wesentlich zu den Ergebnissen und Schlußfolgerungen über ihr Land bei. Ganz besonders danken möchte ich den Gruppenleitern für ihren Einsatz und ihr Verständnis. Die japanische Gruppe hat Professor Hirotaka Takeuchi von der Hitotsubashi-Universität geleitet; Gruppenmitglieder waren Hiroshi Kobayashi, Hiroshi Okamoto, Laura Rauchwarg und Ryoko Toyama. Die schwedische Gruppe leitete Professor Örjan Sölvell vom Institut für internationale Wirtschaft der wirtschaftswissenschaftlichen Fakultät der Universität Stockholm. Ivo Zander war der Hauptforscher der Schweden und verbrachte auch einige Zeit in Harvard. Außerdem arbeiteten bei der schwedischen Gruppe Thomas Gyllenmo, Maria Lundquist und Ingela Sölvell mit. Die koreanische Gruppe führte Professor Dong-Sung Cho von der Nationalen Universität Seoul an, wissenschaftliche Mitarbeiter waren Chol Choi, In-Chul Chung, Dong-Jae Kim, Junsoo Kim, Sumi Kim, Dae-Won Ko, Seung Soo Lee, Ho-Seung Nam, Ki-Min Nam, Gyu Seok Oh und

Joo-Chol Om. Leiter der dänischen Gruppe war Henrik Pade, zusammen mit Kim Møller und Klaus Møller Hanson (beide außerordentliche Professoren an der Wirtschaftshochschule Kopenhagen). Weitere dänische Mitarbeiter bei der Untersuchung waren Claus Bayer, Bent Dalum, Birgitte Gregersen, Patrick Howald, Henrik Jensen, Frederik Pitzner Jørgensen, Ulrik Jørgensen, Bodil Kühn, Morten Kvistgaard, Mogens Kühn Pedersen, Bent Pedersen, Henrik Schaumberg-Müller, Jesper Strandskov und Finn Thomassen. Die schweizerischen Untersuchungen oblagen weitgehend Edi Tschan, der damals gerade seinen Doktor an der Universität St. Gallen machte, gemeinsam mit Michael Enright. Professor Silvio Borner von der Universität Basel leitete die schweizerischen Arbeiten; zusätzliche Untersuchungen führte Rolf Weder durch.

Die deutschen Untersuchungen wurden vortrefflich von Claas van der Linde durchgeführt, der auch bei der Datenanalyse der übergeordneten Studie mitwirkte. Er wendet die Theorie in seiner Doktorarbeit an der Universität St. Gallen kontinuierlich auf die westdeutsche Wirtschaft an. Auch Dennis de Crombrugghe trug zur deutschen und schweizerischen Untersuchung bei. Die italienische Forschungsarbeit stand unter der Leitung von Paolo Tenti, der sie mit stetem Scharfblick begleitete. Michael Enright beteiligte sich maßgeblich auch an den deutschen und italienischen Studien. Die englische Untersuchung, bei der Terry Phillips half, wurde im wesentlichen von mir und Michael Enright durchgeführt. In mehreren Ländern sind länderspezifische Veröffentlichungen in Vorbereitung, die näher auf besagte Untersuchungen eingehen.

Die Harvard Business School hat mir bei dieser Untersuchung großmütig geholfen. Die Fakultät bietet ein einmaliges Umfeld für die Durchführung großangelegter, multidisziplinärer Forschungsprojekte und für den Zugang zu Institutionen und Unternehmen in der ganzen Welt. Dekan John McArthur, dem Freund und jahrelangen Berater und Helfer, gebührt mein besonderer Dank. Viel Hilfe und finanzielle Unterstützung erhielt ich auch von Jay Lorsch und seinen Mitarbeitern von der Forschungsabteilung. Ein Teil der Gelder für diese Studie kam von der Shell-Stiftung, der ich hiermit Dank abstatte.

In allen Ländern halfen mir zur Mitarbeit bereite Institutionen, Einblick in die Infrastruktur zu erhalten sowie den Zugang zu Unternehmen und Regierungsstellen, in einigen Fällen gaben sie auch finanzielle Unterstützung. Wenngleich sie keinerlei Verantwortung für die Ergebnisse und Schlußfolgerungen tragen, bin ich ihnen für ihren Beitrag sehr dankbar:

Dänemark	Copenhagen School für Wirtschaftswissenschaften und Wirtschaftsverwaltung, Henrik Pade und Mitarbeiter[2]
Deutschland	Deutsche Bank
Großbritannien	*The Economist*
Italien	Ambrosetti-Gruppe

Japan	Ministerium für Internationalen Handel und Industrie, Hitotsubashi-Universität, Industriebank von Japan
Korea	Nationale Universität Seoul
Schweden	Institut für Internationale Wirtschaft, Wirtschaftswissenschaftliche Fakultät der Universität Stockholm
Schweiz	Universität Basel, Universität St. Gallen, Schweizer Unionsbank
Singapur	Ausschuß für Wirtschaftsentwicklung
Vereinigte Staaten	Harvard Business School

Einzelne Mitglieder dieser Institutionen und andere Personen, denen ich besonderen Dank schulde, sind Hans-Peter Ferslev und Dr. Jürgen Bilstein (Deutsche Bank), Alfredo Ambrosetti und Giovanna Launo (Ambrosetti-Gruppe), Shinji Fukukawa, Wataru Aso, Hirobumi Kawano und Shin Yasunobe (MITI), Yoh Kurasawa, A. Yatsunami, Naoya Takebe (Industriebank von Japan), die Professoren Ken-ichi Imai, Ikujiro Nonaka (Hitotsubashi-Universität), Philip Yeo und Tan Chin Nam (Ausschuß für Wirtschaftsentwicklung, Singapur), Dekan Staffan Burenstam Linder und Professor Gunnar Hedlund (wirtschaftswissenschaftliche Fakultät der Universität Stockholm), Dr. Werner Rein und Dr. Beat Schweizer (Schweizer Unionsbank) sowie David Gordon und Rupert Pennant-Rea (*The Economist*). Danken möchte ich darüber hinaus der Databank und dem Istituto per la Ricerca Sociale (Italien) für die Bereitstellung italienischer Daten sowie der Nixdorf AG für die Unterstützung, Zugang zu deutschen Unternehmen zu erhalten.

Viele Kollegen in Harvard und anderswo haben viel Zeit für die kritische Lektüre des gesamten Manuskripts oder bestimmter Teile geopfert. Außer Michael Enright möchte ich Richard Caves, David Collis, Herman Daems, Pankaj Ghemawat, Thomas McCraw, Richard Tedlow und David Yoffie danken, alle in Harvard. Ferner gilt mein Dank Silvio Borner, Thomas Craig, Roger Martin, Richard Rawlinson, Peter Schwartz, Paul Schwarzbaum, James Stone und Mark Thomas.

Andere gaben wertvolle Anregungen zu Teilen des Manuskripts oder seiner Darbietungsform. Ich möchte Roger Bohn, Alfred D. Chandler jr., Joseph Fuller, Mark Fuller, David Gordon, Heather Hazard, Steve Kelman, Donald Lessart, John Nathan, Fabrizio Onida, Cuno Pümpin, Rupert, Pennant-Rea, Garth Saloner und Malcolm Salter danken. Seminare bei Northwestern, das Massachusetts Institute of Technology (MIT), die wirtschaftswissenschaftliche Fakultät der Universität Stockholm, die Universität Zürich, das japanische Ministerium für Internationalen Handel und Industrie, das japanische Forum für Strukturreformen, der deutsche Wirtschaftssachverständigenrat, ein besonderes, vom dänischen Sponsor organisiertes politisches Forum und nicht zuletzt Harvard gaben nützliche Anregungen. Ein gleiches gilt für die Präsentationen bei Treffen der Gesellschaft für Strategisches Management, des Planungsforums und anderer Wirtschaftsgruppen. Die Mitglieder des Präsidialausschusses für Wirtschaftswettbewerb und des Rates für Wettbewerb gaben wertvollen Unterricht über aktuelle Probleme der Wirtschaftspolitik.

Buchstäblich Hunderte andere Unternehmens- und Gewerkschaftsführer, Hochschullehrer, Berater, Wirtschaftsexperten, Bankiers und Politiker opferten mir ihre Zeit. Sie erklärten sich zu Interviews bereit, vermittelten wertvolle Einblicke in ihre Branchen und Länder. Einige lieferten ausführliche Kommentare über Einzelfallstudien oder Artikel über ein Land. Ohne ihre Hilfe und Zusammenarbeit hätte dieses Projekt nicht zu Ende geführt werden können. Leider reicht der Platz nicht, jeden einzeln zu würdigen. Ich bin für ihrer aller Hilfe sehr dankbar.

Die Durchführung einer solch multinationalen Untersuchung und die Vorbereitung eines so umfangreichen Manuskripts stellten ungewöhnliche Anforderungen. Ich möchte ganz besonders meiner Assistentin Lyn Pohl danken, die dieses langwierige Projekt von Anfang bis Ende betreut hat. Ihre Hilfe bei der Planung, bei dem Zusammenstellen von Listen, dem Organisieren von Zusammenkünften, dem Vorbereiten des Manuskripts und der Veröffentlichung war unschätzbar. Dank auch an Denise Zaccagnino, Kathleen Kenahan und insbesondere Linda Estes für ihre gute Arbeit bei der Herstellung, der grafischen Umsetzung und Gestaltung des Buches.

Sehr profitiert habe ich von Hilfe beim Erstellen des Manuskripts und inhaltlichen Klarstellungen. Erwin Glikes, Präsident von The Free Press und mein Verleger, war mir ein Freund und scharfsinniger Anreger. Ich danke auch Robert Wallace und Barbara Ankeny für die sorgsame Durchsicht des gesamten Manuskripts und Ann Hirst für das Lektorieren.

Zum Schluß möchte ich meiner Frau Deborah danken, der dieses Buch gewidmet ist. Sie war von Anfang an in dieses aufreibende Projekt verwickelt. Sie begleitete mich bei einem längeren Auslandsaufenthalt und gab mir beständig Anregungen, Aufmunterung und moralische Unterstützung. Ohne sie hätte ich es nicht geschafft.

KAPITEL 1

DIE NOTWENDIGKEIT
EINES NEUEN PARADIGMAS

Warum haben einige Länder im internationalen Wettbewerb Erfolg, und warum scheitern andere? Dies ist die vielleicht am häufigsten gestellte wirtschaftliche Frage unserer Tage. Nationale Wettbewerbsfähigkeit ist zu einem der zentralen Themen für die Regierungen und die Wirtschaft aller Länder geworden. Die Vereinigten Staaten, mit ihrer wachsenden öffentlichen Diskussion über andere, wirtschaftlich offenbar erfolgreichere Handelsnationen, sind dafür ein treffendes Beispiel. Aber auch in »Wirtschaftswunder«-Ländern wie Japan und Korea wird zunehmend heftig über Wettbewerbsfähigkeit debattiert.[1] Sozialistische Länder wie die Sowjetunion und ebenso andere in Osteuropa wie in Asien stellen diese Frage, da sie ihr Wirtschaftssystem fundamental überprüfen und neu bewerten.

Aber obwohl die Frage oft gestellt wird, ist es doch die falsche, wenn es das Ziel ist, das Fundament wirtschaftlichen Wohlergehens für Unternehmen oder Staaten auf bestmögliche Art darzustellen. Wir müssen uns statt dessen auf eine andere, viel gezieltere Frage konzentrieren, nämlich: Warum wird ein Land in einem Industriezweig zum Stützpunkt für erfolgreiche internationale Wettbewerber? Oder, um es anders auszudrücken, warum können sich Unternehmen, die in einem bestimmten Land operieren, auf einem bestimmten Gebiet einen Wettbewerbsvorteil gegenüber den weltbesten Konkurrenten erzielen und ihn bewahren? Und warum sind in einem Land so oft so viele Branchenführer mit Weltgeltung beheimatet?

Wie ist es zu erklären, daß Deutschland die Heimstatt so vieler führender Hersteller von Druckmaschinen, Luxusautos und chemischen Produkten ist? Warum ist die kleine Schweiz die Heimat international führender Pharma-, Schokolade- und Handelsunternehmen? Warum sitzen die führenden Hersteller schwerer Lastwagen und Bergbaumaschinen in Schweden? Warum hat Amerika die international beherrschenden Wettbewerber bei Personalcomputern, Software, Kreditkarten und Filmen hervorgebracht? Warum sind italienische Firmen so stark in Fliesen, Skistiefeln, Verpackungsmaschinen und Industrieautomaten? Warum beherrschen die japanischen Firmen die Märkte für Unterhaltungselektronik, Kameras, Fertigungsautomaten und Telefaxgeräte?

Die Antworten sind für Unternehmen, die auf zunehmend internationalen Märkten konkurrieren müssen, offensichtlich von größter Bedeutung. Ein Unternehmen muß begreifen, was das Entscheidende am eigenen Land ist, was es befähigt oder hindert, in internationalem Maßstab einen Wettbewerbsvorteil zu schaffen und zu behaupten. Aber die gleiche Frage erweist sich auch für das nationale wirtschaftliche Wohlergehen als wesentlich. Wie wir noch sehen werden, hängt der Lebensstandard eines

Landes langfristig von seiner Fähigkeit ab, ein hohes und weiter zunehmendes Produktivitätsniveau in den Branchen zu erreichen, in denen seine Unternehmen sich dem Wettbewerb stellen. Und das hängt wiederum davon ab, daß die Firmen in der Lage sind, Qualitätssteigerungen oder eine höhere Effizienz zu erzielen. Der Einfluß des Heimatstaates darauf, auf bestimmten Gebieten einen Wettbewerbsvorteil anzustreben, ist von zentraler Bedeutung für das Niveau und Tempo des erreichbaren Produktivitätswachstums.

Aber uns fehlt eine überzeugende Erklärung für den Einfluß des Landes. Das lange gültige Paradigma, warum ein Land in bestimmten Branchen international erfolgreich ist, zeigt Ermüdungserscheinungen. Es gibt umfassende Theorien zur Erklärung der nationalen Export- und Importstrukturen, die bis zu Adam Smith und David Ricardo ins 18. Jahrhundert zurückgehen. Inzwischen wird jedoch allgemein anerkannt, daß diese Theorien der Aufgabe nicht mehr gerecht werden. Veränderungen im Wesen des internationalen Wettbewerbs, wie etwa das Aufkommen multinationaler Gesellschaften, die nicht nur exportieren, sondern über ausländische Töchter im Ausland als Wettbewerber auftreten, haben die traditionellen Erklärungen, warum und wo ein Land exportiert, außer Kraft gesetzt. Es sind zwar neue Erklärungsversuche unternommen worden, von denen aber keiner ausreichend begründen kann, warum Unternehmen in bestimmten Branchen und Ländern sowohl beim Export als auch bei Auslandsinvestitionen erfolgreich konkurrieren. Und sie können auch nicht erklären, warum die Unternehmen eines Landes ihre Wettbewerbsposition über längere Zeiträume behaupten können.

Thema dieses Buches ist es, die Rolle, die das wirtschaftliche Umfeld eines Landes, seine Einrichtungen und die Politik für den Wettbewerbserfolg seiner Unternehmen in bestimmten Branchen spielen, genauer zu beleuchten. Ich versuche, den Wettbewerbsvorteil eines Landes herauszustellen, das heißt die nationalen Eigenschaften, die den Wettbewerbsvorteil in einer Branche fördern. In der Untersuchung von zehn Ländern und der eingehenden Darstellung von über hundert Branchen werde ich in Teil I eine Theorie des Wettbewerbsvorteils von Ländern in bestimmten Branchen aufstellen. In Teil II werde ich darstellen, wie man die Theorie benutzen kann, den Wettbewerbserfolg bestimmter Länder in einzelnen Wirtschaftszweigen zu erklären. In Teil III bediene ich mich der Theorie, um das Gesamtmuster industriellen Erfolgs und Mißerfolgs in den Volkswirtschaften der untersuchten Länder zu ergründen und zu zeigen, wie die Muster sich geändert haben. Das soll als Basis dienen für ein Rahmensystem, geeignet zur Erklärung dessen, wie komplette nationale Volkswirtschaften in puncto Wettbewerb Fortschritte machen. In Teil IV werde ich schließlich die Auswirkungen meiner Theorie auf die Unternehmensstrategie und die staatliche Politik entwickeln. Das Buch schließt mit einem »Nationale Programme« überschriebenen Kapitel, das deutlich macht, wie die Theorie zur Bestimmung einiger der wichtigsten Fragen genutzt werden kann, die den weiteren wirtschaftlichen Fortschritt in den untersuchten Ländern gestalten werden.

Bevor ich meine Theorie jedoch vorlege, muß ich erklären, warum die Bemühungen, die Wettbewerbsfähigkeit *eines ganzen Landes* zu erklären, nicht überzeugt haben, und warum der Versuch dazu bedeutet, die falsche Frage anzugehen. Ich muß zeigen, daß die Einsicht in die Ursachen dafür, warum Unternehmen eines Landes in bestimmten Branchen Wettbewerbsvorteile erringen und behaupten können, auf die richtige Spur führt; nicht nur belebt sich damit die Unternehmensstrategie, sondern auch die nationalen Wirtschaftsziele können so erreicht werden. Ich habe darzulegen, warum zunehmend Einigkeit darüber herrscht, daß das Paradigma, das bisher zur Erklärung des internationalen Erfolgs in bestimmten Branchen herhielt, unzureichend ist, und warum selbst Anstrengungen in jüngster Zeit, es zu modifizieren, immer noch wesentliche Fragen unbeachtet lassen. Schließlich möchte ich die Durchführung der Untersuchung erläutern, damit der Leser die sachlichen Grundlagen dessen versteht, was folgt.

Widersprüchliche Erklärungen

An Erklärungen dafür, warum einige Länder wettbewerbsfähig sind und andere nicht, hat es nicht gefehlt.[2] Doch diese Erklärungen widersprechen sich häufig, und eine allgemein anerkannte Theorie gibt es nicht. Es ist alles andere als eindeutig, was der Begriff »wettbewerbsfähig« meint in bezug auf ein Land oder eine Nation. Darin liegt ein großer Teil der Schwierigkeit, wie wir sehen werden. Daß in vielen Ländern heftig darüber diskutiert wurde, ob überhaupt ein Wettbewerbsfähigkeitsproblem für sie besteht, ist ein sicheres Zeichen dafür, daß die Frage nicht restlos begriffen wird. Einige betrachten die nationale Wettbewerbsfähigkeit als ein makroökonomisches Phänomen, das durch Variable wie Wechselkurse, Zinssätze und staatliche Defizite bestimmt wird. Doch es gibt Länder, die sich eines rasant steigenden Lebensstandards erfreuen trotz Haushaltsdefizits (Japan, Italien und Korea), trotz steigender Wechselkurse (Deutschland und Schweiz), trotz hoher Zinssätze (Italien und Korea). Andere behaupten, Wettbewerbsfähigkeit sei von billigen und reichlichen Arbeitskräften abhängig. Doch Länder wie Deutschland, Schweiz und Schweden florierten trotz hoher Löhne und langanhaltenden Arbeitskräftemangels. Auch Japan mit einer Wirtschaft, die sich vermeintlich auf billige und reichliche Arbeitskräfte stützt, hat drückenden Mangel an Arbeitskräften erlebt. Seine Unternehmen hatten in vielen Branchen international erst dann Erfolg, als sie durch Automation viele Arbeitsplätze wegrationalisierten. Die Fähigkeit, *trotz* hoher Löhne wettbewerbsfähig zu sein, scheint demnach ein weit wünschenswerteres nationales Ziel zu sein.
Nach anderer Meinung hängt die Wettbewerbsfähigkeit vom Besitz umfangreicher natürlicher Ressourcen ab. Bei den erfolgreichsten Handelsnationen der jüngsten Zeit – u. a. Deutschland, Japan, Schweiz, Italien und Korea – handelt es sich jedoch ausnahmslos um Länder, die nur begrenzt über Rohstoffe verfügen und auf deren Importe angewiesen sind. Aufschlußreich ist zudem, daß es in Ländern wie Korea, Großbritannien und Deutschland eher die rohstoffarmen Gegenden sind, die im Vergleich mit den rohstoffreichen florieren.
In jüngster Zeit wurde häufig argumentiert, die Wettbewerbsfähigkeit werde sehr stark durch die staatliche Politik beeinflußt. Nach dieser Ansicht sind Planung, Schutz, Exportförderung und Subventionen der Schlüssel zum internationalen Erfolg. Den Beweis dafür entnimmt man der Beobachtung einiger Länder (vor allem Japan und Korea) sowie einiger großer, ausgeprägter Branchen wie Automobil, Stahlproduktion, Schiffbau und Halbleiter. Doch ein breiterer Überblick bestätigt

die angeblich entscheidende Rolle der staatlichen Politik, was die Wettbewerbsfähigkeit angeht, nicht. Viele Beobachter halten die staatliche Industriepolitik etwa in Italien über weite Strecken der Nachkriegszeit für wirkungslos, und dennoch hat Italien einen Anstieg des Anteils an den Weltexporten erlebt, der nur von Japan überboten wurde, und dazu einen rapide steigenden Lebensstandard.

Größere staatliche Eingriffe hat es nur in einigen Branchen gegeben, und sie waren keineswegs durchgehend erfolgreich, nicht einmal in Japan und Korea. In Japan zum Beispiel war der staatliche Einfluß auf so bedeutende Branchen wie Telefax, Fotokopierer, Roboter und neue Werkstoffe bescheiden, und die so oft angeführten Beispiele erfolgreicher japanischer Politik wie Nähmaschinen, Stahl und Schiffbau sind inzwischen überholt. Die kontinuierliche japanische Planung ganzer Industrien wie Flugzeugbau (erstmals 1971 avisiert) und Software (1978) hat international keinen nennenswerten Erfolg gebracht. Auch die aggressive Planung Koreas für große und wichtige Bereiche wie die Chemie und den Maschinenbau konnte keine vorderen Marktpositionen erreichen. Wenn man die Länder reihum betrachtet, zeigt sich, daß die Branchen, bei denen der Staat am stärksten beteiligt war, im internationalen Maßstab größtenteils nicht erfolgreich waren. Der Staat ist durchaus eine Größe im internationalen Wettbewerb, aber selten spielt er die Hauptrolle.

Eine letzte gängige Erklärung für nationale Wettbewerbsfähigkeit sind Unterschiede in der Führungspraxis einschließlich der Beziehungen Arbeitnehmer-Arbeitgeber. Das japanische Management wurde vor allem in den 80er Jahren gefeiert, so wie das amerikanische in den 50er und 60er Jahren.[3] Die Schwierigkeit bei dieser Erklärung ist jedoch die, daß unterschiedliche Branchen unterschiedliche Managementmethoden erfordern. Was in einer Branche als guter Führungsstil gelobt wird, kann in einer anderen verheerende Folgen haben. Die kleinen, privaten, lose organisierten Familienbetriebe, die zum Beispiel die italienische Schuh-, Textil- und Schmuckindustrie tragen, sind wahre Brutstätten der Innovation und Dynamik. Diese Branchen haben Italien eine positive Handelsbilanz von jeweils über einer Milliarde Dollar jährlich beschert. Die gleichen Strukturen und Praktiken in einem deutschen Chemie- oder Automobilunternehmen, bei einem schweizerischen Pharmahersteller oder einem amerikanischen Flugzeugproduzenten würden zu einer Katastrophe führen. Unternehmensführung nach amerikanischer Art mit allen ihr heute zugeschriebenen Mängeln bringt äußerst wettbewerbsfähige Unternehmen in Branchen hervor wie Software, medizinische Apparate, Konsumgüter und gewerbliche Dienstleistungen. Unternehmensführung nach japanischer Art hat, bei all ihrer Stärke in Großbereichen der Wirtschaft wie der Chemie, den Konsumgütern oder den Dienstleistungen kaum einen internationalen Erfolg erzielt.

Auch die Beziehungen Arbeitnehmer – Arbeitgeber kann man nicht verallgemeinern. In Deutschland und in Schweden sind die Gewerkschaften sehr stark, und es gibt eine gesetzlich geregelte Vertretung in der Unternehmensführung (Deutschland) sowie im Verwaltungsrat (Schweden). Trotz der Auffassung einiger, daß mächtige Gewerkschaften den Wettbewerbsvorteil untergraben, sind beide Länder dennoch wirtschaftlich sehr stark und haben einige international führende Unternehmen und Branchen.

Verständlich, daß keine dieser Erklärungen für nationale Wettbewerbsfähigkeit ganz befriedigt, genausowenig wie eine Reihe anderer Argumente. Die Wettbewerbsposition der Branchen eines Landes kann keine von ihnen hinreichend rational erklären. Jede enthält richtige Gedanken, hält aber als ganzes einer genaueren Prüfung nicht stand. Offenbar sind breiter wirksame und kompliziertere Kräfte am Werk.

Die zahlreichen und widersprüchlichen Erklärungen über Wettbewerbsfähigkeit lassen ein noch grundlegenderes Problem zutage treten. Denn: Was eigentlich ist ein »wettbewerbsfähiges« Land? Der Begriff wird zwar häufig gebraucht, ist aber ungewöhnlich schlecht definiert. Ist ein »wettbewerbsfähiges« Land ein Land, in dem alle Unternehmen oder Branchen wettbewerbsfähig sind? Wenn ja, dann kommt kein Land in die engere Wahl. Selbst Japan hat, wie wir sehen werden, große wirtschaftliche Bereiche, die im Weltmaßstab weit hinten rangieren. Ist ein »wettbewerbsfähiges« Land ein Land, dessen Wechselkurs die Güter auf den internationalen Märkten preislich konkurrenzfähig werden läßt? Aber sicher würden die meisten zustimmen, daß Länder wie Deutschland und Japan, die lange Perioden mit starker Währung und tendenziell steigenden Auslandspreisen erlebt haben, in den Nachkriegsjahren bemerkenswerte Steigerungen ihres Lebensstandards erfahren haben. Die Fähigkeit der Branche eines Landes, auf den Auslandsmärkten *hohe* Preise durchzusetzen, erscheint als wünschenswerteres nationales Ziel.

Ist ein »wettbewerbsfähiges« Land ein Land mit einer sehr hohen positiven Handelsbilanz? Die Schweiz hat eine in etwa ausgeglichene Handelsbilanz, die italienische war chronisch defizitär, aber beide Länder erfreuten sich eines stark ansteigenden Volkseinkommens. Andererseits haben viele arme Länder zwar eine ausgeglichene Handelsbilanz, gehören aber kaum zu der Art von Volkswirtschaften, die ein Land anstrebt. Ist ein »wettbewerbsfähiges« Land ein Land mit einem wachsenden Anteil an den Weltexporten? Ein wachsender Anteil wird oft mit zunehmendem Wohlstand assoziiert, doch auch Länder mit stabilem oder leicht sinkendem Anteil an den Weltexporten haben kräftige Zuwächse des Pro-Kopf-Einkommens erlebt, so daß der Anteil am Weltexport sicher nicht der Weisheit letzter Schluß ist. Ist ein »wettbewerbsfähiges« Land ein Land, das Arbeitsplätze schaffen kann? Bestimmt ist diese Fähigkeit wesentlich, aber die Qualität der Arbeitsplätze, nicht nur die Beschäftigung der Menschen zu niedrigen Löhnen, scheint für das Volkseinkommen bedeutsamer zu sein. Und ist ein »wettbewerbsfähiges« Land ein Land mit niedrigen Lohnstückkosten? Niedrige Lohnkosten je Einheit können durch niedrige Löhne wie die in Indien oder Mexiko erzielt werden, doch als Wirtschaftsmodell erscheint das wenig attraktiv. Jede dieser Maßnahmen sagt etwas über die Wirtschaft eines Landes aus, aber keine bezieht sich eindeutig auf das nationale wirtschaftliche Wohlergehen.[4]

Die richtige Frage stellen

Die Suche nach einer überzeugenden Erklärung für den Wohlstand des Landes wie für den der Unternehmen muß damit beginnen, die richtige Fragestellung zu finden. Wir müssen uns von dem Gedanken freimachen, daß der Begriff »wettbewerbsfähiges Land« besonders viel für das wirtschaftliche Wohlergehen besagt. Das wichtigste wirtschaftliche Ziel eines Landes ist es, für einen hohen und steigenden Lebensstandard seiner Bürger zu sorgen. Die Fähigkeit dazu hängt nicht von dem schwer greifbaren Begriff »Wettbewerbsfähigkeit« ab, sondern von der Produktivität, mit der die Mittel eines Landes (Arbeit und Kapital) eingesetzt werden. Produktivität ist der Wert der Produktionsmenge, die mit einer Einheit Arbeit oder Kapital hergestellt werden kann.[5] Sie ist abhängig von der Qualität und den Merkmalen der Produkte (die den Preis bestimmen, den sie erzielen können) und auch von der Wirtschaftlichkeit, mit der sie produziert werden.[6]

Die Produktivität ist auf lange Sicht der entscheidende Faktor für den Lebensstandard eines Landes, denn sie ist die eigentliche Ursache des Pro-Kopf-Einkommens. Die Produktivität der Arbeitskräfte bestimmt die Löhne, die Produktivität des eingesetzten Kapitals bestimmt den Ertrag, den es seinem Besitzer einbringt.[7] Hohe Produktivität sichert nicht nur ein hohes Einkommensniveau, sie bietet dem Bürger auch die Wahl zwischen mehr Freizeit und langer Arbeitszeit. Sie schafft außerdem das Volkseinkommen, aus dem die Steuern zur Finanzierung der öffentlichen Dienstleistungen fließen, was den Lebensstandard weiter anhebt. Die Fähigkeit zu hoher Produktivität ermöglicht den Unternehmen eines Landes zudem, strengen sozialen Maßstäben gerecht zu werden, die den Lebensstandard verbessern, etwa auf den Gebieten Gesundheit, Sicherheit, Chancengleichheit und Umwelt.

Wettbewerbsfähigkeit auf Landesebene macht inhaltlich nur als nationale Produktivität Sinn. Ein steigender Lebensstandard hängt von der Fähigkeit der Unternehmen eines Landes ab, ein hohes Produktivitätsniveau zu erreichen und die Produktivität mit der Zeit zu erhöhen. Unsere Aufgabe ist es zu verstehen, warum das eintritt. Ein anhaltendes Produktivitätswachstum erfordert, daß die Wirtschaft sich qualitativ ständig *verbessert*. Die Unternehmen eines Landes müssen die Produktivität der Branchen unaufhaltsam steigern, indem sie die Produktqualität erhöhen, wünschenswerte Eigenschaften hinzufügen, die Produkttechnologie verbessern oder wirtschaftlicher produzieren. Deutschland zum Beispiel hatte viele Jahrzehnte eine steigende Produktivität zu verzeichnen, weil die Unternehmen in der Lage waren, immer spezialisiertere Produkte herzustellen und zugleich das Automatisierungsniveau anzuheben, so daß der Ausstoß pro Arbeiter stieg. Die Firmen eines Landes müssen auch das Können entwickeln, das für den Wettbewerb in immer differenzierteren Branchenbereichen notwendig ist, wo die Produktivität im allgemeinen höher ist. Eine sich qualitativ verbessernde Wirtschaft ist gleichzeitig befähigt, in völlig neuen und hochtechnisierten Branchen erfolgreich zu konkurrieren.[8] Das bindet Humanvermögen, das bei der Produktivitätssteigerung in bereits bestehenden Bereichen freigesetzt wurde.[9] Das alles sollte klarstellen, warum billige Arbeitskräfte und ein »günstiger« Wechselkurs keine sinnvollen Definitionen für Wettbewerbsfähigkeit sind. Das Ziel ist, sich für hohe Löhne einzusetzen und auf den internationalen Märkten hohe Preise zu erzielen.

Ohne internationalen Wettbewerb wäre das in der Volkswirtschaft eines Landes erreichbare Produktivitätsniveau weitgehend unabhängig von dem, was sich in anderen Ländern ereignet. Der internationale Handel und die Auslandsinvestitionen bieten dagegen sowohl die Möglichkeit, das nationale Produktivitätsniveau anzuheben, als auch eine Bedrohung für seine Steigerung oder auch nur Beibehaltung des Niveaus. Der internationale Handel erlaubt einem Land, seine Produktivität zu erhöhen, weil er es von der Notwendigkeit befreit, alle Waren und Dienstleistungen im Land selbst zu produzieren. Ein Land kann sich so in den Branchen und auf den Märkten, wo seine Unternehmen vergleichsweise produktiver sind, spezialisieren und wiederum die Waren und Dienstleistungen importieren, bei denen seine Unternehmen nicht so produktiv wie ihre ausländischen Konkurrenten arbeiten: Damit wird das durchschnittliche Produktivitätsniveau der Wirtschaft erhöht. Import und Export sind demnach ein wesentlicher Bestandteil des Produktivitätswachstums.

Auch die Gründung ausländischer Tochtergesellschaften durch Unternehmen eines Landes kann die nationale Produktivität steigern, vorausgesetzt, sie bringt eine Verlagerung weniger produktiver Aktivitäten in andere Länder oder die Leistung ausgewählter Maßnahmen im Ausland mit sich (etwa Dienstleistungen oder Produktbearbeitung zur Erfüllung heimischer Anforderungen), die eine stärkere Durchdringung der Auslandsmärkte begünstigen. Die Unternehmen eines Landes können so die Exporte steigern und Auslandsgewinne machen, die in das Land zurückfließen und das Volkseinkommen erhöhen. Ein Beispiel ist die im letzten Jahrzehnt erfolgte Verlagerung weniger anspruchsvoller elektronischer Montagearbeiten durch japanische Firmen zuerst nach Korea, Taiwan und Hongkong, dann nach Malaysia und Thailand.

Kein Land kann in allen Bereichen konkurrenzfähig sein (und mehr aus allen Bereichen exportieren als importieren). Der Bestand eines Landes an Humanvermögen und anderen Ressourcen ist zwangsläufig begrenzt. Das Ideal wäre, diese Ressourcen so produktiv wie möglich einzusetzen. Der Exporterfolg jener Branchen mit einem Wettbewerbsvorteil erhöht die Arbeits-, Produktionsmittel- und Kapitalkosten im Land und macht andere Wirtschaftszweige entsprechend wettbewerbsunfähiger. In Deutschland, der Schweiz und in Schweden hat dieser Prozeß beispielsweise zu einer Konzentration der Bekleidungsindustrie geführt, und zwar auf solche Firmen in spezialisierten Bereichen, die sehr hohe Löhne verkraften können.[10] Gleichzeitig treiben die steigenden Exporte der wettbewerbsfähigen Branchen den Wechselkurs nach oben und erschweren so den vergleichsweise weniger produktiven Branchen im Land das Exportieren.[11] Selbst Länder mit höchstem Lebensstandard haben viele Branchen, in denen heimische Unternehmen nicht wettbewerbsfähig sind.

Der Prozeß, die Exporte der produktiveren Branchen auszuweiten, weniger produktive Aktivitäten durch Auslandsinvestitionen zu verlagern und Waren und Dienstleistungen derjenigen Branchen zu importieren, in denen das Land weniger produktiv ist, erweist sich für das nationale wirtschaftliche Wohlergehen als vorteilhaft. Auf diese Weise hilft der internationale Wettbewerb, die Produktivität langfristig zu verbessern.[12] Der Prozeß hat allerdings zur Folge, daß, wenn eine Volkswirtschaft sich weiterentwickeln soll, Marktpositionen in einigen Bereichen und Branchen zwangsläufig verlorengehen.[13] Der Rückgriff auf Subventionen, Schutzmaßnahmen oder andere Formen der Intervention zur Stützung solcher Branchen verlangsamt nur die Verbesserung der Wirtschaft und schränkt langfristig den Lebensstandard des Landes ein.[14]

Internationaler Handel und ausländische Investitionen können zwar zu erheblichen Verbesserungen der nationalen Produktivität führen, können sie aber auch bedrohen. Denn wenn sich Firmen dem internationalen Wettbewerb stellen, entsteht für jede Branche ein *absoluter* Produktivitätsmaßstab, der für den Kampf mit den ausländischen Konkurrenten notwendig ist, nicht nur ein relativer, der auf andere

Branchen der heimischen Wirtschaft bezogen bleibt. Selbst wenn eine Branche vergleichsweise produktiver wirtschaftet als andere inländische Branchen und die erforderlichen Ressourcen beschaffen kann, wird sie nicht exportieren können (und sich in vielen Fällen nicht einmal gegen die Importe behaupten können), wenn sie nicht *auch* mit ausländischen Rivalen konkurrieren kann. Die amerikanische Automobilindustrie zum Beispiel hat eine höhere Produktion pro Arbeitsstunde (und zahlt höhere Löhne) als viele andere amerikanische Branchen; doch die USA haben ein wachsendes Handelsdefizit bei Automobilen (und einen Verlust an hochbezahlten Arbeitsplätzen) hinnehmen müssen, weil das Produktivitätsniveau in der westdeutschen und japanischen Autoindustrie noch höher war. Die amerikanische Produktivität in der Autoproduktion war auch nicht um so viel höher als die koreanischer Unternehmen, als daß sie die koreanischen Löhne hätte ausgleichen können. Ähnliche Kraftproben mit ausländischen Konkurrenten stehen bei immer mehr Aktivitäten in immer mehr Branchen an.[15]

Wenn die Branchen, die ihre Position an ausländische Konkurrenten verlieren, die relativ produktiveren in einer Volkswirtschaft sind, wird die Fähigkeit eines Landes zur Wahrung des Produktivitätswachstums bedroht. Das gleiche gilt, wenn Aktivitäten, die eine hohe Produktivität erfordern (wie etwa hochtechnisierte Fertigung), durch Direktinvestitionen ins Ausland verlagert werden, da die heimische Produktivität – unter Berücksichtigung ausländischer Löhne und sonstiger Kosten – nicht zu einer inländischen Effizienz ausreicht. Beide Situationen schränken den Produktivitätszuwachs ein und drücken auf die Löhne. Falls genügend Branchen und Branchenaktivitäten eines Landes betroffen sind, kann auch Druck auf die Landeswährung entstehen. Aber auch eine Abwertung senkt den Lebensstandard eines Landes, weil sie die Importe verteuert und die Preise drückt, die für die Waren und Dienstleistungen des Landes im Ausland erzielt werden.[16] Das Verständnis dafür, warum Länder in hochtechnisierten Branchen und bei Aktivitäten auf einem hohen Produktivitätsniveau konkurrieren oder nicht konkurrieren können, ist demnach entscheidend für das Verständnis wirtschaftlichen Wohlergehens.

Das bisher Gesagte sollte auch verdeutlichen, warum es per se unzureichend ist, die nationale Wettbewerbsfähigkeit als das Erreichen eines Handelsüberschusses oder eine ausgeglichene Handelsbilanz zu definieren. Die Ausweitung der Exporte aufgrund niedriger Löhne und einer schwachen Währung eben zu der Zeit, wo das Land technisch hochstehende Güter einführt, die seine Unternehmen nicht produktiv genug herstellen können, um mit dem Ausland zu konkurrieren, kann zwar zu einem ausgeglichenen Handel oder auch zu Überschüssen führen, senkt aber den Lebensstandard des Landes. Statt dessen ist die Fähigkeit erstrebenswert, viele mit hoher Produktivität erzeugte Güter zu exportieren, was dem Land ermöglicht, viele Güter zu importieren, bei denen die Produktivität geringer ist, weil sich das in einer höheren nationalen Produktivität niederschlägt.[17] Japan, das viele Industrieerzeugnisse exportiert, bei denen es eine hohe Produktivität erreicht, und Rohmaterialien und Bauteile importiert, die weniger qualifizierte Arbeit erfordern, ist ein Land, in dem diese Kombination die Produktivität stärkt. Ähnlich sollte klar sein, daß es irreführend wäre, nationale Wettbewerbsfähigkeit nach der Maßgabe von Arbeitsplätzen zu definieren. Nur hochproduktive Arbeitsplätze schlagen sich in einem hohen Volkseinkommen nieder, nicht irgendwelche Arbeitsplätze. Wichtig für den wirtschaftlichen Wohlstand ist allemal die Produktivität des Landes. Wettbewerbsfähigkeit als Handelsüberschuß zu definieren, als billige Währung oder als niedrige Arbeitsstück-kosten, birgt viele Fallstricke und -gruben.

Ein wachsender nationaler Anteil an den Weltexporten ist an den Lebensstandard gebunden, wenn steigende Exporte aus Branchen, die ein hohes Maß an Produktivi-tät erreichen, zum Wachstum der nationalen Produktivität beitragen. Ein Rückgang des Anteils am Weltexport, aufgrund des Unvermögens, erfolgreich die Exporte solcher Branchen zu erhöhen, ist hingegen für eine Volkswirtschaft ein Gefahrensi-gnal. Die besondere Mischung der Branchen, die exportieren, ist jedoch wichtiger als der durchschnittliche Exportanteil eines Landes. Eine zunehmende Differenzierung der Exporte kann den Produktivitätszuwachs stärken, selbst wenn die Exporte insgesamt nur langsam steigen.

Wettbewerbsfähigkeit auf nationaler Ebene erklären zu wollen heißt somit, die falsche Frage zu beantworten. Wir müssen vielmehr die Bestimmungsfaktoren der Produktivität und das Tempo des Produktivitätswachstums erkennen. Um das her-auszufinden, müssen wir uns nicht nur auf die Wirtschaft insgesamt konzentrieren, sondern auf *bestimmte Branchen und Branchenbereiche*. Die Versuche, den Zuwachs der Gesamtproduktivität in einer Volkswirtschaft zu erklären, haben zwar deutlich gemacht, wie wichtig die Qualität der Arbeitskräfte eines Landes und die Notwendig-keit technologischer Verbesserung sind, doch eine Untersuchung auf dieser Ebene muß sich notwendigerweise auf sehr breite und allgemeine Bestimmungsfaktoren konzentrieren, die nicht hinreichend vollzählig und operational sind, als daß sie eine Unternehmensstrategie oder staatliche Politik bestimmen könnten.[18] Eine solche Untersuchung kann sich hier nicht der für unsere Zwecke zentralen Frage widmen, *warum und wie* eine wesentliche, wirtschaftlich wertvolle Qualifikation und Techno-logie geschaffen werden; dies ließe sich nur auf der Ebene spezieller Branchen ganz verstehen. Das im heutigen internationalen Wettbewerb z. B. äußerst wichtige Hu-mankapital beinhaltet auf bestimmten Gebieten ein hohes Maß an besonderer Qualifikation. Sie ist nicht nur Resultat des allgemeinen Ausbildungssystems, son-dern auch eines Prozesses, der eng mit dem Wettbewerb in bestimmten Branchen verbunden ist, genau wie die Entwicklung einer wirtschaftlich erfolgreichen Techno-logie. Es ist das Ergebnis von tausend und abertausend Kämpfen um einen Wettbe-werbsvorteil gegen ausländische Konkurrenten in bestimmten Bereichen und Bran-chen, in denen Produkte und Verfahren ausgedacht und verbessert werden: das ist es, was den Prozeß der von mir beschriebenen Steigerung der nationalen Produktivität stützt.

Der Wettbewerbsvorteil in Branchen

Unsere Hauptaufgabe besteht also darin zu erklären, warum in einem Land ansässige Unternehmen in bestimmten Bereichen und Branchen erfolgreich gegen ausländi-sche Wettbewerber konkurrieren können. Der internationale Wettbewerb kann Exporte und/oder die Verlagerung einiger Unternehmensaktivitäten ins Ausland einschließen. Wir befassen uns besonders mit den Bestimmungsfaktoren des interna-tionalen Erfolgs in technisch relativ hochstehenden Branchen und Branchenbereichen, die komplexe Technologie und hochqualifizierte Arbeit einsetzen, was die Möglichkeit eines hohen Produktivitätsniveaus eröffnet und ebenso die eines dauerhaften Produktivitätswachstums.

Um einen Wettbewerbserfolg erzielen zu können, müssen Unternehmen des Landes einen Wettbewerbsvorteil haben in Form geringerer Kosten oder differenzierter Produkte, die hohe Preise erzielen. Um diesen Vorteil zu wahren, müssen die Unternehmen sich mit der Zeit überlegene Wettbewerbsvorteile verschaffen, indem sie hochwertigere Waren und Dienstleistungen anbieten oder rentabler produzieren. Das schlägt sich direkt in wachsender Produktivität nieder.

Betrachtet man eine nationale Volkswirtschaft näher, stellt man beim Wettbewerbserfolg erstaunliche Unterschiede von Branche zu Branche fest. Ein internationaler Vorteil ist häufig auf engbegrenzte Branchen oder gar bestimmte Branchenbereiche konzentriert.[19] Die von Deutschland exportierten Automobile sind in der Mehrzahl hochklassige Wagen, die von Korea exportierten dagegen ausnahmslos größere und kleinere Kompaktwagen. Dänemarks bescheidener Anteil am Weltexport von Vitaminen besteht zu einem erheblichen Teil aus solchen, die auf Natursubstanzen beruhen, während synthetische Vitamine praktisch keine Rolle spielen. Die starke Stellung Japans im Maschinenbau geht überwiegend auf Mehrzweckmaschinen zurück, wie besondere Werkzeugmaschinen, während die Italiens sich von in der Welt führenden hochspezialisierten Maschinen für bestimmte Anwender herleitet, wie die Lederverarbeitung oder Herstellung von Zigaretten. Ein vermehrter Handel hat zu vermehrter Spezialisierung in engbegrenzten Branchen und Branchenbereichen geführt. Gäbe es keine Schutzmaßnahmen, die Unternehmen und ganze Branchen ohne echten Wettbewerbsvorteil abschirmen, wären die Unterschiede zwischen den Ländern in der Wettbewerbsposition noch augenscheinlicher.[20]

Darüber hinaus sind in vielen Branchen und insbesondere bestimmten Branchenbereichen Wettbewerber mit einem echten internationalen Wettbewerbsvorteil *in nur einigen Ländern ansässig*. Der Einfluß des Landes wirkt offenbar eher auf Branchen und Branchenbereiche als auf Unternehmen an sich. Die erfolgreichsten nationalen Branchen umfassen Firmengruppen, nicht einzelne Teilnehmer, wie meine früheren Beispiele belegen. Führende internationale Wettbewerber sitzen häufig nicht nur im selben Land, sondern oft auch in derselben Stadt oder Region eines Landes. Nationale Branchenpositionen sind oft erstaunlich stabil, halten sich viele Jahrzehnte und sogar ein Jahrhundert, wie unsere Fallstudien aufzeigen. Einzelerfolge lassen sich häufig mit unterschiedlichen Zielgruppen, staatlichen Zuschüssen oder Schutzmaßnahmen erklären, was letztlich heißt, daß der nationale Einzelproduzent gar nicht wirklich erfolgreich ist (wie bei Automobilen, der Raumfahrt und der Telekommunikation). Branchen und Branchenbereiche stehen somit im Mittelpunkt unserer Untersuchung. Selbstverständlich macht sich der starke Einfluß des Staates beim internationalen Wettbewerb auf bestimmten Gebieten bemerkbar, was nicht nur für die Unternehmen, sondern auch für den nationalen wirtschaftlichen Wohlstand von Bedeutung ist.

Klassische Grundprinzipien für Branchenerfolg

Die Versuche, internationalen Erfolg in einer Branche über den internationalen Handel zu erklären, haben eine lange Geschichte. Der klassische Versuch ist die Theorie vom komparativen Vorteil. Komparativer Vorteil bedeutet für den Wirtschaftswissenschaftler etwas Besonderes.[21] Adam Smith wird der Begriff des absoluten Vorteils zugeschrieben, bei dem ein Land einen Artikel dann exportiert, wenn es ihn zu den weltweit niedrigsten Kosten produziert. David Ricardo verfeinerte diesen Begriff zu dem vom komparativen Vorteil in der Erkenntnis, daß die Marktkräfte die Ressourcen eines Landes in die Branchen lenken, in denen es vergleichsweise am produktivsten ist. Das heißt, ein Land importiert unter Umständen auch ein Gut, das es mit niedrigsten Kosten selber herstellen könnte – nämlich dann, wenn es andere Güter noch produktiver herstellen kann. Wie ich ausgeführt habe, ist für den Handel sowohl der absolute wie der relative Vorteil notwendig.

In Ricardos Theorie beruht der Handel auf den zwischen Ländern bestehenden Unterschieden in der Arbeitsproduktivität.[22] Er schrieb sie unerklärten Unterschieden im Umfeld oder »Klima« von Ländern zu, die einige Industrien begünstigten. Ricardo war zwar auf der richtigen Spur, doch das Augenmerk ging in der Theorie vom Handel in andere Richtungen. Die herrschende Version der Theorie des komparativen Vorteils, die ursprünglich auf Heckscher und Ohlin zurückgeht, beruht auf dem Gedanken, daß alle Länder zwar eine gleichwertige Technologie besitzen, aber unterschiedlich mit den sogenannten Produktionsfaktoren ausgestattet sind, also mit Boden, Arbeit, Rohstoffen und Kapital.[23] Faktoren sind nichts anderes als die für die Herstellung notwendigen grundlegenden Produktionsmittel. Ein Land erzielt einen faktorbedingten komparativen Vorteil in den Branchen, die intensiv die Faktoren nutzen, von denen es reichlich besitzt. Es exportiert diese Güter und importiert diejenigen, bei denen es einen komparativen Faktornachteil hat.[24] Länder mit reichlich billigen Arbeitskräften, wie etwa Korea, exportieren arbeitsintensive Waren wie Textilien und elektronische Bauteile. Länder, die über reichlich Rohstoffe oder Ackerland verfügen, exportieren davon abhängige Erzeugnisse. Schwedens seit jeher starke Stellung in der Stahlindustrie z. B. entwickelte sich, weil die schwedischen Eisenerzlager nur ganz geringe phosphorige Verunreinigungen aufweisen, was einen qualitativ höherwertigen Stahl ergibt.

Ein produktionsfaktorenbedingter komparativer Vorteil besitzt einen unmittelbar erkennbaren Reiz, und nationale Unterschiede bei den Faktorkosten haben sicher eine Rolle bei der Herausbildung von Handelsmustern in vielen Industrien gespielt. Diese Ansicht hat die staatliche Politik vielfach für die Wettbewerbsfähigkeit eingenommen, weil man erkannte, daß der Staat den Faktorvorteil durch verschiedene Formen des Eingreifens entweder insgesamt oder in bestimmten Bereichen verändern kann.[25] Staaten haben, ob zu Recht oder Unrecht, verschiedene Maßnahmen zur Verbesserung des komparativen Vorteils bei den Faktorkosten ergriffen. Beispiele sind eine Senkung der Zinssätze, Bemühungen, die Lohnkosten niedrig zu halten, eine Abwertung, die auf die komparativen Preise einzuwirken sucht, Subventionen, spezielle Wertberichtigungen und Exportfinanzierung in bestimmten Bereichen. Jede dieser zeitlich unterschiedlich angesetzten Maßnahmen zielt für sich darauf ab, die relativen Kosten der Unternehmen eines Landes im Vergleich mit denen der internationalen Konkurrenten zu senken.

Die Notwendigkeit eines neuen Paradigmas

Immer mehr hat sich jedoch die Meinung durchgesetzt, daß der produktionsfaktoren-bedingte komparative Vorteil zur Erklärung des Handelsmusters nicht ausreicht.[26] Beweise, die kaum mit dem komparativen Faktorvorteil zusammenpassen, sind unschwer zu finden. Südkorea, das nach dem mit den Nordkoreanern geführten Koreakrieg (1950–53) praktisch kein Kapital besaß, war dennoch in der Lage, in mehreren relativ kapitalintensiven Branchen wie Stahl, Schiffbau und Automobile ansehnliche Exporte zu erzielen. Die USA dagegen mit qualifizierten Arbeitskräften, herausragenden Wissenschaftlern und reichlich Kapital haben Einbußen beim Exportmarktanteil in Branchen erlebt, wo man es am wenigsten erwartet hätte, bei Werkzeugmaschinen, Halbleitern und hochtechnisierten elektronischen Erzeugnissen.

Im großen ganzen wird ein erheblicher Teil des Welthandels zwischen Industrienationen mit ähnlicher Faktorausstattung abgewickelt. Gleichzeitig haben Wissenschaftler den Nachweis erbracht für das große und zunehmende Handelsvolumen mit Produkten, deren Herstellung ähnliche Faktoranteile aufweist. Beide Handelsarten sind mit dieser Theorie schwer zu erklären. Ein wesentlicher Teil des Handels umfaßt auch Ex- und Importe zwischen den verschiedenen nationalen Tochtergesellschaften multinationaler Unternehmen, eine Form des Handels, die die Theorie nicht berücksichtigt.

Am wichtigsten ist jedoch das zunehmende Bewußtsein, daß die den Handelstheorien des komparativen Faktorvorteils zugrundeliegenden Annahmen in vielen Branchen unrealistisch sind.[27] Die Standardtheorie unterstellt, daß es keine Einsparungen durch Erhöhung der Produktionskapazitäten gibt, daß die Technologien überall identisch sind, daß die Produkte undifferenziert sind und daß der Bestand an nationalen Faktoren fest ist. Die Theorie nimmt ferner an, daß Faktoren wie qualifizierte Arbeit und Kapital nicht zwischen den Ländern wandern.[28] All diese Annahmen haben für die meisten Branchen wenig Bezug zum tatsächlichen Wettbewerb. Bestenfalls kann die Theorie vom komparativen Faktorvorteil angesehen werden als in erster Linie brauchbar zur Erklärung allgemeiner Tendenzen in den Handelsmustern (z.B. die durchschnittliche Arbeits- und Kapitalintensität), weniger dazu, ob ein Land in einzelnen Branchen exportiert oder importiert.

Die Theorie vom komparativen Faktorvorteil ist für die Unternehmen auch deshalb enttäuschend, weil ihre Annahmen so wenig Ähnlichkeit mit dem tatsächlichen Wettbewerb haben. Eine Theorie, die keine Rolle für die Firmenstrategie vorsieht, etwa die Verbesserung der Technologie oder die Differenzierung der Produkte, läßt den Unternehmen kaum einen anderen Weg als den Versuch, die staatliche Politik zu beeinflussen. Es überrascht nicht, daß die meisten Manager, die mit der Theorie konfrontiert werden, der Meinung sind, sie unterbinde gerade das, was sie für äußerst wichtig halten, und biete wenig Anleitung für eine geeignete Unternehmensstrategie.

Veränderter Wettbewerb

Die dem komparativen Faktorvorteil zugrundeliegenden Annahmen hatten im 18. und 19. Jahrhundert mehr Überzeugungskraft, als viele Wirtschaftszweige zersplittert waren, die Produktion arbeitsintensiver und nicht so fachintensiv, und ein großer Teil des Handels Unterschiede bei den Wachstumsbedingungen, den Bodenschätzen und dem Kapital widerspiegelte. Amerika war beispielsweise einer der führenden Schiffsproduzenten, nicht zuletzt deshalb, weil es Holz im Überfluß besaß. Als Handelsgüter dienten Produkte wie Gewürze, Seide, Tabak und Erz, deren Vorkommen auf eine oder wenige Regionen begrenzt war.

Faktorkosten bleiben wichtig in Branchen, die auf Rohstoffe angewiesen sind, wo ungelernte und einfache Arbeit den größten Teil der Gesamtkosten ausmacht und die Technologie einfach und überall verfügbar ist. Kanada und Norwegen sind zum Beispiel stark im Gewinnen von Aluminium, überwiegend deshalb, weil die landschaftlichen Bedingungen die Erzeugung billigen Stroms mit Wasserkraft erlauben. Korea tat sich international durch den Bau einfacher Infrastrukturprojekte hervor, weil es über reichlich billige und sehr disziplinierte Arbeitskräfte verfügt.

In vielen Branchen war der komparative Faktorvorteil dagegen eine unvollständige Erklärung für den Handel, und das lange Zeit. Das gilt besonders für Branchen und Branchensegmente mit differenzierter Technologie und hochqualifizierten Beschäftigten, *vor allem jenen, die für die nationale Produktivität so wichtig sind.* Ironischerweise machte gerade, als die Theorie vom komparativen Vorteil formuliert wurde, die Industrielle Revolution einige ihrer Voraussetzungen hinfällig. Da immer mehr Industrien nach 1945 sich intensives Wissen angeeignet haben, ist die Rolle der Faktorkosten noch schwächer geworden.

Technologischer Wandel. Immer weniger Wirtschaftszweige ähneln denen, auf die sich die Theorie vom komparativen Vorteil stützt. Einsparungen durch Erhöhung der Produktionskapazität sind weit verbreitet, die meisten Produkte sind differenziert, und die Bedürfnisse der Käufer variieren von Land zu Land. Der technologische Wandel ist allgegenwärtig und von Dauer. Vielseitig anwendbare Technologien wie die Mikroelektronik, neue Werkstoffe und Informationssysteme haben die herkömmliche Unterscheidung zwischen Branchen mit stark und schwach entwickelter Technologie außer Kraft gesetzt. Das Niveau der in einer Branche eingesetzten Technologie kann in Unternehmen verschiedener Länder sehr unterschiedlich sein. Technologischer Wandel hat den Unternehmen ermöglicht, knappe Faktoren mit Hilfe neuer Produkte und Verfahren zu umgehen. Er hat die Bedeutung bestimmter Produktionsfaktoren, die einmal eine große Rolle spielten, aufgehoben oder vermindert. Eine flexible Automatisierung, die die Produktion kleiner Mengen und schnelle Modellwechsel erlaubt, verringert in vielen Branchen den Arbeitsanteil bei den Produkten. Zugang zur neuesten Technologie wird wichtiger als niedrige regionale Löhne. In den 80er Jahren verlegten Industrieunternehmen die Produktion häufig an Orte mit hohen Arbeitskosten (um nah am Markt zu sein), nicht umgekehrt. Der Einsatz von Materialien, Energie und anderen ressourcenbedingten Produktionsmitteln wurde erheblich reduziert, oder es wurden künstliche Ersatzstoffe entwickelt. Neue Materialien wie technische Kunststoffe, Keramik, Kohlefasern und Silizium, das bei der Produktion von Halbleitern gebraucht wird, werden aus Rohstoffen hergestellt, die billig sind und überall vorkommen.

Zugang zu den im Überfluß vorhandenen Faktoren ist in vielen Branchen weniger wichtig als die Technologie und Qualifikation, sie wirksam oder rentabel einzusetzen. Schwedens hochwertige, kaum verunreinigte Eisenerze z. B. waren so lange ein Vorteil, wie die Technologie der Stahlerzeugung Schwierigkeiten hatte, Verunreinigungen zu beheben. Als die Technologie der Stahlerzeugung jedoch Fortschritte machte, wurde das Problem gelöst, und der Vorteil Schwedens war dahin.

Vergleichbare Faktorausstattung. Der Welthandel findet überwiegend zwischen Industrieländern mit einer in etwa ähnlichen Faktorausstattung statt. Viele Entwicklungsländer haben ebenfalls einen bestimmten wirtschaftlichen Entwicklungsstand erreicht, was heißt, daß auch sie bei vielen Faktoren ähnlich ausgestattet sind. Ihre Arbeitskräfte haben die Ausbildung und Grundqualifikation, die für die Arbeit in vielen Branchen erforderlich sind. So nehmen die Vereinigten Staaten zweifellos nicht mehr ihre einst einzigartige Position bei den Facharbeitern ein. Viele andere Länder verfügen inzwischen ebenfalls über die grundlegende Infrastruktur wie Telekommunikation, Straßennetz und Häfen, die für den Wettbewerb in den meisten Fertigungsindustrien erforderlich ist.[29] Traditionelle Quellen des Faktorvorteils, die Industrieländer begünstigt haben, sind bei diesem Prozeß versiegt.

Globalisierung. Der Wettbewerb ist in vielen Wirtschaftszweigen internationaler geworden, nicht nur in der Fertigungsindustrie, sondern zunehmend auch bei den Dienstleistungen. Unternehmen konkurrieren mit wirklich weltumspannenden Strategien, verkaufen weltweit, beschaffen sich überall auf der Welt Bauelemente und Materialien und sind in vielen Ländern tätig, um den Vorteil der billigen Produktionsfaktoren zu nutzen. Sie schließen sich mit Firmen aus anderen Ländern zusammen, um von deren Stärke zu profitieren.

Die Globalisierung der Industrien befreit das Unternehmen von der Faktorausstattung eines einzigen Landes. Rohstoffe, Bauteile, Maschinen und vielfältige Dienstleistungen sind zu vergleichbaren Bedingungen weltweit verfügbar. Verbesserungen beim Transportwesen haben die Kosten für den Austausch von Faktoren oder faktorabhängigen Gütern zwischen Ländern gesenkt. Eine heimische Stahlindustrie ist zum Beispiel kein Vorteil mehr beim Stahlkauf. Es kann durchaus auch ein Nachteil sein, wenn eine nationale Politik oder bestimmte Zwänge bestehen, die zum Kauf bei teuren inländischen Lieferanten veranlassen.

Kapital fließt international in kreditwürdige Länder, die nicht allein auf einheimische Gelder angewiesen sind. Korea hat sich, wie ich bereits erwähnt habe, international eine Stellung in kapitalintensiven Branchen wie Stahl, Automobile und Chips gesichert, obwohl es in den 50er Jahren praktisch ohne Kapital begonnen hat. Ähnliche Kapitalzuflüsse waren lange Jahre zuvor für Länder wie Großbritannien, die Vereinigten Staaten, die Schweiz und Schweden typisch.[30] Selbst die Technologie treibt auf den Weltmärkten Handel, wenn auch meistens mit zeitlicher Verzögerung. Wo ein Zugang zu speziellen Faktorvorteilen über den Markt schwer zu erreichen ist, können multinationale Unternehmen Tochtergesellschaften vor Ort ansiedeln.

Aber obwohl viele Faktoren zunehmend mobiler werden, dauert der Handel an.

Dieser scheinbare Widerspruch bietet einen wichtigen Einblick, den wir im Folgenden weiterverfolgen wollen. Wo und wie effektiv Faktoren eingesetzt werden, erweist sich nämlich, wenn es um die Bestimmung des internationalen Erfolgs geht, als entscheidender als die Faktoren selbst.

Flüchtige Vorteile

Die gleichen Kräfte, die die Bedeutung der Faktorvorteile abgeschwächt haben, lassen diese oft als sehr flüchtig erscheinen. Ein Wettbewerbsvorteil, der auf Faktorkosten beruht, ist anfällig für noch niedrigere Faktorkosten anderswo oder für Staaten, die sie subventionieren wollen. Das Land mit den heute niedrigen Arbeitskosten ist unter Umständen schon morgen abgelöst. Die billigste Quelle für einen Rohstoff kann über Nacht versiegen, wenn eine neue Technologie die Ausbeutung von Rohstoffen an Orten erlaubt, an denen dies bisher unmöglich oder unwirtschaftlich schien. Wer hätte z. B. gedacht, daß Israel, das größtenteils aus Wüste besteht, ein leistungsfähiger Agrarstaat werden könnte? In stark faktorkostenanfälligen Branchen wechselt die Führerrolle oft sehr schnell, wie etwa die Branchen Textil und einfache Elektronikerzeugnisse zeigen.

Die Wirtschaftszweige, in denen Arbeitskosten oder Rohstoffe eine wichtige Rolle für den Wettbewerbsvorteil spielen, weisen häufig auch Branchenstrukturen auf, die nur eine niedrige durchschnittliche Anlageverzinsung gewähren. Da solche Branchen aufgrund der relativ geringen Zugangsschwierigkeiten vielen Ländern, die ihre Wirtschaft ankurbeln wollen, zugänglich sind, neigen sie zu zu vielen Wettbewerbern (und zuviel Kapazität). Ein sich schnell ändernder Faktorvorteil lockt beständig neue Konkurrenten an, was die Gewinne drückt und die Löhne niedrig hält. (Die etablierten Unternehmen sind benachteiligt, werden aber durch spezialisierte Anlagen gebunden.)

Entwicklungsländer werden häufig in solchen Branchen gefangen. Nahezu alle Exporte der nicht so hoch entwickelten Länder sind tendenziell an Faktorkosten und den Wettbewerb über den Preis gebunden. Entwicklungsprogramme fassen oft neue Branchen ins Auge, die auf Faktorkostenvorteilen aufbauen, vernachlässigen aber eine weiterführende Strategie. Länder in solcher Lage sind ständig davon bedroht, ihre Wettbewerbsposition zu verlieren, haben fortdauernd Probleme, attraktive Löhne und eine Kapitalverzinsung zu bieten. Ihre Fähigkeit, auch nur bescheidene Gewinne zu erwirtschaften, hängt von den wirtschaftlichen Veränderungen ab.[31]

Wenn der komparative Faktorvorteil nicht erklärt, was den nationalen Erfolg in den meisten Branchen ausmacht, werden sich Maßnahmen, die sich auf veränderliche Faktorkosten stützen, oft als wirkungslos erweisen. Die Beeinflussung der Arbeitslöhne bleibt irrelevant in Branchen, in denen der Anteil der Arbeitskräfte klein ist. Subventionen, gleich welcher Art, zeigen kaum Wirkung, wo der Wettbewerb auf Qualität, schneller Produktentwicklung und fortschrittlichen Grundzügen, weniger auf dem Preis beruht.[32]

Die Fäden einer neuen Erklärung

Es herrscht zwar weitgehend Einmütigkeit, daß der Faktorvorteil zur Erklärung des Handels nicht ausreicht, es ist aber alles andere als klar, was ihn ersetzen oder ergänzen könnte. Man hat eine ganze Reihe neuer Erklärungen für den Handel ins Spiel gebracht. Eine davon heißt: Einsparungen durch Erhöhung der Produktionskapazitäten verschaffen den Unternehmen der Länder, die sie realisieren können, einen Kostenvorteil, der ihnen den Export ermöglicht. Die Möglichkeit von Einsparungen durch Erhöhung der Produktionskapazitäten bietet eine vernünftige Erklärung für den Handel, selbst wenn keine Faktorvorteile bestehen. Einsparungen durch Erhöhung der Produktionskapazitäten bei der Herstellung einzelner Produktvarianten können auch den Handel mit ähnlichen Gütern erklären. Der gleiche Grundgedanke läßt sich auf andere Marktunvollkommenheiten anwenden, etwa den technologischen Wandel, der erhebliche Forschungs- und Entwicklungsausgaben erfordert, und eine Lernkurve, bei der die Kosten mit kumulativem Umfang sinken. Die Landesfirmen, die diese Unvollkommenheiten nutzen können, werden exportieren.[33]

Einsparungen durch Erhöhung der Produktionskapazitäten und andere Marktunvollkommenheiten sind tatsächlich für den Wettbewerbsvorteil in vielen Branchen relevant. Die aktuelle Theorie läßt die für unsere Zwecke wichtigste Frage jedoch unbeantwortet. *Welche Unternehmen eines Landes* kommen in den Genuß dieser Vorteile, und in welchen Branchen?

Beim weltweiten Wettbewerb z. B. können Unternehmen jedes Landes den Vorteil von Einsparungen durch Erhöhung der Produktionskapazitäten nutzen, wenn sie weltweit verkaufen. Es ist aber gar nicht ausgemacht, welche nationalen Unternehmen das tun.[34] Das aus einzelnen Branchen vorliegende Material bestätigt diese fehlende Klarheit: Italienische Unternehmen haben die Einsparungen durch Erhöhung der Produktionskapazitäten bei Haushaltsgeräten genutzt, deutsche Unternehmen hingegen in der Chemie, schwedische Firmen bei Bergbaumaschinen und schweizerische Firmen bei Textilmaschinen. Ein großer Inlandsmarkt, oft als Vorteil genannt, bietet kaum eine Erklärung; bei keinem dieser Länder war die Inlandsnachfrage nach dem jeweiligen Produkt am größten, und dennoch wurden die Unternehmen weltweit führend. Selbst bei großen Ländern besteht kein einfacher Zusammenhang zwischen Einsparungen durch Erhöhung der Produktionskapazitäten und internationalem Erfolg. In Japan z. B. gibt es in den Branchen, die auf diese Einsparungen besonders stark reagieren, zahlreiche Wettbewerber, die den Inlandsmarkt zersplittern (z. B. die neun japanischen Automobilhersteller). Viele dieser Unternehmen haben jedoch erhebliche Einsparungen durch Erhöhung der Produktionskapazitäten erzielt, und zwar durch den Verkauf im Ausland.[35] Diese fehlende Klarheit besteht bei Marktunvollkommenheiten jeglicher Art.

Andere Bemühungen, den komparativen Vorteil zu überwinden, haben sich auf die eine oder andere Weise auf die Technologie gestützt. Die Theorie Ricardos, nach der der Handel auf der unterschiedlichen Arbeitsproduktivität der Länder bei der Herstellung bestimmter Güter beruht, stützt sich auf Technologieunterschiede im weitesten Sinn. Eine neuere Version in dieser Richtung ist die sogenannte Handelstheorie der »technologischen Lücke«.[36] Nach dieser Theorie exportieren Länder in den Branchen, in denen ihre Unternehmen technologisch eine führende Rolle

(Lücke) einnehmen. Die Exporte gehen jedoch zurück, da die Technologie sich unausweichlich ausbreitet und die Lücke sich schließt.

Technologische Unterschiede spielen tatsächlich eine entscheidende Rolle für den Wettbewerbsvorteil, aber die Theorie Ricardos und die der technologischen Lücke beantworten wiederum nicht die Frage, die uns hier am meisten beschäftigt. *Warum* kommt es zu einem Produktivitätsunterschied oder zur technologischen Lücke? *Wo*, in welchem Land erzielen Unternehmen solche Vorteile? Und warum wahren bestimmte Firmen eines bestimmten Landes technologische Vorteile oft jahrzehntelang in einer Branche – und verlieren ihre führende Position nicht zwangsläufig, wie die Theorie der technologischen Lücke postuliert?

Andere interessante Denkansätze haben bei dem Versuch, den Handelserfolg zu erklären, die Rolle des Inlandsmarkts des betreffenden Landes hervorgehoben. Am geschlossensten ist Raymond Vernons Theorie vom »Produktzyklus«.[37] Vernon wollte erklären, warum die Vereinigten Staaten eine führende Position bei so vielen hochwertigen Gütern einnehmen. Er war der Auffassung, die frühe Inlandsnachfrage nach diesen Gütern habe bewirkt, daß amerikanische Unternehmen sich besonders stark für neue Produkte einsetzten.[38] Die amerikanischen Unternehmen exportierten in der frühen Phase der Branchenentwicklung und nahmen dann die Auslandsproduktion auf, wenn die Auslandsnachfrage stieg. Schließlich stiegen ausländische Firmen in die Branche ein, sobald die Technologie sich ausbreitete, und sowohl diese Auslandsunternehmen wie auch die ausländischen Tochtergesellschaften amerikanischer Firmen exportierten in die Vereinigten Staaten.

Der Gedanke des Produktzyklus ist der Beginn einer wirklich dynamischen Theorie; er führt aus, wie der Inlandsmarkt die Innovation beeinflussen kann. Dennoch läßt er viele für uns hier entscheidende Fragen unbeantwortet. Wie Vernon selbst erkannt hat, beherrschen die Vereinigten Staaten den Markt für hochwertige Güter nicht mehr oder haben ihn nie beherrscht. Die allgemeinere Frage lautet, warum Firmen aus bestimmten Ländern sich in bestimmten neuen Branchen eine Führungsposition verschaffen. Was passiert, wenn Nachfrage gleichzeitig in mehreren Ländern entsteht, was heute die Regel ist? Warum werden Länder mit einem sich langsamer entwickelnden oder kleinen Inlandsmarkt für ein bestimmtes Produkt oft weltweit führend? Warum schreitet die Innovation in vielen nationalen Wirtschaftszweigen fort und ist kein einmaliges Ereignis, auf das unwiderruflich eine Normierung der Technologie folgt, wie die Theorie vom Produktzyklus meint? Warum findet der nach Vernon unvermeidliche Vorteilsverlust in vielen Branchen nicht statt? Wie können wir erklären, warum die Unternehmen einiger Länder den Vorteil in einer Branche zu wahren vermögen, andere Unternehmen dagegen nicht?[39]

In einem bemerkenswerten Denkansatz wurde schließlich versucht, das Aufkommen der multinationalen Gesellschaft oder des Konzerns mit Operationen in mehr als einem Land zu erklären. Die Multis konkurrieren international nicht nur durch das Exportieren, sondern auch durch Auslandsinvestitionen. Ihre beherrschende Stellung bedeutet, daß der Handel nicht mehr die einzige wichtige Form des internationalen Wettbewerbs ist. Multinationale Unternehmen produzieren und verkaufen in vielen Ländern und verfolgen Strategien, die Handel und verstreute Produktion kombinieren. Jüngste Schätzungen legen nahe, daß ein wesentlicher Teil des Welthandels zwischen den Tochtergesellschaften multinationaler Unternehmen erfolgt und daß ein bedeutender Teil der Importe der Industrienationen auf das Importkonto der Töchter der multinationalen Gesellschaften *des Landes selbst* geht. Nationaler Erfolg in einer Branche bedeutet zunehmend, daß das Land der heimische Stützpunkt für führende multinationale Unternehmen in dieser Branche ist, nicht nur der Stützpunkt für inländische Firmen, die auch exportieren. Bei Computern z. B. sind die USA der heimische Stützpunkt für IBM, DEC, Prime, Hewlett-Packard und andere amerikanische Unternehmen, die überall in Europa und anderswo Anlagen und Tochtergesellschaften haben.

Der multinationale Status spiegelt die Fähigkeit eines Unternehmens, die in einem Land erworbene Stärke zu nutzen, um sich in anderen Ländern eine Position zu verschaffen.[40] Multinationale Unternehmen finden sich meistens in Branchen mit differenzierten Produkten und hohem Forschungsaufwand; erfolgreiche Firmen weisen hier eine Qualifikation und ein Know-how auf, die im Ausland genutzt werden können. Multinationale Gesellschaften werden häufig als Unternehmen ohne Länder beschrieben. Sie können dort wirtschaften (und Waren produzieren), wo sie wollen, und sie tun dies auch.

Die Rolle der multinationalen Unternehmen muß Bestandteil jedes umfassenden Versuchs sein, den Wettbewerbserfolg in einer Branche zu erklären. Doch der Versuch, der im Mittelpunkt vieler früherer Untersuchungen steht, das Bestehen multinationaler Unternehmen zu erklären, läßt die für unsere Zwecke wesentlichen Fragen unbeantwortet. Multinationale Gesellschaften, die in bestimmten Bereichen oder Branchen führende Wettbewerber sind, sitzen oft in nur ein oder zwei Ländern. Die entscheidenden Fragen zielen darauf ab, *warum und wie* Multis in einem bestimmten Land die besondere Qualifikation und das Know-how in bestimmten Branchen entwickeln. Warum wahren einige multinationale Unternehmen in einigen Ländern diese Vorteile und bauen sie aus, andere dagegen nicht?

Auf dem Weg zu einer neuen Theorie vom nationalen Wettbewerbsvorteil

Die zentrale hier zu beantwortende Frage lautet: Warum haben Unternehmen in bestimmten Ländern in bestimmten Bereichen und Branchen international Erfolg? Die Suche gilt den entscheidenden Eigenschaften eines Landes, das seinen Unternehmen die Schaffung und Wahrung von Wettbewerbsvorteilen auf bestimmten Gebieten ermöglicht, also dem Wettbewerbsvorteil der Länder.

Die Globalisierung der Branchen und die Internationalisierung der Unternehmen bescheren uns ein Paradoxon. Man ist versucht zu folgern, das Land habe seine Funktion beim internationalen Erfolg seiner Unternehmen verloren. Die Unternehmen haben die Länder überwunden, so scheint es auf den ersten Blick. Doch was ich bei dieser Untersuchung gelernt habe, widerspricht dieser Schlußfolgerung. Wie frühere Beispiele nahegelegt haben, sind die Führer bestimmter Branchen und Branchenbereiche meistens in wenigen Länden konzentriert und halten den Wettbewerbsvorteil über Jahrzehnte aufrecht. Wenn Unternehmen aus verschiedenen Ländern ein Bündnis bilden, haben am Ende diejenigen die eindeutige Führungsrolle, die in Ländern sitzen, die den echten Wettbewerbsvorteil fördern.

Der Wettbewerbsvorteil wird durch einen stark ortsbedingten Vorgang geschaffen und erhalten. Unterschiede in den nationalen Wirtschaftsstrukturen, Wertvorstellungen, Kulturen, Institutionen und geschichtlichen Gegebenheiten tragen entscheidend zum erfolgreichen Wettbewerb bei. Die Rolle des Heimatlandes ist dabei anscheinend so stark wie eh und je. Es könnte den Anschein haben, als machte die Globalisierung des Wettbewerbs das Land unwichtiger, doch offenbar wertet sie es noch auf. Mit weniger Handelshemmnissen zum Schutz nicht wettbewerbsfähiger einheimischer Firmen und Branchen gewinnt das Heimatland immer mehr an Bedeutung, weil es der Ursprung jener Qualifikation und Technologie ist, die den Wettbewerbsvorteil untermauern.

Jede neue Theorie vom Wettbewerbsvorteil in Branchen muß von Prämissen ausgehen, die aus einer Vielzahl früherer Arbeiten gewonnen wurden. Erstens können Unternehmen unterschiedliche Strategien wählen und tun es auch. Eine neue Theorie muß erklären, warum Unternehmen aus bestimmten Ländern für den Wettbewerb in bestimmten Branchen bessere Strategien wählen als die Firmen anderer Länder.

Zweitens treten erfolgreiche internationale Wettbewerber oftmals mit globalen Strategien an, in die Handel und Auslandsinvestitionen integriert sind. Die meisten bisherigen Theorien haben entweder den Handel oder die Auslandsinvestitionen zu erklären versucht. Eine neue Theorie muß dagegen erklären, warum ein Land *heimischer Stützpunkt* für erfolgreiche Weltunternehmen einer bestimmten Branche ist, die beides zugleich betreiben.[41] Viele der dem Export und den Auslandsinvestitionen zugrundeliegenden Ursachen erweisen sich als identisch.

Der heimische Stützpunkt ist das Land, in dem die wesentlichen Wettbewerbsvorteile des Unternehmens geschaffen und gewahrt werden. Dort wird die Strategie eines Unternehmens festgelegt, und dort werden das Kernprodukt und die Verfahrenstechnologie (im weitesten Sinn) geschaffen und aufrechterhalten. Im allgemeinen, wenn auch nicht immer, wird dort sehr aufwendig produziert.[42] Oft sind Firmen anderweitig auch in einer Anzahl anderer Länder tätig.[43]

Der heimische Stützpunkt ist der Ort vieler der produktivsten Arbeitsplätze, der Kerntechnologien und der höchsten Qualifikationen. Die Existenz des heimischen Stützpunkts in einem Land hat zugleich die größten positiven Einflüsse auf andere verwandte heimische Branchen und führt zu weiteren Vorteilen für den Wettbewerb in der Wirtschaft des Landes, was noch der Erläuterung bedarf. Das Land, das der heimische Stützpunkt ist, kommt normalerweise auch in den Genuß positiver Nettoexporte.

Der Besitz von Unternehmen ist zwar häufig am heimischen Stützpunkt konzentriert, die Nationalität der Aktienbesitzer ist jedoch zweitrangig. Solange das inländische Unternehmen der wahre heimische Stützpunkt bleibt, weil es die wirkungsvolle strategische, kreative und technische Kontrolle ausübt, erntet das Land nach wie vor die meisten Vorteile für seine Volkswirtschaft – selbst wenn das Unternehmen sich im Besitz ausländischer Investoren oder einer ausländischen Gesellschaft befindet.[44] Die Erklärung, warum ein Land der heimische Stützpunkt für erfolgreiche Wettbewerber in hochtechnisierten Bereichen und Branchen werden konnte, ist somit von entscheidender Bedeutung für das Produktivitätsniveau des Landes und seine Fähigkeit, die Produktivität mit der Zeit zu verbessern.

Eine neue Theorie muß über den komparativen Vorteil hinausgehen und auch den

Wettbewerbsvorteil eines Landes erfassen. Sie muß erklären, warum die Unternehmen eines Landes einen Wettbewerbsvorteil in all seinen Formen erzielen – nicht nur die begrenzten Arten des faktorbedingten Vorteils, wie er in der Theorie vom komparativen Vorteil behandelt wird. Die meisten Handelstheorien blicken nur auf die Kosten, handeln Qualität und differenzierte Produkte mehr oder weniger in einer Fußnote ab.[45] Eine neue Theorie muß den Begriff des Wettbewerbs in seiner ganzen Fülle wiedergeben, also mit den Marktsegmenten, mit den differenzierten Produkten, mit Technologieunterschieden und Einsparungen durch Erhöhung der Produktionskapazitäten. Qualität, Besonderheiten und neue Produkte sind in fortschrittlichen Branchen und Branchenbereichen von zentraler Bedeutung. Darüber hinaus erwächst ein Kostenvorteil ebenso aus den Entwürfen rationell herstellbarer Erzeugnisse und führender Verfahrenstechnologie wie aus Faktorkosten oder gar Einsparungen durch Erhöhung der Produktionskapazitäten. Wir müssen erkennen, warum Unternehmen aus einigen Ländern diese für eine hohe und steigende Produktivität so wichtigen Vorteile besser schaffen können als andere.

Eine neue Theorie muß von der Voraussetzung ausgehen, daß Wettbewerb dynamisch ist und sich entfaltet. Das traditionelle Denken hat oft eine im wesentlichen statische Sicht vertreten, die sich auf die Kosteneffizienz als Folge von Faktorvorteilen oder Vorteilen durch Einsparungen durch Erhöhung der Produktionskapazitäten konzentriert. Technologische Veränderungen wurden als exogen, als außerhalb des Geltungsbereichs der Theorie liegend, behandelt. Wie Joseph Schumpeter schon vor vielen Jahrzehnten erkannte, gibt es jedoch kein »Gleichgewicht« beim Wettbewerb. Wettbewerb ist ein sich ständig wandelndes Szenario, in dem neue Produkte, neue Wege des Marketings, neue Produktionsverfahren und komplette neue Marktbereiche auftauchen. Statische Effizienz zu einem bestimmten Zeitpunkt wird rasch von einem schnelleren Fortschrittstempo abgehängt. Doch Schumpeter schreckte, wie die anderen Wissenschaftler, die ich erwähnt habe, davor zurück, die uns hier beschäftigende zentrale Frage zu beantworten: Warum sind einige Unternehmen in einigen Ländern innovativer als andere?

Eine neue Theorie muß Verbesserungen und Innovationen bei den Methoden und der Technologie zu einem Hauptbestandteil machen.[46] Wir haben die Rolle des Landes beim Innovationsprozeß zu erklären. Innovationen erfordern Investitionen in die Forschung, das Sachkapital und das Humankapital; wir müssen also erklären, warum das Tempo derartiger Investitionen in einigen Ländern hoch ist, in anderen dagegen nicht. Die Frage ist, wie ein Land ein Umfeld schafft, in dem seine Unternehmen sich entfalten und in einer bestimmten Branche schneller innovieren können als ausländische Konkurrenten. Das ist zudem wesentlich für die Erklärung, wie ganze Volkswirtschaften sich fortentwickeln, denn der technologische Wandel ist in weitestem Sinne für einen Großteil des Wirtschaftswachstums verantwortlich.[47]

Betrachtet man den Wettbewerb statisch, sind die Produktionsfaktoren eines Landes feste Größen. Die Unternehmen setzen sie in den Branchen ein, wo sie den größten Ertrag bringen. Der wirkliche Wettbewerb ist in seinem Wesen jedoch innovativ und veränderlich. Anstatt darauf beschränkt zu sein, die Ressourcen einfach dorthin zu verlagern, wo der Ertrag am größten ist, geht es in Wirklichkeit darum, wie die Unternehmen die Erträge steigern, die durch neue Produkte und Verfahren möglich sind. Anstatt innerhalb fester Grenzen einfach nur zu maximieren, lautet die Frage, wie Unternehmen durch das Verändern dieser Grenzen einen Wettbewerbsvorteil erringen können. Anstatt nur einen festen Bestand an Produktionsfaktoren einzusetzen, ist die viel wichtigere Frage, wie die Unternehmen und Nationen die Faktorqualität verbessern, die Produktivität, mit der sie genutzt werden, erhöhen und neue Faktoren schaffen.[48] Wo Faktoren darüber hinaus mobil sind und durch Globalstrategien erschlossen werden können, rücken Effizienz und Effektivität, mit dem Faktoren eingesetzt werden können, noch mehr in den Mittelpunkt. Aus den Antworten auf diese Fragen wird sich das Verständnis ergeben, warum ein Land in bestimmten Branchen Erfolg hat.

Da die Unternehmen eine wichtige Rolle bei der Schaffung von Wettbewerbsvorteilen spielen, muß das Verhalten der Unternehmen wesentlicher Bestandteil einer Theorie des nationalen Vorteils sein. Ein guter Test für eine neue Theorie ist, daß sie sowohl Managern wie Politikern und Wirtschaftswissenschaftlern sinnvoll erscheint. Aus der Sicht des Managers ist vieles an einer Handelstheorie zu allgemein, als daß es von größerem Belang sein könnte. Eine neue Theorie muß den Unternehmen Einsicht verschaffen, wie eine Strategie aufzustellen ist, damit sie international wirksamer konkurrieren können. Diesen Anforderungen möchte ich gerecht werden.

Die Untersuchung

Um zu ergründen, warum ein Land in bestimmten Branchen einen Wettbewerbsvorteil erringt und was dies für die Unternehmensstrategie und für die Volkswirtschaft bedeutet, habe ich eine vierjährige Untersuchung zehn wichtiger Handelsnationen durchgeführt:

Dänemark	Korea
Deutschland	Schweden
Großbritannien	Schweiz
Italien	Singapur
Japan	Vereinigte Staaten

Erfaßt sind die drei führenden Wirtschaftsmächte Vereinigte Staaten, Japan und Deutschland sowie eine Reihe anderer Staaten, die ausgewählt wurden, um eine Vielfalt an Größe, staatlicher Wirtschaftspolitik, sozialer Haltung sowie geographischer und regionaler Gegebenheiten zu gewährleisten. In den letzten Jahren ist den asiatischen Staaten viel Aufmerksamkeit gewidmet worden, von denen hier Japan, (Süd-)Korea und Singapur untersucht wurden. Die europäischen Länder vermitteln jedoch ebenso interessante und wichtige Einsichten; deswegen wurden mehrere in die Untersuchung einbezogen, darunter Länder wie die Schweiz und Schweden, die für ihre Größe einen bemerkenswerten Anteil am Welthandel haben. Die Untersuchung wurde lediglich aus Zeitgründen und wegen begrenzter Mittel auf zehn Länder beschränkt. Zusammen vereinten die zehn untersuchten Länder 1985 volle 50 Prozent aller Weltexporte auf sich. Einige herausragende Merkmale sind in der Tabelle 1–1 aufgeführt.

Tabelle 1–1   Ausgewählte wirtschaftliche und demographische Merkmale der

	Dänemark	Deutschland	Großbritan- nien
Bevölkerung 1987 (Mio)	5,1	61,2	56,9
Fläche (in km²)	43.075	248.678	244.046
Bevölkerungsdichte 1987 (Menschen/km²)	795	1650	1564
Bruttoinlandsprodukt (BIP) 1987 zu Preisen und Wechselkursen von 1980 (in Milliarden US-Dollar)	77,2	899,1	628,7
Jährliches Gesamtwachstum des BIP zu Preisen von 1980, 1950–87	3,2%	4,6%	2,5%
Jährliches Gesamtwachstum der Industrieproduktion, 1950–87	2,5%ᵉ	4,6%	2,2%
Jährliches Gesamtwachstum der Bevölkerung, 1950–87	0,5%	0,7%	0,3%
Jährliches Gesamtwachstum der Arbeitskräfte (Zahl der beschäftigten Personen), 1950–87	1,0%ᵃ	0,8%	0,3%
BIP pro Kopf 1987 zu Preisen in US-Dollar von 1980	15.137	14.691	11.094
Jährliches Gesamtwachstum des BIP pro Kopf zu Preisen von 1980, 1950–87	2,7%	4,0%	2,2
Gesamtwachstum der Jahresproduktivität (BIP pro Beschäftigter), 1950–87	2,4%ᵃ	3,8%	2,2%
Nationale Nettoinvestitionen (Bruttoanlageinvestitionen abzüglich der Wertminderung als % des BIP), Durchschnitt 1950–87	11,6%	11,8%	7,7%
Exporte als % des BIP (1987)	25,2%	26,2%	19,6%
Importe als % des BIP (1987)	25,1%	20,3%	23,0%
Arbeitslosenquote 1987	8,1%	8,9%	10,5
Durchschnittliche Arbeitslosenquote, 1951–87	6,4%	3,5%	4,7%

QUELLEN: Internationaler Währungsfonds, *International Financial Statistics*, Jahrbuch, September 1988.

National Bureau of Economic Research, *Foreign Trade Regimes and Economic Development: South Korea*, 1975.

OECD Economic Outlook, *Historical Statistics,* 1960–86.

Vereinte Nationen, *Statistical Yearbook*, verschiedene Jahrgänge, und *Monthly Bulletin of Statistics*.

US-Arbeitsministerium, *Comparative Real GDP Figures,* unveröffentlichte Daten.

ANMERKUNG: Markoökonomische Indikatoren werden von vielen verschiedenen Organisationen genannt und tauchen in Statistiken auf, die verschiedenen Quellen entstammen und verschiedene Methoden anwenden. Die hier angeführten Indikatoren beruhen so weit wie möglich auf Standardquellen und -methoden, um einen internationalen Vergleich zu ermöglichen. Es wurden Zahlen zu Preisen und zu Wechselkursen von 1980 verwendet. Vergleiche, die verschiedene Basisjahre oder Wechselkurse benutzen, schwanken manchmal, die Reihenfolge der Länder untereinander ändert

untersuchten Länder

Italien	Japan	Korea	Schweden	Schweiz	Singapur	Vereinigte Staaten
57,3	122,1	42,1	8,4	6,5	2,6	243,8
301.252	372.313	120.538	449.964	41.293	581	9.363.123
1277	2168	2849	124	1057	28.057	171
525,9	1370,6	62,8[h]	140,5	114,4	15,3[h]	3301,3
4,5%	7,2%[a]	7,9%[a]	3,0%	3,2%	8,3%[b]	3,2
5,3%	9,7%	14,1%[a]	3,3%	2,6%[b]	9,7%[f]	3,8%
0,5%	1,1%	2,0%	0,5%	0,9%	2,6%	1,3%
0,1%	1,4%	3,2%[c]	0,6%	0,2%[e]	3,6%[e]	1,7%
9178	11.225	1528[h]	16.726	17.600	5885[h]	13.541
3,9%	6,2%[a]	5,7%[b]	2,6%	2,2%	6,5%[a]	1,9%
4,4%	5,9%[a]	5,8%[c]	2,3%[b]	1,2%[e]	4,8%[e]	1,4%
10,9%	17,6%	14,7%[g]	11,0%	13,7%	NV	7,1%
14,7%	10,7%	39,0%	27,9%	35,6%	143,9%	5,6%
16,5%	6,9%	33,8%	25,5%	37,2%	163,3%	9,5%
11,9%	2,8%	3,1%	1,9%	0,8%	4,7%	6,2%
5,4%	1,7%	5,0%[d]	2,1%	0,3%	4,1%[e]	5,7%

sich jedoch nicht wesentlich, außer bei den absoluten Werten, vor allem beim BIP pro Kopf. Die Verwendung der Kaufkraftparitäten-Wechselkurse macht die Vereinigten Staaten vom absoluten BIP pro Kopf her zur führenden Nation, wenngleich ihre Wachstumsrate beim BIP pro Kopf in der Nachkriegszeit noch immer den letzten Platz einnimmt, genauso wie das Wachstum beim BIP pro Beschäftigter.

[a] 1955–87   [c] 1963–87   [e] 1970–87   [g] 1955–85
[b] 1960–87   [d] 1961–87   [f] 1966–86   [h] 1985
NV = Nicht verfügbar.

In den Brennpunkt der Untersuchung rückte der Prozeß, in relativ hochtechnisierten Branchen und Branchensegmenten einen Wettbewerbsvorteil zu erzielen und zu wahren. Bei ihnen liegt der Schlüssel zu einer hohen und steigenden Produktivität in einem Land, von der herrschenden Theorie werden sie jedoch am wenigsten verstanden. Die für diese Untersuchung ausgewählten Länder stehen bereits in mehreren dieser Branchen erfolgreich im Wettbewerb oder sind auf dem Weg dorthin, wie im Falle (Süd-)Koreas und Singapurs.[49] Aus der Gruppe der rasch wachsenden Schwellenländer wurden Korea und Singapur gewählt, weil sie ganz unterschiedliche Muster industriellen Erfolgs und zudem eine unterschiedliche Mischung staatlicher Politik aufweisen.[50] Gerade Korea hat die schnellste und beständigste Verbesserung der Wettbewerbsposition aller Schwellenländer erlebt.

Bisher haben sich die meisten Untersuchungen über nationale Wettbewerbsfähigkeit mit nur einem Land beschäftigt oder sich mit einem bilateralen Vergleich begnügt, oft mit Japan.[51] Man hat zwar viel aus dieser Untersuchung gelernt, doch kann ein solcher Ansatz uns nur ein Stück weiterbringen, und er kann in die Irre führen. Die Ergebnisse bilateraler Vergleiche weisen oft einen Mangel an Stabilität auf, wenn die Studie um ein drittes oder viertes Land erweitert wird. In Untersuchungen, die etwa die Vereinigten Staaten und Japan vergleichen, werden gemeinschaftliche Forschungsprojekte der Japaner häufig als ein wesentlicher Faktor für den Wettbewerbserfolg Japans hingestellt. Solche Untersuchungen haben als Rechtfertigung dafür gedient, dieses Vorgehen auch andernorts zu propagieren. Aber Deutschland und die Schweiz z. B. behaupten ihren Wettbewerbsvorteil in den verschiedensten Branchen offenbar ohne gemeinschaftliche Forschung. Die japanischen Gemeinschaftsprojekte sind, wie ich noch erläutern werde, auch aus anderen als den oft angenommenen Gründen wichtig.[52] Mit der Untersuchung von Ländern mit sehr unterschiedlichem Umfeld hoffe ich, die fundamentalen Kräfte, die dem nationalen Wettbewerbsvorteil zugrunde liegen, von den landestypischen zu trennen.

Die Untersuchung wurde von einer Gruppe von über dreißig Wissenschaftlern durchgeführt, die in der Mehrzahl aus dem Land stammten, das sie untersuchten, und auch dort ansässig waren. In jedem Land wurde eine allgemeingültige Methodik angewandt. Die Studie wurde mit Hilfe und Unterstützung der im Vorwort genannten Institutionen durchgeführt. Zu ihnen gehörten Regierungsstellen wie das japanische Ministerium für Internationalen Handel und Industrie, private Finanzinstitute wie die Deutsche Bank, Lehreinrichtungen wie das Institut für internationale Wirtschaft der wirtschaftswissenschaftlichen Fakultät der Universität Stockholm und auch eine Zeitschrift, *The Economist*. Kooperative Organisationen sorgten für die erforderliche Infrastruktur, für Zugang zu Unternehmen und anderen Institutionen im jeweiligen Land und manchmal auch für Hilfe bei den Untersuchungen vor Ort.

Erfassen der erfolgreichen Branchen in den Volkswirtschaften

In jedem Land bestand die Untersuchung aus zwei Teilen. Zunächst galt es, alle (oder möglichst viele) Wirtschaftszweige zu bestimmen, in denen die Unternehmen des Landes international erfolgreich waren; das geschah mit Hilfe statistischer Daten, anderer publizierter Materialien und direkter Befragungen. Wir haben uns mit allen Wirtschaftszweigen befaßt, der Landwirtschaft, der Fertigungs- und der Dienstleistungsindustrie. Die meisten bisherigen Untersuchungen haben die Dienstleistungen ausgespart, doch der internationale Wettbewerb auf diesem Gebiet wird immer stärker und wichtiger. Auch wenn Daten über den Dienstleistungsbereich noch knapp sind und vieles über die nationalen Wettbewerbspositionen einzelnen Befragungen und bruchstückhaften Veröffentlichungen entnommen werden mußte, wurde die Dienstleistungsindustrie sowohl in die nationalen Profile als auch in die Branchen aufgenommen, die wir für die eingehenderen Studien auswählten.

Die Grundeinheit der Analyse war die eng definierte Branche oder ein bestimmtes Branchensegment. Der nationale Vorteil konzentriert sich zunehmend in einzelnen Branchen und sogar Branchensegmenten, deren besondere und unterschiedliche Ursprünge des Wettbewerbsvorteils er widerspiegelt. Innerhalb der Grenzen der verfügbaren Daten haben wir nach den am wenigsten aggregierten Branchendefinitionen gesucht.[53]

Wir haben den internationalen Erfolg der Branche eines Landes definiert als den *Besitz eines Wettbewerbsvorteils gegenüber den weltweit besten Konkurrenten.* Weil es Schutzmaßnahmen, Subventionen, unterschiedliche Bilanzierungsgewohnheiten und den ausgeprägten Grenzhandel mit Nachbarländern gibt, können viele mögliche Werte des Wettbewerbsvorteils in die Irre führen. Weder die inländische Rentabilität noch die Größe der Branche oder die des führenden Unternehmens, noch die Existenz von Exporten ist ein verläßliches Anzeichen für einen Wettbewerbsvorteil. Das Vorhandensein eines echten Wettbewerbsvorteils statistisch zu erfassen ist schwierig.

Als bestes Maß für den internationalen Wettbewerbsvorteil haben wir entweder (1) das Vorhandensein erheblicher und ständiger Exporte in mehrere andere Länder gewählt und/oder (2) erhebliche Investitionen im Ausland, die auf Fachkenntnissen und Vermögenswerten beruhen, die während der statistischen Phase unserer Untersuchung im Inland erwirtschaftet wurden.[54] Auslandsinvestitionen und Handel sind ein wesentlicher Bestandteil globaler Strategien, und wenn man den internationalen Erfolg mißt, muß beides erfaßt werden. Die schweizerischen Pharmakonzerne und die amerikanischen Produzenten von abgepackten Konsumgütern z. B. besitzen eine internationale Stärke, die deutlich über das hinausgeht, was die Handelszahlen aussagen. In der Praxis dagegen kommen Exporte und Auslandsinvestitionen meistens zusammen vor. Wie wir die Wettbewerbsbranchen im einzelnen festgelegt haben, wird im Anhang A erläutert.[55]

Das Land wurde als heimischer Stützpunkt eines Unternehmens behandelt, sofern es entweder ein einheimisches Unternehmen in einheimischem Besitz war oder eine Firma, die selbständig geführt wurde, auch wenn sie im Besitz eines ausländischen Unternehmens oder Investors war. Ein Skistiefelhersteller mit Firmensitz in Italien, der seine Produkte im wesentlichen in Italien entwickelt und produziert, wurde als ein Fall italienischen Wettbewerbsvorteils behandelt, obwohl die Firma von einem ausländischen Unternehmen erworben worden war. Bestand die Branche eines Landes jedoch größtenteils aus Produktionstöchtern ausländischer Unternehmen, wurde das Land auf diesem Gebiet nicht als wettbewerbsfähig eingestuft.

Wir haben ein Profil aller Branchen angelegt, in denen jedes Land an drei bestimmten Zeitpunkten international erfolgreich war: 1971, 1978 und 1985.[56] Die größeren Länder nehmen in Hunderten von Branchen eine internationale Stellung ein. Das Muster der erfolgreichen Branchen in den einzelnen Volkswirtschaften war alles

Tabelle 1–2   Industriefallstudien

DÄNEMARK	abfüllmaschinen	Verpackungs- und Ab-
	Füllfederhalter und Blei-	füllmaschinen
Landwirtschafts-	stifte	Skistiefel
maschinen	Druckerpressen	Wollstoffe
Gebäudereinigung	Gummi-, Kunststoffbe-	
Technische Beratung	arbeitungsmaschinen	*JAPAN*
Molkereiprodukte	Röntgenapparate	
Nahrungsmittelzusätze		Klimaanlagen
Möbel	*GROSSBRITANNIEN*	Rundfunkgeräte
Industriefermente		Autoradios
Arzneimittel	Auktionen	Kohlefasern
Elektronische Spezial-	Gebäck	Synthetikgewebe
geräte	Chemische Erzeugnisse	Telefax
Telekommunikations-	Konditoreiwaren	Gabelstapler
geräte	Maschinen zur Strom-	Mikrowellengeräte und
Maschinen für die	erzeugung	Satellitenkommuni-
Abfallbeseitigung	Versicherungen	kation
	Arzneimittel	Musikinstrumente
		Optische Bauteile und
DEUTSCHLAND	*ITALIEN*	Instrumente
Automobile	Fliesen	Industrieroboter
Chemische Erzeugnisse	Tanzclub- und Theater-	Halbleiter
Messerwaren	ausstattung	Nähmaschinen
Brillengestelle	Haushaltsgeräte	Schiffsbau
Mähdrescher	Technik/Bauwesen	Reifen für LKWs und
Optische Instrumente	Produktionsautomaten	Busse
Verpackungs-/Flaschen-	Schuhe	Lastkraftwagen

andere als willkürlich, und die Aufgabe bestand darin, das Muster und seine Veränderungen im Zeitablauf zu erklären.[57] Besonders interessant waren die Verbindungen oder Beziehungen der Wettbewerbsbranchen eines Landes untereinander. Wir haben uns einer sogenannten Clustergrafik bedient, um erfolgreiche Branchen in jeder Volkswirtschaft aufzuführen – die Darstellung beginnt in Kapitel 7.[58]

Geschichten erfolgreicher Branchen

Im zweiten Teil der Studie haben wir die Geschichte des Wettbewerbs in bestimmten Branchen untersucht, um den dynamischen Prozeß zu verstehen, durch den der Wettbewerbsvorteil geschaffen wird. Auf der Grundlage der nationalen Profile haben wir über einhundert Branchen oder Branchengruppen zur eingehenden Untersuchung ausgewählt, die in Tabelle 1–2 aufgeführt sind. Weit mehr Branchen sind weniger ausführlich untersucht worden.

Schreibmaschinen
Videorecorder
Armbanduhren

KOREA

Bekleidung
Automobile
Hochbau
Schuhe
Klaviere
Halbleiter
Schiffsbau
Stahl
Video- und Tonkassetten
Perücken

SCHWEDEN

Autotransport
Kommunikationspro-
   dukte für Behinderte
Anlagen für den Um-
   weltschutz
Schwerlastwagen
Bergbaumaschinen
Zeitungspapier

Kühltransporte
Steinbohrer
Holzfußböden
Kassierergesteuerte
   Geldautomaten

SCHWEIZ

Banken
Schokolade
Konditoreiwaren
Farbstoffe
Feuerschutzgeräte
Frachtversand
Hörgeräte
Thermostate
Versicherungen
Schiffsmotoren
Produktionsmaschinen
   für Papierprodukte
Arzneimittel
Vermessungsgeräte
Textilmaschinen
Handel
Armbanduhren

SINGAPUR

Fluggesellschaften
Bekleidung
Getränke
Schiffsreparaturen
Handel

VEREINIGTE
STAATEN

Werbung
Chemische Produkte für
   die Landwirtschaft
Verkehrsflugzeuge*
Kühl- und Klimaanlagen
Computersoftware
Baumaschinen
Reinigungsmittel
Technik/Bauwesen
Spielfilme
Geräte zur Patienten-
   überwachung
Spritzen
Dienstleistungen im Be-
   reich Abfallbeseitigung

---

* Erarbeitung der Fallstudie durch M. Yoshino. Vgl. Yoshino in Porter (1986).

Für jedes Land wurde die Auswahl so zusammengestellt, daß sie für die wichtigsten Gruppen der Wettbewerbsbranchen in der Volkswirtschaft repräsentativ war. In Dänemark z.B. haben wir zunächst die Molkereiindustrie untersucht, eine der landwirtschaftlichen Fertigerzeugnisindustrien, in denen Dänemark stark ist; dann Nahrungsmittelzusätze und Landwirtschaftsmaschinen, Beispiele für eine Gruppe landwirtschaftlicher Produktionsmittel; und auch Möbel, eines von mehreren Haushaltsgütern. In den Vereinigten Staaten zeigt sich die amerikanische Stärke bei den Dienstleistungen in der Werbung, der Bautechnik und der Abfallbeseitigung; Stärke auch bei der Produktion in der zivilen Luftfahrt, bei Kühl- und Klimaanlagen sowie Baumaschinen; eine beherrschende Stellung bei der EDV in der Software; beim medizinischen Sektor in Geräten zur Patientenüberwachung und Spritzen; bei Konsumgütern in Reinigungsmitteln; und beim Unterhaltungssektor in Spielfilmen.
Die chemischen Produkte für die Landwirtschaft standen stellvertretend für den Chemiesektor und dienten als Beispiel für ein Produktionsmittel aus der großen Gruppe der amerikanischen Agrarindustrie. Die untersuchten Branchen vereinten

einen beträchtlichen Anteil der Gesamtexporte ihres Landes auf sich, bei Japan, Deutschland und der Schweiz mehr als 20 Prozent der Gesamtexporte, und über 40 Prozent der Exporte im Fall Koreas.

Bei allen ausgewählten Wirtschaftszweigen der Untersuchung besaß das jeweilige Land im Jahr 1985 eine gute internationale Stellung am Markt. Einige der Branchen erlangten 1985 erst internationale Stärke, während andere ihre Position hielten oder zurückfielen. Um manchen Wirtschaftszweig, den wir untersucht haben, ranken sich einige berühmte internationale Erfolgsgeschichten (westdeutsche Hochleistungsautos und chemische Erzeugnisse, japanische Halbleiter und Videorecorder, Schweizer Banken und pharmazeutische Produkte, italienische Schuhe und Textilien, amerikanische Verkehrsflugzeuge und Filme, und anderes mehr). Unser Ziel war jedoch, die gesamte Wirtschaft darzustellen und ein Übergewicht der besonders auffälligen Branchen, die in früheren Untersuchungen einen so beherrschenden Platz einnehmen, strikt zu vermeiden. Wir haben einige relativ ausgefallene, aber äußerst wettbewerbsfähige Branchen ausgewählt (etwa koreanische Klaviere, italienische Skistiefel und britisches Gebäck). Einige Branchen wurden auch aus dem Grund aufgenommen, weil sie ein scheinbar widersprüchliches Bild boten. In Japan z. B. besteht fast keine Nachfrage nach westlichen Typenschreibmaschinen, und trotzdem hat Japan in dieser Branche beim Export und den Auslandsinvestitionen eine starke Stellung. Wir haben Branchen gemieden, die stark von natürlichen Rohstoffen abhängen: Sie bilden nicht das Rückgrat fortgeschrittener Volkswirtschaften, und die Fähigkeit, in diesen Branchen zu konkurrieren, läßt sich mit der klassischen Theorie eher erklären. Wir haben allerdings einige technisch stärker ausgerichtete Branchen mit Bezug zu natürlichen Rohstoffen aufgenommen, wie die Bereiche Zeitungspapier und chemische Produkte für die Landwirtschaft.

Um den dynamischen Prozeß zu verstehen, durch den ein nationaler Vorteil in einer Branche erzielt wurde, war es notwendig, sich mit der Geschichte der Branche zu beschäftigen. Wir sind so weit zurückgegangen wie nötig (Jahrhunderte im Fall der deuschen Messerwaren und italienischen Stoffe, Jahrzehnte bei amerikanischer Software und japanischen Robotern), um zu begreifen, wie und warum die Industrie im betreffenden Land ihren Anfang nahm, wie sie sich entwickelte, wann und warum Unternehmen aus dem Land einen internationalen Wettbewerbvorteil erzielten und wie es zu dem Prozeß kam, durch den der Wettbewerbsvorteil entweder behauptet wurde oder verlorenging.[59] Die so entstandenen Fallgeschichten reichen in ihrer Detailliertheit zwar nicht an die Arbeit eines guten Historikers heran, bieten aber dennoch einen tiefen Einblick in die Entwicklung sowohl des Wirtschaftszweiges wie auch der Volkswirtschaft.

Bei jeder Fallstudie wurde die gesamte Branche mit den erfolgreichen und nicht erfolgreichen Ländern berücksichtigt. Wir haben das Muster des Wettbewerbsvorteils in verschiedenen Ländern ansässiger Unternehmen untersucht, und auch, wie es sich im Lauf der Zeit verändert hat. Die wichtigsten Wettbewerber aus anderen Ländern wurden festgestellt, ebenso die Bereiche, in denen sie dominierten, und die Ursprünge ihres Wettbewerbsvorteils. Bei den Druckerpressen z. B. haben wir zu ergründen versucht, warum Deutschland und die Schweiz ihren Vorteil gewahrt haben, aber auch warum die Vereinigten Staaten an Boden verloren haben und Japan Boden gutmachte. In einigen Fällen wurde dieselbe Branche aus der Sicht mehrerer

Länder untersucht, nämlich dort, wo sie eine wichtige Exportquelle in jedem der Länder war und wo Unternehmen der Länder in ganz verschiedenen Bereichen internationale Erfolge erzielten. Die Verpackungsmaschinenindustrie z.B. wurde sowohl im Rahmen der italienischen wie der deutschen Studie analysiert. Dabei untersuchten wir ebenfalls den Erfolg schweizerischer und schwedischer Unternehmen in einigen Bereichen wie auch die Gründe für die vergleichsweise schlechte Position der Vereinigten Staaten und anderer Länder.

Die ausgewählten Branchen sollten für diejenigen repräsentativ sein, in denen jedes der untersuchten Länder stark war oder einmal gewesen ist, oder es waren die Erfolgsfälle. Aufgrund der Analyse einiger ehemals erfolgreicher Branchen, in denen ein Land jetzt schlecht dastand, wie auch der Gründe, warum seine Unternehmen in vielen anderen Branchen keinen Erfolg in den globalen Fallstudien hatten, konnten wir einen relativ breiten Querschnitt erfolgreicher und nicht erfolgreicher Branchen in der Volkswirtschaft jedes Landes prüfen. Mit der Einbeziehung sowohl der Länder wie auch der Branchen hat sich die Untersuchung um eine breitere Auswahl bemüht als frühere Studien.

Ein umfassender Begriff vom Wettbewerbsvorteil

Dieses Buch widmet sich der Frage, warum Länder in bestimmten Branchen Erfolg haben, sowie den Auswirkungen auf Unternehmen und Volkswirtschaften. Seine Gedanken und Vorstellungen lassen sich jedoch ohne weiteres auf politische oder geographische Einheiten anwenden, die kleiner sind als ein Land. Erfolgreiche Unternehmen sind häufig in bestimmten Städten oder Regionen *innerhalb* eines Landes konzentriert. In den Vereinigten Staaten z.B. sitzen viele der führenden Immobilienhändler des Landes in Dallas, Texas; die Anbieter von Erdöl- und Gasanlagen in Houston; die Verwaltungsgesellschaften für Krankenhäuser in der südlichen Zentralregion um Nashville, Tennessee; die Teppichhersteller in Dalton, Georgia; die Turnschuhproduzenten in Oregon; die Wohnwagenhersteller in Elkhart, Indiana; und die Kleincomputerfirmen in Boston. Irgend etwas an diesen Standorten bietet Unternehmen gerade dieser Branchen ein fruchtbares Umfeld. Da meine Darstellung von den Ländern her aufgebaut ist, ist es wichtig, die geographische Branchenkonzentration innerhalb der Länder zu erklären. Die staatliche Politik spielt auf Landes- und lokaler Ebene eine wichtige Rolle bei der Gestaltung des nationalen Vorteils.

Aber die grundlegenden Fragen gehen über die Rolle der Länder (oder Schauplätze) hinaus. Was ich in Wirklichkeit hier erkunde, ist, wie das unmittelbare »Umfeld« eines Unternehmens seinen Wettbewerbserfolg im Zeitablauf prägt. Oder noch allgemeiner, warum einige Gesellschaften Erfolg haben und andere scheitern. Ein Teil des Umfelds eines Unternehmens ist der geographische Standort mit allem, was er von der Geschichte, von den Kosten und der Nachfrage her mit sich bringt. Zu einem unternehmerischen Umfeld gehört aber noch mehr; ebenfalls wichtig ist etwa, wo Manager und Arbeiter ausgebildet wurden, und auch, wie die alten oder wichtigsten Kunden des Unternehmens einzuordnen sind.

Man weiß viel darüber, was der Wettbewerbsvorteil ist und wie er durch bestimmte Maßnahmen erzeugt oder zerstört wird. Weit weniger weiß man darüber, *warum* ein Unternehmen bei der Suche nach Grundlagen für einen Wettbewerbsvorteil eine gute statt einer schlechten Wahl trifft, und warum einige Unternehmen dabei offensiver vorgehen. Unsere Untersuchung beleuchtet diese allgemeineren, hochinteressanten Fragen ein wenig gründlicher.

Bei der Beschäftigung mit dem wirtschaftlichen Erfolg eines Landes hat die Tendenz vorgeherrscht, klare, einfache Erklärungen anzustreben und trotz zahlreicher Ausnahmen an sie zu glauben wie an ein Gottesurteil. Die zunehmende Spezialisierung der Disziplin hat diese Sichtweise nur noch verstärkt. Es kann mehr getan werden. Wissenschaftler vieler Gebiete erkennen erstmals, daß die traditionellen Grenzen zwischen den Gebieten hinderlich sind. Es müßte doch möglich sein, über die Disziplinen hinauszugehen und mehr Variable zu untersuchen, um zu verstehen, wie komplexe und dynamische Systeme arbeiten. Dazu müssen mathematische Modelle, die auf einige Variable, und statistische Tests, die auf die verfügbaren Daten beschränkt sind, durch andere Maßnahmen ergänzt werden.

Ich habe in dieser Untersuchung einen solchen Ansatz gewählt. Meine Theorie versucht, umfassend zu sein und viele Variable einzubeziehen. Über einhundert geschichtliche Fallstudien zu sichten ist mühsam und eignet sich nicht für die statistische Analyse. Der eine oder andere wird die Beurteilungen beklagen, die ich gegeben habe, um die Volkswirtschaften umfassend zu skizzieren. Diese Entscheidungen spiegeln meine Überzeugung, daß das Verständnis eines so komplexen und wichtigen Themas zumindest einige Untersuchungen dieser Art erfordert. Ich bin zwar sicher, daß es nach wie vor Irrtümer und Auslassungen gibt, bin aber doch überzeugt, viele der wichtigsten Variablen benannt zu haben, die den Wettbewerbsvorteil der Länder bestimmen, und auch einige der wichtigsten Arten, wie sie als ein System zusammenarbeiten.

Mein Ziel ist, Unternehmen und Regierungen, die handeln müssen, zu helfen, bessere Strategien zu wählen und die nationalen Ressourcen sachkundiger zuzuteilen. Ich habe festgestellt, Unternehmen haben letztlich nur dann Erfolg, wenn ihre Strategien auf Verbesserungen und Innovation aufbauen, auf der Bereitschaft zum Wettbewerb und einem realistischen Verständnis ihres nationalen Umfelds, auch auf dem Wissen, wie dieses Umfeld verbessert werden kann. Die Ansicht, daß die Globalisierung die Bedeutung des heimischen Stützpunkts aufhebt, stützt sich auf falsche Voraussetzungen, genauso wie die verlockende Strategie, dem Wettbewerb auszuweichen.

Die nationalen Regierungen müssen ihrerseits das richtige Ziel setzen: Produktivität, die den wirtschaftlichen Wohlstand untermauert. Sie müssen nach den wirklich bestimmenden Faktoren streben, wie dem Anreiz, dem Einsatz und dem Wettbewerb; sie sollten sich nicht für verlockende, aber im allgemeinen kontraproduktive Subventionen, für weitreichende Zusammenarbeit und »vorübergehende« Schutzmaßnahmen entscheiden, wie sie so häufig angeregt werden. Die angemessene Rolle des Staates ist, die eigene Industrie zum Fortschritt zu treiben, nicht, »Hilfe« zu bieten, damit sie diesem ausweichen kann. Nie war die Notwendigkeit zu angemessenen Entscheidungen größer als jetzt, da in vielen Teilen der Welt die Wirtschaftsstrukturen neu überdacht werden. Der nationale wirtschaftliche Wohlstand muß nicht auf Kosten anderer Länder verwirklicht werden, und viele Länder können, in einer Welt der Innovationen und des offenen Wettbewerbs, in seinen Genuß kommen.

Da der Wettbewerb immer globaler wird, sind einige dazu übergegangen, einer geringeren Rolle der Länder das Wort zu reden. Doch die Internationalisierung und der Abbau von Protektion und anderen Wettbewerbsverzerrungen werten das Land, wenn, dann höchstens auf. Nationale Unterschiede in Wesen und Kultur, die vom weltweiten Wettbewerb nicht im geringsten bedroht werden, erweisen sich dabei als unerläßlich für den Erfolg. Das Verständnis der neuen und anderen Rolle der Länder beim Wettbewerb ist eine Aufgabe, die viel von dem enthält, was nun folgt.

TEIL I
GRUNDLAGEN

KAPITEL 2

DER WETTBEWERBSVORTEIL VON UNTERNEHMEN IN GLOBALEN WIRTSCHAFTSZWEIGEN

Auf den Weltmärkten kämpfen Unternehmen, nicht Länder. Wir müssen verstehen, wie Unternehmen einen Wettbewerbsvorteil schaffen und behaupten, um die Rolle, die das Land bei diesem Prozeß spielt, erklären zu können.[1] Beim heutigen internationalen Wettbewerb brauchen sich Unternehmen nicht auf ihren Heimatstaat zu beschränken. Sie können mit weltumspannenden Strategien antreten, deren Aktivitäten in vielen Ländern erfolgen. Wir müssen besonders darauf achten, wie Globalstrategien zum Wettbewerbsvorteil beitragen, denn sie gestalten die Rolle des Heimatstaates neu.

Ich möchte mit den Grundprinzipien der Wettbewerbsstrategie beginnen. Viele dieser Prinzipien sind für den heimischen Wettbewerb die gleichen wie für den internationalen. Wenn diese Grundlagen vermittelt sind, will ich mich damit beschäftigen, wie Unternehmen dadurch ihren Wettbewerbsvorteil erhöhen, daß sie weltweit konkurrieren. Die Grundzüge der Strategie bestimmen, welche nationalen Eigenschaften von Belang sind.

Die Wettbewerbsstrategie

Die analytische Grundeinheit für das Verständnis des Wettbewerbs ist die Branche. Eine Branche (gleich, ob Produktion oder Dienstleistung) ist eine Gruppe von Wettbewerbern, die Erzeugnisse oder Dienstleistungen produzieren, die in direktem Wettbewerb miteinander stehen.[2] Eine strategisch gesonderte Branche umfaßt Produkte, für die die Ursprünge des Wettbewerbsvorteils ähnlich sind. Beispiele sind Telefax, Polyäthylen weich, schwere LKWs und Geräte für Plastikspritzguß. Es kann verwandte Branchen mit Produkten geben, die die gleichen Kunden, Techniken oder Vertriebskanäle haben, doch sie haben hinsichtlich des Wettbewerbsvorteils ihre ganz eigenen Anforderungen. In der Praxis lassen sich Branchengrenzen nur graduell ziehen.

Bei vielen Diskussionen über Wettbewerb und Welthandel werden Branchendefinitionen extrem weit gefaßt, sie beziehen etwa Bankwesen, Chemie oder Maschinenbau mit ein. Das sind keine strategisch wichtigen Branchen, weil in ihnen sowohl die Art des Wettbewerbs wie auch die Ursprünge des Wettbewerbsvorteils stark schwanken. Der Maschinenbau z.B. umfaßt nicht nur eine Branche, sondern Dutzende strategisch gesonderter Branchen wie Webmaschinen, Maschinen zur Gummiverarbeitung und Druckmaschinen (sie alle werden untersucht), die jeweils ihre eigenen Anforderungen an einen erfolgreichen Wettbewerb haben.

Die Branche ist der Schauplatz, auf dem der Wettbewerbsvorteil gewonnen oder verloren wird. Mit ihrer Wettbewerbsstrategie suchen die Unternehmen eine Vorgehensweise beim Wettbewerb in ihrer Branche zu bestimmen und zu etablieren, die sowohl gewinnbringend ist als auch aufrechterhalten werden soll. Es gibt keine allgemeingültige Wettbewerbsstrategie; nur Strategien, die auf die einzelne Branche und die Qualifikation und die Anlagen eines bestimmten Unternehmens zugeschnitten sind, haben Erfolg.

Der Entscheidung für eine Wettbewerbsstrategie liegen zwei zentrale Faktoren zugrunde. Erstens die *Branchenstruktur*, in der das Unternehmen zum Wettbewerb antritt. Die Branchen unterscheiden sich in der Art des Wettbewerbs erheblich voneinander, und nicht alle Branchen bieten gleiche Gelegenheiten für eine dauerhafte Rentabilität. Die Durchschnittsrentabilität in der pharmazeutischen und kosmetischen Industrie z. B. ist ungewöhnlich hoch, in vielen Bereichen der Bekleidungs- und Stahlindustrie dagegen ist sie es nicht. Der zweite zentrale Faktor einer Strategie ist die *Position innerhalb einer Branche*. Einige Positionen sind einträglicher als andere, unabhängig von der Durchschnittsrentabilität der Branche.

Keiner der beiden Faktoren reicht für sich aus, die Entscheidung für eine Strategie zu treffen. Ein Unternehmen in einer sehr attraktiven Branche z. B. erwirtschaftet vielleicht dennoch keinen befriedigenden Gewinn, wenn es eine schlechte Wettbewerbsposition gewählt hat.[3] Branchenstruktur und Wettbewerbsposition sind dynamisch. Eine Branche kann im Zeitablauf an Anziehungskraft gewinnen oder verlieren, wenn sich die Zugangsbedingungen oder andere Elemente der Branchenstruktur ändern. Die Wettbewerbsposition ist das Abbild eines nicht endenden Kampfes zwischen den Konkurrenten.

Die Anziehungskraft einer Branche und die Wettbewerbsposition können von einem Unternehmen geformt werden. Erfolgreiche Firmen reagieren nicht nur auf ihre Umgebung, sondern versuchen auch, sie zu ihren Gunsten zu beeinflussen. Es sind in der Tat Veränderungen der Branchenstruktur oder das Aufkommen neuer Grundlagen für den Wettbewerbsvorteil, die den wichtigen Verschiebungen der Wettbewerbsposition zugrunde liegen. So erlangten beispielsweise japanische Unternehmen die Führung bei Fernsehgeräten aufgrund einer starken Verlagerung zu kompakten, tragbaren Geräten und weil Vakuumröhren durch die Halbleitertechnologie ersetzt wurden. Im internationalen Wettbewerb verdrängen die Unternehmen eines Landes die eines anderen, wenn sie eine bessere Ausgangsposition haben, solche Veränderungen zu erkennen und auf sie zu reagieren.

Die Strukturanalyse der Branchen

Die Wettbewerbsstrategie muß aus einem differenzierten Verständnis der Branchenstruktur und der Art, wie sie sich ändert, hervorgehen. In jeder Branche, der inländischen wie der internationalen, wird die Art des Wettbewerbs durch fünf Wettbewerbskräfte verkörpert: (1) die Bedrohung durch neue Mitbewerber, (2) die

Bedrohung durch Ersatzprodukte oder -dienstleistungen, (3) die Verhandlungsstärke der Lieferanten, (4) die Verhandlungsstärke der Käufer und (5) die Rivalität der vorhandenen Wettbewerber (siehe Abb. 2–1).[4]

Die Stärke der fünf Kräfte ist von Branche zu Branche unterschiedlich und bestimmt die langfristige Branchenrentabilität. In Branchen, in denen die fünf Kräfte günstig gelagert sind, wie bei alkoholfreien Getränken, Computern mit Zentraleinheit, Datenbankverlagen, pharmazeutischen Produkten und Kosmetika, erwirtschaften viele Wettbewerber eine ansehnliche Verzinsung ihres investierten Kapitals. In Branchen, in denen ein hoher Druck durch eine oder mehrere dieser Kräfte besteht, wie bei Gummi, Aluminium, vielen Metallfertigerzeugnissen, Halbleitern und Kleincomputern, arbeiten nur wenige Firmen über längere Zeiträume sehr rentabel.

Die fünf Wettbewerbskräfte bestimmen die Branchenrentabilität, weil sie die Preise gestalten, die die Unternehmen fordern können, die Kosten, die sie tragen müssen, und die für den Wettbewerb in der Branche erforderlichen Investitionen. Die Bedrohung durch neue Mitbewerber begrenzt den potentiellen Gesamtgewinn in der Branche, denn neue Mitbewerber bringen zusätzliche Kapazitäten mit sich und streben nach Marktanteilen, was die Spannen drückt. Starke Käufer oder Lieferanten handeln von den Gewinnen etwas für sich selbst heraus. Ein scharfer Konkurrenzkampf schmälert den Gewinn, denn er erfordert höhere Wettbewerbskosten (für Werbung, Absatzförderung oder Forschung und Entwicklung) oder die Weitergabe von Gewinnen an die Kunden in Form niedrigerer Preise. Die Existenz direkter Ersatzprodukte schränkt den Preis ein, den Wettbewerber verlangen können, ohne Ersatz zu bieten und das Branchenvolumen zu beschneiden.

Die Stärke jeder der fünf Wettbewerbskräfte hängt von der *Branchenstruktur* oder den grundlegenden wirtschaftlichen und technischen Besonderheiten einer Branche ab. Die Macht der Käufer z. B. hängt von Dingen ab wie der Käuferzahl, wieviel vom

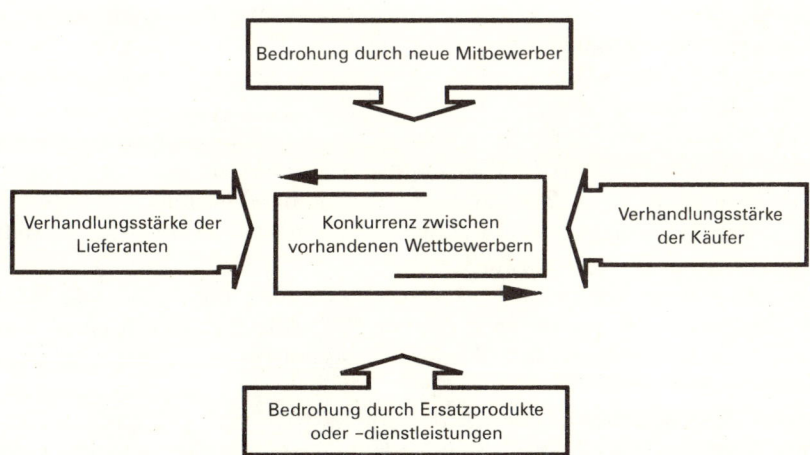

ABB. 2–1 Die fünf Wettbewerbskräfte, die den Branchenwettbewerb bestimmen

Umsatz eines Unternehmens auf einen einzelnen Käufer entfällt und ob ein Produkt sich in den Kosten des Käufers fühlbar niederschlägt, was seine Sensibilisierung gegenüber dem Preis erhöht.[5] Die Bedrohung durch neue Mitbewerber hängt vom Ausmaß der Zugangsbeschränkungen ab, wie der Markentreue, den Einsparungen durch Erhöhung der Produktionskapazität oder der Notwendigkeit, in bestehende Vertriebskanäle einzudringen.

Jede Branche ist einzigartig und hat ihre eigene Struktur. Die Zugangsbeschränkungen in der pharmazeutischen Industrie z. B. sind ausgeprägt, weil hohe Fixkosten für Forschung und Entwicklung anfallen und Einsparungen durch hohe Produktionskapazitäten erforderlich sind. Ersatzprodukte für ein wirksames Medikament brauchen viel Entwicklungszeit, und die Kunden haben sich bisher nicht als preisempfindlich erwiesen. Unternehmer, die überwiegend Handelsartikel anbieten, haben wenig Macht. Außerdem war der Konkurrenzkampf verhalten und konzentrierte sich nicht auf Preissenkungen, die den Branchengewinn schmälern, sondern auf andere variable Größen der Forschung und Entwicklung, die dazu neigen, das Gesamtvolumen der Branche auszuweiten. Die Existenz von Patenten hat den Wettbewerb ebenfalls gedämpft. Die Struktur der pharmazeutischen Industrie war der Rentabilität äußerst förderlich und begünstigte eine Investitionsverzinsung, die zu den höchsten aller großen Branchen gehört.

Allgemein ist die Branchenstruktur vergleichsweise stabil, kann sich aber im Lauf der Zeit ändern, wenn eine Branche sich entwickelt. Die Konsolidierung der Vertriebskanäle z. B., die in einigen europäischen Ländern erfolgt, stärkt die Macht des Käufers. Die für die Strategie wichtigsten Branchentrends sind die, welche ihre grundlegende Struktur berühren. Über ihre Strategie können Unternehmen die fünf Kräfte zum Guten wie zum Schlechten *beeinflussen*. Die Einführung computerisierter Informationssysteme in der Luftfahrt etwa verschärft die Zugangsbeschränkungen, weil sie Hunderte von Millionen Dollar Investitionen erfordert.

Die Branchenstruktur ist aus mehreren Gründen wichtig für den internationalen Wettbewerb. Erstens schafft sie unterschiedliche Anforderungen für den Erfolg in verschiedenen Branchen. Der Wettbewerb in einer so zersplitterten Branche wie der Bekleidungsindustrie verlangt ganz andere Mittel und Qualifikationen als etwa in der zivilen Luftfahrtindustrie. Ein Land bietet für den Wettbewerb in einigen Branchen bessere Bedingungen als andere.

Zweitens sind Branchen, die für einen hohen Lebensstandard wichtig sind, häufig die strukturell attraktiven. Strukturell attraktive Branchen mit gut zu behauptenden Zugangsbeschränkungen in Bereichen wie Technologie, besondere Qualifikation, Zugang zu Vertriebskanälen und Markenimage haben oft eine hohe Arbeitsproduktivität und bringen eine interessante Kapitalverzinsung. Der Lebensstandard hängt entscheidend von der Fähigkeit der Unternehmen eines Landes ab, mit Erfolg in strukturell attraktive Branchen vorzudringen. Die Anziehungskraft einer Branche bemißt sich nicht unbedingt nach der Größe, schnellem Wachstum oder neuester Technologie, wie Firmenchefs und Regierungsplaner gern behaupten, sondern zeigt sich in der Branchenstruktur. Durch den forcierten Einstieg in strukturell wenig attraktive Branchen haben Entwicklungsländer schon häufig einen schlechten Nutzen aus knappen nationalen Ressourcen gezogen.

Ein letzter Grund, warum die Branchenstruktur wichtig für den internationalen

Wettbewerb ist, liegt darin, daß eine *strukturelle Veränderung* echte Gelegenheiten für die Wettbewerber eines Landes schafft, in neue Branchen vorzudringen. Japanische Fotokopierunternehmen z. B. griffen erfolgreich die amerikanische Vorherrschaft an (vor allem die von Xerox und IBM), indem sie sich des vernachlässigten Produktbereichs der Kleinkopierer annahmen, neue Wege zum Käufer gingen (über Händler anstatt den Direktverkauf), den Produktionsprozeß änderten (Massenproduktion gegen Sortenfertigung) und bei der Preisgestaltung anders vorgingen (normaler Verkauf anstatt kapitalintensiver Miete). Die neue Strategie verringerte die Zugangsbeschränkungen und machte die Vorteile der bisherigen Marktführer zunichte. Wie das Umfeld eines Landes den Weg weist oder seine Unternehmen drängt, derartige Strukturveränderungen zu erkennen und auf sie zu reagieren, ist von entscheidender Bedeutung, wenn man die Muster des internationalen Erfolgs begreifen will.

Die Position innerhalb der Branche

Unternehmen müssen nicht nur auf die Branchenstruktur reagieren und sie beeinflussen, sondern sich auch für eine Position in der Branche entscheiden. Die Positionswahl schließt die gesamte Haltung des Unternehmens zum Wettbewerb ein. In der Schokoladenindustrie z. B. operieren amerikanische Firmen damit, daß sie relativ begrenzte Serien standardisierter Riegel in großen Mengen produzieren und auf den Markt werfen. Schweizer Firmen dagegen verkaufen hauptsächlich Qualitätserzeugnisse zu höheren Preisen über begrenztere und spezialisierte Vertriebskanäle. Sie stellen Hunderte verschiedener Artikel her, verwenden erstklassige Grundstoffe und produzieren zeitaufwendiger. Wie dieses Beispiel zeigt, spiegelt die Positionswahl die gesamte Vorgehensweise des Unternehmens beim Wettbewerb, nicht nur das Produkt oder die Kundenzielgruppe.

Den Kern der Positionswahl bildet der *Wettbewerbsvorteil*. Langfristig sind Unternehmen gegenüber ihren Konkurrenten erfolgreich, wenn sie einen dauerhaften Wettbewerbsvorteil besitzen. Es gibt zwei Grundarten des Wettbewerbsvorteils: *geringere Kosten* und *Differenzierung*. Geringere Kosten zeigen die Fähigkeit eines Unternehmens, ein vergleichbares Produkt wirtschaftlicher als die Konkurrenz zu planen, herzustellen und zu vermarkten. Bei gleichen oder fast so niedrigen Preisen wie denen der Konkurrenten verwandeln sich geringere Kosten in höhere Erträge. Koreanische Stahl- und Halbleiterproduzenten haben sich mit dieser Strategie gegen ausländische Wettbewerber durchgesetzt. Sie produzieren vergleichbare Güter zu sehr niedrigen Kosten und nutzen billige, aber hochproduktive Arbeitskräfte und moderne Verfahrenstechniken, die sie von ausländischen Anbietern gekauft oder in Lizenz erworben haben.

Differenzierung ist die Fähigkeit, dem Käufer hinsichtlich Qualität, besonderer Merkmale und Kundendienst einen außergewöhnlichen und sehr hohen Wert zu bieten. Deutsche Hersteller von Werkzeugmaschinen arbeiten mit Differenzierungsstrategien, die eine hohe Produktleistung, Zuverlässigkeit und einen seriösen Service einschließen. Differenzierung erlaubt einem Unternehmen, einen höheren Preis zu fordern, was eine höhere Rentabilität mit sich bringt, vorausgesetzt, die Kosten sind mit denen der Konkurrenten vergleichbar.

Beide Arten des Wettbewerbsvorteils verwandeln sich in eine höhere Produktivität als die der Konkurrenten. Das Unternehmen mit den niedrigen Kosten produziert eine bestimmte Menge und braucht dazu weniger Betriebsmittel als die Konkurrenz. Das differenzierende Unternehmen erzielt höhere Erträge pro Einheit als die Wettbewerber. Der Wettbewerbsvorteil ist somit direkt mit der Stützung des Volkseinkommens verbunden.

Es ist schwierig, wenn auch nicht unmöglich, im Vergleich mit den Konkurrenten sowohl mit niedrigeren Kosten als auch differenziert zu produzieren.[6] Beides zu erbringen ist deshalb schwierig, weil außergewöhnliche Leistung, Qualität oder Service naturgemäß in den meisten Fällen teurer sind, als wenn man danach trachtet, den Wettbewerbern darin vergleichbar zu sein. Unternehmen können die Technologie oder Verfahren so verbessern, daß gleichzeitig die Kosten sinken und die Differenzierung zunimmt. Langfristig werden die Wettbewerber jedoch nachziehen und eine Entscheidung erzwingen, welcher Vorteil das größere Gewicht haben soll. Jede erfolgreiche Strategie muß *beide* Vorteilsarten genau beachten und sich dennoch eindeutig zum Vorrang eines Vorteils bekennen. Ein Produzent mit niedrigen Kosten muß annehmbare Qualität und Service bieten, damit er den Kostenvorteil nicht dadurch zunichte macht, daß er Preisnachlässe gewähren muß, und die Kosten eines differenziert Produzierenden dürfen nicht so weit über denen der Konkurrenz liegen, daß sie den höheren Preis aufzehren.

Eine andere wichtige Variable bei der Positionswahl ist das *Wettbewerbsgebiet* oder die Zielbreite des Unternehmens innerhalb der Branche. Ein Unternehmen muß die Skala der Produkte wählen, die es produzieren will, die Vertriebskanäle, die benutzt werden sollen, die Käuferschichten, die es bedienen will, die geographischen Gebiete, in denen es verkaufen will, und die Phalanx der verwandten Branchen, in denen es ebenfalls konkurrieren will.

Ein Grund für die Bedeutung des Wettbewerbsgebiets ist die Aufteilung der Branchen in Segmente oder Bereiche. In fast jeder Branche gibt es eine Vielzahl von Produkten, viele Vertriebskanäle und mehrere verschiedene Kundentypen. Segmente sind wichtig, weil sie oft unterschiedliche Bedürfnisse haben; ein einfaches, nicht beworbenes Hemd und ein Designerhemd sind beides Hemden, werden jedoch an Kunden verkauft, die nach ganz verschiedenen Kaufkriterien vorgehen. Der Verkauf an verschiedene Segmente erfordert verschiedene Strategien und verschiedene Fähigkeiten. Die Ursprünge des Wettbewerbsvorteils sind in den verschiedenen Segmenten somit oft ziemlich unterschiedlich, auch wenn letztere der gleichen Branche angehören.[7] Es ist ganz typisch für Unternehmen eines Landes, in einem Branchenbereich Erfolg zu haben (Taiwan bei billigen Lederschuhen), während die Firmen eines anderen Landes in einem anderen Bereich erfolgreich sind (Italien bei modischen Lederschuhen).

Das Wettbewerbsgebiet ist auch deshalb von Bedeutung, weil Unternehmen manchmal einen Wettbewerbsvorteil aus der Breite ziehen können, wenn sie weltweit konkurrieren, oder aus der Nutzung von Wechselbeziehungen, wenn sie sich in verwandten Branchen dem Wettbewerb stellen. Sony zieht z. B. erhebliche Vorteile daraus, daß es weltweit seinen Markennamen, seine Vertriebskanäle und sein technologisches Fachwissen auf eine breite Palette elektronischer Produkte verteilt. Wechselbeziehungen zwischen einzelnen Branchen erwachsen aus der Fähigkeit, beim

Wettbewerb in den Branchen wichtige Aktivitäten oder Kenntnisse gemeinsam zu nutzen. Ich möchte die Quellen des Wettbewerbsvorteils aus dem globalen Konkurrenzkampf im Folgenden erläutern.

Unternehmen der gleichen Branche können sich für verschiedene Wettbewerbsgebiete entscheiden. Diese Verschiedenheiten sind sogar typisch für Unternehmen aus verschiedenen Ländern. Ganz allgemein besteht die Wahlmöglichkeit zwischen einer breiten Skala und einem ganz bestimmten Segment. In der Verpackungsmaschinenindustrie z. B. bieten westdeutsche Unternehmen ein breites Sortiment, während italienische Firmen sich stärker auf spezialisierte Endverbraucherbereiche konzentrieren. Bei Automobilen haben die führenden amerikanischen und japanischen Gesellschaften ein breites Typenangebot, während die deutschen BMW und Daimler-Benz das Schwergewicht auf hochwertige Wagen legen und Hyundai und Daewoo aus Korea hauptsächlich Kompaktwagen anbieten.[8]

Art und Umfang des Vorteils lassen sich im Begriff *Gattungsstrategie* zusammenfassen, oder in verschiedenen Mitteln und Wegen zu außergewöhnlicher Leistung in einer Branche. Jede dieser Grundstrategien, die in der Abbildung 2–2 aufgeführt sind, stellt eine jeweils ganz andere Vorstellung vom Wettbewerb dar. Beim Schiffsbau etwa verfolgen japanische Firmen die *Differenzierungsstrategie* und bieten ein breites Spektrum hochklassiger Schiffe zu höheren Preisen an. Koreanische Werften halten sich an die Strategie des *Kostenvorrangs*, bieten zwar auch viele Schiffstypen an, aber in guter, nicht außergewöhnlicher Qualität. Die Koreaner können die Schiffe allerdings billiger produzieren als die Japaner. Die erfolgreichen skandinavischen Schiffbauer betreiben *gezielte Differenzierung* und konzentrieren sich auf Spezialschiffe wie Eisbrecher und Kreuzfahrtschiffe, die eine besondere Technologie aufweisen und Preise abwerfen, die hoch genug sind, die höheren skandinavischen Arbeitskosten abzudecken. Die chinesischen Werften schließlich *(Kosten im Mittelpunkt)*, die neuen Konkurrenten in der Branche, bieten relativ einfache Standardtypen bei noch niedrigeren Kosten (und Preisen) als die Koreaner an.

Die Gattungsstrategien machen deutlich, daß es keinen Strategietyp gibt, der sich für alle Branchen eignet. Tatsächlich können in vielen Branchen mehrere Strategien

WETTBEWERBSVORTEIL

	Niedrigere Kosten	Differenzierung
Allgemeines Ziel	**Kostenführerschaft**	**Differenzierung**
Enges Ziel	**Kosten im Mittelpunkt**	**Gezielte Differenzierung**

WETTBEWERBS-BEREICH

ABB. 2–2   Gattungsstrategien

erfolgreich nebeneinander bestehen. Die Branchenstruktur schränkt den Umfang der verfügbaren strategischen Optionen zwar ein, doch bin ich noch auf keine Branche gestoßen, in der nur eine Strategie erfolgversprechend ist. Es kann auch verschiedene mögliche Spielarten derselben Gattungsstrategie geben, die verschiedene Wege der Differenzierung oder Konzentration einschließen.

Der Vorstellung von den Gattungsstrategien liegt der Gedanke zugrunde, daß der Wettbewerbsvorteil den Kern jeder Strategie bildet, und daß das Erzielen eines Vorteils vom Unternehmen verlangt, Entscheidungen zu treffen. Wenn ein Unternehmen einen Vorteil erringen soll, muß es die Art von Wettbewerbsvorteil wählen, die es erreichen will, und ein Gebiet, auf dem es sie erreichen kann.

Der schlimmste strategische Fehler ist der, *mittendrin stehenzubleiben*, oder gleichzeitig alle Strategien verfolgen zu wollen. Das ist ein Rezept für strategisches Mittelmaß und unterdurchschnittliche Leistung, denn alle Strategien gleichzeitig zu verfolgen bedeutet, daß das Unternehmen wegen der den Strategien eigenen Widersprüche keine von ihnen wird durchsetzen können. Der Schiffsbau verdeutlicht auch dieses Problem. Spanische und britische Werften haben einen Niedergang erlebt, weil sie höhere Kosten als die Koreaner haben, im Vergleich mit den Japanern jede Grundlage zur Differenzierung vermissen lassen und es zudem versäumt haben, sich auf bestimmte Bereiche festzulegen (wie etwa finnische Werften auf Eisbrecher), in denen sie auf einem kleineren Gebiet einen Wettbewerbsvorteil erringen könnten. Sie haben keinerlei Wettbewerbsvorteil und leben überwiegend von staatlichen Aufträgen.

Quellen des Wettbewerbsvorteils

Der Wettbewerbsvorteil entsteht aus der Art, in der Firmen einzelne Aktivitäten organisieren und durchführen. Die Maßnahmen jedes Unternehmens lassen sich in eine Reihe von Tätigkeiten aufteilen, etwa die Verkaufsgespräche der Vertreter, die Reparaturen der Wartungstechniker, die Produkt- oder Verfahrensentwicklung durch Wissenschaftler im Labor und das Aufbringen von Kapital durch den Finanzchef.

Die Unternehmen schaffen mit diesen Aktivitäten Werte für den Käufer. Der Wert, den ein Unternehmen schafft, bemißt sich letztlich an dem Betrag, den die Käufer für das Produkt oder die Dienstleistung zu zahlen bereit sind. Ein Unternehmen arbeitet mit Gewinn, wenn dieser Wert die Gesamtkosten aller erforderlichen Aktivitäten übersteigt. Um einen Wettbewerbsvorteil gegenüber seinen Konkurrenten zu erzielen, muß ein Unternehmen entweder einen vergleichbaren Kaufwert bieten, aber rationeller wirtschaften als seine Mitbewerber (geringere Kosten), oder außergewöhnliche Leistungen erbringen, die einen höheren Kaufwert schaffen und einen Preiszuschlag ermöglichen (Differenzierung).

Die Aktivitäten beim Wettbewerb in einer bestimmten Branche können, wie die Abbildung 2–3 zeigt, in Kategorien zusammengefaßt werden; ich nenne sie die Wertkette. Alle Aktivitäten in der Wertkette tragen zum Kaufwert bei. Sie lassen sich in etwa in die Aktivitäten unterteilen, die mit der laufenden Produktion, dem Marketing, dem Vertrieb und der Wartung des Produkts zu tun haben (Hauptaktivitä-

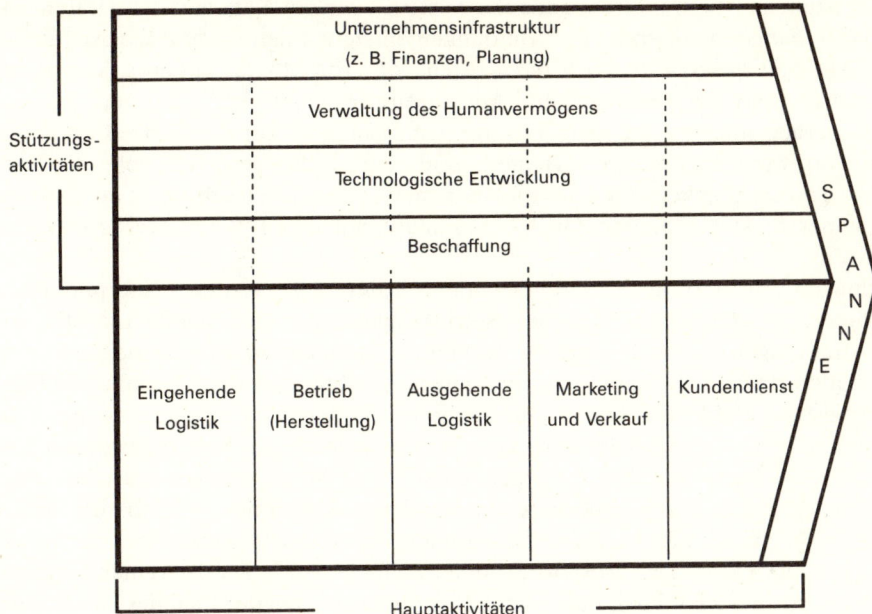

ABB. 2–3 Die Wertkette

ten), und in diejenigen, die gekaufte Produktionsmittel, Technologie, Arbeitskräfte oder infrastrukturelle Gesamtfunktionen bereitstellen, um die anderen Aktivitäten zu unterstützen (Stützungsaktivitäten). Jede Aktivität verwendet gekaufte Produktionsmittel, Arbeitskräfte und verschiedene Technologien, und sie nutzt die Infrastruktur des Unternehmens wie die allgemeine Verwaltung und die Finanzen.

Die Strategie gibt vor, wie ein Unternehmen einzelne Aktivitäten durchführt und seine gesamte Wertkette ordnet. Die Aktivitäten sind in ihrer Bedeutung für den Wettbewerbsvorteil in einzelnen Branchen unterschiedlich. Bei den Druckerpressen sind technologische Entwicklung, Montage (ein Teil des Geschäfts) und Kundendienst wesentlich für den Erfolg. Bei Reinigungsmitteln ist die Werbung entscheidend, während die Herstellung problemlos ist und der Kundendienst praktisch nicht existiert.

Unternehmen erzielen einen Wettbewerbsvorteil, wenn sie neue Wege zur Ausführung von Aktivitäten, zum Einsatz neuer Verfahren, neuer Technologien oder anderer Produktionsmittel beschreiten. Makita (Japan) wurde zu einem der führenden Anbieter von Elektrowerkzeugen, weil das Unternehmen als erstes neue, billigere Werkstoffe für die Herstellung der Werkzeugteile einsetzte und in nur einem Betrieb standardisierte Modelle produzierte, die es weltweit verkaufte. Die schweizerischen Schokoladenunternehmen erlangten ihre beherrschende Stellung, weil sie neue Produktformeln (u. a. Milchschokolade) und Techniken wie das ständige Rühren einführten, das die Qualität entscheidend verbesserte.

Ein Unternehmen ist mehr als die Summe seiner Aktivitäten. Die Wertkette eines Unternehmens ist ein interdependentes System oder ein Netz aus Aktivitäten, die durch *Bindungen* verknüpft sind. Bindungen entstehen dann, wenn die Art, in der eine Aktivität ausgeführt wird, die Kosten oder Effektivität anderer Aktivitäten beeinflußt. Bindungen bringen beim Ausführen verschiedener Aktivitäten, die optimiert werden müssen, oft neue Lösungen mit sich. So können z.B. ein teurerer Produktentwurf, aufwendigere Bauteile und eine sorgfältigere Kontrolle die Kundendienstkosten senken. Ein Unternehmen muß solche neuen Lösungen im Einklang mit seiner Strategie in den Griff bekommen, um einen Wettbewerbsvorteil zu erlangen.

Bindungen erfordern auch, daß Aktivitäten koordiniert werden. Eine pünktliche Auslieferung setzt voraus, daß der Betriebsablauf, die ausgehende Logistik und Dienstleistungen wie das Installieren reibungslos ineinandergreifen. Eine gute Koordinierung erlaubt eine pünktliche Auslieferung, ohne daß ein kostenaufwendiger Lagerbestand nötig wäre. Das Koordinieren verbundener Aktivitäten verringert die Geschäftskosten, ermöglicht eine bessere Information zu Kontrollzwecken und ersetzt teure Betriebsabläufe an irgendeiner Stelle durch weniger teure bei einer anderen Aktivität. Das Koordinieren verbundener Aktivitäten ist auch eine bedeutende Möglichkeit, die für deren Bewältigung erforderliche Gesamtzeit zu verringern, was für den Wettbewerbsvorteil immer wichtiger wird. So erspart man beispielsweise enorm viel Zeit durch eine solche Koordinierung bei der Planung und Einführung neuer Produkte sowie der Auftragsbearbeitung und Auslieferung.

Eine sorgsame Handhabung der Bindungen kann eine entscheidende Quelle des Wettbewerbsvorteils sein. Viele Bindungen sind nicht offenkundig, und Konkurrenten fällt es oft schwer, sie zu erkennen. Sich den Nutzen der Bindungen zu sichern erfordert eine aufwendige, organisatorische Koordinierung und die Lösung schwieriger Kompromisse über Organisationsgrenzen hinweg, was selten ist. Japanische Unternehmen waren beim Umgang mit Bindungen besonders geschickt; sie führten Praktiken ein wie Überlagerung der Schritte bei der Entwicklung neuer Produkte, um die Herstellung zu erleichtern und die Entwicklungszeit zu verkürzen, aber auch eine sorgfältigere Überwachung, um die Kundendienstkosten zu senken.

Einen Wettbewerbsvorteil zu erlangen erfordert, daß die Wertkette eines Unternehmens wie ein System behandelt wird, nicht wie eine Ansammlung einzelner Teile. Das Umstrukturieren der Wertkette durch Umschichten, Neuordnen, Umgruppieren oder gar Auslassen von Aktivitäten ist häufig der Anfang einer entscheidenden Verbesserung der Wettbewerbsposition. Ein gutes Beispiel sind die Haushaltsgeräte, bei denen italienische Unternehmen die Produktion umstellten und einen ganz neuen Vertriebsweg nutzten und so in den 60er und 70er Jahren zum in der Welt führenden Exporteur wurden. Bei Kameras übernahmen japanische Firmen die Führung, weil sie gleichzeitig die Spiegelreflextechnologie kommerzialisierten, die Herstellung auf automatisierte Massenproduktion umstellten und den Massenabsatz einführten.

Die Wertkette eines Unternehmens für den Wettbewerb in einer bestimmten Branche ist in einen größeren Strom von Aktivitäten eingebettet, den ich das *Wertsystem* nennen möchte (siehe Abb. 2–4). Zum Wertsystem gehören die Zulieferer, die der Wertkette des Unternehmens Produktionsmittel zuführen (etwa Rohstoffe, Bauteile, Maschinen und Dienstleistungen). Auf dem Weg zum Endverbraucher durchläuft das

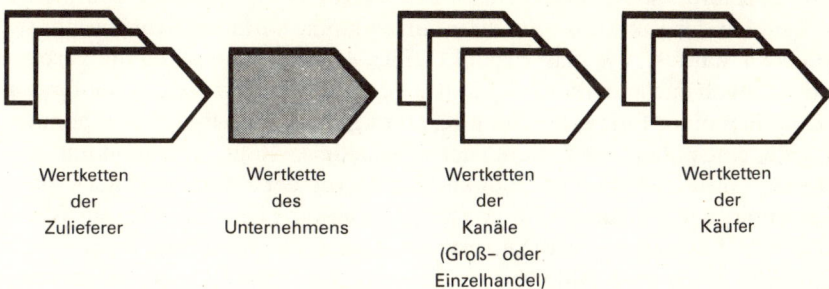

Wertketten	Wertkette	Wertketten	Wertketten
der	des	der	der
Zulieferer	Unternehmens	Kanäle	Käufer
		(Groß- oder	
		Einzelhandel)	

ABB. 2–4 Das Wertsystem

Produkt eines Unternehmens oft die Wertketten der Vertriebskanäle. Am Ende werden die Produkte zu gekauften Produktionsmitteln in den Wertketten ihrer Käufer, die die Waren für ihre Zwecke einsetzen.

Der Wettbewerbsvorteil wird immer mehr davon abhängig, wie gut ein Unternehmen dieses ganze System beherrscht. Bindungen verknüpfen nicht nur Aktivitäten innerhalb einer Firma, sondern bilden auch wechselseitige Abhängigkeiten zwischen einem Unternehmen und seinen Zulieferern und Kanälen. Ein Unternehmen kann sich einen Wettbewerbsvorteil schaffen, indem es diese Bindungen nach draußen weiter optimiert oder koordiniert. Häufige und rechtzeitige Lieferungen durch Zulieferer (heute weitgehend nach seinen japanischen »Erfindern« oder »Innovatoren« *kanban* genannt) können z. B. die Ein- und Auslagerungskosten eines Unternehmens senken und das erforderliche Bestandsniveau reduzieren. Aber die Gelegenheiten zu Einsparungen durch eine Koordinierung mit Zulieferern und Vertriebskanälen gehen weit über die Logistik und Auftragsbearbeitung hinaus und umfassen Forschung und Entwicklung, Kundendienst und viele andere Aktivitäten. Unternehmen, Zulieferer und Vertriebskanäle können alle von einem besseren Erkennen und Ausnutzen solcher Bindungen profitieren.[9] Die Fähigkeit der Unternehmen eines Landes, Bindungen zu heimischen Zulieferern und Kunden zu nutzen, erweisen sich als wesentlich, wenn die Wettbewerbsposition eines Landes in einer Branche bestimmt werden soll.

Die Wertkette bietet ein Werkzeug zum Verständnis der Quellen des Kostenvorteils.[10] Die Kostenposition eines Unternehmens stellt sich dar in seinen für die Ausführung aller erforderlichen Aktivitäten anfallenden Gesamtkosten im Verhältnis zu Wettbewerbern, und ein Kostenvorteil kann bei jeder Tätigkeit entstehen. Viele Manager sehen die Kosten zu eng und konzentrieren sich ganz auf die Herstellung. Wer bei den Kosten besonders erfolgreich ist, hat aber oft auch bei der Produktentwicklung, der Vermarktung und den Dienstleistungen niedrige Kosten. Er zieht aus der gesamten Wertkette Kostenvorteile. Das Erzielen eines Kostenvorteils erfordert im allgemeinen auch eine Optimierung der Bindungen zwischen den Aktivitäten und eine enge Koordinierung mit Zulieferern und Vertriebskanälen.

Die Wertkette legt auch die Differenzierungsquellen offen. Ein Unternehmen schafft einen Wert für den Käufer (und damit eine wichtige Differenzierung), wenn es die Kosten des Käufers senkt oder die Leistung für ihn in einer Weise erhöht, wie er sie durch Kauf bei der Konkurrenz nicht erlangen kann. Differenzierung ergibt sich im wesentlichen daraus, wie das Produkt eines Unternehmens, damit verbundene Dienstleistungen und andere Aktivitäten auf die Handlungsweise des Käufers einwirken. Zwischen einer Firma und ihren Käufern gibt es viele Berührungspunkte, von denen jeder eine potentielle Differenzierungsquelle darstellt. Am offenkundigsten ist der direkte Einfluß des Firmenprodukts darauf, wie der Käufer es nutzt – also etwa ein Computer, den der Käufer zur Auftragsbearbeitung benutzt, oder ein Waschpulver, das zum Waschen der Wäsche verwendet wird. Die Schaffung eines Wertes auf dieser Ebene kann man Differenzierung erster Ordnung nennen. Aber praktisch jedes Produkt hat komplexere Auswirkungen auf den Käufer. Ein in ein Käuferprodukt eingebautes Teil z.B. muß als Eingangsbestand behandelt und als Teil des Käuferprodukts repariert werden, wenn es versagt. Jeder dieser indirekteren Produkteinflüsse bringt weitere Möglichkeiten zur Differenzierung mit sich. Außerdem kann sich auch fast jede andere Unternehmensaktivität auf den Käufer auswirken. So kann beispielsweise die technische Abteilung des Zulieferers dabei behilflich sein, das Produkt des Zulieferers zu einem Produkt des Käufers zu machen. Derartige Verbindungen höherer Ordnung zwischen einem Unternehmen und seinen Käufern sind potentiell weitere Differenzierungsquellen.

Die sich ändernden Differenzierungsgrundlagen in den verschiedenen Branchen erweisen sich für den nationalen Wettbewerbsvorteil als wichtig. Bei den Arten der Käuferbeziehungen, mit denen sich die Unternehmen bestimmter Länder hervortun, bestehen systematische Unterschiede. Schweizerische, deutsche und schwedische Firmen sind oft in Branchen erfolgreich, in denen eine enge Zusammenarbeit mit dem Käufer notwendig ist und erhebliche Anforderungen an den Kundendienst gestellt werden. Japanische und amerikanische Unternehmen florieren dagegen häufig, wenn die Erzeugnisse stärker standardisiert sind.

Die Wertkette erlaubt nicht nur einen genaueren Blick auf die Arten des Wettbewerbsvorteils, sondern auch auf die Rolle des Wettbewerbsgebiets beim Erzielen eines Wettbewerbsvorteils. Das Gebiet ist wichtig, weil es die Art der Aktivitäten eines Unternehmens prägt, wie sie durchgeführt werden und wie die Wertkette aufgebaut ist. Durch die Auswahl eines kleinen Zielausschnitts kann ein Unternehmen z.B. jede Maßnahme genau auf die Anforderungen dieses Ausschnitts abstimmen und im Vergleich mit den breiter anbietenden Konkurrenten eventuell niedrigere Kosten oder eine Differenzierung erreichen. Andererseits kann eine breite Angebotspalette einen Wettbewerbsvorteil herbeiführen, wenn das Unternehmen seine Aktivitäten über mehrere Branchensegmente verteilen kann oder wenn es sich in verwandten Branchen dem Wettbewerb stellt. Deutsche Chemieunternehmen wie BASF, Bayer und Hoechst z.B. sind auf vielen Märkten für chemische Produkte vertreten, bedienen sich jedoch gemeinsamer Absatzmaßnahmen und gemeinsamer Produktionsanlagen, die bestimmte Produktgruppen übergreifen. Ähnlich ziehen japanische Unternehmen der Unterhaltungselektronik – etwa Sony, Matsushita und Toshiba – Vorteile aus dem Wettbewerb in verwandten Branchen wie Fernsehgeräte, Rundfunkgeräte und Videorecorder. Diese Unternehmen bedienen sich derselben Markennamen und internationalen Marketingnetze, nutzen gemeinsame Produkt- und Verfahrenstechnologien und den gemeinsamen Einkauf.

Ein wichtiger Grund, warum Unternehmen einen Wettbewerbsvorteil erzielen, ist, daß sie *andere* Gebiete als die Konkurrenz wählen, indem sie sich auf ein anderes Segment konzentrierten, das geographische Ausmaß ändern oder die Produkte verwandter Branchen kombinieren. Die schweizerischen Hersteller von Hörgeräten z. B. konzentrierten sich auf hochverstärkende Einheiten für Patienten mit schweren Hörschäden und erzielten im Vergleich mit den weniger spezialisierten amerikanischen und dänischen Konkurrenten überlegene Leistungen. Eines der ersten Unternehmen zu sein, das weltweit gegen heimische Wettbewerber antritt, die sich noch ganz auf ihren Inlandsmarkt beschränken, ist ein weiteres verbreitetes Mittel, den Wettbewerbsvorteil zu stärken. Bei der Art und Weise, wie diese Gebietsunterschiede zutage treten, spielt das eigene Land eine wichtige Rolle.

Einen Vorteil schaffen

Unternehmen schaffen sich einen Wettbewerbsvorteil dadurch, daß sie neue und bessere Methoden zum Wettbewerb in einer Branche erkennen oder entdecken und mit ihnen auf den Markt gehen,[11] was letztlich eine innovatorische Maßnahme ist. *Innovation* ist hier sehr weit gefaßt, damit sowohl die technologischen Verbesserungen wie auch die Arten oder Methoden, etwas besser zu machen, erfaßt werden. Sie kann in Produktveränderungen, Verfahrensänderungen, neuen Marketingansätzen, neuen Vertriebsformen und neuen Gebietsvorstellungen zum Ausdruck kommen.[12] Innovatoren reagieren nicht nur auf Möglichkeiten zum Wechsel, sondern zwingen ihm ein höheres Tempo auf. In der Praxis ist Innovation zu einem großen Teil etwas Nüchternes, das langsam anwächst, nichts Radikales. Sie baut eher auf ein Ansammeln kleiner Einsichten und Schritte als auf den großen technologischen Durchbruch. Oft enthält sie Ideen, die nicht »neu« sind, die aber bislang nie mit Nachdruck verfolgt wurden. Sie ergibt sich aus organisatorischem Lernen und auch aus herkömmlicher Forschung und Entwicklung. Es geht bei ihr immer um Investitionen in die Entwicklung von Qualifikation und Wissen und normalerweise auch in Anlagen und Marketingmaßnahmen.

Innovationen verlagern den Wettbewerbsvorteil, wenn Konkurrenten den neuen Wettbewerbsweg entweder nicht erkennen können oder nicht willens oder in der Lage sind zu reagieren. Das kann viele Ursachen haben: Selbstzufriedenheit, Trägheit, unflexible oder spezialisierte Anlagen oder eine Mischung aus mehreren Umständen. Die schweizerischen Armbanduhrenhersteller hatten z. B. mehrere Gründe, auf die billigen Wegwerfuhren von Timex (Vereinigte Staaten) zu reagieren, denn sie mußten um Schaden für ihren Ruf hinsichtlich Qualität und Präzision bangen. Sie hatten außerdem Produktionsanlagen, die für die Massenherstellung billiger Uhren überhaupt nicht geeignet waren. Ohne einen neuen Wettbewerbsansatz hat der Herausforderer jedoch selten Erfolg. Ändert der Innovator nicht die Art des Wettbewerbs, ist der Gegenschlag der etablierten Branchenführer im allgemeinen kraftvoll und wirksam.

Auf den internationalen Märkten nehmen Innovationen, die einen Wettbewerbsvorteil ergeben, sowohl heimische wie ausländische Bedürfnisse vorweg. Da der Gedanke der Produktsicherheit sich international durchgesetzt hat, haben z. B. schwedische

Unternehmen wie Volvo, Atlas Copco und AGA Erfolg gehabt, weil sie zu den ersten gehörten, die die Marktchancen auf diesem Gebiet erkannten. Andererseits können Innovationen, die auf ganz spezielle Vorstellungen oder Umstände des Inlandsmarktes eingehen, einen internationalen Wettbewerbserfolg behindern.

Die Möglichkeiten zu neuen Wettbewerbswegen erwachsen normalerweise aus irgendeinem Bruch oder Wandel in der Branchenstruktur. Manchmal haben solche Veränderungen lange eine nicht erkannte Gelegenheit dargestellt. Die typischsten Ursachen für Innovationen, die den Wettbewerbsvorteil verschieben, sind die folgenden:

1. *Neue Technologien.* Der technologische Wandel kann neue Chancen schaffen für den Entwurf eines Produkts, die Art seiner Vermarktung, seiner Herstellung oder seines Vertriebs und für die zusätzlich bereitgestellten Dienstleistungen. Er ist der häufigste Vorläufer der strategischen Innovation. Branchen entstehen, wenn der technologische Wandel ein neues Produkt machbar erscheinen läßt. So wurde Deutschland auf dem Gebiet der medizinischen Abbildung führend, nachdem dort die Röntgenstrahlen entdeckt worden waren. Die Führung wechselt am ehesten in Branchen, wenn eine nicht auf Zuwachs beruhende technologische Veränderung das Wissen und die Anlagen vorhandener Marktführer veraltet erscheinen läßt oder außer Kraft setzt. So haben japanische Unternehmen eine Stellung im Bereich der medizinischen Abbildung (gegenüber deutschen und amerikanischen Firmen) dank des Aufkommens elektronischer Technologien erlangt, die das herkömmliche Röntgenbild in einigen Anwendungsbereichen ersetzen.

Es fällt Unternehmen, die einem alten technologischen Muster verhaftet sind, schwer, die Bedeutung eines neuen zu erkennen. Und noch schwerer wird es ihnen häufig, darauf zu reagieren. Die führenden amerikanischen Hersteller von Vakuumröhren (RCA, General Electric, GTE-Sylvania) sind beispielsweise alle in die Halbleitertechnologie eingestiegen, aber alle ohne Erfolg. Ganz neue Wettbewerber auf dem Halbleitermarkt wie Texas Instruments waren für die neue Technologie aufgeschlossener und verfügten über Einrichtungen mit Personen, Einstellungen und Managementsystemen, die sie besser zu entwickeln vermochten.

2. *Neue oder sich wandelnde Käuferbedürfnisse.* Ein Wettbewerbsvorteil entsteht oder verändert sich oft dann, wenn die Käufer neue Bedürfnisse entwickeln oder ihre Prioritäten sich einschneidend ändern. Etablierte Wettbewerber erkennen die neuen Bedürfnisse vielleicht nicht oder sind nicht imstande zu reagieren, weil das Eingehen auf sie eine neue Wertkette erfordert. Amerikanische Schnellimbißketten verschafften sich international einen Vorteil, als die Konsumenten in vielen Ländern Bequemlichkeit und Beständigkeit schätzen lernten und heimische Restaurants sich nur langsam anpaßten. Der Betrieb einer Schnellimbißkette unterscheidet sich grundlegend von dem eines herkömmlichen Restaurants.

3. *Das Aufkommen eines neuen Branchenbereichs.* Die Gelegenheit, einen Vorteil zu schaffen, ergibt sich, wenn ein neuer eigener Branchenbereich entsteht oder ein neuer Weg gesehen wird, bestehende Bereiche umzugruppieren. Die Möglichkeiten umfassen nicht nur neue Kundenbereiche, sondern auch neue Verfahren zur Herstellung bestimmter Artikel im Sortiment, oder neue Wege, eine bestimmte Kundengruppe anzusprechen. Ein gutes Beispiel ist die Hubkarrenbranche (Gabelstapler u. a.), in der japanische Firmen einen unterversorgten Bereich bei kleinen Hubkarren für die allgemeine Anwendung ausmachten. Durch die Spezialisierung auf diesen

Bereich konnten sie die Entwürfe standardisieren und den Produktionsprozeß so umgestalten, daß ein weit höherer Automatisierungsgrad erreicht wurde. Dieses Beispiel zeigt, wie das Eingehen auf einen neuen Bereich häufig die Möglichkeit schafft, die Wertkette grundlegend neu zu ordnen, was etablierten Wettbewerbern unter Umständen schwerfällt.

4. *Verschiebung der Kosten für Produktionsmittel oder der Verfügbarkeit.* Der Wettbewerbsvorteil ändert sich oft, wenn es bei den absoluten oder relativen Kosten der Produktionsmittel wie Arbeit, Rohstoffe, Energie, Transport, Kommunikation, Finanzmittel oder Maschinen zu einer Veränderung kommt. Das kann neue Bedingungen in den Zulieferbranchen widerspiegeln oder auch die Möglichkeit, daß eine neue oder andere Art bzw. Qualität von Produktionsmitteln verwendet wird. Ein Unternehmen erlangt einen Wettbewerbsvorteil durch Optimierung, die auf den neuen Bedingungen beruht, während die Konkurrenten sich mit Anlagen und Verfahren abplagen müssen, die noch auf die alten zugeschnitten sind.

Ein klassisches Beispiel ist die Verschiebung der relativen Arbeitskosten unter Ländern. Korea und inzwischen auch andere asiatische Länder sind bei relativ einfachen internationalen Bauvorhaben wettbewerbsfähig geworden, da die Löhne in den höherindustrialisierten Ländern gestiegen sind. Ein drastischer Rückgang der Transport- und Kommunikationskosten in jüngerer Zeit eröffnet neue Wege, Unternehmen zu organisieren und zu leiten, die einen Wettbewerbsvorteil mit sich bringen, etwa die Fähigkeit, sich stärker auf spezialisierte Fremdzulieferer zu stützen und ein wirklich weltumspannendes Produktionssystem zu betreiben.

5. *Veränderungen der staatlichen Bestimmungen.* Anpassungen bei staatlichen Bestimmungen auf Gebieten wie Produktstandards, Umweltüberwachung, Zugangsbeschränkungen und Handelshemmnisse sind ein weiterer verbreiteter Anreiz für Innovationen, die sich in einem Wettbewerbsvorteil niederschlagen. Etablierte Branchenführer haben ihre Aktivitäten auf ein einziges Regelsystem abgestimmt, und sie sind bei einer Verschiebung innerhalb dieses Systems vielleicht nicht in der Lage zu reagieren. Amerikanische Wertpapierfirmen profitieren beispielsweise von einer weltweiten Lockerung der Bestimmungen an den Finanzmärkten, weil amerikanische Behörden diesen Trend eingeleitet haben und US-Firmen bereits gelernt haben, damit umzugehen.

Frühzeitig handeln, um Strukturveränderungen zu nutzen

Diese Auslöser bedeuten einen Wettbewerbsvorteil für diejenigen Unternehmen, die ihre Bedeutung früh erkennen und energisch handeln, um sie zu nutzen. In erstaunlich vielen Branchen haben frühzeitig handelnde Unternehmen ihre Position jahrzehntelang halten können. Die deutschen und schweizerischen Farbenfabriken (Bayer, Hoechst, BASF, Sandoz, Ciba und Geigy, die später zu Ciba-Geigy fusionierten) behaupten ihre Stellung als internationale Branchenführer seit dem Ersten Weltkrieg. Procter & Gamble, Unilever und Colgate sind international seit den 30er Jahren als Hersteller von Reinigungsmitteln führend.

Wer schnell handelt, erzielt Vorteile der Art, daß er etwa als erster von Einsparungen durch die Erhöhung der Produktionskapazitäten profitiert, die Kosten durch kumulatives Lernen senkt, Markennamen und Kundenbeziehungen ohne direkte Konkurrenz aufbaut, sich die besten Vertriebswege, die besten Standorte oder die besten Rohstoff- oder sonstige Betriebsmittelquellen sichert. Frühzeitiges Handeln kann einem Unternehmen ermöglichen, eine Innovation in Vorteile anderer Art umzuwandeln, die vielleicht dauerhafter sind. Die Innovation selbst wird vielleicht kopiert, aber die anderen Wettbewerbsvorteile bleiben oft erhalten.

Wer frühzeitig handelt, erzielt den größten Wettbewerbsvorteil in den Branchen, in denen die Einsparungen durch Erhöhung der Produktionskapazität erheblich sind und die Kunden die Lieferanten höchst selten wechseln. Hier sind eingefahrene Positionen am schwersten anzugreifen. Wie lange die Vorteile für den frühzeitig Handelnden währen, hängt davon ab, ob es später zu strukturellen Branchenänderungen kommt, die sie aufheben. Bei vielen Markenkonsumgütern z.B. ist die Markentreue sehr stark, und technische Veränderungen haben sie noch vertieft. Marken wie Ivory Soap, M&M/Mars, Lindt, Nestlé und Persil konnten ihre führende Position generationenlang behaupten.

Jede bedeutsame strukturelle Veränderung in einer Branche schafft Gelegenheiten für *neue* Wettbewerber, die schnell handeln. Bei Armbanduhren z.B. ermöglichte das Aufkommen von Massenvertriebskanälen, Massenabsatz und Massenproduktion in den 50er und 60er Jahren Timex und Bulova (beides amerikanische Unternehmen), die Schweiz im Stückabsatz zu überholen. Später sorgte die Verschiebung von der mechanischen zur elektronischen Technologie bei Armbanduhren für den Bruch, der es Seiko, Citizen und später Casio (alles japanische Firmen) ermöglichte, eine führende Position zu erlangen. Wer in einer technologischen oder Produktgeneration schnell handelt, kann beim Übergang zur nächsten durchaus Nachteile erleiden, weil seine Anlagen und Qualifikation spezialisiert sind.

Aber das Uhrenbeispiel macht noch ein anderes wichtiges Prinzip deutlich: Wer frühzeitig handelt, hat keinen Erfolg, wenn er Branchenveränderungen nicht richtig voraussieht. Amerikanische Unternehmen (etwa Pulsar, Fairchild und Texas Instruments) gehörten zu den ersten auf dem Markt für elektronische Armbanduhren, und das oft aus einer Position als Halbleiterproduzent heraus. Sie setzten jedoch ganz auf die Leuchtdiodenanzeige (LED). Aber diese Technologie erwies sich der Flüssigkristallanzeige (LCD) für weniger teure Armbanduhren als unterlegen und ebenso den herkömmlichen (analogen), mit Quarzantrieb kombinierten Anzeigen bei teureren Uhren. Seiko entschloß sich, überhaupt keine LED-Uhren herzustellen, sondern ging frühzeitig zur LCD- und analogen Quarztechnologie über. Die Einführung dieser Technologie ebnete den japanischen Unternehmen den Weg zur führenden Position in der Branche der Armbanduhren für den Massenmarkt, auf dem Seiko die Nummer eins in der Welt wurde.

Innovationen erkennen und verfolgen

Informationen spielen eine wichtige Rolle beim Prozeß der Innovationsinformationen, die nicht gesucht werden oder den Wettbewerbern nicht zur Verfügung stehen, oder bei Informationen, die anderen zur Verfügung stehen und ganz neu ausgelegt werden. Manchmal ergeben sie sich aus bloßen Investitionen in die Marktforschung oder in Forschung und Entwicklung. Es ist jedoch verblüffend, wie oft die Unternehmen die Neuerer sind, die lediglich an der richtigen Stelle nachsehen, völlig unbelastet oder unberührt von herkömmlichen Kenntnissen.

Oft sind Neuerer in irgendeiner Weise »Außenseiter« für die bestehende Branche. Die Innovation kann von einem neuen Unternehmen ausgehen, dessen Gründer einen ungewöhnlichen Werdegang hat oder in einem älteren, etablierten Unternehmen einfach nicht angekommen ist. Die Fähigkeit zu Innovationen kann auch in ein bestehendes Unternehmen gebracht werden, durch erfahrene Manager, die neu in der Branche sind und Gelegenheiten deshalb eher erkennen und hartnäckiger verfolgen. Innovationen kann es auch geben, wenn ein Unternehmen diversifiziert und neue Ressourcen, Fertigkeiten oder Perspektiven in eine andere Branche einbringt. Innovationen können schließlich auch aus einem anderen Land mit anderen Bedingungen oder Wettbewerbsmethoden kommen.

Außenseiter können neue Chancen vielleicht besser erkennen. Oder sie besitzen vielleicht die anderen Fachkenntnisse und Ressourcen, die für einen Wettbewerb neuen Stils erforderlich sind. Die Führer innovativer Unternehmen sind häufig auch in einem eher immateriellen, gesellschaftlichen Sinn Außenseiter. Sie gehören nicht zur Branchenelite und werden in der Branche auch nicht als Partner akzeptiert. Deshalb haben solche Unternehmen weniger Bedenken, sich über bestehende Normen hinwegzusetzen oder sich auf unlauteren Wettbewerb einzulassen.

Mit wenigen Ausnahmen sind Innovationen das Ergebnis ungewöhnlicher Bemühungen. Das Unternehmen, das erfolgreich neue oder verbesserte Wettbewerbswege beschreitet, geht auch besonders hartnäckig vor, oft sogar angesichts von Hindernissen. Die Strategie ist der persönliche Kreuzzug eines einzelnen oder einer Gruppe. Innovationen sind folglich oft das Ergebnis von Druck, Notwendigkeit oder gar Gegnerschaft. Die Angst, zu verlieren, erweist sich häufig als stärker denn die Hoffnung, zu gewinnen.

Unternehmen, die innovativ tätig werden, sind aus vielen dieser Gründe oft keine etablierten Führer oder gar Großunternehmen. Einsparungen durch Erhöhung der Produktionskapazität im Bereich Forschung und Entwicklung, die große Firmen begünstigen würden, werden dadurch aufgewogen, daß viele Innovationen keine aufwendige Technologie brauchen und Großunternehmen eher Schwierigkeiten haben, Brüche zu erkennen und auf sie einzugehen. In unserer Untersuchung wurden größere Unternehmen oft von kleineren verdrängt. Wo die Innovatoren Großunternehmen waren, waren sie häufig aus einer starken Position in einer anderen Branche neu in die betreffende Branche vorgestoßen.[13]

Warum sind einige Unternehmen in der Lage, neue Wettbewerbswege zu beschreiten, und andere nicht? Warum tun einige Unternehmen dies früher als andere? Was befähigt einige Unternehmen vorwegzunehmen, in welche Richtungen sich die Änderungen bewegen? Warum nehmen sie ungewöhnliche Anstrengungen auf sich? Das sind die wesentlichen Fragen der folgenden Kapitel. Die Antworten liegen in verschiedenen Bereichen: den Richtungen, in denen sich die Aufmerksamkeit der Unternehmen bündelt, dem Besitz der richtigen Ressourcen und Kenntnisse und den *Zwängen* zum Wandel. Das nationale Umfeld spielt eine wichtige Rolle bei all diesen Dingen. Ein wichtiger Einfluß auf den nationalen Wohlstand ist außerdem das Maß, in dem das nationale Umfeld das Auftreten von »Außenseitern« aus dem Inland fördert und den Verlust von Positionen in angestammten und neuen Branchen an Unternehmen aus anderen Ländern verhindert.

Den Vorteil wahren

Die Wahrung des Wettbewerbsvorteils hängt von drei Umständen ab. Der erste ist die besondere *Quelle* des Vorteils. Es besteht, von der Wahrung her, eine *Rangordnung* der Ursprünge des Wettbewerbsvorteils. Niederrangige Vorteile wie geringe Arbeitskosten oder billige Rohstoffe sind relativ einfach nachzuvollziehen. Die Wettbewerber können solche Vorteile oft leicht wiederholen, indem sie einen anderen billigen Standort oder eine Angebotsquelle finden, sie können sie auch außer Kraft setzen, indem sie am gleichen Ort produzieren oder sich niederlassen. Bei der Unterhaltungselektronik z. B. hat Japan seinen Arbeitskostenvorteil längst an Korea und Hongkong verloren. Und Unternehmen in diesen Ländern werden ihrerseits durch noch niedrigere Arbeitskosten in Malaysia und Thailand bedroht. Japanische Hersteller von Unterhaltungselektronik haben eine Produktion im Ausland aufgebaut, die dieser Entwicklung folgt. Auch am unteren Ende der Vorteilshierarchie gehen Kostenvorteile nur auf Einsparungen durch Erhöhung von Produktionskapazitäten zurück – durch die Nutzung von Technologie, Maschinen oder Methoden, die von der Konkurrenz kommen oder ihr ebenfalls zur Verfügung stehen. Solche Einsparungen werden bedeutungslos, wenn neue Technologien oder Verfahren die alten überholt erscheinen lassen oder wenn neue Produktentwürfe die gleiche Wirkung haben.

Dauerhafter sind höherrangige Vorteile – wie eigene Verfahrenstechnologie, auf besonderen Produkten oder Dienstleistungen beruhende Produktdifferenzierung, auf kumulativen Marketingmaßnahmen aufbauendes Markenimage und Kundenbeziehungen, die durch hohe Kosten für den Kunden bei einem Wechsel des Lieferanten geschützt sind. Höherrangige Vorteile sind durch einige Besonderheiten gekennzeichnet. Erstens erfordert ihr Erwerb eine höhere Qualifikation und mehr Fähigkeiten, etwa spezialisiertes und bestens ausgebildetes Personal, interne technische Kenntnisse und oft auch enge Beziehungen zu wichtigen Kunden.

Zweitens sind höherrangige Vorteile im allgemeinen abhängig von schon länger laufenden *anhaltenden und kumulativen Investitionen* in Sachanlagen und spezialisiertes und oft risikoreiches Lernen, Forschung und Entwicklung oder Marketing.[14] Einige Aktivitäten wie Werbung, Verkauf oder Forschung und Entwicklung schaffen materielles und immaterielles *Vermögen* in Form von Ansehen, Kundenbeziehungen und Spezialkenntnissen. Frühzeitig handeln bedeutet häufig, daß das Unternehmen mehr Zeit in dessen Vorbereitung gesteckt hat als die Konkurrenz. Die Konkurrenz muß ebensoviel oder mehr investieren, um diese Vorteile zu wiederholen, oder sie muß Wege finden, um sie zu umgehen. Die dauerhaftesten Vorteile verknüpfen größere kumulative Investitionen mit einer überlegenen Ausführung der mit ihnen verbundenen Aktivitäten, die den Vorteilen etwas Dynamisches verleiht. Fortwährende schnelle Investitionen in Verfahrenstechnologie, Marketing, globale Dienstleistungsnetze oder die schnelle Einführung neuer Produkte machen es den Wettbewerbern oft noch schwerer zu reagieren.[15] Höherrangige Wettbewerbsvorteile sind nicht nur dauerhafter, sondern werden auch mit höherer Produktivität in Verbindung gebracht.

Reine Kostenvorteile sind häufig weniger dauerhaft als Differenzierung. Ein Grund dafür: Jede neue Ursache niedrigerer Kosten, selbst eine weniger ausgeklügelte, kann den Kostenvorteil eines Unternehmens zunichte machen. Wenn Arbeitskräfte billig genug sind, kann selbst eine sehr viel höhere Effizienz neutralisiert werden, anders als bei den Differenzierungsvorteilen, denen man etwas Gleichwertiges gegenüberstellen muß, wenn man sie übertreffen will. Außerdem sind reine Kostenvorteile anfälliger, weil neue Produktentwürfe oder andere Formen der Differenzierung einen Kostenvorteil bei der Lieferung alter Produkte aufheben können.

Der zweite Bestimmungsfaktor bei der Wahrung eines Vorteils ist die *Anzahl eindeutiger Vorteilsquellen*, die ein Unternehmen besitzt. Wenn ein Betrieb sich auf nur einen Vorteil stützt, etwa ein von Hause aus weniger teures Produkt-Design oder Zugriff auf einen billigen Rohstoff, werden sich die Wettbewerber darauf konzentrieren, diesen Vorteil auszuschalten oder zu überwinden. Unternehmen, die auf eine lange Führung zurückblicken können, bringen oft sehr viele Vorteile in der gesamten Wertkette hervor. Die japanischen Hersteller kleiner Fotokopiergeräte z. B. gehen mit dem Fortschritt, haben niedrige Produktionskosten dank flexibler Automation, verfügen über ausgedehnte Händlernetze, die ein größeres Absatzgebiet abdecken als der herkömmliche Direktverkauf, und weisen ein hohes Maß an Zuverlässigkeit auf, was die Kundendienstkosten niedrig hält. Viele Vorteile erhöhen den Einsatz für Wettbewerber, die sich hier anhängen wollen.

Der dritte und wichtigste Grund für die Wahrung eines Wettbewerbsvorteils ist *ständige Verbesserung und Aufwertung*. Praktisch jeder Vorteil kann früher oder später kopiert werden, wenn ein Marktführer sich auf seinen Lorbeeren ausruht. Um einen Vorteil zu behaupten, muß ein Unternehmen zu einem beweglichen Ziel werden und wenigstens so schnell neue Vorteile schaffen, wie die Konkurrenten die alten kopieren können.

Die erste Aufgabe ist es, unerbittlich die Leistung des Unternehmens hinsichtlich der bestehenden Vorteile zu verbessern – etwa ein rationelleres Arbeiten der Produktionsanlagen oder mehr Sensibilität bezüglich des Kundendienstes. Das erschwert den Konkurrenten, die Vorteile ohne besonders hohe Investitionen zu neutralisieren. Langfristig betrachtet, erfordert die Wahrung des Vorteils jedoch eine Erweiterung und Aufwertung seiner Quellen durch den hierarchischen Aufstieg zu langlebigeren Typen. Genau das haben die japanischen Autohersteller gemacht. Zunächst drangen sie mit billigen Kompaktwagen annehmbarer Qualität in die Auslandsmärkte ein und konkurrierten auf der Grundlage niedriger Arbeitskosten. Aber schon als sie ihren Arbeitskostenvorteil noch besaßen, führten sie Verbesserungen durch. Sie investierten offensiv und bauten große, moderne Fabriken, um von den Einsparungen durch Erhöhung der Produktionskapazitäten zu profitieren. Dann führten sie Neuerungen in der Verfahrenstechnologie ein und bereiteten der Just-in-time-Produktion sowie einer Reihe anderer Qualitäts- und Produktivitätsmaßnahmen den Weg. Das hatte bessere Produktqualität zur Folge, geringe Reparaturanfälligkeit und einen höheren Zufriedenheitsgrad bei den Kunden im Vergleich mit ausländischen Konkurrenten. Seit neuestem stehen japanische Automobilhersteller an der Spitze der Produkttechnologie und führen neue, hochklassige Markennamen ein.

Den Vorteil wahren erfordert Veränderungen. Es verlangt, daß ein Unternehmen Branchentrends ausschöpft, nicht übergeht. Es verlangt auch, daß ein Unternehmen investiert, um die Wege zu blockieren, auf denen Konkurrenten angreifen könnten. Wenn beispielsweise die Biotechnologie das Wesen der pharmazeutischen Forschung zu ändern droht, muß ein Pharmaunternehmen, das seinen Vorteil wahren will, frühzeitig handeln, um überlegene biotechnologische Fähigkeiten zu entwickeln. Sichere Anzeichen für das Dahinschwinden eines Wettbewerbsvorteils sind die Hoffnung, daß eine neue Technologie verschwindet, das Abtun eines neuen Käuferbereichs oder das Nichtbeachten eines neuen Vertriebskanals – Reaktionen, die nur zu häufig sind.

Um seine Position zu behaupten, muß ein Unternehmen unter Umständen alte Vorteile abbauen, um neue, höherrangige zu schaffen. So wurden beispielsweise die koreanischen Schiffbauer international erst dann führend, als sie erstens ihre Werften offensiv vergrößerten, zweitens neue Baumethoden übernahmen, die die Produktivität wesentlich erhöhten, indem sie den Arbeitsanteil senkten, und drittens die technischen Fähigkeiten für den Bau hochmoderner Schiffe entwickelten. All diese Schritte verringerten die Bedeutung der Arbeitskosten zu einer Zeit, als die koreanischen Firmen noch von einem Arbeitskostenvorteil profitierten. Der scheinbare Widerspruch, den das Außer-Kraft-Setzen alter Vorteile birgt, hält Unternehmen oft von Verbesserungen ab. Wenn Unternehmen es jedoch versäumen, diesen schmerzlichen und scheinbar erkenntnisfeindlichen Schritt zu unternehmen, werden die Wettbewerber ihn für sie tun. Wie das nationale Umfeld eines Unternehmens die Wahrscheinlichkeit eines solchen Verhaltens beeinflußt, wird uns später noch beschäftigen. Der Grund, warum so wenige Unternehmen ihre Position halten, liegt darin, daß ein Wechsel für jede erfolgreiche Gesellschaft außerordentlich schmerzlich und schwierig ist. Selbstgefälligkeit ist viel natürlicher. Die alte Strategie prägt sich den unternehmerischen Alltagsmaßnahmen tief ein. Erkenntnisse, die sie ändern oder angreifen würden, werden nicht gesucht oder herausgefiltert. Die alte Strategie nimmt den Nimbus der Unbesiegbarkeit an und wird in der Unternehmenskultur verwurzelt. Veränderungen anzuregen kommt einem Treuebruch gleich.[16] Erfolgreiche Unternehmen streben oft nach Berechenbarkeit und Stabilität. Sie versteifen sich zunehmend darauf, ihren Besitzstand zu verteidigen, und jeder Wandel wird durch den besorgten Hinweis abgeschwächt, daß man sehr viel verlieren könne. Alte Vorteile zu verdrängen oder zu ersetzen, um neue zu schaffen, wird erst erwogen, wenn die alten längst Vergangenheit sind. Die alte Strategie wird unbeweglich, und strukturelle Veränderungen in der Branche führen dann zu Verschiebungen bei der Marktführerschaft. Kleinere Firmen oder Neulinge in der Branche, die nicht durch die Vergangenheit und alte Investitionen gebunden sind, werden die Innovatoren und neuen Führer.

Die Fähigkeit, die Strategie zu ändern, wird auch dadurch blockiert, daß die alte Unternehmensstrategie sich in Qualifikationen, organisatorischen Abmachungen, spezialisierten Anlagen und einem Ruf verkörpert, die vielleicht unvereinbar sind mit einer neuen Strategie. Tatsächlich ist eine solche Spezialisierung integraler Bestandteil dessen, sich einen Vorteil zu verschaffen. Die Wertkette neu zu gliedern ist schwer und teuer. In Riesenunternehmen erschwert zudem die bloße Größe eine Veränderung der Strategie. Eine Änderung der Strategie bringt häufig einen Verzicht auf finanzielle Leistungsfähigkeit und auch beunruhigende, manchmal abrupte organisatorische Anpassungen mit sich. Firmen ohne das Vermächtnis einer alten Strategie und alter Investitionen können bei der Übernahme einer neuen Strategie durchaus niedrigere Kosten haben, von den geringeren organisatorischen Schwierigkeiten ganz abgesehen. Das ist einer der Gründe, warum »Außenseiter«, wie ich sie genannt habe, oft die Neuerer sind.[17]

Das zur Wahrung eines Vorteils erforderliche Verhalten ist für etablierte Unternehmen demnach in vieler Hinsicht ein unnatürliches Vorgehen. Unternehmen, denen es gelingt, Trägheit und Behinderungen des Wandels und der Verbesserung des Vorteils zu überwinden, sind meistens diejenigen, die durch den Druck der Konkurrenz, den Bedarf der Käufer oder technische Drohungen angeregt worden sind. Kaum ein Unternehmen nimmt wichtige Verbesserungen und strategische Veränderungen freiwillig vor; sie sind meistens erzwungen. Der Druck zu Veränderungen kommt öfter von außen als von innen.

Die Führung von Unternehmen, die einen Wettbewerbsvorteil wahren, ist immer etwas besorgt. Sie spürt die Bedrohung ihrer Wettbewerbsposition ganz deutlich und reagiert darauf. Wie ein solches Verhalten durch die Umstände in einem Land beschleunigt wird, ist Thema der folgenden Kapitel.

International konkurrieren

Die Grundprinzipien der Wettbewerbsstrategie gelten, unabhängig davon, ob ein Unternehmen auf dem heimischen Markt konkurriert oder international. Um die Rolle des Landes beim Wettbewerbsvorteil zu verstehen, beschäftigen wir uns jedoch hauptsächlich mit Branchen, in denen der Wettbewerb international ist. Wir müssen begreifen, wie Firmen über eine internationale Strategie einen Wettbewerbsvorteil schaffen und wie dieser die zu Hause erworbenen Wettbewerbsvorteile verstärkt.

Das internationale Wettbewerbsmuster schwankt von Branche zu Branche erheblich. Am einen Ende des Spektrums hat der internationale Wettbewerb eine Form, die man *multiinländisch* nennen könnte. Der Wettbewerb in jedem Land (oder jeder kleinen Ländergruppe) ist im wesentlichen unabhängig. Die Branche ist zwar in vielen Ländern vertreten (es gibt z. B. Konsumentenbanken in Korea, in Italien und in den Vereinigten Staaten), doch der Wettbewerb erfolgt Land für Land. Der Ruf einer Bank, der Kundenstamm und das Anlagevermögen in einem Land z. B. wirken sich kaum oder gar nicht auf ihren Erfolg im Konsumentenbankgeschäft in anderen Ländern aus. Einige Wettbewerber sind vielleicht multinationale Gesellschaften, doch ihre Wettbewerbsvorteile beschränken sich im wesentlichen auf das Land, in dem sie auftreten. Die internationale Branche ist eine Ansammlung hauptsächlich inländischer Branchen, deshalb auch der Begriff multiinländisch. Zu den Branchen, in denen der Wettbewerb durch Tradition diese Form angenommen hat, gehören viele Arten des Einzelhandels, viele Nahrungsmittelerzeugnisse, Großhandel, Lebensversicherungen, Verbraucherfinanzierung, einfache Metallherstellung und Beizmittel.

Am anderen Ende des Spektrums liegen *globale* Branchen, bei denen die Wettbewerbsposition eines Unternehmens in einem Land seine Stellung in anderen Ländern erheblich beeinflußt (und auch von ihr beeinflußt wird). Die Firmen konkurrieren miteinander auf einer wirklich weltweiten Basis und nutzen die Wettbewerbsvorteile, die sich aus dem gesamten Netz ihrer weltumspannenden Aktivitäten ergeben.[18] Unternehmen verbinden die in heimischen Stützpunkten geschaffenen Vorteile mit anderen, die aus der Präsenz in vielen Ländern resultieren, wie Einsparungen durch Erhöhung der Produktionskapazität, die Fähigkeit, multinationale Kunden zu bedienen, und ein übertragbares Markenimage. Globaler Wettbewerb herrscht in Branchen wie zivile Luftfahrt, Fernsehgeräte, Halbleiter, Fotokopiergeräte, Automobile und Armbanduhren. Die Branchen sind nach dem Zweiten Weltkrieg immer globaler geworden.

Im extremen Fall einer multiinländischen Branche taucht die Frage des nationalen Vorteils oder der internationalen Wettbewerbsfähigkeit nicht auf. Praktisch jedes Land hat solche Branchen. Viele Unternehmen, die ihnen zugehören, wenn nicht die meisten, sind im allgemeinen in lokalem Besitz, weil der Wettbewerb Land für Land es ausländischen Unternehmen schwermacht, einen Wettbewerbsvorteil zu erlangen. Der internationale Handel ist in solchen Branchen gering oder gleich Null. Besitz durch Ausländer wird, sofern er überhaupt vorkommt, weitgehend passiv sein und nur in einer maßvollen Überwachung durch die Zentrale bestehen. Inländische Arbeitsplätze, Zugehörigkeit des Unternehmens zum Inland und der Standort der Forschung werden keine größeren Probleme sein, weil die nationale Tochtergesellschaft die meisten, wenn nicht alle wichtigen Aktivitäten steuert, die für den Wettbewerb von Bedeutung sind. In Branchen wie dem Einzelhandel und der Metallwarenherstellung wird kaum über Handelsprobleme debattiert.

Die weltweiten Branchen sind dagegen das Schlachtfeld, auf dem Unternehmen aus vielen Ländern einen Wettbewerb führen, der den wirtschaftlichen Wohlstand des Landes erheblich berührt. Die Fähigkeit, in weltweiten Branchen einen Wettbewerbsvorteil zu erzielen, verlangt einen hohen Einsatz im internationalen Handel wie bei den Investitionen.

In weltweiten Branchen müssen sich die Unternehmen dem internationalen Wettbewerb stellen, um in den wichtigsten Branchensegmenten einen Wettbewerbsvorteil zu erzielen oder zu behaupten. Es kann in solchen Branchen durchaus Segmente geben, die aufgrund ganz besonderer nationaler Anforderungen heimisch sind und in denen rein inländische Firmen florieren können. Doch es ist gefährlich, sich in einer weltweiten Branche auf das Inland zu konzentrieren, egal, in welchem Land das Unternehmen zu Hause ist.

Wettbewerbsvorteil durch Globalstrategie

Eine Globalstrategie ist eine Strategie, bei der ein Unternehmen seine Produkte in vielen Ländern verkauft und sich dabei eines integrierten, weltweiten Ansatzes bedient.[19] Ein multinationaler Konzern zu sein bedingt allein noch keine Globalstrategie, wenn der Multi eigenständige Tochtergesellschaften hat, die im jeweiligen Land selbständig wirtschaften. Viele europäische (etwa Brown Boveri, jetzt Asea-Brown Boveri, und Philips) und einige amerikanische Multis (etwa General Motors und ITT) sind früher diesen Weg gegangen, was ihren Wettbewerbsvorteil schwächte und Konkurrenten die Gelegenheit bot, sie zu überholen.

Bei einer Globalstrategie verkauft ein Unternehmen in vielen, wenn nicht allen

Ländern, die einen wichtigen Markt für seine Produkte aufweisen. Das schafft eine Größenordnung, die die Kosten für Forschung und Entwicklung amortisiert und den Einsatz einer fortschrittlichen Produktionstechnologie erlaubt. Die Frage ist, wie man die Wertkette für den weltweiten Verkauf örtlich festlegen und handhaben kann. Ein globaler Strategieansatz bietet zwei getrennte Möglichkeiten, mit denen ein Unternehmen Wettbewerbsvorteile erzielen oder heimische Nachteile neutralisieren kann. Die erste Möglichkeit zeigt sich darin, wie ein Weltunternehmen seine Tätigkeiten auf die Länder verteilen kann, um den Weltmarkt zu bedienen. Die zweite wirkt über die Fähigkeit eines Weltunternehmens, die dezentralen Aktivitäten zu koordinieren.[20] Die Festlegung von Aktivitäten in der Wertkette, die den größten Bezug zum Käufer haben, wie Marketing, Vertrieb und Kundendienst, ist normalerweise an den Sitz des Käufers gebunden. Der Verkauf in Japan z. B. erfordert im allgemeinen, daß das Unternehmen dort ansässige Verkaufs- oder Vertriebsleute hat und den Kundendienst in Japan anbietet. Die örtliche Festlegung anderer Aktivitäten kann wegen hoher Transportkosten oder der Notwendigkeit eines engen Austauschs auch vom Standort des Käufers abhängen. In vielen Dienstleistungsbranchen müssen Produktion, Vertrieb und Marketing der Dienstleistung in Käufernähe erfolgen. Meistens muß das Unternehmen seine Möglichkeiten zur Durchführung solcher Aktivitäten direkt in den Ländern ausschöpfen, in denen es Handel treibt.

Aktivitäten wie Herstellung und landesbezogene Logistik, auch Hilfsmaßnahmen wie technologische Entwicklung und Beschaffung können dagegen häufig vom Käuferstandort abgekoppelt sein. Man kann sie überall durchführen. Bei einer Globalstrategie legt ein Unternehmen diese Aktivitäten an den Ort, wo seine Kostenlage oder die Differenzierung aus globaler Sicht optimiert wird. Eine Firma kann beispielsweise ein großes Werk bauen, von dem aus der Weltmarkt bedient wird, und so von den Einsparungen durch die Erhöhung der Produktionskapazität profitieren. Nur wenige Aktivitäten müssen unbedingt im Heimatstaat erfolgen.

Die strategischen Entscheidungen, die für die Globalstrategie typisch sind, lassen sich in zwei Hauptbereichen zusammenfassen.

– *Anordnung:* wo und in wie vielen Ländern jede Aktivität in der Wertkette durchgeführt wird. Produzieren Sony oder Matsushita z. B. Videorecorder in nur einem großen Werk in Japan, oder gründen sie weitere Werke in den Vereinigten Staaten und in Großbritannien?

– *Koordination:* wie dezentrale oder in mehreren Ländern durchgeführte Aktivitäten koordiniert werden. Wird etwa der gleiche Markenname oder die Absatzpolitik in allen Ländern verwendet, oder wählt jede Tochtergesellschaft einen eigenen Markennamen oder einen auf die örtlichen Gegebenheiten zugeschnittenen Vertriebskanal?

Beim multiinländischen Wettbewerb haben die multinationalen Gesellschaften weitgehend selbständige Töchter in jedem Land und verwalten sie wie ein Wertpapierportefeuille. Beim globalen Wettbewerb versuchen die Unternehmen, einen sehr viel größeren Wettbewerbsvorteil aus ihrer internationalen Präsenz zu ziehen, indem sie Aktivitäten mit weltweiten Aussichten an bestimmte Orte legen und aktiv zwischen ihnen koordinieren.

Globale Anordnung

Bei der Anordnung seiner weltweiten Aktivitäten in einer Branche steht ein Unternehmen vor zwei großen Entscheidungen. Erstens, ob es seine Aktivitäten auf ein oder zwei Länder konzentrieren oder sie auf viele Länder verteilen soll. Zweitens die Wahl der Länder, in denen bestimmte Aktivitäten erfolgen sollen.

Aktivitäten konzentrieren. In einigen Branchen erwächst der Wettbewerbsvorteil aus der Konzentration von Aktivitäten in einem Land und dem Export von Bauteilen oder Fertigerzeugnissen in Auslandsmärkte. Das ergibt sich dort, wo erhebliche Einsparungen durch Erhöhung der Produktionskapazität erzielt werden, wo eine steile Lernkurve, die Vorteile aus nur einem Standort zieht, entsteht, oder wo Vorteile dadurch aufkommen, daß verbundene Aktivitäten an denselben Ort gelegt werden, damit sie besser koordiniert werden können. Konzentrierte oder exportorientierte Globalstrategien sind charakteristisch für Branchen wie Flugzeuge, Maschinen, Werkstoffe und landwirtschaftsnahe Produkte. Die Aktivitäten werden normalerweise am heimischen Stützpunkt des Unternehmens konzentriert.
Konzentrierte Globalstrategien sind für einige Länder besonders typisch. Sie sind in Korea und Italien verbreitet, wo heute die meisten Produkte im Inland entworfen und hergestellt werden; nur das Marketing erfolgt im Ausland. Auch in Japan war dies das Muster in den meisten international erfolgreichen Branchen, wenngleich die japanischen Unternehmen Aktivitäten wie den Einkauf und die Montage jetzt aus verschiedenen Gründen schnell dezentralisieren. Die internationalen Strategien, die in einem Land begünstigt oder gefördert werden, beeinflussen das Wesen der Branchen, in denen das Land sich erfolgreich am Wettbewerb beteiligt.

Aktivitäten verteilen. In anderen Branchen erwachsen Wettbewerbsvorteile (oder werden Nachteile der heimischen Stützpunkte überwunden) aus der Verteilung von Aktivitäten auf mehrere oder viele Länder. Das Verteilen von Aktivitäten ist mit direkten Auslandsinvestitionen verbunden. Es wird in den Branchen mit hohen Transport-, Kommunikations- oder Lagerkosten bevorzugt, die ein Wirtschaften von zentralem Standort aus unrentabel machen, und im Falle bestimmter Risiken: Wechselkursrisiken, politische Risiken und die Gefahr von Lieferunterbrechungen. Verteilte Aktivitäten werden auch dort vorgezogen, wo die inländischen Produktionserfordernisse stark schwanken. Die sich daraus ergebende Notwendigkeit, Produkte weitgehend auf nationale Märkte zuzuschneiden, vermindert die Einsparungs- bzw. Lernvorteile aus dem Betrieb eines einzigen großen Werkes oder Forschungslabors. Ein anderer wichtiger Grund für das Verteilen von Aktivitäten besteht darin, das örtliche Marketing in einem anderen Land zu verbessern, indem man den Käufern dort Engagement signalisiert und/oder mehr lokales Einfühlungsvermögen zeigt. Das Verteilen einer Aktivität auf viele Länder kann einem Unternehmen überdies ermöglichen, durch Informationen von verschiedenen Standorten Erfahrung auf diesem Gebiet anzusammeln (vorausgesetzt, die Firma kann zwischen den Tochtergesellschaften koordinieren).
Der Staat wirkt in manchen Branchen sehr stark auf die Verteilung von Aktivitäten ein – über Zölle, zollfreie Grenzen und den Kauf vornehmlich einheimischer Waren.

Der Staat sieht es normalerweise gern, daß ein Unternehmen eine ganze Wertkette im Inland ansiedelt, weil das als vorteilhaft und als Anregung für das Land betrachtet wird, die über das Lokale hinausgeht.[21] Und schließlich ermöglicht das Verteilen der Aktivitäten mitunter, daß Vorteile aus der Konzentration anderer erzielt werden. Wenn man beispielsweise den Staat dadurch besänftigt, daß man die Endmontage in einem Land vornimmt, erleichtert das vielleicht den Import von Zubehörteilen aus großen, zentralisierten Zubehörfirmen, die ganz woanders liegen.

Die Entscheidung, Aktivitäten zu konzentrieren oder zu verteilen, hängt letztlich von der jeweiligen Aktivität ab. In der LKW-Branche betreiben führende Hersteller wie Daimler-Benz, Volvo und Saab-Scania den größten Teil der Forschung und Entwicklung sowie die Produktion einzelner Teile zu Hause, montieren die Produkte jedoch in verschiedenen anderen Ländern. Die jeweils beste Anordnung wird von Branche zu Branche unterschiedlich sein. Sie kann auch in Bereichen der gleichen Branche schwanken.

Ein paar Beispiele sollen diese Zusammenhänge deutlich machen. Schwedische Unternehmen verfolgen in einigen dem Bergbau nahestehenden Branchen stark dezentralisierende Strategien. Käufer in diesem Bereich schätzen eine starke Präsenz der Lieferfirmen vor Ort, damit Kundendienst und technische Hilfe gewährleistet sind. Außerdem ist im Bergwerksbereich fast überall die regionale Regierung der Besitzer oder beteiligt. Politische Überlegungen verlangen eine Präsenz im Land, um dem Rechnung zu tragen, daß der Staat inländische Anbieter bevorzugt. Schwedische Firmen wie SKF (Kugellager) und Electrolux (Haushaltsgeräte) tendieren ebenfalls zu stark dezentralisierenden Strategien mit umfangreichen direkten Auslandsinvestitionen und relativ selbständigen Auslandstöchtern – was abhängt von unterschiedlichen Produktanforderungen in den betreffenden Ländern, von der Notwendigkeit zu großer Käufernähe bei Marketing und Dienstleistungen und von staatlichen Zwängen. Auch die schweizerischen Unternehmen neigen in vielen Branchen zu dezentralisierten Anordnungen, u. a. beim Handel, bei pharmazeutischen Produkten, Nahrungsmitteln und Farbstoffen. Dezentralisierende Globalstrategien mit erheblichen direkten Auslandsinvestitionen sind auch für Branchen wie Konsumgüterindustrie, Gesundheitsvorsorge, Telekommunikation und viele Dienstleistungen typisch.

Aktivitäten verlegen. Mit der Entscheidung über die Anzahl der Orte für eine Aktivität ist auch eine andere zu treffen: In welchem Land oder in welchen Ländern soll sie stattfinden. Anfangs werden Aktivitäten im allgemeinen alle im Heimatstaat betrieben. Bei einer Globalstrategie kann ein Unternehmen jedoch für die Montage, die Produktion von Zubehörteilen oder sogar die Forschung jedes Land wählen, in dem ein Vorteil winkt.

Örtliche Vorteile finden oft auf einzelne Aktivitäten Anwendung. Eine der großen Vergünstigungen, von der ein Weltunternehmen profitiert, ist die Fähigkeit, verschiedene Aktivitäten auf mehrere Länder zu verteilen, um so auf *verschiedene* bevorzugte Standorte einzugehen. Zubehörteile können somit in Taiwan produziert, die Software in Indien geschrieben und die grundlegende Forschung und Entwicklung in Silicon Valley betrieben werden.

Der klassische Grund, eine Aktivität in ein bestimmtes Land zu verlegen, sind die Faktorkosten. Die Montage erfolgt in Taiwan oder Singapur, damit das Angebot an ausgebildeten, motivierten, aber vergleichsweise billigen Arbeitskräften genutzt werden kann. Kapital wird dort aufgenommen, wo immer es zu den besten Bedingungen zu bekommen ist. Um entscheidende Kapazitätsausweitungen für die Halbleiterproduktion zu finanzieren, gab die Firma NEC (Japan) Wandelschuldverschreibungen nicht in Japan aus (wo dieses Finanzierungsinstrument selten ist), sondern in Europa. Der weltumspannende Wettbewerb hat tatsächlich zu einer wachsenden Verteilung von Aktivitäten geführt und spiegelt derartige Überlegungen wider. Viele amerikanische Unternehmen produzieren im Fernen Osten (praktisch alle amerikanischen Diskettenlaufwerke werden z.B. dort produziert), während die japanischen Konkurrenten bei Nähmaschinen, Sportartikeln, elektronischen Bauteilen und anderen Branchen aktiv in die Produktion in Korea, Hongkong, Taiwan und jetzt auch Thailand investieren.

In neuerer Zeit neigen Unternehmen stärker dazu, Aktivitäten in andere Länder zu verlegen, nicht nur wegen der dortigen Faktorkosten, sondern auch um Forschung und Entwicklung zu betreiben, Zugang zu speziellen örtlichen Kenntnissen zu bekommen oder um Verbindungen zu Schlüsselkunden herzustellen. Westdeutsche Hersteller von Kunststoffverarbeitungsmaschinen und schweizerische Produzenten von Vermessungsgeräten haben Forschungsabteilungen in die Vereinigten Staaten verlegt, um elektronische Steuerungen zu entwickeln. SKF (Schweden), ein weltweit führender Produzent von Kugellagern, hat in Deutschland eine große Produktionsstätte und einen Stützpunkt für Forschung und Entwicklung, also in unmittelbarer Nähe der westdeutschen Maschinenfabriken von Weltniveau und der Automobilhersteller, die alle wichtige Kugellagerkunden sind.

Unternehmen verlegen Aktivitäten auch in Länder, wenn das eine Bedingung für den Handel dort ist. Montage-, Marketing- oder Dienstleistungsaktivitäten in ein Land zu verlegen ist in manchen Branchen die Frage eines wirksameren Verkaufs und des Service für die Kunden dieses Landes. Ein gutes Beispiel sind die technisch aufwendigen Klimaanlagen, bei denen führende amerikanische Hersteller wie Carrier und Trane an vielen internationalen Standorten Betriebe unterhalten, um den in dieser Branche hohen Anforderungen an Einrichtung und Kundendienst gerecht zu werden. Auch staatliche Verordnungen beeinflussen die Standortwahl. So sind viele japanische Produktionsinvestitionen in den Vereinigten Staaten und Europa (bei Automobilen, Autoteilen und Unterhaltungselektronik) heute ein Spiegelbild direkter oder indirekter Importbeschränkungen. Ähnlich gingen viele schwedische, schweizerische und amerikanische Multis vor dem Zweiten Weltkrieg ins Ausland, als Handelsbarrieren und Transportkosten ausschlaggebend waren, ein Grund, warum ihre Aktivitäten im Vergleich mit japanischen oder westdeutschen Firmen der gleichen Branche häufig weit verteilt sind. Eine einmal bestehende dezentrale Anordnung ist oft schwer zu integrieren und zu koordinieren, weil die Manager des jeweiligen Landes ihre Macht und Selbständigkeit behalten wollen. Die Unfähigkeit, zu stärker konzentrierten und koordinierten Strategien überzugehen, die für den Wettbewerbsvorteil notwendig sind, ist ein Grund, warum Unternehmen in manchen Branchen Vorteile einbüßen.

Meine Erörterung über die Verlegung von Aktivitäten muß in diesem Stadium jedoch unvollständig bleiben. Der beste Standort für die Aktivitäten, die den heimischen Stützpunkt eines Unternehmens ausmachen, vor allem Strategieplanung, Forschung und Entwicklung und die komplizierteren Bereiche der Produktion, bleibt schließlich eines der Hauptthemen dieses Buches. Es genügt wohl, wenn ich sage, daß die Beweggründe für eine Verlegung ins Ausland weit über die hier umrissenen klassischen Erklärungen hinausgehen.

Globale Koordination

Das andere wichtige Mittel, mit dem Unternehmen einen Wettbewerbsvorteil durch einen globalen Strategieansatz erzielen, ist die Koordinierung der in verschiedenen Ländern angesiedelten Aktivitäten. Koordinieren bedeutet, Informationen gemeinsam nutzen, Verantwortung zuweisen und Bemühungen aufeinander abstimmen. Es kann viele Vorteile bringen. Etwa das Ansammeln von Erkenntnissen und Fachwissen, das an weit verstreuten Orten gewonnen wurde. Wenn ein Unternehmen lernt, wie es den Produktionsprozeß in Deutschland besser in den Griff bekommt, kann die Weitergabe des Gelernten dazu führen, daß auch die Produktion in amerikanischen und japanischen Werken problemloser wird. Unterschiedliche Länder bieten mit ihren zwangsläufig unterschiedlichen Bedingungen eine Vergleichsgrundlage und auch die Gelegenheit, Nutzen aus dem unterschiedlichen Wissen zu ziehen, das an verschiedenen Orten über verschiedene Seiten der Arbeit gewonnen wurde.

In unterschiedlichen Ländern sammeln sich nicht nur Kenntnisse über Produkte oder Verfahrenstechnologie an, sondern auch Wissen über Verbraucherbedürfnisse und Absatzmethoden. Ein Unternehmen mit einer wirklich globalen Zielsetzung, das seine Absatzeinheiten rund um die Welt koordiniert, kann frühzeitig Warnsignale über Branchenveränderungen auffangen, wenn es Branchentrends erkennt, bevor sie offenkundig werden. Das Koordinieren zwischen dezentralisierten Aktivitäten kann auch zu Einsparungen durch Erhöhung der Produktionskapazität führen, wenn verschiedenen Standorten Unteraufgaben zugeteilt werden, so daß eine Spezialisierung möglich wird. SKF (Schweden) z. B. produziert in seinen Auslandswerken jeweils unterschiedliche Kugellager und tauscht die Produkte zwischen den Ländern aus, damit die Verkaufsabteilung jeder nationalen Tochter das gesamte Programm anbieten kann.

Dezentralisierte Aktivitäten können, wenn sie koordiniert werden, einem Unternehmen erlauben, auf sich *ändernde* Wechselkurse oder Faktorkosten zu reagieren. So kann z. B. eine zusätzliche Ausweitung der Produktion an dem Standort, der gerade günstige Wechselkurse bietet, die Gesamtkosten senken, was japanische Firmen Ende der 80er Jahre wegen des hohen Yen-Kurses in verschiedenen Branchen praktiziert haben.

Koordinieren kann auch die Differenzierung eines Unternehmens bei international mobilen oder multinationalen Käufern steigern. Beständigkeit beim Produktangebot und die Bereitschaft eines Unternehmens, weltweit aufzutreten, stärken sein Markenimage. Die Fähigkeit, multinationalen oder mobilen Kunden mit dem zu dienen, wonach immer sie Bedarf haben, wird oft sehr geschätzt. Koordinieren zwischen nationalen Tochtergesellschaften kann auch den Einfluß auf eine Regierung erhöhen, wenn das Unternehmen seine Tätigkeit in einem Land zu Lasten oder zugunsten eines anderen ausweiten oder einschränken kann.

Das Koordinieren zwischen Ländern erbringt schließlich auch Flexibilität bei der Reaktion auf Konkurrenten. Ein Weltunternehmen kann wählen, wo und wie es einen Konkurrenten bekämpfen will. Es kann sich entschließen, den Kampf in dem Land zu führen, in dem der Wettbewerber seinen größten Umsatz oder Reingewinn macht, um ihm die Mittel für ein Auftreten in anderen Ländern zu entziehen. IBM und Caterpillar haben diese Art von Abwehrhaltung bei ihren japanischen Unternehmungen praktiziert. Ein Konkurrent mit einer nur inländischen Zielsetzung besitzt diese Flexibilität nicht.

Große nationale Unterschiede bei den Käuferbedürfnissen und lokalen Wirtschaftsbedingungen arbeiten einer Koordinierung entgegen. Sie verhindern eine Anwendung der Erkenntnisse aus einem Land in anderen Ländern. Wo solche Bedingungen herrschen, ist eine Branche multiinländisch.

Wenn auch die Koordinierung zwischen Tochtergesellschaften bei einer Globalstrategie eindeutige Vorteile bietet, bringt sie doch allein schon wegen der Komplexität, der sprachlichen und kulturellen Unterschiede und der Notwendigkeit, in hohem Maße offen und glaubwürdig Informationen auszutauschen, erhebliche organisatorische Herausforderungen mit sich. Eine weitere ernstzunehmende Schwierigkeit besteht darin, die Interessen der Manager der Tochtergesellschaft mit denen des Unternehmens als ganzem in Einklang zu bringen. Die deutsche Tochter möchte der amerikanischen nicht unbedingt von ihrem neuesten Durchbruch in der Produktionstechnologie erzählen, weil es ihr dann vielleicht schwerer fällt, die Amerikaner beim jährlichen Leistungsvergleich der Betriebe auszustechen. Diese leidigen Organisationsprobleme bedeuten, daß die Töchter aus verschiedenen Ländern sich häufig mehr als Konkurrenten denn als Partner betrachten und daß rückhaltlose und offene Zusammenarbeit in Weltunternehmen eher die Ausnahme als die Regel ist.[22]

Standort- und systembedingte Vorteile

Die Wettbewerbsvorteile eines Weltunternehmens lassen sich sehr praktisch unterteilen in solche, die sich aus dem Standort (oder den Ländern) ergeben, und in solche, die vom Standort unabhängig sind und sich aus dem globalen Netz der unternehmerischen Aktivitäten ergeben.

Vorteile, die auf das Land oder den Standort zurückgehen, können sich entweder aus dem *heimischen Stützpunkt* des Unternehmens ergeben oder aus denjenigen Ländern, in die das Unternehmen bestimmte Aktivitäten verlegt hat. Das Weltunternehmen nutzt Vorteile aus dem heimischen Stützpunkt, um in Auslandsmärkte einzudringen. Es kann bei bestimmten Tätigkeiten in anderen Ländern auch versuchen, standortbedingte Vorteile herauszufinden, um heimische Vorteile zu verstärken oder heimische Nachteile zu kompensieren.

Systembedingte Vorteile hängen vom weltweiten Gesamtumsatz des Unternehmens, seiner kumulativen Lernrate in allen Einrichtungen und seiner Fähigkeit ab, zwischen aus- und inländischen Standorten zu koordinieren. Einsparungen etwa durch Erhöhung der Kapazität bei der Produktion oder bei Forschung und Entwicklung sind an sich länderneutral, denn ein großes Werk oder Forschungszentrum kann im Prinzip überall angesiedelt werden.

Globaler Wettbewerb beginnt erst, wenn einige Unternehmen zu Hause einen Vorteil erzielen, der ihnen ermöglicht, auf ausländische Märkte vorzudringen. Ein einzig aus dem heimischen Stützpunkt gezogener Wettbewerbsvorteil genügt, einen globalen Wettbewerb herbeizuführen. Im allgemeinen verbinden erfolgreiche Unternehmen jedoch mit der Zeit die aus dem heimischen Stützpunkt gezogenen Vorteile mit denen, die aus dem Verlegen bestimmter Aktivitäten in andere Länder resultieren, und obendrein denen, die sich aus dem weltweiten Netz ergeben. Diese anderen Vorteile kommen zu den inlandsbedingten hinzu, werten sie auf und machen sie dauerhafter; sie kompensieren auch die inlandsbedingten Nachteile. Vorteile aus jeder dieser Quellen können sich gegenseitig verstärken. Die aus einer Weltstellung resultierende Gesamtgröße hat z. B. westdeutschen Firmen wie Zeiss (optische Geräte) und Schott (Glas) ermöglicht, die Forschung und Entwicklung voranzutreiben, um die technischen und Nachfragevorteile eines deutschen heimischen Stützpunkts besser ausnutzen zu können.

In der Praxis sind Unternehmen, die ihre aus den heimischen Stützpunkten gewonnenen Vorteile nicht durch globalen Wettbewerb ausnutzen und erweitern, verwundbar. Die Kombination von Vorteilen aus dem heimischen Stützpunkt, von nutzbringenden Verlegungen bestimmter Aktivitäten an ausländische Standorte und von Vorteilen aus dem weltweiten System untermauert erst den internationalen Erfolg. In dem Maß, wie die Globalisierung des Wettbewerbs weitgehend anerkannt wurde, konzentrierte sich die Aufmerksamkeit auf Systemvorteile und den Nutzen der Verlegung in andere Länder. Tatsächlich sind inlandsbedingte Vorteile für den Wettbewerbsvorteil im allgemeinen ausschlaggebender, ein Thema, das in späteren Kapiteln immer wiederkehrt.

Die Wahl einer Globalstrategie

Es gibt nicht die eine gültige Globalstrategie, sondern zahlreiche Methoden, weltweit zu konkurrieren, was die Wahl mit sich bringt, wohin die Aktivitäten verlegen und wie sie koordinieren. Was das beste Modell ist, hängt von der jeweiligen Branche ab. Die meisten Globalstrategien erfordern eine integrierte Verbindung von Handel und ausländischen Direktinvestitionen. Fertigprodukte werden aus einigen Ländern exportiert, die woanders hergestellte Bauteile importieren, wie auch umgekehrt. Die Auslandsinvestitionen spiegeln die Verteilung der Produktion und Absatzaktivitäten. Handel und Auslandsinvestitionen ergänzen sich, ersetzen sich nicht zwangsläufig.

Was das Ausmaß der Globalisierung angeht und die passende Globalstrategie, können Branchensegmente erheblich differieren. Bei den Schmiermitteln z. B. neigt die Branche der Kfz-Motoröle zum multiinländischen Wettbewerb. In den Ländern herrschen unterschiedliche Fahrgewohnheiten, Wetterbedingungen und Gesetze. Die Produktion erfordert das Mischen verschiedener Grundöle und Zusätze. Eine Erhöhung der Produktionskapazität bietet kaum Einsparmöglichkeiten und bringt hohe Frachtkosten mit sich. Die Vertriebswege des Einzelhandels, besonders wichtig für den Wettbewerbserfolg, sind von Land zu Land sehr verschieden. In den meisten Ländern sind Inlandsunternehmen, wie Quaker State und Pennzoil in den Vereinigten Staaten, oder multinationale Gesellschaften mit weitgehend selbständigen Landestöchtern wie Castrol (Großbritannien) die Branchenführer. Schmiermittel für Schiffsmotoren ist dagegen eine globale Branche. Schiffe befahren die ganze Welt und brauchen überall, wo sie anlegen, das gleiche Öl. Das Markenimage umspannt die Welt. Erfolgreiche Konkurrenten bei Schiffsmotorenölen wie Shell, Exxon und British Petroleum sind weltweit vertreten.

Ein anderes Beispiel ist der Wohnbereich, wo viele Bereiche multiinländisch sind, weil die meisten Aktivitäten in der Wertkette an den Standort des Käufers gebunden sind und weil Unterschiede zwischen nationalen Bedürfnissen und Gegebenheiten zu nur wenigen koordinierungsbedingten Vorteilen führen. In Hotels der Business- oder Luxusklasse ist der Wettbewerb dagegen globaler. Globale Wettbewerber wie Hilton, Marriott und Sheraton haben viele weit verstreute Häuser, benutzen jedoch einheitliche Markennamen, einheitliche Ausstattung, einheitliche Servicestandards und weltweite Reservierungssysteme, um beim Service für die sehr mobilen Geschäftsleute Marketingvorteile zu erzielen.[23]

Vertikale Ebenen einer Branche variieren in Globalisierungsumfang und -muster ebenfalls häufig. Beim Aluminium sind die vorgelagerten Ebenen (Tonerde und Rohblock) globale Branchen. Die nachgelagerte Ebene, Herstellung von Halbfabrikaten (z.B. Gußstücke, Strangpreßlinge), besteht aus mehreren multiinländischen Branchen. Die Produktanforderungen schwanken von Land zu Land, die Transportkosten sind hoch, und verlangt wird ein umfassender lokaler Kundendienst. Die Einsparungen durch Erhöhung der Produktionskapazität in der Wertkette sind gering. Allgemein sind Einzelteile und Rohstoffe meist globaler einsetzbar als Fertigerzeugnisse.

Eine Änderung beim Globalisierungsmuster, was die Segmente, die vertikalen Ebenen und Ländergruppen betrifft, schafft die Möglichkeit zu globalen Spezialisierungsstrategien. Dazu gehört die weltweite Betreuung eines bestimmten Branchensegments. Daimler-Benz und BMW gingen so bei hochwertigen Automobilen vor, japanische Unternehmen wie Toyota, Isuzu und Hino bei Kleinlastwagen.

Der globale Spezialisierer konzentriert sich weltweit auf ein Branchensegment, das von den Konkurrenten der übergeordneten Branche vernachlässigt wird. Globaler Wettbewerb kann eine Branche in völlig neue Segmente aufteilen, denn die weltweite Betreuung eines Bereichs bietet genug Volumen, um in den Genuß von Einsparungen durch Erhöhung der Produktionskapazität zu kommen. Hohe Kosten haben die Betreuung des Segments in einem Land vielleicht unmöglich gemacht. In einigen Branchen ist globale Spezialisierung die einzige durchführbare Strategie, weil die Globalisierungsvorteile nur in bestimmten Bereichen bestehen (z.B. Hotels der höchsten Preiskategorie für Geschäftsleute).

Globale Spezialisierung kann der erste Schritt zu einer breitangelegten Globalstrategie sein. Ein Unternehmen beginnt global mit dem Wettbewerb in einem Bereich, in dem der heimische Stützpunkt ihm einen einmaligen Vorteil bietet. In Branchen wie Autos, Hubkarren und Fernsehgeräte z.B. bildeten japanische Unternehmen zuerst Brückenköpfe, indem sie sich auf das kompakte – und bislang vernachlässigte – Ende des Produktbereichs konzentrierten. Später erweiterten sie ihr Programm und erwarben eine weltweit beherrschende Stellung.

Auch kleinere Unternehmen, nicht nur große, können weltweit konkurrieren. Klein- und Mittelunternehmen sind für einen erheblichen Teil des Welthandels verantwortlich, vor allem in Ländern wie Deutschland, Italien und der Schweiz. Sie spezialisieren sich oft auf kleine Bereiche oder treten in relativ kleinen Branchen auf. Die Strategie der globalen Spezialisierung ist auch bei multinationalen Gesellschaften kleinerer Länder wie Finnland und der Schweiz verbreitet, doch ebenso bei Klein- und Mittelunternehmen anderer Länder. Montblanc in Deutschland z. B. konkurriert weltweit bei hochwertigen Füllfederhaltern, und fast alle der vielen italienischen Schuh-, Textil- und Möbelunternehmen sind international in engbegrenzten Bereichen tätig.

Kleine und mittelgroße Firmen verfolgen oft exportorientierte Strategien mit vergleichsweise bescheidenen direkten Auslandsinvestitionen. Die Zahl mäßig großer multinationaler Gesellschaften ist allerdings im Wachsen. Dänemark, die Schweiz und Deutschland etwa besitzen viele multinationale Unternehmen mittlerer Größe, die in bestimmten Bereichen konzentriert sind. Mit ihren begrenzten Mitteln stehen kleinere Firmen vor schwierigen Situationen, wenn sie sich Zugang zu Auslandsmärkten verschaffen, deren Anforderungen verstehen und vollen Kundendienst bieten wollen. Diese Probleme werden in verschiedenen Branchen verschieden gelöst. Eine Möglichkeit ist die Einschaltung von Agenten oder Importeuren (typisch für italienische Firmen), Vertriebsgesellschaften oder Handelsfirmen (typisch für Japan und Korea). Eine andere ist der Einsatz von Branchenverbänden, um eine einheitliche Absatzinfrastruktur zu schaffen, Handelsausstellungen und Messen zu organisieren und Marktforschung zu betreiben. So waren Genossenschaften wesentlich am Exporterfolg der dänischen landwirtschaftsnahen Branchen beteiligt. In neuerer Zeit sind kleinere Firmen dazu übergegangen, sich mit ausländischen Unternehmen zusammenzutun, um weltweit konkurrieren zu können.

Der Globalisierungsprozeß der Branchen

Branchen breiten sich weltweit aus, weil Veränderungen in Technologie, Käuferbedürfnissen, staatlicher Politik oder der Infrastruktur des Landes größere Unterschiede in der Wettbewerbsposition von Unternehmen aus verschiedenen Ländern zur Folge haben oder die Vorteile einer Globalstrategie vor Augen führen. Bei Automobilen z. B. wurde die Branche weltumspannend, als japanische Unternehmen wesentliche Wettbewerbsvorteile bezüglich der Qualität und Produktivität erzielten, als die Nachfrage nach Autos in verschiedenen Ländern ähnlicher wurde (ein wichtiger Grund waren steigende Benzinpreise in der Vereinigten Staaten) und als die Transportkosten sanken, was nur einige Gründe sind.

Eine strategische Innovation eröffnet häufig die Möglichkeiten zur Globalisierung. Die internationale Führungsrolle in einer Branche entsteht häufig aus der Entdeckung, wie eine Globalstrategie durchführbar ist. Ein Unternehmen findet beispielsweise ein Mittel, die Kosten für die Abänderung eines zentral geplanten und hergestellten Produkts zu senken, um verschiedenen landeseigenen Bedürfnissen gerecht zu werden, etwa ein Modul für die Stromzufuhr in einem ansonsten standardisierten Produkt. Bei zentralen Schaltgeräten, die in der Telekommunikation gebraucht werden, haben beispielsweise Northern Telecom, NEC und Ericsson von Produkt-Designern profitiert, die einen modularen Aufbau der Software und relativ billige Abänderungen ermöglichen und den Anforderungen unterschiedlicher nationaler Telefonsysteme entsprechen. Oder ein Unternehmen entwickelt eine neue Produktvariante, ein neues Marketingkonzept, die allgemein ansprechen, oder bringt eine Neuerung, die Hindernisse für einen globalen Wettbewerb aus dem Wege räumt. Bei Einwegspritzen aus Kunststoff z. B. führten amerikanische Unternehmen nicht nur ein Produkt ein, das allgemein Anklang fand, sondern senkten auch die Transportkosten im Vergleich mit Glasspritzen: So eröffneten sich Möglichkeiten, durch Erhöhung der Produktionskapazität eines einzigen, für die ganze Welt produzierenden Werkes zu Einsparungen zu kommen.

Die führenden Köpfe einer neuen weltumspannenden Branche beginnen immer mit irgendeinem daheim entstandenen Vorteil, sei es ein bevorzugter Produktentwurf, eine höhere Produktqualität, ein neues Absatzkonzept oder ein Faktorkostenvorteil. Ein dauerhafter Erfolg verlangt jedoch in aller Regel, daß die Firma nicht an diesem Punkt stehenbleibt. Aus dem heimischen Vorteil muß nun der Hebel für das Vordringen auf den Auslandsmarkt werden. Hat er dort einmal Fuß gefaßt, rundet der erfolgreiche globale Wettbewerber den ursprünglichen heimischen Vorteil dadurch ab, daß er durch Erhöhung der Produktionskapazität Einsparungen erzielt oder sich Imagevorteile verschafft aus dem weltweiten Verkauf. Nach und nach wird der Wettbewerbsvorteil durch die Verlegung selektiver Aktivitäten ins Ausland ergänzt – oder heimische Nachteile werden kompensiert.

Selbst wenn der ursprüngliche heimische Vorteil schwer zu behaupten ist, kann eine Globalstrategie dazu beitragen, ihn zu ergänzen und aufzuwerten. Ein gutes Beispiel bietet die Unterhaltungselektronik, bei der Matsushita, Sanyo, Sharp und andere japanische Unternehmen zunächst Kostenwettbewerb betrieben und einfache, tragbare Fernsehgeräte herstellten. Als sie damit in die Auslandsmärkte eindrangen, erzielten sie Einsparungen durch Erhöhung der Produktionskapazität; sie senkten die Kosten weiter, indem sie sich auf der Lernkurve nach unten bewegten. Der weltweit erzielte Umsatz begünstigte dann offensive Investitionen in das Marketing, in neue Produktionsmaschinen, in Forschung und Entwicklung sowie in den Aufbau einer eigenen Technologie. Die japanischen Unternehmen sind längst von der Kostenorientierung zur Produktion eines breiten Programms immer differenzierterer Fernsehgeräte, Videorecorder und anderer Artikel übergegangen und stützen sich dabei auf weltweit führende Produkt- und Verfahrenstechnologien. Inzwischen haben koreanische Konkurrenten wie Samsung und Gold Star die kostenorientierte Position übernommen und konkurrieren mit einfacheren, standardisierten Produkten auf der Grundlage niedriger Arbeitskosten.

Faktorkosten, ein niederrangiger Vorteil, sind für einen internationalen wie für einen inländischen Wettbewerber eine schwer faßbare und oft unstete Quelle des Wettbewerbsvorteils. Das wurde z. B. in der Bekleidungs- und Baubranche deutlich. Der globale Wettbewerber kann durch Verlegen von Aktivitäten ins Ausland Faktorkosten, die sich gegen den Heimatstaat auswirken, neutralisieren oder sogar nutzen. Schwedische Produzenten von Schwerlastwagen (Volvo und Saab-Scania) z. B. haben vor Jahren einen Teil ihrer Produktion in Länder wie Brasilien und Argentinien verlegt. Unternehmen, deren *einziger* Vorteil die Faktorkosten sind, verdrängen im übrigen selten die bisherigen Branchenführer. Die Strategie, führenden Unternehmen nachzueifern, ist durch Auslandsproduktion oder Beschaffung im Ausland allzu leicht zu parieren. Unternehmen mit niedrigen Faktorkosten können etablierte Branchenführer nur dann verdrängen, wenn sie derartige Vorteile mit der Spezialisierung auf einen Marktsektor, der von den etablierten Führern vernachlässigt oder aufgegeben wurde, kombinieren – und/oder mit Investitionen in Großanlagen, die die beste, auf dem Weltmarkt verfügbare Technologie einsetzen. Sie werden ihren Vorteil nur dann behaupten, wenn sie weltweit konkurrieren und ihn mit der Zeit aufwerten. Welche Rolle die nationalen Verhältnisse bei der Beeinflussung des Anfangsvorteils eines Unternehmens spielen, die Fähigkeit, ihn durch eine Globalstrategie auszunutzen, und die Fähigkeit und der Wille, ihn mit der Zeit aufzuwerten, werden in späteren Kapiteln im Mittelpunkt stehen.

Rechtzeitig handeln beim globalen Wettbewerb

Rechtzeitig handeln, um auf jede strukturelle Änderung vorbereitet zu sein, ist beim globalen Wettbewerb ebenso wichtig wie beim inländischen, wenn nicht noch wichtiger. Die eigentlichen Führer vieler globaler Branchen sind häufig unter den ersten, die eine neue Strategie erkennen und sie weltweit realisieren. So war Boeing der erste weltweite Wettbewerber bei Flugzeugen, Honda bei Motorrädern, IBM bei Computern und Kodak bei Filmen. Amerikanische und britische Firmen behaupten sich bei vielen Konsumgütern nicht zuletzt deshalb als Branchenführer, weil sie als erste Globalstrategien eingeführt haben.

Der Nutzen aus frühzeitigem Handeln wird durch den globalen Wettbewerb vergrößert. Wer früh handelt, kommt in den zusätzlichen Genuß, der erste zu sein, der ein weltweites Netz aufbaut. Das wiederum kann zu einem guten Ruf, zu Größe und Lernvorteilen führen. Positionen, die auf derartige Vorteile zurückgehen, können Jahrzehnte, wenn nicht länger behauptet werden. Bei Tabak, Whisky und Knochenporzellan z. B. haben britische Unternehmen länger als ein Jahrhundert ihre führende Stellung trotz des allgemeinen Niedergangs der britischen Wirtschaft behauptet. Ähnliche Beispiele für eine lange internationale Führung findet man in Deutschland (Druckerpressen, chemische Produkte), den USA (alkoholfreie Getränke, Spielfilme, Computer) und praktisch allen Industrienationen.

Die Gründe für Verschiebungen bei der internationalen Wettbewerbsposition unterscheiden sich nicht von den allgemeineren, die ich bereits angesprochen habe. Alteingesessene internationale Branchenführer verlieren ihre Stellung, wenn sie auf der Stelle treten, während strukturelle Branchenveränderungen jungen Firmen die Gelegenheit bieten, sich zu neuen Produktgenerationen oder Verfahrenstechnologien vorzuarbeiten. Die internationalen Einsparungen durch Kapazitätserhöhung, die Reputation und die Beziehungen zu Vertriebswegen etablierter Branchenführer werden dadurch aufgehoben. So sind traditionelle Branchenführer gegen japanische Konkurrenten in mehreren Branchen unterlegen, die durch die Elektronik revolutioniert wurden (etwa Werkzeugmaschinen) oder in denen Massenproduktionsverfahren die herkömmliche Sortenfertigung ablösten (etwa bei Kameras oder Gabelstaplern). Eingesessene Branchenführer werden auch überholt, wenn junge Unternehmen neue Marktbereiche entdecken und nutzen, die vernachlässigt wurden. Italienische Firmen sahen diese Gelegenheit bei Haushaltsgeräten: Sie produzierten kompakte Standardmodelle in Massenproduktion und verkauften sie an die in Europa aufkommenden Einzelhandelsketten unter deren Hausmarke. Durch den offensiven Ausbau dieses schnell wachsenden neuen Segments wurden die italienischen Haushaltsgerätehersteller in Europa Branchenführer. Unternehmen, die als erste handeln, um Nutzen aus Strukturveränderungen zu ziehen, werden oft die neuen Branchenführer, weil ihnen die nächste Runde mit den Vorteilen der Schnellentschlossenen gehört. Auf die Fähigkeit der Unternehmen, so zu handeln, wirken nationale Einflüsse stark ein, und häufig sind am Ende Firmen aus ein oder zwei Ländern weltweit die Branchenführer, wie bereits ausgeführt.

Die Fähigkeit, die durch eine alte Strategie gewonnene Führung zu behaupten, ist gelegentlich auf den glücklichen Umstand zurückzuführen, daß es kaum Veränderungen in dieser Branche gibt. Mit größerer Wahrscheinlichkeit resultiert sie jedoch aus ständigen Innovationen zur Anpassung an sich ändernde Umstände. In den folgenden Kapiteln möchte ich näher auf die nationalen Besonderheiten eingehen, die die Ursache dafür sind. Die Kräfte, die die Unternehmen eines Landes dazu treiben, ihre einmal erreichte Position zu behaupten, sind wesentlicher Bestandteil des nationalen Wettbewerbsvorteils.

Allianzen und Globalstrategie

Strategische Allianzen, die ich auch Koalitionen nenne, sind ein hervorragendes Instrument zur Verwirklichung von Globalstrategien. Nicht unüblich sind langfristige Absprachen zwischen Unternehmen, die zwar über die normalen Geschäfte am Markt hinausgehen, aber doch nicht das Stadium eines Zusammenschlusses erreichen. Ich verwende hier den Begriff Allianz, um eine Vielzahl Abmachungen zu erfassen, die von Gemeinschaftsunternehmen über Lizenzen und langfristige Lieferabsprachen bis zu anderen Arten von Firmenbeziehungen reichen.[24] Sie existieren in vielen Branchen, besonders häufig bei Automobilen, Flugzeugen, Flugzeugtriebwerken, Industrierobotern, Unterhaltungselektronik, Halbleitern und pharmazeutischen Produkten.

Internationale Allianzen zwischen Unternehmen der gleichen Branche, die in verschiedenen Ländern sitzen, sind ein Weg des globalen Wettbewerbs. Sie teilen die partnerschaftlichen Aktivitäten in der Wertkette auf weltweiter Grundlage auf. Zwar werden sie schon lange genutzt, doch hat sich ihr Wesen geändert. Bisher gingen Unternehmen aus Industrieländern Allianzen mit Unternehmen aus weniger hoch entwickelten Ländern ein, um Absatzmaßnahmen zu verwirklichen (die oft nötig waren, um Zugang zum Markt zu bekommen). Heute kommt es immer häufiger zu Allianzen zwischen Unternehmen aus Industrieländern, die sich zusammentun, um Großregionen oder die gesamte Welt zu beliefern. Allianzen gehen zudem immer häufiger über den reinen Absatz hinaus und schließen viele andere Aktivitäten ein. Alle amerikanischen Autohersteller z. B. haben Allianzen mit japanischen Unternehmen (in einigen Fällen auch mit koreanischen Herstellern) zur Produktion von Automobilen geschlossen, die in den Vereinigten Staaten verkauft werden.

Unternehmen gehen Allianzen ein, um sich Vorteile verschiedener Art zu verschaffen. Einer davon sind Einsparungen durch Erhöhung der Produktionskapazität oder neue Erkenntnisse, die durch gemeinsame Anstrengungen beim Absatz, der Produktion von Bauteilen oder der Montage bestimmter Modelle erreicht werden. Ein zweiter Vorteil ist der Zugang zu lokalen Märkten, zu erwünschten Technologien oder daß staatlichen Anforderungen an inländischen Besitz Genüge getan wird. Die Allianz zwischen General Motors und Toyota (NUMMI) z. B. war von General Motors mit der Absicht abgeschlossen worden, seine Produktionserkenntnisse zu erweitern. Ein dritter Vorteil von Allianzen besteht in der Streuung des Risikos. Mehrere Pharmaunternehmen haben sich gegenseitig Lizenzen für neuentdeckte Medikamente eingeräumt, um so das Risiko zu begrenzen, daß die eigenen Forschungsbemühungen erfolglos bleiben. Spitzenunternehmen schließlich gehen oft eine Allianz ein, um dem Wettbewerb in einer Branche eine bestimmte Form zu geben, etwa indem sie für ein großes Gebiet die Lizenz für eine Technologie vergeben, um eine Standardisierung zu fördern. Allianzen können Wettbewerbsnachteile, ob sie in Faktorkosten oder Technologie bestehen, aufheben, können zugleich die Selbständigkeit wahren und die Notwendigkeit einer teuren Fusion vermeiden.

Allianzen verursachen in strategischer und organisatorischer Hinsicht jedoch erhebliche Kosten. Die sehr handfesten Koordinationsprobleme mit einem selbständigen Partner, der häufig andere und entgegengesetzte Ziele verfolgt, sind nur der Anfang. Koordinationsschwierigkeiten behindern die Fähigkeit, die Vorteile einer Globalstrategie zu erlangen. Die Partner von heute sind oft die Konkurrenten von morgen, insbesondere wenn es sich um solche mit deutlicheren Wettbewerbsvorteilen handelt oder um solche, die dynamischer sind. Japanische Unternehmen haben das in zahllosen Branchen demonstriert. Außerdem erhalten Partner einen Gewinnanteil, der erheblich sein kann. Allianzen sind daher instabil, viele werden aufgelöst oder scheitern. Nach einem hoffnungsvollen Beginn geht die Beziehung in die Brüche oder läuft auf eine Fusion hinaus.

Allianzen sind häufig Einrichtungen auf Zeit. Man findet sie in großer Zahl in Branchen, mit strukturellen Veränderungen, oder einem sich verschärfenden Wettbewerb, wo Manager fürchten, alleine nicht zu bestehen. Sie sind eine Reaktion auf Unsicherheit und bieten den Trost, daß die Firma überhaupt etwas unternimmt. Allianzen kommen besonders oft unter zweitklassigen Wettbewerbern oder Unternehmen vor, die um Anschluß bemüht sind. Schwächeren Konkurrenten bieten sie die anfängliche Hoffnung, unabhängig zu bleiben, wenngleich am Ende durchaus der Verkauf oder die Fusion stehen kann.

Allianzen sind kein Patentrezept. Das Behaupten und Verbessern der Wettbewerbsposition verlangt von einem Unternehmen letztlich, daß es auf Gebieten, die für den Wettbewerbsvorteil wichtig sind, eine interne Fähigkeit entwickelt. Auf lange Sicht bauen globale Branchenführer der Anlagen oder der Kenntnisse halber, die in ihrer Branche wesentlich für den Wettbewerbsvorteil sind, selten auf einen Partner.

Die erfolgreichsten Allianzen sind ganz spezieller Art. So haben die Allianzen, die von führenden Weltfirmen wie IBM, Novo Industri (Insulin) und Canon eingegangen werden, meistens ein engbegrenztes Ziel und sind auf Zugang zu bestimmten Landesmärkten oder Technologien ausgerichtet. Allianzen sind ein Werkzeug zum Ausbau und zur Stärkung des Wettbewerbsvorteils, aber selten ein dauerhaftes Mittel, um einen solchen Vorteil erst zu schaffen.

Die Bedeutung der nationalen Verhältnisse
für den Wettbewerbserfolg

Diese Grundsätze der Wettbewerbsstrategie in globalen Branchen lassen uns die notwendige Perspektive, wie denn die Rolle des Heimatstaates im internationalen Wettbewerb gesondert zu betrachten sei, besser erkennen. Unterschiedliche Strategien eignen sich für unterschiedliche Branchen, denn die Branchenstruktur und die Ursprünge des Wettbewerbsvorteils differieren. Unternehmen können in derselben Branche unterschiedliche Strategien wählen und Erfolg damit haben, wenn sie unterschiedliche Wettbewerbsvorteile suchen oder unterschiedliche Branchenbereiche anpeilen.

Länder sind dort erfolgreich, wo die landesspezifischen Verhältnisse ein Verfolgen der für eine bestimmte Branche oder ein Branchensegment geeigneten Strategie begünstigen. Was sich im Land gut bewährt, muß in der Branche zum Wettbewerbsvorteil führen. Viele nationale Eigenschaften erleichtern oder erschweren die Anwendung einer bestimmten Strategie, von den Verhaltensnormen, die die Unternehmensführung prägen, bis zur Verfügbarkeit bestimmter Fachkräfte, der Art der Inlandsnachfrage und den Zielen heimischer Investoren.[25]

In technisch hochentwickelten Branchen einen Wettbewerbsvorteil zu schaffen, erfordert Verbesserung und Innovation – man muß bessere Wettbewerbsmöglichkeiten finden und sie global nutzen, man muß die Produkte und Verfahren des Unternehmens unerbittlich durch bessere ersetzen. Ein Land hat wirtschaftlich Erfolg, wenn die heimischen Verhältnisse ein Umfeld bieten, das ein solches Verhalten fördert. Vorteile schaffen verlangt zum einen Einsicht in neue Wege des Wettbewerbs, zum anderen die Bereitschaft, Risiken einzugehen und in deren Verwirklichung zu investieren. Ein Land hat Erfolg, wo das heimische Umfeld in einzigartiger Weise Unternehmen in die Lage versetzt, neue Strategien für den Wettbewerb in einer Branche zu erkennen. Ein Land hat Erfolg, in dem die heimischen Verhältnisse den Unternehmen einen Anreiz bieten, solche Strategien frühzeitig und energisch zu verfolgen. Ein Land scheitert, wo Unternehmen nicht die richtigen Signale aufnehmen, sich nicht den richtigen Zwängen aussetzen und nicht die richtigen Fähigkeiten besitzen.

Einen Vorteil sehr lange behaupten erfordert, daß seine Ursprünge aufgefrischt werden. Ein Auffrischen des Vorteils verlangt ausgeklügeltere Technologie, Qualifikation und Methoden sowie ständige Investitionen. Länder sind in den Branchen erfolgreich, wo die für eine Änderung der Strategien notwendigen Kenntnisse und Ressourcen vorhanden sind. Unternehmen, die sich auf eine statische Vorstellung vom Vorteil stützen, werden schließlich nachgeahmt und verlieren ihre Stellung am Markt.

Einen Vorteil behaupten verlangt ständigen Wechsel, was umständlich und organisatorisch schwer zu bewältigen ist. Ein Land hat in den Branchen Erfolg, in denen *Zwänge* entstehen, die Trägheit überwinden und laufende Verbesserungen und Innovationen fördern, nicht gerade ein angenehmes Leben. Ein Land scheitert in den Branchen, in denen Unternehmen den Verbesserungsprozeß stoppen.

Ein Land hat Erfolg in den Branchen, deren inlandsbedingte Vorteile in anderen Ländern von Wert sind und deren Innovationen und Verbesserungen die internationalen Bedürfnisse ahnen lassen. Erfolg im internationalen Wettbewerb erfordert, daß Unternehmen inländische Positionen in internationale Positionen umwandeln. Das ermöglicht, mit einer Globalstrategie Vorteile aus dem heimischen Stützpunkt zu ziehen und sie zu verstärken. Ein Land hat in den Branchen Erfolg, in denen die Inlandsfirmen zum globalen Wettbewerb gedrängt (oder ermuntert) werden. Die Suche nach den bestimmenden Faktoren des nationalen Wettbewerbsvorteils in den Branchen hat diese Umstände aufzuspüren.

KAPITEL 3

DIE BESTIMMUNGSFAKTOREN DES NATIONALEN WETTBEWERBSVORTEILS

Die Art, wie Unternehmen einen Wettbewerbsvorteil in globalen Branchen schaffen und behaupten, liefert die notwendigen Grundlagen für das Verständnis der Rolle des Heimatstaates bei diesem Prozeß. Diese Rolle ist alles andere als einfach. Unsere Suche nach einem neuen Weg, den nationalen Vorteil zu verstehen, muß mit einigen Voraussetzungen beginnen.

Erstens sind die Art des Wettbewerbs und die Ursprünge des Wettbewerbsvorteils, bezogen auf die Branchen und sogar die Branchensegmente, sehr verschieden. Wir müssen den Einfluß des Landes auf die Fähigkeit des Unternehmens isolieren, in bestimmten Branchen und Branchensegmenten und mit speziellen Strategien aufzutreten, nicht in großen Sektoren. Wir müssen verschiedene Ursprünge des Wettbewerbsvorteils in verschiedenen Branchen berücksichtigen, nicht auf einen einzelnen, übergeordneten Ursprung setzen wie etwa die Arbeitskosten oder die Einsparungen durch Erhöhung der Produktionskapazität. Da die Produkte in viele Branchen aufgeteilt sind, müssen wir erklären, warum die Unternehmen einiger Länder besser differenzieren können als andere, und uns nicht nur auf Kostenunterschiede konzentrieren.

Zweitens führen globale Wettbewerber einige Aktivitäten in der Wertkette häufig außerhalb ihres Heimatstaates aus. Die Globalisierung des Wettbewerbs macht die Rolle des Heimatstaates für den Wettbewerbsvorteil keineswegs zunichte, ändert jedoch deren Charakter. Das bedeutet, daß es nicht Aufgabe ist zu erklären, warum ein ausschließlich in dem Land operierendes Unternehmen international erfolgreich ist, sondern warum das Land ein mehr oder weniger begehrter *heimischer Stützpunkt* für den Wettbewerb in einer Branche ist. Am heimischen Stützpunkt wird die Strategie festgelegt, erfolgen die Kernproduktion und die Verfahrensentwicklung und ist die so wichtige Markenqualifikation zu Hause. Der heimische Stützpunkt ist die Plattform für eine Globalstrategie in der Branche, in der die aus dem Heimatstaat gezogenen Vorteile durch die aus einer integrierten weltweiten Stellung ergänzt werden.

Drittens erlangen und behaupten Unternehmen einen Wettbewerbsvorteil im internationalen Wettbewerb durch Verbesserung, Innovation und Aufwertung. Die Innovationen umfassen, wie ich schon erwähnt habe, sowohl Technologie wie Methoden, einschließlich neuer Produkte, neuer Produktionsverfahren, neuer Absatzwege, der Bestimmung neuer Kundengruppen u. a. m. Die Innovationen, die zum Wettbewerbsvorteil führen, erfordern eine Anhäufung kleiner Schritte und langwierige Anstrengungen, allerdings auch entscheidende Durchbrüche.[1]

Unternehmen erzielen einen Vorteil zunächst dadurch, daß sie die Grundlage des Wettbewerbs ändern. Sie behaupten ihn durch Verbesserungen, die schnell genug erfolgen, um sich an der Spitze zu halten. Das verlangt nicht nur Fortschritte beim Ausspielen bestehender Vorteile, sondern mit der Zeit auch eine Erweiterung und Aufwertung der Grundlagen des Wettbewerbsvorteils. Dazu bedarf es oft des Wechsels zu anspruchsvolleren Branchensegmenten. Innovation und Aufwertung erfordern ständige Investitionen, zum einen, um die geeignete Richtungsänderung zu erkennen, und zum anderen, um sie zu realisieren.

Wie Schumpeter schon vor mehreren Jahrzehnten erklärte, ist der Wettbewerb seiner ganzen Art nach zutiefst dynamisch. Das Wesen des wirtschaftlichen Wettbewerbs ist nicht das »Gleichgewicht«, sondern ein ständiger Wandel. Verbesserung und Innovation in einer Branche sind nie endende Vorgänge, nicht ein einmaliges Ereignis. Die Vorteile von heute sind schnell überholt oder hinfällig. Den nationalen Vorteil in einer Branche zu erklären heißt im Kern, die Rolle des Heimatstaates bei der Anregung von Wettbewerbsverbesserungen und Innovationen zu definieren.[2] Wir müssen erklären, warum ein Land ein Umfeld bietet, in dem Unternehmen sich entfalten und innovieren und beides schneller und in der richtigen Richtung tun als ihre internationalen Konkurrenten. Das Verhalten, das notwendig ist, einen Wettbewerbsvorteil zu schaffen, und insbesondere, ihn zu behaupten, ist in vielen Unternehmen eine unnatürliche Handlungsweise, wie ich im vorigen Kapitel betont habe. Wir müssen verstehen, was ein nationales Umfeld Besonderes bietet, das den natürlichen Wunsch nach Stabilität überwindet und Unternehmen dazu bringt, vorwärtszuschreiten.

Schließlich sind Unternehmen, die einen Wettbewerbsvorteil in einer Branche erringen, oft diejenigen, die nicht nur ein neues Marktbedürfnis oder die Möglichkeiten einer neuen Technologie erkennen, sondern die auch frühzeitig und am energischsten handeln, um ihn zu nutzen. Jeder wichtige Strukturwandel kann den Wettbewerbsvorteil alter Branchenführer zunichte machen und eine neue Gelegenheit schaffen, die Wettbewerbsposition durch eine frühe Reaktion zu verschieben. Wir müssen erklären, warum Unternehmen aus bestimmten Ländern frühzeitig und energisch handeln, um Veränderungen in bestimmten Branchen zu nutzen, die auf internationale Bedürfnisse hinweisen.

Es ist unsere Aufgabe, mehr zu tun, als einfach nur die Unterschiede beim Wettbewerbsvorteil der Länder zu erkennen. Die Herausforderung besteht darin, sie überzeugend zu erklären. Inzwischen wird weitgehend anerkannt, daß Einsparungen durch Erhöhung der Produktionskapazität, technologischer Vorsprung und differenzierte Produkte die Bedingungen für den Handel schaffen: Die Länder, deren Unternehmen diese Vorteile in einer Branche erringen, sind in der Lage zu exportieren.[3] Die Fähigkeit, diese Vorteile zu erringen und zu behaupten, ist jedoch nicht Ursache, sondern Wirkung. Die eigentliche Frage lautet, *welche Unternehmen aus welchen Ländern* in den Genuß dieser Vorteile kommen. Wir wissen, daß die Unternehmen einiger Länder eine technologische Überlegenheit erlangen, differenziertere oder höherwertige Produkte herstellen oder solche, die auf die Bedürfnisse der Kunden besser abgestimmt sind als andere. Die von uns zu beantwortende Frage heißt: warum.

Bestimmungsfaktoren des nationalen Vorteils

Warum erzielt ein Land in einer bestimmten Branche international Erfolg? Die Antwort liegt bei vier allgemeinen Landeseigenschaften, die die Umgebung prägen, in der einheimische Firmen konkurrieren. Sie sind es, die die Schaffung eines Wettbewerbsvorteils fördern oder behindern (siehe Abb. 3–1):

1. *Faktorbedingungen.* Die Position des Landes bei den Produktionsfaktoren, wie den Facharbeitern oder der Infrastruktur, die für den Wettbewerb in einer bestimmten Branche notwendig sind.

2. *Nachfragebedingungen.* Die Art der Inlandsnachfrage nach Produkten oder Dienstleistungen der Branche.

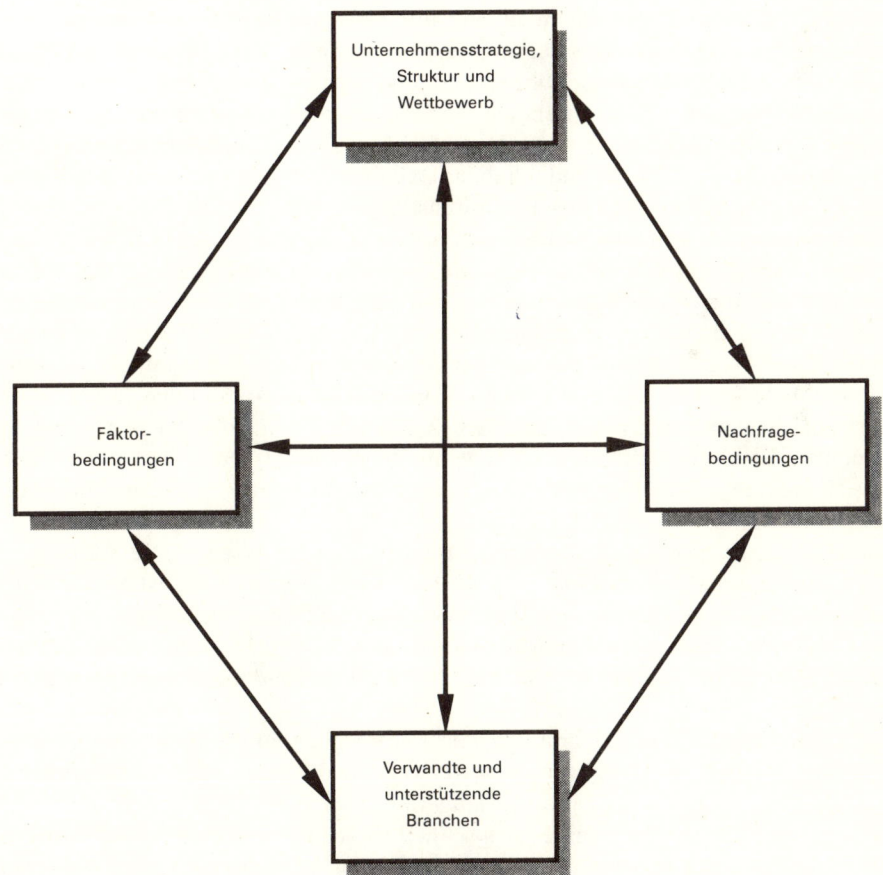

ABB. 3–1   Die Bestimmungsfaktoren des nationalen Vorteils

3. *Verwandte und unterstützende Branchen.* Das Vorhanden- oder Nichtvorhandensein von Zulieferbranchen und verwandten Branchen im Land,[4] die international wettbewerbsfähig sind.

4. *Unternehmensstrategie, Struktur und Konkurrenz.* Die Bedingungen im Land, die bestimmen, wie Unternehmen entstehen, organisiert sind und geführt werden, und welcher Art die inländische Konkurrenz ist.

Die Bestimmungsfaktoren, einzeln und als System, schaffen das Umfeld, in dem die Unternehmen eines Landes entstehen und konkurrieren: die Verfügbarkeit von Ressourcen und Kenntnissen, die für den Wettbewerbsvorteil in einer Branche notwendig sind; die Informationen, die bestimmen, welche Gelegenheiten wahrgenommen werden, und die Richtung weisen, in der Ressourcen und Kenntnisse eingesetzt werden; die Ziele der Eigentümer, Manager und Beschäftigten, die in den Wettbewerb involviert sind oder ihn austragen; und, am wichtigsten, den *Druck* auf die Unternehmen, zu investieren und zu innovieren.[5]

Unternehmen erzielen dort einen Wettbewerbsvorteil, wo ihr heimischer Stützpunkt die rascheste Anhäufung spezialisierter Anlagen und Kenntnisse ermöglicht und begünstigt, manchmal ausschließlich aufgrund eines größeren Engagements. Unternehmen erzielen einen Wettbewerbsvorteil in Branchen, wenn ihr heimischer Stützpunkt bessere laufende Informationen und Erkenntnisse über Produkt- und Verfahrensbedürfnisse bietet.[6] Unternehmen erzielen einen Wettbewerbsvorteil, wenn die Ziele von Besitzern, Managern und Beschäftigten starkes Engagement und ständige Investitionen fördern. Und Länder haben schließlich Erfolg in bestimmten Branchen, weil ihr heimisches Umfeld am dynamischsten und herausforderndsten ist und die Unternehmen anspornt, ihre Vorteile im Lauf der Zeit aufzuwerten und zu erweitern.

Länder haben am ehesten in Branchen oder Branchensegmenten Erfolg, in denen der nationale »Diamant« am günstigsten ist – mit diesem Begriff möchte ich die Bestimmungsfaktoren als System bezeichnen. Das heißt nicht, daß alle Unternehmen eines Landes einen Wettbewerbsvorteil in einer Branche erzielen. Je dynamischer vielmehr das nationale Umfeld ist, desto wahrscheinlicher ist es, daß einige Unternehmen scheitern, denn nicht alle haben die gleiche Qualifikation und die gleichen Mittel, und sie nutzen das nationale Umfeld auch nicht alle gleich gut. Doch die Unternehmen, die sich in einem solchen Umfeld behaupten, stehen auch im internationalen Wettbewerb ihren Mann.

Der »Diamant« ist ein sich wechselseitig verstärkendes System. Die Wirkung des einen Bestimmungsfaktors hängt vom Zustand der anderen ab. Günstige Nachfragebedingungen z. B. ergeben keinen Wettbewerbsvorteil, wenn der Konkurrenzzustand nicht ausreicht, die Unternehmen zu einer Reaktion darauf zu veranlassen. Vorteile bei einem Bestimmungsfaktor können auch Vorteile bei anderen hervorrufen oder sie aufwerten.[7]

Ein auf nur ein oder zwei Bestimmungsfaktoren beruhender Wettbewerbsvorteil ist in Branchen möglich, die von natürlichen Ressourcen abhängen oder eine anspruchslose Technologie oder Qualifikation verlangen. Ein solcher Vorteil erweist sich jedoch meistens als nicht haltbar, weil er sich schnell verschiebt und globale Wettbewerber ihn leicht umgehen können. Vorteile im gesamten »Diamanten« sind notwendig, wenn ein Wettbewerbserfolg in den wissensintensiven Branchen erreicht und behauptet werden soll; sie bilden das Rückgrat der fortgeschrittenen Volkswirtschaften. Ein

Vorteil bei allen Bestimmungsfaktoren ist keine Voraussetzung für einen Wettbewerbsvorteil in einer Branche. Das Wechselspiel des Vorteils ergibt bei vielen Bestimmungsfaktoren einen sich selbst verstärkenden Nutzen, der für ausländische Konkurrenten äußerst schwer auszuschalten oder nachzuvollziehen ist.

Zwei weitere Variable können das nationale System ganz wesentlich beeinflussen und sind zur Vervollständigung der Theorie notwendig. Das sind der Zufall und der Staat. Zufälle sind Ereignisse außerhalb der Herrschaftsgewalt der Unternehmen (und meistens auch der Staaten), wie unerwartete Erfindungen, Durchbrüche in Basistechnologien, Kriege, außenpolitische Entwicklungen und größere Verschiebungen der Auslandsnachfrage. Sie bewirken Brüche, die die Branchenstruktur auflockern oder umgestalten können, und bieten den Unternehmen eines Landes die Gelegenheit, die Unternehmen eines anderen zu verdrängen. In vielen Branchen haben sie eine wichtige Rolle bei der Verschiebung des Wettbewerbsvorteils gespielt.

Das letzte, zur Vervollständigung des Bildes erforderliche Element ist der Staat. Der Staat kann auf allen Ebenen den nationalen Vorteil steigern oder schmälern. Diese Rolle wird besonders deutlich, wenn man betrachtet, wie Politik die einzelnen Bestimmungsfaktoren beeinflußt. Die Kartellpolitik wirkt sich auf den Inlandswettbewerb aus. Verordnungen können die Bedingungen der Inlandsnachfrage ändern. Investitionen in die Ausbildung können die Faktorbedingungen ändern. Staatliche Käufe können verwandte und unterstützende Branchen anregen. Eine Politik, die nicht bedenkt, wie sie sich auf das gesamte System der Bestimmungsfaktoren auswirkt, kann einen nationalen Vorteil untergraben, ihn aber ebensogut verstärken.

Dieses Kapitel zieht eine Bilanz des Einflusses der Bestimmungsfaktoren, einzeln und insgesamt, auf die Fähigkeit der Unternehmen eines Landes, in einer bestimmten Branche einen Wettbewerbsvorteil zu erzielen. Im nächsten Kapitel beschäftige ich mich damit, wie die Bestimmungsfaktoren als dynamisches und sich entwickelndes System aufeinander einwirken.[8]

Die Grundeinheit für die Untersuchung des nationalen Vorteils ist die Branche. Die Länder haben allerdings nicht in einzelnen Branchen Erfolg, sondern in Branchen*anhäufungen* oder *Clustern*, die durch vertikale und horizontale Beziehungen verknüpft sind. Die Volkswirtschaft eines Landes enthält eine Mischung aus Clustern, deren Zusammensetzung und Ursprünge des Wettbewerbsvorteils (oder -nachteils) den Zustand der wirtschaftlichen Entwicklung widerspiegeln. Wie sich nationale Volkswirtschaften vom internationalen Wettbewerb her gesehen entwickeln, ist ein Thema, auf das ich noch eingehen werde.

Faktorbedingungen

Jedes Land besitzt, wie die Wirtschaftswissenschaftler es nennen, *Produktionsfaktoren*. Sie sind nichts anderes als die Produktionsmittel, die zur wirtschaftlichen Betätigung in einer Branche unerläßlich sind, wie Arbeit, Ackerland, natürliche Ressourcen, Kapital und Infrastruktur. Die Terminologie mag manchem unbeholfen vorkommen, doch ist sie in der Sprache der Volkswirtschaft derart tief verwurzelt und für die Handelstheorie so unentbehrlich, daß ich mich im vorliegenden Buch an sie halte.

Die übliche Handelstheorie beruht auf den Produktionsfaktoren. Der Theorie zufolge sind die Länder mit einem unterschiedlichen Faktorenbestand ausgestattet. Ein Land wird die Güter exportieren, bei denen vor allem solche Faktoren genutzt werden, mit denen das Land relativ gut ausgestattet ist.[9] Die Vereinigten Staaten z. B. waren ein wichtiger Exporteur landwirtschaftlicher Erzeugnisse, was z. T. auf ihren ungewöhnlichen Reichtum an großen Ackerflächen zurückging.

Die Ausstattung eines Landes mit Faktoren spielt zweifellos eine Rolle beim Wettbewerbsvorteil der Unternehmen des Landes; dies beweist etwa das drastische Produktionswachstum in Billiglohnländern wie Hongkong, Taiwan und jüngst auch Thailand. Die Rolle der Faktoren ist jedoch verschieden und sehr viel komplexer, als oft angenommen wird. Die für den Wettbewerbsvorteil in den meisten Branchen wichtigsten Faktoren, vor allem den für den Produktivitätsanstieg in fortschrittlichen Volkswirtschaften unentbehrlichsten Branchen, sind nicht ererbt, sondern werden in einem Land durch Prozesse geschaffen, die von Land zu Land und von Branche zu Branche sehr unterschiedlich sind. Der Bestand an Faktoren zu irgendeinem Zeitpunkt ist somit weniger wichtig als das Tempo, in dem sie geschaffen, aufgewertet und stärker auf bestimmte Branchen zugeschnitten werden. Vielleicht etwas überraschend ist, daß ein Überfluß an Faktoren den Wettbewerbsvorteil schwächen anstatt stärken kann. Selektive Nachteile bei Faktoren tragen durch ihren Einfluß auf die Strategie und Innovation oft zu einem anhaltenden Wettbewerbserfolg bei.

Faktorausstattung

Um die Rolle der Faktoren beim Wettbewerbsvorteil eines Landes zu erkunden, muß der Begriff Faktor für den Branchenwettbewerb deutlicher umrissen werden. Produktionsfaktoren werden oft sehr allgemein dargestellt, etwa als Boden, Arbeit oder Kapital, was zu undifferenziert ist, als daß man es auf den Wettbewerbsvorteil in strategisch eindeutigen Branchen anwenden könnte.[10] Faktoren können in mehrere große Gruppen unterteilt werden:

– *Humanvermögen*: die Menge, Qualifikation und Kosten des Personals (einschließlich Management) unter Berücksichtigung der normalen Arbeitszeit und Arbeitsmoral. Das Humanvermögen läßt sich in eine Unzahl Gruppen unterteilen wie Werkzeugmacher, promovierte Elektroingenieure, Anwendungsprogrammierer und so fort.

– *Materielle Ressourcen*: Fülle, Qualität, Zugänglichkeit und Kosten von Boden, Wasser, Mineralien, Holz, Wasserkraft, Fischgründen und anderen landesspezifischen materiellen Besonderheiten. Die klimatischen Bedingungen können als Teil der materiellen Ressourcen eines Landes betrachten werden, ebenso seine Lage und geographische Größe. Die Lage im Vergleich zu anderen Ländern, die Lieferanten oder Märkte sind, hat sowohl Einfluß auf die Transportkosten wie auch auf den reibungslosen kulturellen und wirtschaftlichen Austausch. So hat beispielsweise die Nähe zu Deutschland einen historisch wichtigen Einfluß auf die schwedische Industrie gehabt. Auch die Zeitzone eines Landes im Vergleich zu anderen Ländern kann in einer Welt der sekundenschnellen weltweiten Kommunikation von Bedeutung sein. Die Lage Londons zwischen den Vereinigten Staaten und Japan wird oft als ein

Vorteil in der Finanzbranche bezeichnet, weil sie den in London ansässigen Firmen an einem normalen Arbeitstag den Geschäftsverkehr sowohl mit Japan als auch mit den Vereinigten Staaten erlaubt.

– *Wissensressourcen*: der Fundus eines Landes an wissenschaftlichem, technischem und marktmäßigem Wissen, das Güter und Dienstleistungen betrifft. Wissensressourcen liegen bei Universitäten, staatlichen Forschungsinstituten, privaten Forschungseinrichtungen, staatlichen statistischen Stellen, in der Wirtschafts- und Wissenschaftsliteratur, in Marktforschungsberichten und Datenbanken, bei Handelsverbänden und in anderen Quellen. Die wissenschaftlichen und sonstigen Wissensressourcen eines Landes können in eine Vielzahl von Disziplinen unterteilt werden, etwa die Akustik, die Materialkunde oder die Bodenchemie.

– *Kapitalressourcen*: Menge und Kosten des Kapitals, das der Finanzwirtschaft zur Verfügung steht. Kapital ist nichts Einheitliches, sondern kommt in verschiedener Form vor wie unbesicherte und besicherte Schuldtitel, *Junk bonds* (hohes Risiko, hohe Rendite), Aktienkapital und Risikokapital. Jede Form hat ihre eigenen Konditionen und Bedingungen. Die Gesamtkapitalausstattung in einem Land und die Formen, in denen es eingesetzt wird, werden durch die nationale Sparquote und die Struktur der nationalen Kapitalmärkte beeinflußt, die beide von Land zu Land starken Schwankungen unterliegen. Die Globalisierung der Kapitalmärkte und die großen Kapitalströme zwischen den Ländern gleichen die nationalen Konditionen einander allmählich an. Dennoch bleiben erhebliche Unterschiede, und das wird sich wahrscheinlich auch nie ändern.

– *Infrastruktur*: Art, Qualität und Benutzungskosten der verfügbaren Infrastruktur, die sich auf den Wettbewerb auswirken, auch auf das Transportsystem, das Kommunikationssystem, Post- und Paketdienst, Zahlungs- und Überweisungsverkehr, Gesundheitswesen und so fort. Infrastruktur schließt auch den Bestand an Häusern ein und die Kultureinrichtungen, die die Lebensqualität und den Reiz eines Landes bestimmen als den Ort, an dem man lebt und arbeitet.

Die Kombination der eingesetzten Faktoren (das Faktorverhältnis) ist bei den einzelnen Branchen sehr unterschiedlich. Die Unternehmen eines Landes erzielen einen Wettbewerbsvorteil, wenn sie kostengünstige oder besonders hochwertige Faktoren gerade der Art besitzen, die für den Wettbewerb in einer bestimmten Branche wesentlich sind. Die Lage Singapurs an einer bedeutenden Handelsroute zwischen Japan und dem Mittleren Osten hat das Land zu einem Zentrum für Schiffsreparaturen gemacht. Die Fähigkeit der Schweizer, mit mehreren Sprachen und Kulturen umzugehen, ist ein Vorteil bei Dienstleistungen wie dem Bankwesen, dem Handel und der Logistik. Deutschland und die Schweiz haben ein Reservoir an hochqualifizierten Facharbeitern für die optische Industrie. Eine solche Konstellation zwischen Industrie und den in einem Land vorhandenen Faktoren ist das, worum es bei der allgemeinen Theorie des komparativen Vorteils geht.

Aber die Rolle der Faktorausstattung ist vielschichtiger. Der Wettbewerbsvorteil aus Faktoren hängt davon ab, *wie wirtschaftlich und effektiv sie eingesetzt werden.* Das spiegelt die Entscheidung der Unternehmen eines Landes über die Mobilisierung der Faktoren und auch der dabei benutzten Technologie (einschließlich der Verfahren und routinemäßigen Arbeiten).[11] Der Wert bestimmter Faktoren kann durch die Wahl der Technologie tatsächlich entscheidend verändert werden. Wesentlich ist nicht nur, wie Faktoren eingesetzt werden, sondern auch *wo*, weil technologische Qualifikation und das besonders erfolgreiche Humankapital oft in vielen Branchen genutzt werden können. Die bloße Verfügbarkeit der Faktoren reicht zur Erklärung des Wettbewerbserfolgs nicht aus; tatsächlich hat praktisch jedes Land irgendeinen Vorrat an interessanten Faktoren, die nie in den geeigneten Branchen eingesetzt wurden oder nur ungenügend. Es sind weitere Bestimmungsfaktoren im »Diamanten« notwendig, um zu erklären, wo ein Faktorvorteil sich in einen internationalen Erfolg verwandelt, denn sie bestimmen, wie Faktoren eingesetzt werden.

Wie bereits erwähnt, verfügen die meisten Industrie- und sogar Schwellenländer heute von der Infrastruktur her über vergleichbare Faktorausstattungen; viele haben auch ein ähnliches Reservoir an Arbeitskräften mit höherer Schul- oder gar Hochschulausbildung (in Korea z. B. können fast 100 Prozent der Bevölkerung lesen und schreiben, und es gibt über 200 Einrichtungen zur Weiterbildung). Gleichzeitig hat die Globalisierung die lokale Verfügbarkeit einiger Faktoren relativiert. Das moderne Weltunternehmen kann sich Faktoren in anderen Ländern beschaffen, durch Kauf oder Verlegung von Aktivitäten dorthin. Noch einmal: Nicht der Zugang zu den Faktoren ist von entscheidender Bedeutung für den Wettbewerbsvorteil, sondern deren produktiver Einsatz.

Wichtig ist schließlich auch, daß Humanressourcen, Kenntnisse und Kapitalfaktoren international mobil sein können. Facharbeiter sind über Landesgrenzen hinaus mobil, wissenschaftliche und technische Erkenntnisse ebenso. Diese Mobilität wurde durch mehr internationale Kommunikation und größere Beweglichkeit gefördert.[12] Verfügbarkeit von Faktoren in einem Land ist kein Vorteil, wenn die Faktoren außer Landes gehen. Weitere Bestimmungsfaktoren sind notwendig, um jene Länder zu beschreiben, die mobile Faktoren anlocken und in denen sie am produktivsten eingesetzt werden können.

Rangordnungen unter den Faktoren

Um die beständige Rolle der Faktoren für den Wettbewerbsvorteil zu verstehen, wird es immer notwendiger, zwischen einzelnen Faktoren zu unterscheiden. Dabei dominieren zwei besonders wichtige Unterschiede. Der erste ist der zwischen Grund- und fortschrittlichen Faktoren. Zu den *Grundfaktoren* gehören die natürlichen Ressourcen, Klima, Lage, ungelernte und angelernte Arbeitskräfte und Fremdkapital. *Fortschrittliche* Faktoren sind die Infrastruktur der modernen digitalen Datenkommunikation, hochqualifizierte Arbeitskräfte wie Diplomingenieure und Computerfachleute und universitäre Forschungsinstitute für spezielle Disziplinen.

Nur wenige Produktionsfaktoren gehören zur Erbmasse eines Landes. Die meisten müssen durch Investitionen langsam aufgebaut werden, und Umfang sowie Schwierigkeit der erforderlichen Investitionen schwanken stark. Die Unterscheidung in Grund- und fortschrittliche Faktoren ist zwar unvermeidlich eine Frage des Rangs, versucht aber doch, diese Unterschiede zu erfassen. Grundfaktoren werden ohne Zutun erworben, oder ihre Schaffung erfordert relativ bescheidene oder rein private und soziale Investitionen. Solche Faktoren werden entweder immer unwichtiger für den nationalen Wettbewerbsvorteil, oder der Vorteil, den sie den Unternehmen eines Landes verschaffen, ist nicht von Dauer.

Die Bedeutung der Grundfaktoren ist erschüttert worden, entweder dadurch, daß sie nicht mehr so dringend benötigt wurden, breiter verfügbar waren, oder den Weltunternehmen durch Auslandsaktivitäten bzw. Beschaffung auf internationalen Märkten leichter zugänglich waren. Die gleichen Überlegungen gelten für die Verringerung der Erträge von Grundfaktoren, unabhängig von ihrem Standort. Ein ungelernter Arbeiter wird für Druck auf die Löhne zunehmend sensibler, selbst wenn er Amerikaner oder Deutscher ist. Die Grundfaktoren erklären vielleicht einen Teil des Handels *innerhalb* der Unternehmen und spiegeln den Standort ausgewählter Aktivitäten zur Erschließung niedriger Faktorkosten in verschiedenen Ländern. Aber sie erklären für die meisten Branchen nicht die Lage des heimischen Stützpunkts.[13]

Grundfaktoren bleiben wichtig für Industrien zur Gewinnung von Naturprodukten, für landwirtschaftlich ausgerichtete Branchen (etwa Nutzholz oder Sojabohnen) und für Branchen, in denen die Anforderungen an Technologie und Qualifikation gering sind und die Technologie weithin verfügbar ist. Ein Beispiel bietet der Bau von Privatobjekten (etwa Wohnungen und Schulen) mit einfacher technischer Ausstattung. Koreanische Unternehmen haben bei diesen Projekten international Erfolg gehabt, was zum Teil auf die Verfügbarkeit billiger und disziplinierter koreanischer Arbeitskräfte zurückging. Aber Firmen aus Ländern mit noch niedrigeren Löhnen verdrängen die koreanischen Unternehmen, und Konkurrenten aus Industrienationen wie Italien erschließen Reservoire mit billigen Arbeitskräften vor Ort in Ländern, in denen sie internationale Verträge eingehen, oder in anderen Entwicklungsländern (etwa Indien), wodurch sie den Vorteil Koreas aufheben. Die Folge ist, daß neben dem Rückgang bei Projekten im Mittleren Osten die koreanische Bauindustrie starke Einbußen erleidet, ein Zeichen dafür, daß Vorteile, die nur auf Grundfaktoren beruhen, oft kurzlebig sind.

Heute sind die fortschrittlichen Faktoren die wichtigsten für den Wettbewerbsvorteil. Sie sind notwendig, um hochrangige Wettbewerbsvorteile wie differenzierte Produkte und Markenproduktionstechnologie zu erzielen. Sie sind seltener, weil ihre Entwicklung größere und häufig anhaltende Investitionen in das Human- und Sachkapital erfordert. Die Einrichtungen, die man zur Bildung wirklich fortschrittlicher Faktoren braucht (z. B. Ausbildungsprogramme), erfordern selbst ein anspruchsvolles Humankapital und/oder Technologie. Fortschrittliche Faktoren sind auf Weltmärkten auch schwerer zu beschaffen oder über Auslandstöchter aus der Ferne zu erschließen. Sie sind Bestandteil von Entwurf und Entwicklung der Produkte, der Verfahren eines Unternehmens wie auch seiner Innovationsfähigkeit; letztere wird am besten am heimischen Stützpunkt ausgeübt, zumal sie mit der unternehmerischen Gesamtstrategie verbunden sein muß.

Eine wichtige Rolle der fortschrittlichen Faktoren wird in vielen Branchen deutlich. Der Erfolg Dänemarks bei Fermenten z. B. weist auf solide, überlegene wissenschaftliche Kenntnisse auf dem Gebiet der Gärung hin, und der dänische Erfolg bei Möbeln ist das Ergebnis eines Aufgebots an Möbeldesignern mit Hochschulausbildung. Amerikas einmalige Ausstattung mit Facharbeitern und wissenschaftlicher Qualifikation bei Computerhardware und -software hat nicht nur in diesen Branchen einen deutlichen Vorteil bewirkt, sondern auch in anderen US-Branchen wie der medizinischen Elektronik und dem Finanzsektor. Seit den 50er Jahren war Japans Heer von Ingenieuren (das Land verfügt pro Kopf der Bevölkerung über bedeutend mehr

Diplomingenieure als die meisten anderen Länder) für den Erfolg in zahlreichen japanischen Branchen wichtiger als die niedrigen Löhne der japanischen Fabrikarbeiter.

Es ist wichtig zu erkennen, daß die fortschrittlichen Faktoren eines Landes oft auf den Basisfaktoren aufbauen. Die Versorgung mit promovierten Biologen beispielsweise setzt ein Reservoir von begabten Studenten dieses Faches voraus. Das heißt, daß die Ausstattung mit Basisfaktoren, die für sich genommen selten ein dauerhafter Vorteil ist, quantitativ und qualitativ ausreichen muß, damit die verwandten fortschrittlichen Faktoren sich bilden können.

Das zweite wichtige Unterscheidungsmerkmal bei Produktionsfaktoren ist ihre Besonderheit. *Allgemeine* Faktoren sind etwa das Autobahnnetz, die Versorgung mit Fremdkapital oder der Bestand an engagierten Beschäftigten mit Hochschulausbildung. Sie können in sehr vielen Branchen eingesetzt werden. Zu den *speziellen* Faktoren gehören Personen mit Spezialausbildung, eine Infrastruktur mit besonderen Merkmalen, Grundlagenkenntnisse auf bestimmten Gebieten und anderen Faktoren mit Bezug zu einem begrenzten Bereich oder gar nur zu einer einzigen Branche. Beispiele wären ein Wissenschaftsinstitut mit besonderen Kenntnissen in der Optik, ein Hafen, der auf die Abfertigung chemischer Produkte in großen Mengen spezialisiert ist, eine Gruppe qualifizierter Modellbauer für Automobile oder ein Bestand an Risikokapital, das Anlage in Softwareunternehmen sucht.[14] Fortschrittlichere Faktoren sind oft stärker spezialisiert, wenngleich nicht in allen Fällen. So können etwa hochqualifizierte Programmierer – ein fortschrittlicher Produktionsfaktor – in einer Vielzahl Branchen eingesetzt werden.

Spezielle Faktoren bieten eine maßgeblichere und dauerhaftere Grundlage für den Wettbewerbsvorteil als allgemeine Faktoren. Allgemeine Faktoren unterstützen nur elementarere Vorteilsarten. Sie stehen normalerweise in vielen Ländern zur Verfügung und können von globalen Firmennetzen leichter ausgeschaltet, umgangen oder beschafft werden. Von allgemeinen Faktoren abhängige Aktivitäten (etwa arbeitsintensive Montagearbeiten, die angelernte Beschäftigte erfordern) können oft ohne große Schwierigkeiten in größerer Entfernung vom heimischen Stützpunkt ausgeführt werden.

Spezielle Faktoren erfordern gezieltere und oft riskantere private und soziale Investitionen. Sie sind in vielen Fällen darauf angewiesen, daß bereits eine Grundlage aus allgemeinen Faktoren besteht. Beides macht sie seltener. Spezielle Faktoren sind normalerweise bei den komplizierteren Aktivitäten oder denen der Muttergesellschaft erforderlich, und sie sind für die differenzierteren Formen des Wettbewerbsvorteils notwendig. Das macht sie zu einem wichtigen Innovationsbestandteil. Spezielle Faktoren sind am heimischen Stützpunkt eines Unternehmens notwendig, an einem ausländischen Standort weniger wirksam. Für ausländische Firmen ist es außerdem oft schwer, gleichen Zugang zu speziellen Faktoren zu bekommen (und auch zu fortschrittlichen). Nichtjapanische Unternehmen haben beispielsweise Schwierigkeiten, japanische Spitzeningenieure einzustellen oder gleichwertigen Zugang zu Forschungsprogrammen einheimischer Universitäten zu bekommen.

Am klarsten und dauerhaftesten ist ein Wettbewerbsvorteil, wenn ein Land Faktoren besitzt, die für den Wettbewerb in einer bestimmten Branche gebraucht werden und sowohl fortschrittlich als auch speziell sind. Verfügbarkeit und Qualität der fort-

schrittlichen und speziellen Faktoren bestimmen, wie differenziert der Wettbewerbsvorteil ist, der erreicht werden kann, und wie weit er aufgewertet werden kann. In der
optischen Branche z. B. ist die Tatsache, daß westdeutsche Firmen Produktleistung
und Qualität beständig steigern konnten, einmal begründet durch das Vorhandensein
von Hochschulabsolventen im Fach optische Physik, zum anderen durch den Bestand
an hochqualifizierten Arbeitern, die spezielle Ausbildungsprogramme durchlaufen
haben.

Der auf Basis- bzw. allgemeinen Faktoren beruhende Wettbewerbsvorteil ist dagegen
undifferenziert und oft kurzlebig. Er hält sich nur so lange, bis irgendein neues Land
mit ihnen gleichziehen kann, oft ein Land, das auf der Entwicklungsleiter nach oben
klettert.[15] Diese Überlegungen helfen den scheinbaren Widerspruch erklären, den ich
im vorigen Kapitel erwähnt habe. Um einen internationalen Wettbewerbsvorteil zu
behaupten, müssen die Unternehmen eines Landes die heutigen Vorteile des Basisfaktors oft bewußt aufheben oder verdrängen, auch wenn sie noch bestehen. Was die
Unternehmen eines Landes davon abhält, sich auf Basisfaktoren/allgemeine Faktoren zu stützen, ist eine Frage, die wir untersuchen müssen; andere Bestimmungsfaktoren im »Diamanten« können hier einige Antworten liefern.

Der Faktorvorteil besitzt eine wichtige dynamische Eigenschaft. Der Maßstab für
das, was einen fortschrittlichen Faktor ausmacht, steigt ständig, da der Kenntnisstand, der Wissenschaftsstand und der Praxisstand sich verbessern. Die Kenntnisse
eines Elektroingenieurs, der, sagen wir, 1965 sein Examen gemacht hat, sind heute
fast durchweg veraltet. Nur durch ständige Schulung und Auffrischung der Qualifikation könnte der Absolvent von 1965 die gleiche Befähigung wie jemand von 1990
haben. Inzwischen ist die Weiterbildung der Magister und selbst der Doktoranden in
diesem Fach notwendig geworden, wenn es um die Arbeit an Grenzproblemen geht.
Auch der Maßstab für die Spezialisierung steigt tendenziell immer weiter, da die
speziellen Faktoren von heute oft die allgemeinen Faktoren von morgen werden. Ein
Elektroingenieur mit Hochschulabschluß war einmal ein spezieller Faktor und fand in
relativ wenigen Branchen Einsatz. Heute werden diese Kenntnisse in vielen Branchen gebraucht, und die Unterbereiche haben um ein Vielfaches zugenommen. Die
Tendenz, daß Faktoren mit der Zeit ihre Spezialisierung verlieren, wird besonders in
wissenschaftlichen Disziplinen deutlich, wo Spezialgebiete auftauchen, aber auch bei
den Humanressourcen, der Infrastruktur und sogar bei Kapitalquellen.[16]

Ein Faktorfonds ist eine abträgliche Grundlage für einen dauerhaften Vorteil, wenn
er nicht ständig aufgewertet und spezialisiert wird. Qualifiziertes Humankapital und
Wissensressourcen, die beiden für die Aufwertung des Wettbewerbsvorteils vielleicht
wichtigsten Faktorgruppen, sind besonders abträgliche Aktivposten, wenngleich die
Infrastruktur ihnen kaum nachsteht. Das läßt vermuten, daß der Besitz eines Faktorvorteils zu irgendeinem Zeitpunkt bei weitem nicht ausreicht, einen anhaltenden
nationalen Erfolg zu erklären.

Faktorbildung

Ein weiteres wichtiges Unterscheidungsmerkmal bei Faktoren, auf das ich schon hingewiesen habe, ist, ob ein Land sie geerbt hat, wie die natürlichen Ressourcen oder die natürliche Lage, oder ob sie eigens geschaffen wurden. Die Faktoren, die am wichtigsten für das Erreichen eines höherrangigen und dauerhafteren Wettbewerbsvorteils sind, also die fortschrittlicheren und speziellen, werden geschaffen. Das Telekommunikationssystem eines Landes oder eine Gemeinschaft von Mikrobiologen entsteht durch *Investitionen* von Einzelpersonen, die ihr Können entfalten möchten, von Unternehmen, die die für den Wettbewerb notwendigen Instrumente suchen, von sozialen Einrichtungen oder Regierungen, die hoffen, der Gesellschaft oder der Wirtschaft zu nützen.[17] Zu den faktorbildenden Mechanismen gehören öffentliche und private Bildungseinrichtungen und Organe, die für die Infrastruktur sorgen, wie staatliche Hafenbehörden oder Gemeindekrankenhäuser. Der steigende Weltstandard für Faktoren bedeutet, daß das Herleiten eines Wettbewerbsvorteils aus Faktoren keine einmaligen Investitionen erfordert, sondern laufende Reinvestitionen, wenn man ihre Qualität verbessern will, ganz zu schweigen davon, den Faktorbestand vor der Abwertung zu bewahren.[18] Fortschrittliche und spezielle Faktoren verlangen die höchsten und beständigsten Investitionen in den schwierigsten Formen.

Ein Land hat in den Branchen Erfolg, in denen es die benötigten Faktoren besonders gut schaffen und, was am wichtigsten ist, aufwerten kann. Ein Land ist also dort wettbewerbsfähig, wo es ungewöhnlich hochwertige Einrichtungen für die Bildung spezieller Faktoren besitzt.[19] Die faktorbildenden Einrichtungen in einem Land sind für den Wettbewerbsvorteil wichtiger als der aktuelle Faktorbestand des Landes, wie ich an vielen Beispielen belegen werde.

Außerdem muß der *Privatsektor* eine Rolle bei der Faktorbildung spielen, damit in den meisten Branchen ein Faktorvorteil erzielt wird. Fortschrittliche und spezielle Faktoren sind für den Wettbewerbsvorteil am wichtigsten, und die beste Position haben die Unternehmen, die wissen, welche davon für den Wettbewerb in ihren Branchen notwendig sind. Staatliche Investitionen in die Faktorbildung konzentrieren sich gewöhnlich mehr auf Basis- und allgemeine Faktoren. So sind Investitionen in die Grundlagenforschung zwar wichtig, weil sie Möglichkeiten für Handelsinnovationen schaffen, führen aber zu keinem Wettbewerbsvorteil, wenn sie nicht an die Branche weitergegeben und durch sie weiterentwickelt werden. Staatliche Bemühungen, fortschrittliche und spezielle Faktoren zu bilden, scheitern oft, wenn sie nicht eng an die Branche angelehnt sind, weil staatliche Stellen bekannt langsam bzw. unfähig sind, neue Gebiete oder die speziellen Bedürfnisse bestimmter Branchen zu erkennen. Nennenswerte Direktinvestitionen von Unternehmen, Handelsverbänden und Einzelpersonen in die Faktorbildung und die enge Verbindung privater und öffentlicher Investitionen sind typisch für international erfolgreiche Länderbranchen.

Zwischen den Ländern bestehen krasse Unterschiede auf den Gebieten, in denen Investitionen in die Faktorbildung vorgenommen werden, aber auch bei Art und Qualität der faktorbildenden Mechanismen. In Dänemark gibt es z. B. zwei Krankenhäuser, die sich auf die Behandlung zuckerkranker Patienten spezialisiert haben und Diabetesforschung betreiben; die zwei in der Welt führenden dänischen Insulinproduzenten, Novo Industri und Nordisk Insulin, sind ihre Besitzer. In Deutschland gibt es Lehrlingsprogramme für so spezielle Gebiete wie Drucken, Werkzeugmachen, Automobilmontage. Die USA haben ein gutentwickeltes Netz von Landwirtschaftsschulen und einen Agrarförderungsdienst, der für die Verbreitung landwirtschaftstechnologischer Verbesserungen sorgt. Informatik ist ein weiteres Gebiet, auf dem es zahlreiche Ausbildungsprogramme und Forschungsanstrengungen gibt.

Einige nationale Unterschiede bei den Mechanismen zur Faktorbildung erstrecken sich über viele Branchen. So ist die Faktorbildung in Japan meistens privater Art, während in Schweden die öffentliche Hand eine bedeutende Rolle spielt. In Italien erfolgt ein großer Teil der Faktorbildung formlos durch die Weitergabe von Kenntnissen innerhalb der Großfamilien. Die Art der in einem Land vorherrschenden institutionellen Mechanismen zur Faktorbildung, die z. T. von den sozialen und politischen Wertvorstellungen und der Geschichte abhängt, schränkt das Ausmaß der Branchen, bei denen sich ein Land dem Wettbewerb stellen kann, bis zu einem gewissen Grad ein – wie wir noch sehen werden.

Kein Land kann wohl alle Faktorarten und -varianten bilden und verbessern. Welche Arten gebildet und verbessert werden und wie wirksam, hängt weitgehend von den anderen Bestimmungsfaktoren ab: den Bedingungen der Inlandsnachfrage, dem Vorhandensein verwandter und unterstützender Branchen, den Unternehmenszielen und der Art des heimischen Wettbewerbs. Selbst die Richtung der staatlichen Investitionen wird von den anderen Bestimmungsfaktoren stark beeinflußt. Die Existenz fortschrittlicher und spezieller Faktoren in einem Land ist häufig nicht nur eine Ursache des nationalen Vorteils, sondern, zumindest teilweise, seine Wirkung.

Selektive Faktornachteile

Ein Faktornachteil kann aus einem *Nachteil* bei einigen Faktoren entstehen. Bei einem enggefaßten internationalen Wettbewerbsbegriff ergibt sich ein Wettbewerbsvorteil aus einem Faktorüberfluß, und Nachteile bei Faktoren können nicht beseitigt werden, weil die Technologie als gegeben angenommen wird. Beim echten Wettbewerb jedoch führen der Überfluß oder die niedrigen Kosten eines Faktors häufig zu dessen unwirtschaftlichem Einsatz.[20] Nachteile bei *Basis*faktoren wie Arbeitskräftemangel, Mangel an heimischen Rohstoffen oder ein rauhes Klima erzeugen dagegen Druck, in ihrem Umfeld zu innovieren. Ein ständiger Anstieg des nationalen Wechselkurses kann die gleiche Wirkung haben.[21] Als Folge kann der Wettbewerbsvorteil des Unternehmens verbessert und dauerhafter gemacht werden. Was bei einem enggefaßten Wettbewerbsbegriff ein Nachteil ist, kann bei einem dynamischeren Begriff zu einem Vorteil werden.

Die italienischen Stahlproduzenten z. B. standen vor hohen Kapital- und Energiekosten und hatten keine heimischen Rohstoffe. Privatunternehmen (wie Grupo Lucchini) drängten sich in der Gegend um Brescia im Norden der Lombardei, während die staatseigenen Betriebe überwiegend im Süden in der Nähe großer Häfen lagen. Die privaten Unternehmen sahen sich hohen logistischen Kosten gegenüber, zurückzuführen auf die weit entfernten Häfen und ein unwirtschaftliches (staatseigenes) italienisches Transportsystem. Die Folge war die Entwicklung der Kleinwalzwerke, bei deren Technologie die Stahlproduzenten aus dem Raum Brescia sich wahrscheinlich als führend in der Welt erwiesen haben. Kleinwalzwerke erfordern einen nur bescheidenen Kapitaleinsatz, verbrauchen weniger Energie und verwerten Eisenschrott. Sie arbeiten als Kleinbetriebe wirtschaftlich und ermöglichen den Herstellern, Produktionsanlagen in der Nähe der Käufer und Schrottlieferanten zu errichten. Italienische Firmen (wie Danieli) sind nicht nur wichtige Betreiber von Kleinwalzwerken, sondern sind auch zu in der Welt führenden Anbietern von Ausrüstung für Kleinwalzwerke geworden.

Der Bedarf an Faktoren, insbesondere an Basis- und allgemeinen Faktoren wie angelernten Arbeitskräften oder heimischen Rohstoffen, kann durch Innovation oft umgangen, beseitigt oder verringert werden. Automation senkt z. B. den Arbeitsanteil, neue Materialien beseitigen den Bedarf an anderen. Der Ertrag aus faktorsparenden Innovationen übersteigt die Kosten häufig bei weitem,[22] manchmal durch den Zweitnutzen, der zuweilen schwer vorauszuberechnen ist (ein Rückgang des Arbeitsanteils kann durchaus die Fehlerquote senken und die Produktqualität erhöhen).

Innovationen zur Vermeidung selektiver Nachteile sparen nicht nur beim Faktoreinsatz, sondern können auch neue Faktorvorteile schaffen, weil die Unternehmen eines Landes innovieren, um selektive Nachteile auszugleichen, und zwar so, daß das Inland gestärkt wird, etwa durch die Nutzung der vorhandenen heimischen Infrastruktur, durch Material- oder Arbeitsnutzung verschiedener Art. Am wichtigsten ist jedoch, daß Innovationen im Umfeld von Basisfaktornachteilen die Unternehmen *aufwerten* durch die Entwicklung differenzierterer Wettbewerbsvorteile (etwa Markentechnologie oder Einsparungen dank gesteigerter Produktionskapazität aufgrund stärker automatisierter Anlagen) – und daß diese Wettbewerbsvorteile länger aufrechterhalten werden können, vielleicht auch höhere Preise begünstigen. Gleichzeitig entsteht Druck, andere Faktoren, z. B. qualifiziertes Humankapital oder die Infrastruktur, schneller zu verbessern und zu spezialisieren, um Schritt zu halten.

Eine Analogie aus dem Sport möge dies verdeutlichen. Einige Länder, die sich beim Skislalom hervorgetan haben, etwa Schweden, verfügen selbst über keine hohen Berge mit langen Abfahrten. Sie haben vielmehr kleine Berge mit kurzen Pisten. Damit derartige Berge besser ausgenutzt werden können, fahren passionierte Skiläufer viele Kurven und werden so veranlaßt, ihre Technik zu verfeinern.

Die Rolle der selektiven Faktornachteile resultiert aus der Tatsache, daß Rate und Richtung der Verbesserungen und Innovationen davon abhängen, wie sie beachtet und eingesetzt werden. Den Unternehmen stehen bei Innovationen viele Wege offen, und sie werden mit mancher Unsicherheit angesichts all der möglichen Richtungen und dem, was sie letztlich bewirken, konfrontiert. Innovationen bringen Unruhe. Die Unternehmen konzentrieren sich ganz auf die Wege, die sie für die vielversprechendsten halten, vor allem auf die, die sich mit den vordringlichsten Problemen befassen. Innovationen zum Ausgleich selektiver Schwächen sind häufiger als die zur Auswertung von Stärken. Selektive Nachteile schaffen sichtbare Engpässe, offenkundige Bedrohungen, aber auch eindeutige Ziele zur Verbesserung der Wettbewerbsposition. Sie drängen oder zwingen die Unternehmen eines Landes zu neuen Lösungen.[23] Dieser Gedanke, daß Druck und nicht Überfluß oder ein günstiges Umfeld den echten Wettbewerbsvorteil fördert, zieht sich durch das ganze Buch.

Nachteile bei den Basisfaktoren gehören zu dem, was die Unternehmen davon abhält, auf Basisfaktorkosten zu bauen, und was sie dazu bringt, nach höherrangigen Vorteilen zu suchen. Heimischer Überfluß an Basisfaktoren wiegt die Unternehmen dagegen in Selbstzufriedenheit, vereitelt geradezu die Anwendung moderner Technologie. Die sich daraus ergebenden Wettbewerbsvorteile sind oft ebenso kurzlebig wie das Produktivitätswachstum.

Faktornachteile, die Innovationen anregen, müssen *selektiv* sein, damit sie motivieren und nicht entmutigen, was einige, aber nicht alle Faktoren voraussetzt. Fehlender Druck bedeutet wenig Fortschritt, zuviel Mißhelligkeiten führen zur Lähmung. Gemäßigter Druck, dazu Ausgewogenheit zwischen Vorteilen in einigen Bereichen und Nachteilen in bestimmten anderen scheinen die beste Kombination für Verbesserung und Innovation zu sein.[24]

Selektive Nachteile tragen am besten zum Wettbewerbsvorteil bei, wenn sie *die richtigen Signale senden* über Sachverhalte, die letztlich irgendwie auf die Firmen zukommen. Die Unternehmen eines Landes gehen dann frühzeitig und energisch Probleme an, die sich ausbreiten. Ein gutes Beispiel ist die Schweiz. Sie war das Land, das vielleicht den ersten Arbeitskräftemangel nach dem Zweiten Weltkrieg erlebte und keine Einwanderer zulassen wollte. Das veranlaßte die schweizerischen Unternehmen, die Arbeitsproduktivität früher als die meisten anderen zu steigern und nach höherwertigen und beständigeren Marktbereichen Ausschau zu halten. Unternehmen in anderen Ländern hatten ein größeres Angebot an Arbeitskräften, sie richteten ihr Augenmerk auf andere Dinge.

Am offenkundigsten ist ein selektiver Nachteil dort, wo einheimische Unternehmen im Vergleich zu ausländischen Konkurrenten hohe absolute Faktorkosten haben. So sahen sich japanische Unternehmen aus verschiedenen Branchen extrem hohen Bodenpreisen und sehr beengten Raumverhältnissen bei der Produktion gegenüber. Um diesen Schwierigkeiten zu entgehen, entwickelten sie Just-in-time- und andere platzsparende Produktionsverfahren, die darüber hinaus auch den erforderlichen Lagerbestand drastisch senkten. Faktormangel, Nichtverfügbarkeit oder erhebliche Einschränkungen bei der Nutzung bestimmter Faktoren regen die Innovation genauso wie hohe Faktorkosten an, oder noch stärker.

Die Innovation wird auch dann belebt, wenn die Unternehmen eines Landes bei den Faktorkosten frühzeitig Trends erkennen, selbst wenn andere Länder aufholen. Besonders rasche oder sichtbare Änderungen bei den Kosten oder bei der Verfügbarkeit der Faktoren in einem Land im Vergleich mit anderen veranlassen die heimischen Firmen, früher zu handeln, denn die Bedeutung der selektiven Nachteile liegt darin, Beachtung und Einsatz darauf zu konzentrieren, daß wichtige, einmal erkannte Probleme oder Beschränkungen angegangen werden. Schließlich können hohe *relative* Faktorkosten in einem Land Innovationen anregen, die sie umgehen, selbst wenn die absoluten Faktorkosten mit denen anderer Länder vergleichbar sind. Wenn ein Land beispielsweise vor relativ hohen Kosten für ungelernte Arbeitskräfte steht im Vergleich mit denen für gelernte, dann achten die heimischen Unternehmen vielleicht mehr darauf, die ungelernten Arbeitskräfte abzuschaffen, selbst wenn die Löhne niedriger als anderswo sind. Das ist z. B. in mehreren italienischen Branchen geschehen, deren Firmen zu den am höchsten automatisierten in der Welt zählen (Italien ist auch führend in Fabrikautomationsanlagen).

Selektive Faktornachteile waren in den Branchen, die wir untersucht haben, durchaus verbreitet, und sie waren für den Prozeß wichtig, durch den die Unternehmen der Länder einen Wettbewerbsvorteil erzielten. Um die Jahrhundertwende entwickelten BASF und Hoechst (Deutschland) in jahrelanger Arbeit einen synthetischen indigoblauen Farbstoff, um die Abhängigkeit von importierten Naturfarbstoffen abzubauen, die es in Deutschland selbst nicht gab. In England bestand weniger Innovationszwang, weil seine Kolonien über große Vorräte an natürlichem Indigo verfügten. Der Mangel an heimischen Rohstoffen bedeutete oft einen Anreiz, in einer nationalen Branche zu innovieren.

Knappe, teure oder schwer kündbare Arbeitskräfte waren ein anderer wichtiger Anstoß für Innovationen, vor allem in deutschen, schweizerischen, schwedischen, japanischen und italienischen Branchen. Eine lebenslange Anstellung oder strenge Kündigungsschutzbestimmungen haben japanische, schwedische und italienische Unternehmen bei Einstellungen vorsichtig und geneigter zur Automation gemacht. Sie gingen auch sehr schnell zu differenzierteren Marktbereichen über.

Selektive klimatische oder geographische Nachteile bildeten ebenfalls oft einen Innovationsanreiz. So sind schwedische Unternehmen bei der Produktion von Fertighäusern führend, z. T. wegen der kurzen Bausaison und der sehr hohen Bauarbeiterlöhne. Dadurch wurden Entwürfe lohnend, die eine wirtschaftliche Bauweise erlaubten. In Japan und in Schweden haben weit entfernte Märkte zu einer unverhältnismäßig hohen Innovationsrate bei der Anwendung logistischer Methoden geführt.

Die positive Rolle der selektiven Nachteile, nämlich Innovationen anzuregen, hängt jedoch von den anderen Bestimmungsfaktoren ab. Unternehmen müssen z. B. Zugang zu geeignetem Humankapital haben, um Innovationen in der Branche unterstützen zu können, sowie günstige Bedingungen bei der Inlandsnachfrage. Eine andere Vorbedingung sind Ziele, die zu einer dauerhaften Bindung an die Branche führen. Angesichts von Nachteilen machen Unternehmen ohne eine solche Bindung Kasse oder geben die Wettbewerbsposition ab, anstatt zu innovieren. Besonders wichtig erscheint eine aktive heimische Konkurrenz, die die Unternehmen drängt, dauerhaftere Vorteile gegenüber ihren Konkurrenten anzustreben.

Andere Teile des »Diamanten« beeinflussen sodann, ob die Unternehmen eines Landes im Umfeld selektiver Faktornachteile innovieren und nicht die einfache, aber (für den Wettbewerbsvorteil) kaum wünschenswerte Lösung wählen, Faktoren im Ausland zu beschaffen. Wenn diese allgemeineren Bedingungen für Innovation nicht bestehen, greifen die selektiven Faktornachteile nicht. Angesichts hoher relativer Arbeitskosten verlegten z. B. amerikanische Unterhaltungselektronikproduzenten arbeitsintensive Aktivitäten nach Taiwan und in andere asiatische Länder, ließen das Produkt und den Produktionsprozeß aber im wesentlichen unverändert. Diese Reaktion brachte nur eine Parität der Arbeitskosten, anstatt die Quellen des Wettbewerbsvorteils aufzuwerten. Die japanischen Konkurrenten hingegen gingen daran, angesichts eines intensiven heimischen Wettbewerbs und eines gesättigten Inlandsmarktes die Arbeitskräfte abzubauen: durch Automation. Das hatte eine Verringerung der Zahl der Komponenten zur Folge, was die Kosten noch weiter senkte und die Qualität verbesserte. Und bald bauten japanische Unternehmen Montagewerke in den Vereinigten Staaten, eben dem Land, das die amerikanischen Firmen hatten meiden wollen.

Das Beispiel der holländischen Schnittblumenindustrie berührt zwar ein Land, das wir nicht näher untersucht haben, faßt aber dennoch den Einfluß des selektiven Faktornachteils so plausibel zusammen, daß ich es einfach anführen mußte.[25] Holland, in dieser Branche das in der Welt mit Abstand führende Land, exportiert jährlich über eine Milliarde Schnittblumen, und das trotz kalten, ungünstigen Klimas. Dieser selektive Nachteil hat zu Innovationen bei Gewächshäusern, neuen Blumensorten, Energieeinsparung und anderen Techniken geführt, die der Branche dauerhafte Wettbewerbsvorteile gebracht haben. Die holländischen Innovationen gingen in die Richtung, sich den Vorteil der großen holländischen Erdgasvorkommen zunutze zu machen, was zeigt, wie die Innovationsrichtung im Umfeld von Nachteilen bei einem Faktor oft das Angebot anderer Faktoren erkennen läßt.

Der Anstoß, ein unwirtliches Klima, erzwang in dieser Branche einen Wettbewerbsansatz, der für die Aufwertung eines Vorteils sehr viel günstiger lag als herkömmliche Kultivierungsmethoden. Er hat der holländischen Branche eine Differenzierung ermöglicht, die auf Frische, Qualität und Vielfalt beruht. Aber der Erfolg der Holländer und ihre Fähigkeit, den Vorteil aufzuwerten, hingen auch stark von anderen Bestimmungsfaktoren ab. Einer davon ist die Existenz hochspezialisierter Forschungseinrichtungen für Blumenzucht, Verpackung und Versand (etwa das Sprenger Institut und die Forschungsstelle Aalsmeer). Holland hat eine äußerst leistungsfähige Infrastruktur auf dem Gebiet des Blumenhandels und der Luftfracht entwickelt.[26] In Holland bestand das ganze Jahr über eine starke Inlandsnachfrage nach frischen Blumen, was bei Unternehmern lebhaftes Interesse an der Branche weckte. Ein aktiver Inlandswettbewerb unter den Züchtern, Versteigerungsbetrieben (in Holland gibt es zehn davon) und Händlern war die Folge. Schließlich trugen einheimische Anbieter, die sich auf wichtige Produktionsmittel wie Gewächshäuser spezialisiert hatten, die sie auch international verkaufen, zu der Aufwertung bei.

Nachfragebedingungen

Der zweite große Bestimmungsfaktor des nationalen Wettbewerbsvorteils in einer Branche sind die Bedingungen der Inlandsnachfrage nach den Produkten oder Dienstleistungen der Branche. Die Bedingungen der Inlandsnachfrage übten in fast allen der von uns untersuchten Branchen irgendeinen Einfluß aus.[27] Die Inlandsnachfrage vermittelt zwar, durch ihren Einfluß auf das Einsparungspotential in der Produktion, statische Effizienz, ihr weit wichtigerer Einfluß ist jedoch dynamisch, denn er prägt Tempo und Art der Verbesserungen und Innovationen. Drei allgemeine Eigenschaften der Inlandsnachfrage sind von Bedeutung: erstens die Zusammensetzung (oder Art der Verbraucherbedürfnisse) der Inlandsnachfrage, zweitens ihr Umfang, ihre Wachstumsstruktur, und drittens die Mechanismen, mit denen die heimischen Präferenzen eines Landes den Auslandsmärkten vermittelt werden. Welche Bedeutung die beiden letztgenannten Eigenschaften haben, hängt von der ersten ab. Die *Qualität* der Inlandsnachfrage, auf deren Bedingungen ich noch eingehen werde, ist bei der Bestimmung des Wettbewerbsvorteils entscheidender als die *Quantität*.

Zusammensetzung der Inlandsnachfrage

Den größten Einfluß auf den Wettbewerbsvorteil übt die Inlandsnachfrage aus, durch die Mischung und die Art der heimischen Käuferbedürfnisse.[28] Die Zusammensetzung der Inlandsnachfrage bestimmt, wie Unternehmen die Käuferbedürfnisse erkennen, interpretieren und auf sie reagieren. Ein Land erzielt einen Wettbewerbsvorteil in Branchen oder Branchensegmenten, in denen die Inlandsnachfrage den einheimischen Firmen ein klareres oder früheres Bild der Käuferbedürfnisse vermittelt als den ausländischen Konkurrenten.[29] Ein Land hat auch dann einen Vorteil, wenn die inländischen Käufer die Inlandsunternehmen *drängen*, schneller zu innovieren und differenziertere Wettbewerbsvorteile zu erzielen als die ausländischen Konkurrenten. Diesen Vorteilen liegen Länderunterschiede bei der Art der Inlandsnachfrage zugrunde.

Man könnte meinen, daß die Inlandsnachfrage durch die Globalisierung des Wettbewerbs an Bedeutung verliert, doch das ist nicht der Fall. Der heimische Markt wirkt sich normalerweise aus einer Reihe von Gründen unverhältnismäßig stark auf die Fähigkeit eines Unternehmens aus, die Käuferbedürfnisse zu erkennen und zu interpretieren.[30] Der erste Grund ist einfach Beachtung. Beachtung der naheliegenden Bedürfnisse zeigt die meiste Aufgeschlossenheit, und Bedürfnisse verstehen kostet am wenigsten. Produktentwickler und auch die Manager, die neue Produkte genehmigen, sitzen – mit seltenen Ausnahmen – am heimischen Markt. Auch Stolz und Selbstwertgefühle sind Gründe, die den Erfolg am heimischen Markt erstrebenswert machen. Druck von der Käuferseite zur Verbesserung der Produkte wird auf dem Inlandsmarkt schließlich am unmittelbarsten empfunden, da hier räumliche Nähe und kulturelle Ähnlichkeit eine ungetrübtere Kommunikation begünstigen.

Die Bedeutung des Inlandsmarkts geht jedoch über ein Mehr an Beachtung hinaus. Unternehmen können die Käuferbedürfnisse am Inlandsmarkt besser erkennen, verstehen und beherzigen, sie haben auch mehr Selbstvertrauen, das zu tun. Die Bedürfnisse verstehen erfordert zum einen den Zugang zu den Käufern, zum anderen den offenen Austausch zwischen ihnen und den Toptechnikern und -verwaltungsleuten eines Unternehmens und drittens ein Gespür für die Lage der Käufer. Das ist bei den heimischen Käufern schon schwer genug. Es auch bei den ausländischen Käufern praktisch zu erreichen ist extrem schwierig, weil die Zentrale weit weg liegt und die Firma kein wirklicher Insider ist, der voll akzeptiert wird und ungehinderten Zugang hat.[31] Selbst wenn eine Tochtergesellschaft ausreichend Zugang zum vollen Verständnis der ausländischen Käuferbedürfnisse und ihrer Veränderungen erlangen kann, ist es eine entmutigende Aufgabe, die Zentrale davon zu überzeugen. Wo ausländische und inländische Marktbedürfnisse divergieren, setzen sich im allgemeinen die Signale des Inlandsmarkts durch. Ein Produkt läßt in seinen Hauptmerkmalen fast immer die Anforderungen des Inlandsmarkts erkennen.[32] All diese Überlegungen machen die Nähe zum richtigen Käufertyp ungeheuer wichtig für den nationalen Wettbewerbsvorteil. An ausländische Käufer verkaufen ist kein guter Ersatz.

Bei der Zusammensetzung der Inlandsnachfrage bestehen drei Besonderheiten, die für das Erreichen eines nationalen Wettbewerbsvorteils besonders wichtig sind:

Segmentstruktur der Nachfrage. Die erste Besonderheit ist die Segmentstruktur der Inlandsnachfrage oder die Verteilung der Nachfrage nach bestimmten Artikeln. In den meisten Branchen ist die Nachfrage nach Bereichen aufgeteilt. Bei den Verkehrsflugzeugen z. B. gibt es verschiedene Größen und Ausstattungsvarianten, die Fluggesellschaften mit unterschiedlicher Routenstruktur und anderen Besonderheiten ansprechen. Einige Segmente sind globaler als andere.

Die Unternehmen eines Landes erzielen wahrscheinlich einen Wettbewerbsvorteil in globalen Segmenten, auf die ein großer oder besonders auffälliger Teil der Inlandsnachfrage entfällt, die aber in anderen Ländern einen unbedeutenden Anteil haben. Bei Anlagen für den Stromtransport z. B. ist Schweden führend bei Überlandleitungen, die für den Hochspannungstransport über große Strecken gebraucht werden. Das spiegelt die in diesem Segment große relative Nachfrage in Schweden – aufgrund der Abgelegenheit der energieintensiven schwedischen Stahl- und Papierindustrie und aufgrund der Tatsache, daß die Quellen des schwedischen Stroms weit entfernt von den Bevölkerungszentren im Süden liegen.

Man hat erkannt, daß die Größe der Segmente für den nationalen Vorteil wichtig sein kann, wo es bedeutende Einsparungen durch Erhöhung der Produktionskapazität oder Lernprozesse gibt.[33] Länder, bei denen ein Segment absolut gesehen das größte ist, können Vorteile erzielen, wenn sie durch Erhöhung der Produktionskapazität Einsparungen erzielen. Beim nationalen Wettbewerbsvorteil spielt jedoch die absolute Größe der Segmente in einem Land eine komplizierte Rolle, weil Unternehmen weltweit konkurrieren und auch dann eine beachtliche Größenordnung erreichen können, wenn ihr heimischer Markt klein ist.[34]

Die wichtigere Rolle der Segmentstruktur daheim besteht darin, die Beachtung und Prioritäten der Unternehmen eines Landes zu prägen. Die vergleichsweise großen Segmente werden in einem Land von den Unternehmen am stärksten und frühesten beachtet. Kleineren Segmenten oder denen, die als weniger attraktiv gelten, wird bei der Zuweisung von Produktionsentwürfen, der Herstellung und den Absatzmitteln oft eine geringere Priorität eingeräumt, vor allem in einer neuen oder sich entwickelnden Branche, in der die Unternehmen ganz mit dem Entwurf und der Fertigung des Standardprodukts beschäftigt sind und ebenso, mit dem Wachstum der Nachfrage Schritt zu halten. Übergangen werden auch Bereiche, die als weniger gewinnbringend gelten (etwa die am unteren Ende des Marktes; die als sonderbar oder ungewöhnlich angesehen werden; oder die Bereiche, die nicht die Möglichkeit haben, gewinnbringende Zusatzdienstleistungen zu verkaufen). Diese Segmente sichern sich oft ausländische Konkurrenten. Selbst wenn das nicht geschieht, neigen Unternehmen eher dazu, derartige »weniger erwünschte« Segmente ausländischen Konkurrenten zu überlassen.

Ein gutes Beispiel für diese Zusammenhänge ist der Eintritt der Airbus Industries in den Markt der Verkehrsflugzeuge. Airbus entdeckte ein Marktsegment, das von Boeing und anderen US-Herstellern vernachlässigt worden war, eine Maschine mit relativ viel Platz für Kurzstrecken. In Europa mit seinen vielen dicht beieinanderliegenden Hauptstädten, die von nur einigen nationalen Fluggesellschaften angeflogen wurden, war ein solcher Bedarf ziemlich evident. Die amerikanischen Städte liegen weiter verstreut, und das Flugaufkommen zwischen den meisten Städten, das sich auf allgemein mehr Konkurrenten verteilte, war mit einem Flugzeug mit 100 bis 200

Plätzen zu bewältigen. Die Aufmerksamkeit des europäischen Firmenkonsortiums richtete sich gezielt auf einen Bereich, den die amerikanischen Hersteller als zweitrangig betrachteten.

Ein weiteres Beispiel sind Mikrowellengeräte. Die gebirgige Landschaft Japans macht die Mikrowellenübertragung zu einer reizvollen Alternative zum Kupferkabel. Japan mußte seine Infrastruktur nach dem Zweiten Weltkrieg neu aufbauen, und Nippon Telephone and Telegraph baute massiv die Mikrowellenkapazität aus. Die Mikrowellentechnologie war vor dem Krieg nur mäßig entwickelt, und die Länder, deren Infrastruktur nicht so stark gelitten hatte, waren weitgehend ans Kabel gebunden. Die relativ große japanische Inlandsnachfrage nach der Mikrowelle verschaffte dieser Technologie große Beachtung und am Ende eine starke internationale Stellung. Ähnlich sind Hydraulikbagger auf dem japanischen Markt die mit Abstand verbreitetste Baumaschine, während ihr Anteil in anderen Industrienationen weit geringer ist. Bagger sind einer der wenigen Bereiche, in dem Caterpillar keinen größeren Weltmarktanteil besitzt; dagegen gibt es in Japan eine große Gruppe potenter internationaler Wettbewerber.

Eine Folge der Bedeutung der Segmentstruktur ist, daß kleine Länder in Segmenten wettbewerbsfähig sein können, die einen wesentlichen Anteil an der heimischen Nachfrage darstellen, aber einen kleinen an der Nachfrage anderswo, selbst wenn dieses Segment in anderen Ländern *absolut* größer ist. Schweizerische Firmen haben beispielsweise lange eine führende Stellung bei Geräten und Dienstleistungen für den Tunnelbau innegehabt, ein ungewöhnlich hoher Bedarf der Schweiz liegt hier auf der Hand. Ähnlich waren schwedische Firmen lange bei Geräten und Steinbohrern für den Bergbau in extrem hartem Gestein führend, wie es im schwedischen Bergbau am häufigsten anzutreffen ist. Amerikanische Unternehmen führen bei Fördergeräten, wie sie vorwiegend bei der Erdöl- und Gasgewinnung gebraucht werden; das ist der in den Vereinigten Staaten wichtigste Bereich. Unternehmen aus kleineren Ländern setzen oft gezielte Globalstrategien ein, mit denen sie sich weltweit auf einen solchen Marktbereich konzentrieren.

In einigen Branchen beeinflußt der *Umfang* der Segmente am heimischen Markt den Wettbewerbsvorteil. Bei hochtechnisierten oder maßgeschneiderten Produkten und Dienstleistungen bringt der Kontakt mit vielen wichtigen Segmenten daheim Erfahrung, die man beim Eintritt in ausländische Märkte nutzen kann. Bei Klimaanlagen spiegeln die vielen Segmente die Unterschiede beim Klima, bei den Bauten und den Endverbrauchern wider. Einer der Vorteile der amerikanischen Firmen bestand darin, daß man fast alle klimatischen und branchenspezifischen Bedingungen, auf die man in anderen Ländern bei Klimaanlagen stieß, schon einmal irgendwo in den Vereinigten Staaten angetroffen hatte.

Besonders wertvoll in einem Land ist die Existenz großer Segmente, die anspruchsvollere Formen des Wettbewerbsvorteils verlangen. Ihr Vorhandensein zeigt den einheimischen Firmen einen erkennbaren Weg, ihren Wettbewerbsvorteil im Lauf der Zeit zu verbessern, und Positionen in solchen Bereichen sind auch dauerhafter.

Anspruchsvolle und schwierige Käufer. Wichtiger als die Mischung der Segmente an sich ist die Art der einheimischen Käufer. Die Unternehmen eines Landes erzielen einen Wettbewerbsvorteil, wenn die einheimischen Käufer die weltweit anspruchsvollsten Käufer des Produkts bzw. der Dienstleistung sind oder zumindest zu den anspruchsvollsten gehören. Solche Käufer geben einen Einblick in die neuesten Anforderungen der Kunden. Die räumliche wie kulturelle Nähe zu diesen Käufern erleichtert den Unternehmen eines Landes das Erkennen neuer Bedürfnisse. Sie ermöglicht auch einen engen Kontakt beim Entwicklungsprozeß und schafft, wenn die Käufer Firmen sind, Gelegenheiten zu gemeinsamer Entwicklungsarbeit, wie sie ausländische Firmen nur schwer finden.

Anspruchsvolle Käufer setzen einheimische Firmen unter Druck, hinsichtlich der Produktqualität, des Aussehens und des Service hohen Anforderungen gerecht zu werden. Die japanischen Verbraucher beispielsweise sind beim Kauf von Hi-Fi-Geräten äußerst anspruchsvoll und gut informiert. Hi-Fi-Anlagen sind ein Statussymbol, und die japanischen Käufer informieren sich genau über die Produkte und wollen die neuesten und besten Modelle. Ihr Wunsch nach Qualität führt zu schnellen Verbesserungen durch die Hersteller, und ihr Wunsch nach dem letzten Schrei sorgt für eine rasche Sättigung mit neuen Modellen.[35] Das Vorhandensein anspruchsvoller Käufer ist für die Wahrung des Vorteils ebenso wichtig wie für seine Schaffung, oder noch wichtiger. Einheimische Firmen werden angespornt, Verbesserungen vorzunehmen und sich in neue, fortschrittlichere Bereiche vorzuwagen; der Wettbewerbsvorteil wird dabei häufig aufgewertet.

Käufer sind dort anspruchsvoll, wo in einer Branche die inländischen Produktanforderungen wegen regionaler Gegebenheiten besonders hoch oder schwer zu erfüllen sind. Das riesige Straßennetz der USA und die weit verstreute Bevölkerung stellen extreme Leistungsanforderungen an schwere LKW-Dieselmotoren. Cummins, Caterpillar und Detroit Diesel sind daher starke internationale Wettbewerber. Bei Klimaanlagen für Wohnungen sind die kompakten, leisen Anlagen japanischer Unternehmen auf die internationalen Märkte vorgedrungen. Klimaanlagen werden in Japan wegen der heißen, feuchten Sommer viel verlangt. Die japanischen Wohnungen sind jedoch eng und dicht gedrängt, eine große, laute Klimaanlage wäre einfach fehl am Platz. Das und die hohen Energiekosten zwangen die japanischen Firmen, energiesparende Drehkompressoren einzuführen. Dies Beispiel läßt sich auf eine Reihe anderer japanischer Branchen ausweiten. Die Bedingungen am japanischen Inlandsmarkt führen zu einem intensiven innovativen Bemühen um die Herstellung von Produkten, die *kei-haku-tan-sho* sind (leicht, dünn, kurz, klein). Das Ergebnis ist ein ständiger Strom von kompakten, tragbaren Mehrzweckprodukten, die international gut aufgenommen werden.

Industrielle Käufer können manchmal ungewöhnlich anspruchsvoll sein, weil sie sich beim Wettbewerb in ihrer eigenen Branche *selektiven Faktornachteilen* gegenübersehen. Ein gutes Beispiel ist die amerikanische Erdölindustrie. Auf dem Festland der Vereinigten Staaten ist intensiv gebohrt worden, und die Bohrungen werden in immer schwierigeren und gerade noch rentablen Feldern niedergebracht. Die inländischen Geräteproduzenten waren daher großem Druck ausgesetzt, Techniken zu perfektionieren, die die Kosten bei schwierigen Bohrungen auf ein Minimum senken und eine volle Ausbeutung jedes Feldes garantieren. Das hat sie gezwungen, immer auf dem neuesten Stand der Technik zu sein, so daß sie ihre starke internationale Stellung behaupten konnten. Die Herausforderung, inländischen Käufern über solche Faktornachteile hinwegzuhelfen, bewirkt einen Wettbewerbsvorteil in den Landesbranchen, die sie beliefern.

Die Käufer eines Landes können auch aus anderen Gründen ungewöhnlich dringenden Bedarf an einem breiten Angebot haben, etwa der Lage wegen oder des Klimas, der Verfügbarkeit natürlicher Ressourcen, der Besteuerung, der strengen Vorschriften und der sozialen Anforderungen wegen. Hohe Benzinsteuern in Europa haben beispielsweise PS-starke Motoren mit geringem Hubraum begünstigt, die sparsamer sind als große Motoren mit gleicher Leistung. Bei Wettbewerb sind Käufer im allgemeinen auch anspruchsvoller, als wenn sie durch Bestimmungen gegängelt werden oder eine Monopolstellung besitzen. Der Wettbewerbsdruck regt die Beachtung neuer Produkte an, steigert die Bemühungen, die Kosten in den Griff zu bekommen, und schlägt sich in Forderungen an die Anbieter nieder. Das stark privat ausgerichtete und dezentralisierte System der Gesundheitsfürsorge in den Vereinigten Staaten war z. B. dank seiner Innovationsanreize ein ausgesprochener Vorteil für die amerikanischen Anbieter von medizinischen Geräten und Ärztebedarf. Die Privatisierung staatseigener Unternehmen spornt diese oft an, beim Einkauf mehr zu experimentieren.

Die Rolle der anspruchsvollen Käufer kann sowohl von den *Vertriebskanälen* wie auch von den Endverbrauchern gespielt werden.[36] So hat in den Vereinigten Staaten die Existenz großer und mächtiger Optikerladenketten die amerikanischen Hersteller von Kontaktlinsen dazu gebracht, erstens die Kosten zu senken, zweitens neue Formen des Kundendienstes zu schaffen und drittens zügig neue Produktvarianten anzubieten. Italien ist ein anderes Beispiel. Dort werden Produkte wie Schuhe, Kleidung, Möbel und Lampen in größerem Umfang als in anderen Ländern über Spezialgeschäfte vertrieben. Diese erfahrenen Einzelhändler sind eine eigene Macht, die die italienischen Produzenten zwingt, ständig neue Modelle herauszubringen und die Preise und damit die Kosten zu senken.

Ein wichtiger Hinweis darauf, wo die Käufer eines Landes anspruchsvoll sind, sind die nationalen Vorlieben. Die Japaner waren schon lange vor dem Zweiten Weltkrieg darauf fixiert, Reisen und Familienereignisse im Bild festzuhalten. Sie sind zudem sehr anspruchsvolle Kamerakäufer, und die japanische Kameraindustrie ist heute führend in der Welt. Japaner schenken auch Schreibgeräten große Beachtung, weil in ihrem Land bis in die jüngste Zeit fast alle Dokumente mit der Hand geschrieben wurden, denn mit einer Schreibmaschine waren die japanischen Schriftzeichen kaum wiederzugeben; die Kunst des Schreibens ist ein wichtiges Indiz für schulische und kulturelle Bildung. Folgerichtig waren japanische Firmen die Innovatoren und führenden Anbieter von Schreibgeräten in der ganzen Welt.

Die Deutschen lieben ihr Auto und wienern es am Wochenende, vor oder nach ihren Spritztouren auf der Autobahn, auf der keine Geschwindigkeitsbeschränkung herrscht, weil die Deutschen sie nicht hinnehmen würden. »Freie Fahrt für freie Bürger« lautet die beliebte Devise. Der Erfolg bei ausdauernden Wagen mit hoher Leistung überrascht daher nicht. Die Amerikaner wiederum sind ungewöhnlich stark an Unterhaltung interessiert (Sport, Kino, Fernsehen, Schallplatten), was zu ihrer führenden Stellung in diesen Branchen beigetragen hat. Die Engländer sind als Gartenliebhaber bekannt, und englische Firmen sind bei Gartengeräten Weltspitze. Die Italiener sind berühmt für ihre Extravaganz bei Kleidung, Essen und schnellen Autos, alles Gebiete, auf denen sie international erfolgreich sind. Nationale Neigungen verwandeln sich mit verblüffender Regelmäßigkeit in international wettbewerbsfähige Industrien. Manchmal sind diese Neigungen nicht nur die Ursache, sondern auch eine Wirkung des Vorhandenseins einer äußerst wettbewerbsstarken nationalen Branche. Mehr darüber in Kapitel 4.

Antizipatorische Käuferbedürfnisse. Die Unternehmen eines Landes erzielen Vorteile, wenn die Bedürfnisse der heimischen Käufer die anderer Länder vorwegnehmen. Das bedeutet, die Inlandsnachfrage stellt ein frühes Warnsignal dar hinsichtlich der Käuferbedürfnisse, die weite Verbreitung finden. Der Nutzen ist nicht nur für neue Produkte wichtig, sondern ständig, weil er eine fortwährende Verbesserung von Produkten anregt und die Fähigkeit, sich in aufkommenden Bereichen dem Wettbewerb zu stellen. Eine antizipatorische Nachfrage ist mitunter ein weiterer Vorteil, daheim die anspruchsvollsten Käufer der Welt zu haben – denn sie nehmen oft (wenn auch nicht immer) frühzeitig neue Produkte und Dienstleistungsvarianten an, die später anderswo nachgefragt werden.

Japanische Unternehmen aus verschiedenen Branchen hatten es z.B. früh mit Käufern zu tun, die sehr auf die Energiekosten achteten, eine Haltung, die gefördert wurde durch eine Flut staatlicher Bulletins, durch umfangreiche Öffentlichkeitsarbeit und frühe Vorschriften, die den erlaubten Energieverbrauch von Produkten regelten. Japanische Unternehmen begannen sehr früh damit, den Energiebedarf der Produkte zu drosseln, lange vor der übrigen Welt, die erst nach dem ersten Erdölschock aufwachte (die amerikanischen Energiekosten wurden, im Gegensatz dazu, künstlich niedrig gehalten).

Zwingende Inlandsbedürfnisse fördern den nationalen Wettbewerbsvorteil *nur, wenn* sie Bedürfnisse anderswo vorwegnehmen. Sind sie typisch für das Land, untergraben sie den Wettbewerbsvorteil der heimischen Unternehmen. Reflektiert die Inlandsnachfrage neue, vor allem anspruchsvolle Bedürfnisse nur langsam, befinden sich die Unternehmen eines Landes im Nachteil.

Antizipatorische Käuferbedürfnisse können aufkommen, weil politische oder soziale Wertvorstellungen eines Landes Bedürfnisse andeuten, die sich später ganz woanders zeigen. So hat die seit langem auf hohem Niveau praktizierte Fürsorge für Behinderte in Schweden eine Industrie entstehen lassen, die Produkte für ebendiesen Personenkreis anbietet und heute auf dem Weg zur Weltspitze ist. Die Inlandsnachfrage eines Landes nimmt die Weltnachfrage zum Teil vorweg oder bleibt hinter ihr zurück, weil die in seiner Kultur verkörperten Wertvorstellungen sich ausbreiten oder aber sich zurückziehen. Das amerikanische Verlangen nach Annehmlichkeiten breitet sich aus und stärkt den internationalen Erfolg bei Fast food, bei Konsumgütern und anderen Branchen. Der amerikanische Bedarf an Krediten hat (kombiniert mit Stärken bei wichtigen Technologien wie der Informationstechnologie, die bei der Kreditbeurteilung und bei Bestätigungen erforderlich ist) via American Express, Visa, MasterCard, Diners Club und andere Gesellschaften zur internationalen Vorherrschaft bei Kreditkarten geführt. Umgekehrt sind die Skandinavier in Belangen der Sozialfürsorge und des Umweltschutzes den Vereinigten Staaten meistens voraus. Schwedische und dänische Unternehmen haben in mehreren Branchen Erfolg gehabt, in denen diese erhöhte Umweltbesorgnis ausländische Bedürfnisse vorwegnimmt, etwa bei Geräten zur Überwachung der Wasserqualität.

Faktorbedingungen können bei der zeitlichen Abstimmung der Nachfrage eine Rolle spielen. Die Abhängigkeit Dänemarks von importierter Energie war, zusammen mit den vorherrschenden klimatischen Bedingungen und der staatlichen Förderung alternativer Energiequellen, ein wichtiger Grund, warum das Land so frühzeitig Nachfrage nach Windmühlen entwickelt hat. Dänische Firmen waren Vorreiter bei deren Produktion und Export.

Bestimmungen, die denen anderer Länder vorangehen, können den Wettbewerbsvorteil ebenfalls begünstigen. So haben schwedische Bestimmungen lange Zeit sehr große und schwere LKWs erlaubt. Schweden hat eine international hervorragende Forstwirtschaft und Bergwerksdistrikte, die im rauhen Norden des Landes liegen. Die Notwendigkeit, Holz und andere Materialien über weite Strecken zu befördern, erfordert große und äußerst robuste LKWs. Das ist ein typisches Beispiel dafür, wie sehr regionale Bestimmungen oft Ausdruck lokaler Anforderungen und Wertvorstellungen sind. Schwedens führende internationale Wettbewerber bei schweren Lastwagen, Volvo und Saab-Scania, haben von den schwedischen Gegebenheiten profitiert, weil Größe und Robustheit auch im Ausland zunehmend verlangt wurden. Unterdessen wurden die Bestimmungen anderer Länder, Größe und Gewicht der Transportfahrzeuge zu begrenzen, wesentlich gelockert.

Nachfragegröße und Wachstumsmuster

Vorausgesetzt, ihre Zusammensetzung ist differenziert und nimmt internationale, nicht nur inländische Bedürfnisse vorweg, können Größe und Wachstumsmuster der Inlandsnachfrage einen nationalen Vorteil in einer Branche verstärken. Die Größe des Inlandsmarkts war bei Erörterungen der nationalen Wettbewerbsfähigkeit ein herausragendes Thema,[37] wenngleich wenig Übereinstimmung über die Richtung des Kausalzusammenhangs oder die Beweisführung herrscht. Einige Autoren meinen, ein großer Inlandsmarkt sei dank der Einsparungen durch Erhöhung der Produktionskapazität eine Stärke. Andere sehen darin eine Schwäche und argumentieren, eine begrenzte Inlandsnachfrage zwinge die Unternehmen zum Export, der aber sei wichtig für den Wettbewerbsvorteil in globalen Branchen. Die Schweiz, Schweden, Korea und sogar Japan sind oft zitierte Beispiele für Länder, in denen eine begrenzte Inlandsnachfrage zum Exportieren zwang.[38] Die Größe des Inlandsmarkts spielt, wie sich zeigt, eine komplexe Rolle beim nationalen Vorteil, und andere Seiten der Inlandsnachfrage sind ebenso wichtig oder noch wichtiger.

Größe der Inlandsnachfrage. Ein großer Inlandsmarkt kann zu einem Wettbewerbsvorteil in Branchen führen, in denen es Einsparungen gibt, sei es durch Erhöhung der Produktionskapazität oder durch Lernen, indem er die Unternehmen eines Landes ermutigt, in Großanlagen, Technologieentwicklung und Produktivitätsverbesserungen offensiv zu investieren. Man muß jedoch achtgeben, denn Weltunternehmen verkaufen in vielen Ländern. Investitionen in große Werke oder erhebliche Forschungs- und Entwicklungsausgaben müssen nicht nur auf die Inlandsnachfrage bauen, sofern es keine umfassenden Schutzmaßnahmen gibt, die den Export begrenzen. Die vielen schweizerischen und schwedischen Weltbranchen bestätigen die Fähigkeit stark international ausgerichteter Unternehmen, sich mittels unterschiedlicher Auslandsmärkte zu vergrößern.

In Branchen, die durch erhebliche Einsparungen durch Erhöhung der Produktionskapazität gekennzeichnet sind, ist die wichtigste Frage: In welchem Land stellen die
Unternehmen zuerst Produkte her, die auch den Anforderungen ausländischer
Käufer genügen, um so von entsprechenden Einsparungen zu profitieren. Das hängt
natürlich von den übrigen Bestimmungsfaktoren ab, vor allem von der Zusammensetzung der Inlandsnachfrage. In einigen Branchen kann jedoch die Größe der Inlandsnachfrage wichtig sein. Einheimische Firmen haben beim Beliefern ihres Inlandsmarkts oft einige natürliche Vorteile gegenüber ausländischen Unternehmen; das
geht auf die Standortnähe zurück, auf die Sprache, auf Bestimmungen, auf kulturelle
Gemeinsamkeiten (häufig selbst dann, wenn in ausländischen Firmen einheimische
Inländer angestellt sind). Bevorzugter Zugang zu einem großen inländischen Kundenstamm kann für einheimische Firmen ein Anreiz zum Investieren sein. Die
Inlandsnachfrage wird in der Regel als sicherer und berechenbarer angesehen,
während die Auslandsnachfrage als unsicherer gilt, selbst wenn die Firmen glauben,
sie befriedigen zu können. Bei unseren Fallstudien lag bei Investitionsentscheidungen
der Schwerpunkt fast durchwegs auf der Inlandsnachfrage, vor allem im frühen
Entwicklungsstadium einer Branche.

Die Größe des Inlandsmarkts ist für den nationalen Wettbewerbsvorteil in bestimmten Branchenarten (oder -segmenten) entscheidend, insbesondere in solchen mit
hohen Anforderungen an Forschung und Entwicklung, mit hohen Einsparungen
durch Erhöhung der Produktionskapazität, mit technologischen Generationssprün-
gen oder einem hohen Unsicherheitsgrad. In solchen Branchen ist der Rückhalt einer
großen Inlandsnachfrage, wenn Investitionsentscheidungen zu treffen sind, besonders ermutigend.

Starke Inlandsnachfrage ist jedoch kein Vorteil, wenn sie sich nicht auf Bereiche
bezieht, die auch in anderen Ländern nachgefragt werden. Der riesigige Landwirt-
schaftssektor der USA z.B. hat zu einer großen Inlandsnachfrage nach Mähdre-
schern geführt. Wegen klimatischer, landwirtschaftlicher und landwirtschaftsprakti-
scher Unterschiede, auch wegen amerikanischer Bestimmungen, die breitere Mähdrescher auf öffentlichen Straßen zuließen, waren US-Mähdrescher jedoch in Europa
nicht einsetzbar. Claas, ein deutscher Hersteller, erwies sich als Pionier bei der
Einführung leistungsfähigerer und schmalerer Mähdrescher, die unter den unter-
schiedlicheren (und schwierigeren) Bedingungen in Europa eingesetzt werden konnten. Claas wurde trotz der Niederlassungen etablierter US-Firmen in Europa europäischer Branchenführer. In der sehr größenanfälligen Branche der Verkehrsflugzeuge
dagegen erbrachte die große Inlandsnachfrage in den USA (aufgrund ihrer großen
und weitverteilten Bevölkerung) einen beträchtlichen Vorteil, weil die amerikanischen Bedürfnisse zwar ähnlich, aber unbestreitbar differenzierter waren als die in
den meisten sonstigen Segmenten.

Unter bestimmten lokalen Bedingungen können kleinere Länder für bestimmte
Produkte sehr große Märkte darstellen. So ist die Nachfrage nach Eisbrechern und
Frachtschiffen mit eisbrechenden Funktionen in Finnland unverhältnismäßig hoch,
was auf die finnischen Wetterbedingungen, die Abhängigkeit des Landes vom Handel
und seinen besonderen Zugang zum nahen russischen Markt zurückgeht (mit seiner
eigenen Nachfrage nach Eisbrechern). Während die finnische Inlandsnachfrage nach
Schiffen, global betrachtet, unbedeutend ist, gilt das keineswegs für das Segment, in

dem finnische Werften konzentriert sind. Da die Inlandsnachfrage nach Eisbrechern ebenso zwingend wie anspruchsvoll ist, sind die finnischen Schiffbauer auf diesem Gebiet international sehr stark.

Ein großer Inlandsmarkt ist ein Vorteil, wenn das die Investitionen und Reinvestitionen oder die Dynamik belebt. Da ein großer Inlandsmarkt aber auch so viele Gelegenheiten bieten kann, daß die Unternehmen wenig Veranlassung sehen, sich auch noch um den internationalen Absatz zu bemühen, kann er den Elan bremsen und zu einem Nachteil werden. Andere Bestimmungsfaktoren, insbesondere die Intensität der heimischen Konkurrenz, sind entscheidend dafür, ob ein großer heimischer Markt sich als Stärke oder als Schwäche erweist.

Anzahl der unabhängigen Käufer. Die Existenz einer größeren Zahl unabhängiger Käufer in einem Land schafft für Innovationen ein besseres Umfeld, als wenn nur ein oder zwei Kunden den heimischen Markt für ein Produkt bzw. eine Dienstleistung beherrschen. Mehrere Käufer, die alle ihre eigenen Vorstellungen über Produktanforderungen haben und idealerweise selbst unter dem Druck des Wettbewerbs stehen, erweitern den Bestand an Marktinformationen und motivieren den Fortschritt. Die Belieferung nur ein oder zwei beherrschender Kunden dagegen bietet zwar unter Umständen irgendeinen statischen Nutzen, schafft aber selten die gleiche Dynamik.

Mehrere unabhängige einheimische Käufer stimulieren eher den Zugang und Investitionen in die betreffende Branche, da sich dadurch das Risiko, daß ein Unternehmen vom Markt ferngehalten wird, ebenso verkleinert wie die Möglichkeit eines beherrschenden Käufers, den gesamten Gewinn abzuschöpfen. Ich gehe auf diese Frage im nächsten Kapitel ein.

Wachstumsrate der Inlandsnachfrage. Die Wachstumsrate der Inlandsnachfrage kann für den Wettbewerbsvorteil genauso wichtig sein wie deren absolute Größe. Die Investitionsrate in einer Branche hängt ebensosehr oder noch stärker vom Wachstumstempo des Inlandsmarkts ab wie von dessen Größe. Ein rasches Inlandswachstum veranlaßt die Unternehmen eines Landes zu schnellerer Übernahme neuer Technologien – wobei sie weniger befürchten, bestehende Investitionen überflüssig zu machen – und zum Bau großer, leistungsfähiger Anlagen, im Vertrauen darauf, sie auch zu nutzen.[39] In Ländern dagegen, wo die Wachstumsrate der Nachfrage gemäßigter ist, neigen die einzelnen Unternehmen dazu, lediglich nach dem Zuwachs zu expandieren; sie sind nicht so geneigt, neue Technologien zu übernehmen, die bestehende Anlagen und Menschen überflüssig machen könnten. Ein rasches Wachstum der Inlandsnachfrage ist vor allem in Zeiten technologischen Wandels wichtig, wenn Unternehmen die Überzeugung brauchen, in neue Produkte oder in neue Anlagen zu investieren.

Ein typisches Beispiel ist die italienische Haushaltsgeräteindustrie. Die Branche, unmittelbar nach dem Zweiten Weltkrieg in Italien nicht so stark vertreten wie in einer Reihe anderer europäischer Länder, entwickelte sich innerhalb von gut zehn Jahren zum europäischen Exporteur Nummer eins. Einer der Gründe war der drastische Anstieg der Nachfrage nach Haushaltsgeräten im Italien der 50er Jahre. Das schnelle Wachstum veranlaßte die italienischen Hersteller, automatisierte Riesenwerke zu bauen, die auf einzelne Haushaltsgeräte spezialisiert waren. Die italienischen Unternehmen begannen damit, den in ganz Europa aufkommenden Bereich der privaten Hausmarken zu beliefern, und zwar unter den Markennamen der immer stärkeren europäischen Ladenketten. Andere europäische Haushaltsgerätehersteller mit bestehenden Anlagen und einem weniger stürmisch wachsenden Inlandsmarkt expandierten im allgemeinen je nach Zuwachs und änderten daher die bisherigen Produktionsmethoden nicht grundlegend. Hinzu kam die Tatsache, daß die italienischen Unternehmen kostengünstige und relativ kompakte Haushaltsgeräte herstellten, die den Anforderungen des italienischen Marktes entsprachen. Dieser Bereich wurde größer, und er wurde von den europäischen Wettbewerbern nicht ausreichend bedient. Steigende Nachfrage bedeutet, wie alle mengenmäßigen Nachfrageaspekte, keinen Vorteil, wenn die Zusammensetzung der Nachfrage ungünstig ist.

Japan ist ein weiteres Land, in dem das schnelle Wachstum des Inlandsmarkts offensive Investitionen in verschiedenen Branchen anregte. Bei Stahl, Autoreifen, Hubkarren und vielen anderen Branchen erlebte Japan den schnell wachsenden Inlandsmarkt etwas später als die Vereinigten Staaten und führende europäische Länder. Das schnelle Wachstum spornte japanische Unternehmen zu offensiven Investitionen in automatisierte Anlagen neuester Bauart an. Westliche Produzenten, die sich gesättigteren Inlandsmärkten gegenübersahen und auf älteren Anlagen saßen, waren dazu nicht bereit.

Frühe Inlandsnachfrage. Vorausgesetzt, sie nimmt die Käuferbedürfnisse in anderen Ländern vorweg, hilft frühe Inlandsnachfrage nach einem Produkt oder einer Dienstleistung den einheimischen Firmen, schneller zu handeln als die ausländischen Konkurrenten und sich in einer Branche anzusiedeln.[40] Sie kommen den anderen zuvor und bauen große Anlagen und sammeln Erfahrungen. Die früh von den Inlandskäufern nachgefragten Produktvarianten sind besonders wichtig für den Wettbewerbsvorteil, denn an ihnen müssen sich die Unternehmen eines Landes bewähren. Beim Aufstellen von Wettbewerbsstrategien wird an diese Segmente gedacht, und Investitionen driften häufig in ihre Richtung. Doch noch einmal: Die Zusammensetzung der Inlandsnachfrage ist wichtiger als die Größe. Nur wenn die Inlandsnachfrage internationale Bedürfnisse vorwegnimmt, trägt die frühe Inlandsnachfrage zu einem Vorteil bei.

Diese Überlegungen finden eine interessante Anwendung bei der Analyse, wie die Verteidigungsausgaben sich auf die Förderung des amerikanischen Wettbewerbsvorteils auswirken. Der Verteidigungsbereich war in den Vereinigten Staaten der erste Markt für viele fortschrittliche Produkte, und der besonders große Verteidigungshaushalt wurde als ein Vorteil für die US-Firmen betrachtet. Das ist er tatsächlich, falls die Rüstungsnachfrage die zivile Nachfrage sowohl in den Vereinigten Staaten wie im Ausland widerspiegelt, da die Unternehmen Sachvermögen und Kenntnisse entwickeln, die auf zivile Bedürfnisse übertragen werden können. Bei den Düsenflugzeugen war die Nachfrage des Pentagon nach dem ersten militärischen Düsentransportflugzeug ein bedeutender Vorteil für Boeing, auch in der zivilen Weltluftfahrt die Nummer eins zu werden – die 707 war im wesentlichen die gleiche Maschine. Die 747 war ursprünglich ebenfalls der Entwurf einer Militärmaschine, im Wettbewerb um einen großen Militärtransporter machte jedoch die Lockhead C5A das Rennen.

In vielen anderen Branchen war die frühe militärische Nachfrage nicht von vornherein ein Vorteil für die US-Unternehmen. Bei den computergesteuerten Werkzeugmaschinen z. B. brauchte das Verteidigungsministerium Produkte, die auf dem zivilen Markt nur bedingt verwendbar waren. Die japanischen Werkzeugmaschinenhersteller, die diese Zersplitterung nicht hatten, konzentrierten sich auf numerisch gesteuerte Werkzeugmaschinen für allgemeine Anwendungszwecke und wurden damit führend in der Welt.

Ob die Verteidigungsnachfrage für die US-Unternehmen eine Stärke oder Schwäche bedeutet, hängt von ihrer Zusammensetzung ab – davon, wie genau Verteidigungsanforderungen spätere zivile Anforderungen widerspiegeln oder vorwegnehmen und wie weit Erkenntnisse vom militärischen auf den zivilen Bereich übertragbar sind. Das ist von Branche zu Branche sehr unterschiedlich, aber es hat den Anschein, als hätte die Ähnlichkeit zwischen militärischen und zivilen Anforderungen abgenommen.

Frühe Sättigung. Ebenso wichtig wie ein frühes Eindringen in den Inlandsmarkt ist eine frühe oder abrupte Sättigung. Ein frühes Eindringen hilft den einheimischen Firmen, sich zu etablieren. Eine frühe Sättigung zwingt sie, Innovationen und Verbesserungen fortzusetzen. Ein gesättigter Inlandsmarkt entwickelt einen starken Zwang, die Preise zu senken, neue Merkmale einzuführen, die Produktleistung zu verbessern und andere Anreize für die Käufer zu schaffen, alte Produkte durch neue zu ersetzen. Die Marktsättigung steigert den heimischen Wettbewerb und erzwingt Kostensenkungen sowie ein Ausscheiden der schwächsten Unternehmen. Die Folge ist häufig das Auftreten weniger, aber stärkerer und innovativerer Konkurrenten.

Ein weiteres Ergebnis der Sättigung des Inlandsmarkts sind die häufig energischen Bemühungen von Unternehmen des Landes, in Auslandsmärkte einzudringen, um das Wachstum aufrechtzuerhalten, oder auch um die Kapazität auszulasten. Es war verblüffend, wie viele der von uns untersuchten Branchen ihre ersten größeren internationalen Schritte unternahmen, als der Inlandsmarkt gesättigt war. Das galt besonders für Japan und die Vereinigten Staaten, aber Beispiele gab es in praktisch allen Ländern. Das abrupte Ende des italienischen Wiederaufbaus nach dem Zweiten Weltkrieg war ein wichtiger Anstoß, der die italienischen Baufirmen vorantrieb und sie zu erfolgreichen internationalen Wettbewerbern machte.[41]

Die Sättigung des Inlandsmarkts ist besonders günstig, wenn sie mit einem stürmischen Wachstum auf Auslandsmärkten zusammenfällt. Steigt die Auslandsnachfrage bei nachlassender Inlandsnachfrage, besteht für Unternehmen eines Landes ein starker Anreiz, gerade dann im Ausland zu verkaufen, wenn es den ausländischen Firmen an Kapazität mangelt, die stark steigende Nachfrage zu befriedigen, oder wenn sie selbstzufrieden sind, weil es an einheimischen Konkurrenten fehlt. In vielen Branchen haben sich derartige Phasen sehr fruchtbar auf die Bestimmung möglicher Branchenführer ausgewirkt.

Ein außergewöhnliches Beispiel ist der Aufstieg der amerikanischen Konstruktions- und Bauunternehmen zu Weltgeltung in den Jahren nach dem Zweiten Weltkrieg. Industriebasen und Infrastruktur der USA waren weitgehend intakt, während sie in weiten Teilen der Welt zerstört waren und wiederaufgebaut werden mußten. Die amerikanischen Unternehmen hatten genügend Kapazität und Kenntnisse aus der

Arbeit an Projekten in der Kriegszeit, sie wurden förmlich in das Vakuum gezogen, das durch den ausländischen Bauboom und das Fehlen qualifizierter Auslandsfirmen entstanden war. Daß die amerikanische Hilfe den Wiederaufbau zum Teil finanzierte, tat nicht weiter weh. Ähnlich gelang den japanischen Firmen der Durchbruch bei Halbleitern, als amerikanische Unternehmen die Nachfrage während des wirtschaftlichen Aufschwungs Ende der 70er Jahre nicht befriedigen konnten. Diese Tatsache und hohe Investitionen in die neuere Metalloxyd-Technik (MOS) zu einer Zeit, als die amerikanischen Firmen noch mit der bipolaren Technik arbeiteten, katapultierten die Japaner an die Branchenspitze.

Ein anderes gutes Beispiel ist die Unterhaltungselektronik. Bei den Produkten der Unterhaltungselektronik sättigt sich der japanische Inlandsmarkt schnell, und der Produkt-Lebenszyklus ist äußerst kurz, weil homogener Geschmack, hoher Anspruch und Statusbewußtsein sich, worauf ich schon hingewiesen habe, bei den Käufern verbinden. Die Folge ist, daß japanische Unternehmen der Unterhaltungselektronik verzweifelt nach einem neuen Produkt suchen, wenn die ausländischen Verbraucher sich gerade anschicken, die Produktgeneration zu kaufen, die in Japan schon passé ist. Diese schnelle Marktsättigung ist ein starker Vorteil, denn die einheimischen Käufer sind heikel, sie möchten leichte, kompakte Mehrzweckprodukte, die den japanischen Lebensbedingungen entsprechen. Hier treibt die Marktsättigung die Hersteller dazu, auf eine Art und Weise zu innovieren, die von den ausländischen Käufern geschätzt und von ausländischen Konkurrenten im allgemeinen nicht beachtet wird.

Wie das frühe Eindringen ist auch die frühe Marktsättigung nur dann ein Vorteil, wenn die Zusammensetzung der Inlandsnachfrage die Unternehmen eines Landes auf Produkte und Produktmerkmale stößt, die im Ausland geschätzt werden.

Internationalisierung der Inlandsnachfrage

Die Zusammensetzung der Inlandsnachfrage ist ein Kernpunkt des nationalen Vorteils, während Wachstumsgröße und -muster der Inlandsnachfrage diesen Vorteil dadurch verstärken können, daß sie das Investitionsverhalten, die zeitliche Abstimmung und die Motivation beeinflussen. Aber noch auf eine dritte Art wirken die Bedingungen der Inlandsnachfrage mit, nämlich durch die Mechanismen, mit denen die Inlandsnachfrage eines Landes die Produkte und Dienstleistungen eines Landes internationalisiert, sie ins Ausland *zieht*.

Mobile oder multinationale einheimische Käufer. Sind die Käufer des Landes für ein Produkt oder eine Dienstleistung mobil oder sind es multinationale Gesellschaften, entsteht ein Vorteil für die Unternehmen des Landes, weil die einheimischen Käufer auch ausländische Käufer sind. Mobile Verbraucher, die viel in andere Länder reisen, bilden den Stamm oft treuer Kunden auf Auslandsmärkten. Wichtiger in vieler Hinsicht ist jedoch, daß ihre Existenz den Unternehmen eines Landes die *Gelegenheit* zeigt, eine Auslandsniederlassung zu gründen, und durchaus die Überzeugung wecken kann, eine solche Niederlassung anzustreben, da das Risiko als nicht mehr so hoch empfunden wird. Dieser Effekt ist ziemlich offenkundig in Branchen, die mit

Reisen zu tun haben, wobei amerikanische Hotel-, Autovermietungs- und Kreditkartenunternehmen profitiert haben. Deutlich wird er auch in Branchen wie Fast food. Ähnliche Argumente lassen sich auch dort anwenden, wo die heimischen Käufer multinationale Gesellschaften mit Töchtern oder Unternehmungen in vielen anderen Ländern sind. Multis ziehen es oft vor, mit Produkt- und Dienstleistungslieferanten zu handeln, die in ihrem Heimatstaat sitzen, vor allem in den ersten Jahren der Auslandstätigkeit, oft auch noch lange Zeit, nachdem sie international Fuß gefaßt haben. Diese Vorliebe hat ihren Grund in der bequemen Kommunikation, in dem Wunsch, Risiken zu vermindern, und in der Effizienz, überall einheitliche Mittel einzusetzen. Die Vorliebe der Käufer für heimische Zulieferer gibt diesen einen frühen Anstoß, ins Ausland zu gehen, und legt so den Grundstein für die Auslandsnachfrage.

Ein gutes Beispiel ist die Erdbewegungsbranche, in der US-Firmen wie Caterpillar durch hervorragende amerikanische Bauunternehmen, Bergwerksgesellschaften und Hersteller von Forstprodukten ins Ausland gelockt wurden. Amerikanische Ölbohr-, Bergwerks- und Baumaschinen zogen ihrerseits Hersteller schwerer Maschinen wie Cummins ins Ausland. Amerikanische Autozulieferer folgten den amerikanischen Automobilunternehmen nach Kanada, Europa und in andere Länder. Seit neuestem folgen japanische Autozulieferer den Auslandsunternehmungen der japanischen Automobilgesellschaften.

Einflüsse auf Auslandsbedürfnisse. Eine andere Methode, wie die Bedingungen der Inlandsnachfrage Auslandsumsätze mitziehen können, besteht darin, Inlandsbedürfnisse und -wünsche ausländischen Käufern zu vermitteln oder einzuprägen. Eine Möglichkeit bietet sich an, wenn Ausländer zur Ausbildung ins Land kommen. Sie lernen Methoden und Wertvorstellungen kennen, die die inländischen Bedingungen wiedergeben, und sie nehmen sie mit nach Hause. Ein typisches Ergebnis ist der Wunsch, die gleichen Waren und die gleichen Dienstleistungen zu gebrauchen, mit denen sie ausgebildet wurden. Ein gutes Beispiel dafür ist die umfassende Ausbildung ausländischer Ärzte in den Vereinigten Staaten; sie hat den amerikanischen Herstellern medizinischer Geräte sehr geholfen, aufgeschlossene Zuhörer zu finden, wenn sie im Ausland verkaufen wollen.

Das gleiche allgemeine Phänomen tritt dank eines Demonstrationseffekts auf, der oft in der Wissenschaft vorkommt. Ausländische Wissenschaftler eifern den Praktiken der Wissenschaftler jener Länder nach, die als führend in der Welt gelten. Die Methoden und Instrumentarien der Spitzenleute werden häufig in Fachzeitschriften abgehandelt und auch mündlich bekannt gemacht. Ein gutes Beispiel für ein Produkt, das von einem solchen Vorgang profitierte, ist das Mikroskop, mit dem deutsche Unternehmen (vor allem Zeiss) international zum Teil deshalb Erfolg hatten, weil der Name mit deutschen Spitzenforschern assoziiert wurde. Ein ähnlicher Demonstrationseffekt kann jede nationale Spitzenbranche erfassen: Ausländische Wettbewerber neigen dazu, ebenfalls die Geräte und Mittel einzusetzen, die in dieser Branche verwendet werden.

Inländische Käuferbedürfnisse werden auch durch kulturverbreitende Exporte ins Ausland vermittelt, beispielsweise Filme und Fernsehprogramme. Ebenfalls von Bedeutung sind die Auswanderung, die eine Auslandsnachfrage begründet und einen

Demonstrationseffekt für bestimmte Produkte schafft, und der Tourismus, der Ausländer mit der Lebensart und den Normen des Landes in Berührung bringt, die vielleicht anziehend wirken. Nichts davon ist jedoch signifikant für den Wettbewerbsvorteil, solange die Inlandsnachfrage nicht fortschrittlich und anspruchsvoll ist.

Ein weiteres Mittel, mit dem eine Inlandsnachfrage vermittelt wird, sind politische Bündnisse oder geschichtliche Bande. Das verankert im anderen Land Dinge wie das Rechtssystem, den Produkt- oder technische Standards und Kaufgewohnheiten. England profitierte im 19. und in der ersten Hälfte des 20. Jahrhunderts ganz erheblich von solchen Bindungen. Auslandshilfe und besondere politische Beziehungen zwischen Staaten haben heute zwar weniger dramatische, aber durchaus ähnliche Auswirkungen. Länder wie Italien und Japan z.B. sind sehr geschickt darin, Auslandshilfe zur Steigerung der Nachfrage nach Produkten und Dienstleistungen ihrer Unternehmen zu nutzen. Ein zu sehr »gefangener« Außenhandel kann den Wettbewerbsvorteil jedoch dadurch zersetzen, daß er den Druck zu Verbesserungen und Innovationen verringert.

Das Wechselspiel der Nachfragebedingungen

Es sollte inzwischen klar sein, daß die verschiedenen Bedingungen der Inlandsnachfrage sich gegenseitig verstärken können und ihre größte Bedeutung in jeweils verschiedenen Entwicklungsstadien einer Branche haben. Die Fernsehgerätebranche (vgl. Kasten) liefert ein gutes Beispiel. Zu den wichtigsten Eigenschaften der Inlandsnachfrage gehört, daß sie einen ersten und anhaltenden Anreiz zu Investitionen und Innovationen geben, auch zum Wettbewerb in immer differenzierteren Bereichen. Hierfür stehen erstens besonders anspruchsvolle heimische Käufer, zweitens Bedürfnisse, die die Bedürfnisse anderer Länder vorwegnehmen, des weiteren ein schnelles Wachstum und frühe Marktsättigung. Die sich daraus ergebenden Vorteile sind entscheidender und dauerhafter als einmalige Vorteile aus Nachfragegröße und -zusammensetzung. Einige Aspekte der Inlandsnachfrage sind wichtig, damit am Anfang ein Vorteil steht, während andere diesen Vorteil verstärken oder helfen, ihn zu behaupten.

Die Auswirkungen der Nachfragebedingungen auf den Wettbewerbsvorteil hängen auch von anderen Teilen des »Diamanten« ab. Ohne starken Inlandswettbewerb z.B. kann ein schnelles Wachstum des Inlandsmarkts oder ein ausgedehnter Inlandsmarkt Selbstzufriedenheit aufkommen lassen, statt Investitionen anzuregen. Ohne geeignete unterstützende Branchen fehlt es den Unternehmen vielleicht an der Fähigkeit, auf anspruchsvolle heimische Käufer einzugehen. Der »Diamant« ist ein System, in dem die Rolle keines der Bestimmungsfaktoren isoliert betrachtet werden kann.

Nachfragebedingungen in der Fernsehgerätebranche

Die Fernsehgerätebranche bietet ein gutes Beispiel für das Wechselspiel der Nachfragebedingungen, die zusammenwirken und sich dabei gegenseitig verstärken. Die japanische Inlandsnachfrage galt in erster Linie kleinen, kompakten, tragbaren Geräten, da das Pro-Kopf-Einkommen zunächst niedrig war, die japanischen Wohnungen klein sind und die Geräte nach dem Gebrauch oft weggestellt werden. Amerikanische Unternehmen, die Branchenpioniere, konzentrierten sich ganz auf die heimische Nachfrage, die sich hauptsächlich auf große TV-Geräte richtete mit möbelartiger Aufmachung und gewaltigen Bildröhren. Die Hersteller gaben sich kaum die Mühe, kompakte Geräte mit kleinen Bildröhren auf den Markt zu bringen. Die japanischen Hersteller jedoch setzten ganz auf diese Richtung und gaben sich damit zufrieden, die Großgerätetechnologie in Lizenz aus den Vereinigten Staaten zu übernehmen und große Bildröhren von dort zu beziehen.

Die japanische Inlandsnachfrage nach Fernsehgeräten war, auch wenn sie etwas später einsetzte, ein sehr viel besseres Spiegelbild der Weltnachfrage als die frühe amerikanische Inlandsnachfrage, denn der Fernseher wurde zum Bestandteil des Alltagslebens, nicht etwas, das man sich als Möbelstück ins Wohnzimmer stellte, und die kompakten Geräte erwiesen sich als das Weltprodukt. Die japanischen Käufer sind außerdem, wie schon angedeutet, bei Geräten der Unterhaltungselektronik äußerst gut informiert, und sie sind anspruchsvoll, was intensive Bemühungen zur Folge hatte, Qualität, Design und Preis zu verbessern.

Obwohl die Nachfrage nach Fernsehgeräten in den Vereinigten Staaten früher als in Japan einsetzte, war der japanische Markt schneller gesättigt. Während die amerikanischen Unternehmen weiterhin Rekordgewinne einfuhren, kämpften die japanischen Fernsehgerätehersteller gegen eine rückläufige Inlandsnachfrage. Sie verringerten die Kosten, führten neue Geräte ein, gingen offensiv die Exportmärkte an. Ende der 80er Jahre standen die japanischen Unternehmen an der Weltspitze, vor allem in den differenzierten Bereichen.

Verwandte und unterstützende Branchen

Der dritte allgemeine Bestimmungsfaktor des nationalen Vorteils in einer Branche ist die Existenz von Zuliefer- oder verwandten Branchen im Land, die international wettbewerbsfähig sind.[42] Japanische Werkzeugmaschinenhersteller zogen internationale Spitzenzulieferer numerischer Steuereinheiten, Motoren und anderer Zubehörteile nach. Die schwedische Stärke bei Stahlerzeugnissen (Kugellager, Fräswerkzeuge) hatte eine starke Position bei den Spezialstählen zur Folge. Schweizerische Firmen sind bei bestickten Artikeln und auch bei Stickmaschinen führend. Die Abbildung 3–2 zeigt, wie international wettbewerbsfähige Zulieferindustrien den italienischen Erfolg bei Schuhen untermauern. Ein Wettbewerbsvorteil in einigen

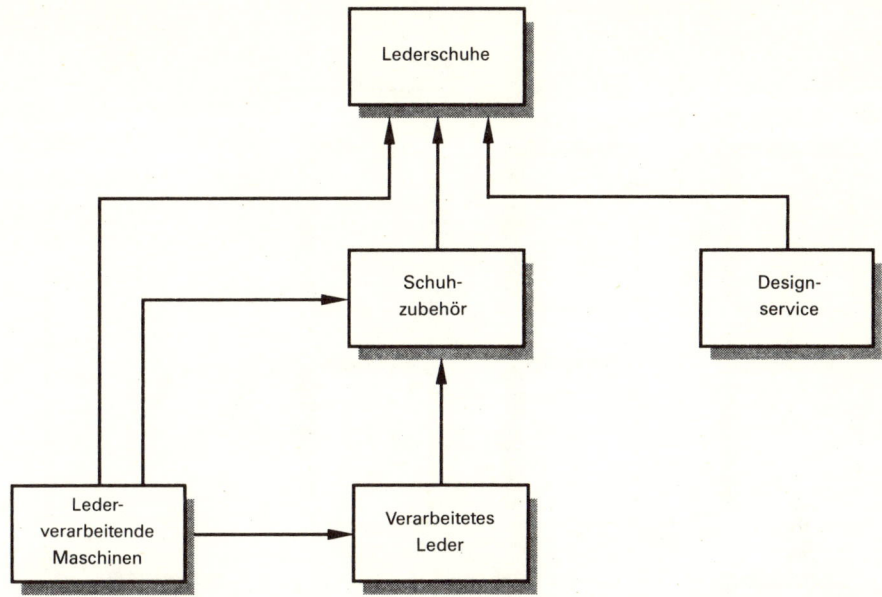

ABB. 3–2   International erfolgreiche italienische Zulieferbranchen für Schuhe

Zulieferbranchen beschert den Unternehmen eines Landes in vielen anderen Branchen potentielle Vorteile, denn sie stellen Produktionsmittel her, die in vielen Betrieben verwendet werden und wichtig für die Innovation oder die Internationalisierung sind. Halbleiter, Software und Handel z. B. haben einen starken Einfluß auf andere Branchen.

Die Existenz verwandter wettbewerbsfähiger Branchen in einem Land ist genauso normal oder wichtig. Der Erfolg der schweizerischen Pharmaindustrie hing eng mit dem vorangegangenen Erfolg in der Farbenindustrie zusammen. Die japanische Führung bei Telefax ist in vielem der japanischen Stärke bei Fotokopierern zu verdanken, und die japanische Vorherrschaft bei elektronischen Keyboards geht auf den Erfolg bei Klanginstrumenten und die starke Stellung bei der Unterhaltungselektronik zurück. Die Abbildung 3–3 zeigt, daß die italienische Schuhindustrie auch mit verschiedenen verwandten Branchen, die im Wettbewerb stehen, verbunden ist.

Die Mechanismen, über die ein Wettbewerbsvorteil in Zuliefer- und verwandten Branchen anderen Branchen zugute kommt, ähneln sich. Die direkten Auswirkungen auf den Wettbewerbsvorteil werden weiter unten beschrieben. Auswirkungen, die über andere Bestimmungsfaktoren entstehen, werden in Kapitel 4 behandelt.

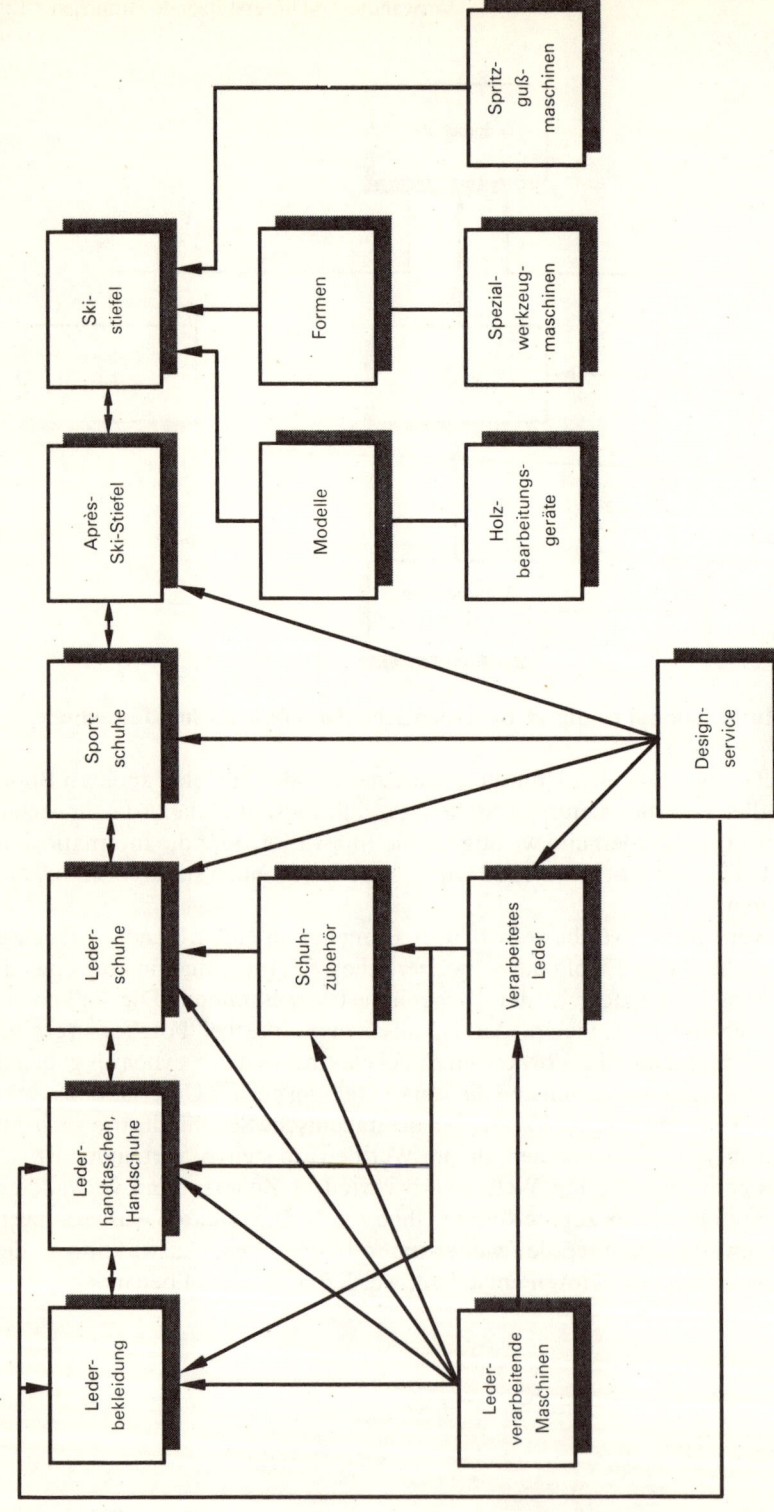

ABB. 3–3   International erfolgreiche, der Schuhindustrie nahestehende italienische Branchen

Der Wettbewerbsvorteil in Zulieferindustrien

Die Existenz international wettbewerbsfähiger Zulieferindustrien in einem Land schafft auf mehrere Arten Vorteile in den nachgelagerten Branchen. Der erste ergibt sich durch wirksamen, frühen, schnellen und manchmal bevorzugten Zugang zu den kostenwirksamsten Produktionsmitteln. Die führende italienische Stellung bei Gold- und Silberschmuck z.B. konnte zum Teil deswegen gehalten werden, weil andere italienische Firmen zwei Drittel aller Geräte zur Schmuckherstellung produzieren und auch bei Maschinen zur Wiederverwendung von Edelmetallen in der Welt führend sind. Die italienische Schmuckindustrie modernisiert ihre Ausrüstung schnell. Die italienischen Ausrüstungszulieferer liefern sich auf ihrem heimischen Markt einen scharfen Wettbewerb aus Gründen, die ich bereits genannt habe. Das Ergebnis sind attraktive Preise und ein schnell reagierender Service.

Bloßer Zugang oder Verfügbarkeit von Maschinen oder Produktionsmitteln ist jedoch nicht der wichtigste Nutzen einer einheimischen Zulieferindustrie, die international erfolgreich ist, selbst wenn sie auf Schnelligkeit setzt. Bei globalem Wettbewerb sind Zubehörteile, Maschinen und andere Produktionsmittel auf dem Weltmarkt zu haben, und diese Verfügbarkeit ist bei weitem nicht so erheblich wie der Wirkungsgrad, mit dem Produktionsmittel eingesetzt werden.

Wichtiger als der Zugang zu Maschinen oder anderen Produktionsmitteln ist der Vorteil, den einheimische Zulieferer in Form laufender Koordinierung bieten. Ich habe im vorigen Kapitel beschrieben, wie wichtig Verbindungen zwischen den Wertketten der Unternehmen und ihrer Zulieferer für den Wettbewerbsvorteil sind. Der Aufbau solcher Verbindungen wird erleichtert, wenn man die wesentlichen Aktivitäten und das erfahrene Management der Zulieferer in der Nähe hat. Ausländische Zulieferer sind selten ein vollwertiger Ersatz, auch wenn sie Tochtergesellschaften im Land haben.

Der vielleicht wichtigste Nutzen einheimischer Zulieferer liegt jedoch im *Innovations- und Aufwertungs- oder Verbesserungsprozeß*. Aus den engen Arbeitsbeziehungen zwischen erstklassigen Zulieferern und der Industrie erwächst ein Wettbewerbsvorteil. Zulieferer helfen den Unternehmen, neue Methoden und Gelegenheiten zur Anwendung neuer Technologien zu erkennen. Unternehmen erhalten schnellen Zugang zu Informationen, neuen Ideen und Einsichten und zu Zulieferinnovationen. Sie haben die Möglichkeit, die technischen Bemühungen der Zulieferer zu beeinflussen und auch als Teststätten für Entwicklungsarbeit zu dienen. Der Austausch von Forschung und Entwicklung und gemeinsame Problemlösungen führen zu schnelleren und wirksameren Ergebnissen. Zulieferer sind oft auch ein Weg für die Übermittlung von Informationen und Innovationen zwischen den Unternehmen. Dadurch wird das Innovationstempo in der gesamten Branche des Landes beschleunigt. All diese Vorteile erhöhen sich, wenn Zulieferer in der Nähe der Unternehmen sitzen: Die Kommunikationswege verkürzen sich.

Italien bietet viele Beispiele für diese Art des Austauschs. In der Schuhindustrie z.B. (Abbildung 3-2) tauschen sich Produzenten und Lederhersteller regelmäßig über neue Stile und Herstellungsverfahren aus. Die Schuhproduzenten lernen die neuen Lederstrukturen und -farben auf dem Zeichenbrett kennen. Die Lederhersteller bekommen ihrerseits einen frühen Einblick in Modetrends, was ihnen bei der

Planung neuer Produkte hilft. Wie dieses Beispiel zeigt, werden Vorteile dank einheimischer Zulieferer *nicht automatisch* erlangt. Sowohl die Unternehmen wie ihre Zulieferer müssen dafür etwas tun – was Thema späterer Kapitel ist.

Eine wettbewerbsfähige heimische Zulieferindustrie ist weit besser, als sich auf ausländische Zulieferer zu verlassen, selbst wenn sie qualifiziert sind. Der Inlandsmarkt ist für die heimischen Zulieferer übersichtlich, und Erfolg dort eine Ehrensache. Die Nähe von Verwaltungsleuten und Technikern und die kulturelle Gleichartigkeit erleichtern oft den freien und freimütigen Informationsfluß. Die Geschäftskosten sinken. Ohne die zentralen Forschungsanlagen eines Zulieferers im Inland bekommen die Käufer wahrscheinlich nicht so früh die Informationen, oder sie haben nicht die gleichen Möglichkeiten für eine gemeinsame Entwicklung und andere Formen eines ausführlichen Austauschs.[43] Ausländische Zulieferer sind auch für die gesamte Branche des Landes weniger erwünscht, weil sie selten einen neuen Zugang zum Inland vermitteln (siehe Kapitel 4).

Die Unternehmen eines Landes profitieren am meisten, wenn ihre Zulieferer selbst weltweit konkurrieren. Nur dann haben sie die Mittel, die eigenen Vorteile bestmöglich aufzuwerten und dadurch für den notwendigen Technologiefluß zu ihren heimischen Kunden zu sorgen. Heimische Zulieferer mit einer internationalen Stellung sind auch wertvollere Lieferanten von Informationen und Einsichten. Druck auf heimische Zulieferer auszuüben, keine ausländischen Konkurrenten zu beliefern, bleibt letztlich sinnlos. »Gefangene« Zulieferer, die auf nur ein Unternehmen oder lediglich die Inlandsbranche angewiesen sind, entwickeln weniger Schwung zu Verbesserungen und Aufwertungen.

Heimische Zulieferer, die nach internationalem Maßstab stark sind, stützen den Wettbewerbsvorteil in nachgelagerten Branchen selbst dann, wenn sie keiner Branche angehören, die weltweit auftritt. Typisches Beispiel dafür sind die Werbemedien. Die meisten Medienbranchen (Fernsehen, Rundfunk und Zeitschriften) sind immer noch multiinländisch, wenngleich es einige Anzeichen für eine Globalisierung gibt. Die Vereinigten Staaten waren lange die Heimat einiger der innovativsten und erfahrensten Medienunternehmen der Welt, und neue Medienformen wie Fernsehen und Magazine wurden in den Vereinigten Staaten aus der Taufe gehoben. Amerikanische Marktteilnehmer profitierten vom engen ständigen Austausch mit erfahrenen Medienlieferanten (und den in der Welt führenden Werbeagenturen); häufig gehörten sie zu den ersten, die neue Medienformen nutzten, die dann um die ganze Welt gingen. Die Bedeutung moderner Medien als Zuträger für Unternehmen in marketingintensiven Branchen erweist sich darin, daß man selten international wettbewerbsfähige Konsumgüterbranchen in Ländern findet, in denen es keine gutentwickelten Privatmedien gibt. Vor allem Deutschland und Schweden sind Länder, deren Firmen wegen Werbebeschränkungen modernes Marketing im Ausland lernen mußten. Internationale Erfolge bei marketingintensiven Konsumgütern sind in beiden Ländern selten.

Ein Land muß nicht in allen Zulieferbranchen einen nationalen Vorteil haben, um einen Wettbewerbsvorteil in einer Branche zu erlangen. Produktionsmittel ohne eine nennenswerte Wirkung auf die Innovation oder auf die Leistung der Produkte und Verfahren einer Branche können ohne weiteres im Ausland beschafft werden. Das gilt auch für andere allgemeine Technologien, für die die Branche nur einen schmalen

Anwendungsbereich darstellt. In mehreren schweizerischen und deutschen Branchen, etwa Hörgeräte und Kunststoffverarbeitungsmaschinen, gründeten Unternehmen mit Erfolg Tochtergesellschaften in den Vereinigten Staaten, um an die Elektronik und an Softwarekenntnisse heranzukommen. Hier waren ihre profunden Kenntnisse über die Benutzerindustrie wichtiger als das fehlende Fachwissen über Zuliefertechnologien. Ein Ausgleich für das Fehlen einer entscheidenden Zulieferindustrie im Land ist auch dort möglich, wo die Benutzerindustrie bereits gut entwickelt ist und eine spezialisierte Verwendung des Produkts der Zulieferindustrie erkennen läßt.

Der Wettbewerbsvorteil in verwandten Branchen

Die Existenz wettbewerbsfähiger, verwandter Branchen in einem Land bringt oft neue wettbewerbsfähige Branchen hervor. Verwandt sind die Branchen, deren Unternehmen beim Wettbewerb Aktivitäten in der Wertkette koordinieren oder gemeinsam nutzen können oder die mit Produkten zu tun haben, die komplementär sind (wie Computer und Anwendungssoftware). Die gemeinsame Nutzung von Aktivitäten kann in der Technologie, in der Entwicklung, in der Produktion, im Vertrieb, im Marketing oder im Kundendienst erfolgen. Fotokopiergeräte und Telefax z. B. nutzen viele der gleichen Technologien und Bauteile und können über die gleichen Kanäle vertrieben und gewartet werden.

Fälle, in denen Länder in verwandten Branchen international wettbewerbsfähig sind, gibt es zuhauf. Ein paar Beispiele aus unseren Fallstudien zeigt die Tabelle 3–1.

Die Abbildung 3–4 zeigt eine Gruppe verwandter japanischer Branchen etwas detaillierter. Japans Stärke auf dem Gebiet der synthetischen Textilfasern ist der Abglanz einer langen, erfolgreichen Tradition mit Seide, ebenso seine führende Position im Export seidenartiger Synthetikgewebe. Bei der Herstellung von Kohlefasern wird eine ganz ähnliche Technik wie bei Synthetikfasern verwendet, und viele dieser Wettbewerber bedienen sich beider Techniken. Japanische Unternehmen sind zwar nicht bei allen Textilmaschinen führend, aber bei Waterspinnmaschinen, die

TABELLE 3–1   International wettbewerbsfähige verwandte Branchen

Land	Branche	Verwandte Branche
Dänemark	Molkereiprodukte, Brauen	Industriefermente
Deutschland	Chemieprodukte	Druckerschwärze
Großbritannien	Motoren	Schmiermittel, Antiklopfmittel
Italien	Lampen	Möbel
Japan	Kameras	Fotokopiergeräte
Korea	Videorecorder	Videobänder
Schweden	Automobile	Lastwagen
Schweiz	Arzneimittel	Würzstoffe
Singapur	Hafenservice	Schiffsreparaturen
Vereinigte Staaten	Elektronische Test- und Meßgeräte	Geräte zur Patienten- überwachung

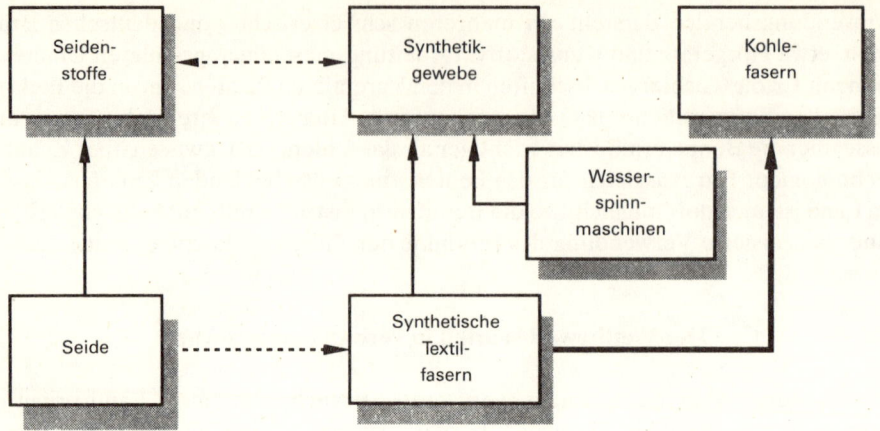

ANMERKUNG: Punktierte Linien beziehen sich auf verwandte
Branchen, durchgehende Linien auf Zulieferbeziehungen.

ABB. 3–4   Verwandte japanische Branchen bei Fasern und Stoffen

beim Verarbeiten von Synthetikfasern zu Synthetikgewebe verwendet werden. Derartige Gruppen verbundener wettbewerbsfähiger Branchen findet man in einem
Land häufig.

Die Existenz einer international erfolgreichen verwandten Branche in einem Land
bietet Gelegenheiten für den Informationsfluß und technischen Austausch, ganz
ähnlich wie im Fall einheimischer Zulieferer. Räumliche Nähe und kulturelle Ähnlichkeit machen einen solchen Austausch leichter als bei ausländischen Unternehmen. Das Vorhandensein einer verwandten Branche erhöht auch die Wahrscheinlichkeit, daß in der Branche neue Möglichkeiten erkannt werden. Sie sorgt darüber
hinaus für neue Firmen in der Branche, die den Wettbewerb neu angehen (siehe
Kapitel 4).

Heimische Unternehmen in verwandten Branchen handeln oft gemeinsam und gehen
gelegentlich ein formelles Bündnis ein.[44] In der Schweiz z. B. trieb der Kräuterbon-
bonhersteller Ricola seine Expansion dadurch voran, daß er die Auslandsvertriebska-
näle des schweizerischen Schokoladenunternehmens Tobler/Jacobs nutzte. In Schweden bestehen zwischen Atlas Copco (Bergwerksmaschinen) und Sandvik (Steinbohrer) offizielle und inoffizielle Kontakte, u. a. auch ein formelles Marketingbündnis.
Die Existenz erfolgreicher verwandter Branchen in einem Land kann auch die
Entwicklung von Zulieferindustrien beschleunigen, die beide beliefern.

Internationaler Erfolg in einer Branche kann durchaus die Nachfrage nach komplementären Produkten und Dienstleistungen mitziehen. Der Absatz amerikanischer
Computer im Ausland z. B. löste dort die Nachfrage nach amerikanischen Peripherie-
geräten, amerikanischer Software und amerikanischen Datenbankdiensten aus.
Dienstleistungsbranchen ziehen den Absatz verbundener Industrieerzeugnisse aus
dem Land mit wie auch umgekehrt (siehe Kapitel 6). Komplementäre Produkte bzw.
Dienstleistungen von Unternehmen mit Sitz im selben Land können kosteneffektiver

sein oder zumindest so gesehen werden. Unternehmen fördern diese Sicht, indem sie andere Firmen aus ihrem Heimatstaat empfehlen; an den Handel mit ihnen sind sie gewöhnt und vertrauen darauf, daß deren Produkte bzw. Dienstleistungen der eigenen Leistung nicht schaden. Enge Arbeitsbeziehungen zwischen Unternehmen, die komplementäre Produkte herstellen, können tatsächlich eine bessere Produktqualität bewirken.

Die Stärke dieses Mitzieheffekts schwankt von Branche zu Branche, sie gleicht in etwa dem Verhältnis der gegenseitigen technischen Abhängigkeit der davon betroffenen Produkte. Das Mitziehen zeigt sich in der Frühphase im Lebenszyklus der beteiligten Branchen im allgemeinen am stärksten. Die Verbindung zwischen komplementären Gütern kann den zuerst Handelnden Vorteile bringen, die noch bestehen, wenn die Verbindung längst gelöst ist. England z.B. erwarb sich eine starke internationale Position bei vielen Dienstleistungen, die mit dem Handel verbunden waren, weil es eine alte, mächtige Handelsnation war. Die dadurch geschaffene ausländische Infrastruktur und die Alleinverkaufsrechte für bestimmte Marken haben sich für einige englische Dienstleistungsbeschaffer als ein recht beständiger Wettbewerbsvorteil erwiesen.

Nationaler Erfolg in einer Branche ist besonders dann wahrscheinlich, wenn das Land einen Wettbewerbsvorteil in mehreren verwandten Branchen hat. Am signifikantesten sind die, welche für die Innovation in der Branche wichtig sind, oder diejenigen, welche die Gelegenheit bieten, entscheidende Aktivitäten gemeinsam auszuführen. Bevor die Telefaxindustrie aufkam, hatte Japan eine führende Position bei Fotokopierern, anderen Büromaschinen und in Fotoausrüstung und besaß überdies einige starke Wettbewerber im Telekommunikationssektor; damit deckte es alle für das Telefax wichtigen Technologien ab.

Der Nutzen der heimischen Zulieferer und der verwandten Branchen hängt jedoch von den übrigen Faktoren des »Diamanten« ab. Ohne Zugang zu überlegenen Faktoren, z.B. Inlandsnachfragebedingungen, die die richtige Richtung der Produktänderung signalisieren, oder aktiven Wettbewerb bietet die räumliche Nähe zu erstklassigen heimischen Zulieferern unter Umständen nur wenige Vorteile. So konzentrierten sich etwa amerikanische Wettbewerber in der Fernsehgeräteindustrie auf den Inlandsmarkt und auf anderswo weniger gefragte Segmente. Ihnen fehlte der Druck, auf volltransistorisierte Technologie und automatisierte Herstellung umzusteigen. Die Nähe zu damals noch führenden amerikanischen Halbleiterfabrikanten konnte das nicht kompensieren.

Unternehmensstrategie, Struktur und Konkurrenz

Der vierte große Bestimmungsfaktor des nationalen Wettbewerbsvorteils in einer Branche ist der Kontext, in dem Unternehmen entstehen und organisiert und geführt werden, aber auch die Art der heimischen Konkurrenz. Die Ziele, Strategien und Organisationsformen von Branchenunternehmen sind in den einzelnen Ländern sehr unterschiedlich. Ein nationaler Vorteil geht auf ein gutes Zusammenspiel zwischen diesen Entscheidungen und den Ursprüngen des Wettbewerbsvorteils in einer bestimmten Branche zurück. Das Muster des heimischen Wettbewerbs spielt ebenfalls eine große Rolle beim Innovationsprozeß und bei den eigentlichen Aussichten auf einen internationalen Erfolg.

Strategie und Struktur der heimischen Unternehmen

Die Art, wie Unternehmen geführt werden und Wettbewerbsentscheidungen treffen, wird von den nationalen Umständen beeinflußt. Kein Land zeigt zwar bei allen Unternehmen Einheitlichkeit, doch der nationale Kontext schafft Tendenzen, die so stark sind, daß sie von jedem Beobachter ohne weiteres erkannt werden können. In Italien sind viele international erfolgreiche Wettbewerber relativ kleine oder mittelgroße Unternehmen in Privatbesitz, die wie eine Großfamilie geführt werden. In Deutschland besteht das Top-Management vieler Unternehmen aus Personen mit technischer Ausbildung, und die Firmen sind von der Organisation und den Führungspraktiken her hierarchisch. Erklärungsversuche, warum das Führungssystem eines Landes überlegen ist, haben eine lange Tradition; das Augenmerk galt früher einmal der amerikanischen Unternehmensführung, in den 80er Jahren richtete es sich jedoch auf Japan.

Kein Führungssystem ist universell geeignet. Die Länder haben im allgemeinen in den Branchen Erfolg, wo die durch das nationale Umfeld begünstigten Führungspraktiken und Organisationsformen gut auf die Ursprünge des Wettbewerbsvorteils der Branchen abgestimmt sind. Italienische Firmen sind beispielsweise führend in der Welt in einigen zersplitterten Branchen (Lampen, Möbel, Schuhe, Wollstoffe und Verpackungsmaschinen), in denen Einsparungen durch Erhöhung der Produktionskapazität entweder geringfügig sind oder durch eine Kooperation von lose angegliederten Unternehmen übertroffen werden können. Italienische Firmen setzen im Konkurrenzkampf meistens gezielte Strategien ein, indem sie Standardprodukte vermeiden und sich kleinen Nischen zuwenden, wo sie ihren ganz persönlichen Stil entfalten oder eine Vielfalt von Produkten, die auf die Kunden präzise zugeschnitten sind. Diese oft von nur einem Chef geleiteten Betriebe entwickeln im Nu neue Produkte und können sich mit atemberaubender Flexibilität den Marktveränderungen anpassen.

In Deutschland dagegen fördert die technische Ausbildung vieler leitender Manager einen starken Hang zur methodischen Produkt- und Verfahrensverbesserung. Nicht greifbaren Grundlagen des Wettbewerbsvorteils wird selten nachgegangen. Diese Eigenschaften wirken sich äußerst erfolgreich aus in Branchen mit starker technischer Ausrichtung (etwa Optik, chemische Produkte, komplizierte Maschinen), vor allem dort, wo hochkomplizierte und komplexe Produkte bei der Herstellung Präzisionsarbeit verlangen oder wo ein durchdachter Entwicklungsprozeß, Kundendienst und somit eine äußerst disziplinierte Führungsstruktur gefragt sind. Die Deutschen haben weit seltener Erfolg bei Konsumgütern und Dienstleistungen, wo es auf Imagemarketing, schnelle Änderungen des Aussehens und Modellwechsel ankommt. Mehrere Untersuchungen in Japan haben dort eine ungewöhnliche Zusammenarbeit zwischen Funktionsbereichen und der Leitung komplexer Montagearbeiten festgestellt.[45]

Wichtige nationale Unterschiede bei Führungspraktiken und -methoden zeigen sich in Bereichen wie Schulung, Background und Orientierung von Führungskräften, in dem Gegensatz zwischen team-orientierten und hierarchischem Stil, in der Stärke der Einzelinitiative, in den Instrumenten der Entscheidungsfindung, im Wesen der Kundenbeziehungen, in der Fähigkeit, zwischen Funktionsbereichen zu koordinieren, in der Einstellung zu internationalen Aktivitäten und schließlich in den Beziehungen zwischen Arbeitnehmern und Arbeitgebern.[46] Diese Unterschiede bei den Führungsmethoden und organisatorischen Fähigkeiten schaffen Vor- und Nachteile beim Wettbewerb in den verschiedenen Branchen.[47] Die Beziehungen zwischen Arbeitnehmern und Arbeitgebern sind in vielen Branchen besonders wichtig, weil sie für die Fähigkeit der Unternehmen, zu verbessern und zu innovieren, von großer Bedeutung sind.

Viele Landesaspekte, zu viele, als daß man sie verallgemeinern könnte, haben Einfluß darauf, wie Unternehmen organisiert und geführt werden. Einige der wichtigsten Aspekte sind: Einstellung zur Autorität, Normen zwischenmenschlichen Verhaltens, Haltung der Beschäftigten gegenüber der Firmenleitung und umgekehrt, soziale Normen des Individual- und des Gruppenverhaltens und professionelle Standards. Diese leiten sich wiederum aus dem Erziehungs- und Bildungssystem ab, aus der sozialen und religiösen Geschichte, der Familienstruktur und vielen anderen, oft nicht greifbaren, aber doch besonderen nationalen Bedingungen. So spiegeln etwa die kleinen, in Familienbesitz befindlichen italienischen Betriebe unter anderem ein hohes Maß an Individualismus und Mißtrauen gegen Autorität, sofern sie nicht aus der Familie oder deren Umkreis kommt. Italien ist ein Land mit starken Familienbindungen, und selbst heute noch bleiben die Menschen lieber in der Nähe ihres Geburtsorts. Daß alle Familienmitglieder in einem Betrieb arbeiten, findet man häufig, und anstatt eine Firma über ein bestimmtes Niveau hinaus zu vergrößern, werden neue Betriebe für die Söhne und Töchter gegründet.[48]

Die Ausrichtung von Unternehmen auf den globalen Wettbewerb (Kapitel 2) erhält im internationalen Wettbewerb eine ungewöhnliche Bedeutung und verdient daher ausführlichere Behandlung. Die Bereitschaft und Fähigkeit von Unternehmen zu weltweitem Wettbewerb hängt zum Teil von anderen Bestimmungsfaktoren ab, etwa dem Druck durch die Sättigung des Inlandsmarkts oder die heimische Konkurrenz und dem Mitziehen der internationalen Nachfrage. Das Führungsverhalten spielt ebenfalls eine große Rolle. Verschiedene Aspekte des nationalen Umfelds betreffen das internationale Erscheinungsbild der Unternehmen oder ihre Bereitschaft, sich weltweit zu betätigen. Ein Aspekt ist die Einstellung zum Reisen. Das Reisen hat eine lange Tradition, es gehört in Ländern wie Schweden und der Schweiz zum Lebensstil. In mehreren schweizerischen Branchen, die ich untersuchte, waren die Gründer bedeutender Unternehmen entweder außerhalb der Schweiz ausgebildet worden oder hatten, bevor sie nach Hause zurückgekommen waren, lange Zeit im Ausland verbracht. Eine der ersten Maßnahmen des Gründers war daher unweigerlich, eine Tochtergesellschaft in dem Land zu gründen, in dem er gelebt hatte. Schwedische wie schweizerische Unternehmen schlagen sich gut in Branchen, die großangelegte Globalstrategien verlangen und ausgesprochenes Fingerspitzengefühl beim Umgang mit den örtlichen Regierungsstellen und Käufern verlangen.

Sprachkenntnisse und die Haltung zum Erlernen neuer Sprachen haben ebenfalls einen maßgeblichen Einfluß darauf, ob ein Unternehmen sich international ausrichtet. Das japanische Beispiel macht jedoch deutlich, daß andere Determinanten wichtigere Kausalfaktoren sind. Die Japaner, denen es schwerfällt, westliche Sprachen zu lernen, und deren Kultur sich nicht nach außen orientiert, haben sich Fremdsprachen angeeignet, indem sie viel Mühe darauf verwandt haben. Getrieben von starker Konkurrenz und der Sättigung des heimischen Markts, kamen sie zu der Einsicht, daß Export unabdingbar ist.

Staatliche Politik spielt häufig eine Rolle bei der leichteren oder schwierigeren Internationalisierung inländischer Firmen und damit bei der Art der Branchen, in denen sie Erfolg haben. Ein einfaches Beispiel liefern die Devisenkontrollen, die direkte Auslandsinvestitionen begrenzen. Weil derartige Beschränkungen historisch bedingt sind, haben beispielsweise italienische Firmen selten in Branchen Erfolg, in denen direkte Auslandsinvestitionen für den Wettbewerb wesentlich sind. Auch die politische Haltung eines Landes spielt eine gewichtige Rolle in bestimmten Branchen, wenn es um Förderung der Globalisierung geht. Die Neutralität der Schweizer und Schweden erwies sich als ein großer Vorteil beim Aufbau des internationalen Netzes, insbesondere in politisch heiklen Branchen. Weitere Maßnahmen, die sich auf die Auslandstätigkeit eines einheimischen Unternehmens auswirken, sind z. B. Überwachung und Kontrolle der Handlungen einheimischer oder ausländischer Führungskräfte.

Ziele

Innerhalb der Länder und zwischen ihnen bestehen starke Unterschiede bei den Zielen, die die Unternehmen zu erreichen suchen, sowie bei der Motivation ihrer Beschäftigten und Manager.[49] Ein Land wird in den Branchen Erfolg haben, wo diese Ziele, diese Motivation sich im Einklang mit den Ursprüngen des Wettbewerbsvorteils befinden. In vielen Branchen ist eines der Elemente, einen Vorteil zu erreichen oder zu halten, die ständige Investition. Allgemeiner formuliert, ein Land hat in den Branchen Erfolg, wo Engagement und Einsatz ungewöhnlich hoch sind.

Unternehmensziele. Die Unternehmensziele werden sehr stark durch die Besitzstruktur bestimmt, durch die Beweggründe der Besitzer und Gläubiger, durch die Art der Gesellschaftskontrolle und die Motivation der Führungskräfte. Die Ziele der Publikumsgesellschaften[50] sind ein Abbild der Eigenschaften der öffentlichen Kapitalmärkte des Landes. Die Kapitalmärkte unterscheiden sich erheblich von Land zu Land, je nachdem, wie der Aktienbesitz gestreut, wie das inländische Steuersystem beschaffen ist und wie die aktuellen Zinssätze sind. Außerdem variiert die Rolle der Inhaber von Aktien und Forderungen, was die Kontrolle der Gesellschaften angeht. In Deutschland und der Schweiz z. B. werden die meisten Aktien über längere Zeiträume von Gesellschaften gehalten und kaum gehandelt. Banken sind wichtige Inhaber von Kapitalbeteiligungen, haben großen Einfluß in den Verwaltungsräten, lenken die Gesellschaftsinvestitionen. Langfristige Kapitalgewinne sind von der Steuer befreit, was die Tendenz fördert, Aktien über längere Zeiträume zu halten. Das Management beachtet den Verwaltungsrat, doch werden die täglichen Kursbewegungen der Aktien als nicht sonderlich wichtig betrachtet. Aufgrund inländischer

Bilanzierungsvorschriften können die Unternehmen erhebliche Reserven bilden, um ihre Erträge zu schützen und ein Polster für Notzeiten zu haben. Die ausgewiesene Rentabilität ist im Durchschnitt mäßig. Den Unternehmen in voll entwickelten Branchen geht es gut, sie benötigen laufend Investitionen für Forschung und neue Anlagen, selbst dort, wo die durchschnittlichen Branchenerträge bescheiden sind.

Die Vereinigten Staaten bilden das andere Extrem. Die meisten Aktien werden von institutionellen Anlegern gehalten, aber die Anleger werden an den vierteljährlichen und jährlichen Kursgewinnen gemessen. Da umfassende Informationen über die langfristigen Aussichten der Unternehmen fehlen und Aktien gesucht werden, die schnelle Kursgewinne bringen, belasten die Investitionsentscheidungen den Zuwachs der vierteljährlichen Erträge. Die institutionellen Anleger handeln permanent, um einen Kapitalzuwachs zu erreichen; sie sind für den Großteil der Aktienumsätze der großen Gesellschaften verantwortlich. Langfristige Kapitalgewinne von Anlegern werden wie normale Einkommen besteuert, was den Zeithorizont der Investitionen begrenzt. Da viele institutionelle Anleger Pensionsvermögen verwalten, nehmen sie bei Investitionsentscheidungen auf Steuern keine Rücksicht. Eine Kopplung mit niedrigen Transaktionskosten fördert am gut funktionierenden US-Markt einen rascheren Umschlag.

Aktienbesitzer haben wenig direkten Einfluß auf die Geschäftsführung amerikanischer Gesellschaften, weil Verwaltungsräte eine untergeordnete Rolle bei der Unternehmenskontrolle spielen. In der Praxis besteht die einzige wirksame Möglichkeit, eine schlechte Geschäftsführung abzulösen oder auf sie einzuwirken, in der Übernahme. Wegen der Übernahmedrohung und des weitverbreiteten Bezugsrechts auf neue Aktien reagiert das Management auf Kursschwankungen. Das Gehalt der Führungskräfte in den Vereinigten Staaten hängt sehr stark von der Gesamtgröße des Unternehmens ab; im Vergleich mit anderen Ländern schließt es eine hohe Zulage ein, die sich normalerweise am Jahresgewinn orientiert. Da Spitzenmanager ihre Stellung im Durchschnitt nur kurze Zeit innehaben, ist ein Verzicht auf die Zulage im laufenden Jahr zugunsten einer höheren im nächsten Jahr unüblich. Das Fehlen einer wirksamen Kontrolle durch die Aktionäre bedeutet, daß solchem Verhalten kaum etwas entgegenwirkt. Aus diesen und anderen Gründen sind bei der Bewertung von Investitionen die Verzinsungsmaßstäbe in Amerika höher als in allen anderen von uns untersuchten Industrienationen.

Neben diesem Kapitalmarkt und der Kontrollstruktur für gestandene Unternehmen existiert in den Vereinigten Staaten ein gutfunktionierender öffentlicher und halböffentlicher Markt für Risikokapital. Dieser Markt ist in den meisten anderen Ländern weit weniger entwickelt. Neugründungen und rasch wachsende Unternehmen können ohne weiteres finanziert werden, vor allem wenn sie aus einer der schillernden Unterhaltungsbranchen kommen oder als »High-Tech« gelten. Die Gründer machen oft ein Bombengeschäft. In diesen Branchen können Unternehmen fünf Jahre oder länger Verluste ausweisen und tun es auch. Die biotechnologische Branche ist ein gutes Beispiel: Kaum eine der Firmen hat in der letzten Zeit einmal Gewinn gemacht, und doch sind in den letzten zehn Jahren in die Branche Milliarden Dollar Anlagekapital geflossen.

Die Situation in England ist der in Amerika ähnlich, während Schweden und Japan mehr zu Deutschland und der Schweiz tendieren. In Schweden wie in Japan spielen große Industriegruppen (zu denen auch Banken gehören) als langfristige Anleger eine wichtige Rolle. In Deutschland agieren große Banken selbst in dieser Funktion. In Italien sind die Kapitalmärkte weniger bedeutend und viele international erfolgreiche Unternehmen in Privatbesitz. Koreas Kapitalmärkte sind noch schlecht entwickelt und wenig leistungsfähig; staatliche Politik ist der maßgebliche Faktor bei der Kapitalzuteilung, der andere Überlegungen zugrunde liegen als eine kurzfristige Verzinsung.

Ich habe mich zwar auf die Ziele von Anlegern bei Aktiengesellschaften und ihren Einfluß auf die Unternehmensleitung konzentriert, doch spielen in vielen Volkswirtschaften private Unternehmen eine ganz bedeutende Rolle. Die Ziele von Privatfirmen sind vielschichtiger. Da ist Stolz im Spiel und der Wunsch, den Beschäftigten Beständigkeit zu bieten. Privatbesitzer denken häufig in langen Zeiträumen, sind stark mit der Branche verwachsen und arbeiten mit unterschiedlichen Rentabilitätsschwellen. In unserer Untersuchung verblüffte, wie viele international erfolgreiche Unternehmen entweder in Privatbesitz waren, erfolgreich privat dank eines beherrschenden oder de facto beherrschenden Kapitalanteils, oder sich im Besitz einer gemeinnützigen Stiftung befanden (etwa Zeiss, Novo Industri und Carlsberg). Die ständigen Investitionen solcher Unternehmen, ihre starke Identifizierung mit der Branche und ihr Engagement waren besonders spürbar.

Das Verhalten der Forderungsinhaber wirkt sich ebenfalls auf die Unternehmensziele aus. Ein wichtiger Unterschied zwischen Ländern ist das Ausmaß, in dem die Inhaber von Forderungen auch Kapital halten. In Ländern wie Japan, Deutschland und der Schweiz ist es den Banken erlaubt, Gesellschaftskapital zu halten. Große Geldgeber besitzen bedeutende Kapitalbeteiligungen und spielen eine wichtige Rolle bei der Unternehmenskontrolle. Da Banken beides halten, liegt ihnen das langfristige Wohl der Unternehmen mehr am Herzen als der kurzfristige Cash-flow und die Zinsdeckung.

Besitzstrukturen, Kapitalmarktbedingungen und Art der Unternehmenskontrolle in einem Land wirken sich in doppelter Hinsicht auf den Wettbewerbsvorteil aus. Erstens durch die Tatsache, daß die Branchen einen unterschiedlichen Geldbedarf haben, unterschiedliche Risikoprofile, unterschiedliche Zeitvorstellungen bei Investitionen und unterschiedliche Durchschnittsrenditen. Die nationalen Kapitalmärkte setzen den einzelnen Branchen auch unterschiedliche Ziele. Ein Land hat in den Branchen Erfolg, in denen die Ziele der Besitzer und Manager zu den Anforderungen der Branche passen. Eine gegebene institutionelle Struktur kann den Wettbewerbsvorteil in einigen Branchen unterstützen und in anderen behindern.

Die Verhältnisse in Deutschland und in der Schweiz begünstigen Branchen, die wenig Risikostartkapital brauchen, dafür aber großen Bedarf an ständigen Investitionen und Reinvestitionen haben. Die Bedingungen in Amerika begünstigen den Eintritt in neue Branchen, die Risikokapital brauchen und dort konkurrieren, wo starke Anreize für eine jährliche Rentabilität mit dem Wettbewerbsvorteil vereinbar sind (wie etwa bei vielen Dienstleistungen), und zwar aufgrund der Art ihrer Investitionsanforderungen. Die Vereinigten Staaten erzielen gute Ergebnisse in relativ neuen Branchen (etwa bei Computern, Software und neuen Dienstleistungen) oder dort, wo die Finanzierung vieler neuer Unternehmen einen aktiven Inlandswettbewerb fördert (wie bei spezieller Elektronik und abgepackten Konsumgütern). In gestandeneren und weniger schillernden Branchen führen die Zwänge des Kapitalmarkts und des Kontrollprozesses meistens dahin, von Wettbewerbspositionen und einem unzureichenden Investitionsniveau zu profitieren, um Verbesserungen und Innovationen aufrechtzuerhalten. Unternehmen in voll entwickelten Branchen halten statt dessen Ausschau nach Fusionen, nicht verwandter Diversifizierung und anderen Maßnahmen, die sich rasch auf die Größe, das finanzielle Ergebnis und die Wahrnehmungen der Investoren auswirken.[51]

Zweitens ändert sich der Einfluß der Kapitalmärkte mit dem Finanzbedarf. In Branchen, in denen Privatbesitz möglich ist, kann ein Land trotz öffentlicher Kapitalmärkte, die kontraproduktive Ziele setzen, Erfolg haben. In solchen Fällen herrschen andere Teile des »Diamanten«.

Ziele von Einzelpersonen. Die Beweggründe derer, die ein Unternehmen leiten und in ihm arbeiten, können den Erfolg in bestimmten Branchen steigern oder schmälern. Das Hauptproblem ist, ob beide Lager motiviert sind, ihre Kenntnisse fortzuentwickeln und den Einsatz zu bringen, der erforderlich ist, einen Wettbewerbsvorteil zu schaffen und zu behaupten.

Ein wichtiger Bestimmungsfaktor individuellen Verhaltens und Einsatzes ist das Vergütungssystem für die Beschäftigten. Eine Seite dieses Systems sind die sozialen Wertvorstellungen, die die Einstellung zur Arbeit und den Umfang beeinflussen, bis zu dem sich der einzelne durch finanzielle Vorteile motivieren läßt; beides ist von Land zu Land sehr unterschiedlich. Von Belang ist auch die Steuerstruktur des Landes. In Schweden sind die Grenzsteuersätze außerordentlich hoch. Die Menschen arbeiten in erster Linie nicht, um ihr Einkommen zu erhöhen, sondern um einen Beitrag zum Unternehmen zu leisten und ihren Status zu verbessern. Das erleichtert die Koordinierung, hemmt aber die Entscheidungen und schränkt die Risikobereitschaft ein, wodurch der Erfolg sich zu bestimmten Branchen hin verlagert. Auch Bezahlung und Beförderung sind wichtig. Zuschläge aufgrund individueller Leistungen und ein schneller Aufstieg der besonders tüchtigen Mitarbeiter, beides für Amerika typisch, stärken den Wettbewerbsvorteil in einigen Branchen, schwächen ihn aber in anderen, vor allem in denen, die eine langjährige Anhäufung von Kenntnissen und schwierige Koordinierung verlangen.

Die Haltung gegenüber dem Wohlstand variiert ebenfalls von Land zu Land. In den Vereinigten Staaten ist er eine starke Triebfeder, in Schweden dagegen wird er mit einigem Argwohn betrachtet. Schweden sind weniger darauf aus als Amerikaner, mit einer neu gegründeten Firma ein Vermögen zu machen. Schweden ist selten in Branchen erfolgreich, wo gerade diese Einstellung wichtig für den Wettbewerbsvorteil ist.

Ein anderer wesentlicher Bereich betrifft die Beziehung zwischen dem Manager oder Angestellten und der Firma. Einen Wettbewerbsvorteil schaffen und vor allem ihn behaupten erfordert in vielen Branchen ständige Investitionen: um die Qualifikation zu steigern, um die Branche besser zu verstehen, um sich zwischen den Arbeitsbereichen gedanklich auszutauschen. In Branchen, wo diese Haltung vorherrscht, oft weil Daueranstellung praktisch die Norm ist, sind Länder erfolgreich. Fehlt eine solche Beziehung, verlagert sich der nationale Erfolg hin zu Branchen, in denen der Wettbewerbsvorteil stärker von der Brillanz oder Leistung einiger weniger Einzelpersonen abhängt – wie berufliche und finanzielle Dienstleistungen, Spielfilme und andere Unterhaltungsprodukte, auch Spezialprodukte, die auf eine fortschrittliche Technologie zurückgehen, wie Software und spezielle integrierte Schaltkreise.

Die individuelle Einstellung zu Fortbildung und Unternehmensaktivitäten erwächst ebenfalls aus beruflicher oder technischer Schulung und aus Stolz. In Deutschland bilden sich Angestellte (einschließlich der Manager) oft während des gesamten Berufslebens weiter, auf einem bestimmten Gebiet oder allgemein. Die Möglichkeit, daß ein Unternehmen die technische Leistung seiner Konkurrenten nicht erreichen kann, ist unvorstellbar, und das treibt die Entwicklung in den Branchen, die für technische Verbesserungen zugänglich sind, immer weiter. Einfluß auf die individuellen Ziele üben in einigen Ländern auch geographische Präferenzen aus. Der Wunsch, in einer bestimmten Gegend zu leben, ist bei den von uns untersuchten Ländern in Italien am stärksten. In einer Gegend bleiben heißt oft, in der lokalen Branche arbeiten, und sie am Leben zu erhalten ist gleichbedeutend mit der Verteidigung der Heimat.

Die Haltung gegenüber Risiken ist ein letzter wichtiger Aspekt der persönlichen Ziele, der die Fähigkeit, in bestimmten Branchen Erfolge zu erzielen, beeinflußt. Ich habe darauf hingewiesen, daß »Außenseiter« wegen ihrer Risikobereitschaft oft hervorragende Neuerer sind. Die Einstellung zum Wohlstand tangiert ebenfalls die Risikobereitschaft, aber das tun andere soziale und geschichtliche Faktoren auch. In einigen Ländern wie Deutschland, der Schweiz und Singapur gilt ein Fehlschlag als persönliches Unglück. In anderen Ländern sind ein oder zwei Fehlschläge erlaubt. Welche Branchen man sich aussucht und welche Strategien gewählt werden, gibt Aufschluß über diese Unterschiede.

Bedeutsam für Risikobereitschaft ist auch die Einwanderung, der Quellgrund der Außenseiter. Länder wie die USA, England und die Schweiz, deren Geschichte von Einwanderern geprägt wurde, haben ungewöhnlich viele Firmengründungen durch Newcomer erlebt.

Der Einfluß des nationalen Prestiges/der Priorität auf die Ziele. Die Qualität des Humankapitals, das von bestimmten Branchen angezogen wird, die Motivation von einzelnen und sogar die von Aktionären werden von Prestige oder nationaler Priorität beeinflußt. Ungewöhnlicher Einsatz ist oft das Ergebnis solchen Prestigedenkens oder des Gefühls, eine Mission zu erfüllen. Wo eine Branche sich zu einem attraktiven Gewerbe mausert oder wo sie nationale Bedeutung erringt, folgt der Wettbewerbsvorteil oft auf dem Fuß.

Herausragende Begabung ist in jedem Land ein seltener Schatz, auch wenn die Größe dieses Begabten-Pools schwanken kann. Der Erfolg eines Landes hängt zu nicht geringem Teil davon ab, welche Ausbildung der Begabte wählt und wo er zu arbeiten beschließt. Die Ausbildung der vielversprechendsten jungen Leute in Wissenschaft und Technik ist für eine Volkswirtschaft außerordentlich vorteilhaft, weil sie die größte Triebkraft für Innovationen ist. Wenn eine Branche den Status nationaler Priorität und/oder eines angesehenen Arbeitsplatzes erlangt, strömen die Begabten dorthin und beweisen ungewöhnliches Engagement und Einsatz.

In den Vereinigten Staaten z.B. entstand aus der Reaktion auf den Sputnik ein wichtiger Antrieb für die Raumfahrt. Hervorragende Köpfe wurden gewonnen, und die Unternehmen sahen in ihrer Arbeit mehr als nur ein Geschäft. Ein anderes gutes Beispiel ist die deutsche Chemieindustrie. Die Branche genießt in Deutschland seit langem hohes Ansehen, was auf frühe überragende Forschungsarbeit zurückgeht. Vor dem Zweiten Weltkrieg verhalf der Drang zur Unabhängigkeit bei Grundstoffen der Branche zu einer nationalen Sonderstellung; in kurzer Zeit gelangen ihr bemerkenswerte Leistungen. In Japan waren unmittelbar nach dem Zweiten Weltkrieg Stahl und Unterhaltungselektronik die prestigeträchtigsten Branchen.

Es ist manchmal schwer, zwischen Ursache und Wirkung zu unterscheiden. Der internationale Erfolg kann einer Branche zu Ansehen verhelfen. Dieses Ansehen wird dann zu einem kraftvollen, verstärkenden Mechanismus zur Aufrechterhaltung des Branchenvorteils, auch wenn es vielleicht nicht entscheidend daran beteiligt war, ihn zu initiieren.

Nationale Priorität kann nicht nur Branchen zugewiesen werden, sondern auch einzelnen Kernfragen, die viele Branchen berühren. Das kann die gleiche belebende Wirkung für die Motivation haben. In Japan hatten nationale Kampagnen zur Verbesserung der Produktqualität und zur Senkung des Energieverbrauchs große Wirkung auf mehrere Branchen. Die japanischen Unternehmen handelten frühzeitig und energisch, um diese Probleme anzugehen, mit Techniken, die ihnen zu internationalem Erfolg verhalfen.

Berühmt werden können Branchen in einem Land aus Gründen, die tief in der Geschichte, dem geographischen Standort, der Sozialstruktur und vielen anderen Bereichen verwurzelt sind. Wenn Prestige und nationale Priorität eine Branche begünstigen, können die Auswirkungen auf den Wettbewerbsvorteil immer weitere Kreise ziehen und sich steigern: Umgekehrt gilt dies auch. Wenn sich die Prioritäten eines Landes vom Erfolg einer Branche abwenden oder einer anderen Vorstellung von wirtschaftlichem Fortschritt zuwenden, kann der Wettbewerbsvorteil systematisch untergraben werden. Arbeit in der Fertigungsindustrie wurde in England lange gering angesehen; Kirche, Staatsdienst, Militär und Universität galten als die besseren Berufe. Viele englische Fertigungsbranchen litten unter einem Mangel an begabten Leuten und dem Fehlen einer Mission.

Die Rolle des nationalen Ansehens bei der Belebung des nationalen Wettbewerbsvorteils läßt sich auch allgemeiner darstellen: Oft ist ein Land bei Aktivitäten wettbewerbsfähig, die bewundert werden oder auf die es angewiesen ist; von daher kommen die Helden. In Italien zählen Mode und Möbel dazu, in der Schweiz Banken und Arzneimittel, in den Vereinigten Staaten die Finanzwirtschaft und alles, was mit Unterhaltung zu tun hat, einschließlich Spielfilme, Popmusik, Profisport und verwandte Gebiete. In Israel ist die Arbeit in der Landesverteidigung und in der Landwirtschaft am angesehensten. Nationale Vorlieben beeinflussen nicht nur die Nachfragebedingungen, wie bereits erörtert, sondern auch die Art, wie Unternehmen konkurrieren. Der Wettbewerbsvorteil stellt sich oft deswegen ein, weil angesehene Berufsstände oder Branchen die begabtesten Leute und infolgedessen einen ständigen Strom neuer Wettbewerber anziehen.

Die Bedeutung ständiger Bindung. Die Ziele von Unternehmen und Einzelpersonen drücken sich in der Art der Bindung von Kapital und Humanressourcen an eine Branche, ein Unternehmen und, bei Angestellten, an einen Beruf aus. Das Ideal des

Wirtschaftlers sind völlig mobile Ressourcen, die schnell und problemlos von einer Branche zur anderen wandern, ganz nach der Maßgabe ihres produktivsten Einsatzes. Aber diese Sichtweise ist zu einfach, und unsere Untersuchungen legen nahe, daß sehr mobile Ressourcen alles andere als ideal sind für einen Erfolg im internationalen Wettbewerb.

Der Fehler im traditionellen Denken über die Mobilität der Ressourcen liegt darin, daß die Produktivität der Ressourcennutzung in einer Branche als gegeben angenommen wird. Unter diesen Umständen ist es vernünftig, wenn die Ressourcen zu Branchen fließen, wo die Produktivität höher ist. In Wirklichkeit können Innovationen die Produktivität der in einer Branche eingesetzten Ressourcen jedoch oft erheblich stärker steigern als der Gewinn aus der Umverteilung. Zugleich werden das in der Branche aufgebaute Wissen und Können bewahrt, und der Wettbewerbsvorteil der Unternehmen wird aufgewertet und dauerhafter. Innovationen erfordern jedoch ständige Investitionen an Kapital wie an Arbeitskräften.

Die von uns untersuchten nationalen Branchen, in denen Beschäftigte und Aktionäre die beständigste Bindung an das Unternehmen und an die Branche hatten, waren oft die mit einem Wettbewerbsvorteil – sofern die anderen Bestimmungsfaktoren günstig waren. Die Wahrung des Vorteils kann durchaus die Reinvestition aller verfügbaren Gewinne in einer größeren Umstrukturierung erfordern, trotz geringer laufender Erträge und angesichts erheblicher Risiken. Innovationen sind häufig dann am nötigsten, wenn die laufende Rentabilität schlecht ist. Die Alternative, Aufgabe des Unternehmens, muß aus den Gedanken verbannt werden, wenn Verbesserungen und Innovationen erfolgen sollen. Länder dagegen, in denen die Ressourcen schnell von einer Branche in die andere verlegt wurden, sobald die Bedingungen schwieriger wurden, waren in dieser Branche selten international erfolgreich.

Typisches Beispiel dafür ist die Geschichte italienischer Wolltuchfabrikanten. Als Unternehmen aus anderen Ländern angesichts der Konkurrenz aus Schwellenländern dieser Branche den Rücken kehrten, reinvestierten die italienischen Familienbetriebe jede Lira, um die Technologie zu verbessern und ihre Position zu halten. Eine lange Branchentradition, der Familienbesitz und die Bindung an die Kommune waren u. a. die Gründe.

Nicht alle diese Bemühungen haben Erfolg, und engagierte Firmen scheitern. Es fehlt vielleicht an technologischem Können oder geeignetem Humankapital. Bindung und Engagement sind zwar keine Garantie für den Erfolg, doch wenn sie fehlen, wird ein Erfolg sehr unwahrscheinlich.

Die Muster der Unternehmensdiversifikation sind ein wichtiges Indiz für die Bindung an die Branche und auch dafür, wie die Mittel umgruppiert werden. Die Konzentration auf nur ein Geschäft oder eine sehr enge Diversifizierung sind sowohl Anzeichen für eine Bindung als auch Ursachen dafür. Wer eng diversifiziert, ist in vielen Fällen auch in der Lage, Mittel innerhalb der Firma umzugruppieren, ein Zeichen der Verbundenheit mit den Beschäftigten. Eine weite Diversifizierung hatte dagegen einen sehr negativen Bezug zum nationalen Wettbewerbsvorteil in den von uns untersuchten Branchen. Die Muttergesellschaften horteten Zweigunternehmen, anstatt zu investieren, um ihren Wettbewerbsvorteil zu wahren.[52]

Selbstverständlich ist eine gewisse Mobilität der Mittel eine unabdingbare Voraussetzung für eine wirtschaftliche Festigung, damit Ressourcen nicht ewig hoffnungslos irgendwo feststecken. Doch die Wahrung des Wettbewerbsvorteils erfordert, daß die Mittel erst nach einem Kampf fließen. Anpassung, nicht Aufgabe ist das Ideal, bei der gebundene Ressourcen neu zusammengestellt oder umstrukturiert werden, um die Produktivität zu steigern, anstatt durch Untätigkeit der Führung oder durch restriktive Gewerkschaftsvereinbarungen in ihrer gegenwärtigen Verwendung eingefroren zu werden.

Inlandswettbewerb

Eine der stärksten empirischen Erkenntnisse aus unserer Untersuchung ist die Verbindung zwischen scharfem Inlandswettbewerb sowie Schaffung und Wahrung des Wettbewerbsvorteils in einer Branche. Es wird oft argumentiert, Inlandswettbewerb sei Verschwendung, weil er doppelte Anstrengungen erfordere und verhindere, daß die Unternehmen Einsparungen durch Erhöhung der Produktionskapazität erzielten. Die richtige Lösung wird darin gesehen, ein oder zwei Unternehmen zu fördern, die die »Landesmeister« werden und die Größe und Stärke besitzen, gegen Auslandskonkurrenten anzutreten, oder alternativ die Zusammenarbeit zwischen den Unternehmen zu unterstützen. Einige vertreten eine ähnliche Ansicht, daß nämlich Inlandskonkurrenz in globalen Branchen unwichtig sei.[53]

Ein Blick auf die erfolgreiche Branchen der zehn von uns untersuchten Länder läßt ernste Zweifel an dieser Ansicht aufkommen. Länder mit in der Welt führender Position haben oft mehrere starke Inlandskonkurrenten, selbst in so kleinen Ländern wie der Schweiz oder Schweden.[54] Das gilt nicht nur für zersplitterte Branchen, sondern auch für die, die durch Erhöhung der Produktionskapazität zu erheblichen Einsparungen kommen. Dafür lassen die Schweiz mit Arzneimitteln anführen (Hoffmann-La Roche, Ciba-Geigy, Sandoz), Schweden mit Personen- und Lastwagen (Saab-Scania, Volvo), Deutschland mit chemischen Produkten (BASF, Hoechst, Bayer und zahlreiche andere Firmen) und die Vereinigten Staaten mit Computern und Software. Nirgendwo erreicht die Inlandskonkurrenz ein größeres Ausmaß als in Japan, wie die Tabelle 3–2 zeigt.[55]

Diese Beispiele widerlegen die einfache Vorstellung, daß die Führung in der Welt aus ein oder zwei Firmen erwächst, die von Einsparungen durch Erhöhung der Produktionskapazität am Inlandsmarkt profitieren. Beim globalen Wettbewerb konkurrieren erfolgreiche Unternehmen heftig daheim und treiben sich dort gegenseitig zu Verbesserungen und Innovationen. Zusätzliche Größe wird durch weltweiten Verkauf erreicht. Die Größe der gesamten nationalen Branche ist genauso wichtig wie die der einzelnen Unternehmen.

Wir haben dagegen nur wenige »Landesmeister« oder Unternehmen mit einer praktisch konkurrenzlosen Produktion entdeckt, die international wettbewerbsfähig waren. Die meisten waren vielmehr nicht konkurrenzfähig, sie wurden in vielen Fällen stark subventioniert und geschützt.[56] In vielen der markanten Branchen, in denen es nur einen nationalen Konkurrenten gibt, wie etwa in der Raumfahrt und der Telekommunikation, hat der Staat entscheidend zur Verzehrung des Wettbewerbs beigetragen.

Die Inlandskonkurrenz wird der Konkurrenz mit ausländischen Wettbewerbern

TABELLE 3–2   Geschätzte Zahl der japanischen Konkurrenten in ausgewählten Branchen, 1987

Klimaanlagen	13	Motorräder	4
Hi-Fi-Anlagen	25	Musikinstrumente	4
Automobile	9	Personalcomputer	16
Fotoapparate	15	Halbleiter	34
Autoradios	12	Nähmaschinen	20
Kohlefasern	7	Werften	33[2])
Baumaschinen	15[1])	Stahl	5[3])
Fotokopiergeräte	14	Synthetikfasern	8
Telefax	10	Fernsehgeräte	15
Hubkarren	8	Lkw- und Busreifen	5
Werkzeugmaschinen	112	Lastwagen	11
Großrechenanlagen	6	Schreibmaschinen	14
Mikrowellengeräte	5	Videorecorder	10

QUELLEN: Feldbefragungen; *Nippon Kogyo Shinbun, Nippon Kogyo Nenkan,* 1987; Yano-Untersuchung, *Market Share Jiten;* Schätzungen der Forscher.

[1]) Die Zahl der Firmen schwankte je nach Produktbereich. Die kleinste Zahl, zehn, produzierte Planierraupen. Fünfzehn Firmen stellten Schaufelbagger, Drehkräne und Asphaltiermaschinen her. Zwanzig Firmen gab es bei Hydraulikbaggern, ein Produktbereich, in dem Japan besonders stark ist.

[2]) Sechs Firmen exportieren jährlich mehr als 10 000 t.

[3]) Zusammengeschlossene Unternehmen.

überlegen, wenn Verbesserungen und Innovationen, nicht statische Effizienz, als die wesentlichen Bestandteile des Wettbewerbsvorteils in einer Branche erkannt werden. Konkurrenz unter mehreren inländischen Wettbewerbern unterscheidet sich von der mit ausländischen Unternehmen; oft nimmt sie für das Land weit vorteilhaftere Formen als letztere an. In einer geschlossenen Volkswirtschaft ist ein Monopol einträglich. Beim globalen Wettbewerb unterliegen Monopole und Kartelle jedoch Unternehmen aus einem wettbewerbsfähigeren Umfeld.

Inländischer Wettbewerb übt, wie jeder Wettbewerb, Druck auf die Firmen aus, zu verbessern und zu innovieren. Die heimischen Konkurrenten treiben sich gegenseitig dazu, die Kosten zu senken, Qualität und Service zu verbessern und neue Produkte und Verfahren zu schaffen. Die Unternehmen halten den Vorsprung unter Umständen nicht sehr lang, doch der aktive Druck der Konkurrenten regt die Innovation an, aus Angst, zurückzufallen, wie aus dem Wunsch, voranzukommen.[57]

Der Inlandswettbewerb muß nicht auf den Preis beschränkt sein; tatsächlich kann Wettbewerb etwa bei der Technologie zu einem dauerhafteren Wettbewerbsvorteil führen. In Deutschland z. B. ist Preiswettbewerb unüblich, doch der aktive Wettbewerb bei der Produktleistung, bei den Charakteristika und dem Service haben vielen deutschen Branchen einen starken Wettbewerbsvorteil bewahrt.

Konkurrenz unter Firmen mit demselben heimischen Stützpunkt ist aus mehreren Gründen besonders vorteilhaft. Erstens erzeugen starke inländische Konkurrenten besonders sichtbaren wechselseitigen Innovationsdruck. Der Erfolg eines inländischen Konkurrenten signalisiert oder beweist anderen, daß es möglich ist, Fortschritte zu machen. Häufig lockt er auch neue Konkurrenten in die Branche.

Konkurrenz unter heimischen Firmen geht oft über das rein Wirtschaftliche hinaus, sie kann emotional, ja sogar persönlich werden. Aktive Fehden zwischen heimischen Konkurrenten sind gang und gäbe und oft mit einer international erfolgreichen nationalen Branche verbunden. In den meisten von uns untersuchten Branchen fanden die heimischen Konkurrenten besondere Beachtung. Stolz treibt Manager und Arbeiter zu besonders empfindlichen Reaktionen auf andere Unternehmen des Landes, und ständig vergleichen die nationale Presse wie auch Investmentanalytiker die inländischen Wettbewerber miteinander. Die heimischen Konkurrenten kämpfen nicht nur um Marktanteile, sondern auch um Menschen, technische Durchbrüche und ganz allgemein um »das Recht, aufzutrumpfen«. Ausländische Konkurrenten werden dagegen meistens nüchterner gesehen. Ihre Rolle als Signalgeber oder Antreiber der Inlandsfirmen ist weniger wirkungsvoll, weil ihr Erfolg weiter entfernt stattfindet und häufig »ungerechten« Vorteilen zugeschrieben wird. Bei heimischen Konkurrenten gibt es keine Ausflüchte.

Scharfer inländischer Wettbewerb verstärkt nicht nur die Vorteile daheim, sondern drängt die heimischen Firmen auch, im Ausland zu verkaufen, damit sie wachsen. Vor allem bei Einsparungen durch Erhöhung der Produktionskapazität zwingen die inländischen Wettbewerber sich gegenseitig, auf der Suche nach mehr Effizienz und höherer Rentabilität aufs Ausland zu schauen. Bei Bleistiften z. B. konzentrierte sich die Nummer zwei in Deutschland, Staedtler, sehr früh auf die Auslandsmärkte, weil der Branchenführer Faber-Castell auf dem heimischen Markt fest im Sattel saß. Faber-Castell wurde seinerseits durch den Erfolg Staedtlers motiviert, international ebenfalls zu expandieren. Bei geringer inländischer Konkurrenz geben Unternehmen sich eher damit zufrieden, sich ganz auf den Inlandsmarkt zu verlassen.

Durch die heimische Konkurrenz gestählt, sind die stärkeren Inlandsfirmen gerüstet für einen Erfolg im Ausland. Es kommt selten vor, daß ein Unternehmen gegen starke Auslandskonkurrenten besteht, wenn es zu Hause keinem nennenswerten Wettbewerb ausgesetzt war. Wenn Digital Equipment es schafft, sich gegen IBM, Data General, Prime und Hewlett-Packard zu behaupten, ist der Kampf gegen Siemens, ICL oder Machines Bull nicht mehr so beängstigend. Auch wenn vielleicht einige Lokalrivalen Bankrott machen und einige Fusionen und Zusammenlegungen erfolgen, bringt der heimische Wettbewerbsprozeß doch stärkere Überlebende hervor.

Der Inlandswettbewerb erzeugt nicht nur Druck zu innovieren, sondern so zu innovieren, daß der Wettbewerbsvorteil der Unternehmen eines Landes *größer* wird. Die Existenz heimischer Konkurrenten setzt die Vorteilsarten außer Kraft, die sich nur daraus ergeben, daß man sich im Land befindet: Faktorkosten etwa, Zugang zum oder Präferenzen am Inlandsmarkt, ein Stamm heimischer Zulieferer und Importkosten, die von ausländischen Firmen getragen werden müssen. Wenn beispielsweise mehrere koreanische Wettbewerber in einer Branche sind, erzielt keiner einen Vorteil allein daraus, daß die Arbeitskosten niedrig oder die Finanzierung von Verbindlichkeiten kostengünstig sind. Das zwingt die Unternehmen eines Landes, *höherrangige* und letztlich dauerhaftere Quellen des Wettbewerbsvorteils zu suchen. Die Unternehmen müssen eigene Technologien finden, müssen durch Erhöhung der

Produktionskapazität zu Einsparungen kommen, müssen ihr eigenes Marketingnetz knüpfen oder nationale Vorteile wirksamer ausnutzen als der Konkurrent ein paar Häuser weiter. Scharfe Inlandskonkurrenz hilft, die Abhängigkeit von Basisfaktorvorteilen zu durchbrechen, denn die stehen den Lokalrivalen ebenfalls zur Verfügung. Ohne heimische Konkurrenten neigt ein Unternehmen in einem Land mit Faktorvorteilen dazu, allzu fest auf sie zu bauen und, was noch schlimmer ist, die Faktoren weniger wirtschaftlich einzusetzen.

Der Prozeß des Inlandswettbewerbs erzeugt zudem für die gesamte nationale Volkswirtschaft Vorteile, die außerhalb des einzelnen Unternehmens liegen. Eine Gruppe inländischer Konkurrenten bemüht sich um alternative Strategieansätze und bringt eine Reihe Produkte und Dienstleistungen hervor, die viele Bereiche abdecken. Das steigert die Innovation, und eine breite Palette von Produkten und Methoden erreicht eine Abwehr gegen ausländische Eindringlinge. Der Vorteil der Landesbranche wird dauerhafter dadurch, daß den ausländischen Wettbewerbern einige Zugangswege genommen werden. Heimische Konkurrenten übernehmen gute Ideen und verbessern sie, was die Gesamtrate der Brancheninnovation erhöht. Der Bestand an Erkenntnissen und Erfahrung in der Landesbranche nimmt zu, da Unternehmen einander nacheifern und Beschäftigte zwischen Firmen wechseln. Die einzelne Firma kann all die Erkenntnisse und die Erfahrung nicht für sich behalten, aber die gesamte Landesbranche profitiert von einer schnelleren Innovation. Ideen breiten sich im Land schneller als zwischen Ländern aus, weil es Unternehmen aus anderen Ländern schwerfällt, einen solchen Prozeß anzuzapfen.[58] Auch wenn einzelne Unternehmen den Innovationsbesitz nicht lange halten können, schreitet die gesamte Landesbranche doch schneller voran als die ausländischen Konkurrenten, und das stärkt die Rentabilität vieler Unternehmen des Landes.

Die geographische Konzentration von Konkurrenten in einer Stadt oder Region eines Landes spiegelt diese Vorteile und verstärkt sie. Das ist auf dem ganzen Erdball verblüffend ähnlich. So liegen viele der italienischen Schmuckfirmen im Stadtgebiet von Arezzo und Valenza Po, deren Straßen mit Hunderten von Betrieben gesäumt sind. Ähnliche Firmenkonzentrationen in Erfolgsbranchen bestehen in großer Zahl, etwa Solingen in Westdeutschland und Seki in Japan (Messerwaren); Basel in der Schweiz (Arzneimittel); Hamamatsu in Japan (Motorräder und Musikinstrumente); die Fernstraße 128 im amerikanischen Boston (Minicomputer) und die New Yorker Madison Avenue (Werbung). In einer solchen Umgebung werden beliebte Lokale von den Führungskräften verschiedener Unternehmen frequentiert, die beieinandersitzen und die neuesten Branchengerüchte weitergeben. Die Informationen fließen in einem enormen Tempo. Auch wenn jedes Unternehmen schnell handeln muß, um seinen Vorteil zu behaupten, ist die ganze Landesbranche doch dynamisch und wahrt oder erweitert sogar ihren Vorteil gegenüber den ausländischen Konkurrenten, denen die gleiche Struktur fehlt.

Die Inlandskonkurrenz schafft nicht nur Vorteile, sondern hilft auch Nachteile vermeiden. Viele inländische Konkurrenten, die unterschiedliche Wettbewerbsstrategien verfolgen, sind eine Hürde gegen Formen staatlicher Eingriffe, die Innovationen lähmen oder den Wettbewerb schwächen. Gibt es in einem Land dagegen nur ein oder zwei heimische Konkurrenten, entsteht Druck nach »Unterstützung« aller Art, die die Dynamik nimmt, wie Subventionen, garantierte Inlandsabnahme oder Begünstigung heimischer Unternehmen. Keine dieser »Hilfen« ist Innovationen dienlich und letztlich auch nicht dem Wettbewerbsvorteil (siehe Kapitel 12).

Konkurrierende Inlandsfirmen halten einander die Chance für staatliche Unterstützung offen. Staatsverträge werden nicht zu einem Garantiemarkt für nur ein Unternehmen. Unterschiede in der internationalen Strategie wirken sich gegen Schutzmaßnahmen aus. Gleichzeitig lenkt die Existenz von Konkurrenten die staatliche Hilfe in konstruktivere Bahnen, was der gesamten Branche zugute kommt, etwa Hilfe zur Öffnung von Auslandsmärkten und Investitionen in die Bildung spezieller Faktoren.

Das von mir geschilderte Phänomen ist nicht auf den geschäftlichen Wettbewerb beschränkt. Beim künstlerischen, wissenschaftlichen und sogar sportlichen Wettbewerb gibt es viele Beispiele dafür, daß ein Land eine Zeitlang international unverhältnismäßig erfolgreich war, wobei oft Gruppen von Künstlern, Wissenschaftlern oder Sportlern in einer Stadt tätig waren. Im Tennis hatte Schweden in den 80er Jahren ungewöhnlichen Erfolg, so wie Australien in den 60er Jahren. Mehrere starke, junge Spieler spornen sich gegenseitig an und fordern einander heraus. Der Erfolg eines Spielers lockt und ermutigt neue Bewerber. Das Auftreten eines Spielers in einem internationalen Wettbewerb gibt anderen den Mut, es ebenfalls zu versuchen.

Eine Gruppe leistungsfähiger heimischer Konkurrenten schafft also ein günstiges Umfeld für die Bildung und Wahrung des Wettbewerbsvorteils, das beim Wettbewerb mit ausländischen Konkurrenten so nur schwer zu kopieren wäre. Die Rolle der selektiven Faktornachteile, der anspruchsvollen Käufer und der erstklassigen Zulieferer bei der Ankurbelung von Verbesserungen und Innovationen wird durch den aktiven Inlandswettbewerb betont. Der Nutzen des Inlandswettbewerbs wird noch größer, wenn man berücksichtigt, wie eine Gruppe Inlandskonkurrenten auf die Verfügbarkeit heimischer Zulieferer, den Bestand an qualifiziertem Humankapital und auf andere Teile des »Diamanten« positiv einwirken kann (siehe Kapitel 4).

Nirgendwo wird die Rolle des heimischen Wettbewerbs offenkundiger als in Japan, wo offener Krieg herrscht, wo es vielen Unternehmen nicht gelingt, die Rentabilitätsschwelle zu erreichen. Mit Zielen, in deren Mittelpunkt der eigene Marktanteil steht, führen die japanischen Unternehmen einen permanenten Kampf, jeden anderen auszustechen. Die Marktanteile wachsen und schrumpfen. Die Wirtschaftspresse berichtet ausführlich über die Vorgänge. Ausgeklügelte Ranglisten messen, welche Unternehmen bei Hochschulabsolventen am beliebtesten sind. Das Tempo, in dem neue Produkte und Verfahren auf den Markt kommen, ist atemberaubend.

Die Zahl der heimischen Konkurrenten, die für einen wirksamen Wettbewerb erforderlich sind, hängt in der Branchen von den eigentlichen Einsparungen durch Erhöhung der Produktionskapazitäten ab. Die Notwendigkeit vieler Konkurrenten in all den verschiedenen Branchen ist nicht gegeben. Doch wird die Notwendigkeit statischer Einsparungen durch Erhöhung der Produktionskapazität abgeschwächt durch die Bedeutung, die die Innovationsrate für den Wettbewerbsvorteil hat. Die beherrschenden Unternehmen sind, wie schon betont, in vielen Branchen nicht die Neuerer.[59] Sie haben mit Trägheit und eingefahrenen Wettbewerbswegen zu kämpfen. Viele Technologien der 80er und 90er Jahre sind zudem weniger größenabhängig als frühere Technologien.

Ein völlig offener Inlandsmarkt und sehr globale Strategien können in einem kleineren Land das Fehlen heimischer Konkurrenten zum Teil ersetzen.[60] Die Zahl der

Wettbewerber kann auch schrumpfen, wenn eine Branche sich konsolidiert; mehr heimische Konkurrenten in den frühen Entwicklungsstadien einer Branche gereichen normalerweise zum Vorteil. Ein ausgeprägter Inlandswettbewerb ist jedoch ein nationaler Aktivposten von nicht zu überschätzendem Wert.[61]

Die Zahl der heimischen Konkurrenten reicht für einen Erfolg allein allerdings nicht aus. Wenn zwischen den Konkurrenten kein echter Wettbewerb besteht, werden die Vorteile des Inlandswettbewerbs aufgehoben.[62] Darüber hinaus muß das Land weitere Vorteile im »Diamanten« aufweisen, sonst ist ein Wettbewerbserfolg unwahrscheinlich. Bei Insulin z. B. konkurrierten in England zwei Unternehmen, Wellcome und Boots, bei denen Insulin jedoch nur einen kleinen Teil des Geschäfts ausmachte und die beide kaum engagiert waren. Die englischen Nachfragebedingungen sind außerdem wenig günstig, da die Ausgaben für die Gesundheitsfürsorge einer strengen Kontrolle unterliegen und die meisten Käufe von nur einer Stelle ausgehen, dem staatlichen Gesundheitsdienst. Keiner der beiden englischen Wettbewerber wurde international bedeutend, und Boots kehrte der Branche Anfang der 80er Jahre den Rücken.

Eine direkte Zusammenarbeit unter Konkurrenten, was als Mittel propagiert wird, eine Verdopplung zu vermeiden und von Einsparungen durch Erhöhung der Produktionskapazität zu profitieren, schwächt den Wettbewerbsvorteil, sofern dieses Zusammenspiel nicht in eingeschränkter und besonderer Form geschieht. Denn eher beseitigt es die Vielfalt, lähmt die Anreize und drosselt das Tempo der Branchenentwicklung. Kooperation kann in Handelsverbänden und anderen unabhängigen Institutionen, zu denen viele Unternehmen Zugang haben, Sinn machen. Ich befasse mich in Kapitel 12 mit den Richtlinien für eine solche nutzbringende Zusammenarbeit.

Firmenneugründungen. Ein starker Inlandswettbewerb ist auf die Gründung neuer Firmen angewiesen, damit neue Konkurrenten hinzukommen. Firmenneugründungen sind auch für die Aufwertung des Wettbewerbsvorteils unentbehrlich, weil sie den Innovationsprozeß in einer Branche aufrechterhalten. Neue Unternehmen betreuen neue Bereiche und gehen neue Wege, die ältere Konkurrenten entweder nicht erkennen oder die zu beschreiten sie zu unflexibel sind. Neue Bewerber sind oft die »Außenseiter«, bereit, unkonventionelle Wettbewerbsmethoden zu ergreifen – aus Gründen, die ich im vorigen Kapitel genannt habe. Firmenneugründungen sind auch wichtig dafür, wie ein Bestimmungsfaktor andere verstärkt (Kapitel 4). Offensiver Wettbewerb unter Konkurrenten hat z. B. den Eintritt in die Zuliefer- oder verwandte Branchen zur Folge. Die aktive Gründung neuer Wettbewerber in einer Branche, auf die eine oder andere Art, gehört zum Werdegang praktisch aller international erfolgreichen Branchen, die wir untersucht haben.

Der Prozeß, durch den neue Firmen in einer Branche entstehen, wirkt sich ganz wesentlich auf den Wettbewerbsvorteil nationaler Branchen aus. Es gibt grundsätzlich zwei Mechanismen bei der Bildung neuer Firmen. Der eine ist die Gründung völlig neuer Unternehmen, ob sie nun die Ableger etablierter Firmen sind, ob sie von Angestellten der Lieferanten oder Kunden gegründet werden oder das Ergebnis von Überlegungen sind, die bei der Hochschulausbildung oder wissenschaftlicher Arbeit heranreiften. Die nationalen Umstände, die diese Form von Firmenneugründungen fördern, sind unterschiedlich.

Ein heimischer Wettbewerber in einem Land zieht über Spin-offs häufig andere nach. Enttäuschte (oder ehrgeizige) Angestellte mit guten Ideen kündigen und gründen ihre eigene Firma, oft gleich nebenan. Ein Spinn-off macht Mut zum nächsten. Diese Spinn-off-Dynamik ist für die Landesbranche oft vorteilhaft. Sie schafft mehr Wettbewerb. Sie löst auch neue Produkt- und Verfahrensinnovationen aus, die durch Trägheit oder Konflikte mit bestehenden Strategien blockiert waren. Sie sorgt für die Betreuung neuer Bereiche oder solcher, die vernachlässigt worden sind.

Spin-offs treten nicht in jedem Land gleich stark auf, auch nicht in jeder Entwicklungsphase der Branche.[63] In den von uns untersuchten international wettbewerbsfähigen Branchen traten sie jedoch häufig auf. Viele der amerikanischen Minicomputerfirmen sind Abkömmlinge eines Unternehmens, das General Automation (GA) heißt. Digital Equipment z. B. ging aus GA hervor, und Data General aus Digital. Control Data, der frühe Branchenführer der heutigen Supercomputer, leistete Geburtshilfe beim jetzigen Weltführer Cray Research. In der italienischen Verpackungsmaschinenbranche entstammten einer Firma (ACMA) – direkt oder indirekt – über zweihundert Wettbewerber, die alle in der Nähe von Bologna sitzen.

Jeder der anderen Bestimmungsfaktoren spielt irgendeine Rolle bei der Bestimmung jener Branchen, in denen neue Unternehmen auftauchen. Faktorbedingungen wie ein gewisser Bestand an qualifizierten und speziell ausgebildeten Mitarbeitern sind Voraussetzung für die Gründung neuer Betriebe. Ebenso der Zugang zu Risikokapital, vor allem in Branchen, wo die Kapitalanforderungen nicht mit individuellen Ersparnissen und international aufgebrachten Mitteln erfüllt werden können. Günstige Nachfragebedingungen ziehen neue Bewerber an. Die Motivation des einzelnen ist ebenfalls wichtig. Nationalprestige und Prioritäten können auf die Branchen einwirken, die hervorragende Leute anziehen. Daß ein Land die Institutionen benützt, aus denen normalerweise neue Betriebe in einer bestimmten Branche hervorgehen, ist ebenfalls von Bedeutung: Amerika hat viele Neugründungen in Branchen, wo neue Ideen aus den Forschungslabors der Universitäten kommen, während es in Japan nur einige wenige gibt; normalerweise treten die japanischen Wissenschaftler in die Forschungsstäbe größerer Unternehmen ein. Schließlich sind auch die Käufer-, Zuliefer- und verwandte Branchen wichtig, weil sie die Menschen- und Ideenlieferanten für die Gründung neuer Unternehmen sind.

Der andere Mechanismus für die Gründung neuer Firmen ist die interne Diversifizierung in neue Branchen durch etablierte Unternehmen (der Erwerb ist selten eine Firmenneugründung, weil keine neue Organisation entsteht).[64] Der nationale Erfolg in einer Branche profitiert vom aktiven internen Zugang von Firmen aus verwandten Branchen. Diversifizierung durch interne Entwicklung erfolgt in der Regel durch verwandte Diversifizierung, denn ein Start ganz von vorn verlangt fast, daß eine Firma über entsprechende Qualifikation verfügt. Kenntnisse und Anlagen werden vom bestehenden auf das neue Unternehmen übertragen und steigern die Aussichten für den Wettbewerbsvorteil. Bedingungen, die den aktiven internen Eintritt in eine Branche durch Firmen aus verwandten Gebieten fördern, speisen in hohem Maße den nationalen Wettbewerbsvorteil.

Das Überwiegen der internen Entwicklung in einem Land wird am stärksten durch die Unternehmensziele beeinflußt (siehe weiter oben), spiegelt aber auch andere institutionelle Besonderheiten. Der interne Eintritt ist in Japan, Korea und Deutschland verbreitet, wo die Diversifizierung bisher zu einem großen Teil über Neugründungen erfolgte und der Firmenerwerb relativ selten ist. In Japan z. B. haben ein weiter Zeithorizont, der Wunsch, durch Produktivitätsverbesserungen freigesetzte Angestellte an anderer Stelle zu beschäftigen, und eine gewisse historische Problematik bei Firmenübernahmen zu einer weitverbreiteten internen Entwicklung etablierter Unternehmen geführt. Interne Entwicklung war in Amerika das Übliche, in einigen Bereichen wie bei den abgepackten Konsumgütern, den gewerblichen Dienstleistungen und der Gesundheitsfürsorge (alles Gebiete von nationalem Vorteil) besteht sie fort. Insgesamt jedoch haben die sich verändernden Ziele amerikanische Unternehmen dazu gebracht, sich auf die Übernahme von Firmen zu konzentrieren, von denen viele mit ihrem Stammgeschäft nichts zu tun haben.

In welchen Branchen eine interne Entwicklung erfolgt, wie im Fall von Neugründungen, hängt vom »Diamanten« ab. Mehr über diese Zusammenhänge in Kapitel 4.

Die Rolle des Zufalls

Die Bestimmungsfaktoren des nationalen Vorteils prägen das Wettbewerbsumfeld in bestimmten Branchen. In der Geschichte der meisten der von uns untersuchten erfolgreichen Branchen spielten aber auch Zufallsereignisse eine Rolle. Zufallsereignisse sind Vorkommnisse, die wenig mit den Verhältnissen in einem Land zu tun haben und oft weitgehend außerhalb der Einflußsphäre der Unternehmen (und häufig auch der staatlichen Politik) liegen. Einige Beispiele, die einen besonders großen Einfluß auf den Wettbewerbsvorteil haben, sind:

- Zufällige Entdeckungen
- Größere technologische Brüche (etwa in der Biotechnologie, der Mikroelektronik)[65]
- Schwankungen bei den Produktionsmittelkosten wie bei der Erdölkrise
- Bedeutende Verschiebungen auf den Weltfinanzmärkten oder bei den Wechselkursen
- Extremer Anstieg der Welt- oder Regionalnachfrage
- Politische Entscheidungen ausländischer Regierungen
- Kriege

Zufallsereignisse sind wichtig, weil sie Unterbrechungen hervorrufen, die Veränderungen bei der Wettbewerbsposition zulassen. Sie können die Vorteile bis dahin etablierter Wettbewerber auslöschen und es den Unternehmen eines anderen Landes ermöglichen, sie zu verdrängen und einen Wettbewerbsvorteil als Reaktion auf neue und veränderte Bedingungen zu erzielen. Das Aufkommen der Mikroelektronik z. B. hat eine ganz entscheidende Rolle gespielt bei der Neutralisierung der amerikanischen und deutschen Vorherrschaft in zahlreichen elektromechanisch ausgerichteten Branchen. Es hat japanischen (und anderen) Unternehmen die Möglichkeit verschafft, eine gute Position zu erobern. Ähnlich gab eine boomartig gestiegene Nachfrage nach Schiffen Korea die Gelegenheit, in die Schiffbaubranche gegen Japan einzusteigen. Die Bekleidungsindustrie entwickelte sich in Singapur, nachdem westliche Länder für die Bekleidungsimporte aus Hongkong und Japan Quoten einführten; und die in der Welt führende koreanische Perückenindustrie kam erst in Schwung, nachdem die USA im kalten Krieg die Importe aus China stoppten.

Die Bestimmungsfaktoren des nationalen Vorteils arbeiten wie ein starkes System zur Aufrechterhaltung des Vorteils zusammen. Dieses System ist allerdings bis zu einem gewissen Grad auf eine bestimmte Branchenstruktur spezialisiert. Es ist eine Unterbrechung nötig, die die Vorteilsgrundlagen so weit ändert, daß ein neuer, spezialisierter, nationaler »Diamant« den alten verdrängen kann.

Zufallsereignisse spielen ihre Rolle teilweise dadurch, daß sie die Bedingungen im »Diamanten« ändern. Größere Verschiebungen etwa bei den Produktionsmittelkosten oder den Wechselkursen haben selektive Faktornachteile zur Folge, die wichtige Innovationen beschleunigen. Kriege können, so betrachtet, das Niveau und die Dringlichkeit lokaler wissenschaftlicher Investitionen erhöhen (Faktorbildung) und Kundenbeziehungen zerstören (Nachfragebedingungen). Der Erste Weltkrieg brachte deutschen Chemieunternehmen den Verlust von Auslandsanlagen und Handelsmarken (u. a. Aspirin von Bayer). Er gab zugleich der chemischen Industrie in den Vereinigten Staaten, in Großbritannien und der Schweiz einen enormen Auftrieb. Die Schweiz und Schweden profitierten im Zweiten Weltkrieg in vielen Branchen erheblich von ihrer Neutralität.

Zufallsereignisse wirken sich auf verschiedene Länder verschieden aus. Die beiden Erdölkrisen trafen die energieabhängigen Länder früher und härter. Kriege haben oft ganz verschiedene Folgen für Sieger und Besiegte. Es ist interessant, daß die besiegten Mächte Deutschland, Japan und Italien die vielleicht drei erfolgreichsten Länder der Nachkriegszeit sind, legt man den allgemeinen Erfolg im internationalen Wettbewerb zugrunde.[66] Länder, die die Wirkung eines Zufallsereignisses zuerst oder am stärksten verspüren, können früh handeln, um sich darauf einzustellen. Die Erdölkrisen halfen letztlich der japanischen Industrie, weil Japan besonders anfällig für Energiekosten war und energische Schritte zum Energiesparen unternehmen mußte.

Während Zufallsereignisse Verschiebungen beim Wettbewerbsvorteil in einer Branche ermöglichen, spielen nationale Eigenschaften eine wichtige Rolle bei der Frage, *welches Land sie nutzt*. Das Land mit dem günstigsten »Diamanten« wandelt Zufallsereignisse höchstwahrscheinlich in einen Wettbewerbsvorteil um. Das spiegelt ein Umfeld, das auf neue Vorteilsquellen ausgerichtet ist und auf Unternehmen, die unter dem Druck stehen, besonders offensiv zu handeln, um diese an sich zu bringen.

Erfindungen, Unternehmertum und Zufall

Erfindungen und Unternehmertum sind ein Kernstück des nationalen Vorteils. Einige halten sie für weitgehend willkürlich; einen Visionär oder Erfinder kann es in jedem Land geben, was heißt, daß eine Spitzenindustrie überall entstehen kann. Wenn wir uns dieser Sichtweise anschließen, sind die Bestimmungsfaktoren zwar für die Entwicklung einer Industrie wichtig, doch ist deren eigentliche Gründung ein Zufallsereignis.

Unsere Untersuchung zeigt, daß weder das Unternehmertum noch die Erfindungen willkürlich sind; wenn man dem Zufall eine Rolle zuweist, heißt das nicht, daß der Erfolg einer Branche völlig unberechenbar ist. Die Vereinigten Staaten z. B. bieten ein so günstiges Umfeld für die kommerzielle Nutzung medizinischer Neuerungen, daß auf den meisten neuen Produkt- und Dienstleistungsgebieten Dutzende amerikanischer Unternehmen aus dem Boden schossen. Es sind sogar ausländische Unternehmer in die Vereinigten Staaten gekommen, um dort ihre Firmen für medizinische Produkte zu gründen, weil das Land gerade auf diesem Sektor ein so unternehmerfreundliches Umfeld hat.

Die Bestimmungsfaktoren spielen eine große Rolle dabei, wo in einer bestimmten Branche Erfindungen und Unternehmertum am ehesten zum Zuge kommen. Die Nachfragebedingungen lassen die Bedürfnisse in einigen Ländern besser erkennen als in anderen. Die nationalen Mechanismen der Faktorbildung wirken auf den Bestand an Erkenntnissen und Begabungen ein. Zulieferindustrien bieten wichtige Hilfe oder sind der Ausgangspunkt für neue Bewerber. Und so fort. Was wie Zufall aussieht, ist in Wirklichkeit das Ergebnis von Unterschieden in den nationalen Umfeldern. Die einzelne Firma oder Person, die die Innovation betreibt, ist allerdings weniger exakt vorauszusagen als das oder die Länder, in denen sie angesiedelt ist.

Manchmal ist die Erfindung selbst von anderen nationalen Besonderheiten völlig losgelöst. So wurde etwa das Insulin zuerst in Kanada isoliert, obwohl es dort an einer besonders günstigen Nachfrage, an wissenschaftlicher Infrastruktur oder anderen nationalen Umständen fehlte, die mit Insulin zusammenhingen. Ob jedoch derartige zufällige Erfindungen oder isolierte unternehmerische Maßnahmen zu einer wettbewerbsfähigen Branche führen, ist wiederum nicht willkürlich. Der »Diamant« hat großen Einfluß auf die Möglichkeit, eine Erfindung oder Erkenntnis in eine international wettbewerbsfähige Branche umzuwandeln. Wenn ein Land nur die Erfindung hat, werden die Unternehmen anderer Länder sie wahrscheinlich aufgreifen. Das Insulin haben Firmen aus Dänemark und den Vereinigten Staaten zu einem internationalen wirtschaftlichen Erfolg gemacht, nicht kanadische Unternehmen. Sowohl Dänemark wie die Vereinigten Staaten besaßen günstige Nachfragebedingungen, einen Bestand an speziellen Faktoren und andere Vorteile. Daher faßte die Erfindung, nachdem die grundlegende Technologie bekannt war, woanders Fuß und gedieh.

Die Rolle des Staates

Nach der Beschreibung der Bestimmungsfaktoren des nationalen Wettbewerbsvorteils bleibt als letzte Variable die Rolle des Staates. Über den Staat wird in Abhandlungen über die internationale Wettbewerbsfähigkeit vorrangig diskutiert. Viele sehen in ihm einen wesentlichen, wenn nicht den wichtigsten Einfluß auf den modernen internationalen Wettbewerb. Die staatliche Politik in Japan und Korea wird ganz besonders mit dem Erfolg, den die Unternehmen dieser Länder errungen haben, in Verbindung gebracht.

Die Versuchung ist groß, den Staat zum fünften Bestimmungsfaktor zu erklären.

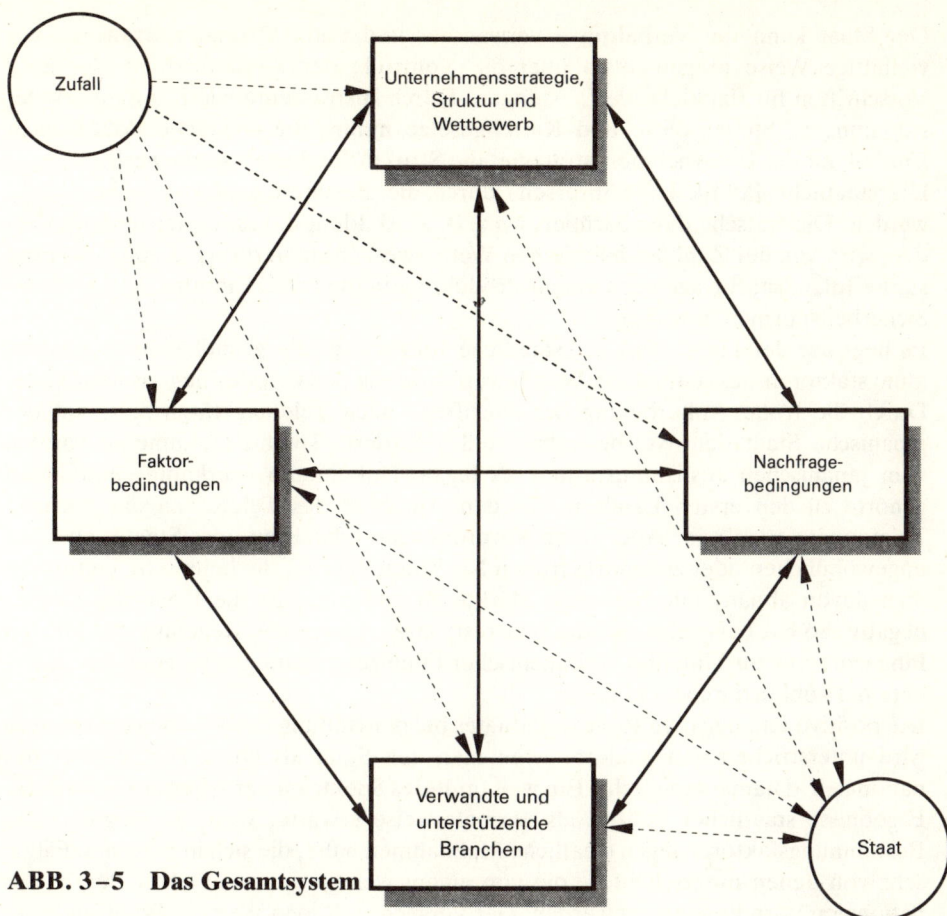

ABB. 3–5   Das Gesamtsystem

Doch das ist weder richtig noch der sinnvollste Weg, die Rolle des Staates im internationalen Wettbewerb zu verstehen. Die eigentliche Funktion des Staates beim nationalen Wettbewerbsvorteil besteht im Einfluß auf die vier Bestimmungsfaktoren. Das wird schematisch in Abbildung 3–5 dargestellt, die jetzt das gesamte System wiedergibt.

Der Staat kann jeden der vier Bestimmungsfaktoren positiv oder negativ beeinflussen (oder von ihnen beeinflußt werden), wie aus den früheren Beispielen klar sein sollte. Die Bestimmungsfaktoren werden durch Subventionen, auf den Kapitalmarkt und die Ausbildung zielende Maßnahmen und andere Entscheidungen beeinflußt. Die Rolle des Staates bei der Gestaltung der lokalen Nachfragebedingungen ist oft indirekter. Staatliche Stellen führen lokale Produktnormen oder Bestimmungen ein, die die Käuferbedürfnisse dirigieren oder beeinflussen. Der Staat tritt außerdem oft als bedeutender Abnehmer vieler Güter des betreffenden Landes auf, etwa bei Rüstungsgütern, der Telekommunikationsausstattung, Flugzeugen für die nationale Fluggesellschaft und anderem mehr. Wie er diese Rolle als Käufer ausübt, kann der Branche eines Landes entweder helfen oder schaden.

Der Staat kann die Verhältnisse verwandter und unterstützender Branchen auf vielfältige Weise prägen, etwa über die Kontrolle der Werbemedien oder über Vorschriften für flankierende Leistungen. Durch Instrumente wie Kapitalmarktbestimmungen, Steuerpolitik und Kartellgesetze nimmt die staatliche Politik auch Einfluß auf die Unternehmensstrategie, die Struktur und den Wettbewerb.

Die staatliche Politik kann ihrerseits durch die Bestimmungsfaktoren beeinflußt werden. Die Entscheidung darüber, wo z. B. Ausbildungsinvestitionen getätigt werden, wird von der Zahl der heimischen Wettbewerber tangiert (vgl. Kapitel 4). Eine starke Inlandsnachfrage nach einem Produkt kann die frühe Einführung staatlicher Sicherheitsnormen bewirken.

Es liegt auf der Hand, daß der staatliche Einfluß auf die grundlegenden Bestimmungsfaktoren des nationalen Wettbewerbsvorteils positiv oder negativ sein kann. Durch die frühe Ankurbelung der Nachfrage nach Telefaxgeräten z. B. hat der japanische Staat den Wettbewerbsvorteil gefördert. Telefax-Dokumente wurden vom japanischen Justizministerium als legale Dokumente anerkannt, und Japan gehörte zu den ersten Ländern, die den Anschluß des Telefax an das normale Telefonnetz erlaubten. Aber wenn Verordnungen oder Käufe des Staates zu einer ungewöhnlichen oder zeitwidrig frühen Nachfrage führen, die heimische Unternehmen davon abhält, internationale Märkte zu bedienen, ist die Rolle des Staates negativ. So hat beispielsweise die sehr restriktive italienische Regelung der lokalen Finanzmärkte zur Unfähigkeit italienischer Finanzeinrichtungen beigetragen, international konkurrieren zu können.

Die positive und negative Rolle des Staates bei der Bildung des Wettbewerbsvorteils wird unterstrichen und geklärt, wenn man den Staat als einen Beeinflusser des nationalen »Diamanten« sieht. Ein weit breiteres Spektrum der Alternativen wie der Ergebnisse staatlicher Politik, als normalerweise erwartet wird, ist möglich. Die Bestimmungsfaktoren legen staatliche Maßnahmen nahe, die sich in manchen Fällen sehr von denen unterscheiden, die von einem weniger ganzheitlichen Begriff des nationalen Vorteils angeregt werden. Der Versuch, z. B. den Wert der Währung eines Landes niedrig zu halten, erscheint wünschenswert, wenn die Faktorkosten als der entscheidende Bestimmungsfaktor des nationalen Vorteils in einer statischen Welt gesehen werden, in der Technologie und Qualifikation konstant sind. Meine Theorie erklärt, daß Marktzwänge und sich daraus ergebende Innovationen die Faktorkosten jedoch überspielen können, so daß die Unterbewertung die Verbesserung des Wettbewerbsvorteils verlangsamen und Unternehmen in weniger dauerhafte, preissensible Marktbereiche dirigieren kann. Das Ergebnis ist ein langfristiger Verlust des Wettbewerbsvorteils. Staatliche »Hilfe«, die den Druck von den Unternehmen nimmt, Verbesserungen vorzunehmen, ist kontraproduktiv.

Der Staat hat einen bedeutenden Einfluß auf den nationalen Wettbewerbsvorteil, wenn seine Rolle auch zwangsläufig *einseitig* ist.[67] Die staatliche Politik scheitert, wenn sie der einzige Ursprung des nationalen Wettbewerbsvorteils bleibt. Eine erfolgreiche Politik greift in den Branchen, wo grundlegende Bestimmungsfaktoren des nationalen Vorteils vorhanden sind und der Staat sie unterstützt. Der Staat, so scheint es, kann die Chancen, einen Wettbewerbsvorteil zu erzielen, beschleunigen oder erhöhen (und umgekehrt), hat aber nicht die Macht, den Vorteil selbst zu schaffen. Ich komme auf all diese Fragen zurück, wenn ich die staatliche Politik behandle (Kapitel 12).

Die Bestimmungsfaktoren im Verhältnis zueinander

In diesem Kapitel habe ich die Bestimmungsfaktoren des nationalen Vorteils in einer Branche und die Rolle des Zufalls und des Staates und ihre Wirkung auf sie beschrieben. Die Bestimmungsfaktoren messen, inwieweit die nationale Umgebung fruchtbar ist für den Wettbewerb in einer Branche. Ich habe weiter oben die Kräfte genannt, die Unternehmen dazu führen, den Wettbewerbsvorteil zu schaffen und zu behaupten. Der »Diamant«, der viele unterschiedliche Elemente eines Landes widerspiegelt, mißt, wie gut das Land diese Kräfte hervorbringt und an seine Unternehmen weitergibt; er mißt auch das Vorhandensein von Erkenntnissen und Instrumentarien, die für den Wettbewerbsvorteil gebraucht werden.

Die einzelnen Bestimmungsfaktoren, die die nationale Umgebung bezeichnen, hängen voneinander ab, denn die Wirkung des einen ist oft auf den Zustand anderer angewiesen. Anspruchsvolle Käufer schlagen sich nicht in fortschrittlichen Produkten nieder, wenn z. B. die Qualität des Humankapitals nicht ausreicht, auf die Befriedigung der Käuferbedürfnisse einzuwirken. Selektive Faktornachteile regen keine Innovation an, wenn der Wettbewerb nicht gesund ist und die Unternehmensziele nicht regelmäßige Investitionen unterstützen. Ganz allgemein schränken Schwächen bei einem Bestimmungsfaktor die Möglichkeiten einer Branche, zu Fortschritten und Verbesserungen zu kommen, ein.

Als ich den »Diamanten« beschrieben habe, habe ich viele Beispiele für die Rolle der sozialen und politischen Geschichte wie der Wertvorstellungen und ihren Einfluß auf den Wettbewerbserfolg angeführt. Soziale Normen und Wertvorstellungen wirken sich beispielsweise auf das Wesen der Inlandsnachfrage aus, aber auch auf die Ziele der Manager und darauf, wie Unternehmen organisiert sind. Die soziale und politische Geschichte beeinflußt die Kenntnisse, die sich in einem Land angesammelt haben, und die institutionelle Struktur, in der der Wettbewerb sich abspielt. Diese Aspekte eines Landes, die manche kulturell nennen, können nicht von wirtschaftlichen Ergebnissen getrennt werden. Außerdem sind auch »kulturelle Faktoren« bei näherem Hinsehen oft eng mit wirtschaftlichen Faktoren verknüpft. Die Beziehungen zwischen Arbeitgebern und Arbeitnehmern in Japan z. B. sind nicht sonderlich kulturell, sondern abhängig von lebenslanger Beschäftigung, von der Art der Prämiensysteme und dem Verhalten der Manager gegenüber den Arbeitern. All diese Praktiken entstammen harten Arbeitskämpfen in Japan vor und unmittelbar nach dem Zweiten Weltkrieg.

Kulturelle Faktoren sind wichtig, da sie die Umgebung der Unternehmen prägen; sie wirken durch die Bestimmungsfaktoren, nicht getrennt von ihnen. Solche Einflüsse sind für den Wettbewerbsvorteil jedoch wichtig, weil sie sich langsam ändern und für Außenseiter nur schwer zu erschließen oder nachzuvollziehen sind. Die soziale und politische Geschichte und Wertvorstellungen erzeugen anhaltende Unterschiede unter den Ländern, die für den Wettbewerbsvorteil in vielen Branchen eine Rolle spielen. Sie werden erkennbar, wenn ich mich in Teil III den einzelnen Ländern zuwende.

Ich hatte in diesem Kapitel wenig über Führungspersönlichkeiten zu sagen, ein beliebtes Thema geschichtlicher Untersuchungen über den Erfolg von Branchen oder

Ländern. Damit sollte nicht ihre Bedeutung geschmälert, sondern nur darauf hingewiesen werden, daß auch sie nicht unabhängig von den Bestimmungsfaktoren wirken, die ich beschrieben habe. Führer stehen Problemen, Herausforderungen und Chancen gegenüber, die sich aus dem Umfeld ihres Landes ergeben. Sie werden in den einzelnen Ländern von unterschiedlichen Problemen angezogen, was wiederum von den Bestimmungsfaktoren abhängt. In Japan arbeiten angesehene Wirtschaftsführer wie Akio Morita und Konosuke Matsushita in der Unterhaltungselektronik. In Amerika arbeiten Leute wie Thomas J. Watson jr., Seymour Cray, Kenneth Olson und Steve Jobs in der Computerbranche oder haben dort gearbeitet. Beides sind Beispiele für Branchen, in denen die nationale Umgebung besonders günstig für den Wettbewerbsvorteil ist. Der Erfolg der führenden Leute hängt davon ab, Einsichten in Gelegenheiten und die Werkzeuge zu besitzen, sie zu nutzen, worüber in diesem Kapitel viel gesagt worden ist.

Eine Definition nennt Führer jemanden, der die Bestimmungsfaktoren besser versteht und stärker an sie glaubt als andere Personen. Führer glauben an Dynamik und Wandel. Sie nehmen keine Beschränkungen hin und wissen, daß sie die Art der Ergebnisse verändern können. Sie sind in der Lage, etwas von der Wirklichkeit zu erkennen, das anderen entgangen ist, und haben den Mut zum Handeln. Oft entscheidet die Führung, *welches* Unternehmen aus einem günstig gelegenen Land Erfolg hat und welches scheitert.

Bis jetzt habe ich die Bestimmungsfaktoren des nationalen Vorteils einzeln und zusammen beschrieben. Aber der »Diamant« ist ein sich wechselseitig beeinflussendes System, dessen Teile sich gegenseitig verstärken. Diese Dynamik ist Thema des nächsten Kapitels, zusammen mit ihren Auswirkungen auf das Entstehen und die Entwicklung wettbewerbsfähiger Industrien und deren möglichen Verlust des Wettbewerbsvorteils.

DIE DYNAMIK DES NATIONALEN VORTEILS

Im vorigen Kapitel habe ich beschrieben, wie die Bestimmungsfaktoren einzeln und zusammen zum nationalen Vorteil beitragen oder ihn schmälern. Die Wirkung eines Bestimmungsfaktors hängt oft vom Zustand anderer Faktoren ab. Anspruchsvolle Inlandskäufer schlagen sich z. B. nicht in fortschrittlichen Produkten nieder, wenn die Qualität des Humankapitals es den Unternehmen nicht ermöglicht, die Käuferbedürfnisse zu befriedigen. Die Bestimmungsfaktoren des nationalen Vorteils begründen ein komplexes System, über das sehr viele nationale Eigenschaften Einfluß auf den Wettbewerbserfolg haben. Aber das System entwickelt sich, und seine Bestimmungsfaktoren wirken aufeinander ein. Ein dauerhafter Wettbewerbsvorteil in einer Branche entsteht aus dem sich selbst verstärkenden Wechselspiel der Vorteile in verschiedenen Bereichen und schafft ein Umfeld, das ausländische Konkurrenten nur schwer kopieren können. Das nationale System ist so wichtig wie die einzelnen Teile oder noch wichtiger.

Ich möchte hier darstellen, wie die einzelnen Bestimmungsfaktoren zu einem dynamischen System zusammenfinden. Beginnen möchte ich mit der Beschreibung, wie jeder Bestimmungsfaktor von den anderen beeinflußt wird. Zwei Elemente – der Inlandswettbewerb und die geographische Branchenkonzentration – besitzen vor allem die Kraft, den »Diamanten« in ein System umzuwandeln; der Inlandswettbewerb, weil er die Aufwertung des gesamten nationalen »Diamanten« fördert, und die geographische Konzentration, weil sie die Wechselwirkung innerhalb des »Diamanten« erhöht und verstärkt.

Eine Folge des Systems der Bestimmungsfaktoren ist, daß die Wettbewerbsbranchen eines Landes nicht gleichmäßig über die Wirtschaft verteilt sind, sondern in, wie ich sie nennen möchte, *Cluster* aus Branchen verbunden sind, die durch verschiedenartige Bande in Beziehung zueinander stehen. In Italien z. B. gehen über 40 Prozent aller Exporte auf das Konto von Branchen-Clustern, die alle mit Nahrungsmitteln, Mode oder dem Wohnbereich zu tun haben. In Schweden stammen über 50 Prozent der Gesamtexporte von Industrie-Clustern im Transportwesen, in Forstprodukten und Metall. Das Wirken und Wechselspiel der Bestimmungsfaktoren erlauben uns zu erforschen, wie Wettbewerbsbranchen und Industrie-Cluster entstehen und in einem Prozeß, in dem sich die Rolle einzelner Bestimmungsfaktoren verschiebt und verändert, zur Entfaltung kommen. Außerdem bieten sie einen Rahmen für das Verständnis, warum nationale Industrien schrumpfen und sterben.

Beziehungen zwischen den Bestimmungsfaktoren

Die Bestimmungsfaktoren des nationalen Vorteils verstärken sich gegenseitig und breiten sich mit der Zeit aus, wenn sie den Wettbewerbsvorteil in einer Branche fördern. Während dieser wechselseitigen Verstärkung verwischen sich Ursache und Wirkung der einzelnen Bestimmungsfaktoren. Der »Diamant«, den ich zur Darstellung der Bestimmungsfaktoren verwende, symbolisiert diese Beziehungen mit den in beide Richtungen weisenden Pfeilen zwischen den Faktoren. In der Realität kann jeder Bestimmungsfaktor auf jeden anderen einwirken, wenngleich einige Interaktionen stärker und wichtiger sind als andere.

Muster der Faktorbildung

Die Faktorarten, die in einem Land entstehen, werden von den anderen Bestimmungsfaktoren beeinflußt, insbesondere von den Faktorarten, die für den nationalen Wettbewerbsvorteil am wichtigsten sind. Investitionen in allgemeine Faktoren wie Verkehrsinfrastruktur und höheres Schulsystem werden in praktisch jedem Land getätigt, normalerweise als ein natürliches Ergebnis der staatlichen Politik auf verschiedenen politischen Ebenen.[1] Was schwankt, ist einmal die Investitionsrate eines Landes, dann sein angestrebter Leistungsmaßstab und, wie gut die in die Faktorbildung einbezogenen Einrichtungen verwaltet werden. Auch wenn allgemeine Faktoren keine ausreichende Grundlage für den nationalen Vorteil in fortgeschrittenen Branchen sind, dienen sie doch als Fundament, aus dem fortschrittliche und spezielle Faktoren entstehen. Beständige nationale Investitionen in allgemeine Faktoren sind daher für die wirtschaftliche Entwicklung eines Landes wesentlich.

Wichtig für den Wettbewerbsvorteil sind äußerst wirksame Mechanismen zur Bildung und Verbesserung fortschrittlicher und spezieller Faktoren, wie erstklassige Forschungsinstitute für die Technologie von Verbundwerkstoffen. Investitionen in fortschrittliche und spezielle Faktoren werden auf kompliziertere Weise gesteuert: Anders als bei allgemeinen Faktoren sind Investitionen in diese keineswegs gleichmäßig über die Branchen eines Landes verteilt. Länder sind sehr verschieden in den Branchen und Bereichen, in denen private und soziale Investitionen in die Faktorbildung getätigt werden. In Dänemark z. B. gibt es elf Landwirtschaftsschulen, das weltberühmte Carlsberg Institut, das sich mit Gärungs- und biologischen Untersuchungen beschäftigt, und eine Reihe Lehrstühle für Möbeldesign,[2] und das alles in einem Land mit nur fünf Millionen Einwohnern. In der zweiten Hälfte des 19. und zu Beginn des 20. Jahrhunderts, als die deutsche Chemieindustrie ihren Vorteil aufbaute, waren die dort installierten Mechanismen zur Faktorbildung in der Chemie beispiellos. In Deutschland gab es die besten universitären Lehrpläne in Chemie, die Kaiser-Wilhelm-Akademie (später Max-Planck-Institute), die fortschrittlichsten chemischen Fachzeitschriften und zahlreiche Investitionen in die Faktorbildung durch Unternehmen einschließlich mehrerer Ausbildungsprogramme für Arbeiter. Ich habe im vorigen Kapitel Holland mit seinen vielen spezialisierten Forschungsinstituten für Blumenzucht, Verpackung und Versand angesprochen.

Wo in einem Land werden fortschrittliche und spezielle Faktoren gebildet und

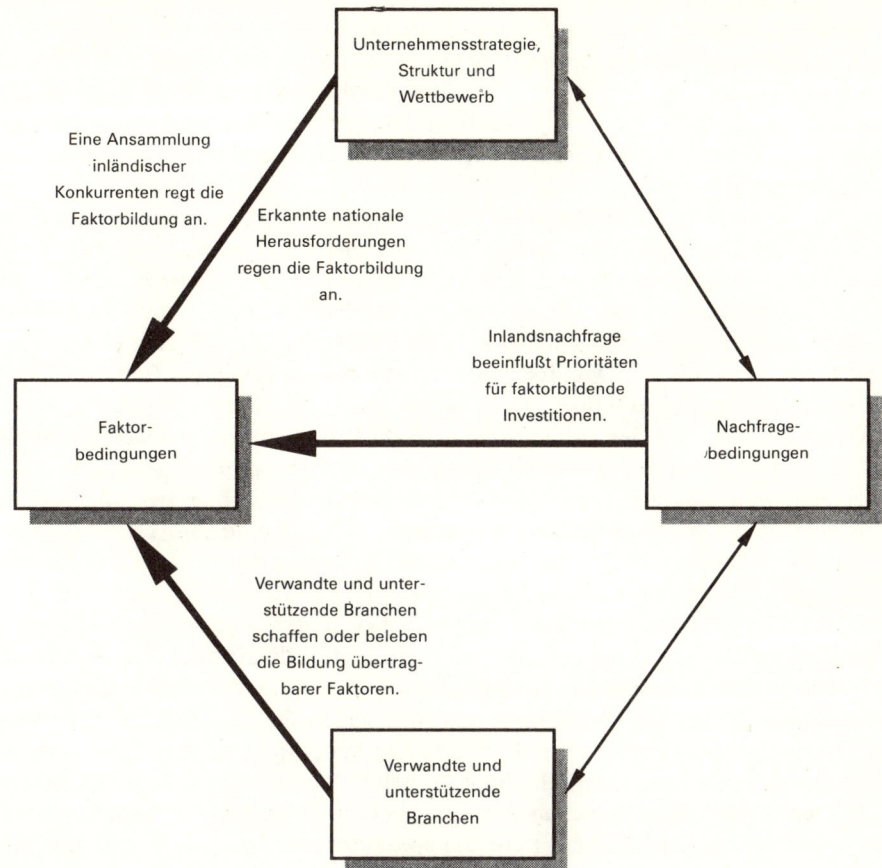

Unternehmensstrategie, Struktur und Wettbewerb

Eine Ansammlung inländischer Konkurrenten regt die Faktorbildung an.

Erkannte nationale Herausforderungen regen die Faktorbildung an.

Inlandsnachfrage beeinflußt Prioritäten für faktorbildende Investitionen.

Faktor-bedingungen

Nachfrage-bedingungen

Verwandte und unter-stützende Branchen schaffen oder beleben die Bildung übertrag-barer Faktoren.

Verwandte und unterstützende Branchen

ABB. 4–1   Einflüsse auf die Faktorbildung

aufgewertet? Die übrigen Bestimmungsfaktoren des nationalen Wettbewerbsvorteils spielen eine wichtige, wenn nicht entscheidende Rolle. Abbildung 4–1 stellt einige der wichtigsten Einflüsse dar.

Die Faktorbildung wird durch den *Inlandswettbewerb* vielleicht am stärksten beeinflußt. Eine größere Zahl lokaler Konkurrenten, die in scharfem Wettbewerb stehen, regt die schnelle Entwicklung qualifizierten Humanvermögens, verwandter Technologien, marktspezifischer Kenntnisse und einer speziellen Infrastruktur an. Unternehmen investieren von sich aus in die Faktorbildung, einzeln oder über Handelsverbände, weil sie unter dem Druck stehen, nicht zurückzufallen. Ebenso wichtig ist aber, daß eine Gruppe inländischer Konkurrenten spezielle Programme auslöst: in örtlichen Schulen und Universitäten, staatlich geförderten technischen Instituten und Ausbildungszentren, speziellen Lehrprogrammen, branchenspezifischen Handelszeitschriften und anderen Informationsquellen, wie auch weitere Arten von Faktorinvestitionen durch den Staat und andere Institutionen. Solche Überlegungen erklären sowohl die dänischen Landwirtschaftsschulen und Lehrstühle für Möbeldesign wie die deutschen Investitionen in Faktoren, die den Chemiebereich stützen. Eine Gruppe inländischer Konkurrenten animiert ebenso Arbeitsuchende, in den Erwerb von Spezialkenntnissen zu investieren. Die Faktorbildung erfolgt ungewöhnlich schnell in den Branchen, die als prestigeträchtig gelten oder nationale Priorität genießen, weil sie von Einzelpersonen, Institutionen und staatlichen Stellen sehr stark beachtet werden.[3]

Diese Wirkungen werden besonders deutlich, wenn alle Konkurrenten in einer Stadt oder einer Region sitzen. Die Zahl der Promotionsprogramme, Datenbanken und Forschungsbemühungen in und um New York, die alle mit Wall Street zusammenhängen, ist ein typisches Beispiel. Allein vier spezialisierte Universitätsinstitute arbeiten der Autoindustrie in Süddeutschland zu. Die University of California in Davis, im Herzen des kalifornischen Weinbaugebiets, ist ein weiteres gutes Beispiel. Sie ist wahrscheinlich das weltweit führende Zentrum für Weinforschung, das in engem und aktivem Austausch mit der kalifornischen Weinbaubranche steht. Diese Kombination hat bei vielen Neuerungen der letzten Jahre im Weinbau Pate gestanden.

Ein einzelnes Großunternehmen kann die Faktorbildung durchaus beeinflussen, vor allem wenn es von größerer wirtschaftlicher Bedeutung für eine Stadt oder ein Gebiet ist. Mehrere Konkurrenten bringen jedoch aus verschiedenen Gründen weit mehr Anregungen. Der Wettbewerb unter einheimischen Konkurrenten mündet in dem Bemühen, Beziehungen anzubahnen und zu entwickeln, sowohl zu Ausbildungseinrichtungen wie zu Forschungsinstituten und Informationslieferanten. Dieser Wettbewerb steigert das Tempo der Faktorbildung. Die Existenz mehrerer Konkurrenten signalisiert nicht nur die Bedeutung und Möglichkeiten der Branche und bringt Einzelpersonen und Institutionen dazu aufzumerken,[4] sondern verringert auch das Risiko von Investitionen in die Schaffung spezieller Anlagen und Kenntnisse. Mehrere Konkurrenten bedeuten auch mehrere mögliche Arbeitgeber für Hochschulabsolventen und etliche Förderer und Benutzer spezialisierter Anlagen, Programme und Fachkenntnisse. Konkurrenten schwächen sich gegenseitig die Verhandlungsstärke beim Beschaffen spezieller Faktoren und fördern ein erweitertes Angebot. Die Existenz mehrerer inländischer Konkurrenten kann tendenziell dazu führen, daß Investitionen in die Bildung spezieller Faktoren vom Staat gutgeheißen und politisch unterstützt werden.

Dieser Einfluß einer Gruppe inländischer Konkurrenten auf die Faktorbildung ist wichtig und normal, aber alles andere als zwangsläufig. Die Inlandsfirmen müssen die Notwendigkeit ständiger Verbesserungen des Faktorbestands erkennen und aktiv daran arbeiten, in ihn zu investieren bzw. solche Investitionen anzuregen. Ein scharfer Inlandswettbewerb spielt eine besondere Rolle bei der Ermunterung zu einer solchen Haltung, genau wie der von den Käufern ausgehende Druck.

Sowohl der Bestand an Faktoren wie das Tempo, in dem sie entstehen, werden zudem durch die Existenz *verwandter und unterstützender Branchen* geprägt. Diese Bestimmungsfaktoren besitzen oder beleben ihre eigenen Mechanismen zur Schaffung und Verbesserung spezieller Faktoren. Einige der Faktoren sind normalerweise übertragbar. Die Ausbildungsprogramme in Biologie z. B., die qualifizierten Mitarbeiter und Forschungsmöglichkeiten dort, die auf die dänische Nahrungsmittel- und Brauindustrie zurückgingen, waren der Ursprung für den Vorteil Dänemarks in den Branchen Insulin, Industriefermente und Nahrungsmittelzusätze.

Die Existenz eines Clusters mehrerer Branchen, die allgemeine Produktionsfaktoren, Kenntnisse und Infrastruktur anzieht, spornt auch staatliche Stellen, Ausbildungseinrichtungen, Unternehmen und Einzelpersonen weiter an, in die maßgebliche Faktorbildung oder in faktorbildende Mechanismen zu investieren. Die spezielle Infrastruktur wird ausgeweitet, und es kommt zu Begleiterscheinungen, die die Faktorqualität aufwerten und das Angebot steigern. Manchmal schießen ganze komplett neue Branchen aus dem Boden, die solche Cluster mit einer speziellen Infrastruktur versorgen. Ein solcher sich gegenseitig verstärkender Prozeß findet in den Vereinigten Staaten statt, wo das Bestehen von Branchen mit Weltniveau – wie Großrechner, Minicomputer, Mikrocomputer, Software und logische Schaltkreise – dazu geführt hat, daß öffentliche und private Einrichtungen sich darum balgen, Software-Ausbildungszentren und -kurse zu gründen. Das sich daraus ergebende Reservoir an qualifiziertem Humankapital, an Kenntnissen, an Wissenschaftszentren und spezieller Infrastruktur kommt der gesamten Branchengruppe zugute und läßt auch noch andere Branchen profitieren, die von der Informationstechnologie abhängig sind.

Ebenfalls Einfluß auf die sich herausbildenden speziellen Faktorarten üben die *Nachfragebedingungen* aus. Unverhältnismäßig starke Nachfrage nach einem Produkt, oder ungewöhnlich stringente oder anspruchsvolle Nachfrage drängt soziale und private Investitionen im allgemeinen zur Bildung verwandter Faktoren. Fortschrittliche und spezielle Produktionsfaktoren entstehen und helfen, dringliche heimische Bedürfnisse zu befriedigen. So haben Länder, die sehr auf den Seetransport angewiesen sind, wie Schweden und Norwegen, gutentwickelte, spezielle Ausbildungs- und Wissenschaftseinrichtungen, die auf Meereskunde und Schiffahrt ausgerichtet sind. In den Vereinigten Staaten sind sowohl die staatlichen wie die privaten Investitionen in die rüstungsnahen Technologien und Fachkenntnisse erheblich. Eine hohe oder zwingende Inlandsnachfrage erhöht die Wahrscheinlichkeit, daß bei der öffentlichen Hand Einmütigkeit herrscht, faktorbildende Investitionen zu tätigen. Sie lenkt außerdem die Aufmerksamkeit von Einzelpersonen und Unternehmen auf die Notwendigkeit privater Investitionen.

Die faktorbildenden Investitionen in einem Land häufen sich mit der Zeit an. Die Rolle der anderen Bestimmungsfaktoren bei der Beeinflussung der Ausbildungs-, Forschungs- und sonstigen Einrichtungen bietet einen fortwährenden und zusätzlichen Anreiz zur Bildung spezieller Faktoren. Mit der Zeit können Unterschiede in Tempo und Richtung solcher Investitionen zu großen nationalen Unterschieden im Bestand spezieller Faktoren führen, die für eine Branche von Bedeutung sind.

Einflüsse auf Zusammensetzung und Größe der Nachfrage

In den Bedingungen der Inlandsnachfrage einer Branche spiegeln sich viele nationale Merkmale wie Bevölkerung, Klima, soziale Maßstäbe und die Zusammensetzung anderer Branchen der Volkswirtschaft. Aber die übrigen Bestimmungsfaktoren spielen ebenfalls eine wichtige Rolle, wie Abbildung 4–2 zeigt.

Der vielleicht wichtigste Einfluß ist erneut der *Inlandswettbewerb*. Eine Gruppe inländischer Konkurrenten investiert in den Absatz, angetrieben durch ein starkes

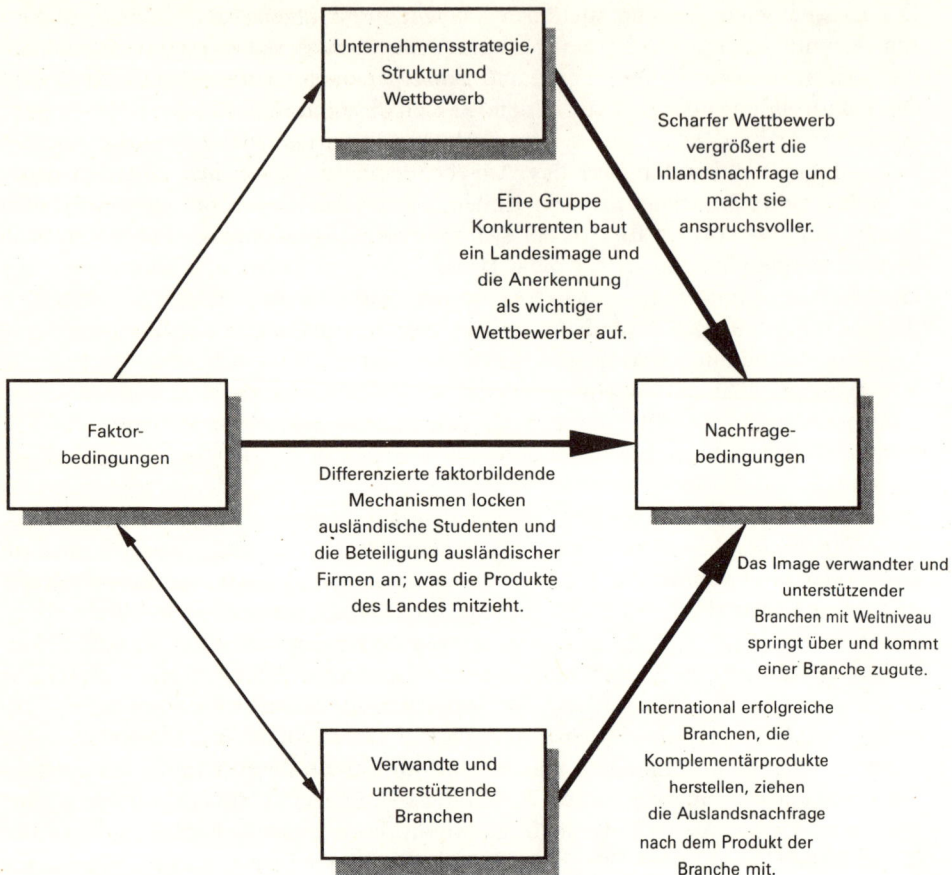

ABB. 4–2 Einflüsse auf Bedingungen der Inlandsnachfrage

Engagement und Interesse am Inlandsmarkt, wie schon dargelegt. Die Preisgestal-
tung ist offensiv, um heimische Marktanteile zu gewinnen oder zu behaupten. Die
Produkte werden zu Hause früher eingeführt, und die Vielfalt der verfügbaren
Produkte ist größer. Allein schon die Existenz wettbewerbsfähiger inländischer
Konkurrenten schärft das Bewußtsein der Branche. Eine erste Nachfrage am Inlandsmarkt wird angeregt. Die Inlandsnachfrage wird nicht nur ausgeweitet, auch die
Sättigung erfolgt früher und führt zu offensiven Internationalisierungsversuchen. Ein
gutes Beispiel ist die Weinbranche, in der der hohe Pro-Kopf-Verbrauch in weinpro-
duzierenden Ländern wie Italien und Frankreich zum großen Teil auf das Vorhandensein heimischer Produktion zurückgeht, zu der eine breite heimische Verfügbarkeit
und ein stärkeres Produktbewußtsein bei den heimischen Verbrauchern kommen.
Die Branche der alkoholfreien Getränke verdeutlicht noch einige andere Punkte.
Der Pro-Kopf-Verbrauch an alkoholfreien Getränken in den Vereinigten Staaten ist

der höchste der Welt, hochgetrieben durch den aggressiven heimischen Wettbewerb zwischen Coca-Cola, Pepsi-Cola, Seven Up und anderen. Diese Unternehmen konkurrieren zwar weltweit, doch ist der Wettbewerb in Amerika schärfer als anderswo. Stolz und räumliche Nähe sind nur zwei der Gründe, die ich im vorigen Kapitel eingehender behandelt habe. Die Folge ist, daß die Anzeigentarife extrem hoch sind und neue Produkte zuerst in den Vereinigten Staaten auf den Markt kommen. Hier und in anderen Branchen regt die scharfe heimische Konkurrenz die Inlandsnachfrage nicht nur an, sondern *schafft* sie im Grunde durch Produkt- und Absatzinnovationen.

Aktiver Inlandswettbewerb wertet auch die Inlandsnachfrage auf. Das Vorhandensein mehrerer offensiver heimischer Konkurrenten wirkt auf die Käufer erzieherisch, macht sie wählerischer und anspruchsvoller, weil sie viel Beachtung erfahren. Bei Möbeln und Schuhen z. B. wurde die italienische Nachfrage durch das hohe Tempo aufgewertet, mit dem Hunderte von italienischen Firmen neue Produkte auf den heimischen Markt warfen. Nicht alle italienischen Unternehmen exportieren, und diejenigen, die es tun, bieten im Ausland selten ihr ganzes Programm an. Unter dem Strich bleibt, daß die italienischen Verbraucher mehr sehen und erfahren und wählerischer werden. (In anderen Ländern bieten weniger wettbewerbsfähige inländische Hersteller weniger Auswahl und Qualität.) Italiens raffinierte, spezialisierte Einzelhändler in Möbeln und Schuhen, die ich bereits geschildert habe, sind Ausdruck einer heftigen heimischen Konkurrenz unter den Schuh- und Möbelherstellern, denn die heimischen Firmen haben nach Absatzmärkten gesucht. Die Einzelhändler konkurrieren heftig, sie bieten eine breite Produktpalette, aus der der italienische Verbraucher wählen kann und dabei erzogen wird. Eine Branche schafft, wenn sie einmal international wettbewerbsfähig ist, im Inland Bedingungen, die diese Wettbewerbsfähigkeit verstärken.

Ein scharfer Inlandswettbewerb kann auch die *ausländische* Nachfrage erhöhen. Eine Gruppe inländischer Konkurrenten baut in der Branche ein nationales Image auf. Ausländische Käufer bemerken das und berücksichtigen das Land als potentiellen Lieferanten. Ihr Risiko, sich in dem Land zu versorgen, wird dadurch verringert, daß es noch andere Lieferanten gibt. Ein gutes Beispiel bieten Kosmetikstifte: Ausländische Kosmetikfirmen wählten für einen neuartigen Stift deutsche Zulieferer aus, weil in Nürnberg die Gruppe der weltweit führenden deutschen Bleistifthersteller sitzt.[5]

Die Existenz erfolgreicher *verwandter und unterstützender Branchen* kann auch die internationale Nachfrage nach den Produkten einer Branche erhöhen. Das ist durch die Übertragung des guten Rufes möglich. Das Image der Schweizer Armbanduhren übertrug sich in den 50er und 60er Jahren auf andere schweizerische Präzisionsgeräte. Das gleiche geschah in den 80er Jahren bei der Unterhaltungselektronik, wo das »Made in Japan« zu einem Kennzeichen für Qualität und anspruchsvolle Technik bei immer mehr Produkten verschiedener japanischer Hersteller wurde. Ein anderer Weg, daß die Wettbewerbsfähigkeit in verwandten Branchen die Nachfragebedingungen verbessert, ist der, daß Komplementärprodukte »mitgezogen« werden, wie ich weiter oben beschrieben habe.

Die Internationalisierung der Inlandsnachfrage wird auch durch die *Faktorbedingungen* beeinflußt, vor allem durch faktorbildende Mechanismen. Ein Land mit hochentwickelten faktorbildenden Mechanismen, die mit einer bestimmten Branche verbun-

den sind, zieht ausländische Studenten und Unternehmen an, die lernen und beob-
achten. Diese Studenten und Unternehmen erzeugen oft Nachfrage nach Waren und
Dienstleistungen eines Landes. Die Rolle der ausländischen, in den Vereinigten
Staaten ausgebildeten Ärzte ist, wie schon erwähnt, ein gutes Beispiel.

Entwicklung verwandter und unterstützender Branchen

Existenz, Breite und internationaler Erfolg verwandter und unterstützender Branchen werden in einem Land von anderen Bestimmungsfaktoren beeinflußt. Einige
der wichtigsten Beziehungen zeigt die Abbildung 4–3.
Faktorbedingungen in einer Branche, vor allem faktorbildende Mechanismen, können die Entwicklung verwandter und unterstützender Branchen ebenfalls beeinflus-

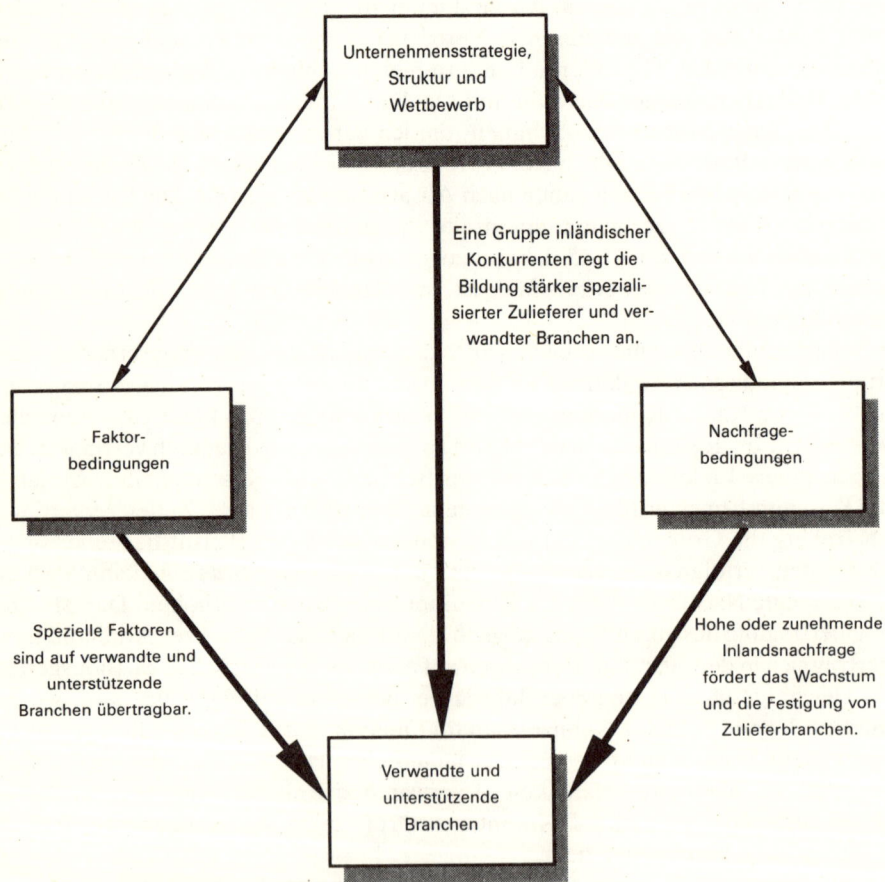

**ABB. 4–3   Einflüsse auf die Entwicklung verwandter und unterstützender
Branchen**

sen. Qualifikation, Fachwissen und Technologie, die in einer Branche entstanden sind, breiten sich aus und kommen ihnen zugute.

Die Breite und Spezialisierung der unterstützenden Branchen werden durch die *Größe und das Wachstum der Inlandsnachfrage* nach einem Produkt gesteigert.[6] Wo die Inlandsnachfrage nennenswert ist, tauchen immer mehr spezialisierte Zulieferer auf, um unbefriedigte Bedürfnisse zu decken, Importe zu ersetzen oder Tätigkeiten auszuführen, die früher wirtschaftlicher oder wirkungsvoller intern erledigt wurden. Die Leistungsfähigkeit inländischer Zulieferer nimmt oft mit steigender Branchengröße zu.

Noch einmal, den stärksten Einfluß auf die Entwicklung verwandter und unterstützender Branchen üben offensive *inländische Konkurrenten* aus. Eine Gruppe international erfolgreicher Inlandsfirmen, die weltweit verkauft, lenkt die globale Nachfrage auf die heimische Zulieferbranche. So hat die in der Welt führende Gruppe japanischer Halbleiterhersteller das Emporkommen weltweit führender japanischer Ausrüstungszulieferer für diese Branche angebahnt.

Während eine einzelne Firma die Zulieferer von Maschinen, Ausrüstung oder Dienstleistungen, die auch andere Branchen beliefern, auf sich aufmerksam machen muß, wird eine Gruppe inländischer Konkurrenten mit der Zeit von selbst bemerkt. Bestehende Zulieferbranchen erbringen Produkte und Dienstleistungen, die auf die Branche zugeschnitten sind. Zulieferer mit breitem Programm richten Sonderabteilungen ein, um die Branche zu bedienen. Die Massierung von Konkurrenten in der Film- und Fernsehbranche in Hollywood hat zur Entstehung einer florierenden hochspezialisierten Gruppe von Zulieferbranchen geführt; sie reicht von Firmen für Spezialeffekte über Kostümbildner bis zu Produktionsversicherern. Ihre Qualität und räumliche Nähe zu den Studios erhöhen Hollywoods Wettbewerbsfähigkeit.

Eine Gruppe international erfolgreicher heimischer Konkurrenten fordert die Zulieferbranche heraus und treibt sie voran. Unter dem Druck, der durch den offensiven Wettbewerb unter ihren Kunden entsteht, müssen die Zulieferer Innovationen und Verbesserungen durchführen, da sie sonst verdrängt werden. Die Nähe heimischer Stützpunkte erleichtert den Austausch und die Zusammenarbeit bei der Forschung. Die Zulieferindustrie kann ihren Kunden auch ins Ausland folgen, um deren internationale Geschäfte zu unterstützen, und dabei die eigene Globalisierung beschleunigen.

Eine Gruppe starker inländischer Konkurrenten, die sich einen aktiven Wettbewerb liefert, hilft nicht nur etablierte Zulieferer anziehen und aufwerten, sondern kann über Zugänge auch den Wettbewerbsstandard in Zulieferbranchen erhöhen. International erfolgreiche Unternehmen in einer Branche steigen oft in Zulieferbranchen ein. Sie sind auch die Quelle von Ablegern, wenn nämlich Angestellte aussteigen, um Zubehörteile, Maschinen oder Dienstleistungen zu produzieren.

Eine Gruppe heimischer Konkurrenten kann inländische unterstützende Branchen weit besser ermuntern und aufwerten als ein einzelnes beherrschendes Unternehmen. Die Existenz konkurrierender heimischer Abnehmer verringert einmal das Risiko, an die Branche zu verkaufen, zum anderen die Verhandlungsstärke eines einzelnen Käufers; sie regt zu mehr Eintritten in die Zulieferbranchen an, zu mehr Investitionen und zu Spezialisierung.[7] Die Existenz mehrerer heimischer Abnehmer mit jeweils anderen Bedürfnissen erweitert außerdem die von Zulieferern erforschten technischen Wege und schafft mehr potentielle Entwicklungszentren, die das Innovationstempo erhöhen. Schließlich erhöht die Existenz mehrerer Abnehmer die Wahrscheinlichkeit, daß einige sich insgeheim zusammenschließen, um der Branche beizutreten, was den Wettbewerb kräftigt, oder daß einer von ihnen eine neue Firma gründet, die eine neue Art des Wettbewerbs bringt.

Daß international wettbewerbsfähige Zulieferbranchen aus wettbewerbsfähigen Abnehmerbranchen hervorgehen, kommt oft vor. In Dänemark z. B. haben die großen exportorientierten Molkerei- und Fischbereiche Dutzende unterstützender Branchen angeregt: Maschinen für die Nahrungsmittelverarbeitung, Fischerboote, Bootsanstriche und Funkgeräte. Mehrere dieser Branchen sind international wettbewerbsfähig. In Deutschland hat eine chemische Industrie von Weltgeltung zur Entstehung weltweit führender Hersteller von Pumpen, Meß- und Kontrollgeräten für Flüssigkeiten geführt sowie zu Herstellern zahlloser anderer Produkte für den chemischen Bereich. In Amerika sorgte der frühe Erfolg in der Elektronik für die internationale Führung in Zulieferbranchen wie Test- und Meßgeräten.

Aktiver Inlandswettbewerb hat häufig auch den Einstieg in verwandte Branchen und letztlich eine internationale Spitzenstellung dort zur Folge. Viele der führenden japanischen Kameraunternehmen diversifizierten und produzierten kleine Fotokopiergeräte. Ihre übertragbaren technischen Fachkenntnisse auf dem Gebiet der Optik und ihr eingespieltes internationales Vertriebsnetz beschleunigten den Prozeß, mit dem Japan die Führung in der Welt erlangte. Ähnliche Fälle gibt es dutzendweise. Die italienischen Werkzeugmaschinenhersteller stiegen z. B. in die Fertigungsautomatisierung ein, und die koreanischen Fernsehgeräteproduzenten bei Videorecordern.

Einflüsse auf den Inlandswettbewerb

Die inländische Branchenstruktur wird auch von anderen Bestimmungsfaktoren beeinflußt. Besonders wichtig ist die Rolle anderer Bestimmungsfaktoren, wenn sie auf Zahl, Qualifikation und Strategien heimischer Konkurrenten Einfluß nehmen (siehe Abbildung 4−4).

Die *Nachfragebedingungen* erhöhen den Inlandswettbewerb, wenn die nachfragenden Inlandskäufer viele Bezugsquellen suchen und zum Brancheneintritt ermuntern. Sehr anspruchsvolle Käufer mit Sitz in einem Land können der Branche auch selbst beitreten. Das ist vor allem dann wesentlich, wenn sie maßgebliche Kenntnisse haben und die vorgelagerte Branche für strategisch wichtig halten. Ein gutes Beispiel ist die japanische Roboterindustrie. Viele der frühen und führenden Wettbewerber dieser Branche, wie Matsushita und Kawasaki, nutzen selbst in großem Stil Fertigungsautomaten. Anfänglich entwarfen sie Roboter für den internen Gebrauch, verkauften sie dann aber an andere. Dieses Beispiel zeigt, wie anspruchsvolle Benutzer, die in eine Branche eintreten, ein sehr genaues Verständnis der Käuferbedürfnisse und auch Fachwissen einbringen können und so die Aussichten für den Wettbewerbsvorteil verbessern. Die Reaktion anderer Branchenmitglieder auf ihren Eintritt wertet die gesamte heimische Branche weiter auf. Firmengründungen von ehemaligen Angestellten technisch hochentwickelter Benutzer haben in vielem die gleichen Auswirkungen. Ein frühes Eindringen eines Produkts in den Markt eines Landes regt den

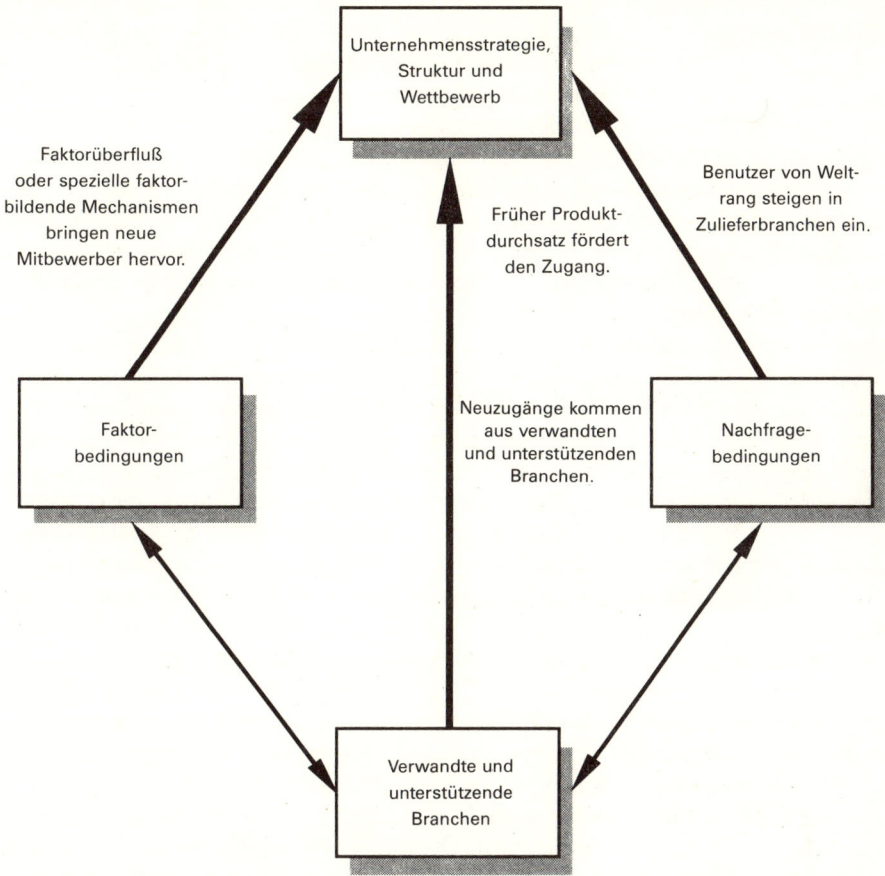

ABB. 4–4 Einflüsse auf den Inlandswettbewerb

Eintritt ebenfalls an, nicht nur von Benutzern, sondern auch von anderen Branchen, und durch Betriebsgründungen.

Ein Eintritt in eine Branche wird direkt oder indirekt auch von einer starken nationalen Stellung in *verwandten oder unterstützenden Branchen* gefördert. Ein Einstieg etablierter Firmen in nachgelagerte oder verwandte Branchen, der häufig zusammen mit einer Betriebsgründung erfolgt, läßt eine inländische Branchenstruktur entstehen, die Investitionen und Innovationen besonders zuträglich sein kann. Zulieferer, besonders wenn sie international erfolgreich sind, steigen oft in Benutzerbranchen ein. In Schweden stieg z. B. Sandvik von Spezialstählen auf Steinbohrer um, während SKF von Spezialstählen auf Kugellager umstieg. Stärken des Zulieferers in der Grundbranche bieten oft einen Wettbewerbsvorteil beim Eintritt in nachgelagerte Branchen. Einsteiger aus Zulieferbranchen bringen aus ihrem Kernbereich Kenntnisse und Quellen mit, die den Wettbewerb in der neuen Branche umbilden können, und liefern die Grundlage für den Wettbewerbsvorteil. Sie können in vielen Fällen Markennamen, Vertriebskanäle und technologisches Know-how gemeinsam nutzen.

Der Einstieg von Zulieferern in nachgelagerte Branchen ist ein guter Weg für die Übermittlung von Informationen und Kenntnissen und unterstützt so den vertikalen Austausch, der für den Wettbewerbsvorteil so wichtig ist. Einsteiger aus Zulieferbranchen in einem Land haben auch ein Engagement gegenüber der neuen Branche, das von Neugründungseinsteigern in anderen Ländern vielleicht nicht erreicht wird. Zulieferer betrachten die neue Branche als strategisch wichtig, weil sie mit ihrem Hauptgeschäft zusammenhängt und ihr Markenimage auf dem Spiel stehen kann. Der Zeithorizont für Entscheidungen wird länger, und die kurzfristige Rentabilität verliert an Bedeutung.

Selbst wenn weltweit führende Zulieferer nicht selbst in die Benutzerbranche einsteigen, sind sie oft doch der Ausgangspunkt für Ableger oder andere Einsteiger. Häufig kündigen Mitarbeiter der Zulieferer, um in die bisher belieferte Branche zu gehen, wenn sie eine Gelegenheit sehen, ihre Kenntnisse einzubringen oder die Technologie besser auszunutzen. Solche Einsteiger besitzen Fachkenntnisse und Beziehungen, die ein großer Vorteil sein können. Eine gutentwickelte Zulieferindustrie senkt auch die Hürden für den Eintritt in die nachgelagerte Branche durch Firmen, die als Montagebetriebe konkurrieren. Die Existenz vieler Ersatzteillieferanten erleichterte beispielsweise den Neueinstieg in die japanische Nähmaschinen- und Autoradiobranche.

Viele gleichgelagerte Gründe erklären, warum ein Wettbewerbsvorteil in einer verwandten Branche zu einem Eintritt in die betreffende Branche führt. Eine sehr profilierte Branche lenkt die Aufmerksamkeit oft auf Industrien, die mit ihr verwandt sind. So führte in Italien die weltweite Vorherrschaft bei Skistiefeln (zentriert auf das Gebiet um Montebelluna) zum Einstieg von Firmen aus derselben Gegend in die Après-Ski-Stiefelbranche. Der Zeitpunkt des Eintritts einer nationalen in eine ihr verwandte Branche ist nicht willkürlich. Oft findet eine verwandte Diversifizierung statt, wenn die Grundbranche sich entweder der Sättigung nähert oder Einbußen erleidet. Weil das alle Wettbewerber eines Landes etwa zur gleichen Zeit trifft, erlebt man häufig, daß mehrere heimische Firmen gleichzeitig in eine verwandte Branche diversifizieren. Nachahmung steigert den Vorgang noch.

Einsteiger aus einer verwandten Branche sind, wie Einsteiger aus Käufer- und Zulieferbranchen, zur Aufwertung des Wettbewerbsvorteils in einem Land als Einsteiger besonders gern gesehen. Sie besitzen oft übertragbare Stärken, die höherrangige Vorteile mit sich bringen. Viele japanische Wettbewerber bei Personalcomputern haben z. B. als Unterhaltungselektronikfirmen angefangen. Japans internationale Stellung bei Personalcomputern ist zwar bescheiden, doch wird es bei Laptops stärker, bei denen Kompaktheit und LCD-Technologie entscheidend für den Wettbewerbserfolg sind. Das sind Gebiete, auf denen japanische Unternehmen einzigartige und übertragbare Stärken haben, über die amerikanische und europäische Wettbewerber nicht verfügen.

Der nachhaltigste Wettbewerbsvorteil stellt sich oft ein, wenn mehrere verschiedene Zuliefer- und verwandte Branchen sich zu einer neuen Industrie zusammentun. Hier kommen vielfältige Wettbewerbsansätze zum Tragen, was der Innovation oft großen

Auftrieb gibt. Einsteiger aus verwandten Branchen sind am Erfolg in der neuen Branche ebenso interessiert wie neu eingestiegene Zulieferer. Japanische Büromaschinenhersteller, die z. B. beim Telefax einstiegen, hatten ein Markenimage zu wahren und waren um eine vollständige Produktpalette bemüht, um so mehr Einfluß bei den Vertriebskanälen zu haben.

Als dritter Einfluß auf die Inlandsstruktur ist die Rolle der *Bildungsmechanismen der speziellen Faktoren* zu nennen, wenn es um die Hervorbringung neuer Einsteiger in eine Branche, im allgemeinen Neugründungen, geht. Es gibt unzählige Beispiele, in denen ein Weltklasselaboratorium, eine Universitätsabteilung oder eine Ausbildungseinrichtung der Ausgangspunkt von Unternehmern war, die in eine Branche einstiegen. Die amerikanische biotechnologische Industrie etwa wurde von Wissenschaftlern aus Spitzenuniversitäten aufgebaut, die Unternehmen gründeten.

Inlandswettbewerb und der nationale »Diamant«

Zu den erstaunlichsten Ergebnissen unserer Untersuchung gehört, wie ich schon erörtert habe, das Vorherrschen mehrerer inländischer Konkurrenten in den Branchen, in denen das Land einen internationalen Vorteil besaß. Der Wettbewerb spielt eine direkte Rolle bei der Anregung von Verbesserungen und Innovationen. Seine Bedeutung wird noch gesteigert, weil er für die Firmen den so wichtigen Anreiz bietet, von den Vorteilen anderer Bestimmungsfaktoren zu profitieren, wie nachfragender Käufer oder hochentwickelter Zulieferer. Diese Vorteile des Inlandswettbewerbs, wie im vorigen Kapitel dargelegt, sind jedoch nur die direktesten und offenkundigsten. Die Abhandlung hier macht deutlich, daß der Inlandswettbewerb übergreift und dem Land auf viele andere und bedeutende Arten nutzt, die zweckmäßigerweise so zusammengefaßt werden:

- Neue Konkurrenten durch Betriebsableger Spin-offs anregen
- Faktoren bilden und anziehen
- Inlandsnachfrage aufwerten und ausdehnen
- Verwandte und unterstützende Branchen anspornen und aufwerten
- Staatliche Politik in wirkungsvollere Bahnen lenken.

Die allgemeineren Wirkungen des Inlandswettbewerbs hängen eng mit einem alten, aber oft vernachlässigten Begriff zusammen, der als externe Einsparungen bekannt ist. Das sind Einsparungen, die außerhalb des einzelnen Unternehmens, aber innerhalb der Unternehmensgruppe in einem Gebiet oder Land auflaufen. Klassischen Abhandlungen zufolge fallen externe Einsparungen durch das Übergreifen der Technologie und die Vorteile der Spezialisierung an, die einer großen Branche zuwachsen (wenn auch die einzelnen Unternehmen klein sein können).[8]

Nationale externe Einsparungen weit vielfältigerer Art sind ein Hauptmerkmal des Wettbewerbs, und ihre Rolle ist beherrschender als allgemein angenommen. Einige der wichtigsten externen Einsparungen haben mit dem Innovationsprozeß und der Aufwertung des Wettbewerbsvorteils zu tun, wie schon beschrieben. Eine Gruppe

Inlandskonkurrenten lenkt die Aufmerksamkeit auf die Branche, ermuntert zu Investitionen durch Einzelpersonen, Zulieferer und Einrichtungen, die das nationale Umfeld verbessern, und schafft, neben anderen Vorteilen, Vielfalt und Anreize, um das Innovationstempo zu steigern.[9] Externe Einsparungen kommen nicht nur der nationalen Branche zugute, sondern greifen auch häufig auf verwandte Branchen im Land über; erhöht wird ihre Stärke noch durch räumliche Nähe. Viele der wichtigsten Vorteile überwinden nationale Grenzen jedoch nur zögernd und sind für ausländische Unternehmen nur schwer erreichbar, selbst wenn diese vor Ort Tochtergesellschaften unterhalten.

Die Bestimmungsfaktoren als System

Ein Land hat im internationalen Wettbewerb dort Erfolg, wo es Vorteile im »Diamanten« besitzt. Weil die Anforderungen des Erfolgs in Branchen und Branchenbereichen sehr unterschiedlich sind und ein begrenzter Bestand an Ressourcen einen Erfolg in allen Branchen ausschließt, können Länder in einer Branche beherrschend sein und in einer anderen kläglich scheitern. Länder können auch in einem Branchenbereich sehr erfolgreich operieren, während es ihnen in einem anderen an einem Wettbewerbsvorteil fehlt.

In den erfolgreichsten nationalen Branchen weiß man oft nicht, wo man mit der Erklärung des Wettbewerbsvorteils beginnen soll: Das Wechselspiel und die sich selbst verstärkenden Kräfte der Bestimmungsfaktoren sind so komplex, daß sie Ursache und Wirkung verschleiern. Das nationale Umfeld wird mit der Zeit und der Umstrukturierung des »Diamanten« für den Wettbewerb günstiger. Das System ist außerdem ständig in Bewegung. Die nationale Branche entwickelt sich ständig weiter und spiegelt die sich ändernden Umstände oder erleidet Rückschläge.

Vorteile im gesamten »Diamanten« sind nicht immer notwendig für einen Wettbewerbsvorteil in einfachen oder ressourcenintensiven Branchen und in den standardisierten, basistechnologischen Bereichen fortgeschrittenerer Branchen. In rohstoffintensiven Branchen und denen mit niedrigem technologischem Niveau sind oft Faktorkosten entscheidend. In standardisierten, preisanfälligen Bereichen technisch höherentwickelter Branchen reicht die durch Lizenzen oder den Kauf ausländischer Maschinen verfügbare Technologie unter Umständen aus, und Vorteile der Inlandsnachfrage sind nicht nötig, weil die Modelle und Besonderheiten gut eingeführt und leicht zu kopieren sind. Solche Branchen und Branchenbereiche bieten Ländern, die noch am Anfang des Entwicklungsprozesses stehen, die besten Aussichten, wie ich im folgenden erläutern werde.

Der Wettbewerbsvorteil in technisch hochstehenderen Branchen und Branchenbereichen geht jedoch selten auf nur einen Bestimmungsfaktor zurück. Normalerweise kommen Vorteile in mehreren Branchen zusammen und schaffen sich selbst verstärkende Bedingungen, unter denen die Firmen eines Landes international erfolgreich sind. Das deshalb, weil der Wettbewerbsvorteil in hochentwickelten Branchen im wesentlichen vom Tempo der Verbesserungen und Innovationen abhängt. Die Unternehmen eines Landes, denen es an anspruchsvollen inländischen Käufern, an leistungsfähigen Zulieferern oder anderen günstigen Bestimmungsfaktoren fehlt, haben große Schwierigkeiten, schneller zu innovieren als Konkurrenten, die darüber verfügen. Wie im vorigen Kapitel schon betont, ist ebenfalls von Bedeutung, daß die positive Wirkung eines Bestimmungsfaktors oft vom Zustand anderer abhängt. Daß die japanischen Unternehmen der Unterhaltungselektronik Nutzen aus den anspruchsvollen heimischen Käufern und der schnellen Marktsättigung ziehen können, hängt vom Vorhandensein eines Bestands an hochqualifizierten Arbeitskräften und Elektronikingenieuren ab, von Zielen, die offensive Investitionen fördern, und von einem scharfen heimischen Wettbewerb. Breite Vorteile im »Diamanten« sind auch deshalb wichtig, weil das Wechselspiel zwischen den Bestimmungsfaktoren neue Informationen, neue Kenntnisse und neue Spieler in den Branchenwettbewerb einführt, was schnellere Innovationen und eine Aufwertung des Wettbewerbs mit sich bringt. Die Unternehmen eines Landes können ihren Wettbewerbsvorteil anfänglich vielleicht noch aus nur einem Bestimmungsfaktor ziehen, werden ihn aber kaum halten können, wenn die Vorteile sich nicht ausweiten und auch andere Faktoren hinzukommen.

Selbst in fortgeschritteneren Bereichen und Branchen muß ein Land nicht immer Vorteile bei *allen* Bestimmungsfaktoren haben, wenn es international erfolgreich sein will. Japanische Firmen z. B. hatten trotz geringer Inlandsnachfrage Erfolg mit mechanischen Schreibmaschinen. Die schweizerische Firma Cerberus ist führend in der Welt bei Feuermeldern, obwohl sie keine heimischen Konkurrenten hat. Wo ein Land bei einem Bestimmungsfaktor benachteiligt ist, zeigt der nationale Erfolg normalerweise einen ungewöhnlichen Vorteil bei anderen Faktoren und läßt irgendeinen Ausgleich für den Nachteil erkennen. Bei japanischen Schreibmaschinen z. B. waren die ersten Wettbewerber gut eingeführte Unternehmen, wie etwa Brother, die aus der verwandten Nähmaschinenbranche kamen und diversifizierten. Sie griffen auf eine übertragbare Technologie, genügend leistungsfähige Zulieferer, relativ niedrige Löhne für qualifizierte Arbeiter und eingespielte Vetriebsnetze zurück. Zu den Nähmaschinenherstellern kamen später mehrere Einsteiger hinzu, einige davon japanische Elektronikunternehmen, die eine breitere Grundlage in Büroautomatisierung anstrebten. Die Folge war ein erbitterter Wettbewerb innerhalb einer großen Gruppe verschiedenster Inlandskonkurrenten. In den Vereinigten Staaten und in Europa war die Zahl der Konkurrenten dagegen klein, die Produktionstechnologie nur schwach automatisiert und der Wettbewerb gedämpft. Ungewöhnliche Vorteile in verwandten und unterstützenden Branchen sowie scharfer Konkurrenzkampf ermöglichten den japanischen Schreibmaschinenherstellern den Erfolg, ohne irgendwelche Vorteile aus der Inlandsnachfrage.

Besonderheiten bei der Nachfrage spielten allerdings eine interessante Rolle. In den ersten zehn Jahren nach dem Zweiten Weltkrieg brauchte man in Japan die knappen Devisen für Nahrungsmittel- und Rohstoffimporte. Es war unmöglich, sich Devisen für die Einfuhr von Schreibmaschinen zu beschaffen. Japanische Unternehmen brauchten jedoch Schreibmaschinen für den fremdsprachigen Schriftverkehr mit ausländischen Kunden und den amerikanischen Besatzungsbehörden. Diese Nachfrage konnte, so klein sie war, nur durch eine heimische Schreibmaschinenproduktion befriedigt werden. Und so stiegen Brother und andere Nähmaschinenhersteller, die die Produktion komplizierter mechanischer Maschinen kannten, in die Schreibmaschinenbranche ein. Bei eingehender Prüfung stellten wir fest, daß in der großen Mehrzahl der von uns untersuchten erfolgreichen Landesbranchen jeder der vier Bestimmungsfaktoren irgendeine Rolle bei der Schaffung von Vorteilen spielte.

Das Beispiel Cerberus macht deutlich, wie ein fehlender Bestimmungsfaktor ausgeglichen wird. Der Gründer von Cerberus erfand bei physikalischen Untersuchungen am Polytechnischen Institut in Zürich den Ionisations-Rauchmelder. Eine dynamische Entwicklung des Unternehmens trotz geringer heimischer Konkurrenz war die Folge des Drucks von der Nachfrageseite. Die Abneigung der Schweizer gegen Risiken (die Schweizer sind das am höchsten versicherte Volk der Welt) und die Existenz einiger Industrien in der Schweiz, die empfindlich auf Feuergefahren reagierten, wie Banken, Hotels und Chemieunternehmen, führten dazu, daß die Schweiz das weltweit bei weitem höchste Aufkommen an Feuermeldegeräten hat. Ersatzprodukte einschließlich Sprinkleranlagen, Sicherheitsposten und vollkommen unkonventionelle Feuermelder übernahmen die Rolle der heimischen Konkurrenten. Cerberus war gezwungen, seinen Schweizer Kunden den Nutzen der Feuermelder offensiv zu verkaufen, beeinflußte staatliche Stellen, Feuermelder zur Pflicht zu machen, und bearbeitete die Versicherungen, Anreize für deren Einbau zu bieten.

In kleinen Ländern kann das Fehlen heimischer Konkurrenz manchmal durch Öffnung gegenüber dem internationalen Wettbewerb und Globalstrategien, bei denen die Unternehmen eines Landes auf ausländische Konkurrenten in vielen Ländern stoßen, ausgeglichen werden. Beide Bedingungen treffen bei Cerberus zu. Aber die Fälle, in denen ein Land Erfolg in einer Branche hat, in der es *nie* eine heimische Konkurrenz gab, sind vergleichsweise selten. Im allgemeinen wird ein fehlender Bestimmungsfaktor meistens ausgeglichen, sobald die Unternehmen eines Landes eine internationale Spitzenposition erreicht haben. Hier können Globalstrategien eingesetzt werden, um gezielt Vorteile in anderen Ländern zu erschließen, und Firmen können die Aufmerksamkeit und Unterstützung ausländischer Käufer und Zulieferer erringen.

Einige Bestimmungsfaktoren des nationalen Vorteils sind für eine bestimmte Branche typisch, wie das Vorhandensein anspruchsvoller Kunden für ein Produkt oder die Existenz bestimmter verwandter und unterstützender Branchen. Andere nationale Eigenschaften sind vielleicht allgemeiner anwendbar und wirken möglicherweise auf den Wettbewerbserfolg in mehreren Branchen ein. Die Mehrsprachigkeit der Schweizer, die bekannt wählerischen japanischen Verbraucher und die amerikanische Stärke im Softwarebereich haben einen potentiellen Nutzen für viele Branchen.

Während allgemein brauchbare Quellen der Wettbewerbsvorteile Gutes für den Erfolg in mehreren Branchen versprechen, vorausgesetzt, das Land ist tatsächlich überlegen, gibt es keine einzige Quelle eines nationalen Vorteils, die allein für eine ganze Volkswirtschaft oder auch nur einen Teilbereich bedeutsam oder bezeichnend wäre. Im übrigen sind verallgemeinerte Nationaleigenschaften selten einmalig und können leicht von ausländischen Firmen unter engeren, branchenspezifischen, heimischen Bedingungen übernommen werden.

In den meisten Branchen hat ein Land Erfolg, weil es einige allgemein anwendbare Vorteile mit solchen verbindet, die für eine bestimmte Branche oder eine kleine Branchengruppe typisch sind. Bei Telefax z. B. verband Japan einen vielseitig einsetzbaren Bestand an qualifizierten und motivierten Arbeitern und einen allgemeinen Vorteil in komplexer Automation und Massenproduktion mit einzigartigen Nachfragebedingungen bei Telefaxgeräten (es konnten keine Fernschreiber benutzt werden, mehrere etablierte Multis waren jedoch dringend auf internationale Kommunikation angewiesen) und einer starken Position in mehreren verwandten und unterstützenden Branchen, die gleichermaßen unentbehrlich waren (wie Kleinmotoren, Kameras, Fotokopierer und automatische Bürogeräte). Umgekehrt sind die Vereinigten Staaten wiederholt gescheitert, Nutzen aus einer starken Grundlagenforschung in wichtigen allgemeinen Technologien zu ziehen, weil andere branchenspezifischere Bestimmungsfaktoren fehlten.

Wahrung

Ein Vorteil wird gewahrt, weil seine Ursprünge erweitert und aufgewertet werden. Einige Bestimmungsfaktoren bieten für den Vorteil eine besser aufrechtzuerhaltende Grundlage als andere. Der aktuelle Faktorbestand ist z. B. weniger wichtig als das Vorhandensein spezialisierter und überragender Einrichtungen zur Faktorbildung. Allgemeiner ausgedrückt, Bedingungen, die dynamische Vorteile bieten (schnellere Innovation, Vorteile für den schnell Handelnden, Zwang zu Verbesserungen), sind wichtiger als die, die statische Vorteile bringen (etwa Faktorkosten und ein großer Inlandsmarkt). Die Zusammensetzung der Nachfrage ist also oft wichtiger als die Nachfragegröße, während die Intensität des Inlandswettbewerbs wichtiger ist als die Tatsache, ob Firmen eine internationale Zielsetzung haben oder nicht.

Nachteile bei einem oder zwei Bestimmungsfaktoren verhindern nicht zwangsläufig, daß ein Land einen Wettbewerbsvorteil erzielt, doch der widerstandsfähigste Wettbewerbsvorteil hängt meistens mit einem verbreiteten und sich selbst verstärkenden Vorteil bei vielen Bestimmungsfaktoren zusammen. Ausländische Konkurrenten können den einen oder anderen Vorteil manchmal wiederholen, vor allem Faktorkosten (durch Beschaffung im Ausland), mitunter auch Nachfragebedingungen (durch Verkauf auf dem Inlandsmarkt eines anderen Landes). Darüber hinaus ist die Stellung eines Landes bei einigen Bestimmungsfaktoren vielleicht nicht einzigartig. Ein nationaler Vorteil entsteht jedoch, wenn das *System* einzigartig ist. Das gesamte System ist nur schwer und unter großem Zeitaufwand übertragbar. Die wechselseitige Abhängigkeit und Verstärkung der Bestimmungsfaktoren sind für die Aufwertung sehr wichtig, und das System ist von einem anderen heimischen Stützpunkt aus nur schwer zu durchdringen. Der Prozeß, das System in einem Land aufzubauen, zieht sich oftmals hin. Ist es aber einmal installiert, kann die gesamte nationale Branche schneller voranschreiten, als die ausländischen Konkurrenten es könnten.

Die wichtige Funktion der Wechselwirkung zwischen den Bestimmungsfaktoren bedeutet, daß die Wahrscheinlichkeit, einen Vorteil in einer Branche zu erzielen und zu behaupten, zum Teil davon abhängt, wie wirksam in einem Land die Wechselwirkungen sind; ein Land hat in den Branchen Erfolg, in denen sie besonders gut wirken. Wie schnell und gut werten Konkurrenten ihre Zulieferer auf? Wie schnell und umfassend reagieren Ausbildungseinrichtungen und andere faktorbildende Mechanismen auf die Bedürfnisse einer sich bildenden Industrie? Wie schnell werden Käufer anspruchsvoll? Wie viele neue Einsteiger kommen aus faktorbildenden Einrichtungen, Zulieferern oder Kunden hinzu?

Die Wirksamkeit dieser Wechselwirkungen hängt zum Teil von anderen Bestimmungsfaktoren ab, wie der Fähigkeit zu geschäftlichen Neugründungen. Sie hängt ferner von der Mobilität und Reaktionsfähigkeit der Institutionen, Einzelpersonen und Firmen im Land ab, die Bezug zu einer bestimmten Branche haben. Die räumliche Konzentration von Unternehmen, Kunden, Zulieferern und Einrichtungen, die Faktoren bilden, spielt ebenfalls eine Rolle; darüber im Folgenden mehr.

Ähnliche Überlegungen wirken ebenfalls auf die Fähigkeit eines Landes ein, seine Vorteile in einer Branche mit der Zeit auszuweiten und aufzuwerten. Es kann mehrere Länder mit vergleichbaren Positionen bei ein oder zwei Bestimmungsfaktoren geben. Die Geschwindigkeit und Wirksamkeit, mit denen sich der gesamte »Diamant« entwickelt, bestimmen darüber, welches Land einen Vorteil erzielt.

Eine multinationale Gesellschaft, deren heimischer Stützpunkt in einem anderen Land liegt, hat große Schwierigkeiten, einen nationalen »Diamanten« nachzubilden, selbst wenn sie eine Tochter in dem Land gründet und mit einer koordinierten Globalstrategie auftritt. Koordinierungskosten und Informationsfehlschläge sprechen dagegen, daß ein ausländischer Multi von außen in den vollen Genuß nationaler Vorteile kommt. Unternehmen, die ihren heimischen Stützpunkt im Land haben, haben mobileren und offeneren Zugang zu den Inlandsmärkten und mehr Gespür für die heimischen Käufer. Sie werden auch eher auf die Vorteile heimischer Zulieferer ansprechen und dort zugreifen. Sie werden sich eher der heimischen faktorbildenden Mechanismen bedienen und sich von heimischen Konkurrenten stärker anregen und antreiben lassen. Um sich durchzusetzen, muß die inländische Tochtergesellschaft eines ausländischen Multis definitiv dessen »heimischer Stützpunkt« werden. Aber das verlangt, daß sie weltweit die strategische Kontrolle über das Geschäft und auch die wesentlichen Einrichtungen für Forschung und Entwicklung erhält, wodurch die Tochter in ein echtes Inlandsunternehmen verwandelt wird.

Cluster-Bildung wettbewerbsfähiger Branchen

Die wettbewerbsfähigen Branchen eines Landes sind nicht gleichmäßig über die Volkswirtschaft verteilt, wie aus der Analyse einzelner Länder in Teil III ganz klar hervorgeht. Die systematische Art des »Diamanten« begünstigt den Cluster, die Ballung der wettbewerbsfähigen Branchen eines Landes. Die erfolgreichen Branchen eines Landes sind im allgemeinen durch vertikale (Käufer/Lieferant) oder horizontale Beziehungen (normale Kunden, Technologie, Vertriebskanäle etc.) verbunden.

Ein besonders treffendes Beispiel liefert Dänemark. Abbildung 4–5 zeigt eine Reihe Branchen auf, in denen Dänemark international wettbewerbsfähig ist, und stellt dar, wie diese Industrien miteinander verbunden sind. In Dänemark gibt es auch Cluster wettbewerbsfähiger Branchen, die mit dem Wohnbereich (Haushaltsprodukte und Möbel) und mit Gesundheit (Arzneimittel, Vitamine, medizinische Geräte u. a. m.) zusammenhängen. Die Cluster in den Bereichen Gesundheit und Landwirtschaft sind durch die Technologie und Rohstoffanforderungen miteinander verbunden.

Schweden ist nicht nur in Zellstoff und Papier wettbewerbsfähig, sondern auch in Holzbearbeitungsmaschinen, Schwefelkesseln, Fördersystemen, Maschinen zur Zell-

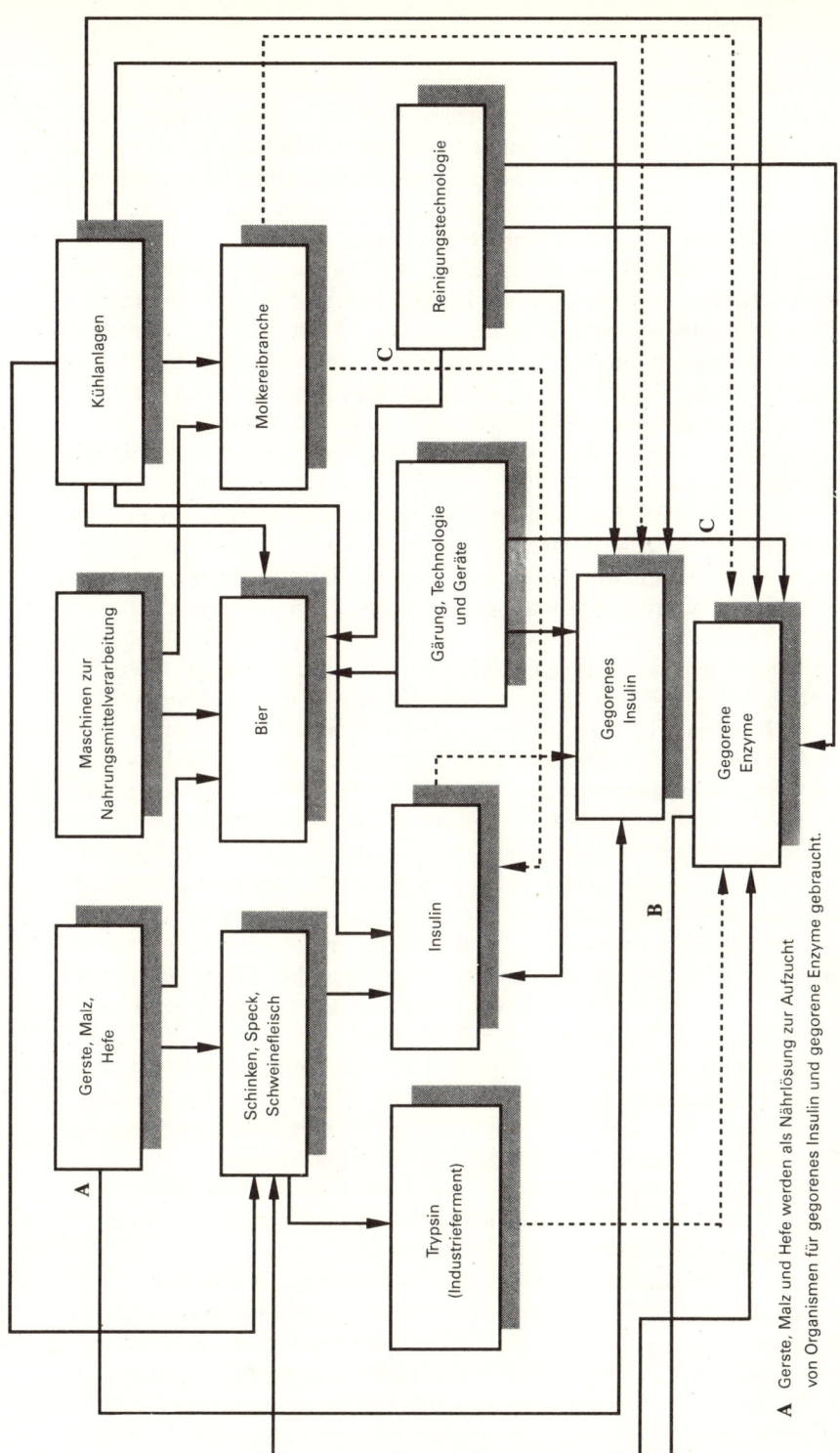

ABB. 4–5 Teilansammlung wettbewerbsfähiger Branchen in der dänischen Wirtschaft

A Gerste, Malz und Hefe werden als Nährlösung zur Aufzucht
von Organismen für gegorenes Insulin und gegorene Enzyme gebraucht.

B Die eigentliche Nachfrage nach Reinigungsenzymen kommt von Schlachthöfen.

C Insulin- und Enzymhersteller holten sich qualifizierte Arbeiter aus den Molkereibetrieben.

Durchgehende Linie = Zulieferbeziehung
Gestrichelte Linie = Normale Technologien oder normale Produktionsmittel

stoffherstellung, Steuergeräten, Maschinen zur Papierherstellung und Papiertrocknung. Das Land ist zwar in Chemikalien grundsätzlich nicht konkurrenzfähig, aber doch in Chemikalien, die bei der Herstellung von Zellstoff und Papier gebraucht werden, international erfolgreich. In Italien gibt es bedeutende Cluster, die mit Mode, Möbeln und Nahrungsmitteln zu tun haben. In größeren Ländern ist die Zahl der Cluster größer, doch der Ballungsprozeß ist nicht weniger ausgeprägt. In Deutschland z. B. stehen viele Cluster in Beziehung zur Chemie, der Metallverarbeitung, dem Transportwesen und dem Drucken. In allen Fällen ist das Land international erfolgreich in Fertigerzeugnissen, in Maschinen zur Herstellung der Waren, in speziellen Produktionsmitteln und oft in verwandten Dienstleistungen. Cluster scheint es in allen Ländern zu geben, auch in denen, die nicht zu unserer Untersuchung gehören. So haben in Israel wichtige Cluster mit der Landwirtschaft (Anbau, Düngemittel, Bewässerungsanlagen, andere Spezialgeräte und -maschinen) und mit der Landesverteidigung zu tun.[10]

Die Muster des nationalen Wettbewerbsvorteils in allen von uns untersuchten Ländern, auf das ich in Teil III näher eingehe, zeigen samt und sonders ausgeprägte Cluster-Erscheinungen. Das Phänomen des industriellen Clusters ist so weit verbreitet, daß es offenbar ein zentrales Merkmal der fortgeschrittenen Volkswirtschaften ist.[11, 12]

Die Gründe für den Cluster erwachsen direkt aus den Bestimmungsfaktoren des nationalen Vorteils und manifestieren deren systemischen Charakter. Eine wettbewerbsfähige Branche hilft in einem sich gegenseitig verstärkenden Prozeß eine andere bilden. Eine solche Branche ist oft anspruchsvollste Käufer der Produkte und Dienstleistungen, auf die sie angewiesen ist. Ihre Existenz in einem Land wird für die Entwicklung des Wettbewerbsvorteils in Zulieferbranchen wichtig.[13] Die amerikanische Führung bei langlebigen Konsumgütern trug zur hervorragenden Stellung der Vereinigten Staaten in der Werbung bei. Die japanische Stärke in der Unterhaltungselektronik bedeutete, daß der japanische Erfolg bei Halbleitern sich zu Speicherchips und integrierten Schaltungen verlagerte, die für diese Produkte dringend gebraucht werden, während die USA die Führung bei komplexen logischen Chips behaupten, die in Computern, Telekommunikationsapparaten und der Rüstungselektronik unerläßlich sind, alles Branchen, in denen die US-Firmen sich dem Wettbewerb stellen. Die starke internationale Stellung der japanischen Automobilhersteller hat in jüngster Zeit auch den Zulieferbetrieben im Land nach und nach zu internationaler Geltung verholfen. Die Existenz einer hochklassigen heimischen Käuferbranche kommt nicht nur den Zulieferern daheim zugute, sondern kann auch dazu beitragen, diese Zulieferer ins Ausland zu ziehen; japanische Zulieferer von Autoteilen bauen inzwischen im Eiltempo Fabriken im Ausland, eben weil die japanischen Automobilhersteller zur Auslandsproduktion übergegangen sind.

Wettbewerbsfähige Zulieferindustrien in einem Land machen auch Mut zu in der Welt führenden nachgelagerten Branchen. Sie stellen die Technologie, regen die Bildung übertragbarer Faktoren an und werden zu neuen Einsteigern. Eine international wettbewerbsfähige Branche schafft auch dadurch neue verwandte Branchen, daß sie schnellen Zugang zu übertragbaren Fachkenntnissen bietet, einen Einstieg bereits bestehender verwandter Firmen ermöglicht oder indirekt durch Gründung von Ablegern bewirkt.

Sobald sich ein Cluster bildet, unterstützen sich die Industrien der gesamten Gruppe gegenseitig. Der Nutzen verteilt sich nach vorn, nach hinten und horizontal. Offensiver Wettbewerb in einer Branche springt oft auf andere Branchen des Ballungsraums über – durch das Ausüben von Verhandlungsstärke, durch Ableger und verwandte Diversifizierung etablierter Unternehmen. Der Zugang aus anderen Branchen innerhalb des Clusters treibt die Aufwertung voran, indem er die methodische Vielfalt in Forschung und Entwicklung belebt und einen Weg bietet, neue Strategien und Kenntnisse einzuführen. Die Informationen fließen ungehindert, und Innovationen verteilen sich rasch durch die Kanäle von Zulieferern und Kunden, die Kontakt zu einer Vielzahl von Wettbewerbern haben. Verbindungen innerhalb des Clusters führen, häufig unerwartet, zur Erkenntnis neuer Wettbewerbsmöglichkeiten und völlig neuer Gelegenheiten. Menschen und Ideen finden auf neue Arten zueinander. Das Silicon Valley ist ein gutes Beispiel.

Der Cluster wird zu einem Mittel, Vielfalt zu erhalten und Selbstbespiegelung, Trägheit, Unbeweglichkeit und Absprachen unter Konkurrenten zu verhindern, die eine Aufwertung des Wettbewerbs und Neuzugänge verschleppen oder blockieren. Der Cluster steigert den Informationsfluß, erhöht die Wahrscheinlichkeit neuer Ansätze und Zugänge durch Ableger, nachgelagerte, vorgelagerte und verwandte Branchen. In gewisser Hinsicht rekrutiert er »Außenseiter« aus dem Land selbst, die auf neue Art konkurrieren. Nationale Branchen können einen Vorteil so eher wahren, anstatt ihn an andere Länder zu verlieren, die innovieren.

Eine komplette Ansammlung von Branchen vergrößert und beschleunigt den Prozeß der Faktorbildung, der überall dort vorkommt, wo mehrere inländische Konkurrenten zusammen sind. Unternehmen aus einer ganzen Gruppe miteinander verbundener Branchen investieren *alle* in spezielle, aber verwandte Technologien, Informationen, Infrastruktur und Humankapital, und es kommt zu zahlreichen Firmenausgliederungen. Die Größe des gesamten Clusters animiert zu größeren Investitionen und zur Spezialisierung. Gemeinsame Vorhaben von Unternehmensverbänden unter Einbeziehung von Firmen aus verschiedenen Branchen sind gang und gäbe. Staat und Universitäten sind interessierter. Der Sog, mit dem Größe und Prestige Begabungen in den Cluster hineinziehen, wird stärker. Das internationale Ansehen des Landes auf dem Gebiet wächst.

Der Cluster wettbewerbsfähiger Branchen wird mehr als die Summe seiner Teile. Er neigt zur Expansion, da eine Branche eine neue hervorbringt. Die Expansionsrichtungen hängen von den clusterbildenden Prozessen ab, die im Land vorherrschen. Zwei Beispiele sollen das verdeutlichen. In Japan neigen Cluster zur horizontalen Expansion, da etablierte japanische Unternehmen offensiv in verwandte Branchen eindringen, getrieben von der Art ihrer Ziele und einem Hang zur internen Diversifizierung. In Italien tendieren Cluster zur vertikalen Expansion, da neue Ableger entstehen, die immer speziellere Nischen bedienen und in die Zulieferindustrien drängen. Verwandte Diversifizierung durch etablierte Unternehmen ist seltener.

Wenn Cluster entstehen, strömen ihnen Ressourcen in der Wirtschaft zu, die von isolierten Branchen abgezogen werden, die die Mittel nicht so produktiv einsetzen können. Je mehr Branchen dem internationalen Wettbewerb in der Volkswirtschaft ausgesetzt werden, desto ausgeprägter wird die Bewegung zum Cluster.

Der nationale Wettbewerbsvorteil liegt somit ebenso auf der Ebene der Cluster wie in einzelnen Branchen.[14] Das hat bedeutende Folgen für die staatliche Politik und die Unternehmensstrategie.

Austausch innerhalb von Clustern

Dem Wirken des nationalen »Diamanten« und dem Phänomen des Clusters liegen der Austausch und der Informationsfluß über Bedürfnisse, Techniken und Technologie zwischen Käufern, Zulieferern und verwandten Branchen zugrunde. Erfolgt ein solcher Austausch *zur gleichen Zeit, zu der der aktive Wettbewerb in jeder einzelnen Branche aufrechterhalten* wird, sind die Bedingungen für den Wettbewerbsvorteil am günstigsten. Ich habe einige der Gründe genannt, warum ein solcher Austausch den Wettbewerbsvorteil stärkt, bisher aber wenig über die Mechanismen gesagt, die ihn bewirken. Sie sind bedeutsam, denn ein wirksamer Austausch zwischen unabhängigen Unternehmen in einem Land ist alles andere als gesichert (wenn auch weit wahrscheinlicher als ein Austausch zwischen Firmen, deren heimische Stützpunkte in verschiedenen Ländern liegen). Unternehmen in einem nationalen Cluster haben unterschiedliche und manchmal gegensätzliche wirtschaftliche Interessen. Lieferanten und Käufer z. B. denken verschieden über Preise und die sich daraus ergebende Aufteilung der Gewinne. Das kann den Informationsfluß zwischen ihnen einseitig beeinflussen oder hemmen, weil der Wunsch besteht, Information für sich zu behalten.[15] Die Tatsache, daß beim Wettbewerb mit ausländischen Konkurrenten ein freier Austausch allen heimischen Firmen zugute kommen kann, besänftigt doch nicht ganz ihre Sorge wegen der relativen Verhandlungsposition.

Wir haben zwischen Ländern und auch zwischen Branchen in Ländern beträchtliche Unterschiede festgestellt, wie und wie gut Cluster funktionieren. Ein Land erzielt einen wichtigen nationalen Vorteil, wo nationale Eigenschaften den Austausch zwischen den Clustern unterstützen. Ein besonders wirksamer Austausch in einer bestimmten Branche oder einem Sektor, wie etwa beim schwedischen Bergbau und Bergbaumaschinen, ist ein gutes Vorzeichen für einen beständigen nationalen Erfolg. Mechanismen, die den Austausch in Clustern erleichtern, sind Bedingungen, die den Informationsfluß fördern oder die Informationen freisetzen und die Koordinierung erleichtern, indem sie Vertrauen schaffen und die erkannten Unterschiede bei den wirtschaftlichen Interessen zwischen vertikal oder horizontal verbundenen Firmen abschwächen.[16] Im folgenden einige Beispiele:

Erleichterungen für den Informationsfluß

– Persönliche Beziehungen dank Schulung, Militärdienst
– Bindungen durch die wissenschaftliche Gemeinschaft oder Berufsverbände
– Gemeinschaftsbande dank räumlicher Nähe
– Unternehmensverbände, die auch Cluster umfassen
– Verhaltensnormen wie der Glaube an Beständigkeit und dauerhafte Beziehungen.

Quellen der Übereinstimmung von Zielen oder der Vereinbarkeit in Clustern[17]

– Familiäre oder familienähnliche Bande zwischen Firmen

- Gemeinsamer Besitz in einer Branchengruppe
- Kapitalbeteiligung
- Personalunion
- Patriotismus.

Japan bietet ein interessantes Beispiel für gutfunktionierende Cluster (siehe Kapitel 8). Die Wirkungsweise japanischer Cluster wird durch mehrere Umstände angeregt. Am auffälligsten sind die großen Gruppen oder *Keiretsu*, lockere Firmengruppierungen mit Aktionärsverbindungen, Überbleibsel sehr viel strafferer Industrieholding-Gesellschaften aus der Zeit vor dem Zweiten Weltkrieg. Im Mittelpunkt jeder Gruppe steht eine größere Bank, etwa die Sumitomo Bank oder die Mitsubishi Bank. Es wird weitgehend anerkannt, daß diese Gruppen wichtig für die Entscheidungsfindung sind und daß die Unternehmen der Gruppe sichere Märkte füreinander sind. Aber die Gruppe (oder die Mutterbank) hat im Grunde relativ wenig Einfluß auf strategische oder gar taktische Entscheidungen. Diese Gruppenbande sind jedoch grundsätzlich wichtig wegen ihrer Rolle für die Arbeitsweise der Cluster. Die Unternehmen beraten einander und arbeiten aufgrund ihrer »besonderen« Beziehung gut zusammen. Sie kooperieren bei technologischen Entwicklungen und tauschen eindeutige Signale über Marktbedürfnisse aus. In der Faseroptik z. B. haben die NEC Corporation und Sumitomo Cable (beides Unternehmen der Sumitomo-Gruppe) jahrelang eng in der Entwicklung der Faseroptiktechnologie zusammengearbeitet. NEC ist auf Elektronik spezialisiert und Sumitomo Cable auf Glasfasern und Kabeltechnik – ein Geschäft mit ganz unterschiedlichen Quellen für den Wettbewerbsvorteil.[18] Das Vorherrschen der verwandten Diversifikation durch interne Entwicklung bei japanischen Unternehmen führt auch zu einer ganzen Reihe von Betriebseinheiten, die in vertikal und horizontal verbundenen Branchen innerhalb eines einzigen Unternehmens konkurrieren. Weil sie Neugründungen waren und nicht erworben, ist der Austausch von Informationen und Kenntnissen zwischen diesen Einheiten bemerkenswert gut.

In Japan bestehen in Clustern weitere wichtige Fördermechanismen. Einer ist die Kapitalbeteiligung, die größere japanische Unternehmen manchmal an ihren Zulieferern halten. Ein anderer ist die geographische Nähe von Firmen. Der Austausch in den Clustern wird auch durch persönliche Beziehungen gefördert. Die Japaner pflegen lebenslange Beziehungen zu Kommilitonen, und Klassenkameraden treffen sich regelmäßig, oft jahrzehntelang. Das schafft ein Netz für den Austausch zwischen verwandten Firmen. Japanische Unternehmensverbände sind ebenfalls ein Sprachrohr für den Austausch allgemeiner und technischer Informationen, oft legitimiert durch die Schirmherrschaft des Staates. Unternehmensverbände umfassen häufig eine Gruppe verwandter Branchen und deren Zulieferbranchen.

Japanische Ansammlungen verdeutlichen auch noch einen anderen wichtigen Punkt. Zur gleichen Zeit, wo diese Mechanismen zur Förderung des Austauschs zwischen verbundenen Branchen bestehen, bleibt ein intensiver Wettbewerb in den einzelnen Branchen erhalten. Harte Verhandlungen gibt es auch zwischen Käufern und Lieferanten, was auf die große Zahl der Konkurrenten in den meisten Branchen und den Wettbewerbsdruck zurückgeht, dem sie ausgesetzt sind.

In Italien liegen der Arbeitsweise der Cluster sehr unterschiedliche, aber oft gleich wirkungsvolle Mechanismen zugrunde. Am wichtigsten sind die familiären oder familienähnlichen Bande, die Firmen häufig verbinden. Die italienische Industrie ist außerdem geographisch besonders stark konzentriert. Viele Branchen drängen sich in ein oder zwei Städten. Der Cluster in der Schweiz läuft wieder anders ab. So ist beispielsweise die allgemeine Wehrpflicht ein wichtiger Urheber des Beziehungsgeflechts. In Schweden sind Finanzgruppen und personelle Unternehmensverflechtungen bewährte Mechanismen. In Deutschland spielen die Großbanken eine im wesentlichen ähnliche Rolle.

Mechanismen, die den Austausch innerhalb von Clustern fördern, sind in Japan, Schweden und Italien im allgemeinen am stärksten und in Großbritannien und den Vereinigten Staaten normalerweise am schwächsten (siehe Kapitel 7, 8 und 9).[19] Aber man kann bei Industrien in einem Land nicht verallgemeinern, und den nationalen Vorteil verstehen erfordert einen genaueren Blick auf einzelne Sektoren. Es ist z. B. interessant, daß in den Vereinigten Staaten Cluster offenbar am besten im Gesundheitswesen und der Computerbranche wirken. Hier überwinden wissenschaftliche Bande oft die natürliche Zurückhaltung amerikanischer Manager gegenüber dem Austausch. In diesen Bereichen sind einige der international erfolgreichsten Branchen in den Vereinigten Staaten.

Die Rolle der geographischen Konzentration

Konkurrenten in vielen international erfolgreichen Branchen und häufig ganzen Branchen-Clustern sitzen oft in einer einzigen Stadt oder Region eines Landes. Die allermeisten italienischen Wollstoffhersteller sind z. B. in zwei Städten konzentriert. Während die geographische Konzentration der italienischen Branchen weitgehend bekannt ist, ist aber weniger bekannt, wie weit verbreitet dieses Phänomen ist.[20] Die englischen Auktionshäuser liegen alle in London im Umkreis weniger Häuserblocks. Basel ist der heimische Stützpunkt aller drei schweizerischen Pharmariesen. Die dänischen Windmühlenhersteller sind alle in Herning konzentriert. In den Vereinigten Staaten residieren viele der führenden amerikanischen Werbeagenturen auf der New Yorker Madison Avenue. Die großen Computerhersteller Control Data, Cray Research, Burroughs (jetzt zu Unisys gehörend) und Honeywell haben ihre Zentrale in oder bei Minneapolis im US-Bundesstaat Minnesota. Pharmazeutische und verwandte Unternehmen, u. a. Merck, SmithKline, American Cyanamid, Squibb, Becton-Dickinson und C. R. Bard, sitzen in der Gegend von New Jersey/Philadelphia. Die Flugzeughersteller sind in Wichita, im Bundesstaat Kansas, konzentriert und die Produzenten von Minicomputern in Boston.

Die Abbildungen 4–6 und 4–7 zeigen die Karten von Italien bzw. Deutschland und nur eine Auswahl der Industrien, die um ein oder ein paar kleine geographische Gebiete gruppiert sind. Konzentrationen inländischer Konkurrenten, häufig umringt von Zulieferbetrieben, liegen in Gebieten, in denen besonders anspruchsvolle und wichtige Kunden konzentriert sind. Die Stadt oder Region wird zu einem einmaligen Umfeld für den Wettbewerb in einer Branche. Der Informationsfluß, die sichtbare Anwesenheit und die wechselseitige Verstärkung an einem solchen Schauplatz verlei-

ABB. 4–6   Geographische Konzentration in ausgewählten italienischen Branchen

hen der Beobachtung Alfred Marshalls Sinn, daß an einigen Orten eine Branche »in der Luft«[21] liegt. Auch wenn nicht alle Branchen so ins Auge fallen wie diese, ist die räumliche Nähe erstklassiger Konkurrenten in den Ländern so häufig, daß dies wichtige Einblicke in den Wettbewerbsprozeß ermöglicht.[22]

Die geographische Konzentration von Unternehmen in international erfolgreichen Branchen erfolgt oft deshalb, weil der Einfluß der einzelnen Bestimmungsfaktoren im »Diamanten« und ihre wechselseitige Verstärkung durch die große geographische Nähe in einem Land erhöht wird. Eine Konzentration von Konkurrenten, Kunden und Lieferanten fördert die Leistungsfähigkeit und Spezialisierung.[23] Noch wichtiger allerdings ist der Einfluß der geographischen Konzentration auf die Verbesserung und Innovation. Dicht aufeinandersitzende Konkurrenten sind oft eifersüchtige und emotionale Wettbewerber. Universitäten, die in der Nähe einer Konkurrentengruppe liegen, werden die Branche höchstwahrscheinlich wahrnehmen, sie als wichtig erkennen und entsprechend reagieren, so wie umgekehrt Konkurrenten Universitäts- aktivitäten wahrscheinlich eher fördern und unterstützen. Zulieferer in Reichweite haben für regelmäßigen Austausch und Zusammenarbeit bei der Branchenforschung und den Entwicklungsbemühungen die beste Position. In der Nähe ansässige an- spruchsvolle Kunden bieten die besten Möglichkeiten, Informationen zu übermit- teln, sich regelmäßig über aufkommende Bedürfnisse und Technologien auszutau- schen[24], außergewöhnliche Dienst- und Produktleistungen zu verlangen. Die geogra- phische Konzentration einer Branche zieht wie ein starker Magnet begabte Arbeits-

ABB. 4–7 Geographische Konzentration in ausgewählten deutschen Branchen

kräfte und andere Faktoren an. Ähnliches gilt für viele der anderen Bestimmungsfaktoren.

Die geographische Konzentration wird auch durch die von mir beschriebenen Zugangsprozesse gefördert. Betriebsableger siedeln sich meistens in der Nähe des Hauptunternehmens an, weil die Unternehmer nicht nur dort leben, sondern auch dort ihre Kontakte haben. Der Zugang von Zulieferern, Benutzern oder verwandten Branchen erfolgt häufig im selben Gebiet.

Räumliche Nähe erhöht die Konzentration der Informationen, erhöht damit die Wahrscheinlichkeit, daß sie bemerkt werden und nach ihnen gehandelt wird. Sie steigert das Tempo des Informationsflusses innerhalb der nationalen Branche und ebenso die Geschwindigkeit, mit der sich Informationen ausbreiten. Gleichzeitig tendiert sie dazu, die Verbreitung von Informationen nach außen einzuschränken, weil die Kommunikation Formen annimmt (wie den direkten Kontakt unter vier Augen), die nur langsam publik werden. Räumliche Nähe macht das Verhalten der Konkurrenz sichtbarer, erhöht den erkennbaren Einsatz, sich Verbesserungen anzupassen, und die Wahrscheinlichkeit, daß lokaler Stolz sich mit rein wirtschaftlichen Beweggründen mischt und das Unternehmensverhalten belebt. Der Ballungsprozeß und der Austausch unter den Branchen in diesem Cluster funktionieren außerdem am besten, wenn die betroffenen Branchen geographisch konzentriert sind.[25] Die räumliche Nähe führt dazu, daß Ungleichgewichte, Bedürfnisse oder Beschränkungen innerhalb des Clusters früh aufgedeckt, angegangen oder ausgenutzt werden. Dann verstärkt sie die einzelnen Einflüsse im »Diamanten« zu einem echten System.

Die geographische Konzentration birgt jedoch einige langfristige Gefahren, vor allem wenn die meisten Käufer, Lieferanten und Konkurrenten nicht international tätig werden. Ich komme auf diese Fragen noch zurück.

Der Wettbewerbsvorteil von Städten und Gebieten

Die Bedeutung der geographischen Konzentration wirft Fragen darüber auf, ob das Land eine relevante Untersuchungseinheit ist. Die Bedingungen, die dem Wettbewerbsvorteil zugrunde liegen, werden in der Tat oft *in* einem Land ausgemacht, wenn auch für verschiedene Branchen an verschiedenen Orten. Tatsächlich unterliegen die Gründe, warum eine *bestimmte* Stadt oder ein Gebiet Erfolg in einer bestimmten Branche hat, den gleichen Überlegungen, die im »Diamanten« verkörpert sind; z. B. der Standort der anspruchsvollsten Käufer, der Besitz einmaliger faktorbildender Mechanismen und ein gutentwickelter örtlicher Lieferantenstamm.[26] Die Theorie kann ohne weiteres ausgeweitet werden und erklären, warum einige Städte oder Gebiete erfolgreicher sind als andere. Das Gebiet London z. B. ist wirtschaftlich stark, weil es unter anderem über eine fortgeschrittene Nachfrage nach vielen Gütern und Dienstleistungen verfügt, über Cluster unterstützender Branchen und über ein Reservoir hochspezialisierter Arbeitskräfte.

Örtliche Wirkungen sind selbst dann stark, wenn kulturelle, politische oder kostenmäßige Unterschiede zwischen einzelnen Standorten gering sind. Die Vereinigten Staaten sind ein gutes Beispiel. Dort besteht nach wie vor eine geographische Branchenkonzentration, obwohl es sprachliche, kulturelle und gesetzliche Gleichartigkeit gibt, ein offenes und leistungsfähiges Transportwesen und Kommunikation, einheitliche Währung, Kapitalmärkte und praktisch keinerlei inländische Handelshemmnisse.

Und dennoch sind Länder wichtig. Viele der Bestimmungsfaktoren des Wettbewerbsvorteils sind gleichartiger in einem Land als zwischen verschiedenen Ländern. Die staatliche Politik (etwa Steuerpolitik und Verordnungen), Gesetzesbestimmungen, Kapitalmarktbedingungen, Faktorkosten und viele andere Eigenschaften, die normal für ein Land sind, machen nationale Grenzen wichtig. Soziale und politische Wertvorstellungen und Normen sind an Länder gebunden und nur schwer zu verändern. Doch es ist die *Kombination* aus nationalen und ganz lokalen Bedingungen, die den Wettbewerbsvorteil ankurbelt. Nationale Maßnahmen sind an und für sich ungenügend. Staat und lokale Regierungsstellen können beim Erfolg einer Branche eine wichtige Rolle spielen.

Tatsächlich machen sinkende Kommunikations- und Transportkosten sowie der Abbau von Handels- und internationalen Wettbewerbsbeschränkungen lokale Vorteile für die Brancheninnovation noch wichtiger, weil Unternehmen mit echten Wettbewerbsvorteilen besser in andere Märkte eindringen können. Während die klassischen Produktionsfaktoren aufgrund der Globalisierung mehr und mehr zugänglich werden, wird der Wettbewerbsvorteil in fortschrittlichen Branchen zunehmend durch differenzierte Kenntnisse, Qualifikation und Innovationsraten bestimmt, denen Fachkräfte und organisatorische Routinemaßnahmen konkrete Form geben. Der Vorgang der Qualifikationsbildung und die wesentlichen Einflüsse auf das Tempo von Verbesserung und Innovation sind ganz lokaler Art. Offener, globaler Wettbewerb macht den heimatlichen Stützpunkt paradoxerweise also wichtiger, nicht bedeutungsloser.

Der Fall der USA läßt im übrigen vermuten, daß der kulturelle Austausch zwischen Ländern nicht die Unterschiede zwischen ihnen überwindet, die den Wettbewerbsvorteil stützen. Bemühungen bei der Vereinigung Europas werfen Fragen darüber auf, ob der Einfluß der Staaten auf den Wettbewerb sich verringert. Ein freierer Handel wird ihre Bedeutung vielmehr unbestreitbar heben. Der Wirkungsort des Wettbewerbsvorteils schließt mitunter Gebiete ein, die über Landesgrenzen hinausgehen, wie im Raum Süddeutschland und der Deutsch sprechenden Schweiz, doch Europa wird aus der Sicht des Wettbewerbs wahrscheinlich keine »Nation« werden. Nationale Unterschiede in der Nachfrage, in der Faktorbildung und anderen Bestimmungsfaktoren werden fortbestehen, und der Wettbewerb zwischen den Ländern wird unerläßlich bleiben.

Die Entstehung und Entwicklung einer wettbewerbsfähigen Industrie

Auch wenn ein dauerhafter nationaler Vorteil in einer Branche Ausdruck eines gut funktionierenden »Diamanten« ist, steht das gesamte System zu Beginn nur selten zur Verfügung. Ein Vorteil bei nur einem Bestimmungsfaktor gibt oft die Initialzündung für die Bildung einer Branche in einem Land, nicht selten im Umkreis eines einzelnen

Unternehmens. Manchmal spielt auch der Zufall mit. Ein einmal begonnener Prozeß kommt in Gang, Konkurrenten werden angelockt, weitere Bestimmungsfaktoren gewinnen an Bedeutung, und die Vorteile häufen sich – sofern die Voraussetzungen gegeben sind.

In der Praxis wird die Bildung einer lokalen Branche normalerweise durch einen von drei Bestimmungsfaktoren ausgelöst. Ein Anfangsvorteil bei den *Produktionsfaktoren* bietet oft die Grundlage für eine international wettbewerbsfähige Branche oder einen Branchenvorläufer im Ballungsraum. Die schwedische Industrie für Spezialstähle entwickelte sich ursprünglich aus Vorkommen an schwach schwefelhaltigem Eisenerz. Die lokale Verfügbarkeit von Faktoren, vor allem natürlicher Faktoren, lenkt oft die Aufmerksamkeit erstmals auf eine Branche.

In fortgeschritteneren Branchen können frühe Wettbewerber aus spezialisierten, faktorbildenden Mechanismen hervorgehen. Speziell ausgebildete Arbeitskräfte setzen ihre Kenntnisse und Qualifikation ein, um einer Branche beizutreten, in der tatsächliche oder potentielle Inlandsnachfrage besteht. Die Forschung an Universitäten führt zu vielversprechenden Ideen, die die Grundlage eines oder mehrerer Unternehmen bilden. Die Existenz eines ausländischen Unternehmens, das in dem Land tätig ist, kann zu Ablegern durch Bürger des Gastlandes führen, die sich spezielle Branchenkenntnisse angeeignet haben. Gelegentlich führen einmalige Faktorbestände zum Einstieg in Branchen, selbst wenn die Nachfrage weitgehend international ist. In Dänemark z. B. bildete ein angesehener Professor für physikalische Chemie mehrere Studenten aus, die nach Gebieten Ausschau hielten, in denen sie ihre Fachkenntnisse anwenden konnten. Das Ergebnis war Haldor Topsoe, ein führender Anbieter von Katalysatoren, die in der Erdöl- und Chemiebranche gebraucht werden und nach denen in Dänemark kaum Nachfrage bestand (und besteht).

Der Keim wettbewerbsfähiger Branchen findet sich auch in *verwandten und unterstützenden Branchen*. Die italienische Skistiefelindustrie entstand aus einer lokalen Industrie, die im gebirgigen Nordosten des Landes Kletter- und Bergschuhe herstellte. Die italienische Industrie für Fertigungsautomation entwickelte sich aus der Werkzeugmaschinenbranche. Die japanische Hubkarrenindustrie ist direkt aus der Lorenindustrie hervorgegangen. Einsteiger können Firmen aus Zuliefer- oder verwandten Branchen sein, oder Neugründungen von Mitarbeitern, die sie verlassen haben.

Die *Nachfragebedingungen* bedeuten eine weitere verbreitete Grundlage für eine wettbewerbsfähige Branche. Eine starke oder spezifische Inlandsnachfrage ist ein frühzeitiger Anreiz für die Bildung heimischer Unternehmen. Klimaanlagen wurden Anfang des 20. Jahrhunderts in den feucht-heißen Gebieten im Osten der Vereinigten Staaten entwickelt, zu einer Zeit, als der amerikanische Wohlstand den Luxus der Klimatisierung erschwinglicher machte als in anderen warmen Gegenden. Die Hersteller von Bergwerksgeräten für hartes Gestein faßten in Schweden Fuß, um den Bedürfnissen der Bergwerksgesellschaften nachzukommen, die die großen (wenn auch schwer abbaubaren) schwedischen Erzvorkommen abbauten. Supercomputer entstanden zuerst in den Vereinigten Staaten, weil das amerikanische Verteidigungsministerium und wissenschaftliche Programme einen außergewöhnlichen Bedarf an Rechnerleistung hatten.

In den Entwicklungsländern sind grundlegende Faktorbedingungen oder eine ungewöhnlich starke Inlandsnachfrage der Ursprung der meisten wettbewerbsfähigen Branchen. In den fortgeschritteneren Ländern hat die ursprüngliche Branchenbildung vielfältigere Ursachen. Neue Industrien entstehen mit sehr viel größerer Wahrscheinlichkeit aus verwandten und unterstützenden Branchen bzw. aus Universitätslabors oder speziellen Schulen. Nachfrageanreize für neue Branchen spiegeln eher eine ungewöhnlich frühe, unterteilte oder anspruchsvolle Nachfrage wider, weniger eine bloße Nachfragemenge.

Ansonsten kann sich ein Ursprungsunternehmen in einem Land im wesentlichen durch Zufall bilden. Ein Unternehmer hat rein zufällig eine gute Idee, die nichts mit einem ungewöhnlichen Faktorbestand oder einer verwandten Branche zu tun hat. Oder einem Wissenschaftler gelingt ein bedeutender Durchbruch, der auch in einigen anderen Ländern hätte geschehen können. Derartige Beispiele hat es bei unseren Untersuchungen gegeben, doch häufiger ließ sich der Ursprung einer Industrie auf einen der Bestimmungsfaktoren zurückführen. Wie ich bereits erläutert habe, wird vieles an Erfindungen oder am Unternehmertum vom »Diamanten« beeinflußt, wenngleich es weniger vorhersehbar ist als der Vorgang, zu dem es kommt, sobald eine Branche einmal gegründet ist.

Die Fähigkeit eines ursprünglichen Keims gleich welcher Herkunft, sich zu einer wettbewerbsfähigen Industrie im Land zu entwickeln, hängt davon ab, ob Vorteile bei anderen Bestimmungsfaktoren bereits vorhanden sind oder geschaffen werden können. Um über die Anfangsphase der Branchenbildung hinwegzukommen, bedarf es fast immer des heimischen Wettbewerbs. Betriebsableger und/oder ein Zugang aus vertikal oder horizontal verwandten Branchen machen aus einer entstehenden Industrie eine Industrie mit internationalen Möglichkeiten. Der Wettbewerb veranlaßt die Unternehmen, über den ursprünglichen Vorteil, der zur Bildung der Branche führte, hinauszugehen und mit dem Prozeß der Aufwertung zu beginnen.

Damit ein Vorteil gewahrt wird, müssen sich die nationalen Grundlagen für den Vorteil in der Branche normalerweise verbreitern und häufen, insbesondere dort, wo der ursprüngliche Vorteil aus grundlegenden Produktionsfaktoren besteht. Ich habe beschrieben, wie die Bestimmungsfaktoren sich gegenseitig verstärken und die Vorteile sich in ihnen ausweiten. Ein fehlender Bestimmungsfaktor von Gewicht, vor allem das Fehlen von Wettbewerb oder die Nichtverfügbarkeit von Fachkräften und technischen Kenntnissen, unterbricht normalerweise den Prozeß der Aufwertung des Wettbewerbsvorteils. Die hoffnungsvolle Branche wird ihre Möglichkeiten nicht erreichen.

Ein dauerhafter Wettbewerbsvorteil kann sich schnell einstellen, wenn ein Land entweder von Anfang an Vorteile bei mehreren Bestimmungsfaktoren besitzt oder sie rasch entwickelt. Bei Telefaxgeräten z. B. hatte Japan einzigartige Nachfragebedingungen und mehrere guteingeführte internationale Unternehmen, die bereits in wichtigen verwandten und unterstützenden Branchen im Wettbewerb standen. Vor allem wenn ein Land mit wenig mehr als einem Vorteil bei einem Basisfaktor beginnt, kann der Weg zu einem dauerhaften Wettbewerbsvorteil länger sein. Die Unternehmen eines Landes müssen die Technologie, die Aktivposten und das weltweite Netz haben, um mit höherrangigen Vorteilen und in fortschrittlichen Bereichen konkurrieren zu können.

Bei Automobilen z. B. begann Japan in den 50er Jahren mit dem Export, um erst Ende der 70er Jahre eine internationale Führungsposition zu erringen. Der anfängliche Erfolg war ein Ergebnis kostengünstiger Facharbeiter und billigen Stahls sowie heimischer Nachfragebedingungen; dies veranlaßte die japanischen Unternehmen, sich auf kleine Wagen zu konzentrieren (einen Bereich, der von den meisten ausländischen Konkurrenten vernachlässigt wurde), mit der Betonung auf »gediegene Ausführung«, um dem japanischen Verbraucher entgegenzukommen, der sehr auf äußere Erscheinung, etwaige Mängel und auf einwandfreies Funktionieren achtet; dies hatte Zugänge zur Folge, die sich in den 60er Jahren in einem erbitterten Wettbewerb niederschlugen. Dann gingen die japanischen Automobilhersteller unter dem Eindruck steigender Arbeitskosten und des Arbeitskräftemangels daran, sich in der Verfahrenstechnologie Weltgeltung zu verschaffen. Sie förderten zudem die Bildung und wachsende technische Perfektion der japanischen Ersatzteillieferanten, die in unmittelbarer Nähe der Montagewerke saßen. In neuerer Zeit sind die japanischen Automobilhersteller zu Produktinnovatoren geworden; sie bieten ein immer breiteres Programm differenzierter Produkte an. Da sich die Vorteilsursprünge im Land ausweiten, verwischen sich die Ursachen häufig, weil sich die Bestimmungsfaktoren gegenseitig verstärken.

Wenn die Vorteile in mehreren Teilen des »Diamanten« entwickelt werden und vor allem die gegenseitige Verstärkung im »Diamanten« erfolgt und sich häuft, kann die Branche eines Landes auf Jahre oder gar Jahrzehnte hinaus *bemerkenswerte Verbesserungs- und Innovationsraten* erreichen. Neue heimische Konkurrenten spalten sich ab und gründen neue Branchenbereiche. Zulieferfirmen entstehen, deren Fähigkeiten und Mittel schnellere Verbesserungen in der Verfahrenstechnologie erlauben, als die Unternehmen selbst bewerkstelligen könnten. Käufer mit wachsender technischer Perfektion eröffnen weitere Produktwege. Diese Woge schneller Verbesserungen steigt, bis die Möglichkeiten, die bis dahin verfügbaren Basistechnologien zu nutzen, erschöpft sind oder, was wahrscheinlicher ist, wenn Beschränkungen für die Branchendynamik auftauchen, die oftmals in der Branche selbst entstehen (siehe unten).

Ein Land erzielt seinen Anfangsvorteil in einer Branche häufig in ein oder zwei Segmenten, wie der Fall der japanischen Automobile beweist. Wenn ein anfänglicher Faktorvorteil die Branche ins Leben gerufen hat, ist das frühe Segment oft preisempfindlich. Die Aufwertung des Wettbewerbsvorteils erfordert, daß die Unternehmen in fortgeschritteneren Segmenten konkurrieren. Die Fähigkeit dazu hängt von der Verbreiterung der Grundlagen des nationalen Vorteils ab, die Dinge umfassen sollte wie Nachfragevorteile, die Existenz technisch hochstehender Zuliefer- und verwandter Branchen und die Entwicklung spezieller faktorbildender Mechanismen. Ironischerweise verlangt ein erfolgreiches Aufrechterhalten des Wettbewerbsvorteils oft, daß heimische Unternehmen beim Aufwertungsprozeß die anfänglichen Grundlagen ihres Erfolges bewußt untergraben. Nur ein harter Inlandswettbewerb (oder die Bedrohung durch Zugänge) kann ein solches Verhalten erzwingen.

Der Verlust der Wettbewerbsposition in einigen Branchensegmenten ist häufig ein Zeichen gesunder Verbesserung. Die Notwendigkeit, selektive Faktornachteile zu überwinden, treibt die Unternehmen eines Landes mit der Zeit aus den standardisierten, technologisch einfachen und preisempfindlichen Segmenten heraus. Selektive Nachteile bei den Faktorkosten wirken sich aus auf die Richtungen, in die Verbesserungen und Innovationen gehen. Die allmähliche Verlagerung zu neuerer, höherer Technologie und zu differenzierteren Segmenten bedeutet, daß der Innovationsprozeß eingesetzt hat. Der Verlust von Wettbewerbspositionen in neuen oder differenzierten Segmenten, wie er beispielsweise in vielen US-Branchen, wie Werkzeugmaschinen und keramische Erzeugnisse, stattfand, ist dagegen ein gravierendes Zeichen.

Oft hilft der Zufall bei der Beschleunigung des Prozesses, mit dem eine Branche aufgewertet wird und auf internationale Märkte vordringt. Ein zufälliges Ereignis wie eine Nachfragewoge, eine Verlagerung bei den Preisen der Produktionsmittel oder eine größere technologische Umwälzung schafft einen Bruch, der die Vorteile der traditionellen Branchenführer aufhebt und den Unternehmen eines Landes ermöglicht, einen Sprung nach vorn zu tun. So profitierten beispielsweise die japanischen Hersteller von Fernsehgeräten von der überschäumenden Nachfrage und den Kapazitätsengpässen bei den amerikanischen Produzenten von Farbfernsehern: Dadurch faßten sie Fuß auf dem so wichtigen amerikanischen Markt.

Nach dieser Erörterung sollte klar sein, daß die Basis für den Wettbewerbsvorteil in einer Landesbranche im »Diamanten« umherwandern kann, wenn sich die Branche entfaltet, sich verlagert und oft kumuliert. Abbildung 4–8 stellt den Prozeß in der italienischen Skistiefelindustrie dar. Skistiefel wurden ursprünglich aus Leder hergestellt. Die italienische Skistiefelindustrie entstand aus der örtlichen Bergstiefelindustrie. Eine wachsende italienische Nachfrage in der Hochkonjunktur der Nachkriegsjahre gab den Anstoß zur Entwicklung der Branche. Die Winterolympiade 1956 in Cortina d'Ampezzo verlieh weiteren Auftrieb. Weil Arbeitskräfte mit Kenntnissen in der Schuhherstellung und ein für die Gründung von Familienbetrieben günstiges italienisches Umfeld vorhanden waren, stiegen bald viele Firmen in die italienische Branche ein. Fast alle waren in derselben Stadt ansässig, in Montebelluna im Nordosten Italiens, wo die Bergstiefel hergestellt wurden. Begünstigt durch die Bedürfnisse der anspruchsvollen italienischen Skifahrer, brachte der wachsende Wettbewerb zwischen den italienischen Betrieben beständig Fortschritte. Als ein kleines amerikanisches Unternehmen das Prinzip der Kunststoffschale für den Skistiefel entwickelte, war die italienische Industrie (unter Führung von Nordica) zur Stelle und perfektionierte die Idee. Eine bald international erfolgreiche italienische Industrie, die Kunststoffspritzgußmaschinen herstellte, entstand in unmittelbarer Nähe und versorgte die Branche. Die Sättigung des Inlandsmarktes einerseits, zunehmende Einsparungen durch Erhöhung der Produktions- und Konstruktionskapazität andererseits trieben die Internationalisierung weiter voran. Schließlich entstand in derselben Gegend auch noch eine Industrie mit Weltgeltung für Après-Skistiefel, die den Cluster ein weiteres Stück wachsen ließ.

Ein Land, das einen solchen Prozeß früh in Gang setzt, erzielt die Vorteile des frühzeitig Handelnden, von denen ich schon gesprochen habe, wie Einsparungen durch Erhöhung der Produktionskapazität, Kundenbeziehungen und einen Markennamen, der ohne die Notwendigkeit, gegen Konkurrenten verkaufen zu müssen, aufgebaut wird. Noch wichtiger aber erscheint die Gelegenheit, *als erster einen nationalen »Diamanten« zu schaffen*. Der »Diamant« schafft die Bedingungen für einen hochrangigen Vorteil, und er ist nur langsam und äußerst schwer zu kopieren. Besitzt ein Land ihn erst einmal, erhöht sich der Preis für den Einstieg beträchtlich.

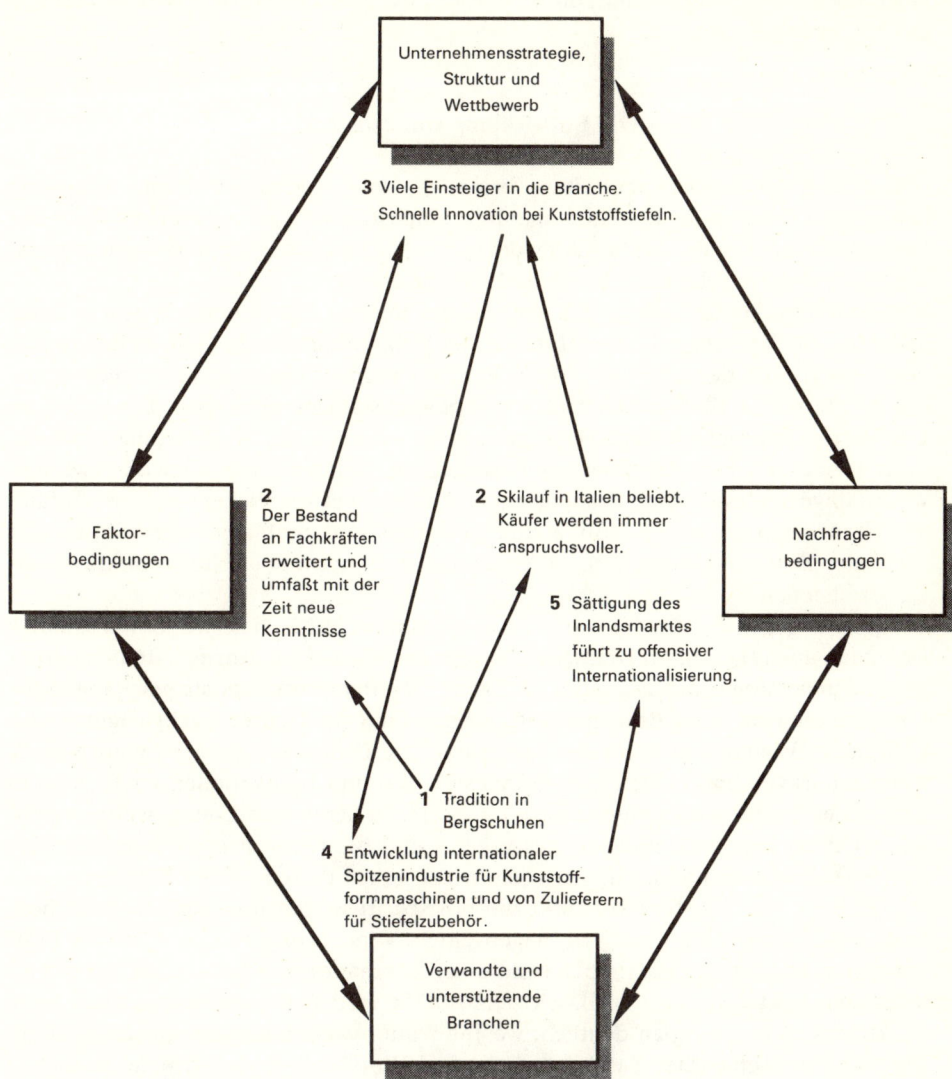

ABB. 4–8   Die Entwicklung des nationalen Vorteils in der italienischen Skistiefel-industrie

Beim Prozeß, sich einen nationalen Vorteil zu verschaffen, zählt die Geschichte, und Ursache und Wirkung sind mit der Zeit immer schwerer auseinanderzuhalten. Der Keim einer wettbewerbsfähigen Branche wurde vielleicht durch Zufall gelegt. Oder andere Länder befanden sich anfänglich vielleicht in ähnlicher Lage. Von da an erhält der Prozeß, eine wettbewerbsfähige Branche aufzubauen, jedoch eine Eigendyna-mik. Diese Dynamik, die durch die Erweiterung und Selbstverstärkung der Bestimmungsfaktoren gespeist wird, bringt die Branche zu allgemeineren und widerstandsfähigeren Vorteilen. Das Land, in dem dieser Prozeß am schnellsten abläuft, hat den größten Erfolg.

Die Entwicklung von Clustern

Der Prozeß der Branchenentfaltung bringt oft neue wettbewerbsfähige Branchen hervor und bildet oder erweitert dadurch einen Cluster. So entwickeln Teile der Wirtschaft eines Landes einen Schub, der über einzelne Industrien hinausgeht und ein starker Antrieb für die wirtschaftliche Entwicklung ist.

Länder unterscheiden sich in den Wegen, auf denen Cluster entstehen, was unter anderem von der Art der Unternehmen in der Volkswirtschaft abhängt. In Italien sind die Bedingungen der anspruchsvollen Verbrauchernachfrage nach Fertigerzeugnissen die treibende Kraft hinter vielen wettbewerbsfähigen Branchen. Ein lebhaftes Umfeld für unternehmerische Betätigung führt zur schnellen Ausbreitung von Konkurrenz und zu hartem Wettbewerb. Fertigerzeugnisindustrien bringen dann wettbewerbsfähige unterstützende Branchen hervor. Cluster erfolgreicher wettbewerbsfähiger Branchen sind somit vertikal tief gestaffelt und umfassen viele Stufen der vertikalen Kette und Industrien, die Maschinen und andere spezielle Produktionsmittel bereitstellen.

In Japan dagegen entstehen, wie ich schon erläutert habe, viele wettbewerbsfähige Branchen aus verwandten Branchen. Wegen des Wunsches, Angestellte umzugruppieren, und infolge der abrupten Sättigung des Inlandsmarkts steigen japanische Unternehmen aus einer Branche häufig massiert in vorgelagerte, nachgelagerte oder verwandte Branchen ein. Wo die Nachfrage- und Faktorbedingungen günstig sind, treibt intensiver Inlandswettbewerb Investitionen und Innovationen voran, und es entsteht eine neue wettbewerbsfähige Industrie. In Japan sind Cluster wettbewerbsfähiger Branchen horizontal oft ausgedehnt und breiten sich mit der Zeit immer weiter aus. Andere Länder liegen irgendwo zwischen diesen beiden Extremen.

Die Bildung von Clustern verstärkt die Fortschrittswogen in einzelnen Branchen, worauf ich bereits hinwies. Die gegenseitige Verstärkung in den Clusters führt außerdem zu Innovationsschüben (und einer internationalen Wettbewerbsposition) in ganzen Sektoren einer Volkswirtschaft. Das wird heute im verbrauchernahen Elektroniksektor in Japan deutlich, wo Innovationswellen aus traditionellen Branchen wie Fernsehgeräte, Taschenrechner und Rundfunkgeräte auf neue Branchen wie Laptops und Telefax übergreifen und wieder zurückschwappen.

In einer sich entwickelnden Wirtschaft führen steigende Faktorkosten durch Gelegenheiten in produktiveren Branchen zwangsläufig zur Ausdünnung einiger Cluster. Die Wahrung der Position eines Landes in bestimmten Branchen innerhalb des Clusters wird schwanken, weil ihr Wettbewerbsvorteil auf verschiedenen Bestimmungsfaktoren beruht. Die Branchen (und Segmente), in denen die Mittel am unproduktivsten eingesetzt werden, weil die Technologie am rückschrittlichsten ist oder die Produkte am undifferenziertesten, büßen ihren Wettbewerbsvorteil ein. Aktivitäten in der Wertkette, die im Vergleich mit Auslandsunternehmen am unproduktivsten sind, werden ins Ausland verlegt. Im Bekleidungssektor z. B. ist Großbritannien bei Garnen ausgesprochen wettbewerbsfähig, obwohl viele andere britische bekleidungsnahe Branchen ihre internationale Position verloren haben. Andere Bekleidungsbranchen reagierten stark auf Arbeitskosten. Bei Garnen gehörten die britischen Unternehmen zu denen der ersten Stunde und haben die Vorteile aufgewertet. Sie bauten sehr früh enge Beziehungen zu Kunden in der ganzen Welt auf und erzielten durch Erhöhung der Produktionskapazität Einsparungen, die aufgrund der Notwendigkeit zu einem großen Farb- und Artensortiment beträchtlich waren. Schnelle Lieferung und Farbanpassungen sind für den Wettbewerbsvorteil in der Branche unerläßlich, da Garne ein Artikel mit geringen Kosten sind. Die britischen Unternehmen betrieben Differenzierung und verlegten, um die Nachteile bei den Arbeitskosten aufzufangen, auch Produktionsstätten ins Ausland. Die Garnindustrie zeigt, daß eine etablierte Branche ihre Position selbst dann halten kann, wenn ein Bestimmungsfaktor fehlt. Offensichtlich waren isolierte wettbewerbsfähige Branchen in einem Land häufig Teil eines alten Clusters.

Wenn eine Branche heranreift, das Innovationstempo nachläßt oder ganz innehält, kann sich der wirksame Bestimmungsfaktor des Wettbewerbsvorteils wieder zurück zu den Basisfaktorkosten verlagern. Doch das Entstehen von Faktornachteilen sollte, falls sie selektiv sind, eine Verbesserung auslösen. Die nationale Position in der Branche geht vielleicht zurück, kann aber in den technisch höherstehenden Segmenten unter der Voraussetzung gehalten werden, daß der Wettbewerb gesund ist.

Die Mobilität der Technologie hat einige Beobachter zu der Behauptung veranlaßt, die Faktorkosten würden im internationalen Wettbewerb stärker ins Gewicht fallen. Die Mobilität der Technologie mag zwar die Imitationsphase verkürzen, doch Unternehmen, die sich ihre Technologie in anderen Ländern beschaffen, sind immer eine Generation zurück. Darüber hinaus ist es die Fähigkeit, die Technologie einzusetzen, die zum Vorteil führt, nicht der bloße Zugriff. Die Fähigkeit, importierte Technologie anzuwenden und zu übertreffen, wird durch den nationalen »Diamanten« nachhaltig beeinflußt. Der Wettbewerbsvorteil hängt zunehmend nicht von Faktoren ab, sondern von der Fähigkeit, Wissen und Technologie zu schaffen und beides auf den Branchenwettbewerb anzuwenden. Entwicklungen in der Informationstechnologie, bei neuen Materialien und in der Biotechnik bilden die Voraussetzungen für Innovationswellen und Veränderungen in praktisch jeder Branche. Selbst in »traditionellen« oder anscheinend einfachen Branchen kann »Reife« eine falsche Furcht sein.

Italien konnte diese Situation wiederholt ausnutzen, da es Firmen besitzt, die den Wettbewerbsvorteil in so traditionellen Branchen wie Möbel, Schuhe und Bekleidung aufgewertet haben. Italienische Unternehmen setzen moderne Verfahrenstechnologie ein und profitieren von anspruchsvollen und fortschrittlichen heimischen Käufern. Zum Teil hat Italien deshalb Erfolg gehabt, weil Unternehmen aus anderen fortschrittlichen Ländern viele dieser Branchen an Entwicklungsländer »abgeschrieben« haben.[27] Auch Schweden ist ein Land, das in »reifen« Branchen wie Haushaltsgeräten, LKWs und Bergwerksausrüstung Erfolg gehabt hat.

Der Verlust des nationalen Vorteils

Wenn sich Industrien entfalten, laufen die Unternehmen eines Landes Gefahr, den Wettbewerbsvorteil zu verlieren. Die Fähigkeit der Unternehmen, sich Branchenveränderungen mit Erfolg anzupassen, hängt vom nationalen »Diamanten« ab. Wo es anspruchsvolle, einheimische Käufer gibt, einen sich verbessernden Bestand an technischem Wissen und Fachkräften, einen ausgeprägten Inlandswettbewerb, der mit akkumulierten Wettbewerbsvorteilen – den Einsparungen durch Erhöhung der Produktionskapazität, dem Markenimage, den eingeführten globalen Netzen – kombiniert ist, können sich die Unternehmen eines Landes verändern und anpassen und ihren Wettbewerbsvorteil jahrzehntelang behaupten. Faktornachteile, die nicht mit Innovationen angegangen werden können, kann man dadurch ausgleichen, daß man Aktivitäten in der Wertkette auf andere Länder verteilt.

Der nationale Wettbewerbsvorteil in einer Branche geht jedoch verloren, wenn Bedingungen im nationalen »Diamanten« Investitionen und Innovationen im Sinn der sich entfaltenden Branchenstruktur nicht länger stützen und anregen. Die nationale Branche erkennt den notwendigen Wandel vielleicht nicht, unterläßt vielleicht ausreichend aggressive Investitionen, für den Fortschritt, oder ist womöglich gebunden durch Anlagen und Qualifikationen, die auf veraltete Arten des Wettbewerbs zugeschnitten sind; das macht das Reagieren auf Veränderungen für Neulinge lohnender. Einige der wichtigsten Gründe für ein Schwinden des Vorteils werden im folgenden skizziert.

Faktorbedingungen verschlechtern sich. Die Faktorbedingungen können sich aus verschiedenen Gründen verschlechtern. Am beunruhigendsten ist es, wenn ein Land beim Tempo zurückfällt, mit dem Faktoren geschaffen und aufgewertet werden. Verschlechtert sich die Qualifikation des spezialisierten Humankapitals oder die mit einer Branche verbundene wissenschaftliche und technologische Grundlage im Vergleich zu einem anderen Land, schwindet im allgemeinen der Wettbewerbsvorteil. Auch steigende Faktorkosten stellen eine häufige Bedrohung des Wettbewerbsvorteils dar. Sie sollten zu Innovationsanstrengungen, stärkerer Beachtung fortschrittlicherer Branchenbereiche und einer weiteren Globalisierung führen. Bei der richtigen Reaktion kann der Druck der steigenden Faktorkosten einen dauerhafteren Wettbewerbsvorteil herbeiführen. Der Verlust des Wettbewerbsvorteils in einigen Segmenten und sogar ganzen Branchen ist jedoch unvermeidlich, weil Verbesserungen und Innovationen Kostensteigerungen nicht wettmachen können. Bei Werkzeugmaschinen z. B. werden inzwischen einfache, handbetriebene Modelle in Taiwan und anderen Schwellenländern hergestellt. Wo die Unternehmen eines Landes sich jedoch kaum darum bemühen, ihre Wettbewerbsposition zu verbessern, wird der Vorteil sehr schnell eingebüßt, und es kommen ernste Bedenken auf hinsichtlich des langfristigen Wirtschaftswohls.

Inlandsbedürfnisse sind nicht im Einklang mit der globalen Nachfrage. Der Wettbewerbsvorteil ist bedroht, wenn die Bedingungen der Inlandsnachfrage von denen in anderen fortschrittlichen Ländern abzuweichen beginnen. Heimische Käufer ziehen die Unternehmen eines Landes also in die falsche Richtung (oder versäumen es, sie in die richtige Richtung zu lenken). Anderswo entstehen neue Käuferbedürfnisse bzw. neue Absatzkanäle, die sich in dem Land nur langsam durchsetzen, etwa der Wunsch nach einem neuen Styling, Sonderanfertigungen oder gesundheitliche Bedenken. Als die Nachfrage nach Automobilen sich weltweit verlagerte zu kleineren, sparsamen und zuverlässigen Wagen, verzögerte die Vorliebe der Amerikaner für Straßenkreuzer die Reaktion der US-Branche. Ein Land kann die Bedingungen der Inlandsnachfrage auch durch den Erlaß ungewöhnlicher Bestimmungen zersetzen oder dadurch, daß es versäumt, die staatliche Reglementierung einer Branche aufzuheben, die in anderen Ländern für diese Branche nicht mehr besteht.

Heimische Käufer geben ihren hohen Anspruch auf. Die Unternehmen eines Landes bekommen große Schwierigkeiten, ihren Vorteil aufrechtzuerhalten, wenn die ausländischen Käufer anspruchsvoller als die heimischen werden. Bei Maschinen für die betriebliche Automatisierung z. B. gehörten die Amerikaner einst zu den ersten, fortschrittlichen Käufern, sie waren Wegbereiter der technologischen Massenproduktion. In den letzten zehn Jahren waren japanische, deutsche oder italienische Unternehmen in vielen Branchen die Verfahrensinnovatoren, immer sofort bereit, neue Technologien wie Fertigungsautomaten und flexible Produktionssysteme einzusetzen. Der Unterschied vor allem zwischen Mittel- und Kleinunternehmen ist bemerkenswert. Amerikanische Hersteller von Fertigungsanlagen hatten zunehmend Schwierigkeiten beim Wettbewerb mit Konkurrenten aus diesen Ländern, deren heimische Kunden neuer Technologie aufgeschlossener gegenüberstehen. Ein Sonderfall sind Meßautomaten für die Halbleiterherstellung und elektronische Montage. Hier haben japanische Anbieter wie Advantest sich eine starke Stellung verschafft und setzen den amerikanischen Branchenführern mächtig zu.

Heimische Käufer verlieren ihre hohen Ansprüche aus verschiedenen Gründen. Sie können selbstzufrieden werden, wenn der Wettbewerb in ihrer Branche nachläßt. Handelsschranken können das Innovationstempo bremsen, staatliche Bestimmungen können die Käuferbedürfnisse von denen auf anderen internationalen Märkten ablenken. Was immer die Ursache ist, ein Nachlassen des Drucks von innovativen heimischen Kunden erschwert den Unternehmen eines Landes, den Innovationswettkampf gegen ausländische Konkurrenten zu gewinnen.

Technologische Veränderungen führen zu zwingenden Nachteilen bei speziellen Faktoren oder der Notwendigkeit neuer und fehlender unterstützender Branchen. Technologische Veränderungen sind häufig ein Auslöser für Verlagerungen beim nationalen Wettbewerbsvorteil, denn sie können alte Wettbewerbsvorteile aufheben und neue notwendig machen. Unternehmen eines Landes, die in einer bestimmten Technologie weit fortgeschritten sind, halten es unter Umständen für mühsam oder nicht lohnend, auf eine andere Technologie umzusteigen. Manchmal bewirkt eine neue Technologie eine Verschiebung der erforderlichen Faktoren und schafft einen größeren Nachteil hinsichtlich des verfügbaren Humankapitals, der Kenntnisse oder der Infrastruktur. Die Unternehmen anderer Länder erzielen vielleicht einen Wettbewerbsvorteil, bevor eine Neuanpassung erfolgen kann.

Aber technologische Veränderungen können auch die Notwendigkeit neuer unterstützender Branchen schaffen, die ein Land nicht besitzt, wie beispielsweise Software, Ergonomie, neue Werkstoffe oder elektronische Bauteile. Ein anderes Land, in dem es bereits führende Anbieter der neuen Produktionsmittel gibt, kann sich den Wettbewerbsvorteil sichern. Bei der Bildwiedergabe in der Medizin z. B. sind japanische Unternehmen als beachtliche Konkurrenten in neuen, auf der Elektronik aufbauenden Bereichen aufgetreten, wo Japan eine starke Stellung bei den unterstützenden Industrien hat, obwohl die Position Japans bei den traditionellen Röntgengeräten schwach war.

Die Gefahr für den Wettbewerbsvorteil ist dort am größten, wo eine neue Technologie eng mit der Branche verbunden ist und die Branche ein bedeutendes Anwendungsfeld darstellt. Wo neue Technologien nur einen kleinen Bereich des Gesamtprodukts tangieren und die Branche nur ein schmales Anwendungsfeld darstellt, können die neuen Technologien oft aus dem Ausland bezogen werden. So haben sich deutsche und schweizerische Optikerfirmen mit Erfolg elektronische Technologie über Auslandstöchter und Lizenzen beschafft, weil eine Anwendung der Elektronik in der Optik fundierte und hochspezialisierte Kenntnisse erfordert. Angesichts der bescheidenen Branchengröße hatte kein Elektronikunternehmen einen Anreiz, einzusteigen.

Ziele schränken die Investitionsrate ein. Die Investitionsrate bei Forschung und Entwicklung, Marketing, Information und Anlagen wird von den Unternehmens- und Führungszielen beeinflußt. Letztere sind abhängig von den nationalen Kapitalmärkten, den Besitzverhältnissen, der Steuerpolitik, Führungsanreizen, gesellschaftlichen Normen und anderen bereits genannten Einflüssen.

Sind die Ziele in einer nationalen Branche mit Dauerinvestitionen nicht vereinbar, geht der Wettbewerbsvorteil an andere nationale Branchen verloren, die bereitwilliger oder eher in der Lage sind zu investieren. Wenn Investoren das Unternehmen dafür strafen, daß es die zur Wahrung des Vorteils notwendigen Investitionen vornimmt, fällt die nationale Branche in Technologie und Produktivität zurück. Befinden sich Firmen einer Branche im Besitz von Mischkonzernen, die z. B. nach einem ständigen Cash-flow streben, ist das Horten eines Wettbewerbsvorteils wahrscheinlich die Folge. Verringern hohe Löhne die Motivation der Angestellten, ihre Lage zu verbessern, geht die Investitionsrate bei der Ausbildung häufig zurück, und die Beziehungen zwischen Arbeitgebern und -nehmern verlagern sich auf die Beibehaltung des Status quo. Übernimmt eine neue Managergeneration die Unternehmensleitung, läßt es aber an Engagement für die Technologie und die Branche fehlen und verwaltet statt dessen nur die ererbten Gelder, wird das Tempo der Verbesserungen und Innovationen unerbittlich sinken.

Unternehmen verlieren die Flexibilität, sich anzupassen. Selbst wenn die Unternehmen eines Landes wissen, wie sie sich wandeln müssen, um den Wettbewerbsvorteil zu behaupten, können sie ihn verlieren, wenn sich der Anpassung Hindernisse in den Weg stellen. Oft sind diese Hindernisse innerbetrieblich. Eine eingefahrene Unternehmensleitung kann selbstzufrieden werden, kann Veränderungen als schwierig oder beunruhigend ansehen. Führungspraktiken oder Organisationsformen können unter neuen Umständen unbeweglich und kontraproduktiv werden. Gewerkschaftliche Beschränkungen können Prozeßinnovationen verhindern oder Investitionen bei

Auslandstöchtern blockieren, die für die Beschaffung neuer Technologien oder Faktoren erforderlich sind. Inländische Bestimmungen können es mit sich bringen, daß Produktstandards einfrieren oder die Einführung neuer Technologien behindert wird. Verschiebungen im Prestige der Branche können es Unternehmen unmöglich machen, die begabten Kräfte anzuziehen, die man für den Umgang mit ausländischen Konkurrenten braucht.

Oft herrscht Abneigung, an vergangene Erfolge zu rühren oder wichtige Mitarbeiter umzudirigieren. Ein wesentlicher Vorteil der dänischen Möbelindustrie war z. B. das dänische Design. Sich wandelnde Marktbedürfnisse verlangten jedoch damals, das ursprüngliche Designkonzept zu überarbeiten. Unternehmen und Designer waren dazu nicht bereit.

Manchmal unterlassen Unternehmen eines Landes Innovationen, nicht aus Trägheit oder Selbstzufriedenheit, sondern weil ihre gegenwärtigen Anlagen durch diesen Schritt veralten würden. Das trifft zu, wenn die festen Kosten der Veränderung einschließlich der notwendigen Umgestaltung von Anlagen und innerbetrieblicher Organisation sowie Umschulung der Mitarbeiter nicht wieder hereinkommen. Das grundlegende Problem ist, daß die Anlagen und Kenntnisse eines Unternehmens auf seine bisherige Strategie und Technologie zugeschnitten sind. Der neue Konkurrent, der keine solche Erblast mit sich herumschleppt, hat geringere Innovationskosten. Die Position des etablierten Wettbewerbers wird noch schwieriger, wenn nachfolgende ausländische Konkurrenten das Tempo beschleunigen, in dem seine Anlagen an Wert verlieren.

In vielen Branchen bringen Innovationen jedoch Gewinn, nur lassen sich die Unternehmen von den kurzfristigen Kosten oder organisatorischen Beeinträchtigungen abschrecken, die eine Ablösung der alten Anlagen mit sich bringt. Amerikanische Halbleiterfirmen haben z. B. nur langsam die bipolare Technologie zugunsten der neueren MOS-Technologie aufgegeben und so japanischen Unternehmen ermöglicht, sich einen Platz zu sichern. Das Versäumnis zu innovieren kann die an bestimmte Anlagen gebundene Wettbewerbsposition kurzfristig halten, bewirkt aber oft, daß die Aktiva eines Unternehmens langfristig an Wert verlieren. Die Wahrung des Wettbewerbsvorteils verlangt, daß die Unternehmen die eigenen Anlagen durch neue Technologien oder Methoden zum alten Eisen werfen, bevor jemand anders es für sie tut. Der Wille dazu entsteht im allgemeinen durch starken Wettbewerbsdruck, anspruchsvolle heimische Kunden und Zielsetzungen, die Investitionen fördern und ein nachhaltiges Engagement für die Branche erkennen lassen.

Der Inlandswettbewerb läßt nach. Eine der häufigsten und oft verhängnisvollsten Ursachen für den Verlust des nationalen Vorteils ist das Nachlassen des Inlandswettbewerbs, da der Zwang zu Verbesserungen und Anpassungen oft zusammen mit ihm verlorengeht. Ein gewisser Zusammenschluß der heimischen Branche gehört zwar in vielen Fällen zum Erzielen oder Bewahren des Wettbewerbsvorteils dazu, doch erfolgt die Fusion häufig zu schnell. Ein oder zwei Unternehmen beherrschen die Branche am Ende. Andererseits können Marktaufteilung, zwanglose Abmachungen oder breite Zusammenarbeit aus einer Gruppe aggressiver Konkurrenten einen Club machen. Die schweizerische Armbanduhrenindustrie der 50er und 60er Jahre ist ein einschlägiges Beispiel: Ein straffes Kartell fror die Branchenstruktur ein.

Auch ist eine natürliche und manchmal verhängnisvolle Tendenz zu beobachten, daß mehrere aufeinanderfolgende Führungsgenerationen »übermäßigen« Wettbewerb ausschalten möchten, um das Leben berechenbarer zu machen. Die sich daraus ergebenden Zusammenschlüsse oder informellen Absprachen untergraben den Innovationsprozeß in der Branche. Ebenso kann ein anhaltender finanzieller Erfolg den Wettbewerb beeinträchtigen, da die Unternehmen derart satt und behäbig werden, daß sie überhaupt nichts mehr verändern wollen. Die deutsche Kamerabranche wurde von den Japanern nicht zuletzt deswegen verdrängt, weil sie selbstzufrieden war und ein echter Inlandswettbewerb fehlte.

Eine reduzierte Neigung zum Wettbewerb spiegelt sich gelegentlich in Bemühungen, staatliche Unterstützung oder Interventionen zu mobilisieren.[28] Erfolgreiche nationale Industrien erlangen oft eine gewisse politische Macht, und die Versuchung, sie zu gebrauchen, ist groß. Wenn Schutzmaßnahmen oder eine Abschirmung vor Wettbewerb das Ergebnis ist, führt ein verlangsamtes Verbesserungs- und Aufwertungstempo häufig zum Verlust der Wettbewerbsposition. Das bedingt dann weitere Rufe nach Eingriffen des Staates.

Der Verlust des Inlandswettbewerbs ist ein Krebsgeschwür, das den Wettbewerbsvorteil allmählich auszehrt, indem es das Innovationstempo und die Dynamik erlahmen läßt. Seine Auswirkungen sind zunächst unsichtbar. Sein Einsetzen kann sogar von einer *höheren* Inlandsrentabilität begleitet sein, weil die Investitionsrate niedrig ist und überall Selbstzufriedenheit herrscht. Doch das Geschwür frißt sich allmählich in das Fundament der Branche vor.

Der Prozeß des Niedergangs

Ein gewisser Schwung beherrscht den Verlust des Wettbewerbsvorteils, der den positiven Schwung spiegelt, auf den ich oben hingewiesen habe. Der Schwung kaschiert den Niedergang zunächst, weil die Kunden treu sind und die geringeren Investitionen den Gewinn steigen lassen. Hat der Niedergang jedoch einmal eingesetzt, ist er nur noch schwer zu stoppen, weil die sich wechselseitig verstärkenden Kräfte des »Diamanten« umgekehrt wirken. So baut ein Verlust des Wettbewerbs die Qualität der Kunden und Lieferanten des Landes ab, vermindert den Druck durch die Käufer, erhöht die Produktionsmittelkosten, hemmt die Entwicklung der Zuliefertechnologie und verlangsamt Innovationen noch mehr oder lenkt sie in die falsche Richtung. Die Schwierigkeiten der Branche breiten sich aus und verschlimmern sich.

Der Verlust des Wettbewerbsvorteils kann schnell erfolgen, wenn es zu einer größeren technologischen Veränderung oder einer bedeutenden Verlagerung der Käuferbedürfnisse kommt. Die Unternehmen eines anderen Landes können die Führung sehr schnell an sich reißen, wie die japanischen Unternehmen bei Fernsehgeräten und Kameras es getan haben. Doch der Verlust des Vorteils ist oft ein langsamer, mitunter kaum wahrnehmbarer Vorgang. Der Verfall der amerikanischen Stahlindustrie dauerte z. B. Jahrzehnte. Vor allem dort, wo durch frühes Handeln Vorteile bestehen (wie Markennamen, jahrelang angesammelte Kenntnisse in Produkt- und Verfahrenstechnologie, eingeführte weltweite Absatz- und Dienstleistungsnetze), kann der Vorgang viele Jahre dauern, insbesondere wenn die Branchenkunden beim Wechseln der Lieferanten wegen der hohen Risiken von Produktmängeln sehr zögerlich sind. Der Mangel an Innovationen führt zu einem allmählichen Rückzug in Bereiche, die für ausländische Konkurrenten weniger interessant oder aufgrund der Kundenträgheit besonders geschützt sind. Die Rentabilität bleibt oft eine Weile künstlich hoch, da die Unternehmen es unterlassen, in Forschung und Entwicklung, Marketing und neue Anlagen zu investieren.

Eine gute Position in einer Branche zurückzugewinnen, in der der Verlust des Wettbewerbsvorteils in Fahrt gekommen ist, kommt nach unseren Erkenntnissen äußerst selten vor. Der Niedergang wird vielleicht verlangsamt oder gestoppt durch Rückzug in die am wenigsten exponierten Bereiche oder durch Einrichtung von Schutzmaßnahmen, doch haben wir kaum Beispiele gefunden, in denen eine Branche ihre frühere Stärke wiedergewonnen hat. Viele staatliche Maßnahmen zur »Wiederbelebung« von Industrien sind gescheitert. Sie sind dazu verurteilt, weil sie nicht die Bestimmungsfaktoren des Wettbewerbsvorteils angehen und daher nicht auf die eigentliche Ursache des Niedergangs gerichtet sind. Die zahlreichen japanischen »Rezessions«- und »Umstrukturierungskartelle« zur Unterstützung in Not geratener Branchen z. B. haben selten zu einer bedeutenden internationalen Wettbewerbsposition geführt. Der Staat kann durchaus dabei helfen, daß Mittel aus einer Branche fließen. Es ist jedoch unwahrscheinlich, daß die Beibehaltung von Unternehmen und Kapazitäten zu einer Wende führt.

Die schweizerische Armbanduhrenbranche der billigen und mittleren Preislage ist einer der wenigen Fälle, in denen sich eine Industrie wirklich wieder gefangen hat, aber selbst hier ist die Industrie jetzt sehr viel kleiner, und die Abschwungsphase betrug etwa dreißig Jahre. (Zu beachten ist, daß in den ersten Jahren, in denen der Wettbewerbsvorteil verlorenging, die Armbanduhrenbranche in der Schweiz noch wuchs.)[29] Der Hauptverursacher der Wende, Swatch, brachte ein innovatives Design, Gehäuse und Armband aus Kunststoff und einen automatisierten Produktionsprozeß. Diese Innovationen kamen erst, als die Branche schon jahrzehntelang geschrumpft war und die Firmen am Rande der Verzweiflung standen. Hattori-Seiko und andere japanische Unternehmen, die aufgrund der aggressiven Entwicklung der Quarz-, und da vor allem der Analogtechnologie zu Branchenführern aufgestiegen waren, erkannten die Möglichkeiten des Kunststoffgehäuses interessanterweise erst sehr spät.

Der isolierte Cluster

Selbstzufriedenheit und Nabelschau erklären in vielen Fällen, warum Länder ihren Wettbewerbsvorteil einbüßen. Das Fehlen von Druck und Herausforderung bedeutet, daß die Unternehmen versäumen, ständig neue Käuferbedürfnisse, neue Technologien und neue Verfahren zu suchen und zu interpretieren. Sie verlieren die Lust, alte Wettbewerbsvorteile durch neue zu ersetzen. Sie zögern, Globalstrategien einzusetzen, um lokale Faktornachteile auszugleichen, oder gezielt Vorteile zu nutzen, die in anderen Ländern zur Verfügung stehen. Sie werden abgehalten von Überheblichkeit, fehlendem Wettbewerb und einer Abneigung, den Status quo umzustoßen und laufende Gewinne zu opfern. Die Bestimmungsfaktoren des nationalen Vorteils messen, wie wahrscheinlich es ist, daß die nationale Umgebung es zuläßt, daß ihre Unternehmen diesen Risiken erliegen.

Der Cluster selbst kann, vor allem wenn er geographisch konzentriert ist, den Keim des eigenen Untergangs in sich tragen. Wenn der Wettbewerb nachläßt und die heimischen Käufer gefügig werden oder ihre hohen Ansprüche aufgeben, besteht für den heimischen Cluster eine Tendenz, sich zu isolieren,[30] ein geschlossenes, sich selbst bespiegelndes System zu werden. Das Problem verschärft sich, wenn es den meisten Unternehmen an nennenswerten internationalen Aktivitäten fehlt und sie geschäftlich hauptsächlich untereinander verkehren (Zulieferer verkaufen beispielsweise fast ausschließlich an eine einzige inländische Industrie). Unternehmen, Kunden und Lieferanten reden nur punktuell miteinander, keiner bringt neue Ansichten ein. Die Geschichten von Sheffield (britische Messerwarenindustrie) und Lancashire (britische Baumwollindustrie)[31] sind einschlägige Beispiele. Detroit könnte durchaus ein weiteres werden.

Derartige Cluster sind anfällig für strukturelle Veränderungen und Zufallsereignisse. Außerdem haben nationale Cluster Qualifikationen, Anlagen und Strategien, die auf bestimmte Branchenstrukturen zugeschnitten sind. Unternehmen können sich dem Zuwachs entsprechend anpassen, haben aber unter Umständen Schwierigkeiten im Umgang mit radikalen Innovationen. Die Folge wichtiger struktureller Veränderungen in der Branche ist ein Verlust der Wettbewerbsposition.

Entflechtung

Der Verlust des nationalen Wettbewerbsvorteils in einer wichtigen Branche setzt Kräfte frei, die auch den Vorteil in anderen Branchen des Clusters aushöhlen können. Die Selbstzufriedenheit greift von einer Branche auf andere über. Der Verlust des Wettbewerbsvorteils in einer Branche verringert Menge und Anspruchsniveau der Nachfrage für die Branchen, die sie befriedigen. Umgekehrt mindert der Verlust des Wettbewerbsvorteils in den lokalen Zulieferbranchen den Fluß an neuester Technologie, Information und Stimulation für die Branchen, die sie unterstützen. Er erhöht auch die Kosten der Produktionsmittel während der unvermeidlichen zeitlichen Verzögerung, bis die Käufer zu ausländischen Lieferanten übergehen.

Es ist zwar nicht unumgänglich, doch eine Zusammenballung wettbewerbsfähiger Branchen hat die Tendenz, sich aufzulösen, wenn ein oder zwei für die Innovation wichtige Branchen im Cluster ihren Wettbewerbsvorteil verlieren. In Schweden z. B. führte der Verlust der Marktposition im Schiffsbau zum Zerfall oder Untergang von Positionen in vielen Zulieferindustrien wie Schiffsmaklerwesen, Schiffsmotoren und Stahl. Die Zulieferindustrien, die noch stark sind, wie Schweißerzeugnisse (ESAB), Bordgeräte zur Feuerermittlung (Consilium Systems) und Bordkräne (Hägglunds), hatten bereits eine starke internationale Position und waren organisatorisch zu größeren Anpassungen in der Lage.

Cluster sind besonders anfällig, wenn viele Firmen keine Globalstrategie haben und keine wichtigen Geschäfte in anderen Ländern abwickeln. Wenn die meisten Unternehmen in erster Linie Zulieferer der ein oder zwei wirklich internationalen Branchen im Cluster sind oder sonst mit ihnen in Verbindung stehen, kann der Verlust einer dieser Branchen weitreichende Auswirkungen auf den gesamten Cluster haben. Das war beispielsweise beim Cluster der britischen Schiffsbranchen um Glasgow der Fall, wo das Scheitern der Schiffsbauindustrie zu schwerwiegenden Folgen für die meisten unterstützenden Branchen führte. Der Wettbewerbsvorteil im Cluster ist dauerhafter, wenn *viele* der dortigen Branchen eine weltweit starke Position haben. Der Cluster der schwedischen Schiffsbranchen befand sich in dieser Hinsicht in einer etwas besseren Lage.

Die Branchen im Cluster, die über den härtesten Wettbewerb, die globalste Zielsetzung und den globalsten Kundenstamm verfügen, werden dem Dominoeffekt höchstwahrscheinlich ausweichen können, weil ihre Kontakte zu ausländischen Käufern oder Lieferanten das eingeschränkte nationale Umfeld teilweise ersetzen oder ausgleichen können. Auch die Branchen mit den größten Vorteilen aus frühzeitigem Handeln können überstehen. In England z. B. haben Branchen wie Tabak, Whisky und Süßigkeiten ihre Stellung gehalten, weil sie guteingeführte Markennamen hatten, auf dem Weltmarkt vertreten waren und weil es keine größeren Verlagerungen bei der Technologie oder den Käuferbedürfnissen gab, die neue Konkurrenten in die Lage versetzt hätten, sie zu verdrängen.

Das systemische Wesen des nationalen Vorteils enthält einen Segen und einen Fluch. Der Segen ist, daß eine positive Verstärkung unter den Bestimmungsfaktoren den Antrieb schafft zur Aufwertung einer Wirtschaft wie zur Ausweitung und Vertiefung von Clustern.[32] Der Fluch ist, daß derselbe Antrieb auch umgekehrt wirkt. Der Verlust des Vorteils in einer Wirtschaft, hat er einmal eingesetzt, breitet sich eine Zeitlang fast unvermeidlich aus. Der Verlust des Vorteils in mehreren fortschrittlichen Branchen setzt Ressourcen frei und senkt die Faktorkosten, was einen Wettbewerbsvorteil in anderen Branchen schafft. Das Problem ist, daß diese anderen Branchen dazu neigen, die Ressourcen weniger produktiv einzusetzen, so daß sich das Tempo des Produktivitätszuwachses verringert. Dieser negative Kreislauf ist nur schwer zu stoppen, wenn das Land nicht die Fähigkeit besitzt, Vorteile in neuen Branchen mit hoher Produktivität zu schaffen. In einem wichtigen Sinn schreiten Länder bei der Aufwertung des Wettbewerbsvorteils entweder voran oder fallen zurück. Ein Stillstand ist selten.

Der »Diamant« im Vergleich

Im Grunde ist das System der Bestimmungsfaktoren des nationalen Wettbewerbsvorteils, das ich beschrieben habe, eine Investitions- und Innovationstheorie. International wettbewerbsfähige Industrien sind solche, deren Unternehmen in der Lage und willens sind, Verbesserungen und Innovation vorzunehmen, um einen Wettbewerbsvorteil zu schaffen und zu behaupten. Sowohl Verbesserungen wie Innovation erfordern – in dem weiten Sinn, in dem ich beide Begriffe gebrauche – Investitionen in die Bereiche Forschung und Entwicklung, Lernen, moderne Anlagen und qualifizierte Ausbildung.

Einen Vorteil erzielen erfordert als erstes einen neuen Wettbewerbsansatz, ob das nun das Erkennen und anschließende Nutzen eines Faktorvorteils ist, das Ausfindigmachen eines vernachlässigten Bereichs, das Schaffen neuer Produktmerkmale oder die Veränderung des Prozesses, mit dem ein Produkt hergestellt wird. Die Wahrung des Vorteils verlangt weitere Verbesserungen und Innovationen, um die Ursprünge des Wettbewerbsvorteils durch die Förderung des Produkts, des Produktionsprozesses, der Absatzmethoden und des Kundendienstes auf eine breitere Grundlage zu stellen und aufzuwerten.

Die Bestimmungsfaktoren im »Diamanten« und ihre Wechselbeziehungen erzeugen die Kräfte, die die Wahrscheinlichkeit, die Richtung und Geschwindigkeit der Verbesserungen und Innovationen durch die Unternehmen eines Landes in einer Branche gestalten.[33] Sie erhellen die Bedingungen, die dafür sorgen, daß die Unternehmen ständig investieren wollen.[34] Meine Sichtweise ist insofern ricardianisch, als ich den Handel (und Auslandsinvestitionen) in erster Linie durch Produktivitätsunterschiede bestimmt sehe, wobei Ricardos Theorie hier erweitert wird und Unterschiede in der Technologie, der Faktorqualität und den Wettbewerbsmethoden mit einbezogen werden.

Die Verfügbarkeit und Interpretation von Informationen sind für den Prozeß der Erlangung des Wettbewerbsvorteils von zentraler Bedeutung, und der »Diamant« erfaßt einige der zentralen Aspekte. Der nationale Wettbewerbsvorteil in einem Land erwächst aus Bedingungen, die dessen Unternehmen informieren, lenken oder dirigieren, damit sie Chancen zu Verbesserung und Innovation wahrnehmen und frühzeitig die richtige Richtung einschlagen, um davon zu profitieren. Das kann bedeuten, sich zuerst auf die gefragteste Produktart zu konzentrieren, die Verfahrensinnovation durchzuführen, die das beste Verfahren ergibt (z. B. flexible Automatisierung anstelle von Automatisierung eines standardisierten Sortiments), oder einen Marktbereich zu beliefern, den andere vernachlässigt haben. Ein Land hat in den Branchen Erfolg, bei denen das nationale Umfeld den heimischen Firmen hilft, Gelegenheiten deutlicher zu erkennen und/oder vorauszusehen. Selektive Faktornachteile können wertvoll sein, weil sie sich ausbreitende Probleme beleuchten. Das Ausmaß, in dem die Inlandsnachfrage die Nachfrage anderswo vorwegnimmt, ist von ähnlich großer Bedeutung.

Ein Wettbewerbsvorteil entsteht durch Druck, Herausforderung und Not, selten durch ein angenehmes Leben. Selektive Faktornachteile, mächtige heimische Käufer, zwingende Inlandsbedürfnisse, eine frühe Marktsättigung, leistungsstarke internationale Lieferanten und ein harter Inlandswettbewerb, sie alle können entscheidend für die Schaffung und Wahrung eines Vorteils sein. Druck und Not sind starke Triebkräfte für Wandel und Innovation.[35] Die Unternehmen eines Landes haben in einer Branche Erfolg, weil Zwänge, vorausgesetzt, man reagiert auf sie, auch Vorteilen gleichkommen können, etwa eine anspruchsvolle Inlandsnachfrage, einen hochentwickelten Lieferantenstamm und Bestände an speziellen Faktoren.

Es läßt sich eine Analogie zur biologischen Evolution ziehen. Dieses Material hebt die selektive Überlebensquote von Arten hervor, die einer bestimmten Umwelt gegenüberstehen. Im internationalen Wettbewerb ergibt sich Erfolg aus der Fähigkeit der Unternehmen zu Innovationen, und leistungsfähige Firmen behaupten ihren Vorteil angesichts äußerer Veränderungen jahrzehntelang. Es gibt in verschiedenen Ländern (und auch Städten oder Regionen) Umfelder, die günstiger für Innovationen sind. Biologisch ausgedrückt, einige Habitate bringen stärkere und widerstandsfähigere Spezies hervor, die in der Lage sind umherzustreifen. Sie gedeihen in anderen Habitaten im Vergleich zu den Spezies, die sich dort entwickelt haben.

Die Evolutionsbiologie betont bei der Entwicklung der Arten die Rolle der Vielfalt. Vielfalt im Sinne neuer und anderer Wege zum Wettbewerb ist auch für den Wettbewerb wichtig. Ich habe hier hervorgehoben, daß die Vielfalt nicht angeboren ist, sondern von der Umwelt begünstigt wird. Vielfalt wird vom »Diamanten« und von Clustern begünstigt. Das Schaffen von Vielfalt gehört zur Funktion der Cluster beim Beschleunigen der Innovation.

In diesem Kapitel habe ich gezeigt, wie die Bestimmungsfaktoren des nationalen Vorteils ein dynamisches System bilden. Die Selbstverstärkung des »Diamanten« bei der Entwicklung einer Branche ist der Schlüssel zur Aufwertung und Wahrung des Wettbewerbsvorteils. Der Einfluß und die Verstärkung der Bestimmungsfaktoren führen zum Phänomen des Clusters und der beherrschenden Bedeutung der geographischen Konzentration. Ich habe geschildert, daß das Ausmaß wechselseitiger Verstärkung in einem Land von gewissen Bestimmungsfaktoren und dem Vorhandensein von Mechanismen abhängt, die den Austausch innerhalb der Cluster erleichtern.[36]

Beim Prozeß der Schaffung und Wahrung des Wettbewerbsvorteils sind historische Komponenten von Bedeutung. Die Basis bereits eingeführter Industrien, Institutionen und Werte berührt den Prozeß der Branchenentwicklung, wie auch Zufallsereignisse es tun.[37] Das Auftreten von Zufallsereignissen wird jedoch zum Teil von den Bestimmungsfaktoren beeinflußt, und der Gang der Entwicklung zu einer wettbewerbsfähigen Industrie oder von ihr fort ist in seiner Abhängigkeit vom nationalen »Diamanten« vorhersehbar.

Während die von mir erörterten Beispiele die Erklärung vergangener Wettbewerbsvorteile in den Mittelpunkt gestellt haben, ist der »Diamant« auch ein Instrument zur *Vorhersage* der zukünftigen Branchenentwicklung. Ein Land hat Aussicht auf einen Wettbewerbsvorteil, wenn die zugrundeliegenden Bestimmungsfaktoren günstig sind oder wenn sie entwickelt werden können. Ein Land büßt den Vorteil ein, wenn beispielsweise die heimischen Käufer ihre hohen Ansprüche aufgeben, die Nachfrage sich von den globalen Bedürfnissen entfernt, technologische Veränderungen fehlende Zulieferbranchen aufdecken, Institutionen zur Faktorbildung nicht reagieren und keine Ausbildung in maßgeblichen Fähigkeiten bieten, und so fort. Unvorhersehbare Zufallsereignisse, wie es Erfindungen sind, können für die industrielle Entwicklung ebenfalls von Bedeutung sein, doch der »Diamant« beeinflußt die Wahrscheinlichkeit ihres Auftretens in einem Land. Und noch wichtiger ist, daß der »Diamant« Vorhersagen darüber zuläßt, ob Zufallsereignisse sich in einer wettbewerbsfähigen Branche wirksam niederschlagen.[38]

Um den Wettbewerbsvorteil der Nationen besser zu verstehen, müssen wir von der allgemeinen Theorie zu konkreten Beispielen übergehen. Die Theorie kann und muß auf zwei Ebenen angewandt werden, auf der Ebene der Branchen und auf der des Landes. Teil II des Buches, zu dem wir jetzt kommen, behandelt die Branchenebene. Im folgenden Kapitel beschreibe ich den Vorgang, wie vier verschiedene Länder in vier verschiedenen Branchen international eine Führungsposition erlangten. In Kapitel 6 gehe ich von einzelnen Industrien zum Dienstleistungssektor über, einer immer wichtiger werdenden Branchengruppe, für die der internationale Wettbewerb noch kaum untersucht worden ist. Teil III (Kapitel 7–10) wendet die Theorie zur Erklärung der Muster internationalen Branchenerfolgs in den von uns untersuchten Ländern an und liefert die Grundlage zur Erweiterung der Theorie, um die Entwicklung ganzer Volkswirtschaften zu erklären.

TEIL II
BRANCHEN

KAPITEL 5

VIER UNTERSUCHUNGEN ZUM NATIONALEN WETTBEWERBSVORTEIL

Die Bestimmungsfaktoren des nationalen Vorteils sind ein sich selbst verstärkendes System. In dem Land, in dem schnell und fortwährend Innovationen erfolgen, erzeugen sie ein Umfeld. In einem solchen Umfeld verwischen die Beziehungen von Ursache und Wirkung der Bestimmungsfaktoren. Das dynamische und miteinander verbundene Wesen des nationalen Vorteils ist besser zu verstehen, wenn wir bestimmte Branchen in bestimmten Ländern betrachten. Die Wirkung des »Diamanten« kann nur offengelegt werden, wenn wir eine Branche eine Zeitlang genau untersuchen und den Prozeß nachvollziehen, durch den sie in einem Land entsteht, internationalen Erfolg erzielt und behauptet.

Dieses Kapitel beschreibt die historische Entwicklung vier derartiger Branchen aus vier verschiedenen Ländern, die international eine führende Position erlangt haben. Sie wurden aus vielen von uns untersuchten Branchen ausgesucht, um den Prozeß der Schaffung des Vorteils in ganz unterschiedlichen Branchenstrukturen, in Ländern mit stark divergierenden Bedingungen und zu verschiedenen Zeitpunkten darzustellen.[1] Druckmaschinen sind eine deutsche Erfolgsgeschichte, die bis ins 19. Jahrhundert zurückreicht. Geräte zur Patientenüberwachung, bei denen die Vereinigten Staaten führend sind, kamen in den 30er und 40er Jahren auf. Die Fliesenbranche ist eine Industrie, in der Italien in den 60er Jahren weltweit die Führung übernahm. Industrieroboter schließlich gehören einer relativ neuen Branche an, die sich sehr schnell entwickelt und in der Japan der Branchenführer ist.

Jede Branche ist einzigartig, hat hinsichtlich des Wettbewerbsvorteils ihre eigenen Ursprünge und ihren eigenen Entwicklungsweg. Diese vier Fälle sind keine Ausnahme. Aber der allgemeine Prozeß, der hier am Werk ist, ähnelt sich in allen Fällen verblüffend. Der nationale Vorteil entsteht aus einem Umfeld, in dem alle Bestimmungsfaktoren eine Rolle spielen.

Die deutsche Druckmaschinenindustrie[2]

Die Druckerpresse wurde in Deutschland um 1440 von Johannes Gutenberg erfunden, und die Vorherrschaft deutscher Unternehmen in der Druckmaschinenindustrie entstand im 19. Jahrhundert. So berühmte Firmen wie Heidelberger Druckmaschinen (der Branchenführer), Koenig & Bauer, MAN-Roland und Albert-Frankenthal sind, in einigen Fällen seit über hundert Jahren, führend in der Welt. Auf deutsche

Unternehmen entfallen schätzungsweise 35 Prozent der Weltproduktion an Druckmaschinen. 1985 lag der Anteil der Bundesrepublik an den Weltexporten bei 50,2 Prozent, die Exporte gingen in 122 Länder.[3]

Die Druckmaschinenindustrie

Zur Zeit unserer Untersuchung existierten drei grundlegende Druckverfahren. Der Buchdruck verwendet ein erhöhtes Negativ zur Übertragung eines Abbilds auf das Papier; der Fototiefdruck verwendet ein vertieftes Negativ, und der Offsetdruck, bei dem druckende und nichtdruckende Elemente auf einer Ebene liegen, ist ein chemisches Verfahren. Auf Offsetmaschinen entfielen 1985 etwa 80 Prozent der Nachfrage nach Druckmaschinen (siehe Tabelle 5–1). Buchdruck- und Offsetmaschinen können in zwei Grundtypen unterteilt werden. Bogendruckmaschinen sind kleinere, standardisierte Anlagen, auf denen mit hoher Geschwindigkeit einzelne Bogen bedruckt werden. Eine normale Schwarz-Weiß-Bogendruckmaschine kostet etwa 85 000 $, eine 6-Farben-Hochgeschwindigkeitsmaschine kann 550 000 $ kosten.[4] Rotationsmaschinen, die im späten 19. Jahrhundert entwickelt wurden, sind sehr viel größer und komplizierter und können bis zu 70 Millionen $ kosten. Bei ihnen wird das Papier in Rollenform zugeführt; sie sind auf extrem hohe Druckgeschwindigkeiten ausgelegt und werden vor allem im Zeitungs- und Zeitschriftendruck eingesetzt. Bogendruckmaschinen sind sehr stark auf den einzelnen Kunden zugeschnitten, man rechnet mit einer Lieferfrist von zwei bis drei Jahren.

TABELLE 5–1   Geschätzter weltweiter Umsatz von Druckmaschinen 1985 (in Milliarden DM)

Offset		9,5
Bogendruck	5,0	
Rotationsdruck	4,5	
Nicht-Offset (Rotationstiefdruck, Siebdruck, Buchdruck)		2,5
Gesamt		12,0

QUELLE: Schätzungen leitender Firmenangehöriger.

Die Druckmaschine ist für ihre Benutzer der an Kapitalinvestitionen größte Einzelposten. Die wichtigsten Kaufkriterien sind Maschinendurchsatz, Zuverlässigkeit, Druckqualität (Schärfe), Vielseitigkeit, Erfüllung besonderer Kundenwünsche, leichte Bedienung, Steuerungsfähigkeit und Lieferzeit. Die Zuverlässigkeit ist besonders wichtig, denn ein Maschinenausfall ist bei vielen Druckaufträgen unannehmbar; eine Zeitung z. B. muß pünktlich gedruckt sein. Die Hersteller müssen rund um die Uhr und 365 Tage im Jahr einen Kundendienst bieten, wo immer ihre Maschinen stehen. Die notwendige Zuverlässigkeit und die lange Lebensdauer einer Druckmaschine (etwa zwanzig Jahre) sind ein Grund dafür, daß die Käufer hinsichtlich neuer Maschinentypen sehr zurückhaltend sind. Der Entwicklungszyklus neuer Maschinengenerationen ist lang und bemißt sich nach Jahrzehnten. Die Leistungsfähigkeit ist wichtig, weil die Betriebskosten erheblichen Einfluß auf das Kostengefüge des Käufers haben. Der Preis ist von Bedeutung, aber nur, wenn diese anderen Parameter vergleichbar sind. Die Nachfrage nach Druckmaschinen ist weltweit beständig gestiegen, wenngleich sie Schwankungen unterliegt.

Nach dem Zweiten Weltkrieg verlagerte sich die Technologie vom Buch- zum Offsetdruck. Offsetmaschinen bieten eine insgesamt höhere Qualität, größere Geschwindigkeit und geringere Kosten als Buchdruckmaschinen. Die ersten Offsetmaschinen gab es zwar schon in den 20er Jahren, doch die neue Technologie setzte sich erst nach dem Zweiten Weltkrieg in großem Stil durch, zunächst bei den Bogendruckmaschinen. Ende der 60er Jahre war die Umstellung auf Bogendruckoffset praktisch abgeschlossen. Gleichzeitig begann der Zug zur Offsettechnologie beim Rotationsdruck. Diese Umstellung war Ende der 80er Jahre noch im Gang und bedingte eine starke Nachfrage nach Rollenoffsetmaschinen für den Zeitungsdruck.

In den letzten Jahrzehnten erfolgten einige weitere technologische Entwicklungen. Eine davon war der Mehrfarbendruck. Anfang der 80er Jahre konnten viele Maschinen in zwei oder vier Farben drucken. Eine weitere Entwicklung war die elektronische Steuerung, die die mechanische ersetzte. Die ersten elektronisch gesteuerten Farbwerke wurden in den 70er Jahren eingeführt und automatisierten die Farbgebung. Als nächstes kamen computergesteuerte Scanner, die automatisch die für unter bestimmten Druckbedingungen notwendige Farbmenge festlegten. Die Elektronik ermöglichte auch Fortschritte bei den Techniken vor der Drucklegung wie dem modernen Fotosatz.

Frühe Branchengeschichte

Johannes Gutenberg stammte aus einem traditionellen Weinbaugebiet. Wahrscheinlich hat er Traubenpressen gesehen und ihr Prinzip für seine Buchdruckpresse übernommen.[5] Bis ins frühe 19. Jahrhundert unterschieden sich die Druckerpressen kaum von der hölzernen Plattenpresse, die Gutenberg entwickelt hatte. Das Papier wurde von Hand eingelegt, und zwei oder mehr Drucker betätigten eine Presse, die jeweils eine Seite des Blattes bedruckte.

Mit Beginn der Industrialisierung verlagerte sich die Führung in der Branche nach England und in die Vereinigten Staaten. Zu Beginn des 18. Jahrhunderts wurden in England, dessen Konstruktionskunst am weitesten fortgeschritten war, verbesserte Pressen aus Stahl und Gußeisen entwickelt. Friedrich Koenig, der der Wegbereiter der modernen Druckmaschinentechnologie werden sollte, absolvierte eine Lehre als Drucker und Setzer in Leipzig, wo er an Maschinen vom Gutenberg-Typ arbeitete. Später besuchte Koenig Vorlesungen in Mathematik und Mechanik an der Universität Leipzig, wenn auch nicht als inskribierter Student.[6]

Koenig entwickelte einen Plan zum Bau einer verbesserten Druckerpresse ohne die vielen Schwächen und Fehler der Maschinen, an denen er während seiner Lehre gearbeitet hatte. Da er in Deutschland jedoch keine Unterstützung fand, war er gezwungen, 1806 nach England zu gehen, um seine Ideen weiterzuverfolgen. England war das industriell fortschrittlichste Land der Welt. Die Löhne der Drucker waren in England sehr viel höher als auf dem europäischen Festland, was den Druckereien einen größeren Anreiz gab, verbesserte Druckmaschinen zu kaufen.[7] Auch die Dampfmaschinentechnologie, wichtig für die Verbesserung der Maschinenproduktivität, war in England am weitesten fortgeschritten. Die ersten automatisierten Papiermaschinen waren 1803–1804 von Bryan Donkin aus Frogmore im englischen Kent entwickelt worden.[8] Diese Maschinen setzten sich bald auf dem englischen Markt durch. Die gleichmäßige Papierqualität, die sie produzierten, war für Koenigs mit hoher Geschwindigkeit arbeitende Druckmaschine wesentlich. Die neuen Papiermaschinen senkten auch den Papierpreis, was den Zeitungsabsatz steigerte und das Interesse an verbesserten Druckmaschinen erhöhte. England bot damals einem Hersteller von Druckmaschinen Vorteile bei den Nachfragebedingungen, den verwandten und unterstützenden Branchen und beim Risikokapital für den Einstieg in die Branche.

1809 schloß Koenig mit einer Gruppe Londoner Druckereibesitzer und Verleger einen Vertrag. Für die Abtretung eines Anteils am zukünftigen Gewinn wollten sie die Konstruktion seiner neuen Maschine finanzieren. Das belegt, wie heimische Käufer den Einstieg neuer Unternehmer in eine Zulieferindustrie fördern können.

Bei der Arbeit an seinen Plänen in London lernte Koenig Andreas Bauer kennen, einen anderen im Ausland lebenden Deutschen, seines Zeichens Optiker und Feinmechaniker. Die beiden beschlossen, sich zusammenzutun. Der Durchbruch gelang 1812, als Koenig und Bauer (K&B) die erste Rotationsmaschine bauten, die anstatt mit einer Platte, wie bisher, mit einem Rotationszylinder druckte. Der Verleger der Londoner *Times* bestellte zwei Maschinen.[9] 1814 druckte eine K&B-Maschine pro Stunde 1100 Exemplare einer kompletten *Times*-Ausgabe. Die nächsten Erfolge von K&B waren der »Widerdruck« (der das gleichzeitige Bedrucken eines Bogens auf beiden Seiten ermöglichte) und der Einsatz einer Dampfmaschine zum Antrieb der Druckmaschine. Die neuen K&B-Maschinen wurden von nur einem Drucker und einem Lehrling bedient; sie konnten mit einer Geschwindigkeit drucken, die zuvor fünfundzwanzig Drucker erfordert hätte.[10]

K&B florierte, doch im Unternehmen kam es bald zu Meinungsverschiedenheiten mit den Geldgebern, die auch die Hauptkunden waren. Sie wollten nicht, daß K&B auch an Konkurrenten verkaufte, weder in England noch außerhalb. Nach längeren Querelen beschlossen Koenig und Bauer 1818, England zu verlassen.

Das Unternehmen suchte nach einem neuen Standort und ließ sich schließlich in Oberzell in der Nähe von Würzburg nieder. Die Rückkehr nach Deutschland lockte Koenig und Bauer durchaus, nicht nur weil es ihre Heimat war, sondern auch weil eine Flaute in England den Markt für Druckmaschinen trockengelegt hatte.[11] Der Standort Oberzell, eine ungewöhnliche Wahl, weil es dort zu der Zeit kaum Industrie gab, war das Ergebnis besonderer Umstände. Der König von Bayern bemühte sich aktiv um die Ansiedlung von Industrie in diesem Gebiet und unterstützte K&B bei der Einrichtung und dem Kauf eines verlassenen Klosters als Produktionsstätte. Weitere Anreize für die Ansiedlung in dem Gebiet waren: finanzielle Hilfestellung in den ersten Jahren; Steuerbefreiung für die ersten zehn Jahre; ein zehnjähriger Schutz aller Erfindungen und Gewerbe, die Koenig zuerst nach Bayern brachte; zunächst keine Wehrpflicht für die Arbeiter des Unternehmens; und keine Zölle auf Importe von Maschinen und anderen erforderlichen Rohstoffen. Mit Ausnahme dieser anfänglichen Hilfe für K&B hatte es in Deutschland bis dahin keine staatliche Unterstützung für die Druckmaschinenindustrie gegeben.

Der Standort Oberzell hatte Vor- und Nachteile. Außer den staatlichen Anreizen schätzte Koenig, daß die Produktionskosten infolge geringerer Löhne und anderer Kosten nur ein Drittel der Kosten in England ausmachten. Rohstoffe waren jedoch schwer zu beschaffen, und die meisten einheimischen Arbeitskräfte waren ungelernt, nicht mit industrieller Produktion vertraut. Die gelernten Arbeiter, die es in jener Gegend und im übrigen Deutschland gab, waren noch in Zünften organisiert; diejenigen, die K & B einstellte, versuchten, unannehmbare Bedingungen durchzusetzen. Nach einer schwierigen Phase entließ Koenig alle Arbeiter bis auf einen englischen Werkmeister und einen deutschen Schmied. Lehrlinge aus der Gegend wurden eingestellt und im Unternehmen ausgebildet.[12]

1819 stellte K & B die erste in Deutschland produzierte Maschine fertig. Sie war von der Londoner *Times* bestellt worden, noch bevor Koenig England verlassen hatte, und wurde Anfang 1820 aufgestellt.[13] Die nächste Maschine, die erste für einen deutschen Kunden, wurde erst 1822 fertiggestellt. Bald darauf wurden drei weitere Maschinen fertig und in Berlin installiert. In den folgenden Jahren baute K & B Druckmaschinen für Druckereien in Augsburg und Hamburg, in Kopenhagen und in verschiedenen französischen Städten.

K & B bemühte sich aktiv um die Entwicklung einer verwandten deutschen Industrie und gründete 1827 eine Papierfabrik. Koenig erkannte, daß eine erfolgreiche Durchdringung des Marktes für Druckmaschinen in Deutschland und anderen Ländern voraussetzte, daß Papier in gleichmäßig hoher Qualität vorhanden war. Mit finanzieller Unterstützung eines deutschen Druckereibesitzers gründete K & B eine der ersten Papierfabriken in Deutschland. In ihr stand eine englische Maschine von Donkin.

Das Aufkommen inländischer Konkurrenz

Während die Keimzelle für die deutsche Druckmaschinenindustrie an einem ungewöhnlichen Ort entstand und unter kaum voraussehbaren Umständen, ist der Prozeß, durch den sie zu einer in der Welt führenden Industrie wurde, sehr viel eher voraussagbar. Ab Anfang der 30er Jahre traten mehrere deutsche Konkurrenten (und ein österreichischer) in die Branche ein. Alle Firmengründer hatten entweder bei K & B gearbeitet oder sonst Verbindungen zu diesem Unternehmen unterhalten (Abb. 5–1). Mit einer Reihe Neugründungen entstanden K & B mehrere leistungsfähige heimische Konkurrenten, die im Kerngebiet Süddeutschlands konzentriert waren.

Helbig & Müller wurde 1836 von einem ehemaligen K & B-Meister gegründet. Müller entwickelte mehrere bedeutende Maschinenverbesserungen, für die er den Eigentümern von K & B eine Beteiligung gegen eine Kapitalbeteiligung ihrerseits anbot. Als sein Angebot abgelehnt wurde, nahm er die Produktion in Wien auf. Seine verbesserte, noch stärker standardisierte Maschine wurde ein großer Erfolg. In Berlin wurde 1840 eine weitere Firma gegründet, von Georg Sigl, der zwei Jahre Mechaniker bei Helbig & Müller gewesen war.

Die Keimzelle der Maschinenfabrik Augsburg Nürnberg oder MAN (eines der ersten diversifizierten Maschinenunternehmen Deutschlands) war ein 1840 in Augsburg gegründetes Druckmaschinenunternehmen. Es wurde vier Jahre später an Koenigs

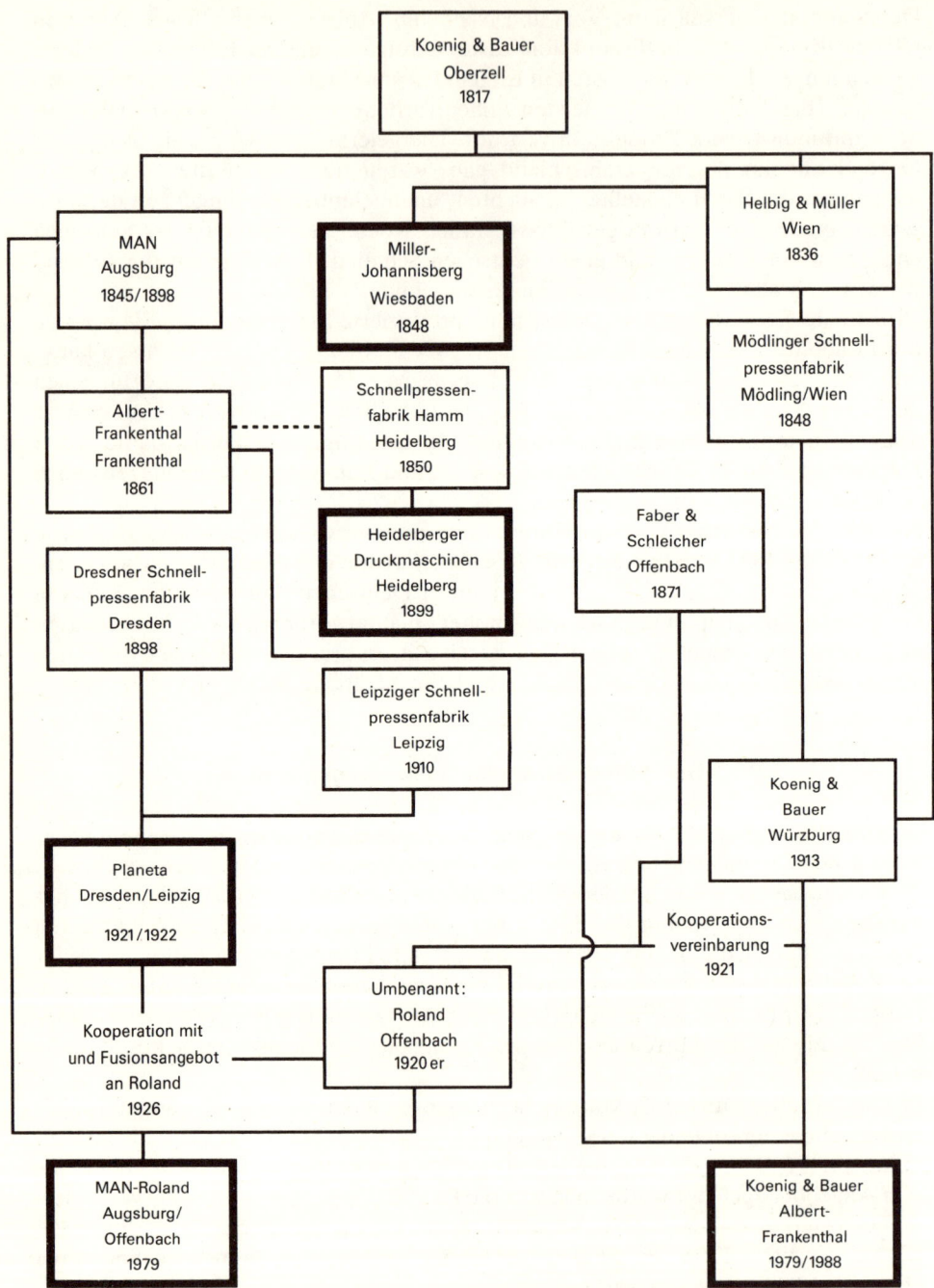

ANMERKUNG: Die stark umrandeten Kästchen bezeichnen 1988 führende Wettbewerber.

ABB. 5–1   Stammbaum der deutschen Druckmaschinenindustrie

Neffen Carl Reichenbach, der zwanzig Jahre bei K & B gearbeitet hatte, und an Reichenbachs Schwager verkauft. 1845 begannen sie mit der Produktion einer verbesserten Version der Helbig & Müller-Maschine. Die Firma baute 1872 die erste deutsche Rotationsmaschine und war auch in Folge ein wichtiger Neuerer auf dem Gebiet des Rotations- und später des Offsetdrucks. 1898 tat sich das Unternehmen mit einem Maschinenhersteller aus Nürnberg zur MAN zusammen.

Die Firma, aus der Miller-Johannisberg hervorging, wurde 1848 vom Maschinenmeister Johann Klein, der vorher bei Helbig & Müller gearbeitet hatte, gegründet. 1861 wurde die Firma Albert-Frankenthal (im rheinland-pfälzischen Frankenthal, einer Stadt mit langer Maschinenbautradition) ins Leben gerufen: von Andreas Hamm und Andreas Albert, die zehn Jahre bei K & B und dann bei Reichenbach gearbeitet hatten.

Andreas Hamms Bruder gründete 1850 die Firma Heidelberger Druckmaschinen (Heidelberg). Das Unternehmen konzentrierte sich auf Bogendruckmaschinen und stellte erst sehr viel später als seine Konkurrenten eine Rotationsmaschine vor. Es erlangte eine führende Stellung, als es 1914 eine deutlich verbesserte Bogendruckmaschine einführte, die sogenannte Heidelberger Tiegel. Sie war die erste Maschine mit vollautomatischer Papierführung und hatte eine Druckleistung von 2600 Bogen pro Stunde. Durch eine Vorrichtung, die einen höheren Anpreßdruck ermöglichte, wurde auch die Druckqualität verbessert. Die überragende Qualität und Leistung der Tiegel, die Pionierarbeit des Unternehmens bei der Fließbandfertigung von Druckmaschinen (1926) und die frühe Einführung eines weltweiten Verkaufs- und Kundendienstnetzes führten zu einem in der Branche beispiellosen Erfolg. Heidelberger verkaufte bis 1985, als das Modell ausgemustert wurde, über 165 000 Maschinen; eine Tiegel wurde sogar im Senshu-den-Schrein in der japanischen Stadt Kobe verehrt.

Gegen Ende des 19. Jahrhunderts hatten sich dieses und andere deutsche Unternehmen weltweit zu Branchenführern aufgeschwungen. Ein allmählicher Fusionsprozeß setzte in der weltwirtschaftlichen Abschwungsphase nach dem Ersten Weltkrieg ein. 1921 erwarb K & B die Mödlinger Schnellpressenfabrik und unterschrieb einen Kooperationsvertrag mit Faber & Schleicher, einer in Offenbach ansässigen, 1871 gegründeten Firma. Um dieselbe Zeit fusionierten die Dresdner Schnellpressenfabrik und die Leipziger Schnellpressenfabrik zu Planeta. Einige Jahre danach begann Faber & Schleicher (mit neuem Namen Roland, nach seiner erfolgreichen Maschine) die Zusammenarbeit mit Planeta, die einige Jahre andauerte. Planeta stieg aus der Buchdruckproduktion aus, um sich ganz auf Rotations-Offsetmaschinen zu konzentrieren. 1926 bot das Unternehmen ein Zusammengehen mit Roland an, das jedoch abgelehnt wurde.

Um 1930 hießen die führenden deutschen Druckmaschinenhersteller Heidelberger, MAN, Roland, K & B, Albert-Frankenthal und Planeta. Sie alle saßen in einem Umkreis von etwa 250 km (siehe Abb. 5–2). Diese Unternehmensgruppe sollte ihre führende Position in der Branche viele Jahrzehnte behaupten.

ABB. 5–2 Standorte weltweit führender Druckmaschinenhersteller

Die Strategien der deutschen Wettbewerber

Heidelberger, das in der Welt führende Unternehmen, stellte in erster Linie kleine und mittlere Bogenoffsetmaschinen her. Die Firma war eine der bestverdienenden der deutschen Maschinenbranche. Auch Roland konzentrierte sich auf den Bogendruck, ebenso die ostdeutsche Firma Planeta. MAN widmete sich ganz den großen Rotationsmaschinen für den Zeitungsdruck, während Albert-Frankenthal vor allem für sein Programm großer Rollentiefdruckmaschinen bekannt war.

Die deutschen Druckmaschinenhersteller gingen mit Differenzierungsstrategien in den Wettbewerb, die auf hoher Qualität und Zuverlässigkeit, hoher Leistung und pünktlicher Lieferung beruhten. Die deutschen Druckmaschinen wurden im Vergleich mit denen anderer Länder oft zu höheren Preisen verkauft. Der frühe Einstieg und die internationale Ausrichtung der deutschen Unternehmen ermöglichten ihnen den Aufbau weltumfassender Servicenetze und eines erstklassigen internationalen Rufs. Die deutschen Unternehmen behaupteten ihre starke Marktposition das ganze 20. Jahrhundert hindurch, mit nur kurzen Unterbrechungen aufgrund der beiden Weltkriege.

Die deutschen Druckmaschinenhersteller forschten und entwickelten in Deutschland. Die Produktion erfolgte größtenteils in Deutschland, aber sowohl K & B wie auch MAN hatten Produktionsanlagen in den Vereinigten Staaten, wo sie seit Anfang der 80er Jahre Maschinen montiert hatten. K & B war ein Bündnis mit der japanischen Firma Sumitomo Heavy Industries eingegangen, weil es allein sehr schwer ist, auf dem japanischen Markt Fuß zu fassen. Andere Firmen hatten ähnliche Abmachungen getroffen.

Deutsche Unternehmen waren über ein Jahrhundert führend in der Weiterentwicklung und Perfektionierung der Druckverfahren. Einige frühe deutsche Innovationen sind schon genannt worden, und dieser Rekord setzte sich fort. In den 60er Jahren z. B. kam Albert-Frankenthal mit der ersten Maschine der Welt, die 2,55 m breites Papier bedrucken konnte, auf den Markt. 1985 stellte die Firma die erste 2,95 m breite Maschine der Welt vor.[14] K & B hatte Anfang der 80er Jahre die größte Rollenoffsetmaschine für Zeitungsdruck[15] und die schnellste Bogenoffsetmaschine der Welt[16] (15000 Bogen pro Stunde).

Einzigartig war die Konzentration von Branchenkonkurrenten in Deutschland. Seine führenden Unternehmen umfaßten etwa die Hälfte der weltgrößten Wettbewerber. Der Inlandswettbewerb ging über den Kampf um den Kunden hinaus. Die deutschen Firmen konkurrierten heftig nicht nur um Aufträge, sondern auch um technische Leistungen und Spitzenleute von den Hochschulen. Der Wettbewerb beruhte mehr auf der Leistung als dem Preis, was die Kaufkriterien der Kunden widerspiegelt. In all den Jahren nach dem Zweiten Weltkrieg lag ein geringer Zoll auf den nach Deutschland importierten Druckmaschinen. Die deutschen Druckmaschinenhersteller mußten ihre Maschinen angesichts des tatsächlichen und potentiellen Wettbewerbs aus dem Ausland ständig verbessern.

Bildung spezieller Faktoren

Die Fähigkeit der deutschen Unternehmen, sowohl die Produkte als auch die Herstellungsverfahren zu verbessern, ging zum Teil auf das Vorhandensein besonderer Mechanismen zur Bildung und Aufwertung der Technologie wie des Humankapitals zurück. Alle deutschen Druckmaschinenhersteller hatten aktive Lehrprogramme für die Arbeiter und bildeten auch die neueingestellten Ingenieure aus. Alle größeren Firmen hatten schon vor Jahrzehnten ihre eigene Berufsschule gegründet, um ihren Arbeitern eine auf die Druckmaschinen abgestimmte Ausbildung zukommen zu lassen. Die Schule von K & B z. B. wurde 1870 gegründet, die von Albert-Frankenthal 1873 und die von MAN 1911.[17] Diese Schulen wurden später vom deutschen Staat anerkannt und Bestandteil des deutschen Lehrsystems. Die Druckmaschinenindustrie schöpfte auch aus einem reichen Angebot an gutausgebildeten Ingenieuren. Die deutsche Universitätsausbildung war auf allen technischen Gebieten vorzüglich, und die Studienpläne für Maschinenbau waren im Vergleich mit denen anderer Länder außerordentlich gut ausgearbeitet. Die Maschinenbauingenieure kamen von Technischen Hochschulen wie Aachen, Darmstadt und Braunschweig, die alle in Zentren des Maschinenbaus lagen.

Zwischen Druckmaschinenunternehmen und Universitätsinstituten bestanden direkte Forschungsverbindungen. Die deutsche »Forschungsgesellschaft Druckmaschinen« wurde 1955 von führenden deutschen Druckmaschinenherstellern gegründet. Sie setzte sich zum Ziel, Grundlagenforschung zu betreiben hinsichtlich der physikalischen, chemischen und kybernetischen Prozesse beim Drucken, Versuchsanordnungen für Druckmaschinen bereitzustellen und zur Ausbildung der Ingenieure beizutragen.[18] Sie wirkte als koordinierendes und mitfinanzierendes Gremium in der gemeinsamen Forschung an der Technischen Universität Darmstadt und an anderen Forschungsinstituten.

Während die speziellen Faktoren ständig aufgewertet wurden, hatten die deutschen Unternehmen mit hohen Faktorkosten zu kämpfen. Löhne und Sozialabgaben waren höher und die Arbeitszeiten kürzer als die in Konkurrenzländern. Diese selektiven Faktornachteile veranlaßten die deutschen Firmen, die Produktion laufend zu rationalisieren und die technologisch hochstehendsten Maschinen zu entwickeln.[19] Eine starke Währung unterstützte diese Kräfte. Die Betonung sehr produktiver und qualitativ hochstehender Maschinen nahm aufkommende Nachfragemuster vorweg, da die Drucker überall auf der Welt die Automatisierung und Druckqualität zu steigern suchten.

Anspruchsvolle Inlandsnachfrage

Die Nachfragebedingungen in Deutschland regten sowohl das Tempo wie die Richtung der Innovationen in der Branche an. Der deutsche Druckmaschinenmarkt gehörte nicht zu den größten in der Welt; er galt als der sechstgrößte hinter den Vereinigten Staaten, Japan, Großbritannien und zwei anderen Ländern.[20] Wichtiger als die Größe war, daß der deutsche Inlandsmarkt für Druckmaschinen lange Zeit einer der anspruchsvollsten der Welt gewesen ist.

Diese Anspruchshaltung begann mit dem Endverbraucher, dem Käufer von Zeitungen, Zeitschriften oder Büchern. Die deutschen Käufer von Druckerzeugnissen waren ungewöhnlich qualitätsbewußt. Ein deutscher Leser rief beispielsweise bei der Zeitung an, wenn sein Exemplar verschmiert war, ein in den meisten anderen Ländern kaum vorstellbares Verhalten. Die Druckereien wurden von den deutschen Lesern gezwungen, qualitativ hochwertige Druckmaschinen einzusetzen.

Auch die deutschen Druckereibesitzer waren äußerst anspruchsvolle Kunden. Hohe Löhne bekräftigten das Streben nach hochproduktiven Maschinen, die weniger Bedienungspersonal brauchten. Bei vielen Druckverfahren wurde mit giftigen Stoffen gearbeitet, und in Deutschland wurden entsprechend hohe technische Anforderungen an die Sicherheit der Maschinen gestellt und Umweltkontrollen durchgeführt.

Sie nahmen in vielen Fällen gesetzliche Bestimmungen in anderen Ländern voraus und waren ein Anreiz für Produktverbesserungen.

Wichtig war auch der hohe Standard der Drucker selbst. Die Ausbildung der Drucker besaß in Deutschland eine lange Tradition, und der deutsche Drucker galt als der bestausgebildete der Welt. In Deutschland wurden Anfang der 20er Jahre besondere Berufsschulen für Drucker gegründet, die »Meisterschulen für Buchdrucker«.[21] Ein Drucker konnte sich in seiner Lehre spezialisieren auf Bogen-, Rollen- oder Flexodruck, auf Verpackungs-, Tapeten- oder Siebdruck. Die gewissenhafte Ausbildung in Deutschland stand in deutlichem Gegensatz zu der in den Vereinigten Staaten, wo Drucker jeweils nur eine innerbetriebliche Ausbildung erhielten. Das hohe Niveau der deutschen Drucker brachte Aufgeschlossenheit für neue Innovationen und einen ständigen Dialog mit den Herstellern über technische Fragen mit sich.

Das Druckereigewerbe in Deutschland war auch in der Forschung aktiv, was sich in vielen, sich direkt auswirkenden Vorteilen für die Druckmaschinenindustrie niederschlug. Die deutschen Drucker hatten ihre eigene Forschungsorganisation, die Deutsche Forschungsgesellschaft für Druck- und Reproduktionstechnik (FOGRA). Die von der FOGRA betriebene Forschung befaßte sich u. a. mit Standardisierungsfragen und Fotosatzverfahren. Die FOGRA beteiligte sich auch an Gemeinschaftsprojekten mit Universitäten. 1985 z. B. regte die FOGRA die Universität Stuttgart an, die Konstruktionsgrundlagen für einen Hochleistungstiefdruckzylinder zu erarbeiten.[22]

Sowohl das Falzen als auch Zeitungsformate waren in den Vereinigten Staaten anders als in Europa. In den USA gebaute Maschinen mußten für den Einsatz in Europa umgeändert werden und umgekehrt, und amerikanische Hersteller, die sich jahrzehntelang damit zufriedengegeben hatten, in erster Linie den eigenen großen Inlandsmarkt zu bedienen, taten sich mit dem Verkauf in Europa schwer. Die amerikanischen Käufer waren außerdem weniger anspruchsvoll hinsichtlich der Druckqualität; sie suchten Druckmaschinen, die einfacher zu bedienen waren, weil die Drucker weniger qualifiziert waren. Es fiel den amerikanischen Unternehmen schwer, die höheren europäischen Anforderungen zu erfüllen, während es die deutschen Firmen sehr viel leichter hatten, den amerikanischen Normen zu genügen. Die deutschen Firmen waren durch ihren begrenzten Inlandsmarkt früh genötigt worden, auch an ausländische Kunden mit unterschiedlichen Bedürfnissen zu verkaufen.

Der Cluster im deutschen Druckgewerbe

Die Druckmaschinenindustrie hatte seit langem Verbindungen zu einigen anderen starken deutschen Branchen außerhalb der Druckindustrie. Papiermaschinen waren eine wichtige verwandte Branche, denn die Papiereigenschaften waren für den Betrieb einer Druckmaschine von großer Bedeutung. Die J. M. Voith Maschinenfabrik GmbH und ihre Tochter O. Dörries waren die in der Welt führenden Hersteller von Papiermaschinen (siehe Tabelle 5–2). Ein anderer weltberühmter Papiermaschinenproduzent war Sulzer-Escher-Wyss, zwar in Schweizer Besitz, aber mit Stammsitz in Deutschland.[23] Die räumliche Nähe zwischen den international erfolgreichen deutschen Papiermaschinen- und Druckmaschinenunternehmen erleichterte den aktiven Austausch zwischen den Konstrukteuren beider Produkte.

Die deutschen Druckmaschinenunternehmen profitierten auch von der Existenz starker Papierhersteller wie Feldmühle AG, E. Holtzmann & Cie. AG, M. D. Papierfabriken Heinrich Nicolaus und Zanders AG. Die rasche Steigerung der Papiermenge wäre ohne die Zusammenarbeit der Papierhersteller unmöglich gewesen, die Papier entwickelt hatten, das Geschwindigkeiten bis zu 10,5 m pro Sekunde aushielt, und auch ohne die Kooperation der Papiermaschinenproduzenten, die die zu seiner Herstellung notwendigen Maschinen entwickelten.

Ebenso brachten die international herausragenden deutschen Druckfarbenhersteller der heimischen Druckmaschinenindustrie Vorteile. Druckfarben wurden besonders wichtig für die Entwicklung der Mehrfarben-Rollenmaschinen zu Beginn des 20. Jahrhunderts. Die Fortschritte bei den Druckmaschinen und -farben hatten sich wechselseitig verstärkt. Verbesserungen bei den Maschinen erforderten verbesserte Farben, die zu weiteren Maschinenverbesserungen führten.

Der Erfolg der deutschen Druckfarbenhersteller hing eng mit Deutschlands exzellenter chemischer Industrie zusammen. Einen frühen Durchbruch bedeutete 1880 die Entwicklung eines Laborverfahrens zur Herstellung synthetischen Indigos durch Adolf von Baeyer sowie seine Vermarktung um die Jahrhundertwende durch die Chemieunternehmen Hoechst und BASF. Synthetische Farben waren ein Ableger der Farbstoffe. Vor der Entwicklung synthetischer Druckfarben waren diese überwiegend von den Druckereien selbst hergestellt worden.[24] Weltberühmte deutsche Druckfarbenhersteller waren der Unternehmensbereich Drucksysteme der BASF,[25] die Farbenfabriken Michael Huber, Hartmann Druckfarben und die Siegwerk Farbenfabrik Keller.

Ein weiteres, mit den Druckmaschinen zusammenhängendes wichtiges Produkt waren die Satzsysteme. Die in der Welt führenden Unternehmen, Linotype und

TABELLE 5–2   Deutsche Wettbewerber in verwandten Branchen

Unternehmen	Standort	Gegründet	Einnahmen (in Mio. DM) 1985
Papier			
Feldmühle	Düsseldorf	1885	2 980
E. Holtzmann	Weisenbach	1883	633
Papierfabriken H. Nicolaus	Dachau	1862	719
Zanders	Bergisch Gladbach	1829	838
Papiermaschinen			
Voith/Dörries	Heidenheim/Düren	1867/1885	1 005
Sulzer-Escher-Wyss*	Ravensburg	1856	300
Druckfarben			
BASF	Ludwigshafen	1865	1000**
Michael Huber Farbenfabriken	München	1765	115
Hartmann Druckfarben	Frankfurt	1905	100
Siegwerk Farbenfabrik Keller	Siegburg	1905	250

* Im Besitz von Sulzer, Schweiz.
** Umsatz von Druckfarben und verwandten Artikeln.

Monotype, waren beide in den Vereinigten Staaten gegründet worden. Die Setzmaschinenbranche hatte in den 80er Jahren des vorigen Jahrhunderts in den Vereinigten Staaten mit der Erfindung der ersten mechanischen Setzmaschine durch den deutschstämmigen Ottmar Mergenthaler begonnen; die Maschine konnte eine komplette Zeile setzen. Ein etwas anderes System, das einzelne Buchstaben setzte, wurde 1885 von dem Amerikaner T. Lanston erfunden. Obwohl die beiden führenden Firmen amerikanisch waren, hatten beide große Töchter in Deutschland. Das Fundament für neue Produktentwicklungen war lange Zeit Deutschland gewesen, was das Bestehen des Druckgewerbe-Clusters in Deutschland spiegelte. Interessanterweise verlegte Linotype seine Zentrale Anfang der 80er Jahre dieses Jahrhunderts ins deutsche Eschborn,[26] womit der Umzug des offiziellen heimischen Stützpunkts zum Standort des günstigsten nationalen »Diamanten« vollzogen wurde – ein Schritt, der immer häufiger unternommen wird.

Die Verschiebung der Wettbewerbspositionen

Die Schweiz hatte eine Position als Exporteur von Druckmaschinen behauptet. Der wichtigste schweizerische Produzent war die Maschinenfabrik Wifag AG mit Sitz in Bern. Sie war die Nummer drei unter den europäischen Herstellern von Rollenmaschinen für den Zeitungsdruck. Wifag, nicht allzu weit von der deutschen Grenze entfernt, gehörte tatsächlich zum deutschen Cluster. Wie seine deutschen Konkurrenten bot Wifag Differenzierung durch hohe Qualität und technische Innovation. Das Unternehmen betrachtete Deutschland als seinen Hauptmarkt. Es war besonders stolz darauf, eine Maschine in Augsburg verkauft zu haben, dem Sitz der MAN. Zwei andere Länder, die Druckmaschinen exportierten, die Vereinigten Staaten und Großbritannien, verloren dagegen ständig an Boden. Der Anteil Großbritanniens am Weltexport fiel von 9,2 Prozent 1975 auf 5,9 Prozent 1985, und Baker-Perkins war das einzige verbleibende Unternehmen von Rang. Es produzierte Rollenmaschinen für den Zeitungsdruck, einen beträchtlichen britischen Inlandsmarkt. Die Vereinigten Staaten waren der zweitgrößte Exporteur von Druckmaschinen, hatten 1975 einen Anteil von 19,7 Prozent am Weltexport von Druckmaschinen. 1985 war dieser Anteil auf 3,9 Prozent gesunken, und die Vereinigten Staaten verbuchten das größte Handelsdefizit für Druckmaschinen der Welt, 330 Millionen $.

Während es bis Anfang der 70er Jahre noch einige lebensfähige amerikanische Hersteller von Bogenmaschinen gab, produzierten amerikanische Firmen 1988 nur noch Rollenmaschinen. Harris[27] und Goss-Rockwell waren die führenden Konkurrenten. Beide gehörten zu Mischkonzernen. Die amerikanische Technologie war einfacher zu handhaben, aber auch weniger differenziert als die der europäischen Maschinen. Von den amerikanischen Maschinen hieß es auch, sie fielen häufiger aus und wären qualitativ schlechter als deutsche oder schweizerische Anlagen. Die amerikanischen Unternehmen hielten ihre Position auf dem US-Markt gegenüber ausländischen Konkurrenten, zum Teil wegen der besonderen US-Anforderungen hinsichtlich der Papierformate und der Falzverfahren.

Japan besaß inzwischen eine bessere Position in der Branche. Das Land war vergleichsweise neu im internationalen Druckmaschinengeschäft. Die japanische Branche konnte sich erst im 20. Jahrhundert etablieren, nachdem die Einführung der Offsettechnik die Wiedergabe der japanischen Schrift ermöglicht hatte. Der Buchdruck war wegen der vielen tausend chinesischen Ideogramme, die in der japanischen Schrift verwendet wurden, nicht zu gebrauchen gewesen – mit ein Grund dafür, daß die modernen Druckverfahren in Europa und den Vereinigten Staaten erfunden worden sind, obwohl das Druckprinzip in Asien schon vor Gutenbergs Erfindung bekannt gewesen war.

Die japanische Inlandsnachfrage nach dem Offsetdruck war beträchtlich, weil das Maschinenschreiben unpraktisch war und daher alle offiziellen Dokumente gedruckt werden mußten. Ab Ende der 70er Jahre deckte sich die japanische Inlandsnachfrage mit der internationalen Nachfrage, die sich ebenfalls zum Offsetdruck hin verlagerte. Damit begann das Eindringen der japanischen Druckmaschinenhersteller in die Auslandsmärkte. Japan wurde der zweitgrößte Exporteur der Welt von Druckmaschinen. Sein Anteil am Weltexport stieg von 2,9 Prozent 1975 auf 19,1 Prozent 1985. Im selben Zeitraum kletterte die japanische Handelsbilanz für Druckmaschinen aus dem Negativbereich auf 296 Millionen $, dem höchsten Wert hinter dem Deutschlands.

Die japanischen Unternehmen konzentrierten sich auf kleinere Bogenoffsetmaschinen. Der führende Hersteller war Komori. Weitere Wettbewerber waren Mitsubishi, Akiyama, Ryobi, Fuji und Sumitomo, der japanische Partner von K & B. Die japanischen Firmen legten Wert auf elektronische Zusätze und Merkmale, was mit dem Cluster der erfolgreichen japanischen Elektronikbranchen zusammenhing.

Gefahrensignale

Flexodruck, die neueste Drucktechnologie in dieser Entwicklung, erreichte in den 80er Jahren einen gewissen Marktanteil, vor allem beim Zeitungsdruck. Flexodruck, auch Anilindruck genannt, war eine Abart des alten Buchdrucks, verwendete aber Flexographiefarben und flexible Gummiplatten anstelle gegossener Metallbuchstaben. Er wurde zuerst für die Nahrungsmittelverpackungsindustrie entwickelt, weil Flexographiefarben auf nicht saugfähigen Oberflächen verwendet werden konnten und sicher bei der Verwendung auf Lebensmittelhüllen waren. Beim Bedrucken von Papier war seine Qualität nicht so hoch wie beim Offsetdruck, aber die Investitions- und Betriebskosten lagen niedriger.

Flexodruck wurde im Zeitungsdruck von amerikanischen Firmen erstmals Ende der 70er, Anfang der 80er Jahre angewendet.[28] Die größte Dichte an Flexomaschinen gab es in den Vereinigten Staaten. 1988 waren jedoch deutsche Unternehmen die beherrschenden Anbieter. Zum führenden Hersteller von Flexomaschinen mauserte sich K & B, der sie zusammen mit Windmöller & Hölscher baute, einem bedeutenden Hersteller von Verpackungsmaschinen, der die Grundeinheit der Flexomaschine lieferte. Die starke internationale Verpackungsindustrie Deutschlands war durch die sich entwickelnde Technologie in den Cluster des Druckgewerbes gezogen worden. 1988 erlebte die deutsche Druckmaschinenindustrie trotz hoher Arbeitskosten und steigender Wechselkurse Wachstum und weltweiten Erfolg. Die meisten Hersteller verbuchten Rekordgewinne. Die Druckmaschinenunternehmen gehörten zu den rentabelsten Firmen in Deutschland.

Rekordgewinne bargen jedoch Gefahren für die Zukunft. Seit den 70er Jahren war die Zahl der deutschen Wettbewerber durch Zusammenschlüsse wesentlich geschrumpft. K & B erwarb 1979 eine 49-Prozent-Beteiligung an Albert-Frankenthal, die 1988 zu einer Mehrheitsbeteiligung erweitert wurde. Die beiden Firmen kamen überein, ihre Produktionsprogramme aufeinander abzustimmen. 1979 fusionierten MAN und Roland zu MAN-Roland. Eine schrittweise Fusion ist für viele guteingeführte Branchen typisch, doch die Fusionswelle in der deutschen Druckmaschinenindustrie hatte einen Punkt erreicht, an dem der Preiswettbewerb fast verschwunden und der Inlandswettbewerb nicht mehr garantiert war. Eine ziemlich resolute Gruppe japanischer Wettbewerber wurde zu einer wachsenden Bedrohung, vor allem bei den Bogenmaschinen. Der japanische Branchenführer Komori hatte 1987 AM International (Vereinigte Staaten), der Muttergesellschaft von Harris, ein Übernahmeangebot gemacht, allerdings erfolglos.

Zusammenfassung

Die deutsche Druckmaschinenindustrie bietet ein bemerkenswertes Beispiel für die Wahrung eines Wettbewerbsvorteils über mehr als 160 Jahre hinweg. Die Frühgeschichte dieser Industrie belegt, daß die internationale Mobilität der Technologie und der Facharbeiter absolut nichts Neues ist. Diese Mobilität unterstreicht, wie wichtig es ist, die Gründe zu verstehen, warum das Umfeld einiger Länder es zuläßt oder erzwingt, daß Faktoren besonders wirkungsvoll bewegt werden, so daß die Branche Weltniveau erreicht.

Die Saat für die Branche legte Friedrich Koenig, ein bemerkenswerter Mann, der sich für Druckmaschinen interessierte, weil er als Drucker ausgebildet war und arbeitete. Um sich weiterzubilden, war er gezwungen, nach England zu gehen, dem Land mit dem für die damalige Zeit günstigsten nationalen »Diamanten« für die Branche. Versuche seiner Kunden/Geldgeber, das Branchenwachstum aus eigensüchtigen Motiven zu begrenzen, vertrieben ihn aus England, und er ging in seine Heimat zurück. Seine Standortwahl wurde beeinflußt von einem frühen Beispiel für staatliche Investitionsanreize. Noch erstaunlicher ist, wie die Existenz von K & B schon bald einen Prozeß in Gang setzte, der Deutschland zu einem günstigeren Umfeld für den Wettbewerbsvorteil in der Branche machte. Aus dem Pionierunternehmen gingen direkt oder indirekt viele deutsche Konkurrenzunternehmen hervor. Mechanismen zur Bildung spezieller Faktoren entstanden und breiteten sich mit der Zeit aus. Als in Deutschland die Nachfrage nach Druckmaschinen zunahm, belebten die hohen Maßstäbe und Ansprüche der deutschen Drucker und Endverbraucher die Innovationstätigkeit, verstärkt noch durch Zwänge, die von selektiven Faktornachteilen ausgingen. Die Nachfrage in Deutschland nahm die Qualitäts- und Produktivitätsanforderungen vorweg, die sich weltweit durchsetzen sollten. Alle verwandten und unterstützenden Branchen, die für Innovationen wichtig waren (Papier, Papiermaschinen, Druckfarben, Setzsysteme), wurden mit der Druckmaschinenindustrie groß und erlangten selbst Weltgeltung.

Das organisatorische Vorgehen, das erforderlich war, Produktentwicklung, Herstellung und Service in einer so hochtechnisierten, komplexen Branche durchzuführen, entsprach genau den deutschen Stärken. Die außergewöhnlich große Gruppe heimischer Wettbewerber, die alle in Süddeutschland saßen, waren sich selbst die wichtigsten Konkurrenten. Der Inlandswettbewerb regte nicht nur direkt die Innovationen an, sondern wirkte sich auch günstig auf die deutsche Faktorbildung und auf verwandte Branchen aus.

Das erfolgreiche schweizerische Unternehmen Wifag gehörte praktisch zum deutschen Cluster. Unternehmen aus anderen Ländern forderten Deutschland nicht heraus, weil ihnen wesentliche Elemente des »Diamanten« fehlten. Amerika hatte eine unterentwickelte Nachfrage und weniger Inlandswettbewerb. England fehlte ein Stamm an Wettbewerbern, und die starke Gewerkschaftsbewegung lähmte auf viele Jahre hinaus die Innovationen unter englischen Druckern und beeinträchtigte die Nachfragequalität. Japan stieg sehr spät in die Branche ein, weil die Inlandsnachfrage von der Nachfrage der meisten anderen Länder entscheidend abwich. Die deutschen Firmen profitierten dagegen von den Vorteilen, durch frühes Handeln sich weltweit Markennamen aufgebaut und ein Servicenetz in einer Branche geschaffen zu haben, in der die Käufer konservativ und treu sind.

Die Druckmaschinenindustrie veranschaulicht nicht nur die Wirkungsweise des »Diamanten«, sondern auch das Ballungsphänomen. Deutschland ist nicht nur bei Druckmaschinen weltweit der oder einer der Branchenführer, sondern auch beim Drucken, bei Feinpapier, Papiermaschinen, Setzsystemen, Druckfarben und Verpackungsmaschinen. Die zuletzt genannte verwandte Branche erlangte erst in jüngster Zeit mit dem Aufkommen des Flexodrucks Bedeutung. Der Cluster des deutschen Druckgewerbes verstärkt sich gegenseitig, und die einzelnen Branchen haben sich gemeinsam entwickelt. Die Beziehungen der Firmen untereinander sind eng und in einigen Fällen formell.

Die Druckmaschinenindustrie macht auch etwas anderes, noch Allgemeineres deutlich. Bei den Druckmaschinen war der gesamte »Diamant« für den deutschen Erfolg wichtig, und Faktorkosten spielten nur eine untergeordnete Rolle, obwohl sich die Industrie im 19. Jahrhundert entwickelte. Eine ähnliche Geschichte ließe sich berichten von optischen Geräten, Messerwaren, Textilmaschinen, Bergwerksgeräten, Werbeagenturen, Spielfilmen und zahllosen anderen deutschen und nichtdeutschen Beispielen. Auch wenn die Globalisierung nach dem Krieg die Rolle der Faktorausstattung gemindert hat, hat die volle Geschichte des nationalen Wettbewerbsvorteils, mindestens ein Jahrhundert lang doch sehr viel mehr besagt. Die Faktorbedingungen sind seit langem nicht mehr so wichtig, wie allgemein angenommen.

Obwohl die deutsche Druckmaschinenindustrie Ende der 80er Jahre Rekordgewinne verzeichnete, gab es doch Anzeichen dafür, daß die deutsche Vorherrschaft auf dem Weltmarkt für Druckmaschinen schwinden könnte. Die japanischen Druckmaschinenfirmen stiegen binnen zehn Jahren aus dem Nichts zu einer beachtlichen Position auf. Die japanische Inlandsnachfrage, die eindeutig den Offsetdruck begünstigte, hatte sich vom hinteren Feld vielleicht an die Spitze der Nachfrage in der übrigen Welt gesetzt. Die japanischen Unternehmen sind jetzt mit einem beträchtlichen eigenen »Diamanten« im Wettbewerb. Der Flexodruck wurde nicht in Deutschland entwickelt. Ein Anzeichen dafür, daß die deutsche Nachfrage die zukünftige Weltnachfrage nicht mehr in gleichem Maß vorwegnimmt, könnte sein, daß die Nachfrage nach dieser neuen Technologie sich zuerst im Ausland gebildet hat.

In vieler Hinsicht am signifikantesten ist jedoch, daß der deutsche Inlandswettbewerb so weit abgebaut werden könnte, daß er nicht mehr als Triebkraft für ständige Innovationen ausreicht. Die aktuelle Rentabilität und Marktposition können in jeder Branche irreführen, vor allem in einer Branche wie dieser. In der Druckmaschinenindustrie sind die Vorteile für den früh Handelnden besonders groß, vor allem bei den großen Rollenmaschinen. Ohne einen aggressiven Inlandswettbewerb könnten die deutschen Unternehmen meinen, daß sie ihre Marktposition halten, obwohl die Grundlagen des zukünftigen Wettbewerbsvorteils bereits verloren sind.

Die amerikanische Industrie für Geräte zur Patientenüberwachung

Monitore messen Körperfunktionen wie Herzfrequenz, Blutdruck, Körpertemperatur und Atemfrequenz. Seit dem Zweiten Weltkrieg sind amerikanische Firmen bei Geräten zur Patientenüberwachung führend in der Welt. Hewlett-Packard war weltweit der Branchenführer, einige andere amerikanische Unternehmen standen auf der Liste der internationalen Konkurrenten ganz oben. Es wurde vorhergesagt, daß die US-Exporte die Importe 1988 um 76,4 Millionen $ übersteigen würden.[30] Die Stellung der amerikanischen Unternehmen war noch stärker, als die Zahlen vermuten ließen, denn mehrere US-Firmen hatten auch im Ausland große Produktionsbetriebe.

Patientenmonitore

Patienten werden mit Hilfe von Monitoren überwacht, damit Körperfunktionen längere Zeit beobachtet werden können und im Fall einer drastischen Veränderung der Bedingungen eine prompte medizinische Antwort erfolgen kann. Die Messungen erfolgen über Sensoren, die auf oder in dem Körper des Patienten angebracht sind. Das Steuergerät des Monitors wählt die Parameter für die Messung aus, und ein Bildschirm stellt eine oder mehrere Messungen graphisch und/oder alphanumerisch dar. Moderne Überwachungsgeräte sind mit Warngeräten ausgerüstet, die das Personal alarmieren, sobald die Meßwerte von einer vorgegebenen Bandbreite abweichen. Monitore verfügen auch über Aufzeichnungsvorrichtungen zum Ausdrucken der Werte, falls das gewünscht wird. Die modernsten Geräte arbeiten mit Mikroprozessoren, die eine direkte Trendberechnung der Körpertätigkeit ermöglichen. Moderne Monitore sind modular, nicht konfiguriert, was Flexibilität bei den zu messenden Parametern erlaubt. Konfigurierte Monitore, die festgelegte Parameter messen, sind eher auf preissensiblen Märkten anzutreffen.
Der Weltmarkt für Geräte zur Patientenüberwachung erreichte Mitte der 80er Jahre einen Umfang von etwa einer Milliarde Dollar. Davon entfiel mindestens die Hälfte auf die Vereinigten Staaten; auf das Konto Europas ging ungefähr ein Drittel, während der Rest sich weltweit auf andere Länder verteilte, mit einer leichten Konzentration im Fernen Osten.

Geschichte der Branche

Europa war der Ursprung für viele der frühen Fortschritte in der medizinischen Technologie. Grobe Verfahren zur Messung der Herzfunktionen wurden bereits im 19. Jahrhundert entwickelt. 1905 entwickelte der Holländer Einthoven den Saitengalvanometer, ein klobiges Gerät, das die elektrischen Herzströme auf einem Film festhielt. Diese Erfindung bedeutete einen Durchbruch in der Herzforschung, doch schränkten die Unhandlichkeit und die Kosten des Geräts seine frühe Anziehungskraft ein.

Cambridge Instruments (Großbritannien) begann kurz nach der Erfindung Einthovens mit dem Verkauf von Kardiographen. Anfang der 20er Jahre gründete Cambridge eine Vertriebsfirma in den Vereinigten Staaten, und Sanborn (USA) nahm ebenfalls die heimische Produktion von Kardiographen auf. Die ersten Geräte kosteten über 1000 $. Die Bemühungen in jenen Jahren gingen dahin, die Geräte handlicher und bedienungsfreundlicher zu machen. Als Ende der 20er Jahre tragbare Geräte (etwa 50 Pfund schwer) vorgestellt wurden, stieg die Nachfrage nach Kardiographen vor allem seitens der großen Forschungskrankenhäuser.

Die Anwendung der Verstärker- und Vakuumröhrentechnologie in den 30er Jahren war die nächste bedeutende Entwicklung in der Industrie und der Beginn der führenden Rolle der USA. Die Verstärker verringerten die Größe der Geräte erheblich, und die Vakuumröhren stellten eine neue Möglichkeit zur Übermittlung elektrischer Signale dar. Von einem amerikanischen Erfinder erwarb Sanborn 1935 die Rechte an einem Überwachungsgerät, das diese Ideen nutzte, und die primitive Konstruktion eines Apparats, der beide Technologien verwendete; er stellte einen Elektroingenieur vom Massachusetts Institute of Technology (MIT) ein, der das Produkt verbessern sollte. An mehreren amerikanischen Universitäten liefen Programme zur Erforschung der neuen elektronischen Technologien. Ende der 30er Jahre wurden Kathodenstrahlröhren zur Echtzeitdarstellung von Elektrokardiogrammen (EKG) entwickelt, die jedoch erst in den 50er Jahren allgemein in Gebrauch kamen.

Der Zweite Weltkrieg lenkte die Aufmerksamkeit von Patientenmonitoren und ihrer Entwicklung ab. Die rasche Entwicklung der Elektronik während des Krieges, etwa für Radarzwecke, führte jedoch nach dem Krieg in vielen elektroniknahen Branchen zu einem Boom. Sowohl die Faktorbildung in der Elektronik wie die Entwicklung verwandter amerikanischer Industrien kurbelten den Fortschritt bei Monitoren an. Die technologische Entwicklung des Elektrokardiographen und verwandter Produkte verlief rasant.

Die Sanborn Company entwickelte bereits kurz nach dem Zweiten Weltkrieg ein neues Aufzeichnungsverfahren, das mit einem erhitzten Stift arbeitete, der die Schicht von einem weißbeschichteten Papier wegschmolz, so daß eine schwarze Linie erschien, die den Messungen des Geräts entsprach. Dieses neue Verfahren bedeutete, daß das Papier nicht mehr fotografisch entwickelt werden mußte. Die direkte Aufzeichnung hatte auch Vorteile gegenüber bisherigen Methoden, bei denen auf eine gekrümmte Oberfläche geschrieben wurde. 1948 führte Sanborn ein-, zwei- und vierkanalige Monitore/Aufnahmegeräte mit dem neuen Aufzeichnungsverfahren ein. Cambridge Instruments ging nur zögernd vom Galvanometer und von herkömlichen Aufnahmetechniken ab. Die Folge war, daß die Marktposition des Unternehmens litt.

In den ersten Nachkriegsjahren wurden in den Vereinigten Staaten mehrere neue Unternehmen gegründet, die meistens in der Nähe bedeutender medizinischer Forschungszentren oder Krankenhäuser lagen. Ein herausragendes Beispiel war Electronics for Medicine (E for M), ein von Martin Scheiner gegründetes Unternehmen. Scheiner war Elektroingenieur und entwickelte 1947 als Angestellter von Electrophysical Labs, einem Hersteller von Elektrokardiographen, einen neuen EKG-/Herzfrequenzmonitor, der mit einer Kathodenstrahlröhre arbeitete. Zusammen mit Dr. Aaron Himmelstein vom New Yorker Bellevue Hospital veröffentlichte er darüber einen Bericht. Das rege Interesse an dem Monitor bewog Scheiner, 1950 eine eigene Firma zu gründen, Instrument Labs (der Name wurde 1955 in Elektronics for Medicine umgewandelt).

Eine weitere Neuerung von Scheiner und ein bedeutendes Beispiel für den Beitrag verwandter US-Branchen war ein Dehnungsmesser, der von der Statham Instrument Company erfunden worden war. Das Gerät war zur Messung der Metalldehnung bei Flugzeugen bestimmt. Anfang der 50er Jahre baute Martin Scheiner das Gerät zur Messung des Blutdrucks um; es stellte eine bedeutende Verbesserung der Technologie der Blutdruckmessung dar.

Vorauseilende amerikanische Nachfrage

Die zunehmende Anwendung der Elektronik in der Medizin in den Nachkriegsjahren läßt sich in vier Bereiche unterteilen: Forschungsgeräte, Patientenüberwachung, Diagnoseapparate und therapeutische Produkte. Auf allen vier Gebieten spielten die Vereinigten Staaten, deren Märkte sich unterschiedlich schnell entwickelten, eine hervorragende Rolle. Die wissenschaftlichen Apparate der 50er Jahre waren die Vorläufer der Patientenmonitore der 60er und 70er Jahre. Verschiedene Konkurrenten tauchten in jedem Gebiet auf, aber der Einstieg in verwandte Gebiete war nichts Besonderes.

Die meisten in den 50er Jahren entwickelten medizinischen Geräte waren für die Forschung bestimmt. Die große Mehrheit wurde von amerikanischen Firmen entwickelt, was den Vorrang erkennen ließ, der der medizinischen Forschung und Vorsorge in den Vereinigten Staaten eingeräumt wurde (siehe Abbildung 5–3). Die staatliche Finanzierung der medizinischen Forschung, die über die National Institutes of Health und die Universitäten lief, war die weltweit höchste. Das führte bei den medizinischen Forschungseinrichtungen zu einer frühen und starken Nachfrage nach den modernsten Geräten – überall in den Vereinigten Staaten.

Die Ausgaben für die medizinische Forschung kamen den amerikanischen Herstellern von Patientenmonitoren auf verschiedene Weise zugute. Medizinwissenschaftler dachten sich neue Monitore aus und waren oft am Entwurf beteiligt, denn die immer genauere Überwachung neuer Variabler war für den Wissensstand über eine Krankheit oder Behandlungsmethode unerläßlich. Pharmaunternehmen gaben viel Geld für Arzneimitteltests aus, und man bedurfte hochmoderner Geräte, um die physiologischen Veränderungen, die die Arzneimittel hervorriefen, zu überwachen.

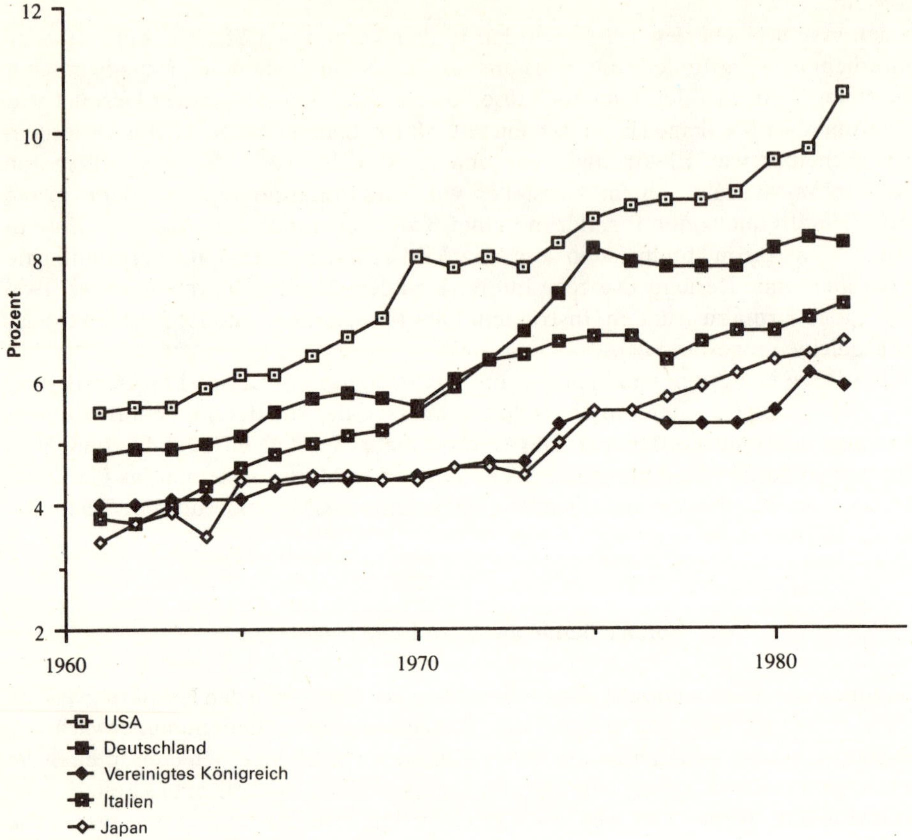

QUELLE: OECD, Gesundheitswesen in Zahlen, 1960–1983.

ABB. 5–3   Gesamtausgaben im Gesundheitswesen in Prozent des Bruttosozialprodukts, 1960–1983

Um die Mitte der 50er Jahre verlagerte sich die Nachfrage von Monitoren, die ausschließlich wissenschaftlichen Zwecken dienten, zu Monitoren, die in größerem Stil bei der Patientenvorsorge eingesetzt werden konnten. Anstatt speziell angefertigter Monitore für einzelne Wissenschaftler wurden jetzt auch seriengefertigte Standardgeräte nachgefragt. Und wieder waren die Vereinigten Staaten der bei weitem größte, früheste und anspruchsvollste Markt.

Die Nachfrage nach Monitoren für Operationssäle stieg als erste. Die frühesten Monitore waren Geräte für die Anästhesisten zur Überwachung des Zustands der Patienten. Mehrere Unternehmen entwickelten dafür Geräte, u. a. Electronics for Medicine, Sanborn und Corbin Farnsworth (alle USA). Von Anfang an mit dabei war auch Cambridge Instruments (Großbritannien). Neben kompakter Bauweise und einfacher Bedienung verlangten die Krankenhäuser, daß die Monitore explosionssicher waren und keine gefährlichen Funken abgaben, die die brennbaren Narkosegase entzünden hätten können. Electronics for Medicine setzte sich 1957 mit einem kompakten, explosionssicheren OP-Monitor an die Spitze. Mit 575 $ war das Gerät billiger als Konkurrenzprodukte und fand großen Anklang. Ein komplementärer Monitor zur Messung des Blutdrucks kam ebenfalls auf den Markt. Sanborn bekam Anfang der 60er Jahre den Auftrag, für die National Institutes of Health zwei OPs für die offene Herzchirurgie und die Neurochirurgie einzurichten.

Ein weiteres wichtiges Anwendungsgebiet für Monitore war die Überwachung von Patienten, die sich in einem instabilen Zustand befanden. Es wurden Monitore entwickelt, die gleichzeitig vier und mehr Körperfunktionen darstellen konnten, so daß das medizinische Personal aufkommende Schwierigkeiten schnell erkannte. Die ersten Kunden waren Krankenhäuser, die auch klinische Forschung betrieben, doch die Nachfrage weitete sich bald aus.

Die Entwicklung der Transistortechnologie Ende der 50er Jahre, die die Vakuumröhre ersetzte, stellte einen weiteren Antrieb für die Entwicklung der Branche dar. Die neue Technologie ermöglichte kleinere, weniger Hitze erzeugende Produkte. Die Transistortechnologie wurde in den Vereinigten Staaten entwickelt, und amerikanische Unternehmen gehörten zu den ersten, die sie Anfang der 60er Jahre bei Monitoren anwandten. Mennen-Greatbatch, das 1963 gegründet wurde und später als Mennen Medical firmierte, und brachte den ersten transistorisierten Monitor heraus.

Der Gedanke, instabile Patienten zu überwachen, wurde in den 60er Jahren weiterentwickelt, und wieder stellten die Vereinigten Staaten den führenden Markt. Etwa 1961 begann Dr. Hugh Day damit, seine Idee einer zentralen Versorgungsstation für kritische Fälle umzusetzen.[31] Days Idee war, im Krankenhaus einen Bereich für Patienten in instabilem Zustand einzurichten. Diese Praxis weitete sich aus, und die amerikanische Regierung verhalf ihr zu einer noch schnelleren Verbreitung, indem sie die Einrichtung zentraler Intensivstationen in mehreren medizinischen Zentren des Landes förderte. In den 60er Jahren entwickelten die US-Firmen immer mehr hochtechnisierte Überwachungsgeräte für den Vorsorgemarkt. Für den Einsatz bei Patienten in instabilem Zustand baute man Warnvorrichtungen ein. 1967 wurden zentrale Monitore eingeführt, die an einem Ort gleichzeitig bis zu acht Patienten überwachen konnten.

Die wachsende Akzeptanz von Intensivstationen und der steigende Einsatz von Monitoren bei der normalen Patientenbetreuung markierten den Aufstieg der Monitorindustrie. Ende der 60er Jahre begannen die Ärzte, Monitore einzusetzen, um Gefahrensituationen vorzubeugen. So wurde beispielsweise ein Gerät zum Erkennen von Herzrhythmusstörungen entwickelt. Monitore wurden auch immer häufiger dazu eingesetzt, die Auswirkungen der Behandlung zu überprüfen. Die Ausbreitung der komplexen Überwachungssysteme für die Intensivstationen machte die Kundenausbildung und den Geräteservice zu einem immer wichtigeren Teil des Monitorgeschäfts. Bei einigen Großanlagen beließen die Hersteller Servicepersonal vor Ort. Anfang der 60er Jahre begannen die Firmen ernsthaft mit dem Ausbau von Verkaufs- und Servicenetzen. Der unumgängliche Service wurde zu einem Hindernis für Branchenneulinge.

Beruhte der Verkaufserfolg in den 50er Jahren auf den engen Beziehungen zu Ärzten und Wissenschaftlern, so konzentrierte sich das Marketing in den 60er Jahren zunehmend auf die Entwicklung von Beziehungen zu den Krankenhäusern. An den Krankenhäusern wurden die Kaufentscheidungen von Ärzten, Schwestern, Verwaltungsfachleuten und später auch von Biotechnikern getroffen, die an größeren Kliniken dazukamen, um beim Kauf und der Wartung der elektronischen Anlagen behilflich zu sein.

Die medizinische Überwachungsgeräteindustrie erlebte in den 60er Jahren eine Zeit explosiven Wachstums, angeführt vom US-Markt, weil amerikanische Ärzte und Krankenhäuser die Patienten umfassender testeten als ihre Kollegen in anderen Ländern. Die amerikanischen Ärzte gingen sehr energisch daran, Informationen für die Diagnose zu sammeln und neue Behandlungsmethoden aufzuspüren. Eine größere Bereitschaft, neue Behandlungsmethoden vor allem in der Kardiologie auszuprobieren, führte in den Vereinigten Staaten zu einer weit höheren Nachfrage nach aufwendigeren Monitoren.

Die Kardiologie war in den Vereinigten Staaten der Dreh- und Angelpunkt für einen großen Teil der Frühüberwachung von Patienten. Mit dem Herzen zusammenhängende Gesundheitsprobleme erfuhren eine besondere Beachtung in den Vereinigten Staaten, stärker als in anderen Ländern, was zu einer größeren Nachfrage nach kardiologienahen Produkten führte. Die amerikanischen Ärzte waren auch weit eher bereit, in der Chirurgie (etwa beim koronaren Bypass) und bei der Patientenüberwachung mit invasiven Methoden zu experimentieren.

Der Mitte der 70er Jahre von amerikanischen Ärzten erfundene Swan-Ganz-Katheter war ein Beispiel für die Führung der Amerikaner in der invasiven kardiologischen Technologie. Der Katheter konnte die Blutströme in drei der vier Herzkammern zur gleichen Zeit messen. Die amerikanische Edwards Company kaufte die Rechte an der Erfindung. Von Mitte der 70er bis Mitte der 80er Jahre wurden fast eine Million Swan-Ganz-Katheter verkauft. Europa hinkte in der Swan-Ganz-Technologie etwa fünf Jahre hinter den Vereinigten Staaten her.[32]

In den meisten Ländern war die Nachfrage nach technisch hochwertigen Monitoren geringer. In Ländern mit einem verstaatlichten Gesundheitswesen machten die Krankenhäuser weniger Tests als in den USA; solche aufwendigen Tests wie hier galten als überflüssig und teuer. In Europa waren die Monitore im allgemeinen simpler, maßen weniger Funktionen und waren für einfachere Aufgaben konzipiert. Außerhalb Europas erwarben einige wohlhabende Privatkliniken transistorisierte Geräte, aber die meisten Krankenhäuser kamen mit weniger aufwendigen Geräten aus. Die Kosten spielten eine wichtige Rolle.

Ausnahmen von dieser Regel hatte es auf einigen Gebieten gegeben. Eines davon war die Überwachung des Fötus, bei der die Europäer immer sehr engagiert gewesen waren. 1968 trat Dr. Konrad Hammacher, ein deutscher Arzt, an die deutsche Tochter von Hewlett-Packard heran und regte einen Fetalmonitor an, der daraufhin von HP in Deutschland entwickelt wurde. Um die gleiche Zeit wurde Corometrics, eine US-Firma für Fetalmonitore, von Dr. Edward Hahn von Yale gegründet, doch die elektronische Fetalüberwachung wurde in Europa schneller angenommen. Das lag zum Teil an der Besorgnis über niedrigere Geburtenraten in Europa und einer stärker empfundenen Notwendigkeit, das genau im Auge zu behalten.

In den Vereinigten Staaten war jedes Krankenhaus beim Kauf eines Monitors völlig selbständig. Die Einbeziehung des Staates in die Branche beschränkte sich in den

USA auf die Produkttests. Weil die amerikanischen Krankenhäuser die Freiheit hatten, bei jedem Anbieter zu kaufen, und so viele Alternativen besaßen, bedrängten sie die US-Hersteller von Monitoren, die Geräte und den Service zu verbessern. Der größere Wettbewerb im amerikanischen Gesundheitswesen veranlaßte die Krankenhäuser zu offensiven Investitionen in Geräte. Die besten Ärzte und Geräte waren gerade gut genug, um einen Ruf als führendes Krankenhaus zu erlangen. Die besten Ärzte wurden zum Teil mit den besten Geräten angelockt. Auch die Ärzte selbst umwarben die Patienten und schufen so einen weiteren Anreiz zu moderneren Monitoren.

In außeramerikanischen Ländern hatte der Staat eine aktivere Rolle im nationalen Gesundheitswesen. Die Käufe wurden häufig zentralisiert, was den Einführungsprozeß neuer Produkte verlangsamte. Ein Wettbewerb zwischen den Anbietern auf dem Gesundheitsmark existierte oft überhaupt nicht.

Anfang der 70er Jahre war die Basistechnologie für Patientenmonitore eingeführt. Die Verbesserungen verlagerten sich auf eine gesteigerte Bedienungsfreundlichkeit durch die Anwendung neuer Technologien wie Mikroprozessoren, Computer und Telemetrie, von denen die Mikroprozessor-Technologie am wichtigsten war. Mikroprozessoren ermöglichten den Monitoren, numerische Daten zu erzeugen und aus den Meßwerten augenblicklich Trends zu berechnen. Anstatt nur Rohdaten zu liefern, konnten die Monitore hochverarbeitete Informationen in einer brauchbareren Form liefern. Mit dem Aufkommen der Mikroprozessoren konnten die Geräte auch durch Software- statt durch Hardwareveränderungen angepaßt werden; das führte zu einer größeren Verschiebung in den Zielgebieten für die Produktentwicklung.

1975 setzte Spacelabs als erstes Unternehmen Mikroprozessoren in Bettmonitoren ein. Die amerikanischen Halbleiterfirmen (eine unterstützende Branche) waren bei Mikroprozessoren führend in der Welt und Lieferanten dieser Technologie. Die Vereinigten Staaten waren auch bei der Software weltweit die Nummer eins, einer weiteren unterstützenden Branche, vor allem in den 70er Jahren. Die meisten Entwicklungen der Mikroprozessortechnologie wurden von amerikanischen Unternehmen vorbereitet.

Die amerikanischen Hersteller von Patientenmonitoren profitierten auch von der Internationalisierung der in den USA üblichen medizinischen Praxis. Seit den Anfängen der Branche förderten die engen Beziehungen zwischen den medizinischen Wissenschaftlern rund um die Welt die Auslandsnachfrage nach amerikanischen Geräten. Die ausländischen Käufer verlangten die neuesten Geräte, die von den Spitzenforschern ihres Fachgebiets benutzt wurden, in vielen Fällen Amerikaner. Das fortschrittliche amerikanische Gesundheitswesen veranlaßte viele Ausländer, sich mit dem amerikanischen System, seinen Methoden und Produkten zu befassen, was zur Auslandsnachfrage nach den gleichen Produkten führte, die die amerikanischen Ärzte benutzten. In den 60er und besonders den 70er Jahren führte die US-Regierung außerdem Quoten ein, die Ausländer ermuntern sollten, in den USA Medizin zu studieren, um das Gesundheitswesen in den Entwicklungsländern zu verbessern. Immer mehr ausländische Studenten kamen mit dem amerikanischen Gesundheitssystem und seinen Produkten in Berührung.

Ein Umstand, der die amerikanische Nachfrage nach Patientenmonitoren belebte, war die zunehmende Prozeßfreudigkeit im Medizineralltag. Die Ärzte tendierten dahin, so viele Tests wie nötig durchzuführen und möglichst viele Funktionen zu überwachen, damit sie sich vor Gericht verteidigen konnten. In Europa, wo es ein solches Prozeßrisiko nicht gab, wurde zum Teil argumentiert, der Arzt habe mehr Freiheit, darüber zu entscheiden, was notwendig und für den Patienten am besten sei.[33]

Die Entwicklung der Branche in den USA

Die meisten Wettbewerber in der Branche der Patientenmonitore waren seit den 40er Jahren Amerikaner gewesen. Neben vielen kleinen amerikanischen Firmengründungen waren andere Unternehmen aus verwandten Industrien in die aufkommende Branche der Patientenmonitore eingestiegen. Hersteller von Defibrillatoren wie American Optical und Electrodyne entwickelten Elektrokardiographen als Ergänzung ihres Sortiments und gingen allmählich zu technisch aufwendigeren Monitoren über. Die Unternehmen konzentrierten sich am Anfang meistens auf eine bestimmte Produktart wie OP- oder kardiologienahe Geräte und weiteten mit der Zeit ihre Produktpalette aus.

Verkäufe ins Ausland in den 50er Jahren waren zwar nicht ungewöhnlich, aber doch meistens eher Zufall als das Ergebnis einer konzertierten Absatzstrategie. Normalerweise lernte ein ausländischer Arzt so ein Gerät während der Ausbildung kennen oder erfuhr über einen Monitor von einem Kollegen. 1960 gründete jedoch Electronics for Medicine seine erste lizensierte Vertriebsgesellschaft im Ausland, in Italien. Ein italienischer Arzt hatte über einen italienischen Händler ein Gerät bestellt, und die Amerikaner reisten im Gefolge dieses Geschäfts nach Italien und schlossen einen Vertrag mit dem Händler. E for M schenkte der Verbindung nicht allzuviel Beachtung, aber es war dennoch der erste Schritt ins Ausland.

Zu einem einschneidenden Ereignis in der Branche kam es 1961, als Sanborn, einer der ersten Entwickler von Patientenmonitoren, von Hewlett-Packard erworben wurde. Hewlett-Packard war ein Wettbewerber bei verwandten elektronischen Produkten einschließlich Test- und Meßgeräten (z. B. Oszilloskope). Sanborn profitierte durch diese Verbindung unmittelbar vom Zugang zur Technologie sowie einem nationalen und internationalen Verkaufs- und Servicenetz.

Ende der 60er Jahre begannen die Krankenhäuser, biomedizinische Ingenieure einzustellen, um der wachsenden Zahl elektronischer Geräte Herr zu werden. Sie waren auf Geräte aus, die qualitativ erstklassig und gut dokumentiert waren. Viele Ingenieure in der ganzen Welt kannten Hewlett-Packard, und der gute Ruf des Unternehmens trug mit zur kräftigen Ausweitung des Marktanteils an Patientenmonitoren Ende der 60er und Anfang der 70er Jahre bei. Hewlett-Packard bemühte sich außerdem um die Kompatibilität seiner Produkte und erstellte genaue Spezifizierungsangaben, was den Ingenieuren die Wartung erleichterte. So wurde das Unternehmen schließlich zum Branchenführer.

Die Patientenmonitorbranche wuchs in den 60er Jahren gewaltig, und viele neu gegründete Kleinunternehmen stiegen in die Branche ein. Das größte Interesse fanden die Marktbereiche, die mit der Intensivbehandlung und den Koronarerkrankungen zu tun hatten. Die Marktanteile waren gleichmäßig verteilt, und es herrschte ein harter Wettbewerb. Neue Unternehmen wie Mennen-Greatbatch befaßten sich früh mit transistorisierten Schaltungen und trugen dazu bei, den technischen Stand ständig zu verbessern. Weitere wichtige Wettbewerber in den 60er Jahren waren Electrodyne, American Optical, General Electric, Spacelabs und Electronics for Medicine. Die Unternehmen stammten aus den verschiedensten verwandten Branchen. Spacelabs z. B., das Ende der 50er Jahre gegründet wurde, hatte ursprünglich für die NASA Monitore zur Überwachung der Körperfunktionen der Astronauten im Weltall entwickelt. Das Unternehmen erkannte schnell, daß die Krankenhäuser einen größeren Markt für seine Produkte darstellten. Wettbewerber saßen in Gruppen in unmittelbarer Nähe großer medizinischer Forschungszentren und von Ballungszentren der Elektronikunternehmen wie Boston (Massachusetts), Kalifornien und Portland (Oregon).

Ende der 60er, Anfang der 70er Jahre wurden Patientenmonitore stärker auf Computer und Systeme abgestellt. Die Monitore wurden an Zentralstationen und -rechner angeschlossen, und Hewlett-Packard profitierte von dieser Verlagerung.

Um 1970 sättigte sich der amerikanische Markt, und nun unternahmen die US-Firmen energischere Schritte im Auslandsverkauf. Anstatt auf Mundpropaganda oder ausländische Händler zu bauen, gründeten sie Verkaufs- und Servicefilialen oder erhöhten ihre Investitionen in ausländische Vertriebsgesellschaften durch mehr Ausbildung und mehr Verkaufsanreize.

Das Aufkommen ausländischer Konkurrenten

Ausländische (nichtamerikanische) Unternehmen drangen ab Anfang der 60er Jahre in die Branche der Patientenmonitore ein. Sie waren eher klein und lediglich an den heimischen Märkten orientiert, weshalb sie weniger aufwendige Geräte als ihre amerikanischen Konkurrenten entwarfen und produzierten. Siemens stieg 1962 in den Markt ein und gründete eine Monitorfirma, die aus dem verwandten Röntgengeschäft hervorging. Hellige (Deutschland) kam Ende der 60er Jahre hinzu. Deutschland besaß eine lange Tradition in der biomedizinischen Forschung und eine international gute Position in mehreren, mit dem Gesundheitswesen verwandten Branchen. Philips (Holland) stieg ebenfalls Ende der 60er Jahre ein und baute dabei auf seine Stärke auf dem Gebiet der Elektronik. Simonson und Weel (Dänemark) hatte in Skandinavien eine starke Stellung und verkaufte in den Vereinigten Staaten einige Geräte unter privatem Markennamen an Narco, einen amerikanischen Hersteller von Inkubatoren.

Keines dieser Unternehmen konnte bis Mitte der 70er Jahre nennenswert in den US-Markt eindringen. Siemens hatte sich allerdings zu einem wichtigen Wettbewerber mit einem großen Anteil am deutschen Markt entwickelt.[34] 1973 versuchte Siemens, mit einem »europäischen« Monitor auf dem amerikanischen Markt Fuß zu fassen. Dieser Versuch schlug fehl, weil das Gerät für den amerikanischen Markt technisch nicht anspruchsvoll genug war. Die Stärke von Siemens in anderen Branchen wie Computern und Röntgenapparaten brachte zwar Vorteile, aber nicht genug, um den amerikanischen »Diamanten« zu überwinden.

1978 versuchte Siemens es erneut. Diesmal ging die Firma zunächst ein Gemeinschaftsunternehmen mit Analogic of Danvers (Massachusetts) ein, einem Unternehmen mit Erfahrung in digitalen Verarbeitungsverfahren. Dieses Zusammengehen verhalf Siemens zu technischer und Produktionskapazität in den Vereinigten Staaten und auch zu Fachkräften, die in den USA einfacher zu finden waren.[35] Der US-Markt förderte die Innovation, und diesmal erwies sich der Einstieg von Siemens als Erfolg. Das gemeinsame Unternehmen wurde der globale Stützpunkt von Siemens für den Patientenmonitor, an dem Forschung und Entwicklung und auch die Herstellung konzentriert waren. 1988 erwarb Siemens auch den Unternehmensanteil von Analogic.

Die japanischen Firmen produzierten in den 70er Jahren überwiegend einfache Einkanal-Herzmonitore. Anfang der 80er Jahre unternahm Nihon Kohden einen Versuch, sich als globaler Mitbewerber auf dem Markt für größere Monitore zu etablieren. Das Unternehmen bemühte sich um Differenzierung und setzte auf technologische Innovationen wie Telemetrie und andere weniger wesentliche Veränderungen im Produktdesign. Es erzielte einen mäßigen Erfolg, hinkte jedoch beim Service auf Auslandsmärkten hinterher.

Der japanische Markt nahm die drahtlose Informationsübertragung (Telemetrie) schneller als jeder andere Markt in der Welt auf. Das ging zum großen Teil auf den Wunsch der Krankenhäuser zurück, Drähte und Kabelgewirr an den Krankenbetten abzuschaffen. Zum Teil erklärt es sich auch dadurch, daß die Medizin in Japan sich stärker auf Krebs als auf die Herzerkrankungen konzentrierte. Krebs ist in Japan ein großes Problem, während Herzerkrankungen im Vergleich zu den Vereinigten Staaten selten sind. Krebspatienten sind häufig mobiler, und die Telemetrie gibt ihnen mehr Bewegungsfreiheit. Die Anwendung der Telemetrie in den Vereinigten Staaten war anfangs stärker spezialisiert. Demzufolge waren japanische Unternehmen auf diesem Gebiet oft führend, trotz der frühen Einführung der Telemetrie in die Patientenüberwachung durch Spacelabs, Ende der 60er Jahre.

Importe nach Japan wurden durch die »Typengenehmigung« gehemmt, ein Verfahren, das einen Test verlangte, bevor der Import genehmigt wurde. Das japanische Arzneimittelgesetz erkannte ausländische Kliniktests nicht an und forderte, daß Auslandsunternehmen die Marktgenehmigung durch einen japanischen Importeur vorwiesen (die Bestimmung wurde 1983 aufgehoben). Die Zulassung eines Produkts dauerte in Japan im allgemeinen mehr als doppelt so lang wie in den Vereinigten Staaten.

Veränderungen im US-Wettbewerb

Mit Beginn der 70er Jahre überschwemmte eine Woge von Übernahmen die Monitorbranche. Sie betraf meistens US-Firmen; vor allem Pharmaunternehmen wurden angelockt. Firmen wie Abbott (USA), Becton Dickinson (USA), Squibb (USA) und Hoffmann-LaRoche (Schweiz) stiegen in die Branche ein, indem sie in der Regel amerikanische Unternehmen aufkauften.

Diese Arrangements erwiesen sich als im großen und ganzen enttäuschend. Patientenmonitore waren mit mehr Elektronik gespickt als andere medizinische Apparate.

Auch wenn Marketingbeziehungen zu den Krankenhäusern hilfreich sein konnten, waren die Fähigkeiten, die nötig waren, Monitore herzustellen, zu verkaufen und wirksam zu warten, völlig andere als die für andere medizinische Geräte. Als das Geschäft sich noch stärker an Systemen orientierte, waren die Fähigkeiten der Pharmaunternehmen noch weniger anwendbar. In einigen Fällen wurde der Unternehmensbereich Patientenmonitore im Gesamtunternehmen zu einem untergeordneten Geschäftsbereich und fiel dadurch hinter die Unternehmen zurück, die das Geschäft mit mehr Nachdruck betrieben und stärker investierten.

Wie die Abbildung 5–4 zeigt, wechselten viele Firmen den Besitzer. So wurde Electrodyne von Becton Dickinson gekauft, das es wiederum an Litton verkaufte, das es seinerseits an PPG Industries weiterverkaufte. Electronics for Medicine wurde von Honeywell gekauft und später an PPG verkauft. Tektronix verkaufte seinen Unternehmensbereich an Spacelabs, das von Squibb gekauft und später an Westmark abgestoßen wurde. Die Wende und Fusion begünstigten Hewlett-Packard, das auf die Branche festgelegt war und technologische Wechselbeziehungen mit anderen Firmengruppen unterhielt. American Optical und Becton Dickinson waren zu Beginn der 70er Jahre stark, wurden gegen Ende des Jahrzehnts jedoch schwächer. Um die Mitte der 80er Jahre hatte Hewlett-Packard eine beherrschende Stellung in den Vereinigten Staaten und weltweit eine führende Position erlangt, wie Abbildung 5–5 zeigt.

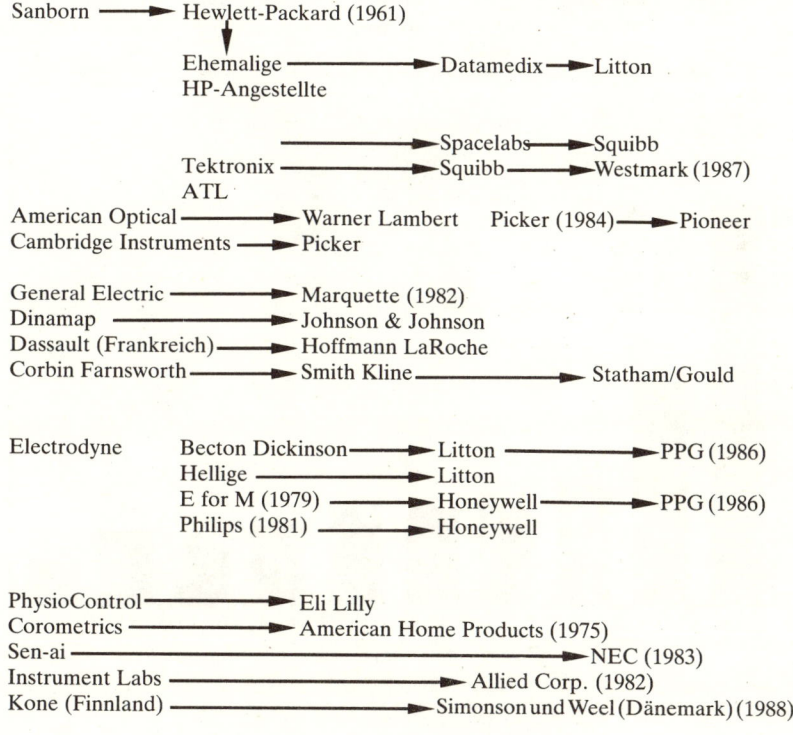

ABB. 5–4   Übernahme in der Patientenmonitorindustrie

Der geschätzte Weltmarktanteil der führenden Wettbewerber in der Monitorbranche Mitte der 80er Jahre ist in der Abbildung 5–5 dargestellt. Die Produktion erfolgte in mehreren Industrieländern. Wichtige Produktionsbasen waren die Vereinigten Staaten, Deutschland und Japan. Anlagen für den lokalen Bedarf wurden in den Ländern errichtet, die solchen Bedarf hatten. Einige US-Firmen, so auch Hewlett-Packard, hatten Produktionsfilialen in Europa, während Siemens, der führende europäische Wettbewerber, seine Monitore in den Vereinigten Staaten produzierte.

Lieferanten von Hochtechnologiebauteilen wie Halbleitern und Kathodenstrahlröhren waren in den Vereinigten Staaten und Japan konzentriert. Jedoch war die Rückintegration bei amerikanischen oder japanischen Monitorherstellern kaum nennenswert, und die Bauteile ließen sich ohne weiteres überall auf der Welt beschaffen. Die Software war ein wesentlicher Bestandteil der modernen Monitore, und die meisten Softwareingenieure gab es in den Vereinigten Staaten, was den in den USA ansässigen Firmen einen entscheidenden Vorteil verschaffte.

Zu den Innovationen in den 80er Jahren gehörten oft nichtinvasive oder herkömmlichere Meßgeräte, die in den meisten Fällen von amerikanischen Firmen eingeführt wurden. Dinamap z. B., eine kleine amerikanische Neugründung, entwickelte eine nichtinvasive Manschette, die periodisch den Blutdruck maß. Nellcor entwickelte eine Methode zur Messung der Blutgase mittels eines kleinen Sensors auf einer Fingerkuppe des Patienten. Beide Erfindungen nutzten die Mikroprozessor-Technologie. Weitere Innovationen bei Monitoren waren hellere Zahlenanzeigen, so daß der Monitor auch aus größerer Entfernung abgelesen werden konnte. Die meisten

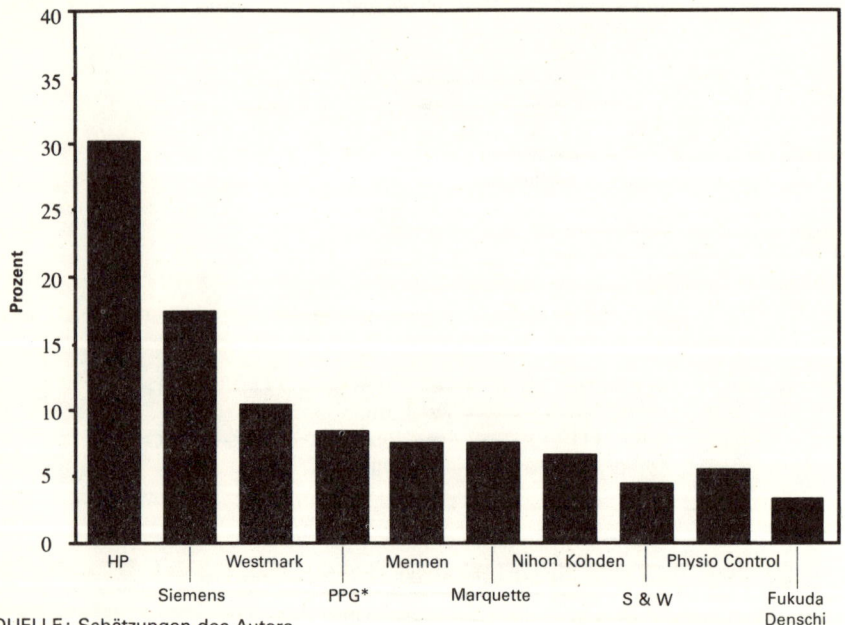

QUELLE: Schätzungen des Autors.

*Schließt alle Übernahmen von Litton und Honeywell ein.

ABB. 5–5   Geschätzter Weltmarktanteil der Hersteller von Patientenmonitoren Mitte der 80er Jahre

Innovationen waren Teil der allgemeinen Bemühungen, die Geräte so angenehm und leicht bedienbar wie möglich zu machen. Weil die Geräte sich in Funktion und Aussehen immer ähnlicher wurden, brachte man beim Versuch, sich abzuheben, kleine, relativ überflüssige Zusatzvorrichtungen an, die den ästhetischen Wert der Geräte erhöhten.

Viele neue innovative Produkte kamen von Unternehmen oder kleineren Bastlern. Größeren Unternehmen fiel es schwerer, sich auf oft kleine neue Bereiche zu konzentrieren und potentiell riskante Produktinnovationen zu verfolgen. Im allgemeinen wurden diese Innovationen entweder von anderen Monitorherstellern in Lizenz erworben oder waren standardisiert, so daß sie auch bei Geräten anderer Hersteller verwendet werden konnten.

Der immer breitere Einsatz von Computern in der Medizin bot große Möglichkeiten. Hewlett-Packard brachte ein Gerät auf den Markt, das die Daten des Monitors direkt in einen Computer eingeben konnte, so daß die aktuellen Patientenwerte erschienen; die herkömmliche Graphik am Fußende des Krankenbetts konnte so ersetzt werden. Patientenbezogene Datenverwaltungssysteme setzten sich nur langsam durch, doch das Gebiet galt als noch sehr ausbaufähig auf einem ansonsten weitgehend gesättigten Markt.

Es kam jedoch zu größeren Veränderungen der industriellen Nachfrage, insbesondere in den Vereinigten Staaten. Die meisten Industrieländer versuchten in den 80er Jahren, der Kostensteigerungen im Gesundheitswesen Herr zu werden. In Europa, wo das verstaatlichte Gesundheitswesen vorherrschte, erfolgte diese Kontrolle vergleichsweise direkt. In der gesamten Nachkriegszeit gaben die europäischen Länder zögerlicher Geld für Innovationen aus, und gerade bei Patiententests waren sie meist weniger energisch als die Vereinigten Staaten. Ein strengerer Kosten-Erlös-Ansatz bei Gerätekäufen war tief im medizinischen System Europas verwurzelt. Die wirtschaftliche Talfahrt in den 80er Jahren schränkte die Ausgaben noch weiter ein. In Japan teilte die Regierung die Zuschüsse für die Krankenhäuser Anfang der 80er Jahre neu zu und kürzte sie gleichzeitig, was zu einer sehr viel vorsichtigeren Haltung bei Gerätekäufen führte.

Auch in den Vereinigten Staaten kam in den 80er Jahren ein starker Zwang auf, die medizinischen Ausgaben zu drosseln. Zur gleichen Zeit versuchte die amerikanische Bundesregierung, ihre finanzielle Bürde zu erleichtern; die Krankenhäuser wurden von den Versicherungsgesellschaften und Arbeitgebern gedrängt, die Kosten in den Griff zu bekommen. Alternative Formen der Gesundheitsfürsorge wie Gesellschaften zur Erhaltung der Gesundheit schossen aus dem Boden und setzten die Krankenhäuser einem Wettbewerbsdruck aus. Der Druck wirkte sich auf die Kaufkriterien für Monitore aus: Man legte mehr Gewicht auf die Produktivitätssteigerung und die Möglichkeiten zur Aufstockung.

Es gab einige Befürchtungen, die billigeren ausländischen Monitore könnten an Beliebtheit gewinnen, vor allem da ihre Leistung der der amerikanischen Geräte nahekam. Die Geräte von Nihon Kohden und anderen japanischen Herstellern waren nicht modular, sondern konfiguriert, wodurch ihr Preis niedriger gehalten wurde als die meisten amerikanischen Konstruktionen. Angesichts der Kostenbedenken zu Beginn der 80er Jahre räumten Branchenmitglieder Nihon Kohden beste Möglichkeiten ein, Marktanteile in den Vereinigten Staaten zu gewinnen, denn die

Geräte galten als zuverlässig. Es fehlte jedoch am angemessenen Marketing und an Unterstützung, so daß sich der Markterfolg in Grenzen hielt.[36] Ein wachsender Kostendruck daheim konnte diese Bedrohung für die amerikanischen Firmen abschwächen, die ihrerseits preiswertere Monitore entwickeln mußten.

Eine andere weitergehende Veränderung war das Konzept der »geschlossenen Regelkreis«-Überwachung. Ein geschlossenes Regelkreissystem paßte die Behandlung (etwa die intravenöse Medikamentendosierung) den Lebenszeichen des Patienten an und nahm dem Arzt einige unmittelbare Entscheidungen ab. Diese Systeme erlangten in Europa zunehmende Beliebtheit. In den Vereinigten Staaten konnten sie jedoch nirgendwo eingesetzt werden, weil dem mögliche Produkthaftungsprobleme entgegenstanden. Während drohende Gerichtsprozesse Monitore begünstigten, die das Risiko minderten und nicht in die Behandlung eingriffen, machte sich doch eine Behinderung der Innovationen bei Monitoren und auch anderen medizinischen Bereichen bemerkbar.

Zusammenfassung

Die Patientenmonitorbranche entstand und entwickelte sich zuerst in den Vereinigten Staaten, aus mehreren Gründen, die die Bestimmungsfaktoren widerspiegelten. Die wichtigsten waren die Nachfragebedingungen, die Faktorbildung sowie verwandte und unterstützende Branchen. Modernste medizinische Forschung, bei der die Vereinigten Staaten die führende Stellung innehatten, war der Anstoß für die Konstruktion vieler neuer Monitore. Die USA bildeten zudem das frühe Zentrum der Elektro- und Elektronikbranche. Diese Kombination führte zu einem Technologietransfer und einem wachsenden Stamm amerikanischer Elektroingenieure. Diese Entwicklung schuf ein günstiges Umfeld für Firmengründungen, die viele Branchenneulinge anregten. Der Zustrom von Einsteigern ließ Nischen entstehen und brachte einen aktiven Wettbewerb mit sich. Die Vereinigten Staaten hatten auch in verwandten Branchen eine starke Stellung, etwa bei Computern sowie Test- und Meßgeräten, was weitere Einsteiger hervorbrachte (z. B. Hewlett-Packard).

Das Wachstum dieser amerikanischen Branche und ihr Aufstieg an die Weltspitze wurden von der frühen und anspruchsvollen amerikanischen Nachfrage bewirkt, zu der sich ein reger Inlandswettbewerb gesellte. Der US-Markt war in den meisten Bereichen sehr viel aufgeschlossener für Innovationen als die Märkte anderer Länder. Die vielen unabhängigen amerikanischen Krankenhäuser und Wissenschaftler waren in ihren Kaufentscheidungen frei und standen unter einem geringeren Kostendruck. Die anhaltenden Innovationen wurden auch durch die führende Stellung der USA in wichtigen Zulieferindustrien gefördert. Amerikanische Unternehmen beherrschten in den 50er und 60er Jahren den Halbleitermarkt, und amerikanische Firmen beherrschen noch immer den Bereich der Mikroprozessoren. Von Bedeutung war auch die führende Stellung der US-Firmen bei Computern und Software.

Amerikanische Unternehmen waren die ersten internationalen Konkurrenten bei Monitoren. Zunächst wurden sie über die Internationalisierung amerikanischer Bedürfnisse im Ausland gezogen, die von der Forschungsgemeinschaft und den in den USA ausgebildeten Ärzten ausging. Später führten die Sättigung des Inlandsmarkts und ein aggressiver Wettbewerb auf ebendiesem Markt zu steigenden Exportanstrengungen. Die Herstellung im Ausland schloß sich an, um ein Eindringen in die Auslandsmärkte zu erleichtern.

Die Vereinigten Staaten stellen ein System zur Bildung und Wahrung des Vorteils in dieser Branche dar (und auch in einigen anderen verwandten Branchen), das ohne Beispiel ist. Siemens ist das einzige wirklich erfolgreiche Auslandsunternehmen, konnte diese Position aber nur dadurch erringen, daß es seinen wirklichen heimischen Stützpunkt in die USA verlegte. Amerikanische Firmen waren der Ausgangspunkt fast aller Brancheninnovationen, angetrieben von anspruchsvollen Kunden, einer Zulieferindustrie von Weltrang, Inlandswettbewerb und hohen Investitionen in die Faktorbildung (insbesondere beim medizinischen Wissen und bei den Fachkräften). Die amerikanische Position ist jedoch nicht ungefährdet: So wurden amerikanische Firmen wiederholt durch Übernahmewellen verunsichert und zurückgeworfen. Wie in der deutschen Druckmaschinenindustrie kann die Fusionierung letztlich die Innovationen einer Gruppe ehemals offensiver Konkurrenten schwächen. Auch die amerikanischen Nachfragebedingungen waren auf Gebieten wie der Telemetrie und geschlossener Regelkreissysteme weniger antizipatorisch, was zum Teil auf Produkthaftungsprobleme zurückging. Der Kostendruck gleicht den US-Markt ebenfalls stärker den ausländischen Märkten an. Japanische Konkurrenten, die einen starken inländischen Cluster von Elektronikfirmen und eine hohe Qualifikation in der Herstellung standardisierter Einheiten haben, können sich zu einer Bedrohung auswachsen. Doch solange die US-Ausgaben für die Gesundheitsfürsorge konkurrenzlos hoch sind und das amerikanische Vertriebssystem dem größten Wettbewerbsdruck ausgesetzt bleibt, ist eine größere Verschiebung der internationalen Führung im Bereich der modernen Monitore kaum vorstellbar.

Die italienische Keramikfliesenindustrie[37]

Italienische Firmen waren 1987 die mit Abstand führenden Hersteller und Exporteure von Fliesen in der Welt, einer Branche mit 10 Milliarden $ Umsatz. Die italienischen Produzenten verbuchten für sich etwa 30 Prozent der Weltproduktion und fast 60 Prozent der Weltexporte.[38] 1987 betrug der italienische Handelsüberschuß bei Fliesen 1864 Milliarden Lire (etwa 1,4 Milliarden $). Der Umsatz der Auslandstöchter der italienischen Unternehmen belief sich auf etwa 100 Millionen $, ein erheblicher Anstieg seit 1980.

Die italienische Fliesenproduktion war in der Emilia-Romagna konzentriert, im und um das Städtchen Sassuolo.[39] Im Gebiet von Sassuolo gehörten buchstäblich Hunderte von Betrieben der Fliesenbranche an. Das Gebiet war auch die Heimat der in der Welt führenden Hersteller von Glasuren und Emails sowie von Maschinen für die Fliesenherstellung.

Die italienischen Fliesen waren wegen ihrer mechanischen und ästhetischen Eigenschaften in der ganzen Welt berühmt. Doch der Erfolg Italiens hing ebensosehr von der Produktionstechnologie wie vom Design ab, wenn nicht sogar stärker. In der Zeit nach dem Zweiten Weltkrieg waren den italienischen Firmen die wichtigsten Durchbrüche bei der Produktionstechnologie von Fliesen gelungen, so das erste kontinuierliche Produktionsverfahren und die Vermarktung des einmaligen Brennens.

Produkte und Verfahren

Keramikfliesen waren Baumaterialien zum Bedecken und Glätten ebener Flächen. Hauptanwendungsbereiche waren der Fußboden (60 bis 65 Prozent des Gesamtmarkts) und die Wand (35 bis 40 Prozent). Fußbodenfliesen waren normalerweise einfacher gemustert, Wandfliesen dagegen häufiger von höherer ästhetischer Qualität. Konkurrenten der Keramikfliese waren Fliesen aus Holz, Vinyl und Marmor, Teppichböden und andere Baumaterialien in verschiedenen Anwendungsformen.

1987 wurden Keramikfliesen nach einem von drei Hauptverfahren hergestellt. Beim ersten Verfahren, dem »doppelten Brennen«, wurden die Tonerden gemischt und in Spezialpressen geformt. Dann wurden die Fliesen bei etwa 1000° C im Brennofen gebrannt, um den Ton zu härten und in Keramik umzuwandeln. Die gehärtete, gebrannte Form, auch *Biskuit* genannt, wurde dann mit Glasur- und Emailmasse verziert und noch einmal gebrannt, um die Glasur dicht zu brennen und auf der Fliese zu verfestigen.

Beim einmaligen Brennen wurde die Glasur direkt auf die gepreßte Tonform aufgetragen, die dann nur einmal gebrannt wurde, um die Fliese zu härten und die Glasur dicht zu brennen. Einmal gebrannte Fliesen wurden meistens als Bodenfliesen verwendet, weil dieses Verfahren im allgemeinen Fliesen einer ästhetischen Qualität ergab, die für eine Wandfliese nicht ausreichte.

Das dreimalige Brennen war im wesentlichen eine kunsthandwerkliche Technik, bei der Spezialemail, Farben und Metallfolien auf die zweimal gebrannten Fliesen aufgebracht wurden. Beim dritten Brennvorgang wurden diese Materialien in die Fliese gebrannt. Das dreimalige Brennen ergab teure und sehr dekorative Fliesen.

Geschichte der Branche

Die Keramikfliesenindustrie in Sassuolo entstand aus einer verwandten Branche, dem Steingut und der Töpferware, deren Geschichte sich in der Gegend bis ins 13. Jahrhundert zurückverfolgen läßt. Die ersten Keramikfliesen in der Gegend wurden im 19. Jahrhundert als Straßenschilder, Hausnummern und an Grabgewölben verwendet. Direkt nach dem Zweiten Weltkrieg gab es im Gebiet von Sassuolo nur eine Handvoll Fliesenhersteller.

Die Nachfrage nach Keramikfliesen in Italien stieg in den ersten Nachkriegsjahren dramatisch an. Der Wiederaufbau in Italien nach dem Krieg brachte einen beispiellosen Aufschwung für Baumaterialien aller Art, auch für Fliesen. Die Nachfrage nach Fliesen war in Italien besonders hoch. Das lag zum einen am mediterranen Klima; Keramikfliesen sind bei warmem Wetter kühl. In Italien war es außerdem Tradition, Natursteine zu nehmen, nicht Vinyl oder Teppichboden. Keramikfliesen entsprachen ganz dem einheimischen Geschmack. Holz war in Italien knapp und teuer, was Fliesen einen Preis-/Leistungsvorteil gegenüber Holzfußböden verschaffte. Außerdem waren die italienischen Häuser meistens aus Beton, so daß Fliesen relativ einfach verlegt werden konnten. Holzhäuser hielten manchmal das Gewicht der Fliesen nicht aus und brauchten zusätzliche Verstärkungen.

Sassuolo lag in einem vergleichsweise wohlhabenden Landesteil mit vielen gutsituierten Bauern und gutverdienenden Arbeitern aus der nahen Maschinenbauindustrie. Viele Einheimische konnten die bescheidenen Finanzmittel und das organisatorische Geschick aufbringen, die damals notwendig waren, einen Fliesenbetrieb zu betreiben. Ein Scherzwort lautete: »Mit vier Leuten kann man Karten spielen, mit dreien einen Fliesenbetrieb aufmachen.« Neue Betriebe strömten in die Branche, viele mit Hilfe regionaler Banken. Waren die Firmen einmal in der Branche, finanzierten sie ihren Betrieb im allgemeinen mit eigenen Mitteln.[40] 1955 gab es in und um Sassuolo vierzehn Fliesenunternehmen. 1962 waren es 102. Außerhalb Sassuolos kamen aufgrund mangelnder Informationen über die Branche kaum neue Wettbewerber hinzu.[41] Assopiastrelle, der Verband der italienischen Fliesenhersteller, wurde 1964 gegründet. Die meisten italienischen Firmen wurden Mitglied.

Die Fliesenindustrie profitierte von einem Reservoir technisch ausgebildeter Arbeiter. Die Emilia-Romagna und insbesondere Modena war die Heimat von Ferrari, Maserati, Lamborghini und anderen Firmen mit traditioneller technischer Perfektion. Viele Ingenieure und Facharbeiter wanderten zur Fliesenbranche ab, als die eingesessenen Firmen aufblühten und die Nachfrage stieg.[42] Der 1986 amtierende Präsident von Assopiastrelle hatte z. B. als Techniker bei Ferrari angefangen. 1959, als die Fliesenbranche Hochkonjunktur hatte, gründete er ein Unternehmen, das den Fliesenherstellern Maschinen lieferte. Bald darauf konnte er einen Fliesenbetrieb kaufen und fing selbst mit der Herstellung von Fliesen an.

Abhängigkeit vom Ausland

Die italienischen Firmen waren anfangs von ausländischen Rohstoffquellen und ausländischer Produktionstechnologie abhängig. Der Hauptrohstoff für die Fliesenherstellung war in den 50er Jahren Kaolin (weißer Ton). In der Nähe von Sassuolo gab es keine weißen Tonvorkommen, so daß die italienischen Hersteller den weißen Ton aus Großbritannien importieren mußten. Weißer Ton war zwar viel teurer als der (auch um Sassuolo) genügend vorhandene rote Ton, ließ sich aber in den bestehenden Öfen weit besser brennen.[43]

In den 50er und 60er Jahren waren die von den italienischen Fliesenherstellern benutzten Produktionsanlagen größtenteils importiert. Die Brennöfen kamen aus Deutschland, den Vereinigten Staaten und Frankreich; die Pressen zum Formen der Fliesen kamen aus Deutschland. Selbst einfache Glasiermaschinen mußten importiert werden. Einige der in der italienischen Branche benutzten Maschinen waren ursprünglich für die Nahrungsmittelindustrie entwickelt und dann für die Fliesenherstellung umgebaut worden.

Keramikfliesen sind eine Branche, die technisches Wissen in Design, Herstellung und Führung des Gesamtbetriebs erfordert. Die Rohstoffe sind in ihren physikalischen und chemischen Eigenschaften unterschiedlich. Erfahrung und ein Gespür für den Umwandlungsprozeß des Materials sind für die Produktion hochwertiger Erzeugnisse bei einem Minimum an Ausschuß unerläßlich. Die italienischen Firmen entwickelten mit zunehmender Produktionserfahrung ihr eigenes technisches Know-how. Informationen breiteten sich im Gebiet von Sassuolo schnell aus, weil die Arbeiter mobil und die Fliesenhersteller in unmittelbarer Nähe waren.

Der Cluster der italienischen Fliesenhersteller entsteht

Die italienischen Fliesenhersteller lernten, die importierten Geräte so umzubauen, daß sie mit dem vorhandenen roten Ton (statt weißem) und mit Erdgas (anstatt mit Schweröl) arbeiteten. Schon bald entstand in Sassuolo eine örtliche Fliesenmaschinenbranche, als Verfahrenstechniker die Fliesenunternehmen verließen, um ihren eigenen Maschinenbetrieb zu gründen. Mitte der 60er Jahre waren die italienischen Unternehmen nicht mehr von ausländischen Maschinenherstellern abhängig. 1970 hatten sie sich als Weltklassehersteller von Brennöfen und Formpressen erwiesen und den Export aufgenommen. Verwendeten Fliesenfirmen aus dem Sassuolo-Gebiet früher die für weißen Ton entwickelten Maschinen für roten Ton, so verwendeten jetzt Ausländer für roten Ton entwickelte italienische Maschinen für ihren weißen Ton.

Die Beziehung zwischen italienischen Fliesen- und Maschinenherstellern war sehr eng und wurde noch dadurch gesteigert, daß man oft Tür an Tür arbeitete. Mitte der 80er Jahre gab es etwa 200 italienische Maschinenhersteller; über 60 Prozent von ihnen saßen im Gebiet von Sassuolo.[44] Die italienischen Maschinenhersteller lieferten sich einen erbitterten Wettbewerb um lokale Aufträge, so daß die italienischen Fliesenproduzenten oft bessere Maschinenpreise bekamen als Auslandsfirmen. Außerdem erhielten italienische Firmen die neuesten Maschinen oft ein Jahr früher als die ausländischen.[45] Die im Gebiet Sassuolo ansässigen Fliesenhersteller konnten mit prompter Wartung und Kundendienst für ihre Anlagen rechnen, da die Lieferanten ganz in der Nähe saßen. Auch der Informationsfluß zwischen Lieferanten und Fliesenherstellern begünstigte die italienischen Firmen. Die italienischen Maschinenhersteller arbeiteten ständig mit den Fliesenherstellern zusammen, um die Produktionsmaschinen zu verbessern.

Mit dem Wachstum und der Konzentration der Branche um Sassuolo wuchs auch ein Stamm von Facharbeitern und Technikern heran, einschließlich Ingenieure, Produktionsfachleute, Wartungsarbeiter, Kundediensttechniker und Designer. Neue Firmen konnten qualifizierte Mitarbeiter ohne weiteres am Ort einstellen. Ein Hersteller in Sassuolo hatte in der Gegend außerdem ein ganzes Heer fachkundiger Spezialisten, auf die er zurückgreifen konnte, um Produktions- oder Designprobleme zu lösen.[46]

Die geographische Konzentration der italienischen Branche förderte die Gründung anderer italienischer Firmen um Sassuolo, die andere Produktionsmittel und Dienstleistungen lieferten – Formen, Glasuren, Verpackungsmaterial, Transportmöglichkeiten. Ein Aufgebot an kleinen, spezialisierten Beratungsfirmen stellte sich ein, um die Hersteller bei der Werksplanung, Logistik, in kommerziellen, Werbungs- und Steuerfragen zu beraten. Dienstleistungsfirmen konnten dank der geographischen Konzentration ihres Kundenstamms äußerst wirkungsvoll arbeiten.

Italienische Nachfrage wird anspruchsvoller

Die Inlandsnachfrage nach Fliesen nahm weiter kräftig zu, da der Bauboom die 60er Jahre hindurch anhielt und die italienische Wirtschaft expandierte, vor allem im Norden. Um die Mitte der 60er Jahre wurde der italienische Fliesenmarkt zum größten Einzelmarkt der Welt.[47] 1976 entfielen auf den italienischen Markt etwa 23 Prozent des Weltverbrauchs, gefolgt von Deutschland (10 Prozent), Frankreich (8 Prozent) und Spanien (7 Prozent).[48] 1987 war der italienische Markt immer noch der größte Einzelmarkt der Welt (siehe Tabelle 5–3).

Der Pro-Kopf-Verbrauch an Fliesen in Italien war wesentlich höher als in der übrigen Welt. 1976 lag der Pro-Kopf-Verbrauch an Keramikfliesen in Italien bei $2,68\,m^2$, in Spanien bei $1,26\,m^2$, in Deutschland bei $1,06\,m^2$ und in Frankreich bei $1,03\,m^2$. Mit $3,33\,m^2$ lag der italienische Pro-Kopf-Verbrauch 1987 immer noch an der Spitze (siehe Tabelle 5–4).

Der italienische Markt galt außerdem als der anspruchsvollste Fliesenmarkt der Welt. Beobachter setzten ihn diesbezüglich an die erste Stelle, gefolgt von Spanien, Frankreich und Deutschland.[49] Die italienischen Kunden nahmen im allgemeinen als erste neue Muster und Merkmale an. Die Qualität der italienischen Nachfrage stieg in einem sich wechselseitig verstärkenden Prozeß, bei dem hohe Nachfrage und hoher Marktanspruch Zwänge zur Verbesserung von Herstellungsmethoden und Design

TABELLE 5–3 Weltverbrauch an Keramikfliesen pro Land 1987 (% der Gesamtmenge)		TABELLE 5–4 Pro-Kopf-Verbrauch an Keramikfliesen 1987 (m^2 pro Kopf)	
Italien	15,0	Italien	3,33
Brasilien*	12,6	Spanien	2,55
Spanien	7,7	Schweiz	1,81
Deutschland	7,2	Deutschland	1,54
Vereinigte Staaten	7,2	Benelux	1,50
Frankreich	6,1	Frankreich	1,40
Japan*	4,9	Portugal	1,25
Benelux	2,9	Griechenland	1,21
Großbritannien	2,7	Brasilien	1,21
Australien	1,2	Australien	0,97
Portugal	1,0	Finnland	0,91
Griechenland	0,9	Großbritannien	0,60
Schweiz	0,9	Japan	0,52
Finnland	0,4	Schweden	0,39
Schweden	0,3	Vereinigte Staaten	0,38
Andere europäische Länder*	6,6		
Übrige Länder*	22,4		
GESAMT	100,0		

QUELLE: Nach Daten von Assopiastrelle.

QUELLE: Nach Daten von Assopiastrelle.
* Schätzungen.

schufen, die den Verbrauch und die Marktansprüche noch weiter anhoben. In Großbritannien dagegen produzierten die Hersteller normalerweise Jahr für Jahr die gleichen Muster und Arten, und die Nachfrage war relativ bieder und stagnierte.

Die einmalig anspruchsvolle italienische Inlandsnachfrage griff auf die Einzelhandelsgeschäfte über. In der Aufbauphase der italienischen Branche wurden Keramikfliesen in Italien wie Ziegelsteine von Baustoffhändlern verkauft. Als Reaktion auf die starke Nachfrage in den 60er Jahren begann man in Italien, spezielle Fliesenstudios zu eröffnen. Typisch für das Land war der hohe Anteil des Fliesenumsatzes über Einzelhandelsgeschäfte, und zwar aufgrund der Bedeutung des Marktes für die Wohnungssanierung, der fast ausschließlich von Einzelhändlern beliefert wurde. Sanierung und Umbau waren in Italien wichtige Märkte, zum Teil weil es sehr schwer war, eine Abbruchgenehmigung für alte Häuser zu bekommen, und weil Italiener dazu neigen, viel Geld in die Verschönerung ihrer Wohnung zu stecken.

1985 gab es in Italien etwa 7600 Ausstellungsstudios, die ungefähr 80 Prozent des Umsatzes auf dem Inlandsmarkt bestritten (indem sie die Bereiche Renovierung und kleine Bauunternehmer bedienten), während die Händler etwa 9 Prozent der Umsätze abwickelten; ca. 11 Prozent wurden direkt geliefert (überwiegend an Bau- und Installationsbetriebe).[50] Die spezialisierten italienischen Fliseneinzelhandelsgeschäfte führten mehrere konkurrierende Marken und kannten kaum Loyalität gegenüber den Herstellern. Schätzungen gingen dahin, daß etwa 49 Prozent der italienischen Einzelhändler mehr als zehn konkurrierende Marken führten; 29 Prozent führten sechs bis zehn Marken, 19 Prozent drei bis fünf, und nur 3 Prozent zwei Marken oder weniger.[51]

Die Einzelhändler besaßen beträchtlichen Einfluß auf die Hersteller, weil es nur schwer gelang, ein Markenbewußtsein bei den Verbrauchern aufzubauen. Die Endverbraucher wurden bei der Kaufentscheidung von folgenden Faktoren geleitet: ästhetische Eigenschaften (25 Prozent), technische Merkmale (24 Prozent), Preis (21 Prozent), Markenname (16 Prozent) und Designer (14 Prozent).[52] Nur ein kleiner Prozentsatz der Endverbraucher kannte sich bei Fliesenmarken aus. In den Fliesenstudios wurden die Fliesen manchmal mit verwandten Produkten kombiniert, etwa mit Badearmaturen und Baustoffen. Italien war auch in diesen Branchen international wettbewerbsfähig.

Die italienischen Fliesenhersteller kämpften mit aller Macht darum, in den Einzelhandel zu kommen. Der Wettbewerb erfolgte in Gestalt zahlloser neuer Designs und erheblicher verkaufsfördernder Anstrengungen, die auf den Einzelhändler zielten (die Verbraucher bekamen die Entwürfe, die die Einzelhändler ablehnten, gar nicht erst zu sehen). Die Hersteller wurden ständig gezwungen, sich etwas Neues einfallen zu lassen, damit Einzel- und Großhändler ihr Programm aufnahmen oder weiterhin führten. Der Versuch der italienischen Firmen, Fliesen berühmter Designer einzuführen, zielte darauf ab, Vertriebspartner zu gewinnen und bei den Verbrauchern ein Markenbewußtsein aufzubauen. Dieses anregende Wechselspiel zwischen Herstellern und Einzelhändlern gab es nur in Italien, wo der spezialisierte Fliseneinzelhandel bei weitem am besten ausgebaut war. Auch in Deutschland und Frankreich wurden mit der Zeit Ausstellungsstudios eröffnet. In beiden Fällen erreichten die Einzelhändler aber nicht den gleichen Einfluß wie die italienischen, weil die französischen und deutschen Händler bestimmten Herstellern gegenüber im allgemeinen loyaler waren.

Der Wettbewerb in Sassuolo

Der Wettbewerb zwischen den italienischen Fliesenunternehmen war scharf. Allein die Zahl der im Gebiet von Sassuolo ansässigen Firmen führte zu einer wechselhaften Situation, in der die Firmen ständig versuchten, in Technologie, Design und Vertrieb einen Vorteil gegenüber den Konkurrenten herauszuholen. Neuigkeiten über Produkte und Prozeßinnovationen verbreiteten sich sofort. Neuerungen waren normalerweise binnen Tagen oder Wochen bekannt und nach ein paar Monaten kopiert. Unternehmen, die nach technischer Führung strebten, mußten sich ständig verbessern, um an der Spitze zu bleiben. Ähnlich mußten Firmen, die sich auf besonders ästhetische Entwürfe spezialisieren, ihr Sortiment schnell ändern, um Imitatoren immer einen Schritt voraus zu sein. Das galt vor allem deshalb, weil Musterschutz und Patente im allgemeinen schwer durchsetzbar waren. (In Deutschland, wo die Fliesenfirmen nicht so dicht auf dicht saßen, konnten sie Firmengeheimnisse länger wahren und waren auch nicht so sehr dem Druck ausgesetzt, ständig etwas Neues zu bieten.) Der Wettbewerb unter den italienischen Fliesenherstellern hatte stark persönliche Züge. Alle Hersteller saßen nahe beieinander. Praktisch alle Firmen waren in Privatbesitz, die meisten Familienbetriebe. Die Besitzer fühlten sich ihrem Betrieb und der Gemeinde verpflichtet. Sie wohnten in derselben Gegend, kannten sich und waren die führenden Persönlichkeiten derselben Orte.

Assopiastrelle, der Verband der Fliesenbranche, dessen Mitglieder im Raum Sassuolo massiert waren, begann allmählich damit, allgemein interessierende Dienstleistungen anzubieten, wie Großeinkäufe, Erforschung der Auslandsmärkte und Beratung in Steuer- und Rechtsfragen. Der Verband übernahm auch die Führung bei den Beziehungen zu Staat und Gewerkschaften. Die zunehmende Ballungstendenz in der italienischen Fliesenbranche regte allgemeinere Mechanismen zur Faktorbildung an. 1976 gründete ein Konsortium, bestehend aus der Universität Bologna, Regionalbehörden und verschiedenen Verbänden der Keramikindustrie, das *Centro ceramico di Bologna*. Zu seinen Aufgaben gehörte die Forschung über keramische Rohstoffe, Produktionsverfahren sowie chemische und mechanische Analysen fertiger Produkte.

Druck zur Aufwertung des Vorteils

Anfang der 70er Jahre kämpften die italienischen Fliesenbetriebe angesichts eines erbitterten Inlandswettbewerbs und von Zwängen seitens der Einzelhandelskunden darum, die Arbeits- und die Brennstoffkosten zu senken. Die italienischen Hersteller hielten ihre Gesamtarbeitskosten pro Quadratmeter Fliesen für die höchsten der Welt. Sie schätzten, daß sich pro 1000 Lire Lohnkosten die Gesamtarbeitskosten einschließlich Nebenleistungen und Sozialabgaben auf mehr als 2000 Lire beliefen.[53] Italien importierte einen großen Teil des Erdgases aus Algerien und der Sowjetunion und hatte Kostennachteile gegenüber US-Firmen (in den USA waren die Preise gebunden und lagen unter den Marktpreisen); Italien war den anderen europäischen Herstellern bestenfalls gleichgestellt. Die Energiekrise von 1973 traf die italienischen Hersteller daher besonders hart.

Die Kosten eines Keramikfliesenherstellers setzten sich im allgemeinen wie folgt zusammen: Rohstoffe 35 bis 40 Prozent des Umsatzes; Brennstoff (grundsätzlich Erdgas) 10 bis 15 Prozent; Arbeitskosten 20 bis 30 Prozent; Abschreibungen auf Sachanlagen etwa 15 Prozent. Die Fliesenherstellung war kapitalintensiv und erforderte etwa 65 Cent an Vermögensteilen pro umgesetzten Dollar.[54]

Deutlich spürbarer Druck von den Energie- und Arbeitskosten her bewirkte den nächsten großen Durchbruch in der italienischen Branche, den schnellen Einmalbrand, bei dem das Härten, die Materialumwandlung und das Glasieren in einem einzigen Ofendurchlauf erfolgten. Die ersten Versuche mit nur einem Brennvorgang hatte es Ende der 50er Jahre mit weißem Ton in den Vereinigten Staaten gegeben. Italienische Unternehmen begannen Anfang der 60er Jahre mit der Erprobung dieser Technik. 1969 gab es im Raum Sassuolo fünf Betriebe, die dieses Verfahren bei rotem Ton aus der Gegend anwandten. Ästhetisch und technisch waren diese Fliesen aber noch sehr unbefriedigend.[55]

Der anhaltende Wettbewerb brachte 1972–1973 den Durchbruch mit der Einführung des schnellen Einmalbrandes durch Marazzi, der einen verbesserten Brennofen erforderte. In den ersten Jahren nach dem Zweiten Weltkrieg wurden erstmals Tunnelöfen in England, dann in den Vereinigten Staaten, Deutschland und Frankreich eingeführt.[56] Tunnelöfen bestanden aus Ziegelsteinen und waren 45 m bis 100 m lang. Die Fliesen wurden auf einem automatischen feuerfesten Herdwagen durch den Ofen gefahren. Nach und nach verdrängte der Tunnelofen den bis dahin beherrschenden Hoffmann-Ofen, ein großes, herdartiges Gebilde, das in mehrere Bereiche mit jeweils einer Öffnung unterteilt war, durch die die Fliesen eingesetzt wurden. Die Betriebe in Sassuolo installierten etwa ab Mitte der 50er Jahre den Tunnelofen; zehn Jahre später gab es im gesamten Gebiet keinen Hoffmann-Ofen mehr.

Anfang der 70er Jahre entwickelte Marazzi zusammen mit dem italienischen Maschinenhersteller SITI den Rollenofen, der den feuerfesten Herdwagen, auf dem die Fliesen durch den Ofen fuhren, überflüssig machte. Die Rollentechnologie, die von der Glasherstellung übernommen wurde, brachte beträchtliche Energieeinsparungen (das Aufheizen des Ofenwagens vergeudete Energie) und erlaubte die volle Nutzung des Einmalbrandes.

Das schnelle einmalige Brennen senkte den Erdgasverbrauch ganz erheblich und erhöhte die Produktivität. Für die Produktion, die 225 Arbeiter beim doppelten Brennen schafften, brauchte man beim Einmalbrand im Rollenofen 1975 nur noch 90 Arbeiter.[57] Die Durchlaufzeit sank von 16 bis 20 Stunden auf 50 bis 55 Minuten.[58]

Der schnelle Einmalbrand wurde zunächst für Bodenfliesen mit relativ wenig Dekor verwendet. Ende der 70er Jahre ließen Verfahrensverbesserungen auch die Herstellung von Fliesen mit mehr Dekor im Einmalbrand zu. Mitte der 80er Jahre konnten sogar Wandfliesen mit dem neuen Verfahren hergestellt werden.

Der Einmalbrand breitete sich in der italienischen Branche im Nu aus, denn die Hersteller beeilten sich, Wettbewerbsnachteile zu vermeiden. 1976 wurden etwa 13 Prozent aller glasierten Keramikfliesen im Einmalbrand hergestellt. Der Anteil der mit diesem Verfahren hergestellten Fliesen an der Gesamtproduktion erreichte 1982 39 Prozent und 1987 59 Prozent.[59]

Für die italienischen Hersteller von Produktionsmaschinen war es einfacher, die neuen kleinen und leichteren Schnellbrandöfen zu exportieren als die Öfen mit dem alten doppelten Brennverfahren. Anfang der 80er Jahre überstieg der Export der italienischen Produktionsmaschinenhersteller ihre Verkäufe an italienische Unternehmen. 1988 machten die Exporte 75 bis 80 Prozent des Gesamtumsatzes aus.

Internationalisierung

In der Zeit von 1958 bis 1961 stieg der Umsatz an Keramikfliesen auf dem Inlandsmarkt um mehr als das Doppelte (von 21,5 auf 44,1 Millionen Quadratmeter). In den Jahren 1963/1964 kam es zu einem kurzen, kräftigen Einbruch auf dem heimischen Markt; doch angesichts der Aussicht, die Produktion senken zu müssen, steigerten die italienischen Hersteller den Export von 1,7 Prozent der Produktion im Jahr 1958 auf 16 Prozent 1964 (siehe Tabelle 5–5). Am Anfang zogen die italienischen Verkäufer mit ihren Musterkoffern von Land zu Land und besuchten angehende Kunden (meistens Baustoffhändler). Die italienischen Firmen nahmen auch die Hilfe von Agenten und Händlern in Anspruch, um im Ausland ins Geschäft zu kommen. 1970 war der italienische Markt gesättigt. Das veranlaßte die italienischen Firmen, ihre Bemühungen um die Auslandsmärkte zu verstärken. Innovationen bei der Produktionstechnologie erhöhten die Produktivität, führten aber auch zu Kapazitätsüberschüssen, was die Bemühungen um den Verkauf im Ausland noch weiter anregte. Der Export stieg im Verhältnis zur Produktion von 21,7 Prozent 1971 auf 54,0 Prozent 1979.

Der Schritt zu höheren Exporten wurde durch die Existenz verwandter und unterstützender italienischer Industrien erleichtert. Einzelne Fliesenhersteller fingen an, in erstklassigen Wohn- und Architekturzeitschriften in Italien und im Ausland zu werben. Italienische Innenarchitektur- und Wohnzeitschriften waren bei Architekten, Designern und Lesern weltweit verbreitet. Das erhöhte das Bewußtsein und stärkte das Image der italienischen Fliesen.

Italienische Möbel und Zubehör hatten sich ebenfalls eine starke internationale Stellung verschafft und werteten den Ruf der italienischen Fliesen weiter auf. In verwandten Branchen wie Marmor und Bausteine, Spül- und Waschbecken, Möbel, Lampen und Haushaltsgeräte war Italien der oder einer der führenden Exporteure in der Welt.

Ein Vorstoß war Mitte der 80er Jahre ein Versuch, stärker in noch unerschlossene Märkte wie die Vereinigten Staaten vorzudringen und den Marktanteil in Europa gleichzeitig zu halten oder auszubauen. Die italienischen Hersteller mußten eine 19prozentige Importabgabe und erhebliche Transportkosten aufbringen, wenn sie in die Vereinigten Staaten exportierten. Einige italienische Hersteller versuchten, diese Nachteile durch Direktinvestitionen in den Vereinigten Staaten wettzumachen. Marazzi USA z. B. wurde 1982 mit einer Produktionsstätte in Texas gegründet. 1987 war das Unternehmen bereits der viertgrößte amerikanische Hersteller.

Die Fliesenindustrie wurde bei der Exportförderung von der ICE unterstützt, einer Behörde zur Belebung des Handels zwischen Italien und der übrigen Welt. Diese Hilfe war vom Umfang und den Beträgen her jedoch ziemlich bescheiden. Der Löwenanteil bei der Finanzierung und der organisatorischen Arbeit für die Exportförderung kam von der Industrie.

TABELLE 5-5 Zahl der Firmen, Beschäftigung, Produktion und Exporte in der italienischen Keramikfliesenindustrie 1960–1987

Jahr	Zahl der Firmen	Beschäftigte	Beschäftigte pro Firma	Produktion (Mio. m²)	Produktion pro Beschäftigter (in m²)	Gesamtumsatz (Mio. m²)	Inlandsumsatz (Mio. m²)	Export (Mio. m²)	Exporte/Produktion (%)	Anteil am Weltexport (%)
1960	55	8.906	162	37,8	4.244	37,7	36,4	1,3	3,5	*
1962	115	14.000	122	51,5	3.679	51,5	47,8	3,7	7,2	*
1964	111	14.669	132	34,6	2.369	34,5	29,0	5,5	16,0	*
1966	115	15.450	134	78,9	5.107	78,9	61,5	17,4	22,0	*
1968	179	20.950	117	107,7	5.141	107,7	85,0	22,7	21,1	*
1970	316	30.550	97	150,0	4.910	139,7	104,0	35,7	23,8	*
1972	413	35.500	88	181,0	4.959	167,9	117,0	50,9	28,1	*
1974	465	44.823	96	230,1	5.134	211,2	137,5	73,7	32,0	*
1976	509	48.115	95	255,6	5.312	245,0	153,6	91,4	35,8	*
1978	470	43.650	93	273,7	6.271	267,1	132,6	134,5	49,1	58,6
1979	470	44.650	95	291,0	6.517	310,1	153,0	157,1	54,0	62,3
1980	470	45.880	98	335,6	7.314	330,6	181,2	149,4	44,5	59,2
1981	468	43.642	93	339,0	7.768	309,5	166,2	143,3	42,3	55,1
1982	433	40.708	94	323,3	7.942	303,5	165,4	138,1	42,7	54,2
1983	420	38.000	90	305,0	8.026	306,8	150,0	156,8	51,4	58,1
1984	413	34.469	83	334,9	9.717	329,0	154,7	174,3	52,0	50,7
1985	374	31.500	84	311,0	9.873	314,9	157,3	157,6	50,7	57,1
1986	360	29.303	81	329,0	11.228	323,2	163,0	160,2	48,7	59,1
1987	356	29.500	83	350,0	11.864	350,0	185,0	165,0	47,1	

QUELLE: Nach Daten von Assopiastrelle.

* Vergleichbare Daten nicht vorhanden.

Assopiastrelle richtete in den Vereinigten Staaten (1980 in New York), in Deutschland (1984 in Düsseldorf) und in Frankreich (1987 in Paris) Büros zur Handelsförderung ein. Der Verband organisierte auch aufwendige Handelsausstellungen von Bologna bis Miami und machte anspruchsvolle Werbung. Assopiastrelle gab von 1980 bis 1987 etwa 8 Millionen $ für die Förderung der italienischen Fliesen in den Vereinigten Staaten aus. Die Branchenwerbung bemühte sich, das Gesamtimage der italienischen Fliesen zu heben, indem sie die überragenden technischen und ästhetischen Eigenschaften hervorhob. Eine solche konzertierte Aktion zur Förderung des Auslandsumsatzes war für die italienische Branche etwas Neues.

Italien war auch die Heimat der großen Branchenausstellung für Keramikfliesen, CERSAIE. Diese Ausstellung fand jedes Jahr in Bologna statt und galt bei den internationalen Käufern und Herstellern als das weltweit wichtigste Branchenereignis. 1988 zog die CERSAIE fast alle italienischen und etwa neunzig ausländische Hersteller an.[60]

Ständige Innovationen

In Gemeinschaftsarbeit gelang den Fliesen- und Maschinenherstellern von Sassuolo Mitte und Ende der 70er Jahre der nächste bedeutende Durchbruch. Italienische Firmen entwickelten Maschinen zur Materialbereitstellung, die die Fliesenherstellung von einem diskontinuierlichen zu einem kontinuierlichen Arbeitsvorgang machte. Die Einführung einer kontinuierlichen Verfahrenstechnologie durch italienische Firmen scheint gegen alle Intuition, wenn man bedenkt, daß die italienischen Arbeitskosten in diesem Zeitraum unter denen der Vereinigten Staaten und Deutschlands lagen. In den USA und in Deutschland bestanden jedoch erhebliche Unterschiede bei den Lohnsätzen für verschiedene Arbeiten. Die amerikanischen Fliesenhersteller setzten für Materialbereitstellung Arbeitskräfte zum Mindestlohn ein, während deutsche Firmen oft niedrig bezahlte Gastarbeiter beschäftigten. Amerikanische und deutsche Unternehmen arbeiteten außerdem im allgemeinen in mehreren Schichten. In Italien dagegen hinderten Arbeitsbestimmungen die Hersteller, Überstunden oder Mehrfachschichten einzulegen, vor allem seit Anfang der 70er Jahre. Die Unternehmen waren auf den Achtstundentag mit mehreren Ruhepausen für die Arbeiter festgelegt. Diese Einschränkung war ein Nachteil, denn es ist extrem kostspielig, einen einmal abgekühlten Ofen wieder anzuheizen; am wirtschaftlichsten ist es, wenn er rund um die Uhr in Betrieb ist. Dieser neue selektive Faktornachteil, mit dem die italienischen Hersteller fertig werden mußten, schuf einen starken, deutlich erkennbaren Zwang, den Produktionsprozeß zu automatisieren. Italienische Firmen entwickelten als erste die kontinuierliche automatisierte Herstellung. In Deutschland und den Vereinigten Staaten bemühte man sich dagegen kaum um die Entwicklung kontinuierlicher Verfahren.

Die nächste wichtige Neuerung, die die italienische Branche einführte, waren *Designerfliesen* von Piemme 1976. Diese Neuerung zog eine weitere verwandte italienische Branche nach, den Designservice. Italien war weltweit führend in dieser Branche, deren Exporte auf über 10 Milliarden $ geschätzt werden.[61] Marazzi hatte zu Beginn der 70er Jahre versucht, sich mit Architekten und Designern zusammenzutun und Fliesen zu gestalten: Das Ergebnis waren einige abstrakte Fliesendekors gewesen, die nicht ankamen. 1976 schloß Piemme mit dem italienischen Designer Valentino einen Vertrag über eine Serie Dekorfliesen. Das Valentino-Sortiment wurde ein Erfolg. Viele andere Hersteller sicherten sich bald darauf die Mitarbeit italienischer Designer (u. a. Missoni, Ferré, Krizia, Biagiotti und Versace). 1987 entfielen etwa 10 Prozent des italienischen Fliesenumsatzes auf Designerfliesen.[62]

Eine weitere wichtige Neuerung der italienischen Fliesenhersteller war der dritte Brand oder die großangelegte Übernahme der alten handwerklichen Tradition des Dekorierens der Scherben in Handarbeit. Die Dekoration wurde direkt auf die dicht gebrannte Form aufgetragen, die dann ein drittes Mal einen kleinen Ofen durchlief (oder ein zweites Mal bei nur einmal gebrannten Fliesen). Diese Neuerung wurde durch die Einführung des Einmalbrandes angeregt, denn viele Farben oder schwierige Dekorationen konnte man noch immer nicht mit nur einem Brand verwirklichen. Der dritte Brand wurde normalerweise von den großen Unternehmen an kleine Spezialfirmen vergeben. Die Fliesenunternehmen rundeten mit dreimal gebrannten Fliesen ihr Sortiment nach oben ab. Mitte der 80er Jahre gab es im Raum Sassuolo mehr als sechzig kleine Betriebe, die sich auf den dritten Brand spezialisiert hatten.[63]

Die italienische Branche in den achtziger Jahren

1987 belief sich der Umsatz der italienischen Keramikfliesenhersteller auf 4010 Milliarden Lire (oder 3,2 Milliarden $), wovon etwa 47 Prozent auf den Export entfielen. 58,6 Prozent der Gesamtproduktion waren einmal gebrannte Fliesen, 28 Prozent zweimal gebrannte und die restlichen 13,4 Prozent andere Fliesenarten (*gres, cotto* etc.). Im gleichen Jahr gab es 356 italienische Firmen, weniger als im Rekordjahr 1976. Die Branche war ziemlich zersplittert. 1986 erzielte das größte Unternehmen nur 5,3 Prozent des Gesamtumsatzes und die zwanzig führenden Firmen nur 37,2 Prozent.[64]

Es gab drei große italienische Firmengruppen.[65] Unternehmen wie Marazzi, Iris, Cisa-Cerdisa und Floor Gres investierten viel in die Technologie, um die Produktivität oder die Produktqualität und -ästhetik zu verbessern. Diese Firmen hatten im allgemeinen enge Beziehungen zu Maschinenherstellern, mit denen sie gemeinsam neue Maschinen entwickelten und bestehende verbesserten. Die Firmen dieser Gruppe waren in der Regel größer und stärker exportorientiert als der Durchschnitt.

Eine kleine Firmengruppe (mit Piemme und Atlas Concorde) versuchte, über das Image und Design auf dem anspruchsvollen, stark designorientierten Markt der Endverbraucher zu konkurrieren. Diese Firmen betrieben viel Werbung und investierten erhebliche Beträge in Studioausstellungen.

Die dritte Gruppe umfaßte eine Vielzahl kleiner Firmen, die im wesentlichen über den Preis Wettbewerb betrieben. Sie imitierten im allgemeinen sofort erfolgreiche technologische Verbesserungen und waren auch schnell mit Imitationen neuer Entwürfe bei der Hand, insbesondere der teuren Designerfliesen.[66]

Verbesserungen bei den Produktionsmaschinen sorgten Anfang der 80er Jahre für Überkapazitäten und einen erbitterten Preiswettbewerb in der italienischen Branche. Die meisten Firmen aus dem Raum Sassuolo waren in Privatbesitz und wurden von den Besitzern selbst betrieben. Das und die starken Bindungen an die Gemeinde bewirkten, daß sie sich dem Erfolg in der Branche verschrieben, selbst in schwierigen Zeiten. Betriebe aus Sassuolo zögerten nicht, große Summen in die neueste Ofengeneration oder in andere Maschinen zu stecken. Auch die Exportbemühungen wurden intensiver. Aufgeben und die Branche kampflos verlassen war undenkbar.

Die Fliesenbranche hatte jüngst von der *cassa integrazione* profitiert, einem Programm, bei dem der italienische Staat Angestellte finanziell unterstützte, die von ihrer Firma entlassen worden waren. Italien hatte keine offizielle Arbeitslosenversicherung, und jeder Antrag bei der *cassa integrazione* wurde einzeln behandelt. Im März 1984 erhielten etwa 3500 Angestellte, die von den fünfzig führenden italienischen Fliesenherstellern entlassen worden waren, Geld aus diesem Programm; sie stellten etwa 10 Prozent der Beschäftigten in diesem Sektor.[67] Einige amerikanische Hersteller erklärten, diese Form der Hilfe erlaube italienischen Firmen, ihre hohe Kapazitätsauslastung beizubehalten, weil Löhne bei Betriebseinschränkungen oder -stillegungen gezahlt würden, und stelle einen unlauteren Zuschuß dar.[68] Die italienischen Firmen hielten dem entgegen, das Programm diene dem gleichen Zweck wie die amerikanische Arbeitslosenversicherung.

Die italienische Wettbewerbsposition

Ständige Innovationen ermöglichten italienischen Firmen, ihre Marktstellung in den 80er Jahren zu halten und sogar auszubauen. Spanien war der Welt zweitgrößter Exporteur von Keramikfliesen, mit einem Anteil an den Weltexporten von 11 Prozent 1986. Die spanische Industrie, 170 Hersteller 1987, exportierte etwa 37 Prozent ihrer Produktion. Das Branchenwachstum war anfänglich von einer starken spanischen Tradition in Keramik und einem hohen Pro-Kopf-Verbrauch an Keramikfliesen begünstigt worden und spiegelte die klimatischen Bedingungen und die ästhetische Tradition, die Fliesen begünstigten; gleichzeitig wurden auf importierte Fliesen ziemlich hohe Abgaben erhoben. Die Importbeschränkungen wurden beim Beitritt Spaniens zur Europäischen Gemeinschaft zum Teil aufgehoben und sollen 1992 ganz abgeschafft werden.

Der spanische Markt für Keramikfliesen war mengenmäßig der drittgrößte und wertmäßig der zweitgrößte der Welt. Beobachter schätzten die spanischen Käufer als sehr anspruchsvoll ein, übertroffen nur von den italienischen Käufern. Nach Schätzungen gab es mehr als 10000 spezialisierte Flieseneinzelhändler. Eine Besonderheit der spanischen Branche war, daß eine Reihe spanischer Firmen in eigene Studios investiert hatte. Ab Mitte der 80er Jahre wurde auch verstärkt im Fernsehen und in Zeitschriften geworben, was die Inlandsnachfrage ankurbelte.

Ein großer Nachteil für die spanische Branche war bis 1980 das Fehlen von Erdgas als Energiequelle. Das behinderte die Übernahme des schnellen Einmalbrandes, denn Rollenöfen mußten mit Erdgas geheizt werden. Als Erdgas schließlich zur Verfügung stand, investierten spanische Firmen massiv in die neueste Technologie und kauften die modernsten Maschinen aus Italien. 1987 bestand etwa die Hälfte der spanischen Produktion aus einmal gebrannten Erzeugnissen.

Die spanischen Firmen waren insofern begünstigt, als ihre roten Tonvorkommen weniger organische Rückstände enthielten als die italienischen Tone. Die höherwertigen Tone ermöglichten den spanischen Unternehmen bei der Herstellung großer Fliesen aufgrund geringeren Ausschusses und kürzerer Brennzeiten eine hohe Wettbewerbsfähigkeit. Besonders stark waren die spanischen Firmen in der Produktion von *monoporosa* (einmal gebrannte Wandfliesen mit einer hohen Wasseraufnahme).[69]

Etwa 90 Prozent der spanischen Produktion war auf der Castellan-Ebene konzentriert, im nordöstlichen Teil Spaniens nördlich von Valencia. Die zehn größten spanischen Unternehmen der Branche vereinten etwa 40 Prozent der Produktion auf sich, wobei einige dieser Unternehmen gemeinsame Anteilseigner hatten. Der Wettbewerb unter den zehn führenden Firmen (und auch unter den kleineren Betrieben) war jedoch äußerst heftig. Spanien verfügte über mehrere Elemente des »Diamanten« für Keramikfliesen, insbesondere Nachfragebedingungen und einige Faktorvorteile, konnte aber nicht auf verwandte und unterstützende Industrien zurückgreifen und besaß auch keinen so ausgeprägten Wettbewerb wie Italien. Eine unmittelbare Bedrohung der italienischen Branche war noch nicht gegeben.

Deutschland war weltweit drittgrößter Exporteur von Keramikfliesen, hatte 1986 einen Anteil von 10,4 Prozent an den Weltexporten. Der deutsche Erfolg konzentrierte sich auf einige Bereiche. Die deutschen Hersteller produzierten im allgemeinen hochpreisige Fliesen mit ausgezeichneten mechanischen Eigenschaften. Deutsche Fliesen waren kratz-, abnutzungs- und frostfest, Eigenschaften, die besonders für den Gebrauch in Nordeuropa gefragt waren. Eine besondere Stärke der deutschen Herstellung war die Produktion mit Strangpressen, eine Alternative zu gepreßten Fliesen. Der deutsche Markt war der viertgrößte der Welt. Die Produktion konzentrierte sich auf etwa zehn große Firmen, die sowohl italienische wie deutsche Maschinen verwendeten.[70]

Brasilien exportierte keine nennenswerten Mengen an Keramikfliesen in Länder außerhalb Südamerikas; sein Anteil am Weltexport lag 1986 bei 1,8 Prozent. Die brasilianischen Firmen arbeiteten mit italienischen Produktionsmaschinen und fertigten Fliesen, die niedrig im Preis waren und auch qualitativ als einfach galten.[71]

Die italienische Branche hatte 1988 Bedenken, der Export italienischer Maschinen zur Fliesenherstellung schaffe Konkurrenten im Ausland. Mitte der 80er Jahre waren in Thailand und Korea neue Wettbewerber aufgetreten, die italienische Maschinen verwendeten. Trotzdem konnte es noch kein Land weder in der Technologie noch in der Qualität einer so breiten Fliesenpalette mit Italien aufnehmen.

Zusammenfassung

Mehrere Umstände förderten das anfängliche Wachstum der Keramikindustrie im Raum Sassuolo. Eine Tradition in einer engverwandten Branche weckte ein erstes Interesse an der Industrie. Ein ungewöhnlich hoher Pro-Kopf-Verbrauch und der stürmische Wiederaufbau nach dem Krieg zogen Wettbewerber an. Mehrere Produktionsfaktoren (Kapital, gelernte und ungelernte Arbeitskräfte) standen am Ort zur Verfügung. Ein Nachahmungseffekt führte zu einer Flut von Neuzugängen.

Ein heftiger Inlandswettbewerb veranlaßte die Firmen aus dem Raum Sassuolo, zunächst einmal die importierten Maschinen umzubauen, damit billiger und mit dem Ton aus der Gegend gearbeitet werden konnte. Die Fliesenbranche brachte dann eine heimische Spezialmaschinenindustrie hervor, die führend in der Welt wurde. Andere Zulieferer und unterstützende Branchen entstanden in der Gegend und arbeiteten den Fliesenherstellern zu. Der Industrieverband nahm einige sinnvolle Infrastrukturmaßnahmen vor. Die geographische Konzentration sowohl der Firmen wie der Zulieferer bewirkte einen äußerst persönlichen Wettbewerb, einen raschen Fortschritt der Kenntnisse und lokale Bemühungen, in der Grundlagenforschung eine Infrastruktur aufzubauen.

Besondere italienische Umstände machten die Inlandsnachfrage zur größten und anspruchsvollsten der Welt. Starke und gut informierte Einzelhändler erhöhten noch den Druck zu Innovationen. Einzelhandelsstudios, in denen Fliesen zusammen mit Erzeugnissen anderer dynamischer italienischer Branchen wie Möbel, Armaturen und Küchengeräte ausgestellt wurden, brachten weitere Neuerungen.

Ein erbitterter Wettbewerb bewirkte ständig wichtige Innovationen in der Branche. Der erste Einmalbrand und der erste kontinuierliche Produktionsprozeß waren die bedeutendsten in einer Reihe neuer Ideen. Neue italienische Verfahren wurden durch erkennbare selektive Faktornachteile ausgelöst. Unter dem Druck des Wettbewerbs kämpften die italienischen Firmen früh und hart mit örtlichen Schwierigkeiten, die fruchtbare Innovationsansätze aufzeigten.

Als die italienische Nachfrage zu Beginn der 60er Jahre einen zyklischen Einbruch erlebte und 1970 nicht weiter zunahm, peilten die italienischen Fliesenhersteller den Auslandsmarkt an. Sie waren bis 1970 zu den führenden Herstellern und Exporteuren von Keramikfliesen geworden. Anfang der 80er Jahre machten heimische Überkapazitäten die italienischen Firmen noch offensiver im Export. Sie unternahmen immer ausgeklügeltere Werbekampagnen für italienische Fliesen im Ausland. Die Stärke der italienischen verwandten und unterstützenden Branchen (Designservice, andere mit Möbeln verwandte Branchen und Branchenmedien) brachte weitere Neuerungen und Vorteile im internationalen Verkauf.

Viele der Vorteile, die den Anfangserfolg der italienischen Branche bewirkt hatten, waren nicht von Dauer. Eine Tradition in der Herstellung keramischer Erzeugnisse war kein dauerhafter Vorteil in der kapital- und technologieintensiven Industrie, zu der die Fliesenherstellung wurde. Ton stand überall zur Verfügung, entweder in heimischen Vorkommen oder durch Handel. Italien importierte den größten Teil des Erdgases. Selbst die in Italien entwickelte Produktionstechnologie wurde durch die Maschinenhersteller sowie Fachberater und -zeitschriften weit verbreitet.

Der dauerhafte Wettbewerbsvorteil Sassuolos bei Keramikfliesen erwuchs nicht aus irgendeinem statischen oder geschichtlichen Vorteil, sondern aus Dynamik und Wandel. Ständig herrschte ein Innovationszwang durch die verwöhnten und anspruchsvollen heimischen Käufer, durch starke und einzigartige Vertriebskanäle und durch einen ausgeprägten Wettbewerb unter den heimischen Firmen. Private Besitzverhältnisse bei den Firmen und eine starke Loyalität mit der Kommune schufen eine enge Bindung an die Branche und die Verpflichtung zu investieren.

Die Kenntnisse nahmen dank sich häufender Produktionserfahrung und ständiger Experimente schnell zu. Sehr fortschrittliche Zulieferer, unterstützende Branchen, Dienstleistungsbetriebe und eine gutentwickelte Infrastruktur begünstigten die Fliesenhersteller. Das Vorhandensein verwandter italienischer Industrien von Weltrang erhöhte noch die italienische Stärke in der Fliesenbranche. Die geographische Konzentration des Ballungszentrums komprimierte schließlich den gesamten Prozeß; in Sassuolo stößt man auf Schritt und Tritt auf die Fliesenindustrie.

Die Fliesenindustrie von Sassuolo ist ein System, in dem alle Bestimmungsfaktoren des nationalen Wettbewerbsvorteils vorhanden sind und sich selbst verstärken. Die komplexen Wechselwirkungen zwischen den Bestimmungsfaktoren, die inmitten des größten und anspruchsvollsten Fliesenmarktes der Welt ablaufen, verschafften den Firmen aus dem Raum Sassuolo einmalige Vorteile gegenüber ihren Auslandskonkurrenten. Die ausländischen Unternehmen müssen nicht mit einer Einzelfirma oder gar einer Firmengruppe konkurrieren, sondern mit einer ganzen Subkultur. Die organische Art dieses Systems ist der am schwersten zu kopierende und deshalb dauerhafteste Vorteil der Unternehmen von Sassuolo.

Die japanische Roboterindustrie[72]

Japan war 1987 der in der Welt führende Hersteller und Exporteur von Industrierobotern. Ungefähr 300 japanische Unternehmen produzierten Roboter im Wert von 300 Milliarden Yen (etwa 2,3 Milliarden $).[73] Um die Mitte der 80er Jahre produzierten japanische Unternehmen über 50 Prozent der Industrieroboter der Welt. Die japanischen Exporte von Robotern waren die mit Abstand größten aller Länder und stiegen weiter drastisch an. Etwa 20 Prozent der Produktion wurden exportiert, für 60 Milliarden Yen. Andere bedeutende Länder, die Industrieroboter herstellten, waren die Vereinigten Staaten, Deutschland, Schweden und Italien, aber keines von ihnen kam in der Tiefe oder Breite der Produktion an Japan heran.

Die verschiedenen Industrieroboter

Industrieroboter oder -automaten werden in erster Linie für Fertigungsprozesse oder den Transport von Material zum oder vom Produktionsort in Fabriken eingesetzt. Man kann die Roboter in sechs Gruppen unterteilen, wobei von der Steuermethode ausgegangen wird. *Manipulatoren* sind Roboter, die während des ganzen Einsatzes einen Menschen zum Steuern brauchen. Die Bewegungen des menschlichen Operators werden direkt in mechanische Aktionen des Roboters umgesetzt. *Fest programmierte Roboter* arbeiten sequentiell nach vorgegebenen Informationen, die nicht ohne weiteres abgeändert oder ausgetauscht werden können. *Flexibel programmierte Roboter* können leicht umprogrammiert werden, wodurch sich ihre Flexibilität sehr erhöht. *Playbackroboter* wiederholen Vorgänge nach Vorgabe bezüglich Abfolge, Bedingung, Lage und anderer Informationen, die durch Bewegen des Roboters bei Steuerung durch den Operator übertragen werden. *Numerisch gesteuerte Roboter* führen Arbeiten aus, die numerisch oder über ein Programm eingegeben wurden, ohne daß ein menschlicher Operator eingreift. Numerisch gesteuerte Roboter arbeiten normalerweise mit einer Computersteuerung, wie sie ähnlich in numerisch gesteuerten Werkzeugmaschinen verwendet werden. *Intelligente Roboter* können ihren Betrieb mit Hilfe künstlicher Intelligenz verändern.

Die meisten Industrieroboter wurden für bestimmte Zwecke entwickelt, etwa das Bogenschweißen, Sprühlackieren und das Einsetzen elektronischer Bausteine auf der Stecktafel. Andere Roboter, etwa für Materialbereitstellung, leichte Montagearbeiten oder maschinelle Bearbeitung, waren nicht so stark spezialisiert. Die Programmierbarkeit der Industrieroboter ermöglichte ihnen, im Rahmen ihrer Bandbreite verschiedene Arbeiten auszuführen. Produktionssysteme, die mehrere Automaten verwendeten, waren in jedem Fall Spezialanfertigungen, wenn sie auch häufig aus standardisierten Bausteinen bestanden.

Die Kunden erwarteten von den Industrierobotern, daß sie die Produktivität erhöhen, die Qualität steigern, ein gleichmäßigeres Beschäftigungsniveau ermöglichen oder gefährliche Arbeiten erledigen. Die Nutzung aller Möglichkeiten eines Roboters erforderte erhebliche Veränderungen bei den Produktionsverfahren eines Unternehmens – im Vergleich zu konventionelleren Produktionsanlagen. Unmittelbare Kosteneinsparungen waren oft nicht der wichtigste Vorteil, und deshalb erfolgte die Übernahme von Robotern in den meisten Ländern langsam.

Der Entwurf eines Industrieroboters schloß die Spezifizierung der mechanischen, elektronischen und Softwaresysteme ein, die der Roboter zur Durchführung der ihm zugewiesenen Aufgaben brauchte. Die Softwareentwicklung war ein besonders wichtiger Teil des Prozesses und begann, die Entwicklungskosten zu beherrschen, als die komplexen Systeme der Fertigungsautomatisierung entstanden (bei denen viele Automaten zusammenarbeiten mußten).

Die Herstellung der Roboter ähnelte der anderer komplizierter Maschinen. Metallgußstücke wurden nach genauen Vorgaben maschinell hergestellt und bearbeitet und dann zusammengebaut. Danach wurde der Roboter mit Motoren und dem Antriebssystem ausgestattet, das seine Bewegungen lenkte, dann wurde das Steuergerät eingebaut. Zum Schluß testete man die Roboter eingehend, um sicherzustellen, daß sie den Vorgaben entsprachen.

Geschichte der Branche

An Roboter dachte man zuerst in den Vereinigten Staaten in den 50er Jahren, als die USA in der Produktionstechnologie noch das führende Land und die amerikanischen Löhne die höchsten der Welt waren. George C. Devol wurde 1954 das erste mit einem Roboter zusammenhängende Patent zuerkannt. Consolidated Control Inc., ein amerikanisches Unternehmen, entwickelte 1958 einen digital gesteuerten Roboter. 1962 wurden die ersten Roboter von den amerikanischen Unternehmen Unimation und AMF konstruiert. Sie blieben mehrere Jahrzehnte der Prototyp der beliebtesten Roboter. Doch erst Ende der 60er Jahre begann eine nennenswerte kommerzielle Produktion von Industrierobotern.

Die ersten in Japan benutzten Roboter wurden 1967 aus den Vereinigten Staaten importiert. Die japanische Roboterbranche entstand 1968, als Kawasaki Heavy Industries einen Lizenzvertrag mit Unimation abschloß. Kawasaki war ein bedeutender potentieller Nutzer von Robotern und gleichzeitig ein Hersteller verwandter

Produkte und Dienstleistungen. Das Unternehmen stellte die verschiedenartigsten Maschinen und Zubehörteile her, u. a. Motoren, Motorräder, Flugzeuge, ganze Werke und Schiffe. 1969 begann Kawasaki mit dem Verkauf von Unimate-Robotern, den ersten in Japan produzierten Robotern. Auch Kobe Steel war ein früher Lizenznehmer amerikanischer Roboterentwürfe.

Die ersten japanischen Roboter zeitigten Ergebnisse, die wohl etwas unter den Erwartungen lagen. Man bezeichnete sie mehrmals als »teure Idioten«, und viele wurden in den Fabriken in die Ecke gestellt, wo sie verstaubten.[74] Doch die japanischen Firmen machten sich daran, die Roboter, die sie importiert hatten, zu verbessern. Kawasaki konstruierte einige Teile des Unimation-Automaten um und verbesserte seine Qualität. Ende der 60er Jahre lag die mittlere Zeit zwischen zwei Ausfällen (MTBF) bei einem importierten Roboter bei unter 300 Stunden. 1974 hatte Kawasaki es auf eine MTBF von 800 Stunden gebracht. 1975 lag diese Zahl bei mindestens 1000 Stunden oder um mehr als 100 Stunden über dem besten Ergebnis, das Unimation damals erzielte (900 Stunden). Kobe Steel nahm einige Verbesserungen bei der Betriebsgeschwindigkeit vor, verringerte das Gewicht der Roboter, die man in Lizenz gekauft hatte, und stellte sie auf die Arbeit an Förderbändern um.[75]

Kurz nach Kawasakis Vereinbarung mit Unimation begannen andere japanische Elektro- und Maschinenhersteller, selbst Robotertechnologie zu entwickeln. Zu den herausragendsten Einsteigern zählten Ishikawajima-Harima Heavy Industries, Hitachi und Toshiba Precision Machinery. Alle gehörten zu Japans führenden gemischten Produktionsunternehmen.

1971, nur drei Jahre nach dem Entstehen der Branche in Japan, wurde bei einem informellen Treffen von Produzenten der Grundstein für die Gründung des japanischen Industrieroboterverbands im Jahr 1972 gelegt. Diese Organisation beteiligte sich bald an Programmen zur Förderung der Branche und der Abwicklung staatlicher Kontakte.

Frühe und anspruchsvolle Nachfrage auf dem Inlandsmarkt

Die Automobil- und Haushaltsgeräteindustrie waren die wichtigsten frühen Märkte für Industrieroboter in Japan. So zählte Nissan zu den ersten Kunden. Das Unternehmen arbeitete mit Kawasaki an Plänen zur Verbesserung der Software für Fertigungsautomaten in der Automobilindustrie und war der erste Autohersteller, der Industrieroboter in großem Stil einsetzte und schon 1970 Kawasaki-Automaten installierte. Die Anfangsschwierigkeiten waren derart groß, daß die Ingenieure von Kawasaki sich fast täglich bei Nissan aufhielten und undichte Hydraulikleitungen, versagende elektronische Schaltungen und fehlerhafte mechanische Teile reparierten. Schließlich waren die Probleme gelöst, und die Automobilarbeiter lernten die Roboter bedienen und kleinere Reparaturen selbst ausführen.[76] Bald stellten auch andere Unternehmen in der von starkem Wettbewerb geprägten Automobilindustrie Japans Roboter auf, um produktionstechnologisch nicht hinter Nissan zurückzufallen.

Die japanische Industrie, die schnell wuchs, besonders die Automobil- und Elektronikindustrie, stand vor einem Facharbeitermangel. 1965, so die Schätzungen, fehlten Japan etwa 1,8 Millionen Facharbeiter, und dieses Minus hielt sich bis in die 80er

Jahre. Die Kapazitätsauslastung wurde auch durch die sich ändernden Arbeitsmuster beeinträchtigt. Mit steigendem Wohlstand sank die Bereitschaft der japanischen Arbeiter zu Zweit- und Drittschichten. Roboter boten eine wichtige Lösung für beide Probleme.

Die erste Erdölkrise von 1973 führte in Japan zu einer scharfen Rezession und zu einem mörderischen Wettbewerb, um die ungenutzten Kapazitäten auszulasten. Die Inflation von 1974–75, die auf den ersten Erdölschock folgte, trieb die Löhne drastisch in die Höhe. Beides steigerte das Kostenbewußtsein. Die Politik der Großunternehmen, den Mitarbeitern Lebensstellungen zu bieten, und ebendiese Zwänge ließen die japanischen Firmen auch zurückhaltender bei der Einstellung neuer Arbeiter reagieren, von denen sie sich in Krisenzeiten nur schwer trennen konnten. Die unter starkem Wettbewerbsdruck stehenden japanischen Hersteller wandten sich Robotern zu, um die Produktivität zu erhöhen und Energie zu bewahren.

Im Gegensatz zur Lage in den Vereinigten Staaten und in Europa förderte die positive Haltung der japanischen Gewerkschaften den raschen Vormarsch von Robotern. Die japanischen Gewerkschaften, in der Regel betriebliche Einzelgewerkschaften, erklärten sich mit der Einführung von Robotern einverstanden. Die Arbeitsplätze in den größeren Unternehmen waren durch die vorherrschende lebenslange Anstellung gesichert. Außerdem expandierten die Unternehmen, die die Hauptanwender von Robotern in Japan waren, Ende der 70er, Anfang der 80er Jahre stark und hatten Schwierigkeiten, Arbeitskräfte zu bekommen. Im Gegensatz dazu stieß die Einführung von Robotern in vielen gewerkschaftlich organisierten Unternehmen in Amerika und Europa auf entschiedenen Widerstand, vor allem in Branchen wie der Automobilindustrie, die nicht wuchsen.

Die japanischen Manager schienen außerdem weit eher bereit, Industrieroboter anzuschaffen als ihre ausländischen Kollegen. Sehr viele japanische Führungskräfte waren Ingenieure und mit neuen Technologien offenbar vertrauter als amerikanische Manager. Die japanischen Manager standen auch kaum unter dem Zwang, kurzfristige Ergebnisse vorweisen zu müssen, und konnten eher langfristige, strategische Produktionsentscheidungen treffen. Einzig unter dem Gesichtspunkt kurzfristiger Kosteneinsparungen waren Roboter oft kaum zu beurteilen. Die japanischen Firmen zeigten sich zuversichtlicher, andere Vorteile zu erlangen, wie eine verbesserte Qualität, und sie wandten auch andere Investitionskriterien an.

Eine Entwicklung schließlich, deren Bedeutung kaum zu überschätzen ist, war der Aufstieg japanischer Unternehmen zu weltweit führenden Produktionsunternehmen in einer Reihe von Branchen. Durch ein hohes Maß an Automation, die Umstrukturierung des Arbeitsablaufs und einen außergewöhnlichen Stellenwert der Qualität bestimmten japanische Unternehmen die Produktionspraxis neu. Die besten japanischen Hersteller waren anspruchsvolle und potentielle Kunden für die expandierende japanische Roboterindustrie, zudem ein Anreiz für ständige Innovationen.

All diese Umstände kamen zusammen und beschleunigten die Entwicklung und Aufstellung von Industrierobotern. Japan schuf den ersten, größten und anspruchsvollsten Markt für Industrieroboter. Zu Beginn der 70er Jahre hatte Japan den in der Welt bei weitem größten Stamm an installierten Robotern, mit über 60 Prozent des Weltaufkommens. Die Zahl der in Japan produzierten Roboter erreichte 1976 7200

(14,1 Milliarden Yen); sie stieg 1978 auf 10 100 (27,3 Milliarden Yen), 1980 auf 19 900 (78,4 Milliarden Yen), 1982 auf 24 800 (148,4 Milliarden Yen) und 1985 auf 48 500 (über 300 Milliarden Yen). In der gleichen Zeit verlagerte sich der Produkt-Mix innerhalb der Branche zu technisch aufwendigeren Robotern. 1984 stellten die in Japan installierten Industrieroboter über 66 Prozent der Weltproduktion im Vergleich zu 14,9 Prozent für Nordamerika. Wie viele Industrieroboter in den großen Industrieländern installiert waren, zeigt die Tabelle 5–6.

Die japanischen Käufer von Robotern waren nicht nur Großunternehmen, sondern auch Klein- und Mittelbetriebe. Das Netz aus Subunternehmen, die für die japanische Automobil- und Maschinenbauindustrie arbeiteten, war ein wichtiger Markt für die japanischen Hersteller von Robotern. Die Subunternehmer schätzten die Flexibilität, Wirtschaftlichkeit und Qualitätsverbesserungen, die die Roboter boten. Außerdem hatte der Mangel an Facharbeitern die kleinen Firmen besonders hart getroffen, weil sie als Arbeitsplatz im allgemeinen nicht so beliebt wie Großunternehmen waren. Viele dieser Firmen mußten automatisieren, wenn sie expandieren wollten. Nach Schätzungen eines Branchenkenners gingen 20 Prozent der in Japan verkauften Industrieroboter 1986 an Klein- und Mittelbetriebe, und diese Zahl wuchs rasch.[77] In Japan schenkte man diesem Bereich besonders große Aufmerksamkeit, in Italien deutlich weniger.

Die größten Benutzer von Industrierobotern in Japan waren 1980 die Elektronikindustrie (36 Prozent der installierten Automaten), die Automobilindustrie (29 Prozent), die kunststoffverarbeitende Industrie (10 Prozent), der Maschinenbau (7 Prozent) und die metallverarbeitende Industrie (5 Prozent). Dieses Bild änderte sich bis 1985 wenig; in jenem Jahr entfielen auf die Märkte für elektrische Haushaltsgeräte und Automobile 49 Prozent des japanischen Gesamtumsatzes an Robotern und über 61 Prozent des Inlandsumsatzes.[78]

1980 ergriff die japanische Regierung mehrere Maßnahmen, um die Nachfrage nach Robotern zu beleben:[79]

– Einrichtung eines Leasingsystems und der Japanischen Gesellschaft für Roboterleasing mit dem Ziel, Industrieroboter bei Klein- und Mittelunternehmen beliebter zu machen.
– Sonderfinanzierung durch die Finanzierungsgesellschaft für Kleinunternehmen und die Volksfinanzierungsgesellschaft für Klein- und Mittelunternehmen zur Einführung von Industrierobotern mit dem Ziel, die Betriebssicherheit zu garantieren.
– Einführung einer Sonderabschreibung für Hochleistungsroboter, die auch Computer einschloß.
– Kredit- und Leasingprogramme auf Kommunalebene für Industrieroboter, um kleineren Unternehmen bei der Modernisierung ihrer Maschinen zu helfen.

Zwei weitere Maßnahmen wurden 1984 durchgeführt:

– Einrichtung eines Leasingsystems für flexible Produktionssysteme zu Sonderkonditionen (Sonderkredite der Japanischen Entwicklungsbank an die Japanische Gesellschaft für Roboterleasing).
– Einführung von Steueranreizen zur Förderung von Investitionen in fortschrittliche

TABELLE 5–6 Eingesetzte Industrieroboter nach Ländern

Land	1984	1980
Japan	67 300	15 250
Vereinigte Staaten	14 500 [1]	4 700 [1]
Kanada	700 [2]	250 [3]
Belgien	775 [8]	58 [8]
Dänemark	114 [13]	38 [15]
Finnland	187 [7]	20 [7]
Frankreich	2 700 [5]	580 [5]
Deutschland	6 600 [4]	1 255 [4]
Italien	2 585 [6]	353 [6]
Niederlande	213 [2]	56 [1]
Norwegen	250 [14]	210 [1]
Schweden	2 400 [12]	940 [9]
Schweiz	110 [2]	50 [1]
Großbritannien	2 623 [12]	371 [12]
Spanien	516 [12]	284 [10]
Österreich	80 [11]	
Insgesamt	101 703	23 415

QUELLE: Japanischer Industrieroboter-Verband, Juli 1985.
ANMERKUNG: In diesen Daten sind keine manuellen Manipulatoren und Geräte mit fester Folgesteuerung enthalten.

1 RIA-Bericht
2 Ria-Bericht (1983)
3 National Research Council (1981)
4 IPA
5 AFRI
6 Italienischer Industrieroboter-Verband
7 Finnische Gesellschaft für Robotertechnik
8 BIRA-Bericht über Robotertechnik
9 Schwedische Kommission für Computer und Elektronik, Industrieministerium (1979)
10 BRA (1982)
11 Technische Universität Wien (März 1983)
12 BRA
13 Dänischer Industrieroboter-Verband
14 MVL (Norwegen)
RIA = Robotics Industries Association
IPA = Fraunhofer-Institut für Produktionstechnik und Automatisierung
AFRI = Association Française de Robotique Industrielle
BIRA = Belgisch Instituut voor Regeltechniek en Automatizering
BRA = British Robot Association

Anlagen mit Elektronikausstattung für kleinere Firmen, u. a. Sonderabschreibungs-
möglichkeiten oder spezieller Nachlaß bei der Körperschaftssteuer.

All diese Maßnahmen waren in ihrem Umfang begrenzt, dienten aber doch dem
nützlichen Zweck, die Nachfrage kleiner und mittlerer Unternehmen nach Robotern
anzuregen. Das Leasingprogramm für Roboter finanzierte sowohl ausländische wie
japanische Roboter und erfaßte nur etwa ein Prozent des gesamten Roboterversands.
Die Sonderabschreibungen erreichten 1978–79 einen Höhepunkt, als die Käufer
25 Prozent des Anschaffungswerts eines Roboters im ersten Jahr abschreiben konnten. Dieser Satz wurde 1982–83 auf 10 Prozent herabgesetzt und später ganz
gestrichen. Allgemein hatte man den Eindruck, daß diese Maßnahmen nicht sonderlich wichtig für das Wachstum der Branche waren.

Der wachsende japanische Cluster

Mitte der 70er Jahre stiegen weitere wichtige japanische Unternehmen in die Robo-
terbranche ein. Die meisten kamen aus der Kunden-, Zuliefer- oder verwandten
Branchen. FANUC, in der Welt führender Hersteller numerischer Steuergeräte für
Werkzeugmaschinen (mit einem Anteil von etwa 50 Prozent am Weltmarkt), bedeu-
tend auch als Hersteller von Servomotoren, stieg 1974 ein. Die ersten Roboter von
FANUC wurden für den Eigenbedarf produziert.
FANUC wurde von den Produktionszahlen her der führende japanische Hersteller
von Robotern. Die Autoindustrie wurde bald zum größten Kunden für FANUC-
Roboter, das Unternehmen selbst sein zweitgrößter. Das Hauptwerk von FANUC
am Fudschijama war eine der am höchsten automatisierten Produktionsanlagen der
Welt. In dem Werk arbeiteten am Tag 100 Beschäftigte, nachts wurde es von einer
einzigen Person überwacht. Nach FANUCs Berechnungen hätten konventionelle
Produktionsverfahren das Zehnfache an Kapitalinvestitionen und das Zehnfache an
Beschäftigten erfordert.
Matsushita Denki, ein Bereich des großen Unterhaltungselektronikunternehmens,
stieg 1971 ein. 1967 hatte Matsushita seine erste automatische, elektronische Maschi-
ne für die Teilemontage, *Panasert*, entwickelt, die das Einsetzen von Bauteilen bei
der elektronischen Montage automatisierte. Die ersten Panasert-Automaten stellte
Matsushita im eigenen Betrieb auf. 1975 gründete Matsushita eine eigene Abteilung
für Präzisionsmaschinen, um das Know-how für Fertigungsautomaten weiter auszubauen. 1980 begann das Unternehmen mit dem Verkauf von Polarkoordinaten-
Schweißautomaten, 1982 dann von Montagerobotern.
Der Elektroproduzent Yaskawa war ein Beispiel für einen Einsteiger in der zweiten
Hälfte der 70er Jahre. Yaskawa stellte numerische Computersteuerungen und große
elektrische Produkte her und tat sich auch als Produzent von Elektromotoren hervor.
Das Unternehmen führte seine erste Roboterserie 1977 ein. Bogenschweißautoma-
ten standen im Vordergrund des Yaskawa-Programms, aber es wurden auch Roboter
für die Materialbereitstellung, die maschinelle Bearbeitung und die Montage produziert. 1986 begann das Unternehmen mit der Herstellung von Montagezellen. Erstmals Anwendung fand die Montagezelle von Yaskawa beim Montieren von Bauteilen

für den firmeneigenen und erfolgreichen Schweißautomaten L10W. Das Unternehmen wollte mit dem betriebseigenen System Erfahrungen sammeln und es als Demonstrationsobjekt für Kunden nutzen. Yaskawa erklärte, es werde Mitte der 80er Jahre der größte japanische Lieferant von Industrierobotern an den freien Markt sein.

Kawasaki, das zunächst amerikanische Entwürfe unter Lizenz herstellte, arbeitete an der Entwicklung einer eigenen Robotertechnologie. 1982 begann es mit dem Verkauf seiner Schweißautomaten aus der *Puma*-Serie. 1985 schloß es eine technische Vereinbarung mit Adept Technology (Vereinigte Staaten) zur Entwicklung von Robotern für den Direktantrieb. Kawasaki-Roboter wurden in verschiedenen Bereichen eingesetzt, u. a. beim Punkt- und Bogenschweißen, der maschinellen Bearbeitung, dem Palettieren, der Materialbereitstellung, dem Versiegeln und Beschichten.

1980 gab es in Japan nicht weniger als 130 Hersteller von Robotern. Sie ließen sich in vier große Gruppen unterteilen. In der ersten waren die Hersteller elektrischer Haushaltsgeräte (u. a. Hitachi, Toshiba, Nihon Electric, Mitsubishi Electric, Yaskawa und Fuji Electric). Die zweite Gruppe umfaßte den Maschinenbau (u. a. mit FANUC, Toyota Machine Works, Komatsu und Toshiba Seiki). In der dritten Gruppe befanden sich Hersteller von Investitionsgütern für den Transport (u. a. Kawasaki Heavy Industries, Mitsubishi Heavy Industries, Ishikawajima-Harima Heavy Industries und Mitsui Engineering and Shipbuilding). In der vierten Gruppe waren die Stahlproduzenten versammelt (u. a. Kobe Steel und Daido Steel).[80]

Unter dem vorübergehenden Maßnahmengesetz für die Maschinen- und Elektronikindustrie (1971–78) und dem vorübergehenden Maßnahmengesetz für die Maschinen- und Informationsindustrie konnten die Hersteller von Robotern niedrigverzinsliche Staatskredite bei der Japanischen Entwicklungsbank beantragen. Nur wenige Unternehmen nahmen diese Kredite jedoch in Anspruch, zum Teil weil das Zinsgefälle gering, zum Teil weil die Wettbewerber in dieser Branche bedeutende Unternehmen mit ausreichenden Mitteln waren.

Die japanischen Hersteller stiegen unterschiedlich stark in die Verbundwirtschaft ein, je nachdem, in welchen Branchen sie bisher aufgetreten waren. Kawasaki, das sich durch seine Tätigkeit im Verteidigungsbereich auf dem Hydrauliksektor qualifiziert hatte, stellte selbst Hydrauliksysteme her, kaufte aber Motoren, Getriebe und Kleinteile dazu. Matsushita produzierte wiederum Motoren, kaufte aber Getriebe und Hydraulikteile. FANUC stellte seine Motoren und Steuergeräte selbst her.

Die japanischen Hersteller von Robotern zogen starke heimische Zulieferer aller wichtigen Bauteile an. Japanische Firmen waren in praktisch allen Technologien, die bei Industrierobotern eingesetzt wurden, führend in der Welt. Dazu gehörten numerische Steuerungen, Werkzeugmaschinen, Motoren, optische Sensoren, elektronische Bauteile und andere elektrische Geräte. Viele führende Wettbewerber in diesen verwandten Technologien waren in die Automatenbranche eingestiegen.

Viele der japanischen Automatenhersteller waren Mischkonzerne, die auch in der Elektronik und im Maschinenbau Erfahrung hatten. Sie besaßen nicht nur innerbetriebliche Erfahrungen in vielen dieser Einzeltechnologien, die in Industrieroboter eingingen, sie waren auch deren maßgebliche Benutzer. Somit hatten sie den Vorteil, über ein beachtliches Anwendungswissen zu verfügen, was für einen Erfolg in der Branche sehr wichtig war.[81]

Die japanischen Wettbewerber auf dem Automatenmarkt verfügten über fundiertere Kenntnisse in Elektronik und Computern als ihre ausländischen Konkurrenten. Die meisten amerikanischen Roboterfirmen waren Neugründungen, Benutzer oder Maschinenproduzenten, während die führenden europäischen Unternehmen häufig Automobilfirmen waren, ausgenommen ASEA (jetzt ABB), Olivetti und Siemens. Gegenüber reinen Maschinenunternehmen hatten die japanischen Elektronikfirmen beim Einbau von hochwertiger Elektronik und Steuerungen in ihre Maschinen deutliche Vorteile.

Internationalisierung

Der Export von Industrierobotern aus Japan begann um 1975, damals noch in bescheidenem Umfang. 1981 machten die Exporte dem Wert nach ganze 5 Prozent des Industrieumsatzes aus. Die rasche Übernahme der Roboter in Japan ließ die Nachfrage auf den meisten ausländischen Märkten klein erscheinen. 1985 hatten die Exporte auf 20 Prozent des Gesamtumsatzes zugenommen, wobei die Automobilunternehmen und ihre Zulieferer den Hauptmarkt bildeten.

Die Roboter wurden direkt an die Endverbraucher verkauft. Der Verkauf von Robotern war eine höchst fachmännische Angelegenheit und verlangte häufig detaillierte technische Kenntnisse über den Produktionsprozeß einer Firma. Im allgemeinen waren erhebliche Anstrengungen notwendig, den angehenden Kunden über die Leistungen und Vorteile von Robotern und anderen Fertigungsautomaten aufzuklären. Die Kaufentscheidung fiel oft auf hoher Ebene. Die langsame Zunahme der Exporte wurde zum Teil mit hohem Servicebedarf der Produkte und der Notwendigkeit erklärt, dem Kunden Wartung, Kundendienst und Ausbildung zu bieten. Der Verkauf wurde noch komplizierter, wenn Roboter als Bestandteil eines vollautomatischen Produktsystems dienten.

Viele japanische Hersteller von Industrierobotern taten sich mit ausländischen Firmen zusammen, um Zugang zu den Auslandsmärkten, dem Umsatz und den Serviceleistungen zu bekommen oder sich spezielle Technologie zu sichern. Am bekanntesten wurde die Verbindung General Motors – FANUC, die 1982 geschlossen wurde. General Motors lieferte Software, Vertriebsstärke und einen sicheren Markt, FANUC Roboter und die damit verwandte Hardware. Die Produktentwicklung wurde gemeinsam vorgenommen. 1986 wurden etwa 20 Prozent der FANUC-Roboter für General Motors produziert. Das Gemeinschaftsunternehmen hatte 1985 einen Anteil am US-Markt für Industrieroboter von etwa 27 Prozent, den bei weitem größten eines Unternehmens. FANUC tat sich 1986 auch mit General Electric zusammen, um Automationssysteme für die Herstellung zu entwickeln.

Beide Abmachungen wurden weitgehend als Eingeständnis der amerikanischen Firmen gewertet, auf dem Gebiet der Roboter nicht an das Fachwissen von FANUC heranzukommen. Die übrigen Verbindungen zwischen japanischen und amerikanischen Unternehmen betrafen meistens Vertriebsabkommen, bei denen amerikanische Firmen in Japan hergestellte Roboter vermarkteten.[82] Kein japanischer Hersteller von Robotern war an der US-Produktion beteiligt, und alle in den Vereinigten Staaten verkauften Roboter waren importiert, ausgenommen die vom Gemeinschaftsunternehmen General Motors–FANUC produzierten Automaten.

Um die Mitte der 80er Jahre erzielten japanische Unternehmen auf dem US-Markt mehr Erfolg als auf dem europäischen. Sie hatten sich in erster Linie auf den heimischen Markt konzentriert, in zweiter auf den amerikanischen und erst in dritter auf den europäischen. Die japanischen Unternehmen fingen erst Mitte der 80er Jahre an, ihre Verkaufsbemühungen in Europa nennenswert zu steigern. Amerikanische Firmen hatten sich eher bereit gefunden als europäische Unternehmen, japanische Roboter zu vermarkten und weiterzuverkaufen.

Heimische Konkurrenz in den achtziger Jahren

1986 war die Zahl der japanischen Roboterproduzenten auf etwa 300 angestiegen, von 204 im Jahr 1983 über 279 im Jahr 1985. Ca. 100 Firmen stellten Roboter nur für den eigenen Bedarf her. Man lieferte sich einen erbitterten heimischen Wettbewerb. Die Beteiligten hatten allgemein das Gefühl, daß der japanische Markt, was den Wettbewerb anging, der bei weitem härteste der Welt war. Die Folgen dieses scharfen Preiswettbewerbs: 1986 waren die Preise für kleine Montageroboter auf 3 bis 4 Millionen Yen gefallen, gegenüber 6 bis 8 Millionen wenige Jahre zuvor. Das Tempo der Innovation und der Einführung neuer Produkte war geradezu höllisch. Produktinnovationen wurden im Nu von anderen Produzenten imitiert oder überboten. So führte z. B. die amerikanische Firma Adept Technology Ende 1984 den ersten kommerziell erfolgreichen Roboter für Direktantrieb ein. Nicht einmal ein Jahr danach kamen sieben japanische Firmen, darunter Yamaha, Matsushita und FANUC, mit Robotern für den Direktantrieb auf den Markt. 1986 führten mehrere japanische Unternehmen, unter ihnen Yaskawa, Seiko Instruments and Electronics und Seico-Epson, spezielle Roboter für die Verwendung in Reinräumen ein.

Die japanischen Unternehmen zeigten sich bereit, konsequent und massiv in Industrieroboter zu investieren. Die Automatentechnologie war für die bedeutenden Beteiligten nicht der größte Produktbereich, doch die meisten Unternehmen betrachteten ihn als eine wichtige Wachstumsbranche. Die Automatenforschung wurde aus dem Gesamtgewinn der Unternehmen finanziert. Ein Grund für die Bereitschaft, so stark in die Automatentechnologie zu investieren, waren die beachtlichen betriebsinternen Umsätze für die meisten der führenden Roboterproduzenten, die in den eigenen Werken die modernste Technologie haben wollten. Die Firmen gaben eine Konstruktion erst dann für den Außenverkauf frei, wenn sie sich im eigenen Betrieb bewährt hatte. Die Rentabilität der japanischen Roboterindustrie zu bestimmen fiel nicht eben leicht, allgemein wurde angenommen, daß die Gewinne aus den Roboterverkäufen an Kunden außerhalb der Schwestergesellschaften sich sehr in Grenzen hielten.

Die Konzentration der japanischen Automatenunternehmen rief aktive Bemühungen zur Faktorbildung hervor. Etwa 180 japanische Universitäten und Hochschulen besaßen Laboratorien für Automatentechnologie, und der japanische Staat förderte die Forschung auf diesem Feld. Beginnend mit dem Jahr 1983, hatte das Ministerium für internationalen Handel und Industrie (MITI) ein Programm zur Entwicklung von Spezialrobotern für den Einsatz im Weltraum, unter Wasser und in Kernkraftanlagen gesponsert. Der Beitrag des MITI in den acht Jahren von 1983 bis 1991 soll 20

Milliarden Yen oder etwa 20 Millionen $ pro Jahr betragen. Das Electrotechnical Lab der AIST (der Behörde für industrielle Wissenschaft und Technologie, einer Unterorganisation des MITI) legte ein siebenjähriges Forschungsprogramm von 30 Milliarden Yen zur Entwicklung intelligenter Roboter auf (etwa 34 Millionen $ pro Jahr). Führende Hersteller von Robotern, Computern und Maschinen schlossen sich dem Programm an und stellten die Hälfte der Finanzmittel.

Es gab zwar staatliche Unterstützung, doch lag sie weit unter den Investitionen der Unternehmen selbst. Der relativ geringe Einfluß des Staates in der Automatentechnik stand in krassem Gegensatz zu dem in der verwandten Werkzeugmaschinenbranche, in der die staatliche Planung ziemliches Gewicht hatte.

Relative Positionen 1988

In der Robotertechnik hatten japanische Unternehmen in den 80er Jahren die mit Abstand führende Position inne. Ausländische Firmen waren in eigenen Bereichen erfolgreich, der Beleg für Gebiete, auf denen ihre nationalen Umstände besonders günstig waren. 1986 gab es in den Vereinigten Staaten etwa siebzig Hersteller von Industrierobotern, wobei die zehn größten Produzenten 81 Prozent des Marktes kontrollierten. Die Importe von Robotern und Ersatzteilen beliefen sich auf ungefähr 160,6 Millionen $ oder etwa 25 Prozent des Marktes. Die amerikanischen Exporte betrugen insgesamt 33,7 Millionen $ und gingen überwiegend in europäische Länder.[83] Die meisten US-Firmen spezialisierten sich auf die Produktion technisch sehr aufwendiger – und teurer – Mehrzweckroboter (die japanischen Firmen tendierten dagegen zu einfachen Robotern mit begrenzten Einsatzmöglichkeiten). Hier spiegelte sich die einzigartige Nachfrage in Anwendungsgebieten der Raumfahrt und der Verteidigung und auch die Stärken im Entwurf von Software. 1986 arbeiteten die meisten US-Hersteller von Robotern mit Verlust. Viele der amerikanischen Unternehmen, die Roboter verkauften, produzierten selbst wenig oder gar nicht und zogen es vor, Roboter von ausländischen Herstellern zu erwerben, oft aus Japan.

Die führenden schwedischen Hersteller von Industrierobotern waren ASEA (jetzt ABB) und ESAB (Schweißroboter). Auf ASEA entfielen über 70 Prozent der schwedischen Produktion, und das Unternehmen besaß Produktions- oder Montageanlagen in den Vereinigten Staaten, Spanien, Frankreich und Japan. Es war einer der Großen auf dem Weltmarkt für Industrieroboter und neben Cincinnati Milacron eines der zwei Auslandsunternehmen, das einen nennenswerten Erfolg auf dem japanischen Markt erzielen konnte. Der schwedische Erfolg Mitte der 80er Jahre spiegelte das frühe Vordringen von Robotern auf dem Inlandsmarkt und das Vorhandensein wichtiger Industrien, die Roboter benutzten. ASEA lieferte ein breites Automatenprogramm für die Automobilindustrie und deren Zulieferbranchen. Volvo und Saab-Scania gehörten zu den bedeutenden Inlandskunden.

Die wichtigsten deutschen Hersteller von Industrierobotern waren Kuka, Volkswagen, Bosch, Reis, Cloos, Duer, Mautec, Jung Heinrich, und die wichtigsten ausländischen Verkäufer in Deutschland hießen ASEA, Cincinnati Milacron, Unimation und Trallfa (Norwegen). Ende 1985 waren in Deutschland 8800 Industrieroboter installiert, auf Importe entfielen ungefähr 45 Prozent, wobei 23 Prozent aus anderen europäischen Ländern kamen, 12 Prozent aus den Vereinigten Staaten und 10 Prozent aus Japan. Die deutsche Automobilindustrie war der mit Abstand größte Benutzer von Industrierobotern; auf sie entfielen 1986 etwa 40 Prozent des Branchenumsatzes.[84] Die relativ schwache Präsenz der Japaner auf dem deutschen Markt ging zum Teil darauf zurück, daß viele japanische Firmen sich erst noch auf das Verkaufen dort einstellen mußten. Außerdem zogen Automatenkunden wie Volkswagen und Bosch es vor, sich selbst die nötigen Roboter zu bauen.

Italien zählte Mitte der 80er Jahre über fünfzig Hersteller von Industrierobotern. Die italienische Automatenproduktion hatte 1985 einen Wert von 111 Milliarden Lire; die Exporte beliefen sich auf 43,8 Milliarden Lire, knapp 40 Prozent der Gesamtproduktion. Italien verfügte über zwei technologische Zentren für Industrieroboter und Produktionsautomation, Turin und Piacenza. Zu den führenden italienischen Roboterherstellern gehörten Comau (1985 mit einem Anteil am italienischen Gesamtumsatz von 27,3 Prozent), DEA (14,2 Prozent) und Prima Industrie (10 Prozent).[85] Comau, eine Fiat-Tochter für Werkzeugmaschinen und Industrieautomation, entstand Ende der 70er Jahre aus mehreren ehemals selbständigen Zulieferern von Fiat. Fiat galt als das weltweit am stärksten automatisierte Automobilunternehmen, was im wesentlichen auf die schwierige italienische Arbeitssituation zurückging. Die DEA wurde 1963 von zwei ehemaligen Fiat-Ingenieuren gegründet; ihre erste Produktserie bestand aus automatischen Meßgeräten für den Einsatz an Montagebändern in der Automobilindustrie; später nahm das Unternehmen die Produktion von Montageautomaten auf. Prima Industrie wurde 1977 von einigen Ingenieuren ins Leben gerufen, die zum Teil vorher bei der DEA gearbeitet hatten.

Anfang 1987 war auf dem japanischen Inlandsmarkt für einige Anwendungsbereiche von Industrierobotern eine Sättigung eingetreten. Nach Schätzung eines Experten waren bereits 80 bis 90 Prozent der Montagebänder der japanischen Automobilindustrie automatisiert. Auch in der Elektronikmontage hatten sich Roboter weithin durchgesetzt, da die japanischen Elektronikhersteller mit allem Nachdruck Montageroboter aufstellten, um die Produktivität zu erhöhen und gegen die ausländischen Konkurrenten (vor allem aus Korea und Taiwan) und den steigenden Yen anzukämpfen. Die schnelle Marktsättigung war ein Indiz für den ausgeprägten Wettbewerb in der japanischen Benutzerindustrie. Sobald ein Kunde Industrieroboter installierte, folgten sehr oft andere nach. Die Sättigung der japanischen Märkte veranlaßte die japanischen Hersteller von Industrierobotern, sich im Ausland nach zusätzlichen Absatzgebieten umzusehen, und die Exporte stiegen. Dennoch herrschte in der japanischen Industrie das Gefühl vor, daß der heimische Markt auch weiterhin die größten Wachstumschancen böte.

Die Sättigung des Inlandsmarktes zwang dazu, nach neuen und fortgeschritteneren Einsatzmöglichkeiten für Roboter zu suchen, was bewirkte, daß die japanische Nachfrage im Vergleich mit der in anderen Ländern noch mehr vorwegnahm. Vom Wachstum hieß es, es werde sich durch die vermehrte Anwendung von Robotern auf neue Branchen einstellen, oder durch neue Nutzungsmöglichkeiten in bestehenden Branchen.

Die japanischen Firmen werteten ihre Kenntnisse in modernster Software auf, die nicht nur einzelne Roboter steuerte, sondern ganze Produktionsanlagen. Japanische Unternehmen galten auf diesem Gebiet den amerikanischen und europäischen

Firmen allgemein als unterlegen. Beobachtern fiel auf, daß die meisten Programmiersprachen zum Schreiben von Software aus dem Englischen kamen, daher für Nichtwestler schwerer zu erlernen waren. Ein weiterer starker Anstoß in der japanischen Industrie ging dahin, Automaten für den Einsatz in völlig neuen Gebieten zu entwickeln, die nichts mit Industrieproduktion zu tun hatten, etwa die Bewältigung riskanter Aufgaben, das Arbeiten unter Wasser und in der Bautechnik. Den Anwendungsmöglichkeiten der Roboter waren keine Schranken gesetzt.

Zusammenfassung

Amerika ebnete der Branche der Industrieroboter den Weg und machte bedeutende und frühe Erfindungen. Doch inzwischen beherrscht Japan diese so wichtige Branche seit den 60er Jahren. Der Aufstieg Japans zeigt überdeutlich, daß Erfindungen ohne das Vorhandensein eines günstigen »Diamanten« sich nicht in einem industriellen Erfolg niederschlagen.

Amerikanische Unternehmen stiegen als erste in die Branche ein. Unter den amerikanischen Neulingen waren bemerkenswert viele Neugründungen, Zeichen eines für Firmengründungen anregenden Umfelds. Aber da endete der amerikanische Wettbewerbsvorteil im wesentlichen auch schon. Die Nachfrage in Japan setzte früher ein, war weit anspruchsvoller und insgesamt typischer. Selektive Faktornachteile in den Käuferbranchen (Arbeitskräftemangel, Lohnanstieg, Kursanstieg des Yen) erweiterten die japanische Inlandsnachfrage ständig und werteten sie auf. Die japanischen Firmen brachten in schneller Folge vielfach anwendbare Modelle auf den Markt, während die amerikanischen Unternehmen sich auf komplexe Industrieroboter für einige wenige ausgefallene Benutzerbranchen konzentrierten.

Japanischen Firmen stiegen in die Branche ein, aus Käufer-, Zuliefer- und verwandten Branchen. Auch neugegründete Kleinbetriebe kamen hinzu. Die meisten Einsteiger waren gleichzeitig anspruchsvolle Roboterbenutzer mit dem Ehrgeiz, diese wichtige Herstellungstechnologie im eigenen Betrieb zu meistern.

Die japanische Industrie sicherte sich in praktisch allen für die Automatentechnologie wichtigen Zulieferbranchen im Inland eine Weltposition. Kein anderes Land konnte an diesen japanischen Branchen-Cluster herankommen. Enge Kontakte zwischen Roboterherstellern, ihren Zulieferern und Kunden, die oft alles zugleich waren, trugen noch zur Innovationsbeschleunigung in der japanischen Industrie bei.

Der Inlandswettbewerb war hart und regte schnelle Verbesserungen der Produkte, Kostensenkung und Sortimentserweiterungen für neue Märkte an. Das Vorhandensein so vieler heimischer Konkurrenten zwang die japanischen Firmen zu Innovationen und schnellen Verbesserungen der immer aufwendigeren Industrieroboter. Es steigerte auch die aktiven Bemühungen zur Faktorbildung sowohl innerhalb wie außerhalb der Branche.

Die Nachfragebedingungen in Japan waren so günstig, daß der Export erst in jüngster Zeit in den Vordergrund gerückt ist. Aber die Sättigung des Inlandsmarkts hatte die voraussehbare Wirkung, die Aufmerksamkeit stärker auf das Ausland zu lenken. Der Kursanstieg des Yen in den letzten Jahren bewirkte nur, daß die japanischen Unternehmen ihre Produktionsanstrengungen verdoppelten. Sie werden auch in neuen Bereichen aktiv. Die amerikanischen Roboterproduzenten befinden sich dagegen noch immer in der Anfangsphase und übernehmen vor allem fortschrittliche Produktionstechniken, nicht gerade ein Klima, das dem Erfolg der amerikanischen Industrieausrüster förderlich ist.

Der japanische Staat spielte für diese wichtige Branche kaum eine Rolle, was typisch für die modernen japanischen Erfolgsgeschichten ist. Beim innovationsbedingten Wettbewerbsvorteil kam ihm indirekt eine Rolle zu. In der Automatentechnik konzentrierte sich staatliche Politik auf die Verbesserung der Nachfragebedingungen und die Belebung der Faktorbildung, zwei ihr angemessene Rollen.

Heute bewegen sich die japanischen Hersteller von Industrierobotern in einem für Innovationen so günstigen Umfeld, daß eine Bedrohung ihrer Führungsposition nirgendwo in Sicht ist.

KAPITEL 6

DER NATIONALE WETTBEWERBSVORTEIL BEI DIENSTLEISTUNGEN

Am deutlichsten wird der internationale Wettbewerb bei den Industrieerzeugnissen. Automobile, Videorecorder und Werkzeugmaschinen sind Symbole für die neue internationale Rangordnung der Nationen. Der Handel mit Industriegütern ist in der Nachkriegszeit sehr viel schneller gewachsen als das globale Bruttosozialprodukt, und die verfügbaren Daten zeigen, daß Industrieprodukte den größten Teil des Gesamthandels ausmachen. Bei den Diskussionen über den nationalen Wettbewerbsvorteil geht es also in erster Linie um die Produktion.

Aber die Dienstleistungen stellen seit langem einen bedeutenden Anteil an den meisten Volkswirtschaften. Tatsächlich war die Entwicklung der Dienstleistungen, etwa der Finanzierung, des Transportwesens und der Kommunikation, ein wesentlicher Bestandteil der Industriellen Revolution. Im übrigen hat es bei den Dienstleistungen immer einen gewissen internationalen Wettbewerb gegeben. Spätestens seit der Wende zum 20. Jahrhundert haben Unternehmen international im Frachtverkehr, dem Versicherungswesen, dem Tourismus und in vielen anderen Dienstleistungen im Wettbewerb gestanden. Alles in allem waren die Dienstleistungsbranchen jedoch überwiegend inländischer Natur und der Handel in Sachen Dienstleistungen vergleichsweise geringfügig.

Die Haltung gegenüber den Dienstleistungen hat in den letzten Jahren jedoch einen bemerkenswerten Wandel durchgemacht. Der Dienstleistungssektor ist als Teil der Volkswirtschaft aller fortschrittlichen Länder deutlich gewachsen. Er ist gerade dabei, sich im Bewußtsein der Staaten als wesentlicher Bestandteil der Wirtschaft zu verankern. Gleichzeitig wächst auch der internationale Wettbewerb bei den Dienstleistungen. Große internationale Dienstleistungsunternehmen wie McDonald und Servicemaster (Vereinigte Staaten), Saatchi & Saatchi und die Hawley-Gruppe (Großbritannien), Adia (Schweiz) und International Service System (Dänemark) sind in immer größerer Zahl aufgetaucht. Jüngste Schätzungen zeigen an, daß die offiziellen staatlichen Statistiken über den Dienstleistungshandel das wahre Ausmaß des internationalen Wettbewerbs in diesem großen Wirtschaftssektor äußerst zurückhaltend darstellen.[1]

Die einzelnen Länder unterscheiden sich erheblich im Muster des nationalen Wettbewerbsvorteils in den Dienstleistungsbranchen, wie es ja auch bei der Fabrikation der Fall ist. Die schweizerischen Unternehmen sind stark im Bankwesen, Handel, bei logistischen Dienstleistungen, Zeitarbeit, Sicherheitsdiensten, Beratung und Ausbildung. Britische Firmen haben eine starke Stellung bei Versicherungen, Auktionen, Kapitalanlagen und verschiedenen Arten von Beratungsdiensten. Schwedische Firmen sind führend bei Spezialfracht und Umwelttechnik. Unternehmen in Singapur sind stark in Schiffsreparaturen, Fluggesellschaften, Hafen- und Umschlagdiensten und im Drucken. Die Amerikaner schließlich haben Stärken im Hotelwesen, in Beratung, Werbung und einer Vielzahl anderer Dienstleistungen. Ebenso interessant ist, daß einige wichtige Länder wie Deutschland, Japan und Italien im Dienstleistungsbereich international kaum zur Spitze zählen. Trotzdem haben diese Länder einen großen heimischen Dienstleistungssektor. Da der internationale Wettbewerb bei den Dienstleistungen zunimmt und die Dienstleistungen immer differenzierter werden, erlangt der nationale Wettbewerbsvorteil bei diesen Leistungen bzw. sein Fehlen wachsende Bedeutung für Firmen und Länder gleichermaßen.

Wir wissen wenig über den internationalen Wettbewerb bei Dienstleistungen und noch weit weniger, warum ein Land international Erfolg in bestimmten Dienstleistungsbranchen hat. Ich habe bei meiner Untersuchung daher besonderes Gewicht auf die Bestimmung und das Studium der international erfolgreichen Dienstleistungsbranchen gelegt, die es in den zehn Ländern gab. Ich will mit der Darstellung der Kräfte beginnen, die der Nachfrage nach Dienstleistungen und den Quellen des Wettbewerbsvorteils in Dienstleistungsunternehmen zugrunde liegen. Beide sind wichtig für das Verständnis des Wesens des internationalen Wettbewerbs in den Dienstleistungsbranchen. Sodann möchte ich darlegen, wie die Instrumente der vorigen Kapitel für die Erklärung, warum ein Land in bestimmten Dienstleistungsbranchen international erfolgreich ist, benutzt werden können. Die Anwendung der Bestimmungsfaktoren im Zusammenhang der Dienstleistungsbranchen entwickelt die Theorie weiter und legt das Fundament für die folgenden Kapitel, in denen ich die Muster des internationalen Erfolgs in den Volkswirtschaften beschreibe.

Die wachsende Bedeutung der Dienstleistungen in der Volkswirtschaft

Um zu verstehen, warum die Dienstleistungsbranchen immer wichtiger, immer internationaler werden, müssen wir uns eingehender mit den Dienstleistungen und ihrer Rolle in der Wirtschaft beschäftigen. Der Begriff Dienstleistung umfaßt eine Vielzahl von Branchen, die zwar verschiedene Aufgaben für den Käufer erfüllen, aber nicht, oder nur beiläufig, den Verkauf eines materiellen Produkts einschließen.[2] Man kann die Dienstleistungen grob in die Leistungen unterteilen, die Einzelpersonen und Haushalten angeboten werden, und in solche, die Firmen und Einrichtungen nutzen können. Wegen der enormen Breite und Vielfalt der Dienstleistungsbranchen gibt es keine allgemein gültige Systematik der Dienstleistungen. Die meisten Abhandlungen über diesen Bereich sind ein Sammelsurium. Wie bei den Industrieerzeugnissen kann man aber den nationalen Wettbewerbsvorteil bei den Dienstleistungen nur auf der Ebene der einzelnen Branche verstehen, denn die Grundlagen des Wettbewerbsvorteils sind von Branche zu Branche sehr unterschiedlich.

Die Definition einer Dienstleistungsbranche wird öfters ungenau gehandhabt,[3] und die Unklarheiten nehmen zu, sobald sich das Wesen des Dienstleistungswettbewerbs entfaltet. Führt beispielsweise ein Produktionsunternehmen die Wartung selbst durch, werden die damit betrauten Beschäftigten als Produktionsmitarbeiter betrachtet, und es erscheinen keine Dienstleistungseinnahmen in der Volkseinkommensrechnung. Wird die gleiche Wartungsarbeit von einem Wartungsunternehmen durchgeführt, werden die Angestellten und die Einnahmen den Dienstleistungen zugerechnet. Der Zuwachs im Dienstleistungssektor ist zum Teil das Ergebnis derartiger Ungereimtheiten in der volkswirtschaftlichen Gesamtrechnung.

Aber bei den Dienstleistungen läuft noch etwas weit Bedeutenderes ab als eine sonderbare Bilanzierung. Um die Rolle der Dienstleistungen in der Wirtschaft und auch die Gründe für solche Unklarheiten zu verstehen, muß man die Rolle der Dienstleistungen in Unternehmen wie in Haushalten begreifen. Das Werkzeug dazu ist die Wertkette. Ich habe die Wertkette in Kapitel 2 vorgestellt, um zu zeigen, wie Unternehmen einen Wettbewerbsvorteil erzielen und wie sie international am Wettbewerb teilhaben. Es ist offenkundig, daß Käufer, die Firmen oder Institutionen sind (etwa Krankenhäuser und Schulen), Wertketten besitzen, genauso wie die Firmen, die ihnen etwas verkaufen. Auch die Haushalte haben Wertketten, weil sie mehr oder weniger regelmäßig Einzelaktivitäten durchführen. Im Haushalt haben diese Aktivitäten zwar andere Namen, doch es lassen sich viele Entsprechungen zu den Wertketten der Unternehmen herstellen.

Dienstleistungsaktivitäten durchdringen die Wertkette jedes Produktions- (und Dienstleistungs-) Unternehmens. Der Wartungsdienst erfolgt in der betrieblichen Kategorie; Zeitarbeit gehört zur Humankapitalverwaltung. Diese Dienstleistungen können innerbetrieblich erfolgen oder an Dienstleistungsunternehmen delegiert werden. Abbildung 6–1 zeigt eine Systematik von Dienstleistungen, aufgestellt nach der Rolle, die sie in der Wertkette des Käufers spielen.

Die Dienstleistungsaktivitäten durchdringen auch die Tätigkeit eines Haushalts. Typische Beispiele sind die Zubereitung von Essen, die Wartung von Autos und die Unterhaltung. Haushalte wie Firmen stehen vor der Wahl, die Dienstleistungen selbst vorzunehmen oder einen Dritten damit zu beauftragen. Ein Autobesitzer kann den Ölwechsel selbst vornehmen oder eine Tankstelle damit beauftragen. Das gleiche gilt für das Beaufsichtigen von Kindern, die Einkommensteuererklärung, das Haarschneiden und den Umzug.

Dienstleistungen für Firmen wie für Haushalte nehmen rasch zu. Für diesen Zuwachs sind drei Triebkräfte verantwortlich: ein wachsendes Bedürfnis nach Dienstleistungen, von denen viele immer ausgefallener werden; die Vergabe von Diensten, die früher selbst erledigt wurden, an einen spezialisierten fremden Dienstleistungsanbieter; und die Privatisierung des öffentlichen Dienstes, die manchmal das Ergebnis der anderen beiden Kräfte ist.[4]

Eine ausgleichende Tendenz besteht bei den einst getrennten Dienstleistungen, die in ein Produkt einbezogen sind oder zusammen mit ihm geliefert werden. Eine Reparatur kann beispielsweise mit Hilfe der Selbstdiagnose eines Produkts erfolgen, so daß man nicht den Kundendienst anrufen muß. Oder ein besonderes Analyseverfahren ist in das Softwarepaket programmiert, das man kauft, anstatt einen Berater einzustellen. Die Einbeziehung von Dienstleistungen in ein Produkt ist für einige Dienstleistungsbranchen typisch, insbesondere für traditionelle Haushaltsdienstleistungen wie Wäschereien, Schönheitssalons und Kinos, nach denen die Nachfrage in vielen Ländern sinkt. Doch die Kräfte, die eine Zunahme der Dienstleistungen bewirken, sind bei weitem stärker als die, die eine Abnahme hervorrufen.

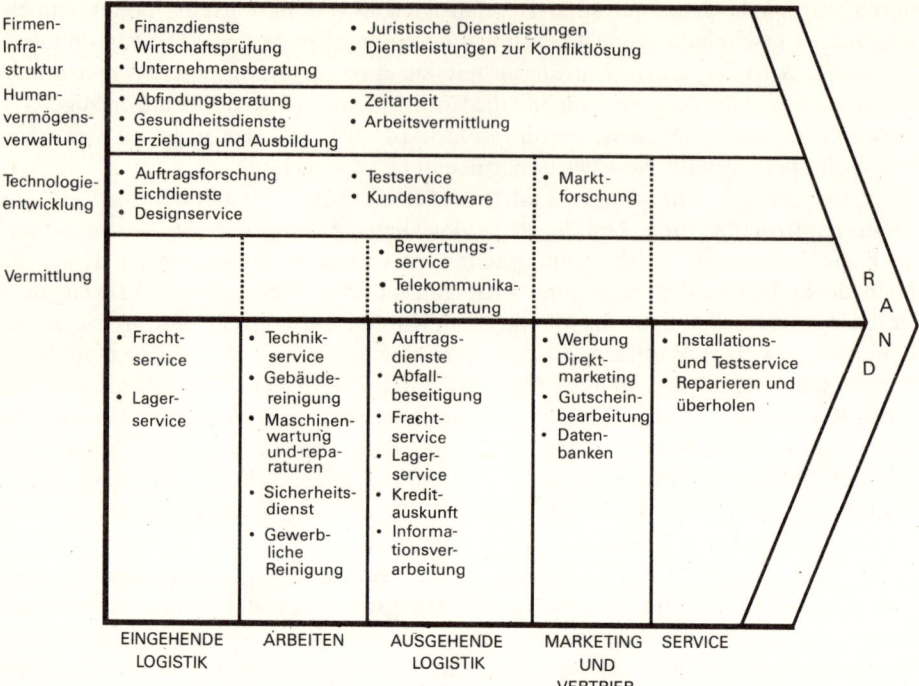

ABB. 6–1 Beispielhafte wirtschaftliche Dienstleistungen in der Wertkette

Der wachsende Bedarf an Dienstleistungen

Haushalte und Unternehmen fragen nach immer mehr und auch immer qualitäts-
volleren und ausgefalleneren Dienstleistungen. Die steigende Nachfrage der Haushalte nach Dienstleistungen spiegelt verschiedene Faktoren wider. Sie alle gelten für
die Vereinigten Staaten, den ausgeprägtesten Dienstleistungsmarkt der Welt, und in
eingeschränkter Form auch für andere fortschrittliche Länder:

– mehr Wohlstand
– Wunsch nach besserer Lebensqualität
– mehr Freizeit
– Verstädterung, die einige neue Dienstleistungen erforderlich macht (z. B. Sicherheit)[5]
– demographische Veränderungen, durch die die Zahl der Kinder und der älteren
Menschen steigt, die viele Dienstleistungen beanspruchen
– sozioökonomische Veränderungen wie Doppelverdiener, Druck auf die persönlich
verfügbare Zeit und weniger gemeinsame Familienaktivitäten wie etwa die Mahlzei-
ten
– steigende Anspruchshaltung der Käufer, die zu mehr und umfassenderen Dienstlei-
stungsforderungen führt (etwa bei den persönlichen Finanzierungsdienstleistungen)

– technologische Veränderungen, die die Qualität der Dienstleistung aufgewertet oder völlig neue Dienstleistungen möglich gemacht haben (wie bei der medizinischen Vorsorge, dem Kabelfernsehen und den On-line-Datenbanken für Personalcomputer)

In Unternehmen und Einrichtungen wird die Zunahme des grundlegenden Bedarfs an Dienstleistungen durch die steigenden Ansprüche, die Internationalisierung und die komplexe Unternehmensführung vorangetrieben. Spezielle Dienstleistungsformen haben sich enorm vermehrt (etwa die Zeitarbeit, die Gutscheinbearbeitung, die Konfliktlösung), aber auch die Komplexität der Bedürfnisse in so eingeführten Dienstleistungsbranchen wie Werbung, Wirtschaftsprüfung, Beratung, Informationssysteme, Emissionsgeschäft und Marktforschung. Komplexere Produkte und aufwendigere Technologien in den Wertketten der Unternehmen erfordern mehr Design-, Betriebs- und Wartungsdienstleistungen. Die Internationalisierung des Wettbewerbs treibt die Zunahme der Dienstleistungen in die Höhe, die zur Unterstützung des Handels und der Leitung verstreuter Firmenanlagen gebraucht werden (z. B. Kommunikation und Anwerbung von Führungskräften). Technologische und Ausführungsveränderungen eröffnen völlig neue Dienstleistungsgebiete wie die Entsorgung von Sondermüll und zerstörungsfreie Tests.

Desintegration von Dienstleistungsaktivitäten

Unternehmen und Haushalte beauftragen immer häufiger Spezialbetriebe mit der Erledigung von Dienstleistungen, die sie früher selbst vorgenommen haben.[6] Auch hier sind die Vereinigten Staaten der führende Markt. Spezialisierung und Ansprüche nehmen oft mit der Desintegration der Dienstleistungen zu, was auf die größere Beachtung und Investitionen von Spezialanbietern zurückgeht. Das Ergebnis ist eine Nettosteigerung bei den Dienstleistungen und nicht nur eine Verlagerung dort, wo die Dienstleistungen registriert werden. Bei einigen Dienstleistungen (etwa einigen juristischen Diensten) besteht ein Trend zu mehr Integration (innerbetriebliche Bereitstellung), doch sind sie in der Minderheit.

Die Desintegration von Dienstleistungen durch Firmen und Haushalte ist Ausdruck einer wachsenden Fähigkeit oder Notwendigkeit zur Desintegration, die mit vermehrten Wettbewerbsvorteilen spezialisierter Dienstleistungsanbieter im Vergleich zu innerbetrieblichen Abteilungen zusammenfällt.

Der Zwang zur Desintegration. Für den Haushalt sind wachsender Wohlstand, Veränderungen des Lebensstils und manchmal blanke Notwendigkeit die treibende Kraft zur Desintegration. Viele Haushalte können es sich leisten, jemand für Dienstleistungen einzustellen, die sie früher selbst erledigt haben. Auch das Bedürfnis nach Annehmlichkeit und Zeitersparnis zwingt zu Entscheidungen, einem anderen die Erledigung vieler Dienste zu übertragen. So kaufen alleinstehende Eltern und Doppelverdiener Dienstleistungen, die sie selbst nicht mehr erbringen können. Die Verstädterung erschwert andere Dienstleistungen, die man früher zu Hause verrichtet hat (z. B. das Autowaschen).

In den Unternehmen wollen vielbeschäftigte Manager sich nicht mehr mit unwesentlichen Arbeiten abgeben, selbst wenn die Dienstleistungen genausogut im Betrieb erbracht werden könnten. Gebäudereinigung, Auftragsbearbeitung, Lohnabrechnung und Direktvertrieb sind nur einige Beispiele für Dienstleistungen, bei denen diese Beweggründe zum Zuge kommen. Für alle braucht man schwer zu bekommende, schwer zu haltende und schwer zu beaufsichtigende Angestellte und muß unter Umständen viel kostbare Zeit opfern.

Vorteile fremder Servicebetriebe. Sobald Einzelpersonen und Firmen empfänglich für Fremdanbieter werden, hat das spezialisierte Dienstleistungsunternehmen in vielen Fällen wachsende Vorteile gegenüber der innerbetrieblichen Bereitstellung von Diensten. Die Gründe sind vielleicht am besten dann zu verstehen, wenn man die Wertkette eines spezialisierten Dienstleistungsunternehmens und ihre Veränderungen betrachtet.

In den meisten (wenn auch nicht allen) Dienstleistungsbranchen waren viele der durchgeführten Tätigkeiten arbeitsintensiv, vor allem bei problematischen Arbeiten wie Filialtätigkeiten in einer Bank, der Buchprüfung in einem Wirtschaftsprüfungsunternehmen und Putzarbeiten in einem Gebäudereinigungsbetrieb. Inzwischen steigt jedoch die Kapitalintensität bei den Dienstleistungsbetrieben.

Der wichtigste Grund für die Umwandlung der Wertketten der Dienstleistungsunternehmen ist die Informationstechnologie. Die Serviceunternehmen setzen Computer und computergestützte Verfahren ein, um alte (und neue) Aufgaben zu bewältigen, Arbeiten besser zu überwachen und Angestellte produktiver zu machen. Kfz-Betriebe arbeiten mit Diagnosecomputern, Wirtschaftsprüfer benutzen für ihre Tätigkeit Personalcomputer, und die Fluggesellschaften haben ihre Buchungsverfahren weitgehend automatisiert. Die Informationstechnologie durchdringt alle Tätigkeiten in den Wertketten der Dienstleistungsunternehmen. Bei den Zeitarbeitsfirmen z. B. erfolgen Tests und Ausbildung der Angestellten mit Personalcomputern und Videokameras.

Die zunehmende Kapitalintensität und steigende Produktivität der Dienstleistungen geht auch auf die Einführung spezieller Ausrüstung zurück, die die Arbeit der Servicebetriebe automatisiert. So haben Spezialfahrzeuge und -container die Abfallbeseitigung vollkommen verändert. Gewerbliche Reinigungsmaschinen haben die Produktivität der Gebäudereinigungsdienste erhöht.

Die Einführung neuer Technologie ist sowohl Ursache wie Wirkung von Veränderungen der Branchenstruktur und die Quelle des Wettbewerbsvorteils in vielen Dienstleistungsbranchen. Größeneinsparungen waren bei den meisten Dienstleistungen traditionellerweise gering, zum Teil weil der Service direkt beim Kunden oder in der Nähe geleistet werden mußte und arbeitsintensiv war. Die meisten Dienstleistungsbranchen waren demzufolge in zahlreiche kleine Firmen zersplittert, die ihre Dienste in lokalem Rahmen anboten. Inzwischen schließen sich jedoch viele Servicebranchen sehr schnell zusammen. Große Dienstleistungsunternehmen mit vielen Betrieben sind in so unterschiedlichen Branchen wie Wäschereien und chemische Reinigungen, Hotels, Krankenhausverwaltungen und Beerdigungsinstituten entstanden. Das hat wiederum die Internationalisierung des Wettbewerbs im Dienstleistungsgewerbe beschleunigt.

Das Aufkommen der Dienstleistungsunternehmen mit vielen Betrieben. Grundlage des Wachstums des großen Dienstleistungsunternehmens mit vielen Betrieben ist die *Systematisierung* und in einigen Fällen *Standardisierung* der Vermittlung der Dienstleistung. Die Firma ist in der Lage, Dienstleistungen an vielen Orten konsequent und rationell zu wiederholen, weil sie, um das Verhalten der Angestellten zu lenken, Anlagen, Methodik und Verfahren standardisiert und die Arbeit zur Vermittlung der individuellen Dienstleistungen automatisiert.[7] Die Fähigkeit, die Dienstleistungsvermittlung zu systematisieren, hängt zum Teil mit der Tendenz zu einer *engeren Spezialisierung* bei den Dienstleistungen zusammen, die in einem einzelnen Betrieb angeboten werden. Anstelle von Reparaturwerkstätten haben wir heute oft Schnell-Ölwechsel-Zentren, Auspuff-Shops, Getriebezentren und andere spezialisierte Kfz-Betriebe. Die allgemeine Beratungsfirma ist mehr und mehr den Spezialisten gewichen, die ihre Dienste auf Gebieten wie Abfindungen für Führungskräfte, Direktvertrieb, Strategie und Hilfe bei der Auswahl von Anlageberatern anbieten. Die Spezialisierung führt zu weiteren Möglichkeiten, die Wertkette zu systematisieren, zu automatisieren und auf enge Dienstleistungsaufgaben zuzuschneiden.

Durch die massenhafte Errichtung standardisierter Büros an vielen Orten kann ein Unternehmen mit vielen Betrieben erhebliche Wettbewerbsvorteile gegenüber Unternehmen mit nur einem Betrieb erzielen, sowohl bei der Vermittlung der Dienstleistungen als auch ganz besonders bei Stützungsmaßnahmen (Beschaffung, Arbeitskräfteverwaltung, Technologieentwicklung und Infrastruktur). Das Unternehmen mit mehreren Betrieben hat durch den Sammeleinkauf für alle Betriebe mehr Macht. Es kommt in den Genuß von Größeneinsparungen beim Anwerben, Ausbilden und Motivieren (etwa durch die Errichtung zentraler Ausbildungsstätten, die Entwicklung standardisierten Ausbildungsmaterials und das Angebot beschleunigter Aufstiegsmöglichkeiten für Angestellte). Das Unternehmen mit vielen Betrieben kann die Kosten von Stützungsmaßnahmen wie Immobilienentwicklung und Buchprüfung auf seine vielen Betriebe verteilen. Es hat außerdem die Größe und das Wachstumspotential, um an den Kapitalmarkt zu gehen. Am wichtigsten ist jedoch, daß das Mehrbetriebs-Unternehmen es sich leisten kann, formell und informell in erheblichem Umfang Forschung und Entwicklung zu betreiben, um die Dienstleistungsvermittlung zu systematisieren und immer spezialisiertere Technologien einzuführen. Das bringt Vorteile im primären Sektor. Das Dienstleistungsunternehmen mit mehreren Betrieben ist der Vorreiter für die Verbesserung der Technologie bei den Dienstleistungen; derartige Innovationen überstiegen einfach die Fähigkeiten einzelner Serviceanbieter.

Das Mehrbetriebs-Unternehmen kann sich auch großangelegte lokale und sogar nationale Werbung leisten. Es erzielt Bereichseinsparungen beim Vertrieb, bei der Fakturierung und der Logistik, weil es mehrere Betriebe in einem bestimmten geographischen Gebiet hat. Wal Mart z. B. hat seine Diskontläden um regionale Lager gruppiert, die eine schnelle und billige Auslieferung im Vergleich zu unabhängigen Lieferanten ermöglichen. Marriott hat ein gemeinsames Beschaffungs- und Vertriebssystem für Nahrungsmittel zur Belieferung seiner vielen Hotels und Eßlokale. Ähnliche Beispiele gibt es zuhauf.

In einigen Dienstleistungsbranchen können Größeneinsparungen bei der Führung einzelner Betriebe durch eine erhöhte Kapitalintensität erreicht werden. Größeneinsparungen werden auch durch die mehr oder weniger umfangreiche Abkopplung des Standortes gesteigert, an dem die Dienstleistung erfolgt, sowie die Abkoppelung des Kundenstandortes. Das Aufkommen wirksamerer Logistik- und Telekommunikationssysteme, die Einführung der Informationstechnologie in die Wertkette und in viele Produkte brachten es mit sich, daß einige Dienstleistungsfunktionen an einem weiter vom Kunden entfernten Standort durchgeführt werden können. Diagnoseprogramme, die telefonisch abgerufen werden, können ein Produkt prüfen, mitunter sogar reparieren. Eine verbesserte Kommunikation ermöglicht Datenfernverarbeitung, Telemarketing und Abfragedienst. Eng damit verbunden ist die Zentralisierung besonders bereichssensitiver Aktivitäten zur Befriedigung von Gebiets-, Länder- oder gar weltweiten Bedürfnissen. Kliniklaboratorien führen Tests in verstreuten lokalen Krankenhäusern durch, andere tun dies mit ausgesprochen teuren Geräten oder Experten beispielsweise in regionalen Zentren. All diese Umstände haben zu einer wachsenden Diskrepanz geführt zwischen den Fähigkeiten innerbetrieblicher Dienstleistungsabteilungen und denen spezialisierter Serviceunternehmen.

Ihnen müssen wir zwei letzte und starke Vorteile eines Spezialanbieters gegenüber einer innerbetrieblichen Abteilung hinzufügen – den Wettbewerb und die Konzentration. Der Spezialist stellt sich dem Wettbewerb gegen Rechnung, er hat den Ehrgeiz, Produktivität und Qualität zu steigern. Die eigene innerbetriebliche Dienstleistungsabteilung ist eine Kostenstelle. Sie kann und sollte auch an fremden Verkäufern gemessen werden, aber in der Praxis fällt es schwer, die Zwänge und Anreize des Wettbewerbs zu wiederholen.

Der spezialisierte Dienstleistungsbetrieb kann Leute oft besser einstellen und ausbilden, bessere Methoden anwenden, bessere Geräte einsetzen und einen Dienst billiger oder besser erbringen. Der spezialisierte Dienstleistungsbetrieb richtet die ganze Aufmerksamkeit des Managements auf eine Dienstleistung, die für die Leitung eines Unternehmens, das den Service selbst durchführt, oft nur am Rande von Belang ist und für die Beschäftigten eine untergeordnete Arbeit darstellt. Eine innerbetriebliche Dienstleistungsabteilung steht gleichzeitig vor einigen Beschränkungen. Es gibt Hindernisse beim Zuschnitt von Anlagen, Maßnahmen und Verfahren innerbetrieblicher Einheiten auf die Erfordernisse einer bestimmten Dienstleistung. Innerbetriebliche Dienstleistungseinheiten sitzen an teuren Standorten, unterliegen den Gehaltsstrukturen und Beihilfesystemen des Unternehmens, sie können in einigen Fällen keine Teilzeitkräfte einstellen und operieren nach anderen Maßstäben, die dem Wesen der bereitgestellten Dienstleistung nicht angemessen sind. Der unabhängige Dienstleistungsanbieter stimmt dagegen jeden Aspekt der Wertkette auf die entsprechende Dienstleistung ab.

Da sie selbst in scharfem Wettbewerb stehen, fällt es vielen Firmen immer schwerer, unwirtschaftliche oder erfolglose innerbetriebliche Dienstleistungsabteilungen zu rechtfertigen. Die Dienstleistungen, die im Haus bleiben, sind zunehmend die, die mit der eigenen Technologie zu tun haben, Dienstleistungen, die ganz auf das Unternehmen abgestimmt sind, und solche, die eine besonders komplexe Zusammenarbeit mit anderen Aktivitäten erfordern. Da die Dienstleistungsspezialisten professioneller geworden sind und die Kommunikation schneller, entfallen die Schwierigkeiten im Umgang mit einem fremden Serviceanbieter, und immer mehr Firmen erkennen die Vorteile einer engeren Zusammenarbeit und Abstimmung mit fremden Anbietern.

Die stärkere zyklische Bewegung vieler Branchen hat die Desintegration ebenfalls beschleunigt. Eine ständige firmeneigene Dienstleistungsabteilung zu halten wird zunehmend untauglicher. Die Unternehmen wenden sich an Wartungsbetriebe, spezialisierte Berater, PR-Firmen und andere fremde Dienstleistungsbetriebe, die sie exakt dann in Anspruch nehmen können, wenn sie sie brauchen, so daß aus Fixkosten veränderliche Kosten werden.

Privatisierung des öffentlichen Dienstes

Ein letzter Grund für das Wachstum des Dienstleistungssektors, auch wenn er nicht so beherrschend ist wie die beiden anderen, liegt in dem in einigen Ländern zu beobachtenden Trend zur Privatisierung des öffentlichen Dienstes. Die Dienstleistung verwandelt sich also von Kosten innerhalb staatlicher Einrichtungen in Einnahmen im privaten Dienstleistungssektor. Die Privatisierung des öffentlichen Dienstes wird wahrscheinlich am besten als eine Form der Desintegration gesehen. So betrachtet, kann man viele der früher beschriebenen Kräfte am Werk sehen. Die Unwirtschaftlichkeit öffentlicher Einrichtungen ist allgemein bekannt. In vielen Dienstleistungsbranchen ist man dazu übergegangen, Privatunternehmen mit einzubeziehen, um in den Genuß der größeren Wirtschaftlichkeit und der Vorteile des Wettbewerbs zu kommen. Die konservative Lehre, die im letzten Jahrzehnt in vielen Ländern im Vormarsch war, war ein wichtiger Auslöser. Am verbreitetsten ist die Privatisierung unter anderem in den Dienstleistungsbranchen Abfallbeseitigung, Telekommunikation, Gesundheitsfürsorge, Ausbildung und sogar bei der Verwaltung von Gefängnissen und Erziehungsanstalten. Die Privatisierung kann nicht nur den Service, die Kosten und die Qualität verbessern, sondern fördert auch die Internationalisierung. Bis auf wenige Ausnahmen gibt es keine staatlichen Dienstleistungsorganisationen, die weltweit im Wettbewerb stehen.[8]

Internationaler Wettbewerb bei Dienstleistungen

Das Ergebnis all dieser Entwicklungen ist unter dem Strich ein in den meisten Ländern großer und schnell wachsender Dienstleistungssektor, ein Wuchern neuer Dienstleistungsarten und das Aufkommen eines neuen Typs größerer und differenzierterer Serviceunternehmen. Die moderne Technologie und die modernen Führungstechniken dringen bei den Dienstleistungen inzwischen vor, unbestreitbar schneller als vor einiger Zeit bei der Produktion. Nicht nur die Dienstleistungslandschaft hat sich in einzelnen Volkswirtschaften merklich geändert, es wurde auch das Fundament gelegt für eine neue Zeit internationalen Dienstleistungswettbewerbs. Der internationale Wettbewerb bei den Dienstleistungen hat vielfältige Formen. Um diese Formen zu verstehen, müssen wir auf die Gedanken des Kapitels 2 über das Wesen der internationalen Wettbewerbsstrategie zurückgreifen. Ein Dienstleistungsunternehmen konkurriert wie ein Produktionsbetrieb international dadurch, wie es sich regional oder weltweit betätigt, wie es Aktivitäten aus verschiedenen Ländern koordiniert. Aufgrund der Art der meisten Dienstleistungen müssen viele der Aktivitäten in der Wertkette eines Dienstleistungsbetriebs dort vorgenommen werden, wo der Kunde sitzt. Die Firma errichtet folglich oft Büros oder Außenstellen in den Ländern, die die Dienstleistung tatsächlich erbringen. Die »großen Acht« unter den Wirtschaftsprüfungsfirmen z. B. haben ihren Hauptsitz in den Vereinigten Staaten, doch sind ihre Büros über die ganze Welt verstreut. So ist mehr Entscheidungsfreiheit möglich hinsichtlich des Standorts der Unterstützungsaktivitäten, der Entwicklung der Technologie, Ausbildung und Beschaffung. Viele dieser Aktivitäten werden normalerweise im jeweiligen Heimatstaat ausgeführt.

Arten des internationalen Dienstleistungswettbewerbs

Der internationale Wettbewerb in den Dienstleistungsbranchen nimmt eine von drei reinen Formen an. Häufig stößt man in einer speziellen Dienstleistungsbranche auf eine Mischung aus zwei, manchmal allen drei Formen.[9]

1. *Mobile Kunden fahren in ein Land, um die Dienstleistungen dort erbringen zu lassen.* Eine Lösung der Notwendigkeit, eine Dienstleistung am Standort des Kunden zu erbringen, besteht für den Kunden darin, daß er sich selbst zum Anbieter der Dienstleistung begibt. Das ist das vorherrschende Muster des internationalen Wettbewerbs bei vielen traditionellen und auch einigen neueren Dienstleistungen: unter anderem Tourismus, Ausbildung (großenteils), Gesundheitsfürsorge (großenteils), Schiffsreparaturen, Lagerung oder Vertrieb für eine Gruppe Länder, Flughafenservice für Passagiere und Fracht, regionale Unternehmenszentralen[10], Zentralen internationaler Organisationen. Eine Variante dieser Form internationalen Dienstleistungswettbewerbs ist die Entscheidung multinationaler Unternehmen für Dienstleistungen, die dem Gesamtunternehmen zugute kommen, aber nur in einem der Länder erbracht werden, in denen das Unternehmen vertreten ist. Der mobile Kunde fährt in ein bestimmtes Land, um eine Dienstleistung in Anspruch zu nehmen, weil sie anders ist oder weniger kostet als der Service, der ihm daheim oder anderswo zur Verfügung steht, selbst wenn er die Fahrtkosten in das betreffende Land einrechnet.

2. *Unternehmen aus einem Land erbringen Dienstleistungen in einem anderen und nutzen dabei Arbeitskräfte und Anlagen aus dem Inland.* Einige Dienstleistungen können für ausländische Kunden durch den Einsatz inländischer Arbeitskräfte und Anlagen erbracht werden; etwa bei der Unternehmensberatung und der Architektur, wo die Fachleute sich an den Standort des Kunden begeben, um Daten zu sammeln oder Ergebnisse vorzulegen. Ein anderes Beispiel ist die Technik, bei der der Hauptstab daheim sitzt und einige Mitarbeiter vorübergehend ins Ausland geschickt werden, damit sie dort Daten sammeln, mit dem Kunden arbeiten oder den Bau von Anlagen überwachen.

Diese Form des internationalen Dienstleistungswettbewerbs herrscht dort vor, wo ein häufiger Kundenkontakt nicht erforderlich ist, Dienstleistungen für eine festgelegte Zeit vereinbart sind oder wo der Kunde ohne weiteres aus der Ferne mit dem Dienstleistungsunternehmen verhandeln kann. Die Rückversicherung ist ein Beispiel für eine Dienstleistung, bei der die Vertragsabsprachen telefonisch erfolgen oder über Vermittler, die im betreffenden Ausland sitzen. Lloyd's in London z. B. wickelt die meisten Geschäfte mit dem Ausland ab, obwohl fast alle Mitarbeiter und Einrichtungen sich in oder bei London befinden. Andere Beispiele dieser Art von Dienstleistungen sind spezielle Tests, Computerverarbeitung, Leasing und Geldhandel.

3. *Die Unternehmen eines Landes erbringen Dienstleistungen in anderen Ländern über ausländische Dienstleistungsstandorte, die mit im Ausland lebenden Mitarbeitern oder mit Einheimischen besetzt sind.* Das vielleicht gebräuchlichste Muster internationalen Dienstleistungswettbewerbs ist das, bei dem Dienstleistungsfirmen aus einem Land in anderen Ländern über ein Netz aus ausländischen Büros oder Einrichtungen ihre Dienstleistungen erbringen. Üblicherweise werden einige, wenn auch nicht viele der Unterstützungsaktivitäten am heimischen Stützpunkt durchgeführt, aber die eigentliche Bereitstellung der Dienstleistung erfolgt im Land des Kunden, was sich in der Notwendigkeit eines ständigen engen Kontakts zum Kunden beim Erbringen der Dienstleistungen und auch in Einsparungen bei der Zeit und den Reisekosten niederschlägt. Mitarbeiter aus dem Heimatstaat werden ins Ausland geschickt, damit sie dort Auslandsstandorte einrichten, aber lokale Staatsangehörige werden eingestellt und ausgebildet mit dem Ziel, mit der Zeit immer mehr Aufgaben zu übernehmen. Diese Form des internationalen Wettbewerbs findet man vor allem bei der Wirtschaftsprüfung, der Werbung, Hotels, Fast food, der Autovermietung, Zeitarbeit und gewerblichen Wäschereien, aber auch bei so traditionellen Dienstleistungen wie dem Transport- und Bankwesen.

Die beiden ersten Arten internationalen Dienstleistungswettbewerbs werden normalerweise als internationaler Handel eingestuft. Die dritte erscheint als Auslandsinvestition. Die Unterscheidung zwischen den Arten ist oft eine Frage des Ausmaßes – das Testen kann als Dienstleistung gesehen werden, bei der der Kunde mit dem zu testenden Sample das Serviceunternehmen aufsucht, oder als Dienstleistung, die für einen Kunden aus dem Ausland mit heimischen Mitarbeitern und Anlagen erbracht wird.

Wichtiger als verschwommene Abgrenzungen sind jedoch Mischformen, entweder in der gesamten Dienstleistungsbranche oder bei bestimmten Unternehmen. Beim Rechnungswesen z. B. wird der Großteil der Auslandsarbeit von lokalen Angestellten erledigt, doch schickt das heimische Büro Spezialisten, die sich mit speziellen Problemen befassen oder besonders schwierige Projekte überwachen. Konkurrenten können in der gleichen Branche unterschiedliche Mischformen einsetzen. Bei Beratungen z. B. haben große Firmen häufig Auslandsbüros, während kleinere, spezialisierte Firmen Mitarbeiter ins Ausland schicken, wo sie den Kunden aufsuchen. Internationaler Handel und Auslandsinvestitionen sind in vielen Dienstleistungsbranchen eng verzahnt, wie sie es auch oft in der Produktion sind.

Im internationalen Wettbewerb gehen Dienstleistungsfirmen manchmal auch Bündnisse mit Unternehmen anderer Länder ein. Fast immer machen diese Bündnisse ein internationales Dienstleistungsunternehmen zum Partner von Firmen dort, wo die Dienstleistung erbracht wird. Im Baubereich z. B. treten vielleicht amerikanische Firmen wie Bechtel und Fluor als Projektleiter auf, beschäftigen italienische und deutsche Firmen als Partner, die für bestimmte Spezialgebiete verantwortlich sind, und ziehen ein koreanisches oder philippinisches Unternehmen hinzu für den Großteil der Arbeit und die Aufsicht auf der ersten Ebene. Tatsächlich werden verschiedene Arbeiten in der Bau-Wertkette oft unter mehreren Firmen aus verschiedenen Ländern gemäß ihren Wettbewerbsvorteilen aufgeteilt.

Internationale und lokale Wettbewerber bestehen in den meisten Dienstleistungsbranchen gleichzeitig nebeneinander, wobei die heimischen Unternehmen oft den Großteil des Branchenumsatzes für sich verbuchen. Deshalb sind in der Branche verschiedene Formen des Protektionismus üblich. Diese Behinderungen des Imports reichen von Unterschieden in der Behandlung (etwa unterschiedliche Bestimmungen wie Mindestreserveanforderungen für Banken), die heimische Firmen gegenüber den ausländischen begünstigen, bis zu regelrechten Verboten ausländischer Unternehmen in einigen Branchen (so können z. B. ausländische Firmen nicht an bestimmten staatlichen Bauprojekten in Japan und den USA mitarbeiten). Handelsbarrieren waren einer der Gründe, warum der Typ 3 des internationalen Dienstleistungswettbewerbs vorherrscht.

Der internationale Wettbewerb im Dienstleistungssektor ist oft in bestimmten Branchenbereichen konzentriert, häufig in denen mit einer wohlhabenden oder anspruchsvollen Klientel, die besonders hohe Anforderungen an die Dienstleistung stellt, oder dort, wo Bedürfnisse besonders internationalisiert sind. In der Hotelbranche z. B. findet der internationale Wettbewerb hauptsächlich in der Luxus- und der Businessklasse statt. Bei den Versicherungen herrscht internationaler Wettbewerb in erster Linie bei der speziellen Sach- und Haftpflichtversicherung sowie bei der Rückversicherung. Internationaler Wettbewerb herrscht, wen wundert es, bei solchen Dienstleistungen (und in solchen Bereichen), wo ein globales Unternehmen die größten Vorteile erzielt oder auf den geringsten Widerstand einheimischer Firmen stößt.

Die Internationalisierung des Wettbewerbs bei Dienstleistungen

Umfang und Bedeutung des internationalen Wettbewerbs bei den Dienstleistungen nehmen weiter zu. Professionell geführte Dienstleistungsfirmen mit mehreren Betrieben sind im internationalen Geschäft zunehmend potenter und weitsichtiger geworden. Ausgestattet mit dem Blick für die Veränderungen, die im tertiären Sektor ablaufen, und für die Arten des internationalen Dienstleistungswettbewerbs, sind wir in der Lage zu verstehen, warum.

In den letzten Jahrzehnten standen mehrere treibende Kräfte hinter dem wachsenden internationalen Wettbewerb bei den Dienstleistungen:

● *Ähnlichkeit der Dienstleistungsbedürfnisse.* Viele Dienstleistungsbedürfnisse ähneln sich fast überall auf der Welt, wenn nicht sogar überall in bestimmten Bereichen. In jedem Land erwartet ein Kunde z. B. von einer Agentur für Zeitarbeit einen ähnlichen Dienst, auch wenn einige örtliche Umstände oder Bestimmungen variieren. Da der Wettbewerb globaler wird, verlangen Unternehmen aus vielen Ländern auch gehobene gewerbliche Dienstleistungen. Der Charakter vieler Dienstleistungen ermöglicht es zudem, daß sie relativ kostengünstig auf lokale Umstände zugeschnitten werden können. Das globale Dienstleistungsunternehmen überläßt dem heimischen Konkurrenten also nur wenig.

● *Mobilere und informiertere Dienstleistungskunden.* Der problemlosere, weltweite

Informationsfluß, schnelle Transportmöglichkeiten und ein immer angenehmeres und selbstverständliches internationales Reisen vergrößern die Wahrscheinlichkeit, daß die Kunden sich die besten Dienstleistungsfirmen der Welt aussuchen. Kunden mit stärker international ausgerichteten Zielen sind immer öfter bereit, führende Auslandsfirmen zu verpflichten, die bereits in ihrem Land tätig sind, anstatt sich nur auf heimische Firmen zu stützen. Diese Kunden können auch eher erfahren, wo die besten Dienstleistungen zu haben sind. Außerdem erleichtert die Lockerung der Devisenbeschränkungen die Bezahlung von Dienstleistungen in einem anderen Land.

● *Steigende Einsparungen aufgrund der Größenordnung und des geographischen Umfangs.* Die gleichen Vorteile, die das Aufkommen heimischer Dienstleistungsfirmen mit mehreren Betrieben bewirkt haben, haben die Einrichtung internationaler Büros begünstigt. Größeneinsparungen erlauben dem globalen Dienstleistungsunternehmen, die Kosten für technologische Entwicklung, Ausbildungsinfrastruktur und andere Tätigkeiten auf weltweite Umsatzerlöse zu verteilen, und auch mehr Einfluß beim Kauf auszuüben. Das globale Unternehmen erzielt noch andere Vorteile. Multinationale Kunden kann es überall bedienen und sich so von der lokalen Konkurrenz absetzen. Markennamen mit Weltruf können aufgebaut werden, die diejenigen lokaler Firmen überstrahlen. Fachkräfte und Einrichtungen können besser genutzt werden, indem man sie in dem Land einsetzt, in dem sie gebraucht werden, häufig zur Ergänzung von Maßnahmen vor Ort.

● *Größere Mobilität der Dienstleistungskräfte.* Die Möglichkeit, Einsparungen aufgrund der Größe zu erzielen, ist gestiegen, weil die Angestellten der Dienstleistungsfirmen ohne weiteres ins Ausland reisen können, um Dienstleistungen zu erbringen, vorausgesetzt, die erforderliche Zeit für den Kundenkontakt ist relativ begrenzt. Das Düsenflugzeug und problemloses Reisen sind zwei der Gründe.

● *Gestiegene Fähigkeit des Austausches mit entfernten Kunden.* Dank dem Telefon, dem On-line-Betrieb, der schnellen Paketzustellung und einer Reihe anderer Mittel und Wege wird es immer leichter, mit den Käufern von Dienstleistungen in die notwendige Kommunikation und Interaktion einzutreten, auch wenn sie im Ausland sitzen. Das gilt z. B. für die Computerverarbeitung und das Testen. Die Automatisierung von Dienstleistungsfunktionen verringert die Personaldichte pro Dienstleistungseinheit, mindert so die Notwendigkeit zu reisen und erleichtert auch die Interaktion mit entfernten Kunden.

● *Nach wie vor erhebliche Unterschiede zwischen den Ländern hinsichtlich Kosten, Qualität und Umfang der Dienstleistungen, die von den heimischen Unternehmen bereitgestellt werden.* Erhebliche Unterschiede bleiben bei Qualität und Kosten der Dienstleistungen, die in den einzelnen Ländern zur Verfügung stehen. Noch wichtiger ist, daß der Entwicklungsstand des tertiären Sektors von Land zu Land sehr unterschiedlich ist, in vieler Hinsicht weit stärker als der Entwicklungsstand in der Produktion. Die Entwicklung großer Dienstleistungsunternehmen mit mehreren Betrieben ist in Ländern wie den Vereinigten Staaten und Großbritannien sehr viel weiter fortgeschritten als in den meisten anderen Ländern. Diese Unterschiede bilden für den Kunden den Anreiz zu reisen, um sich Dienstleistungen am bestmöglichen Standort zu beschaffen, und für fortschrittliche Dienstleistungsfirmen den Anreiz, sich Auslandskunden anzudienen. Die großen Anbieter von Zeitarbeit z. B., die in den Vereinigten Staaten aufkamen und amerikanischen Firmen wie Kelly Services und Manpower eine Spitzenstellung sichern, suchen sich jetzt im Ausland zu betätigen.

Diese Antriebskräfte haben trotz der relativ hohen Handelsbarrieren in vielen Dienstleistungsbranchen eine zunehmende Internationalisierung der Dienstleistungen bewirkt. Es ist international einiges in Bewegung geraten, die Handelsbarrieren bei Dienstleistungen abzubauen, ein Thema, das bei der GATT-Runde in Uruguay ganz oben auf der Tagesordnung steht. Obwohl der Fortschritt nur langsam vorankommt, werden die Kräfte, die den Dienstleistungswettbewerb internationalisieren, höchstwahrscheinlich weiterwirken.

Die Beziehung zwischen Dienstleistungen und Produktion

Wie die vorausgegangene Erörterung mehrfach zeigt, besteht eine enge Verbindung zwischen der Dienstleistungs- und der Fertigungsindustrie. Dieses Verbindungsglied ist in den letzten Jahren stärker beachtet worden, da einige Länder in der herstellenden Industrie vor Wettbewerbsherausforderungen stehen und die Dienstleistungen einen immer größeren Teil der Volkswirtschaften darstellen. Das Bindeglied Herstellung–Dienstleistungen wird zu einem wichtigen Teil des Gedankens, daß ein Land es sich nicht leisten kann, seine internationale Wettbewerbsposition in der Herstellung zu mißachten. Wenn Dienstleistungen und Produktion zusammenhängen, kann ein Land nicht erwarten, daß sein Dienstleistungssektor verlorene Produktionsexporte ersetzt. Weniger klar in der Debatte ist, wie Produktion und Dienstleistung zusammenhängen.

Die Verbindung zwischen Produktion und Dienstleistungen ist für den internationalen Wettbewerbsvorteil im tertiären Sektor (und in der Produktion) wichtig. Es gibt nicht nur eine Verbindung, sondern drei völlig verschiedene, die mehrere Dienstleistungsbranchen beeinflussen.

Beziehung Kunde/Lieferant. Das erste Verbindungsglied haben wir schon ausführlich behandelt, nämlich die Verbindung zwischen einer Dienstleistung und der Wertkette des Kunden. Wie wir gesehen haben, sind viele Dienstleistungsbranchen dadurch entstanden, daß Herstellungs- (und Dienstleistungs-) firmen ihre Dienstleistungsaktivitäten desintegriert haben. Das bringt zweierlei mit sich. Erstens, die Nachfrage nach Dienstleistungen bleibt ohne heimische Produktionsbetriebe begrenzt. Auch wenn Dienstleistungsfirmen Dienstleistungen kaufen, sind doch viele Dienstleistungsbranchen einem bedeutenden Anteil ihres Umsatzes von den Produktionsbetrieben abhängig.

Zweitens, die Struktur des Produktionssektors kann in einem Land starken Einfluß haben auf Art und Umfang der nachgefragten Dienstleistungen wie auch auf deren Niveau. Ohne fortschrittliche und progressiv denkende Produktionsunternehmen fällt es z. B. Firmen für anspruchsvolle Kundensoftware oder spezialisierten Beratungsunternehmen schwer, sich zu etablieren.

An den Verkauf von Industrieerzeugnissen gebundene Dienstleistungen. Die zweite Verbindung zwischen Herstellung und Dienstleistungen kommt zustande, wenn der

Verkauf eines Industrieerzeugnisses Nachfrage nach damit verbundenen Dienstleistungen schafft. Der Verkauf von Computern kann beispielsweise zur Nachfrage nach Dienstleistungen auf den Gebieten Kundenprogramme, Datenübertragung und Ausbildung führen. Der Verkauf irgendwelcher Geräte (etwa von Fahrstühlen) führt zu einem ständigen Wartungsbedarf. Ein anderes, noch direkteres Beispiel ist die Verbindung zwischen dem Export fast jedes Industrieerzeugnisses aus einem Land und dem Umsatz von Versicherungen, Handelsfinanzierungs- und Transportdienstleistungen.

Der internationale Erfolg der Unternehmen eines Landes mit Industrieprodukten kann den Dienstleistungsfirmen dieses Landes beim Verkauf im Ausland helfen, wie ich in Kapitel 3 dargelegt habe. Dienstleistungen von Firmen desselben Landes können kostengünstiger sein (oder so angesehen werden), weil der Dienstleistungsbetrieb mit der besonderen Vielfalt von Industrieprodukten vertraut ist oder Erfahrung mit ihnen hat. Produktionsunternehmen können dieses Ansehen bekräftigen, indem sie Dienstleistungsfirmen ihres Landes empfehlen.

An den Verkauf von Dienstleistungen gebundene Industrieprodukte. Die dritte Verbindungsart zwischen Produktion und Dienstleistungen ist die Umkehrung der vorigen. Der Verkauf einiger Dienstleistungen, etwa Konstruktion oder Unternehmensberatung, kann zur Nachfrage nach Maschinen und anderen damit verbundenen Industrieprodukten führen. International erfolgreiche Dienstleistungsfirmen eines Landes können so den Umsatz von Industrieprodukten aus diesem Land mitziehen. Das war lange der Fall bei der Konstruktion und beim Hochbau, wo der Auslandserfolg führender amerikanischer Konstruktions- und Baufirmen wesentlich war für den Verkauf so unterschiedlicher Produkte wie Caterpillar-Traktoren, Heizungen von Carrier, York und Trane, Lüftungs- und Klimaanlagen sowie Elektrogeräte von GE und Westinghouse. Schwedische Konstruktionsberater haben geholfen, schwedische Produkte mitzuziehen, als sie Projekte wie Häfen, Wassertürme und unterirdische Erdölspeicher bauten, alles Bereiche, in denen Schweden technisch versiert war.[11]

Die Verbindungen Produktion/Dienstleistung sind in Stärke und Dauer unterschiedlich. Die Beziehung Käufer/Verkäufer ist notwendig, während die beiden anderen Verbindungen in ihrer Bedeutung und auch zeitlichen Dauer je nach Dienstleistungsbranche variieren. Die Beziehung ist dann am stärksten, wenn eine technische Verbindung zwischen einem Industrieprodukt und den verbundenen Dienstleistungen besteht oder es vorteilhaft ist, beide zusammen zu kaufen.

Die Bindung zwischen Industrieprodukten und Dienstleistungen ist im allgemeinen zu Beginn der Entwicklung der betroffenen Produktions- und Dienstleistungsbranchen am stärksten. Die frühen Computerexporte der USA z. B. hatten auf die damit verbundenen Dienstleistungen eine stärkere Sogwirkung als spätere Exporte. Am Anfang besaßen amerikanische Dienstleistungsfirmen ausländischen Käufern gegenüber einen Erfahrungsvorteil in der Arbeit mit amerikanischen Geräten, weil es in den Vereinigten Staaten einen Grundbestand an Geräten gab. Dieser Vorteil verblaßte mit der Zeit, da die Kompatibilität zu IBM- und DEC-Hardware zunehmend auch für ausländische Käufer verfügbar war.

Wenn das Wissen und die Ansprüche der Käufer steigen, erkennen sie oft, daß die Dienstleistungsanbieter eines Landes bei der Betreuung der Produkte dieses Landes u. U. nur geringe Vorteile aufweisen, es sei denn, das betroffene Produkt ist komplex und die technische Verbindung zwischen den Produkten und Dienstleistungen erheblich. Die Vorteile früh handelnder Unternehmen werden jedoch häufig durch die Verbindung zwischen Produktion und Dienstleistungen geschaffen und bestehen, selbst wenn die Verbindung schwächer wird, bei einigen Dienstleistungen weiter. Großbritannien z. B. erwarb sich in vielen handelsnahen Dienstleistungen eine starke internationale Stellung, weil es schon früh als Handelsnation eine Weltmacht war. Die Infrastruktur im Ausland und die Markenkonzessionen, die sich bei diesem Prozeß entwickelten, haben sich für einige britische Dienstleistungsanbieter als ein recht dauerhafter Wettbewerbsvorteil erwiesen.

Der nationale Wettbewerbsvorteil bei Dienstleistungen

Die Länder weisen überraschend unterschiedliche Muster nationaler Wettbewerbsvorteile bei den Dienstleistungen auf, wie im übrigen auch bei den Industrieprodukten. Abbildung 6–2 bietet die besten verfügbaren Informationen und zeigt Muster internationaler Spitzenstellungen in den Ländern, in denen, wie wir in den Dienstleistungsbranchen untersucht haben, ein nennenswerter internationaler Wettbewerb herrscht. Die Daten über den internationalen Wettbewerb bei Dienstleistungen sind höchst unvollständig.[12] Die Abbildung 6–2 ist aus mehreren Quellen zusammengesetzt, u. a. aus frei zugänglichen staatlichen Statistiken, aus Firmenverzeichnissen, veröffentlichten Artikeln, umfassenden Feldbefragungen und den Beurteilungen lokaler Forschungsteams. Sie sollte als eine Folge gutinformierter Schätzungen betrachtet werden. Einige Irrtümer und sicher auch Auslassungen bleiben.

Die Vereinigten Staaten, Großbritannien und die Schweiz sind die Länder mit den meisten *internationalen* Spitzenplätzen im tertiären Sektor; diese Situation ändert sich auch dann nicht, wenn man alle Länder einbezieht, nicht nur die hier behandelten. Wichtige Länder wie Deutschland, Japan und Italien halten bei den Dienstleistungen dagegen wenige internationale Spitzenpositionen, obwohl ihre heimischen Dienstleistungssektoren groß und im Wachsen begriffen sind.

Die gleichen Bestimmungsfaktoren des nationalen Wettbewerbsvorteils in der Produktion gelten für die Dienstleistungsbranchen.[13] Ich möchte hier nicht die Diskussion aus vorangegangenen Kapiteln wiederholen, sondern die nationalen Besonderheiten hervorheben, die für die Dienstleistungen besondere Bedeutung haben. Noch wichtiger ist, daß ich die Theorie zur Analyse zweier spezieller Dienstleistungsbranchen nutzen will.

Faktorbedingungen

Die Rolle der Faktorbedingungen beim Dienstleistungswettbewerb hängt von der Form des internationalen Wettbewerbs in der entsprechenden Dienstleistungsbranche ab. Bei Dienstleistungen, bei denen der Kunde in ein Land gezogen wird (Typ 1), sind die Faktorbedingungen normalerweise wichtig für den Erfolg. So hängt der

ABBILDUNG 6–2 Geschätzte Muster des nationalen Wettbewerbsvorteils in internationalen Dienstleistungsbranchen

BRANCHE	Dänemark / Deutschl.	Italien / Japan	Korea / Singapur	Schweden / Schweiz	GB	USA
NAHRUNGSMITTEL						
Fast food						XX
Service/Automaten						X
EINZELHANDEL						
Läden f. tägl. Bedarf						X
Spezialgeschäfte		X			XX	
SCHULE UND AUSBILDUNG						
Höhere Schule u. Uni	X			X	X	XX
Graduiertenfortbildg.						XX
Firmenausbildung						XX
FREIZEIT						
Unterhaltung					X	XX
Auktionen					XX	
GESUNDHEIT						
Gesundheitsfürsorge					X	XX
Krankenhausverwaltung usw.						XX
REISEN[1]						
Hotels		X		X		XX
Autovermietung						XX
Fluggesellschaften	X		X	X	X	X
WIRTSCHAFT ALLGEMEIN						
Wirtschaftsprüfung					X	XX
Jurist. Dienste					X	XX
Werbung					XX	XX
Public Relation					X	X
Unternehmensberatung	X			X	X	XX
Technik/Architektur[2]	X X	X X	X		X	XX
Bauwesen	X	X		X		XX
Vertragsforschung					X	XX
Designservice		XX				
Zeitarbeit					X	XX
Gewerbl. Wäscherei/Arbeitskleidung	X				X	XX
Gewerbl. Reinigung (Anlagen, Maschinen)			X			X
Sicherheitsdienste			X	X	X	X
Gebäudereinigung	X		X		X	X
Ausrüstungswartung und -reparaturen			X			
Abfallbeseitigung und -management						XX
HANDEL		X		XX	XX	XX
FINANZEN						
Kreditkarten						XX
Verbraucherkredite						XX
Kreditauskunft						XX
Emissions- und Akzeptgeschäft						XX
Geschäftsbanken		X		XX	X	XX
Leasing					X	XX
Vermögensverwaltung	XX			XX	XX	XX
Rückversicherung		X		X	XX	
INFORMATION						
Informationsverarbeitung						XX
Kundensoftware[3]					X	XX
Informationen/Daten					X	XX
TRANSPORT						
Luftfracht	X					X
Flughafenabfertigung	X		X	X	X	
Schiffsfracht	X	X	X			
Hafenservice	X		X			
Schiffsreparaturen			X			
Logistik				X		
Werkstatt/Tankstellen					X	X

xx = führende Position   x = Position
[1] Ohne Tourismus, der von den Ländern angelockt wird.
[2] Die nationalen Positionen in der Technik verteilen sich auf verschiedenartige Projekte.
[3] Frankreich hatte ebenfalls eine gute Position in der Kundensoftware.
Quelle: Schätzungen des Autors auf der Grundlage von Feldbefragungen, Fallstudien und vielen Veröffentl.

Tourismus sehr stark vom Klima und den geographischen Gegebenheiten ab, und die Ausbildungs- und Gesundheitsdienstleistungen sind auf die Schulung und die Kenntnisse des heimischen Personals angewiesen. Dienstleistungen, die überwiegend von heimischen Anlagen und Personen erbracht werden (Typ 2), reagieren offensichtlich ebenfalls stärker auf heimische Faktorbedingungen.

Bei Dienstleistungen, die über ein Netz ausländischer Büros erbracht werden (Typ 3), sind jedoch neben den Faktorbedingungen oft andere Bestimmungsfaktoren des nationalen Wettbewerbsvorteils entscheidend. Bei diesem Typ des Dienstleistungswettbewerbs sitzen die meisten Beschäftigten in den Ländern, wo die Dienstleistung erbracht wird. Der Erfolg hängt hier mehr von den Techniken, der Technologie und den Dienstleistungsmerkmalen ab, die zu Hause entwickelt worden sind. Nachfragebedingungen sowie verwandte und unterstützende Branchen haben sich in vielen derartigen Dienstleistungsbranchen als die entscheidenden Bestimmungsfaktoren erwiesen.

Der geographische Standort spielt in manchen Dienstleistungsbranchen eine wichtige Rolle. Die Stärke Singapurs, was Schiffsreparaturen anlangt, profitiert von der Lage der Stadt an einem wichtigen Schiffahrtsweg zwischen dem Mittleren Osten und Japan. Die Lage der Schweiz im Zentrum europäischer Handelswege ist Teil ihres Erfolgs in mehreren handelsnahen Dienstleistungen. Ähnlich wichtig wie die Lage eines Landes ist ihre Zeitzone. Der Rang Londons als Finanz- und Handelszentrum wird durch seine Lage zwischen Amerika und Asien gefördert, was bedeutet, daß Angestellte, die in London sitzen, sich an einem normalen Werktag mit beiden Kontinenten in Verbindung setzen können.

Im großen und ganzen sind die Kosten, die für ungelernte und angelernte Arbeitskräfte zu Hause anfallen, in den meisten Dienstleistungsbranchen *keine* nennenswerte Quelle für einen Wettbewerbsvorteil. Arbeitsintensive Dienstleistungen werden im allgemeinen von lokalen Büros in anderen Ländern erbracht. In einigen Branchen, insbesondere der Baubranche, kommt es jedoch zu großangelegten Exporten von Arbeitskräften aus Niedriglohnländern. Das ist einer der Gründe, warum koreanische Baufirmen in einigen Marktbereichen international Erfolg hatten.

Während die weniger gut ausgebildeten Arbeitskräfte normalerweise nicht ins Gewicht fallen, ist der Stamm eines Landes an spezialisierten, qualifizierten Fachkräften und Technikern im internationalen Dienstleistungswettbewerb häufig lebenswichtig. Vor allem gewerbliche Dienstleistungen erfordern bestens ausgebildete Mitarbeiter im Bereich des Managements, der Technik oder der Wissenschaft. Die zunehmende Vielschichtigkeit und Spezialisierung vieler Dienstleistungsbranchen bedeuten, daß moderne Faktorbildungsmechanismen für den Dienstleistungswettbewerb unentbehrlich werden. In den Vereinigten Staaten z. B. greifen die starken internationalen Branchen Wirtschaftsprüfung, Unternehmensberatung und Werbung auf einen gewaltigen Bestand diplomierter Wirtschaftsstudenten zurück. Nur wenige andere Länder bieten nach Studienabschluß eine intensive wirtschaftliche Ausbildung. Die Vereinigten Staaten haben auch spezialisierte Hotelschulen und bilden sehr viele Computerprogrammierer aus. Umfassende Forschung auf den Gebieten, die mit der Gesundheitsfürsorge verwandt sind, kommt wiederum den medizinischen Dienstleistungsbranchen zugute. Großbritannien weist einen gutausgebildeten, aber relativ kostengünstigen Stamm an Technikern und anderen Fachkräften auf – ein wesentlicher Grund, warum das Land stark in Konstruktion, Beratung und Vertragsforschung für ausländische Klienten ist.

Die Sprache eines Landes und die Sprachkenntnisse seiner Bürger können in vielen Dienstleistungsbranchen eine wichtige Rolle spielen. Viele Dienstleistungen erfordern einen intensiven Austausch mit den Kunden, ganz zu schweigen von der unentbehrlichen Kommunikation zwischen den verschiedenen Büros des Unternehmens. Englisch als Muttersprache ist ein beachtlicher Vorteil für Dienstleistungsfirmen, weil Englisch in vielen Teilen der Welt Hauptsprache und in vielen anderen die Zweitsprache ist. Die Mehrsprachigkeit der Schweizer ist, wie schon erwähnt, einer der wichtigen Gründe, warum die Schweiz neben den Vereinigten Staaten und Großbritannien als ein bedeutender internationaler Wettbewerber in Dienstleistungen fungiert. Der Aufstieg Singapurs zu einem der wachsenden Dienstleistungszentren geht zum Teil darauf zurück, daß seine Bevölkerung Englisch spricht.

Wichtig bei vielen Dienstleistungen ist auch die Fähigkeit, mühelos mit vielen verschiedenen Kulturen umzugehen. Das ist ein weiterer schweizerischer Vorteil. Die Schweizer sind nicht nur mehrsprachig, ihre Vertrautheit mit vielen Kulturen bringt auch Vorteile beim Umgang mit Kunden, genauso wie die Neutralität der Schweiz. Schweden, das mit der Schweiz einige Vorteile gemeinsam hat, war bei Dienstleistungen nicht annähernd so erfolgreich, weil unter anderem die Branchenbasis viel schmaler war, der Staat sich hartnäckig in das Dienstleistungsangebot einmischte (Nachfragebedingungen) und ein schlechtes Klima für Neugründungen herrschte (Unternehmensstrategie, Struktur und Wettbewerb).

Knappe oder teure Arbeitskräfte kurbeln die Automatisierung in den Dienstleistungsbranchen an und werten sie auf, genau wie bei der Produktion. Viele Dienstleistungsbranchen werden durch neue Technologie umgekrempelt, und sehr viel hat dabei mit Informationssystemen zu tun. Diese Technologie verringert den Arbeitsanteil und steigert die Produktivität derjenigen, welche die Dienstleistungen erbringen. Hohe Löhne in einem Land veranlassen Dienstleistungsunternehmen dazu, solche modernen Methoden anzuwenden. Dies war ein früher Vorteil für die Vereinigten Staaten und hat für viele amerikanische Dienstleistungsbranchen noch immer Gültigkeit: Ihre Firmen haben neue Technologien eingeführt, um mit den hohen Kosten der Erbringung von Dienstleistungen und der Personalhaltung fertig zu werden.

Doch ein gewaltiger Zustrom neuer Arbeitskräfte in den letzten zehn Jahren scheint einer der Hauptgründe dafür gewesen zu sein, daß US-Firmen im Vergleich mit ausländischen Unternehmen in einigen Dienstleistungsbranchen an Dynamik verloren haben. In Schweden z. B. werden die Dienstleistungsangestellten ähnlich bezahlt wie die Industriearbeiter, und die Durchschnittslöhne sind hoch. In einigen Branchen sind dort die Unternehmen denen der Vereinigten Staaten oder Großbritanniens in der Automatisierung der Dienstleistungen weit voraus. Vollkommen automatisierte Tankstellen ohne jedes Personal sind in Schweden etwas Normales. Ein in Sachen Dienstleistungen schwerfälliger Staat – wie Schweden und Deutschland (s. u.) – hat bisher den Schwung gebremst, diese Vorteile in internationale Positionen umzuwandeln.

Nachfragebedingungen

Die Nachfragebedingungen sind heute der vielleicht stärkste einzelne Bestimmungsfaktor des nationalen Wettbewerbsvorteils bei den Dienstleistungen; eine ähnliche Rolle, in vielerlei Hinsicht, haben sie in den 50er und frühen 60er Jahren bei den Konsumgütern gespielt. Der tertiäre Sektor durchläuft eine Zeit rapiden Wachstums und Fortschritts. Viele neue Dienstleistungsbranchen entstehen, während eingeführte Branchen umorganisiert und auf den Kopf gestellt werden. Dieser Prozeß wird in erheblichem Maß von den Nachfragebedingungen vorangetrieben. Vorteile der früh Handelnden waren in vielen traditionellen Dienstleistungsbranchen für den nationalen Vorteil wesentlich. Der jüngste Wandel und die Umstrukturierung bei den Dienstleistungen hat ihre Bedeutung erneut gesteigert.

Zusammensetzung der Nachfrage. Einige Länder sind als Brutstätten international übertragbarer Dienstleistungen fruchtbarer als andere, weil sich ihre Inlandsnachfrage anders zusammensetzt. Ein Land hat Vorteile, wenn seine Inlandsnachfrage sich auf Dienstleistungsarten oder -methoden richtet, die auch in anderen Ländern gefragt sind. Die vielen Geschäftsreisenden innerhalb der weiten Grenzen der Vereinigten Staaten beschleunigten z. B. bei den amerikanischen Hotelketten den Lernprozeß, wie man diesen globalen Marktbereich bedient: Die amerikanischen Ketten wurden weltweit Branchenführer.

Dieser Fall erhellt auch einen allgemeineren Zusammenhang. Die meisten Dienstleistungsbranchen erfordern Firmenbüros oder -filialen in Kundennähe. Ein ganzes Land abzudecken verlangt demnach viele Standorte. Wo die Bevölkerungszentren eines Landes weit verstreut sind, sammeln die Dienstleistungsfirmen Erfahrung beim Umgang mit verteilten, aus mehreren Einheiten bestehenden Netzen im eigenen Land. Es ist ein relativ einfacher Schritt, ausländische Standorte anzufügen, im Vergleich zu Firmen mit nur wenigen lebensfähigen Standorten im eigenen Land.

In Dienstleistungsbranchen wie Hotels, Autovermietung, gewerblicher Wäscherei und anderen zogen beispielsweise amerikanische Firmen weitgespannte Netze im Land auf, mit Dutzenden, wenn nicht Hunderten von Büros oder Zweigstellen. Nachdem sie Erfahrungen im Umgang mit einem Filialnetz gesammelt hatten, bestand der nächste Schritt für viele darin, ein ausländisches Netz aufzubauen. Für Großbritannien spielten die ehemaligen Kolonien eine ähnliche Rolle.

Ist ein großer Bereich des Inlandsmarkts für eine bestimmte Dienstleistung anderswo ein kleines Segment, sind die Unternehmen eines Landes international oft erfolgreich, weil sie diesem Segment mehr Beachtung schenken und schneller innovieren. Die italienischen Baufirmen sind ein gutes Beispiel. Das bergige Gelände in Italien macht beim Straßenbau ungewöhnlich viele Tunnel und Brücken notwendig. Die italienischen Bauunternehmen sind auf diesem Gebiet sehr qualifiziert und bei Projekten dieser Art im Ausland recht erfolgreich. In Finnland und Schweden gehört der Bereich der Forstprodukte zu den wichtigsten der Wirtschaft. Beratungsfirmen, die Beziehungen zur Forstwirtschaft sowie dem Betrieb von Zellstoff- und Papierfabriken haben, bilden einen international starken Dienstleistungsbereich.

Die Segmentstruktur der Inlandsnachfrage hat einen weiteren, weniger direkten Einfluß auf den Erfolg internationaler Dienstleistungen. Ein Paradoxon bietet eine gute Möglichkeit, den Gedankengang vorzustellen. Viele internationale Reisende stimmen sicher zu, daß das Niveau der persönlichen Dienstleistung in den Vereinigten Staaten und in Großbritannien eines der niedrigsten unter den fortschrittlichen Ländern ist, ganz sicher weit unter dem in Deutschland, der Schweiz und Japan. Wieso sind dann amerikanische und britische Unternehmen bei vielen Dienstleistungen, wenn auch bei etwas anderen, international so stark?

Ein wesentlicher Grund für diese Diskrepanz liegt in der Vorstellung von Dienstleistungen, die in den verschiedenen Ländern unterschiedlich ist.[14] In den Vereinigten Staaten passen Selbstbedienung, schneller Durchlauf, verhältnismäßig wenig persönliche Betreuung durch das Personal und eine hohe Fluktuation beim Dienstleistungspersonal durchaus zur amerikanischen Lebensart und informellen Gesellschaftsstruktur. Diese Nachfragemerkmale machen die Dienstleistungen jedoch zugänglicher für Systematisierungen, Standardisierungen und Markenbildungen, als es dort der Fall ist, wo man in ihnen noch etwas sieht, was hohe persönliche Beachtung, eine geruhsame Bedienung und Kontinuität beim Personal erfordert, das mit dem Kunden Kontakt pflegt. Das gilt für persönliche wie gewerbliche Dienstleistungen.[15] Das hohe Maß an Reisen und Mobilität in den Vereinigten Staaten fördert ebenfalls die Standardisierung und Markenbildung, da es die Zusicherung eines überall gleichmäßigen Service wertvoller macht.

Wie schon angeführt, sind Systematisierung und Standardisierung die Schlüssel, die Größeneinsparungen und andere Vorteile eines großen Dienstleistungsunternehmens mit vielen Filialen erschließen. Sie machen es möglich, eine Dienstleistung in einem anderen Land zu kopieren. McDonald kann sein Konzept mit geringfügigen Änderungen im Ausland wiederholen und dem Personal vor Ort beibringen, die genau festgelegten notwendigen Schritte zu tun. Ein japanisches Warenhaus hätte dagegen Schwierigkeiten, in anderen Ländern das hohe Maß an persönlicher Aufmerksamkeit zu kopieren, das im eigenen Land erwartet und erbracht wird. Dem deutschen oder französischen Unternehmen fiele es ähnlich schwer, das im eigenen Land übliche Dienstleistungsniveau zu »senken«, um eine Kopie des Konzepts auch in vielen anderen Ländern zuzulassen. Der Club Med, eines der wenigen bekannten internationalen Dienstleistungsunternehmen Frankreichs, konkurriert in einem Branchenbereich, in dem ein ausgeprägter persönlicher Service geboten wird.

Der Erfolg der amerikanischen und britischen Dienstleistungsunternehmen im Ausland legt nahe, daß ein bestimmter Bereich der Auslandsmärkte mit einem systematisierten Dienstleistungsangebot zufrieden ist. Dieser Bereich ist bezeichnenderweise ein kleiner, wenn auch wachsender Bereich auf dem Auslandsmarkt, in den Vereinigten Staaten und in Großbritannien ist er aber der größte. Im Gegensatz zu den Vereinigten Staaten oder Großbritannien haben die Schweizer im geschäftlichen Dienstleistungsbereich oft dort Erfolg, wo ein hohes Maß an persönlicher Aufmerksamkeit und Kundenkontakt notwendig ist. Die Bedingungen der schweizerischen Inlandsnachfrage begünstigen diese Art von Verhalten.

Die anspruchsvolle Haltung der heimischen Käufer eines Landes bringt den Dienstleistungsunternehmen dieses Landes einen Vorteil, der nicht der oben geschilderten Art von Standardisierung unterliegt, vorausgesetzt, die heimischen Käufer haben Bedürfnisse, die die anderer Länder spiegeln oder vorwegnehmen. Der anspruchsvolle heimische Käufer sorgt für das Übungsfeld zur Verbesserung einer Dienstleistung und für einen Anreiz, neue Dienstleistungen einzuführen, die am Ende auch im Ausland nachgefragt werden. Dänemark hat z. B. ein führendes internationales Reinigungsunternehmen, International Service System, weil u. a. die Nachfrage nach gewerblicher Reinigung im Land sich von der bloßen Reinigung zum umfassenden Umweltmanagement verlagert hat. Diese Nachfrage ist Ausdruck einer tiefen Sorge in Dänemark, die alle Umweltaspekte erfaßt und sich in regelmäßigen und ausführlichen Presseberichten niederschlägt. Ein weiteres gutes Beispiel sind finanzielle Dienstleistungen, die mit Fusionen, Buy-outs und Umstrukturierungen zu tun haben; hier konkurrieren amerikanische Emissionshäuser weltweit und beschleunigen oft die Übernahme solcher Praktiken durch ausländische Unternehmen.

Wo ein Land international wettbewerbsfähige Produktions- und Dienstleistungsbranchen besitzt, erfreut es sich oft einer meist anspruchsvollen Nachfrage nach verwandten geschäftlichen Dienstleistungen. Italien ist weltweit im Designservice führend, was seine starke Stellung in Mode, Möbeln und anderen designnahen Produkten zum Ausdruck bringt. Die Existenz weltweit führender Werbeagenturen sowie der modernsten Werbemedien in den Vereinigten Staaten hat mit dazu beigetragen, die USA in vielen marketingverwandten Dienstleistungen wie der Gutscheinbearbeitung und der Marktforschung zur Nummer eins in der Welt zu machen. Ein anderes Beispiel ist die Wirtschaftsprüfung, wo die Amerikaner sehr anspruchsvolle Kunden sind, weil die amerikanischen Bilanzierungsrichtlinien sehr kompliziert sind, viele Unternehmen weitverstreute Tochtergesellschaften besitzen und am amerikanischen Kapitalmarkt den Bilanzen mehr Bedeutung beigemessen wird als anderswo. Das ist einer der Gründe, warum amerikanische Wirtschaftsprüfungsunternehmen weltweit Branchenführer sind. Die ersten internationalen Wirtschaftsprüfungsunternehmen waren englisch, Ausdruck der frühen wirtschaftlichen Vorherrschaft Großbritanniens; sie sind englischen Multis ins Ausland gefolgt. Coopers & Lybrand, Price Waterhouse und Deloitte Haskins and Sells von den einstmals »großen Acht« verwalten ein starkes englisches Erbe.

Die Kunden vieler gewerblicher Dienstleistungsunternehmen sind nicht nur in einer oder zwei Branchen zu Hause, sondern in mehreren. Bei der Wirtschaftsprüfung und der Werbung z. B. kommen die Kunden aus praktisch allen Branchen einer Volkswirtschaft. Eine breite Grundlage aus wettbewerbsfähigen Industrien, über die beispielsweise die Vereinigten Staaten verfügen, wirkt sich besonders anregend auf international wettbewerbsfähige Anbieter gewerblicher Dienstleistungen aus.

Umfang und Timing der Nachfrage nach Dienstleistungen. Die Stärke der Nachfrage nach bestimmten Dienstleistungen ist von Land zu Land sehr unterschiedlich. Am Anfang dieses Kapitels habe ich einige der wichtigsten Gründe für den Anstieg der Nachfrage nach Dienstleistungen genannt. Die Länder unterscheiden sich erheblich in Merkmalen wie dem Haushaltseinkommen, dem Anteil der Frauen an der Beschäftigung, dem Wunsch nach Bequemlichkeit und der Neigung der Unternehmen zur Desintegration der Dienstleistungsaktivitäten, die das Timing der Nachfrage nach Dienstleistungen beeinflussen. Wohlhabende Länder haben eine hohe Nachfrage nach Dienstleistungen wie Gartenpflege und Fast food. Länder, in denen der Anteil der arbeitenden Frauen sehr hoch ist, haben eine hohe Nachfrage nach Kinderbetreuung und vielen anderen persönlichen Dienstleistungen, die mit Annehmlichkeiten verbunden sind.

Auch gesellschaftliche und geschichtliche Umstände wirken sich auf die Stärke der Nachfrage nach Dienstleistungen aus. Bei einem gegebenen Einkommensniveau nehmen Deutsche offenbar weniger persönliche Dienstleistungen in Anspruch als Amerikaner. Vielleicht spielt die größere Genügsamkeit eine Rolle, die einer Geschichte größerer Entbehrungen entstammt, als Amerikaner sie kennen. Die Schweizer sind im allgemeinen relativ risikoscheu und erwerben pro Kopf mehr Versicherungen als jedes andere Land. In den USA ist das Kaufen auf Kredit weitaus verbreiteter als in anderen fortschrittlichen Ländern. Es überrascht daher nicht, daß amerikanische Kreditkartenunternehmen wie American Express, Master-Card, VISA und Diners Club die international beherrschenden Wettbewerber sind. Amerikanische Firmen sind auch auf den Gebieten Kreditauskunft und Inkasso führend.

Unterschiede beim lokalen Branchenmix und den Unternehmensstrategien führen zu erheblichen Abweichungen bei der Nachfrage nach geschäftlichen Dienstleistungen in den einzelnen Ländern. So ist Teilzeitarbeit für die Vereinigten Staaten typischer als für viele andere Länder. Die Nachfrage nach Zeitarbeit ist in Amerika, auch gemessen an seiner Größe, entsprechend hoch; ungewöhnlich hoch ist dort auch die Nachfrage – als ein bestimmter Prozentsatz des Bruttoinlandsprodukts – nach Dienstleistungen wie Werbung und Public Relations, was mit der amerikanischen Stärke in den Konsumgüterindustrien und lokalen Usancen zusammenhängt. Ein weiterer wichtiger Bestimmungsfaktor der Nachfrage nach Dienstleistungen ist die Bereitschaft der Unternehmen, sich auch an ausländische Dienstleistungsanbieter zu wenden. In einigen Ländern sind die Firmen weniger geneigt, Dienstleistungen auch von ausländischen Anbietern anzunehmen. Deutsche Firmen nehmen beispielsweise bei Wirtschaftsprüfungen, Wartung und anderen Gebieten seltener ausländische Dienstleistungsanbieter in Anspruch als Unternehmen in Großbritannien und den Vereinigten Staaten, vielleicht weil die zentrale Kontrolle eine größere Tradition hat.

Das Timing spielt eine wesentliche Rolle dabei, welche Firmen eines Landes international werden. Die Vereinigten Staaten waren früh der Markt für eine Reihe neuer Dienstleistungen wie Fast food, Zeitarbeit, Krankenhausverwaltung, spezielle Gesundheitsfürsorge, Unternehmensberatung und Finanzservice, alles Gebiete, auf denen die USA heute eine führende Position einnehmen. In Schweden, mit seinem ungewöhnlich hohen Grad an Werksautomatisierung, entwickelte sich ein früher Bedarf an ausgeklügelten Sicherheitsdienstleistungen für unbemannte Anlagen. Schwedische Unternehmen bieten anderen Ländern auf diesem Gebiet einen leistungsfähigen Beratungsdienst an.

Dienstleistungs- wie Produktionsunternehmen gehen oft auf internationale Märkte, wenn ihre heimischen Märkte gesättigt sind. Bei Hotels und Fast food z. B. drängten amerikanische Firmen ins Ausland, als der US-Markt sich der Aufnahmegrenze näherte. Die Existenz einiger großer Dienstleistungsfirmen mit mehreren Filialen in einem Land und einem bestimmten Betätigungsfeld beschleunigt den Sättigungsprozeß.

Auch das Muster des staatlichen Engagements formt die Nachfrage nach Dienstleistungen. Die Skala der Dienstleistungen, die der Staat erbringt, nicht Privatfirmen, ist von Land zu Land unterschiedlich. In den Vereinigten Staaten ist z. B. die Gesundheitsfürsorge weitgehend in privater Hand. Dieses Privatsystem hat eine Unzahl neuer, mit dem Gesundheitsdienst verwandter Dienstleistungsbranchen entstehen lassen, etwa die Krankenhausverwaltung, die Heimpflege, Wohnzentren für ältere Menschen, ambulante chirurgische Kliniken und Kliniken für Fitneßtests, und zwar früher als in anderen Ländern. Einige dieser Dienstleistungen werden inzwischen von US-Firmen auch international angeboten. In Schweden, Italien und Deutschland treten dagegen staatliche Stellen beim Erbringen von Dienstleistungen besonders hervor, während das internationale Engagement dieser Länder minimal ist.

Auch staatliche Bestimmungen wirken sich auf die Nachfrage nach einigen Dienstleistungen direkt aus, weshalb die nationalen Unterschiede bei den Bestimmungen recht beachtlich sind. Umweltnormen bestimmen beispielsweise die Notwendigkeit zu gefährlicher Abfallbeseitigung, Säuberungsaktionen und Umwelttests. Der Vormarsch des Leasing geht zum Teil auf nationale Steuergesetze zurück. Die staatliche Politik bestimmt u. U. nicht nur den Umfang, sondern auch das Timing und die Anspruchshöhe der Nachfrage nach neuen Dienstleistungen.

Die Internationalisierung der Inlandsnachfrage nach Dienstleistungen. Die Internationalisierung der Inlandsnachfrage ist bei vielen Dienstleistungen aus einer Reihe von Gründen besonders wichtig. Mobile heimische Konsumenten, die häufig in großer Zahl in andere Länder reisen, sind für die Dienstleistungsunternehmen des Landes ein beachtlicher Vorteil. Gelegenheiten, im Ausland Zweigstellen einzurichten, werden schnell sichtbar, und die Firmen haben im Ausland auch einen Stamm treuer Kunden. Dieser Effekt wird in reisenahen Branchen ziemlich deutlich: Amerikanische Hotels, Autovermietungs- und Kreditkartengesellschaften waren dort die Nutznießer. Auch beim Fast food und bei Finanzdienstleistungen (American Express z. B.) ist er ausgeprägt. Als die Japaner in immer größerer Zahl zu reisen anfingen, waren japanische Restaurants und Hotels die ersten sichtbaren Anzeichen einer wichtigen Auslandsentwicklung.

Ähnliche Argumente lassen sich anwenden, wenn ein Land der heimische Stützpunkt vieler Multis ist. Vor allem in den Anfangsjahren ihrer Auslandtätigkeit zogen multinationale Gesellschaften es häufig vor, mit Dienstleistungsfirmen aus ihrem eigenen Land Geschäfte zu machen. Das bringt Vorteile bei der Kommunikation und dem gegenseitigen Verständnis, verringert das Risiko, verschafft den einheimischen Dienstleistungsfirmen eine Grundlage für die Auslandsnachfrage und, was noch wichtiger ist, einen frühen Anreiz, ins Ausland zu gehen. Das hatte Einfluß auf amerikanische Wirtschaftsprüfungsgesellschaften, Werbeagenturen, PR-Firmen und Beratungsunternehmen, in einem geringeren Maß auch auf Schweizer Banken. Großbritannien zog bedeutenden und fortwährenden Nutzen aus dem Britischen Empire und den weiterhin starken Banden zwischen England und Ländern wie Australien, Kanada, Hongkong und Südafrika. Die Sogwirkung vieler, zunehmend multinationaler japanischer Unternehmen kommt heute den japanischen Banken und Baufirmen zugute.

Mobilen oder multinationalen Kunden kommt in den Dienstleistungsbranchen aufgrund eines verbreiteten Protektionismus besondere Bedeutung zu. Einheimische Dienstleistungsfirmen sind meistens zahlreich vertreten und üben politische Macht aus. Wenn die Dienstleistungsfirmen eines Landes im Ausland ein Fundament aus treuen heimischen Kunden besitzen, steigen die Chancen, dort eine entwicklungsfähige Wettbewerbsposition aufzubauen, ganz erheblich.

Der internationale Umsatz der Dienstleistungsfirmen eines Landes wird auch erleichtert, wenn das Land seine Kultur, seine Usancen und Bestimmungen ins Ausland exportieren kann. Ein Beispiel aus dem Bereich der rechtlichen Dienstleistungen: Amerikanische Anwaltskanzleien sind von den internationalen Büros her eindeutig führend. Baker & McKenzie (Vereinigte Staaten) ist die größte internationale Kanzlei mit 1985 sechsundzwanzig Auslandsbüros. Fünf der acht größten Anwaltskanzleien sind amerikanisch, zwei englisch. Elf der ersten zwanzig sind amerikanische Kanzleien, fünf sind englisch. Der internationale Erfolg der amerikanischen und englischen Kanzleien liegt zum Teil daran, daß man den Klienten ins Ausland folgte.[16] Ein beträchtlicher Teil ihres Vorteils kommt jedoch aus der Tatsache, daß für viele internationale Geschäfts- und Finanztransaktionen das New Yorker oder englische Recht gilt.

Verwandte und unterstützende Branchen

Das Vorhandensein des nationalen Wettbewerbsvorteils in verwandten und unterstützenden Branchen bringt andere Dienstleistungsbranchen hervor, genau wie in der Fertigungsindustrie. Eine besonders wichtige Gruppe unterstützender Branchen für viele Dienstleistungen ist die, die mit Informationstechnologie zu tun hat. Die Vereinigten Staaten mit ihren Computerunternehmen von Weltrang und einer Unzahl Anbieter von Kundensoftware und Softwarepaketen sind in einer bevorzugten Lage, weil die amerikanischen Dienstleistungsfirmen Zugang zu einem breiten Angebot an spezialisierten Geräten haben, mit denen sie ihre Arbeit automatisieren können.

Ein nationaler Vorteil bei komplementären Industrieprodukten oder anderen Dienstleistungen zieht die Nachfrage in einigen Dienstleistungsbranchen mit. Die Existenz international wettbewerbsfähiger Branchen in einem Land ist für den nationalen Vorteil in verwandten Dienstleistungsbranchen in dreifacher Hinsicht von Nutzen: Sie sorgt für anspruchsvolle Kunden im Inland, sie schafft eine Nachfragegrundlage im Ausland, und sie zieht verwandte Dienstleistungen mit.

In jüngster Zeit hat die verwandte Diversifizierung durch die Dienstleistungsunternehmen begonnen. Die Existenz großer, international wettbewerbsfähiger Dienstleistungsfirmen in Ländern wie den Vereinigten Staaten und Großbritannien bringt allmählich Vorteile in verwandten Bereichen hervor. Etablierte Dienstleistungsfirmen steigen in neue Branchen ein, denen sie von der Systematisierung her Vorteile bringen. Der Prozeß der heimischen Branchenkonsolidierung beschleunigt sich. Der nächste Schritt ist die Expansion ins Ausland.

Marriott z. B., ein führendes internationales Hotelunternehmen, erringt eine internationale Spitzenposition im Catering von Fluggesellschaften und in anderen Geschäftssparten, die mit Nahrungsmitteln und Beherbergung zu tun haben. International Service System (Dänemark), mit Einnahmen von über 500 Millionen $, entwickelt sich vom Unternehmen für Krankenhausreinigung zu einem internationalen Spitzenbetrieb auf Gebieten wie gewerblicher Wäscherei. In diesem Entwicklungsstadium von Dienstleistungssektoren ist die Existenz bereits eingeführter, großer Dienstleistungsunternehmen in einem Land eine Stärke.

Unternehmensstrategie, Struktur und Wettbewerb

Die Dienstleistungsfirmen verschiedener Länder weisen einige charakteristische Unterschiede in der organisatorischen Praxis auf. Schweizerische Firmen sind dort stark, wo Vertrauen, Diskretion und persönliche Aufmerksamkeit wichtig oder schwierige Verhandlungen erforderlich sind (z. B. im Handel). Amerikanische Firmen sind auf Gebieten stark, wo systematische und analytische Verfahren aufgebaut werden können (etwa die Beratung) oder schnelle Problemlösungen notwendig sind (z. B. Werbung).

Das Ansehen verschiedener Dienstleistungsbeschäftigungen ist von Land zu Land sehr unterschiedlich. In einigen Ländern ziehen die Schwerindustrie und technische Beschäftigungen die besten Leute an, während die Dienstleistungen in der Hackordnung ganz am Schluß liegen. In den Vereinigten Staaten dagegen ist die Arbeit in einem Beratungsunternehmen oder an der Wall Street hoch angesehen. Viele der Besten zieht es in die Dienstleistungsbranche. In Großbritannien sind Dienstleistungen wie Beratung, Auktionen und, seit neuestem, Finanzen ebenfalls sozial annehmbar, während eine Arbeit in der Industrie für viele aufstrebende oder der Oberschicht angehörende Akademiker immer noch undenkbar ist.

Ungehinderter, starker Inlandswettbewerb schafft ein fruchtbares Umfeld, in dem Dienstleistungsfirmen von Weltrang wachsen können. Der Wettbewerb unter den »großen Acht« der amerikanischen Wirtschaftsprüfungsbranche, den zahlreichen Schweizer Banken und den vielen britischen Versicherungsgesellschaften (Lloyd's London besteht selbst aus einer großen Zahl lose angegliederter, miteinander konkurrierender Unternehmen) bietet ein gutes Beispiel. Der Wettbewerb in den meisten Dienstleistungsbranchen erfordert Detailbeachtung, ständige Einführung neuer Dienstleistungsvarianten und hohes Verständnis für den Kunden. Eine Gruppe heimischer Konkurrenten ist ein wesentlicher Bestandteil des Erfolgs in einem solchen Branchenumfeld.

Ein Mangel an wirksamem Inlandswettbewerb bedeutet dagegen, daß die Dienstleistungsbranche eines Landes nur selten im Ausland Erfolg haben wird. Bei Wertpapieren z. B. haben die vier großen japanischen Konkurrenten (Nomura, Daiwa, Nikko, Yamaichi) eine gesicherte Position auf dem Inlandsmarkt, weil es Bestimmungen gibt, die den Zugang beschränken und die Maklerprovisionen festlegen. Sie erzielen außergewöhnlich hohe Gewinne, da es an dem erbitterten Wettbewerb fehlt, der für viele japanische Branchen so typisch ist. Das und die noch relativ anspruchslosen Käufer finanzieller Dienstleistungen (Einzelpersonen und Firmen) haben dazu geführt, daß diese Unternehmen noch einiges im internationalen Wettbewerb lernen müssen, auch wenn sie einen bevorzugten Zugang zum Auslandsgeschäft japanischer Unternehmen haben, kostengünstiges Kapital und die Bereitschaft, große Verluste aufzufangen.

Dienstleistungsbranchen entstehen meistens aus kleinen, neugegründeten Firmen, seltener aus großangelegten Einstiegsstrategien. Ein Land erzielt bei Dienstleistungen einen besonderen Vorteil, wenn die Gründung eines neuen Unternehmens leicht ist und Zustimmung findet. Von Bedeutung ist auch die Möglichkeit einer Anschlußfinanzierung, um aus der Neugründung ein Unternehmen mit mehreren Betrieben zu machen (der Anfangsbedarf an Kapital ist in vielen Branchen gering). Der tertiäre

Sektor ist einer der Bereiche, der am meisten von einem aktiven Markt für Beteiligungskapital und Beteiligungsfinanzierung profitiert. Die Vereinigten Staaten und Großbritannien nutzen beide diesen Vorteil.

Der Dienstleistungssektor mit seinen zumeist kleineren Betrieben und den zersplitterten Branchenstrukturen ist für staatliche Eingriffe besonders anfällig. Bestimmungen, die Kleinbetriebe schützen oder deren Handlungsweise anderweitig beeinflussen, sind nichts Außergewöhnliches. Wenn diese Bestimmungen die Einführung von Technologie verzögern, die Bildung neuer Dienstleistungen aufhalten oder blockieren, die Konsolidierung lokaler Dienstleistungsbranchen zu nationalen hemmen, den Auslandswettbewerb behindern oder den Inlandswettbewerb dämpfen, beeinträchtigen sie die Möglichkeit, daß das Land sich in den betroffenen Dienstleistungsbranchen einen internationalen Wettbewerbsvorteil verschafft.

Italien leidet in vielen Dienstleistungsbranchen unter diesem Problem, obwohl das Klima für die Gründung neuer Firmen äußerst günstig ist. Die zahlreichen Einschränkungen der Eröffnung neuer Standorte, der Arbeitszeiten u. ä. haben die Entwicklung des italienischen Dienstleistungssektors ernsthaft verzögert. Außerdem haben italienische Währungsbestimmungen direkte Auslandsinvestitionen eingeschränkt, die für viele Branchen unentbehrlich sind. Deutsche und japanische Unternehmen haben mit ähnlichen, wenn auch nicht so entmutigenden Schwierigkeiten zu kämpfen.

Ein Land, das seinen Dienstleistungsbranchen Flexibilität sichert, profitiert davon. Einer der Hauptgründe dafür, daß Großbritannien bei bestimmten Versicherungsformen führend in der Welt ist, ist der, daß Lloyd's London der vielleicht am wenigsten staatlich regulierte Versicherungskomplex der Welt ist, wenn es um Waren geht. Seine Freiheit, die Prämien festzusetzen und neue Versicherungsarten abzuschließen – wo hingegen ausländische Gesellschaften durch die Einhaltung lokaler Bestimmungen und staatliche Zustimmung gebunden waren –, hat Lloyd's in der Branche jahrzehntelang bei Innovationen zur treibenden Kraft gemacht.[17] Eine ähnliche Flexibilität ist den schweizerischen Händlern zugute gekommen. Der internationale Erfolg bei Dienstleistungen erfordert ein heimisches Umfeld, das die Firmen dem internationalen Wettbewerb aussetzt und internationale Geschäfte fördert, nicht behindert.

Eine starke staatliche Präsenz in einer Dienstleistungsbranche ist im allgemeinen ein verläßliches Anzeichen dafür, daß das betreffende Land international kaum in Erscheinung tritt. Die Länder, in denen sich der Staat am stärksten in den Dienstleistungssektor einmischt, wie in Italien, Deutschland und Schweden, gehören ihrer internationalen Position nach zu den schwächsten.

Zusammenballung und Dienstleistungsbranchen

Dienstleistungsbranchen sind fester Bestandteil von Clustern. Wettbewerbsfähige Dienstleistungsbranchen bringen Zuliefer- und Kundenbranchen hervor oder werten sie auf. Wettbewerbsfähige Fertigungsindustrien regen auch den internationalen Erfolg in verwandten Branchen an. Die italienischen Design-Service-Unternehmen, die Autos, Schuhe, Bekleidung und zahllose andere Produkte für ausländische

Kunden entwerfen, entstanden aus den starken italienischen Fertigungsindustrien dieser Bereiche.

Ein gutes Beispiel für eine in einen nationalen Cluster eingebettete Dienstleistungsbranche sind die Spezialtransporte. Schwedische Firmen gehören beim Autotransport oder bei Spezialschiffen, die Autos zwischen Europa, Nordamerika und Asien befördern, weltweit zu den führenden Unternehmen. Der Erfolg Schwedens in dieser Branche hat seine Wurzeln in einigen anderen international agierenden schwedischen Branchen, durch die er bestärkt wurde. Die schwedischen Werften verfügen über eine hochentwickelte Technologie und haben sich zunehmend auf den Bau von Spezialschiffen verlegt, um so gegen die asiatische Konkurrenz zu bestehen. Schweden hat eine lange Tradition in der Handelsschiffahrt, und die Frachtunternehmen mußten wegen der hohen schwedischen Arbeitskosten auf stärker spezialisierte Gebiete ausweichen. Das letzte Glied der Gleichung ist die Existenz zweier international erfolgreicher LKW- und PKW-Hersteller in Schweden, nämlich Volvo und Saab-Scania, die schon früh in andere Länder exportiert haben. Die schwedischen Autotransportunternehmen investierten früh und massiv in neue Spezialschiffe und wurden Branchenführer. Die zweite führende Nation im Autotransport ist Japan, was kaum verwundert.

Ein weiteres gutes Beispiel für eine Zusammenballung unter Einbeziehung der Dienstleistungen ist die amerikanische Werbebranche. Die USA sind in werbeintensiven Konsumgütern führend, und ihre Konsumgüterunternehmen sind anspruchsvolle Werbekunden. Die amerikanischen Werbeagenturen folgten den Konsumgüterunternehmen ihres Landes nach dem Zweiten Weltkrieg ins Ausland. Die Vereinigten Staaten haben eine lange Tradition in der Medieninnovation; dort wurde beispielsweise zuerst das Fernsehen eingeführt und auch sehr früh das Telemarketing. Der Privatbesitz bei den Medien, ihr hoher Anspruch und die frühe Möglichkeit, ungehindert in Fernsehen und Rundfunk zu werben, stärkten ebenfalls die Position der amerikanischen Werbeagenturen.

Cluster der Dienstleistungsbranchen sind oft geographisch konzentriert, genau wie bei der Produktion. Die Londoner City ist ein gutes Beispiel als Ballungszentrum finanzieller Dienstleistungen und verwandter Branchen, während Boston eine einmalige Konzentration bei vielen Arten der Beratung und Software bietet. Bei den Dienstleistungen wie in der Produktion hängen Cluster häufig mit Fachschulen oder universitären Forschungsprogrammen, die sich auf ein Gebiet konzentrieren, zusammen.

Dienstleistungen und Entwicklung der Volkswirtschaft

Man ist sich darüber uneins, ob ein internationaler Erfolg bei den Dienstleistungen für ein Land genauso wertvoll ist wie der Erfolg bei der Produktion, vor allem bei Dienstleistungen, bei denen Wettbewerb vom Typ 3 herrscht, also viele Arbeitsplätze im Ausland liegen. Diese Frage greift der Behandlung der staatlichen Politik (Kapitel 12) vor, doch die Antwort lautet kurz und klar: ja. Viele Dienstleistungen bieten die Möglichkeit zu einem hohen Produktivitätsniveau und raschem Produktivitätswachstum. Viele internationale Dienstleistungsbranchen beschäftigen hochspezialisierte Arbeitskräfte, auf Gebieten bewandert, die mit moderner Technologie verbunden sind. Kundensoftware, Beratung und technische Dienstleistungen mögen als Beispiele dienen. Viele Dienstleistungen (wie das zerstörungsfreie Testen) stehen technologisch an vorderster Front und sind wesentlich für den Erfolg in anderen High-Tech-Branchen. Internationaler Erfolg bei Dienstleistungen führt auch zu einem Zustrom ausländischer Gewinne, bei vergleichsweise bescheidenen ausländischen Direktinvestitionen.

Dienstleistungen sind Bestandteil des Ballungsprozesses, der so zentral für die Bildung des nationalen Wettbewerbsvorteils ist. Dienstleistungsunternehmen bieten vielen anderen Branchen die notwendigen Kenntnisse, Technologien und Hilfen. Ein Land ohne günstige Stellung bei den Dienstleistungen büßt zunehmend Volkseinkommen ein, aber auch Vorteile für die Wettbewerbsposition anderer Branchen. Art und Internationalisierung vieler Dienstleistungsbranchen haben sich in den Nachkriegsjahren erheblich verändert, und alle Klischees von Dienstleistungen als technologisch simpel und aufs Inland beschränkt sind längst überholt.[18]

Umgekehrt kann ein weitgehend fehlender Wettbewerbsvorteil in den Dienstleistungsbranchen eines Landes eine ernsthafte Belastung für die nationale Produktivität und das Produktivitätswachstum sein, wie es etwa in Japan und Schweden der Fall ist. Die Dienstleistungen stellen in praktisch allen Ländern einen beachtlichen Beschäftigungsanteil, vor allem in den Industrieländern. Eine geringe Dienstleistungsproduktivität infolge gedrosselten Wettbewerbs, restriktiver Bestimmungen, Staatseigentums oder anderer Ursachen bedeutet eine Beschränkung des Pro-Kopf-Einkommens. Die Öffnung der Dienstleistungsbranchen für den in- und ausländischen Wettbewerb ist nicht nur zur Ankurbelung von Produktivitätsverbesserungen wesentlich, sondern auch zur Freisetzung knapper Arbeitskräfte, die in anderen, produktiveren Branchen eingesetzt werden können. Schweden steht z. B. vor einem Arbeitskräftemangel, der wettbewerbsfähige Produktionsunternehmen daran hindert, in Schweden zu expandieren, während gleichzeitig Arbeitskräfte in einem relativ unwirtschaftlichen Dienstleistungssektor gebunden sind.

Fallstudien in der Entwicklung
wettbewerbsfähiger Dienstleistungsbranchen

Viele Grundsätze des internationalen Wettbewerbs bei Dienstleistungen lassen sich durch Fallstudien bestimmter Dienstleistungsbranchen darstellen. Konstruktion und Bauwesen, mit die verbreitetsten Dienstleistungen, sind ein hervorragendes Beispiel. Das Auktionswesen, sehr viel kleiner zwar, doch höchst auffällig, veranschaulicht andere wichtige Erkenntnisse.

Konstruktion und Bauwesen[19]

Die Konstruktionsbranche beschäftigt sich mit dem Entwerfen von Industrieanlagen und anderen Industrie- und öffentlichen Projekten. Konstruktionsfirmen üben auch oft die Bauaufsicht aus. Die Baubranche befaßt sich mit dem eigentlichen Bauen von Projekten. Manchmal werden Konstruktion und Bau von derselben Firma angeboten, doch in vielen Fällen sind verschiedene Firmen beteiligt.

Bei einem recht großen Teil der Konstruktionsdienstleistungen und der Mehrheit der Bauvorhaben geht es um ziemlich einfache Projekte: kleine Fabriken, Lagerschuppen, Büros und Wohnhäuser. In diesen Marktbereichen herrscht wenig internationaler Wettbewerb. Bei Großprojekten und sehr aufwendigen Industrieanlagen dagegen hat es nach dem Zweiten Weltkrieg sehr viel Internationalisierung und Wettbewerb gegeben.

Amerikanische Unternehmen waren in der Vergangenheit in der Konstruktions- und Baubranche die beherrschenden internationalen Wettbewerber. Selbst 1987 entfielen nach Angaben der 250 internationalen Spitzenunternehmen auf US-Firmen 24,5 Prozent der internationalen Vertragszuschläge, vor Japan (13,4 Prozent), Italien (12,4 Prozent), Frankreich (11,6 Prozent), Großbritannien (10,7 Prozent), Deutschland (8 Prozent), Korea (2,8 Prozent), den Niederlanden (1,9 Prozent), der Schweiz (1,6 Prozent) und der Türkei (1,1 Prozent).[20]

In den 30er Jahren entstanden in den USA große Konstruktions- und Baufirmen, vor allem durch den Bau von Inlandsprojekten. Die Nachfragebedingungen in den Vereinigten Staaten waren für die Konstruktions- wie die Baubranche äußerst günstig. Da es in den Vereinigten Staaten Branchen zur Erschließung fast aller Ressourcen gab und auch eine große Zahl international wettbewerbsfähiger Fertigungsindustrien, kamen die amerikanischen Konstruktions- und Baufirmen in Berührung mit den aufwendigsten Projekten und den anspruchsvollsten Kunden der verschiedenartigsten Anlagen der Welt. Klima, Bodenbeschaffenheit und andere Baubedingungen waren in den Vereinigten Staaten grundverschieden, sie boten ein breites Spektrum an Bedingungen, von denen man lernen konnte. Die massiven kriegsbedingten Aktivitäten bewirkten eine schnelle Zunahme der Firmenvolumen und des hohen technischen Standes.

Als der Zweite Weltkrieg zu Ende ging, hatten einige große amerikanische Unternehmen wie Bechtel, Fluor, Kellogg und andere Erfahrungen gemacht in Entwurf, Abwicklung und Bau von Großprojekten verschiedener Art. Nach dem Krieg konnten sie auf einen Pool ausgebildeter Diplomingenieure zurückgreifen, ehedem Angehörige von Marine- und Heeres-Pionierbataillonen. Die amerikanischen Firmen lieferten sich einen scharfen Wettbewerb, ganz im Gegensatz zu größerer Verständigungsbereitschaft und sogar Geheimabsprachen in anderen Ländern.

Die ersten Nachkriegsjahre bescherten den amerikanischen Konstruktions- und Baufirmen im Ausland eine Hochkonjunktur. Die industrielle Grundlage der USA war weitgehend intakt, während viele Länder in Europa und Asien vor einem immensen Wiederaufbau standen. Da die lokalen Konstruktions- und Baufirmen entweder klein oder voll ausgelastet waren, bot sich den amerikanischen Firmen die Gelegenheit, in die Auslandsmärkte einzudringen. Da sie die beste Verfahrenstechnologie und auch Erfahrung in der Abwicklung schwieriger Bauvorhaben besaßen, standen US-Unternehmen bald an der Spitze der internationalen Konstruktions- und Baufirmen.

Amerikanische Firmen entwarfen und bauten auch viele Projekte für andere US-Unternehmen, die sich z. T. im Zuge der gleichen ausländischen Nachfragewoge im Ausland ausbreiteten. Amerikanische Bergwerksgesellschaften und Hersteller von Holzprodukten z. B. investierten sehr stark im Ausland. Auch das umfangreiche Auslandshilfeprogramm der USA half mit, denn die Unterstützung war in einigen Fällen mit der Auftragsvergabe an US-Firmen verknüpft. Amerikanische Konstruktions- und Baufirmen kurbelten ihrerseits den internationalen Absatz vieler Industrieerzeugnisse an, wie Planierraupen von Caterpillar, Aufzüge von Otis und Klimaanlagen von Carrier.

Die amerikanische Vorherrschaft bei Konstruktion und Bauwesen reichte bis in die 60er und frühen 70er Jahre. In den 60er Jahren erreichten jedoch auch Unternehmen aus anderen Ländern eine nennenswerte Größe und hohen technischen Stand. Als ihre heimischen Märkte sich im Verlauf des Wiederaufbaus sättigten, hielten Unternehmen aus Italien, Deutschland, Frankreich und Skandinavien Ausschau nach Exportmärkten. Die besten Firmen erzielten mit der Zeit einen gewissen internationalen Erfolg.

Die japanischen Konstruktions- und Bauunternehmen spielten ab den 70er Jahren eine bemerkenswerte Rolle auf den internationalen Märkten. Sie nutzten fortschrittliche Arbeitstechnologien, die in der japanischen Industrie entwickelt worden waren, z. B. in der Stahlindustrie. Viele der Auslandsprojekte wurden entweder für japanische Unternehmen gebaut oder waren Vorhaben, die japanische Firmen finanziert hatten und/oder zum Teil in deren Besitz waren. In dieser Phase bahnten japanische Unternehmen viele Auslandsprojekte an, um sich den Zugang zu Rohstoffen zu sichern.

Firmen aus Deutschland, Italien, Japan und Skandinavien hatten Stärken in den Bereichen, in denen die Nachfragebedingungen günstig waren: Die heimischen Kunden waren international wettbewerbsfähig und/oder die heimischen Bedürfnisse ungewöhnlich zwingend. Die skandinavischen Unternehmen z. B. waren stark in Papierfabriken, Dämmen, Brücken, Häfen und Wasserkraftwerken. Die italienischen Firmen waren gut im Straßenbau und bei Infrastrukturprojekten, wobei sie ihre Erfahrung im Kampf mit dem schwierigen und vielfältigen Gelände nutzten. Deutsche Unternehmen hatten Stärken im Bau von Chemie- und Hüttenwerken. Japanische Firmen bauten mit Erfolg Stahlwerke, Werften, erdbebensichere Gebäude, Eisenbahnen, U-Bahnen und andere Massenverkehrsmittel, Dämme (Japan erzeugt einen beträchtlichen Teil seines Stroms aus Wasserkraft) und Aquakultur-Anlagen.[21]

Die erfolgreichen Länder lockten auch Facharbeiter und andere Faktoren an. Italien z. B. hatte eine ausgeprägte Tradition und ein Ausbildungssystem im Tiefbau und in einigen Bereichen der chemischen Technologie. Italienische Firmen waren besonders in afrikanischen Ländern und im Mittleren Osten erfolgreich, wo die geographische Nähe und die Tatsache, daß Italien nicht als Kolonialmacht angesehen wurde, beim Aufbau von Auslandsbeziehungen halfen. Italienische Unternehmer verstanden sich aufs Verhandeln, und die manchmal byzantinisch anmutenden italienischen Regelungen ließen sie die Schwierigkeiten bei Geschäftsabschlüssen in Entwicklungsländern ungewöhnlich geschickt meistern. Italiener waren eher als andere bereit, im Ausland an unwirtlichen Orten zu leben. Italiens Unternehmen profitierten auch von einem besonders rührigen Einsatz der Auslandshilfe für Entwicklungsländer, die eine Nachfrage nach italienischen Produkten und Dienstleistungen nach sich zog.

Gegen Ende der 70er Jahre begannen Bauunternehmen aus Entwicklungsländern wie Korea, den Philippinen und Taiwan, eine Rolle im internationalen Baugeschäft zu spielen. Die koreanischen Firmen operierten besonders offensiv. Sie hatten sich ihre Sporen beim heimischen Wiederaufbau nach dem Koreakrieg verdient und hatten von Großprojekten auf amerikanischen Militärstützpunkten gelernt. Arbeiten für das US-Militär in Vietnam waren ein weiteres Sprungbrett zu internationalen Märkten. Der Schlüssel zum internationalen Wettbewerb für Firmen aus Korea und anderen Entwicklungsländern lag in den Basisfaktoren: motivierten, dabei kostengünstigen Arbeitskräften. Koreanische Firmen arbeiteten häufig als Subunternehmer für Firmen aus Industrieländern. Nach und nach übernahmen einige von ihnen die Führung bei Projekten, wenn auch überwiegend bei denen, die eine relativ einfache Technologie und ein geringes Maß an organisatorischer Schwierigkeit erforderten. Der Bauboom im Mittleren Osten, der viele einfache Infrastrukturvorhaben einschloß, war ein Segen für die koreanische Baubranche. Sein Abebben in dieser Region hat koreanische Firmen, die nie über das Stadium von Basisfaktorvorteilen hinauskamen, besonders hart getroffen.

Die Konstruktions- und Baubranche machen die Bedeutung von früher Nachfrage, fortschrittlichen heimischen Kunden, ungewöhnlich zwingenden Inlandsbedürfnissen und Nachfragewogen für den internationalen Erfolg deutlich. Sie veranschaulichen außerdem die Bindung zwischen den Dienstleistungen und verwandten Fertigungsbranchen sowie die belebende Rolle, die ein nachhaltiger Inlandswettbewerb auf dem Weg der Dienstleistungsunternehmen eines Landes zum internationalen Erfolg spielt. Auch die Rolle der Faktorbedingungen ist offenkundig. Ein Land hat auf den Gebieten Erfolg, wo es über gutentwickelte Ausbildungssysteme in Konstruktion verfügt. Die Faktorkosten dagegen sind offenbar nicht entscheidend, außer bei Firmen aus Billiglohnländern. Wie verwundbar diese Länder durch ein verlangsamtes Wachstum oder eine zu große Abhängigkeit von niedrigen Löhnen sind, wird deutlich an den geschwächten Bedingungen, die in jüngster Zeit herrschen. Amerikanische Firmen behaupteten dagegen, trotz hoher Faktorkosten, aber dank einem günstigen nationalen »Diamanten«, eine starke Position. Mit dem Aufstieg von Unternehmen aus anderen Ländern (vor allem Japan) und vielen Branchen zu weltweit führenden Herstellern ergibt sich jedoch eine erhebliche Bedrohung für den Wettbewerbsvorteil der USA.

Auktionen

Während Konstruktion und Bauwesen gewaltige Industrien mit internationalen Umsätzen sind, die es fast mit jedem Industrieerzeugnis aufnehmen, sind viele Dienstleistungen (und Fertigungsindustrien) stärker spezialisiert. Ein aufschlußreiches Beispiel, das Auktionswesen, dient uns als eine weitere Fallstudie, wie sich ein nationaler Vorteil in einer Dienstleistungsbranche entwickelt. Versteigerer haben mit dem Verkauf der verschiedensten Sammelobjekte zu tun, von Gemälden und anderen Kunstwerken über Möbel und Schmuck bis zu Porzellan. Einige Auktionshäuser kaufen Objekte auf eigene Rechnung und verkaufen sie dann auf dem Wege der Versteigerung weiter. Andere Häuser, darunter auch die international führenden britischen Firmen, treten lediglich als Vermittler auf. Hier werden Objekte im Namen des Verkäufers versteigert, und das Auktionshaus erhält normalerweise eine Provision von beiden Parteien des Geschäfts. Als Gegenleistung für die Provision erstellt das Auktionshaus Kataloge, wirbt für die Auktion, lagert die Objekte und führt die eigentliche Versteigerung durch. Eine moderne Versteigerung – das sind nicht nur die im Auktionssaal Anwesenden, sondern auch Vorabgebote von Kunden aus der ganzen Welt und telefonischen Mitbietern, während die Auktion läuft.

Britische Firmen oder solche, die in Großbritannien entstanden sind und dort einen heimischen Stützpunkt haben, beherrschen das Auktionsgeschehen in der Welt. Sotheby's, Christie's, Phillips und Bonhams sind die vier führenden Häuser. Allein ihr Umsatz beläuft sich pro Jahr auf über eine Milliarde Pfund, wobei die Käufer fast ausschließlich Ausländer sind. Alle Firmen sind in britischem Besitz, bis auf Sotheby's, das den britischen Eigentümern von einer amerikanisch geführten Investorengruppe abgekauft wurde (wenngleich der Stammsitz sich noch immer in Großbritannien befindet). Sotheby's, Christie's und Phillips haben neben ihren Londoner Instituten Büros, Säle und Ausstellungsräume in anderen Ländern und halten in der ganzen Welt Versteigerungen ab. Bonhams versteigert nur in London, zieht aber Käufer und Verkäufer aus der ganzen Welt an. Es gibt kleinere Auktionshäuser, die in anderen Ländern sitzen, aber im internationalen Auktionsgeschäft sind britische Firmen die beherrschende Macht.

Großbritannien war über Jahrhunderte ein unermeßlich reiches Land, in dem sich große Kunstsammlungen angehäuft hatten. Die Größe der Inlandsnachfrage erklärt die britische Vorherrschaft bei Auktionen jedoch keineswegs. Frankreich und Italien z. B. hatten unbestreitbar eine weit ausgeprägtere Kunsttradition, während Amerika, was den Kunsterwerb betrifft, in wenigen Jahrzehnten zur größten Einzelmacht wurde. Japanische Käufer sind erst Ende der 80er Jahre auf internationalen Auktionen hervorgetreten.

Englands Tradition im Auktionswesen ist mehrere hundert Jahre alt. Noch wichtiger ist allerdings die Tatsache, daß Versteigern in Großbritannien immer als eine ehrenhafte, angesehene Art galt, Dinge zu kaufen und zu verkaufen, während es in einigen anderen Ländern stets mit einigem Mißtrauen betrachtet wurde.

Diese Tradition hatte zur Folge, daß sich um die Jahrhundertwende Hunderte von Auktionshäusern in Großbritannien breitmachten. Zum Teil wegen des aktiven Wettbewerbs gingen die führenden britischen Auktionshäuser dazu über, lediglich als Vermittler aufzutreten. Auktionshäuser in anderen Ländern strebten oft höhere Gewinne an und kauften Objekte auf eigene Rechnung. Das britische Vorgehen verringerte nicht nur den Kapitalbedarf, sondern schuf für den Auktionator auch die bestmöglichen Beweggründe, sowohl aus der Sicht des Käufers wie des Verkäufers.[22] Die britische Inlandsnachfrage nach der Dienstleistung Versteigerung wurde immer anspruchsvoller, da wegen der hohen heimischen Erbschaftssteuern ständig Objekte zur Versteigerung gelangten.

Der gute Ruf der britischen Auktionshäuser war ein wichtiger Grund, weshalb Kunden Waren nach England zum Verkauf gaben. Eng damit zusammen hing das ausgedehnte Britische Imperium, das London zum Markt für exotische Waren aus der ganzen Welt werden ließ. Zu diesen Vorteilen kam noch Großbritanniens relativ zentrale Lage, nah am europäischen Festland und zwischen Amerika und Asien. Diese Lage und die Anziehungskraft der Weltstadt London stärkten die Bedeutung der Stadt als Mittelpunkt der Welt der Auktionen.

Der Auktionshandel zog in England hochgebildete Menschen an. Dank seiner Verbindung zur Kunst war das Versteigern eine geachtete Tätigkeit in einem Land, in dem der Handel nicht als sonderlich angesehene Beschäftigung galt. Das britische Universitätssystem bietet im Bereich der Kunst eine sehr gute Ausbildung, hat jedoch auf den eher praktischen Gebieten wie Technik und Wirtschaft einige Mängel. Die gewaltige Infrastruktur aus Museen und Galerien sorgte in England für einen Stamm an Fachleuten (und für Objekte zu Vergleichszwecken), auf die bei der Taxierung von Objekten und Echtheitsbescheinigung zurückgegriffen werden konnte.

Wichtig für den britischen Erfolg war auch ein durch Vorschriften vergleichsweise wenig eingeschränktes Umfeld. In vielen Ländern, wie etwa Frankreich und Italien, wurden die Ein- und Ausfuhr von Kunstgegenständen streng kontrolliert und häufig hoch besteuert.[23] Frankreich hat die Vorschriften noch einen Schritt weiter getrieben, die Versteigerer zu halbstaatlichen Angestellten gemacht, das Versteigern vom Taxieren der Objekte getrennt und bestimmt, daß die Schlüsselpositionen von französischen Staatsbürgern bekleidet werden müssen. Französische Auktionshäuser genießen zwar ein bequemes und geschütztes Dasein, haben aber im internationalen Wettbewerb keinen Erfolg gehabt.

Die britischen Auktionsbestimmungen gehören dagegen zu den großzügigsten der Welt: Es gibt nur leichte Verwaltungsvorschriften beim Ex- und Import von Objekten, und die Umsätze sind von der Mehrwertsteuer befreit. Die einzige Ausnahme bildet Schmuck, der in Großbritannien seit jeher relativ hoch besteuert wird. Es überrascht nicht, daß die Schweiz zum Zentrum der Schmuckauktionen wurde, ein Land mit niedrigen Steuersätzen, und daran hat sich nichts geändert; aber die englischen Auktionshäuser sind über ihre schweizerischen Büros trotzdem gut im Geschäft.

Vielleicht der Hauptgrund für den anhaltenden englischen Erfolg ist jedoch eine lange und aktive Geschichte von Innovationen im englischen Auktionshandel. Englische Häuser praktizierten als erste Preistaxierung, internationale Verkäufe, auffällige PR und massives Marketing. Grundlage für diese Innovationen waren hochqualifizierte Mitarbeiter, aufgeschlossene heimische Kunden, die anspruchsvolle Auktionsbesucher waren, und das Fehlen restriktiver Bestimmungen. Der größte Einzeleinfluß aber ging wohl vom harten Wettbewerb der Londoner »großen Vier« aus. Vor allem Sotheby's und Christie's versuchen seit Jahrzehnten mit aller Macht, einander zu übertrumpfen. Neuerungen werden sofort kopiert, und das Gerangel der Auktionshäuser um das Recht, umfangreiche Nachlässe und Sammlungen zu verkaufen, ist legendär. Was das Auktionsgeschäft angeht, ist das »betuliche« England alles andere als betulich.

Der Auktionshandel macht die unscheinbare Rolle der Faktorbedingungen beim Dienstleistungswettbewerb deutlich. Wichtige Produktionsfaktoren im Auktionshandel sind bestens ausgebildete, spezialisierte Mitarbeiter, die von der Branche angezogen werden; ein Stamm an Kunstexperten; ein Vorrat an Kunstgegenständen in

Museen und Privathäusern; die Lage Englands als ein zentraler Ort in einer Welt, die zu bereisen als erstrebenswert galt. Die Nachfragebedingungen und die Art des Inlandswettbewerbs waren ebenso wesentlich für den englischen Erfolg.

Auch beim Auktionshandel wird die beherrschende Rolle von Reglementierung und Protektion in der Einflußnahme auf die Betriebspraktiken des Dienstleistungsunternehmens und den Wettbewerb deutlich. Im Fall des Auktionshandels sieht man, genauso wie bei vielen anderen Dienstleistungen, die wir untersucht haben, einschließlich der Versicherungen und den der Gesundheitsfürsorge nahestehenden Bereichen, daß restriktive Reglementierung und Protektion zwar legitimen nationalen Zielen dienen mögen, aber sich bei den Dienstleistungen gegen die internationale Wettbewerbsfähigkeit auswirken, genau wie bei der Produktion.

Der Auktionshandel ist schließlich eine Branche, bei der die Vorteile des früh Handelnden besonders zur Geltung kommen. Dadurch, daß sie sich früh etablierten, erlangten die englischen Auktionshäuser den Ruf, die besten Käufer anzuziehen. Das wiederum eröffnete den Zugang zu den Verkäufern, die für ihre Objekte Höchstpreise erzielen wollten. Die Zeit des einzigartigen englischen Wohlstands ist zwar vorbei, doch einige Wirtschaftszweige, die in jener Zeit zu Ansehen kamen, behaupten immer noch ihre starke internationale Position.

TEIL III
LÄNDER

KAPITEL 7

MUSTER DES NATIONALEN WETTBEWERBSVORTEILS: DIE FRÜHEN NACHKRIEGSGEWINNER

Ein genauerer Blick auf die Wirtschaft der Industrieländer enthüllt starke Unterschiede im Muster des nationalen Wettbewerbsvorteils. Deutschland hat seit langem eine führende Position in der Chemie, bei vielen Produktionsmaschinen und hochwertigen Automobilen; Schweden bei Spezialstahl, Schwerlastwagen und Bergwerksausrüstung; die Schweiz im Handel, bei Textilmaschinen, Arzneimitteln und Schokolade; Italien bei Wollstoffen, Lederwaren und Industrierobotern; und die Vereinigten Staaten bei Reinigungsmitteln, medizinischen Geräten und Flugzeugen. Diese Unterschiede sind nicht neu. Einige nationale Vorteile bestehen bereits seit über hundert Jahren.

Wenn überhaupt, dann sind die Unterschiede beim nationalen Wettbewerbsvorteil zwischen den Ländern nur noch größer geworden. Die zunehmende Internationalisierung des Wettbewerbs hat immer mehr Branchen dem Wettbewerb der Weltbesten ausgesetzt, bei der Produktion wie bei den Dienstleistungen. Im Lauf der Zeit sind Erfolgs- und Mißerfolgsmuster deutlicher hervorgetreten.[1] Der nationale Vorteil hat sich in bestimmten Branchen und zunehmend sogar in Branchensegmenten eingenistet, nicht in ganzen Sektoren.

Das Muster von Erfolg und Mißerfolg in der Wirtschaft wirft ein Licht auf die wesentlichen Bestimmungsfaktoren der Produktivität in den Ländern, weil es sich auf die Fähigkeit der Branche eines Landes auswirkt, sich in anspruchsvollen Branchen und Branchenbereichen dem Wettbewerb zu stellen. Der wirtschaftliche Wohlstand eines Landes hängt allerdings nicht nur vom Muster zu irgendeinem Zeitpunkt ab, sondern noch stärker von der Fähigkeit der Branche eines Landes, *sich mit der Zeit aufzuwerten*. Die Aufwertung einer Volkswirtschaft ist das Ergebnis der Verbreiterung und Aufwertung der Wettbewerbsvorteile der Unternehmen eines Landes: das Erzielen breiterer und differenzierterer Wettbewerbsvorteile in eingeführten Branchen, was zu einer steigenden Produktivität führt, und die Fähigkeit, erfolgreich in anspruchsvolleren neuen Bereichen sowie in völlig neuen Branchen zu konkurrieren. Eine solche Aufwertung steigert das Produktivitätswachstum und erhält gleichzeitig die Vollbeschäftigung aufrecht. Scheitert die Aufwertung dagegen, folgen daraus ein langsames Produktivitätswachstum in den eingeführten Branchen und der Verlust der Wettbewerbsstellung auf einigen hochproduktiven Gebieten, ohne ausreichenden Ersatz. Das führt zwangsläufig zum Druck auf die Löhne und zu Stockungen beim Zuwachs des Pro-Kopf-Einkommens.

Die Zeit nach dem Zweiten Weltkrieg war in den Industrieländern gekennzeichnet von besonders großen Verlagerungen im Muster des Wettbewerbsvorteils. Trotz der

Verwüstung durch den Krieg hat Deutschland seine Stellung als industrielle Großmacht zurückgewonnen und erfreut sich eines anhaltenden Wohlstands. Das ebenfalls im Krieg zerstörte Japan macht inzwischen den Vereinigten Staaten die Führung
als Industrienation streitig. Italien ist im internationalen Wettbewerb als starke Kraft
in Erscheinung getreten. Korea hat eine bemerkenswerte Wachstumsphase erlebt
und fast, wenn auch nicht ganz, den Sprung gemacht, mit dem Japan seinen hohen
Industriestatus erreichte. Die Schweiz und Schweden setzen trotz dieser sich verschie-
benden Positionen ihre Tradition der hohen Pro-Kopf-Einkommen und geringen
Arbeitslosigkeit, die seit Jahrzehnten besteht, fort, wenngleich beide Volkswirtschaften nicht ungefährdet sind. Die Vereinigten Staaten, einst in ungewöhnlich vielen
Wirtschaftszweigen führend, haben ihre Vorherrschaft teilweise eingebüßt. Großbritannien hatte mit chronischen Schwierigkeiten in der Wirtschaft und einem zurück-
bleibenden Einkommenswachstum zu kämpfen.

Tabelle 7–1 gibt einen Überblick über einige der aufschlußreichsten Indikatoren der
wirtschaftlichen Leistungsfähigkeit derjenigen Länder, deren Nachkriegsentwicklung wir untersucht haben. Sie verdeutlichen sowohl scharfe Unterschiede als auch
wichtige Verlagerungen und bilden den Hintergrund für die Behandlung der einzelnen Länder.

Die sich verlagernden Muster des nationalen Wettbewerbsvorteils stellen jede einfache Vorstellung vom komparativen Vorteil in Frage. Die Länder mit dem größten
Erfolg in modernen Wirtschaftszweigen, Deutschland und Japan, begannen nach
dem Krieg beide buchstäblich auf Trümmern. In beiden Ländern war Kapital knapp,
und Verkäufer, die Produkte im Ausland vertreiben wollten, stießen zuweilen auf
offene Feindseligkeit. Aber Deutschland eroberte sich in vielen fortschrittlichen
Branchen eine Führungsrolle zurück und behauptete sie. Das Land wurde mit hohen
und steigenden Arbeitskosten, kürzer werdende Arbeitszeit und einer sich festigen-
den Währung fertig. Japan ist eine industrielle Großmacht geworden, trotz weitgehend fehlender Rohstoffe, einer isolierten Lage, die lange Lieferwege nötig macht,
trotz verheerender Schläge durch Nixon (Importzuschläge) und für den Yen, und
angespannter Beziehungen in seiner Region.

Schweden und die Schweiz gehen weiter ihren Weg als wichtige Handelsnationen und
sind der heimische Stützpunkt einer bemerkenswert großen Zahl führender multinationaler Unternehmen, und das trotz eines winzigen Binnenmarkts, hoher Löhne
und, im Fall Schweden, tendenzieller Nähe zum Sozialismus (was die Sozialleistungen
und die Einkommensverteilung in den großen Industrieländern betrifft). Italien ist zu
Wohlstand gelangt, trotz eines ineffizienten Staatsapparats, einer kaum arbeitenden
Infrastruktur und äußerst restriktiver Arbeitsgesetze. Korea erfreut sich eines wachsenden Wohlstands, trotz der Hypothek des Koreakrieges, weniger eigener Ressourcen, einer langen japanischen Besetzung und ständiger, immenser Kosten für die
Landesverteidigung.

Die industrielle Nachkriegsgeschichte ist eine Geschichte über die Bildung von
Überfluß, nicht die seiner Ausbeutung. Es ist keine Geschichte über die Nutzung von
Vorteilen, sondern über den Kampf mit selektiven Nachteilen. Nationale Not war,
wenn sie mit den richtigen Umständen zusammentraf, eine belebende Kraft für
Innovation und Wandel. Zwänge und Herausforderungen, nicht das sprichwörtliche
»ruhige Leben« haben Firmen und Länder veranlaßt, voranzuschreiten.

TABELLE 7–1 Ausgewählte Werte der wirtschaftlichen Leistung in der Nachkriegszeit

Reales jährliches Gesamtwachstum des Bruttoinlandsprodukts (in Preisen von 1980), 1950–1987

Land	1950–87	1950–55	1955–60	1960–65	1965–70	1970–75	1975–80	1980–85	1985–87
Korea	7,9 %[1]	–	3,3 %	6,5 %	12,6 %	8,8 %	7,7 %	7,6 %	11,4 %
Japan	7,2 %[1]	–	8,5 %	10,0 %	11,0 %	4,3 %	5,0 %	3,9 %	3,4 %
Deutschland	4,6 %	9,4 %	8,3 %	4,8 %	4,2 %	2,1 %	3,3 %	1,3 %	2,1 %
Italien	4,5 %	6,0 %	6,6 %	5,2 %	6,2 %	2,4 %	3,8 %	1,6 %	3,0 %
Dänemark	3,2 %	1,9 %	4,6 %	5,3 %	3,7 %	2,0 %	2,5 %	2,4 %	1,1 %
Schweiz	3,2 %	4,9 %	4,3 %	5,2 %	4,2 %	0,8 %	1,7 %	1,4 %	2,5 %
Vereinigte Staaten	3,2 %	4,4 %	2,2 %	4,8 %	2,9 %	2,3 %	3,3 %	3,0 %	2,9 %
Schweden	3,0 %	3,3 %	3,4 %	5,2 %	4,1 %	2,6 %	1,3 %	1,8 %	2,0 %
Großbritannien	2,5 %	3,0 %	2,5 %	3,2 %	2,5 %	2,1 %	1,7 %	1,8 %	3,3 %

Reales jährliches Gesamtwachstum des Bruttoinlandsprodukts pro Kopf (in Preisen von 1980), 1950–1987

Land	1950–87	1950–55	1955–60	1960–65	1965–70	1970–75	1975–80	1980–85	1985–87
Japan	6,2 %[2]	–	7,5 %	9,0 %	9,8 %	2,9 %	4,0 %	3,2 %	2,9 %
Korea	5,7 %[2]	–	0,3 %	3,6 %	10,0 %	6,8 %	6,1 %	6,0 %	10,0 %
Deutschland	4,0 %	8,3 %	5,7 %	3,5 %	3,6 %	1,7 %	3,4 %	1,4 %	1,9 %
Italien	3,9 %	5,3 %	6,0 %	4,2 %	5,6 %	1,8 %	3,5 %	1,4 %	2,8 %
Dänemark	2,7 %	1,1 %	3,9 %	4,5 %	3,0 %	1,4 %	2,3 %	2,5 %	0,9 %
Schweden	2,6 %	2,6 %	2,8 %	4,5 %	3,3 %	3,2 %	1,0 %	1,7 %	1,7 %
Schweiz	2,2 %	3,7 %	2,8 %	3,4 %	3,1 %	0,1 %	1,8 %	1,1 %	2,0 %
Großbritannien	2,2 %	2,8 %	2,1 %	2,5 %	2,0 %	2,0 %	1,6 %	1,6 %	3,0 %
Vereinigte Staaten	1,9 %	2,7 %	0,4 %	3,3 %	1,7 %	1,2 %	2,2 %	2,6 %	1,9 %

Tabelle 7–1 Fortsetzung

Jährliches Wachstum der Gesamtbevölkerung, 1950–1987

Land	1950–87	1950–55	1955–60	1960–65	1965–70	1970–75	1975–80	1980–85	1985–87
Korea	2,0 %	1,1 %	3,0 %	2,8 %	2,4 %	1,8 %	1,6 %	1,5 %	1,2 %
Vereinigte Staaten	1,3 %	1,7 %	1,8 %	1,5 %	1,1 %	1,0 %	1,1 %	1,0 %	0,9 %
Japan	1,1 %	1,4 %	0,9 %	1,0 %	1,1 %	1,5 %	0,9 %	0,7 %	0,6 %
Schweiz	0,9 %	1,2 %	1,5 %	1,8 %	1,1 %	0,7 %	-0,1 %	-0,2 %	0,5 %
Deutschland	0,7 %	1,0 %	2,4 %	1,1 %	0,7 %	0,4 %	-0,1 %	-0,1 %	0,1 %
Dänemark	0,5 %	0,8 %	0,6 %	0,8 %	0,7 %	0,5 %	0,3 %	0,3 %	0,2 %
Italien	0,5 %	0,7 %	0,6 %	0,7 %	0,6 %	0,7 %	0,4 %	0,3 %	0,2 %
Schweden	0,5 %	0,7 %	0,6 %	0,7 %	0,8 %	0,4 %	0,3 %	0,1 %	0,3 %
Großbritannien	0,3 %	0,2 %	0,4 %	0,7 %	0,5 %	0,2 %	0,0 %	0,1 %	0,3 %

Wachstum der Gesamtarbeitsproduktivität, 1950–87 (Jährliches Gesamtwachstum des Bruttoinlandsprodukts pro Beschäftigter)

Land	1950–87	1950–55	1955–60	1960–65	1965–70	1970–75	1975–80	1980–85	1985–87
Japan	5,9 %[4]	—	6,3 %	11,0 %	9,2 %	3,8 %	3,8 %	3,0 %	2,5 %
Korea	5,8 %[5]	—	—	—	8,8 %	4,6 %	4,6 %	5,7 %	6,6 %
Italien	4,4 %	6,1 %	6,4 %	5,7 %	6,8 %	2,1 %	3,0 %	1,4 %	2,8 %
Deutschland	3,8 %	6,4 %	5,2 %	4,2 %	4,4 %	2,7 %	3,0 %	1,9 %	1,2 %
Dänemark	2,4 %[4]	—	3,2 %	3,5 %	3,6 %	1,7 %	1,7 %	1,8 %	-0,6 %
Schweden	2,3 %[6]	—	—	4,4 %	3,5 %	1,7 %	0,6 %	1,6 %	1,7 %
Großbritannien	2,2 %	2,1 %	2,1 %	2,4 %	2,8 %	2,0 %	1,7 %	2,4 %	2,0 %
Schweiz	1,2 %[7]	—	—	—	—	1,5 %	0,7 %	1,3 %	1,8 %
Vereinigte Staaten	1,4 %	2,9 %	1,2 %	2,5 %	0,9 %	0,7 %	0,5 %	1,0 %	0,5 %

Wachstum der Arbeitsproduktivität, 1950–87 (Jährl. Gesamtwachstum der Erzeugung pro Beschäftigter in der Produktion)

Land	1950–87	1950–55	1955–60	1960–65	1965–70	1970–75	1975–80	1980–85	1985–87
Japan	7,96 %	12,03 %	8,77 %	6,93 %	12,59 %	4,10 %	8,04 %	5,68 %	2,76 %
Italien	5,14 %	7,39 %	4,84 %	5,32 %	6,85 %	1,16 %	5,84 %	4,83 %	4,83 %
Deutschland	4,30 %	7,58 %	5,48 %	4,65 %	5,03 %	3,07 %	3,39 %	2,71 %	0,04 %
Schweden	3,30 %	1,69 %	3,90 %	5,71 %	5,03 %	2,78 %	0,87 %	3,95 %	1,46 %
Dänemark	2,97 %	1,34 %	2,90 %	4,76 %	4,19 %	5,64 %	3,27 %	0,50 %	-1,14 %
Großbritannien	2,81 %	1,77 %	2,16 %	2,76 %	3,25 %	2,24 %	0,88 %	5,84 %	4,99 %
Vereinigte Staaten	2,63 %	2,87 %	0,77 %	4,96 %	0,46 %	2,68 %	1,82 %	4,48 %	3,79 %

Arbeitslosenquoten, 1951–1987 (Periodendurchschnittswerte)

Land	1951–87	1951–55	1956–60	1961–65	1966–70	1971–75	1876–81	1980–85	1986–87
Schweiz	0,3 %	0,8 %	0,4 %	0,0 %	0,0 %	0,1 %	0,4 %	0,7 %	0,8 %
Japan	1,7 %	1,3 %	1,4 %	1,3 %	1,2 %	1,4 %	2,1 %	2,5 % %	2,9 %
Schweden	2,1 %	2,4 %	1,9 %	1,5 %	1,8 %	2,2 %	1,9 %	3,0 %	2,3 %
Deutschland	3,5 %	7,4 %	2,9 %	0,5 %	0,8 %	1,4 %	4,1 %	5,5 %	6,8 %
Großbritannien	4,7 %	1,6 %	1,8 %	2,5 %	2,9 %	3,8 %	6,1 %	11,2 %	10,7 %
Korea	5,0 %[9]	–	–	7,9 %	5,5 %	4,2 %	4,0 %	4,1 %	3,5 %
Italien	5,4 %	9,6 %	6,8 %	2,9 %	3,4 %	3,4 %	4,1 %	5,5 %	7,6 %
Vereinigte Staaten	5,7 %	3,9 %	5,2 %	5,4 %	3,8 %	6,0 %	6,7 %	8,2 %	6,5 %
Dänemark	6,4 %	9,8 %	8,3 %	2,8 %	3,4 %	4,0 %	6,4 %	9,7 %	8,1 %

Nationale Nettoinvestitionen (Bruttoanlageinvestitionen – Verbrauch des Anlagevermögens in Prozent des Bruttoinlandsprodukts), Periodendurchschnittswerte[10]

	1951–87	1951–55	1956–60	1961–65	1966–70	1971–75	1876–81	1980–85	1986–87
Japan	17,6 %	12,9 %	16,7 %	20,7 %	20,2 %	21,2 %	18,5 %	15,3 %	14,4 %
Südkorea	14,7 %[11]	–	5,6 %	7,7 %	18,0 %	16,1 %	21,8 %	20,9 %	–
Schweiz	13,7 %	9,1 %	12,6 %	18,4 %	15,3 %	16,4 %	11,0 %	13,2 %	14,7 %
Deutschland	11,8 %	10,5 %	13,9 %	16,1 %	13,8 %	12,7 %	9,8 %	8,0 %	7,0 %
Dänemark	11,6 %	9,9 %	10,0 %	13,1 %	13,8 %	13,4 %	13,2 %	8,0 %	10,9 %
Schweden	11,0 %	11,1 %	12,5 %	13,4 %	13,6 %	11,7 %	9,3 %	7,2 %	7,1 %
Italien	10,9 %	9,9 %	12,6 %	13,6 %	11,4 %	11,6 %	9,4 %	8,5 %	9,0 %
Großbritannien	7,7 %	6,2 %	7,8 %	9,5 %	10,3 %	9,7 %	7,1 %	4,5 %	5,2 %
Vereinigte Staaten	7,1 %	9,3 %	7,9 %	7,3 %	7,8 %	6,6 %	6,8 %	4,6 %	5,1 %

[1] 1955–87   [2] 1955–87

[3] Die Statistik Maddisons (1987) zeigt, daß die Vergleichswerte der Gesamtfaktorproduktivität für die von ihm untersuchten Länder diesen Arbeitsproduktivitätswerten ähnlich sind.   [4] 1955–87   [5] 1963–87   [6] 1960–87   [7] 1970–87

[8] Daten für andere Länder waren nicht verfügbar.   [9] 1961–87

[10] Die Anpassung dieser Daten, um Investitionen in den Wohnungsbau auszuschließen, läßt die Reihenfolge der Länder unverändert, verringert die Prozentzahlen aber erheblich. Die Nettoinvestitionsrate der USA sinkt in den 80er Jahren fast auf Null und ist in einigen Jahren sogar negativ.

[11] 1955–85

QUELLE: Internationaler Währungsfonds, International Financial Statistis Yearbook OECD, Economic Outlook und Historical Statistics Vereinte Nationen, Statistical Yearbook, National Accounts, und Monthly Bulletin of Statistics US-Arbeitsministerium, Comparative Real GDP Figures and Indexes of Output per Hour, Unveröffentlichtes Material.

Die einzelnen Volkswirtschaften

Meine Aufgabe in diesem Teil des Buches ist doppelter Art. Erstens möchte ich meine Theorie anwenden und mit der Erklärung der Muster internationalen Erfolgs und Mißerfolgs in bestimmten Branchen mehrerer wichtiger Volkswirtschaften beginnen. Aus Platzgründen beschränke ich die Abhandlung auf acht der zehn untersuchten Länder. Dänemark und Singapur tauchen an anderen Stellen des Buches zwar in Beispielen auf, werden aber, außer ganz kurz in Kapitel 10, nicht behandelt.[2] Zweitens möchte ich untersuchen, in welchem Umfang sich die Branche eines Landes im Lauf der Zeit aufgewertet hat, und warum. Außerdem möchte ich in diesem und in Kapitel 13, die Leistungsfähigkeit des jeweiligen Landes prüfen, diese Aufwertung auch weiterhin zu leisten. Ein wichtiges Anzeichen für eine gesunde Verbesserung in einer Volkswirtschaft ist, wie sich das Muster internationalen Erfolgs und Mißerfolgs in Branchen und Branchensegmenten entwickelt hat. Ein gesundes Muster für nationales Einkommenswachstum ist die Verlagerung zu anspruchsvolleren und produktiveren Segmenten, zu expandierenden Positionen in Branchen, die fortschrittlichere Technologien und qualifiziertere Arbeitskräfte brauchen. Ein steigender Anteil des Landes am Weltexport kann ein Zeichen für eine Verbesserung sein, doch wichtiger als die Durchschnittswerte sind die Branchenarten, die eine Wettbewerbsposition erobern oder verlieren, wie ich schon in Kapitel 1 erklärt habe.

Bei der Untersuchung eines Landes beginne ich mit der Darstellung eines Profils aller erfolgreichen Branchen seiner Wirtschaft im Jahre 1985. Wir haben all jene Branchen eines Landes bestimmt, in denen es zu drei Zeitpunkten Anzeichen für einen internationalen Wettbewerbsvorteil gab, nämlich 1971, 1978 und 1985 (das letzte Jahr, aus dem Daten für sämtliche Länder verfügbar waren). Wie in Kapitel 1 erwähnt, wird es beim Fehlen vollständiger Daten problematisch, das Vorhandensein eines internationalen Wettbewerbsvorteils zu messen. Außerdem helfen staatliche Eingriffe gelegentlich Unternehmen, die keinen Wettbewerbsvorteil besitzen.

Das Vorhandensein eines internationalen Wettbewerbsvorteils wird hier anhand eines nennenswerten und dauerhaften Anteils am Weltexport in einer Vielzahl von Ländern und/oder direkter Auslandsinvestitionen gemessen, die Ausdruck der im Heimatstaat geschaffenen Qualifikationen und Stärken sind.[3] Wir stellten generell fest, daß Exporte und größere Auslandsinvestitionen eng zusammenhingen. Die Länderprofile, in denen Cluster wettbewerbsfähiger Branchen bestimmt und dargestellt werden, sind ein gutes, wenn auch unvollkommenes Zeichen für die Muster des nationalen Wettbewerbsvorteils in der Wirtschaft (wie die Profile entwickelt wurden, wird eingehender im Anhang A erläutert).

Wenn ich die Muster des nationalen Vorteils erkläre und wie sie sich verändert haben, stütze ich mich auf unsere Fallstudien, ausführliche Befragungen und meine wissenschaftlichen Mitarbeiter in den einzelnen Ländern. Es gilt, darauf zu achten, eine zu starke makroökonomische Ausrichtung zu vermeiden. Wesentliche Prämisse dieses Buches ist, daß der nationale Vorteil am besten durch die Untersuchung bestimmter Branchen und Branchencluster zu verstehen ist. Aber jedes Land weist Hunderte von bedeutenden Branchen auf, und es ist unpraktisch, jede einzelne zu behandeln. Ich werde die Aspekte des jeweiligen nationalen Umfelds beleuchten, die den größten Einfluß auf eine Branchengruppe haben, wenn auch auf unterschiedliche Art; zudem

werde ich viele Einzelbranchen betrachten. Diese Methode birgt die Gefahr, scheinbar gegenindustrielle Überlegungen bei der Erforschung einer Theorie hervorzuheben, die ausgesprochen industrie- (und cluster-)spezifisch ist. Es gibt jedoch keinen
anderen gangbaren Weg. Jedes Beispiel ist Ausdruck einer intensiveren Untersuchung, als ich es hier deutlich machen kann.

Wenn ich das Muster internationalen Erfolgs und Mißerfolgs in der Branche eines
Landes herausarbeite, werde ich besonders seine Entwicklung hervorzuheben suchen. Von besonderer Bedeutung wird die Leistungsfähigkeit der Landesindustrie
sein, mit der Zeit eine Aufwertung zu erreichen. Ein Land kann und sollte auch nicht
in allen Branchen Erfolg haben, und der Verlust einer Wettbewerbsposition ist an sich
noch kein Grund zur Besorgnis. Wichtiger erscheinen die Art der verlorenen Positionen und die Gründe für den Verlust. Ganz entscheidend ist dagegen die Fähigkeit der
Unternehmen eines Landes, im Laufe der Zeit höherrangige Wettbewerbsvorteile zu
erzielen und erfolgreich in neuen, fortschrittlichen Branchen zu konkurrieren, damit
nationale Ressourcen immer produktiver eingesetzt werden.

Dieses Kapitel beschäftigt sich vor allem mit den Ländern, die aus dem Zweiten
Weltkrieg und dem Jahrzehnt danach mit dem entschiedensten nationalen Wettbewerbsvorteil hervorgegangen sind. Die Vereinigten Staaten, die Schweiz und Schweden waren die ersten Gewinner. Alle blieben unzerstört, und alle hatten beträchtliche
Stärken, die sie in die Lage versetzten, sich in den ersten Nachkriegsjahren zu
entfalten. Deutschland stieß zu den Gewinnern, als es sich zur Überraschung der
ganzen Welt mit erstaunlicher Geschwindigkeit wirtschaftlich erholte.

Mein Ziel ist nicht die endgültige Behandlung jedes Landes, sondern eine Darstellung, die belegt, wie die Theorie viele der angeführten verschiedenartigen Einflüsse
auf die Wettbewerbsfähigkeit, aber auch andere wichtige Einflüsse zusammenfassen
kann, damit die Frage in neuem Licht erscheint. Jedes Land wird zwangsläufig nur
kurz abgehandelt, und einige Elemente der Darstellung werden unvermeidlicherwei-
se entfallen. Es können nicht alle verfügbaren Daten, die meine Thesen stützen,
genannt werden, und es ist auch nicht möglich, die gesamte vorzügliche Literatur zu
berücksichtigen und zu würdigen. Ich hoffe jedoch, mit einem Überblick neue
Aspekte der nationalen Wettbewerbsposition in einer Branche aufzuzeigen – und wie
sie sich ändern kann.[4]

Die amerikanische Vorherrschaft nach dem Krieg

Die Geschichte vom nationalen Wettbewerbsvorteil in den Jahrzehnten unmittelbar
nach dem Zweiten Weltkrieg ist eine Geschichte, in der die Vereinigten Staaten die
Hauptrolle spielen. Die wirtschaftliche Stärke der USA nach dem Krieg war in der
Neuzeit einzigartig. Amerikanische Unternehmen hatten schon zu Beginn des
20. Jahrhunderts führende Positionen in vielen Branchen erreicht, und Firmen wie
Singer (Nähmaschinen), Ford (Automobile) und Otis (Aufzüge) hatten weltweit
beherrschende Stellungen inne. Das Spektrum der Branchen, in denen US-Firmen
international wettbewerbsfähig waren, wurde in den 50er und frühen 60er Jahren
noch breiter. Die Durchschnittsproduktivität in der amerikanischen Wirtschaft war

die höchste aller Länder, ein Zeichen für die bemerkenswert breite Skala der Wirtschaftszweige, die nach internationalen Maßstäben rentabel arbeiteten, auch wenn sie nicht exportierten. Tatsächlich entfiel ein weit geringerer Prozentsatz des amerikanischen Bruttoinlandsprodukts auf Ex- und Importe als in allen anderen fortschrittlichen Volkswirtschaften.

Die Vereinigten Staaten besaßen eine einmalige Kombination von Sachverhalten, die international wettbewerbsfähige Branchen hervorbrachte und erhielt. Die amerikanische Wirtschaft ging unversehrt aus dem Krieg hervor. Die Vereinigten Staaten hatten einen großen, einzigartig wohlhabenden Binnenmarkt. Moderne Fabriken und Anlagen, häufig für Kriegszwecke errichtet, wurden plötzlich in die Lage versetzt, eine aufkeimende internationale Nachfrage zu befriedigen, gegen einen geringen oder gar nicht vorhandenen Auslandswettbewerb. Ein gewaltiges Rüstungsprogramm lieferte die Mittel für die Forschung in Schlüsseltechnologien und einen Markt für modernste Produkte wie Flugzeuge und Elektronik. Die neuen Technologien wurden umgehend der privaten Nutzung angepaßt. Die Boeing 707 z. B. war ursprünglich ein Transportflugzeug der Luftwaffe (die KC-135). Die US-Regierung war auch Abnehmer vieler der ersten Computer und elektronischen Bauteile.

Diese vergleichsweise konventionellen Gründe erklären die Vorherrschaft der Vereinigten Staaten im internationalen Wettbewerb nach dem Krieg jedoch nur ansatzweise. Wie noch deutlich werden wird, ist ein sehr viel breiteres Gefüge von Kräften am Werk. Der amerikanische Erfolg, der vielleicht zu groß war und zu leichtgefallen ist, war das Ergebnis eines einmaligen Zusammentreffens sich selbst verstärkender Umstände.

Muster des amerikanischen Wettbewerbsvorteils

Zu einem ersten Verstehen der Muster des Wettbewerbserfolgs in der US-Wirtschaft eignet sich der Versuch, die fünfzig führenden amerikanischen Wirtschaftszweige für das Jahr 1971 hinsichtlich ihres Anteils am Weltexport zu analysieren, wie es die Tabelle 7–2 zeigt (die Daten für 1985 werden in Kapitel 9 behandelt). Die fünfzig Branchen mit dem höchsten Anteil am Weltexport, die ich für alle acht untersuchten Länder anführe, sind die, in denen das Land die beherrschendste internationale Position besaß und einen entsprechend ungewöhnlich großen internationalen Wettbewerbsvorteil. Auf die fünfzig Führenden entfällt oft ein erheblicher Teil der Exporte des Landes. (Ich nenne in Tabelle B–1 auch für den Exportwert die fünfzig führenden Branchen. In allen Ländern stehen an der Spitze dieser Liste Branchen, die auch einen nennenswerten Anteil am Weltexport haben. Sie umfaßt manchmal auch einige große Branchen, wie Erdöl oder Automobile, in denen das Land eine untergeordnete Position hat, aber häufig eine negative Handelsbilanz.)

Unter den fünfzig führenden US-Branchen von 1971 waren einige, die sehr stark von nationalen Ressourcen abhingen, wozu ich viele landwirtschaftliche Produkte rechne. Das gilt für die Wirtschaft insgesamt. Aber auf die ungewöhnliche Wettbewerbsstärke der Vereinigten Staaten läßt die breite Skala der übrigen fünfzig größten Branchen schließen, wie Flugzeuge, Fotoausrüstung, Computer, Chemikalien, verschiedene Produktionsmaschinen und Bauteile sowie abgepackte Konsumgüter.

TABELLE 7–2   Die 50 US-Branchen mit dem höchsten Anteil am Weltexport, 1971

Branche	Anteil am ges. Weltexport	Exportwert (in Mio. $)	Importwert (in Mio. $)	Anteil am ges. US-Export
Sojabohnen	97,4	1.326.819	8	3,1
Naturphosphate	95,3	94.827	2.830	0,2
Farbpräparate	81,9	16.243	–	0,0
Flugzeuge	77,5	2.552.652	79.887	5,9
Radioaktive Stoffe	76,6	167.106	–	0,4
Grobes Sägefurnier, Stämme	75,5	264.628	3.943	0.6
Büromaschinenteile	55,9	927.810	121.151	2.1
Kohle, ohne Briketts	53,4	901.598	569	2,1
Stabile Isotope u. Verbindungen	50,4	68.555	73.239	0,2
Flugzeugteile	49,3	852.619	257.888	2,0
Tierische Öle und Fette	47,4	241.836	11.926	0,6
Organische Chemikalien	44,1	989.723	400.286	2,3
Reis	42,4	99.606	2	0,2
Pflanzenölrückstände	41,6	419.954	1.319	1,0
Nichtchem. Kohle, Erdölabfälle	41,2	183.918	39.673	0,4
Rohtabak	41,4	466.135	88.724	1,1
Unverarbeiteter Mais	39,6	746.415	7.693	1,7
Gewerbliche Kühlanlagen	39,3	232.303	–	0,8
Antiklopfmittel	39,0	155.789	–	0,4
Süßspeisen	37,9	1.455	568	0,0
Fleisch und eßbare Innereien	37,7	9.094	–	0,0
Kraftpapier, Pappe	37,2	283.110	10.322	0,7
Eisen- und Stahlschrott	37,1	215.761	13.551	0,5
Flugbenzin, Düsenturbinen	36,8	381.077	35.405	0,9
Stoffabfälle	35,9	49.719	5.186	0,1
Rohweizen	35,8	1.004.729	648	2,3
Bagger, Planierraupen etc.	35,6	711.140	–	1,6
Computer, Rechenmaschinen	35,2	462.382	196.190	1,1
Rinder-, Pferdehäute	34,5	133.176	4.852	0,3
Spezialtraktoren	34,2	417.783	87.172	1,0
Zigaretten	33,7	183.012	2.106	0,4
Fotochemische Produkte	33,7	23.339	–	0,1
Unverarbeitete Körnerfrüchte	33,5	176.717	2.551	0,4
Gebundene Speiseöle	33,1	326.749	22.457	0,8
Transistoren, Röhren	32,7	480.147	259.160	1,1
Fahrzeugteile	32,3	2.175.245	1.070.173	5,0
Meß-, Steuergeräte	32,0	463.004	61.750	1,1
Schrot- u. Weißmehl	30,8	15.271	–	0,0
Roheisen, Stahlguß	30,7	96.086	9.405	0,2
Elektronische Meß- und Steuergeräte	29,7	417.330	83.370	1,0

Branche	Anteil am ges. Weltexport	Exportwert (in Mio. $)	Importwert (in Mio. $)	Anteil am ges. US-Export
Margarine, Backfett	29,6	52.092	–	0,1
Andere Telekommunikationsgeräte	28,8	492.649	243.036	1,1
Kupferschrott	28,1	73.832	13.143	0,2
Kunstgummi	27,6	172.851	56.736	0,4
Pferdefleisch, Abfälle, Geflügelleber	27,4	79.024	8.476	0,2
Fotofilme	27,3	259.298	111.008	0,6
Nichtelektrische Antriebsmaschinen	25,8	1.187.741	921.674	2,7
Aluminiumoxid, Hydroxid	25,7	77.659	160.070	0,2
Schuhe mit Korksohlen	25,6	11.127	11.185	0,0
Zünd- und Startvorrichtungen	25,5	94.293	55.199	0,2
GESAMT				49,1

ANMERKUNG: Importwerte sind nicht angegeben, wenn sie für 1971 unter 0,3 Prozent des Gesamthandels lagen.

Zur besseren Darstellung der Muster des nationalen Vorteils in den Vereinigten Staaten und anderen Ländern sowie der Modi, wie sie sich geändert haben, bediene ich mich in erster Linie einer Grafik wie in Abbildung 7–1.[5] Ich nenne sie *Ballungs-* oder *Clustergrafik*. Branchen, die in dieser Grafik erscheinen, haben entweder einen Anteil am Weltexport, der über dem Durchschnittsanteil des Landes am Weltexport liegt, oder eine internationale, auf Auslandsinvestitionen beruhende Position, die als ebenso bedeutend anzusehen ist. Branchen, deren Anteil am Weltexport den Durchschnittswert eines Landes übersteigt, stehen normalerweise für zwei Drittel oder mehr der Gesamtexporte des Landes ein. Die einzelnen Branchen werden in unterschiedlicher Schriftart dargestellt, je nachdem wie stark ihre internationale Position ist.

Meine Theorie weist den Nachfragebedingungen und den vertikalen Beziehungen zwischen den Branchen, wenn es um die Belebung des Wettbewerbsvorteils geht, eine wichtige Rolle zu. Dementsprechend sind die Branchen in der Grafik nach dem Endverbrauch zusammengefaßt. Die oberste Reihe der Abbildung 7–1 enthält große Sektoren mit Branchen, deren Hauptprodukte Produktionsmittel für Erzeugnisse vieler anderer Branchen sind; sie werden als *vorgelagerte Branchen* bezeichnet. Halbleiter und Computer stellen zwar einen relativ neuen Wirtschaftsbereich dar, sind aber doch eine moderne Gruppe von Produkten, die für praktisch jeden Wirtschaftszweig grundlegende Produktionsmittel sind. Die mittlere Reihe enthält große Endverbrauchssektoren, die *industrielle oder unterstützende Funktionen* einschließen. Die meisten hängen mit einem bestimmten Endverbrauch zusammen, etwa dem Verkehr oder der Rüstung. Die Gruppe »Mehrfachgeschäft« enthält Branchen wie Meßgeräte und Elektrowerkzeuge, also Hilfsgeräte im weitesten Sinn, die in vielen Endverbrauchssektoren verwendet werden. In der untersten Reihe sind

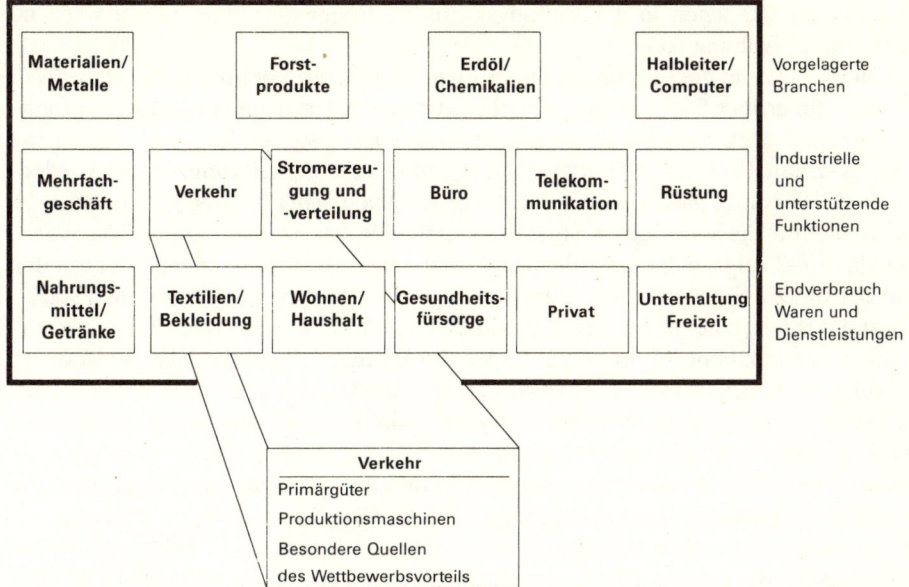

ABB. 7–1   Die Clustergrafik

Endverbrauchssektoren aufgeführt, die am stärksten mit *Endverbrauchsgütern* in Verbindung gebracht werden. Wie die international erfolgreichen Branchen in einem Land je nach dem Endverbrauchssektor und der grafischen Ebene verteilt sind, wird sich als interessantes, weil sehr unterschiedliches Merkmal der einzelnen Volkswirtschaften erweisen.

Innerhalb jedes großen Sektors werden die international erfolgreichen Branchen eingeteilt in Primärgüter, Maschinen (und andere Geräte) für deren Herstellung, besondere Produktionsmittel für die Güter und Dienstleistungen, die mit den Gütern oder deren Herstellung zu tun haben. Das ermöglicht eine Untersuchung der vertikalen Verbindungen zwischen erfolgreichen Branchen und der Tiefe nationaler Cluster. Auf jeder vertikalen Stufe werden erfolgreiche Branchen in Untergruppen eingeteilt, die besonders eng bezogen sind auf den Endverbrauch, um das Wesen der Zusammenballung weiter freizulegen.

Oft findet man verwandte Branchen im selben großen Sektor. PKWs und LKWs z. B. gehören beide dem Verkehrssektor an. In jedem Land gibt es jedoch Verbindungen zwischen Branchengruppen, die über die Sektoren hinausgehen. In den Vereinigten Staaten hängt z. B. die Position bei Halbleitern und Computern mit der Rüstungsstärke zusammen. Einige der wichtigsten dieser Verbindungen in jedem Land werden schattiert dargestellt. Die Branchenpositionen in der Grafik sind zwar in einigen Fällen unvollständig und eingeschränkt, und zwar durch zu weitgefaßte Branchendefinitionen im internationalen Warenverzeichnis für den Außenhandel, doch bieten die Grafiken ein interessantes Profil der Wirtschaft jedes Landes und zudem ein

Instrument zur Analyse ihrer Veränderungen. (Eine umfassende Darstellung darüber, wie die Branchen in der Ballungsgrafik bestimmt und eingeordnet werden, findet sich im Anhang A.)

Abbildung 7–2 zeigt die Ergebnisse dieses Prozesses für die Vereinigten Staaten 1971. Sie bietet ein grobes Profil all der Branchen, in denen Anzeichen eines internationalen amerikanischen Erfolges in jenem Jahr vorliegen – wobei die grobe Branchendarstellung von 1971 ein stärker zusammengefaßtes Klassifizierungssystem wiedergibt als die Fassung, die 1976 eingeführt wurde. Alle nachfolgenden Grafiken, auch eine neuere für die Vereinigten Staaten in Kapitel 9, basieren auf Daten von 1985. Abbildung 7–2 zeigt, daß die Breite der erfolgreichen Branchen, angedeutet mit der Liste der fünfzig Spitzenfirmen, zutreffend ist. Die Bereiche amerikanischer Stärke während der beiden ersten Jahrzehnte nach dem Zweiten Weltkrieg sind zahlreich, vor allem vor dem Hintergrund der strengen Forderung, daß der Anteil einer Branche am Weltexport 13,8 Prozent oder mehr betragen mußte, um überhaupt in die Grafik aufgenommen zu werden. Zu den stärksten Positionen, von denen einige im Warenverzeichnis für den Außenhandel nur mangelhaft gemessen werden, gehören Halbleiter und Computer, Verkehrsausrüstung (Automobile, Flugzeuge, Maschinen zur Materialbereitstellung), abgepackte Konsumgüter, Büroeinrichtungen, Anlagen zur Energieerzeugung und -verteilung, Chemikalien und Kunststoffe, Telekommunikationsanlagen, Rüstungsgüter, Unterhaltungs- und Freizeiterzeugnisse, Holz und landwirtschaftsnahe Produkte, Produkte aus dem Bereich der Gesundheitsfürsorge und allgemeine Geschäftsdienstleistungen. Im Gegensatz zu andern Ländern gibt es tatsächlich nur wenige Bereiche (vor allem Textilien/Bekleidung und Wohnen/Haushalt), in denen die Vereinigten Staaten nicht angemessen vertreten sind.

Abbildung 7–3 zeigt zusammengefaßte Berechnungen des Anteils am Export des Landes, der durch wettbewerbsfähige Branchen (die den Stichwert übersteigen) in allen großen Ansammlungen repräsentiert wird; die Abbildung B–1 liefert weitere Einzelheiten. Berechnet wurde auch der Anteil am gesamten Weltexport des Clusters, der auf wettbewerbsfähige US-Branchen entfällt, die dem Cluster zugerechnet wurden. Auch wenn diese Berechnungen bei weitem nicht so aufschlußreich sind wie die, die aufgrund neuer Daten möglich sind, veranschaulichen sie doch viele der Bereiche, in denen die USA stark sind.

Faktorbedingungen

Die Erklärungen für Amerikas Erfolgsbereiche beginnen mit Faktorbedingungen. Die Vereinigten Staaten sind mit natürlichen Produktionsfaktoren reich bedacht, u. a. mit ungewöhnlich viel Ackerland, riesigen Wäldern und Rohstoffvorkommen wie Phosphat, Kupfer, Eisenerz, Kohle, Erdöl und Erdgas. Mit Ausnahme vielleicht von Schweden ist Amerika das einzige Land, das natürliche Ressourcen im Überfluß *und* eine bedeutende internationale Position bei technisch hochstehenden Industrieerzeugnissen besitzt. Kanada und Australien, die ebenfalls über reichlich Ressourcen verfügen, haben es weitgehend versäumt, etwas daraus zu machen.

So wichtig das war und noch immer ist, verdanken die Vereinigten Staaten ihre einzigartige Stellung doch nicht nur den ererbten Ressourcen. Die Mechanismen, die

ABB. 7-2   Cluster international wettbewerbsfähiger US-Branchen, 1971

	MATERIALIEN/METALLE	FORSTERZEUGNISSE	ERDÖL/CHEMIKALIEN	HALBLEITER/COMPUTER
Primärgüter	EISEN & STAHL Eisen, Luppenstahl Eisen, Stahlrohrfittings *Eisen-, Stahlguß unbearbeitet* NICHTEISENMETALL Aluplatte, Blech, Band Unedles Nichteisenmetall Aluminium, Zinkkonstruktionen und -teile* Garkupfer Nickel, bearbeitete Legierungen ANDERE MATERIALIEN Natürliche Schleifmittel Andere Rohmaterialien* AUSSCHUSS & SCHROTT ***Eisen- und Stahlschrott*** ***Kupferabfall***	HOLZPRODUKTE **Sägefurnier, Furnierstämme** PAPIER Kunstdruckpapier **Kraftpapier, Pappe** Gestrichenes u. a. Papier, Rollen	ERDÖLPRODUKTE **Nichtchemische Kohle, Erdölabfälle** Kohle, Erdöl etc., Chemikalien **Kohle, ohne Briketts** ANORGANISCHE CHEMIKALIEN Andere anorganische Chemikalien Anorganische Elemente, Oxyde* ORGANISCHE CHEMIKALIEN **Organische Chemikalien** KUNSTSTOFFE Kondensationsprodukte	***Transistoren, Röhren*** ***Computer, Rechenmaschinen*** Anmerkung: In diesem Sektor wurden 1971 nur wenige Branchen im Klassifizierungssystem isoliert. Die USA waren beherrschend.
Maschinen	Konverter & Schweißvorrichtungen Walzwerke und Walzen Brechwerke u. ä. für Grubengut		Ölfeldausrüstung***	
Besondere Produktionsmittel	Feuerfeste Bauprodukte Schwefel	Zellstoff und Papierabfall*		
Dienstleistungen	Bergbau*		*Ölfelddienstleistungen****	***Datenverarbeitung****

SCHLÜSSEL

Normal   Anteil am Weltexport 13,8% oder mehr, aber weniger als 27,6%.

Kursiv   Anteil am Weltexport 27,6% oder mehr, aber weniger als 55,3%.

Fett   Anteil am Weltexport 55,3% oder mehr.

• Branchen 1978 unter dem Schwellenwert.
Errechnete Restgrößen
Aufgenommen aufgrund eines nennenswerten Exportwerts in einem Branchenbereich.

* Aufgenommen aufgrund der direkten Auslandsinvestitionen.
** Aufgewertet aufgrund der direkten Auslandsinvestitionen.
*** Aufgenommen aufgrund von Inlandsuntersuchungen.

ABB. 7-2 Fortsetzung

	MEHRFACHGESCHÄFT	VERKEHR	ENERGIEERZEUGUNG UND -VERTEILUNG	BÜRO
Primärgüter	GERÄTE Werkzeuge Pumpen f. Flüssigkeiten Pumpen f. Gase etc. Zentrifugen etc., nicht für Milchwirtschaft Elektr. Lampen, Handwerkszeug etc.* **Elektronische Meß- und Steuergeräte** INSTRUMENTE **Meß-, Kontrollinstrumente** SONSTIGE Optische Bauteile, Arztinstrumente, Kameras* Hähne, Ventile u. a. Wellen, Kurbeln, Rollen Kugel- und Rollenlager*	**Flugbenzin, Düsenturbinen** **Flugzeuge** **Spezialtraktoren** Hub- und Verlademaschinen Gabelstapler etc. Schienenfahrzeuge Busse, Sattelschlepper* Lastkraftwagen **Motorfahrzeuge*** **Bagger, Planierraupen** FAHRZEUGAUSRÜSTUNG Zünd-, Startanlagen	Nichtelektrische Antriebsmaschinen* Schaltvorrichtungen etc. Elektrische Antriebsmaschinen Isoliergeräte*	**Zubehörteile u.ä. für Büromaschinen** Bürobedarf u. ä.
Maschinen	Nichtelektrische Maschinen u. a.* Elektrowerkzeuge u. a.*			Druck- u. Buchbindereimaschinen
Besondere Produktionsmittel	**Kunstgummi etc.** **Antiklopfmittel*** Gummiartikel* Materialien aus Gummi **Fahrzeugersatzteile** **Flugzeugersatzteile**		**Radioaktive Elemente** **Stabile Isotope & Verbindungen***	
Dienstleistungen	**Wirtschaftsprüfung*** **Werbung** **Unternehmensberatung** **Geschäftsbanken**	Reparaturwerkstätten* Fluggesellschaften*		

	TELEKOMMUNIKATION	RÜSTUNG
Primärgüter	*Andere Telekommunikationsanlagen* * Schnurtelefon* Anmerkung: Nur einige Branchen dieses Sektors wurden 1971 im Klassifizierungssystem isoliert. Die USA lagen mit an der Spitze.	Kriegswaffen, Munition*** Anmerkung: Relativ wenige Branchen wurden 1971 im Klassifizierungssystem isoliert. Die USA hatten eine Führungsposition inne.
Maschinen		
Besondere Produktionsmittel		
Dienstleistungen		

ABB. 7-2 Fortsetzung

Primärgüter	NAHRUNGSMITTEL/GETRÄNKE	WOHNEN/HAUSHALT	TEXTILIEN/BEKLEIDUNG
Primärgüter	GRUNDNAHRUNGSMITTEL Reis, ungeschält oder geschält Polierter Reis Mehl aus Weizen etc. Trockenobst Obstkonserven **Sojabohnen** *Fleisch & eßbare Innereien** HALTBAR GEMACHTE NAHRUNGSMITTEL Getreideflocken etc., fertig Fertiggerichte u. a. SPEISEÖLE **Pflanzenölrückstände** *Margarine, Backfett* *Tierische Öle und Fette* *Gebundene Pflanzenöle*	*Seife, Poliermittel***	
Maschinen	Melk- und andere landwirtschaftliche Maschinen* Nahrungsmittelmaschinen, gewerblich	*Gewerbliche Klimaanlagen* Verpackungs-, Abfüllmaschinen etc.	
Besondere Produktionsmittel	Phosphatdünger* Chemische Insektizide *Naturphosphate** *Rohweizen etc.*	*Rohmais* *Kornfrüchte u.a., nicht verarbeitet* Pferdefleisch, Abfälle* Süßspeisen, aromatisiert oder gefärbt*	*Rinder- und Pferdehäute* Rohbaumwolle, ohne Linters Baumwollinters, Abfall* Diskontinuierliche synthetische Fasern, ungekämmt Zellulosederivate* *Stoffabfälle** *Farbmischungen**
Dienstleistungen	Fast food* **Handel mit landwirtschaftlichen Gütern*****		

SCHLÜSSEL

Normal Anteil am Weltexport 13,8% oder mehr, aber weniger als 27,6%.

Kursiv Anteil am Weltexport 27,6% oder mehr, aber weniger als 55,3%.

Fett Anteil am Weltexport 55,3% oder mehr.

• Branchen 1978 unter dem Schwellenwert.

Errechnete Restgrößen

Aufgenommen aufgrund eines nennenswerten Exportwerts in einem Branchenbereich.

* Aufgenommen aufgrund der direkten Auslandsinvestitionen.

** Aufgewertet aufgrund der direkten Auslandsinvestitionen.

*** Aufgenommen aufgrund von Inlandsuntersuchungen.

ABB. 7-2 Fortsetzung

	GESUNDHEITS-FÜRSORGE	PRIVAT	UNTERHALTUNG/FREIZEIT
Primärgüter	Elektromedizinische und Röntgenapparate Medizinische, pharmazeutische Produkte* Anmerkung: Relativ wenige Branchen in diesem Sektor wurden 1971 isoliert. Die USA waren führend.	Zigarren und Tabak, bearbeitet* **Zigaretten**	**Fotochemische Produkte** Fotofilme, ohne entwickelte Spielfilme Entwickelte Spielfilme Kinderbilderbücher, Karten etc.* Bedruckte Bücher, Broschüren, Zeitungen, Notenbücher, Postkarten* Aufnahmemedien, Musikinstrumente
Maschinen			
Besondere Produktionsmittel		**Rohtabak** Ätherisches Öl, Parfum	
Dienstleistungen		*Höhere Schul- und Universitätsausbildung***	**Hotels und Hotelverwaltung*** *Autovermietung und -leasing*** *Spielfilmproduktion*** *Produktion von Fernsehprogrammen***

SCHLÜSSEL

Normal Anteil am Weltexport 13,8% oder mehr, aber weniger als 27,6%.

Kursiv Anteil am Weltexport 27,6% oder mehr, aber weniger als 55,3%.

Fett Anteil am Weltexport 55,3% oder mehr.

• Branchen 1978 unter dem Schwellenwert.

\# Errechnete Restgrößen

\#\# Aufgenommen aufgrund eines nennenswerten Exportwerts in einem Branchenbereich.

* Aufgenommen aufgrund der direkten Auslandsinvestitionen.

** Aufgewertet aufgrund der direkten Auslandsinvestitionen.

*** Aufgenommen aufgrund von Inlandsuntersuchungen.

Bei der Beschäftigung mit Abbildung 7–2 sollten einige Dinge im Auge behalten werden. Erstens, das 1971 benutzte Klassifizierungssystem des Handels war stärker zusammengefaßt (und damit weniger befriedigend) als eine aktualisierte Fassung, die erstmals 1976 aufkam. Zweitens, die direkten Auslandsinvestitionen: 1971 waren die Auslandsinvestitionen amerikanischer Unternehmen im Vergleich mit denen anderer Länder extrem hoch; der US-Anteil am Export gibt die internationale Stärke der Vereinigten Staaten zu gering wieder, vor allem bei den abgepackten Konsumgütern und den Dienstleistungen. Wo die Daten das zugelassen haben, habe ich weitere Branchen hinzugefügt, die Bereiche bedeutsamer Auslandsinvestitionen widerspiegelten. Daten über direkte Auslandsinvestitionen sind für 1971 allerdings kaum vorhanden oder nur in zusammengefaßter Form, und die Anpassung der direkten Auslandsinvestitionen, die ich für 1971 vornehmen konnte, ist lange nicht so vollständig, wie das für 1985 möglich war.

ABBILDUNG 7 – 3 US-Exporte wettbewerbsfähiger Branchen nach großen Ansammlungen in Prozent für 1971

VORGELAGERTE BRANCHEN
Anteil an Landesexporten: 13.3
Anteil an Weltexporten der Ansammlung: 5.9

Werkstoffe/Metalle
Anteil an Landesexporten: 2.9
Anteil an Weltexporten der Ansammlung: 3.1

Forst-erzeugnisse
Anteil an Landesexporten: 2.1
Anteil an Weltexporten der Ansammlung: 7.1

Erdöl/Chemikalien
Anteil an Landesexporten: 6.1
Anteil an Weltexporten der Ansammlung: 6.4

Halbleiter/Computer
Anteil an Landesexporten: 2.2
Anteil an Weltexporten der Ansammlung: 33.9

INDUSTRIELLE & UNTERSTÜTZENDE FUNKTIONEN
Anteil an Landesexporten: 38.7
Anteil an Weltexporten der Ansammlung: 19.5

Mehrfachgeschäft
Anteil an Landesexporten: 9.0
Anteil an Weltexporten der Ansammlung: 15.9

Stromerzeugung und -verteilung
Anteil an Landesexporten: 5.0
Anteil an Weltexporten der Ansammlung: 21.1

Verkehr
Anteil an Landesexporten: 21.1
Anteil an Weltexporten der Ansammlung: 20.9

Büro
Anteil an Landesexporten: 2.5
Anteil an Weltexporten der Ansammlung: 25.3

Telekommunikation
Anteil an Landesexporten: 1.1
Anteil an Weltexporten der Ansammlung: 17.3

Rüstung
Anteil an Landesexporten: 0.0
Anteil an Weltexporten der Ansammlung: 0.0

ENDVERBRAUCH GÜTER & DIENSTLEISTUNGEN
Anteil an Landesexporten: 20.9
Anteil an Weltexporten der Ansammlung: 7.5

Nahrungsmittel/Getränke
Anteil an Landesexporten: 14.4
Anteil an Weltexporten der Ansammlung: 2.0

Textilien/Bekleidung
Anteil an Landesexporten: 12.1
Weltanteil: 2.0

Wohnen/Haushalt
Ansammlungsexporte: 0.9
Anteil an Weltexporten der Ansammlung: 0.7

Gesundheitsfürsorge
Anteil an Landesexporten: 2.7
Anteil an Weltexporten der Ansammlung: 0.2

Privat
Anteil an Landesexporten: 8.6
Anteil an Weltexporten der Ansammlung: 1.7

Unterhaltung/Freizeit
Anteil an Landesexporten: 10.1
Anteil an Weltexporten der Ansammlung: 1.9

Bezeichnet die großen Bereiche, in denen die internationalen Wettbewerbspositionen des Landes miteinander verbunden sind.

zur Bildung und Aufwertung der Faktoren nötig waren, griffen in beispielloser Weise. Einmalig hohe, über Jahrzehnte anhaltende Investitionen haben die Qualität der Faktoren erheblich verbessert.

Der Zweite Weltkrieg bedeutete eine Investition in die Faktorbildung in noch nie dagewesener Größenordnung, angetrieben von einem drohenden nationalen Notstand. Der Krieg löste gewaltige Forschungsanstrengungen und atemberaubende Fortschritte auf vielen Gebieten aus. Immense Investitionen in Schlüsseltechnologien wie Elektronik, Raumfahrt, synthetische Materialien, Gesundheitsfürsorge und Kernenergie markierten für Amerika einen technologischen Durchbruch. Diese in den 50er und 60er Jahren fortgesetzten Anstrengungen brachten die Vereinigten Staaten auf vielen basiswissenschaftlichen und technologischen Gebieten, die in vielen Branchen anwendbar waren, an die Spitze. Der Aufbau erfaßte auch die Infrastruktur. Beides zusammen bescherte den Vereinigten Staaten schon bei Kriegsende die in der Welt führende Maschinen- und Baubranche.

Auch die Produktionstechnologie wurde während des Krieges, unter dem Druck, den Ausstoß zu steigern, in neue Höhen getrieben. Die Vereinigten Staaten gingen gutgerüstet als das führende Land in der Massenproduktionstechnologie aus dem Krieg hervor. Die Kriegsanstrengungen kamen auch der Entwicklung des Humankapitals zugute. Millionen lernten in der Armee Disziplin, wurden in wichtigen Fertigkeiten wie Fliegen und Elektronik ausgebildet und gingen später in die Industrie.

Einige Beispiele sollen zeigen, wie Investitionen in die Faktorbildung sich in führenden Branchenpositionen niederschlugen. Die staatlich stark geförderte Forschungsarbeit von Bell Laboratories führte 1948 zur Entwicklung des Transistors. Tektronix, zusammen mit Hewlett-Packard und anderen US-Firmen weltweit Branchenführer in Test- und Meßgeräten für elektronische Produkte, wurde von zwei ehemaligen Militärfunktechnikern gegründet. Sie erkannten die Notwendigkeit präziser Meßinstrumente zur besseren Konstruktion aufwendiger elektronischer Geräte. Timex, das Ende der 50er Jahre die meisten Armbanduhren der Welt verkaufen sollte, verwendete neue Materialien, die im Krieg bei Regierungsaufträgen entwickelt worden waren, und entwarf eine revolutionäre neue Uhr, die genau ging und trotz geringer Kosten zuverlässig war.

Der Zweite Weltkrieg brachte (wie schon der Erste) weitere Vorteile, was die wissenschaftlichen Grundlagen des Landes betraf. Der Krieg trieb Bereiche wie Chemie und Pharmazie in ungeahnte Höhen. In großem Stil wurden Verfahren zur Herstellung von synthetischem Gummi und Penizillin entwickelt, um den Kriegsbedarf zu decken. Die Forschungsausgaben der chemischen und pharmazeutischen Industrie stiegen gewaltig. Die chemische Ausbildung in den Vereinigten Staaten erreichte jetzt die in anderen Ländern. Amerikanische Unternehmen konnten auf Auslandsmärkte vordringen, die deutschen Unternehmen verschlossen waren. Deutsche Vermögenswerte, Patente und Warenzeichen wurden konfisziert und an amerikanische Firmen verkauft.

Außer vom Erwerb von Patenten und Vermögenswerten profitierten die Vereinigten Staaten auch vom Zuzug einiger der fähigsten Köpfe der Welt – aus Wissenschaft, Erziehung und anderen Gebieten. Viele herausragende Wissenschaftler kamen in die Vereinigten Staaten und wurden US-Bürger. Operation Büroklammer z. B. war ein 1944 initiiertes Programm der Air Force, das deutsche Wissenschaftler in die USA holen sollte. Es spezialisierte sich später auf die Anwerbung von Flugzeugingenieuren und Wissenschaftlern. Ein Ergebnis war der Düsenjäger F-86 Sabre, in dem viele deutsche Konstruktionsideen steckten. Die Vereinigten Staaten zogen nach dem Krieg weitere Spitzenkräfte an, die sich von den wirtschaftlichen Möglichkeiten, dem Zugang zu Weiterbildung und nicht zuletzt einer günstigen Besteuerung anlocken ließen.

Die Faktorbildung hörte nach dem Krieg keineswegs auf. Im Rahmen des GI-Gesetzes (das Kriegsveteranen Vergünstigungen einräumte) wurden Millionen heimkehrenden Soldaten die Kosten für die Weiterbildung und Schulung bezahlt. Auch in den 60er Jahren wurde viel in die Bildung investiert. Das amerikanische Bildungssystem war auf einem hohen Stand und setzte anspruchsvolle Maßstäbe. Ein Zeichen für den Stand der amerikanischen Bildung war die Zahl der ausländischen Studenten. Ständige Investitionen des Staates eröffneten immer mehr Menschen eine höhere Bildung. Das Ergebnis war, daß amerikanische Arbeiter, Ingenieure und Manager zu den qualifiziertesten der Welt gehörten. Bildung wurde weithin als unerläßlich für das Fortkommen angesehen. Viele Eltern arbeiteten schwer, um ihren Kindern ein Studium zu ermöglichen.

Gute Forschungsuniversitäten, traditionelle bundesstaatliche Investitionen in die Forschung und zahlreiche Forschungslaboratorien der Unternehmen sorgten für einen soliden wissenschaftlichen Background. In der Landwirtschaft z. B. förderten ein gutausgebautes Netz landwirtschaftlicher Hochschulen, ein aktives Forschungsprogramm und wirkungsvolle Mechanismen zur Technologieverbreitung wie der Landwirtschaftliche Ausbaudienst ein beständiges Produktivitätswachstum.

Die Zahl privater wie staatlicher Schulen und Universitäten, die alle vom Staat unterstützt wurden, wuchs; sie boten nicht nur Bildung, sondern wurden zum Fundament der amerikanischen Forschung. Die Ausgaben der Bundesregierung für die Grundlagenforschung stiegen, bis sie die bei weitem höchsten in der Welt waren. Die Herausforderung, die der Sputnik bedeutete, und auch der Kalte Krieg stellten einen ständigen Anreiz dar, in die Forschung zu investieren. Die Vereinigten Staaten mobilisierten nicht nur starke Kräfte zur Ausbildung von mehr Ingenieuren und Wissenschaftlern, sondern auch ein bundesweites Engagement zur Eroberung des Weltraums. Die Zahl der in Naturwissenschaften und im Maschinenbau verliehenen Universitätsdiplome und auch Doktorgrade lag 1973 in den Vereinigten Staaten deutlich über der in Deutschland, dem Land, das in wissenschaftlicher und technischer Leistung Amerika am nächsten kam.[6] Zum Teil entstanden gerade aus den nationalen Forschungsbemühungen und aufgrund beispielloser Investitionen die führenden Positionen in Branchen wie Raumfahrt, Halbleiter, medizinischen Geräten und Computern.

Die Vereinigten Staaten besaßen außerdem eine gutentwickelte Infrastruktur. Verkehr und Kommunikation waren weit fortgeschritten, in einem so großen, ausgedehnten Land eine Notwendigkeit. Die Tatsache, daß sich Kommunikations-, Energieerzeugungs- und Verkehrsunternehmen in den Vereinigten Staaten in Privatbesitz befanden, war Anreiz für Investitionen und Innovationen. Die amerikanische Infrastruktur war fraglos die fortschrittlichste der Welt, und sie wurde durch Programme wie das landesweite Autobahnnetz und großangelegte Investitionen von AT&T auf hohem Niveau gehalten.

Schließlich hatte sich auch ein gewaltiges Investitionskapital in den Vereinigten Staaten angesammelt, gespeist von den flüssigsten Kapitalmärkten der Welt. Kapital war überall zu haben. Für aussichtsreiche Investitionen ließen sich große Beträge mobilisieren. Die Zinssätze waren niedrig. Wie die Tabellen 7–3 und 7–4 zeigen, waren die langfristigen Zinssätze in den 50er und frühen 60er Jahren entweder die niedrigsten aller von uns untersuchten Länder oder sie rangierten gleich hinter denen der Schweiz. Die langfristigen Aussichten für Investoren wurden durch eine günstige steuerliche Behandlung der langfristigen Kapitalgewinne angeregt. Pensionsfonds, die sich selbst am Handel beteiligten, hatten als Marktteilnehmer noch wenig Bedeutung. Das finanzpolitische Instrumentarium war vergleichsweise unkompliziert.[7]

Die amerikanischen Unternehmen lebten freilich nicht in einer vollkommen positiven Faktorumwelt, und selektive Nachteile erfüllten einen nützlichen Zweck. Knappheit oder Nichtverfügbarkeit von Materialien hatte während der Kriegsanstrengungen zu Durchbrüchen bei neuen Materialien geführt. Die Realeinkommen der Arbeiter und Angestellten in den Vereinigten Staaten waren in den ersten Nachkriegsjahren sehr hoch im Vergleich mit denen in anderen Ländern. In den 50er und 60er Jahren stiegen die Löhne rasch. Die US-Firmen bemühten sich intensiv darum, die Produktion zu automatisieren und Wege zur Verringerung des Arbeitsanteils zu finden; sie bauten dabei auf die traditionelle amerikanische Stärke in der Massenproduktion, die im Krieg durch Produktionszwänge noch weiter ausgefeilt worden war.

Dieses Zusammenspiel von Umständen verhalf den Vereinigten Staaten zum breitesten, vielfältigsten und fortschrittlichsten Spektrum an Produktionsfaktoren in der Welt. Ständige Investitionen in die Faktorbildung durch den Staat, durch die Wirtschaft und durch Einzelpersonen führten zu einer fortwährenden Aufwertung des Faktorbestands. So wurde der Grundstein gelegt für eine ebenso beständige Aufwertung der amerikanischen Wirtschaft.

So einzigartig die amerikanischen Faktorbedingungen waren, erklärten sie jedoch nicht den Umfang an fortschrittlichen Branchen, in denen die Vereinigten Staaten einen nationalen Wettbewerbsvorteil besaßen. Der gesamte »Diamant« begünstigte die USA in den 50er und 60er Jahren, was bedeutete, daß der Faktorbestand innovativ und produktiv mobilisiert wurde.

Nachfragebedingungen

Die Rolle der Faktorbedingungen bei der Aufwertung der US-Wirtschaft wurde in den 60er Jahren in vieler Hinsicht von den amerikanischen Nachfragebedingungen überschattet. Viele Fachleute haben die Größe des amerikanischen Inlandsmarktes als eine Stärke bezeichnet. Doch die bloße Größe dieses Marktes hielt amerikanische Unternehmen oft davon ab, über die Grenzen zu blicken – was den internationalen Erfolg verminderte.

Wichtiger als die Größe des US-Marktes war seine Zusammensetzung, schon die vor dem Zweiten Weltkrieg. Hier erwuchs die erste Massenkonsumgesellschaft, und das zu einer Zeit, als Europa und Japan noch mit Mangelerscheinungen und drängender Not zu kämpfen hatten. Mit ihrer Hinwendung zur Massenproduktion bahnten die

TABELLE 7–3 Langfristige Nominalzinssätze ausgewählter Länder*, 1950–1987

Land	1950	1955	1960	1965	1970	1975	1978	1979	1980	1981	1982	1983	1984	1985	1986	1987
Dänemark	4.53 %	5.55 %	5.76 %	7.35 %	10.57 %	13.10 %	14.54 %	15.82 %	17.66 %	18.92 %	20.39 %	14.46 %	13.93 %	12.01 %	10.76 %	11.19 %
Deutschland	–	–	6.40 %	7.10 %	8.30 %	8.50 %	5.80 %	7.40 %	8.50 %	10.38 %	8.95 %	7.89 %	7.78 %	6.87 %	5.92 %	5.84 %
Großbritannien	3.00 %	4.32 %	5.77 %	6.56 %	9.22 %	14.39 %	12.47 %	12.99 %	13.79 %	14.74 %	12.88 %	10.81 %	10.96 %	10.62 %	9.87 %	9.48 %
Italien	5.73 %	6.20 %	5.01 %	6.94 %	9.01 %	11.54 %	13.70 %	14.05 %	16.11 %	20.58 %	20.90 %	18.02 %	14.95 %	13.00 %	10.52 %	9.65 %
Japan	–	–	–	–	7.19 %	9.20 %	6.09 %	7.69 %	9.22 %	8.66 %	8.06 %	7.42 %	6.81 %	6.34 %	4.94 %	4.21 %
Korea	–	–	–	–	–	21.10 %	21.60 %	25.20 %	28.80 %	23.60 %	17.40 %	13.10 %	14.30 %	13.60 %	11.60 %	12.40 %
Schweden	3.11 %	3.70 %	5.19 %	6.18 %	7.39 %	8.79 %	10.09 %	10.47 %	11.74 %	13.49 %	13.04 %	12.30 %	12.28 %	13.09 %	10.26 %	–
Schweiz	2.67 %	2.93 %	3.09 %	3.95 %	5.82 %	6.44 %	3.33 %	3.45 %	4.77 %	5.57 %	4.83 %	4.52 %	4.70 %	4.78 %	4.29 %	4.12 %
Vereinigte Staaten	–	2.82 %	4.12 %	4.28 %	7.35 %	7.99 %	8.41 %	9.44 %	11.46 %	13.91 %	13.00 %	11.11 %	12.52 %	10.62 %	7.68 %	8.38 %

QUELLE: *International Financial Statistics: Yearbook for 1988.*
* Renditen öffentlicher Anleihen. Sie stehen stellvertretend für die Zinssätze anderer Schuldtitel.

TABELLE 7–4 Langfristige Realzinssätze ausgewählter Länder*, 1965–1987

Land	1965	1970	1975	1978	1979	1980	1981	1982	1983	1984	1985	1986	1987
Dänemark	–0.08 %	2.06 %	0.60 %	4.26 %	7.65 %	8.71 %	8.03%	8.89 %	6.34 %	7.83 %	6.45 %	6.30 %	5.91 %
Deutschland	3.38 %	0.66 %	2.37 %	1.43 %	3.26 %	3.54 %	6.12 %	4.39 %	4.48 %	5.70 %	4.55 %	2.74 %	3.75 %
Großbritannien	1.37 %	1.77 %	–10.02 %	1.05 %	–1.32 %	–4.85 %	2.96 %	4.93 %	4.94 %	6.13 %	4.75 %	6.06 %	4.38 %
Italien	2.36 %	2.01 %	–5.08 %	–0.15 %	–1.59 %	–3.76 %	1.73 %	4.06 %	2.61 %	3.24 %	3.74 %	2.79 %	3.81 %
Japan	–	0.22 %	–0.34 %	4.24 %	5.45 %	4.11 %	4.12 %	4.85 %	5.41 %	3.94 %	2.63 %	2.30 %	0.17 %
Korea	–	–	–2.82 %	–0.01 %	4.32 %	2.83 %	7.06 %	10.11 %	8.82 %	10.10 %	9.15 %	8.72 %	8.44 %
Schweden	0.18 %	1.96 %	–4.56 %	0.49 %	2.34 %	0.02%	3.68 %	4.03 %	2.36 %	4.27 %	5.94 %	2.98 %	–
Schweiz	0.15 %	1.06 %	–0.65 %	–0.27 %	1.43 %	2.01%	–1.26 %	–2.29 %	1.16 %	1.86 %	2.02 %	0.44 %	1.60 %
Vereinigte Staaten	1.81 %	1.43 %	–1.71 %	1.04 %	0.47 %	2.11 %	4.06 %	6.14 %	7.48 %	8.63 %	7.70 %	4.97 %	5.17 %

QUELLEN: *International Financial Statistics: Yearbook for 1988*; OECD: Länderberichte 1960–1987. Weltbank: Welttabellen Ausgabe 1988–89.
* Die realen Zinssätze errechnen sich, indem die Rendite der langfristigen öffentlichen Anleihen durch die jährliche Veränderung des Deflators der Preise des Bruttoinlandsprodukts dividiert wird. Im Falle Koreas wurde der Deflator der Preise des Bruttosozialprodukts verwendet.

amerikanischen Unternehmen den billigen, standardisierten Massenprodukten in vielen Branchen den Weg. Ein typisches Beispiel ist die Schokolade. Während die meisten ausländischen Firmen relativ klein waren und die führenden schweizerischen Unternehmen auf Qualität und Exklusivität setzten, produzierten Hershey, M&M/ Mars, Reese's und Whitman's Schokoladenriegel der mittleren Preisklasse in Riesenmengen und warfen sie massiert auf den Markt.[8] Schon zu Beginn des Jahrhunderts hatte Hershey versucht, Schokolade in großen Mengen zu produzieren, aus zweierlei Gründen: um die Kosten zu senken und das Produkt jedem Amerikaner zugänglich zu machen.

Dieser Gedanke wurde noch einen Schritt weiter gedacht, um Produkte herzustellen, die disponibel waren. Die Amerikaner waren wohlhabend und legten großen Wert auf Bequemlichkeit. So wurden Produkte hergestellt oder propagiert, die man nach dem Gebrauch wegwerfen konnte – Papierhandtücher, Kugelschreiber und sogar Armbanduhren (Timex).

Wohlstand bedeutete auch, daß die Vereinigten Staaten ein früher und fortschrittlicher Markt für viele andere Konsumgüter waren.[9] Der Zug in die Vorstädte und die starke Verbreitung von Einfamilienhäusern bedeuteten eine rapide zunehmende Nachfrage nach neuen Haushaltsgeräten, Autos, Klimaanlagen, Rasenmähmaschinen und anderen Dingen. Black & Decker z. B. wurde aufgrund seiner Stärke in preiswerten, massenweise auf den Markt geworfenen Geräten weltweit zum Branchenführer bei Elektrowerkzeugen, gedacht für den heimwerkenden Hausbesitzer. Diesen ganzen Bereich führte Black & Decker in Europa ein, wo teurere, für den Handwerker konzipierte Werkzeuge bislang die Norm waren.

Wohlstand, kürzere Arbeitszeit und weniger Hang zur Tradition bedeuteten, daß viele Erzeugnisse, ausgerichtet auf Bequemlichkeit und Freizeit, in den Vereinigten Staaten eingeführt oder populär wurden. Spielfilme und Schallplatten entwickelten sich zu bedeutenden amerikanischen Exportgütern, Sportgeräte und Farbfernseher ebenfalls. Auch Fotogeräte und -zubehör waren eine Stärke der USA, dort besonders Kameras zum »Knipsen« für den Amateur.

Amerika war eine gewaltige Brutstätte für Konsumentendienstleistungen. Bei den hohen Einkommen, dem auf Bequemlichkeit ausgerichteten Lebensstil und der Verbrauchcrneigung, sich mit Selbstbedienung und weniger persönlicher Beachtung zu begnügen, waren Dienstleistungen in den Vereinigten Staaten besonders anfällig für Systematisierungen und Standardisierungen (siehe Kapitel 6). Dienstleistungsunternehmen mit vielen Zweigstellen kamen in Bereichen wie Fast food und Gütern für den täglichen Bedarf auf; sie verbreiteten neue Vorstellungen im ganzen Land, später auch im Ausland. Der Aufbau von Marken und massive Werbung wurden auf die Dienstleistungen angewandt, und es entstanden die ersten echten, in großem Stil vermarkteten Dienstleistungen überhaupt.

Bei der Entwicklung von Massenvertriebswegen war Amerika ebenfalls Vorreiter; die Innovationen bei Konsumgütern wurden dadurch zusätzlich belebt. Amerika sorgte auch für ständig neue Ideen im Einzelhandel. Viele fanden in anderen Ländern Anklang, aber US-Firmen waren die ersten, die sie begriffen und auf sie eingingen. Nicht nur die Nachfrage nach vielen teils neuen, teils abgeänderten Konsumgütern bildete sich in den Vereinigten Staaten, auch viele moderne Marketingverfahren hob man dort aus der Taufe. Die privaten Massenmedien einschließlich Rundfunk und

Fernsehen waren Instrumente der ersten, wirklich großangelegten Werbekampagnen.[10] Das Werbefernsehen z. B. wurde in Amerika zwölf Jahre früher als in jedem anderen Land eingeführt. Die weitgehende Freiheit in der Werbung, insbesondere in der Fernsehwerbung, begünstigte die Vertriebsinnovationen. Amerikanische Unternehmen brachten es zu wahrer Meisterschaft in der Imagebildung für Massenartikel: etwa bei alkoholfreien Getränken, Waschmitteln, Toilettenartikeln, Zahnpasta, Kosmetika, Reinigungsmitteln und anderen Konsumgütern. Diese Meisterschaft wurde ins Ausland transferiert, und amerikanische Markennamen wurden in der ganzen Welt zu geläufigen Begriffen.

Die Nachfragevorteile in den Vereinigten Staaten weiteten sich auf Industriegüter aus. Amerikanische Unternehmen, die Industrie- oder Handelsgüter oder Dienstleistungen herstellten, profitierten vom Verkauf an viele der anspruchsvollsten und fortschrittlichsten Kunden der Welt, nämlich andere US-Firmen. Die Breite der US-Wirtschaft begünstigte vor allem Branchen, die an viele andere Wirtschaftszweige lieferten (das Mehrfachgeschäft in der Ballungsgrafik), etwa gewerbliche Dienstleistungen und Pumpen. Die Vereinigten Staaten mit ihrem unterschiedlichen Klima, ihrer Bodenbeschaffenheit und Branchenvielfalt setzten die Unternehmen den verschiedensten Marktbedürfnissen und -bereichen innerhalb der Landesgrenzen aus. Die Firmen lernten, auf die vielfältigen Bedürfnisse einzugehen – die ihnen später in vielen anderen Ländern begegnen sollten.

Die Nachfrage der amerikanischen Industrie läßt sich in vielen Branchen als ein Vorläufer der Weltnachfrage ansehen. Automatisierung, Ausstattung mit Computern, Einführung der Elektronik, neue Kunststoffe und viele andere einschneidende Entwicklungen erfolgten erstmals in den 50er und 60er Jahren. Durch den Verkauf im eigenen Land an die führenden Produktionsunternehmen der Welt erlangten US-Firmen bei den verschiedensten Investitionsgütern und Produktionsmaschinen eine internationale Vormachtstellung, etwa bei Werkzeugmaschinen, Steueranlagen von Arbeitsprozessen sowie bei Heizungs-, Klima- und Kühlgeräten.

Einige Beispiele für anspruchsvolle Inlandsnachfrage der US-Industrie finden sich im Energie- und Baubereich. In den Vereinigten Staaten wurde intensiv nach Energie gesucht, weil die Industrie sich früh entwickelt und das Land einen großen Energiebedarf hatte. Die fortgesetzte Suche nach Erdöl an schwierigen Stellen bewirkte rasche Fortschritte in der Technologie: Amerikanische Erdölfirmen und ihre Zulieferer wurden weltweit führend. Im Baubereich waren US-Firmen Wegbereiter des Hochhauses und anderer Neuerungen bei Bauverfahren. Das brachte wiederum Innovationen bei Klimaanlagen, Aufzügen und anderen mit dem Bauen zusammenhängenden Produkten und Dienstleistungen mit sich; in vielen Fällen kam es zu einer führenden Position in der Welt.

Anspruchsvolle Inlandsnachfrage entstand auch durch eine finanziell gutausgestattete Gesundheitsfürsorge, bei der die Kaufentscheidungen dezentral, d.h. bei den vielen unabhängigen US-Krankenhäusern und medizinischen Versorgungseinrichtungen, lagen. Diese Struktur sorgte für ein günstiges Innovationsklima, im Gegensatz zu anderen Ländern, wo die Gesundheitsfürsorge staatlich bestimmt war oder stark reglementiert wurde. Amerikanische Unternehmen wurden auf den verschiedensten, mit dem Gesundheitswesen verwandten Gebieten Branchenführer.

Die Inlandsnachfrage in einer Reihe US-Branchen profitierte von den weitgehend privaten Telekommunikationsunternehmen, Strom- und Gaswerken, den Herstellern von alkoholischen Getränken und Zigaretten sowie praktisch allen anderen wichtigen Wirtschaftszweigen. Die Privateigentümer, von Hause aus unabhängig und nach Gewinn strebend, zeigten sich häufig als weitsichtigere und anspruchsvollere Kunden als die staatlichen Monopole, wie sie für andere Länder typisch waren. Schließlich bildete auch die Rüstungsnachfrage einen frühen Anreiz für viele wichtige US-Branchen wie Halbleiter, Computer, Software und Raumfahrt.

Internationalisierung der US-Nachfrage. Trotz großer Vorteile aufgrund von Inlandsnachfragebedingungen läßt sich kaum behaupten, daß es amerikanische Firmen auf die internationalen Märkte gedrängt hätte. Viele gaben sich damit zufrieden, den großen Inlandsmarkt zu bedienen. Amerikanische Unternehmen wurden vielmehr oft auf ausländische Märkte gezogen, um das Vakuum auszufüllen, das nach dem Zweiten Weltkrieg durch die starke Auslandsnachfrage und das fast völlige Fehlen inländischer Wettbewerber entstanden war; diese etablierten sich gerade erst oder waren ganz mit ihrem Wiederaufbau beschäftigt.

Die wachsende internationale Vorherrschaft vieler bedeutender Branchen und ein noch immer bestehender Protektionismus führten amerikanische Unternehmen zu hohen Auslandsinvestitionen. Caterpillar z. B. ging ursprünglich zur Auslandsproduktion über, nicht um die Kosten zu senken, sondern wegen der Zölle und Importbeschränkungen. Amerikanische Unternehmen wurden bald die größten Auslandsinvestoren der Welt. In Ländern wie Deutschland und Großbritannien wurden Auslandstöchter amerikanischer Firmen zu führenden Industrieunternehmen. Diese Auslandstöchter trieben die Umsätze dadurch, daß sie eine lokale Marktpräsenz aufbauten, noch weiter in die Höhe. Die internationale Stärke der US-Multis potenzierte sich selbst. Eine US-Branche zog die Nachfrage nach den Produkten und Dienstleistungen anderer US-Branchen nach sich.

Auch wohlhabende amerikanische Touristen reisten nach dem Krieg in großer Zahl ins Ausland, ebenso amerikanische Geschäftsleute. Beide Gruppen bildeten eine gute Grundlage für die Auslandsnachfrage nach den Produkten amerikanischer Unternehmen wie Fast food, Hotels, Autovermietung und vielen anderen Dienstleistungen. Die bloße Zahl der Amerikaner, die ins Ausland reisten (und dort lebten), ließ das zu einem bedeutenden Vorteil werden.

Ein weiterer nachfragebedingter Vorteil für die US-Wirtschaft war schließlich auch das Ausmaß, in dem amerikanische Kultur und Wertvorstellungen ans Ausland vermittelt wurden. Englisch wurde als die internationale Geschäftssprache verankert: zum einen begründet durch das Gewicht der US-Wirtschaft, zum anderen durch die Fülle der englischsprachigen technischen wie der übrigen Fachliteratur. Viele Ausländer ließen sich in den Vereinigten Staaten ausbilden und nahmen einen Hang zu amerikanischen Produkten mit in ihr Heimatland zurück. Wie schon in Kapitel 5 ausgeführt, waren die vielen in Amerika ausgebildeten ausländischen Ärzte ein bedeutender Vorteil für die in der Gesundheitsfürsorge tätigen US-Firmen. Schließlich vermittelten auch Spielfilme, Romane, Fernsehshows und Werbeagenturen amerikanische Lebensart, Wertvorstellungen und Bedürfnisse ins Ausland.

Die kumulative Wirkung dieser Nachfragebedingungen war für zahllose US-Branchen eine gewaltige Quelle von Wettbewerbsvorteilen. Die Inlandsnachfrage war gleichermaßen hoch, früh, vielfältig und anspruchsvoll. Amerikanische Bedürfnisse nahmen die Auslandsnachfrage häufig vorweg, wenn sie sie nicht sogar prägten. Die Internationalisierung der US-Firmen, mobile Einzelpersonen und das europäische Nachkriegsungleichgewicht von Nachfrage und Angebot zogen amerikanische Unternehmen auf die Auslandsmärkte. Das bildete die Grundlage für den Erfolg in vielen der Branchen, in denen amerikanische Unternehmen immer noch an der Spitze stehen. Gleichzeitig förderten einzigartige Nachfragebedingungen die Innovation und Aufwertung in etablierten Branchen, wie sie auch für die Einführung neuer Branchen sorgten.

Verwandte und unterstützende Branchen

In der gesamten US-Wirtschaft waren Clusters wettbewerbsfähiger Branchen verbreitet. International erfolgreiche Fertigerzeugnisse, Zubehörteile, Maschinen und Dienstleistungen waren zu finden bei Automobilen, Flugzeugen, Energie, Stromerzeugung, Bergbau und Bautechnik. Cluster, sowohl sich bildende wie bereits bestehende, waren häufig in ein oder zwei Regionen konzentriert: Automobile um Detroit, Elektronik im Silicon Valley, Großrechner in Minneapolis und New York, Minicomputer in Boston, Erdölanlagen und -dienstleistungen in Houston, pharmazeutische und medizinische Produkte im Korridor zwischen New York und Philadelphia. Amerikanische Unternehmen brauchten sich nur zu Hause umzusehen, wenn sie Technologie und Zulieferer suchten. Sie waren zwar nicht gerade berühmt für ein partnerschaftliches Verhältnis zu einheimischen Zulieferern und Kunden, doch allein die Breite der bestehenden Branchen von Weltrang war ein großer Vorteil in bezug auf Innovation und Geschäftsneugründungen.

Die amerikanische Industrie profitierte von den Führungspositionen in mehreren Branchen, die zahlreiche andere Branchen berührten. Eine davon war die Elektronik. Diese bedeutende neue Technologie sollte sich praktisch auf die gesamte Wirtschaft auswirken. Der große Vorsprung der USA in der Elektronik bedeutete, daß amerikanische Unternehmen Zugang nicht nur zum technischen Austausch mit den besten Zulieferern hatten, sondern auch zu einem wachsenden Stamm an Fachkräften. Eine andere wichtige unterstützende Branche waren Werkzeugmaschinen; ein Vorsprung in der Massenfertigung und eine anspruchsvolle Inlandsnachfrage seitens der Industriekunden hatten die amerikanischen Firmen zu Branchenführern gemacht. Eine dritte bedeutende unterstützende Branche waren Kunststoffe, ein neuer Werkstoff, der bei zahllosen anderen Produkten verwendet wurde. Eine unentbehrliche unterstützende Branche, die sich allerdings etwas später entwickelte, waren schließlich die Computer zusammen mit ihren Vettern, der Software. Die Vorherrschaft der USA auf diesem Gebiet sollte auch vielen anderen Branchen Nutzen bringen.

Im modernen Marketing besaß Amerika einen konkurrenzlosen Stamm an unterstützenden Branchen, seine Werbeagenturen waren vor Ort und wurden weltweit führend. Die amerikanischen Medien waren die fortschrittlichsten und die am wenigsten reglementierten. Durch geschicktes Marketing gelangten amerikanische Unternehmen in vielen Branchen an die Spitze, selbst wenn die Produkte nicht besonders gut waren.

Ein Symbol der Zusammenballung in der amerikanischen Wirtschaft sind die Branchen, die rüstungsnahe Produkte herstellen. Dieser Cluster aus Raumfahrt-, Elektronik-, Kommunikations- und Verkehrsunternehmen ist zuweilen als unheimlich bezeichnet worden. Damals produzierte er jedoch eine verwirrende Vielfalt innovativer neuer Produkte und Dienstleistungen, und er brachte den Menschen zum Mond.

Unternehmensstrategie, Struktur und Wettbewerb

Die amerikanischen Unternehmen entwickelten Geschick bei der Massenfertigung standardisierter Produkte und Dienstleistungen, die sie offensiv vermarkteten. Sie errangen die Führung in vielen Branchen, in denen man vordem die Waren eigens anfertigte, die Herstellung handwerklich betrieb und dem Vertrieb wenig Aufmerksamkeit schenkte. Die Methoden zur Führung großer Unternehmen wurden ab Ende des 19. Jahrhunderts überwiegend in den Vereinigten Staaten entwickelt, wobei viele neue Verfahren erst in den 40er, 50er und 60er Jahren aufkamen.

Die Unternehmen stützten sich auf einen großen Pool an Talenten, die in die Industrie strömten. Die Industrie galt im Nachkriegsamerika als achtbares, hochangesehenes Gewerbe. Hervorragende Leute traten in amerikanische Gesellschaften ein und gründeten neue.

Die Motivation der amerikanischen Arbeiter und Angestellten ließ kaum zu wünschen übrig. Die steuerlichen Höchstsätze waren niedrig im Vergleich mit anderen Ländern. Noch wichtiger aber, die amerikanische Gesellschaft war relativ offen. Viele, die den Aufstieg suchten und bereit waren, Risiken einzugehen, hatten Erfolg. Auch das bunte Gemisch des amerikanischen Volkes, ein Spiegelbild der vielen Einwanderer, die ihr Los zu verbessern suchten, ermunterte dazu, etwas zu wagen; die Menschen, die ihre Zelte abgebrochen hatten, um nach Amerika zu gehen, nahmen jedes Wagnis auf sich.

Die Unternehmensziele ließen ein Gefühl unbegrenzter Möglichkeiten erkennen. Die damaligen Zinssätze gehörten zu den niedrigsten überhaupt, produktivitätssteigernde Investitionen wurden dadurch gefördert. (Die massiven Investitionen während des Krieges hatten bewirkt, daß viele amerikanische Branchen moderne Anlagen besaßen.) Einzelpersonen hielten die Aktienmehrheit von Unternehmen; der Wertpapierhandel war nach heutigen Maßstäben bescheiden, die meisten Aktien galten als Langzeitanlage. Bankiers und Großanleger hatten im Verwaltungsrat meist das Sagen. Erhebliche Kapitalien standen zur Verfügung und ließen sich mobilisieren, besonders für junge Unternehmen mit guten Ideen.

Die Ziele des einzelnen wie die der Unternehmen waren von Zuversicht getragen. Amerika hatte den Krieg gewonnen und erzielte viele wissenschaftliche Durchbrüche. Eine »Ich kann«-Haltung war die starke Kraft, die Amerikaner antrieb, Neues zu erproben und sich auch harten Herausforderungen zu stellen.

Wettbewerb, gepaart mit diesen Zielen und dieser Haltung, war es, der Amerika in vieler Hinsicht am stärksten abhob. Amerika war auf Wettbewerb angelegt. In den meisten wichtigen US-Branchen herrschte ein aktiver Inlandswettbewerb. Einige, wenn nicht Dutzende von Konkurrenten kämpften um den Markt und trieben sich gegenseitig vorwärts. Das amerikanische Kartellgesetz, das besonders streng gegen Monopolbildung, Fusionen und Preisabsprachen vorging, reflektierte die nationale Befürwortung des Wettbewerbs.[11] Dieser amerikanische Wettbewerb stand in krassem Gegensatz zum kartellierten Europa und zum unentwickelten abgeschirmten Asien.

Die amerikanischen Ziele, Wertvorstellungen und Kapitalmarktbedingungen führten im Ergebnis zu einem für Geschäftsgründungen außergewöhnlich günstigen Klima. Ein echter Fehlschlag wurde von der amerikanischen Gesellschaft hingenommen, Teil ihres Mitgefühls für den Unterlegenen. Die kulturelle Vielfalt beinhaltete viele »Außenseiter«, die bereit waren, die herrschenden Normen in Frage zu stellen. Neugründungen und Ableger bevölkerten die meisten Branchen und sie fachten den Wettbewerb noch weiter an. Interne Entwicklungen waren der Ursprung der meisten neuen Geschäfte, und die Zahl der Fusionen und Übernahmen hielt sich in Grenzen.

Die Rolle des Staates

Die staatliche Politik in den Vereinigten Staaten war Ausdruck eines Landes mit starkem und wachsendem nationalen Vorteil. Direkte Eingriffe in die Wirtschaft gab es so wenig wie in kaum einem anderen Land der Welt. Der Staat trat als Eigentümer selten in Erscheinung, im Gegensatz zur eher sozialistischen Ausrichtung, wie sie vor allem für Europa charakteristisch war.

Der amerikanische Staat spielte allerdings einige indirekte Rollen im Wirtschaftsprozeß. Eine war die, Faktoren zu bilden. Investitionen in Bildung, Wissenschaft und Infrastruktur waren hoch beständig; sie betrafen sowohl den Bundesstaat und die Kommune wie auch die Bundesregierung. Eine weitere wichtige Rolle des Staates war die des Wettbewerbshüters. Amerika betrieb eine energische Kartellpolitik, trat für einen freien und offenen Handel ein und unternahm Schritte zum Abbau der Kartellbildung und wirtschaftlichen Konzentration im Ausland, vor allem in Deutschland und Japan.

Die amerikanische Regierung ging außerdem energisch und in einigen Fällen früher als andere Länder daran, sich den Herausforderungen der Zeit zu stellen; ihr gelangen dabei wichtige indirekte Vorteile für die Industrie: Erforschung des Weltraums, Chancengleichheit, Gesundheitsfürsorge und Umweltschutz. Anliegen der US-Regierung war es auch, amerikanische Interessen und demokratische Verhältnisse im Ausland zu fördern und zu verteidigen. Diese Rollen, die im Lauf der Jahrzehnte größere Bedeutung erlangten, erhielten Vorrang vor den Bedürfnissen der Industrie.

Schließlich trug ein umfangreiches Rüstungsprogramm dazu bei, die Wissenschaft zu fördern und eine anspruchsvolle Inlandsnachfrage zu schaffen. In den 40er, 50er und 60er Jahren konzentrierte sich die Rüstungsforschung auf Schlüsseltechnologien wie Elektronik, Computer und Raumfahrt. Oft und schnell kam es zu Betriebsablegern. Dank ihres gewaltigen technologischen Vorsprungs auf Gebieten, die der Rüstung und der Raumfahrt nahestanden, nutzten US-Firmen häufig ihr Wissen und ihre Erfahrung, um sich auf den Zivilmärkten eine führende Position zu erobern.

Man sollte vielleicht besonders hervorheben, daß der amerikanische Staat der Industrie kaum offene Beachtung schenkte. Seine Politik brachte zwar Vorteile, die der Industrie zugute kamen, doch dies war selten der eigentliche Anlaß. Amerika nutzte seine wirtschaftliche Stärke vielmehr, um andere Ziele zu erreichen.

Die Rolle des Zufalls

Das bei weitem wichtigste Zufallsereignis, das den nationalen Vorteil der USA beeinflußte, war der Zweite Weltkrieg. Zwar waren die Vereinigten Staaten schon 1920 in vielen Branchen international führend gewesen (bei Automobilen, Stahl und Anlagen zur Stromerzeugung), doch die Bedeutung des Krieges ist kaum zu überschätzen, denn er war es, der der US-Wirtschaft eine umfassende Vorherrschaft im internationalen Wettbewerb verschaffte.

Die Kriegszwänge führten zu massierter Forschung in lebenswichtigen neuen Technologien und zu größeren Fortschritten bei den Produktionsverfahren. Einige Unternehmen konnten sich dank der Kriegsanstrengungen international durchsetzen. Coca-Cola z. B. richtete rund um den Globus Abfüllstationen ein, um die amerikanischen Truppen zu versorgen – Reaktion auf ein Ersuchen General Eisenhowers zur Stärkung der Kampfmoral. Caterpillar ging über die Grenze, weil von amerikanischen Militärtechnikern benutztes Gerät im Ausland gelassen wurde, als die Feindseligkeiten endeten; die Nachfrage nach Ersatzteilen gab den ersten Anstoß zu dem, was später eine beherrschende Globalstrategie werden sollte.

Die amerikanische Industrie blieb nach dem Krieg intakt, wohingegen die industriellen Grundlagen anderer führender Nationen vernichtet waren. Viele US-Firmen zog es ins Ausland, als die drängende Auslandsnachfrage etwaige Zweifel hinsichtlich des Exports und späterer Auslandsinvestitionen beseitigte. Während die übrige Welt noch eine Weile damit beschäftigt blieb, die allernotwendigsten Produkte und Dienstleistungen zu beschaffen, waren die Vereinigten Staaten bereits der anspruchsvollste und wohlhabendste Markt der Welt.

Die Vereinigten Staaten im Ausblick

Die Vereinigten Staaten bildeten in den ersten Nachkriegsjahren ein kraftvolles, sich selbst verstärkendes System zur Schaffung und Aufwertung des Wettbewerbsvorteils in den unterschiedlichsten Branchen; das Fundament dazu war viele Jahre vorher gelegt worden. Auf der immer breiteren Grundlage entwickelter und fortschrittlicher Produktionsfaktoren und beflügelt von außergewöhnlichen Nachfragebedingungen, zog der Wettbewerbsvorteil in einer Branche den in anderen Branchen nach. Die amerikanische Wirtschaft war tatsächlich ein Indikator dafür, wohin die Weltwirtschaft strebte; sie wurde zum Innovationszentrum der Welt. Die Gunst der frühen Stunde verschaffte amerikanischen Unternehmen Profil und Vorteile, die jahrzehntelang Bestand hatten. Die US-Wirtschaft wurde ständig aufgewertet, und die direkten Auslandsinvestitionen verlegten die weniger produktiven Aktivitäten nach Europa und führten zu einem wachsenden Strom der von dort zurückgeführten Gewinne.

Das Ergebnis konnte sich sehen lassen: ein hoher und steigender Lebensstandard, ein sich anhäufender nationaler Wohlstand, geringe Arbeitslosigkeit und die Fähigkeit zu hohen sozialen Investitionen; sie betrafen Bereiche wie Auslandshilfe, Rüstung, Erforschung des Weltraums, kulturelles Leben und Chancengleichheit. Diese Vorhaben kurbelten ihrerseits die Nachfrage nach neuen, hochaktuellen Waren und Dienstleistungen an.

Obwohl ich die Ursachen für diesen außergewöhnlichen amerikanischen Erfolg bereits genannt habe, erhebt sich dennoch eine Frage. War das nicht alles zu leicht? Amerika *begann* die Nachkriegszeit mit einem durchschnittlichen Pro-Kopf-Einkommen weit über dem der anderen Länder. Der Krieg wog schwer bei diesem glänzenden wirtschaftlichen Erfolg. Allein die Größe der Vereinigten Staaten und ihre industrielle Breite brachten Vorteile mit sich, die man kaum offensiv zu fördern brauchte. Das Vakuum auf den Auslandsmärkten machte die amerikanischen Unternehmen zu erfolgreichen internationalen Wettbewerbern praktisch ohne Konkurrenz, höchstens einer politischen. Die auf dem Krieg beruhenden technologischen Durchbrüche führten, zusammen mit den gewaltigen Hilfsprogrammen nach dem Krieg, zu Vorteilen in vielen US-Branchen; sie konnten selbst dann behauptet werden, wenn eine neue Technik sich nur langsam vermarkten ließ. Die amerikanischen Fabriken waren so neu und modern, daß eine geringe Investitionsrate ausreichte. Die amerikanische Nachfrage war so weit überlegen, daß US-Firmen Vorteile aus der Gunst der frühen Stunde zogen und ihre Wettbewerbspositionen jahrzehntelang beharrlich wahrten. Schließlich waren Bodenschätze in einem solchen Überfluß vorhanden, daß sie allein umfangreiche Exporte hätten ermöglichen können.

Die Daten aus Tabelle 7–1 bieten einige wichtige Anzeichen, daß bei der Aufwertung der amerikanischen Industrie nicht alles so vollkommen war. Eine niedrige Nettokapitalinvestitionsrate, ein enttäuschendes Produktivitätswachstum und ein langsam steigendes Pro-Kopf-Einkommen im Vergleich mit anderen Ländern – all das fällt in die 50er Jahre.[12] Außerdem heizte ein Bevölkerungswachstum, das über dem aller anderen Industrieländer lag, den Anstieg des Bruttoinlandsprodukts an, ohne daß eine Notwendigkeit bestand, die Produktivität rasch zu steigern.

War die amerikanische Zuversicht fehl am Platz? Ging Amerika aus den 60er Jahren als ein Land hervor, in dem sich viele Wirtschaftszweige erneuern und regenerieren konnten? Waren die amerikanischen Unternehmen zu beherrschend und zu selbstgefällig? Diese Fragen bilden einen nützlichen Hintergrund, vor dem wir die wirtschaftliche Entwicklung anderer führender Länder nach dem Krieg untersuchen können. Ich werde auf sie zurückkommen, wenn ich im Kapitel 9 die amerikanische Wirtschaft der 70er und 80er Jahre betrachte. Die letzten Jahrzehnte erzählen eine ziemlich andere Geschichte.

Die stabile Schweiz[13]

Amerika schrieb nicht die einzige Erfolgsgeschichte, allerdings die größte. Die Schweiz und Schweden, beide winzig nach amerikanischen Maßstäben, brachten es zu bemerkenswertem Wohlstand und einem hohen Anspruch, der den Vereinigten Staaten in einigen Bereichen zu schaffen machte.

Die Schweiz war bis spät ins 19. Jahrhundert ein armes Land gewesen. Zu seinen Hauptexportgütern hatten Söldner und Auswanderer gehört. In den ersten Jahrzehnten des 20. Jahrhunderts stand jedoch ein Industrieland da, dessen Bedeutung weit über seine geringe Größe hinausging. In der Nachkriegszeit gehörte die Schweiz bereits zu den reichsten Ländern. In den 60er Jahren war das schweizerische Pro-Kopf-Einkommen nach einigen Berechnungen das höchste der Welt.

Der Wohlstand der Schweiz ist das Ergebnis des nationalen Wettbewerbsvorteils in einem für ein so kleines Land überraschend breiten Spektrum fortschrittlicher Fertigungs- und Dienstleistungsbranchen. Der wirtschaftliche Erfolg reichte nicht nur aus, alle Schweizer Bürger zu hohen Löhnen zu beschäftigen (die schweizerische Arbeitslosenquote betrug in vielen Jahren insgesamt weniger als 200 Personen), sondern auch viele Gastarbeiter. Schweizerische Unternehmen wie Nestlé, Hoffmann-LaRoche, Sandoz, Ciba-Geigy, Schindler, Landis und Gyr, Lindt und Sprüngli sind absolute Weltfirmen. Die führenden schweizerischen Multis beschäftigen außerhalb des Landes weit mehr Menschen als in der Schweiz selbst. Der Fall Schweiz belegt sehr anschaulich, wie ein kleines Land ohne großen Binnenmarkt – wie in Japan oder Amerika – dennoch in vielen wichtigen Branchen weltweit ein erfolgreicher Wettbewerber sein kann. Die Schweiz gehört zu den Volkswirtschaften, die sich beständig aufgewertet haben, um einen steigenden Lebensstandard zu sichern.

Muster des schweizerischen Wettbewerbsvorteils

In Tabelle 7–5 sind die fünfzig schweizerischen Branchen mit dem höchsten Anteil am Weltexport aufgeführt, bezogen auf 1985. Die Aufzählung umfaßt eine für ein so kleines Land bemerkenswerte Vielfalt an Branchen, obwohl praktisch keine Branche von Rohstoffen abhängig ist.[14] Die Aufzählung enthält Konsumgüter und Produkte der gewerblichen Wirtschaft, daneben verschiedenartigste Maschinen und Apparate. Einige Branchen, darunter Edelsteine, Münzen und Metalle, erscheinen auf der Liste, weil die Schweiz eine starke Position im Handel einnimmt – nicht weil sie im Land produziert wurden. Die fünfzig vom Exportanteil her größten Branchen machen 42,4 Prozent aller schweizerischen Exporte aus. Diese Zahl sinkt auf 37,6 Prozent, wenn die Handelsgüter nicht berücksichtigt werden und die Branchen auf den nächsten Plätzen nachrücken. Die Zahl liegt unter der von Ländern wie Japan und Korea und ist ein Indiz für die Vielfalt der schweizerischen Marktpositionen.[15]

In der Schweiz und in praktisch allen Ländern vereinen Branchen mit einem hohen Exportanteil, dem Zeichen für einen Wettbewerbsvorteil, den Großteil des Exporthandels auf sich. Tabelle B-2 zeigt die fünfzig führenden Branchen der Schweiz für die Exportwerte. Neunundzwanzig der fünfzig vom Wert her Führenden sind auch unter den fünfzig beim Exportanteil Führenden, und fast alle anderen haben Anteile am Weltexport vom Mehrfachen des schweizerischen Stichwerts. Nur eine unter den vom Wert her fünfzig Spitzenbranchen liegt beim Anteil am Weltexport unter dem Stichwert. Ich konzentriere mich bei meiner Untersuchung der einzelnen Länder auf die Daten des Exportanteils, weil er repräsentativer für die Branchen ist, wo das Land einen Wettbewerbsvorteil hat und diese Branchen für einen großen Teil des Handels und der Auslandsinvestitionen stehen.

TABELLE 7–5 Die 50 schweizerischen Branchen mit dem höchsten Anteil am Weltexport, 1985

Branche	Anteil am ges. Weltexport	Export-wert (in Mio. $)	Import-wert (in Mio. $)	Anteil am ges. schweiz. Export
Rohdiamanten, unsortiert	89,3	303.694	15.548	1,10
Münzen (ohne Gold und Währung)	46,3	140.561	24.491	0.51
Webstühle	45,1	361.864	11.671	1,32
Tiegeldruckpressen	37,2	15.586	537	0,06
Armbanduhren	34,1	1.413.763	47.464	5,14
Pflanzliche Alkaloide und Derivate	32,0	152.366	8.588	0,55
Amidverbindungen ohne Harnstoff	26,6	321.689	34.613	1,17
Texturiertes Garn mit Polyamid	25,9	212.011	36.925	0,77
Synthetische organische Farbstoffe	25,3	664.318	211.208	2,42
Webstühle, Strickmaschinen und Ersatzteile	24,1	181.030	38.107	0.66
Edelmetalle, Schmuck, Perlen	23,9	230.464	65.241	0,84
Provitamine und Vitamine	21,9	191.703	74.055	0,70
Herbizide	20,6	275.488	24.629	1,00
Ventilatoren, Gebläse u. Ersatzteile	19,2	180.650	87.975	0,66
Elektromechanisches Handwerkszeug	17,6	228.209	48.674	0,83
Uhren mit Gangwerk	17,3	151.578	89.838	0,55
Parfummischungen	17,2	194.333	22.396	0,71
Vermessungsgeräte	16,2	79.018	13.637	0,29
Textilverarbeitungsmaschinen-Teile	16,0	115.147	21.044	0,42
Orthopädische u. Hörhilfen	15,9	151.006	37.710	0,55
Werkzeugmaschinen für Metall	15,3	424.457	55.467	1,54
Edel- und Halbedelsteine	15,2	168.344	210.450	0,61
Produktionsanlagen für Papierprodukte	14,1	120.311	16.221	0,44
Heterozyklische Verbindungen	14,0	696.186	245.601	2,53
Faserspinnmaschinen	13,9	79.438	4.542	0,29
Gewalztes Platin, Platinmetalle	13,6	158.800	90.900	0,58
Spitzen, Bänder, Tüll	13,2	138.244	22.026	0,50
Uhren, -teile	13,0	210.745	83.206	0,77
Hormonhaltige Arzneimittel	12,3	961.084	246.227	3,50
Aufreib- u.a. Maschinen	12,3	109.340	30.852	0,40
Textilien für Maschinen	11,4	98.334	26.257	0,36
Meß- u. Zählgeräte	11,1	52.761	9.145	0,19
Aminoverbindungen	10,8	212.415	69.353	0,77

Branche	Anteil am ges. Weltexport	Export- wert (in Mio. $)	Import- wert (in Mio. $)	Anteil am ges. schweiz. Export
Setz- u. Buchbindereimaschinen, Zubehörteile	10,5	215.268	59.212	0,78
Gemälde	10,3	169.447	121.838	0,62
Optische Geräte	9,9	169.289	65.462	0,62
Sauerstoffsäuren, Derivate	9,6	84.020	25.579	0,31
Spinn-, Aufrollmaschinen etc.	9,6	80.521	12.182	0,29
Schliff, ungefaßte Diamanten	9,6	585.833	909.277	2,13
Andere Metallbearbeitungsmaschinen	9,5	314.943	85.821	1,15
Stahl-, Kupfernägel und Muttern	9,4	66.542	12.083	0,24
Alufolien	9,3	115.170	26.552	0,42
Dampfmaschinen, -turbinen	9,1	117.114	12.752	0,43
Andere organische, unorganische Verbindungen	8,8	68.273	36.218	0,25
Raffinierte Erdölprodukte	8,7	58.789	5.533	0,21
Bürobedarf	8,6	65.019	25.245	0,24
Innenbord-Kolbenmotoren für Schiffe	8,5	60.860	2.364	0.22
Glykosid-, Drüsenseren	8,2	93.610	47.984	0,34
Edelmetallschmuck	8,1	372.719	531.262	1,36
Perlen, bearbeitet und unbearbeitet	8,0	27.662	256.697	0,10
GESAMT				42,44

ANMERKUNG: Importwerte sind nicht angegeben, wenn sie unter 0,3 Prozent des Gesamthandels für 1985 lagen.

Die ganze Breite der schweizerischen Wirtschaft kommt in Abbildung 7–4 noch besser zum Ausdruck, einem Profil aller international wettbewerbsfähigen Branchen der schweizerischen Wirtschaft für das Jahr 1985. Abbildung 7–4 ist die erste von mehreren Clustergrafiken mit Daten von 1985, um einiges stärker in bestimmte Produktbereiche aufgeteilt und gibt dadurch strategisch verschiedene Branchen genauer wieder als die für 1971 verfügbaren Daten. Abbildung 7–4 enthält Anglei- chungen, um Auslandsinvestitionen wiederzugeben und wettbewerbsfähige Bran- chen einzubeziehen, die während der Untersuchung bestimmt wurden und in den Warenverzeichnissen nicht einzeln erscheinen (was im Anhang A eingehender be- schrieben wird).
Für jedes Land wurden die ausführlichen 1985er Exportdaten verwendet, um einige

ABB. 7-4 Cluster der international wettbewerbsfähigen schweizerischen Branchen, 1985

	MATERIALIEN/METALLE	FORSTERZEUGNISSE	ERDÖL/CHEMIKALIEN	HALBLEITER/COMPUTER
Primärgüter	EISEN & STAHL Eisen, anderer Stabstahl, heißgewalzt VERARBEITETES EISEN & STAHL Eisen, Stahlrohre Eisen, Stahlrohrfittings METALLHERSTELLUNG **Stahl, Kupfernägel, Muttern*** **Eisen, Stahlmuttern, Bolzen** Herstellung aus unedlem Metall* NICHTEISENMETALLE ***Alupulver, rohre**** ***Alukonstruktionen, -teile*** ***Alubarren, -draht*** Aluplatten, -bleche, -bänder **Alufolie**	HOLZPRODUKTE ***Rekonditioniertes Holz*** ZELLSTOFFE ***Ungebleichter Zellstoff*** Gebleichter Zellstoff, unauflöslich PAPIER Teerpapier & -pappe, gestrichen* Papier und Pappe*	ORGANISCHE CHEMIKALIEN **Oxysäuren, Derivate** ***Aminoverbindungen*** Oxyaminoverbindungen Amidverbindungen ***Stickstoffverbindungen**** Organische Schwefelverbindungen Andere organische, anorganische ***Verbindungen**** Heterozyklische Verbindungen ***Aldehydverbindungen*** Anorganische Ester, organische Chemikalien* ***Phenole, Derivate*** ANDERE Albuminähnliche Stoffe, Leime ***Regeneratgummi**** POLYMERE ***Vinylpolymere**** ***Kondensationsprodukte****	
Maschinen	***Gußformen***	***Papierfabrikmaschinen, Zubehörteile****		
Besondere Produktionsmittel				
Dienstleistungen				

SCHLÜSSEL

Normal	Anteil am Weltexport 1,6% oder mehr, aber weniger als 3,2%.
Kursiv	Anteil am Weltexport 3,2% oder mehr, aber weniger als 6,3%.
Fett	Anteil am Weltexport 6,3% oder mehr.

• Branchen 1978 unter dem Schwellenwert.
Errechnete Restgrößen
Aufgenommen aufgrund eines nennenswerten Exportwerts in einem Branchenbereich.

* Aufgenommen aufgrund der direkten Auslandsinvestitionen.
** Aufgewertet aufgrund der direkten Auslandsinvestitionen.
*** Aufgenommen aufgrund von Inlandsuntersuchungen.

ABB. 7-4   Fortsetzung

	MEHRFACHGESCHÄFT			VERKEHR
Primärgüter	WERKZEUGE & GERÄTE Elektromechanisches Handwerkzeug Werkzeugmaschinen für Spezialbranchen Anderes Handwerkzeug Zentralheizungsanlagen Flüssigkeitspumpen* GERÄTE Optische Geräte Meß- und Zählgeräte Vermessungsgeräte Meß-, Zeichengeräte	Zubehörteile für Meß- und Zeichengeräte* Kontrollgeräte für Gas u. Flüssigkeiten Meß-, Kontrollgeräte* HANDELSGÜTER Gewalztes Platin, Platinmetalle* Platinlegierungen, unbearbeitet Natürliche Schleifmittel Edelmetallerze, Abfall Perlen, synth. Steine Silber, gewalzt, halbfertig*	Schmuck aus Edelmetall Anderer Schmuck* Rohdiamanten, unsortiert Diamanten, einfach bearbeitet Diamanten, geschliffen, nicht gefaßt Edel-, Halbedelsteine Münzen, Artensammlungen Münzen, Nichtgold, Nichtwährung Gold, nichtmonetär Gemälde, etc. Andere Kunstwerke*	MOTOREN Innenbord-Verbrennungsmotoren für Schiffe Rückstoßmotoren FAHRZEUGE Andere Schienenfahrzeuge* Flugzeuge 2000–15000 kg ANDERE Aufzüge, Rolltreppen* Transportbehälter aus Aluminium*
Maschinen	Maschinen für Spezialbranchen* Andere erzverarbeitende Maschinen* Drehbänke, Metallbearbeitung Konverter, Walzwerke* Werkzeugmaschinen für Metall* Aufreibmaschinen, Metallbearbeitung	Umformmaschinen Andere Metallbearbeitungsmaschinen* Autogenschweißgeräte, Hartlötgeräte* Elektroschweißgeräte Gasgenerator, Ofenbrenner* Elektrische Industrieöfen	Andere nichtelektrische Maschinen, Zubehörteile* Spritzmaschinen Andere Elektromaschinen* Gummi- und Kunststoffverarbeitungsmaschinen Andere nichtelektrische Maschinen, Zubehörteile*	
Besondere Produktionsmittel	Gas-, Flüssigfilter Hähne, Ventile Wellen, Kurbeln, Rollen	Glasuren, Trockenmittel, Kitt Gummiartikel u. ä.* Blätter, Werkzeugspitzen	Ventilatoren, Gebläse, Teile Mineralische Fabrikate*	ZUBEHÖRTEILE Hub-, Lademaschinen, Teile* Zubehörteile für Schienenfahrzeuge
Dienstleistungen	Handel* Geschäftsbanken* Geldhandel*	Rückversicherung* Tourismus*** Zolldienst***	Unternehmensberatung* Sicherheitsdienste* Zeitarbeit***	Fluggesellschaften*** Flughafenabfertigung*** Logistik***

ABB. 7–4 Fortsetzung

Primärgüter	ENERGIEERZEUGUNG UND-VERTEILUNG	BÜRO	TELEKOMMUNIKATION	RÜSTUNG
	ERZEUGUNG **Dampfmaschinen, Turbinen** **E-Werk*** **Kernreaktoren, Teile** VERTEILUNG ***Induktoren etc.**** Isolierflüssigkeitstransformatoren ***Andere elektrische Transformatoren*** Stromrichter Schaltvorrichtungen Elektroisolatoren SPEICHERN ***Primärbatterien, Zellen*** ***Feste, bewegliche Widerstände***	**Werbematerial für Handel,** Kataloge **Bürobedarf** ***Registrierkassen, Buchungsmaschinen***		
Maschinen		**Druck-, Buchbindereimaschinen, Teile*** ***Rotationsmaschinen*** ***Tiegeldruckpressen**** **Produktionsmaschinen für Papierprodukte**		
Besondere Produktionsmittel		Andere Farbstoffe*		
Dienstleistungen				

Abb. 7-4 Fortsetzung

	NAHRUNGSMITTEL/GETRÄNKE	WOHNEN/HAUSHALT	TEXTILIEN/BEKLEIDUNG
Primärgüter	GRUNDNAHRUNGSMITTEL *Lebende Rinder, Zucht* VERARBEITETE NAHRUNG **Käse & Quark** **Süßigkeiten ohne Schoko** **Schokolade & -produkte** **Eßwaren, Fertiggericht** **Nährmittel***** **Andere abgepackte Klein-artikel***** SPEISEÖLE Tierisches Öl, Fett* GETRÄNKE *Alkoholfreie Getränke·*	MÖBEL **Metallmöbel** **Stühle, Sitzmöbel, Teile*** ***Möbel aus anderen Materialien**** ANDERE HAUSHALTS-PRODUKTE **Messerwaren** Seife, Poliermittel, Cremes* **Waschmittel**	STOFFE **Baumwolle, ungebleicht, gewebt** **Baumwolle, gewebt, gebleicht** **Regenerierte Kontinuegewebe, ohne Flor** **Seidenstoffe, gewebt** Gewebe kardierte Wolle **Gewebte Kammwolle, gekämmte feine Fasern*** **Gewirktes Naturgewebe*** Gestrickte etc. synth. Fasern **Spitzen, Bänder, Tüll** Kunststoffbeschichtete Gewebe ANDERE **Maschinengewebe** BEKLEIDUNG *Kleidung, Wolle, etc.**
Maschinen	*Gewerbl. Nahrungsmittel-maschinen* **Verpackungs- und Abfüll-maschinen** Molkerei-, Landwirtschafts-maschinen*		**Nähmaschinen** Nähmaschinennadeln, Zubehör*. **Erspinn-, Textilverarbei-tungsmaschinen*** **Spinn-, Aufrollmaschinen** **Webstühle** **Strick-, Filzherstellungs-maschinen** ***Andere Textil- und Leder-maschinen*** **Webstühle, Strickmaschinen, Zubehörteile** **Zubehörteile für Textilverar-beitungsmaschinen**
Besondere Produktionsmittel	**Insektenmittel** **Herbizide** ***Pulverkaffee, Essenzen***		FASERN UND GARNE Diskontinuierliche Kunst-fasern, ungekämmt ***Woll-, Haargarn**** ***Andere Baumwollgarne**** ***Baumwollgarn 40–80 km/kg*** ***Baumwollinters, -abfall***. Kunstfaserabfall*. **Texturiertes Garn, poly-amidhaltig.** *Diskontinuierliches syntheti-sches Mischgarn* ANDERE **Synthetische organische Farbstoffe** ***Gleitmittel f. Textilien**** Unbearbeitete Häute*
Dienstleistungen			

Primärgüter	GESUNDHEITSFÜRSORGE	PRIVAT	UNTERHALTUNG/FREIZEIT
Primärgüter	ARZNEIMITTEL **Provitamine & Vitamine** *Antibiotika, lose* **Pflanzliche Alkaloide & Derivate** Hormone in großer Menge** *Glykosid-, Drüsenseren* **Medikamente mit Antibiotika**** **Hormonhaltige Medikamente*** Pharmazeutische Produkte MEDIZINISCHE GERÄTE *Medizinische Instrumente* Hör-, orthopädische Hilfen	Zigaretten **Brennmaterial** Parfummischungen *Parfums, Kosmetika* Armbanduhren Uhren mit Gehwerk* Uhren, Teile *Füllhalter* **Schreibfedern, Stifte***	Filmkameras, Projektoren *Foto-, Filmgerätezubehör*** **Bilderbücher für Kinder,** **Globen***
Maschinen			
Besondere Produktionsmittel			Lichtempfindliches Gewebe Fotoplatten, Film*
Dienstleistungen	Gesundheitsdienst***	Höhere Schul- und Universitätsbildung***	

SCHLÜSSEL

Normal — Anteil am Weltexport 1,6% oder mehr, aber weniger als 3,2%.

Kursiv — Anteil am Weltexport 3,2% oder mehr, aber weniger als 6,3%.

Fett — Anteil am Weltexport 6,3% oder mehr.

• Branchen 1978 unter dem Schwellenwert.

\# Errechnete Restgrößen

\#\# Aufgenommen aufgrund eines nennenswerten Exportwerts in einem Branchenbereich.

* Aufgenommen aufgrund der direkten Auslandsinvestitionen.

** Aufgewertet aufgrund der direkten Auslandsinvestitionen.

*** Aufgenommen aufgrund von Inlandsuntersuchungen.

Gesamtberechnungen des Exportmusters vorzunehmen. Die entsprechenden Ergebnisse für die Schweiz zeigt die Abbildung 7–5 (detailliertere Daten finden sich in Abbildung B–2). Abbildung 7–5 zeigt die Verteilung nach dem allgemeinen Cluster der Exporte wettbewerbsfähiger schweizerischer Branchen (festgelegt als diejenigen, deren Anteil am Weltexport den entsprechenden Durchschnittsanteil der Schweiz übersteigt). Angeführt ist auch der Anteil der wettbewerbsfähigen schweizerischen Branchen am gesamten Weltexport. Letzterer ist angenähert durch Zuweisung aller SITC-Branchen an große Clusters (wir nennen sie die globale Ballungsgrafik) und den Vergleich der schweizerischen Exporte mit denen des Clusters insgesamt.[16] Die Zahlen in Klammern stellen die Veränderungen seit 1978 dar. Anzumerken ist, daß diese Statistik nicht alle schweizerischen Exporte erfaßt, sondern nur die der wettbewerbsfähigen Branchen, wie ich sie definiert habe. Die Schweiz ist vielleicht in einigen Branchen wettbewerbsfähig, die den Stichwert aufgrund ihrer Positionen in kleinen Bereichen nicht erreichen, während die in vielen Bereichen unter dem Stichwert liegenden schweizerischen Exporte wahrscheinlich den Grenzhandel, staatliche Subventionen oder Exporte ausländischer Multis mit Schweizer Sitz wiedergeben, nicht einen originären schweizerischen Wettbewerbsvorteil. In Wirklichkeit entfällt ein großer Teil des Handels jedes Landes auf wettbewerbsfähige Branchen, und die Auswirkung auf die Anteile an den globalen Cluster-Exporten aller Branchen ist gering.

Für ein Land mit nur sechs Millionen Einwohnern ist der Umfang der Branchen, in denen die Schweiz eine starke Position besitzt, außergewöhnlich. Sie fügen sich in mehrere Cluster ein, deren Anzahl und Breite um einiges größer ist als in anderen kleinen Ländern wie Schweden, Dänemark und Singapur. Einer der wichtigsten Cluster sind die dem Gesundheitswesen nahestehenden Branchen: Arzneimittel, Hörhilfen, orthopädische Apparate, medizinische Instrumente, verschiedenartige verwandte Maschinen, Gesundheitsdienste und Gesundheitsberatung. Die wettbewerbsfähigen schweizerischen Branchen haben am gesamten Weltexport dieses Ballungsbereichs einen Anteil von sage und schreibe 7,2 Prozent, ganz zu schweigen von der Tatsache, daß die großen Pharmaunternehmen der Schweiz enorme Auslandsinvestitionen tätigen. Ein anderer wichtiger Cluster bezieht sich auf eine Branchengruppe, die mit Textilien zu tun hat, einschließlich Textilfasern, Garnen und Stoffen, Bekleidung (meistens Spezialartikel), Textilmaschinen und synthetischen Farbstoffen. Einen dritten wichtigen Cluster bilden die international ausgerichteten allgemeinen gewerblichen Dienstleistungen einschließlich Handel, Banken, Versicherungen, Zeitarbeit, Logistik, internationale Firmensitze und Personalberatung. Ein vierter wichtiger Cluster sind stark bearbeitete Metallerzeugnisse, Werkzeuge, Werkzeugmaschinen und andere Geräte für vielfältige gewerbliche Nutzungen. Ein weiterer nicht unbedeutender Cluster sind spezielle Chemikalien. Der 0,6-%-Anteil der Schweiz am Weltexport des Ballungsbereichs Erdöl und Chemie setzt sich zusammen aus einem unbedeutenden Anteil erdölnaher Branchen und einem 3,4%igen Anteil am gesamten Weltchemieexport, womit die Schweiz hinter Deutschland, den Vereinigten Staaten und Großbritannien den vierten Platz einnimmt.

Weitere wichtige Cluster sind verarbeitete Nahrungsmittel (Schokolade, Käse u. a.), mechanische und optische Geräte, Druckerzeugnisse und -maschinen sowie elektrische Großgeräte. Schwach ist die Position der Schweiz bei forstwirtschaftlichen

ABBILDUNG 7–5 Schweizer Exporte wettbewerbsfähiger Branchen nach großen Ansammlungen in Prozent

Werkstoffe/Metalle
Anteil an Landesexporten: 3.8 **(0.1)**
Anteil an Weltexporten der Ansammlung: 0.7 **(−0.0)**

Forsterzeugnisse
Anteil an Landesexporten: 1.0 **(0.3)**
Anteil an Weltexporten der Ansammlung: 0.6 **(0.1)**

Erdöl/Chemikalien
Anteil an Landesexporten: 8.0 **(1.2)**
Anteil an Weltexporten der Ansammlung: 0.6 **(0.2)**

Halbleiter/Computer
Anteil an Landesexporten: 0 **(0.1)**
Anteil an Weltexporten der Ansammlung: 0 **(−0.1)**

VORGELAGERTE BRANCHEN
Anteil an Landesexporten: 12.8 **(1.8)**
Anteil an Weltexporten der Ansammlung: 0.6 **(−0.1)**

Mehrfachgeschäft
Anteil an Landesexporten: 28.1 **(1.6)**
Anteil an Weltexporten der Ansammlung: 6.4 **(−1.4)**

Verkehr
Anteil an Landesexporten: 2.1 **(−0.4)**
Anteil an Weltexporten der Ansammlung: 0.5 **(−0.1)**

Stromerzeugung & -verteilung
Anteil an Landesexporten: 4.4 **(−0.6)**
Anteil an Weltexporten der Ansammlung: 2.9 **(0.1)**

Büro
Anteil an Landesexporten: 2.3 **(0.1)**
Anteil an Weltexporten der Ansammlung: 3.8 **(−0.8)**

Telekommunikation
Anteil an Landesexporten: 0 **(−0.1)**
Anteil an Weltexporten der Ansammlung: 0 **(−1.0)**

Verteidigung
Anteil an Landesexporten: 0 **(−0.7)**
Anteil an Weltexporten der Ansammlung: 0 **(−4.3)**

INDUSTRIELLE & UNTERSTÜTZENDE FUNKTIONEN
Anteil an Landesexporten: 36.9 **(0.1)**
Anteil an Weltexporten der Ansammlung: 2.1 **(−0.6)**

Nahrungsmittel/Getränke
Anteil an Landesexporten: 4.7 **(0.1)**
Anteil an Weltexporten der Ansammlung: 0.6 **(−0.0)**

Textilien/Bekleidung
Anteil an Landesexporten: 11.0 **(−1.0)**
Anteil an Weltexporten der Ansammlung: 2.4 **(−0.7)**

Wohnen/Haushalt
Anteil an Landesexporten: 0.9 **(0.1)**
Anteil an Weltexporten der Ansammlung: 0.6 **(0.1)**

Gesundheitsfürsorge
Anteil an Landesexporten: 7.0 **(0.2)**
Anteil an Weltexporten der Ansammlung: 7.2 **(−3.4)**

Privat
Anteil an Landesexporten: 8.0 **(−2.2)**
Anteil an Weltexporten der Ansammlung: 4.4 **(−1.9)**

Unterhaltung/Freizeit
Anteil an Landesexporten: 0.5 **(0.1)**
Anteil an Weltexporten der Ansammlung: 0.2 **(0.1)**

ENDVERBRAUCH GÜTER & DIENSTLEISTUNGEN
Anteil an Landesexporten: 32.0 **(−2.7)**
Anteil an Weltexporten der Ansammlung: 1.7 **(−0.4)**

Anmerkung: Die Zahlen in Klammern bezeichnen Veränderungen zwischen 1978 und 1985. Exporte sind die der wettbewerbsfähigen Branchen, nicht aller Branchen.

■ Bezeichnet die großen Bereiche, in denen der internationalen Wettbewerbspositionen des Landes miteinander verbunden sind.
▨ Bezeichnet die großen Bereiche, in denen die internationalen Wettbewerbspositionen des Landes miteinander verbunden sind.

Produkten, bei Halbleitern und Computern, bei der Telekommunikation, bei Unterhaltung und Freizeit (ausgenommen der Tourismus) sowie bei der Rüstung (wenngleich ein großer Teil des Rüstungshandels der Schweiz, wie auch der anderer Länder, von den UNO-Statistiken nicht erfaßt wird).

Die Stärke der Schweiz zieht sich durch alle drei Ebenen der Ballungsgrafik, in einem sehr viel größeren Ausmaß als bei Schweden, Dänemark, Italien, Korea und Singapur. Ihre größte Stärke liegt in den beiden unteren Ebenen. Vertikal ist die Position der Schweiz ungewöhnlich stark bei Produktionsmaschinen, was in Abbildung B–2 deutlich zum Ausdruck kommt. Die Zusammensetzung der schweizerischen Exporte nach Clusters ist zwischen 1978 und 1985 ziemlich stabil gewesen.

Bemerkenswerte Verbindungen zwischen den einzelnen Clustern sind in Abbildung 7–5 durch Schattierung kenntlich gemacht. Die Stellung der Schweiz bei Textilien (z. B. bei Farbstoffen und Kunstfasern), bei Chemikalien und Arzneimitteln ist sowohl geschichtlich bedingt wie an die chemische Technologie geknüpft. Ähnlich sind Hochpräzisionsprodukte und -geräte aus dem Bereich Mehrfachgeschäft mit Uhren wie anderen privaten Produkten verbunden.

Die schweizerische Wirtschaft ist in mancher Hinsicht ähnlich zusammengesetzt wie die deutsche (s. u.). Beide sind stark bei Chemikalien, Maschinen, Werkzeugmaschinen, mechanischen Präzisionserzeugnissen, optischen Geräten und Textilien. Die Stellung der Schweiz in diesen Branchen tendiert jedoch zu einer stärkeren Spezialisierung und Konzentrierung auf ausgesuchte Bereiche. Die deutschen Unternehmen haben allgemein ein breiteres Angebot, obwohl auch sie normalerweise über die Differenzierung konkurrieren. Sehr viel stärker als Deutschland ist die Schweiz bei Dienstleistungen und vertriebsintensiven Konsumgütern. Deutschland hat dagegen Stärken bei Werkstoffen und Verkehrsausrüstung, wo die Schweiz eine schwächere Stellung einnimmt. Sowohl die Ähnlichkeiten wie die Unterschiede der schweizerischen und deutschen Wirtschaft sind für das Verständnis der Ursprünge des nationalen Vorteils höchst aufschlußreich.

Die Faktorbedingungen der Schweiz

Die Schweiz besitzt kaum natürliche Ressourcen, ausgenommen die Stellen, wo Wasserkraft genutzt wird, und eine schöne Landschaft, die viele Touristen anzieht. Ein geschichtlich bedeutender Naturfaktor ist allerdings die Lage. Dank der zentralen Lage an wichtigen europäischen Handelswegen gedieh die Schweiz sehr früh zu einem Handels-, Geschäfts- und Finanzzentrum. Dieser Vorteil und die frühe Stärke der Schweiz in Textilien (die neben anderen Importen auch den Kauf von Seiden aus dem Fernen Osten erforderlich machte) verhalfen der Schweiz zu einer starken Handelsposition, die sie nie mehr verloren hat. Auch das Bank- und Versicherungswesen profitierten von dieser zentralen Lage und von der Stärke im Handel. Nicht nur die Lage der Schweiz, auch die Neutralitätspolitik ermöglichten ihren Unternehmen, zu allen bedeutenden europäischen Machtzentren (Frankreich, Deutschland und Großbritannien) geschäftliche Beziehungen zu unterhalten; das schlug sich in vielfältigen Vorteilen nieder, wie wir noch sehen werden.

Die Schweiz besitzt einen Stamm bestens ausgebildeter und qualifizierter Arbeitskräfte, die eine positive Einstellung zur Arbeit haben. Fehlen am Arbeitsplatz ist äußerst selten. Der kulturelle Stand und die Sprachkenntnisse der Schweizer sind einzigartig. Dank ihrer deutsch-, französisch- und italienischsprachigen Gebiete sprechen viele Schweizer mehrere Sprachen relativ fließend (dazu noch Englisch). Die schweizerischen Banken sind z. B. stolz darauf, ihre Kunden in jeder Filiale in diesen vier Sprachen zu bedienen. Gewohnt an eine Gesellschaft mit vielfältiger Kultur und einer Haltung, die zu Vermittlung und Anpassung neigt, können schweizerische Angestellte und Manager innerhalb und außerhalb der Schweiz mit Menschen vieler Nationalitäten wirksam zusammenarbeiten. Diese Werte haben in Branchen wie dem Handel und solchen, wo es um diffizile Auslandsverkäufe und Dienstleistungen geht, ein beachtliches Gewicht.

Die Schweiz hatte lange eine hohe Sparquote. Aufgrund der starken Währung, der politischen Stabilität, der Neutralität und des Bankgeheimnisses hat sie in hohem Maße ausländisches Kapital angezogen. Dieses Zusammenspiel hat Zinssätze zur Folge, die im Vergleich mit denen anderer Länder niedrig und stabil sind. Wie bereits in Tabelle 7–3 dargestellt, auf die ich bei der Besprechung anderer Länder wieder zurückkomme, sind die Zinssätze in der Schweiz konsequent die niedrigsten aller von uns untersuchten Länder. Deshalb sind die schweizerischen Unternehmen offensive Investoren und benutzen bei der Bewertung von Investitionen einen niedrigen Abzinsungssatz. Die Schweiz ist außerdem ein bedeutender Nettogeldgeber für die übrige Welt.

Gut entwickelt ist die schweizerische Infrastruktur, vor allem auf logistiknahen Gebieten wie Flughafendiensten, Straßen und Eisenbahnen. Es gibt jedoch Ausnahmen, so bei der Telekommunikation. Dort hat sich das Staatsmonopol als nachteilig erwiesen, weil es teuer ist und die Tendenz hat, den schweizerischen Anbietern einen garantierten Markt zu sichern. Der Gegensatz Schweiz–Schweden ist durchaus lehrreich. Ericsson, dem führenden schwedischen Telekommunikationsanbieter, wurde kein Inlandsmarkt garantiert, so daß das Unternehmen gezwungen war, sich energisch um den Auslandsabsatz zu bemühen. Es ist in seiner Branche zu einem führenden Unternehmen in der Welt geworden. Hasler, das vergleichbare schweizerische Unternehmen, verfügte über Kapazitäten von Weltrang, wurde aber protektioniert. Heute ist Hasler international praktisch bedeutungslos, und der schweizerische Binnenmarkt viel zu klein und harmlos, als daß er Innovationen und Leistungsfähigkeit beleben könnte.

Mechanismen zur Faktorbildung. Die Schweiz war in der Lage, im Lauf der Zeit spezielle Faktoren zu bilden und aufzuwerten und so eine steigende Produktivität in ihrer Wirtschaft zu erreichen. Unter den faktorbildenden Mechanismen an hervorragender Stelle steht das Bildungssystem. Das öffentliche Bildungswesen ist umfassend, hat einen hohen Stand und wird von allen Teilen der Gesellschaft ernst genommen. Die Qualifikation der Lehrer ist im Vergleich etwa mit den Vereinigten Staaten und Großbritannien ungewöhnlich hoch. Der angebotene Lehrplan spiegelt die Zusammensetzung der schweizerischen Wirtschaft. In Zürich und St. Gallen sind beispielsweise Lehrstühle für Bankwesen eingerichtet.

In vieler Hinsicht noch wichtiger für die Bildung spezieller Faktoren ist ein gutentwickeltes Lehrlingssystem, ähnlich dem in Deutschland. Das Lehrlingssystem erfaßt alle jungen Leute, die nicht studieren.[17] Es ist eine Kombination aus praktischer Ausbildung am Arbeitsplatz in einem Unternehmen und dem Teilzeitbesuch der örtlichen Berufsschule. Die Schüler werden nicht nur ausgebildet, damit sie qualifizierte Arbeit leisten, sie sollen sich auch im gesamten Berufsleben weiterbilden. Schweizerische Unternehmen wenden für die Schulung erhebliche Mittel auf. Beschäftigte in schweizerischen Unternehmen werden mehr als Techniker denn Fabrikarbeiter gesehen. Nach meinen Erfahrungen ist den schweizerischen Unternehmen ungewöhnlich viel am Wohlergehen ihrer Leute gelegen. Bei Stäubli, dem schweizerischen Hersteller von Textilmaschinen, war es beispielsweise üblich, daß auch an die Mitarbeiter gedacht wurde, wenn das Unternehmen erfolgreich war.

Von Bedeutung für die Personalentwicklung in der Schweiz ist auch die allgemeine Wehrpflicht. Viele Schweizer bezeichnen sie als eine Stärkung der Industrie. Fast alle Schweizer Bürger erhalten irgendeine Ausbildung und lernen Disziplin; sie bauen ein Netzwerk an Beziehungen auf, die sie ihr ganzes Leben begleiten.

Die Schweiz hat eine starke Tradition in der universitären Forschung und nimmt auf Gebieten wie Chemie und Physik eine internationale Spitzenstellung ein. Die Forschungsverbindungen zwischen Universitäten und Unternehmen sind in vielen schweizerischen Industrien gut entwickelt. Das international erstklassige Leistungsvermögen in der Chemie half der schweizerischen Pharmaindustrie bei ihrem Aufstieg. Eine jahrhundertealte Tradition in medizinischer Ausbildung, eine in Basel konzentrierte Forschung auf gesundheitsverwandten Gebieten, ferner die gesellschaftliche Forderung nach umfassender Gesundheitsfürsorge haben bei einer Vielzahl medizinnaher Produkte und Dienstleistungen zum Erfolg beigetragen. Insgesamt liegen die – zumeist von der Industrie getätigten – Ausgaben der Schweiz für Forschung und Entwicklung, ausgedrückt in Prozenten des Bruttoinlandsprodukts, im oberen Bereich der Länder (siehe Tabelle 13–1).

Schweizerische Unternehmen werden oft von technisch versierten Führungskräften geleitet, und das Engagement für die Forschung ist entsprechend hoch. Die schweizerischen Unternehmen haben auch Erfahrung im Beschaffen spezieller Technologien aus dem Ausland, wenn es in der Schweiz dafür keine Bezugsquelle gibt. In vielen unserer Fallstudien, einschließlich Vermessungsgeräte, Heizungssteuerungen, Arzneimittel und Hörhilfen, entwickelten schweizerische Unternehmen bei bestimmten Technologien enge Beziehungen zu ausländischen Forschungszentren; in vielen Fällen errichteten sie Forschungsstätten im Ausland. Die frühe Gründung von Forschungszentren in den Vereinigten Staaten und in Großbritannien durch schweizerische Pharmaunternehmen war z. B. entscheidend für die Herstellung völlig neu entwickelter Arzneimittel. Das Geschick der schweizerischen Unternehmen, sich ausländische Technologie zu beschaffen – das einer Reihe von Ländern gemein ist, die ungewöhnlich erfolgreich waren in der Aufwertung ihrer Industrie –, ist offenbar das Ergebnis mehrerer Faktoren. Aufgrund der Größe des Landes tragen sich die Schweizer keinen Augenblick mit dem Gedanken, alle Technologien könnten in der Schweiz entwickelt werden. Die hohe Qualifikation der schweizerischen Wissenschaftler und Ingenieure bietet eine Grundlage, ausländische Technologie zu assimilieren. Sprachliche und kulturelle Gewandtheit befähigt sie außerdem ganz besonders dazu, gute Beziehungen zum Ausland zu knüpfen.

Ein Mechanismus zur Faktorbildung in der Schweiz ist schließlich noch die Einwanderung. Historisch gesehen, bot die Schweiz begabten Ausländern, deren Rolle in der dortigen Industrie nicht zu unterschätzen ist, eine Heimat. Während der beiden Weltkriege war der Zustrom begabter Einwanderer in das Land besonders groß, in begrenztem Umfang hält er immer noch an. Die heutigen strengen Einwanderungsgesetze der Schweiz sind jedoch offenbar zu einem Nachteil geworden. Schweizerische Unternehmen haben große Schwierigkeiten, Fachkräfte in Software und Finanzen ins Land zu holen; sie aber wären für eine weitere Aufwertung des Wettbewerbsvorteils in wichtigen schweizerischen Branchen erforderlich.

Die Verfügbarkeit von Informationen in der Schweiz stellt eine weitere Schwäche im Aufwertungsprozeß dar. Es fehlt an einer gutentwickelten Fachpresse, so daß die meisten Schweizer auf ausländische Publikationen zurückgreifen. Staatliche Statistiken gibt es so gut wie gar nicht, nur einige wenige Untersuchungen und Berichte, die offenbar ein Bewußtsein für zukünftige Entwicklungen in Werbung und Technologie aufbauen sollen. Jedes schweizerische Unternehmen und jeder angehende schweizerische Unternehmer muß sehr viel mehr Informationen schaffen als in Ländern wie Japan und den Vereinigten Staaten.

Selektive Faktornachteile. Eine der treibenden Kräfte der Innovation und Aufwertung in der schweizerischen Industrie waren selektive Faktornachteile: Die meisten Bodenschätze fehlen in der Schweiz, fast alle Rohstoffe und auch die Energie müssen eingeführt werden. Die schweizerischen Unternehmen standen daher unter dem Zwang, mit Rohstoffen sparsam umzugehen und Möglichkeiten zu finden, höhere Differenzierungsebenen zu schaffen, um so konkurrieren zu können.

Wahrscheinlich als das erste Land nach dem Zweiten Weltkrieg litt die Schweiz unter Arbeitskräftemangel. Das gab einen frühen Anstoß, zu automatisieren und in differenzierteren Marktbereichen zu konkurrieren.[18] In der Schweiz gibt es seit langem hohe und steigende Löhne. Das Einsparen von Arbeitskräften und deren möglichst produktiver Einsatz waren für die Unternehmen eine ständige Herausforderung. Der Mangel an hochqualifizierten technischen Arbeitskräften bildete einen weiteren Faktor, der die Beschaffung ausländischer Technologien förderte.

Ein Meilenstein in der wirtschaftlichen Entwicklung der Schweiz war der Übergang zu freien Wechselkursen. Seit 1973 ist der Schweizer Franken ununterbrochen und mehr als jede andere Währung im Wert gestiegen. Schweizerische Unternehmen wurden gezwungen, stärker zu differenzieren und produktiver zu wirtschaften, um konkurrieren zu können; das hat sie auch ermutigt, weniger anspruchsvolle Serien außerhalb der Schweiz zu produzieren.

Nachfragebedingungen

Die schweizerischen Faktorbedingungen sind zwar wichtig; was die Schweiz aber in vieler Hinsicht am meisten von anderen Ländern unterscheidet, sind die Nachfragebedingungen. Die schweizerischen Nachfragebedingungen haben eine für ein so kleines Land bemerkenswert breite Basis an wettbewerbsfähigen Branchen gefördert. Das hat die schweizerische Wirtschaft sehr elastisch gemacht und dazu geführt, daß schweizerische Firmen in hochspezialisierten Branchen und -bereichen mit sehr hoher Produktivität operieren konnten, während die Wirtschaft Vollbeschäftigung meldete.

Etwas, das die Schweiz nicht hat, ist ein großer Inlandsmarkt, auch wenn der Pro-Kopf-Verbrauch in einigen Branchen ziemlich hoch ist. Die meisten Schweizer nennen den kleinen Inlandsmarkt sogar als einen der Hauptgründe dafür, daß Schweizer Unternehmen sich international eingestellt haben und sehr früh darangegangen sind, weltweit zu konkurrieren. Der kleine Binnenmarkt hat viele schweizerische Unternehmen zudem veranlaßt, sich auf enge Marktbereiche zu konzentrieren; ihnen haben sie oft mehr Beachtung geschenkt als ausländischen Firmen und dort haben sie ihre Position halten können. Die Wahl der Segmente gibt häufig die einzigartigen schweizerischen Nachfragebedingungen wieder.

Überraschend viele schweizerische Branchen gehen in ihren Ursprüngen in irgendeiner Weise auf die Textilindustrie zurück; sie hat die schweizerische Wirtschaft einmal beherrscht und ist noch immer bedeutend. (Der Cluster der Textil- und Bekleidungsunternehmen vereinte 1985 elf Prozent aller schweizerischen Exporte auf sich, wenngleich die Schweiz heute mehr im Bereich Maschinen und besondere Produktionsmittel als bei Fertigerzeugnissen konzentriert ist.) Schweizer Qualität und technische Kapazität im Textilbereich waren lange Zeit hoch; heute konzentrieren sich die Textilhersteller zum Teil wegen der selektiven Faktornachteile (vor allem hohe Löhne) besonders auf Sonder- oder hochpreisige Bereiche wie elegante Bekleidung, Unterwäsche, Spitze, Seidengewebe und feine Garne.

Die schweizerische Textilindustrie leistete bei einigen anderen schweizerischen Branchen Geburtshilfe, so bei synthetischen organischen Farbstoffen, Textilmaschinen und dem Handel. Hier gehören schweizerische Unternehmen weltweit zu den Branchenführern und behaupten ihren Wettbewerbsvorteil seit vielen Jahrzehnten. Der hohe Stand der schweizerischen Textil- und Bekleidungsfirmen und andererseits die selektiven Faktornachteile, vor denen sie stehen, zwingen die schweizerischen Anbieter ständig zu Innovationen. Beispielsweise sind sie weltweit bei Webmaschinen führend, weil sie unentwegt innovative neue Anlagen entwickeln.

Geographische Lage und Klima der Schweiz haben eine wichtige Rolle bei der Bestimmung der Industrien gespielt, in denen der schweizerische Inlandsmarkt besonders anspruchsvoll ist, aber auch bei der Segmentstruktur der Nachfrage auf dem Inlandsmarkt. Aus einleuchtenden Gründen ist die Schweiz im Tunnelbau stark. Die schweizerische Vermessungsgeräteindustrie profitierte von anspruchsvollen inländischen Vermessungsbedürfnissen. Bedeutsam war auch die Tatsache, daß alle Landvermesser in der Schweiz selbständige Unternehmer sind und keine staatlichen Angestellten. Sie suchen sich ihr Arbeitsgerät selbst aus und müssen damit ihren Lebensunterhalt verdienen, weshalb sie im allgemeinen anspruchsvolle Käufer sind. Geographische und klimatische Umstände spielen eine Rolle in Branchen wie der Heizungsregler (die Schweiz hat ein kaltes, aber abwechslungsreiches Klima und sehr hohe Energiekosten, man bei den die Arbeits- oder Lebensbedingungen sehr anspruchsvoll, was hohe Anforderungen an die Steuergeräte bedeutet) und der Eisenbahnausrüstung (die schweizerischen Bahnen müssen sich in gebirgigem Gelände bewähren und strengsten Zuverlässigkeitsanforderungen genügen).

Der allgemeine Wohlstand hat die Verbrauchsgüterunternehmen des Landes in ausgewählte Marktbereiche und in Branchen geführt, zugeschnitten auf die Bezieher hoher Einkommen. Unternehmen wie Bally (Schuhe), Rolex und Patek Philippe (Armbanduhren) sowie Hanro und Zimmerli (Kleidung) sind nur einige Beispiele. Der hohe Lebensstandard in der Schweiz bedeutet auch, daß die Nachfrage auf dem Inlandsmarkt in hochklassigen Bereichen die Nachfrage in vielen anderen Ländern vorwegnimmt. Der Zustrom wohlhabender Touristen in klassische schweizerische Erholungsorte verstärkt diese Tendenz noch.

Die Zusammenballung erfolgreicher schweizerischer Unternehmen bedeutet, daß die schweizerischen Käufer von Industriegütern oft international erfolgreich und anspruchsvoll sind. Schweizerische Firmen müssen sich daheim häufig Anforderungen stellen, die am Ende auch andernorts gelten. Ein Bereich, in dem das sehr klar zum Ausdruck kommt, ist der Umweltschutz. Hier legt die Schweiz seit langem strenge Maßstäbe an.

Die hohe Anspruchshaltung der schweizerischen Inlandsnachfrage in einigen Bereichen hat auch mit gesellschaftlichen Normen zu tun. Die Schweizer sind anspruchsvoll und kritisch, als einzelne gesehen wie auch in ihrer Rolle in der Branche. Sie erwarten ein qualitätvolles, funktionales und dauerhaftes Design und sofortige Lieferung. Die Abneigung der Schweizer gegen Risiken und ihre Vorsorge kommt z. B. in einem sehr hohen Pro-Kopf-Verbrauch von Versicherungen, Feuerschutzgeräten und Bankdienstleistungen zum Ausdruck. Die Schweizer sind nicht gerade dafür bekannt, ihren Emotionen freien Lauf zu lassen, aber sie haben durchaus ihre eigenen und entschiedenen Vorlieben für Pünktlichkeit, Präzision, Sicherheit und Beständigkeit. Diese schlagen sich in erfolgreichen schweizerischen Branchen nieder, von der Fluggesellschaft über das Bankwesen und die Versicherung bis zum Handel.

Weil die Schweiz eine Mischung aus vielen Kulturen ist, haben die Firmen ein so gutes Gespür für sich entwickelnde Produktbedürfnisse. Das schweizerische Unternehmen hat zu Hause Kunden, die Bedürfnisse in mehreren Ländern erkennen lassen. Es überrascht nicht, daß die französische Schweiz ungewöhnlich stark in Konsumgütern ist, während im deutschsprachigen Teil sich die Hersteller von Präzisionsmaschinen und Chemiefirmen tummeln. Vielleicht erklärt die kulturelle Vielfalt z. T. den ungewöhnlich breiten Vorteil in der schweizerischen Industrie im Vergleich mit Schweden, das zwar einige andere wichtige Eigenschaften mit der Schweiz gemein hat, dem aber diese Vielfalt fehlt.

Deutschland, Frankreich und, in einem geringeren Umfang, Italien sind mit der Schweiz kulturell wie geographisch so eng verbunden, daß sie fast »Inlandsmärkte« darstellen. Schweizerische Firmen betreiben in diesen Ländern, die oft ihre ersten Exportmärkte sind, wie selbstverständlich Handel. Weil jedes Land anspruchsvolle Käufer für unterschiedliche Waren hat, vergrößert sich der Bereich der wählerischen Kunden beim engen Kontakt mit der schweizerischen Industrie. Außerdem neigt die Schweiz dazu, technische und Umweltrichtlinien aus Deutschland zu übernehmen, weil sie selbst keine Behörde hat, die solche Richtlinien aufstellt. Da die deutschen Richtlinien streng sind, entsteht in den betroffenen schweizerischen Branchen ein weiterer günstiger Druck von der Nachfrageseite.[19]

Die Breite der schweizerischen Marktpositionen trägt, zusammen mit den engen Bindungen an die französischen, deutschen und italienischen Märkte, zum ungewöhnlichen Erfolg der Schweiz im Bereich Mehrfachgeschäft oder bei Anlagen und Produkten bei, die an viele andere Branchen verkauft werden. Auf solche Branchen entfielen 1985 fast 30 Prozent der schweizerischen Exporte.

Die schweizerische Nachfrage nach Dienstleistungen ist ebenfalls auf einem ungewöhnlich hohen Stand. Hohe Pro-Kopf-Einkommen steigern die Nachfrage nach persönlichen Dienstleistungen, während die große Zahl der international ausgerichteten Unternehmen (und regionale Zentralen ausländischer Unternehmen, ein schweizerischer Dienstleistungsexport) ein Gewinn für die gewerblichen Dienstleistungen ist. Schweizerische Dienstleistungsbranchen sind international auf den Gebieten am besten entwickelt, die mit ihren ureigenen Bedürfnissen zusammenhängen, also Versicherungen, persönlichen Dienstleistungen wie Zeitarbeit (aufgrund des sehr engen schweizerischen Arbeitsmarkts sehr wichtig), Handel, logistischen Dienstleistungen und internationalen Bankgeschäften.

Die schweizerische Inlandsnachfrage arbeitet jedoch in einigen Branchen gegen den internationalen Erfolg. Die Nachfrage nach qualitativ billigeren Massenkonsumgütern ist gering. Die Nachfrage nach Produkten und Dienstleistungen der Unterhaltung und Freizeit nimmt in der konservativen Schweiz selten die Nachfrage anderer Länder vorweg. Das Bestehen von Staatsmonopolen oder zudringlichen Regelungen in einigen Branchen untergräbt die Qualität der Inlandsnachfrage ebenfalls.

Verwandte und unterstützende Branchen

Die schweizerische Wirtschaft ist hochgradig zusammengeballt. Der Wettbewerbsvorteil erwuchs in einigen der Fälle, die wir untersucht haben, aus Zulieferindustrien. Die Hersteller von Hörhilfen z. B. stützten sich auf Erfahrungen in der Feinmechanik und auf Zulieferer, die Einzelteile und Maschinen für Kleinprodukte fertigen. Die Uhrenindustrie und verwandte Zulieferbranchen boten für viele dieser Firmen nützliche Fachkenntnisse. Die schweizerischen Maschinenhersteller sind ein wichtiger Vorteilslieferant für die Produzenten von Fertigprodukten, wie Druckerzeugnissen, Textilien und Nahrungsmitteln.

Mehrere bedeutende schweizerische Branchen entstanden aus verwandten Branchen, einige solcher Verbindungen habe ich bereits erwähnt. Die Pharmaindustrie der Schweiz hat sich aus der synthetischen Farbstoffindustrie entwickelt – Medikamente wurden zuerst fast durch Zufall entwickelt, als man therapeutische Wirkungen von Farbstoffen feststellte. Auch spezielle Chemikalien gingen aus Farbstoffen hervor. Herbizide, Insektizide und Pestizide kamen im Zuge der Pharmaindustrie auf. Geschmacksstoffe und Düfte erschlossen sowohl chemisches Fachwissen wie eine anspruchsvolle Inlandsnachfrage nach verarbeiteten Nahrungsmitteln. Eine Stärke in Seide führte zu Experimenten mit seidenähnlichen Kunstfasern und schließlichem Erfolg damit.

Der Austausch innerhalb der Cluster, der den Wettbewerbsvorteil aufwertet, funktioniert in der Schweiz aus bestimmten Gründen ungewöhnlich gut. Der erste – das gutausgebaute Netz persönlicher Beziehungen unter den Schweizern; es geht auf die geringe Größe des Landes, auf die relativ wenigen Universitäten und auf die allgemeine Wehrpflicht zurück. Der zweite – die außerordentliche schweizerische Fähigkeit, pragmatisch mit anderen zusammenzuarbeiten. Schweizerische Unternehmen wissen, ihre eigentliche Bewährung besteht darin, international erfolgreich zu sein; und ihre schweizerischen Kunden und Lieferanten sind Verbündete, nicht

Gegner. Drittens – die geographische Nähe belebt die Arbeitsbeziehungen zwischen Lieferanten und Kunden. Und schließlich – schweizerische Großunternehmen waren in einigen Bereichen wie Chemikalien, Arzneimittel, Maschinen und Nahrungsmittel wichtig bei der Ausweitung von Clustern über eine internationale Diversifizierung. Die Schweiz hat das Fernsehen relativ spät angenommen, und die Fernsehwerbung ist begrenzt. Dies und die Landesgröße bedeuten, daß nur wenige schweizerische Firmen (mit der Ausnahme Nestlé) Erfahrungen im Massenkonsum-Marketing sammeln konnten. Verbrauchsgüterhersteller bauen statt dessen auf ein eingeschränktes Marketing, das Image und Qualität betont. Erfolg verbuchen die Unternehmen fast immer auf den gehobenen Märkten.

Unternehmensstrategie, Struktur und Wettbewerb

Die schweizerischen Unternehmen halten sich an eine strategische Ausrichtung und Betriebsphilosophie, die sich aus den nationalen Umständen und ihrer Kultur ergeben: eines ihrer Elemente ist der Wettbewerb in relativ kleinen Branchen, mit vergleichsweise konzentrierten Strategien, die auf stark differenzierte, hochklassige Bereiche zielen. Erfolgreiche Branchen mit Massenproduktion sind selten. Dieses Muster ergibt sich aus einem kleinen Inlandsmarkt, hohen Löhnen und einer teuren Währung. Die konservative Haltung in der Schweiz schließt jene hohen und riskanten Forschungs- und Entwicklungsinvestitionen aus, die in Branchen wie der Luftfahrt, Halbleiter und anderen notwendig sind. Arzneimittel sind die Ausnahme, was mit dem sehr frühen Brancheneinstieg zusammenhängt und weil die schweizerischen Firmen die Größe erlangt haben, die erforderlich war, durch eine offensivere Globalisierung mit amerikanischen und deutschen Unternehmen mehr als nur gleichzuziehen.

In den meisten Branchen haben schweizerische Firmen dadurch Erfolg, daß sie durch ständige Verbesserungen nach Perfektion streben, angetrieben vom technischen Background und technischer Ausrichtung vieler Topmanager und deren langer Branchenzugehörigkeit. Der Fortschritt erfolgt in kleinen, steten Schritten, nicht in großen Sprüngen.[20] Schweizerische Firmen schlagen sich besonders gut in Branchen, wo ein enger Kontakt zum Kunden gefordert wird, entweder in schwierigen Verkaufsverhandlungen, bei der Herstellung von Produkten nach besonderen Wünschen der Kunden oder bei umfassendem Kundendienst. Sprachkenntnisse, Diplomatie und eine hohe Qualifikation erklären einiges. Schweizerische Unternehmen haben auch die bemerkenswerte Fähigkeit, Disziplinen wie Mechanik, Werkstoffe, Elektronik u. a. zu integrieren.

Das Verhältnis zwischen Firmenleitung und Beschäftigten ist offen und weitgehend konfliktfrei. Die Arbeitgeber und -nehmer führen pragmatische Verhandlungen, und es herrscht ein Konsens, daß die schweizerischen Unternehmen ihre Wettbewerbsfähigkeit gegenüber dem Ausland behaupten müssen. Der Arbeitsfrieden geht auf ein Abkommen von 1937 zurück, das sogenannte *La paix du travail*; es schreibt vor, daß Arbeitskonflikte durch Gespräche und Verhandlungen zu lösen sind, notfalls durch ein bindendes Schiedsverfahren.[21] Arbeitsbeschränkungen behindern selten die Innovation, blockieren auch nicht die Automatisierung.

Die schweizerischen Unternehmen stehen der Internationalisierung höchst aufgeschlossen gegenüber; sie ist ihnen zur zweiten Natur geworden. Sprachkenntnisse,
kulturelle Vielfalt, ein kleiner Binnenmarkt und keine staatlichen Einschränkungen –
all das wirkt mit. Die Schweizer haben eine lange Handelstradition und seit langem
eine freikonvertierbare Währung – weitere Gründe, warum sie sich im Ausland wohl
fühlen. Ein anderer Grund ist ihre Reisefreudigkeit. In vielen der von uns untersuchten Branchen hatten wichtige Manager im Ausland studiert und gelebt, bevor sie in
die Schweiz zurückkehrten, um ein Unternehmen zu gründen oder als Manager tätig
zu werden.

Sowohl die Beschäftigten in der Schweiz wie das Kapital waren in ihrer jeweiligen
Branche stark engagiert, vor allem in den 70er Jahren. Schweizerische Investoren
rechnen in langen Zeiträumen. Niedrige Zinsen begünstigen einen niedrigen zeitlichen Abzinsungssatz. Wie aus Tabelle 7–1 hervorgeht, hatte die Schweiz von allen
untersuchten Ländern mit Ausnahme Japans und Koreas die höchsten Netto-Anlage-
investitionen in Prozent des Bruttoinlandsprodukts.

Verbreiteter Aktienbesitz bei Banken und Institutionen mit nur geringem Hang zum
Aktienhandel hat eine Regierungsform zur Folge, in der Investoren bisher mit dem
Management zusammengearbeitet haben, um Unternehmen zu erneuern, nicht um
sie abzustoßen oder sie zu schließen. Das schweizerische Rechnungswesen erlaubt die
Bildung stattlicher Reserven, damit Unternehmen über schwierige Zeiten hinwegge-
holfen werden kann.[22] Schweizerische Unternehmen können im Verlauf einer Um-
organisierung einige Jahre große Verluste verkraften. Feindliche Übernahmen waren
selten, in einigen Unternehmen wurden sie durch eingeschränkten Aktienbezug
sowie die Vorschrift, daß der Besitzer ein Schweizer sein muß, fast unmöglich
gemacht.

Arbeiter wie Angestellte sich hochqualifiziert und wechseln selten die Firma oder den
Beruf. Das verlangsamt die Anpassung bis zu einem gewissen Grad, findet aber
seinen Ausgleich durch ständigen Druck seitens der Löhne und Währung auf die
schweizerische Industrie, der eine Aufwertung fördert. Schweizerische Unternehmen
erzielen gern gute Gewinne, und die Anpassung war zumindest in den 70er Jahren
beständig.

Das Ausmaß des Inlandswettbewerbs in vielen erfolgreichen Branchen ist erstaunlich. Die kleine Schweiz könnte die Vermutung nahelegen, daß es in vielen Branchen
nur ein schweizerisches Unternehmen gibt. Das trifft überwiegend aber nur auf die
Branchen zu, in denen die Schweiz *nicht* wettbewerbsfähig ist. In vielen Branchen, in
denen die Schweiz international erfolgreich ist, konkurrieren zwei oder mehr Unternehmen miteinander, sogar oft mit ähnlichen Strategien. Um nur einige dieser
Branchen zu nennen: Banken (Unionsbank, Crédit Suisse, Schweizerischer Bankver-
ein), Handel (Siber Hegner, André, Diethelm, Desco von Schulthess, Marc Rich,
UHAG, UTC), Schokolade (Nestlé, Jacobs-Suchard, Lindt und Sprüngli), Arzneimittel (Sandoz, Ciba-Geigy, Hoffmann-LaRoche), Luxusuhren (Rolex, Patek Philippe u. a.), Hörhilfen (Phonak, Gfeller und Rexton, jetzt eine Siemens-Tochter),
Gebäudeleittechnik (Landis und Gyr, Staefa, Sauter) und logistische Dienstleistungen (Danzas, Panalpina). Selbst dort, wo schweizerische Konkurrenten sich bei
Preisen und Produkten nicht erbittert bekämpft haben, waren sie potentielle Wettbewerber und machten sich auf andere nützliche Art Konkurrenz.

Das Zusammenspiel von anspruchsvoller Nachfrage, Wettbewerb, engagierten Managern und Investoren lief bis weit in die 70er Jahre. Es mehren sich jedoch die Anzeichen, daß nicht alles so gut läuft und die Aufwertung, die so charakteristisch war für die schweizerische Industrie, ins Stocken gerät. Die Schweiz blickt auf eine lange Tradition in Kartellen, geschützten Monopolen und geschützten Märkten zurück. Wo sie noch existieren (bei den Brauereien z. B.), war die Schweiz entweder nie international erfolgreich, oder ihre Position ist stark abgebröckelt. Innovationen und Veränderungen sind erstickt worden. In den letzten zehn Jahren hat sich die Tendenz zu Zusammenarbeit und Arrangements in der schweizerischen Industrie höchstens noch fortgesetzt.

Der nachhinkende Inlandswettbewerb hat einige der Vorteile der schweizerischen Industrie in Nachteile verwandelt. Riesige stille Reserven, die in einem dynamischen Unternehmen durchaus positiv sein können, weil sie eine langfristige Perspektive fördern, sind in einigen Unternehmen zu einem Negativposten geworden; sie haben an Dynamik eingebüßt, weil sie es haben einreißen lassen, Anpassung und Innovation aufzugeben. Ähnlich schirmen Einschränkungen beim Aktienbesitz schlecht wirtschaftende Unternehmen dagegen ab, die notwendigen Veränderungen vorzunehmen. Der Elektrogerätehersteller Brown Boveri ist dafür ein Beispiel; nach vielen beschwerlichen Jahren fusionierte er schließlich mit ASEA. In jüngster Zeit sind Fusionen zwischen schweizerischen Unternehmen immer häufiger geworden, was den Wettbewerb zugunsten erhoffter Größeneinsparungen weiter abbaut. Die Folgen für den zukünftigen Wettbewerbsvorteil sind ungewiß. Der Fall Schweiz zeigt, daß der gesamte »Diamant« vorhanden sein muß, wenn der Vorteil behauptet werden soll. Falls ein Bestimmungsfaktor fehlt, vor allem wenn es der Wettbewerb ist, können andere Faktoren kontraproduktive Auswirkungen haben.

In der Schweiz verschlimmert sich das Problem noch, weil das Land hinsichtlich seiner Fähigkeit zu Firmengründungen nicht zu den führenden Nationen gehört, auch wenn es vor Schweden und wahrscheinlich vor Deutschland rangiert. Gab es nach dem Zweiten Weltkrieg eine Woge neuer Unternehmen, die oft von Einwanderern gegründet wurden, treffen Neugründungen heute in der Schweiz, verglichen mit den Vereinigten Staaten, Italien und Japan, auf Schwierigkeiten. Eine dieser Schwierigkeiten ist das Risikokapital, für das sich gerade erst Quellen auftun. Die schweizerischen Banken sind konservativ, und Unternehmer konnten nur an wenigen Plätzen Kredite für riskantere Vorhaben aufnehmen. Entscheidender noch ist die Abneigung der Manager gegen Risiken. Ein Scheitern gilt in der Schweiz als nicht annehmbar, ganz ähnlich wie in Deutschland. Das hält viele talentierte Schweizer davon ab, etwas Neues zu wagen. Der Prozeß der Entwicklung neuer Branchen und neuer Bereiche in schon bestehenden Branchen schwächt sich ab. Die gleiche konservative Haltung und eine Abneigung gegen Risiken – auch ein Produkt des Wohlstands und des engen schweizerischen Arbeitsmarkts – läßt die Manager alteingesessener Unternehmen Umstrukturierungen und Innovationen nur zögerlich vornehmen.

Die Rolle des Staates

Die Schweizer Regierung hat bisher einen günstigen oder positiven Einfluß auf den nationalen Wettbewerbsvorteil der Industrie gehabt. Das föderative System der Schweiz hat in den meisten Branchen für nur wenige Eingriffe gesorgt. Die Subventionen sind, international gesehen, niedrig, die Staatsausgaben bescheiden. Die schweizerischen Unternehmen waren frei, sich international zu betätigen, und die Beziehungen zwischen Staat und Geschäftswelt sind im allgemeinen pragmatisch und zielen auf das Lösen von Problemen ab. Bei der Faktorbildung auf den verschiedenen Ebenen hat der Staat Gutes geleistet, vor allem auf dem Gebiet der Bildung.

Neutralität und politische Stabilität der Schweiz haben sich in der Industrie positiv ausgewirkt. Schweizerische Unternehmen sind politisch selbst in Ländern genehm, in denen Firmen anderer Länder nicht geduldet werden. Geschäftliche Kontakte zu allen drei großen europäischen Machtzentren (Frankreich, Deutschland, Großbritannien) waren immer möglich. Die Schweiz hat regionale Zentralen ausländischer Unternehmen ebenso angezogen wie internationale Organisationen und Institute, etwa die Vereinten Nationen und CERN, das führende europäische Zentrum für Kernforschung. Sie beschäftigen hochqualifizierte Mitarbeiter und schaffen überdies eine anspruchsvolle Inlandsnachfrage, die sich für bestimmte Produkte und Dienstleistungen ganz ausgezeichnet internationalisieren läßt.

Die Wettbewerbspolitik ist die vielleicht größte Einzelschwäche in der staatlichen Wirtschaftspolitik der Schweiz. In Bereichen wie der Telekommunikation, dem Brauwesen, der LKW-Produktion und anderen haben geschützte regionale Monopole oder geduldete Kartelle zu Unwirtschaftlichkeit geführt, zu einem Mangel an Innovationen und mitunter auch zu kapitalen Fehlschlägen (etwa bei Armbanduhren der unteren und mittleren Preisklasse und beim führenden LKW-Hersteller Saurer). Andere Kartelle haben die Preise importierter Waren künstlich in die Höhe getrieben, und der Staat hat Richtlinien und Bestimmungen gebilligt oder erlassen, die sich de facto in der Protektion anderer schweizerischer Branchen niederschlagen. Das Ergebnis ist wie in Japan eine Wirtschaft mit doppeltem Gesicht: viele wettbewerbsfähige Branchen und in krassem Gegensatz dazu eine große Gruppe unwirtschaftlicher und geschützter Sektoren.

Die Eingriffe der Schweizer Regierung in das Bankwesen haben ebenfalls erhebliche Kosten verursacht. Die Auferlegung einer Umsatzsteuer hat wichtige Märkte aus der Schweiz vertrieben, so im Bereich des Edelmetallhandels, der Eurobonds, der Emissionsbanken, der Investment-Fonds. Bei der Schweizer Regierung läßt sich eine zunehmende Tendenz feststellen, auf Gebieten wie dem Umweltschutz, der Arbeit und der sozialen Sicherheit den Unternehmen Vorschriften zu machen. Einige dieser Vorschriften werden der schweizerischen Industrie zwar nützen, weil sie die Firmen für Probleme sensibilisieren, die anderswo Bedeutung bekommen, doch per Saldo ist die Entwicklung bedenklich. Viele schweizerische Vorschriften, wie die restriktiven Arbeitsbestimmungen zu Fragen wie Überstunden und Nachtarbeit, schaffen allzu starre Regelungen; sie beeinträchtigen Innovationen und Aufwertung gleichermaßen.

Die Rolle des Zufalls

Der nationale Wettbewerbsvorteil der Schweiz hat ganz erheblich von den beiden Weltkriegen profitiert. Die Neutralität der Schweiz bedeutete, daß ihre Industrie unversehrt blieb. Das Land war in der Lage, Nachfrage zu befriedigen, als andere Länder das nicht konnten. Die Schweiz zog Nutzen aus einem Zustrom von Talenten, Dynamik und Geld. Viele ihrer Branchen gewannen bedeutende Vorteile daraus, daß deutsche Patente ihre Gültigkeit verloren und die deutsche Industrie von den Weltmärkten abgeschnitten war – Vorteile, die durch die Ähnlichkeiten, die zwischen den erfolgreichen schweizerischen und deutschen Industrien bereits bestanden, an Bedeutung gewannen. Einige schweizerische Firmen sahen sich auch dazu veranlaßt, Forschung und Produktion zu internationalisieren, um sich gegen deutsche Aktionen abzusichern. Das trug zu einem Vorsprung der Schweiz bei der Globalisierung bei. Schließlich besaß die schweizerische Industrie die einmalige Fähigkeit zu wissen, wie beide Seiten den Krieg führten, vor allem auf dem Gebiet der Technologie.

Die Schweiz im Ausblick

Die schweizerischen Unternehmen konnten in einem bemerkenswert breiten Branchenspektrum einen Wettbewerbsvorteil erringen und ihn behaupten. Einmalige Inlandsnachfragebedingungen nutzend, getrieben vom erbarmungslosen Druck der hohen Löhne und einer im Wert steigenden Währung, haben die schweizerischen Unternehmen sich qualitativ hochstehende, differenzierte Branchensegmente ausgesucht. Ein Pool bestens ausgebildeter und hochqualifizierter Personen hat für die Befähigung gesorgt, den Vorteil mit der Zeit aufzuwerten. Die schweizerischen Unternehmen besaßen eine einzigartige Fähigkeit, sich international zu betätigen, so daß sie den Vorteil noch weiter aufwerten konnten.

Die Schweiz ist ein Beispiel für eine Volkswirtschaft, die ihren Wettbewerbsvorteil mit der Zeit aufgewertet hat. Den schweizerischen Unternehmen bleibt einfach keine andere Wahl. Sie haben zwar schwierige Zeiten durchgemacht, doch kam es dabei zu einer pragmatischen, wenn auch besonnenen Anpassung. Gleichzeitig haben die für ein Land von der Größe der Schweiz ungewöhnlich breitgefächerten Nachfragevorteile den Erfolg in anspruchsvollen und höchst verschiedenen Branchensegmenten gefördert. Sie nehmen all die Beschäftigten auf, die durch das Produktivitätswachstum freigesetzt werden. Das Ergebnis ist ein hoher und steigender Lebensstandard für fast alle Schweizer, ohne die Randgruppen benachteiligter Bürger, die so vielen anderen Ländern Kopfzerbrechen bereiten.

Doch die Schweiz läßt einige beunruhigende Entwicklungen erkennen. Der Zuwachs des Pro-Kopf-Einkommens war seit den 70er Jahren mäßig, das Produktivitätswachstum verläuft nicht stabil. Der Wettbewerb, der in der Schweiz lange mit gemischten Gefühlen betrachtet wurde, scheint zu schwinden. Unternehmen verschiedener Branchen haben an Schwung verloren. In einigen Firmenzentralen gilt das Hauptaugenmerk inzwischen der Wahrung bestehender Positionen mit Hilfe künstlicher Mittel – anstatt durch ständige Innovation. Mehr als vierzig Jahre ununterbrochenen Wohlstands fordern ihren Tribut, sowohl von der Motivation wie von der Risikobereitschaft.

Daß die Schweiz in den meisten Clustern ihren Anteil am Weltexport eingebüßt hat, ist vielleicht symptomatisch für ihre tiefer sitzenden Probleme. In Abbildung 7–6 ist die Zahl der wettbewerbsfähigen schweizerischen Branchen angeführt, die zwischen 1978 und 1985 vom Anteil am Weltexport 15 Prozent oder mehr hinzugewonnen oder verloren haben, eine Analyse, die ich für jedes Land durchführe. Die absolute Zahl der Branchen ist für das nationale Produktivitätswachstum weit weniger bedeutsam als der besondere Charakter der Branchen, die gewinnen oder verlieren. Eine Aufwertung wäre an Gewinnen in neuen oder anspruchsvolleren Branchen zu erkennen und andererseits an Verlusten in den Branchen, die anfälliger für Faktorkosten sind. Die absolute Zahl der in einer Gruppe gewinnenden oder verlierenden Branchen ist weniger ausschlaggebend als die proportionale Veränderung; denn die Branchen sind unterschiedlich groß, die Zahl der Branchen in jedem Wirtschaftssektor schwankt, bedingt durch das System des Warenverzeichnisses, erheblich, und auch die Landesgröße spielt eine Rolle bei der Zahl der dargestellten Branchen. Schließlich sind die Dienstleistungen nicht berücksichtigt, da es an Daten mangelt, obwohl deren Handel in einigen Ländern, so auch in der Schweiz, recht bedeutend ist. Trotz dieser Einwände werden die Anteilsgewinne der Schweiz in anspruchsvollen Branchen von den Verlusten offensichtlich weit übertroffen. Mehr Verluste als Gewinne gibt es im Maschinenbau (14 zu 7) und in fortschrittlichen Branchen auf eigentlich starken schweizerischen Gebieten wie dem Gesundheitswesen, der Stromerzeugung, den Produkten für den persönlichen Bedarf und Chemikalien. Auch in vielen Branchen aus der Gruppe der Mehrfachgeschäfte ist der Anteil der Schweiz gesunken – Warnsignal einer Wirtschaft, die einen breiten Abfall ihrer Wettbewerbsstärke erlebt und in der der hohe Stand der industriellen Nachfrage zurückgeht. Die schweizerischen Anteilsgewinne lagen in relativ langsam wachsenden Branchen, die Verluste dagegen in sehr viel schneller wachsenden: ein Indiz für eine unstete Bildung neuer Geschäftsaktivitäten (siehe Tabelle B–3). Während einige der Verluste beim Exportanteil sich durch Auslandsinvestitionen erklären lassen und die Wettbewerbsposition der Schweiz bei Dienstleistungen sich offenbar behauptet hat, läßt die Aufwertungsrate der schweizerischen Volkswirtschaft unmißverständlich Anzeichen einer Verlangsamung erkennen.

Die Möglichkeiten Schwedens[23]

Neben der Schweiz gab es in den ersten Nachkriegsjahren noch ein anderes kleines Land, das wohlhabend war – Schweden. Die beiden Länder sind sich in mancher Hinsicht ähnlich: geringe Größe, hohes Bildungsniveau, große Sprachkenntnisse, Neutralität und Mitgliedschaft in der Europäischen Freihandelszone, nicht in der Europäischen Gemeinschaft. Doch Schwedens Strukturen des nationalen Wettbewerbsvorteils könnten sich kaum stärker von denen der Schweiz unterscheiden.
Wie die Schweiz ging auch Schweden mit einer starken Basis international agierender Unternehmen aus dem Zweiten Weltkrieg hervor. Für ein so kleines Land ist Schweden der heimische Stützpunkt einer stattlichen Zahl großer Weltunternehmen, darunter so bekannter Firmen wie Volvo, Saab-Scania, Atlas Copco, SKF und

ABB. 7–6 Wettbewerbsfähige schweizerische Branchen mit Gewinnen oder Verlusten am Weltexportanteil von 15 Prozent oder mehr zwischen 1978 und 1985*

Werkstoffe/Metalle

	Branchen gesamt	Anteil Gewinne	Anteil Verluste
Primärgüter	11	3	5
Maschinen	1	0	2
Besondere Produktionsmittel	0	0	0
Gesamt	12	3	7

Forsterzeugnisse

	Branchen gesamt	Anteil Gewinne	Anteil Verluste
Primärgüter	5	4	2
Maschinen	1	0	0
Besondere Produktionsmittel	0	0	0
Gesamt	6	4	2

Erdöl/Chemikalien

	Branchen gesamt	Anteil Gewinne	Anteil Verluste
Primärgüter	15	3	11
Maschinen	0	0	0
Besondere Produktionsmittel	0	0	0
Gesamt	15	3	11

Halbleiter/Computer

	Branchen gesamt	Anteil Gewinne	Anteil Verluste
Primärgüter	0	0	1
Maschinen	0	0	0
Besondere Produktionsmittel	0	0	0
Gesamt	0	0	1

VORGELAGERTE BRANCHEN

	Branchen gesamt	Anteil Gewinne	Anteil Verluste
Primärgüter	31	10	19
Maschinen	2	0	2
Besondere Produktionsmittel	0	0	0
Gesamt	33	10	21

Mehrfachgeschäft

	Branchen gesamt	Anteil Gewinne	Anteil Verluste
Primärgüter	29	8	20
Maschinen	16	4	5
Besondere Produktionsmittel	8	0	4
Gesamt	53	12	29

Stromerzeugung und -verteilung

	Branchen gesamt	Anteil Gewinne	Anteil Verluste
Primärgüter	11	2	7
Maschinen	0	0	0
Besondere Produktionsmittel	0	0	0
Gesamt	11	2	7

Büro

	Branchen gesamt	Anteil Gewinne	Anteil Verluste
Primärgüter	3	1	3
Maschinen	4	1	2
Besondere Produktionsmittel	1	1	0
Gesamt	8	3	5

Telekommunikation

	Branchen gesamt	Anteil Gewinne	Anteil Verluste
Primärgüter	0	0	2
Maschinen	0	0	0
Besondere Produktionsmittel	0	0	0
Gesamt	0	0	2

Rüstung

	Branchen gesamt	Anteil Gewinne	Anteil Verluste
Primärgüter	0	0	0
Maschinen	0	0	0
Besondere Produktionsmittel	0	0	0
Gesamt	0	0	0

INDUSTRIELLE & UNTERSTÜTZENDE FUNKTIONEN

	Branchen gesamt	Anteil Gewinne	Anteil Verluste
Primärgüter	49	12	37
Maschinen	20	5	7
Besondere Produktionsmittel	11	1	5
Gesamt	80	18	49

Verkehr

	Branchen gesamt	Anteil Gewinne	Anteil Verluste
Primärgüter	6	1	4
Maschinen	0	0	0
Besondere Produktionsmittel	2	0	1
Gesamt	8	1	5

Wohnen/Haushalt

	Branchen gesamt	Anteil Gewinne	Anteil Verluste
Primärgüter	6	2	3
Maschinen	0	0	0
Besondere Produktionsmittel	0	1	0
Gesamt	6	3	3

Gesundheitsfürsorge

	Branchen gesamt	Anteil Gewinne	Anteil Verluste
Primärgüter	10	0	6
Maschinen	0	0	0
Besondere Produktionsmittel	0	0	0
Gesamt	10	0	6

Unterhaltung/Freizeit

	Branchen gesamt	Anteil Gewinne	Anteil Verluste
Primärgüter	3	0	3
Maschinen	0	0	0
Besondere Produktionsmittel	0	0	0
Gesamt	3	0	3

ENDVERBRAUCH GÜTER & DIENSTLEISTUNGEN

	Branchen gesamt	Anteil Gewinne	Anteil Verluste
Primärgüter	47	13	32
Maschinen	12	2	5
Besondere Produktionsmittel	16	7	7
Gesamt	75	22	44

Nahrungsmittel/Getränke

	Branchen gesamt	Anteil Gewinne	Anteil Verluste
Primärgüter	7	3	3
Maschinen	3	1	1
Besondere Produktionsmittel	3	1	1
Gesamt	13	5	5

Textilien/Bekleidung

	Branchen gesamt	Anteil Gewinne	Anteil Verluste
Primärgüter	12	2	9
Maschinen	9	1	4
Besondere Produktionsmittel	11	5	5
Gesamt	32	8	18

Privat

	Branchen gesamt	Anteil Gewinne	Anteil Verluste
Primärgüter	9	6	8
Maschinen	0	0	0
Besondere Produktionsmittel	2	0	1
Gesamt	11	6	9

* Die Gewinne und Verluste umfassen die Branchen, die 1978 oder 1985 über dem Schwellenwert lagen, einschließlich derjenigen, die 1978 wettbewerbsfähig waren, aber 1985 unter den Schwellenwert fielen, oder die erstmals einen so hohen Anteil erreichten, daß sie 1985 den Schwellenwert überschritten. Die Gesamtzahl der wettbewerbsfähigen Branchen bezieht sich auf 1985.

Electrolux. Bei den Ländern, die wir untersucht haben, sind die schwedischen Exporte am stärksten in Großunternehmen konzentriert – auf die zwanzig größten multinationalen Gesellschaften entfallen über 40 Prozent der Gesamtexporte.[24] Schweden konnte den nationalen Wettbewerbsvorteil in einer Reihe hochstehender Branchen behaupten, und sein Erfolg etwa bei Schwerlastwagen, PKWs, Kugellagern, Bergbauausrüstung u. a. ist bemerkenswert. Die Wirtschaft hat für einen sehr hohen Lebensstandard gesorgt und hat enorme Mittel in die staatlichen Sozialleistungen investiert, für die Schweden berühmt ist.

Die Leistungsfähigkeit Schwedens ist zwar beachtlich, in mancher Hinsicht aber doch nicht so beeindruckend wie die der Schweiz. Das Pro-Kopf-Einkommen liegt niedriger. Eine wachsende Beschäftigung im staatlichen Sektor war mitentscheidend für die Aufrechterhaltung der niedrigen schwedischen Arbeitslosenquote. Darüber hinaus waren mehrere Abwertungen der schwedischen Krone erforderlich (1976, 1977, 1981 und 1982), um die Exporte der Rohstoffindustrie zu halten, etwa bei Zellstoffen und Papier, Eisenerz und Stahl. Trotzdem ist Schweden dank der erstaunlichen Zahl echter Weltunternehmen, und der stabilen Stellung in wichtigen Branchen ein Land, das wesentliche Einblicke in den nationalen Wettbewerbsvorteil bietet.

Tabelle 7–6 nennt die fünfzig führenden schwedischen Branchen beim Anteil am Weltexport für 1985. Überfliegt man die Zusammenstellung, entstehen einige unmittelbare Eindrücke, die sich als im wesentlichen richtig erweisen. Erstens enthält die Tabelle viele rohstoffnahe Branchen, somit ein krasser Gegensatz zur Schweiz. Zweitens besteht neben den Rohstoffbranchen eine breite Vielfalt an Maschinen- und technischen Branchen. Drittens steht die schwedische Liste unter den von uns untersuchten Ländern insofern einmalig da, als sie kaum Konsumgüterindustrien aufweist. Die einzigen Ausnahmen sind Möbel, Spül- und Waschbecken sowie Backwaren – ganz am Ende der Liste.[25]

Abbildung 7–7 umreißt alle wettbewerbsfähigen Branchen der schwedischen Volkswirtschaft, Abbildung 7–8 und Abbildung B–3 bieten Gesamtberechnungen des Exportmusters wettbewerbsfähiger schwedischer Branchen. Die international wettbewerbsfähigen schwedischen Branchen sind in fünf großen Clustern zusammengefaßt. Die größte Zusammenballung von den Exporten her gibt es beim Verkehr und der Logistik, wo die wettbewerbsfähigen Branchen 20,5 Prozent der Gesamtexporte auf sich vereinen. Dazu gehören Fahrzeuge wie PKWs, LKWs und Schiffe, ferner Motoren, Maschinen und besondere Produktionsmittel. Zu diesem Cluster gehören ebenfalls Verkehrsdienstleistungen sowie Produkte zur Materialbereitstellung, u. a. Gabelstapler, Hub- und Verlademaschinen. Teil dieser Cluster (und ebenfalls mit der Metallherstellung verbunden) sind Schweißgeräte, verschiedene Werkzeuge und Industrieroboter. Einen zweiten großen Cluster bilden die mit der Forstwirtschaft verwandten Branchen (wo auf die wettbewerbsfähigen Industrien 17,9 Prozent der schwedischen Exporte entfallen). Dazu gehören Nutzholz, Zellstoffe und Papier sowie Papierherstellungs- und andere verwandte Maschinen, des weiteren Chemikalien, die eng mit Zellstoffen und Papier verbunden sind. Ebenfalls mit dem forstwirtschaftlichen Cluster zu tun haben Fertigerzeugnisse wie Fertighäuser, Hartholzböden und Möbel. Einen dritten ansehnlichen Cluster gibt es bei Eisenmetallen und Metallfertigwaren (12,5 Prozent der schwedischen Exporte). In diesem Cluster finden sich Geräte und andere, mit dem Bergbau verwandte Produkte sowie Elek-

TABELLE 7–6 Die 50 schwedischen Branchen mit dem höchsten Anteil am Weltexport, 1985

Branche	Anteil am gesamten Weltexport	Export-wert (Mio. $)	Import-wert (Mio. $)	Anteil am ges. schwed. Export
Kraftpapier, Pappe	41.7	545,304	13,676	1.79
Kraft-Futterpapier	31.7	378,772	—	1.24
Schnittholz	26.4	888,112	10,168	2.92
Eisen-, Stahlpulver	24.1	52,549	4,991	0.17
Kohlenstoffreiches Stahlgrobblech	22.9	147,522	7,066	0.48
Ungemahlene Kornfrüchte	20.8	63,369	—	0.21
Mechanisches Handwerkszeug	20.8	166,970	14,088	0.55
Ungebleichter Natron-Sulfatzellstoff	18.7	53,711	624	0.18
Gebleichter Sulfitzellstoff	17.6	101,983	14,984	0.34
Zentrifugen	17.2	230,085	33,056	0.76
Ungebleichter Sulfitzellstoff	16.4	14,457	846	0.05
Gebleichter Natron-, Sulfatzellstoff	15.5	818,021	16,369	2.69
Kunststoffbeschichtetes Papier	15.0	159,384	35,919	0.52
Zubehörteile für Elektrowerkzeug	14.6	44,111	8,323	0.14
Flugzeuge 2000–15000 kg	14.3	155,499	14,949	0.51
Eisen-, Stahldraht	14.2	100,133	9,712	0.33
Fertigholzwerk	14.0	155,515	17,074	0.51
Eisen-, Stahlband	13.5	134,529	17,135	0.44
Kohlenstoffreiches Stahlmittelblech	13.3	40,917	4,689	0.13
Innenbordbootsmotoren	13.1	93,544	22,132	0.31
Kunstdruckpapier en gros	12.6	328.646	64,447	1.08
Rohkupfer	12.2	97,945	—	0.32
Autofahrgestelle	11.1	113,780	—	0.37
Eisen-, Stahlwalzdraht	10.7	86,053	13,703	0.28
Molkerei-, andere landwirtsch. Maschinen	10.6	86,659	10,450	0.28
Zinkerzkonzentrate	10.0	97,415	4	0.32
Blätter, Werkzeugspitzen	9.9	337,832	89,082	1.11
Andere Halbstoffe und Papierabfälle	9.8	123,529	23,136	0.41
Schnurtelefonanlagen	9.3	515,615	41,080	1.69
Gummiwaren	9.3	68,522	16,095	0.23
Bearbeitete Kupferlegierungen	9.1	72,569	27,544	0.24
Zeitungsdruckpapier	8.9	514,813	—	1.69
Andere Möbel, Teile	8.8	73,466	33,311	0.24
Sonstiges Papier und Pappe	8.7	318,969	47,718	1.05
Ungekämmte diskontinuierl. regenerierte Fasern	8.6	37,507	2,926	0.12
Unbearbeitete Netzfelle	8.5	58,567	17,560	0.19
Geräte für automatische Datenverarbeitung	8.4	565,341	655,235	1.86
Kohlenstoffreiche Stahlschienen	7.7	211,841	53,283	0.70
Eisenerz, gesintert	7.7	142,702	74	0.47
Faserholz, unbearbeitet oder gespalten	7.6	17,483	124,373	0.06
Papierfabrikmaschinen	7.6	124,793	116,673	0.41
Edel-, Halbedelsteine, Perlen	7.4	25,826	4,706	0.08
Brechwerke für Grubengut	7.1	19,002	2,810	0.06
Ungestrichenes Schreibpapier	7.1	229,894	13,158	0.76
Zentrifugalpumpen	6.7	69,156	23,658	0.23
Schiffsladebäume und -kräne	6.6	70,167	32,784	0.23
Brot, Kekse, Backwaren	6.4	13,186	6,859	0.04
Spül-, Waschbecken, Bidets	6.2	24,759	4,260	0.08
Tanker	6.1	148,092	1,287	0.49
Textilien für Maschinen	6.1	52,440	47,841	0.17
GESAMT				29.53

ANMERKUNG: Importwerte sind nicht angegeben, wenn der Importwert unter 0,3 Prozent des Gesamt-handels für 1985 liegt.

tröofen, Walzwerke und Walzen nebst anderen Maschinen und Werkzeugen zur Metallbearbeitung. Wichtige Cluster umfassen Produkte der Gesundheitsfürsorge (2,5 Prozent der schwedischen Exporte und 2,8 Prozent der weltweiten Exporte des Clusters) und der Telekommunikation. Stärken hat Schweden zudem bei der Stromerzeugung und -verteilung, vor allem bei Geräten für die Überlandübertragung. Dieser Cluster läßt sich mit Schwedens Wasserkraftressourcen sowie den Bereichen Metall, Zellstoff und Papier verbinden, die alle sehr viel Strom brauchen.

Neben diesen gutentwickelten Clustern existieren kleinere Ballungen bei Nahrungsmitteln und verwandten Produkten wie Verpackungsmaschinen und Maschinen aus dem Lebensmittelbereich. Praktisch sind all diese Branchen in Skane konzentriert, einem an Dänemark grenzenden, stark landwirtschaftlich geprägten Gebiet in Südschweden (Dänemarks Wirtschaft ist stark auf nahrungsmittelnahe Branchen ausgerichtet). Weitere Cluster gibt es bei Haushaltsgeräten sowie einigen Produkten und Dienstleistungen, die mit der Wasseraufbereitung und Umweltüberwachung zu tun haben.

Die Schraffierung in Abbildung 7–8 weist auf wichtige Verbindungen zwischen einzelnen Clustern hin. Die schwedische Position beim Verkehr und damit verwandten Maschinen hängt mit der Notwendigkeit von Abbau/Ernte, Transport und Logistik in den rohstoffgeprägten Metall- und forstwirtschaftlichen Branchen zusammen. Die Stromerzeugung und -verteilung hat sich zum Teil aufgrund des Bedarfs der metall-, zellstoff- und papierverarbeitenden Industrie entwickelt.

Schwedens Stellung in den Hauptclustern ist bemerkenswert fest. Seine Position in den auf Rohstoffen basierenden Branchen wie Eisenerz- und Forsterzeugnissen gibt allmählich nach, während es die Position in vielen anderen Branchen jahrzehntelang gehalten hat. Der Anteil am Weltexport in so unterschiedlichen Branchen wie Kraftpapier, Automobile, Hör- und orthopädische Hilfen sowie Hub- und Verlademaschinen ist seit 1978 deutlich gestiegen.

Aber Schweden überrascht bei dem, was ihm in seiner Wirtschaft fehlt, ebenso wie bei dem, wo es stark ist. Die international wettbewerbsfähigen Branchen Schwedens fallen überwiegend in vorgelagerte und industrielle Bereiche. International praktisch nicht existent ist Schweden bei abgepackten Konsumgütern jeder Art, und seine Position bei Konsumgütern ist schwach – ebenso bei Textilien und Bekleidung, Produkten für den persönlichen Bedarf, Unterhaltung und Freizeit sowie Nahrungsmitteln und Getränken. Die einzigen Bereiche, in denen Schweden international mitreden kann[26], sind Haushaltsgeräte (Electrolux), Möbel (IKEA u. a.) und Kristallwaren (Orrefors, Kosta-Boda). Fast keine internationalen Stärken hat Schweden auch bei Dienstleistungen, ausgenommen einige allgemeine gewerbliche Dienstleistungen, Möbeleinzelhandel und Spezialtransporte.[27] Weitere größere Lücken weist die schwedische Ballungsgrafik bei Chemikalien und im Bereich Halbleiter/Computer auf.

Das Spektrum der international wettbewerbsfähigen Branchen Schwedens ist im Gegensatz zu dem der Schweiz ziemlich eng, doch seine Position in einzelnen Branchen gründet tief. Die schwedische Wirtschaft ist in einigen wenigen Bereichen stark massiert. Etwa 50 Prozent aller schwedischen Exporte entfallen auf Clusters wettbewerbsfähiger Branchen in den Bereichen Werkstoffe und Metall, Forsterzeugnisse und Verkehr (Abbildung 7–8). Schweden ist wie die Schweiz in einer Reihe

ABB. 7-7 Cluster international wettbewerbsfähiger schwedischer Branchen, 1985

	WERKSTOFFE/METALLE			FORSTERZEUGNISSE
Primärgüter	EISEN UND STAHL **Eisen-, Stahlpuder*** Eisen-, Stahlblöcke* *Eisen-, Stahlrohlinge, Brammen** Eisen-, Stahlbänder* *Eisen-, Stahlrohlinge* **Anderer Stahldraht, Rundeisen*** **Kohlenstofffreie Stahlträger*** Eisen-, andere Stahlträger Eisen-, Stahl-, andere Profile *Eisen-, Stahlgrobblech* **Kohlenstofffreie Stahlgrobbleche*** **Kohlenstofffreie Stahlmittelbleche*** Kohlenstofffreie Stahldünnbleche* *Winkeleisen, -stahl, Formteile**	Andere Universalbleche aus Eisen und Stahl*· *Rostfreier Stahl, Dünnbleche* EISEN- UND STAHLERZEUGNISSE **Anderer Eisen-, Stahldraht*** *Nahtlos gezogene Rohre aus Eisen und Stahl* NICHTEISENMETALLE Silber, nicht bearbeitet **Rohkupfer** **Andere Kupfer, Legierungen, bearbeitet*** **Kupferbleche** *Kupferrohre, -leitungen* *Bleilegierungen, nicht bearbeitet·* Bleilegierungen, bearbeitet*· Aluminiumstangen, -draht Nickel, -legierungen*	Andere Alulegierungen, bearbeitet* *Fässer, Trommeln etc. aus Aluminium** METALLERZEUGNISSE Andere Stahl-, Kupfernägel, Muttern* Konstruktionen aus Eisen und Stahl. **Aluminiumkonstruktionen** Lagertanks aus Metall* Drahtkabel, -seile* Handwerkszeug* **Anderes Handwerkszeug**** Andere Erzeugnisse aus unedlem Metall* **Blätter, Werkzeugspitzen Sägen***** **Eisen-, Stahlketten*** Eisen-, Stahlwaren* **Kugel- und Wälzlager****	HOLZPRODUKTE **Faserholz, unbearbeitet oder gespalten** **Gesägtes Schnittholz, Koniferen** *Gehobeltes Schnittholz, Koniferen* *Rekonditioniertes Holz* **Andere Holzerzeugnisse*** Andere Furniere, Sperrholz*· Grubenstempel, Masten* HALBSTOFF **Andere Halbstoffe und Abfallpapier*** Zellstoff **Ungebleichter Natron-,** **Sulfatzellstoff** **Gebleichter Natron-, Sulfatzellstoff**
Maschinen	*Bau-, Bergbaumaschinen*** *Hartmetall-Steinbohrer**** Grubengut verarbeitende Maschinen*. **Brechwerk für Grubengut**	*Walzwerke** *Walzwerkzubehör, Walzen* Werkzeugmaschinen für spezielle Branchen *Elektrohochöfen*	Kompressoren*** Hydraulikmaschinen***	**Papierfabrikmaschinen*** Ablaugeregenerierungskessel*** Energiespargeräte, Halbstoffanlagen*** Kettensägen***
Besondere Produktionsmittel	ERZE *Eisenerz, nichtgesintert* *Eisenerz, gesintert* Kupfererze **Zinkerzkonzentrate**	WERKSTOFFE Stein, Sand und Kies **Anderes Erdöl, Bitumen, Koks*** ANDERE **Edel-, Halbedelsteine, Perlen***		Chlor*** Zellulosederivate Holzabfälle
Dienstleistungen				

	ERDÖL/CHEMIKALIEN	HALBLEITER/COMPUTER
Primärgüter	ORGANISCH Erdteer Azyklische Alkohole Polyalkohole*** *Stickstoffabhängige Verbindungen** ANORGANISCH Chemische Elemente Anorganische Säuren • Ätznatron • *Metallverbindungen aus anorganischen Säuren* *Phosphit, Phosphat* POLYMERE/ANDERE *Kunststoffe* Eiweißähnliche Stoffe Vinylpolymere	**Gedruckte Schaltungen*** **Geräte für automatische Datenverarbeitung***
Maschinen		
Besondere Produktionsmittel		
Dienstleistungen		

Primärgüter (erste Spalte):

Ungebleichter Sulfitzellstoff*
Gebleichter Sulfitzellstoff
PAPIER
Anderes Papier und Pappe*
Wellpappe, en gros*
Zeitungsdruckpapier
Nichtgestrichenes Schreibpapier
Gestrichenes Schreibpapier
Kraftpapier, Pappe*
Kraft-Futterpapier, en gros
Anderes gestrichenes Papier, en gros*
Kunststoffbeschichtetes Papier
Papiercontainer**
*Andere Papierartikel**
Papierartikel*

ABB. 7-7 Fortsetzung

	MEHRFACHGESCHÄFT		VERKEHR	FAHRZEUGAUSSTATTUNG
Primärgüter	Anderes Material aus Gummi* Andere Gummiartikel Korkerzeugnisse Andere Maschinen für Spezialbranchen*** Zentrifugalpumpen* Zentrifugen* Gaspumpen*	Gas-, Flüssigkeitsfilter* Gasgeneratoren, Hochofenbrenner* Vermessungsgeräte Andere Meß- und Kontrollgeräte* Zentralheizungen Geräte zum Pressen***	MOTOREN Kolbenmotoren für Kraftfahrzeuge Schiffsmotoren, Innenbord-Kolbenmotoren* FAHRZEUGE Personenkraftwagen* Lastkraftwagen** Autobusse* Andere, nicht mechanisch angetriebene Fahrzeuge* Flugzeuge, 2000–15 000 kg Tanker aller Art	Schiffsladebäume, -kräne Anhänger* Eisenbahnbremsen*** Off-shore-Bohrturmplattformen*** GERÄTE ZUR MATERIALBEREITSTELLUNG Gabelstapler** Andere mechanische Bereitstellungsvorrichtungen*** BAU- & BERGWERKSGERÄTE Straßenwalzen, Baumaschinen*
Maschinen		Umformmaschinen Industrieroboter*** Autogenschweißgeräte, Hartlötgeräte*** Elektroschweißgeräte		Andere nichtelektrische Maschinen* Werkzeugmaschinen für Metall* Nichtelektrisches Handwerkszeug
Besondere Produktionsmittel		Gabelstaplerzubehör*** Radargeräte Zubehörteile für Schienenfahrzeuge Industriegase*** Zubehör für Hub- und Verlademaschinen*		Autofahrgestell Elektrowerkzeug, Zubehörteile* Autokarosserien, Zubehörteile* Flugzeug-, Motorradreifen*
Dienstleistungen	Tiefbaudienstleistungen*** Vertragsverhandlungen*** Gewerbliche Reinigung*** Sicherheitsdienste* Gebäudereinigung* Wartung und Reparaturen von Geräten*	Autotransporte*** Kühltransporte***		

Primärgüter	STROMERZEUGUNG UND -VERTEILUNG	BÜRO	TELEKOMMUNIKATION	RÜSTUNG
	ERZEUGUNG Dampfkessel * **Wechselstrommotoren, excl. Universalmotor** Generatoren * **Kernreaktoren, Zubehör** **Wind-, Wassermotoren** VERTEILUNG **Andere elektrische Transformatoren *** **Isolierflüssigkeitswandler** Schaltvorrichtung * Hochspannungsleitungen *** Elektrizitätsspeicher	**Registrierkassen, Buchungsmaschinen *** Bürobedarf aus unedlem Metall * Büroeinrichtung *** Bürobedarf * **Andere Druckerzeugnisse *** **Vervielfältigungs- und andere Apparate ***	**Andere Telekommunikationsanlagen, Zubehör *** **Schnurtelefonanlagen** Telekommunikationsanlagen * Mobiles Telefonnetz ***	Sprengstoff, pyrotechnische Produkte **Feuerwaffen, Munition**
Maschinen	Anlagen zur Umweltüberwachung	Rotationsmaschinen		
Besondere Produktionsmittel	Kohleelektroden		Zubehör für Telekommunikationsanlagen	
Dienstleistungen				

ABB. 7-7 Fortsetzung

	NAHRUNGSMITTEL/GETRÄNKE	WOHNEN/HAUSHALT	TEXTILIEN/BEKLEIDUNG
Primärgüter	GRUNDNAHRUNGSMITTEL Schweinefleisch, frisch, tiefgefroren Fisch, frisch, tiefgefroren Vogeleier*• VERARBEITETE NAHRUNGSMITTEL **Brot, Kekse, Backwaren*** Schokolade und -produkte Konditorwaren, Kuchen- SPEISEÖL **Sesam-, ätherisches Senföl*** Verarbeitetes tierisches und Pflanzenöl	WOHNUNGSBESTANDTEILE Holzverkleidung* Holzfußböden*** **Fertigholzwerk** **Ätzkalk, Asbest, Zement*•** MÖBEL **Stühle und andere Sitzmöbel** **Andere Möbel und -teile*** **Metallmöbel** **Holzmöbel** HAUSHALTSGERÄTE Nähmaschinen **Haushaltskühlschränke** Elektrische Haushaltsgeräte* Elektrothermische Apparate* **Andere Haushaltsgeräte*** Staubsauger*** ANDERE HAUSHALTSPRODUKTE Haushalts-, Hotelglaswaren Andere Haushaltsgeräte aus unedlem Metall* **Lampen, Beschläge aus unedlem Metall** **Spül-, Waschbecken, Bidets*** Gartengeräte***	STOFFE/ANDERE Andere spezielle Stoffe, Textilprodukte*• Rind-, Pferdeleder **Textilien für Maschinen**
Maschinen	**Molkerei, andere Landwirtschaftsmaschinen*** Molkereiausrüstung*** Gewerbliche Kühlanlagen **Verpackungs-, Einfüllmaschinen**		Maschinen zur Vorbehandlung von Stoffen und Leder*
Besondere Produktionsmittel	**Ungemahlene Kornfrüchte*** Rohgerste• **Kunstdünger*** **Zubehörteile für gewerbliche Kühlanlagen***	Andere Glaswaren*	**Ungekämmte diskontinuierliche regenerierte Fasern, Nerzfelle, unbehandelt**
Dienstleistungen		Möbeleinzelhandel	

	GESUNDHEITS-FÜRSORGE	PRIVAT	UNTERHALTUNG/FREIZEIT
Primärgüter	MEDIZINISCHE GERÄTE Elektromedizinische Geräte Röntgenapparate Möbel für Arzt- u. a. Praxen* Medizinische Instrumente *Hör-, orthopädische Hilfen* ARZNEIMITTEL Medizinische, pharmazeutische Produkte	**Brennmaterial**** Sicherheitsstreichhölzer** Verarbeiteter Tabak*	Farbfernsehgeräte *Yachten, Sportboote*
Maschinen			
Besondere Produktionsmittel			
Dienstleistungen			

SCHLÜSSEL

Normal   Anteil am Weltexport 1,75% oder mehr, aber weniger als 3,5%.
          Anteil am Weltexport 3,5% oder mehr, aber weniger als 7,0%.
Fett   Anteil am Weltexport 7,0% oder mehr.

Kursiv

•   Branchen 1978 unter dem Schwellenwert.

\#   Errechnete Restgrößen

\#\#   Aufgenommen aufgrund eines nennenswerten Exportwerts in einem Branchenbereich.

*   Aufgenommen aufgrund der direkten Auslandsinvestitionen.

**   Aufgewertet aufgrund der direkten Auslandsinvestitionen.

***   Aufgenommen aufgrund von Inlandsuntersuchungen.

ABBILDUNG 7 – 8 Schwedische Exporte wettbewerbsfähiger Branchen nach großen Ansammlungen in Prozent

Werkstoffe/Metalle
Anteil an Landesexporten: 12.5 (−1.7)
Anteil an Weltexporten der Ansammlung: 2.4 (−0.1)

Forsterzeugnisse
Anteil an Landesexporten: 17.9 (−2.5)
Anteil an Weltexporten der Ansammlung: 10.5 (−1.3)

Erdöl/Chemikalien
Anteil an Landesexporten: 2.6 (0.5)
Anteil an Weltexporten der Ansammlung: 0.2 (+0.0)

Halbleiter/Computer
Anteil an Landesexporten: 2.1 (0.9)
Anteil an Weltexporten der Ansammlung: 0.9 (−0.4)

VORGELAGERTE BRANCHEN
Anteil an Landesexporten: 35.1 (−2.9)
Anteil an Weltexporten der Ansammlung: 1.7 (−0.4)

Mehrfachgeschäft
Anteil an Landesexporten: 4.2 (+0.0)
Anteil an Weltexporten der Ansammlung: 1.1 (−0.1)

Verkehr
Anteil an Landesexporten: 20.5 (−0.4)
Anteil an Weltexporten der Ansammlung: 2.3 (−0.2)

Stromerzeugung & -verteilung
Anteil an Landesexporten: 1.0 (−0.7)
Anteil an Weltexporten der Ansammlung: 1.1 (−0.5)

Büro
Anteil an Landesexporten: 0.7 (−0.1)
Anteil an Weltexporten der Ansammlung: 1.0 (−0.2)

Telekommunikation
Anteil an Landesexporten: 3.7 (0.6)
Anteil an Weltexporten der Ansammlung: 5.5 (−1.5)

Verteidigung
Anteil an Landesexporten: 0.7 (−0.0)
Anteil an Weltexporten der Ansammlung: 3.6 (−0.6)

INDUSTRIELLE & UNTERSTÜTZENDE FUNKTIONEN
Anteil an Landesexporten: 30.7 (−0.6)
Anteil an Weltexporten der Ansammlung: 2.0 (−0.2)

Nahrungsmittel/Getränke
Anteil an Landesexporten: 2.5 (0.1)
Anteil an Weltexporten der Ansammlung: 0.4 (0.1)

Textilien/Bekleidung
Anteil an Landesexporten: 1.1 (+0.0)
Anteil an Weltexporten der Ansammlung: 0.3 (0)

Wohnen/Haushalt
Anteil an Landesexporten: 3.9 (+0.0)
Anteil an Weltexporten der Ansammlung: 2.4 (0.2)

Gesundheitsfürsorge
Anteil an Landesexporten: 2.5 (0.6)
Anteil an Weltexporten der Ansammlung: 2.8 (0.1)

Privat
Anteil an Landesexporten: 0.1 (+0.0)
Anteil an Weltexporten der Ansammlung: 0.1 (+0.0)

Unterhaltung/Freizeit
Anteil an Landesexporten: 0.5 (−0.2)
Anteil an Weltexporten der Ansammlung: 0.3 (−0.2)

ENDVERBRAUCH GÜTER & DIENSTLEISTUNGEN
Anteil an Landesexporten: 10.6 (0.5)
Anteil an Weltexporten der Ansammlung: 0.6 (0.1)

Anmerkung: Die Zahlen in Klammern bezeichnen Veränderungen zwischen 1978 und 1985. Exporte sind die der wettbewerbsfähigen Branchen, nicht aller Branchen. ▨ Bezeichnet die großen Bereiche, in denen die internationalen Wettbewerbspositionen des Landes miteinander verbunden sind.

Branchen erfolgreich, die relativ stark spezialisiert sind, wenngleich es auch in einigen großen, oft rohstoffnahen Sektoren gut vertreten ist. Anders als in der Schweiz tendieren schwedische Unternehmen in vielen Branchen zu breiten Produktpaletten. Auch im Maschinenbau hat Schweden eine weit schwächere Position als die Schweiz. Zum Verständnis dieses nationalen Vorteilsmusters der schwedischen Volkswirtschaft müssen wir Schwedens Stellung hinsichtlich des »Diamanten« untersuchen und auch, wie sie sich in der Nachkriegszeit entwickelt hat.

Die schwedischen Faktorbedingungen

Der Ursprung eines Großteils der international wettbewerbsfähigen Branchen Schwedens läßt sich in mancher Hinsicht auf den natürlichen Rohstoffreichtum des Landes zurückführen, der sich erheblich von dem der Schweiz unterscheidet. Schweden besitzt ausgedehnte Wälder, große Vorkommen an schwach schwefelhaltigem Eisenerz und bezieht etwa 30 Prozent seiner Energie aus der billigen Wasserkraft.[28] Die Ressourcen Schwedens liegen zumeist in den entfernteren nördlichen Regionen des Landes, weit weg von den großen Bevölkerungszentren um Göteborg und Stockholm (die Nord-Süd-Ausdehnung Schwedens beträgt etwa 1600 km).

Obwohl viele der erfolgreichen schwedischen Branchen ihre Wurzeln in Rohstoffen haben, ziehen heute doch weit weniger ihren größten Wettbewerbsvorteil aus diesen Quellen. (Schweden weist allerdings ungewöhnlich viele Branchen auf, die faktorkostenanfällig sind, ein Indiz für seine zukünftige wirtschaftliche Entwicklung.) Die schwedischen Eisenerzvorkommen verloren ihren besonderen Vorteil schon vor der Jahrhundertwende, als die Stahlproduktion technologisch verbessert wurde. Der Export erreichte Anfang der 70er Jahre seinen Höhepunkt. Danach lockerten sinkende Transportkosten und die Erschließung neuer Vorkommen in Ländern wie Brasilien und Australien den Würgegriff, in dem Schweden den nahen europäischen Markt hielt. Die schwedischen Wälder wachsen aufgrund der klimatischen Bedingungen trotz guter Pflege sehr viel langsamer als die in vielen anderen Ländern. Die sich daraus ergebende Vielfalt an Holzfasern führt zwar zu einer hohen Zellstoffqualität und bietet in einigen Bereichen Vorteile, dennoch wurden 1987 fast 20 Prozent des für die schwedische Papierherstellung notwendigen Holzes importiert. Ähnlich ist der Strom Schwedens zwar billig herzustellen, aber doch nicht billiger als in einigen anderen Ländern mit ähnlichen Wasserreserven – wie Norwegen, Kanada und Brasilien.

Um die schwedischen Vorteilsmuster zu verstehen, müssen wir über die Faktorausstattung hinaus auf andere Bestimmungsfaktoren blicken, insbesondere auf jene, die den Aufwertungsprozeß beeinflussen. Trotz Verlust des Wettbewerbsvorteils bei den natürlichen Faktoren – und in einigen Fällen gerade deswegen – sind die schwedischen Unternehmen in technisch höher stehende Branchen und -bereiche wie Spezialstähle und Feinpapier eingestiegen, ebenso in Zuliefer-, verwandte oder nachgelagerte Branchen, z. B. Rollenlager, Steinbohrer und Stahlfertigprodukte. In Branchen, wo eine Aufwertung nicht mit Erfolg durchgeführt werden konnte, wie in der einst so bedeutenden Textilindustrie, gab es im allgemeinen Fehlschläge. Schweden behauptete nicht so erfolgreich wie die Schweiz seine Spezialisierung in Textilien, wofür die Gründe zu einem Teil später erkennbar werden. Im Textilbereich verbleibt nur ein kleiner Rest des internationalen Erfolgs, und zwar vorwiegend bei den Spezialmaschinen.

Erfolg und Mißerfolg beim Aufrechterhalten des Vorteils und Aufwerten der Wettbewerbspositionen hängen vom ganz besonderen nationalen »Diamanten« in Schweden ab. Ein wichtiges Feld sind die schwedischen Arbeitskräftebedingungen. Schweden hat ein ausgefallenes Lohngefüge. In seinem System der sogenannten *Solidaritätslöhne* gehört das Lohngefälle zwischen den Qualifikationsebenen und Branchen zu den niedrigsten der Welt. Diese Form des Egalitarismus schlägt sich auch in vergleichsweise niedrigen Einkommen für die Manager nieder (ebenso in einer extrem hohen Besteuerung mit starker Progression). Obwohl das durchschnittliche Lohnniveau in Schweden hoch ist, bewirken diese Maßnahmen doch, daß die schwedische PKW-, LKW- und Schwermaschinenindustrie niedrigere Löhne zahlen als einige der wichtigsten Konkurrenzländer, was einen Wettbewerbsvorteil darstellt.

Schweden kann auf ein allgemein hohes Bildungsniveau zurückblicken. Das ergibt – auf der Basis einer gemeinsamen Sprache, gemeinsamen Religion und einem landesweit einheitlichen Schullehrplan – gutausgebildete Arbeitskräfte, die imstande sind, eng zusammenzuarbeiten. Die schwedische Ausbildung ist vor allem im Maschinenbau stark, wo sie dem deutschen Vorbild nachgeeifert hat. Enge Verbindungen zunächst mit Großbritannien und später mit Deutschland führten dazu, daß sich viele Schweden in diesen Ländern ausbilden ließen und eine Zeitlang in ihren führenden Branchen im Ausland arbeiteten. Heute hat sich das Schwergewicht zu den Vereinigten Staaten hin verlagert. Die Schweden haben, wie die Schweizer, vorzügliche Fremdsprachenkenntnisse. Fast alle Schweden sprechen Englisch und viele (vor allem die älteren) Deutsch.

Trotz seiner Stärken auf vielen Gebieten tat sich das – fast ausschließlich öffentliche – schwedische Ausbildungssystem nicht leicht, mit den steigenden Anforderungen und der sich wandelnden Qualifikation, die von der Industrie verlangt wurde, Schritt zu halten. Ein egalitäres System hat offenbar die Standards gesenkt und sich gegen eine fortschrittliche Ausbildung auf Spezialgebieten ausgewirkt. Eine Bildungsbürokratie, die sich nur langsam anpaßt, bedeutete einen akuten Mangel an ausgebildeten Kräften auf Gebieten wie Informationstechnologie und Software. Die Fähigkeit, differenziertere Wettbewerbsvorteile zu erlangen und in neuen Branchen zu konkurrieren, hat dabei gelitten.

Schweden verfügt über einige ausgezeichnete technische Universitäten, und die universitäre Forschung leistet einen Beitrag zur wissenschaftlich-technischen Grundlage des Landes, vor allem am Chalmers-Institut für Technologie und am Königlichen Institut für Technologie. Daneben gibt es technische Institute, die mit den großen Universitäten in Schweden verbunden sind und von diesen unterstützt werden. Der Umfang der staatlich oder privat geförderten Forschungsinstitute ist jedoch geringer als etwa in den Vereinigten Staaten oder Deutschland.

Der Großteil der Forschung entfällt auf die angewandte Forschung und erfolgt in den großen schwedischen Unternehmen, häufig in einer Art Zusammenarbeit mit den Universitäten. Darüber hinaus ist die Kooperation in Forschung und Entwicklung innerhalb der Cluster außergewöhnlich stark. In Prozent des Bruttoinlandsprodukts waren die Ausgaben für Forschung und Entwicklung in Schweden 1987 die höchsten aller Länder, was teils Ausdruck einer engen Wirtschaft ist, die sich ungewöhnlich stark in forschungs- und entwicklungsintensiven Bereichen konzentriert, teils auch der wichtigen Rolle der Großunternehmen, die über ihre Ausgaben für Forschung und Entwicklung ausführlicher berichten.

Die schwedischen Unternehmen haben eine lange Tradition, sich Grundlagentechnologien aus aller Welt zu beschaffen, oft über Lizenzen. Schwedische Firmen waren frühe Lizenznehmer der Bessemer-Patente in der Stahlproduktion, der Krupp-Technologie der Zementkarbide und der Dieseltechnologie für die Automobilherstellung. Haben sie sich Basistechnologien aus dem Ausland beschafft, setzen schwedische Firmen oft ihr ganzes technisches Können ein, um sie zu verbessern und den Anwendungsbereich auszuweiten. Wie in der Schweiz ist die Fähigkeit schwedischer Unternehmen, sich die nötige Technologie zu beschaffen, offenbar Ausdruck einer weltoffenen Haltung, guter Sprachkenntnisse, starker technischer Ausbildung und eines vergleichsweise schwach ausgeprägten »Nicht hier erfunden«-Syndroms.

Selektive Faktornachteile. Ein wesentlicher Anstoß für die Innovation und Aufwertung in der schwedischen Industrie ging von wichtigen selektiven Faktornachteilen aus. Der allererste sind hohe Löhne und hohe betriebliche Nebenleistungen, die eine starke Triebfeder für eine Automatisierung sind. Solidaritätslöhne führten zu einer raschen und frühen Umstrukturierung in arbeitsintensiveren Branchen. Die Umstrukturierung in der schwedischen Textil-, Schiffsbau- und Stahlindustrie erfolgte schneller und weniger schmerzhaft als in vielen anderen Ländern. Beschleunigt wurde die Umstrukturierung noch durch die Tatsache, daß für Lohnsenkungen keine Option bestand und die Inlandsnachfrage nach Produkten der betroffenen Branchen relativ gering war, was die politischen Möglichkeiten hinsichtlich Protektionen und Subventionen begrenzte.

Relativ hohe Löhne für geringer qualifizierte Beschäftigte haben zudem massive Bemühungen ausgelöst, selbst ungelernte Arbeiten zu automatisieren. Das gilt auch für Dienstleistungen, denn schwedische Dienstleistungsarbeiter werden ungefähr genausogut bezahlt wie Fabrikarbeiter.[29] Ein chronischer Mangel an Facharbeitern, der noch andauert, hat ebenfalls zu Fertigungsinnovationen geführt. Aus solchen Gründen erfolgte der Vormarsch der Roboter in der schwedischen Industrie pro Kopf und Produktionsarbeiter bis in die jüngste Zeit schneller als in allen anderen Ländern. Auch die Lagerung und das Materialwesen sind in Schweden weitgehend automatisiert.[30]

Die langen Winter und das kalte Klima (Schweden liegt auf der gleichen Breite wie Alaska) haben die Entwicklung einer ausgefeilten Technologie des Energiesparens und verwandter Produkte bewirkt. Die großen Entfernungen zwischen Rohstoffen und Städten und die Abgelegenheit Schwedens von vielen Märkten haben zu einem hohen Stand der Logistik geführt und ebenfalls dazu, daß Schweden in verschiedenen verkehrs- und logistiknahen Branchen vertreten ist. In mehreren der von uns untersuchten Branchen erzielten schwedische Unternehmen Vorteile aufgrund der überlegenen Logistik. Beim Zeitungspapier z. B. leisteten die Schweden Pionierarbeit bei hochspezialisierten Terminals und beim Einsatz von Spezialschiffen.

Marktferne ist auch einer der Faktoren, der schwedische Unternehmen zu frühen und massiven direkten Auslandsinvestitionen veranlaßt hat. Schwedische Unternehmen gehören zu den globalsten der Welt, dank eines weitgespannten Netzes von Tochtergesellschaften, die, verglichen mit Firmen anderer Länder, sehr früh gegründet wurden. Sandvik z. B. errichtete seine erste Auslandsniederlassung 1865. Alfa Laval hatte bereits vor der Jahrhundertwende Werke in den USA, und SKF gründete 1910 eine Niederlassung in Deutschland und besaß 1933 bereits Fabriken in fünf Ländern.[31] Der Auslandsumsatz macht in vielen schwedischen Branchen mehr als 90 Prozent des Gesamtumsatzes aus.

Die schwedischen Nachfragebedingungen

Nachdem sie einmal etabliert waren, wurden die auf Rohstoffen aufbauenden Branchen, die den frühen Kern der schwedischen Wirtschaft bildeten, anspruchsvolle Kunden; das wiederum rief viele verwandte und unterstützende Industrien hervor. Schon ein flüchtiger Blick auf Abbildung 7–7 läßt erkennen, wie viele international wettbewerbsfähige schwedische Branchen heute in irgendeiner Weise unterstützende Branchen sind: für Nutzholz- und Papierprodukte, für Eisenerzabbau, für Eisen- und Stahlproduktion und deren Verarbeitung. Einer der wenigen Bereiche, in dem Schweden in der Chemie international konkurrieren kann, sind Chemikalien, die mit der Zellstoff- und Papierverarbeitung zu tun haben. Der Ballungscharakter der schwedischen Wirtschaft verblüfft. Die Kunden-Zulieferer-Beziehungen unter den international wettbewerbsfähigen schwedischen Branchen sind sehr ausgeprägt.
Verschiedene Umstände machen die schwedischen Kunden zu anspruchsvollen und kritischen Käufern industrieller Erzeugnisse. Aufgrund der großen Entfernungen und der Notwendigkeit, Waren zu den großen Märkten zu transportieren, besteht im Land seit langem eine starke und anspruchsvolle Nachfrage nach Transportmitteln und -dienstleistungen aller Art. Ein hoher Automatisierungsgrad sowohl in der Herstellung wie in der Materialbereitstellung hat zu einer starken Position bei Industrierobotern (ASEA, jetzt ABB), speziellen Gabelstaplern (Kalmar, BT) und vollautomatisierten ferngelenkten Fahrzeugen (BT) geführt.
Das rauhe schwedische Klima, die zerfurchte Landschaft und die geologischen Voraussetzungen schaffen für die schwedischen Bergwerks-, Verkehrs- und Produktionsunternehmungen ungewöhnlich harte Bedingungen. Das schwedische Gestein, eines der härtesten der Welt, stellt höchste Anforderungen an die Bergbaugeräte. Die Straßen in den nördlichen Regionen sind schlecht, aber sie müssen die Schwertransporte aufnehmen, sehr oft Holz. Diese lokale Nachfrage hat Qualität und Langlebigkeit gefördert, Wahrzeichen des schwedischen Wettbewerbsvorteils bei Schwerlastwagen. Mehrere schwedische Grundindustrien sind große Stromabnehmer, und der mit Wasserkraft im Norden erzeugte Strom muß über große Entfernungen geleitet werden – auslösendes Moment für einen Wettbewerbserfolg in stromerzeugenden und -übertragenden Branchen. Einige schwedische Stromerzeuger waren Privatunternehmen, und das staatliche Stromunternehmen hat technisch einen hohen Stand; beides steigerte die Qualität der Inlandsnachfrage. Das kalte Klima sorgt für eine starke Nachfrage nach Energiespargeräten und -dienstleistungen; daher sind bei Wärmetauschern, Generatoren u. ä. schwedische Firmen führend.
Viele der rohstoffabhängigen schwedischen Industrien sahen sich in der Nachkriegs-

zeit und schon vorher wachsenden Nachteilen bei natürlichen Produktionsfaktoren gegenüber. Diese Nachteile weckten einen starken Bedarf an modernen Maschinen und anderer Hilfe von Zulieferern, ein wichtiger Vorteil für unterstützende Branchen. Die Firmen in den rohstoffabhängigen Branchen tendierten zu anspruchsvolleren Segmenten und zu verwandten Branchen, was schwedische Maschinenbau- und andere Zulieferer von Produktionsmitteln bewog, es ihnen gleichzutun.

Die Position Schwedens bei Fertighäusern veranschaulicht diese Vorgänge. Die Beteiligung an dieser Branche ist, gemessen an der traditionellen schwedischen Position in Schnittholz, ein integrierender Schritt nach vorn. Hohe Bauarbeiterlöhne, eine kurze Bausaison und die Notwendigkeit paßgenauer und guter Arbeit wegen widriger klimatischer Umstände haben gemeinsam ein fruchtbares Umfeld für einen Erfolg in dieser Branche geschaffen; sie mußte die besten Qualitätsprodukte entwickeln, um sie schnell montieren zu können.

Andere Aspekte schwedischer Verhaltensweisen und Kultur spielen ebenfalls eine wichtige Rolle für die Fähigkeit schwedischer Firmen, in vielen Branchen einen höherrangigen Wettbewerbsvorteil zu behaupten. Schweden ist ein Land, in dem der Sicherheit, der Umweltqualität und der öffentlichen Wohlfahrt größte Bedeutung beigemessen wird. Diese Werte manifestieren sich in den schwedischen Gesetzen, aber auch in der Mentalität schwedischer Manager und Gewerkschaften. Und sie finden im großen Staatsbereich ihren Widerhall. Schwedens Autofahrer müssen z. B. immer mit Licht fahren, und Schweden führte als eines der ersten Länder die allgemeine Anschnallpflicht ein, machte den Dreipunktgurt zur Pflicht und jetzt auch das Anschnallen auf den Rücksitzen. Volvo war das erste Auto der Welt mit serienmäßigem Dreipunktgurt.

Diese Wertvorstellungen haben eine gehobene Nachfrage nach vielfältigen Produkten und Dienstleistungen in den Bereichen Umweltschutz und öffentliche Wohlfahrt ausgelöst. Schweden schuf sich eine starke internationale Position bei Sicherheitsgurten, um bei meinem Beispiel zu bleiben. Ein anderes Beispiel ist das Gesundheitswesen, das für ein so kleines Land beachtliche Stärken aufweist. Bei Produkten für Behinderte z. B. ist die staatliche Unterstützung weitaus größer als in den meisten Ländern, und schwedische Firmen kommen als ernst zu nehmende internationale Konkurrenten ins Spiel.

Die schwedischen Wertvorstellungen finden ihren Niederschlag auch in ungewöhnlich sicheren und umweltfreundlichen Produkten, für schwedische Unternehmen häufig ein wichtiger Wettbewerbsvorteil. Atlas Copco ist für leise Kompressoren und stoßgedämpfte Vorrichtungen für Hydraulikbohrer bekannt, Volvo für sichere Autos und Sicherheitskabinen bei LKWs, AGA für Sicherheitsventile, die das Ausströmen der Industriegase steuern und die das Unternehmen selbst verkauft.[32] Diese und andere Beispiele zeigen, wie viele Aspekte der schwedischen Wohlfahrtsgesellschaft antizipatorische Nachfragebedingungen im Hinblick auf andere fortschrittliche Länder verkörpert haben.

Die gleichen Wertvorstellungen waren von den Nachfragebedingungen her jedoch nicht kostenfrei. Die schwedische Nachfrage nach Mikrowellenherden blieb anfangs hinter der anderer Länder zurück, weil die Verbraucher ernstlich Strahlenlecks befürchteten. Die Nuklearindustrie, in der Schweden aufgrund seiner relativ frühen und bedeutsamen Entscheidung für die Kernenergie seit jeher stark ist, läuft Gefahr, wegen des Entwicklungsstops im Land ihre gute Position zu verlieren. Der schwedische Rüstungssektor wurde erheblich beeinträchtigt durch eine ungewöhnlich strenge Begrenzung der Länder, an die schwedische Firmen Waffen liefern dürfen, ein Ergebnis des Pazifismus und der Neutralität Schwedens.

Wichtiger für eine Vielzahl Branchen ist jedoch der riesige schwedische Staatsbereich (in Staatsdiensten sind 31 Prozent aller Beschäftigten). Staatsmonopole überwachen das Gesundheitswesen, die Kinderbetreuung und viele andere Dienste. Dieser Sektor hat die private Nachfrage nach vielen Dienstleistungen eliminiert – einer der Gründe dafür, daß Schweden nur wenige internationale Dienstleistungsunternehmen aufweist. Der große staatliche Sektor bedeutet auch, daß der Staat ein Großabnehmer vieler Produkte ist. In einigen Bereichen haben schwedische Staatsunternehmen gut mit der Industrie zusammengearbeitet und haben dort die Rolle des anspruchsvollen Kunden übernommen. In anderen, wie der Gesundheitsfürsorge, hat die starre Haltung des Staates ihren Tribut gefordert. Bei den hohen Ausgaben könnte der schwedische Gesundheitssektor ein ergiebigeres Pflaster für Produkt- und Dienstleistungsinnovationen sein.

Die Nachfragebedingungen bei den Konsumgütern gereichen der schwedischen Industrie ebenfalls zu einem schwerwiegenden Nachteil. Schweden hat zwar hohe Durchschnittslöhne, aber die Einkommen- und Lohnsteuer sind hoch und stark progressiv und beschneiden das verfügbare Einkommen drastisch, vor allem bei Verbrauchern mit hohem Einkommen. Der Grenzsteuersatz für Jahreseinkommen von 200 000 skr und mehr liegt bei 75 Prozent, und die Mehrwertsteuer macht 23 Prozent aus.[33] Das verringert die wirksame Nachfrage nach Waren und persönlichen Dienstleistungen und verlangsamt die Produktaufwertung, die ein so nützlicher Nachfrageanreiz ist. Der schwedische Egalitarismus dämpft die Nachfrage nach neuen und aufstrebenden Produkten und Dienstleistungen, von denen viele zunächst Luxusartikel sind. Eine aufwendige Lebenshaltung aus Prestigegründen ist in Schweden verpönt.

In den staatlich kontrollierten Kanälen hat Schweden keine Fernseh- und Rundfunkwerbung zugelassen.[34] Die schwedischen Unternehmen mußten modernes Marketing daher im Ausland lernen. Nur wenige verfügen darüber. Auch der schwedische Einzelhandel war vergleichsweise unterentwickelt und geringer mit neueren Einzelhandelsläden und -ketten durchsetzt. In einigen dieser Branchen ist die Nachfrage zwar anspruchsvoll oder antizipatorisch, aber vergleichsweise selten.

Verwandte und unterstützende Branchen

Die schwedische Wirtschaft ist in vieler Hinsicht eine Wirtschaft verwandter und unterstützender Branchen. Zahlreiche schwedische Branchen entstanden aufgrund einer guten Ausgangsposition in einer nachgelagerten Branche; dazu gehören Brechwerke für Grubengut (Eisenerz) und Schweißgeräte (Schiffsbau). Schweden steht international gut da bei Produkten, die mit der Zellstoff- und Papierindustrie zusammenhängen, u. a. Kegelstoffmühlen, Papiermaschinen, Trockner, Kessel, Fördersysteme, Verarbeitungsgeräte, Holzbearbeitungsmaschinen und Speziallastwagen. Eine starke Stellung entstand bei Hartmetallen, um den Bedürfnissen bei der Metallverarbeitung und bei Bergbaumaschinen nachzukommen.

Der umgekehrte Kausalzusammenhang ist öfter anzutreffen: Viele wettbewerbsfähige schwedische Branchen entstanden aus verwandten und unterstützenden Industrien. Spezialstahlerzeugnisse, Walzlager, Metallfertigerzeugnisse, Feinpapier und viele andere Produkte gingen aus vorgelagerten Positionen oder Positionen in verwandten Branchen hervor.

Heute ist der Cluster schwedischer Industrien weit entwickelt. Das schwedische Umfeld hat darüber hinaus Mechanismen geschaffen, die den Austausch und Informationsfluß innerhalb der Cluster besonders wirkungsvoll machen. Zwischen vertikal oder horizontal verbundenen Unternehmen kommt es überraschend oft zur Kooperation und zu gemeinsamen Anstrengungen. So arbeiteten etwa Atlas Copco (Bergbau- und Baumaschinen) und Sandvik (Steinbohrer) über vierzig Jahre beim Marketing sowie bei Forschung und Entwicklung eng zusammen, und Fläkt (Trockner) und Götaverken (Zellstoffrückgewinnungskessel) kooperieren beim internationalen Absatz von Umweltüberwachungsgeräten. Die informelle Zusammenarbeit ist noch verbreiteter als offizielle Abmachungen; in Schweden sind formelle Verträge für derartige Abmachungen kaum nötig. Kooperationsbeziehungen bestehen auch zwischen Unternehmen und bestimmten Regierungsstellen wie dem Militär und dem staatlichen Telefonunternehmen. Die Beziehungen zwischen Kunde und Zulieferer gestalten sich ungewöhnlich offen und flexibel, eine Stärke der schwedischen Nachfragebedingungen.

Ein Grund für das hohe Maß an branchenübergreifender Zusammenarbeit sind die Besitzbande zwischen Unternehmen, die aus dem Finanzimperium Wallenberg und anderen Finanzgruppen hervorgegangen sind. Es ist völlig normal, daß der Vorstandsvorsitzende eines großen schwedischen Unternehmens auch im Verwaltungsrat eines oder mehrerer verwandter schwedischer Unternehmen sitzt, manchmal sogar mit in deren Geschäftsleitung. Neben den Besitzbanden hat die enge Zusammenarbeit mit schwedischer Kultur und der Herkunft schwedischer Topmanager zu tun. Die schwedische Gesellschaft schätzt die Zusammenarbeit und die Zugehörigkeit zur Gruppe. In dem relativ kleinen Land kennen sich viele Führungskräfte, sind zusammen zur Schule gegangen oder haben zusammen gedient. Die Zusammenarbeit unter Schweden erlaubt es ihnen auch, sich dem Wettbewerb mit ausländischen Unternehmen zu stellen, und sie geht über Schweden hinaus. Auslandsniederlassungen schwedischer Unternehmen in verwandten und unterstützenden Branchen kennen sich häufig gut und arbeiten im Ausland zusammen.

Unternehmensstrategie, Struktur und Wettbewerb

Schwedische Unternehmen haben organisatorische Besonderheiten, die sich gut für den Wettbewerb in komplexen, technisch hochstehenden Branchen mit weitgespannten Niederlassungsnetzen eignen. Die Schweden sind, wie die Japaner, kooperativ und loyal gegenüber ihrer Firma. Bezeichnend für schwedische Unternehmen sind dreierlei: eine konservative Haltung, Disziplin und Vertrauen. Die Führungskräfte geben sich kollegial, werden aber respektiert. Es herrschen offener Austausch und zwanglose Ordnung. Die Koordinierung bei der Herstellung komplexer Produkte und zwischen weitverstreuten internationalen Niederlassungen erfolgt gelassener als in amerikanischen oder schweizerischen Unternehmen, wo die Manager nach Selbständigkeit streben. Viele schwedische Firmen haben Auslandstöchter gegründet, indem sie einfach einen Manager ins Ausland schickten mit der Generalvollmacht, sich dort niederzulassen. Ein solches Vertrauen und der Verzicht auf Überwachung suchten ihresgleichen.

Schwedische Unternehmen sind sehr aufgeschlossen für eine Internationalisierung, einmal wegen des relativ kleinen Inlandsmarkts für viele der speziellen schwedischen Produkte, zum anderen wegen der großen Entfernungen zu den Märkten. Die schwedische Neutralität und eine lange Tradition im Reisen spielen ebenfalls eine Rolle. Das Arbeiten im Ausland wird als normaler und wesentlicher Teil des Berufslebens angesehen. Viele der großen schwedischen Unternehmen gehen auf die letzte Hälfte des 19. Jahrhunderts zurück. Sie begannen mit ihren Investitionen im Ausland zu einer Zeit, als die Transportkosten hoch und die Zölle starr waren. Viele der erfolgreichen Industrien (Stahl, Papier, Bergbaumaschinen) sind rohstoffabhängig und damit politisch anfällig, was nicht nur den heimischen Betriebsfrieden, sondern auch die Auslandsinvestitionen überdurchschnittlichen Zwängen aussetzt. Schwedische Unternehmen betätigen sich normalerweise in vielen Ländern. Sandvik z. B. produziert seine Steinbohrer in etwa dreißig Ländern und verkauft in weit mehr. Viele kleine Länder sind darunter, und man findet den Weg selbst zu abgelegenen Plätzen. Schwedische Firmen meiden gelegentlich Länder mit höheren Zugangsbeschränkungen, wie etwa Deutschland und Japan.[36]

Die Industrie ist in Schweden ein angesehener Arbeitsplatz, und viele der besten Universitätsabsolventen gehen zu den großen schwedischen Multis. Schlüsselindustrien genießen ein besonders hohes Ansehen, und überhaupt sind die Unternehmen gekennzeichnet durch sehr engagierte Mitarbeiter. Viele schwedische Führungskräfte kommen von der Technik und widmen sich ganz der Lösung von Firmenproblemen, anstatt die traditionellen Geschäfte aufzugeben.[37] Das Ergebnis sind Reinvestitionen, damit die Anlagen modern bleiben, für die beteiligten Manager eine Prestigefrage. In der Papierindustrie z. B. verfügen die Vereinigten Staaten und Kanada über eine Mischung aus modernen und veralteten Fabriken, während alle schwedischen Anlagen modernisiert worden sind.

Bisher hatten die öffentlichen Kapitalmärkte wenig Einfluß auf die Entscheidungen schwedischer Manager. Kapital wird für längere Zeiträume investiert, und Beteiligungen werden selten verkauft. Finanzgruppen besitzen häufig größere Pakete Unternehmensaktien. Das schwedische Bilanzwesen läßt auch nichtbesteuerte Reserven zu, was den Unternehmen zusätzliche Flexibilität in wirtschaftlich schweren Zeiten verleiht.[38] In den letzten Jahren hat der Druck am Finanzmarkt zugenommen. Die schwedischen Märkte werden leistungsfähiger und anspruchsvoller, und immer mehr schwedische Unternehmen haben ausländische Aktionäre. Außerdem wächst die Tendenz, zu fusionieren und Finanzanlagevermögen zu halten, anstatt das Geld in Unternehmen zu investieren. Die Finanzkenntnisse der Topmanager haben sich spürbar ausgeweitet.

Der Wettbewerbsvorteil Schwedens liegt in vielen relativ stark konzentrierten Industrien. Besonders erfolgreiche Branchen zeichnen sich durch mehr als einen schwedischen Konkurrenten und einen vergleichsweise starken Inlandswettbewerb aus. Volvo und Saab-Scania machen sich bei Personen- und Lastwagen Konkurrenz.

Sandvik und Fagersta sind Konkurrenten bei Steinbohrern. Papierfabriken und Hersteller von Spezialstahl gibt es eine ganze Menge.

Aber Schweden steht unter den von uns untersuchten Ländern insofern einzig da, als es in vielen internationalen Industrien nur ein bedeutendes schwedisches Unternehmen gibt, etwa im Autotransport, bei Kühlschiffen, Telekommunikationsanlagen, Walzlagern, Bergbaumaschien und anderen. Fusionen haben häufig zu heimischen Monopolen geführt. Kartellgesetze haben für die heimische Wirtschaft zwar eine gewisse Bedeutung, werden aber in stärker international tätigen Branchen ausgesetzt, weil wie in Italien, die (meiner Meinung nach irrige) Vorstellung herrscht, daß zu Hause mehr Größe notwendig sei, wenn man im globalen Wettbewerb bestehen wolle.

In einigen schwedischen Branchen kooperieren traditionell direkte Konkurrenten, etwa bei Stahl und Papier. So arbeiteten die schwedischen Papierunternehmen einige Zeit bei der Exportpreisgestaltung zusammen. Arrangements unter Konkurrenten werden auch daraus ersichtlich, daß Schweden zu den ersten Ländern der Welt gehörte, das eine Umstrukturierung in Branchen wie Stahl und Schiffsbau ankurbelte. Ohne große Skrupel hat man eine Kooperationslösung ausgearbeitet, die in vielen Fällen den Austausch des Sortiments vorsieht.

Die Wurzeln dieses Verhaltens liegen in der schwedischen Gesellschaftsstruktur und in der Ausbildung. Die Schweden lernen Kooperation, nicht Wettbewerb. Das ist vorteilhaft bei vertikalen Beziehungen und beim Zusammenspiel verwandter Branchen, erstickt aber den Funken zum Konflikt, der für einige wichtige Innovationsarten unentbehrlich ist.

Dieser gemischte Inlandswettbewerb wird zum Teil durch andere Bestimmungsfaktoren ausgeglichen. Einer besteht darin, daß Schweden ein kleines Land ist, dessen Bürger eine ungewöhnlich internationale Haltung haben. Schwedens offener Markt ist Importen ziemlich stark ausgesetzt. Zur Dynamik spornt ebenfalls an, daß die meisten international wettbewerbsfähigen schwedischen Unternehmen sehr hohe ausländische Direktinvestitionen tätigen. Das heißt, sie gehen ausländische Konkurrenten in vielen Ländern seit langem direkt an, oft im Land der Konkurrenten selbst. Dennoch hat die vom Inlandswettbewerb her gemischte Situation in Schweden ihren unvermeidlichen Preis gefordert. Das Spektrum an wettbewerbsfähigen Branchen ist schmal. Das Land hat in den Branchen an Boden verloren, wo zuviel Kooperation an die Stelle des Wettbewerbs getreten ist. Fusionen haben Innovationen als ein Mittel zur Lösung von Wettbewerbsproblemen ersetzt. Schweden hat keinen Erfolg in Branchen, die ein schnelles Verständnis und häufige Produktänderungen verlangen.

Grundsätzlich besagt dies, daß es offenbar schwer ist, das Fehlen eines aktiven Inlandswettbewerbs ganz wettzumachen. Zum Teil tut man das durch den intensiven Austausch mit informierten, anspruchsvollen Kunden und Zulieferern. Das Klima des schwedischen Inlandswettbewerbs schränkt den Umfang der Branchen, in denen das Land mit Erfolg konkurrieren kann, jedoch erheblich ein – vor allem im Lichte dessen, daß Einzelpersonen und Unternehmen Risiken meiden (zum Teil, weil man sich an Gruppen orientiert und nur wenige finanzielle Anreize infolge des hohen Grenzsteuersatzes existieren). Einer weiteren Aufwertung in der schwedischen Wirtschaft steht einiges entgegen.

Verschärft werden die Schwierigkeiten dadurch, daß die Bedingungen für die Gründung neuer Unternehmen in Schweden ungünstig sind. Den großen multinationalen Gesellschaften geht es zwar gut, hohe persönliche Steuern bremsen jedoch den Anreiz, unternehmerische Risiken einzugehen. Auch die Gruppenausrichtung vieler Schweden arbeitet gegen die Unternehmer. Die kulturelle Homogenität bedeutet, nur wenige Außenseiter oder Einzelpersonen wagen es, dadurch Außenseiter zu werden, daß sie sich gegen etablierte Unternehmen und Gewohnheiten auflehnen. Nur wenige sind bereit, ihr Unternehmen zu verlassen und so zu handeln. Die gesellschaftlichen Wertvorstellungen ächten persönlichen Reichtum. Risikokapital ist zudem knapp – ein weiteres bezeichnendes Problem.

Viele der noch jungen schwedischen Firmen haben sehr früh in ihrer Entwicklung an Großunternehmen verkauft, anstatt die Gelegenheit zu nutzen und die Firma auszubauen. Aber der Anschluß an einen großen Konzern bereitet nicht gerade den Boden für Innovationen und unternehmerisches Handeln. So sind in Schweden in den letzten zwanzig Jahren nur wenige neue Unternehmen von nennenswerter Größe entstanden, und die Betriebsstillegungen haben die Neugründungen deutlich übertroffen.

Die Rolle des Staates

Der Staat spielt in der schwedischen Wirtschaft eine wichtige Rolle, da er viele öffentliche Dienstleistungen erbringt, auch wenn der direkte Industriebesitz nicht die Ausmaße annimmt wie in einigen anderen der von uns untersuchten Länder. Der schwedische Staat hat die umfassende Wirtschaftssteuerung übernommen, und in ihr schlagen sich die gesellschaftlichen Wertvorstellungen deutlich nieder. Viele Regelungen haben dazu beigetragen, in Bereichen wie Sicherheit und Umweltschutz gehobene Standards und antizipatorische Käuferbedürfnisse zu schaffen. In einigen Bereichen sind die schwedischen Wertvorstellungen jedoch so extrem, daß die schwedischen Vorschriften unvereinbar sind mit denen anderer Länder und der Industrie schaden.

Der schwedische Staat hat ein sehr wohlwollendes Verhältnis zur Industrie, insbesondere zu den etablierten multinationalen schwedischen Konzernen. Eine wichtige Aufgabe seines diplomatischen Corps besteht darin, die Industrie zu unterstützen. Faktisch sind die Unternehmenssteuern niedrig (häufig im Bereich zwischen 20 und 30 Prozent), sehr im Gegensatz zu den persönlichen Steuern. Die Industrie gilt als lebenswichtig. Verschiedene staatliche Programme haben dazu gedient, den schwedischen Großunternehmen zu helfen. Günstige steuerliche Regelungen kurbeln z. B. den Kauf von Automobilen an, und die Strompreise werden niedrig gehalten. Schwedische Behörden waren oft äußerst konstruktiv in der Art, wie sie die öffentliche Beschaffung handhaben, im Gegensatz zu denen anderer Länder. Sie arbeiten gut mit schwedischen Zulieferern zusammen, sind aber anspruchsvoll und kaufen modernste, auf dem neuesten Stand der Technik befindliche Produkte.

Die Maßnahmen des schwedischen Staates sind nicht ausnahmslos als positiv zu bewerten. Sie sind sehr stark auf die großen Unternehmen zugeschnitten, während die Probleme der Kleinunternehmer wenig Beachtung finden. Die Abwertung wurde als eines der Hauptinstrumente der Politik eingesetzt – eine zu makroökonomische Sicht der Wettbewerbsfähigkeit. Dieses Vorgehen war kurzfristig unbestreitbar von

Nutzen, wirkte sich langfristig aber gegen die Dynamik der schwedischen Firmen aus. Gleiches gilt für Bemühungen, die Faktorkosten künstlich niedrig zu halten.

Außerdem spielt der schwedische Staat ganz direkt in die Wirtschaft hinein. Seine bedeutende Rolle im Dienstleistungssektor und die Kosten, die das verursacht, haben wir bereits beschrieben. Unternehmen, die sich vollständig oder zum Teil in staatlichem Besitz befinden, halten 8 Prozent der schwedischen Industrieproduktion und 9 Prozent aller schwedischen Exporte; u. a. sind sie in den Bereichen Bergbau, Halbstoffe, Stahl, Forstwirtschaft, Schiffsbau und Transport tätig.[39] Der Bereich der staatlichen Beschäftigung in Schweden ist groß und durch eine relativ niedrige Produktivität gekennzeichnet, während schwedische Unternehmen gleichzeitig die Produktion ins Ausland verlegen, weil sie keine Arbeiter finden. Die zukünftige Rolle des Staates in Schweden wirft ganz entscheidende Fragen für die Entwicklung der Wirtschaft auf.

Die Rolle des Zufalls

Schweden hat, wie die Schweiz, zu den großen Nutznießern des Zweiten Weltkriegs gehört. Seine Neutralität bewahrte dem Land das industrielle Fundament; schwedische Firmen konnten sich wichtige internationale Positionen dadurch sichern, daß sie die Nachkriegsnachfrage nach Industriegütern befriedigten.

Schweden im Ausblick

Die schwedische Wirtschaft hat sich aus rohstoffstarken Positionen in der Forstwirtschaft und dem Bergbau entwickelt. Heute ist sie eine Wirtschaft mit tiefgestaffelten Clusters in diesen vorgelagerten Bereichen und auch in einer Reihe industrieller und unterstützender Sektoren. Der schwedische »Diamant« war eine starke Kraft zur Aufwertung der etablierten Branchenclusters. Anspruchsvolle Nachfrage, offene Beziehungen zwischen Kunden und Zulieferern, gute technische Hilfsmittel und Arbeitskräfte und gutgeführte, große Unternehmen haben die gemischten Leistungen beim Inlandswettbewerb zum Teil wieder wettgemacht. Schweden konnte seinen nationalen Wettbewerbsvorteil vor allem dort behaupten, wo es sich in den letzten Jahrzehnten dem Wettbewerb gestellt hat.

Aber die schwedische Industrie steht vor wichtigen Herausforderungen. Sie bleibt für Faktorkosten anfällig, und der ständige Einsatz von Abwertungen bedroht die wirtschaftliche Aufwertung. Das tun auch die Bedingungen der Inlandsnachfrage und ein schwerfälliges Bildungssystem. Die Motivation des einzelnen und der Mut zum Risiko erlahmen, und gleichzeitig bereitet der Inlandswettbewerb ernsthafte Sorgen. All das läßt nichts Gutes für die Innovation und die Dynamik in der schwedischen Industrie ahnen. Der Einsatz von Industrierobotern in der schwedischen Wirtschaft bleibt z. B. seit einiger Zeit hinter dem in anderen Ländern zurück.

Die allgemeinen Daten, die ich oben in Tabelle 7–1 angeführt habe, bieten Anlaß zur Sorge. Die Rate der Nettokapitalinvestitionen in die schwedische Wirtschaft ist seit Mitte der 70er Jahre deutlich zurückgegangen. Das Produktivitätswachstum ist bescheiden, der Anstieg der Pro-Kopf-Einkommen relativ langsam. Abbildung 7–9, die die wettbewerbsfähigen schwedischen Branchen zusammenfaßt, die 15 Prozent oder mehr Marktanteil gewonnen oder verloren haben, zeigt, daß Schweden öfter verloren als gewonnen hat. Ausschlaggebender noch sind die Branchen, in denen es zu den Gewinnen und Verlusten gekommen ist; sie bestätigen die mäßigen Leistungen bei der Aufwertung. Schweden hat sich im großen ganzen in den Clusters gehalten, in denen es schon immer stark war, vor allem außerhalb von rohstoffintensiven Bereichen sowie bei Maschinen und besonderen Produktionsmitteln. Verluste bei einigen der technisch aufwendigeren Produkte, z. B. Maschinen für Papierfabriken und Werkzeugmaschinen, werfen jedoch Fragen nach der Aufwertung auf, genau wie die Tatsache, daß viele Anteilsgewinne bei Waren und weniger verarbeiteten Artikeln anfielen. Die Auslandsinvestitionen schwedischer Firmen erklären wohl kaum all diese Verluste.

Abbildung 7–9 beleuchtet einen zweiten strittigen Punkt für Schweden, nämlich wie man die Cluster stärker ausweiten und das Wirtschaftsfundament zu neuen Clustern verbreitern kann. Das schwedische Umfeld hat die etablierten Branchen zwar wirksam aufwerten können, aber es ist nicht annähernd so günstig für die Bildung neuer, fortschrittlicher Branchen, die nötig wären für eine fortwährende Verbesserung der nationalen Produktivität und die Aufrechterhaltung der Vollbeschäftigung bei hohen Löhnen. Der international erfolgreiche Anteil der schwedischen Wirtschaft ist klein. Abbildung 7–9 zeigt, daß Schweden außerhalb traditionell starker Cluster tendenziell sehr viel häufiger Positionen verloren als gewonnen hat, etwa bei Werkstoffen/Metallen, Verkehr, Gesundheitswesen und Haushaltsprodukten. Auch bei der Stromerzeugung, dem Bürobedarf und der Telekommunikation übertreffen die Verluste die Gewinne.

Die Nachfragebedingungen, das Fehlen wichtiger Medien, die staatliche Vorherrschaft bei den Dienstleistungen und Einschränkungen bei der Bildung neuer Firmen beeinträchtigen die Ausweitung der Branchen, in denen schwedische Unternehmen Erfolg haben, erheblich. Ohne eine Ausweitung wird die Schaffung von Arbeitsplätzen sich weiter hinschleppen, und der staatliche Bereich wird chronisch aufgebläht bleiben. Und das ruft wiederum Kräfte hervor, welche die Bedingungen für die Industrie erschweren.

Die neue deutsche Dynamik[40]

Amerika, die Schweiz und Schweden schrieben nach dem Zweiten Weltkrieg direkte Erfolgsgeschichten in vielen Branchen, weil Bedingungen zusammentrafen, die schon lange vor dem Krieg Bestand hatten, und einmalige Umstände, die der Krieg selbst schuf. Da die eigentliche Globalisierung des Wettbewerbs in vielen Branchen in den 50er und 60er Jahren erst begann, sind die Vorteile der früh Handelnden kaum zu überschätzen; sie fielen den Ländern zu, die in der Lage waren, sie gleich nach dem Krieg zu nutzen, weil ihre Wirtschaft nicht zerstört worden war.

Westdeutschland brauchte nach dem Zweiten Weltkrieg jedoch nicht allzulange, um als ein Land mit einem breitgefächerten und tiefgestaffelten Wettbewerbsvorteil und

ABB. 7–9 Wettbewerbsfähige schwedische Branchen mit Gewinnen oder Verlusten am Weltexportanteil von 15 Prozent oder mehr zwischen 1978 und 1985*

Band 1

	Werkstoffe/Metalle			Forsterzeugnisse			Erdöl/Chemikalien			Halbleiter/Computer			VORGELAGERTE BRANCHEN		
	Branchen gesamt	Anteil Gewinne	Anteil Verluste	Branchen gesamt	Anteil Gewinne	Anteil Verluste	Branchen gesamt	Anteil Gewinne	Anteil Verluste	Branchen gesamt	Anteil Gewinne	Anteil Verluste	Branchen gesamt	Anteil Gewinne	Anteil Verluste
Primärgüter	38	10	18	23	5	12	11	4	1	2	0	1	74	19	32
Maschinen	7	4	0	1	1	1	0	0	0	0	0	0	8	5	1
Besondere Produktionsmittel	6	4	3	2	1	1	0	0	0	0	0	0	8	5	4
Gesamt	**51**	**18**	**21**	**26**	**7**	**14**	**11**	**4**	**1**	**2**	**0**	**1**	**90**	**29**	**37**

Band 2

	Mehrfachgeschäft			Verkehr			Büro			Telekommunikation			Rüstung			INDUSTRIELLE & UNTERSTÜTZENDE FUNKTIONEN		
	Branchen gesamt	Anteil Gewinne	Anteil Verluste	Branchen gesamt	Anteil Gewinne	Anteil Verluste	Branchen gesamt	Anteil Gewinne	Anteil Verluste	Branchen gesamt	Anteil Gewinne	Anteil Verluste	Branchen gesamt	Anteil Gewinne	Anteil Verluste	Branchen gesamt	Anteil Gewinne	Anteil Verluste
Primärgüter	10	3	3	13	5	5	4	2	3	2	0	2	2	0	1	38	13	21
Maschinen	0	0	0	6	3	3	1	0	1	0	0	0	0	0	0	7	3	4
Besondere Produktionsmittel	0	0	0	8	3	3	0	0	0	0	0	0	0	0	0	9	3	3
Gesamt	**10**	**3**	**3**	**27**	**11**	**11**	**5**	**2**	**4**	**2**	**0**	**2**	**2**	**0**	**1**	**54**	**19**	**28**

Band 3

	Nahrungsmittel/Getränke			Textilien/Bekleidung			Wohnen/Haushalt			Gesundheitsfürsorge			Unterhaltung/Freizeit			Privat			ENDVERBRAUCH GÜTER & DIENSTLEISTUNGEN		
	Branchen gesamt	Anteil Gewinne	Anteil Verluste	Branchen gesamt	Anteil Gewinne	Anteil Verluste	Branchen gesamt	Anteil Gewinne	Anteil Verluste	Branchen gesamt	Anteil Gewinne	Anteil Verluste	Branchen gesamt	Anteil Gewinne	Anteil Verluste	Branchen gesamt	Anteil Gewinne	Anteil Verluste	Branchen gesamt	Anteil Gewinne	Anteil Verluste
Primärgüter	8	4	4	3	1	0	13	6	5	6	2	2	2	1	1	3	1	1	35	15	13
Maschinen	3	1	2	1	0	0	0	0	0	0	0	0	0	0	0	0	0	0	4	1	2
Besondere Produktionsmittel	4	3	1	2	2	1	1	0	1	0	0	0	0	0	0	0	0	0	7	5	3
Gesamt	**15**	**8**	**7**	**6**	**3**	**1**	**14**	**6**	**6**	**6**	**2**	**2**	**2**	**1**	**1**	**3**	**1**	**1**	**46**	**21**	**18**

* Die Gewinne und Verluste umfassen die Branchen, die 1978 oder 1985 über dem Schwellenwert lagen, einschließlich derjenigen, die 1978 wettbewerbsfähig waren, aber 1985 unter dem Schwellenwert fielen, oder die erstmals einen so hohen Anteil erreichten, daß sie 1985 den Schwellenwert überschritten. Die Gesamtzahl der wettbewerbsfähigen Branchen bezieht sich auf 1985.

einem schnell steigenden Lebensstandard wieder auf die Beine zu kommen. Es hatte in einer Vielzahl Branchen starke Wettbewerbsvorteile, die noch aus der Zeit der Jahrhundertwende stammten und in vielen Fällen bereits global waren. Es erholte sich schnell. Betrachtet man die gesamte Nachkriegszeit, ist Deutschland wahrscheinlich die überragende Handelsnation. Sein Anteil am Weltexport ist höher als der Anteil an der Weltwirtschaft, wie er im Bruttosozialprodukt Ausdruck findet, anders als bei den Vereinigten Staaten und Japan.[41] Weil die Auslandsproduktion deutscher Unternehmen prozentual so hoch wie bei amerikanischen Unternehmen geschätzt wird oder höher, ist die deutsche Exportleistung im Vergleich mit der der Vereinigten Staaten und Japans um so eindrucksvoller (die noch bescheidene Auslandsproduktion japanischer Unternehmen nimmt allerdings rasch zu).

Breite und Tiefe der erfolgreichen deutschen Branchen können nur im geschichtlichen Zusammenhang richtig gewürdigt werden. Deutschland errang oder eroberte sich seine Stellung trotz enormer Schwierigkeiten in wenigen Jahrzehnten zurück. Zum zweiten Mal innerhalb von weniger als dreißig Jahren wurde das Land im Krieg besiegt. Seine industrielle Grundlage wurde weitgehend zerstört. Deutschland verlor zunächst die Hälfte seines Territoriums, vor allem das mit den größten Rohstoffvorkommen, und auch einige der modernsten Teile des industriellen Fundaments.[42] Viele deutsche Patente wurden beschlagnahmt, ebenso wie die Auslandsvermögen einer Reihe von Industrien. Während des Krieges waren deutsche Unternehmen von den meisten Weltmärkten abgeschnitten gewesen, ein Umstand, der oft das Aufkommen starker Konkurrenten begünstigte, etwa in Amerika, Schweden und der Schweiz. Schließlich stießen die deutschen Bemühungen, internationale Marktpositionen zurückzugewinnen, auf Schwierigkeiten bei der Beschaffung von Ausfuhrgenehmigungen von den Aliierten, was viele deutsche Unternehmen bis in die frühen 50er Jahre von den Weltmärkten fernhielt; ebenso stießen sie in einigen Branchen auf die nachhaltige Abneigung ausländischer Kunden.

Diese Handikaps wurden überwunden, was deutlich macht, daß die Bedingungen in Deutschland einem gewaltigen Motor gleichkamen, der einen nationalen Wettbewerbsvorteil in den verschiedensten Branchen erzeugte. Die deutsche Wirtschaft besaß eine bemerkenswerte Fähigkeit, diesen Vorteil zu wahren. Trotz steigender Löhne, Arbeitszeitverkürzungen und einer steigenden Währung konnten viele deutsche Branchen ihren Vorteil jahrzehntelang aufwerten. In vielen Branchen waren deutsche Unternehmen ein Jahrhundert und länger führend in der Welt, weil sie ein immer höheres Maß an Differenzierung erreichten und sich in immer gehobeneren Bereichen dem Wettbewerb stellten.

Deutschland ist nicht frei von Problemen; die relativ hohe Arbeitslosenquote und Schwierigkeiten, erfolgreich in neuen Branchen zu konkurrieren, sind symptomatisch. Die Marktpositionen in vielen Bereichen geben langsam nach. Es wird jedoch ganz besonders interessant und wichtig sein, sich mit dem deutschen Beispiel zu befassen.

TABELLE 7–7 Die 50 deutschen Branchen mit dem höchsten Anteil am Weltexport, 1985

Branche	Anteil am gesamten Weltexport	Export-wert (Mio. $)	Import-wert (Mio. $)	Anteil am ges. deutschen Export
Kohlenbriketts, Koks	70.4	121,397	1,373	0.07
Kaliumsulfat	59.4	232,490	6	0.13
Kolbenpumpen	58.1	517,351	78,608	0.28
Stahlhochdruckrohre	55.4	491,786	1,488	0.27
Frischmilch u. Sahne	54.5	450,280	42,272	0.25
Rotationsmaschinen	51.1	923,218	50,671	0.50
Eisen-, kohlenstoffreiche Stahlcoile	49.8	360,894	458	0.20
Eisen-, Stahlblöcke	49.5	82,015	8,660	0.04
Synthetische organische Phosphore	47.1	190,485	30,882	0.10
Kohlenkoks, Retortengraphit	44.5	605,757	78,915	0.33
Spinn-, Aufspul- u.a. Maschinen	42.7	358,730	18,924	0.20
Wäschetrockner	41.3	50,744	14,384	0.03
Eisen-, einfache Stahlbänder	38.8	572,830	197,373	0.31
Flugzeuge über 15000 kg	38.1	2,377,571	2,362,416	1.30
Produktionsmaschinen für Papierprodukte	36.7	313,969	90,101	0.17
Musikautomaten	36.5	6,344	64	0.00
Alkydharze in Primärform	36.3	471,898	170,370	0.26
Polyvinylchloridplatten, -streifen etc.	35.9	422,424	153,213	0.23
Gummi-, Kunststoff-bearbeitungsmaschinen	35.5	849,798	107,651	0.46
Phenole, Phenolalkohol, Derivate	35.3	251,675	96,054	0.14
Mähdrescher	35.3	282,078	14,756	0.15
Werbematerialien, Kataloge	34.8	374,289	102,452	0.20
Andere, nicht mechanisch angetriebene Fahrzeuge	34.4	289,683	68,146	0.16
Verpackungs-, Einfüll- u.ä. Maschinen	34.1	802,409	125,408	0.44
Sattelschlepper	34.0	387,879	32,117	0.21
Strickwolle, fein	34.0	156,152	200,866	0.09
Holzabfall	33.5	21,028	9,798	0.01
Nähmaschinennadeln	33.2	110,580	26,019	0.06
Pflanzliche Alkaloide und Derivate	33.2	157,904	57,331	0.09
Anhänger, Sattelanhänger	32.6	255,402	63,984	0.14
Synth. organ. Farbstoffe	32.4	849,848	153,271	0.46
Sessel-, Sitzmöbelteile	31.6	131,172	95,668	0.07

Branche	Anteil am gesamten Weltexport	Export-wert (Mio. $)	Import-wert (Mio. $)	Anteil am ges. deutschen Export
Schmälzmittel für Textilien	31.6	130,637	30,674	0.07
Gerösteter Kaffee	31.4	185,108	11,727	0.10
Feuerfeste Ziegelsteine etc.	31.0	240,897	54,938	0.13
Verkaufsautomaten, Waagen etc., Zubehörteile	30.7	518,447	148,074	0.28
Aufreib- u.a. Maschinen für Metall	30.6	271,337	106,376	0.15
Maschinen für andere Textilien und Leder	30.4	695,398	106,094	0.38
Ätherisches Senf-, Sesamöl	30.2	242,766	38,198	0.13
Andere Spinn- und Erspinnmaschinen	30.1	172,495	18,392	0.09
Wellen, Kurbeln, Rollen	29.9	960,332	294,859	0.52
Filmkameras, Projektoren	29.9	53,761	12,198	0.03
Zink-, Eisen-, Blei- etc. Oxyde	29.8	265,179	72,224	0.14
Strick-, Filzmaschinen	29.6	323,583	32,032	0.18
Acrypolymere	29.6	279,101	103,243	0.15
Blei, -legierungen, bearbeitet	29.6	19,340	2,562	0.01
Textilverarbeitungsmaschinenteile	29.2	209,557	41,972	0.11
Kupferfolien, -pulver	29.2	232,449	82,947	0.13
Autogenschweiß- und Hartölgeräte	29.2	56,125	8,981	0.03
Kupferplatte, -blech, -band	28.9	290,557	91,880	0.16
GESAMT				10.14

ANMERKUNG: Importwerte sind nicht angegeben, wenn der Importwert unter 0,3 Prozent des Gesamthandels für 1985 liegt.

Erfolgsmuster der deutschen Industrie

Tabelle 7–7 zeigt die fünfzig deutschen Branchen mit dem 1985 höchsten Anteil am Weltexport. Sie umfaßt ein ungewöhnlich breites Branchenspektrum, das von Industrie- bis zu Konsumgütern reicht; überraschend viele Branchen (zehn) sind mit der Herstellung verschiedenartigster Produktionsmaschinen befaßt. Deutsche Unternehmen haben zwar hohe Anteile am Weltexport, beherrschen die Branchen in den meisten Fällen aber nicht, wie das bei den Vereinigten Staaten und Japan der Fall ist.[43] Der außergewöhnliche Rang der deutschen Industrie läßt sich nur ermessen, wenn man das Profil der deutschen Wirtschaft in Abbildung 7–10 betrachtet (die Abbildungen 7–11 und B-4 bieten Gesamtberechnungen). Kein Land der Welt, auch Japan

ABB. 7–10 Ansammlungen international wettbewerbsfähiger deutscher Branchen, 1985

Primärgüter	WERKSTOFFE/METALLE			FORSTERZEUGNISSE
	ANDERE WERKSTOFFE UND ABFALL			HOLZPRODUKTE
	Sonstiger Eisen- und Stahlschrott#	**Bänder aus Eisen und kohlenstofffreichem Stahl***	**Kupferrohre, -leitungen** Aluminiumplatten, -blech **Alufolie**	**Papierholz, unbearbeitet, gespalten** **Veredeltes Holz in Brettern*** Rekonditioniertes Holz
	EISEN UND STAHL	Eisen-, einfacher Stahldraht Anderer Draht (ohne Walzdraht)* Träger aus kohlenstoffreichem Stahl*	**Anderes Aluminium, bearbeitete Legierungen*** **Blei, -legierungen, bearbeitet*** Nicht, teilweise bearbeitetes Silber*	PAPIER
	Massel-, Spiegeleisen **Roheisen-, Rohstahlblocks*** Eisen-, einfache Stahlrohlinge Eisen-, einfache Stahlcoile	Andere Eisen-, Stahlprofile* **Eisen-, Stahlguß, unbearbeitet**	**Nickel, -legierungen, bearbeitet*** **Zinn, -legierungen, bearbeitet***	Druckpapier, gestrichen Kunststoffbeschichtetes Papier* Teer-, Kunstdruckpapier*
	Eisen-, kohlenstoffreiches Stahlcoil zum Nachwalzen* Eisen-, Stahlwalzdraht Universalplatten aus anderem Eisen und Stahl*	BEARBEITETES EISEN UND STAHL Bahnschienen Gußeisenrohre, -leitungen* Nahtlos gezogene Rohre aus Eisen und Stahl	METALLERZEUGNISSE Formen, Teile aus Eisen und Stahl Formen, Teile aus Aluminium Stahltanks	Anderes Papier, vorgeschnitten, -artikel* Anderes Papier, Pappe*
	Grobblech aus Eisen und einfachem Stahl, gewalzt **Kohlenstoffreiches Stahlgrobblech, gewalzt***	Rohre und Leitungen aus Eisen und Stahl* **Hochdruckstahlrohre** Eisen-, Stahlrohrfittings Kabel und Seile aus Eisen und Stahl	**Aluminiumtanks*** Metallzäune, Drahtgaze Nägel, Muttern aus anderem Stahl und Kupfer*	ABFALL
	Mittelblech aus Eisen und kohlenstoffreichem Stahl, gewalzt* Dünnblech aus Eisen und einfachem Stahl Bleche aus rostfreiem Stahl Weißbleche **Bandeisen, -stahl**	Andere Drahtkabel und -seile *• NICHTEISENMETALLE **Kupferschienen, -draht** **Kupferplatten, -blech** **Kupferfolien, -pulver***	Eisen-, Stahlschrauben, -muttern **Schlosserwaren etc.** Eisen-, Stahlketten, -teile Erzeugnisse aus anderem unedlem Metall*	**Holzabfall***
Maschinen	**Brechwerke für Grubengut** **Andere Grubengut verarbeitende Maschinen*** Gußformen etc.	Konverter, Gießpfannen, Kokillen* Walzwerke* **Gasgenerator, Ofen***	Walzwerkteile, Walzen **Industriehochöfen, elektrische** **Industriehochöfen, nichtelektrische**	Andere Papierfabrikmaschinen* **Maschinen zur Herstellung von Papierprodukten**
Besondere Produktionsmittel	**Briketts*** **Zechenkoks, Retortengraphit**			
Dienstleistungen				

ABB. 7-10   Fortsetzung

Primärgüter	ERDÖL/CHEMIKALIEN			HALBLEITER/COMPUTER

ERDÖL/CHEMIKALIEN

ORGANISCH
- Halogenkohlenwasserstoffderivate
- *Azyklische Alkohole, Derivate*
- *Phenole, Derivate*
- *Einbasige Säuren und Derivate*
- Polysäuren und Derivate
- Oxysäuren, Derivate
- **Aminverbindungen**
- **Sauerstoff-, Aminoverbindungen**
- Amidverbindungen
- Andere Nitroverbindungen*
- *Organische Schwefelverbindungen*
- *Andere organisch-anorganische Verbindungen*
- Heterozyklische Verbindungen
- Äther, Epoxide, Acetale
- Aldehydverbindungen
- Sonstige anorganische Ester und organische Chemikalien*
- Zyklische Kohlenwasserstoffe

ANORGANISCH
- Chemische Elemente
- Anorganische Säuren etc.
- *Zink-, Eisen-, Bleioxyd*
- *Andere anorganische Basen*
- Ätznatron, fest
- *Metallverbindungen aus anorganischer Säure*
- Metall- und Peroxysalze*

ANDERE
- *Glasuren, Trockenmittel, Kitt*
- Albuminoide Stoffe, Leim
- *Verschiedene chemische Erzeugnisse*
- *Vaselin, Pech*

POLYMERE
- Synthetischer Gummi
- *Regeneratgummi*
- *Andere Kondensationsprodukte*
- *Alkyde in primärer Form*
- *Polyamide*
- *Polyamide in Platten, Tafeln*
- Polyäthylen in Monofil, Platten, Abfall*
- Polypropylen
- *Polystyrol*
- Polystyrol, Abfall*
- *Polyvinylchlorid*
- *Polyvinylchlorid, Monofil, Abfall*
- *Polyvinylchlorid, Platten, Streifen*
- Andere Polyvinylchloridprodukte*
- *Acrylpolymere*
- Andere Kunststoffartikel*

HALBLEITER/COMPUTER
- Digitalcomputer
- *Gedruckte Schaltungen und Teile*

Maschinen

Besondere Produktionsmittel

Dienstleistungen

Primärgüter	MEHRFACHGESCHÄFT		VERKEHR	
	AUSRÜSTUNGEN **Werkzeugmaschinen für Spezialbranchen** **Kolbenpumpen** **Zentrifugalpumpen** Gaspumpen Pumpen-, Kompressorenteile **Andere Pumpen, Zentrifugen*** Andere Flüssigkeitspumpen* **Spritzmaschinen** **AUSRÜSTUNGSTEILE** **Ventilatoren-, Gebläseteile** **Kugel-, Walzlager** Sonstige Hähne, Ventile etc. **Dichtungs-, andere Maschinenteile*** **Kurbeln, Wellen, Rollen**	**INSTRUMENTE/GERÄTE** Optische Geräte **Meß- und Zählgeräte** Vermessungsgeräte Maß-, Zeichengeräte **Kontrollinstrumente für Gas und Flüssigkeiten** Andere Meß- und Kontrollinstrumente*	**MOTOREN** Kolbenmotoren für Kraftfahrzeuge Innenbordkolbenmotoren für Schiffe Kolbenmotoren **FAHRZEUGE** **Personenkraftwagen** Spezialfahrzeuge Busse Fahrräder ohne Motor, Rollstühle* **Lastwagen** Andere Schienenfahrzeuge* **Flugzeuge über 15000 kg** Zugmaschinen **Andere nicht mechanisch angetriebene Fahrzeuge***	**FAHRZEUGAUSRÜSTUNG** Autoreifen Transportbehälter aus Stahl Transportbehälter aus anderem Metall **Zünd-, Startausrüstung** Fahrzeugbeleuchtung etc. **Anhänger, Sattelschlepper*** KFZ-Fahrgestelle **BAUMASCHINEN** Selbstfahrlöffelbagger, Bagger **Straßenwalzen***** **MASCHINEN ZUR MATERIALBEREITSTELLUNG** Gabelstapler Andere Hub-, Lademaschinen Schiffsladebäume, -kräne
Maschinen	Verkaufsautomaten, Waagen, etc., und Teile Andere Maschinen für Spezialbranchen*	**Gummi-, kunststoffverarbeitende Maschinen**	**Anderes Handwerkszeug** **Drehbänke, Metallverarbeitung** **Aufreibmaschinen, Metallverarbeitung** **Umformmaschinen** **Andere Metallverarbeitungsmaschinen**	Andere Werkzeugmaschinen für Metall* **Autogenschweiß- und Hartlötgeräte*** Elektroschweißgeräte **Mechanisches Handwerkszeug** Teile für mechanisches Handwerkszeug* **Elektrowerkzeug**
Besondere Produktionsmittel	Blätter, Werkzeugspitzen Gas-, Flüssigkeitsfilter Andere mineralische Erzeugnisse		**Andere Materialien aus Gummi*** Ungehärtete vulkanisierte Gummischläuche Andere Gummiartikel* Ungehärtete Gummierzeugnisse Asbest, Schleifmaterial	Kolbenmotorenteile KFZ-Teile, -Zubehör* **Schienenfahrzeugteile** Hub-, Lademaschinenteile* Gabelstaplerteile*
Dienstleistungen	Ingenieurwesen/Architektur* Bauwesen*	Rückversicherungen*	Fluggesellschaften*** Luftfracht***	Flughafenabfertigung*** Hafendienste***

ABB. 7-10 Fortsetzung

Primärgüter	STROMERZEUGUNG UND -VERTEILUNG	BÜRO	TELEKOMMUNIKATION	RÜSTUNG
	ERZEUGUNG Dampfkessel etc. **Dampfmaschinen, -turbinen** Gleichstrommotoren, Dreh- umformer* **Wechselstrommotoren** Wechselstromgeneratoren* **Kernreaktoren, Ausrüstungsteile** **Wind-, Wassermotoren etc.** VERTEILUNG Isolierflüssigkeitswandler Andere Transformatoren* Stromrichter Induktoren, Elektromaschinen* **Schaltvorrichtungen** Isolierter Draht, Kabel etc. Isoliergeräte Primärbatterien, -zellen* Akkumulatoren Glühlampen Andere Glühlampen, -birnen* Kohleelektroden Andere Elektromaschinen*	**Elektrische Schreibmaschinen** **Werbematerial für den Handel, Kataloge** Anderer Bürobedarf* Fotokopierapparate*		*Kriegsschiffe**
Maschinen		**Andere Druck-, Buchbinderei-maschinen*** **Rotationsmaschinen** Tiegeldruckpressen*		
Besondere Produktionsmittel		Andere Farbstoffe und Druckfarbe*		
Dienstleistungen				

	NAHRUNGSMITTEL/GETRÄNKE	WOHNEN/HAUSHALT
Primärgüter	GRUNDNAHRUNGSMITTEL Rinder, lebend* **Rindfleisch mit Knochen** **Milch und Sahne, frisch*** Kakaopulver, ungesüßt **Kakaomasse*** Stärke, Inulin, Gluten* SPEISEÖLE Margarine und Backfett **Ätherisches Senf- und Sesamöl*** Sonnenblumenöl Verarbeitetes tierisches, pflanzliches Öl **Tierische Öle, Fette*** VERARBEITETE NAHRUNGSMITTEL **Trockenmilch** H-Milch Brot, Kekse* Feingebäck, Kuchen etc. Süßwaren, ohne Schokolade **Gerösteter Kaffee*** GETRÄNKE Bier, obergäriges Bier, dunkles Bier, Porterbier	WOHNEN Bauholzwerk, vorgefertigt Mattglas Anderes Glas* Zentralheizungsausstattung MÖBEL Lampen, -zubehör, aus unedlem Metall Beleuchtungsglaswaren* Stühle und andere Sitzmöbel **Ausrüstungsteile für Stühle und andere Sitzmöbel*** **Metallmöbel** Holzmöbel HAUSHALTSGERÄTE Haushaltsheiz- und Kochgeräte **Haushaltswaschmaschinen** **Wäschetrockner*** Haushaltskühlschränke* Andere Haushaltsgeräte* GLAS- UND KERAMIKWAREN Haushalts- und Hotelgeschirr Anderes Geschirr* **Porzellanwaren** Dekorative Artikel etc. aus Keramik ANDERE HAUSHALTSPRODUKTE Seifen, Polituren und Cremes* **Waschmittel** Messerwaren Korbwaren, Besen **Lacke, Farben** Andere Haushaltsgeräte*
Maschinen	LANDWIRTSCHAFTLICHE GERÄTE Kultivatoren Rasenmäher, Erntemaschinen* **Mähdrescher** Teile für Ernte- und Dreschmaschinen Molkerei- und Landwirtschaftsmaschinen* **Schlepper** Landwirtschaftliches Handwerkszeug* NAHRUNGSMITTELVER-ARBEITUNGSMASCHINEN Gewerbliche Nahrungsmittelmaschinen **Verpackungs-, Abfüllmaschinen**	
Besondere Produktionsmittel	**Kalidüngemittel*** **Phosphite, Phosphate** Insektizide Fungizide, Desinfektionsmittel* Herbizide Glasflaschen, ohne Thermoslaschen **Papiercontainer** **Verpackungsbehälter aus Kunststoff, Kunststoffdeckel** Heu, Kleie* Kaffee-Extrakt	Zement, Kunststeinerzeugnisse Dämmziegel und feuerfester Zement* **Feuerfeste Steine** Kalk, Baustoffe* **Nicht feuerfeste Steine***
Dienstleistungen		

Abb. 7-10 Fortsetzung

	TEXTILIEN/BEKLEIDUNG	GESUNDHEITS-FÜRSORGE
Primärgüter	STOFFE *Felle, gegerbt, zugerichtet* Andere gewebte Baumwolle, gebleicht* *Samt, etc., Baumwollstoffe* Andere gewebte Stoffe aus Kunstfasern* *Regenerierte Kontinuegewebe ohne Flor* *Synthetische Samtstoffe* *Strickwolle* Synthetische Wirkgewebe Andere Wirkgewebe* Andere besondere textile Gewebe* Kunststoffbeschichtete Textilien Textilien für Maschinen BEKLEIDUNG Kleidung aus Kunstfasern *Röcke*	MEDIZINISCHE GERÄTE *Röntgenapparate* Medizinische Instrumente ARZNEIMITTEL *Provitamine und Vitamine* *Pflanzliche Alkaloide und Derivate* Hormone Medikamente mit Antibiotika Medikamente mit Hormonen etc.*
Maschinen	Nähmaschinen *Nähmaschinennadeln* *Erspinn- und Verarbeitungsmaschinen* Spinn-, Aufwickelmaschinen Teile für Spinn- und Aufwickelmaschinen Maschinen zur Herstellung von *Wirkwaren und Filz* *Teile für Web- und Strickmaschinen* *Andere Textil-, Ledermaschinen* Synthetische organische Farbstoffe *Färb- und Gerbprodukte*	
Besondere Produktionsmittel	Synthetische organische Leuchtstoffe* Diskontinuierliche Kunstfasern, ungekämmt Andere synthetische Spinnfasern* Regenerierte Spinnfasern* Abfälle von Kunstfasern* Abfälle von Textilwaren *Texturiertes Polyamidgarn* Nichttexturiertes Polyamisgarn *Schmälzmittel für Textilien* Zellulosederivate *Andere Garne aus Kunstfasern* Garn aus diskontinuierlichen Kunstfasern* Diskontinuierliches Kunstfasergarn Regeneriertes Fasergarn, Monofil	
Dienstleistungen		

	PRIVAT	UNTERHALTUNG/ FREIZEIT
Primärgüter	Zigaretten Parfummischungen *Brillengestelle* Uhren, Uhrenteile *Füllfederhalter* **Schreibfedern, Bleistifte*** Kurzwaren, Toilettenartikel Artikel aus Edelmetall	Farbfernsehgeräte ***Filmkameras, Projektoren*** Funktelefone, Fernsehkameras, Ausrüstungsteile** Andere Fotoapparate, -ausrüstung* Zeitungen, Zeitschriften Postkarten, Druckerzeugnisse* Andere Musikinstrumente, Teile* Tonaufnahmemedien Bespielte Platten, Bänder ***Musikautomaten***
Maschinen		Lichtempfindliches Gewebe
Besondere Produktionsmittel	Linsen, ungefaßte Prismen*	
Dienstleistungen	Oberschul- und Universitätsbildung	

SCHLÜSSEL

Normal   Anteil am Weltexport 10,6% oder mehr, aber weniger als 21,2%.

Kursiv   Anteil am Weltexport 21,2% oder mehr, aber weniger als 42,4%.

Fett   Anteil am Weltexport 42,4% oder mehr.

•   Branchen 1978 unter dem Schwellenwert.

Errechnete Restgrößen

Aufgenommen aufgrund eines nennenswerten Exportwerts in einem Branchenbereich.

*   Aufgenommen aufgrund der direkten Auslandsinvestitionen.

**   Aufgewertet aufgrund der direkten Auslandsinvestitionen.

***   Aufgenommen aufgrund von Inlandsuntersuchungen.

nicht, weist eine derartige Breite und Tiefe an Branchen mit einer starken internationalen Stellung auf. 1985 hatten nicht weniger als 345 deutsche Branchen einen Anteil am Weltexport, der über 10,6 Prozent lag, dem deutschen Durchschnittsanteil am Weltexport. Ungewöhnlich an Deutschland ist auch, daß auf die fünfzig Branchen mit dem höchsten Exportwert (Tabelle B–5) nur 41,6 Prozent der deutschen Exporte entfallen, gegenüber 51,6 Prozent in den Vereinigten Staaten und 62,7 Prozent in Japan.

Deutschland besitzt zwar keine beherrschende Position in großen Branchen, aber eine starke Position in sehr, sehr vielen Branchen. Von den 345 deutschen Branchen, die den Stichwert übertrafen, machten nur sieben mehr als 1 Prozent der deutschen Exporte aus.[44, 45] Die Breite bedeutet, daß Deutschland in den Segmenten und relativ stark spezialisierten Branchen eine gute Position hat, die sich durch ein hohes Produktivitätsniveau auszeichnen und in denen die deutschen Unternehmen normalerweise mit Differenzierungsstrategien auftreten. Diese Besonderheit der deutschen Industrie, auf die wir noch näher eingehen, macht die Wirtschaft Deutschlands, was den Wettbewerb angeht, ziemlich widerstandsfähig.

Die deutsche Wirtschaft ist sehr stark zusammengeballt, und die Zahl der Cluster ist beträchtlich. Den vielleicht stärksten Cluster weist die Chemie auf, wo deutsche Unternehmen bei einer Unmenge von Chemikalien und verwandten Produkten führend sind, etwa bei Kunststoffen und Spezialartikeln, aber auch bei branchennahen Maschinen und Geräten – Pumpen, Meß- und Steuergeräten – und sogar bei Dienstleistungen wie der Konstruktion und dem Bau von Chemiewerken.[46] Teilt man die Bereiche Erdöl und Chemie in erdöl- und chemienahe Branchen, entfallen auf die wettbewerbsfähigen deutschen Branchen 16 Prozent aller Weltexporte im chemischen Cluster, womit sie klar vor den zweitplazierten Vereinigten Staaten und Großbritannien auf dem dritten Platz liegen (siehe Abbildung 9–9). Ein zweiter großer Cluster besteht im Metallbereich, der Metallverarbeitung und bei den damit verwandten Maschinen sowie dem Bau von Hüttenwerken. Eng damit zusammen hängt ein äußerst starker Cluster in der Verkehrsausrüstung sowie verwandtem Zubehör und Maschinen (23,7 Prozent der deutschen Exporte und 15 Prozent der Weltexporte des Clusters). Ein vierter Cluster schart sich um Druckerzeugnisse und -maschinen, ein weiterer umfaßt Produkte aus dem Umfeld des Gesundheitswesens. Darüber hinaus hat Deutschland eine starke Gesamtposition bei Produkten aus den Bereichen Nahrungsmittel und Textilien/Bekleidung, wenngleich die eigentliche Stärke Deutschlands in beiden Fällen bei den Maschinen und besonderen Produktionsmitteln liegt, weniger bei den Endprodukten.

Einige der besonders starken Verbindungen der Cluster untereinander sind in Abbildung 7–11 schraffiert dargestellt. Deutsche Positionen in der chemischen Industrie hängen mit denen bei Arzneimitteln (Gesundheitswesen), Farbstoffen und synthetischen Fasern (Textilien/Bekleidung) zusammen, genau wie in der Schweiz. Außerdem sind diverse deutsche Industrieprodukte der Gruppe Mehrfachgeschäft mit Deutschlands starker Stellung in der Chemiebranche verknüpft (Pumpen, Ventile und Filter). Deutschland hält die mit Abstand führende Position im Maschinenbau, die quer durch alle Cluster geht; seine Stellung im Maschinenbau ist allerdings meistens in den Bereichen am stärksten, wo das Land auch bei den Endprodukten erfolgreich ist.

ABB. 7–11 Exporte wettbewerbsfähiger deutscher Branchen nach großen Ansammlungen in Prozent

Werkstoffe/Metalle
Anteil an Landesexporten: 10.0 (−2.3)
Anteil an Weltexporten der Ansammlung: 11.9 (−2.5)

Forsterzeugnisse
Anteil an Landesexporten: 2.0 (0.3)
Anteil an Weltexporten der Ansammlung: 7.3 (2.6)

Erdöl/Chemikalien
Anteil an Landesexporten: 8.6 (1.2)
Anteil an Weltexporten der Ansammlung: 4.6 (−0.7)

Halbleiter/Computer
Anteil an Landesexporten: 0.6 (0.3)
Anteil an Weltexporten der Ansammlung: 1.9 (−1.4)

VORGELAGERTE BRANCHEN
Anteil an Landesexporten: 21.2 (−0.5)
Anteil an Weltexporten der Ansammlung: 6.3 (−1.9)

Mehrfachgeschäft
Anteil an Landesexporten: 7.0 (0.4)
Anteil an Weltexporten der Ansammlung: 10.8 (−1.1)

Verkehr
Anteil an Landesexporten: 23.7 (0.5)
Anteil an Weltexporten der Ansammlung: 15.0 (−2.0)

Stromerzeugung & -verteilung
Anteil an Landesexporten: 3.8 (−1.3)
Anteil an Weltexporten der Ansammlung: 17.3 (−8.1)

Büro
Anteil an Landesexporten: 1.6 (−0.0)
Anteil an Weltexporten der Ansammlung: 16.3 (−2.5)

Telekommunikation
Anteil an Landesexporten: 0.0 (−0.2)
Anteil an Weltexporten der Ansammlung: 0.0 (−7.0)

Rüstung
Anteil an Landesexporten: 0 (0)
Anteil an Weltexporten der Ansammlung: 0 (0)

INDUSTRIELLE & UNTERSTÜTZENDE FUNKTIONEN
Anteil an Landesexporten: 36.2 (−0.7)
Anteil an Weltexporten der Ansammlung: 13.8 (−2.6)

Nahrungsmittel/Getränke
Anteil an Landesexporten: 4.7 (−0.1)
Anteil an Weltexporten der Ansammlung: 4.4 (0.2)

Textilien/Bekleidung
Anteil an Landesexporten: 5.0 (−0.6)
Anteil an Weltexporten der Ansammlung: 7.1 (−1.6)

Wohnen/Haushalt
Anteil an Landesexporten: 3.3 (−0.6)
Anteil an Weltexporten der Ansammlung: 12.0 (−1.8)

Gesundheitsfürsorge
Anteil an Landesexporten: 1.9 (0.3)
Anteil an Weltexporten der Ansammlung: 13.9 (−2.2)

Privat
Anteil an Landesexporten: 1.1 (+0.0)
Anteil an Weltexporten der Ansammlung: 10.5 (−0.2)

Unterhaltung/Freizeit
Anteil an Landesexporten: 1.1 (−0.1)
Anteil an Weltexporten der Ansammlung: 3.6 (−1.3)

ENDVERBRAUCH GÜTER & DIENSTLEISTUNGEN
Anteil an Landesexporten: 17.1 (−1.0)
Anteil an Weltexporten der Ansammlung: 6.8 (−0.7)

Anmerkung: Die Zahlen in Klammern bezeichnen Veränderungen zwischen 1978 und 1985. Exporte sind die der wettbewerbsfähigen Branchen, nicht aller Branchen. ■ Bezeichnet die großen Bereiche, in denen die internationalen Wettbewerbspositionen des Landes miteinander verbunden sind.

Außer in diesen größeren Clustern hat Deutschland Wettbewerbsvorteile bei optischen Erzeugnissen und Haushaltsprodukten, einschließlich bestimmter Bereiche keramischer und porzellannaher Produkte und Geräte sowie, wenigstens zum Teil, bei Möbeln und Haushaltsgeräten.

Defizite beim nationalen Wettbewerbsvorteil weisen deutsche Unternehmen in fast allen Dienstleistungsbranchen auf, bei Halbleitern/Computern, bei den meisten Elektronikprodukten oder Produkten mit viel Elektronik, bei den meisten Endverbrauchsgütern mit Ausnahme derjenigen, die viel Mechanik enthalten, wie aufwendige Schreibutensilien, Brillengestelle und Haushaltsgeräte; ferner bei der Telekommunikation und bei Rüstungsgütern.

Was Stahl, Kohle, Schiffsbau und Bekleidung betrifft, haben die deutschen Positionen in den letzten zwanzig Jahren merklich gelitten (wenngleich Textilproduktionsmittel und -maschinen in jüngster Zeit ein Comeback erlebt haben). Deutschland hat größere Positionsverluste zwar nur in relativ wenigen Branchen erlitten, allerdings aber in solchen mit hoher Beschäftigung. Außerdem hat Deutschland seit 1978 in fast allen Bereichen Anteile am Weltexport der Cluster eingebüßt, einschließlich größerer Anteile im Maschinenbau, worauf ich noch zu sprechen komme.

Einen Einstieg in das Verständnis dieses Wirkmusters des nationalen Wettbewerbsvorteils bekommt man, wenn man die Stellung Deutschlands zum »Diamanten« untersucht. Deutschland war im allgemeinen gut gerüstet für die Aufwertung seiner Industrie, doch einige beunruhigende Entwicklungen blieben nicht aus.

Die deutschen Faktorbedingungen

Deutschland besitzt relativ wenige Rohstoffe und nahezu keine, die in den letzten Jahrzehnten ein nennenswerter Vorteil im internationalen Wettbewerb geblieben wären. Die Eisenerz- und Kohlevorkommen waren für die Entstehung der Stahlindustrie wesentlich. Die deutschen Kokskohlevorkommen gehören zu den besten der Welt, und Koks sowie verwandte Produkte sind die einzige deutsche Branche mit einer guten Exportposition, die eng mit Rohstoffen zusammenhängt. Die chemische Industrie Deutschlands hat Kohle traditionell als Grundmaterial verwendet, obwohl sie weltweit zum Branchenführer aufstieg, als sie noch Steinkohlenteer aus Großbritannien importierte.

Deutschlands Gesamtsituation bei Rohstoffen ist durch Nachteile geprägt, nicht durch Vorteile. Viele Rohstoffe gibt es nur in geringem Umfang, und Ackerland ist, gemessen an den heimischen Bedürfnissen, knapp. Die Energiekosten sind vergleichsweise hoch. Der Norden Deutschlands, noch am besten mit Rohstoffen ausgestattet, erlebt einen wirtschaftlichen Abschwung. Das frühere Ostdeutschland besaß einige der reichsten deutschen Vorkommen. Doch der Verlust der natürlichen Produktionsfaktoren war für die Bundesrepublik vielleicht ein geheimer Segen. Er zwang dazu, in stärker technisch fortgeschrittene Branchen und -bereiche einzusteigen.

Deutschland besitzt zwar keine großen Naturreichtümer, hat jedoch andere Vorteile, die für die Aufwertung der Industrie entscheidend sind. Da ist einmal ein Bestand an hochbezahlten, gutausgebildeten und motivierten Facharbeitern. Die deutschen

Arbeiter sind ungewöhnlich stolz auf ihre Arbeit, vor allem auf Qualitätsprodukte.[47] Deutschland verfügt auch über eine große Zahl qualifizierter Beschäftigter in geistigen Berufen, insbesondere auf wissenschaftlichen und technischen Gebieten. Es hat einen starken Fundus an wissenschaftlichem und technischem Wissen, noch von dessen Ursprüngen im späten 19. Jahrhundert her, als Deutschland die Geburtsstätte der modernen Naturwissenschaften war. Auch die Infrastruktur ist gut entwickelt und allgemein auf hohem Stand, obwohl sie nicht für jede Branche ein zwingender Vorteil ist.

Faktorbildende Mechanismen. Wichtiger als der verfügbare Bestand an Faktoren sind Qualität und Tiefe der Mechanismen zur Bildung fortschrittlicher und spezieller Faktoren in Deutschland. Hinsichtlich ihrer Fähigkeit zur Faktoraufwertung werden sie auf den Gebieten, auf denen Deutschland bisher eine starke Stellung hatte, von keinem der untersuchten Länder erreicht.

Die deutschen faktorbildenden Mechanismen beginnen mit dem staatlichen Bildungssystem, das genau umrissen und erstklassig ist.[48] Es wird ergänzt durch ein umfassendes System von Universitäten und Fachhochschulen. Letztere haben einen guten Ruf und sind im Gegensatz zu denen in den Vereinigten Staaten und Großbritannien Spitzeninstitute. Auf einigen Gebieten sind die Fachhochschulen zum Teil angesehener als die Universitäten.

Die Universitäts- und Schulbildung ist in Deutschland Sache der Länder. Sie haben ein offenes Ohr für die Bedürfnisse der heimischen Industrie, anders als in zentralistischen Systemen. Einzelne Universitäten und Fachhochschulen spezialisieren sich oft auf Gebiete, die den Wünschen der heimischen Industrie nahestehen, und entwickeln auf diesen Gebieten große Fähigkeiten.

Die deutschen Universitäten haben in den wissenschaftlichen und technischen Disziplinen einen hervorragenden Ruf, sie bringen viele diplomierte und promovierte Absolventen hervor. Die Zahl der vergebenen Doktorgrade pro Kopf der Bevölkerung liegt deutlich über der in den Vereinigten Staaten und ist weiter gestiegen, während die der Vereinigten Staaten im gleichen Zeitraum zurückgegangen ist. Zu Beginn des 20. Jahrhunderts hatte Deutschland in der wissenschaftlich-technischen Bildung einen klaren Vorsprung vor allen anderen Ländern. Die besten amerikanischen Universitäten sind den deutschen auf einigen technischen Gebieten inzwischen zwar ebenbürtig oder sogar überlegen, aber das Bemerkenswerte an Deutschland ist doch das gleichmäßig hohe Niveau, das praktisch alle Einrichtungen der höheren Bildung aufweisen. Eine akademische Laufbahn ist in Deutschland weit angesehener als in den USA oder Großbritannien, insbesondere bei den Naturwissenschaften und in der Technik.

In den Sozialwissenschaften und im Management ist die deutsche Universitätsausbildung nicht so erfolgreich. Die schweizerische Managementausbildung hat sich vergleichsweise sehr viel besser entwickelt, und die Schweiz besitzt auch drei der in Europa führenden Managementschulen (von denen zwei demnächst zusammengehen). Deutschland kennt nichts Vergleichbares. Die Lehrpläne in den Sozialwissenschaften und im Management sind stark theoriebetont, und auf diesen Gebieten stellen deutsche Unternehmen oft Ausländer ein. Das trägt wohl zur deutschen Schwäche bei vielen marketingintensiven Verbrauchsgütern und gewerblichen Dienstleistungen bei.[49]

Ein weiterer faktorbildender Mechanismus in Deutschland, in seiner Bedeutung kaum zu überschätzen, ist ein gutausgebildetes und einzigartiges Lehrlingssystem.[50] Die Lehrlingsausbildung wird von den Unternehmen wie von den Länderregierungen gefördert; sie erfaßt Millionen Auszubildende in allen wichtigen deutschen Branchen. Abgänger der Mittelschule steigen mit etwa sechzehn Jahren in das Programm ein, das drei bis vier Jahre dauert. Eine Wochenhälfte wird im Unternehmen bei der praktischen Ausbildung verbracht, die andere in der Berufsschule, wo weiteres Wissen vermittelt wird.[51] Die Lehrlingsausbildung führt zur Qualifizierung auf ganz speziellen Gebieten; in der Optik z. B. kann ein Auszubildender Feinoptiker oder Glaspresser werden. Ein großer Hersteller optischer Geräte kann unter Umständen Lehrstellen in bis zu zwölf verschiedenen technischen und bis zu fünf kaufmännischen Bereichen anbieten.

Deutsche Arbeiter sind folglich auf Spezialgebieten nicht nur besser ausgebildet als ihre Kollegen in den meisten anderen Ländern, sondern haben auch eine bessere theoretische Grundlage, auf der sie sich weiterbilden können. Das fördert die Fähigkeit, Güter von steigender Qualität und Differenziertheit herzustellen. So wurde beispielsweise der Vorstandsvorsitzende des führenden optischen Unternehmens Zeiss mit der Aussage zitiert, Zeiss könne die Produktion nicht ins Ausland verlegen, weil es dort keine Facharbeiter gäbe. Arbeiter werden als Techniker angesehen und respektiert. Einige Beschäftigungen, die in Amerika als »Fabrikarbeit« gelten würden, genießen in Deutschland hohes Ansehen. Die deutschen Unternehmen bieten darüber hinaus eine umfassende und ständige innerbetriebliche Ausbildung.

Ein faktorbildendes Element im menschlichen Bereich stellt auch die Tradition ganzer Generationen von Familien dar, in der gleichen Branche zu arbeiten. Diese deutsche Tradition, die in den von uns untersuchten Ländern der italienischen am nächsten kommt, bedeutet, daß Wissen von einem Familienmitglied zum anderen weitergegeben wird, was die formale Ausbildung verstärkt.

Kombiniert mit überragenden Mechanismen zur Bildung und Aufwertung des Humankapitals – auf technischen wie auf praktischen Gebieten –, ergibt sich hier die vielleicht effektivste Gesamtstruktur, was die kommerzielle Forschung und Entwicklung eines Landes betrifft. Deutschland besitzt eine lange Tradition in Forschung von Weltrang, vor allem in Chemie, Physik, Metallurgie und Medizin. Durchbrüche auf wichtigen Gebieten ließen eine Reihe deutscher Industrien aufkeimen, insbesondere in der Chemie und der Optik, wenn auch beileibe nicht nur dort (die Röntgenröhre und die moderne Druckmaschine z. B. wurden in Deutschland erfunden).[52] Wissenschaftliche und technologische Vorherrschaft in wichtigen Bereichen verhalf deutschen Unternehmen zu Vorteilen – bedingt durch frühes Handeln in einer Vielzahl wichtiger Branchen. Dank ständiger Verbesserungen haben sie den Vorteil in vielen dieser Branchen behauptet.

Die weltberühmte Max-Planck-Gesellschaft umfaßt eine Gruppe von Forschungsinstituten, gegründet um die Jahrhundertwende und vom Staat wie von der Industrie finanziert. Sie deckt die verschiedensten Disziplinen ab. Trotz erheblicher staatlicher Finanzierung sind die Institute rechtlich unabhängig, unterhalten dabei aber enge Verbindungen zur Industrie. Bedeutend sind auch mehrere Fraunhofer-Institute, stärker praktisch ausgerichtete Forschungszentren. Sie forschen im Auftrag der

Industrie. Gelingt es ihnen, Verträge mit der Industrie abzuschließen, erhalten sie auch öffentliche Mittel. Außerdem besteht ein System von Bundeslaboratorien für mehrere Gebiete. Junge Wissenschaftler können, um ihre Kenntnisse aufzubessern, von Firmenlabors auf Posten in staatlichen oder halbprivaten Forschungsinstituten wechseln.

Die universitäre Forschung in Deutschland ist maßgebend und gut entwickelt. Deutsche Universitäten werden sowohl von den Bundesländern als auch von der Bundesregierung finanziert, und es besteht eine Verpflichtung zur Förderung der universitären Forschung durch beide staatliche Ebenen. Seit langem gilt in den besonders technologienahen und einem wachsenden Bereich anderer Industrien eine ähnliche Verpflichtung zur Förderung der universitären Forschung. Die Unternehmen unterhalten enge Verbindungen zu den Universitäten; die BASF z. B. hat einen eigenen Stab für die Universitätsbeziehungen, der die laufenden Kontakte zu vielen Universitäten und Forschungsinstituten pflegt.

Unternehmen und Industrieverbände fördern die universitäre Forschung wie auch spezialisierte Forschungsinstitute. Die der Drucktechnik nahestehenden Institute, auf die in Kapitel 6 hingewiesen wurde, sind dafür ebenso ein Beispiel wie das Verpackungsmaschineninstitut an der Universität Dortmund. Universitäten pflegen Spezialgebiete, die stark auf die Bedürfnisse der lokalen Industrie abgestimmt sind: Stuttgart, Hannover und Braunschweig die Kraftfahrzeugtechnik, Darmstadt und Karlsruhe die Industriechemie, Aachen und Berlin das Industrial Engineering und die Arbeitsplanung.

Schließlich unterhalten die deutschen Unternehmen einige Forschungsabteilungen, worin ihre starke technische Ausrichtung zum Ausdruck kommt. Die Ausgaben für Unternehmensforschung stiegen von 14,5 Milliarden DM 1975 auf 36,5 Milliarden DM 1985, schneller als die von Universitäten und Staat geleisteten Forschungsausgaben.[53] Das Nettoergebnis all dieser Aktivitäten besagt, daß in Deutschland die Ausgaben für Forschung und Entwicklung – ohne Rüstung – von 1,9 Prozent des Bruttosozialprodukts 1970 auf 2,5 Prozent 1985 gestiegen sind, gegenüber einem Anstieg von 1,7 Prozent auf 1,9 Prozent in den Vereinigten Staaten.[54] Die deutschen Gesamtausgaben für Forschung und Entwicklung in Prozent vom Bruttosozialprodukt übertrafen auch 1987 die der Vereinigten Staaten, und das trotz der enormen rüstungsbedingten Forschungs- und Entwicklungsausgaben der USA.

So stark Deutschland insgesamt in der Forschung ist, erreicht es jedoch weder die Vereinigten Staaten an Erfindungsfreudigkeit in neuen Branchen noch Japan in der schnellen Vermarktung neuer Produkte. Deutschland ist unbestritten die Nummer eins im Verbessern und Aufwerten der Technologie auf Gebieten, auf denen seine Industrie bestens eingeführt ist; doch weist es Schwächen auf in neueren Gebieten wie Elektronik, Ergonomie und neuen Werkstoffen. Die deutschen Unternehmen sahen sich gezwungen, Auslandsniederlassungen zu gründen und mit ausländischen Firmen zusammenzuarbeiten, um an diese Technologien heranzukommen, freilich mit unterschiedlichem Erfolg.

Selektive Faktornachteile. Der deutsche Erfolg bei der Wahrung und Aufwertung des Wettbewerbsvorteils wurde nicht nur durch aktive Faktorbildung vorangetrieben, sondern auch durch den Druck, der von den selektiven Faktornachteilen ausging. Die chemische Industrie ist dafür ein Beispiel. Knappe oder fehlende Rohstoffe bewirkten bahnbrechende Erfolge bei synthetischen Materialien, was bereits um die Jahrhundertwende mit synthetischen Farbstoffen begann. »Chemie statt Kolonie« lautete eine beliebte Losung in Deutschland, die Ausdruck einer Hinwendung zu Innovationen war, um Alternativen zu Rohstoffen zu sichern. Die beiden Weltkriege beschleunigten angesichts vieler Engpässe diese Bemühungen.

Arbeitskräftemangel und hohe deutsche Löhne und dazu Arbeitsgesetze, die Entlassungen erschweren, sind seit langem wichtige Innovationsanreize. Sie haben deutsche Unternehmen gedrängt, in vielen Branchen noch vor den Amerikanern zu automatisieren, was in der Herstellung zu einer Arbeitsproduktivität geführt hat, die in mancher Hinsicht die höchste der Welt ist. Hohe Löhne haben die deutschen Unternehmen veranlaßt, auf Qualität zu setzen, damit sie höhere Preise verlangen konnten, und auch in technologisch hochstehendere Branchenbereiche einzusteigen. Die Notwendigkeit, viele Rohstoffe zu importieren bewirkte, daß aufwendige Verarbeitung sich lohnte.

Die deutschen Nachfragebedingungen

Der deutsche Inlandsmarkt ist von beachtlicher Größe, vom Bruttosozialprodukt her der drittgrößte der westlichen Welt. Vor allem nach Industriegütern herrscht eine lebhafte Inlandsnachfrage. Aber die Sättigung des Binnenmarktes vor allem in den vielen Spezialbranchen, in denen Deutschland sich dem Wettbewerb stellt, weckte in vielen Branchen die Bestrebungen, auch im Ausland zu verkaufen. Anders als Großbritannien und Frankreich besaß Deutschland keine Kolonien, die als Garantiemärkte für den Export hätten dienen können. Deutsche Unternehmen mußten immer an schwierige Auslandskunden verkaufen und waren gezwungen, ihre Position nach den beiden Weltkriegen wiederaufzubauen. Das hat die Stärke Deutschlands gestählt.

Die deutschen Kunden, in den Haushalten wie in der Industrie, sind informiert und äußerst anspruchsvoll. Sie bestehen auf Qualität, und niemand scheut sich zu reklamieren, wenn sie fehlt. Kunden in den Vereinigten Staaten kaufen neue Produkte oder Dienstleistungen oft sehr früh, sind nach internationalen Maßstäben aber nicht besonders anspruchsvoll. Die deutschen Kunden kommen vielleicht etwas später, gehören aber weltweit zu den härtesten.

Die deutschen Privatverbraucher benutzen z. B. langlebige Wirtschaftsgüter länger und pflegen sie besser. Das Kaufen auf Kredit ist selten; die Deutschen zahlen bar, was auch ihre Sorge um die Haltbarkeit und die Neigung erklärt, qualitativ höherwertige Produkte zu kaufen. Nur 2 Prozent der über 18jährigen Deutschen besaßen 1987 eine Kreditkarte, die geringste Verbreitung unter den wichtigen europäischen Ländern.[55] Spezialisierte Einzelhandelskanäle ergänzen den anspruchsvollen Endverbraucher und erzwingen Produktverbesserungen, z. B. in den Branchen Zeichengeräte und Messerwaren. Industriearbeiter wie Industriemanager sind sehr gut ausgebildet und qualifiziert und entsprechend anspruchsvolle und informierte Käufer. Das umfangreiche Lehrlingsprogramm für Kunststoffformer z. B. hat aus den deutschen Formern äußerst anspruchsvolle Benutzer und Käufer von Kunststoffverarbeitungsmaschinen gemacht.

Der anspruchsvolle Inlandsmarkt kommt teilweise in den strengen Produktnormen zum Ausdruck, den DIN-Normen. Sie gehören weltweit zu den strengsten Normen (und ihre Detailbesessenheit ist in Deutschland Gegenstand vieler amüsanter Anekdoten). Auch bei der Produktsicherheit hat Deutschland strenge Maßstäbe gesetzt. Als Beispiel sei das Maschinenschutzgesetz genannt, ein frühes und strenges deutsches Gesetz, das Unfälle beim Umgang mit Maschinen verhindern soll. Deutsche Umweltbestimmungen gehören heute in einigen Bereichen zu den schärfsten, und die Ausgaben für den Umweltschutz sind die in Europa bei weitem höchsten. Deutschland setzte sehr früh hohe Maßstäbe und Umweltbestimmungen fest, denen sich andere Länder anschließen.

Weil sich so viele Branchen von Weltrang in Deutschland ballen, sind die informiertesten und anspruchsvollsten Käufer deutscher Produkte oft andere deutsche Firmen. Das gilt für den Maschinenbau wie für viele andere industrielle Produktionsmittel, wo die Deutschen auf den Gebieten am erfolgreichsten sind, für die es starke inländische Industrien als Käufer gibt. Deutsche Automobilunternehmen z. B. sind sehr kritische Käufer von kunststoff- und gummiverarbeitenden Maschinen, Werkzeugmaschinen und Meßgeräten. Deutsche Unternehmen sind auch weltweit führend in Planung und Bau aufwendiger chemischer und metallverarbeitender Fabriken – eine der wenigen Dienstleistungen, in denen deutsche Unternehmen international erfolgreich sind.

Selektive Faktornachteile, denen die deutsche Industrie als Kunde gegenüberstand, etwa hohe Arbeitskosten oder Rohstoffnachteile, haben für weiterer fruchtbaren Druck zur Aufwertung gesorgt. Ein anschauliches Beispiel bietet die Landwirtschaft, in der Ackerland knapp und Arbeit teuer ist. Hohe Produktivität wurde zwingend notwendig, und so hatte Deutschland 1983 innerhalb der Europäischen Gemeinschaft die meisten Mähdrescher pro erntetauglichem Hektar. Die deutsche Landwirtschaft legte auch entsprechend früh, bereits im 19. Jahrhundert, großes Gewicht auf Düngemittel.

Auf medizinischem Gebiet sind die deutschen Nachfragebedingungen die vielleicht fortschrittlichsten in Europa. Deutschland gibt über 10 Prozent seines Bruttosozialprodukts für das Gesundheitswesen aus, fast soviel wie die Vereinigten Staaten und deutlich mehr als Japan. Das deutsche Sozialversicherungssystem erfaßt über 90 Prozent der Bürger, wird aber nicht allein über den Staat, sondern auch über viele private Versicherungsunternehmen abgewickelt. Die Deutschen können ihren Arzt frei wählen, was Wettbewerb zwischen Ärzten und Krankenhäusern hervorruft, der wiederum die Innovation ankurbelt. Auf deutsche Unternehmen entfallen über 10 Prozent des gesamten Weltexports der mit dem Gesundheitswesen zusammenhängenden Branchen.

Die deutschen Nachfragebedingungen wirken in einigen Bereichen jedoch hemmend. So sind die deutschen Verbraucher offenbar nicht so sehr vom Image-Marketing überzeugt, und die Nachfrage nach Verbraucher- und gewerblichen Dienstleistungen entwickelt sich nur schleppend. Ein anachronistisches Gesetz schränkt die Öffnungszeiten der Geschäfte ein. Ein ziemlich hohes Maß an Regulierungen wie an Staatsbesitz, in Bereichen wie Telekommunikation, Verkehr, Stromwirtschaft und anderen, behindert die Entfaltung innovativer neuer deutscher Industrien auf diesen Gebieten und mindert ihre Qualität als Käufer. Schließlich betont die staatliche Beschaffung nicht konsequent genug den Wettbewerb und drängt die

Unternehmen nicht, eine international wettbewerbsfähige Produktvielfalt herzustellen.

Verwandte und unterstützende Branchen

Wie aus Abbildung 7–10 hervorgeht, ist die deutsche Wirtschaft sehr stark zusammengeballt. Nicht nur bei vielen Chemikalien und Kunststoffen ist Deutschland wettbewerbsfähig, sondern auch bei Pumpen, Meß- und Kontrollinstrumenten für Flüssigkeiten, Kunststoffverarbeitungsmaschinen, Prozeßsteuerung und Wärmetauschern, um nur einige der miteinander verbundenen Branchen zu nennen. Die deutschen Cluster sind oft geographisch konzentriert, wenn auch nicht so stark wie in Italien: so die Werkzeugherstellung in Remscheid, Schlosserwaren in Velbert, medizinische Erzeugnisse in Tuttlingen und optische Geräte in Wetzlar (siehe Abbildung 4–7).
Einige deutsche Cluster haben sich schrittweise entwickelt, wie in Schweden. Eine starke Zulieferindustrie bringt eine starke nachgelagerte Industrie hervor. So entstanden beispielsweise mehrere metallverarbeitende Branchen dank der traditionell starken Position Deutschlands bei Eisen und Stahl. Öfter sind Zulieferer und Kunden jedoch parallel groß geworden, haben sich gegenseitig gestärkt. In den vielen Branchen, in denen Deutschland Vorreiter war, wie bei optischen und Röntgengeräten, mußten auch die Zulieferindustrien aus dem Nichts geschaffen werden.
Deutsche Kunden und Zulieferer arbeiten wegen der technischen Ausrichtung der deutschen Firmen eng zusammen. Das bringt sowohl Kunden wie Zulieferer dazu, ganz selbstverständlich bei neuen Produkten und bei der Verbesserung bestehender zusammenzuarbeiten. Die geographische Nähe von Zulieferern ist ebenfalls typisch und verstärkt die Beziehungen.
Erfolgreiche deutsche Industrien gingen auch aus verwandten Branchen hervor; dafür bietet das breite Spektrum der Positionen im Maschinenbau und der chemischen Industrie einige Beispiele. Deutsche Unternehmen neigen zur Diversifizierung im engen Verbund, häufig über interne Entwicklungen. Sie beruht meistens auf technologischen Verbindungen. Eine breite Diversifizierung (etwa bei Daimler-Benz) ist in Deutschland noch eher die Ausnahme als die Regel.
Ernste Schwächen hinsichtlich der verwandten und unterstützenden Branchen hat Deutschland im Konsumsektor. Die geschichtliche Enthaltsamkeit bei der Rundfunk- und Fernsehwerbung (in den großen Fernsehkanälen darf täglich nur etwa zwanzig Minuten Werbung gesendet werden, wobei die Werbespots im Block ausgestrahlt werden, und sonntags nie) bedeutet, zusammen mit der technischen Ausrichtung der meisten deutschen Manager, daß die Kenntnisse im Image-Marketing spärlich entwickelt sind. Neue und spezialisierte Absatzmedien und viele neuartige Vertriebskanäle sind unterentwickelt. Selten reüssiert eine deutsche Firma in einer Branche, in der ein immaterielles Markenimage und Massenkommunikation für den Wettbewerbserfolg entscheidend sind. Das ist in Amerika, Italien oder selbst in Japan ganz anders.
Deutschlands Schwäche in der Elektronik und der Datenverarbeitung hat auch verwandte Branchen dem Auslandswettbewerb ausgesetzt. Bei gummi- und kunststoffverarbeitenden Maschinen z. B. haben japanische Unternehmen Marktpositio-

nen erobert, da Industrieroboter immer wichtiger werden. Bei Röntgengeräten haben deutsche Firmen noch immer eine starke Position, sind jedoch bei hochelektronischen Geräten zur Ultraschalldiagnose, wo amerikanische und japanische Unternehmen den Ton angeben, nie ernstlich zu einem Wirtschaftsfaktor geworden.

Unternehmensstrategie, Struktur und Wettbewerb

Es besteht zwar eine Mischung aus großen und kleinen Unternehmen, doch der internationale Erfolg Deutschlands beruht zu einem überraschend großen Teil auf Klein- und Mittelbetrieben, was von Beobachtern der deutschen Wirtschaft oft nicht recht verstanden wird.[56] Deutsche Disziplin und Ordnung werden an der Art ersichtlich, wie Firmen geführt werden. Das Unternehmensgefüge ist meistens hierarchisch und patriarchalisch, Eigenschaften, die häufig der deutschen Familie zugeschrieben werden. Der Eigentümer ist oft stark in alle geschäftlichen Belange einbezogen, insbesondere auf technischem Gebiet, und es besteht häufig ein enges und dauerhaftes Verhältnis zu den Beschäftigten.

Deutsche Unternehmen sind sehr stark in komplexen Produktionsverfahren wie denen, die bei der chemischen Synthese und der Herstellung technisch aufwendiger Maschinen erforderlich sind. Deutschland hatte bei den verschiedenartigsten Chemikalien und mechanischen Erzeugnissen Erfolg, für die komplizierte Produkt-, Verfahrens- und Dienstleistungsanforderungen bestehen oder bei denen höchste Präzision verlangt wird. Der Verkauf ist oft etwas Technisches und geht nicht auf Werbung oder immaterielle Appelle zurück.

Die Kunden vieler Branchen, in denen Deutschland erfolgreich ist, sind konservativ und bei neuen Produkten zurückhaltend. Umfassende Serviceanforderungen, gepaart mit Kundentreue, haben für deutsche Unternehmen zu Vorteilen aus frühem Handeln geführt. Aber diese Firmeneigenschaften bedeuten auch, daß deutsche Unternehmen selten in Branchen mit kurzen Produktzyklen (weniger als drei bis fünf Jahre) oder der Notwendigkeit einer aggressiven Absatzpolitik Erfolg haben.

Die deutschen Arbeitskräfte sind gut organisiert. In der Vergangenheit hat das Arbeitgeber-Arbeitnehmer-Verhältnis Produktivitätsverbesserungen oder Innovationen nicht behindert. Die deutschen Gewerkschaften haben stets eine pragmatische Haltung eingenommen. Die Zahl der Auseinandersetzungen zwischen Arbeitgebern und Arbeitnehmern war gering.

Aber diese Beziehungen haben einen grundlegenden Wandel erfahren. Die deutschen Gewerkschaften werden zunehmend konservativ und widersetzen sich Veränderungen. Das Problem sind weniger die hohen Löhne und kurze Arbeitszeiten, sondern das Verbot der Wochenendarbeit und andere Praktiken, die die Produktivität untergraben und Anpassungen verhindern. Die Rolle der Gewerkschaften in den Aufsichtsräten verkümmert zu reiner Gegnerschaft zur Unternehmensleitung. Diese Verlagerung, die mehr von der Gewerkschaftsspitze als vom normalen Arbeiter auszugehen scheint, hat irritierende Auswirkungen auf die Fähigkeit der deutschen Firmen zu einer weiteren Aufwertung.

Pragmatismus war für das deutsche Management bezeichnend. Die meisten deutschen Unternehmen wurden von Managern mit technischer oder wissenschaftlicher

Ausbildung geleitet, und Stellungen dieser Art gehören oft zu den höchstdotierten im Unternehmen. Die technische Ausrichtung der meisten deutschen Firmen äußert sich in dem hartnäckigen Wunsch nach technischer Perfektion und auch im ausgeprägten Streben nach Qualität. Die besten Produkte der Welt zu haben ist eine Frage des Stolzes und Ansehens (und wegen der hohen Löhne und Materialkosten auch eine Notwendigkeit). Deutsche Firmen neigen zu enger Zusammenarbeit mit ihren Kunden, um diesen Standard zu erreichen, vor allem im Maschinenbau.

Diese Ausrichtung bringt die deutschen Unternehmen fast zwangsläufig dazu, über die Differenzierung Wettbewerb zu betreiben, nicht über die Kosten. Sie werten die Produkte ständig auf und treiben sie fast unerbittlich in den Bereich der Hochleistungserzeugnisse, wie bei Messerwaren, Automobilen und Druckmaschinen. Das deutsche Augenmerk gilt weniger dem Anteil am Gesamtmarkt als in Schweden oder Japan, mehr der Beherrschung technisch aufwendiger Marktsegmente und dem Erzielen ausreichender Gewinne. Deutsche Unternehmen sind im allgemeinen ganz auf ein oder zwei Kernbranchen konzentriert, in denen sie ein breites Sortiment und oft generationenlange technische Erfahrung haben. Eine Diversifizierung ohne Verbund kommt äußerst selten vor.

Die meisten deutschen Firmen sind stark international orientiert. In vielen spezialisierten Branchen, wie etwa der Verpackungsindustrie, ist ein weltweiter Verkauf notwendig, um eine angemessene Größenordnung zu erreichen. Deutsche Unternehmen haben schon immer sehr früh zu exportieren versucht. Die Neigung, mit differenzierten Produkten und in ebensolchen Bereichen anzutreten, nicht in Bereichen mit Massenabsatz, macht darüber hinaus eine internationale Ausrichtung erforderlich, um in den Genuß der möglichen Größeneinsparungen zu kommen.

Deutschland hat zwar ein sehr hohes Exportniveau, doch die deutschen Unternehmen zögern nicht, im Ausland zu investieren, wo das aus Kosten- und Marktzugangsgründen notwendig ist. Seit dem Ende der 70er Jahre sind die Auslandsinvestitionen der deutschen Industrie deutlich gestiegen. 1985 z. B. wurden 22,9 Prozent der deutschen Automobile und 32,7 Prozent der Lastwagen im Ausland produziert.[57] Die Gewerkschaften haben den Auslandsinvestitionen in der Vergangenheit nicht ernstlich im Weg gestanden, und der Staat auch nicht.

In Deutschland liegt das nationale Prestige der Industrie, vor allem im hochtechnisierten Maschinen- und Gerätebau, in automobilnahen Bereichen und der Chemie. Hervorragende Leute gehen in die Industrie, und viele von den besten in technische Bereiche. Das beliebteste Fach bei den deutschen Studenten ist der Maschinenbau.[58]

Das deutsche Ansehen in Wissenschaft und Technologie reicht hundert Jahre zurück. Die ersten Studiengänge für höhere Semester und Doktorarbeiten, die eigenes Forschen erfordern, waren deutsche Erfindungen. (Die amerikanischen Universitäten z. B. übernahmen das deutsche Modell erstmals 1861 in Yale.)

Deutsche Arbeiter und Manager haben eine starke und dauerhafte Bindung an ihre Branche. Beide Gruppen werden auf ihrem Gebiet intensiv ausgebildet. Der Gedanke an einen Branchenwechsel ist ein Unding. Arbeiter und Betriebsführung sind technisch ausgerichtet und sowohl in das Produkt wie in den Produktionsprozeß stark einbezogen. Die Bindung von Arbeitern und Managern an ein bestimmtes Sachgebiet und das Engagement, Problemlösungen (meistens technische) zu suchen und nicht etwa das Gebiet zu wechseln, kommen in der Bereitschaft zum Ausdruck, ständig neu in das Geschäft zu investieren. Der bei Unternehmen verbreitete Privat- und Familienbesitz ist ein weiterer förderlicher Faktor. Diese Beweggründe machen deutsche Firmen besonders erfolgreich in Branchen und Branchenbereichen, in denen eine Lernkurve und die Notwendigkeit zu hochqualifizierten und spezialisierten Mitarbeitern besteht. Das Wesen individueller Ziele unterliegt dem Erfolg nicht so stark in Branchen, in denen typischerweise Unternehmensführung und Risikobereitschaft gefragt sind.

Der beständige Einsatz für das Geschäft wird durch die Besonderheit der deutschen Kapitalmärkte verstärkt. Viele Unternehmensaktien werden von Banken und anderen langfristig planenden Aktionären gehalten, die oft eine wichtige Rolle im Aufsichtsrat oder Vorstand spielen. Langfristige Kapitalgewinne sind steuerfrei. Das Interesse an vierteljährlichen Erträgen, weniger an Maßnahmen, die zur Wahrung der langfristigen Position notwendig sind, fehlt hier fast völlig, ganz anders als in den Vereinigten Staaten. In Deutschland bestand bisher nicht einmal die Verpflichtung zur Veröffentlichung von (viertel- oder halbjährlichen) Zwischenbilanzen.

Es zeigen sich jedoch beunruhigende Anzeichen, die vermuten lassen, daß die Ziele sich verlagern. In der Unternehmensführung hat eine Tendenz zu Gruppenentscheidungen den Schwung einiger Unternehmen gebremst. Immer häufiger nehmen Finanzexperten Posten auf der Führungsetage ein (Beispiele sind u. a. Daimler-Benz, Volkswagen, Veba und Hoechst), und in den Vorstandszimmern macht sich eine finanzielle Orientierung breit, die Investitionsentscheidungen abzukoppeln von technischen Kriterien und dem beständigen Bemühen um Beibehaltung der technischen Führung in der Branche. Großunternehmen veröffentlichen ihre Jahresberichte auf einer mehr zeitlichen Grundlage, und andere Firmen haben damit begonnen, Zwischenbilanzen zu veröffentlichen. Akquisitionen nehmen zu, Diversifizierung ohne Verbund ist im Kommen. Nach einer vorgeschlagenen Änderung des Steuerrechts sollen langfristige Kapitalgewinne besteuert werden, was den Investitionshorizont einzuengen und eine Fusionswelle auszulösen droht.

Ein starker Inlandswettbewerb herrscht in den Branchen, wo Deutschland einen nationalen Wettbewerbsvorteil besitzt. In den Bereichen Personenwagen, Lastwagen, Chemie, optische Geräte, Schreibgeräte und vielen anderen gibt es charakteristischerweise mindestens drei oder vier bedeutende deutsche Wettbewerber. Die deutschen Rivalen konkurrieren nicht nur um Umsätze, sondern genauso um Ansehen, wissenschaftliche und technische Spitzenplätze und um den besten Nachwuchs.[59] Der deutsche Inlandswettbewerb ist häufig kein Preiswettbewerb, sondern ein Technologie-, Produktionsleistungs- und Dienstleistungswettbewerb. Technologischer Wettbewerb, der aus der Ausrichtung und den Zielen der Manager erwächst, sorgt selbst dort für Verbesserungen, wo die Zahl der Wettbewerber klein ist. Das Niveau der Importschutzmaßnahmen liegt in Deutschland, nach internationalen Maßstäben gemessen, ebenfalls niedrig.

Doch der Wettbewerb ist ein Feld, das Anlaß zur Sorge gibt. In zahlreichen deutschen Branchen hat es Fusionen und eine Tendenz zu weitreichender Zusammenarbeit gegeben; zum Teil geht das noch auf die Jahre zwischen den Weltkriegen zurück. Die Fusionen und Bündnisse führender deutscher Wettbewerber, die manchmal als Vorbereitung auf einen gemeinsamen europäischen Markt gerechtfertigt werden, nehmen überhand (1988 wurden 1159 Fusionen registriert, eine Steigerung gegenüber 1985 um 63 Prozent). Nur wenige Fusionen wurden aus kartellrechtlichen Gründen untersagt. Die Bedrohung des deutschen Wettbewerbsvorteils liegt auf der Hand.[60] Ein weiteres Sorgenkind ist die deutsche Beteiligung an Bündnissen, die führende Konkurrenten in verschiedenen europäischen Ländern zusammenbringen. Alles in allem sind die Gefahrensignale im Bereich des Inlandswettbewerbs unüberhörbar, wie schon einige Male in der Vergangenheit Deutschlands.[61]

Dazu kommt ein im Vergleich mit den Vereinigten Staaten erheblicher deutscher Staatsbesitz, der die Telekommunikation, die öffentliche Versorgung, Luftverkehr und Bahn und andere wichtige Industrien umfaßt. Wie schon erwähnt, ist die deutsche Position bei den Zulieferindustrien dieser Sektoren ziemlich schwach, was nicht überrascht.

Ein weiterer Bereich andauernder Schwäche im Nachkriegsdeutschland ist die Gründung neuer Betriebe. Der Ruf, ein Selfmademan zu sein, hat in Deutschland einen negativen Anstrich. Scheitern besitzt ein sehr starkes gesellschaftliches Stigma. Die Risikobereitschaft ist gering, und es besteht eine Abneigung, bei einem neuen Vorhaben alles aufs Spiel zu setzen, vielleicht ein Erbe der beiden Weltkriege. Auch der Markt für Risikokapital ist schwach entwickelt. Gesetze zum Schutz der Investoren begrenzen Investitionen in neue Unternehmen durch institutionelle Anleger. Arbeitsgesetze, die Entlassungen erschweren, allgemeine Mindestlöhne festsetzen und auch für Kleinbetriebe gelten, wirken sich tendenziell gegen die Gründung neuer Unternehmen aus. Das tun auch die relativ wenigen wirklich revolutionären neuen Technologien. Aus den deutschen Universitäten heraus ist es nur zu wenigen eigenen Gründungen gekommen, zum Teil weil die große Mehrzahl öffentliche Einrichtungen sind, mit verbeamteten Fakultätsangehörigen und Assistentenstäben, zum anderen Teil, weil die Tätigkeit der Professoren nach außen hin stark eingeschränkt ist, und zum dritten, weil das Prestige bei den etablierten Großunternehmen liegt.

Die Gründung neuer Betriebe ist für die weitere Aufwertung der deutschen Wirtschaft von zentraler Bedeutung. Ohne genügend neue Arbeitsplätze, mit denen man der Bevölkerungsstatistik und Umstrukturierung entgegentreten könnte, ist Arbeitslosigkeit, wie sich gezeigt hat, die wirtschaftliche Achillesferse. Es gibt einige Anzeichen für eine Verbesserung, u. a. einige neue Kapitalbeteiligungsfonds, mehr neue Unternehmen, die an die Börse gehen, und die Gründung neuer Zentren zur Förderung von High-Tech-Unternehmen im Umfeld von Universitäten. Doch das Tempo, mit dem neue Betriebe gegründet werden, ist gemäßigt, und es bleiben noch viele Hindernisse.

Die Rolle des Staates

Verglichen mit den meisten europäischen und asiatischen Ländern, ist der deutsche Staat nur mäßig in die Wirtschaftspolitik involviert. So gibt es in Deutschland beispielsweise kein Außenhandelsministerium, und es herrscht die Auffassung, der Außenhandel sei grundsätzlich Sache der Unternehmen, nicht des Staates. Deutschland gehört zu den offensten Märkten der Welt, und die Zölle waren seit jeher niedrig. Daß sich die deutsche Industrie dem Auslandswettbewerb stellen mußte, hat sie stark gemacht. Die Ausfuhrfinanzierung erfolgt auf geschäftlicher Grundlage, nicht über eine staatliche Behörde, die subventioniert wird. Die direkte staatliche Finanzierung der Unternehmensabteilungen »Forschung und Entwicklung« ist gering und noch weiter im Schwinden.

Die Hauptbedeutung des deutschen Staates, auf Bundes- wie auf Länderebene, liegt in der Faktorbildung, insbesondere bei der Ausbildung sowie bei Wissenschaft und Technologie. Das weite Gebiet der früher beschriebenen Mechanismen wird vom Staat finanziell massiv gefördert. Dennoch wird interessanterweise in vielen Fällen keine direkte staatliche Kontrolle ausgeübt; ein gewisses Maß an Unabhängigkeit besteht selbst in den staatlich finanzierten technischen Instituten.

Die deutsche Reglementierung hat meistens hohe Anforderungen gestellt und im allgemeinen Innovationen erzwungen, nicht behindert. Die deutschen Umweltschutzbestimmungen sind streng, auf einigen Gebieten sogar führend in der Welt; sie haben Innovationen in den betroffenen Industrien angeregt. Aber die deutsche Reglementierung hat in anderen Bereichen den Status quo eingefroren, nimmt man nur die Dienstleistungen, bei denen ein ganzes Bündel von Beschränkungen, Lizenzanforderungen und Normen zur Behinderung der Entwicklung praktisch aller deutschen Dienstleistungsbetriebe beigetragen hat, die einmal die Stärke zum internationalen Wettbewerb besaßen.

Trotz seiner grundsätzlich konstruktiven Rolle ließ sich der deutsche Staat, darin ungemein hartnäckig, nicht davon abhalten, kränkelnde Wirtschaftszweige wie Stahl und Schiffbau zu subventionieren – mit der einzigen Wirkung, daß eine Anpassung verzögert wurde. Die Aufhebung der Reglementierung ist hinter der vieler anderer Länder zurückgeblieben, für die betroffenen Branchen war sie wie ein Klotz am Bein. Der Umfang staatlichen Besitzes ist in Deutschland vergleichsweise groß; die Privatisierung und Öffnung von Branchen für den Wettbewerb hinkten ebenfalls hinterher. Außerdem war die Verpflichtung zum Wettbewerb offenbar halbherzig. Die Steueränderungen schließlich, auf die ich schon hingewiesen habe, wecken schwere Bedenken hinsichtlich der Unternehmensziele und langfristig auch hinsichtlich der Gründung neuer Betriebe.

Die Rolle des Zufalls

Die beiden Weltkriege hatten große Auswirkungen auf die deutsche Wirtschaft. Gewaltig und spürbar negativ waren die Auswirkungen durch den Verlust von Märkten, von Territorium, von Arbeitspotential, von Technologie, von Antrieb und von Goodwill. Deutschland verlor auch Weltspitzenkräfte, die im Dritten Reich außer Landes flohen.

Doch, wie von anderen schon festgestellt, haben die beiden Kriege tragischer- und ironischerweise offenbar so viele positive Auswirkungen gehabt, daß sie die negativen, die den Erfolg Deutschlands beim industriellen Wettbewerb nach dem Krieg zunächst beeinflußten, übertrafen. Die nationalen Herausforderungen, ausgelöst durch die beiden Kriege, riefen bemerkenswerte technologische Fortschritte bei synthetischen Materialien und auch auf anderen Gebieten hervor. Nach den Kriegen bedeutete der Wiederaufstieg aus der Niederlage eine ungeheuer starke Motivation für wirtschaftlichen Erfolg, besonders für ein stolzes und kultiviertes Volk. Die

Herausforderung, ausländische Marktpositionen zurückzuerobern, schuf einen starken Druck, Produkte herzustellen, die wirklich überragend waren. Der Ausfall von Rohstoffen wirkte als Anreiz für einen auf Wissen sich gründenden Wettbewerb.
Der Zweite Weltkrieg hatte zur Zerschlagung der Kartelle geführt, was den Wettbewerb beflügelte. Strenge kartellrechtliche Auflagen, eine Gefälligkeit der Amerikaner, waren eines der größten Geschenke, das aus wirtschaftlicher Sicht möglich war. Der Verlust von Patenten, die Zerstörung der Produktionsanlagen und der Abtransport von Produktionsmaschinen in die siegreichen Länder stellten die deutschen Firmen vor die Notwendigkeit – in Wirklichkeit eine einmalige Gelegenheit –, ganz von vorn anzufangen, die alten Technologien zu verbessern, neue zu erfinden und moderne Anlagen zu bauen. Vielleicht war der neue Wettbewerb zwischen Ost- und Westdeutschland ein zusätzlicher Anreiz zu beweisen, daß das westdeutsche System überlegen war.

Deutschland im Ausblick

Deutschland hat bei allen Bestimmungsfaktoren des nationalen Wettbewerbsvorteils ungewöhnliche Vorteile in einer Reihe von Branchen gehabt, die die technologischen Befähigungen der Chemie, des Maschinenbaus und der Physik nutzten. Die Wirtschaft ist auf die Vorteile der früh Handelnden gebaut, die überwiegend aus Wissenschaft und Technologie kamen. Viele deutsche Wettbewerbspositionen bauten sich um die Jahrhundertwende auf. Das besonders Bemerkenswerte an Deutschland ist seine Fähigkeit, Positionen auf diesen Gebieten über lange Zeiträume zu behaupten. Die einmalige Stärke der deutschen Wirtschaft lag darin, daß sie ihren Vorteil aufwerten konnte, indem sie die Qualität der menschlichen und technischen Ressourcen steigerte und die Produkt- und Verfahrenstechnologie verbesserte. Dabei sind deutsche Unternehmen in immer anspruchsvollere Bereiche vorgedrungen. Die wechselseitige Verstärkung des »Diamanten« hat es den deutschen Unternehmen ermöglicht, diese Positionen zu behaupten und auch Cluster verwandter Branchen in einer erstaunlichen Breite auszudehnen. Jahrzehntelanger Wohlstand fordert seinen Tribut, wie in der Schweiz.
Seine industrielle Stellung von Weltrang hatte Deutschland bereits um die Jahrhundertwende erreicht. Die großen Systemvorteile, die es lange genossen hat, erlaubten dem Land, sich von zwei verheerenden Kriegen zu erholen. Diese Kriege haben wohl für die Rückschläge, die Not und den Zwang gesorgt, die den Vorteil Deutschlands so lange gewahrt haben. Ohne sie hätte das Land seine Dynamik vielleicht schon vor Jahrzehnten verloren. Die Leistungen Deutschlands nach dem Ersten Weltkrieg waren insgesamt sehr viel schwächer als nach dem zweiten, Ausdruck vielleicht einer stärkeren Tendenz zu Kartellen und Monopolen während dieser Zeit.[62]
Die historische Schwäche der deutschen Wirtschaft liegt in ihrer Unfähigkeit, Positionen in neuen Branchen zu schaffen. Deutschland hat sich nicht imstande gesehen, die Arbeitsplätze zu ersetzen, die in den wenigen gescheiterten Branchen verlorengegangen waren, oder jene anderen Arbeitsplätze, die bei der Aufwertung erfolgreicher Branchen unweigerlich verlorengehen. In neuerer Zeit zeigen sich ein Nachlassen der Fähigkeit, auf neuen wissenschaftlichen Gebieten zu entscheidenden Durchbrüchen

zu kommen; dann wachsende Militanz der Gewerkschaften; eine Tendenz zu Fusionen und abgeschwächtem Inlandswettbewerb; sich verändernde Zielsetzungen von Managern und Investoren; und begrenzte Nachfrage. Das wirft drängende Fragen nach der Zukunft auf.

In den Daten, die ich weiter oben in Tabelle 7–1 angeführt habe, spiegeln sich diese Fragen. Das Produktivitätswachstum Deutschlands hat sich dramatisch verlangsamt, genauso wie die Bildungsrate des Nettoanlagevermögens. Auch das Wachstum des Pro-Kopf-Einkommens bleibt zurück. Das Bild der Gewinne und Verluste bei den Marktanteilen zwischen 1978 und 1985 ist ebenfalls bedenklich. Die Abbildung 7–12 zeigt, daß Deutschland in weit mehr Branchen 15 Prozent oder mehr vom Anteil am Weltexport verloren als gewonnen hat. In so wichtigen Clusters wie Verkehr, Chemie, Stromerzeugung und -verteilung, Büro und Halbleiter/Computer liegen die Verluste weit über den Gewinnen, wenngleich Nettoverluste in allen Bereichen eintraten, Nahrungsmittel, Getränke und die Rüstung ausgenommen. Während einige Verluste von Exportanteilen aus Auslandsinvestitionen resultierten, aus dem Übergang in fortschrittliche Bereiche oder vorhersehbare Verluste von Marktpositionen in faktorkostenanfälligen Branchen waren, gibt die bloße Zahl der Verlustbranchen und die Tatsache, daß viele von ihnen hochmoderne Produkte wie Geräte, Schaltvorrichtungen und Computer herstellen, doch Anlaß zu ernster Sorge hinsichtlich einer gesunden Aufwertung.

Unsere Fallstudien haben den Verlust des Wettbewerbsvorteils in einer Reihe fortschrittlicher Branchen bestätigt. Gleichfalls besorgniserregend ist die Tatsache, daß Deutschland 15 Prozent oder mehr vom Anteil in achtzehn Maschinenbaubranchen verloren, aber nur in fünf gewonnen hat. Die Branchen, in denen Deutschland 1978 bis 1985 Anteilsgewinne verbuchte, hatten zudem das langsamste Durchschnittswachstum aller Länder, während die Verlustbranchen mit das schnellste Durchschnittswachstum hatten (siehe Tabelle B–3). Wie die Dynamik der deutschen Wirtschaft erneuert werden kann, ist eine Herausforderung, auf die ich später zurückkomme. Die Wiedervereinigung Deutschlands, mit der bis 1989 niemand rechnete, liefert vielleicht den Bruch, der notwendig ist, Deutschland vom gegenwärtigen Kurs abzubringen und die Herausforderung eher überwindbar zu machen.

ABB. 7–12 Wettbewerbsfähige deutsche Branchen mit Gewinnen oder Verlusten beim Weltexportanteil von 15 Prozent oder mehr zwischen 1978 und 1985*

VORGELAGERTE BRANCHEN

Werkstoffe/Metalle

	Branchen gesamt	Anteil Gewinne	Anteil Verluste
Primärgüter	50	13	18
Maschinen	8	0	5
Besondere Produktionsmittel	2	0	3
Gesamt	60	13	26

Forsterzeugnisse

	Branchen gesamt	Anteil Gewinne	Anteil Verluste
Primärgüter	9	2	2
Maschinen	2	0	1
Besondere Produktionsmittel	0	0	0
Gesamt	11	2	3

Erdöl/Chemikalien

	Branchen gesamt	Anteil Gewinne	Anteil Verluste
Primärgüter	44	6	23
Maschinen	0	0	0
Besondere Produktionsmittel	0	0	0
Gesamt	44	6	23

Halbleiter/Computer

	Branchen gesamt	Anteil Gewinne	Anteil Verluste
Primärgüter	2	0	4
Maschinen	0	0	0
Besondere Produktionsmittel	0	0	0
Gesamt	2	0	4

VORGELAGERTE BRANCHEN (Summe)

	Branchen gesamt	Anteil Gewinne	Anteil Verluste
Primärgüter	105	21	47
Maschinen	10	0	6
Besondere Produktionsmittel	0	0	3
Gesamt	117	21	56

INDUSTRIELLE & UNTERSTÜTZENDE FUNKTIONEN

Mehrfachgeschäft

	Branchen gesamt	Anteil Gewinne	Anteil Verluste
Primärgüter	19	2	8
Maschinen	3	0	1
Besondere Produktionsmittel	3	0	1
Gesamt	25	2	10

Verkehr

	Branchen gesamt	Anteil Gewinne	Anteil Verluste
Primärgüter	22	3	14
Maschinen	11	0	5
Besondere Produktionsmittel	10	0	4
Gesamt	43	3	23

Stromerzeugung und -verteilung

	Branchen gesamt	Anteil Gewinne	Anteil Verluste
Primärgüter	20	5	13
Maschinen	0	0	0
Besondere Produktionsmittel	0	0	0
Gesamt	20	5	13

Telekommunikation

	Branchen gesamt	Anteil Gewinne	Anteil Verluste
Primärgüter	0	0	2
Maschinen	0	0	0
Besondere Produktionsmittel	0	0	0
Gesamt	0	0	2

Büro

	Branchen gesamt	Anteil Gewinne	Anteil Verluste
Primärgüter	4	0	5
Maschinen	3	0	2
Besondere Produktionsmittel	1	0	0
Gesamt	8	0	7

Rüstung

	Branchen gesamt	Anteil Gewinne	Anteil Verluste
Primärgüter	1	0	0
Maschinen	0	0	0
Besondere Produktionsmittel	0	0	0
Gesamt	1	0	0

INDUSTRIELLE & UNTERSTÜTZENDE FUNKTIONEN (Summe)

	Branchen gesamt	Anteil Gewinne	Anteil Verluste
Primärgüter	66	10	42
Maschinen	17	0	8
Besondere Produktionsmittel	14	0	5
Gesamt	97	10	55

ENDVERBRAUCH / GÜTER & DIENSTLEISTUNGEN

Nahrungsmittel/Getränke

	Branchen gesamt	Anteil Gewinne	Anteil Verluste
Primärgüter	18	8	4
Maschinen	9	2	2
Besondere Produktionsmittel	10	5	5
Gesamt	37	15	11

Textilien/Bekleidung

	Branchen gesamt	Anteil Gewinne	Anteil Verluste
Primärgüter	14	5	8
Maschinen	8	3	2
Besondere Produktionsmittel	16	4	7
Gesamt	38	12	17

Wohnen/Haushalt

	Branchen gesamt	Anteil Gewinne	Anteil Verluste
Primärgüter	25	2	10
Maschinen	0	0	0
Besondere Produktionsmittel	5	1	2
Gesamt	30	3	12

Gesundheitsfürsorge

	Branchen gesamt	Anteil Gewinne	Anteil Verluste
Primärgüter	7	1	3
Maschinen	0	0	0
Besondere Produktionsmittel	0	0	0
Gesamt	7	1	3

Privat

	Branchen gesamt	Anteil Gewinne	Anteil Verluste
Primärgüter	8	1	6
Maschinen	0	0	0
Besondere Produktionsmittel	1	0	1
Gesamt	9	1	7

Unterhaltung/Freizeit

	Branchen gesamt	Anteil Gewinne	Anteil Verluste
Primärgüter	9	2	8
Maschinen	0	0	0
Besondere Produktionsmittel	1	0	1
Gesamt	10	2	9

ENDVERBRAUCH/GÜTER & DIENSTLEISTUNGEN (Summe)

	Branchen gesamt	Anteil Gewinne	Anteil Verluste
Primärgüter	81	19	39
Maschinen	17	5	4
Besondere Produktionsmittel	33	10	16
Gesamt	131	34	59

* Die Gewinne und Verluste umfassen die Branchen, die 1978 oder 1985 über dem Schwellenwert lagen, sowohl diejenigen, die 1978 wettbewerbsfähig waren, aber 1985 unter den Schwellenwert fielen, als auch die, die erstmals einen so hohen Anteil erreichten, daß sie 1985 den Schwellenwert überschritten. Die Gesamtzahl der wettbewerbsfähigen Branchen bezieht sich auf 1985.

KAPITEL 8

AUFSTREBENDE LÄNDER IN DEN 70er UND 80er JAHREN

Als Amerika, die Schweiz, Schweden und Deutschland in den 60er Jahren wirtschaftlich florierten, bahnten sich im Muster des nationalen Wettbewerbsvorteils wichtige Entwicklungen an. Technologische Veränderungen wie eine sich beschleunigende Globalisierung des Wettbewerbs und neue Entwicklungen in den Ländern selbst schufen die Voraussetzungen. Mehrere neue Länder traten als fortschrittliche internationale Wettbewerber auf, verdrängten andere und erlangten die Führung in verschiedenen Branchen. Japan ist das verblüffendste und auffälligste Beispiel für diese Erfolgsgeschichte. Ich möchte den vieldiskutierten Fall Japan aus der Sicht meiner Theorie betrachten, um neue Einsichten in das zu bekommen, was sich dort ereignet hat. Kaum weniger eindrucksvoll, in vielerlei Hinsicht, ist Italien, das sich in einer breiten Vielzahl von Branchen starke Wettbewerbspositionen verschafft hat.

Weitere Länder waren oder sind im Begriff, fortschrittliche Industriestaaten zu werden. Am bekanntesten sind einige aus dem Fernen Osten. Ich werde mich mit Südkorea beschäftigen, das m. E. von diesen Ländern die besten Aussichten hat, in den nächsten zehn Jahren eine wirklich fortschrittliche Stellung zu erreichen. Japan, Italien und Korea sind von den untersuchten Ländern diejenigen mit dem schnellsten Wachstum des Pro-Kopf-Einkommens und der Produktivität.

Meine Aufgabe besteht darin, die Gründe zu erkennen, warum diese Länder ihre Position weit hinter etablierten Handelsmächten verlassen und in immer fortschrittlicheren Branchen und Branchensegmenten einen Wettbewerbsvorteil gegenüber den besten Wettbewerbern der Welt erzielen konnten. Dazu muß ich das Muster von Erfolg und Mißerfolg in ihren Branchen erklären, und auch, wie es sich mit der Zeit verändert hat. Besondere Beachtung werde ich den Umständen widmen, die die Aufwertung ihrer Industrie im Lauf der Zeit gefördert haben.

Ich kann, wie schon im vorigen Kapitel, nicht darauf hoffen, ein vollständiges Bild aller Wirtschaftszweige dieser drei Länder zu zeichnen, und auch nicht jeden wichtigen Gedanken erwähnen und festhalten. Der Wettbewerbsvorteil ergibt sich aus einer Kombination von branchen- und bereichsspezifischen sowie allgemeineren nationalen Besonderheiten. Die Erwähnung letzterer sollte nicht den Eindruck erwecken, als ob erstere unwichtig wären. Die sich ändernden Wettbewerbsmuster in diesen Ländern geben nicht nur wichtigen Anschauungsunterricht über den »Diamanten«, sondern auch darüber, wie ganze Volkswirtschaften sich entwickeln.

Der Aufstieg Japans[1]

Japan, das andere im Zweiten Weltkrieg besiegte große Land, stand Deutschland auf seinem Weg zu einer wirtschaftlichen Weltmacht kaum nach. Seine Leistung ist um so bemerkenswerter, als Japan, was die Rohstoffe betraf, eine noch schlechtere Ausgangsposition hatte als Deutschland. Es hatte außerdem nicht Deutschlands geschichtliche Position in so wichtigen Bereichen wie der Chemie und dem Maschinenbau.

Die Geschichte vom wirtschaftlichen Erfolg Japans ist in den letzten Jahren wieder und wieder erzählt worden. Es ist eine Geschichte, die dem Staat meistens eine Hauptrolle zuweist und die japanischen Managementpraktiken hervorhebt. Ich sehe den Erfolg Japans etwas anders. Wie alle Länder hat Japan in einigen Branchen einen nationalen Wettbewerbsvorteil erzielt, ist aber in vielen anderen gescheitert. Was in Japan geschieht, funktioniert verständlicherweise nicht in allen Branchen gleich gut. Die Managementmethoden allein können nicht all das erklären, was ihnen zugeschrieben wird.

Der Rahmen der vorangegangenen Kapitel bietet eine Plattform, von der aus man das Muster des nationalen Wettbewerbsvorteils in der japanischen Industrie und seine eigentlichen Gründe betrachten kann. Von besonderem Interesse werden die Kräfte sein, die den japanischen Unternehmen ermöglicht haben, ihren Wettbewerbsvorteil sehr schnell aufzuwerten und mit Erfolg in fortschrittlichen neuen Branchen zu konkurrieren. Der Staat spielt dabei zwar eine Rolle, aber eine unterschiedliche, und ihre Bedeutung weicht etwas von dem ab, was allgemein angenommen wird.

Muster des nationalen japanischen Vorteils

Tabelle 8–1 listet die fünfzig japanischen Branchen mit dem höchsten Anteil am Weltexport für das Jahr 1985 auf. Die Liste enthält ein breites Branchenspektrum, wie die entsprechenden Aufzählungen für Deutschland, die Schweiz und die Vereinigten Staaten auch. Ins Auge fallen viele elektronische Produkte, Schwermaschinen sowie stahl- und verkehrsnahe Branchen. Das Einmalige an der japanischen Liste ist der außergewöhnlich hohe Anteil am Weltexport, den japanische Unternehmen in vielen Branchen halten. Vergleichbar damit sind nur die amerikanischen Exportanteile bei einigen landwirtschaftlichen und rohstoffabhängigen Gütern. Die hohen japanischen Anteile bei den Industrieerzeugnissen sind Ausdruck einiger Elemente des japanischen Umfelds, auf die ich noch eingehen werde, u. a. die typischen, von den japanischen Unternehmen verfolgten Strategien, die Art ihrer Ziele und die Struktur vieler japanischer Industrien.[2]

Eine weitere einmalige Besonderheit der Liste der japanischen Top 50 ist das völlige Fehlen aller rohstoffintensiveren Branchen. (Am nächsten kommen dem noch die nahtlos gezogenen Eisen- und Stahlrohre, die in Japan mit importierter Kohle und importiertem Eisenerz hergestellt werden.) Die Vereinigten Staaten haben unter ihren fünfzig Topunternehmen die meisten rohstoffintensiven Industrien. Den nächsten Platz nimmt Schweden ein, während Deutschland, die Schweiz und Italien jeweils nur ein paar solcher Branchen aufweisen.

TABELLE 8–1   Die 50 japanischen Branchen mit dem höchsten Anteil am Weltexport, 1985

Branche	Anteil am ges. Weltexport	Exportwert (in Mio. $)	Importwert (in Mio. $)	Anteil am ges. japan. Export
Motorräder	82.0	2,092,416	16,684	1.19
Videorecorder und Tonaufnahmegeräte	80.7	6,622,119	9,924	3.77
Diktiergeräte	71.7	1,817,413	15,194	1.03
Rechenmaschinen	69.7	660,432	11,294	0.38
Gefaßte optische Bauteile	67.5	579,472	29,646	0.33
Foto- und Thermokopierer	65.9	2,032,389	6,055	1.16
Einzelbildkameras u. Blitzlichtgeräte	62.2	1,608,936	82,174	0.92
Registrierkassen und Buchungsmaschinen	62.0	351,522	1,626	0.20
Außenbordkolbenmotoren	61.0	216,878	1,448	0.12
Plattenspieler	59.0	264,557	997	0.15
Mikrofone, Lautsprecher und Verstärker	55.7	981,176	51,602	0.56
Motorradteile und -zubehör	53.4	747,246	13,370	0.43
Raupenschlepper	51.8	295,286	9,427	0.17
Klaviere, Musikinstrumente und Teile	51.0	687,841	47,188	0.39
Planierraupen	50.6	283,448	2,631	0.16
Farbfernsehgeräte	49.5	2,691,101	6,899	1.53
Kofferradios	48.4	1,171,209	31,718	0.67
Andere Radios	47.9	575,146	9,443	0.33
Spezialschiffe	46.8	635,608	13,555	0.36
Elektr. Schreibmaschinen	45.0	498,134	5,214	0.28
Zusatzgeräte und -teile für Dampfkessel	42.8	393,155	51,450	0.22
Autoradios	42.5	908,083	3,052	0.52
Fernsehröhren	42.2	709,509	35,503	0.40
Bespielte Tonkassetten	41.5	1,589,513	96,184	0.90
Fotochemikalien	41.5	346,817	26,170	0.20
Drehbänke für Metallverarbeitung	39.7	524,440	16,281	0.30
Haushaltsgrobkeramik	39.3	229,081	6,168	0.13
LKW-Reifen	39.1	860,530	4,411	0.49
Autobusse	38.7	592,138	6,926	0.34
Nähmaschinen	38.7	444,548	24,716	0.25
Nahtlos gezogene Eisen-, Stahlrohre	38.7	2,227,632	6,587	1.27
Löffelbagger, selbstfahrend	38.4	964,654	—	0.55
Automatische Datenverarbeitung, Peripheriegeräte	37.9	3,571,949	427,126	2.03
Lastkraftwagen	37.5	7,956,271	16,969	4.53
Gabelstapler	36.9	612,440	—	0.35
Andere elektronische Röhren	36.5	313,761	95,967	0.18
Werkzeugmaschinen für Metall	36.5	1,009,629	111,274	0.57
Generatoren mit Kolbenmotoren	36.1	377,849	9,165	0.22

Branche	Anteil am ges. Weltexport	Exportwert (in Mio. $)	Importwert (in Mio. $)	Anteil am ges. japan. Export
Andere Frachtschiffe	35.7	4,399,729	216,601	2.50
Gewalzte Dünnbleche aus Eisen und einfachem Stahl	35.2	1,893,459	84,656	1.08
Synth. Kontinuegewebe ohne Flor	34.7	1,456,391	31,808	0.83
Uhren, Gangwerke, Gehäuse	33.8	296,181	62,532	0.17
Walzwerkteile und Walzen	33.4	203,563	3,487	0.12
Isolierflüssigkeitswandler	33.4	210,792	—	0.12
Container für Straße und Schiene	32.2	280,192	1,048	0.16
Kohlenstoffreicher Walzdraht	32.0	258,370	1,029	0.15
Tankschiffe	31.7	767,626	13,116	0.44
Personenkraftwagen	30.8	25,402,210	538,638	14.46
Rohre und Leitungen aus Eisen u. Stahl	30.6	1,437,337	17,006	0.82
Schwarzweißfernseher	30.3	124,238	1,374	0.07
GESAMT				·48.50

ANMERKUNG: Importwerte sind nicht angegeben, wenn der Importwert unter 0,3 Prozent des Gesamthandels für 1985 liegt.

Abbildung 8–1 zeigt die japanische Ballungsgrafik für 1985, die Abbildungen 8–2 und B–5 bieten zusammengefaßte Statistiken. Das Spektrum, in dem Japan starke Positionen hat, ist extrem breit; es wird darin nur von Deutschland und, in geringerem Umfang, von den Vereinigten Staaten erreicht. Die vertikale Tiefe der japanischen Positionen innerhalb der Cluster ist etwas geringer als in anderen sehr fortschrittlichen Ländern, insbesondere in Italien, Deutschland und Schweden. Die Vertiefung der japanischen Cluster beim Maschinenbau und in etwas geringerem Umfang bei den Komponenten ist seit 1978 jedoch beachtlich.

Die bedeutendsten Clusters wettbewerbsfähiger Branchen in der japanischen Wirtschaft finden sich bei der Verkehrsausrüstung und verwandten Maschinen, Büromaschinen, Freizeit und Unterhaltung (dort besonders bei der Unterhaltungselektronik), Stahl- und Metallfertigerzeugnissen, Elektronikbauteilen und Rechnerausrüstung sowie Produkten aus dem Bereich Optik (einschließlich Kameras und Filme). Auch bei Druckmaschinen, Telekommunikationsausrüstung (überwiegend Hardware), keramiknahen Produkten, Haushaltsgeräten, Elektroartikeln, mechanischen oder elektronischen Erzeugnissen für den Privatgebrauch wie Federhaltern und Uhren und einer steigenden Zahl allgemeiner Produktionsmittel – Gebläse, Pumpen, Werkzeuge u. ä. – haben japanische Unternehmen starke oder aussichtsreiche Stellungen. Viele dieser Cluster sind auch miteinander verbunden.

Einige der stärkeren Verbindungen zwischen den Clustern sind in der Abbildung 8–2 schraffiert gekennzeichnet. Halbleiter und Elektronik verbinden gleich mehrere Cluster. Japans Stellung bei Halbleitern entstand aus einer schon früheren Stärke in der Unterhaltungselektronik und der Telekommunikation. Aus diesen drei gingen

ABBILDUNG 8–1   Ansammlung international wettbewerbsfähiger japanischer Branchen, 1985

Primärgüter	WERKSTOFFE/METALLE		FORSTERZEUGNISSE
	EISEN & STAHL		
	Roheisen etc. * Eisen-, Einfachstahlcoile *Kohlenstoffreiches Stahlcoil#* Walzdraht aus Eisen und einfachem Stahl *Kohlenstoffreicher Stahlwalzdraht#* Kohlenstoffreiche Stahlträger etc.# *Eisen-, andere Stahlträger, warmgewalzt* Eisen-, Stahlprofile etc.# *Große U-, I-, Doppel-T-Profile etc.* *Andere Profile, warmgewalzt* *Universalplatten, Bleche aus Eisen und Stahl#* *Gewalztes Grobblech aus Eisen und einfachem Stahl* Kohlenstoffreiches gewalztes Stahlgrobblech# *Gewalztes Mittelblech aus Eisen und einfachem Stahl* Kohlenstoffreiches gewalztes Stahlmittelblech#	*Gewalztes Dünnblech aus Eisen und einfachem Stahl* *Kohlenstoffreiches gewalztes Stahldünnblech* *Gewalztes Dünnblech aus rostfreiem Stahl* *Weißblech* Bandeisen, Bandstahl *Kohlenstoffreicher Bandstahl#* *VERARBEITET* *Eisenbahnschienen aus Eisen und Stahl* Eisen-, einfacher Stahldraht *Kohlenstoffreicher Stahldraht#* Gußeisenrohre und -leitungen# *Nahtlos gezogene Eisen- und Stahlrohre* *Eisen-, Stahlrohre, -leitungen* Eisen-, Stahlrohrfittings Stahltanks *Eisen-, Stahlkabel, -seile* *Eisen-, Stahlschrauben, -muttern* *Eisen-, Stahlketten und -teile*	NICHTEISENMETALLE Kupferplatten, -blech, -band Kupferfolie, -pulver, -späne, -fittings# Kupferrohre, -leitungen etc. Aluminiumplatten, -blech, -band Aluminiumfolie ANDERE Zement
Maschinen	*Brechwerke für Grubengut u.a. Maschinen* Walzwerke#* *Sonstige Walzwerkteile, Walzen*	Gasgeneratoren, Hochofenbrenner# Industrie-Elektroöfen Nichtelektrische Industrieöfen	
Besondere Produktionsmittel			
Dienstleistungen			

ABB. 8–1 Fortsetzung

Primärgüter

ERDÖL/CHEMIKALIEN	HALBLEITER/COMPUTER

ERDÖL/CHEMIKALIEN

ORGANISCHE CHEMIKALIEN
Hüttenkoks, Retortengraphit*
Polysäuren & Derivate
Oxyaminoverbindungen
Heterozyklische Verbindungen,
etc.

ANORGANISCHE CHEMIKALIEN
Zink-, Eisen-, Bleioxyd*
Metallverbindungen aus anorganischer Säure

ERDÖLPRODUKTE

KUNSTSTOFFE
Alkyde, Platten, Abfall#
Polystyrol
PVC-Platten, -Streifen
Acrylpolymere
Polyamidplatten, -abfall#

HALBLEITER/COMPUTER

Digitale Zentralrechner*
Peripheriegeräte für automatische Datenverarbeitung
Andere Elektronikröhren
Dioden, Transistoren etc.
Elektronische Mikroschaltungen
Piezoelektrische Kristalle#
Maschinenteile für automatische
Datenverarbeitung##

Maschinen

Produktionsanlagen für Halbleiter***

Besondere Produktionsmittel

Keramikverpackung***

Dienstleistungen

SCHLÜSSEL

Normal — Anteil am Weltexport 10,12% oder mehr, aber weniger als 20,24%.

Kursiv — *Anteil am Weltexport 20,24% oder mehr, aber weniger als 40,48%.*

Fett — **Anteil am Weltexport 40,48% oder mehr.**

• Branchen 1978 unter dem Schwellenwert.

Errechnete Restgrößen

Aufgenommen aufgrund eines nennenswerten Exportwerts in einem Branchenbereich.

* Aufgenommen aufgrund der direkten Auslandsinvestitionen.

** Aufgewertet aufgrund der direkten Auslandsinvestitionen.

*** Aufgenommen aufgrund von Inlandsuntersuchungen.

ABB. 8–1 Fortsetzung

	MEHRFACHGESCHÄFT	VERKEHR		
Primärgüter	Anderes Handwerkszeug Werkzeugblätter und -spitzen • **Sonstige Zentrifugalpumpen** **Pumpen für Gase etc.** Teile für Ventilatoren, Gebläse etc. Kugel-, Walz- u. a. Lager Sonstige Hähne, Ventile etc. Wellen, Lager, Rollen etc. **Optische Geräte** Meß- und Zählgeräte Vermessungsgeräte Maß-, Zeichen- u. a. Geräte Mineralerzeugnisse# Meß- und Steuergeräte# #	MOTOREN KFZ-Kolbenmotoren • **Außenbordkolbenmotoren**# **Kolbenschiffsmotoren, ohne Außenbordmotoren** Sonstige Kolbenmotoren FAHRZEUGE **Raupenschlepper** Radschlepper **Selbstfahrende Bulldozer** **Selbstfahrende Löffelbagger**	**Gabelstapler etc.** Sonstige Hub- und Lademaschinen# **Personenkraftwagen** **Lastkraftwagen** Spezialkraftfahrzeuge **Autobusse** **Motorräder** **Fahrräder, Rollstühle**# Schienenfahrzeuge# **Tankschiffe aller Art**	**Andere Frachtschiffe** **Spezialschiffe** Tiefbaumaschinen# # FAHRZEUGAUSSTATTUNG Schiffsladebäume, -kräne **Container für Straße und Schiene**
Maschinen	Sonstige Maschinen für Spezialbranchen# Verkaufsautomaten, Waagen#	**Gummi-, Kunststoffverarbeitungsmaschinen** **Werkzeugmaschinen für Metall**# **Drehbänke für Metall** Aufreib- u. a. metallbearbeitende Maschinen	**Umformmaschinen** Teile für Metallbearbeitungsmaschinen# **Konverter, Gießpfannen, Gießmaschinen**#	Geräte zum Autogenschweißen, Hartlöten u. a.#• **Mechanisches Handwerkzeug** Elektroschweißgeräte etc.• **Elektromechanisches Handwerkzeug** **Andere elektrische Maschinen**#
Besondere Produktionsmittel	Sonstige Gußformen Dichtungs- u. a. Teile für nicht-elektrische Maschinen#•	Synthetischer Gummi Radargeräte etc.• Sonstige Kolbenmotorenteile Autoreifen• **Bus- und LKW-Reifen (neu)**# Flugzeug-, Motorradreifen# Gummiartikel#	**Elektroakkumulatoren** **Zünd- und Startausrüstung** **Fahrzeugbeleuchtungsausrüstung** **Elektrische Kondensatoren** Kohleelektroden	KFZ-Karosserien, -Teile, -Zubehör#• Primärbatterien, -zellen KFZ-Fahrgestelle **Motorradteile, -zubehör** **Autoradios**
Dienstleistungen	Technik/Architektur* Handel!*** Geschäftsbanken* Rückversicherung*	Versand***		

ABB. 8–1 Fortsetzung

	STROMERZEUGUNG UND -VERTEILUNG	BÜRO	TELEKOMMUNIKATION	RÜSTUNG
Primärgüter	ERZEUGUNG Dampfkessel **Dampfkessel als Zusatzanlagen#** *Dampfmaschinen, -turbinen* Gleichstrommotoren, Generatoren, Drehumformer, Teile# Wechselstrommotoren, einschl. Universalmotoren **Wechselstromgeneratoren** **Generatoranlagen mit Kolbenmotoren** VERTEILUNG *Isolierflüssigkeitswandler* Andere elektrische Transformatoren# *Stromrichter* Induktoren, elektrische Antriebsmaschinen# Schaltvorrichtungen *Feste, bewegliche Widerstände* Isolierdraht, -kabel *Isoliergeräte*	**Elektrische Schreibmaschinen** Mechanische Schreibmaschinen, Scheckschreiber# **Rechenmaschinen** Registrierkassen, Buchungsmaschinen# *Vervielfältigungs-, andere Büromaschinen#* **Foto-, Thermokopierer** **Diktiergeräte** Sonstiger Bürobedarf aus unedlem Metall	*Schnurtelefonausrüstung* *Fernseh-, Rundfunksender* *Funktelefone, Fernsehkameras, Teile#*	
Maschinen		Rotationsmaschinen• *Tiegeldruckpressen#*		
Besondere Produktionsmittel				
Dienstleistungen				

SCHLÜSSEL

Normal Anteil am Weltexport 10,12% oder mehr, aber weniger als 20,24%.

Kursiv *Anteil am Weltexport 20,24% oder mehr, aber weniger als 40,48%.*

Fett **Anteil am Weltexport 40,48% oder mehr.**

• Branchen 1978 unter dem Schwellenwert.

\# Errechnete Restgrößen

\#\# Aufgenommen aufgrund eines nennenswerten Exportwerts in einem Branchenbereich.

* Aufgenommen aufgrund der direkten Auslandsinvestitionen.

** Aufgewertet aufgrund der direkten Auslandsinvestitionen.

*** Aufgenommen aufgrund von Inlandsuntersuchungen.

ABB. 8-1 Fortsetzung

	NAHRUNGSMITTEL/GETRÄNKE	WOHNEN/HAUSHALT	TEXTILIEN/BEKLEIDUNG
Primärgüter	GRUNDNAHRUNGSMITTEL Haltbar gemachter Fisch *Fischtran, -fett#* GETRÄNKE *Andere gegorene Getränke#*	HAUSHALTSKERAMIK *Haushaltsporzellan, -geschirr* *Haushaltsgrobkeramik* Dekorative Keramik HAUSHALTSGERÄTE Geräte zum Erhitzen und Kochen *Klimaanlagen* Haushaltswaschmaschinen • *Haushaltskühlschränke* • *Andere Haushaltsgeräte#* ANDERE *Messerwaren* Synthetische Teppiche#	STOFFE Gewebte gebleichte Baumwolle# *Synthetische Kontinuegewebe ohne Flor* Webwaren aus Kunstfasern# *Regenerierte Kontinuegewebe ohne Flor* Gewirktes unelastisches Kunstgewebe ZUBEHÖR Nichtgewirktes Textilzubehör#
Maschinen	Handwerkszeug f. Landwirtschaft, Gartenbau oder Forstwirtschaft# Gewerbliche Kühlanlagen • Sonstige Teile für gewerbliche Kühlanlagen# • Ernte-, Dreschmaschinen*		*Nähmaschinen* *Nähmaschinennadeln, -teile#* Textilverarbeitungsmaschinen# *Spinn-, Spulmaschinen* Teile für Spinn- und Erspinnmaschinen Webmaschinen *Strick-, Filzherstellungsmaschinen etc.#* Sonstige Webstuhl-, Strickmaschinenteile •
Besondere Produktionsmittel	Fungizide, Desinfektionsmittel# • Glasauskleidung für Thermosflaschen# •	Glas#•	FASERN & GARN Diskontinuierliche ungekämmte Kunstfasern Diskontinuierliche gekämmte Kunstfasern# *Diskontinuierliche regenerierte ungekämmte Fasern* Diskontinuierliche regenerierte gekämmte Fasern# *Nichttexturierte Polyamidfasern* Diskontinuierliche Kunstfasern Regeneriertes Fasergarn, Monofil ANDERE Schmälzmittel für Textilien# •
Dienstleistungen			

ABB. 8–1 Fortsetzung

	GESUNDHEITS-FÜRSORGE	PRIVAT	UNTERHALTUNG/FREIZEIT
Primärgüter	ARZNEIMITTEL Provitamine und Vitamine MEDIZINISCHE GERÄTE *Elektromedizinische Geräte*° Röntgenapparate etc.° Medizinische Instrumente	*Armbanduhren* *Uhren, Gangwerke, Gehäuse#* *Füllfederhalter etc.* *Schreibfedern, Bleistifte#* *Brennstoffe etc.* *Kurzwaren, Toilettenartikel* *Perlen#* Brillen# ***Gold, Silberwaren****	UNTERHALTUNGSELEKTRONIK **Farbfernsehgeräte** **Schwarzweißfernseher** **Kofferradios** **Andere Radios** **Plattenspieler** **Videorecorder, Tonaufnahmegeräte** **Mikrofone, Lautsprecher, Verstärker** FOTOGRAFIE **Einzelbildkameras, Blitzlichtgeräte** Filmkameras, Projektoren etc. ***Sonstige Foto- und Filmapparate und Ausrüstung#****° **Fotochemikalien#** ***Film, flach, unbelichtet*** ***Rollfilm, unbelichtet*** ***Lichtempfindliches Fotogewebe*** ANDERE UNTERHALTUNG **Bespielte Tonkassetten** Kinderwagen, Sportartikel# Spielzeug, Puppen# ***Spiele fürs Haus***° Klaviere, **Musikinstrumente, Teile#**
Maschinen			Fernsehröhren Ungefaßte optische Bauteile# **Gefaßte optische Bauteile** Glühlampen Entladungslampen, Blitzlampen#
Besondere Produktionsmittel		*Uhren, -teile*	
Dienstleistungen			Hotels*

SCHLÜSSEL

Normal Anteil am Weltexport 10,12% oder mehr, aber weniger als 20,24%.

Kursiv *Anteil am Weltexport 20,24% oder mehr, aber weniger als 40,48%.*

Fett **Anteil am Weltexport 40,48% oder mehr.**

• Branchen 1978 unter dem Schwellenwert.

Errechnete Restgrößen

Aufgenommen aufgrund eines nennenswerten Exportwerts in einem Branchenbereich.

* Aufgenommen aufgrund der direkten Auslandsinvestitionen.

** Aufgewertet aufgrund der direkten Auslandsinvestitionen.

*** Aufgenommen aufgrund von Inlandsuntersuchungen.

dann die Büromaschinen und Computer hervor. Japans Position im Gesundheitswesen neigt stark zu elektronischen Geräten.

Nur geringe nationale Wettbewerbsvorteile zeigt Japan bei forstwirtschaftlichen
Produkten und verwandten Gebieten, Chemikalien und Kunststoffen (viele der
japanischen Positionen sind rückläufig, bis auf ein paar, auf die ich noch zu sprechen
komme), Nahrungsmitteln und Getränken, abgepackten Verbrauchsgütern wie
Waschmitteln oder Toilettenartikeln, und schließlich bei rüstungsnahen Produkten.
International schwach ist Japan auch bei fast allen Dienstleistungen und Wohnungs-
einrichtungen. Die Stellung im Gesundheitswesen und bei Textilien/Bekleidung (mit
Ausnahme der Maschinen) ist ebenfalls bescheiden.

Tatsächlich türmen sich in Japan mehr als in jedem anderen Land die Gegensätze.
Einerseits hat es einige der wettbewerbsfähigsten Unternehmen und Topbranchen,
die für das Land einen bemerkenswerten wirtschaftlichen Fortschritt errungen haben.
Andererseits gibt es große Wirtschaftsbereiche, die nicht nur an den Standards der
weltbesten Wettbewerber scheitern, sondern weit hinter ihnen zurückbleiben. Daß
diese Sektoren weiterbestehen, ist sowohl Ausdruck des komplizierten Gleichge-
wichts der japanischen Politik als auch eine zunehmende Last für die Zukunft des
japanischen Wohlstands.

Um dieses Muster des nationalen Wettbewerbsvorteils zu erkennen, und auch, wie es
sich im Lauf der Zeit entwickelt und aufgewertet hat, muß man untersuchen, wie
Japans Lage gegenüber dem »Diamanten« ist. Ich möchte mich hier auf die Branchen
konzentrieren, in denen Japan einen internationalen Wettbewerbsvorteil erzielt hat;
die Branchen, in denen Japan nicht wettbewerbsfähig ist, werden kürzer abgehandelt. Japan besitzt die einmaligen Voraussetzungen, den »Diamanten« als ein System
wirken zu lassen. In keinem der von uns untersuchten Länder waren die sich selbst
verstärkenden Kräfte der Bestimmungsfaktoren ausgeprägter, wenngleich Italien
dichtauf folgte.

Die japanischen Faktorbedingungen

Der Ausgangspunkt für die Prüfung der japanischen Faktorbedingungen ist der
Mangel des Landes an Rohstoffen oder anderen natürlichen Faktoren wie Anbauflä-
che oder günstige Lage zu den Märkten. Was Japan hat, sind relativ vorteilhafte
Umstände für die Erzeugung von Strom durch Wasserkraft dank des gebirgigen
Gelände; ein großer Teil der Elektrizität kam in den 50er und 60er Jahren denn auch
von Wasserkraftwerken. Das sparte Devisen und nutzte den ersten japanischen
Exportindustrien wie dem Stahl.[3]

Bis auf die reichlich vorhandenen Naturhäfen leidet Japan jedoch insgesamt unter
systematischen Nachteilen bei natürlichen Produktionsfaktoren. Die mangelnde
Ausstattung mit Naturreichtümern hat auf Gebieten wie Forsterzeugnissen, Bergbau
und Landwirtschaft jeden nennenswerten internationalen Erfolg vereitelt. Wie wir
aber noch sehen werden, haben Japans Rohstoffnachteile eine nicht unerhebliche
Rolle gespielt, sowohl für die Bildung und Aufwertung von Wettbewerbsvorteilen bei
einer Vielzahl von Branchen wie für eine rasch steigende Produktivität.

Eine weitere Schwäche bei Produktionsverfahren war der Mangel an Kapital. Japan

ABBILDUNG 8–2 Japanische Exporte wettbewerbsfähiger Branchen nach großen Ansammlungen in Prozent

VORGELAGERTE BRANCHEN
- Anteil an Landesexporten: 15.6 (−3.3)
- Anteil an Weltexporten der Ansammlung: 4.6 −0.4

Werkstoffe/Metalle
- Anteil an Landesexporten: 9.6 (−6.4)
- Anteil an Weltexporten der Ansammlung: 10.8 (−1.7)

Forsterzeugnisse
- Anteil an Landesexporten: 0.2 (+0.0)
- Anteil an Weltexporten der Ansammlung: 1.0 (0.3)

Erdöl/Chemikalien
- Anteil an Landesexporten: 1.3 (−0.5)
- Anteil an Weltexporten der Ansammlung: 1.0 (−0.2)

Halbleiter/Computer
- Anteil an Landesexporten: 4.7 (3.6)
- Anteil an Weltexporten der Ansammlung: 11.3 (6.3)

INDUSTRIELLE & UNTERSTÜTZENDE FUNKTIONEN
- Anteil an Landesexporten: 50.8 (2.3)
- Anteil an Weltexporten der Ansammlung: 17.4 (3.5)

Mehrfachgeschäft
- Anteil an Landesexporten: 3.7 (0.1)
- Anteil an Weltexporten der Ansammlung: 5.5 (0.9)

Verkehr
- Anteil an Landesexporten: 36.9 (1.0)
- Anteil an Weltexporten der Ansammlung: 22.6 (4.2)

Stromerzeugung & -verteilung
- Anteil an Landesexporten: 3.3 (−0.6)
- Anteil an Weltexporten der Ansammlung: 14.6 (1.0)

Büro
- Anteil an Landesexporten: 3.5 (0.5)
- Anteil an Weltexporten der Ansammlung: 28.0 (8.5)

Telekommunikation
- Anteil an Landesexporten: 3.4 (1.4)
- Anteil an Weltexporten der Ansammlung: 28.1 (8.8)

Rüstung
- Anteil an Landesexporten: 0.0 (−0.1)
- Anteil an Weltexporten der Ansammlung: 0.3 (−0.1)

ENDVERBRAUCH GÜTER & DIENSTLEISTUNGEN
- Anteil an Landesexporten: 20.3 (1.0)
- Anteil an Weltexporten der Ansammlung: 6.9 (2.0)

Textilien/Bekleidung
- Anteil an Landesexporten: 3.2 (−1.5)
- Anteil an Weltexporten der Ansammlung: 4.9 (−0.5)

Nahrungsmittel/Getränke
- Anteil an Landesexporten: 0.7 (−0.1)
- Anteil an Weltexporten der Ansammlung: 0.7 (0.2)

Wohnen/Haushalt
- Anteil an Landesexporten: 2.3 (0.4)
- Anteil an Weltexporten der Ansammlung: 8.2 (3.4)

Gesundheitsfürsorge
- Anteil an Landesexporten: 0.7 (0.3)
- Anteil an Weltexporten der Ansammlung: 4.7 (1.9)

Privat
- Anteil an Landesexporten: 1.6 (−0.4)
- Anteil an Weltexporten der Ansammlung: 5.3 (0.3)

Unterhaltung/Freizeit
- Anteil an Landesexporten: 11.8 (2.4)
- Anteil an Weltexporten der Ansammlung: 32.7 (8.4)

Anmerkung: Die Zahlen in Klammern bezeichnen Veränderungen zwischen 1978 und 1985. Exporte sind die der wettbewerbsfähigen Branchen, nicht aller Branchen. ▓ Bezeichnet die großen Bereiche, in denen die internationalen Wettbewerbspositionen des Landes miteinander verbunden sind.

ging mit sehr geringen Kapitalmitteln aus dem Zweiten Weltkrieg hervor. Der Zusammenbruch des *Zaibatsu*-Systems (riesige Holding-Gesellschaften) schwächte die Finanzstruktur zusätzlich.

Humankapital hingegen war ein Bereich, der Japan einige Vorteile brachte. Respekt vor der Bildung, die an Ergebenheit grenzt, hat in Japan eine lange Tradition. So besaß das Land ein großes Potential an gebildeten, ausgebildeten und sehr qualifizierten Arbeitskräften. Der Japaner ist diszipliniert, arbeitsam und bereit zur Zusammenarbeit in der Gruppe. Außerdem stehen Lehrer und Autoritätspersonen bei ihm in höchstem Ansehen.[4] Kleine Wohnungen und gemeinsame zentrale Mehrzweckräume verlangen ebenfalls Kooperationsbereitschaft und gegenseitige Rücksichtnahme.[5] Wie Deutschland hat auch Japan von einem großen Reservoir ausgebildeter Ingenieure profitiert. Pro Kopf der Bevölkerung machen an den japanischen Universitäten sehr viel mehr Ingenieure ihr Diplom als in den Vereinigten Staaten. Immer mehr Japaner werden auch im Ausland ausgebildet, vor allem auf technischen Gebieten. 1987–88 studierten über 18 000 Japaner an US-Universitäten, womit Japan an sechster Stelle rangierte, deutlich vor Großbritannien, Deutschland und Italien.[6]

Die Wissenschaftsgrundlagen Japans nach dem Zweiten Weltkrieg reichten zwar nicht an die von Amerika oder Deutschland heran, waren aber doch in einigen Bereichen bemerkenswert. Seine industriellen Leistungen während des Krieges zeugen von beachtlichem Können in der Luftfahrt, Kommunikation, Schiffsbau und Maschinenbau. Das Land unternahm in der Kriegszeit große Anstrengungen, um in diesen Bereichen Fortschritte zu erzielen. Japan profitierte im Zweiten Weltkrieg von der Zusammenarbeit mit deutschen Forschern, z. B. bei optischen Geräten.

Faktorbildende Mechanismen. Alle Einschätzungen, daß Japan seinen Aufstieg praktisch aus dem Nichts begonnen habe, gehen weit an der Sache vorbei. Einen echten Faktorvorteil hatte Japan allerdings nur bei den Arbeitskräften. Wichtiger als die Verfügbarkeit von Faktoren ist, daß Japan dringend benötigte Faktoren in einem Tempo bilden und aufwerten konnte, das unbestreitbar dem aller anderen Länder weit überlegen war. Die japanische Industrie zeigte sich in der Lage, Engpässe bei anderen Faktoren zu umgehen und verfügbare Faktoren schneller und offensiver einzusetzen als Unternehmen aus anderen Ländern.

Japan begann zwar die Nachkriegszeit mit wenig Kapital, aber dank einer außergewöhnlich hohen Sparquote erfolgte die Kapitalbildung schnell. Die Spargewohnheiten waren teils kulturell bedingt, teils Folge der staatlichen Politik – gekennzeichnet einmal durch fehlende soziale Sicherheit, dann durch einen geringen Wohnungsbestand, der den Kauf einer Wohnung für viele erschwerte, und durch Behinderungen der Kapitalanlage im Ausland. Um einen Ausgleich für die schwachen Finanzinstitute zu schaffen, betrieb die japanische Regierung eine Anlagepolitik *(Zaiseito-yushi)*, die das Sparen und die Anlage der Gelder in vorrangigen Bereichen förderte. Die Bürger erhielten steuerliche Anreize, ihre Ersparnisse beim Postsparsystem *(Yubin chokin)*, bei Banken und Versicherungsgesellschaften anzulegen. Das Postsystem wurde stark genutzt, weil es in ganz Japan ein dichtes Netz guterreichbarer Postämter gab.[7] In den ersten Nachkriegsjahren wurde das über das Postsparsystem gesammelte knappe Kapital unter staatlicher Führung durch die Japanische Entwicklungsbank und andere Regierungsstellen zinsgünstig an Unternehmen in bestimmten Sektoren wie

Stahl und Schiffsbau vergeben. Auf diese Weise konnte Japan einen internationalen Erfolg in einigen kapitalintensiven Industrien erzielen, obwohl es im Vergleich mit anderen fortschrittlichen Ländern wenig Kapital besaß. Ab etwa 1970 war Kapital dank der anhaltend hohen Ersparnisse und des zunehmenden Wettbewerbserfolgs kein Engpaß mehr für die Industrie.[8] Die sich daraus ergebenden niedrigen Zinssätze trugen zu einer hohen Investitionsrate bei (was aus Tabelle 7–1 hervorgeht) und auch dazu, daß viele japanische Unternehmen kapitalintensive Vorhaben angingen und offensiv in Großprojekte investierten. Die Kapitalbildung ist so effektiv, daß Japan heute von Kapital geradezu überschwemmt wird und gar nicht weiß, wo es das Geld anlegen soll (was eine potentielle Gefahr für die Wirtschaft darstellt, siehe Kapitel 13).

Der Kapitalbildungsprozeß war nicht der einzige beeindruckende faktorbildende Mechanismus Japans. Noch wichtiger war die beständige und schnelle Aufwertung des Humankapitals, die eine wachsende Differenzierung der Wettbewerbspositionen begünstigte. Japan besitzt ein erstklassiges Schulsystem, das einen hohen Standard hat und mathematische und naturwissenschaftliche Fächer betont. Die Ausbildung an Haupt- und höheren Schulen ist auf extremen Wettbewerb abgestellt, und die Einbeziehung der Familie, vor allem der Mütter, in die Bildung ist so stark, wie ich sie in keinem der von uns untersuchten Länder gefunden habe, Korea vielleicht ausgenommen.[9] Während die Amerikaner oft (und mit einiger Berechtigung) behaupten, das strenge japanische System führe zu einem Mangel an Kreativität, vermittelt die japanische Schulbildung den meisten Schülern im ganzen Land eine solide Grundlage für die Weiterbildung. Nach Abschluß der höheren Schule weiß ein Japaner in Mathematik soviel wie die meisten amerikanischen Hochschulabgänger.

Japans zahlreiche Universitäten bieten eine angemessene Ausbildung, besonders in den technischen Fächern. 1986 hatte Japan 465 Vierjahres- und 548 Zweijahresuniversitäten. Dennoch sind die japanischen Universitäten denen in Deutschland, den Vereinigten Staaten, der Schweiz oder Schweden nicht ebenbürtig, vor allem in den sozial- und geisteswissenschaftlichen Fächern nicht. Obwohl die Abiturienten sich strengen Aufnahmeprüfungen für den Zugang zur Universität unterziehen (viele beginnen schon in der Grundschule mit außerschulischen Paukkursen als Vorbereitung auf diese Prüfungen), besteht der studentische Alltag nach der Aufnahme in den nichttechnischen Fächern doch mehr aus Spiel als aus Arbeit. In den technischen und naturwissenschaftlichen Disziplinen ist der Lehrplan ausgefeilter und die Ausbildung straffer.

Einmalig am japanischen nachschulischen Bildungssystem sind die Ausbildung und Schulung, die sowohl Arbeitern wie Managern in japanischen Unternehmen geboten werden. Die japanische Wissensbildung erfolgt sehr viel intensiver in Unternehmen als in anderen Institutionen. Die innerbetriebliche Schulung ist streng und für den Aufstieg unentbehrlich. In vielen japanischen Unternehmen müssen Manager regelrechte Tests ablegen, um die nächsthöhere Ebene zu erreichen. Unternehmen wie die NEC Corporation haben sogar Schulungskurse für promovierte Angestellte. Die innerbetriebliche Schulung erfolgt ständig und konzentriert sich auf die besonderen Kenntnisse und Bereiche, die für die jeweilige Branche maßgeblich sind. Die meisten der im Ausland studierenden japanischen Studenten sind von ihren Firmen geschickt und werden von ihnen voll unterstützt. Die Angestellten häufen während ihres gesamten Berufslebens Spezialkenntnisse an, was die ständige Aufwertung der Wettbewerbsvorteile untermauert.

Japanische Unternehmen sind auch der Hauptmotor für die Forschung und Entwicklung in Japan. Die Universitätsforschung ist beschränkt, und der Austausch zwischen Unternehmen und Universitäten ist, verglichen mit dem anderer Länder, gering. Einige nationale Laboratorien sind mit verschiedenen japanischen Ministerien verbunden, die ihrerseits eine gewisse Rolle in der Forschung und Entwicklung spielen. Viele der besten Naturwissenschaftler entscheiden sich jedoch für eine Stellung in den Forschungslabors japanischer Großunternehmen. Dort findet der größte Teil der wichtigen Forschung in Japan statt.

Japanische Unternehmen waren ungewöhnlich geschickt im Beschaffen von Technologie aus dem Ausland, wie die Schweizer und Schweden. Die Japaner haben eine lange Tradition, Bestandteile anderer Kulturen zu übernehmen. In japanischen Unternehmen herrscht hohe Achtung vor starken Konkurrenten, und es fehlt weitgehend an technischer Überheblichkeit oder Skrupeln wegen der Urheberschaft. Die pragmatische Suche nach einer besseren Technologie wird durch einen sehr starken inländischen Wettbewerbsdruck vorangetrieben. Japanische Unternehmen investieren seit langem kräftig in die Teilnahme an ausländischen Konferenzen, besuchen befreundete Auslandsunternehmen, beschäftigen sich mit der Fachliteratur und erwerben gute Technologien in Lizenz, anstatt zu versuchen, sie zu kopieren.

Als die technologischen Fähigkeiten in Japan stiegen, haben die Unternehmen das Tempo der Ausgaben für mehr und grundlegendere Forschung erhöht. Heute weisen die japanischen Statistiken aus, daß Japan, legt man die neuen Forschungsverträge oder -abmachungen zugrunde, mehr Technologie exportiert als importiert. Das Gesamtniveau der Ausgaben für Forschung und Entwicklung ist von 1,9 Prozent des japanischen Bruttosozialprodukts 1971 auf 2,8 Prozent 1987 gestiegen und damit neben dem von Deutschland und Schweden das höchste aller fortschrittlichen Länder. Praktisch die gesamte japanische Forschung und Entwicklung bezieht sich auf nicht zur Rüstung gehörende Gebiete. Der Staat finanziert bescheidene 21 Prozent der nationalen Forschung und Entwicklung (gegenüber 47 Prozent in den Vereinigten Staaten), und über 80 Prozent der staatlich finanzierten japanischen Forschung und Entwicklung betreffen die allgemeine Wissenschaft und Energie (siehe die Tabellen 12–1 und 13–1).

Es ist viel über die japanische Gewohnheit des gemeinsamen Forschens gesprochen worden, bei der mehrere Unternehmen unter der Leitung einer staatlichen Stelle, oft des Ministeriums für internationalen Handel und Industrie (MITI), in einem Bereich von allgemeiner Bedeutung gemeinsam forschen. In diesen Programmen steckt auch etwas Geld vom Staat, doch der Großteil der finanziellen und personellen Mittel kommt von den beteiligten Unternehmen. Viele Beobachter erklären, die gemeinsame Forschung vermeide Verschwendung und Doppelausgaben, und gerade sie sei eine bedeutende Quelle des nationalen Vorteils in den Branchen gewesen, in denen sie praktiziert wurde.

Ich sehe das etwas anders. Ich betrachte es als die Hauptaufgabe der gemeinsamen Forschung, ein Signal zu geben, um langfristige Forschungsbemühungen auf wichtige Bereiche zu lenken und die Forschung der Muttergesellschaften anzuregen. Japanische Unternehmen geben im allgemeinen viel mehr intern für private Forschung auf demselben Gebiet aus, als sie zum Gemeinschaftsvorhaben beisteuern. Die gemeinsamen Projekte werden als unabhängiger Einstieg aufgezogen, bei dem die meisten Branchenmitglieder mitmachen können, was die Bedrohung des Wettbewerbs auf ein Minimum reduziert. Die Unternehmen wachen eifersüchtig über ihre besten Ideen und schicken nicht unbedingt ihre besten Leute ins Rennen. Doch die Existenz gemeinsamer Projekte signalisiert aufkommende Technologien, hebt einen Bereich hervor, in dem auch Konkurrenten arbeiten, und hilft den Forschungschefs der Unternehmen häufig, der Geschäftsführung ein höheres Budget zu entlocken. Der scharfe Wettbewerb macht es für ein Unternehmen zur Ehrensache, bei neuen, besonders markanten Technologien beteiligt zu sein. All das ist für den technischen Fortschritt äußerst segensreich, aber nicht aus den meistens angenommenen Gründen.

Ein weiterer wichtiger Bereich der Faktorbildung in Japan, und in mancher Hinsicht der entscheidende, ist die Information. Jedes japanische Unternehmen und jeder Japaner wird mit wirtschaftlichen Informationen überschüttet. In Japan sind Daten (über Marktanteile, Firmenentwicklungen, technische Trends usw.) im Überfluß in den Branchen und Produktbereichen verfügbar, in denen Japan eine gute Position hat. Nachrichtensendungen berichten zur besten Sendezeit ausführlich über Wirtschaftsfragen. (Da viele japanische Führungskräfte um diese Zeit noch arbeiten, nehmen einige die Nachrichten und auch die Sondersendungen über aktuelle Wirtschaftsfragen mit einem Videorecorder auf.) Zur Verfügung gestellt werden solche Informationen durch die Medien, durch staatliche Stellen, Branchenverbände und zahllose andere Vereinigungen, die Bericht um Bericht und Buch um Buch produzieren. Es ergießt sich ein ständiger Strom von Büchern über japanische Unternehmen und von japanischen Führungskräften; sie stehen oft an vorderer Stelle auf den Bestsellerlisten.

Dieser Bestand an wirtschaftlichen Informationen, der selbst in den Vereinigten Staaten nicht seinesgleichen hat, ist ein wichtiger Bestandteil des Wettbewerbsprozesses bei japanischen Unternehmen. Er konfrontiert sie mit der Notwendigkeit, vorauszuschauen und beständig den eigenen Fortschritt an dem der Konkurrenten zu messen. Interessanterweise wird dem Rang beim Marktanteil weit mehr Bedeutung beigemessen als der finanziellen Rangordnung.

Selektive Faktornachteile. Der nationale japanische Wettbewerbsvorteil geht selten auf Basisfaktorenvorteile zurück. Er rührt häufig her von den vorhandenen Mechanismen zur Bildung spezieller Faktoren, die für bestimmte Branchen von Belang sind. Genauso wichtig wie die Faktorbildung ist jedoch der Anreiz, den selektive Faktornachteile den japanischen Unternehmen bieten.

Japan begann nach dem Zweiten Weltkrieg mit einem Heer von Arbeitslosen. Ende der 60er Jahre herrschte dagegen Arbeitskräftemangel, vor allem in der schnell wachsenden Automobil- und Elektronikindustrie.[10] Dieser Mangel und die rasch steigenden Löhne schufen den Zwang zu automatisieren. Verstärkt wurde dieser Zwang durch die in den größeren Unternehmen vorherrschende Dauer- und Lebensanstellung, die japanische Unternehmen bei Einstellungen sehr vorsichtig agieren und dazu neigen ließ, Produktivitätsverbesserungen versuchsweise lieber mit den vorhandenen Beschäftigten zu erreichen.[11] Das bewirkte ironischerweise, daß viele japanische Unternehmen einen ihrer frühen Vorteile gegenüber den westlichen Unternehmen wegrationalisierten, nämlich die billigen Arbeitskräfte. Die Arbeitskosten waren auch keine Hilfe beim Wettbewerb mit den normalerweise zahlreichen japanischen Konkurrenten; auch das begünstigte die Automatisierung.

Selbst die Nachteile bei natürlichen Produktionsfaktoren waren ein Anreiz zur Innovation und Aufwertung der japanischen Industrie. Die japanischen Kinder lernen schon sehr früh auf breitester Ebene, daß Japan nur durch *Kako-boeki* überleben kann, durch Exporte, die auf dem Import von Werkstoffen beruhen. Der Gedanke der Aufwertung wird sehr früh vermittelt. Auf einer konkreteren Ebene setzte sich das Fehlen von Rohstoffen in vielen japanischen Branchen in Innovationen um. Der Mangel an landeseigenen Metallen und anderen Rohstoffen führte zu intensivem Bemühen, den Metallanteil bei Produkten zu senken und auch neue, moderne Werkstoffe zu verwenden.[12] Japanische Unternehmen sind beispielsweise führend bei Keramik, Verbundwerkstoffen und Kohlefasern, und es besteht eine lebhafte und gehobene Nachfrage nach neuen Werkstoffen in der japanischen Industrie.

Die hohe Abhängigkeit von ausländischer Energie, die in den 60er Jahren begann, hatte hohe inländische Energiepreise und eine intensive Beschäftigung mit energiesparenden Maßnahmen zur Folge. So gilt beispielsweise die Energienutzung in den japanischen Stahlunternehmen als die wirtschaftlichste der Welt. Die beiden Erdölkrisen trafen Japan besonders hart. Sie lenkten die Aufmerksamkeit der japanischen Industrie mit aller Macht auf noch mehr Energieersparnis, was viele Innovationen nach sich zog.[13] Viele Unternehmen stellten z. B. sofort nach dem ersten Erdölschock auf volltransistorisierte Technologien um, in erster Linie zunächst einmal, um den Stromverbrauch zu senken. Das setzte andere Vorteile in Gang wie größere Zuverlässigkeit, weniger Bauteile und leichtes Automatisieren – und dies katapultierte japanische Unternehmen in Branchen wie Fernseh- und Rundfunkgeräte an die Spitze. Die Erdölschocks veranlaßten alle Länder, stärker auf die Energiekosten zu achten, aber die geschichtlich hohen japanischen Energiekosten verschafften den japanischen Unternehmen einen Vorsprung.

Die großen Entfernungen zwischen Japan und vielen seiner Märkte (und Lieferquellen) haben auch die Innovation in der Logistik beflügelt. Der Containertransport kam sehr früh in Japan auf, genauso wie der Einsatz spezieller Frachtschiffe. Die Entfernungen haben zudem Interesse an der Zuverlässigkeit geweckt, die die Anforderungen an den Kundendienst abbauen sollte. Die Lage Japans hat noch eine andere Auswirkung gehabt: sie erlaubt einen relativ ungehinderten Zugang zu den asiatischen Märkten, die von westlichen Unternehmen nicht beachtet oder nicht gut beliefert wurden. In vielen Branchen gingen die ersten japanischen Exporte in andere asiatische Länder, im Gegensatz zu Korea und Taiwan, deren erste größere Exporte fast alle in den Westen gingen (vor allem in die Vereinigten Staaten).

Ein weiterer allgegenwärtiger selektiver Faktornachteil in Japan sind die extrem hohen Bodenpreise infolge der knappen nutzbaren Bodenfläche. Die Bevölkerungsdichte ist im Vergleich mit anderen Ländern hoch, selbst wenn man die japanische Gesamtfläche zugrunde legt (siehe Tabelle 1–1), doch 75 Prozent des Landes sind gebirgig und kaum für Wohn- und Arbeitszwecke geeignet. Die räumlichen Zwänge berühren nicht nur die Nachfragebedingungen (sie begünstigen kompakte und raumsparende Produkte), sondern haben japanische Unternehmen auch veranlaßt, Produktionsbereiche zu beschneiden, unnötigen Lagerraum und Warenvorräte zu vermeiden und Produktionsvorgänge zusammenzulegen. Japanische Unternehmen haben z. B. die raumsparende Just-in-time-Produktion eingeführt.

Ein erheblicher selektiver Nachteil war schließlich auch der Anstieg des Yen, der 1973 begann, dann vor allem die Aufwertung des Yen ab Mitte der 80er Jahre. Die Aufwertung führte in den japanischen Unternehmen zu fieberhaften Kompensationsbemühungen. Verbesserte Produktivität durch Automatisierung, Verlagerung zu differenzierteren Produktsegmenten und Globalisierung der Produktion sind drei typische Reaktionen, die alle äußerst günstig für die langfristige Wahrung des japanischen Wettbewerbsvorteils sind. Unter dem starken Druck des Inlandswettbewerbs erfolgte die Antwort auf die Yen-Aufwertung umgehend und führte zur raschen inneren Aufwertung der japanischen Industrie.[14]

Alle Schocks (der Nixon-Schock, d. h. der Importaufschlag durch die Vereinigten Staaten, die Erdölschocks, der Yen-Schock) erwiesen sich als starker Anstoß für Fortschritt und Innovation in der japanischen Industrie. Jeder dieser Schocks wirkte sich unverhältnismäßig stark auf Japan aus. Aufgenommen mit allgemeiner Bestürzung und Pessimismus, setzten sie die japanische Industrie Anreizen aus, die Innovationslawinen lostraten. Wären die Schocks nicht gewesen, hätte Japan sie erfinden müssen.

Wie in der Schweiz, Deutschland und Schweden lösten selektive Nachteile wegen anderer Teile des »Diamanten« in Japan keineswegs Lähmung oder Horten aus, sondern Innovationen, insbesondere wegen der intensiven Bindung der japanischen Unternehmen an ihre Branche und des scharfen Inlandswettbewerbs. Hinsichtlich des Umfangs, in dem die anderen Bestimmungsfaktoren die Reaktion auf die selektiven Nachteile besonders positiv ausfallen ließen, war Japan jedoch wirklich einmalig. Mit bemerkenswerter Geschwindigkeit konnte es sich von den Erdölschocks erholen.

Die Nachfragebedingungen

Die Faktorbedingungen lassen auf einige allgemeine Vorteile für die japanische Industrie schließen, während die selektiven Faktornachteile schon auf bestimmte Gebiete verweisen, in denen die japanische Industrie sich hervortut. Um jedoch das japanische Erfolgsmuster ganz zu verstehen, müssen wir auch auf andere Teile des »Diamanten« blicken. Die Nachfragebedingungen erweisen sich als einer der wichtigsten Bestimmungsfaktoren des nationalen Wettbewerbsvorteils in der japanischen Wirtschaft. Bei einer bemerkenswerten Vielzahl von Branchen, in denen Japan eine starke Position errang, lieferten die Art der heimischen Nachfrage und ihre Charakteristika den japanischen Unternehmen einen einmaligen Anreiz. Bei den allermeisten japanischen Branchen leitete der Inlandsmarkt, nicht ausländische Märkte, die industrielle Entwicklung. Erst später gewann der Export an Bedeutung.[15]

Jede Erörterung der japanischen Nachfragebedingungen muß mit der Erkenntnis beginnen, daß der japanische Inlandsmarkt ziemlich groß ist, mit seinen etwa 120 Millionen Menschen und einer Vielzahl von Firmen, die sich auf einer relativ kleinen

Fläche drängen. Darüber hinaus ist das japanische Volk kulturell und ethnisch ausgesprochen homogen, wodurch sich die Kaufkraft noch stärker konzentriert.

In den 50er und 60er Jahren stieg die japanische Nachfrage auf dem Inlandsmarkt sehr schnell in Branchen, in denen die Märkte anderer Länder schon wieder abfielen. Das brachte einige bedeutende Vorteile. In der Nachkriegszeit zeigten sie internationale japanische Erfolge etwa bei Nähmaschinen, Stahl, Schiffsbau und Motorrädern, als die überschäumende Inlandsnachfrage den Firmen die Gewißheit gab, offensiv in große, leistungsfähige Anlagen zu investieren – zu einer Zeit, als amerikanische und europäische Wettbewerber bestehende, weniger wirtschaftliche, ältere Werke vermehrt ausbauten. Der Krieg hatte das den Japanern erleichtert, weil er viele Branchen zwang, ganz von vorn anzufangen. Das tat auch die Mentalität des »Abreißens und Neubauens«, die in der Industrie sehr verbreitet war und vom Staat gefördert wurde. Es lief darauf hinaus, alte, unwirtschaftliche Anlagen niederzureißen und durch große, moderne Betriebe zu ersetzen. Die sich daraus ergebende höhere Produktivität brachte für die japanischen Wettbewerber oft erhebliche Vorteile mit sich.

Viele der Branchen, in denen Japan erfolgreich war, profitierten von einem unverhältnismäßig großen Inlandsmarkt, der die ungewöhnlich hohe japanische Nachfrage spiegelte. Alle Branchen, die ich genannt habe, liefern hierfür Beispiele: Stahl (Japan baute wieder auf), Schiffe (Japan hat aufgrund seiner Lage und weil es Erdöl und andere Rohstoffe importieren muß, einen gewaltigen Bedarf an Transportkapazität), Motorräder (für den normalen Verkehr) und Nähmaschinen (von 1,7 Millionen Nähmaschinen in Japan wurden im Krieg 1,1 Millionen zerstört; viele Bürger nähten sich in den ersten Nachkriegsjahren ihre Sachen mit der Maschine selbst, und Bekleidung war ebenfalls eine blühende Exportbranche).

Als die japanische Wirtschaft stärker wuchs und sich verbreitete, half eine unverhältnismäßig große Nachfrage der heimischen Industrie Branchen wie Industrierobotern, Fotokopiergeräten, Keramik und Halbleitern. Bei Chips und integrierten Schaltkreisen z. B. erfuhr Japan eine außergewöhnliche Inlandsnachfrage dank der Stärke der japanischen Industrie bei Unterhaltungselektronik, Armbanduhren, Kameras und Büromaschinen – alles intensive Chipsbenutzer.[16] Wie immer ist der große Inlandsmarkt jedoch unter mehrere, wenn nicht Dutzende Unternehmen aufgeteilt. Aus diesem und anderen Gründen können die japanischen Firmen sich auf dem großen Inlandsmarkt nicht ausruhen, sondern werden vorwärtsgetrieben zu innovieren und letztlich auch international aufzutreten.

Die Raten der Marktdurchdringung (und Sättigung) sind in Japan sehr hoch. Bei den Verbrauchsgütern tragen, wenn es um den Kauf geht, rascher Informationsfluß, statusbedingter Wunsch nach dem neuesten Modell und kulturelle Homogenität zu einem starken Mitläufereffekt bei. Unter den industriellen Käufern bewirken der scharfe Inlandswettbewerb in ihren Branchen und ein ausgeprägter Hang zur Nachahmung, daß andere Firmen sofort nachziehen, wenn ein wichtiges Unternehmen ein neues Produkt oder eine Dienstleistung kauft. Ein Ergebnis der raschen Durchdringung ist explosives Inlandswachstum. Das veranlaßt japanische Unternehmen bei ihrer Jagd nach Marktanteilen häufig dazu, massiv und abrupt in einen leistungsfähigen Kapazitätsausbau zu investieren.

Das Spiegelbild der raschen Marktdurchdringung ist die frühe Sättigung. Seit Ende der 60er Jahre sättigt sich der japanische Inlandsmarkt für eine Produktgeneration oft schon, während Märkte in anderen Ländern noch wachsen. Die frühe und rasche Sättigung des Inlandsmarkts führt bei den japanischen Wettbewerbern zu intensiven Bemühungen, mit neuen Modellen oder Produktmerkmalen auf den Markt zu kommen. Ebenso besteht ein starker Druck, die Zeit zu verkürzen, die für die Entwicklung neuer Produkte und Modelle gebraucht wird. Der japanische Markt wird zu einem maßgeblichen Indikator von Bedingungen, die sich auch an anderen Orten durchsetzen.

Die Sättigung des Inlandsmarkts ist gewissermaßen der unentbehrliche Anstoß für eine größere Exportorientierung: Die Unternehmen bemühen sich darum, im Inland verlorenen Umsatz wettzumachen und die Kapazität wieder auszulasten. In fast allen von uns untersuchten japanischen Branchen zogen die Exporte erst dann an, wenn der Inlandsmarkt sich der Sättigungsgrenze näherte.

Wichtiger als die Größe und das Wachstumsmuster des Inlandsmarkts ist die Segmentstruktur der japanischen Nachfrage. Japan weist, wie die Vereinigten Staaten, sehr unterschiedliche klimatische und geologische Bedingungen auf. Es hat auch eine seltsame Mischung aus fortschrittlicher und rückschrittlicher Infrastruktur, aus der sich eine, man könnte sagen, doppelte Nachfragestruktur ergibt. Diese Umstände setzen die japanischen Firmen vielfältigen Bereichen aus, oft in interessanten Kombinationen. Bei LKWs, LKW- und Busreifen und bei Gabelstaplern bewirken beispielsweise die schlechten japanischen Straßen wie auch die Neigung der Benutzer zum Überladen und die räumlichen Beschränkungen, daß Produkte, die für den japanischen Inlandsmarkt gedacht waren, sich auch sehr gut für den Verkauf in Entwicklungsländer eigneten, vor allem in andere asiatische Länder. Die japanischen Hersteller sind auf diesen Märkten enorm erfolgreich gewesen.

Einzigartige örtliche Nachfragebedingungen lenkten besondere Aufmerksamkeit auf bestimmte Produkteigenschaften. Wegen der drangvollen Enge und dem begrenzten Wohnraum galt die japanische Nachfrage vor allem kompakten, tragbaren und leisen Mehrzweckprodukten. Bei Hi-Fi-Geräten z. B. hatten sich die japanischen Hersteller auf kleine, kompakte Einheiten konzentriert, die mehrere Funktionen besaßen. Für die Verbraucher waren Kompaktheit und Klangqualität angesichts der kleinen, hellhörigen Wohnungen wichtiger als besondere Lautstärke. Ein anderes gutes Beispiel geben die elektronischen Keyboards ab, bei denen japanische Firmen führend sind; elektronische Keyboards, erheblich kleiner als Klaviere, können nach dem Spiel weggeräumt und auch mit Kopfhörern gespielt werden, so daß die Töne andere nicht belästigen.

Die Fülle an relativ kleinen Firmen, kleinen Büros, kleinen Betrieben und kleinen Lagerhäusern hat die japanische Nachfrage in zahlreichen Branchen ebenfalls zu kleineren, kompakten Produkten tendieren lassen, etwa bei Hubkarren, Werkzeugmaschinen und Büromaschinen. Das bergige Terrain und eine Anzahl größerer Inseln haben dazu geführt, daß im Kommunikationswesen seit langem Mikrowellen- und Satellitensysteme im Mittelpunkt stehen. Bei Textilien sind japanische Firmen stark in Synthetikfasern und Fasern, die der Seide sehr nahekommen und nach denen eine ungewöhnlich hohe Inlandsnachfrage besteht.

Diese und andere Eigenschaften der japanischen Inlandsnachfrage lenkten japanische Unternehmen auf Marktsegmente, die nicht beachtet oder sonst unzureichend bedient wurden und sich erst später als globale Bereiche entpuppten. Die Nachfrage, die, wie gesagt, kompakte, leichte Mehrzweckprodukte bevorzugte, zeigte früh allgemeinere Trends in der Weltnachfrage an. Japanische Unternehmen eroberten sich auf diese Weise unverteidigte Zugangswege zu Auslandsmärkten, wo der Kompaktbereich in den fortschrittlichen Ländern anfangs unwichtig war: zu Automobilen, leichten LKWs, Radios, Fernsehgeräten, Fotokopiergeräten, Motorrädern, programmierbaren Steuergeräten, numerisch gesteuerten Werkzeugmaschinen und Hubkarren. Dies und die Tatsache, daß viele japanische Firmen ihre Exportbemühungen zu einer Zeit rascher weltwirtschaftlicher Expansion starteten, erleichtern das Verständnis, warum der Vergeltungswettbewerb ausländischer Firmen oft schwach ausfiel und der Protektionismus sich in Grenzen hielt.

Japan hat nicht nur Erfolg in Branchen, in denen die Bereichsstruktur der Inlandsnachfrage zu größerer Beachtung führt, sondern auch dort, wo die heimischen Bedürfnisse ungewöhnlich drängend oder die Käufer besonders anspruchsvoll sind. Fotokopier- und Telefaxgeräte z. B. sind dringend notwendig, weil japanische Unternehmen eine Vorliebe für Dokumentationen haben, die Verwendung von *Kanji-* (mit etwa 60000 chinesischen Zeichen), *Hiragana-* und *Katakana*-Zeichen normale Schreibmaschinen (und Durchschläge oder Matrizen) aber ebenso unbrauchbar machen wie Fernschreiber. Bevor die Textverarbeitung aufkam, wurden die meisten Dokumente in Japan von Hand geschrieben, und Fotokopier- und Telefaxgeräte waren für die Verbreitung der Informationen unerläßlich. Fotokopierer und Telefax sind beides Branchen, in denen japanische Unternehmen dank früher, beständiger Beachtung und hoher Investitionen heute weltweit führend sind.[17] Die schnelle Hinwendung zur Textverarbeitung, die mit der japanischen Sprache umgehen kann, ist daher aus ähnlichen Gründen leicht zu verstehen.

Die japanische Schriftsprache führt zu einer ungewöhnlich zwingenden und anspruchsvollen Nachfrage in Japan nach Federn und Stiften. Mit der Hand schreiben ist in Japan ein deutliches Zeichen der Bildung und Kultur, und präzise und gutfunktionierende Schreibgeräte sind eminent wichtig. Ein anderer Produktbereich, in dem eine anspruchsvolle Nachfrage herrscht, sind Fotoapparate; die Begeisterung der Japaner für das Fotografieren kennt keine Grenzen. Fotoapparate werden seit langem dazu benutzt, Familienereignisse festzuhalten, und in den ersten Nachkriegsjahren gaben viele Japaner drei Monatslöhne aus, um sich eine deutsche Kamera zu kaufen. Inzwischen sind japanische Unternehmen selbstverständlich längst führend in der Welt.

Vor allem langlebige Konsumgüter haben für Japaner die Bedeutung von Statussymbolen. Bei dem begrenzten Wohnraum, der geringen Freizeit und der Unmöglichkeit, mit dem Konsum von Wohnraum zu prunken, protzen die Japaner beim Konsum solcher Produkte wie Autos, Kameras, Unterhaltungselektronik und kompakter Haushaltsgeräte. Das erhöht die Bemühungen des Käufers, das neueste Modell oder die modernsten Extras zu haben. Japanische Käufer sind bereit, Produkte häufig durch neuere und bessere Modelle zu ersetzen. Japanische Hersteller reagieren darauf mit häufigen Modellwechseln und einer Feinunterteilung des Marktes durch zahllose Produktvarianten. Die Kombination aus Statusbedürfnissen und kultureller Homogenität führt zu einer Vielzahl Produktvarianten innerhalb eines relativ engen Bereichs. Die Anforderungen an die Produktion, die durch solche Strategien entstehen, haben die japanischen Firmen wiederum zur früheren Einführung von flexiblen Herstellungstechnologien gedrängt, als westliche Unternehmen noch die traditionellen Formen der Automation nutzten. Japanische Unternehmen sind besonders stark in den Branchen, in denen die häufige Einführung neuer Modelle den Wettbewerbsvorteil stimuliert.

Druck seitens anspruchsvoller und informierter Käufer ist in der japanischen Konsumgüterindustrie weit verbreitet. Japanische Verbraucher weisen ein Produkt wegen eines kleinen äußeren Mangels zurück, ein Grund für die Aufmerksamkeit, die japanische Unternehmen »Hochleistung und Hochglanz« schenken. Die Verbraucher verlangen hohe Qualität und exzellenten Service. Japan hat eine visuelle Kultur, in der die Präsentation und die Verpackung genauso wichtig sind wie das Produkt selbst. Japanische Verbraucher sind ausgesprochen launenhaft im Vergleich zu denen der meisten anderen Länder. Sie wechseln, wenn ein Qualitätsunterschied erkennbar wird, ohne weiteres die Marke. Die anspruchsvolle Haltung der japanischen Käufer wird durch eine Flut von Produktinformationen noch verstärkt.

Das anspruchsvolle japanische Käuferverhalten bei Industrieerzeugnissen entstand anfänglich aus der gleichen Haltung. Japanische Unternehmen erwarten von ihren Zulieferern sehr viel. Die Rolle der Verkäufer in Japan schafft einen sich verstärkenden Zwang zu Produktinnovationen; die neuen Modelle, die sie fordern, erleichtern ihnen den Kundenkontakt. Weil soviel Wert auf langfristige Beziehungen gelegt wird, sind die Käufer in Japan im allgemeinen weniger geneigt, den Lieferanten nur wegen eines einmaligen Preissturzes zu wechseln; eher wechseln sie ihn aus Qualitätsgründen und zwingen ihn dadurch, die Qualität ebenfalls zu erhöhen. Die Folge ist ein noch höherer Innovationsdruck, denn der einzige Weg, neue Kunden zu gewinnen, führt über echte Verbesserungen.

Mit der Entfaltung der japanischen Industrie wurde die Inlandsnachfrage noch weiter aufgewertet. In immer mehr Branchen sind die anspruchsvollsten Käufer industrieller Erzeugnisse andere japanische Unternehmen, die die Käuferbedürfnisse in ihrer ganzen Wucht verkörpern. Das hat den Zulieferbranchen genutzt. Gute Beispiele liefern Industrieroboter, Automobilteile, moderne Werkstoffe und viele elektronische Bauteile. Die Bedeutung der anspruchsvollen industriellen Nachfrage wird vielleicht noch besser veranschaulicht durch Japans Stärken im chemischen Sektor, einem Bereich, in dem die japanischen Firmen im allgemeinen international schwach sind. Die größten Anteile am Weltexport gibt es bei den Basisstoffen für synthetische Fasern, wo Japan eine bedeutende Wettbewerbsposition einnimmt, ebenso bei Kunststoffen, die besonders in der Elektronik- und Automobilindustrie gebraucht werden. Die Breite der japanischen Wettbewerbsbranchen wirkt sich allmählich ähnlich aus wie Jahrzehnte vorher in den Vereinigten Staaten – wachsender Erfolg in der Kategorie Mehrfachgeschäft oder Produkte, die an eine Vielzahl anderer Branchen verkauft werden (wie Pumpen und Werkzeug).

Die Bedingungen der Inlandsnachfrage helfen auch bei der Erklärung der Felder, in denen Japan alles in allem international nicht erfolgreich war. Es gibt praktisch keinen Inlandsmarkt für Rüstungsgüter, was auf die Verfassung zurückgeht, die unter Aufsicht der amerikanischen Besatzungsmacht geschrieben wurde. Die Inlandsnachfrage im Nahrungsmittelbereich (mit dem Schwergewicht auf Reis, frischem Fisch und anderen besonderen Gerichten) ist so weit von der der meisten anderen Industrieländer entfernt, daß japanische Firmen im Ausland benachteiligt sind (aber ausländische Unternehmen ferngehalten werden, ausgenommen Fast food, denn amerikanische Ketten sind sehr beliebt). Unterschiede in Geschmack und Lebensstil zeitigen Nachteile bei der Wohnungseinrichtung, z.B. bei Möbeln.

Bei den Konsumgütern kam die japanische Nachfrage zu spät vom Fleck. Amerikanische, britische, schweizerische und andere ausländische Unternehmen konnten sich durch Direktinvestitionen in Japan gut etablieren. Zersplitterte und mangelhaft entwickelte Einzel- und Großhandelskanäle für Nahrungsmittel und andere abgepackte Waren behindern auch die Entwicklung des Wettbewerbsvorteils in japanischen Branchen, die über diese Kanäle verkaufen. Japanische Firmen haben im Ausland in Branchen wie Armbanduhren und Unterhaltungselektronik, wo enge Beziehungen zu zersplitterten und verschiedenartigen Kanälen wichtig sind, durchaus Erfolg gehabt. Das liegt zum Teil an den geschärften Fähigkeiten im Umgang mit schwierigen Vertriebskanälen zu Hause. Man ist jedoch nicht so erfolgreich bei Produkten, die über Supermärkte und andere Massenvertriebskanäle verkauft werden, wo die Erfahrung des Inlandsmarkts fehlt. Selbst bei der Unterhaltungselektronik mußten japanische Unternehmen oft Vertriebswege gehen, die sich von den zu Hause gangbaren erheblich unterschieden.

Interessanterweise fangen einige japanische Hersteller von Konsumgütern wie Kao und Shiseido an, ihre Strategien zu internationalisieren. Die anspruchsvollen japanischen Verbraucher, dazu voll entwickelte Massenmedien, wachsender Wohlstand und scharfer Inlandswettbewerb haben bei einigen abgepackten Produkten, z.B. Wegwerfwindeln, zu einschneidenden Entwicklungen geführt, und das ist noch nicht das letzte Wort. Ein schlecht entwickeltes Vertriebssystem bleibt einfach eine Beeinträchtigung.

In der Gesundheitsfürsorge ist das japanische System sozialisiert und ziemlich homogen. Alle Ärzte werden ähnlich ausgebildet, die anerkannten Verfahren und Behandlungen werden zentral überwacht. Die Krankenhäuser haben wenig Grund zu Veränderungen. Japanische Ärzte werden in erster Linie nicht für ihre Zeit und Dienstleistungen bezahlt, sondern durch eine Vergütung für die Medikamente, die sie verschreiben. Dadurch wurde der japanische Pro-Kopf-Verbrauch von Medikamenten der höchste der Welt, aber aus Sicht des internationalen Wettbewerbs ist dies keine Qualitätsnachfrage. Japan bietet für Innovationen im Gesundheitssektor und verwandten Gebieten ein schlechtes Umfeld. Bis auf medizinische Geräte, die mit Elektronik vollgestopft sind (wie Ultraschallgeräte und CT-Scanner), hat Japan eine international schwache Position.

Die japanische Schwäche bei Dienstleistungen hängt mit mehreren Umständen zusammen. Zum einen ist der Standard der persönlichen Dienstleistungen in Japan sehr hoch und sehr personalintensiv. Er eignet sich nicht für Systematisierungen und Standardisierungen wie die amerikanische oder britische Methode (siehe Kapitel 6) und ist für eine Übernahme ins Ausland zu teuer. Die schlechten Englischkenntnisse der Japaner sind ein weiteres großes Hindernis, denn internationale Dienstleistungen bedeuten meistens auch einen umfassenden persönlichen Austausch. Von Bedeutung ist auch, daß mehrere wichtige japanische Dienstleistungsbranchen (etwa die Finanzdienste) vom japanischen Staat reguliert werden, was den Wettbewerb schwächt und Innovationen hemmt. Schließlich haben japanische Hersteller erst jüngst damit begonnen, direkt und in größerem Stil im Ausland zu investieren. Japanische Anbieter gewerblicher Dienstleistungen profitieren erstmals vom Grundstock der Auslandsnachfrage, der für britische, schweizerische und US-Firmen so entscheidend ist.

Verwandte und unterstützende Branchen

Die Rolle der verwandten und unterstützenden Branchen für den nationalen Wettbewerbsvorteil Japans ist einer der erstaunlichsten Aspekte seiner Wirtschaft. Erfolgreiche japanische Branchen sind oft aus anderen verwandten japanischen Industrien hervorgegangen. Die folgende Tabelle zeigt nur ein paar Beispiele auf:

Wenn japanische Unternehmen diversifizieren, dann fast ausschließlich in verwandten Gebieten.[18] Die geltenden Regeln gegen Übernahmen sowie beträchtlicher Aktienbesitz in den Händen langfristig planender Institutionen und hohe Kurs-Gewinn-Verhältnisse schränken Fusionen stark ein. Meistens erfolgt die Diversifizierung über interne Entwicklungen; sie herrschen vor, und das macht die verwandte Diversifizierung wiederum fast zur Notwendigkeit. Treibende Kraft bei der internen Diversifizierung ist häufig die Umgruppierung von Menschen und Anlagen. Unter dem Strich ist das Ergebnis ein wirksamer Qualifikationstransfer von einer Branche zur anderen, was die Aufwertung erleichtert.

Eine verwandte Branche wird oft geboren oder gestärkt, wenn die Stammbranche sich voll entwickelt hat und die Wettbewerber unter dem Druck von Überkapazitäten stehen. Um die Beschäftigung zu schützen und weiter zu wachsen, steigen viele, wenn nicht alle Wettbewerber aus der Stammbranche fast gleichzeitig in die verwandte Branche ein (man denke an die starke Neigung der japanischen Unternehmen zur Nachahmung). Weil manchmal mehr als eine Branche mit einer neuen Branche verwandt ist und jede japanische Branche normalerweise viele Wettbewerber hat, ist das Ergebnis eine Flut neuer Einsteiger. Bei den Telefaxgeräten z. B. kamen einige

TABELLE 8–2   Der Ursprung erfolgreicher japanischer Branchen

Branche	*Ursprungsbranche(n)*
Schreibmaschinen	Nähmaschinen
Hubkarren	Lastkraftwagen, Baumaschinen
Videorecorder	Fernsehgeräte, Radios, Plattenspieler
Fotokopiergeräte	Fotoapparate
Telefax	Fotokopiergeräte
Industrieroboter	Werkzeugmaschinen, Motoren
Synthetische Textilfasern (Fadenart)	Natürliche Textilfasern (Seide)
Kohlefasern	Synthetische Textilfasern

Einsteiger von den Fotoapparaten (Canon, Ricoh, Minolta, Konica), andere von den Büromaschinen (Matsushita, Sharp, Toshiba) und wieder andere von der Telekommunikation (NEC, Fujitsu, Oki). Branchenneulinge bringen Kenntnisse aus verschiedenen Gebieten ein und kurbeln die Innovation weiter an; jede Firma bemüht sich, die eigenen Kenntnisse anzuwenden und sich die anzueignen, die ihr noch fehlen.

Die Rolle der unterstützenden Branchen bei der Schaffung des Wettbewerbsvorteils in der japanischen Industrie ist ebenfalls allgegenwärtig. Weit- und kurzsichtige Eingliederungen sind üblich und werden von den gleichen Kräften getrieben, die auch die Diversifizierung antreiben. Japanische Hersteller von Klimaanlagen wurden z. B. weltweit führende Zulieferer von Kompressoren. Mit der Zeit erweisen sich viele der besonders wettbewerbsfähigen japanischen Branchen als diejenigen, in denen es auch japanische Zulieferer von Weltrang gibt.

Größere japanische Unternehmen umgeben sich häufig mit einem Netz aus vielen kleinen und mittleren Unterlieferanten und Zulieferern (den sogenannten *Shita-uke*). Da die Firmen und ihre Zulieferer meistens dicht beieinanderliegen, fließen die Informationen zügig, ist der Service ausgezeichnet, erfolgen Veränderungen schnell. Größere Unternehmen halten manchmal eine Kapitalbeteiligung an ihren Zulieferern, was den Informationsfluß noch weiter anschwellen läßt. Im selben Atemzug aber, in dem die japanischen Unternehmen mit ihren Zulieferern zusammenarbeiten, feilschen sie gnadenlos, so daß die Rentabilität der Zulieferer äußerst bescheiden ist.

Japans großer Vorteil: Es besaß eine führende Position in eben den Branchen, die in den 80er Jahren wichtige unterstützende Branchen für viele andere Industrien waren. Halbleiter, Werkzeugmaschinen, Industrieroboter und neue Werkstoffe müssen hier erwähnt werden. Diese Positionen, zum Teil den Vereinigten Staaten abgewonnen, schaffen günstige Bedingungen für die Aufwertung von Wettbewerbsvorteilen in etablierten Branchen und die Entwicklung neuer.

Starke Kräfte führen somit zur Zusammenballung in der japanischen Wirtschaft. Japanische Unternehmen sind wahre Meister darin, ihre Vorteile zu nutzen. Für sie steht die langfristige Zusammenarbeit mit Kunden und Zulieferern im Vordergrund, nicht blanker Opportunismus. Die Hauptaufgabe der *Keiretsu* (Firmengruppen, die durch Aktienbesitz angegliedert sind) und der *Shita-uke* besteht darin, den Austausch zwischen verwandten Unternehmen zu erleichtern (die Rolle der *Keiretsu* bei der Erarbeitung der Strategie und der Finanzierung wird in den meisten westlichen Berichten stark überschätzt). In Gruppen lose verbundene japanische Unternehmen regen einander an, was Führung, neue Produkte, neue Verfahren und neue Geschäfte betrifft. Die japanischen Unternehmensverbände fördern ebenfalls die Verbindung zwischen Zulieferern und Kunden, indem sie Informationen sammeln und Untersuchungen sponsern. Die japanischen Unternehmensverbände umfassen oft eine Vielfalt von Zuliefer-, Kunden- und verwandten Branchen, was das Arbeiten der Cluster begünstigt. Kulturelle Homogenität und räumliche Nähe spielen beim wirksamen Funktionieren der Cluster mit. Gleiches gilt für eine starke soziale Tradition der Gruppenzugehörigkeit, die den Wunsch nach engen persönlichen Beziehungen weckt, etwa zwischen Angehörigen derselben Abschlußklasse in der Schule oder Universität.

Unterstützende Branchen sind in noch zwei anderen Bereichen wichtig, die verdienen, erwähnt zu werden. Der erste sind die japanischen Handelsunternehmen. Diese großen Firmen mit gutausgebauten, weltweiten Netzen haben vielen japanischen Unternehmen geholfen, auf Auslandsmärkte vorzudringen. Sie spielen immer noch eine wichtige Rolle für den Verkauf in kleinere und Entwicklungsländer und sind eine bedeutende Informationsquelle für japanische Unternehmen, die entweder keine Mitarbeiter im Ausland haben oder zu klein und daher bei internationalen Operationen nicht so versiert sind.

Eine besonders wichtige unterstützende Branche für viele andere sind die Medien. Anders als Schweden und Deutschland hat Japan seit langem Rundfunk- (1951) und Fernsehwerbung (1953). Ein halbes Dutzend überregionaler Zeitungen (z.B. *Asahi, Mainichi, Nikkei*) wird landesweit verkauft, jeweils eine Morgen- und eine Abendausgabe. Wöchentlich oder 14tägig erscheinende Zeitschriften schießen wie Pilze aus dem Boden.

Massenmedien und Massenwerbung sind also in Japan massiv vertreten; was die Fernsehwerbezeit pro Tag betrifft, rangiert Japan hinter den Vereinigten Staaten an zweiter Stelle. Das erwies sich als großer Vorteil, als die japanischen Hersteller langlebiger Konsumgüter auf Auslandsmärkte wie die Vereinigten Staaten und Großbritannien vordringen wollten, auf denen Kenntnisse im Massenabsatz erforderlich waren. Im Gegensatz zu deutschen und schwedischen Firmen konnten japanische Unternehmen Erfahrungen im Massenabsatz schon zu Hause sammeln.

Unternehmensstrategie, Struktur und Wettbewerb

Die japanischen Unternehmen sind hierarchisch und diszipliniert – ein Spiegelbild der Sozialgeschichte, des Bildungssystems und der lebenslangen Anstellung in den größeren Unternehmen. Kooperation und zugleich Unterordnung des einzelnen gegenüber der Gruppe sind die Norm, und die Fähigkeit, einzelne Arbeitsbereiche zu koordinieren, ist geradezu einzigartig. Projektteams werden oft dazu benutzt, ein wichtiges Projekt aus der hierarchischen Ordnung zu lösen. All das führt zu kurzen Einführungszeiten und neuen Produkten, die unter Berücksichtigung der Produktions- und Marketingbedürfnisse entwickelt werden.

Arbeitgeber und -nehmer sind zueinander rücksichtsvoll und Streiks eher selten. Das war nicht immer so, denn in den 30er und dann erneut Anfang der 50er Jahre kam es in Japan zu Arbeitsunruhen. Das gute Betriebsverhältnis war nicht kulturell vorgegeben, es wurde geschmiedet: durch eine sichere Anstellung, durch die Einbeziehung der Gewerkschaften in Aufsichtsgremien, durch eine Haltung gegenseitiger Achtung. Firmengewerkschaften förderten zudem ein kooperatives Verhalten zwischen Gewerkschaft und Unternehmen.[19] Die Beziehung zwischen japanischen Arbeitgebern und -nehmern läßt Barrieren gegen Innovationen oder einschneidende Veränderungen aufgrund von Arbeitsregeln oder anderen starren Vorschriften kaum zu.

Viele der Begabtesten gehen in die Industrie.[20] Die begehrten Branchen und Unternehmen wechseln zwar mit der Zeit, aber immer waren es doch größere Branchen und im allgemeinen die Fertigungsindustrien. Nach dem Zweiten Weltkrieg gingen viele der besten Ingenieure in die Textil-, später in die Stahlunternehmen. Dann verlagerte sich der Strom zu den Produzenten von Unterhaltungselektronik wie Sony und Matsushita. Heute führen Firmen wie NEC Corporation und FANUC die Liste an. An der Spitze vieler führender japanischer Produktionsunternehmen stehen Ingenieure, und man ist vorwiegend technisch ausgerichtet. Fast überall läßt sich ein unerschütterlicher Glaube an Forschung und Entwicklung, an moderne Anlagen und Maschinen finden. Die Vorstandsvorsitzenden vieler führender Firmen sind noch die gleichen Unternehmer, die den Betrieb nach dem Krieg gegründet oder aufgebaut haben. Diese Managergeneration, von denen viele großen Weitblick besaßen, empfand eine starke Verpflichtung, Weltfirmen aufzubauen, die die Technologien der Zukunft gestalten. Wenn diese Führungsgeneration abtritt, können sich die Ziele der japanischen Unternehmen durchaus ändern mit der Folge, daß die Innovationsrate sinkt.

Japanische Unternehmen greifen fast immer zu Strategien der Standardisierung und der Massenproduktion. In vielen Branchen, wie Kameras, Hubkarren, Klaviere, Fernsehgeräte, erzielten die Firmen anfänglich einen Wettbewerbsvorteil durch die Produktion relativ standardisierter Modelle in großen Mengen und stellten den Produktionsprozeß dann von der handwerklichen oder Serienfertigung auf Fließbandproduktion um. Mit der Zeit suchte und fand man immer höhere Automatisierungsebenen. Ein solches Vorgehen führte zur japanischen Branchenführung oder Beherrschung stärker standardisierter Branchensegmente.

Was die japanischen Unternehmen in den 60er und 70er Jahren erreichten, ging zum Teil auf eine schnelle Einigung über inländische und internationale Standards zurück, während Unternehmen vieler anderer Länder noch im Streit lagen und die eigenen Normen durchzusetzen suchten. Der Staat drängte in einigen Branchen auf eine frühe Standardisierung, etwa bei Nähmaschinen, Chips und Telefax. Japanische Industrienormen haben ein Weiteres zur Standardisierung von Komponenten und Teilen beigetragen. Die Standardisierung beseitigte Unsicherheiten bei grundlegenden Merkmalen und bewirkte, daß die Unternehmen über andere Merkmale und über die Produktivität bei der Herstellung zu konkurrieren begannen. Aufgrund ihrer technologischen Führungsrolle neigen japanische Unternehmen neuerdings dazu, sich der Normierung zu widersetzen. Der Streit um die Normen bei Videorecordern und bei Videokameras sind nur zwei Beispiele. Das MITI schaltet sich weiterhin aktiv ein und drängt die Unternehmen, sich auf Normen zu einigen, um die industrielle Entwicklung weiter anzukurbeln.

Die japanischen Unternehmen festigen ihre Position durch einen ständigen Strom, ja eine Flut neuer Modelle. Das sind normalerweise mehr oder weniger Standardprodukte mit vielen möglichen Optionen oder Extras, die oft in flexibler Produktionsweise hergestellt werden. Das Ergebnis ist eine Unterteilung in Kleinstbereiche und eine mitunter wuchernde Produktvielfalt. Dies geht zum Teil, wie schon erwähnt, auf den nachfragebedingten Druck zurück, zum Teil auf die Rolle des Verkäufers in Japan und zum Teil auf den Wunsch, Menschen und Kapazitäten umzugruppieren.

Hand in Hand mit der Standardisierung und Massenfertigung geht eine extreme Betonung der Qualität. Standardisierung und Automatisierung werden von vielen japanischen Unternehmen tatsächlich als die einzige Möglichkeit gesehen, ein sehr hohes Qualitätsniveau zu erreichen. Nachfragebedingter Druck motiviert zu einem intensiven Bemühen um Qualität. Wichtig war auch ein nationales Programm zur Verbesserung der Produktqualität in den 50er und 60er Jahren, um vom bisherigen Ruf der »billigen« japanischen Produkte wegzukommen. Der schlechte Ruf der japanischen Produkte im Ausland wurde zu einer treibenden Kraft für die japanische Industrie. Die Qualitätsmentalität wird jedem Japaner eingebleut; sie findet ihren Ausdruck im angesehenen Deming-Preis für herausragende Qualität, der jährlich verliehen wird.

Japanische Unternehmen definieren ihre Ziele häufig in Kategorien von Absatz- und Marktanteilen. Das spiegelt den Wunsch, die Beschäftigung beizubehalten (wodurch die Arbeitskosten eingefroren werden), einen starken Glauben an die Vorteile der Größe und ein ausgeprägtes Verlangen, die Konkurrenten zu übertreffen. Daten über die Produktion und Marktanteile sind für fast jede japanische Branche leicht zu bekommen, im Gegensatz zu den Vereinigten Staaten und anderen Ländern, wo solche Informationen unregelmäßig fließen. Die Unternehmen vergleichen ständig ihre Marktanteile, und der Verlust von Anteilen ist Grund zu Betretenheit und starken Reaktionen. Arbeiter gründen ihr Prestige nicht zuletzt darauf, wie gut sich ihr Unternehmen in dieser Hinsicht schlägt. Der Marktanteil ist ein Hauptziel, solange ein Unternehmen nicht Verluste erleidet; dann ergreift man energische Maßnahmen zur Erhaltung der Kontinuität des Unternehmens.

Arbeiter und Kapital fühlen sich in Japan dem Unternehmen und der Branche unwandelbar verpflichtet. Das Eigentum an Unternehmen liegt überwiegend bei Institutionen (zu einem gewissen Grad auch bei anderen Unternehmen), die an einem langfristigen Wertzuwachs interessiert sind und die Aktien nur selten handeln. Die japanischen Zinsen sind niedrig, was die Kapitalkosten verringert und Investitionen fördert. Banken und andere Einrichtungen, die Unternehmensaktien halten, sind aktiv an der Firmenleitung beteiligt. Die Sorge der Hauptinvestoren und der Unternehmensleitung um den Aktienkurs ist gering, verglichen mit der um die Sicherung des Wohlergehens der Firma. Die Vergütung der Führungskräfte ist nur lose an die kurzfristigen Ergebnisse gebunden. Probleme werden angegangen. Die Liquidierung oder Schließung eines Firmenbereichs ist selten, wenngleich in letzter Zeit häufiger geschehen.

Arbeiter und Manager fühlen sich gleichermaßen ihrem Unternehmen verpflichtet, und umgekehrt. Es kommt zu wechselseitigen Investitionen in die Verbesserung der Qualifikation. Das und die Normen der Zusammenarbeit führen zu ungewöhnlichen Erfolgen in Branchen, die einen Lernzuwachs brauchen. Weniger Erfolg ist für Betriebe charakteristisch, in denen die Einzelleistung und der internationale Wettbewerb im Vordergrund stehen.

Eine weitere Besonderheit, die ich bei japanischen Unternehmen beobachtet habe und die für die Motivation von Bedeutung ist, sind ein gewisser Pessimismus und ein Sich-nie-sicher-Sein. Fast jeder Manager kann aus dem Stegreif die zehn, zwölf drängendsten Probleme seines Unternehmens aufzählen; wollte man ihm die Stärken entlocken, wäre das für ihn wahrscheinlich wie Zähne ziehen. Das ist eine weitere Kraft, die gegen Selbstzufriedenheit in der japanischen Industrie wirkt.

Japanische Firmen sind international eingestellt, aber das weniger, weil die Auslandsmärkte ziehen (wie in den Vereinigten Staaten) oder eine internationale Tradition (wie in Schweden oder in der Schweiz), sondern weil die heimischen Bindungen *schieben.* Es gibt zwar einen großen Inlandsmarkt, aber der heftige (und gedrängte) Inlandswettbewerb und überschüssige Kapazitäten sind häufig der Anstoß für internationale Umsätze. Das Fixiertsein auf den Marktanteil gilt auch dem Anteil an der Weltproduktion.[21] Das japanische Beispiel macht deutlich, warum Sprachkenntnisse eine Wirkung, nicht eine Ursache von Exporten sein können. Es fällt den Japanern schwer, westliche Sprachen zu lernen, aber der intensive Wunsch zu exportieren hat große Bemühungen freigesetzt, es zumindest zu versuchen.

Als führende japanische Unternehmen internationale Netze aufbauten, beschleunigte sich der Globalisierungsprozeß für neuere Branchen. Bis in die jüngste Zeit hinein sahen japanische Globalstrategien noch ein sehr niedriges Niveau an direkten Auslandsinvestitionen vor, sie stützten sich fast ausschließlich auf Exporte. Das ist ein wichtiger Grund, warum die japanischen Anteile am Weltexport so hoch sind. Die Konzentration auf das Produzieren im eigenen Land behinderte jedoch den Erfolg in den Branchen, in denen umfangreiche Auslandsinvestitionen für den Wettbewerbsvorteil unabdingbar sind, etwa bei abgepackten Konsumgütern, Dienstleistungen und stark technisch ausgerichteten oder maßgeschneiderten Produkten.

Diese Tendenzen im Aufbau und in der Managementphilosophie von Unternehmen führen japanische Unternehmen zu bestimmten Branchen oder Branchensegmenten. Japanische Unternehmen sind im großen und ganzen schwach in Branchen oder Branchensegmenten, die ein hohes Maß an individuellem Eingehen auf einzelne Kunden verlangen, einen engen Anwendungsbereich haben, intensiven Kundendienst brauchen und kleine Serien fertigen.

Diese anderen Bereiche, die ich erwähnt habe, sind zwar wichtig, aber der vielleicht bedeutendste einzelne Bestimmungsfaktor des japanischen Erfolgs ist nach unseren Untersuchungen die Art des Inlandswettbewerbs. Das *Zaibatsu*-System konzentrierte zwar wirtschaftliche Macht in Japan, seine Zerstörung durch die Alliierten setzte jedoch Wettbewerb in einem Umfang frei, der in keinem Land je erreicht wurde.

Praktisch jede bedeutende Branche, in der Japan sich einen internationalen Wettbewerbsvorteil gesichert hat, weist mehrere Wettbewerber auf, oft ein Dutzend oder mehr (siehe Tabelle 8–3, die früher als Tabelle 3–2 erschien).[22] Viele der Gründe dafür sind schon genannt worden.

Die Vielzahl einheimischer Konkurrenten sowie der nachfragebedingte Druck und die stark am Marktanteil ausgerichteten Ziele sind für Innovationen und Veränderungen ein Nährboden sondersgleichen. Wettbewerb herrscht meistens zwischen gleich oder etwa gleich starken Partnern – im Gegensatz zu einer stabileren Situation, in der es einen Marktführer und eindeutige Verfolger gibt. Der heftige Wettbewerb um Marktanteile, die starke Bindung an die Branche und anspruchsvolle Verbraucher wirken zusammen gegen starke Oligopole.[23]

Die Wettbewerber werden genau beobachtet, ihre Maßnahmen schnell pariert. Die Unternehmen investieren massiv und in großem Stil in Kapazitätserweiterungen, oft alle zur gleichen Zeit. Die Branchenführung wechselt häufig. In der Telefaxbranche hat es z. B. in den letzten drei Jahren drei verschiedene Marktführer gegeben, bei den Fotoapparaten zwei. Erfolgsprodukte sorgen in kurzer Zeit für größere Veränderungen bei den heimischen Marktanteilen, weil die japanischen Verbraucher das neueste

TABELLE 8–3   Geschätzte Zahl der japanischen Konkurrenten in ausgewählten Branchen

Klimaanlagen	13	Motorräder	4
Rundfunk-/Fernsehgeräte	25	Musikinstrumente	4
Automobile	9	Personalcomputer	16
Kameras	15	Halbleiter	34
Autoradios	12	Nähmaschinen	20
Kohlefasern	7	Schiffbau**	33
Baumaschinen	15*	Stahl***	5
Fotokopiergeräte	14	Synthetische Fasern	8
Telefaxgeräte	10	Fernsehgeräte	15
Hubkarren	8	LKW- und Busreifen	5
Werkzeugmaschinen	112	Lastkraftwagen	11
Großrechner	6	Schreibmaschinen	14
Mikrowellengeräte	5	Videorecorder	10

QUELLEN: Feldbefragungen; *Nippon Kogyo Shinbun, Nippon Kogyo Nenkan*, 1987; Yano Research, *Market Share Jiten*, 1987; Schätzungen der Forscher.

* Die Zahl der Firmen schwankt je nach Produktbereich. Am wenigsten Hersteller, zehn, produzierten Bulldozer. Fünfzehn Firmen produzieren Löffelbagger, Automobilkräne und Asphaltiermaschinen. Bei Hydraulik-Baggern gibt es zwanzig Firmen; in diesem Produktbereich ist Japan ganz besonders stark.

** Sechs Firmen hatten eine Jahresproduktion von mehr als 10 000 t.

*** Zahl der integrierten Unternehmen.

und beste Modell haben wollen. Ein Erfolg bei einem Unternehmen löst heftige Reaktionen bei anderen Firmen aus.

Der Wettbewerb ist sehr persönlich. Emotionen und Das-Gesicht-Wahren spielen eine wichtige Rolle. Jeder versucht, die wichtigsten Konkurrenten zu übertreffen, und der Marktanteil des Unternehmens ist eine Prestigeangelegenheit. Bei Sony lautet z. B. ein allseits bekannter Slogan; »Schlagt Matsushita um jeden Preis.« In diesem Umfeld liegen inländische Spannen manchmal weit unter denen internationaler Märkte (gute Beispiele sind Reifen und Automobile vor dem letzten Nachfrageboom nach hochwertigen Modellen auf dem Inlandsmarkt).[24] Der Wettbewerb geht nicht immer über den Preis, vor allem bei den Verbrauchsgütern, wo jeder Konkurrent sein eigenes exklusives Vertriebssystem hat, aber er wird ausnahmslos erbittert geführt. Mit ausländischen Unternehmen zu konkurrieren erscheint japanischen Firmen oft wie eine Wohltat.

Das Vorhandensein mehrerer erbitterter japanischer heimischer Konkurrenten bringt einige wichtige andere Vorteile mit sich. Einer ist, daß jeder Basisfaktorvorteil, etwa niedrige Arbeitskosten oder billiger Stahl, aufgehoben wird; das zwingt die japanischen Unternehmen zu Automatisierung, höherer Technologie und neuen Produkten, damit sie andere japanische Wettbewerber ausstechen können. Japanische Unternehmen schreiten von Basisfaktorvorteilen zu beständigeren Quellen des Wettbewerbsvorteils fort. Ein weiteres Plus des Inlandswettbewerbs ist die Ankurbelung der unterstützenden Branchen wie auch die des Wettbewerbs bei der Personalbeschaffung und -förderung.

Während der Inlandswettbewerb in fast allen Branchen, in denen Japan international Erfolg hat, hart ist, *fehlt er in großen Wirtschaftszweigen fast völlig.* In Bereichen wie Bauwirtschaft, Landwirtschaft, Nahrungsmittel, Papier, Handels-Chemikalien und Fasern gibt es Kartelle und andere Wettbewerbsbeschränkungen, die zum Teil staatlich geduldet werden. Fast keine dieser (und anderer ähnlicher) Branchen ist jemals international erfolgreich gewesen. Aber das Vorhandensein von Beschränkungen des Inlandswettbewerbs in solchen Branchen hat viele außenstehende Beobachter zu der irrigen Annahme verleitet, alle japanischen Branchen seien kartellartig zusammengeschlossen. Das Fehlen eines wirksamen Wettbewerbs in großen Bereichen der Wirtschaft ist ein Gefahrensignal; für die weitere wirtschaftliche Entwicklung Japans stellt es eine ernste Bedrohung dar, wie ich noch zeigen werde.

Die Bildung neuer Firmen in Japan erfolgt mit viel Dynamik und weitgehend über innere Diversifizierung durch eingeführte Unternehmen. Weil das Bestreben dahin geht, Arbeiter umzugruppieren, wird im allgemeinen in engverwandte Bereiche diversifiziert und selten durch Übernahme. Die Folge ist eine ständige Ausweitung und Vertiefung der Cluster.

Das Klima für die Bildung völlig neuer Unternehmen ist in Japan günstig und wird immer besser, wenn es auch noch nicht den Stand der Vereinigten Staaten erreicht hat. Die meisten der bestausgebildeten und hochqualifizierten Japaner zieht es noch immer in die Großunternehmen, die das größte Ansehen genießen.

Neugründungen, die sich aus der universitären Forschung ergeben, sind vergleichsweise selten, ebenso wie Manager, die bei einem Großunternehmen aussteigen, um eine eigene Firma zu gründen. Risikokapital für eine eigenständige Firmengründung ist relativ knapp, und die »Risikokapital«-Töchter japanischer Finanzdienstleistungsunternehmen meiden Risiken und investieren ungern in neue Unternehmen, die sich noch nicht bewährt haben. Sie sind im Grunde eher Geldgeber für kleinere, aber etablierte Firmen.

Doch in Japan werden viele neue Unternehmen gegründet, vor allem im Dienstleistungsbereich. Die Bereitschaft einzelner, Risiken auf sich zu nehmen, scheint in Japan größer zu sein als in der Schweiz oder in Deutschland. Außerdem gründen größere Unternehmen weitgehend selbständige Töchter in einigen zukunftsträchtigen Branchen wie der Software. Auch aus Großunternehmen entwickeln sich manchmal neue Firmen. FANUC war einmal ein Betrieb innerhalb des Fujitsu-Konzerns. Japan ist folglich sowohl in aufgesplitterten wie in konzentrierten Branchen erfolgreich, wo andere günstige Bedingungen im »Diamanten« bestehen.

Die Rolle des Staates

Der japanische Staat hat eine sich rasch wandelnde und oft hintergründige Rolle in den Branchen gespielt, in denen Japan einen Wettbewerbsvorteil errungen hat. Nach dem Zweiten Weltkrieg gab er sich ziemlich unbeholfen. Er lenkte den Strom von Kapital und knappen Ressourcen (wie Stahl) in bestimmte Bereiche, schränkte den Zugang von Ausländern ein, handelte Lizenzen für ausländische Technologien aus, hielt den Wechselkurs niedrig und half auf unterschiedliche Art beim Export.

Bei den frühen japanischen Erfolgen wie Stahl, Schiffsbau und Nähmaschinen war diese Art der staatlichen Einflußnahme konstruktiv. In den Bereichen, in denen japanische Unternehmen konkurrierten, war der Preis wichtig für die Wettbewerbsposition. Viele der Wirtschaftszweige waren kapitalintensiv. Der Wettbewerbsvorteil hing vom Besitz moderner, großer Anlagen ab. Die Hebel des Staates griffen in diesem Stadium. Wichtige japanische Branchen konnten darauf verzichten, sich auf Basisfaktorkosten zu stützen.

Bei diesen frühen Erfolgen arbeitete der Staat jedoch nicht isoliert. Japan besaß auch bei anderen Bestimmungsfaktoren Vorteile, etwa bei den Nachfragebedingungen (Schiffe, Stahl und Motorräder) oder verwandten und unterstützenden Branchen (Nähmaschinen), die neben dem scharfen Inlandswettbewerb zum Erfolg beitrugen. Man sollte aber erkennen, daß in anderen großen und wichtigen Branchen wie Chemie und Kunststoffe, Raumfahrt, Flugzeuge und Software, in denen Japan der Industrie keine anderen Vorteile brachte, die offensiven Bemühungen des Staates, die Industrie zu fördern und wirklich internationale Konkurrenten aufzubauen, weitgehend fehlgeschlagen sind.

In verschiedenen Branchen versuchte der Staat irrigerweise, die Zahl der japanischen Konkurrenten zu begrenzen.[25] Beispiele sind die Stahl-, Automobil-, Werkzeugmaschinen- und Computerindustrie. Die Weigerung der japanischen Unternehmen, sich an die Konsolidierungspläne des Staates zu halten, erwies sich als Segen, und gerade der ausgeprägte Inlandswettbewerb trug zum internationalen Erfolg bei. Mitte der 80er Jahre wurde dem MITI die Bedeutung des Inlandswettbewerbs bewußter, wenngleich ein Hang zur Begrenzung des Wettbewerbs, wie schon angedeutet, ein ständiges Problem darstellt.

Was die japanische Politik im großen und ganzen am stärksten von der französischen »indikativen Planung« und anderen früheren Bemühungen auf der Ebene nationaler Wirtschaftsplanung unterscheidet, ist eine stärkere Betonung des Wettbewerbs. Die Menge aggressiver japanischer Konkurrenten, die sich gegenseitig zum globalen Wettbewerb treibt, ist vielleicht die wesentlichste Grundlage für den Erfolg Japans. Das steht im Widerspruch zu Maßnahmen speziell für »Landesmeister«, die sich vorbehaltlos auf eine statische Effizienz konzentrieren. Der Schutz der japanischen Industrie hätte ohne scharfen Inlandswettbewerb keine Wettbewerber von Weltrang hervorgebracht. Ein entscheidender Aspekt der japanischen Schutzmaßnahmen war auch, daß ausländische Konkurrenten oft schrittweise Zugang zur Wirtschaft erhielten, und zwar auf der Grundlage konkreter, im voraus bekannter Zeitpläne für eine Liberalisierung. Dieses Vorgehen regte in der japanischen Industrie erhebliche Anstrengungen zur Aufwertung an. Ein gutes Beispiel ist die Zustimmung zum Joint Venture von Caterpillar und Mitsubishi, das in vieler Hinsicht zum Wiederaufstieg von Komatsu führte, damals ein unrentabler Billigproduzent von Baumaschinen.

Der japanische Staat hat die Faktoren der Nachfrageseite in einem ungewöhnlichen Umfang erkannt. Bei Telefaxgeräten z. B. profitierte die Branche von der frühen Zustimmung, juristische Dokumente zu übermitteln und die Geräte an das Telefonnetz anzuschließen. Man ersann Kaufanreize und andere Einfälle (z. B. Leasingunternehmen, um den Zwang zum Vollerwerb auszuschließen), um eine frühe Nachfrage in wichtigen Branchen zu wecken, etwa bei den Industrierobotern.

Die staatliche Politik hat bei Produkten wie Fotoapparaten und Nähmaschinen eine schnelle Standardisierung erzwungen und über die Produkte und Verbesserung von

Merkmalen zu einem starken Wettbewerb geführt. In einigen Branchen war der Staat ein großer und früher Abnehmer (so erwarben alle Staatsschulen Klaviere für den Musikunterricht). Seine Beschaffungsmaßnahmen zielten sehr stark auf die Aufwertung der von den Zulieferern angebotenen Technologie. Die vielfältigen Kampagnen zur Qualitätsverbesserung, für die der Deming-Preis ein Beispiel ist und die durch die Exportkontrollen in den ersten Nachkriegsjahren unterstützt wurden, waren eine weitere wichtige Etappe: Sie zwangen die Unternehmen, die drängende Nachfrage zu befriedigen.

Auch in ihrer Betonung der verwandten und unterstützenden Branchen verfuhr die japanische Politik recht geschickt. Beginnend mit dem Gesetz über zeitlich begrenzte Maßnahmen für Maschinenbau und Elektronik 1971–1978, legte sie das Schwergewicht auf Zubehörteile und Produktionsmaschinen. Das hat zu einem tiefgestaffelten Cluster in vielen Industriezweigen geführt.

Eine andere bemerkenswerte Dimension der japanischen Politik, schon seit vielen Jahren zu beobachten, ist die Rolle des japanischen Staates als Signalgeber. Durch öffentlich herausgestellte Regierungsberichte, Gemeinschaftsbranchen, wissenschaftliche und staatliche Ausschüsse, Öffentlichkeitskampagnen, gemeinsame Forschungsprojekte, die die Aufmerksamkeit auf zukunftsträchtige Technologien lenken, und ähnliches hat vor allem das MITI versucht, Innovationen und Veränderungen bei den Unternehmen anzuregen und zu beeinflussen. Bewirkt wird dadurch zweierlei: Bestrebungen zu wecken und Bedenken hervorzuheben, die die Branche überwinden muß; und gleichzeitig ein Ansporn für die Unternehmen, entsprechend zu handeln. Das Energiesparprogramm ist dafür ein gutes Beispiel. Damit sollen Verbesserungen durch die Industrie gefördert werden.

Der japanische Staat hat die verschiedenen Maßnahmen mit fortschreitender Modernisierung der Wirtschaft abgeändert (viele Berichte über das japanische »Modell« sind seit zehn oder mehr Jahren überholt). Direkte Eingriffe gingen deutlich zurück, Nachfragebedingungen haben zunehmende Beachtung gefunden. Die Rolle des Signalgebers ist in den letzten zehn Jahren zur herausragenden Aufgabe des Staates geworden. Viele der formalen Machtbefugnisse des MITI sind geschwunden, wenn es auch noch erheblichen Einfluß hat. Das ist angemessen, nicht nur aufgrund des weltweiten Aufschreis gegen die japanische Zielstrebigkeit, sondern mehr noch, weil das alte Modell beim jetzigen Entwicklungsstand Japans einfach nicht mehr funktioniert (mehr darüber in Kapitel 10). Die sich heute abzeichnenden japanischen Erfolge sind nicht empfänglich für Faktorkosten, sondern für schnelle Innovationen und die Bereitschaft zu investieren.

So erfolgreich Japan auch gewesen ist, sollte man doch erkennen, daß die Politik des japanischen Staates den Wettbewerbsvorteil in einigen wichtigen Wirtschaftsbereichen beeinträchtigt hat. Die Regulierung und zentrale Überwachung des Gesundheitswesens z. B. haben Innovationen gedämpft. Die Bildungspolitik hat das Verständnis der Schulen und Universitäten für die Bedürfnisse der Wirtschaft vermindert und die bedeutenden Vorteile universitärer Forschung eingeschränkt.

Am wichtigsten ist wohl, daß die Politik des Staates den Wettbewerb in einigen Branchen untergraben und unwirtschaftlich arbeitende Wettbewerber geschützt hat, und das hat die Gesamtproduktivität der japanischen Wirtschaft gesenkt. Regulierungen im Einzelhandel und Vertrieb z. B. haben die Bildung schlagkräftiger Unternehmen verhindert, was zu einer Situation führen mußte, in der der japanische Inlandsmarkt nicht im Einklang mit den meisten anderen Ländern war. Das Gesetz zur Anpassung von Einzelhandelsoperationen in großen Läden schränkt die Möglichkeiten potenter Einzelhändler ein, Läden zu eröffnen und mit kleinen Geschäften zu konkurrieren. Schutzmaßnahmen für Tabak und Landwirtschaft haben zu Unwirtschaftlichkeit in diesen und auch unterstützenden Branchen geführt.

Beschneidungen des Wettbewerbs in der einen oder anderen Form, wie zum Teil schon erwähnt, haben sich auch in einer Reihe anderer Branchen als unwirtschaftlich erwiesen. Vom MITI geduldete »Rezessions«- und »Rationalisierungs«-Kartelle, die den Wettbewerb aufheben und praktisch auf Protektion hinauslaufen, haben in Dutzenden anderer Branchen unrentabel arbeitende Firmen am Leben erhalten. Nur eine Handvoll der über sechzig betroffenen Branchen konnten nennenswerte internationale Erfolge erzielen.

Japan ist somit durch einen der schärfsten Wettbewerbe aller Länder charakterisiert, neben dem aber große Gebiete mit wenig oder gar keinem Wettbewerb existieren. Diese und andere Beispiele lassen das komplexe Gleichgewicht der politischen Kräfte erahnen, die in einigen Branchen zu Eingriffen zu Lasten der Verbraucher führen. Sie legen auch die Vermutung nahe, daß die verantwortlichen Politiker traditionelle Rollen nur zögerlich aufgeben. Beides sind Gefahrensignale für die Zukunft.

Die Rolle des Zufalls

Der Zufall und ein mit ihm verbundenes gutes Timing haben in mehreren Branchen eine wichtige Rolle für den japanischen Erfolg gespielt. Der Zweite Weltkrieg war ein folgenreiches Ereignis. Die Besatzungsmächte zerstörten das *Zaibatsu*-Gefüge und setzten dadurch den Wettbewerb in der Wirtschaft frei. Wie in Deutschland ist dieses Auftauen des Wettbewerbs kaum zu überschätzen.

Der Zweite Weltkrieg hatte auch einen Zustrom von Technologie aus den Vereinigten Staaten zur Folge und schuf die Gelegenheit und Notwendigkeit, die Wirtschaft völlig neu aufzubauen. Weil die japanische Inlandsnachfrage später auf Touren kam als in anderen Industrieländern, befanden sich japanische Unternehmen häufig in der Lage, in modernere Anlagen zu investieren als ihre ausländischen Konkurrenten. Eine frühe staatliche Politik in einigen Branchen (vor allem Stahl), die forderte, alte Anlagen abzureißen und neue, leistungsfähige Werke zu bauen, kam der Modernisierung zugute.

Der Koreakrieg war für die japanische Wirtschaft von enormer Schubkraft. Er trug z. B. mit zur Rettung der japanischen Lastwagenindustrie bei, indem er für einige der ersten Auslandsaufträge sorgte. Die Olympischen Spiele von 1964 in Tokio bedeuteten einen weiteren Meilenstein, der die Japaner auf den Weltmärkten noch stärker in Erscheinung treten ließ. Viele Unternehmen des Landes unternahmen große technische Anstrengungen zur Herstellung neuer Produkte, um sie bei der Olympiade präsentieren zu können. Hattori-Seiko z. B., führender japanischer Armbanduhrenhersteller, hält sich zugute, offizieller Zeitnehmer bei den Olympischen Spielen gewesen zu sein, was sowohl den firmeninternen Fortschritt als auch den Bekanntheitsgrad im Ausland erheblich voranbrachte. Für die Olympiade wurden auch größere Verbesserungen der Infrastruktur in Angriff genommen.

Eine weitere Vorbedingung für den Aufstieg Japans in vielen Branchen war der starke technologische Trend zur Elektronik und zu modernen Herstellungstechnologien. Als die japanischen Unternehmen sich darum mühten, einen Vorteil gegenüber ausländischen (und heimischen) Konkurrenten herauszuholen, boten diese einschneidenden Strukturveränderungen immer wieder einen Ansatzpunkt. Ausländische Konkurrenten, die oft besser eingeführt waren und über Anlagen und Erfahrung verfügten, die auf ältere Technologien zugeschnitten waren, konnten übersprungen werden.

Mehrere Zufallsereignisse, die vielen japanischen Branchen schließlich zugute kamen, war eine ganze Serie von »Schocks«, die mit dem Nixon-Schock begann und sich über die Erdölschocks Mitte der 80er Jahre bis zum Yen-Schock zog.[26] Sie alle riefen größere antizipatorische Anpassungen in Japan hervor, die den nationalen Vorteil unterstützten. Aufgrund des ausgeprägten Inlandswettbewerbs und einiger schon genannter anderer Umstände reagierten die japanischen Branchen unglaublich aggressiv.

Japan im Ausblick

Die japanische Erfolgsgeschichte ist auf Dynamik gebaut. Die japanischen Unternehmen sind zu schnellen und ständigen Innovationen gedrängt worden, die oftmals die Bedürfnisse des Weltmarkts vorwegnahmen. Die Unternehmen haben ihre Wettbewerbsvorteile unermüdlich aufgewertet, sich nie auf ihnen ausgeruht.[27] Die japanische Wirtschaft hat wettbewerbsfähige Cluster gebildet und die Mischung aus verschiedenen Branchen aufgewertet.

Die hohe Investitionsrate, das rasche Produktivitätswachstum und das schnell steigende Pro-Kopf-Einkommen (siehe Tabelle 7–1) sind einige der vielen allgemeinen Anzeichen dafür, daß der Aufwertungsprozeß läuft. Ähnlich erstaunliche Beweise finden sich bei den Gewinnen und Verlusten der Exportanteile wettbewerbsfähiger japanischer Branchen zwischen 1978 und 1985, wie sie in Abbildung 8–3 zusammengefaßt sind. Japan hatte beim Anteil am Weltexport in mehr als doppelt so vielen Branchen Gewinne von 15 Prozent oder mehr gegenüber den Verlusten. Das zahlenmäßige Übergewicht der Gewinne gegenüber den Verlusten zeigt sich besonders in fortschrittlichen Branchen wie Halbleitern/Computern, Verkehr, Bürogeräten, Unterhaltungs- und Freizeitprodukten sowie Haushaltsgeräten (einschließlich Klimaanlagen). Hohe Gewinne bei Produkten im Bereich Mehrfachgeschäft sind ein Anzeichen dafür, daß die Wirtschaft in hochentwickelten Branchen breit- wie tiefgestaffelt eine starke Position einnimmt. So gewann Japan einen Anteil in neunundzwanzig Maschinenbaubranchen und verlor ihn in nur zwei. Die Gewinne Japans beim Anteil am Weltexport erfolgten im Durchschnitt in den größten Branchen, darüber hinaus in Branchen, die schneller wuchsen, verglichen mit denen, in denen Anteile verlorengingen (siehe Tabelle B–3). Anteilsverluste in japanischen Branchen gab es überwiegend bei weniger aufwendigen und faktorkostenanfälligen Erzeugnissen, etwa Thomasstahl, Fischprodukte, Schwarzweißfernseher und Textilien. Auch in der Chemie hat Japan mehr Positionen eingebüßt als gewonnen, einem Bereich, der seit jeher schwächer entwickelt war.

ABB. 8–3 Wettbewerbsfähige japanische Branchen mit Gewinnen oder Verlusten beim Weltexportanteil von 15 Prozent oder mehr zwischen 1978 und 1985*

Werkstoffe/Metalle

	Branchen gesamt	Anteil Gewinne	Anteil Verluste
Primärgüter	38	9	16
Maschinen	6	3	2
Besondere Produktionsmittel	0	0	0
Gesamt	**44**	**12**	**18**

Forsterzeugnisse

	Branchen gesamt	Anteil Gewinne	Anteil Verluste
Primärgüter	1	1	0
Maschinen	0	0	0
Besondere Produktionsmittel	0	0	0
Gesamt	**1**	**1**	**0**

Erdöl/Chemikalien

	Branchen gesamt	Anteil Gewinne	Anteil Verluste
Primärgüter	13	8	11
Maschinen	0	0	0
Besondere Produktionsmittel	0	0	0
Gesamt	**13**	**8**	**11**

Halbleiter/Computer

	Branchen gesamt	Anteil Gewinne	Anteil Verluste
Primärgüter	0	6	0
Maschinen	0	0	0
Besondere Produktionsmittel	0	0	0
Gesamt	**0**	**6**	**0**

VORGELAGERTE BRANCHEN

	Branchen gesamt	Anteil Gewinne	Anteil Verluste
Primärgüter	52	24	27
Maschinen	6	3	2
Besondere Produktionsmittel	0	0	0
Gesamt	**58**	**27**	**29**

Mehrfachgeschäft

	Branchen gesamt	Anteil Gewinne	Anteil Verluste
Primärgüter	13	6	1
Maschinen	2	2	0
Besondere Produktionsmittel	2	2	0
Gesamt	**17**	**10**	**1**

Stromerzeugung und -verteilung

	Branchen gesamt	Anteil Gewinne	Anteil Verluste
Primärgüter	15	10	6
Maschinen	0	0	0
Besondere Produktionsmittel	0	0	0
Gesamt	**15**	**10**	**6**

Büro

	Branchen gesamt	Anteil Gewinne	Anteil Verluste
Primärgüter	8	7	0
Maschinen	2	2	0
Besondere Produktionsmittel	0	0	0
Gesamt	**10**	**9**	**0**

Telekommunikation

	Branchen gesamt	Anteil Gewinne	Anteil Verluste
Primärgüter	3	3	0
Maschinen	0	0	0
Besondere Produktionsmittel	0	0	0
Gesamt	**3**	**3**	**0**

Rüstung

	Branchen gesamt	Anteil Gewinne	Anteil Verluste
Primärgüter	0	0	1
Maschinen	0	0	0
Besondere Produktionsmittel	0	0	0
Gesamt	**0**	**0**	**1**

INDUSTRIELLE & UNTERSTÜTZENDE FUNKTIONEN

	Branchen gesamt	Anteil Gewinne	Anteil Verluste
Primärgüter	61	43	12
Maschinen	16	16	0
Besondere Produktionsmittel	19	13	1
Gesamt	**96**	**72**	**13**

Verkehr

	Branchen gesamt	Anteil Gewinne	Anteil Verluste
Primärgüter	22	17	4
Maschinen	12	12	0
Besondere Produktionsmittel	17	11	1
Gesamt	**51**	**40**	**5**

Textilien/Bekleidung

	Branchen gesamt	Anteil Gewinne	Anteil Verluste
Primärgüter	6	3	6
Maschinen	8	6	0
Besondere Produktionsmittel	8	2	4
Gesamt	**22**	**11**	**10**

Wohnen/Haushalt

	Branchen gesamt	Anteil Gewinne	Anteil Verluste
Primärgüter	10	6	0
Maschinen	0	0	0
Besondere Produktionsmittel	1	1	0
Gesamt	**11**	**7**	**0**

Gesundheitsfürsorge

	Branchen gesamt	Anteil Gewinne	Anteil Verluste
Primärgüter	4	3	1
Maschinen	0	0	0
Besondere Produktionsmittel	0	0	0
Gesamt	**4**	**3**	**1**

Unterhaltung/Freizeit

	Branchen gesamt	Anteil Gewinne	Anteil Verluste
Primärgüter	19	11	3
Maschinen	0	0	0
Besondere Produktionsmittel	5	3	0
Gesamt	**24**	**14**	**3**

Nahrungsmittel/Getränke

	Branchen gesamt	Anteil Gewinne	Anteil Verluste
Primärgüter	3	0	3
Maschinen	4	4	0
Besondere Produktionsmittel	2	2	1
Gesamt	**9**	**6**	**4**

Privat

	Branchen gesamt	Anteil Gewinne	Anteil Verluste
Primärgüter	9	5	1
Maschinen	0	0	0
Besondere Produktionsmittel	1	1	0
Gesamt	**10**	**6**	**1**

ENDVERBRAUCH GÜTER & DIENSTLEISTUNGEN

	Branchen gesamt	Anteil Gewinne	Anteil Verluste
Primärgüter	51	28	14
Maschinen	12	10	0
Besondere Produktionsmittel	17	9	5
Gesamt	**80**	**47**	**19**

* Aufgenommen wurden Branchen, die den Schwellenwert 1978 oder 1985 übertroffen haben, einschließlich derer, die 1978 wettbewerbsfähig waren, aber 1985 unter den Schwellenwert fielen oder erstmals einen so hohen Anteil erreichten, daß sie den Schwellenwert 1985 übertrafen.

Die japanische Industrie ist das vielleicht anschaulichste Beispiel dafür, wie die Bestimmungsfaktoren des nationalen Wettbewerbsvorteils als System wirken. In den Branchen, in denen Japan erfolgreich war, verstärken sich die Vorteile im Umkreis des »Diamanten« gegenseitig. (Wo Japan keinen Erfolg hatte, fehlten wichtige Bestimmungsfaktoren.) Viele Branchen entstehen aus verwandten und unterstützenden Industrien. Haben sie sich einmal etabliert, lockt das Wachstum des Inlandsmarkts zahlreiche andere Einsteiger an. Anspruchsvolle heimische Kunden tragen zur weiteren Anregung der Innovationen und des nachhaltigen Wettbewerbs bei.

Die schnelle Sättigung des Inlandsmarkts verstärkt den Wettbewerb und sorgt für mehr Druck, zu exportieren. Die Bereichsstruktur der Inlandsnachfrage lenkt japanische Unternehmen in unverteidigte Bereiche, über die sie in ausländische Märkte eindringen können. Ein unerbittlicher Inlandswettbewerb treibt beständige, schnelle Innovationen und Ausweitungen des Sortiments voran. Basisfaktorvorteile werden ersetzt durch Vorteile bei fortschrittlichen und speziellen Faktoren, die im wesentlichen in den Unternehmen selbst entstanden sind; zu ihnen gesellen sich wachsende Vorteile, die aus Globalstrategien resultieren.

Marktsättigung, ausgeprägter Wettbewerb und der Wunsch, die Beschäftigten zu halten, führen zur engverwandten inneren Diversifizierung in neue Branchen. Da viele Konkurrenten in vorgelagerte, nachgelagerte oder horizontal verbundene neue Gebiete strömen, schwappt ein intensiver Wettbewerb über Branchengrenzen hinweg. Das Einsickern verschiedener Kenntnisse in neue Branchen bringt oft Innovationen mit sich, die die Grundlagen des Wettbewerbs verändern.

Dieser sich selbst verstärkende Prozeß hat die japanische Wirtschaft mit der Zeit immer stärker zusammengeballt. Aus bereits erwähnten Gründen beweisen japanische Unternehmen ein einzigartiges Geschick, die Vorteile von Clustern zu nutzen, was das Tempo der Innovationen und Veränderungen erhöht. Selektive Faktornachteile (insbesondere bei der Energie, dem Raum, Arbeitskräftemangel, Arbeitskosten und in jüngster Zeit bei der Währung) haben den Vorgang beschleunigt, die Branche aufzuwerten und Strategien zu globalisieren. Die Existenz eines aktiven Inlandswettbewerbs, der Verpflichtung gegenüber den Beschäftigten und einer langfristigen Perspektive bedeutet, daß die Antwort auf selektive Nachteile Innovation und selektive Globalisierung lautet, nicht Aufgabe von Branchen und großangelegte Beschaffung im Ausland.

Das in Japan herrschende System der Bestimmungsfaktoren ist nicht auf jede Branche anwendbar. Inländische Nachfragebedingungen, Managementpraktiken oder zwingende Faktornachteile fügen sich nicht immer ein. In anderen Branchen besteht das Problem darin, daß ausländische Firmen Vorteile aus frühem Handeln ziehen, die zu überwinden extrem schwer war. Eine andere große Branchengruppe wurde aus diesem oder jenem Grund vor Wettbewerb geschützt und bringt nicht den Schwung auf, im Ausland zu konkurrieren. Doch das sich selbst verstärkende System in Japan hat in den unterschiedlichsten Branchen bedeutende Wettbewerbsvorteile hervorgebracht – und die Fähigkeit, sie über lange Zeiträume hinweg zu behaupten. Es ist wenig Geheimnisvolles daran, wie japanische Unternehmen einen nationalen Wettbewerbsvorteil erzielt haben. Im Westen neigt man dazu, abenteuerliche Geschichten zu ersinnen, um den Erfolg Japans zu erklären: die Japan AG, Neomerkantilismus und nationale Ziele, die nicht auf die Erhöhung des Lebensstandards gerichtet sind. Auch wenn Japan seinen Binnenmarkt stärker als viele andere fortschrittliche Länder geschützt hat und noch immer schützt (eine zunehmende Beschränkung der weiteren wirtschaftlichen Aufwertung Japans), hat das doch wenig mit dem eigentlichen nationalen Wettbewerbsvorteil des Landes zu tun. Japan hat eine Wirtschaft, die von den Unternehmen getrieben wird, nicht vom Staat. Der Import von Produkten nach Japan, einschließlich Automobile, ist stark gestiegen. Die Beachtung, die man in Japan der Arbeitszeit, dem Wohnen, der Umweltverschmutzung und anderen Einschränkungen eines steigenden Lebensstandards schenkt, durchläuft für ein Land auf dem Entwicklungsstand Japans einen vorhersehbaren Zyklus.

Offensiver Inlandswettbewerb, anspruchsvolle Kunden, kooperative Zulieferer und schnelle Aufwertung der Produktionsfaktoren sind die entscheidenderen Vorteile. Der japanische Vorteil ist tatsächlich systemisch, ein Begriff, dessen Sinn meine Theorie hoffentlich erhellt. »Kulturelle« Faktoren sind statt dessen oft vom »Diamanten« hergeleitet. Die andersartigen Ziele der japanischen Unternehmen kommen Konkurrenten – vor allem amerikanischen – zuweilen unlauter vor. Diese Ziele sind Ausdruck des japanischen Umfelds und der Kapitalmarktbedingungen und nicht vom japanischen Staat geschaffen. Der zeitliche Horizont und die niedrigeren Gewinnerwartungen der japanischen Unternehmen ähneln den Bedingungen, die man in anderen Industrieländern wie Deutschland und Schweden antrifft. Die Amerikaner müssen lernen, die Vereinigten Staaten in dieser Hinsicht als die Ausnahme zu sehen, nicht Japan.

Bei der Betrachtung Japans sollte man nicht die Fehlschläge und wichtigen Sektoren außer acht lassen, in denen die Produktivität niedrig ist und die nicht am japanischen Wirtschaftswunder teilhaben. Das heutige Japan besteht in vieler Hinsicht aus zwei Wirtschaften. Die eine Wirtschaft ist enorm wettbewerbsfähig und durch eine schnelle Aufwertung und ein ebensolches Produktivitätswachstum gekennzeichnet. Daneben existiert eine andere Wirtschaft, in der wenig echter Wettbewerb herrscht und Unwirtschaftlichkeit verbreitet ist. Insgesamt liegt die Produktivität der japanischen Wirtschaft (und auch der japanische Lebensstandard) noch immer weit hinter der der Vereinigten Staaten zurück.

Es gibt auch Anzeichen für eine Verlagerung der Ziele in der Industrie und dafür, daß die staatlichen Stellen sich zu langsam von der Überwachung trennen und Anpassung an neue Umstände zulassen. Einige Beobachter haben erklärt, das japanische »Modell« verdränge dasjenige, das auf freiem Handel und offenem Wettbewerb beruht und die Nachkriegsbemühungen um eine Liberalisierung des Handels gestützt hat. Statt dessen verdeutlicht der Fall Japan unmißverständlich die Bedeutung des Wettbewerbs und die Notwendigkeit zur Entwicklung jedes Politikmodells, wenn ein Land fortschreiten soll. Ich komme auf diese Fragen im Abschlußkapitel zurück.

Italien stürmt vorwärts[28]

Italien trat in den letzten zwei Jahrzehnten wieder in die Reihe der fortschrittlichen Länder. Seine Exporte stiegen drastisch im Verhältnis zur Inlandsproduktion, und der Anteil Italiens an den Weltexporten kletterte von knapp 3,2 Prozent 1960 auf über 5,2 Prozent 1986. Der italienische Zuwachs des Anteils am Weltexport insgesamt wird unter den führenden Staaten nur von Japan übertroffen. Das Wachstum von Produktivität und Pro-Kopf-Einkommen in Italien kommt unter den von uns untersuchten Ländern gleich hinter dem von Japan und Korea.

Das Beispiel Italien ist aus mehreren Gründen besonders aufschlußreich. Italien ist nicht allgemein als ein Land bekannt, dessen Unternehmen in vielen Branchen einen Wettbewerbsvorteil haben. Es steht mehr in dem Ruf chaotischer Regierungsverhältnisse, eines schlechten Telefonnetzes und dürftiger anderer öffentlicher Dienstleistungen, unrentabler Staatsbetriebe und allumfassender Subventionen. Italien ist auch eines der maßgeblichen Länder, das kaum Vorteile aus ererbten Produktionsfaktoren zieht. Es importiert den größten Teil der Energie und Rohstoffe und führt sogar mehr Nahrungsmittel ein als aus.

Doch Italien entwickelte eine bemerkenswerte Dynamik und Fähigkeit, erfolgreich Wettbewerbsvorteile in Branchen aufzuwerten. In den ersten Nachkriegsjahren war Italien ein Land, in dem die meisten Branchen einen Wettbewerbsvorteil besaßen, der auf billiger Arbeitskraft beruhte. Zu Beginn der 80er Jahre erlangten viele italienische Branchen Vorteile, die auf Unterteilung, Differenzierung und Verfahrensinnovationen zurückgingen. Der Fall Italien veranschaulicht, wie der Japans, die Macht einer wachsenden Übereinstimmung zwischen nationalen Umständen und den sich verändernden Anforderungen modernen globalen Wettbewerbs.

Trotzdem bleibt Italien ein Beispiel voller Widersprüche. Seine nationalen Eigenschaften bewirken in vielen Branchen erstaunliche Vorteile, in vielen anderen dagegen Mißerfolge. Eine weitere Aufwertung der italienischen Wirtschaft stößt allmählich an Grenzen, die nicht so ohne weiteres zu überwinden sind.

Muster des italienischen Wettbewerbsvorteils

Tabelle 8–4 führt die fünfzig italienischen Branchen an, die 1985 den größten Anteil am Weltexport hatten. Daß Branchen wie Wein, Schuhe und Wollstoffe auf dieser Liste auftauchen, überrascht vielleicht nicht. Interessanter ist schon das Auftauchen von Haushaltsgeräten und mehreren Maschinenbaubranchen. Die fünfzig Branchen mit dem höchsten Anteil am Weltexport vereinen nur 27 Prozent aller italienischen Exporte auf sich, was wenig ist im Vergleich mit den Ländern als Gruppe (das gleiche gilt für das Verhältnis der Gesamtexporte, die die führenden fünfzig italienischen Branchen vom Exportwert her ausmachen; siehe dazu Tabelle B–7).[29]

Die Muster des nationalen Vorteils in der italienischen Wirtschaft kommen in Abbildung 8–4 und der zusammenfassenden Statistik von Abbildung 8–5 und B–6 sehr viel besser zum Ausdruck. Was bei Italien sofort auffällt, ist die Zahl der Exportbranchen und die Tatsache, daß nicht wenige Branchen den Export beherrschen. Die erfolgreichen Branchen weisen sogar starke Cluster auf. Der bedeutendste

TABELLE 8–4   Die 50 italienischen Branchen mit dem höchsten Anteil am Weltexport, 1985

Branche	Anteil am ges. Weltexport	Exportwert (in Mio. $)	Importwert (in Mio. $)	Anteil am italien. Gesamt-export
Weizengrütze, -mehl und -schrot	69.5	159,765	3,631	0.20
Bearbeitete Bauziegel	62.2	701,208	5,319	0.89
Andere Weine aus frischen Trauben (Aperitifs)	58.1	75,754	513	0.10
Glasierte Keramik	56.6	866,879	16,437	1.10
Edelmetallschmuck	49.6	2,288,256	19,978	2.90
Frisches Steinobst	45.5	247,385	10,159	0.31
Gummi- und Kunststoffschuhe	41.9	452,469	20,402	0.57
Kammwollstoffe	41.8	278,003	34,861	0.35
Haushaltswaschmaschinen	38.2	396,595	32,123	0.50
Stahlhochdruckrohre	35.9	319,193	11,271	0.40
Pullover aus synthetischen Fasern	34.0	631,213	5,419	0.80
Handtaschen	33.7	343,408	3,978	0.43
Wollpullover	33.1	499,221	55,460	0.63
Lederschuhe	32.8	3,285,427	178,156	4.16
Andere gewebte Textilien	32.3	510,145	48,634	0.65
Gewebte Seidenstoffe	31.7	215,629	53,632	0.27
Zement, Kunststeinprodukte	31.2	124,617	4,224	0.16
Stühle u. a. Sitzmöbel	30.6	685,124	29,894	0.87
Textilaccessoires	27.8	251,618	24,303	0.32
Frische Trauben	27.8	235,494	7,105	0.30
Haushaltskühltruhen	26.8	80,738	3,379	0.10
Damenoberbekleidung	26.2	491,478	50,159	0.62
Haushaltskühlschränke	26.1	314,900	16,353	0.40
Holzmöbel	25.5	1,026,911	40,390	1.30
Werkzeugmaschinen für Holz, Keramik	24.7	485,500	35,141	0.61
Leder	24.6	452,233	266,542	0.57
Andere Sweater, Pullover	24.5	641,799	16,830	0.81
Koks und Grudekoks aus Braunkohle	24.2	323	1,159	0.00
Ungebleichte Sulfitzellstoff	23.3	20,576	36,907	0.03
Schuhzubehör	23.0	198,785	11,270	0.25
Olivenöl	22.4	131,742	283,534	0.17
Möbel und Teile	22.3	186,395	14,522	0.24
Herrenanzüge	22.2	145,837	17,341	0.18
Brillengestelle	22.2	164,124	30,899	0.21
Strickaccessoires	22.2	186,366	25,954	0.24
Metallmöbel	21.5	174,076	11,804	0.22
Wein aus frischen Trauben	20.7	803,915	75,121	1.02
Unverpackte Antibiotika	20.5	321,442	228,622	0.41
Dekorative Keramik	20.3	114,451	23,432	0.14
Nichttexturiertes polyamidhaltiges Garn	20.3	97,411	64,949	0.12
Verpackungs-, Abfüllmaschinen	19.8	464,507	55,063	0.59

Branche	Anteil am ges. Weltexport	Exportwert (in Mio. $)	Importwert (in Mio. $)	Anteil am italien. Gesamt-export
Herrenmäntel	19.8	435,710	99,379	0.55
Spül- und Waschbecken, Bidets	19.5	77,117	3,781	0.10
Haushaltsheiz- u. Kochgeräte	19.5	199,544	27,309	0.25
Blattwerk, Zweige und andere Pflanzenteile	19.3	26,045	2,750	0.03
Lampen, Beleuchtungskörper aus Nicht-Edelmetall	19.1	275,239	26,915	0.35
Andere Textil-, Spezialledermaschinen	18.6	425,736	100,203	0.54
Festes Ätznatron	18.3	35,690	1,711	0.05
Synthetisches Fasergewebe	18.1	753,426	189,393	0.95
Kunststoffbeschichtete Textilien	18.0	157,913	30,376	0.20
GESAMT				27.16

ANMERKUNG: Importdaten sind nicht angegeben, wenn der Importwert unter 0,3 Prozent des Gesamthandels für 1985 liegt.

Cluster im italienischen Handel hängt mit Textilien und Bekleidung zusammen (z. B. Schuhe, Stoffe, Kleidung, Handtaschen, Reiseartikel), außerdem besonderen Produktionsmitteln und dazugehörigen Maschinen. Der zweitwichtigste Cluster besteht bei den Haushaltsprodukten wie Haushaltsgeräten, Möbeln, Lampen, Keramikzeugnissen (z. B. Keramikfliesen und dekorative Keramik), Spül- und Waschbecken, Haushaltsartikeln, Erzeugnissen aus Natur- und Kunststein und zugehörigen Maschinen (z. B. holzverarbeitende Maschinen, Trennmaschinen für Marmor) sowie Produktionsmitteln. Ein anderer wichtiger Cluster umfaßt Nahrungsmittel und Getränke einschließlich Wein, Olivenöl, Teigwaren, Gemüsekonserven (vor allem Tomaten), obwohl Italien mehr Nahrungsmittel ein- als ausführt, insbesondere nicht verarbeitete Nahrungsmittel. Die italienische Stellung im Nahrungsmittel- und Getränkebereich ist bei Maschinen und Geräten (z. B. Maschinen zur Weinherstellung, kleine landwirtschaftliche Geräte) genauso stark wie bei Endprodukten.

Ein weiterer wichtiger Cluster besteht bei persönlichen Produkten, vor allem Schmuck, aber auch Brillengestelle, Federhalter und Toilettenartikel. Eine starke Stellung hat Italien auch bei einigen ziemlich spezialisierten Metallerzeugnissen und Spezialwerkstoffen sowie den zugehörigen Maschinen. Die Position Italiens liegt oft in einem zu engen Bereich, als daß sie in den Handelsstatistiken gesondert erscheint (seine starke Stellung bei »Werkzeugmaschinen für Spezialbranchen« deutet dies aber an).

Auf dem Verkehrssektor hält Italien eine bescheidene (und insgesamt rückläufige) Position, wobei seine größten Stärken mehr bei Maschinen und Zubehör (z. B. Pirelli) sowie Spezialfahrzeugen (Ferrari, Lamborghini, Maserati) liegen als auf den großen Fahrzeugbranchen. Die eigentliche Stärke von Fiat liegt bei kleinen Kompaktwagen, die einzige Kfz-Klasse, in der das Unternehmen mehr als einen kleinen Prozentsatz vom europäischen Markt hält. Fiat wurde auf dem heimischen Markt, wo es eine beherrschende Stellung einnimmt, gegen den japanischen Wettbewerb geschützt.[30]

Die Cluster der erfolgreichen italienischen Branchen sind auf Endverbrauchsgüter konzentriert, der unteren Reihe der Clustergrafik. Die wettbewerbsfähigen Branchen bei Endverbrauchsgütern stehen für beachtliche 47,5 Prozent aller italienischen Exporte. Italien ist tatsächlich der Welt führender Exporteur in den Bereichen Textilien/Bekleidung, Haushalt und persönliche Produkte; im Bereich Nahrungsmittel und Getränke steht es unter den von uns untersuchten Ländern an dritter Stelle.

Die italienischen Cluster sind im allgemeinen sehr tief gestaffelt. Die meisten weisen Endprodukte auf (Bekleidung), wettbewerbsfähige Branchen, die Zwischenprodukte herstellen (Webstoffe, gegerbtes Leder), andere Produktionsmittel (synthetische Fasern), mit dem Cluster zusammenhängende Spezialmaschinen (lederverarbeitende Maschinen, Spinnmaschinen) und gelegentlich unterstützende Dienstleistungen (vor allem beim Design). Italienische Unternehmen sind oft weltweit führende Exporteure von Maschinen oder von clusterverbundenen Produktionsmitteln, die so speziell sind, daß sie nicht gesondert in der Handelsliste erscheinen. Gruppen engverbundener Branchen, die alle wettbewerbsfähig sind, gibt es häufig (Lederschuhe, Skistiefel, Après-Ski-Stiefel).

Wie die Schraffierung in Abbildung 8–5 zeigt, bestehen zwischen einigen wichtigen Clustern Verbindungen: Textilien/Bekleidung, Wohnen/Haushaltsprodukte und Produkte für den privaten Bereich sind durch eine starke Ausrichtung auf Mode, Stil und Design verbunden. Einzelne italienische Positionen in diesen Bereichen verstärken sich selbst und nehmen einige gemeinsame unterstützende Branchen in Anspruch.

Die international erfolgreichen italienischen Branchen sind oft durch mittlere und kleine Firmen charakterisiert, die hauptsächlich über den Export konkurrieren und nur begrenzt direkt im Ausland investieren. Einzelne Firmen sind meistens auf relativ enge Produktbereiche spezialisiert.[31] Großunternehmen, von denen sich einige in den letzten Jahren umstrukturiert haben, zeichnen nur für einen geringen Anteil am gesamtitalienischen Handel verantwortlich. Bei den vom Exportwert her führenden Branchen sind nur in einer der fünf Topbranchen Großunternehmen, und in den zwanzig Spitzenbranchen nur fünf.[32] Es gibt in Italien zwar erfolgreiche Großunternehmen, doch gehören sie im allgemeinen nicht den Branchen an, in denen Italien am erfolgreichsten ist.

Eine weitere erstaunliche Besonderheit erfolgreicher italienischer Branchen ist ihre geographische Konzentration: Viele, wenn nicht Hunderte von Firmen einer Branche können in einer einzigen Stadt angesiedelt sein. So entfallen z.B. auf zwei kleine Stadtgebiete in Italien, Valenza Po und Arezzo, bei Edelmetallschmuck ein Handelsüberschuß von 2 Milliarden $ und fast die Hälfte des Weltexports von Schmuck. Abbildung 4–6 macht die Konzentration italienischer Branchen deutlich.

Die Clustergrafik (Abbildung 8–4) führt auch viele Bereiche auf, in denen die italienische Industrie kaum einen oder gar keinen nationalen Wettbewerbsvorteil aufweist. Bei Halbleitern und Computern,[33] Telekommunikation, Rüstung (ausge-

ABBILDUNG 8–4 Ansammlungen international wettbewerbsfähiger italienischer Branchen, 1985

	WERKSTOFFE/METALLE			FORSTERZEUGNISSE		
	EISEN & STAHL / VERARBEITETES EISEN & STAHL		NICHTEISENMETALLE	HOLZERZEUGNISSE	PAPIER	HALBSTOFFE
Primärgüter	*Andere Eisen-, Stahlträger** *Eisen-, andere Stahlträger, warmgewalzt* *Andere Profile, warmgewalzt* Eisen-, einfache Stahldünnbleche • Eisen-, einfache Stahlgrobbleche • Eisen-, einfacher Stahldraht • Dünnblech aus rostfreiem Stahl VERARBEITETES EISEN & STAHL **Hochdruckstahlrohre** Eisen- und Stahlguß, unbearbeitet • *Eisen-, Stahlrohrfittings* Eisen- und Stahlrohre, -leitungen Nahtlos gezogene Eisen- und Stahlrohre *Eisen- und Stahlkabel, -seile*		Anderes Kupfer, Legierungen, bearbeitet* • Kupferplatten, -bleche, -bänder • Aluminiumträger, -draht etc. *Aluminiumfolie* Konstruktionen, Teile aus Eisen und Stahl *Stahltanks* *Metallzäune, -gaze* *Schrauben, Muttern aus Eisen und Stahl* Blätter, Spitzen etc. für Werkzeuge • Andere Erzeugnisse aus unedlem Stahl* *Schlosserwaren* Ketten, Teile aus Eisen und Stahl	*Holzerzeugnisse** *Holzpaneele**	*Druckpapier, gestrichen, imprägniert etc.* Papier- etc. Container	**Ungebleichter Sulfitzellstoff*** •
Maschinen	*Andere, Mineralien verarbeitende Maschinen** Brechwerke etc. für Grubengut Walzwerke* •		Walzwerkteile, Walzen • Industriehochöfen, elektrisch •	Papier- u. a. Maschinen und Teile*		
Besondere Produktionsmittel	*Gußformen* **Koks, Koks aus Braunkohle***					
Dienstleistungen						

ABB. 8-4 Fortsetzung

Primärgüter

ERDÖL/CHEMIKALIEN

HALBLEITER/COMPUTER

Kleincomputer***

ERDÖLERZEUGNISSE
Düsentreibstoff (Spiritus)*
Kerosin einschließlich Düsentreibstoff
Schmierstoffe (stark erdölhaltig)
ORGANISCHE CHEMIKALIEN
Phenole, Phenolalkohole, Derivate
Polysäuren und Derivate
Oxysäuren, Derivate
Sauerstoffaminoverbindungen
Amidverbindungen, ohne Harmstoff•
Äther, Epoxide, Acetale
ANORGANISCHE CHEMIKALIEN
Natriumhydroxyd, fest

Metallverbindungen aus anorganischer Säure
Andere anorganische Basen•
Andere anorganische Chemikalien•
KUNSTSTOFFE
Andere Polyamide*
Andere Polymerisationsprodukte*
Polyvinylchlorid in primären Formen
Polyvinylchlorid, Platten, Streifen etc.
Bearbeitete Kunststoffprodukte***

Besondere Produktionsmittel

Dienstleistungen

SCHLÜSSEL

Normal   Anteil am Weltexport 4,6% oder mehr, aber weniger als 9,1%.

Kursiv   Anteil am Weltexport 9,1% oder mehr, aber weniger als 18,2%.

Fett   Anteil am Weltexport 18,2% oder mehr.

• Branchen 1978 unter dem Schwellenwert.

Errechnete Restgrößen

Aufgenommen aufgrund eines nennenswerten Exportwerts in einem Branchenbereich.

* Aufgenommen aufgrund der direkten Auslandsinvestitionen.
** Aufgewertet aufgrund der direkten Auslandsinvestitionen.
*** Aufgenommen aufgrund von Inlandsuntersuchungen.

	MEHRFACHGESCHÄFT	VERKEHR		FAHRZEUGAUSRÜSTUNG
Primärgüter	**Kreisel- und andere Pumpen*** **Pumpen für Gase** Gas-, Flüssigkeitsfilter • **Hähne, Ventile** Kurbeln, Wellen, Rollen • Steuergeräte für Gas und Flüssigkeiten Meß-, Steuergeräte**	MOTOREN Sonstige Kolbenmotoren • FAHRZEUGE Rennwagen*** Spezialmotorfahrzeuge • **Zugmaschinen für Sattelschlepper** **Fahrräder, Rollstühle***	Lastkraftwagen*** Kleine Personenkraftwagen** BAUMASCHINEN **Selbstfahrende Bulldozer** Selbstfahrende Löffelbagger, Bagger	Container, einschließlich Straße-Schiene-Transportcontainer* Anhänger, andere Fahrzeuge, nicht mechanisch angetrieben* Schiffsladebäume, -kräne Transportbehälter aus Stahl Transportbehälter aus anderem Metall*
Maschinen	Spritzmaschinen Förderanlagen, Aufzüge*• **Andere nichtelektrische Maschinen***	**Andere Metallbearbeitungsmaschinen*** Andere Werkzeugmaschinen für Metall* Drehbänke für Metallbearbeitung **Aufreibmaschinen für Metall** Umformmaschinen Konverter, Gießpfannen, Kokillen*	Autogenschweißgeräte*• **Elektroschweißgeräte etc.** Handwerkszeug, nichtelektrisch **Fabrikautomaten (einschließlich Roboter)*** **Gummi-, kunststoffbearbeitende Maschinen**	
Besondere Produktionsmittel	Pumpen-, Kompressorteile Ventilatoren, Gebläse, Teile •	**Teile, Zubehör für Motor- und Fahrräder** **Teile für Schienenfahrzeuge** **Lichtanlagen für Fahrzeuge** Elektroakkumulatoren, Teile* Fahrgestelle, Teile und Zubehör für Motorfahrzeuge**	**Andere Werkstoffe aus Gummi*** **Ungehärtete vulkanisierte Gummimischläuche** **Neue Autoreifen*** **Neue Bus- oder LKW-Reifen*** Produkte aus ungehärtetem Gummi **Radargeräte** Dichtungen, Maschinenteile* Spiegel-, Mattglas	
Dienstleistungen	**Bauen/Technik***	Design***		

ABB. 8–4 Fortsetzung

Primärgüter	STROMERZEUGUNG UND -VERTEILUNG	BÜRO	TELEKOMMUNIKATION	RÜSTUNG
	Wechselstrommotoren einschließlich Universalmotoren Wechselstromgeneratoren Andere elektrische Transformatoren# Isolierdraht, -kabel **Kohleelektroden**	*Elektrische Schreibmaschinen, mechanische* Anderer Bürobedarf#• Gedruckte Bücher, Broschüren Werbebeilagen, Kataloge Büromaschinen, automatische Datenverarbeitungsanlagen, Teile##	Funktelefone, Fernsehkameras, Teile##	***Flugzeuge, 2000 – 15000 kg*** Handfeuerwaffen*** Flugzeugteile##
Maschinen		*Maschinen zur Herstellung von Papier- u. a. Produkten* Setz-, Buchbindereimaschinen, Teile* *Tiegeldruckpressen**		
Besondere Produktionsmittel				
Dienstleistungen				

SCHLÜSSEL

Normal Anteil am Weltexport 4,6% oder mehr, aber weniger als 9,1%.

Kursiv Anteil am Weltexport 9,1% oder mehr, aber weniger als 18,2%.

Fett Anteil am Weltexport 18,2% oder mehr.

• Branchen 1978 unter dem Schwellenwert.

Errechnete Restgrößen

Aufgenommen aufgrund eines nennenswerten Exportwerts in einem Branchenbereich.

* Aufgenommen aufgrund der direkten Auslandsinvestitionen.

** Aufgewertet aufgrund der direkten Auslandsinvestitionen.

*** Aufgenommen aufgrund von Inlandsuntersuchungen.

ABB. 8.-4 Fortsetzung

Primärgüter			
NAHRUNGSMITTEL/ GETRÄNKE *Schweinefleisch, getrocknet, gesalzen, geräuchert* *Fleisch und eßbare Fleischabfälle** *Reis, verarbeitet, nicht gebrochen* Mehl aus Weizen oder Weizen und Roggen VERARBEITETE NAHRUNGSMITTEL Gebäck, Kuchen • Schokoladenerzeugnisse *Teigwaren, Frühstücksflocken** Gemüsekonserven *Marmeladen aus Konservenfrüchten**	OBST/GEMÜSE *Andere Gemüse, frisch, einfach verarbeitet** *Frische Kartoffeln* *Anderes Obst, Nüsse, frisch, getrocknet** Apfelsinen, frisch oder getrocknet • *Zitronen, Pampelmusen* *Frische Äpfel* *Frische Trauben* Nüsse zum Essen **Frisches Kernobst**	GETRÄNKE **Wein aus frischen Trauben** **Anderer Wein aus frischen Trauben*** ***Obst- oder Gemüsesaft**** Destillierter Alkohol* SPEISEÖL **Olivenöl** Sonnenblumenöl Tierische Öle, Fette*	
Maschinen			
Kultivatoren Mähdrescher Andere Erntemaschinen etc.* **Traktoren**	Molkerei-, Weinbau- und andere Maschinen*• **Kühlanlagen, gewerblich**	*Teile für gewerbliche Kühlanlagen** **Verpackungs-, Abfallmaschinen** **Nahrungsmittelmaschinen, gewerblich**	
Besondere Produktionsmittel			
Weizengrütze, -mehl und -schrot* Schrotmehlfutter* *Hartweizen, nicht verarbeitet* • Harnstoff •	Stickstoff-, Phosphat-, Kaliumdünger Phosphite, Phosphate • Kaliumsulfatdünger* *Glasflaschen etc., keine Thermosflaschen* •	***Andere Kunststoffartikel**** Verpackungsbehälter, Deckel aus Kunststoff Teile für Ernte- und Dreschmaschinen • Glasauskleidung für Thermosflaschen*•	
Dienstleistungen			

ABB. 8–4 Fortsetzung

Primärgüter	WOHNEN/HAUSHALT
	MÖBEL
	Stühle und andere Sitzmöbel
	Teile von Stühlen*
	Metallmöbel
	Holzmöbel
	Möbel aus anderen Materialien*
	Lampen, Beleuchtungskörper aus Nicht-Edelmetall
	Anderes Lampenzubehör
	GLAS, KERAMIK UND STEINPRODUKTE etc.
	Glasierte Keramik etc.
	Andere Ziegel etc., nicht feuerfest*
	Zement, Kunststeinprodukte
	Bausteine, bearbeitet
	Andere Kalk-, Zement-, Bauprodukte*
	Haushalts-, Hotelglas etc.
	Haushaltswaren aus Grobkeramik
	Dekorative Keramik
	Spül- und Waschbecken, Bidets*
	HAUSHALTSGEGENSTÄNDE/-GERÄTE
	Andere Haushaltsgeräte aus unedlem Metall*
	Heiz- und Kochgeräte für den Haushalt
	Klimaanlagen
	Haushaltswaschmaschinen
	Wäschetrockner*
	Haushaltskühlschränke
	Haushaltsgefriertruhen*
	Zentralheizungsanlagen
	Andere Haushaltsgegenstände*
	ANDERE HAUSHALTSPRODUKTE
	Korbwaren, Besen
	Messerwaren
	Schnittblumen
	Blattpflanzen, Zweige*
	Glühlampen
Maschinen	*Schneidemaschinen für Marmor****
	Gasgeneratoren, Hochofenbrenner*
	Maschinen für Holz, Glas*
	Industrieöfen, nichtelektrisch
	Werkzeugmaschinen für Holz, Keramik etc.
Besondere Produktionsmittel	*Stein, Sand, Kies*
	Glasur-, Trockenmittel, Kitt
	Anderes Glas*
Dienstleistungen	**Design*****

SCHLÜSSEL

Normal Anteil am Weltexport 4,6% oder mehr, aber weniger als 9,1%.

Kursiv *Anteil am Weltexport 9,1% oder mehr, aber weniger als 18,2%.*

Fett **Anteil am Weltexport 18,2% oder mehr.**

• Branchen 1978 unter dem Schwellenwert.

Errechnete Restgrößen

Aufgenommen aufgrund eines nennenswerten Exportwerts in einem Branchenbereich.

* Aufgenommen aufgrund der direkten Auslandsinvestitionen.

** Aufgewertet aufgrund der direkten Auslandsinvestitionen.

*** Aufgenommen aufgrund von Inlandsuntersuchungen.

TEXTILIEN/BEKLEIDUNG

Primärgüter	STOFFE			
	Samt etc., Baumwollstoffe Synthetische Kontinuegewebe ohne Flor Regenerierte Kontinuegewebe ohne Flor Synthetischer Samt u. a. Stoffe • Andere gewebte Textilien* Andere Webstoffe aus Kunstfasern* Gewebte Seidenstoffe Gewebte Strickstoffe, Feinhaar Stoffe aus Kammwolle* Andere Wirkwaren* Synthetische Wirkwaren, nicht-elastisch Besondere Webwaren*	Kunststoffbeschichtete Textilien Maschinengewebe Andere Textilartikel* Leinen etc. BEKLEIDUNG Herrenmäntel* Herrenanzüge Herrenhosen, Breeches* Baumwollhosen Damenkostüme* Woll-, Baumwollkleider* Röcke Baumwollblusen* Baumwolliberkleidung* Andere Jerseys, Pullover*	Woll-, Haarjersey Jerseys aus Kunstfasern Andere Damenkleider Andere Überkleidung, Accessoires* Andere Unterkleidung, gewirkt* Baumwollunterkleidung, nicht-elastisch* Andere nichtgewirkte Unterkleidung* Herrenhemden, andere Fasern* SCHUHE Schuhbestandteile Gummi-, Kunststoffschuhe Lederschuhe Après-Ski-Stiefel***	GEPÄCK Handtaschen Reisesachen, Aktentaschen etc.* ACCESSOIRES Produkte aus Kunstpelz* Industriell hergestellte Lederwaren* Stoffe, Kleidungsaccessoires* Kleidungsaccessoires etc., gewirkte Strumpfwaren Andere Kopfbedeckung, nicht-textile Kleidung* Lederkleidung, -accessoires
Maschinen	Verarbeitungsmaschinen für Textilien, Leder* Nähmaschinen Nähmaschinennadeln*	Andere Spinn-, Erspinnmaschinen etc.* Spinn-, Aufspul- u. a. Maschinen Teile für Textilverarbeitungsmaschinen	Andere Webmaschinen etc.* Webmaschinen Webstühle, Strickmaschinen etc., Teile	
Besondere Produktionsmittel	Synthetische organische Farbstoffe Zellulosederivate Andere synthetische Spinnfasern* Diskontinuierliche Kunstfasern, ungekämmt Garn, texturiert, Polyamidfilamente	Garn, nichttexturiert, Polyamidfilamente Garn aus diskontinuierlichen Chemiefasern Mischgarn aus diskontinuierlichen Chemiefasern	Regeneriertes Fasergarn, Monofil* Leder vom Rind, Pferd Wolle, Haargarn* Baumwollgarn* Anderes Leder*	
Dienstleistungen	Design***	Spezialgeschäfte*		

ABB. 8-4 Fortsetzung

Primärgüter	GESUNDHEITS-FÜRSORGE	PRIVAT	UNTERHALTUNG/FREIZEIT
	ARZNEIMITTEL	SCHMUCK	Filmkameras, -projektoren etc. •
	Antibiotika, unverpackt	Modeschmuck	*Entwickelte Spielfilme*
	Antibiotikahaltige Medikamente	Anderer Schmuck*	Zeitungen, Zeitschriften
		Schmuck aus Edelmetall	Fachzeitschriften***
		Andere Artikel aus Edelmetall*	Andere Druckerzeugnisse*
			Kinderbilderbücher, Landkarten, Globen*
		ANDERE	Spielzeug, Heimspiele*
		Brillengestelle	Kinderwagen, Sportartikel*
		*Brillen, Schutzbrillen**	*Jachten, Sportboote*
		Federhalter	Musikinstrumente, Teile*
		Kurzwaren, Toilettenartikel	**Skistiefel***
		Armbanduhrengangangwerke, -gehäuse*	**Hochleistungsfahrräder***
		Schnitzereien, Schirme*	**Diskothekenbeleuchtung***
Maschinen			Fernsehröhren
Besondere Produktionsmittel			**Tourismus***

SCHLÜSSEL

Normal — Anteil am Weltexport 4,6% oder mehr, aber weniger als 9,1%.

Kursiv — Anteil am Weltexport 9,1% oder mehr, aber weniger als 18,2%.

Fett — Anteil am Weltexport 18,2% oder mehr.

• Branchen 1978 unter dem Schwellenwert.

Errechnete Restgrößen

Aufgenommen aufgrund eines nennenswerten Exportwerts in einem Branchenbereich.

* Aufgenommen aufgrund der direkten Auslandsinvestitionen.

** Aufgewertet aufgrund der direkten Auslandsinvestitionen.

*** Aufgenommen aufgrund von Inlandsuntersuchungen.

ABBILDUNG 8–5 Italienische Exporte wettbewerbsfähiger Branchen nach großen Ansammlungen in Prozent

VORGELAGERTE BRANCHEN

Branche	Anteil an Landesexporten	Anteil an Weltexporten der Ansammlung
Werkstoffe/Metalle	8.5 (-1.9)	4.2 (-0.4)
Forsterzeugnisse	1.0 (+0.0)	1.9 (0.1)
Erdöl/Chemikalien	2.5 (0.6)	0.6 (+0.0)
Halbleiter/Computer	0.4 (+0.0)	0.4 (-0.5)
VORGELAGERTE BRANCHEN	**12.3 (-1.2)**	**1.6 (-0.4)**

INDUSTRIELLE & UNTERSTÜTZENDE FUNKTIONEN

Branche	Anteil an Landesexporten	Anteil an Weltexporten der Ansammlung
Mehrfachgeschäft	3.5 (0.4)	2.4 (0.1)
Verkehr	6.7 (-4.8)	3.5 (-1.5)
Stromerzeugung & -verteilung	0.8 (-0.4)	4.0 (-0.9)
Büro	1.0 (-0.4)	3.6 (-1.5)
Telekommunikation	0.5 (-0.0)	1.9 (-0.8)
Rüstung	0.3 (-0.2)	7.4 (-3.3)
INDUSTRIELLE & UNTERSTÜTZENDE FUNKTIONEN	**12.7 (-5.3)**	**3.3 (-1.1)**

ENDVERBRAUCH GÜTER & DIENST-LEISTUNGEN

Branche	Anteil an Landesexporten	Anteil an Weltexporten der Ansammlung
Nahrungsmittel/Getränke	8.8 (0.1)	3.5 (0.5)
Textilien/Bekleidung	19.6 (2.0)	12.0 (1.2)
Wohnen/Haushalt	9.5 (-0.5)	13.8 (1.1)
Gesundheitsfürsorge	0.6 (0.1)	1.8 (-0.3)
Privat	4.3 (0.6)	6.6 (1.4)
Unterhaltung/Freizeit	0.9 (-0.5)	1.3 (-1.0)
ENDVERBRAUCH GÜTER & DIENST-LEISTUNGEN	**43.7 (1.8)**	**6.7 (0.6)**

Anmerkung: Die Zahlen in Klammern bezeichnen Veränderungen zwischen 1978 und 1985. Exporte sind die der wettbewerbsfähigen Branchen, nicht aller Branchen. Bezeichnet die großen Bereiche, in denen die internationalen Wettbewerbspositionen des Landes miteinander verbunden sind.

nommen Handfeuerwaffen) und Forsterzeugnissen ist die italienische Industrie kaum oder gar nicht vertreten. Eklatante Schwächen bei Endverbrauchsgütern bestehen bei der Unterhaltungselektronik und den auf das Gesundheitswesen bezogenen Produkten. Die starke italienische Stellung bei Antibiotika geht darauf zurück, daß Italien bis vor kurzem keine Arzneimittelpatente anerkannte. Die italienischen Unternehmen kopierten ausländische Entwicklungen und konkurrierten dann über die Kosten. Die Verfahrensfertigkeiten sind zwar gut entwickelt, die italienische Position ist aber doch eher Ausdruck geschichtlicher Zufälle als eines echten nationalen Vorteils.

Italien ist auch bei der Stromerzeugung und -verteilung und bei Bürogeräten ziemlich schwach (einige Produktbereiche von Olivetti ausgenommen). Die Zahl der Branchen, in denen italienische Firmen bei Chemikalien und Werkstoffen stark sind, ist im Vergleich zu den führenden Ländern in diesen Sektoren niedrig.[34] Massive Subventionen verfälschen den Eindruck, den man von den Statistiken bekommt. ENICHEM (Chemie) und Finsider (Stahl) sind staatseigene Unternehmen, die chronisch Verluste einfahren und bestenfalls partiell rentabel wirtschaften. Die italienische Beteiligung an kaptialintensiven Branchen erfolgt oft über staatseigene Betriebe (der staatseigene Bereich, von dem viele Branchen zur IRI-Gruppe gehören, stellt einen erheblichen Teil der italienischen Wirtschaft dar). Nur wenige haben international gesehen einen Wettbewerbsvorteil.

Eine generell schwache Position hat Italien bei Dienstleistungen, ausgenommen beim Design. Was Designdienstleistungen betrifft, sind italienische Firmen international führend, etwa Memphis und Artemide (Möbeldesign), Sotsass und Bonetto (Industriedesign), Pininfarina, Bertone und Italdesign (Autodesign) und Armani, Valentino, Versace und Bellini (Modedesign). Sie sind eng verbunden mit italienischen Exportbranchen wie Kleidung, Möbel, Schmuck und hochwertigen Automobilen, aus denen sie auch oft hervorgegangen sind. Nach einer Schätzung belaufen sich die italienischen Exporte der Designbranche jährlich auf 10 Milliarden $.[35]

Im technischen und im Baubereich[36] haben italienische Unternehmen mit 12,4 Prozent der internationalen Auftragsvergaben 1987 eine solide, wenn auch nicht führende internationale Stellung. Auch beim Tourismus kann Italien einen ansehnlichen Handelsüberschuß vorweisen. Außerhalb dieser Bereiche sind die italienischen Dienstleistungsbetriebe jedoch auf den Inlandsmarkt fixiert und haben im Vergleich zu ausländischen Unternehmen keine Vorteile. Bei Finanzdienstleistungen z. B. haben italienische Banken und Versicherungsgesellschaften eine ausgesprochen schwache Position.

Abbildung 8–4 zeigt, daß die italienischen Exporte sich seit 1978 stärker zu den erfolgreichen Clustern verlagert haben. Es ist außerdem zu einer Vertiefung erfolgreicher Cluster gekommen, vor allem bei Maschinen, in einigen Fällen bei speziellen Produktionsmitteln.

Die italienischen Faktorbedingungen

Italien zieht vergleichsweise wenig Nutzen aus ererbten oder gesellschaftlich geschaffenen Produktionsfaktoren. Besondere Rohstoffe sind selten (eine Ausnahme bildet Marmor). Die Wachstumsbedingungen kommen einigen Anbauarten entgegen, Italien exportiert auch eine Anzahl mit der Landwirtschaft verbundener Produkte (wie Wein und Teigwaren), wenngleich das Land bei keinem Nahrungsmittel auch nur annähernd autark ist, weil ein großer Teil des Bodens nicht bebaut werden kann.

Italien hat einen großen Bestand an Arbeitern mit gehobener Schulbildung. Die niedrigen italienischen Löhne waren in der ersten Nachkriegszeit ein großer Vorteil. Beginnend mit dem Jahr 1969 kam es bei den Löhnen jedoch zu einem größeren Schub. Etwa zur gleichen Zeit wurden umfangreiche, mancher würde sagen, umständliche Arbeitsgesetze verabschiedet, die die Arbeitszeit und -bedingungen regeln und die Entlassung von Beschäftigten sehr erschweren. Italien hat im Vergleich zu den Löhnen die höchsten Sozialleistungskosten (86 Prozent) aller Länder der OECD.[37] Einige Beobachter sind der Meinung, daß die italienischen Arbeitskosten heute de facto denen anderer führender europäischer Länder entsprechen. Sie liegen deutlich über denen der Firmen aus Schwellenländern und weniger hochentwickelten europäischen Ländern (wie Spanien und Portugal), die in vielen Branchen zu Konkurrenten der italienischen Unternehmen geworden sind.

Bei der Einschätzung des italienischen Arbeitsmarkts stehen üblicherweise zwei Dinge im Vordergrund: mächtige Gewerkschaften und eine schlechte Arbeitsmoral. Das trifft zwar auf die sehr großen und besonders die staatseigenen Betriebe zu, ist für das Wesen des italienischen internationalen Erfolgs jedoch nicht repräsentativ. Die gewerkschaftliche Bindung in den Klein- und Mittelbetrieben ist weniger stark, und die Kampfbereitschaft der gewerkschaftlich organisierten Beschäftigten in diesen Betrieben ist völlig anders. Kleinbetriebe (weniger als fünfzehn Beschäftigte) fallen außerdem kaum unter die arbeitsrechtlichen Bestimmungen.[38] Italiener arbeiten nicht gern in einem anonymen Unternehmen, sie möchten sich als Teil eines familienähnlichen Betriebs fühlen, in dem sie anerkannt werden. Wenn sie einem solchen Betrieb angehören, arbeiten sie sehr hart und so ausdauernd wie die Japaner. Die international erfolgreichen italienischen Firmen vermitteln oft dieses Gefühl einer Großfamilie, häufig werden sie vom Firmengründer oder einem Nachkommen des Gründers geleitet. Diese Besonderheiten haben großen Einfluß auf die Art der Branchen, in denen italienische Unternehmen erfolgreich sind.

Kapital war und ist noch immer ein italienischer Nachteil. Das Problem ist weniger der Kapitalbestand, denn die Italiener sparen außerordentlich viel (19,6 Prozent des verfügbaren Haushaltseinkommens 1985 gegenüber 16 Prozent in Japan und 7,32 Prozent in den Vereinigten Staaten), sondern vielmehr die Inanspruchnahme durch gewaltige Staatsschulden und die nur schwach entwickelten Mechanismen der Kapitalzuweisung. Hohe Staatsdefizite haben einen großen Teil der Ersparnisse abgezogen und den Realzins auf lange Zeit in die Höhe getrieben, vor allem für kleinere Unternehmen. Bei steuerfreien Zinsen auf Staatsanleihen und Schatzwechseln von ständig über 14 Prozent bestand für italienische Investoren wenig Anreiz, ihr Kapital aufs Spiel zu setzen.[39]

Ein öffentlicher Aktienmarkt existierte bis vor kurzem fast nicht, eine Folge der

Regulierung und des Fehlens von Pensionsfonds oder einer Konzentration anderer institutioneller Anleger. Der Markt ist klein, eng und ineffizient. Nur wenige Unternehmen sind börsennotiert, und der Anteil der gehandelten Aktien ist verhältnismäßig klein, die Unbeständigkeit hoch, und spektakuläre Zusammenbrüche vertreiben die Investoren. Das Fehlen von Bestimmungen für den Insiderhandel und die Möglichkeit, daß wenige große Anleger starken Einfluß auf den Markt nehmen, ließen ihn ebenfalls als schlechtes Instrument zur Finanzierung wachsender Unternehmen erscheinen. Die italienischen Familienbetriebe zeigten sich in den meisten Fällen nicht bereit, an die Börse zu gehen; sie hatten Angst vor dem Markt und wollten die Kontrolle behalten, obwohl sich in den 80er Jahren ein Sinneswandel bemerkbar machte.

Die italienischen Banken haben die Chance nicht ergriffen. Den Geschäftsbanken ist das Halten von Aktien und das Ausleihen langfristiger Kredite kraft Gesetz untersagt. Sie haben bei der Finanzierung der Industrie nicht die gleiche konstruktive Rolle gespielt wie die Banken in Japan oder Deutschland.[40] Die meisten italienischen Banken werden direkt oder indirekt vom Staat kontrolliert und sind ausgesprochen konservativ. Der überwiegende Teil des Bankkapitals fließt zu den Großunternehmen, in staatliche Projekte oder Staatsbetriebe und in die Finanzierung der gewaltigen Staatsschulden. Auch Risikokapital kennt man in Italien kaum.

Das Privatkapital ist auf eine relativ kleine Gruppe von Einzelpersonen konzentriert, die es aktivieren, um große Unternehmensgruppen mit teilweiser Kapitalverflechtung und unter wirksamer Kontrolle zu gründen (die Fiat-Gruppe, die de-Benedetti-Gruppe, die Ferruzzi-Gruppe und die Pirelli-Gruppe). Diese wenigen Gruppen haben einen enormen Einfluß auf die Kapitalmärkte; durch Bündnisse untereinander sind sie neben dem Staat manchmal die einzigen, die große Kapitalbeträge aufbringen können.

Diese Finanzmarktstruktur ist kein wirksamer Mechanismus zur Finanzierung und Förderung selbständiger Unternehmen. Die Mehrheit der italienischen Unternehmer will sich daran nicht beteiligen. Die meisten Firmen haben den Einstieg und das Wachstum aus privaten Ersparnissen, Gewinnen und kurzfristigen Krediten finanziert. Aufgrund der Besonderheit der Kapitalmärkte können italienische Firmen in kapitalintensiven Branchen selten einen Erfolg verbuchen. Die meisten erfolgreichen italienischen Branchen wie Textilien, Schuhe, Fliesen, Schmuck, Spezialmaschinen und sogar Haushaltsgeräte sind dadurch gekennzeichnet, daß zu ihrer Gründung geringe Finanzmittel erforderlich waren. In kapitalintensiven Branchen sind die italienischen Teilnehmer häufig in Staatsbesitz oder de facto lokale Monopole, die von einer der großen Finanzgruppen, die Zugang zum Kapital haben, beherrscht werden. Nur wenige haben, international betrachtet, einen Wettbewerbsvorteil.

Bis auf die Straßen weist auch die italienische Infrastruktur erhebliche Schwachstellen auf. Telekommunikation und Postdienst sind schwach, die Finanzdienstleistungen langsam und veraltet,[41] Verkehr und Logistik oft ein Alptraum. Ein Netz aus Regulierungen und staatseigenen Monopolen bei den meisten infrastrukturellen Dienstleistungen bewirkt, daß vieles in Italien nur äußerst schleppend erledigt wird. Der öffentliche Dienst ist ganz besonders streikanfällig, was den Verkehr und andere Infrastrukturbereiche beeinträchtigt.

Faktorbildende Mechanismen. Italien bewährt sich gleichermaßen durch formelle wie informelle Faktorbildung. Die höheren Schulen des Landes bieten eine gute Grundbildung. Vor allem das *Liceo scientifico* und das *Liceo classico* selektieren stark und genügen hohen Ansprüchen, wenngleich Laboratorien und andere Einrichtungen noch verbesserungsfähig wären. Die Computerausbildung ist unterdurchschnittlich.

Das wirklich Einzigartige an Italien ist jedoch der außerschulische Lernprozeß in bestimmten Branchen. Viele der international erfolgreichen Branchen, etwa Textilien und Möbel, verfügen hier über eine lange Tradition. Ganz spezielle Fachkenntnisse und Fertigkeiten werden innerhalb der Familie und von Generation zu Generation weitergegeben.

Der in Kapitel 5 beschriebene Prozeß der Faktorbildung bei Keramikfliesen ist dafür typisch. Italienische Firmen sind sehr familienorientiert, und die Familien neigen stark dazu, in einem einzigen Gebiet zu leben. Das erleichtert die Weitergabe von Kenntnissen. Als ebenso wichtig oder noch wichtiger ist die erstaunliche geographische Branchenkonzentration anzusehen, wobei viele Betriebe in einer einzigen Stadt ansässig sein können. Diese geographische Konzentration beschleunigt das Ansammeln und Weitergeben von Wissen. In einigen Bereichen wie in der Schmuckbranche bestehen umfassende offizielle Lehrprogramme.

Die italienischen Universitäten haben einige ausgezeichnete Fakultäten. Technik ist in Italien eine Beschäftigung mit langer Tradition. Der Titel *Ingegnere* entspricht dem Doktor in den Vereinigten Staaten. Die Ausbildung zum Ingenieur ist langwierig und erfordert im Vergleich zu anderen Fächern ein zusätzliches Studienjahr. Italienische Ingenieure haben eine ungewöhnliche Begabung, Ästhetik und Technik zu verbinden; einige Italiener schreiben dies der humanistischen Tradition und dem großen Interesse der Menschen an Kunst, Architektur und Philosophie zu. Doch selbst beim Technikstudium sind die offiziellen Lehrpläne für Diplomanden und Doktoranden vergleichsweise dürftig.

Alles in allem rangiert die Universitätsausbildung in Italien nach europäischen oder Weltmaßstäben nicht in der Spitzengruppe. Das Universitätssystem wird überwiegend vom Staat betrieben (die drei einzigen rein privaten Universitäten sind Bocconi und Cattolica in Mailand und LUISS in Rom). Das Schwergewicht liegt auf den traditionellen Disziplinen; in neueren Gebieten wie Informatik und Elektronik herrscht ein chronischer Mangel. Die Einrichtungen müssen verbessert werden. Die Lehrpläne sind nicht straff genug, die Qualität schwankt erheblich, und Verbesserungen erfolgen nur schleppend. Auf Magisterebene sind die Programme schwach, und Ausbildung auf Doktorandenebene gibt es kaum. Der Ausbildung halber geht man ins Ausland, aber Italien bleibt in dieser Beziehung in der Pro-Kopf-Zahl hinter den von uns untersuchten Ländern deutlich zurück. Nur 2200 Italiener studierten z. B. 1987–88 in den Vereinigten Staaten im Vergleich zu 4870 Studenten aus Singapur.[42]

Die italienischen Unternehmen selbst bieten wenig methodische Schulung und unterstützen auch nicht aktiv die Universitäten. Die Weiterbildung in Italien erfolgt also analog der anderen Ausbildung, formlos und am Arbeitsplatz. Italien steht in den Branchen gut da, wo dieses Vorgehen geeignet ist; schlecht dagegen dort, wo Arbeitskräfte mit einer fortgeschrittenen methodischen Ausbildung gebraucht werden (wie bei Computern und in der Raumfahrt).

Auch in der methodischen Forschung ist Italien relativ schwach, sei es an den Universitäten, in staatlichen Labors oder Firmen. An den italienischen Universitäten fehlen Programme für Promovierte, im allgemeinen das Herzstück eines großen Teils der universitären Forschung.[43] Deren finanzielle Unterstützung wie auch die der staatlichen Labors ist bescheiden. An einigen Orten wird zwar hervorragende Forschung betrieben, aber sie kommt nur wenigen Branchen zugute. Die methodische Forschung in den Unternehmen läßt sich umreißen als bescheiden, sehr speziell und angewandt.[44] Italienische Firmen bilden selten die Avantgarde der Technologie oder grundlegender Produktleistungen.

Es wäre jedoch falsch zu folgern, italienische Firmen wären technologisch nicht stark. Sie sind vielmehr in vielen Branchen Meister in der geschickten Übernahme ausländischer Technologien und ihrer Anwendung für bestimmte Zwecke. Technologische Meisterschaft besteht nicht nur bei Produkten, sondern auch bei Verfahren. Die sich mehrenden internationalen Erfolge in bestimmten Branchen lassen sich zurückführen auf Verfahrensdurchbrüche und die Anwendung moderner, flexibler Herstellungstechnologien auf herkömmliche Produkte.

Italienische Firmen sind ohne weiteres bereit und in der Lage, ausländische Technologien aufzuspüren und anzuwenden. Dank ausgedehnter Reisen und guter persönlicher Beziehungen haben italienische Manager oft einen ausgeprägten Riecher für sich ankündigende technologische Veränderungen. Allgemeinere Vorteile werden sofort in eine speziellere Nutzung umgesetzt, was sich häufig aus dem engen Kontakt zum Kunden ergibt.

Nach dem bereits Gesagten sollte klar sein, daß die wirksamste Faktorbildung in Italien sich auf der Ebene der jeweiligen Firma oder Branche abspielt. Die geographische Unternehmenskonzentration führt zu einer sehr schnellen Akkumulation und Weitergabe von Wissen. Die Branche ist der ständige Diskussionsgegenstand, und der harte Wettbewerb bringt ein rasches Nachahmen guter Ideen und eine ständige Suche nach neuen Wettbewerbsvorteilen mit sich. Lokale *Istituti tecnici* (technische Hochschulen) und Universitäten passen ihre Kurse und Forschung oft den Bedürfnissen der regionalen Industrie an; sie entwickeln entsprechende Gebiete und werden darin ungewöhnlich stark. Handelsgesellschaften unterstützen Industrieverbände, die im Verhältnis zur bescheidenen Größe vieler italienischer Exportfirmen eine größere Rolle als in den meisten anderen Ländern spielen. Die Verbände sponsern technische Institute, sammeln und verbreiten Informationen, fördern Exporte, kurbeln die Aufwertung der Infrastruktur an und verhandeln mit dem Staat.

Selektive Faktornachteile. Die rasche Innovation und Anpassung in italienischen Firmen wird z. T. durch selektive Faktornachteile vorangetrieben, wie sich am Beispiel der Kleinwalzwerke (Kapitel 3) und Keramikfliesen (Kapitel 5) erkennen läßt. Viele italienische Firmen kämpfen gegen teure Energie, verfügen über keine heimischen Rohstoffe, haben mit einem komplizierten Arbeitsumfeld und lästigen Bestimmungen zu tun. Ihre Fähigkeit zur Aufwertung durch die Überwindung dieser Schwierigkeiten ist beeindruckend, ob das nun durch Innovation, Automatisierung oder die Organisierung in kleinen Gruppen geschieht; so kommen sie in den Genuß von Ausnahmen, die die Arbeits- und Steuergesetze vorsehen.

Bei Wolltextilien z. B. kämpfen italienische Unternehmen gegen erhebliche Kosten und Qualitätsnachteile bei der Beschaffung der Rohstoffe, vergleicht man sie mit Wolle produzierenden Ländern wie Großbritannien und den Vereinigten Staaten. Die in der Gegend um Prato ansässigen Firmen führten die Wiederverwertung von Wolle ein, auch einige andere Neuerungen, wie das Mischen wiederverwerteter Wolle mit Kunstfasern (wo Italien international eine feste Position einnimmt). Ein anderes Beispiel sind Haushaltsgeräte, wo die Arbeitsbedingungen zur Bildung kleiner Fabriken führten, die sich wiederum auf einzelne Modelle spezialisierten. Diese Spezialisierung italienischer Firmen hat häufig und in vielen Branchen sowohl die Automatisierung wie einen hohen Produktivitätsstand gefördert – vergleicht man es mit ausländischen Unternehmen und deren breiterem Produktsortiment. Aber selbst in der Automobilbranche haben die italienischen Arbeitsbedingungen zu den weltweit wohl am stärksten automatisierten Werken geführt.

Das schwierige italienische Umfeld mit seinen schwachentwickelten öffentlichen Dienstleistungen und dem Regulierungswirrwarr hat einen ganz eigenartigen Vorteil bewirkt. Italienische Firmen sind äußerst pragmatisch, lassen sich durch Behinderungen nicht abschrecken, sie passen sich an und improvisieren. Anstatt aufzugeben, lassen sie sich auf Beschränkungen ein. Viele Beobachter bezeichnen den italienischen Erfolg beim Absatz in Afrika, dem Mittleren Osten und anderen Entwicklungsländern als ein Produkt jahrelangen Gerangels mit der italienischen Bürokratie.

Die eigentliche Aufwertung der italienischen Wirtschaft wurde durch selektive Faktornachteile ausgelöst. In den 50er und 60er Jahren waren italienische Firmen zufrieden, wenn sie dank billiger Arbeitskräfte über den Preis konkurrieren konnten. Ab 1969 trieben neue Gesetze die Löhne und Sozialleistungen sehr viel höher und erschwerten die Entlassung von Beschäftigten ganz erheblich. Auch das italienische Lohngefüge war betroffen: Es kam zu weniger Lohngruppen und einer Verdichtung der Löhne, was sich in hohen Löhnen für relativ schlecht ausgebildete Arbeitskräfte niederschlug. Als Reaktion auf diese Zwänge begannen die italienischen Firmen, in technisch hochstehende und höherpreisige Branchensegmente einzusteigen. Sie begannen zudem, die Verfahrenstechnologie aufzuwerten und die Produktion zu automatisieren. Das Ende der Abwertungspolitik der Lira, die Ende der 70er Jahre einsetzte, lieferte den letzten Anstoß zur Aufwertung in vielen Branchen. Die Wachstumsrate der italienischen Produktivität in der Herstellung war seit Mitte der 70er Jahre im Vergleich zu anderen Ländern ganz beachtlich (siehe Tabelle 7–1).

Anstatt ins Schleudern zu kommen, blühten die italienischen Firmen angesichts selektiver Faktornachteile auf, in Branchen, in denen der »Diamant« andere günstige Bedingungen aufwies: etwa eine anspruchsvolle Nachfrage, einen hohen Motivationsstand und ausgeprägten Inlandswettbewerb. Anfang der 80er Jahre hatte die italienische Industrie den Vorteil deutlich aufgewertet. Selektive Nachteile bei den Basisfaktoren zwangen Italien zu einem fortschrittlicheren Entwicklungsstadium.

Die italienischen Nachfragebedingungen

Gehören die ererbten und gesellschaftlich entstandenen Faktorbedingungen zu den größten Schwächen Italiens, zählen zu seinen größten Stärken die Nachfragebedingungen. In praktisch allen Konsumgüterbranchen, in denen Italien einen nationalen

Wettbewerbsvorteil hat, sind Italiener wenn nicht die, so doch mit die anspruchsvollsten und fortschrittlichsten Kunden der Welt (das gilt für Bekleidung, Schuhe, Schmuck, Möbel, Lampen, Keramikfliesen, Nahrungsmittel, Wein und viele andere Produkte). Einige dieser Dinge sind bekannte italienische Passionen.

Die italienischen Verbraucher zeigen sich, was Geschmack und Stil angeht, äußerst kritisch. Einige Beobachter führen das auf das ungewöhnliche Interesse der Italiener an Design und Kunst zurück, was vielleicht daher rührt, daß sie unter Meisterwerken leben. Man ist hier sehr empfänglich für neue Trends und immer bei den ersten, die ein neues Design oder Styling übernehmen. Pro Kopf der Bevölkerung wird mehr Geld für Sachen wie Kleidung, Accessoires und Schuhe ausgegeben als in anderen Ländern.[45] Branchenkenner bestätigen, daß die Italiener zwar weniger einzelne Artikel kaufen als Verbraucher anderer Nationalität, dafür aber Produkte mit einer weit höheren Durchschnittsqualität. Die anspruchsvolle und wählerische Nachfrage nach Haushaltsartikeln ist u. a. darauf zurückzuführen, daß Italien unter den großen europäischen Ländern den höchsten Prozentsatz an Wohnungs- und Hauseigentümern hat.[46]

Die anspruchsvolle Haltung der italienischen Verbraucher bei Kleidung, Schuhen, Fliesen, Möbeln und dergleichen wird durch das Vorhandensein hochentwickelter italienischer Vertriebskanäle für diese Produkte noch verstärkt. Die italienischen Einzelhändler haben fast durchweg kleinere Läden und sind stärker auf bestimmte Produkte spezialisiert als ihre ausländischen Kollegen. Mit ihrem Geschäft sind sie aufs engste vertraut, und hinsichtlich der Produkte verkörpern sie einen äußerst informierten und anspruchsvollen Zwischenkäufer. Italienische Firmen müssen ständig mit neuen Modellen aufwarten, um den Absatz zu sichern und zu halten. Die in Italien vorhandene Produktvielfalt ist folglich gewaltig. Für Möbel gibt es beispielsweise eine Unzahl an Geschäften, viele davon auf Bäder, Küchen oder Büromöbel spezialisiert. Sie fungieren als anspruchsvolle Zwischenkäufer etwa von Haushaltsgeräten, Keramikfliesen, Lampen und Büroeinrichtung. Italien ist ein treffendes Beispiel für die sich selbst verstärkenden Wirkungen von anspruchsvollen Verbrauchern, Vertriebskanälen und Firmen, die sich unmittelbar gegenseitig beeinflussen.

In einigen Branchen hat sich die Segmentstruktur der Verbrauchernachfrage vorteilhaft ausgewirkt auf die italienische Industrie. Fiat hat mit kleinen, wirtschaftlichen Wagen großen Erfolg. Ein anderes Beispiel: Haushaltsgeräte, bei denen relativ kompakte Geräte nachgefragt werden; mit ihnen hatte oder hat das Land seine ersten internationalen Erfolge. In neuerer Zeit hat es sich bei Einbaugeräten durchgesetzt und überhaupt bei Geräten, die eng mit Möbeln verbunden sind. Die aktive Nachfrage läßt den starken Hang zur Renovierung der Häuser und Wohnungen erkennen. (Neu zu bauen ist heute in Italien wegen der bestehenden Bestimmungen relativ schwierig.)

Schließlich treiben auch ungewöhnliche lokale Bedingungen den italienischen Konsum ungewöhnlich hoch; das gilt für eine Reihe von Branchen, in denen Italien international Erfolg hat, z. B. Steine und Fliesen (aufgrund des Geschmacks und Klimas), Teigwaren, Espressomaschinen (die Unzahl kleiner Bars, die vor allem Espresso anbieten) und Tanzclubbeleuchtung (was gesellschaftliche Normen spiegelt).

Der italienische Erfolg geht weit über die eigentlichen Konsumgüter hinaus, wie

Abbildung 8–4 zeigt. Die Industrieprodukte, mit denen italienische Unternehmen international Erfolg haben, sind fast immer Produktionsmittel oder Maschinen, die an die erfolgreiche italienische Konsumgüterindustrie verkauft werden – Ausdruck der tiefen Staffelung italienischer Clusters. Gute Beispiele geben gegerbtes Leder, Schuhzubehör und lederverarbeitende Maschinen ab, Stoffe und Textilmaschinen, Brennöfen für Keramikfliesen, Maschinen für die Produktion von Olivenöl, Steintrennmaschinen und viele andere Spezialmaschinen. In diesen Branchen spielen die italienischen Endprodukthersteller für andere italienische Firmen die Rolle fortschrittlicher, sehr anspruchsvoller Kunden. Wettbewerb betreiben sie auf der Grundlage häufiger Produktwechsel und bemühen sich, bei Stil und Technologie an vorderster Front zu bleiben. Neue Wettbewerber aus den Schwellenländern haben italienische Firmen gezwungen, die Kosten zu senken und die Innovationen zu beschleunigen, was sie bewog, die Anforderungen an ihre Zulieferer zu erhöhen. Aus ähnlichen Gründen ist Italien auch die Heimat der weltbesten Designfirmen, von denen viele schon genannt wurden.

Die unternehmerischen Strategien und Organisationsstrukturen in vielen italienischen Branchen liefern eine einmalige Segmentstruktur der Nachfrage nach Produktionsmitteln und Maschinen. Die Branchen, die mit Hunderten von Firmen besetzt sind und über häufige Modellwechsel Wettbewerb betreiben, verlangen in der Beziehung Maßgeschneidertes.[47] Bei landwirtschaftlichen Maschinen z. B. ist Italien bei Produkten stark, die sich für die italienischen Kleinbauern und die speziellen Anbauerzeugnisse eignen, bei denen Italien ein bedeutender Produzent ist. Die italienischen Zulieferer behaupten sich, wo immer der Wunsch nach kleinen Serien, nach Flexibilität und schnellen Modellwechseln vorhanden ist.

Auch in einigen anderen Branchen, in denen die Industriekunden ungewöhnlich zwingende oder ausgeprägte Bedürfnisse haben, hat Italien internationalen Erfolg erzielt. Die geologischen Bedingungen erschweren z. B. das Bauen ganz erheblich, was zum internationalen Erfolg Italiens beim Bau von Infrastrukturprojekten beitrug. Die italienischen Bauverfahren ziehen Zementbauten den Stahlbauten vor. Die privaten Stahlproduzenten sind ihrerseits international erfolgreich beim Bewehrungsstahl und einigen anderen Rohr- und Stangenprodukten. Die Arbeitsgesetze legen großen Wert darauf, Entlassungen zu vermeiden und Arbeitsplätze, die hohe Mindestarbeitskosten haben, abzuschaffen. Maschinenhersteller und andere Zulieferer produzieren Erzeugnisse, die diesen ungewöhnlich nachhaltigen, aber allgemeinen Anforderungen Rechnung tragen. So sind z. B. Industrieautomaten zu einem bedeutenden italienischen Wirtschaftszweig geworden.

Wie die japanischen profitieren auch die italienischen Branchen davon, daß ihre Wirtschaft im Vergleich zur Wirtschaft anderer europäischer Länder später in Gang kam, was bedeutete, daß sie sehr schnell wuchs, als andere Volkswirtschaften bereits ein gemäßigteres Tempo einschlugen. Das kurbelte auf breiter Front den Einstieg und offensivere Investitionen in neue Anlagen an. Der italienische Exporterfolg setzte in vielen Branchen erst ein, als sich der Inlandsmarkt beruhigte. Haushaltsgerätehersteller z. B. wurden erst aggressive Exporteure, nachdem die Ausgabenwoge der Nachkriegszeit sich in den Jahren 1963/64 verlief. Die Schuhexporte zogen in den 60er Jahren an, während die Bau- und Technikexporte zunahmen, als sich der Aufbau der heimischen Infrastruktur Anfang der 70er Jahre abschwächte.

Die italienischen Exporte haben auch von der Internationalisierung des italienischen Stils und Geschmacks profitiert. Sie erfolgte über italienische (und nicht-italienische) Design- und Modezeitschriften, über Designfirmen und den Mitnahmeeffekt verwandter Branchen. Die italienische Möbelindustrie nützt z. B. den italienischen Lampen, und die italienische Bekleidungsindustrie kommt dem italienischen Schmuck zugute. Die Nachfrage wird auch durch den Tourismus internationalisiert, da viele Besucher Italiens unter günstigen Umständen mit italienischen Produkten in Berührung kommen. So schätzte beispielsweise ein Branchenkenner, daß die Touristen 10 Prozent der in Italien abgesetzten Schuhe kaufen. Das kommt in der italienischen Handelsstatistik gar nicht zum Ausdruck, die den italienischen Marktanteil damit zu niedrig angibt.

Bereiche, in denen Italien schwach ist, sind ebenfalls Ausdruck der Nachfragebedingungen. International verblüffend erfolglos sind Unternehmen *in allen Branchen, in denen der Staat als Großkunde auftritt*. Einschlägige Beispiele: Telekommunikation, Stromerzeugung und -verteilung, Gesundheitswesen, große Teile der Verkehrsausstattung und viele Dienstleistungen.

Italienische Unternehmen haben auch selten bei Produkten Erfolg, die an Branchen verkauft werden, in denen italienische Firmen nicht wettbewerbsfähig sind. Selten ist der Erfolg auch bei Produkten, die an eine Vielzahl anderer Branchen verkauft werden. Die Branchenmischung ist in Italien alles in allem so ungewöhnlich, daß die italienischen Positionen in der Kategorie »Mehrfachgeschäfte« – im Vergleich zu Deutschland, der Schweiz, Japan, den Vereinigten Staaten und Großbritannien – bescheiden geblieben sind.

Verwandte und unterstützende Branchen

Für die italienische Wirtschaft sind tiefgestaffelte Cluster aus verwandten und unterstützenden Branchen charakteristisch, wie bereits angemerkt. Abbildung 8–6 veranschaulicht nur eines von vielen Beispielen. Italien hat eine starke internationale Stellung in allen aufgeführten Branchen.

Wie Abbildung 8–6 zeigt, sind die vertikalen Verbindungen zwischen erfolgreichen italienischen Branchen am ausgeprägtesten. Die horizontalen Verbindungen beruhen bezeichnenderweise auf Gemeinsamkeiten bei der Verbrauchernachfrage oder bei Vertriebskanälen und gehen selten auf die Technologie zurück, wie es in Deutschland oder Japan der Fall ist. Ein weiter Bereich erfolgreicher italienischer Branchen ist durch das verbunden, was man den italienischen Mode- und Möbelkomplex nennen könnte.

Ganze Branchencluster sind oft in einem oder mehreren geographischen Gebieten konzentriert. Die italienischen Zulieferer bieten ihren inländischen Kunden ausgezeichnete und schnelle Dienstleistungen. Neue Maschinen und andere Produktionsmittel werden immer zuerst in Italien getestet und dort auf den Markt gebracht, und der scharfe Wettbewerb auf dem Inlandsmarkt bewirkt, daß den italienischen Kunden manchmal bessere Preise eingeräumt werden.[48] Als Folge dieser Zusammenballung ist Italien überraschend stark in den Maschinenbaubranchen.

Der rege Austausch innerhalb der Cluster wird erleichtert durch die räumliche Nähe,

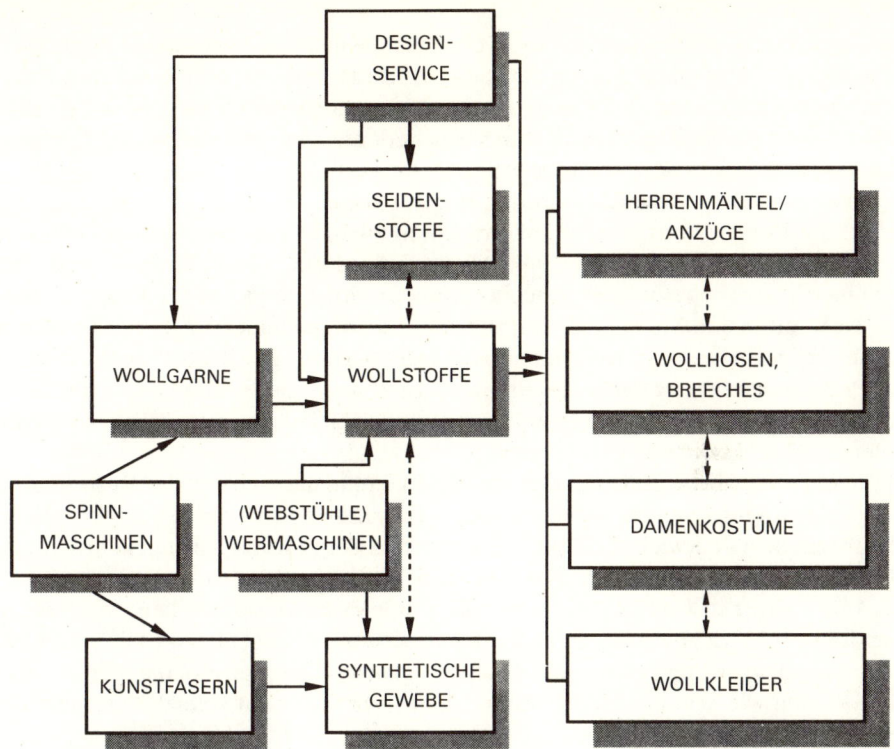

ANMERKUNG: Durchgehende Linien bezeichnen Verbindungen.

ABB. 8–6   Verwandte und unterstützende Branchen von Wolltextilien

die starken Familien- oder familienähnlichen Bande, die viele italienische Firmen mit ihren Zulieferern und nahestehenden Betrieben verbinden, auch durch das Zusammengehörigkeitsgefühl. Italien ist in vieler Hinsicht noch immer keine Nation, sondern eine Anhäufung von Städten (einst Stadtstaaten), mit denen sich die Bürger sehr stark identifizieren. Der Umgang mit Zulieferern und Kunden beruht sehr stark auf persönlichen Beziehungen, ist durch Beständigkeit über lange Zeiträume gekennzeichnet. Der Austausch mit Zulieferern und Kunden erfolgt praktisch auf der Stelle. Das geographische Gebiet wird zu einem in sich geschlossenen und sich selbst verstärkenden Wirtschaftssystem.

Das vertikale Integrationsniveau liegt oft sehr niedrig. Die Firmen führen häufig nur einige Aktivitäten in der Wertkette durch und vergeben andere an Betriebe, die häufig an der nächsten Straßenecke liegen. Das italienische Bekleidungsunternehmen Benetton ist dafür ein markantes Beispiel. Das ergibt ein hohes Maß an Spezialisierung, die Fähigkeit, Größeneinsparungen bei den Aktivitäten zu nutzen, wo sie wichtig sind, und großes Geschick, die Kapazitäten der Nachfrage anzupassen und das Sortiment zu wechseln.

Cluster regen oft Investitionen in die Faktorbildung und auch in gemeinsame Aktivitäten an, häufig durch Industrieverbände. Italien hat für viele seiner führenden Branchen gut eingespielte Handelsmessen. Im Raum Rimini, wo die meisten Tanzclubs und auch die Tanzclub-Ausstattungsindustrie konzentriert sind, ist die jährlich stattfindende Ausstellung SIB/MAGIS ein bedeutendes internationales Ereignis. Und das ist nur eines von vielen.

Ein anderes schönes Beispiel für die Rolle des Clusters bei der Faktorbildung ist das Gebiet um Prato (Wollstoffe). Fünf Branchenverbände verschiedener, jedoch verwandter Gebiete sorgen für die gemeinsame Erforschung neuer Technologien, den Bau einer Baumwollreinigungsmaschine, Kooperation beim Kauf von Dienstleistungen, Rohstoffen und Maschinen, den Betrieb eines allgemeinen Lagers und ständige Bemühungen zur Verbesserung der lokalen Infrastruktur. Der Wettbewerb zwischen den Prato-Betrieben ist außergewöhnlich scharf, doch die Firmenkonzentration in diesem Raum hat zu wichtigen gemeinsamen und auch kommunalstaatlichen Investitionen in Produktionsfaktoren geführt.

Wie man bei der beherrschenden Rolle der Konsumgüter – einer der Branchen, in denen Italien einen nationalen Vorteil hat – vermuten würde, sind auch die italienischen Medien gut entwickelt. Das Privatfernsehen ist mit sechs privaten überregionalen und zahlreichen regionalen Kanälen stark vertreten.[49] Italienische Zeitschriften wie *Amica, Grazia, Domus* und *Casa Bella* werden weltweit vertrieben; wenn es um Trends in der Mode, bei Möbeln und auf anderen Gebieten geht, wo Italien stark ist, reden sie ein gewichtiges Wort mit. Modedesigner und Designfirmen haben Weltruf auf Gebieten wie Schuhe, Mode, Möbel, Industrie- und nicht zuletzt Automobildesign.

Das Fehlen wichtiger verwandter und unterstützender Branchen ist mitverantwortlich für die gebietsweise Schwäche Italiens, etwa in der Unterhaltungselektronik, bei der das Fehlen eines größeren Elektronik-Clusters potentielle italienische Wettbewerber im Vergleich zu ausländischen Konkurrenten entscheidend benachteiligt. Der Erfolg Olivettis in einigen elektroniknahen Branchen ist erstaunlich, aber auch eine einmalige Erscheinung. Olivetti verschaffte sich seine internationale Stellung als ein Wegbereiter und Neuerer bei mechanischen Schreibmaschinen, schuf sich damit einen Markennamen und Vertriebskanäle, die auf die elektronischen Produkte übertragen wurden.

Unternehmensstrategie, Struktur und Wettbewerb

Die meisten italienischen Firmen, die im internationalen Wettbewerb Erfolg haben, sind nach internationalen Maßstäben Klein- und Mittelbetriebe. Viele der Großunternehmen, vor allem in kapitalintensiven Branchen, sind in Staatsbesitz und auf den Binnenmarkt ausgerichtet. Die großen Privatfirmen beherrschen im allgemeinen ihren heimischen Markt. Relativ wenige Unternehmen wie Pirelli, Olivetti, Fiat und Montedison betätigen sich international. In diesen Branchen hat Italien nur jeweils einen bescheidenen Anteil am Weltmarkt. Die aus vielen Mittel- und Kleinbetrieben bestehenden Branchen sind dagegen oft führend in der Welt.

Es gibt mehrere Gründe, warum Italien mit den Mittel- und Kleinbetrieben international erfolgreicher ist. Einen wichtigen haben wir schon erörtert, den nur schwach entwickelten Kapitalmarkt. Ein anderer ist der für italienische Unternehmen typische Führungsstil und das organisatorische Vorgehen. Die Italiener leisten in hierarchisch gegliederten Unternehmen im allgemeinen nicht ihr Bestes und arbeiten lieber in ihrer eigenen oder einer fest zusammengewachsenen Firma. Die Firmen werden oft von einem Chef geführt, der in praktisch allen Firmenfragen mit entscheidet. Der Aufbau unterhalb des Chefs ist häufig fließend und relativ ungeordnet, einige würden sagen chaotisch. Es gibt Ausnahmen in einigen größeren Unternehmen, aber nach meiner Erfahrung sind selbst größere Firmen so geartet. Manager möchten unabhängig sein und ihren eigenen Verantwortungsbereich haben, nicht in Gruppen arbeiten. Zwischen den Mitarbeitern herrscht ein Wettbewerb, der in Schweden oder Japan höchst ungewöhnlich wäre. Professionelle Managementstrukturen und -systeme, die in Großunternehmen notwendig sind, findet man selten. Die Manager sind erfinderische Improvisationskünstler, sind in der Lage, sich Veränderungen anzupassen, Engpässe zu umgehen und auf neue Spielregeln einzugehen.

Italienische Firmen, oft hoch spezialisiert, betreiben über ständige Modellwechsel und Innovationen Wettbewerb. Bei Industrieprodukten wie Maschinen und besonderen Produktionsmitteln arbeiten die italienischen Firmen Hand in Hand mit ihren Kunden, um maßgeschneiderte Produkte herzustellen; diese bieten ein überdurchschnittliches Preis-Leistungs-Verhältnis bei einer bestimmten Anwendung, auch wenn ihnen vielleicht einige der technischen Feinheiten deutscher oder schweizerischer Erzeugnisse abgehen. Italienische Firmen verkehren mit ihren Kunden auch auf der Grundlage familienähnlicher und persönlicher Beziehungen. Ein typisches italienisches Schuhunternehmen z. B. wird nur eine Schuhart (etwa Kinderschuhe) herstellen und sie in ein oder zwei Länder über Kanäle vertreiben, zu denen der Besitzer seit langem Beziehungen unterhält.

Ein überragendes Produktdesign kann zwar ein wesentlicher Bestandteil sein, die italienischen Firmen sind jedoch auch einfallsreiche Neuerer in der Verfahrenstechnologie. Die Verfahrenstechnologie ist in vielen italienischen Branchen tatsächlich die Hauptquelle des Wettbewerbsvorteils, was zum Teil auf die Arbeitszwänge zurückgeht, wie schon geschildert.

Die Strategien und der Organisationsstil, den ich beschrieben habe, bewirken, daß viele Branchen, in denen Italien einen nationalen Wettbewerbsvorteil aufweist, sehr stark unterteilt, spezialisiert oder zersplittert sind. Italienische Unternehmen sind dort, wo Standardisierung, Massenproduktion oder massive Investitionen in die Grundlagenforschung eine Rolle spielen, nicht oft erfolgreich.

Italienische Großunternehmen müssen sich mit starken Gewerkschaften auseinandersetzen, einem Gesellschaftsgefüge, das sich mit großen, reglementierten Organisationen schwertut, und einem Kapitalmarkt, der für die Finanzierung kapitalintensiver Vorhaben schlecht geeignet ist, sofern es nicht um einen kleinen Kreis von Finanzgruppen geht. Große Unternehmen arrangieren sich auch mit dem Staat. Sie profitieren vielleicht von Subventionen und Schutzmaßnahmen, aber politische Manöver und eine Fixierung auf Italien hemmen das Streben nach internationalem Erfolg oder lenken es ab. Innovationen werden erstickt.

Erfolgreiche italienische Firmen haben zwar eine äußerst internationale Einstellung, direkte Auslandsinvestitionen sind jedoch vergleichsweise selten. Die Stellung Italiens im Ausland ist weitgehend ein Ergebnis seiner Exporte. Ausländische Absatzkanäle sind häufig gut unterrichtet und stark durch persönliche Beziehungen geprägt. Dieses Gefüge bringt mit sich, daß sich der Bestimmungsort italienischer Exporte mit der Zeit merklich ändert, da Unternehmer ganz opportunistisch auf Markttrends reagieren. Das ist sowohl Ursache als auch Ausdruck der Industriearten, in denen Italien mit Erfolg Wettbewerb betreibt. Wo Auslandsproduktion für den internationalen Erfolg wesentlich ist, sind italienische Firmen selten bedeutende Wettbewerber. Ins Gewicht fällt, daß es bis in die jüngste Zeit staatliche Devisenkontrollen gab, die Auslandsinvestitionen erschwerten. Die Auslandsinvestitionen nehmen zu, oft als Reaktion auf Beschränkungen des Marktzugangs, denn die italienische Position hat an Gewicht gewonnen.

Die Ziele der italienischen Arbeiter, Manager und Kapitalbesitzer stellen eine wichtige Quelle des italienischen Vorteils dar. Da die meisten italienischen Firmen sich in Privatbesitz befinden, steht unter Umständen die ganze Familie auf der Lohnliste. Italienische Unternehmen mögen keine fremden Anteilseigner, denn sie wollen die Kontrolle und ihre Unabhängigkeit behalten, damit sie die Firmen- und Familienfinanzen nicht säuberlich trennen müssen; außerdem sitzt das Mißtrauen gegen den öffentlichen Kapitalmarkt tief.

Besitzer, Manager und Arbeiter sind der Branche eng verbunden und damit häufig auch einer bestimmten Region, in der die Branche ansässig ist. Die Firma selbst ähnelt oft einer Großfamilie, in der die Beschäftigten bekannt sind und das Gefühl haben, wichtig zu sein. Diese Umstände führen bei italienischen Firmen zu einer sehr langfristigen Orientierung und einer Verpflichtung, beständig zu investieren. Wenn Schwierigkeiten auftauchen, stecken italienische Besitzer alles, was sie haben, in neue Maschinen; oder sie nehmen an Veränderungen vor, was immer erforderlich ist, um das Geschäft zu retten. Freiwillig auszusteigen ist undenkbar. Man kann nicht die Familie schließen. Geringe oder selbst gar keine Gewinnspannen für eine gewisse Zeit sind allemal vorzuziehen.

Geschäft in Italien heißt, auf Seite eins der Zeitungen zu erscheinen, und zieht Einzeltalente magisch an. Wirtschaftliche Führungskräfte stehen im Rampenlicht, sie gehören zum Leben der Gemeinde. Das Bestreben, so wie sie zu werden, erhöht in den Unternehmen das Engagement und die Motivation.

Die wirklich treibende Kraft des italienischen Erfolgs in vielen Branchen ist jedoch (wie in Japan) der außerordentlich starke Wettbewerb. Fast jede international erfolgreiche italienische Branche hat mehrere, wenn nicht Hunderte heimischer Konkurrenten. Sie sitzen häufig in ein oder zwei Städten (siehe Abbildung 4–6). Der Wettbewerb wird persönlich und emotional geführt. Der zwischenmenschliche Wettkampf, der in Italien vorherrscht, nährt den Wettbewerb.

Die Auswirkungen dieses Wettkampfes sind ständige Innovationen, ständige Spezialisierung. Innovationen und Ideen verbreiten sich erstaunlich schnell. Ein Netz von Zulieferern, gewöhnlich in der Nähe ansässig, facht die Flammen an. Marktpositionen wechseln oft. Gleichzeitig bestehen lokale Verbände, die begrenzte Gemeinschaftsaufgaben vornehmen wie Exportförderung.

Wo der Inlandswettbewerb fehlt, haben italienische Firmen selten international Erfolg. Das trifft auf die meisten Staatsbetriebe zu und erklärt auch zum Teil, warum viele der großen italienischen Privatunternehmen international nicht stärker sind. Dank finanzieller Macht und politischen Einflusses erlangen sie beherrschende

Stellungen am italienischen Markt und erwirtschaften oft hohe Gewinne. Aber die Dynamik, die notwendig ist, um einen echten Wettbewerbsvorteil auf ausländischen Märkten zu erzielen, ist allzuoft nicht vorhanden.

Das Unternehmertum blüht in Italien, fördert den Wettbewerb in den bestehenden Branchen und die Bildung von Clustern.[50] Die Italiener gehen Risiken ein. Viele sind Individualisten und wollen Unabhängigkeit. Sie streben nach einer eigenen Firma. Sie arbeiten gern mit Leuten zusammen, die sie gut kennen, wie in der Familie, nicht als Teil einer Hierarchie. Ausstieg als Start eines neuen Unternehmens bei der ersten sich bietenden Gelegenheit kommt in Italien oft vor, entweder in der gleichen oder einer engverwandten Branche. Das Ergebnis: die stete Aufeinanderfolge neuer Produkte und Abstecher in neue Bereiche, vorgelagerte Branchen oder verwandte Geschäfte. Kürzlich wurde der Typus Unternehmer in Italien gefeiert, und mehrere Wirtschaftsblätter bringen nichts als die Profile erfolgreicher Industrieller. Die Zahl der Wirtschaftspleiten ist, wie man sich denken kann, ebenfalls hoch. Aber die Familie bietet offenbar ein Sicherheitsnetz, das den Stürzenden auffängt.

Die Rolle des Staates

Der Fall Italien läßt ziemlich klar erkennen, daß die staatliche Politik kein *sine qua non* des nationalen Wettbewerbsvorteils ist. Der italienische Staat hat auf Landesebene weit mehr Nach- als Vorteile geschaffen. Die staatlichen Dienstleistungen und die Staatsbetriebe sind in vielen Fällen unbrauchbar. Italienische Firmen agieren international selten erfolgreich, wenn der Staat ein großer Kunde oder der Lieferant wichtiger Produktionsmittel ist. Die staatlichen Investitionen in die Faktorbildung sind gering und schlecht organisiert. Unterstützung für die Forschung durch die öffentliche Hand gibt es kaum. Ein großer Teil der staatlichen Hilfe wurde nicht in die Faktorbildung gelenkt, sondern in Sanierungsmaßnahmen, Subventionen und Fördermaßnahmen im Mezzogiorno. Die Regionalpolitik, die nicht auf den Aufbau von Industrie-Clusters setzt, sondern mit massiven Subventionen einzelne Unternehmen in den Süden zu locken sucht, wird weitgehend als ein Fehlschlag betrachtet. Ein mißglückter Versuch, »Hochtechnologie«-Branchen aufzuziehen, litt unter der italienischen Schwäche bei vielen Bestimmungsfaktoren und übersah die Tatsache, daß in den 80er Jahren fast alle Branchen High-Tech einsetzten.

Die staatliche Politik wird stark von den italienischen Großunternehmen beeinflußt. Es besteht ein ausgeprägter Hang zu Krediten mit Vorzugskonditionen oder zu Subventionen, die auf etwas umständliche Art gewährt werden. Steuerpolitik etwa in Form steuerlicher Anreize wird kaum betrieben. Italien kennt keine Kartellgesetze, was den größeren Unternehmen die Möglichkeit gibt, sich auf dem Inlandsmarkt beherrschende Positionen zu verschaffen, insbesondere in kapitalintensiven Branchen, weil potentielle Wettbewerber Kapital nur schwer aufbringen können. Auch Handelsschranken halten die Zahl ausländischer Konkurrenten niedrig. Die staatliche Politik hat zu oft heimische De-facto-Monopole begünstigt und damit gegen Innovationen und gegen einen internationalen Erfolg in den betreffenden Branchen gearbeitet.[51] In Branchen mit kapitalmäßig geringen Zugangsbeschränkungen ist das Fehlen von Kartellgesetzen angesichts der Flut von Firmengründungen in Italien unbedeutend.

Zahllose kurzlebige Regierungen, die politische Macht der Großunternehmen, eine Vorliebe für Staatseigentum und politisch mächtige Gewerkschaften haben die italienische Politik eher zu einer Bremse als zu einem Motor von Firmeninnovationen werden lassen. Die öffentlichen Einrichtungen haben in Italien nicht gut gearbeitet und werden eher als Hindernis betrachtet, die man umgehen muß. Die durch die staatliche Politik entstandenen Nachteile haben den Wettbewerbsvorteil in einer Reihe italienischer Branchen beeinträchtigt. Italien war dort erfolgreich, wo es diese staatlich bedingten Nachteile auf ein Minimum reduzieren, umgehen oder vermeiden konnte.

Einer der wenigen Bereiche, in dem der italienische Staat Vorteile geschaffen hat, ist seine energische Hilfe für Entwicklungsländer, um italienische Produkte zu fördern. Italien hat ungewöhnlich gute Beziehungen zu Entwicklungsländern und hat sich als Mittler zwischen ihnen und den Industrienationen etabliert. Die meisten anderen positiven staatlichen Programme haben versucht, die durch andere Programme hervorgerufenen Nachteile einzugrenzen; z. B. die *cassa integrazione*, ein Ausgleichs- programm, bei dem der Staat den von ihren Firmen entlassenen Beschäftigten 80 bis 90 Prozent ihres Lohns für eine bestimmte Zeit zahlt, um die gesetzlichen Bestim- mungen für Entlassungen aufzuheben.

Die italienische Kommunalverwaltung ist konstruktiver als die staatliche Zentralver- waltung. Die erfolgreichen italienischen Branchen sind im allgemeinen in bestimmten Regionen oder Städten konzentriert. Die Kommunalverwaltungen engagieren sich sehr stark für die Finanzierung spezieller Universitätsprogramme und Hilfsangebote kommunaler Banken, für Investitionen in die Infrastruktur und andere faktorbilden- de Maßnahmen; zuweilen sind sie auch direkt beteiligt. Eingriffe der Kommunalver- waltung in Firmengeschäfte waren bei den von uns untersuchten Fällen kein Thema, selbst dort nicht, wo die Regionalverwaltung von der Kommunistischen Partei Italiens beherrscht wurde.[52]

Es gibt Ansatzpunkte genug für Veränderungen der staatlichen Politik, die die italienische Wettbewerbsfähigkeit verbessern würden (siehe Kapitel 13). Aber viele glauben, man sollte sich hinsichtlich einer Verwirklichung solcher Veränderungen keine allzu große Hoffnungen machen.

Die Rolle des Zufalls

Italien profitierte in einigen Branchen vom relativ spät einsetzenden Nachkriegsauf- schwung und auch davon, daß es in der Entwicklung hinter anderen fortschrittlichen europäischen Staaten etwas herhinkte. Seine Situation ist derjenigen Japans nicht unähnlich. Im Ergebnis zeigte sich auch hier die Fähigkeit, Generationen von Verfahrenstechnologie zu überspringen und unbehindert von früheren Investitionen in aufstrebende Bereiche vorzudringen. Bei Haushaltsgeräten z. B. stieg die italieni- sche Nachfrage zügig weiter, nachdem andere Länder eine höhere Marktsättigung erreicht hatten.

Italien im Ausblick

Italien ist in den letzten zwanzig Jahren mit einer pulsierenden Wirtschaft hervorgetreten. Seine Geschichte, die ich in Kapitel 10 kurz streifen werde, lieferte einige wichtige Grundlagen für den Erfolg. Bis in die 70er Jahre war die italienische Industrie noch auf niedrige Arbeitskosten, Abwertungen, Flächensubventionen und Handelsverzerrungen angewiesen, wollte sie international erfolgreich sein. Für die langfristige Entwicklung war dies eine Falle.

Die italienische Industrie erlebte eine Aufwertung, als sich Druck bildete, sie von diesem Weg abzubringen. Lohnsteigerungen, eine teurer werdende Lira, die Bedrohung durch Schwellenländer mit ihren niedrigen Löhnen und Globalisierung zwangen die italienischen Branchen, differenziertere Formen des Wettbewerbsvorteils zu suchen. Wo andere Bestimmungsfaktoren günstig waren (z.B. die Arbeitskräfte, anspruchsvolle Käufer und viele Konkurrenten), verwandelte sich dieser Druck in einen internationalen Vorteil.

Der Fall Italien veranschaulicht, wie der Japans, erneut die sich selbst verstärkende Eigenschaft des »Diamanten«: Anspruchsvolle Nachfrage, Zulieferer von Weltrang, starke persönliche Bindung an eine Branche und ausgeprägter Inlandswettbewerb (genährt durch die aktive Gründung neuer Betriebe) bilden eine unwiderstehliche Kraft zu innovieren, und das alles in einem geographischen Gebiet konzentriert. Dieses Branchengefüge einer dynamischen, geographisch konzentrierten Gruppe von Konkurrenten ist in Italien gut erkannt worden. Was viele Italiener vielleicht nicht wahrnehmen, ist, daß international erfolgreiche Branchen in jedem Land diese Eigenschaften annehmen, wenn häufig auch ohne so viele Wettbewerber.

Die italienische Wirtschaft gibt auch ein anschauliches Bild der Zusammenballung. Ein Erfolg stellte sich zunächst bei Endprodukten wie Keramikfliesen oder Schuhen ein, doch dann kamen Produktionsmittel- und Maschinenbaubranchen von Weltrang hinzu und stellten sich in ihren Dienst. Zur gleichen Zeit weitete sich der italienische Erfolg auf verwandte Branchen aus, die Wohnungs- und Bürobeleuchtung z.B. auf Tanzclubbeleuchtung oder die Werkzeugmaschinen auf Industrieroboter. Die Bildung von Clusters erfolgt in Italien ganz besonders schnell, weil Ableger und andere Mechanismen zu Firmengründungen an der Tagesordnung sind. Wie Abbildung 8–7 zeigt, sind italienische Clusters voller Leben und verstärken sich selbst.

Der italienische Erfolg ist auch deshalb bemerkenswert, weil er oft in Sektoren auftritt, die man als traditionell bezeichnen könnte, wie Schuhe, Bekleidung und Möbel. Die italienische Industrie führt vor, wie »traditionelle« Branchen umgewandelt und Wettbewerbsvorteile aufgewertet werden können. Die italienischen Firmen übernahmen sehr schnell neue Technologien und Absatzmethoden für solche Branchen. Daß man in diesen Branchen den Entwicklungsländern mit ihren Billiglöhnen nicht erlag, ist ein Beweis für die Innovations- und Wandlungsfähigkeit dieser Unternehmen.

Der italienische Erfolg geht jedoch weit über die traditionellen Branchen hinaus. Er umfaßt den technisch hochstehenden Maschinenbau, der häufig mit den traditionellen Konsumbereichen verbunden ist und fast 10 Prozent des italienischen Gesamtexports ausmacht. Italien erzielt auch Vorteile in einer Reihe neuer Bereiche wie Fabrikautomaten und Spezialwerkstoffe. Jedes Bild von Italien, das zu sehr auf Schuhe und Möbel abstellt, hängt schief.

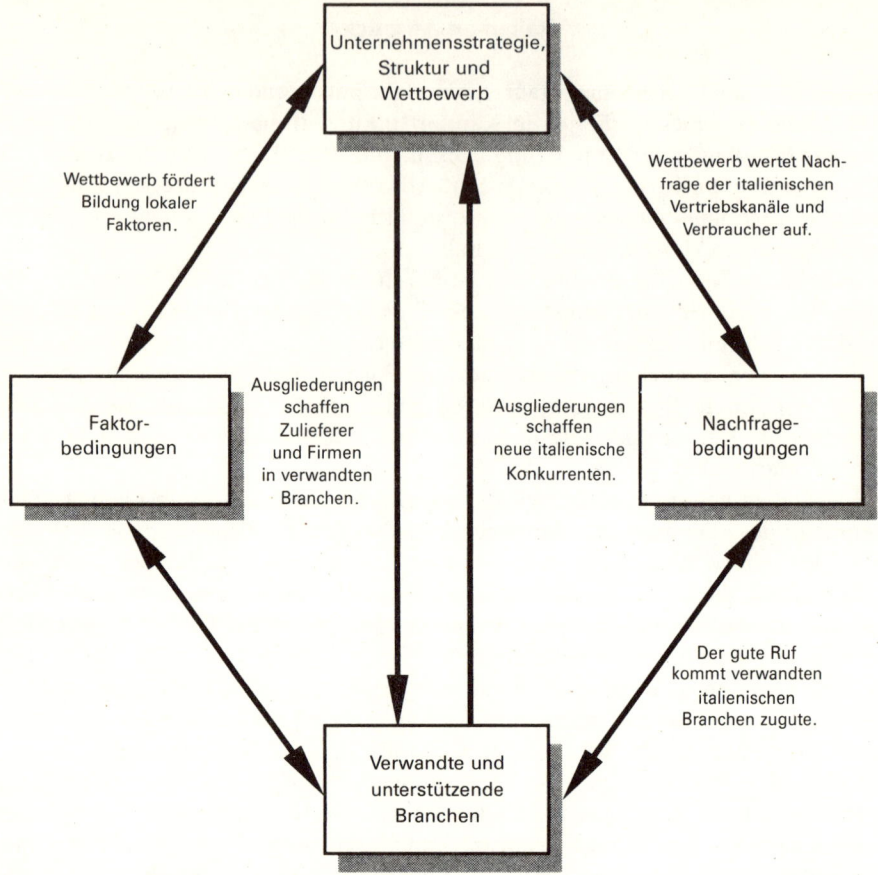

ABB. 8–7 Die Dynamik der italienischen Cluster

Italien hat von einigen wichtigen Trends in der Weltwirtschaft profitiert. Ein Trend ist die Verlagerung vom standardisierten Massenprodukt zu kundenspezifischen, aufwendiger gestylten, höherwertigen Produkten. Ein anderer ist der Trend der Produktionstechnologie weg von den unflexiblen, größenabhängigen Verfahren zu den flexibleren, die sich für kleine Produktionsserien eignen und auf sie umgestellt werden können. Es wäre ein schwerer Fehler, den industriellen Erfolg Italiens nur dem Stil und Design zuzuschreiben. In vielen Branchen wurde der Stil kombiniert mit massiven Investitionen in die neueste Produktionstechnik, um aufgeteilte und sich rasch verbessernde Produktlinien zu fördern und gleichzeitig die Kosten zu bändigen. Das Muster der Gewinne und Verluste beim Anteil am Weltexport zwischen 1978 und 1985, zusammengefaßt in Abbildung 8–8, macht die Aufwertung der italienischen Wirtschaft deutlich. Italien hat in erheblich mehr Branchen Anteilsgewinne von 15 Prozent oder mehr erzielt als entsprechende Verluste, was ein Zeichen dafür ist, daß die Aufwertung des Wettbewerbsvorteils dann eintritt, wenn eine Kombination

ABB. 8–8 Gewinne oder Verluste wettbewerbsfähiger italienischer Branchen von 15 Prozent oder mehr am Anteil des Weltexports zwischen 1978 und 1985*

Werkstoffe/Metalle

	Branchen gesamt	Anteil Gewinne	Anteil Verluste
Primärgüter	26	12	13
Maschinen	5	3	0
Besondere Produktionsmittel	2	0	2
Gesamt	**33**	**15**	**15**

Forsterzeugnisse

	Branchen gesamt	Anteil Gewinne	Anteil Verluste
Primärgüter	5	2	3
Maschinen	1	0	0
Besondere Produktionsmittel	1	0	0
Gesamt	**7**	**2**	**3**

Erdöl/Chemikalien

	Branchen gesamt	Anteil Gewinne	Anteil Verluste
Primärgüter	17	10	13
Maschinen	0	0	0
Besondere Produktionsmittel	0	0	0
Gesamt	**17**	**10**	**13**

Halbleiter/Computer

	Branchen gesamt	Anteil Gewinne	Anteil Verluste
Primärgüter	0	0	0
Maschinen	0	0	0
Besondere Produktionsmittel	0	0	0
Gesamt	**0**	**0**	**0**

VORGELAGERTE BRANCHEN

	Branchen gesamt	Anteil Gewinne	Anteil Verluste
Primärgüter	48	24	29
Maschinen	6	3	0
Besondere Produktionsmittel	3	0	2
Gesamt	**57**	**27**	**31**

Mehrfachgeschäft

	Branchen gesamt	Anteil Gewinne	Anteil Verluste
Primärgüter	7	5	1
Maschinen	3	2	0
Besondere Produktionsmittel	2	1	0
Gesamt	**12**	**8**	**1**

Verkehr

	Branchen gesamt	Anteil Gewinne	Anteil Verluste
Primärgüter	12	5	7
Maschinen	10	3	2
Besondere Produktionsmittel	10	5	4
Gesamt	**32**	**13**	**13**

Stromerzeugung-verteilung

	Branchen gesamt	Anteil Gewinne	Anteil Verluste
Primärgüter	5	3	6
Maschinen	0	0	0
Besondere Produktionsmittel	0	0	0
Gesamt	**5**	**3**	**6**

Büro

	Branchen gesamt	Anteil Gewinne	Anteil Verluste
Primärgüter	4	1	4
Maschinen	3	2	0
Besondere Produktionsmittel	0	0	0
Gesamt	**7**	**3**	**4**

Tele-kommunikation

	Branchen gesamt	Anteil Gewinne	Anteil Verluste
Primärgüter	0	0	0
Maschinen	0	0	0
Besondere Produktionsmittel	0	0	0
Gesamt	**0**	**0**	**0**

Rüstung

	Branchen gesamt	Anteil Gewinne	Anteil Verluste
Primärgüter	1	1	1
Maschinen	0	0	0
Besondere Produktionsmittel	0	0	0
Gesamt	**1**	**1**	**1**

INDUSTRIELLE & UNTERSTÜTZENDE FUNKTIONEN

	Branchen gesamt	Anteil Gewinne	Anteil Verluste
Primärgüter	29	15	19
Maschinen	16	7	2
Besondere Produktionsmittel	12	6	4
Gesamt	**57**	**28**	**25**

Nahrungsmittel/Getränke

	Branchen gesamt	Anteil Gewinne	Anteil Verluste
Primärgüter	25	12	8
Maschinen	9	7	0
Besondere Produktionsmittel	12	7	2
Gesamt	**46**	**26**	**10**

Textilien/Bekleidung

	Branchen gesamt	Anteil Gewinne	Anteil Verluste
Primärgüter	57	15	22
Maschinen	9	7	0
Besondere Produktionsmittel	13	7	7
Gesamt	**79**	**29**	**23**

Wohnen/Haushalt

	Branchen gesamt	Anteil Gewinne	Anteil Verluste
Primärgüter	30	13	7
Maschinen	5	4	0
Besondere Produktionsmittel	9	1	1
Gesamt	**44**	**18**	**8**

Gesundheitsfürsorge

	Branchen gesamt	Anteil Gewinne	Anteil Verluste
Primärgüter	2	0	1
Maschinen	0	0	0
Besondere Produktionsmittel	0	0	0
Gesamt	**2**	**0**	**1**

Privat

	Branchen gesamt	Anteil Gewinne	Anteil Verluste
Primärgüter	10	2	6
Maschinen	2	0	0
Besondere Produktionsmittel	2	0	0
Gesamt	**12**	**2**	**6**

Unterhaltung/Freizeit

	Branchen gesamt	Anteil Gewinne	Anteil Verluste
Primärgüter	10	3	6
Maschinen	0	0	0
Besondere Produktionsmittel	1	0	1
Gesamt	**11**	**3**	**7**

ENDVERBRAUCH GÜTER & DIENSTLEISTUNGEN

	Branchen gesamt	Anteil Gewinne	Anteil Verluste
Primärgüter	134	45	50
Maschinen	23	18	0
Besondere Produktionsmittel	37	15	5
Gesamt	**194**	**78**	**55**

* Aufgenommen wurden Branchen, die den Schwellenwert 1978 oder 1985 übertroffen haben, einschließlich derer, die 1978 wettbewerbsfähig waren, aber 1985 unter den Schwellenwert fielen oder erstmals einen so hohen Anteil erreichten, daß sie den Schwellenwert 1985 übertrafen.

mit anderen Indikatoren erfolgt. Das Plus der Gewinne gegenüber den Verlusten verblüfft vor allem in den drei starken italienischen Clusters Nahrungsmittel und Getränke, Wohnung und Haushalt, Textilien und Bekleidung. Am wichtigsten ist, daß die Verluste überwiegend bei faktorkostensensiblen oder weniger verarbeiteten Produkten auftraten, während viele Gewinne in technisch hochstehenden Branchen anfielen. Italien hat in achtundzwanzig Maschinenbaubranchen Anteilsgewinne erzielt (gegenüber neunundzwanzig im Fall Japan) und nur in zwei Branchen Anteile verloren, was die tiefere Staffelung der Cluster bestätigt. Ein Anzeichen für eine Wirtschaftsaufwertung sind auch größere Gewinne im Bereich Mehrfachgeschäft.

Aber das italienische Umfeld setzt Grenzen. Der nationale Vorteil Italiens liegt überwiegend in bestimmten Branchenstrukturen: unterteilten, häufigen Produktänderungen sowie verbraucherorientierten oder Zulieferbranchen, die der Konsumindustrie dienen. Am größten ist die italienische Stärke in der unteren Reihe der Ballungsgrafik. Die italienischen Unternehmen betreiben mit ganz typischen Strategien Wettbewerb wie etwa der Konzentration auf ein spezielles Produkt oder ein kleines Branchensegment. Beide sind Ausdruck des italienischen Umfelds.

Große Bereiche der italienischen Wirtschaft haben keinen internationalen Vorteil – aufgrund der Rolle des Staates, der Beschaffenheit der Finanzmärkte, des Fehlens von Inlandswettbewerb und der Beziehungen zwischen Arbeitgebern und -nehmern, um nur einige der bereits beschriebenen Probleme zu nennen. Abbildung 8–8 zeigt, daß Italien etwa bei der Stromerzeugung, den Bürogeräten und Chemikalien mehr Anteile verloren als gewonnen hat, in Branchen also, in denen das Land eine geschichtliche Position besaß. Seine Fähigkeit, den Anteil bei der Ausrüstung im Verkehrsbereich – mit Ausnahme der Produktionsmaschinen – zu halten, ist gemischt. Italien hat im Durchschnitt Anteile am Weltexport in Branchen gewonnen, die relativ langsam wachsen, und Anteile in Branchen eingebüßt, die schneller wachsen: Zeichen für einen gemischten Erfolg in neueren Branchen (Tabelle B–3). Italienische Unternehmen haben dort Erfolg gehabt, wo diese Probleme nicht auftauchten oder wo sie umgangen oder vermieden werden konnten. Kleinbetriebe gingen z. B. den Regulierungen und in einigen Fällen der Besteuerung aus dem Weg. Erfolg stellt sich oft in Branchen ein, die keinen Zugang zu leistungsfähigen Kapitalmärkten brauchen. »Small is beautiful« war in Italien ein beliebter Slogan. Es ist auch ein passender Slogan, weil das italienische Umfeld den Erfolg verstärkt den Branchen zuspielte, in denen Größe für den Wettbewerbsvorteil nicht zählt. Im Durchschnitt hat Italien Anteil am Weltexport in kleineren Branchen gewonnen und in größeren verloren, wie Tabelle B–3 zeigt.

Fortschritte wurden Mitte und Ende der 80er Jahre bei der Umstrukturierung einiger italienischer Großunternehmen erzielt, und zwar privater wie staatlicher. Wegen solcher öffentlich groß herausgestellter Umschwünge und der Erwartungen, die sich an einen größeren europäischen Zusammenschluß 1992 knüpfen, wird den Großunternehmen und der Vergrößerung von Unternehmen durch Fusionen in letzter Zeit viel Gewicht beigemessen. Wie ich noch eingehender erläutern werde, birgt das für den italienischen Wettbewerbsvorteil wahrscheinlich mehr Schlechtes als Gutes. Viele italienische Großunternehmen haben, global betrachtet, immer noch keinen echten Wettbewerbsvorteil, auch wenn sie ihre Nachteile vielleicht abgebaut haben. Ihre Wirtschaftlichkeit hängt immer noch weitgehend vom Inlandsmarkt und von

Sektoren ab, in die der Staat deutlich eingreift. Aus vielen Gründen bleiben Klein- und Mittelbetriebe, die einem aktiven Inlandswettbewerb ausgesetzt sind, wahrscheinlich die Hauptenergiequelle in der italienischen Wirtschaft.

Eine Weiterentwicklung in den eingeführten italienischen Branchen, vor allem aber eine Ausweitung des Erfolgs auf neue Branchen, erfordert sowohl von den Unternehmen wie vom Staat wesentliche Änderungen. Einige dieser Änderungen werden eine Neuverteilung der Macht und Rollen von Industrie und Staat in diesem Land erfordern. Ich komme in Kapitel 13 auf diese Fragen zurück.

Der Aufstieg Koreas[53]

Während Japan und Italien bereits vor dem Zweiten Weltkrieg relativ fortgeschrittene Länder waren, hat sich eine Gruppe asiatischer Schwellenländer im internationalen Wettbewerb erst im letzten Jahrzehnt als Kraftfeld erwiesen. Von ihnen ist Südkorea (im folgenden Korea) das Land mit den vielleicht besten Aussichten, in einigen wichtigen Wirtschaftszweigen einen Spitzenplatz zu erreichen und einen nationalen Vorteil zu entwickeln. Die koreanische Industrie hat ihren Wettbewerbsvorteil in den letzten zwanzig Jahren drastisch aufgewertet und erlebt ein rasches Wachstum der Produktivität und des Pro-Kopf-Einkommens (siehe Tabelle 7–1).

Aber noch ist Korea weit davon entfernt, eine wirklich moderne Wirtschaft zu sein. Fast alle koreanischen Branchen betreiben Wettbewerb über die Kosten, und Korea muß noch die Vorteile auf der Nachfrageseite sowie die verwandten und unterstützenden Branchen aufbauen, die notwendig sind für den Wettbewerb über Innovation und Differenzierung.

Muster des koreanischen Wettbewerbsvorteils

Tabelle 8–5 führt die fünfzig koreanischen Branchen mit dem höchsten Anteil am Weltexport für 1985 an. Verglichen mit den bereits beschriebenen Ländern ist die Bandbreite dieser Branchen relativ schmal. Es handelt sich überwiegend um Waren für den Endverbraucher, wobei das Übergewicht bei rohstoffabhängigen Branchen (wie Fischprodukten), Grundmaterialien und einigen wenigen industriellen Fertigerzeugnissen liegt. Auf die fünfzig koreanischen Branchen mit dem höchsten Anteil am Weltexport entfallen 52 Prozent der koreanischen Exporte, also mehr als in der Schweiz und Japan, und sehr viel mehr als in Deutschland, Schweden, Italien, Großbritannien und den Vereinigten Staaten. Die Exporte sind in Korea vergleichsweise stark konzentriert.[54]

Abbildung 8–9 zeichnet ein Profil aller wettbewerbsfähigen Branchen der koreanischen Wirtschaft (zusammengefaßte statistische Werte zeigen die Abbildungen 8–10 und B–7). Der bei weitem wichtigste Cluster sind die Branchen im Umfeld von Textilien und Bekleidung, wo die wettbewerbsfähigen Branchen es auf fast 30 Prozent des koreanischen Gesamtexports bringen. Einen zweiten wichtigen Cluster gibt es bei der Verkehrsausrüstung einschließlich Schiffen und neuerdings auch eine stärker werdende Position bei Automobilen. Ein weiterer wichtiger Cluster besteht

TABELLE 8–5 Die 50 koreanischen Branchen mit dem höchsten Anteil am Weltexport, 1971

Branche	Anteil am ges. Weltexport	Exportwert (in Mio. $)	Importwert (in Mio. $)	Anteil am korean. Gesamt-export
Eisen-, Stahldraht	57.0	45,666	25	0.15
Schwarzweißfernseher	52.4	215,041	347	0.71
Off-line-EDV-Geräte	41.8	238,310	73,350	0.79
Herrenhemden aus synth. Geweben	40.9	292,283	–	0.97
Herrenjacketts, -blazer	39.4	417,910	233	1.38
Andere Frachtschiffe	36.9	4,545,449	3,296,174	15.01
Container, auch für Straße und Schiene	32.2	279,798	11,815	0.92
Musikautomaten	31.9	5,531	9,225	0.02
Damenmäntel, Jacken aus synthet. Fasern	31.8	212,399	–	0.70
Lederbekleidung, -accessoires	26.7	539,989	862	1.78
Reiseartikel, -taschen	24.6	337,005	1,264	1.11
Sweater aus synth. Fasern	24.2	448,201	–	1.48
Synthetische Kontinuegewebe ohne Flor	21.1	885,906	69,888	2.93
Eisenbahnschwellen	20.5	17,050	18,640	0.06
Damenblusen aus synth. Fasern	16.4	149,778	–	0.49
Tiefkühlfisch, ohne Filets	15.7	260,784	58,225	0.86
Baumwollgarn, 40–80 km/kg	15.4	128,634	353	0.42
Gewebte Seidenstoffe	15.4	104,845	35,892	0.35
Herren-Baumwollhemden	15.0	211,624	–	0.70
Pelzartikel	14.7	161,287	994	0.53
Konstruktionen und Teile aus Eisen und Stahl	14.4	700,826	28,280	2.31
Lederschuhe	14.3	1,436,334	–	4.74
Maschenwarenaccessoires	14.2	119,430	1,000	0.39
Tankschiffe	14.1	342,319	17,381	1.13
Unterwäsche aus Wolle, Fasern	13.7	283,956	677	0.94
Modeschmuck	13.1	101,207	6,935	0.33
Handtaschen	13.1	133,056	–	0.44
Diskontinuierliches Garn aus synth. Fasern	12.6	128,440	23,843	0.42
Kabel, Seile aus Eisen, Stahl	12.5	124,856	8,178	0.41
Stickstoff-Phosphat-Düngemittel	12.0	136,588	9,509	0.45
Herrenmäntel, Oberbekleidung	11.9	261,603	160	0.86
Andere Radiogeräte	11.9	142,529	9,432	0.47
Kleidung aus synth. Fasern	11.7	68,662	–	0.23
Sweater aus Baumwolle, Fasern	11.4	299,388	512	0.99
Textilien	11.2	186,546	2,054	0.62
Herrenanzüge	11.1	72,771	109	0.24
Spielzeug, Heimspiele	10.8	475,254	7,283	1.57

Branche	Anteil am ges. Weltexport	Exportwert (in Mio. $)	Importwert (in Mio. $)	Anteil am korean. Gesamt-export
Herrenhemden aus anderen synthet. Fasern	10.6	20,507	519	0.07
Nägel, Schrauben aus Stahl und Kupfer	10.1	71,652	2,162	0.24
Herrenhosen, -breeches	9.9	82,255	173	0.27
Dampfkessel	9.9	36,391	17,118	0.12
Öfen, nicht elektrisch, Heizgeräte	9.8	185,942	12,278	0.61
Schalentiere, zubereitet, konserviert	9.7	82,820	2,424	0.27
Fernsehröhren	9.7	162,286	41,177	0.54
Flugzeug-, Motorradreifen	9.6	249,212	3,175	0.82
Synthet. Samtstoffe	9.0	38,567	4,128	0.13
Damenkleider aus Wolle und Baumwolle	8.8	57,102	103	0.19
Messerwaren	8.8	109,536	2,833	0.36
Autoradios	8.6	182,887	5,368	0.60
Gewebte Baumwollstoffe	8.6	122,745	2,730	0.41
GESAMT				52.53

ANMERKUNG: Importdaten sind nicht angegeben, wenn der Importwert unter 0,3 Prozent des Gesamt-handels für 1985 liegt.

bei Produkten der Unterhaltungselektronik und zugehörigen Artikeln wie etwa Aufnahmebändern. Einen vierten bedeutenden Cluster bilden Eisen und Stahl. Andere Bereiche mit starken Nischen gibt es bei Halbleitern (überwiegend Speicher-chips), Nahrungsmitteln (Fischprodukte), Zement und internationalen Baudienstlei-stungen. Weitere abgelegenere Positionen bestehen bei einigen Endprodukten wie Spielzeug und Spielen, Klavieren, Kinderwagen, Messerwaren, Keramikprodukten und Elektrotransformatoren.

Praktisch keine Position haben koreanische Unternehmen im Gesundheitswesen inne, bei Chemikalien und Kunststoffen, Forsterzeugnissen, den meisten Nahrungs-mitteln und abgepackten Konsumgütern, allen Dienstleistungen – mit Ausnahme des Bauwesens[55] – und den meisten Produkten aus dem Bereich Mehrfachgeschäft. Die Stellung Koreas bei Rüstungsgütern ist noch zu schwach, als daß sie bereits ins Gewicht fallen könnte, aber sie gewinnt rasch an Bedeutung. Auch Telekommunika-tion und Bürogeräte, 1985 noch schwach entwickelt, sind Gebiete, wo sich die koreanische Position in einigen Branchen und Branchensegmenten festigt.

Einige der wichtigsten Verbindungen zwischen Clusters macht die Schattierung in Abbildung 8–10 deutlich. Koreas aufstrebende Stellung bei Halbleitern und Compu-tern erwuchs aus seiner Stärke in der Unterhaltungselektronik. Der Verkehr (Schiffs-bau und Automobile) hat sich parallel zu den Metallen entwickelt (hauptsächlich Stahl).

In der Ballungsgrafik liegt die Stärke Koreas im wesentlichen in der unteren Reihe, wobei die wettbewerbsfähigen Branchen bei den Produkten des Endverbrauchs und die Dienstleistungsclusters 46 Prozent aller koreanischen Exporte auf sich vereinen.

ABBILDUNG 8–9   Cluster international wettbewerbsfähiger koreanischer Branchen, 1985

Primärgüter

WERKSTOFFE/METALLE

FORSTERZEUGNISSE

EISEN&STAHL

Roheisen•
Eisen-, einfache Stahlrohlinge •
Eisen-, einfache Stahlcoile•
Eisen-, einfacher Stahlwalz-draht•
Eisen-, Stahlträger etc.*•
Eisen-, andere Stahlträger, warmgewalzt•
Eisen-, Stahlprofile etc.•
Große U-, I-, Doppel-T-Profile etc.•
Eisen-, Universalstahlbleche*•
Gewalzte Grobbleche aus Eisen und einfachem Stahl
Gewalzte Dünnbleche aus Eisen und einfachem Stahl
Eisen-, einfacher Stahldraht
Eisen-, Stahlguß, unbearbeitet

VERARBEITETES EISEN&STAHL

Eisenbahnschienen•

Eisen-, Stahlrohre, -leitungen
Eisen-, Stahlkonstruktionen, Teile
Stahltanks etc.•
Eisen-, Stahlkabel, Seile
Eisen-, Stahldraht, mit Widerhaken oder glatt*
Stahl-, Kupfernägel, Schrauben etc.*
Eisen-, Stahlschrauben, Muttern•

NICHTEISENMETALLE

Wolframerz, Konzentrat
Kupferplatten, -blech, -band•
Aluminiumträger, -draht etc.

BAUSTOFFE

Stein, Sand & Kies
Zement
Bausteine etc., bearbeitet

Bahnschwellen*•
Holzpaneele*

PAPIER

Kunststoffbeschichtetes Papier•

Maschinen

Besondere Produktionsmittel

Dienstleistungen

Primärgüter

ERDÖL/CHEMIKALIEN	HALBLEITER/COMPUTER
	Off-line-Datenverarbeitungsgeräte•
	Dioden, Transistoren etc.
KUNSTSTOFFE	**Elektronische Mikroschaltungen**
Polypropylen•	Teile für automatische Datenverarbeitungsgeräte**
Polystyrol	
Polyvinylchlorid•	
ERDÖLPRODUKTE	
Kerosin einschließlich Düsentreibstoff•	
Spiritus, Düsentreibstoff* • Vaselin, Petrolpech, Petrolkoks*•	
ORGANISCHE CHEMIKALIEN	
Oxyaminoverbindungen	

Maschinen

Besondere Produktionsmittel

Dienstleistungen

SCHLÜSSEL

Normal Anteil am Weltexport 1,74% oder mehr, aber weniger als 3,48%.

Kursiv Anteil am Weltexport 3,48% oder mehr, aber weniger als 6,96%.

Fett Anteil am Weltexport 6,96% oder mehr.

•   Branchen 1978 unter dem Schwellenwert.

Errechnete Restgrößen

Aufgenommen aufgrund eines nennenswerten Exportwerts in einem Branchenbereich.

*   Aufgenommen aufgrund der direkten Auslandsinvestitionen.

**   Aufgewertet aufgrund der direkten Auslandsinvestitionen.

*** Aufgenommen aufgrund von Inlandsuntersuchungen.

ABB. 8–9 Fortsetzung

	MEHRFACHGESCHÄFT	VERKEHR	STROMERZEUGUNG UND -VERTEILUNG	BÜRO
Primärgüter	Optische Geräte Optische Bauteile, montiert • Gummiartikel*	FAHRZEUGE Hubkarren etc. • *Sonstige Flugzeuge über 15000 kg* **Tanker** **Andere Frachtschiffe** *Schleppnetzfischer, Schiffe & Boote* *Schlepper, schwimmende Konstruktionen* • *Spezialschiffe* *Fahrräder, Rollstühle* • Personenkraftwagen**	ERZEUGUNG **Dampfkessel*** Wechselstrommotoren einschließlich Universalmotoren • **Wind-, Wassermotoren** • VERTEILUNG *Isolierflüssigkeitswandler* • *Andere elektrische Wandler*** Elektrische Verdichter Isolierdraht, -kabel SPEICHERN Akkumulatoren •	Rechenmaschinen *Diktiergeräte etc.* Schreibfedern, Bleistifte*
Maschinen				
Besondere Produktionsmittel		ZUBEHÖRTEILE Teile für Hubkarren etc. * • **Container einschließlich Straße-Schiene** *Autoreifen* • *Reifen für Busse oder LKWs* *Reifen für Flugzeuge, Motorräder* *		
Dienstleistungen	Technik/Architektur* Bauwesen			

	TELEKOMMUNIKATION	RÜSTUNG
Primärgüter	Leitungstelefon etc., Anlagen • Fernseh-, Rundfunksender Telekommunikationsanlagen, Teile***	
Maschinen		
Besondere Produktionsmittel		
Dienstleistungen		

SCHLÜSSEL

Normal Anteil am Weltexport 1,74% oder mehr, aber weniger als 3,48%.

Kursiv *Anteil am Weltexport 3,48% oder mehr, aber weniger als 6,96%.*

Fett **Anteil am Weltexport 6,96% oder mehr.**

• Branchen 1978 unter dem Schwellenwert.

Errechnete Restgrößen

Aufgenommen aufgrund eines nennenswerten Exportwerts in einem Branchenbereich.

* Aufgenommen aufgrund der direkten Auslandsinvestitionen.

** Aufgewertet aufgrund der direkten Auslandsinvestitionen.

*** Aufgenommen aufgrund von Inlandsuntersuchungen.

ABB. 8-9 Fortsetzung

	NAHRUNGSMITTEL/GETRÄNKE	WOHNEN/HAUSHALT
Primärgüter	GRUNDNAHRUNGSMITTEL Hammelfleisch, frisch, gekühlt, tiefgefroren Fisch, frisch, gekühlt, ohne Filets **Fisch, tiefgefroren, ohne Filets** *Fischfilets, tiefgefroren* *Fisch (ohne Kabeljau), getrocknet, gesalzen* **Schalentiere, frisch, tiefgefroren** Schalentiere, frisch, tiefgefroren Schalentiere, zubereitet, konserviert Gemüse, frisch* VERARBEITETE NAHRUNGSMITTEL Raffinierter Zucker etc. *Eßwaren*	KERAMIK **Haushaltswaren aus Grobkeramik** *Schmuckkeramik etc.* HAUSHALTSGERÄTE *Haushaltskühlschränke* • *Geschirrspüler, Rasierapparate, Haushaltsgeräte*** ANDERE **Messerwaren** **Haushaltsgeräte aus unedlem Metall*** Glühlampen *Korbwaren, Besen etc.* Grünpflanzen* Linoleum, Teppiche
Maschinen	*Handwerkszeug**	
Besondere Produktionsmittel	*Rohes Gemüse** Nitro-Phosphat-Kalium-Dünger **Nitrophosphatdünger** *Nitrokaliumdünger***	
Dienstleistungen		

TEXTILIEN/BEKLEIDUNG

Primärgüter			
STOFFE			
Stoffe aus Rohbaumwolle	**Damenkleider aus Wolle, Baumwolle***	**Damenkleider aus synthetischen Fasern, gewirkt**	
Plüsch- u. a. Baumwollgewebe	**Damenkleider aus synthetischen Fasern, nichtgestrickt**	**Gewirkte Unterkleidung aus Wolle, Fasern***	
Synthetische Kontinuegewebe ohne Flor	Damenröcke	*Unterkleidung aus Baumwolle, unelastisch*	
*Synthetisches Fasergewebe**	**Damenblusen aus Baumwolle und anderen Fasern***	**Fellartikel**	
Regenerierte Kontinuegewebe ohne Flor •	**Damenblusen aus synthetischen Fasern**	**ACCESSOIRES**	
Synthetischer Plüsch u. a. Gewebe	***Andere Damenoberbekleidung aus synthetischen Fasern***	**Textile Kleidungsaccessoires***	
Seidenstoff, gewebt	**Herrenbaumwollhemden**	**Gestrickte Kleidungsaccessoires**	
Spitze, Bänder, Tüll	**Herrenhemden aus synthetischen Fasern**	**Lederbekleidungsaccessoires**	
*Gewebte Kammwolle***	**Herrenhemden aus anderen Fasern***	**Kunststoff-, Gummiaccessoires, Kopfbekleidung***	
Produkte aus Spezialgeweben*	**Herren- und Damenunterkleidung***	**SCHUHE**	
*Kunststoffbeschichtete Textilien**	*Jerseys, Pullover aus Wolle, Feinhaar*	***Fertigteile für Schuhe***	
Textilerzeugnisse*	**Jerseys, Pullover aus Baumwollfasern***	**Gummi-, Kunststoffschuhe**	
BEKLEIDUNG	**Jerseys, Pullover aus synthetischen Fasern**	**Lederschuhe**	
Herrenmäntel, -oberbekleidung*	***Damenkleider aus Wolle, Baumwolle, Fasern****	*Schuhe aus Holz, Kork***	
Herrenanzüge		**GEPÄCK**	
Herrenhosen, Breeches*		**Sonstige Handtaschen**	
Herrenjacketts, -blazer		**Reiseartikel, Schultaschen***	
Damenmäntel, -jacken aus Wolle, Baumwolle*		**ANDERE**	
Damenmäntel, -jacken aus synthetischen Fasern		Industrieleder, Sattelzeug etc.*	
*Damenkostüme**			
Maschinen			
Besondere Produktionsmittel			
FASERN & GARN	*Woll-, Haargarn**	**Garn aus diskontinuierlichen synthetischen Fasern**	
Diskontinuierliche synthetische Fasern, ungekämmt•	Baumwollgarn, 40–80 km/kg	**Mischgarn aus diskontinuierlichen synthetischen Fasern**	
Baumwollgarn*	*Garn aus synthetischen Fasern, Bauschgarn, Monofil**		
Dienstleistungen			

ABB. 8–9 Fortsetzung

Primärgüter	GESUNDHEITS-FÜRSORGE	PRIVAT	UNTERHALTUNG/ FREIZEIT	ANDERE
			UNTERHALTUNGSELEKTRONIK	
		Brillengestelle ●	**Farbfernsehgeräte**	*Aufnahmemedien für Tonkas-*
		Brillen *	**Schwarzweißfernsehgeräte**	*setten u. ä.*
		Armbanduhren	**Autoradios**	**Spielzeug, Heimspiele** *
		Unechter Schmuck	**Kofferradios**	Sonstige handgemalte Bilder
		Schnitzereien, Schirme,	**Andere Radios**	etc. ●
		sonstige Erzeugnisse *	TV-Bild-, Tonaufnahmegeräte ●	*Klaviere, Musikinstrumente,*
		Brennbare Produkte etc.	*Mikrofone, Lautsprecher, Ver-*	*Teile* *
		Kinderwagen, Teile *	*stärker*	**Zootiere, Haustiere etc.**
		Perlen, Edel-, Halbedelsteine **	**Musikautomaten** *	Münzen, kein Gold, kein
				Zahlungsmittel
			FOTOGRAFIE	
			Spielfilme ●	
Maschinen				
			ZUBEHÖRTEILE	
Besondere		Tabak, nicht entstielt, Virginia	**Fernsehbildröhren** ●	
Produktionsmittel		Tabak, entstielt, Virginia		
		Tabak, entstielt, kein Virginia *		

SCHLÜSSEL

Normal   Anteil am Weltexport 1,74% oder mehr,
aber weniger als 3,48%.

Kursiv   *Anteil am Weltexport 3,48% oder mehr,*
aber weniger als 6,96%.

Fett   **Anteil am Weltexport 6,96% oder mehr.**

● Branchen 1978 unter dem Schwellenwert.

\# Errechnete Restgrößen

\#\# Aufgenommen aufgrund eines nennenswerten Exportwerts in einem
Branchenbereich.

* Aufgenommen aufgrund der direkten
Auslandsinvestitionen.

** Aufgewertet aufgrund der direkten
Auslandsinvestitionen.

*** Aufgenommen aufgrund von Inlands-
untersuchungen.

ABBILDUNG 8–10 Koreanische Exporte wettbewerbsfähiger Branchen nach großen Ansammlungen in Prozent

VORGELAGERTE BRANCHEN

Werkstoffe/Metalle
Anteil an Landesexporten: 9.6 (1.8)
Anteil an Weltexporten der Ansammlung: 1.8 (1.0)

Forsterzeugnisse
Anteil an Landesexporten: 0.2 (-4.0)
Anteil an Weltexporten der Ansammlung: 0.4 (-1.2)

Erdöl/Chemikalien
Anteil an Landesexporten: 1.8 (1.4)
Anteil an Weltexporten der Ansammlung: 0.2 (0.1)

Halbleiter/Computer
Anteil an Landesexporten: 3.8 (0.9)
Anteil an Weltexporten der Ansammlung: 1.6 (-0.2)

VORGELAGERTE BRANCHEN
Anteil an Landesexporten: 15.4 (0.1)
Anteil an Weltexporten der Ansammlung: 0.8 (0.2)

INDUSTRIELLE & UNTERSTÜTZENDE FUNKTIONEN

Mehrfachgeschäft
Anteil an Landesexporten: 0.3 (-0.2)
Anteil an Weltexporten der Ansammlung: 0.2 (+0.0)

Verkehr
Anteil an Landesexporten: 20.0 (10.4)
Anteil an Weltexporten der Ansammlung: 2.1 (1.5)

Stromerzeugung und -verteilung
Anteil an Landesexporten: 1.5 (0.5)
Anteil an Weltexporten der Ansammlung: 1.1 (0.6)

Büro
Anteil an Landesexporten: 0.5 (-0.6)
Anteil an Weltexporten der Ansammlung: 0.7 (-0.3)

Telekommunikation
Anteil an Landesexporten: 0.7 (0.3)
Anteil an Weltexporten der Ansammlung: 1.0 (0.5)

Rüstung
Anteil an Landesexporten: 0.0 (0.0)
Anteil an Weltexporten der Ansammlung: 0.0 (0.0)

INDUSTRIELLE & UNTERSTÜTZENDE FUNKTIONEN
Anteil an Landesexporten: 23.0 (10.4)
Anteil an Weltexporten der Ansammlung: 1.4 (0.9)

ENDVERBRAUCH GÜTER & DIENSTLEISTUNGEN

Nahrungsmittel/Getränke
Anteil an Landesexporten: 4.3 (-4.3)
Anteil an Weltexporten der Ansammlung: 0.7 (0.0)

Gesundheitsfürsorge
Anteil an Landesexporten: 0.0 (+0.0)
Anteil an Weltexporten der Ansammlung: 0.1 (0.1)

Textilien/Bekleidung
Anteil an Landesexporten: 29.4 (-10.6)
Anteil an Weltexporten der Ansammlung: 6.6 (1.3)

Wohnen/Haushalt
Anteil an Landesexporten: 2.6 (-0.0)
Anteil an Weltexporten der Ansammlung: 1.6 (0.7)

Privat
Anteil an Landesexporten: 2.1 (-1.5)
Anteil an Weltexporten der Ansammlung: 1.4 (0.1)

Unterhaltung/Freizeit
Anteil an Landesexporten: 8.0 (1.6)
Anteil an Weltexporten der Ansammlung: 3.8 (1.7)

ENDVERBRAUCH GÜTER & DIENSTLEISTUNGEN
Anteil an Landesexporten: 46.3 (-14.9)
Anteil an Weltexporten der Ansammlung: 2.7 (0.7)

Anmerkung: Die Zahlen in Klammern bezeichnen Veränderungen zwischen 1978 und 1985. Exporte sind die der wettbewerbsfähigen Branchen, nicht aller Branchen.

▓ Bezeichnet die großen Bereiche, in denen die internationalen Wettbewerbspositionen des Landes miteinander verbunden sind.

▒ Bezeichnet die großen Bereiche, in denen die internationalen Wettbewerbspositionen des Landes miteinander verbunden sind.

Die Bandbreite der erfolgreichen Cluster ist ziemlich schmal, noch schmaler als in Schweden.[56] Noch erstaunlicher ist die fehlende vertikale Staffelung. Der Erfolg wird fast ausschließlich mit Endprodukten erzielt, wobei es um nur wenige Branchen für besondere Produktionsmittel und praktisch keine für Maschinenbau oder Dienstleistungen geht (in beiden liegt Korea von den acht Ländern an letzter Stelle). Dieses Profil des nationalen Wettbewerbsvorteils in der koreanischen Wirtschaft, das den Zustand der wirtschaftlichen Entwicklung des Landes ausdrückt (Kapitel 10), spiegelt wichtige Aspekte des koreanischen Umfelds.

Faktorbedingungen

Wie die meisten anderen Länder, die ich beschrieben habe, ist auch Korea arm an Rohstoffen. Es besitzt zwar viele natürliche Häfen, bedeutende Wolframvorkommen, örtlich vorhandene Rohstoffe für die Zementproduktion und einige bescheidene Fischgründe. Es fehlen jedoch Vorkommen der meisten Mineralien, Energie oder Holz. Wegen des gebirgigen Geländes ist in Korea auch Ackerland knapp. Die koreanische Zementindustrie hat eine bedeutende internationale Stellung erlangt, und Wolfram ist seit langem ein koreanischer Exportartikel. Praktisch alle übrigen wettbewerbsfähigen Branchen Koreas zeigen sich jedoch von ausländischen Rohstoffen abhängig. Fischerzeugnisse, die man mit dem natürlichen Reichtum in Verbindung bringen könnte, werden überwiegend in internationalen Gewässern vor Alaska und Afrika sowie im Pazifik gefangen, unter Einsatz kapitalintensiver Methoden. Pelzartikel, bei denen koreanische Firmen (vor allem Jindo) sich eine starke internationale Stellung geschaffen haben, werden aus importierten Fellen hergestellt.

Den Gegensatz zu Koreas schlechter Ausstattung mit Rohstoffen bildet ein großer Bestand an Arbeitskräften. Das Heer der koreanischen Arbeiter umfaßt 17 Millionen. Korea hat relativ niedrige Arbeitskosten, den Ausschlag gibt jedoch, daß die Koreaner ungewöhnlich diszipliniert und arbeitsam sind. In den letzten Jahrzehnten hat das durchschnittliche Bildungsniveau der koreanischen Beschäftigen erheblich zugenommen. Beim Schiffsbau und in der Baubranche z. B. schlägt sich die Arbeitsqualität in einmalig schnellen Bauzeiten und oft vorzeitiger Auslieferung nieder. Im Schiffsbau dauert der Bau eines Großtankers im internationalen Durchschnitt etwa dreißig Monate, koreanische Werften können den Auftrag dagegen in achtzehn Monaten ausführen.

Diese Eigenschaften der koreanischen Arbeiter sind auf mehrere Umstände zurückzuführen: einmal die Homogenität der Bevölkerung hinsichtlich Abstammung, Sprache und des Fehlens von Klassenunterschieden; zum anderen auf die Tatsache, daß fast jeder Koreaner drei Jahre Wehrdienst leisten muß. Die ältere Generation wird durch die Erinnerung an Mangel und Not unter der japanischen Besatzung und während des Koreakrieges motiviert. Beide Generationen, die ältere wie die jüngere, werden von einem Gefühl nationalen wirtschaftlichen Wettstreits mit Nordkorea beflügelt, das weit ausgeprägter ist als die Rivalität zwischen der Bundesrepublik und der ehemaligen DDR, aber vergleichbar. Die Koreaner sehen auch in Japan einen Rivalen, der ausgestochen werden muß, um alte Rechnungen zu begleichen. Eine letzte wesentliche Grundlage der Motivation und Disziplin ist die konfuzianische

Kultur; sie legt starkes Gewicht auf Bildung, Fleiß, Achtung vor der Autorität und das Erringen von Erfolg im Leben durch den Aufstieg in der gesellschaftlichen Hierarchie.

Faktorbildende Mechanismen. Die koreanische Bevölkerung, die Unternehmen und der Staat haben erhebliche Investitionen in die Faktorbildung vorgenommen, deutlich über die der meisten anderen asiatischen Schwellen- und Entwicklungsländer hinaus. Das ist einer der Hauptgründe, warum Korea seine Wirtschaft aufwerten und sich in immer mehr fortschrittlichen Branchen dem Wettbewerb stellen konnte. Eine der erstaunlichsten und wichtigsten Eigenschaften Koreas ist das Streben der Koreaner nach Bildung. Dieses Streben, unter den von uns untersuchten Ländern hier am stärksten zu beobachten, hat bei der Elterngeneration einen ganz hohen Stellenwert. Eine 1987 vom Economic Planning Board angefertigte Übersicht hat festgestellt, daß 84,5 Prozent aller koreanischen Eltern ihren Kindern eine Ausbildung auf Universitätsebene zukommen lassen wollen.[57]

Die Koreaner verfügen über einen hohen Bildungsstand und eine durchschnittlich vorzügliche Schulbildung, wobei fast schon die allgemeine Schulbildung Oberschulniveau erreicht. 300000 bis 400000 Studenten nehmen jährlich ein Studium auf (1987 waren es 36 Prozent der Abiturienten). Das Universitätssystem ist umfassend, vor allem in die technischen Fächer wurde enorm investiert. Das höhere Bildungssystem umfaßt gut hundert technische Hochschulen und über hundert reguläre Universitäten. Dadurch hebt sich Korea von praktisch allen anderen Entwicklungsländern ab. Ergänzt wird das heimische Bildungssystem durch eine große Zahl von Studenten, die im Ausland studieren. Insbesondere auf technischem Gebiet machen viele Koreaner ihr Diplom an amerikanischen Spitzenuniversitäten. Tabelle 8–6 veranschaulicht, daß Korea an der Spitze der von uns untersuchten Länder steht, was die Zahl der in den Vereinigten Staaten studierenden Studenten betrifft; der Vorsprung ist auf der Graduiertenebene besonders groß.

Der koreanische Staat und koreanische Unternehmen haben für diese Studien großzügig Mittel bereitgestellt. Einige Studenten kehren nach Abschluß ihres Studiums nicht nach Hause zurück und bleiben in den Vereinigten Staaten, viele gehen jedoch nach Korea zurück und bringen Wissen und Kontakte aus ihren Arbeitserfahrungen mit. Die Gesamtausgaben für die Bildung machten 1987 20,8 Prozent des Staatshaushalts aus.

Koreanische Unternehmen müssen qua Gesetz ab einer bestimmten Größe Schulungsmöglichkeiten für ihre Beschäftigten bieten.[58] Es ist nichts Besonderes, wenn eine große koreanische Gruppe allein in die Schulungseinrichtungen 25 bis 30 Millionen $ investiert. Ein normaler Beschäftigter wird jährlich ein bis zwei Wochen geschult. Die größeren koreanischen Universitäten haben für ihre Führungsprogramme zehn Bewerber pro Platz, ein Zeichen der Nachfrage nach wirtschaftlicher Weiterbildung.

Das Streben nach Bildung reicht bis in die Chefetagen. Viele koreanische Führungskräfte führen einen akademischen Grad, und der Doktortitel in einem technischen Fach ist auf den oberen Führungsebenen der größeren Unternehmen nicht eben selten. Der an einer führenden amerikanischen Universität erworbene Doktortitel gilt als bedeutendes Statussymbol. Der hohe Stand an technischer Ausbildung unter

TABELLE 8–6   Ausländische Studenten in den Vereinigten Staaten nach Nationalität, 1987 – 1988

Land	Zahl der Studenten	Gesamtrang unter den Ländern nach Studentenzahl	Studenten in Graduierten-programmen in %	Zahl der Studenten in den USA pro 10 000 Einwohner
Korea	20,520	4	72.8	5.0
Japan	18,050	6	23.6	1.5
Großbritannien	6,600	12	38.5	1.2
Deutschland	5,730	17	45.8	0.9
Singapur	4,870	20	21.6	18.7
Italien	2,200	32	N/A	0.4
Schweden	1,600	49	N/A	1.9
Schweiz	1,040	61	N/A	1.6
Dänemark	670	N/A	N/A	1.3

Quelle: Zikopoulus (Hrsg.) (1988).

den Führungskräften ist wesentlich für das Verständnis der koreanischen Einstellung zur Technologie, sowie er auch die Fähigkeit koreanischer Unternehmen kennzeichnet, eine eigene Technologie zu entwickeln.

Der Bestand an wissenschaftlichen und technischen Ressourcen im Land ist noch bescheiden, wächst aber schnell. Universitäre Forschung, nach westlichen Maßstäben noch geringfügig, nimmt stetig zu. Die akademische Forschung wird durch eine ganze Reihe spezialisierter Forschungsinstitute ergänzt, die ganz oder teilweise vom Staat finanziert werden: z. B. das Koreanische Institut für Wissenschaft und Technologie, das Koreanische Forschungsinstitut für Elektronik und Telekommunikation, das Koreanische Forschungsinstitut für kraftfahrtechnische Systeme und das Koreanische Forschungsinstitut für Biogenetik. Diese Institute arbeiten fast ausschließlich für die Industrie. Sie sind eng mit den Universitäten verbunden und werden sowohl vom Staat wie von der Industrie mit finanziellen und anderen Mitteln bedacht.

Die größeren koreanischen Unternehmen investieren, im Vergleich zu Firmen anderer Entwicklungsländer, massiv in die Aufwertung ihrer technischen Fähigkeiten. Hohe Forschungs- und Entwicklungsraten in bezug auf den Umsatz sind charakteristisch. Mit ihren promovierten Ingenieuren, die an den besten Universitäten der Welt ausgebildet wurden, mit einer offensiven Ausrichtung auf den Erwerb von Lizenzen und den Abschluß sonstiger Abmachungen, um an ausländische Technologie heranzukommen, stehen die koreanischen Unternehmen unter den Firmen der Schwellenländer einzig da – auch in ihrem Engagement für die Entwicklung der eigenen Produktmodelle und für Investitionen in die modernste Technologie. Koreanische Firmen geben sich weitaus weniger damit zufrieden, bloße Produktionsstätten für im Ausland entwickelte Produkte zu sein, als das in anderen asiatischen Schwellenländern der Fall ist.

Seit den 60er Jahren und der Abwicklung mehrerer wirtschaftlicher Fünfjahrespläne bestehen massive koreanische Investitionen zur Schaffung einer gehobenen Infra-

struktur. Die koreanische Infrastruktur soll der der fortschrittlichsten Länder ebenbürtig werden. Infrastruktur bleibt vorrangig, und die Olympiade in Seoul 1988 löste
eine neue Investitionswelle aus. Investitionen in die Infrastruktur haben gerade im
westlichen Teil der koreanischen Halbinsel in der Hoffnung begonnen, daß eine
Normalisierung der diplomatischen Beziehungen zu China und schließlich auch zu
Nordkorea den Handel ankurbelt.

Korea ging praktisch ohne Kapital aus dem Koreakrieg (1950–53) hervor. Die
amerikanische Hilfe in den ersten Jahren war lebenswichtig und deckte bis Anfang
der 60er Jahre die massiven Handelsdefizite. Danach kam jedoch viel von dem
Kapital, das für die koreanische Entwicklung gebraucht wurde, aus Auslandskredi-
ten. Nachdem Korea Fortschritte vorweisen konnte und die ausländischen Investoren
Vertrauen schöpften, strömte ausländisches Kapital ins Land. Alle Kredite gingen
direkt oder indirekt an den koreanischen Staat, der das Geld zu Sonderkonditionen
an ausgesuchte Branchen weiterleitete. Der Fall Korea macht deutlich, daß große
Geldmengen gar nicht notwendig sind, um in kapitalintensiven Branchen international erfolgreich zu sein, wenn institutionelle Mechanismen bestehen, die das verfügbare Kapital in produktive Investitionen lenken.

In den 80er Jahren führte eine rasch steigende Sparrate zur schnellen Bildung von
Kapital; 1987 sparten die Koreaner 32 Prozent ihrer Einkommen, womit sie hinter
Taiwan an zweiter Stelle in der Welt standen. Man rechnete damit, daß Korea Anfang
der 90er Jahre nach einer Reihe immer größerer Handelsüberschüsse netto zu einem
Gläubigerland werden würde. Korea muß jedoch noch leistungsfähige öffentliche
Kapitalmärkte aufbauen, ein bedeutendes Hemmnis für die weitere Entwicklung.
Hohe Realzinssätze, die bei weitem höchsten aller von uns untersuchten Länder in
den 80er Jahren, bremsen die Investitionen, die zum Ausbau der Wirtschaft erforder-
lich sind.

Selektive Faktornachteile. Korea steht erst am Anfang von steigenden Löhnen,
Arbeitskräftemangel und anderen Zwängen zur Automatisierung und dem Zug zu
produktiveren Bereichen, die den Fortschritt in anderen Ländern beschleunigen
halfen. Das Fehlen von Rohstoffen und die Marktferne haben bei der koreanischen
Industrie jedoch längst zu einer stärkeren Akzentuierung der Produktion immer
differenzierterer Fertigwaren geführt. Ironischerweise liegen viele der Rohstoffvorkommen im heutigen Nordkorea und wurden durch den Koreakrieg abgeschnitten.[59]
Korea hatte das Glück, nicht in die Versuchung zu kommen, sich von Rohstoffbranchen abhängig zu machen, eine Falle für viele Entwicklungsländer. Seine Wirtschaft
zeigte sehr früh einen höheren Anteil der Produktion am Bruttosozialprodukt als bei
den meisten Ländern seines Entwicklungsstandes.[60] Wo selektive Faktornachteile mit
starkem Inlandswettbewerb gekoppelt wurden, war eine schnelle Aufwertung der
Wettbewerbsposition die Folge. Beim Staat bestand jedoch die Tendenz, in die
Faktor- und Währungsmärkte einzugreifen, was das Fortschrittstempo in einem
Land, das das Niveau Koreas erreicht hat, nur verringert (in den Kapiteln 10 und 12
komme ich auf diese Frage zurück).

Nachfragebedingungen

Korea stellt einen bedeutenden Inlandsmarkt mit 42 Millionen Menschen dar, die eine relativ kleine Fläche bewohnen. Viele der Branchen, in denen Korea einen nationalen Wettbewerbsvorteil besitzt, leben von einer beachtlichen Inlandsnachfrage. Der Schiffsbau hat in Korea sehr alte Wurzeln, und das Land ist für seinen Handel stark auf den Schiffsverkehr angewiesen. Die internationale Bauindustrie entwickelte sich aus einer regen heimischen Bautätigkeit, die mit Aufträgen für den Bau amerikanischer Militärstützpunkte in Korea direkt nach dem Koreakrieg begann. Der Wiederaufbau Koreas nach dem Krieg und die erheblichen Investitionen in die heimische Infrastruktur schufen eine Erfahrungsgrundlage und eine Gruppe starker koreanischer Bauunternehmen, die schließlich auch ins Ausland gingen. Interessanterweise waren amerikanische Militäraufträge in Vietnam einige der ersten ausländischen Bauprojekte Koreas. Zement-, Eisen- und Stahlindustrie wurden ebenfalls von der lebhaften Inlandsnachfrage genährt und entwickelten sich zu lebensfähigen Exportbranchen.

In jüngster Zeit hat sich die Rüstungsindustrie zu einer Exportindustrie gemausert. Sie profitierte von jahrelangen massiven Investitionen in die Rüstung und von drohenden Feindseligkeiten mit Nordkorea, was den Inlandsmarkt ungewöhnlich differenziert und anspruchsvoll machte. Bei den Verbrauchsgütern sind Klaviere eine Branche, in der Korea sich eine starke internationale Stellung aufbauen konnte. Korea hat eine große musikalische Tradition, und Eltern achten darauf, daß ihre Kinder das Klavierspiel und andere Musikinstrumente lernen. In Korea leben ungewöhnlich viele international bekannte Musiker, die ebenfalls zur anspruchsvollen Inlandsnachfrage beitragen.

In vielen der koreanischen Exportbranchen macht die Inlandsnachfrage nur einen winzigen Anteil an der Produktion aus. Dennoch haben das koreanische Pro-Kopf-Einkommen, die Lage, Bodenbeschaffenheit, Kultur und Branchenmischung oft für Einflüsse von der Nachfrageseite her gesorgt. Die koreanischen Unternehmen spezialisieren sich von Hause aus auf Kleinwagen, Standardhaushaltsgeräte und andere Produktbereiche, in denen sich lokale Bedingungen widerspiegeln. Da viele japanische Unternehmen den Aufstieg schafften, als der Yen sich festigte und Handelsbarrieren gegen japanische Produkte errichtet wurden, öffneten sich diese Bereiche der internationalen Märkte den koreanischen Firmen. Bei den Halbleitern ist die Bevorzugung standardisierter Speicherchips ein Ergebnis der Tatsache, daß der überwiegende Teil der heimischen Nachfrage nach Chips von der Unterhaltungselektronik ausgeht. Ähnliche nachfragebedingte Einflüsse sind für Korea charakteristisch.

Man muß jedoch korrekterweise sagen, daß die Nachfragebedingungen bis heute in Korea eine geringere Rolle spielen als in allen bisher von mir untersuchten Ländern. Die bescheidene Rolle der Nachfragebedingungen spiegelt den frühzeitigeren Entwicklungsstand der koreanischen Industrie, etwas, worauf ich noch komme. Die Nachfrage hatte einen gewissen Einfluß darauf, in welche Branchen Korea eingestiegen ist, aber sie bietet selten einen Vorteil über die einfache Größe und das Wachstum des Inlandsmarkts hinaus. Es gibt nur wenige Branchen, in denen die koreanischen Kunden zu den anspruchsvollen und fortschrittlichen zählen, wenngleich sich das ändert. Dieses Fehlen einer anspruchsvollen Inlandsnachfrage schlägt sich in der geringen Dichte der koreanischen Cluster nieder, die nur in begrenzten Bereichen und Branchen exportfähig sind.

Die koreanischen Unternehmen werden stark von der Exportnachfrage bestimmt, sie reagieren weniger auf die Inlandsnachfrage. Oft scheinen sie sogar den Inlandsmarkt zu mißachten, obwohl er die Voraussetzungen zur Größe mitbringt. Da die anspruchsvolle Nachfrage fehlt und die Entfernung zu wichtigen Auslandsmärkten zu groß ist, fällt es den koreanischen Firmen schwer, Produktinnovationen durchzuführen und aufstrebende Branchensegmente zu bedienen. Ob und wie sich die Nachfrageseite zu einem Vorteil für die koreanische Industrie entfalten kann, gehört zu den wichtigsten Fragen der koreanischen Wirtschaftsentwicklung.

Verwandte und unterstützende Branchen

Wie in jedem Land sind auch in der koreanischen Wirtschaft Cluster vorhanden. Eine wettbewerbsfähige Branche hat sich oft aus einer anderen entwickelt. Die internationale Bauindustrie ist mit dem Zement und Stahl verbunden. Die vielen koreanischen Bekleidungs- und Textilbranchen hängen zusammen. Das gleiche gilt für die vielen Branchen der Unterhaltungselektronik, die zu einer guten Position bei den Halbleitern geführt haben, die ihrerseits einen Aufstieg bei den Bürogeräten und der Telekommunikation bewirkte.

Viele der erfolgreichen koreanischen Branchen profitierten von den großen allgemeinen Handelsgesellschaften. Diese Gesellschaften, für ein Entwicklungsland geradezu riesig, verfügen über ein gutausgebautes internationales Netz von Büros und haben den koreanischen Herstellern geholfen, auf Auslandsmärkte vorzudringen. Die Handelsgesellschaften diversifizierten außerdem über angegliederte Unternehmen in eine Vielzahl anderer Branchen, aus denen die großen koreanischen Gruppen hervorgingen, die *Chaebol*.

Die koreanischen Cluster sind jedoch noch aufgelockert, verglichen mit denen fortschrittlicher Länder, was eine nicht unerhebliche Blöße für den nationalen Wettbewerb darstellt. Korea hat kaum eine gute Position bei Bauelementen, Werkzeugen und Produktionsmaschinen. Das Fehlen herausragender heimischer Hersteller von Zulieferteilen und Maschinen macht es schwer, in differenzierten Branchensegmenten zu konkurrieren oder bei Verfahrensinnovationen Schritt zu halten. Die Produkt- und Verfahrenstechnologie der koreanischen Industrie hinkt häufig noch ein, zwei Generationen hinter der weltweiter Branchenführer zurück. Bis jetzt verlassen sich die koreanischen Unternehmen auf Strategien, die schwer zu halten sein werden.

Unternehmensstrategie, Struktur und Wettbewerb

Die meisten koreanischen Unternehmen sind produktionsorientiert und verfolgen Strategien, die im wesentlichen darauf beruhen, niedrige Produktionskosten zu erzielen. Ihr Hauptansatz: die Massenproduktion standardisierter Produkte. Das Schwergewicht liegt auf den eher preisempfindlichen Branchensegmenten, und die

koreanischen Erzeugnisse sind allgemein eine Generation hinter denen der Qualitäts-
und Leistungsführer zurück. Billige, äußerst produktive Arbeitskräfte werden mit
großen, modernen Anlagen kombiniert, die die beste verfügbare Auslandstechnologie nutzen, um einen nennenswerten Kostenvorteil zu erzielen. Viel Geld wird in die
Schulung der Arbeitskräfte investiert, damit sie modernste Anlagen bedienen können. Die Investitionsrate ist sehr hoch, und die Kapazitätserweiterungen sind oft
atemberaubend, was dazu dient, dem Markt vorzugreifen. Die koreanischen Firmen
fahren gut, wo diese Strategie paßt, wie in der Unterhaltungselektronik, beim
Schiffsbau, bei Computer-Peripheriegeräten und sogar in der Hochseefischerei.

Ein Charakteristikum koreanischer Unternehmen sind ungewöhnlich starke Firmenchefs, die in ihrer Gesellschaft eine enorme Macht haben. Viele Firmen werden noch
von den Gründern oder dem Unternehmer geleitet, der sie aufgebaut hat. Die
Führungskräfte besitzen eine große Ausstrahlung und sind an allen geschäftlichen
und auch gesellschaftlichen Aktivitäten beteiligt. Sie sind wagemutig und bereit,
massiv zu investieren. Die Angestellten und Topmanager haben einen langen Arbeitstag. Die Firmen sind hierarchisch gegliedert und zeichnen sich durch eine straffe
Disziplin aus.

Die koreanischen Unternehmen gehen sehr schnell zum Export über, getrieben von
der eigenen Wachstumsorientierung, vom scharfen Inlandswettbewerb und von
staatlichen Zwängen. Die größeren Unternehmen zeigen eine zunehmende Internationalisierung ihrer Strategien, wenn auch überwiegend beim Export. Viele Firmen
liefern anderen Herstellern fertig montierte Produkte, die sie unter eigenem Namen
verkaufen (Originalhersteller), und die meisten Unternehmen sind größtenteils
immer noch auf diese Originalhersteller-Umsätze angewiesen.

Die meisten koreanischen Unternehmen kennzeichnet ihr frühzeitiges Bemühen,
eigene Produkte zu entwickeln und unter dem eigenen Markennamen im Ausland zu
verkaufen. Koreanische Unternehmen neigen, anders als Firmen aus Ländern wie
Taiwan oder Hongkong, weniger zu Originalherstellern; eher sind sie bereit, in
internationales Marketing und betriebseigene Technologie zu investieren. Diese
Investitionen, ihrerseits unentbehrlich für die Aufwertung und Wahrung des Wettbewerbsvorteils, sind u. a. Ausdruck des hohen Stands der technischen Bildung von
Managern und Angestellten wie auch der intensiven Beschäftigung mit Management-
theorie. Sony z. B., das in den ersten Firmenjahren einen Großauftrag zur Herstellung von Transistorradios für RCA ablehnte, ist in Korea ein berühmtes Beispiel
dafür, wie wichtig die Entwicklung eines firmeneigenen Markennamens ist. Koreanische Unternehmen haben, verglichen mit japanischen Firmen oder denen anderer
asiatischer Schwellenländer, auch außergewöhnlich früh Werke im Ausland errichtet.
In Branchen wie Videobänder und Unterhaltungselektronik z. B. stehen die ausländischen Fabriken bereits. Noch erstaunlicher ist, daß Hyundai, der führende Automobilhersteller, sein erstes ausländisches Montagewerk 1989 in Kanada baute, nicht
einmal zehn Jahre nach den ersten größeren Auslandsumsätzen.

Das vielleicht einzigartige Merkmal koreanischer Unternehmen ist jedoch eine
staunenswerte Bereitschaft zum Risiko. Firmen steigen in Branchen ein und sind
bereit, massiv in Geräte und Anlagen zu investieren, bevor irgendwelche größeren
Aufträge vorliegen. Im Schiffsbau z. B. bauten Hyundai und Daewoo riesige Werften, ohne Aufträge für sie zu haben. Bei Videobändern haben die vier führenden

koreanischen Firmen (Sachan, SKC, Lucky-Goldstar und Kolon) jüngst ihre Kapazitäten verdoppelt, obwohl sie schon jetzt über 25 Prozent des Weltmarkts beliefern. Die Haltung ähnelt ein bißchen der der Desperados aus dem frühen amerikanischen Westen.

Die Bereitschaft, Risiken einzugehen, hat mehrere Ursprünge. Einige finden sich in der koreanischen Geschichte. Die japanische Besatzung, der Koreakrieg und die Teilung des Landes schufen Wut und ein Maß an Entbehrung, die alle Koreaner berührten. Jeder mußte bei Null anfangen, motiviert von einer Krisenstimmung, einer latenten Abneigung gegen die Japaner und dem Gefühl, daß es nichts zu verlieren gab. Der daraus resultierende Wettbewerbsgeist ist die vielleicht größte einzelne Vorteilsquelle, die die koreanischen Unternehmen je besaßen. Er hat nicht nur bewirkt, daß die etablierten Unternehmen Risiken eingingen, sondern auch, daß voller Energie neue Firmen gegründet wurden. Er hat aber auch, wie sich denken läßt, viele Zusammenbrüche und Umstrukturierungen mit sich gebracht.[61]

Koreanische Unternehmen werden weniger der Rentabilität als des Wachstums wegen geführt. Die Unternehmensgröße ist der Schlüssel zur gesellschaftlichen Anerkennung und die treibende Kraft für Unternehmer. Eine Wachstumsmentalität fördert den Hang zum Einstieg in große Endproduktbranchen wie Fernsehgeräte, Schiffe, Automobile und Speicherchips. Man sieht wenig vom Wettbewerb in Spezialbranchen, der so typisch für die Schweiz, Italien oder selbst Deutschland ist. Das Lechzen nach Größe führt zur Bereitschaft zu Kampfpreisen, und der Cash-flow zur Finanzierung des Wachstums ist wichtiger als die Rentabilität.

Die meisten Unternehmen befinden sich in Privatbesitz, wenngleich viele der führenden Unternehmer große Pakete mit Unternehmensaktien an Stiftungen geschenkt haben, um die Kontrolle über das Unternehmen für Generationen zu sichern. Hyundai hat z. B. die Asan-Stiftung und Daewoo die Daewoo-Stiftung. Vom Finanzmarkt geht kaum oder gar kein Druck auf die Unternehmen aus. Die Bindung der Beschäftigten an das Unternehmen und die Bereitschaft, alles zu seiner Erhaltung zu riskieren, ist kennzeichnend für Korea, Italien vielleicht ausgenommen.

Ein anderes Charakteristikum der koreanischen Industrie ist die Bedeutung der großen Gruppen, der *Chaebol*. Unternehmen wie Hyundai, Daewoo, Samsung und Lucky-Goldstar, jedes mit 10 bis 15 Milliarden $ Umsatz, machen zusammen mit den anderen *Chaebol* einen Großteil der koreanischen Exporte und des Bruttosozialprodukts aus – nach einigen Schätzungen 50 Prozent der Exporte.[62] Allein auf die vier größten *Chaebol* entfielen 1987 30 Prozent aller koreanischen Exporte und 1988 32 Prozent.

Die *Chaebol* wurden vom Staat begünstigt und massiv gefördert.[63] Sie haben das Kapital und die Macht für gewaltige Investitionen in Branchen wie Schiffsbau und Halbleiter. Jede neigt zum Einstieg in jede wichtige koreanische Branche, vor allem wenn eine andere Gruppe dies tut. Jede setzt auch aggressiv Gewinne aus anderen Sparten ein: für den Einstieg in neue Industrien und den Zuwachs in anderen. Die Anreize, Mittel zu mobilisieren und Risiken einzugehen, sind viel größer, als es typischerweise bei Firmen der meisten Entwicklungsländer der Fall ist, wo es womöglich nur ein oder zwei große Gruppen gibt, die kaum einem Wettbewerbsdruck ausgesetzt sind.

Die koreanischen Gruppen haben mit Hilfe bestimmter Vermögensverwaltungsstra-

tegien diversifiziert. Mit ihren Zugangsmöglichkeiten zum Kapital, den unternehmerischen Fähigkeiten und dem Einfluß beim Staat stiegen die Gruppen in jede Branche
ein, die Erfolg versprach oder die der Staat ins Auge gefaßt hatte, ungeachtet ihrer
Beziehungen zur übrigen Gruppe. Dieses Vorgehen steht in krassem Gegensatz zu
den Strategien der führenden Unternehmen in den meisten anderen Ländern wie
etwa Deutschland und Japan. Es hat Unternehmen hervorgebracht, die auf völlig
unzusammenhängenden Gebieten breit diversifiziert haben, aber immer noch weitgehend zentral geführt werden. Man sollte die koreanischen *Chaebol* nicht mit den
japanischen *Keiretsu* verwechseln, deren Mitglieder informelle Bindungen und eine
teilweise Besitzverflechtung haben, ansonsten aber sehr selbständig geführt werden.
Die Strategien der großen Gruppen haben bisher in die koreanische Landschaft
gepaßt. Offensive Manager, massive, staatlich geförderte Investitionen und billige
Arbeitskräfte sind die wesentlichen Vorteilsquellen. Es ist jedoch die Frage, ob diese
Unternehmensstruktur und die mit ihr zusammenhängende Konzentration wirtschaftlicher Macht dem nationalen Wettbewerbsvorteil Koreas in der Zukunft nutzen
werden.

Eine wesentliche Stütze des koreanischen Wettbewerbsvorteils ist schließlich noch
der erbitterte, ja mörderische Wettbewerb, wie er bezeichnend ist für jede erfolgreiche koreanische Branche. In jeder wichtigen Branche konkurrieren mindestens vier
oder fünf Unternehmen, dazu oft noch eine Tochter jeder der führenden *Chaebol*.
Ein Vorläufer macht den Anfang, aber andere Wettbewerber folgen bald nach.
Tabelle 8–7 verdeutlicht das für einige der großen Branchen.

Die berühmte Ausnahme vom Muster der vielen heimischen Konkurrenten ist die
Stahlbranche, in der der Staatsbetrieb Pohang Steel (POSCO) aufgrund der Bemühungen seines politisch einflußreichen Vorstandvorsitzenden der einzige voll integrierte Eisen- und Stahlhersteller ist. Aber POSCO bestätigt nur die Regel, auch
wenn das Unternehmen die Ausnahme ist. Der Vorstandsvorsitzende hat die Aufgabe des Unternehmens wirklich national definiert, nämlich die koreanische Industrie
mit kostengünstigem Stahl zu versorgen und zum koreanischen Export beizutragen.
Risikobereitschaft und Investitionen des Unternehmens, die die nationale Zielstrebigkeit und Priorität zum Ausdruck brachten, standen in krassem Gegensatz zum
Verhalten staatlicher Monopole in den meisten Entwicklungsländern.

Angesichts der Ziele und Verhaltensnormen der koreanischen Manager sollte es nicht
überraschen, daß der Wettbewerb so ausgeprägt und so emotional verläuft. Weil die
meisten koreanischen Unternehmen mit ähnlichen Kostenstrategien im Wettbewerb
auftreten, liegen sie nicht nur auf dem koreanischen Markt, sondern auch im Ausland
Kopf an Kopf. Dieser Wettbewerb erzeugt einen ständigen Zwang zu investieren, die
Produktivität zu verbessern und neue Produkte einzuführen. Die Existenz engagier-
ter koreanischer Konkurrenten schwächt für die Unternehmen jede Tendenz ab, nur
über die niedrigen koreanischen Arbeitskosten Wettbewerb zu betreiben.

Der Wettbewerb untereinander ist so scharf, daß der koreanische Staat gelegentlich
schon eingeschritten ist, um einen »zerstörerischen« Wettbewerb zu verhindern. In
der Autobranche wurde z.B. 1981 die »Verfügung zur Rationalisierung für die
Automobilindustrie« als Reaktion auf eine weltweite Rezession eingeführt. Das
Gesetz verringerte die Zahl der PKW-Hersteller von drei auf zwei (Hyundai, Daewoo) und zwang Kia, sich auf LKWs zu verlegen. Die Verfügung wurde 1983 wieder

TABELLE 8–7   Geschätzte Zahl der koreanischen Konkurrenten in ausgewählten Branchen

Automobile[1]	3	Fernsehgeräte	
Kondensatoren	45	Schwarzweiß	14
Kathodenstrahlröhren	3	Farbe	12
Zement	9	Synthetische Fasern	13
Computer	31	Baumwollspinnerei	23
Bauindustrie[2]	480	Kammgarnspinnerei	26
Schuhe[3]	221	Wollspinnerei	55
Autoradios und Kasset-		Stoffe	2046
tenrecorder	18	Kleidung	3270
Klaviere	3	Färben und Ausrüsten	144
Gedruckte Schaltungen[4]	200	Reifen	5
Halbleiter[5]	21	Reiseartikel	328
Schiffsbau[6]	250	Videokassettenbänder	4
Stahl[7]	13	Perücken	25

[1] 3 koreanische Firmen (Hyundai, Daewoo und Kia) produzierten PKWs. Eine Firma, Daewoo Motor Co., betreibt ein Gemeinschaftsunternehmen (50:50) mit General Motors. Daewoo erhielt die meisten Verwaltungsrechte.

[2] Zahl der Firmen, die als allgemeine Bauunternehmen zugelassen waren.

[3] Auf 26 Unternehmen mit mehr als 5 Produktionszweigen entfielen 51,5 % der Gesamtproduktion.

[4] 7 Unternehmen machten etwa 70 Prozent des Marktes aus.

[5] 13 Firmen waren inländisch, 8 Firmen waren Gemeinschaftsunternehmen. Außerdem gab es 8 ausländische Tochtergesellschaften im Mehrheitsbesitz.

[6] 4 Unternehmen (Hyundai, Deawoo, Samsung und KSEC) vereinten 90 % der gesamten Produktionskapazität des Landes auf sich.

[7] POSCO ist das einzige integrierte Eisen- und Stahlwalzwerk in Korea.

QUELLE: Feldbefragungen; Koreanische Entwicklungsbank; *Industry in Korea,* 1988; Verband der koreanischen Textilindustrie, *The Textile Industries in Korea*, 1988; Bank von Korea, *Yearbook of Economic Statistics,* 1988; Schätzungen der Forscher.

zurückgenommen, und Kia durfte wieder PKWs produzieren, aber 1986 schränkte ein neues Gesetz den Wettbewerb erneut ein.

Diese Ereignisse bedrohen den langfristigen Erfolg der betroffenen Branchen. In der Automobilindustrie z. B. werden wiederholte Eingriffe den Inlandswettbewerb am Ende abbauen und die Investitionen und die Aufwertung einschränken. Der scharfe inländische und internationale Wettbewerb der koreanischen Firmen untereinander war für den Erfolg Koreas unentbehrlich und ist einer der Faktoren, der Korea herausgehoben hat.[64] Die Neigung, in den Wettbewerb einzugreifen, ist gefährlich.

Die Rolle des Staates

Der koreanische Staat hat in der Wirtschaft eine relativ große und bedeutende Rolle gespielt. Die Regierungen erfreuten sich ungewöhnlich großer Macht und Kontinuität; der nationale Konsens hinsichtlich der Bedeutung wirtschaftlichen Wachstums hielt jahrzehntelang vor.[65] Das hat Möglichkeiten geschaffen, ununterbrochen Programme in nur schwer zu ändernden Bereichen wie der Bildung zu verwirklichen, die in keinem der von uns untersuchten Länder erreicht wurden, mit Ausnahme vielleicht von Japan. In einigen Aspekten spielte der koreanische Staat eine ausgesprochen erfolgreiche Rolle. Am wichtigsten waren Maßnahmen, die das Fundament für die Aufwertung legten. Erhebliche Investitionen in die Bildung und Infrastruktur, Bemühungen zur Förderung des Exports (durch Instrumente wie Exportversicherung, Steuergutschriften und Finanzierungshilfen) und die Aufwertung des internationalen Wettbewerbserfolgs zu einem Gegenstand nationaler Priorität waren wichtige Anreize für die koreanische Industrie. Das galt auch für staatliche Investitionen in einige industrienahe Forschungs- und Entwicklungsinstitute und für die Bemühungen, die Bildung von Clusters durch die Einrichtung industrieller Zentren für bestimmte Gebiete anzuregen; sie wurden im Umkreis technischer und mit Ausbildung befaßter Einrichtungen gebaut. Das Elektronikzentrum in Kumi ist dafür ein Beispiel. In der Zeit, als die koreanischen Unternehmen nur in weniger anspruchsvollen Bereichen und Branchen konkurrieren konnten, kamen Abwertungen des koreanischen Won dem Preiswettbewerb auf den Auslandsmärkten zugute und halfen Tritt fassen.

Wie in Japan waren auch in Korea einige der wichtigsten Einflüsse des Staates mehr symbolischer und informatorischer Art. Untersuchungen und Pläne gaben den Unternehmen einen Anstoß, sich mit Trends im internationalen Wettbewerb zu befassen. Ab den 60er Jahren wurde der Exporterfolg offiziell und lautstark zu einem vorrangigen nationalen Ziel erklärt. Viele Belohnungen und Feierlichkeiten wurden ausgelobt, um Erfolge im Handel anzuerkennen. Der koreanische Präsident schaltete sich persönlich ein, besuchte häufig Unternehmen und nahm an monatlichen Exportmeetings teil. Erfolg im internationalen Wettbewerb wurde zur patriotischen Pflicht erhoben, war nicht nur Lebenserwerb. Als Beispiel für ein neueres Programm zur Förderung der Aufwertung in der Industrie mag die Benennung von zehn Konsumproduktbereichen dienen, in denen Korea die Möglichkeiten hatte, binnen drei Jahren den höchsten Qualitätsstandard der Welt zu erreichen.[66] Das Programm von 1986 soll zwar in erster Linie die Eigenbemühungen der Industrie anspornen, enthält aber auch Finanzmittel für die technologische Entwicklung wie für die Imagepflege auf den internationalen Märkten.

Der Hang des koreanischen Staates, direkt in die einzelnen Branchen einzugreifen, weist ein eher gemischtes Ergebnis auf. Seine Rolle bei der Zuweisung von Kapital, als dies knapp war, war unentbehrlich. Subventionen und Kredite, die in bestimmte Branchen gelenkt wurden, waren in den 60er und 70er Jahren gang und gäbe, Schutz des Inlandsmarktes vor Importen und Auslandsinvestitionen ebenfalls üblich. Der Inlandswettbewerb wurde jedoch so erbittert geführt, daß diese Schutzmaßnahmen die Anreize im allgemeinen nicht abschwächten. Der koreanische Staat bemühte sich auch in ausgewählten Branchen um die besten Konditionen für ausländische Technologielizenzen, was die Beschaffungskosten der Technologie senkte und den Prozeß, mit dem koreanische Unternehmen eigene technische Fähigkeiten entwickelten, beschleunigte.

Aber die koreanischen Zielsetzungen waren ebensooft richtig wie falsch. Massive Anstrengungen bei Chemikalien, Kunststoffen und im Maschinenbau verschlangen große Mengen knapper Mittel, mit mäßigem Erfolg. Die Auswahl von Gebieten für gemeinsame Forschungs- und Entwicklungsprojekte durch den Staat erbrachte ebenfalls ein gemischtes Ergebnis. Das Festlegen von Zielen durch den Staat irritiert die privaten Erwartungen und Anreize und kann die Sektoren, die echte Aussichten auf einen Wettbewerbsvorteil haben, dem Blick entziehen. Die Zielvorgaben konzentrierten sich stark auf relativ wenige Branchen, die überwiegend Fertigprodukte herstellten, und hatten eine eingeengte Wirtschaft mit sehr lockeren Clusters zur Folge. Das große Vertrauen auf die stark diversifizierten *Chaebol* als einen der Hauptmotoren der wirtschaftlichen Entwicklung verschärfte diese Probleme nur.

Eine der großen geschichtlichen Stärken der koreanischen staatlichen Politik war jedoch ihre Fähigkeit zur Anpassung und Entfaltung. Viele der direkten Eingriffe in einzelne Branchen befinden sich in einem Auslaufstadium. Die Schutzmaßnahmen gehen zurück, auch die Unterstützung für die großen *Chaebol* ist zurückgestuft worden. Der Staat spielt eine andere und reduzierte Rolle. Trotzdem existiert immer noch eine elitäre, mächtige Bürokratie. Die Tendenz sich einzumischen, eine Fortsetzung der Interventionen in der Vergangenheit und das Eingreifen in den Wettbewerb stellen eine Bedrohung der weiteren Entwicklung Koreas dar.

Die Rolle des Zufalls

Das Muster des Wettbewerbsvorteils in der koreanischen Industrie wurde stark vom Zufall geprägt. Der Koreakrieg trennte das Land in zwei Teile. Die Rohstoffe und das Strompotential der Wasserkraft im Norden waren für den Süden verloren und machten jede Hoffnung zunichte, eine nationale Wirtschaft allein aus Rohstoffressourcen aufzubauen. Der Krieg sorgte aber für ganz eigene Vorteile. Nach dem Koreakrieg war amerikanische Hilfe unerläßlich, damit die Wirtschaft anlief. Der Vietnamkrieg gab einen wichtigen Anstoß für die ersten koreanischen Branchen, die internationale Bau- und die Zementindustrie. Später eröffnete der Seefrachtboom, der mit der weltweit zunehmenden Abhängigkeit vom Erdöl in Nahost aufkam, erste Gelegenheiten für den koreanischen Schiffsbau; das geschah zu einer Zeit, als die japanischen Werften mit Aufträgen überhäuft wurden und gezwungen waren, lange Lieferzeiten anzusetzen. Der Bauboom im Nahen Osten trieb, im Gefolge der Preiserhöhungen der OPEC, das Wachstum der koreanischen Bauindustrie voran.

Der erste Erdölschock erwies sich als Wendepunkt für die koreanische Wirtschaft. 1974, als die Wirtschaft in eine Rezession stürzte, war die koreanische Regierung aufgrund politischer Zwänge genötigt, weiter auf massive Investitionen der Industrie zu drängen und sie zu fördern, während andere Länder damals zurücksteckten. Die koreanischen Unternehmen konnten Technologie zu Tiefstpreisen erwerben und besaßen die Kapazitäten, um 1975 und 1976 die sich wieder aufrichtende Weltwirtschaft zu beliefern. Der Export boomte.

Die vielleicht bedeutsamsten Zufallsereignisse, die die koreanische Wirtschaft prägten, waren jedoch Entwicklungen, die mit Japan zusammenhingen. Handelsprobleme und daraus resultierende Importbeschränkungen (wie reguläre Absatzabsprachen) eröffneten Korea Möglichkeiten, in von Japan beherrschte Branchen einzudringen, u. a. Unterhaltungselektronik, Automobile und zuletzt Halbleiter. Die koreanischen Firmen profitierten von diesen Beschränkungen Japan gegenüber und von der Entwicklung der japanischen Unternehmen zu höherwertigen Gütern. In jüngster Zeit hat der starke Wertzuwachs des Yen den koreanischen Unternehmen geholfen, die japanischen Konkurrenten zu unterbieten.

Diese Japan berührenden Entwicklungen hatten Einfluß darauf, in welche Branchen koreanische Firmen einstiegen. Vielleicht ebenso wichtig, wenn auch weniger greifbar, war ein ausgeprägtes Konkurrenzgefühl gegenüber Japan, das sich aus der Geschichte wie aus der Nachbarschaft ergab. Beim Gespräch mit koreanischen Führungskräften ist Japan nie weit entfernt. Branchen, in denen Japan erfolgreich ist, werden immer als vorrangige Einstiegsziele betrachtet.

Die Koreaner hoffen, daß die Olympischen Spiele von Seoul sich als Impulsgeber für die koreanische Wirtschaft erweisen. Wie in den 60er Jahren in Japan, wurde die Olympiade 1988 als ein Instrument zur Aufwertung des koreanischen Image und als Katalysator zur weiteren Internationalisierung der koreanischen Industrie gesehen. Erst die Zeit wird weisen, ob die gewünschte Wirkung erzielt wird.

Korea im Ausblick

Korea bietet das Beispiel einer sich erstaunlich schnell steigernden Wirtschaft. Sein Wettbewerbsvorteil beruhte bislang weitgehend auf Basisfaktorbedingungen (vor allem Arbeitskräfte), auf den an Investitionen ausgerichteten Zielen der Unternehmen und Manager und auf einem scharfen Inlandswettbewerb. Seine Sonderstellung verdankt Korea einer sich rasch verbessernden Bildungsgrundlage, der Existenz der großen *Chaebol*, der Risikobereitschaft und dem ausgeprägten Wettbewerb. Die Verbindung von qualifizierten und produktiven Arbeitskräften mit massiven Investitionen, um Technologie zu erwerben und moderne, riesige Anlagen zu bauen, hat kostengünstige Positionen in verschiedenen Branchen und Branchensegmenten geschaffen. In Prozentsätzen des Bruttoinlandsprodukts ausgedrückt, hatte Korea die höchste Rate der Nettokapitalinvestitionen aller von uns untersuchten Länder seit Mitte der 70er Jahre (Tabelle 7–1).

Der Erfolg Koreas in einzelnen Branchen ist Ausdruck heimischer Umstände und des Bestrebens, es Japan gleichzutun. Fast ausschließlich handelt es sich um Branchen oder Branchensegmente, die gekennzeichnet sind durch standardisierte Massenprodukte, relativ geringe Anforderungen an Kundenkontakt oder Kundendienst und die Verfügbarkeit von Produkt- und Verfahrenstechnologie auf internationalen Märkten – dank unabhängiger Maschinenlieferanten oder unentschlossener westlicher Wettbewerber, die bereit waren, ihre Technologie in Lizenz vergeben. Die erfolgreichen koreanischen Branchen produzieren überwiegend Endprodukte, hergestellt aus überwiegend importierten Komponenten unter dem Einsatz importierter Maschinen. Dieses Muster zeigt sich in Abbildung 8–11, die die Branchen zusammenfaßt, in denen koreanische Unternehmen zwischen 1978 und 1985 15 Prozent oder mehr vom Anteil am Weltexport gewonnen oder verloren haben. Die rasche Aufwertung Koreas kommt in der weit größeren Zahl von Anteilsgewinnen zum Ausdruck, vor allem auch in der Art der betroffenen Branchen. Von den Verlusten fallen viele in faktorkosten- oder rohstoffabhängige Branchen (Fischerzeugnisse, Tabak, Düngemittel, Stein, Zement, Holzerzeugnisse, Textilien und Bekleidung). Die Gewinne sind vor allem in der mittleren Reihe der Ballungsgrafik zu finden, d.h. in den industriellen und unterstützenden Bereichen – Indiz für eine immer differenzierter werdende Wirtschaft. Aber Korea besitzt relativ wenige gute Wettbewerbspositionen im Maschinenbau (sieben) und bei den besonderen Produktionsmitteln, und Anteils-

ABB. 8-11   Gewinne oder Verluste wettbewerbsfähiger koreanischer Branchen von 15 Prozent oder mehr am Anteil des Weltexports zwischen 1978 und 1985*

VORGELAGERTE BRANCHEN

Werkstoffe/Metalle

	Branchen gesamt	Anteil Gewinne	Anteil Verluste
Primärgüter	27	24	6
Maschinen	6	0	0
Besondere Produktionsmittel	0	0	0
Gesamt	**33**	**24**	**6**

Forsterzeugnisse

	Branchen gesamt	Anteil Gewinne	Anteil Verluste
Primärgüter	3	2	6
Maschinen	0	0	0
Besondere Produktionsmittel	0	0	0
Gesamt	**3**	**2**	**6**

Erdöl/Chemikalien

	Branchen gesamt	Anteil Gewinne	Anteil Verluste
Primärgüter	7	6	1
Maschinen	0	0	0
Besondere Produktionsmittel	0	0	0
Gesamt	**7**	**6**	**1**

Halbleiter/Computer

	Branchen gesamt	Anteil Gewinne	Anteil Verluste
Primärgüter	3	1	3
Maschinen	0	0	0
Besondere Produktionsmittel	0	0	0
Gesamt	**3**	**1**	**3**

VORGELAGERTE BRANCHEN (gesamt)

	Branchen gesamt	Anteil Gewinne	Anteil Verluste
Primärgüter	40	33	16
Maschinen	6	0	0
Besondere Produktionsmittel	5	0	0
Gesamt	**46**	**33**	**16**

INDUSTRIELLE & UNTERSTÜTZENDE FUNKTIONEN

Mehrfachgeschäft

	Branchen gesamt	Anteil Gewinne	Anteil Verluste
Primärgüter	3	3	1
Maschinen	0	0	0
Besondere Produktionsmittel	0	0	0
Gesamt	**3**	**3**	**1**

Verkehr

	Branchen gesamt	Anteil Gewinne	Anteil Verluste
Primärgüter	8	5	2
Maschinen	0	0	0
Besondere Produktionsmittel	5	4	2
Gesamt	**13**	**9**	**4**

Stromerzeugung und -verteilung

	Branchen gesamt	Anteil Gewinne	Anteil Verluste
Primärgüter	8	8	1
Maschinen	0	0	0
Besondere Produktionsmittel	0	0	0
Gesamt	**8**	**8**	**1**

Telekommunikation

	Branchen gesamt	Anteil Gewinne	Anteil Verluste
Primärgüter	3	2	0
Maschinen	0	0	0
Besondere Produktionsmittel	0	0	0
Gesamt	**3**	**2**	**0**

Rüstung

	Branchen gesamt	Anteil Gewinne	Anteil Verluste
Primärgüter	0	0	0
Maschinen	0	0	0
Besondere Produktionsmittel	0	0	0
Gesamt	**0**	**0**	**0**

INDUSTRIELLE & UNTERSTÜTZENDE FUNKTIONEN (gesamt)

	Branchen gesamt	Anteil Gewinne	Anteil Verluste
Primärgüter	25	18	5
Maschinen	0	0	0
Besondere Produktionsmittel	5	4	2
Gesamt	**30**	**22**	**7**

ENDVERBRAUCH GÜTER & DIENSTLEISTUNGEN

Nahrungsmittel/Getränke

	Branchen gesamt	Anteil Gewinne	Anteil Verluste
Primärgüter	11	4	7
Maschinen	1	1	0
Besondere Produktionsmittel	4	2	4
Gesamt	**16**	**7**	**11**

Textilien/Bekleidung

	Branchen gesamt	Anteil Gewinne	Anteil Verluste
Primärgüter	48	27	19
Maschinen	0	0	1
Besondere Produktionsmittel	7	5	3
Gesamt	**55**	**32**	**23**

Wohnen/Haushalt

	Branchen gesamt	Anteil Gewinne	Anteil Verluste
Primärgüter	10	7	4
Maschinen	0	0	0
Besondere Produktionsmittel	0	0	0
Gesamt	**10**	**7**	**4**

Gesundheitsfürsorge

	Branchen gesamt	Anteil Gewinne	Anteil Verluste
Primärgüter	0	0	0
Maschinen	0	0	0
Besondere Produktionsmittel	0	0	0
Gesamt	**0**	**0**	**0**

Büro

	Branchen gesamt	Anteil Gewinne	Anteil Verluste
Primärgüter	3	0	1
Maschinen	0	0	0
Besondere Produktionsmittel	0	0	0
Gesamt	**3**	**0**	**1**

Privat

	Branchen gesamt	Anteil Gewinne	Anteil Verluste
Primärgüter	8	7	4
Maschinen	0	0	0
Besondere Produktionsmittel	3	1	3
Gesamt	**11**	**8**	**7**

Unterhaltung/Freizeit

	Branchen gesamt	Anteil Gewinne	Anteil Verluste
Primärgüter	15	12	4
Maschinen	0	0	0
Besondere Produktionsmittel	1	1	0
Gesamt	**16**	**13**	**4**

ENDVERBRAUCH GÜTER & DIENSTLEISTUNGEN (gesamt)

	Branchen gesamt	Anteil Gewinne	Anteil Verluste
Primärgüter	92	57	39
Maschinen	1	1	1
Besondere Produktionsmittel	15	9	10
Gesamt	**108**	**67**	**50**

* Aufgenommen wurden Branchen, die den Schwellenwert 1978 oder 1985 übertroffen haben, einschließlich derer, die 1978 wettbewerbsfähig waren, aber 1985 unter den Schwellenwert fielen oder erstmals einen so hohen Anteil erreichten, daß sie den Schwellenwert 1985 übertrafen.

gewinne und -verluste halten sich in diesen Branchen die Waage, ein klares Zeichen dafür, daß Korea noch keine vollwertige Industrienation ist.

Die Fähigkeit Koreas, den nationalen Wettbewerbsvorteil zu behaupten und auszuweiten, wird noch angezweifelt. Das hängt entscheidend davon ab, ob die beiden anderen Bestimmungsfaktoren im »Diamanten«, die Nachfragebedingungen und die verwandten und unterstützenden Branchen, ins Spiel gebracht werden können. Es hängt auch davon ab, ob Korea den lebhaften Wettbewerb aufrechterhalten kann. Die strategische Ausrichtung der koreanischen Unternehmen, das Maß an anspruchsvoller Inlandsnachfrage und das Ballungsmuster in der Wirtschaft unterscheiden sich deutlich vom japanischen Beispiel. Die Erfahrung, die Japan gemacht hat, bietet keine Garantie dafür, daß die koreanische Wirtschaft ihre Aufwertung, Staffelung und Verbreiterung fortsetzen kann.

KAPITEL 9

DIE VERLAGERUNG DES NATIONALEN VORTEILS

Die gleichen Kräfte, die am Werk waren, den nationalen Vorteil in Japan, Italien und Korea zu vergrößern, setzten ihn in anderen Ländern in den 70er und 80er Jahren starken Zwängen aus. Großbritannien war in Not. Der Schwund des Wettbewerbsvorteils, viele Jahre zuvor schon begonnen, setzte sich in vielen britischen Branchen fort. Die Folge war, daß der britische Lebensstandard hinter dem anderer fortschrittlicher Länder herhinkte.

Die Vereinigten Staaten erlebten Ende der 70er Jahre ebenfalls ihre – seit Jahrzehnten – erste echte wirtschaftliche Herausforderung. In vielen Branchen begann der amerikanische Wettbewerbsvorteil abzubröckeln. Während dies zum Teil auch die unvermeidliche Erfahrung anderer fortschrittlicher Länder war, die nach den Kalamitäten des Zweiten Weltkriegs wieder Tritt zu fassen suchten, gehen die Probleme der US-Industrie doch darüber hinaus. Spitzenbranchen, in denen der Wettbewerbsvorteil amerikanischer Firmen im letzten Jahrzehnt deutlich gestiegen ist, sind relativ selten, die Fälle eines geringeren Vorteils dagegen häufig. Sowohl die Rate der industriellen Nettoinvestitionen sowie die Rate des Produktivitätswachstums und die Wachstumsrate des Pro-Kopf-Einkommens gehörten zu den niedrigsten der von uns untersuchten Länder. Die Vereinigten Staaten sind in gleich mehrfacher Hinsicht zu einem weniger günstigen Umfeld für den Wettbewerbsvorteil geworden.

Großbritannien und die Vereinigten Staaten haben die Besonderheit gemein, daß sie sehr gegensätzliche Untersuchungsobjekte abgeben. Beide können einige der wettbewerbsfähigsten Branchen überhaupt vorweisen. Diametral entgegengesetzt sind viele andere, in denen der Vorteil nach dem Krieg geschwunden ist. Beide Länder, Großbritannien wie die Vereinigten Staaten, bieten einen faszinierenden Schauplatz, auf dem man die Feinheiten des nationalen Vorteils weiter untersuchen kann, wie er erlangt wird, vor allem aber, wie er verlorengeht.

Nach der Behandlung Großbritanniens und einer nochmaligen Betrachtung der Vereinigten Staaten zur Überprüfung der Erfahrungen der letzten Jahrzehnte führe ich am Ende des Kapitels Vergleichsdaten aller Länder an. Die Erfahrung der acht Länder als Gruppe liefert eine empirische Grundlage, von der aus ich meine Theorie weiterführen kann.

Der Niedergang Großbritanniens

Der Wettbewerbsvorteil Großbritanniens in der Industrie war schon vor dem Zweiten Weltkrieg im Schwinden begriffen. Aus einer Position industrieller Vorherrschaft im 19. Jahrhundert heraus begann Großbritannien einen langen Abstieg, der erst in jüngster Zeit Anzeichen eines Stillstands zeigt. In der Nachkriegszeit litt Großbritannien unter hoher Arbeitslosigkeit und Druck auf den Lebensstandard. Wie Tabelle 7–1 gezeigt hat, lag das Wachstum von Produktivität und Pro-Kopf-Einkommen am Ende der von uns untersuchten Länder, neben dem der Vereinigten Staaten. Anders als die Vereinigten Staaten jedoch hatte Großbritannien beim Start keinen großen Vorsprung vor den anderen; eines der fortschrittlichen Länder nach dem andern überholte es.

Doch Großbritannien besitzt in einer ganzen Reihe Branchen einen nationalen Wettbewerbsvorteil und hat insgesamt gewaltige Reichtümer angehäuft. Der Gegensatz zwischen Reichtum und anhaltendem Erfolg in bestimmten Teilen der britischen Wirtschaft und abbröckelnden Positionen in so vielen zentralen Herstellungsbranchen ist verblüffend.

Die Geschichte vom Niedergang Großbritanniens ist schon viele Male erzählt worden.[1] Solche Berichte enthalten wichtige Einsichten, und ich stimme für meine Person mit vielen von ihnen überein. Was vielleicht fehlt, ist eine Sichtweise der vielen Einzelprobleme aus einer allgemeineren und integrierteren Perspektive. Wichtig ist auch die Erkenntnis, daß Großbritanniens Story eine Mischung aus Erfolg und Mißerfolg ist, was bei der Betrachtung der Probleme oft übersehen wird. Durch die Brille meiner Theorie betrachtet, ist diese Mischung aus Erfolg und Mißerfolg erklärlich und läßt zugleich eine etwas andere Sicht der britischen Wettbewerbsfähigkeit ahnen als allgemein üblich.

Wichtig bleibt die Feststellung, Großbritannien ist ein Land, das sich mitten in beträchtlichem Wandel befindet. Ich konzentriere mich in diesem Kapitel darauf, die Muster von Erfolg und Mißerfolg in der britischen Industrie in der Nachkriegszeit zu erklären, und auch die Gründe, warum die Aufwertung der britischen Industrie ins Schlingern geraten ist. Am Ende möchte ich einige der wichtigsten neueren Veränderungen nennen, auf die ich im Rahmen einer Bewertung in Kapitel 13 noch einmal zurückkomme.

Muster des britischen Wettbewerbsvorteils

Tabelle 9–1 nennt die fünfzig britischen Branchen, die 1985 den höchsten Anteil am Weltexport hatten. Die Aufzählung ist zwar, was die internationale Position der britischen Wirtschaft angeht, wegen der Erfolge bei Dienstleistungen und Branchen mit hohen Auslandsinvestitionen nicht ganz repräsentativ, läßt aber doch gewisse Verallgemeinerungen zu. Bei verschiedenen Verbrauchsgütern gibt es starke britische Positionen, und auch im Handel hat Großbritannien beachtliche Stärken, wie die Posten Diamanten und Platin zeigen. Neben diesen Erfolgen gibt es eine beachtliche Reihe anderer Branchen quer durch die Wirtschaft, etwa Chemikalien, Motoren, Textilien. Auf die fünfzig führenden Branchen entfallen 17,9 Prozent der britischen

TABELLE 9–1   Die 50 Branchen Großbritanniens mit dem höchsten Anteil am Weltexport, 1985

Branche	Anteil am ges. Weltexport	Exportwert (in Mio. $)	Importwert (in Mio. $)	Anteil am brit. Gesamtexport
Whisky	77.7	1,294,923	9,993	1.28
Flugzeuge 2000–15 000 kg	56.5	615,942	67,163	0.61
Strahltriebwerke	44.5	922,434	550,747	0.91
Roheisen- oder Gußschrott	44.0	29,757	–	0.03
Stiche, Antiquitäten	39.8	479,984	293,430	0.47
Sortierte, rohe, einfach bearb. Diamanten	37.1	1,471,103	1,209,695	1.45
Gemälde	31.3	513,459	480,170	0.51
Gew. Strickjacken aus Wolle, feinem Haar	28.4	130,385	23,598	0.13
Kohlenstoffreiche Stahlrohlinge, Brammen	27.0	174,727	27,599	0.17
Spielfilme	24.9	49,973	19,149	0.05
Unbearbeitete Platinlegierungen	23.5	273,581	62,350	0.27
Fotokopiergeräte	22.6	159,698	74,961	0.16
Aminverbindungen	22.2	280,104	119,207	0.28
Glasauskleidungen für Thermosflaschen	21.6	4,477	131	0.00
Haushaltswaren aus Grobkeramik	21.2	123,709	18,703	0.12
Regenerierte Spinnfasern	21.2	99,814	34,242	0.10
Amidverbindungen	20.6	249,366	110,023	0.25
Lebendes Schlachtvieh	19.4	285,065	137,919	0.28
Flugzeugteile	19.1	1,912,422	858,464	1.89
Bücher, Broschüren	18.5	609,928	338,993	0.60
Alkoholische und gebrannte Getränke	18.5	182,208	92,707	0.18
Antiklopfmittel	18.5	369,613	84,342	0.36
Seife, Polituren, Cremes	18.4	119,500	34,762	0.12
Unbelichtete Rollfilme	18.1	318,230	276,774	0.31
Edelmetallerzeugnisse	17.9	55,095	15,906	0.05
Bearbeitete Nickellegierungen	17.8	102,488	61,390	0.10
Polysäuren und Derivate	17.4	331,110	60,641	0.33
Flugzeugtriebwerke, Motoren und Teile	17.1	1,010,906	730,433	1.00
Zigaretten	16.7	541,417	98,558	0.53
Radschlepper	16.6	573,576	190,964	0.57
Cidre, Met	16.6	6,538	4,024	0.01
Gewebte Kammwolle	16.5	109,924	31,208	0.11
Rohgerste	16.4	414,202	32,818	0.41
Gestrickte Oberbekleidung aus Wolle	16.4	247,858	88,949	0.24
Setz-, Buchbindereimaschinen, Teile	16.1	328,878	273,553	0.32
Insektizide	16.1	208,179	26,257	0.21
Kinderbücher, Landkarten u. Globen	15.9	20,862	16,209	0.02
Antibiotikahaltige Medikamente	15.9	213,860	46,236	0.21

Branche	Anteil am ges. Weltexport	Exportwert (in Mio. $)	Importwert (in Mio. $)	Anteil am brit. Gesamt-export
Akrylpolymere	15.4	206,248	73,393	0.14
Herbizide	15.4	144,736	91,662	0.20
Haushaltsporzellan, -geschirr	15.3	109,214	27,658	0.11
Digitale Zentralrechner	15.2	775,895	1,016,452	0.77
Petrolkoks	15.2	170,058	40,441	0.17
Rohplatin, Legierungen	15.1	142,275	28,178	0.14
Andere Wolle, Tierhaare	15.1	130,886	178,960	0.13
Süßigkeiten (ohne Schokolade)	15.1	131,629	56,210	0.13
Radioaktive Elemente	15.1	471,301	426,915	0.47
Anderer Eisen- u. Stahlschrott	14.5	411,429	12,738	0.41
Einbasige Säuren u. Derivate	14.5	328,590	226,470	0.32
Karten und Druckerzeugnisse	14.5	251,861	138,210	0.25
GESAMT				17.88

ANMERKUNG: Importdaten sind nicht angegeben, wenn der Importwert unter 0,3 Prozent des Gesamt-handels für 1985 liegt.

Exporte (17 Prozent, wenn man die Handelsgüter abzieht), was sehr wenig ist im Vergleich zu anderen von uns untersuchten Ländern. Darin kommen die Breite der britischen Wirtschaft, die relativ spezialisierten Positionen seiner Unternehmen und die Bedeutung der Exporte von Erdöl, Gasöl, Heizöl, Flug- und Motorenöl zum Ausdruck (19,25 Prozent aller britischen Exporte 1985); hier läßt der rein britische Anteil die Branche nicht unter den fünfzig führenden Wirtschaftszweigen erscheinen.[2]

Das Profil des nationalen britischen Wettbewerbsvorteils kommt in Abbildung 9–1 und der zusammenfassenden Statistik der Abbildungen 9–2 und B–8 noch besser zum Ausdruck. Die größte Konzentration hat der britische Wettbewerbsvorteil bei abgepackten Verbrauchsgütern, einschließlich alkoholischer Getränke, Nahrungsmittel wie Süßwaren und Kekse, persönlicher Produkte wie Zigaretten, Kosmetik und Parfum, sowie Haushaltsprodukte wie Zahnpasta, Seife und Reinigungsmittel. Ein anderer verbrauchernaher Cluster findet sich im Bereich Haushaltseinrichtung einschließlich Porzellan, Haushaltswaren aus Keramik und Teppiche. Mit dieser Stärke bei Verbrauchsgütern verbindet sich eine starke Stellung in vielen Bereichen des Verbrauchsgütereinzelhandels. Ein weiterer bedeutender Cluster besteht bei den Finanz- oder finanznahen Dienstleistungen wie Versicherung, Auktionswesen, Handel (Jardines, Inchcape, Unilever), Geldanlage und internationale juristische Dienstleistungen.[3] Ein anderer Cluster mit großem Exportvolumen umfaßt Erdöl und Chemikalien einschließlich Lacke (wo ICI und Courtaulds weltweit Branchenführer sind).

ABBILDUNG 9–1 Ansammlungen international wettbewerbsfähiger Branchen im Vereinigten Königreich, 1985

Primärgüter	WERKSTOFFE/METALLE	FORSTERZEUGNISSE	ERDÖL/CHEMIKALIEN
	EISEN & STAHL **Kohlenstoffreiche Stahlrohlinge, -brammen*** Eisen-, Stahlpulver*. Kohlenstoffreicher Stabstahl* Kohlenstoffreiches Mittelblech*. Große U-, I- und Doppel-T-Profile. ***Warmgewalzte Profile etc.*** Bleche aus rostfreiem Stahl. Eisen-, Stahlguß, unbearbeitet Weißblech BEARBEITETES EISEN & STAHL Rohrverbindungen aus Eisen und Stahl Eisen-, Stahlkonstruktionen, Teile Kohlenstoffreicher Stahldraht*. Gußrohre, -leitungen* Eisen-, Stahlketten und Teile Stahltanks etc. Bahnschienen aus Eisen und Stahl NICHTEISENMETALLE ***Andere Rohmineralien*** Zink-, Eisen-, Bleioxid ***Kupferlegierungen, unbearbeitet*** ***Nickel, unbearbeitete Legierungen*** BEARBEITETES METALL Kupferstangen, -draht etc. Kupferfolien, -pulver & -fittings* Aluminiumkonstruktionen, Teile Aluminiumtanks*. Andere mineralische Erzeugnisse* SCHROTT ***Anderer Eisen- und Stahlschrott*** ***Schrott von Roh- oder Gußeisen.*** Kupferabfall und -schrott Sonstiger Schrott von anderem Nichteisenmetall*.		ROHSTOFFE Koks, Retortengraphit*. ***Rohöl*****. ***Motoren-, Flugbenzin*.*** Gasöl Flüssiges Propan, Butan* ***Petrolkoks*** Vaselin, Pechkoks* ORGANISCHE CHEMIKALIEN Azyklische Kohlenwasserstoffverbindungen*. Halogenderivate von Kohlenwasserstoffen Azyklischer Alkohol, Derivate ***Einbasige Säuren und Derivate*** ***Polysäuren und Derivate*** Sauerstoffsäuren, Derivate ***Aminverbindungen***
Maschinen	Andere Mineralien verarbeitende Maschinen* Zerkleinerungsmaschinen für Mineralien Sonstige Walzwerkteile, Walzen Elektrische Industrieöfen	Zellstoffmaschinen und Teile*	Sonstige Zentrifugalpumpen Drehkolben- u. a. Pumpen für Flüssigkeiten, Teile* Pumpen für Gase etc. Gas-, Flüssigkeitsfilter
Besondere Produktionsmittel	***Radioaktive Elemente etc.*** Andere radioaktive und verwandte Stoffe*		
Dienstleistungen			Tankstellen*

ABB. 9-1 Fortsetzung

Primärgüter		
		HALBLEITER/COMPUTER
		Digitale Zentralrechner •
		Bürogeräte, automatische
		Datenverarbeitungsgeräte,
		Teile,
		Zubehör

Hydroxylaminoverbindungen
Amidverbindungen
Andere Stickstoffverbindungen*
Heterozyklische Kohlenstoffver-
bindungen
Verschiedene andere chemische
Erzeugnisse*

ANORGANISCHE CHEMIKALIEN

Ätznatron, fest
Metallverbindung aus anorgani-
scher Säure
Andere anorganische Chemika-
lien etc.*
Phosphite, Phosphate

KUNSTSTOFFE

Polyamide
Akrylpolymere etc.
Sonstige Kunststoffe

Maschinen

Pumpen-, Kompressorenteile
Generatoren-, Zentrifugenteile
*etc.**

Kundensoftware***
Informationen***

**Besondere
Produktionsmittel**

Dienstleistungen

SCHLÜSSEL

Normal   Anteil am Weltexport 5,8% oder mehr,
aber weniger als 11,6%.

Kursiv   *Anteil am Weltexport 11,6% oder mehr,*
aber weniger als 23,2%.

Fett   **Anteil am Weltexport 23,2% oder mehr.**

•   Branchen 1978 unter dem Schwellenwert.

Errechnete Restgrößen

Aufgenommen aufgrund eines nennens-
werten Exportwerts in einem
Branchenbereich.

*   Aufgenommen aufgrund der direkten
Auslandsinvestitionen.

**   Aufgewertet aufgrund der direkten Aus-
landsinvestitionen.

***   Aufgenommen aufgrund von Inlands-
untersuchungen.

	MEHRFACHGESCHÄFT		VERKEHR
Primärgüter	HANDELSGÜTER Zinn, Legierungen, bearbeitet*.* **Gewalztes Silber, unbearbeitet, teilweise bearbeitet*** **Platin, Legierungen, unbearbeitet, teilweise bearbeitet***.* Zinn, Legierungen, unbearbeitet **Platin, Legierungen, unbearbeitet** **Diamanten, sortiert, roh, einfach bearbeitet**	Sonstige Edel- und Halbedelsteine GERÄTE Optische Geräte Sonstige Meß- und Zählgeräte Vermessungsgeräte Überwachungsgeräte für Gas und Flüssigkeiten **Meß- und Steuergeräte*** Glaswaren*	FAHRZEUGAUSRÜSTUNG Transportbehälter aus Stahl Schiffsladebäume, -kräne MOTOREN **Sonstige Kolbenmotoren** **Strahltriebwerke für Düsenflugzeuge** Kolbenmotoren für Schiffe, innenbord
Maschinen	Sonstige Maschinen für Spezialbranchen* Mechanisch angetriebenes Handwerkszeug* Spritzgeräte	Blätter, Spitzen etc. für Werkzeug Sonstige Hähne, Ventile etc. Teile für Dichtungs- & mechanische Maschinen* Ventilatoren, Gebläse etc., Teile	Aufreib- u. a. Maschinen, Metallverarbeitung Werkzeugmaschinen für Metallverarbeitung*
Besondere Produktionsmittel	**Glas*** Nicht montierte Polarisationsplatten*		Radargeräte etc. Andere Gummiartikel* Kunstgummi etc. Andere Materialien aus Gummi* SCHMIERMITTEL Schmierstoffe (mit hohem Erdölanteil) etc. Andere Schmiermittel*
Dienstleistungen	**Spezialgeschäfte*** **Werbung*** Technik/Architektur* Bauwesen* Auftragsforschung* Gewerbliche Wäscherei und Arbeitskleidung* **Öffentlichkeitsarbeit*** Sicherheitsdienste* Gebäudereinigung*	**Handel*** **Rückversicherung*** Wirtschaftsprüfung* Unternehmensberatung* Geschäftsbanken* Auf Emissions- und Akzeptgeschäfte spezialisierte Banken* **Anlageberatung*** **Leasing*** **Juristische Dienstleistungen***	

ABB. 9–1 Fortsetzung

Primärgüter	FAHRZEUGE	STROMERZEUGUNG UND -VERTEILUNG		BÜRO
		ERZEUGUNG	VERTEILUNG	
Primärgüter	Spezialmotorfahrzeuge **Gabelstapler etc.** **Sonstige Radschlepper** Fahrräder, Rollstühle* Schlepper, Spezialschiffe* Andere Tiefbaumaschinen etc.* Selbstfahrende Löffelbagger, Bagger **Sonstige Flugzeuge 2000–15000 kg.**	**Dampfkessel etc.** Dampfkessel, Hilfsanlagen & Teile* Dampfmaschinen, Turbinen Generatoren, Drehumformer & Teile* **Wechselstromgeneratoren** **Generatoranlagen mit Kolbenmotoren** Wind-, Wasser- u. a. Motoren •	Isolierflüssigkeitswandler Isolierdraht, -kabel Isolierausrüstung **Andere Elektromaschinen** *• Primärbatterien, -zellen	**Sonstiger Bürobedarf*** Fotokopiergeräte **Bücher, Broschüren** **Karten & Druckerzeugnisse**
Maschinen				Andere Druck- und Buchbindereimaschinen, Teile*
Besondere Produktionsmittel	**Antiklopfmittel** Asbesterzeugnisse, Schleifmittel ZUBEHÖRTEILE Sonstige Teile für Kolbenmotoren **Gabelstaplerteile*** Teile für Hub-, Bereitstellungs-, Ladegeräte* Fahrgestelle für Kraftfahrzeuge Kraftfahrzeuge, Karosserien & Teile, Zubehör* **Sonstige Flugzeugteile** **Düsentriebwerke- und Motorenteile*** Teile für Schienenfahrzeuge Ungehärtete vulkanisierte Gummischläuche Neue Autoreifen Neue Bus- oder LKW-Reifen			Andere Farbstoffe, Druckfarben*

	TELEKOMMUNIKATION	RÜSTUNG
Primärgüter	*Fernseh- und Rundfunksender*	Sprengstoff, Feuerwerkskörper *Militärische* **Handfeuerwaffen,** *Munition*
Maschinen		
Besondere Produktionsmittel		
Dienstleistungen		

SCHLÜSSEL

Normal   Anteil am Weltexport 5,8% oder mehr, aber weniger als 11,6%.

Kursiv   *Anteil am Weltexport 11,6% oder mehr, aber weniger als 23,2%.*

Fett   **Anteil am Weltexport 23,2% oder mehr.**

•   Branchen 1978 unter dem Schwellenwert.

\#   Errechnete Restgrößen

\## Aufgenommen aufgrund eines nennenswerten Exportwerts in einem Branchenbereich.

*   Aufgenommen aufgrund der direkten Auslandsinvestitionen.

**   Aufgewertet aufgrund der direkten Auslandsinvestitionen.

*** Aufgenommen aufgrund von Inlands-untersuchungen.

ABB. 9–1 Fortsetzung

	NAHRUNGSMITTEL/GETRÄNKE	WOHNEN/HAUSHALT
Primärgüter	GRUNDNAHRUNGSMITTEL **Lebendes Schlachtvieh*** Rindfleisch mit Knochen **Hammelfleisch etc., frisch, gekühlt, tiefgefroren** Fisch, frisch, gekühlt, ohne Filets • **Gerste, nicht verarbeitet** Frühstücksflocken, Teigwaren* **Malz einschließlich Mehl** VERARBEITETE NAHRUNGSMITTEL **Süßigkeiten, ohne Schokolade** Schokolade & -produkte* Brot und andere Backwaren* **Konditorwaren, Kekse, Kuchen**** Milchpulver Marmeladen*** Sonnenblumen-, Sesamöl* • GETRÄNKE **Spirituosen & gebrannte alkoholische Getränke** **Whiskey** Kohlensäurehaltiges Wasser mit Geschmack* **Tee***** **Apfelwein, Met***	ABGEPACKTE WAREN **Seife, Polituren & Cremes*** Waschmittel etc. EINRICHTUNGSGEGENSTÄNDE **Knüpfteppiche aus Wolle oder feinem Haar** **Haushaltsporzellan** **Haushaltsartikel aus Grobkeramik** Lampen, Beleuchtungskörper aus unedlem Metall ANDERE Messerwaren HAUSHALTSGERÄTE **Wäschetrockner***
Maschinen	Nahrungsmittelmaschinen, gewerblich	
Besondere Produktionsmittel	**Insektizide** **Fungizide, Desinfektionsmittel*** **Herbizide** **Glasauskleidung für Thermosflaschen***	Wärmedämmende Ziegel* Feuerfeste Ziegel etc. Lacke, Leimfarben **Glasuren, Trockenmittel, Kitt** Feuerfeste Bauprodukte*
Dienstleistungen		

TEXTILIEN/BEKLEIDUNG

Primärgüter

STOFFE

Gewirkte Oberbekleidung aus Wolle
Häute, Felle*.
Andere unbehandelte Pelze
Gewirkte Kleidung aus synthetischen Fasern
Leder*
Pelze, zugerichtet
Maschinengewebe
Wirkgewebe*

ACCESSOIRES
Artikel aus Kunstpelz*

BEKLEIDUNG
Damenmäntel, -jacken*
Damenkleider, -röcke aus synthetischen Fasern

Maschinen

Teile für Spinn-, Aufspulmaschinen

Besondere Produktionsmittel

FARBSTOFFE
Synthetische organische Farbstoffe
Andere synthetische Fasern*
Tops aus Wolle
Nichttexturiertes synthetisches Polyamidgarn
Synthetische organische Leuchtstoffe*
Gewebte Strickwolle, feines Haar

FASERN & GARNE
*Regenerierte Spinnfasern**
*Abfall aus synthetischen Fasern**
Gewebte Kammwolle*
Anderes Textilgarn*
Zellulosederivate etc.
Andere Wolle, Haar*
Anderes Woll-, Haargarn*

Dienstleistungen

SCHLÜSSEL

Normal   Anteil am Weltexport 5,8% oder mehr, aber weniger als 11,6%.

Kursiv   *Anteil am Weltexport 11,6% oder mehr, aber weniger als 23,2%.*

Fett   **Anteil am Weltexport 23,2% oder mehr.**

• Branchen 1978 unter dem Schwellenwert.
Errechnete Restgrößen
Aufgenommen aufgrund eines nennenswerten Exportwerts in einem Branchenbereich.

* Aufgenommen aufgrund der direkten Auslandsinvestitionen.
** Aufgewertet aufgrund der direkten Auslandsinvestitionen.
*** Aufgenommen aufgrund von Inlandsuntersuchungen.

ABB. 9–1 Fortsetzung

	GESUNDHEITS-FÜRSORGE	PRIVAT	UNTERHALTUNG/FREIZEIT
Primärgüter	ARZNEIMITTEL Provitamine und Vitamine • Hormone • **Antibiotika, lose** ***Arzneimittel mit Antibiotika*** ***Arzneimittel mit Hormonen*** ***Pharmazeutika*** MEDIZINISCHE GERÄTE Sonstige medizinische Instrumente	Zigarren & anderer Tabak, verarbeitet*. ***Zigaretten*** ***Gemischte Parfumingredienzien*** ***Parfums, kosmetische Artikel*** ***Artikel aus Edelmetall****	**Rollfilme, unbelichtet** **Lichtempfindliche Gewebe** **Spielfilme** **Heimspielgeräte** **Bespielte Disketten, Bänder** Zootiere, Haustiere etc. Zeitungen, Zeitschriften **Kinderbücher, Landkarten, Globen etc.*** **Post, nicht unterteilt** **Werkzeug für Landwirtschaft, Gartenbau, Forstwirtschaft*** Jachten, Sportboote Sattelzeug, Lederwaren* AUKTIONEN **Gemälde etc., sonstige Stiche, Antiquitäten*** Münzen, Natursammlungen
Maschinen			
Besondere Produktionsmittel			
Dienstleistungen	Gesundheitsfürsorge***	Höhere Schul- und Universitätsbildung***	**Auktionswesen*** Fernsehprogramme*** Hotels*

ABB. 9 – 2   Exporte wettbewerbsfähiger Branchen des Vereinigten Königreichs nach großen Ansammlungen in Prozent

Werkstoffe/Metalle
Anteil an Landesexporten: 4.0 (–1.6)
Anteil an Weltexporten der Ansammlung: 3.3 (–0.4)

Forsterzeugnisse
Anteil an Landesexporten: 0.1 (–0.1)
Anteil an Weltexporten der Ansammlung: 0.7 (–0.1)

Halbleiter/Computer
Anteil an Landesexporten: 3.5 (2.4)
Anteil an Weltexporten der Ansammlung: 6.3 (–0.6)

Erdöl/Chemikalien
Anteil an Landesexporten: 24.8 (15.0)
Anteil an Weltexporten der Ansammlung: 6.9 (3.6)

VORGELAGERTE BRANCHEN
Anteil an Landesexporten: 32.4 (15.7)
Anteil an Weltexporten der Ansammlung: 5.5 (2.1)

Mehrfachgeschäft
Anteil an Landesexporten: 6.3 (–2.4)
Anteil an Weltexporten der Ansammlung: 6.1 (–2.1)

Verkehr
Anteil an Landesexporten: 12.1 (–5.3)
Anteil an Weltexporten der Ansammlung: 4.6 (1.9)

Stromerzeugung & -verteilung
Anteil an Landesexporten: 2.0 (–0.5)
Anteil an Weltexporten der Ansammlung: 7.2 (–0.8)

Büro
Anteil an Landesexporten: 1.6 (–0.2)
Anteil an Weltexporten der Ansammlung: 8.3 (–0.7)

Telekommunikation
Anteil an Landesexporten: 0.3 (–0.1)
Anteil an Weltexporten der Ansammlung: 3.9 (–2.2)

Rüstung
Anteil an Landesexporten: 0.6 (–0.1)
Anteil an Weltexporten der Ansammlung: 10.3 (–2.7)

INDUSTRIELLE & UNTERSTÜTZENDE FUNKTIONEN
Anteil an Landesexporten: 22.8 (–8.6)
Anteil an Weltexporten der Ansammlung: 5.4 (–1.9)

Nahrungsmittel/Getränke
Anteil an Landesexporten: 4.1 (–1.2)
Anteil an Weltexporten der Ansammlung: 2.5 (–0.0)

Textilien/Bekleidung
Anteil an Landesexporten: 2.6 (–1.7)
Anteil an Weltexporten der Ansammlung: 2.6 (–1.1)

Wohnen/Haushalt
Anteil an Landesexporten: 1.3 (–1.4)
Anteil an Weltexporten der Ansammlung: 4.2 (–1.7)

Gesundheitsfürsorge
Anteil an Landesexporten: 2.1 (0.1)
Anteil an Weltexporten der Ansammlung: 8.8 (–1.3)

Privat
Anteil an Landesexporten: 1.2 (–2.9)
Anteil an Weltexporten der Ansammlung: 2.4 (4.7)

Unterhaltung/Freizeit
Anteil an Landesexporten: 3.3 (–0.6)
Anteil an Weltexporten der Ansammlung: 6.0 (–1.9)

ENDVERBRAUCH GÜTER & DIENSTLEISTUNGEN
Anteil an Landesexporten: 14.7 (–7.7)
Anteil an Weltexporten der Ansammlung: 3.4 (–1.0)

Anmerkung: Die Zahlen in Klammern bezeichnen Veränderungen zwischen 1978 und 1985. Exporte sind die der wettbewerbsfähigen Branchen, nicht aller Branchen. ▨ Bezeichnet die großen Bereiche, in denen die internationalen Wettbewerbspositionen des Landes miteinander verbunden sind.

Nennenswerte Cluster gibt es außerdem bei Arzneimitteln, Unterhaltungs- und Freizeitartikeln (etwa Spielfilme, Schallplatten, Spiele, Münz- und Natursammlungen), Verlags- und anderen Informationserzeugnissen, Luftfahrt, Rüstungsgütern, Motoren und Triebwerken sowie Textilien (überwiegend Fasern). Andere Vorteilsinseln existieren bei Radiosendern und Radargeräten, Stromgeneratoren, Glas und Metallschrott. Die Position Großbritanniens bei Halbleitern/Computern hängt sehr stark von den Tochtergesellschaften amerikanischer Unternehmen ab.

Der nationale Wettbewerbsvorteil fehlt Großbritannien bei Forsterzeugnissen, den meisten Bereichen von Textilien/Bekleidung, bei Büro- und Telekommunikationsgeräten, Produkten der Unterhaltungselektronik, großen Teilen der Verkehrsausrüstung und überwiegend mechanischen Konsumgütern wie Armbanduhren. Keine starke Position hat Großbritannien auch in den meisten Maschinenbaubranchen; hier liegt es hinter Italien, der Schweiz und den drei führenden Industriemächten auf Rang sechs.

Abbildung 9–1 macht deutlich, daß Großbritannien in vielen Branchen dennoch eine gewisse Position behauptet (Rang drei hinter Deutschland und Japan). Das Spektrum dieser Branchen ist angesichts der Größe der Wirtschaft breit. Ein weiterer Beweis für die Breite (oder einstige Breite) der wettbewerbsfähigen Branchen ist darin zu sehen, daß das Land stark mit Produkten und vor allem Dienstleistungen vertreten ist, die an einen großen Kreis anderer Branchen verkauft werden (eingeordnet in die Kategorie Mehrfachgeschäft).

Nur wenige britische Positionen sind außergewöhnlich stark. Kaum ein Wirtschaftszweig weist die hohen Anteile auf, die typisch sind für japanische, amerikanische oder deutsche Spitzenindustrien. Außerdem sind die britischen Cluster nicht tief gestaffelt, haben nur wenige starke Positionen bei besonderen Produktionsmitteln und noch weniger in den Maschinenbaubranchen. Die vertikale Tiefe der Cluster ist geringer als in Ländern wie Italien, Schweden oder sogar der Schweiz.

Eine Analyse der Veränderungen beim Anteil am Weltexport zwischen 1978 und 1985 gibt Anlaß zur Sorge. Mit Großbritanniens wirtschaftlicher Entwicklung steht es nicht zum besten (siehe Abbildung 9–3): Weit mehr wettbewerbsfähige Branchen haben Anteile am Weltexport verloren als gewonnen. Was am meisten beunruhigt, ist das Muster der Gewinne und Verluste. Gewinne gab es bei Chemikalien, Produkten der Gesundheitsfürsorge und Computern, alles Bereiche britischer Stärke.[4] Viele der Verluste wurden bei Erdöl und verwandten Produkten eingefahren sowie bei relativ unverarbeiteten Metallerzeugnissen. Die meisten Cluster einschließlich vieler technisch hochstehender Branchen wiesen Nettoverluste auf. Der Verkehrsbereich wurde besonders hart getroffen. Hohe Nettoverluste im Maschinenbau (fünf Gewinne und sechsundzwanzig Verluste), bei besonderen Produktionsmitteln (zehn Gewinne und siebenunddreißig Verluste) und in Branchen, die an viele andere Industriezweige liefern (sechs Gewinne und dreizehn Verluste in der Kategorie Mehrfachgeschäft), signalisieren eine Unfähigkeit zur Aufwertung, ein Schrumpfen der Cluster und eine wirtschaftliche Einengung der wettbewerbsfähigen Branchen.

ABB. 9–3 Gewinne oder Verluste wettbewerbsfähiger Branchen im Vereinigten Königreich von 15 Prozent oder mehr am Anteil des Weltexports zwischen 1978 und 1985*

Werkstoffe/Metalle

	Branchen gesamt	Anteil Gewinne	Anteil Verluste
Primärgüter	29	11	22
Maschinen	4	0	1
Besondere Produktionsmittel	2	1	1
Gesamt	35	12	24

Forsterzeugnisse

	Branchen gesamt	Anteil Gewinne	Anteil Verluste
Primärgüter	0	0	1
Maschinen	1	0	0
Besondere Produktionsmittel	1	0	0
Gesamt	2	0	1

Erdöl/Chemikalien

	Branchen gesamt	Anteil Gewinne	Anteil Verluste
Primärgüter	26	12	17
Maschinen	6	2	2
Besondere Produktionsmittel	0	0	0
Gesamt	32	14	19

Halbleiter/Computer

	Branchen gesamt	Anteil Gewinne	Anteil Verluste
Primärgüter	2	2	4
Maschinen	0	0	0
Besondere Produktionsmittel	0	0	0
Gesamt	2	2	4

VORGELAGERTE BRANCHEN

	Branchen gesamt	Anteil Gewinne	Anteil Verluste
Primärgüter	57	25	44
Maschinen	11	2	3
Besondere Produktionsmittel	3	1	1
Gesamt	71	28	48

Mehrfachgeschäft

	Branchen gesamt	Anteil Gewinne	Anteil Verluste
Primärgüter	13	4	7
Maschinen	7	1	4
Besondere Produktionsmittel	2	1	2
Gesamt	22	6	13

Verkehr

	Branchen gesamt	Anteil Gewinne	Anteil Verluste
Primärgüter	13	1	15
Maschinen	2	0	5
Besondere Produktionsmittel	19	1	16
Gesamt	34	2	36

Büro

	Branchen gesamt	Anteil Gewinne	Anteil Verluste
Primärgüter	4	2	3
Maschinen	1	1	0
Besondere Produktionsmittel	1	0	0
Gesamt	6	3	3

Telekommunikation

	Branchen gesamt	Anteil Gewinne	Anteil Verluste
Primärgüter	1	0	1
Maschinen	0	0	0
Besondere Produktionsmittel	0	0	0
Gesamt	1	0	1

Rüstung

	Branchen gesamt	Anteil Gewinne	Anteil Verluste
Primärgüter	2	0	1
Maschinen	0	0	0
Besondere Produktionsmittel	0	0	0
Gesamt	2	0	1

INDUSTRIELLE & UNTERSTÜTZENDE FUNKTIONEN

	Branchen gesamt	Anteil Gewinne	Anteil Verluste
Primärgüter	45	10	35
Maschinen	10	2	9
Besondere Produktionsmittel	22	2	18
Gesamt	77	14	62

Nahrungsmittel/Getränke

	Branchen gesamt	Anteil Gewinne	Anteil Verluste
Primärgüter	15	5	9
Maschinen	1	0	6
Besondere Produktionsmittel	4	4	2
Gesamt	20	9	17

Textilien/Bekleidung

	Branchen gesamt	Anteil Gewinne	Anteil Verluste
Primärgüter	12	2	11
Maschinen	1	0	7
Besondere Produktionsmittel	13	2	12
Gesamt	26	4	30

Wohnen/Haushalt

	Branchen gesamt	Anteil Gewinne	Anteil Verluste
Primärgüter	8	1	12
Maschinen	0	0	0
Besondere Produktionsmittel	5	1	4
Gesamt	13	2	16

Stromerzeugung und -verteilung

	Branchen gesamt	Anteil Gewinne	Anteil Verluste
Primärgüter	12	3	8
Maschinen	0	0	0
Besondere Produktionsmittel	0	0	0
Gesamt	12	3	8

Gesundheitsfürsorge

	Branchen gesamt	Anteil Gewinne	Anteil Verluste
Primärgüter	7	2	4
Maschinen	0	0	0
Besondere Produktionsmittel	0	0	0
Gesamt	7	2	4

Privat

	Branchen gesamt	Anteil Gewinne	Anteil Verluste
Primärgüter	5	0	2
Maschinen	0	0	0
Besondere Produktionsmittel	0	0	0
Gesamt	5	0	2

Unterhaltung/Freizeit

	Branchen gesamt	Anteil Gewinne	Anteil Verluste
Primärgüter	15	2	11
Maschinen	0	0	0
Besondere Produktionsmittel	0	0	0
Gesamt	15	2	11

ENDVERBRAUCH GÜTER & DIENSTLEISTUNGEN

	Branchen gesamt	Anteil Gewinne	Anteil Verluste
Primärgüter	62	12	49
Maschinen	2	0	13
Besondere Produktionsmittel	22	7	18
Gesamt	86	19	80

* Aufgenommen wurden Branchen, die den Schwellenwert 1978 oder 1985 übertroffen haben, einschließlich derer, die 1978 wettbewerbsfähig waren, aber 1985 unter den Schwellenwert fielen oder erstmals einen so hohen Anteil erreichten, daß sie den Schwellenwert 1985 übertrafen.

Faktorbedingungen

Großbritannien hat nie im Überfluß natürliche Produktionsfaktoren besessen, mit zwei Ausnahmen: Nordseeöl und Kohlevorkommen (letztere verloren ihre Wettbewerbsfähigkeit, gemessen an denen anderer Länder, schon vor Jahrzehnten). Nordseeöl und -gas hingegen haben der britischen Wirtschaft enorme Zufallsgewinne beschert (16,7 Milliarden $ an Exporten 1985) und das große Exportvolumen gehalten. Sie haben auch zur guten britischen Position bei Erdölprodukten und einigen Chemikalien beigetragen. Wenn jedoch überhaupt, dann war die Entdeckung von Erdöl eher ein Nachteil als ein Vorteil, denn sie verzögerte wichtige politische Entscheidungen zur Veränderung und Neubelebung der Wirtschaft.

Großbritannien verfügt über viel Kapital und über eine günstige geographische Lage. Jahrhundertelang liefen Investitionen und Reichtum in London zusammen, das, global gesehen, an zentraler Stelle liegt und auch für Besucher ein attraktiver Platz ist. Das ist ein wichtiges Plus für Dienstleistungsbranchen wie Finanzdienste, Flughafendienst, Auktionen. Die britische Infrastruktur, einst führend oder zumindest mit der anderer Länder vergleichbar, ist heute überwiegend ein Nachteil. Das wurde besonders bei der Telekommunikation und anderen öffentlichen Einrichtungen und Dienstleistungen sichtbar, etwa im Hafen- und Eisenbahnwesen, die ständig neue Investitionen brauchen.

Großbritannien gehörte zu den ersten Ländern, das sich qualifizierte Industriearbeiter heranzog und dessen Bevölkerung größtenteils lesen und schreiben konnte. Dank seines geschichtlichen Prestiges und seiner kolonialen Bande wurde Englisch weltweit auch zur Wirtschaftssprache. Ausschlaggebender war, bis ins späte 19. Jahrhundert hinein, etwas anderes: seine frühen technologischen Fähigkeiten. Dies war die eigentliche treibende Kraft des Aufstiegs der britischen Industrie.

Britischer Erfindungsgeist zeigt sich früh in der Geschichte vieler Branchen, die wir untersucht haben. Vielleicht besaßen britische Topakademiker lange Zeit wegen des sehr individuellen Bildungssystems für höhere Semester eine Kreativität und einen Einfallsreichtum, die Folge des geschulten selbständigen Denkens waren. Gelernte Kaufleute waren jedoch interessanterweise wichtig für die Anwendung und Anpassung der Technik an die Bedürfnisse der Industrie. Viele der Unternehmer, die britische Branchen begründeten, hatten keine Universitätsbildung.

Die wissenschaftliche Forschung ist in Großbritannien immer noch ein Plus, obwohl viele ihrer besten Köpfe ins Ausland gegangen sind, wo sie für den Einsatz ihrer Begabung bessere Bedingungen vorfanden. In einigen Branchen, die eng mit der Wissenschaft und Technologie verbunden sind, sind britische Unternehmen durchaus erfolgreich, beispielsweise bei Chemikalien und Arzneimitteln. Viele Auslandsunternehmen haben Forschungslabors auch in Großbritannien eingerichtet. Die Unfähigkeit der britischen Wirtschaft, für einen schnell steigenden Lebensstandard zu sorgen, brachte es mit sich, daß die Gehälter qualifizierter Wissenschaftler und anderer exzellent ausgebildeter Fachleute hier deutlich unter denen in anderen fortschrittlichen Ländern liegen. Dieser Kostenvorteil bei Spitzenkräften trägt zu einem heimischen Erfolg in bestimmten britischen Branchen bei, die auf solche Arbeitskräfte angewiesen sind (Beratung, Verlagswesen, Werbung und Arzneimittel z. B.). Er hat außerdem erhebliche Auslandsmittel in diese und andere Branchen gezogen, etwa in die Computerindustrie.

Faktorbildende Mechanismen. Großbritannien hat weniger beim Anfangsbestand der Faktoren verloren als bei den Bildungs- und Aufwertungsmechanismen. Das hat die Aufwertung ernsthaft behindert und sogar die Wahrung des Wettbewerbsvorteils in der Industrie. Das britische Bildungssystem ist hinter dem praktisch aller Länder, die wir untersucht haben, zurückgeblieben. Der Zugang zu einer erstklassigen Bildung stand relativ wenigen offen, und ein geringerer Prozentsatz Studenten als in den anderen fortschrittlichen Ländern betreibt weiterführende Studien. Die Eliteausbildung hat Geisteswissenschaften und theoretische Naturwissenschaften in den Vordergrund gerückt und praktischere Betätigungen vernachlässigt; viele begabte Engländer haben um technische Disziplinen wie Maschinen- und Gerätebau geradezu einen Bogen gemacht.[5] Der Anteil der Studenten an technischen Fächern ist folglich geringer als in anderen fortschrittlichen Ländern. Selbst Ingenieurwissenschaften wurden an den führenden Universitäten theoretisch abgehandelt.

Ein ernsteres Problem noch ist die Ausbildung des Durchschnittsschülers. Englische Kinder werden von weniger qualifizierten Lehrern als in vielen anderen Ländern unterrichtet, haben weniger mathematischen und naturwissenschaftlichen Unterricht, weniger Unterrichtsstunden, und sie brechen häufiger ab. Das Ziel der Bildungsreform bis zur Thatcher-Ära war, das System egalitärer zu machen, nicht wettbewerbsfähiger.[6] Die Standards sind gesunken, und die Leistung der englischen Kinder mit ihnen. Das Bildungssystem hat britische Tendenzen zur persönlichen Wettbewerbsunfähigkeit sowohl gespiegelt als auch verstärkt. Die Engländer neigen dazu, ihre Leistung herunterzuspielen. Außerdem sind die Alternativen dünn gesät für den, der erst einmal die höhere Schule verlassen hat. Technische Hochschulen erfreuen sich keines besonderen Ansehens, und ein gutentwickeltes Lehrlingssystem wie in Deutschland gibt es nicht. Das staatlich unterstützte Youth Training Scheme, ein Ausbildungsprogramm für Jugendliche, das auf die Bedürfnisse der Industrie noch wenig eingeht, ist kein Ausgleich.

Das Ergebnis eines solchen Bildungssystems läßt sich in Gegensätzen festmachen. Auf der einen Seite gibt es einen Bestand an hervorragenden Leuten, gut für professionelle Dienstleistungen, Beratertätigkeiten, Software, Verlagswesen und ähnliches qualifiziert. Die Spitzenleute unter den Arbeitskräften sind nach wie vor gut ausgebildet und, im Vergleich zu anderen Ländern, niedrig bezahlt. Die besten britischen Universitäten bringen weiterhin hervorragend geschulte Leute hervor. Auf der anderen Seite steht das Gros der Branchen vor einem ernsten Problem: Die britischen Arbeiter sind von der Bildung und Qualifikation her klar hinter denen vieler anderer fortschrittlicher Länder zurück, und ebenso haben die Manager in Großbritannien weit seltener einen Universitätsabschluß als die in anderen fortschrittlichen Ländern. Es fehlt in der Fertigungsindustrie an technisch ausgebildeten leitenden Angestellten; technisches Wissen war im Topmanagement bisher unüblich.

Die meisten britischen Unternehmen haben innerbetrieblich wenig getan, um für das schwache Bildungssystem einen Ausgleich zu schaffen. Die Investitionen der Industrie in die Mitarbeiterausbildung werden in Großbritannien auf weit unter ein Prozent der Erlöse geschätzt (1980:0,15 Prozent), im Vergleich zu 2 Prozent in Deutschland und 3 Prozent in Japan.[7] So fallen die Arbeitskräfte, die schlechter ausgebildet an den Start gehen, noch weiter zurück. Unter dem Strich bleibt, daß Großbritannien bei der Aufwertung der Durchschnittsqualität der Arbeitskräfte

Riesenprobleme hat. Das ist in vieler Hinsicht ein fundamentales Problem für die Wirtschaft des Landes, wie übrigens auch für die der Vereinigten Staaten.

Großbritannien investiert viel in die Forschung, vor allem die Grundlagenforschung und speziell in die Rüstung. Ein großer Teil der staatlichen Ausgaben für Forschung und Entwicklung (F&E) war rüstungsbedingt. 1987 z.B. waren 50 Prozent der staatlichen Mittel für F&E für Rüstungszwecke, verglichen mit etwa 12 Prozent in Deutschland, 5 Prozent in Japan und 34 Prozent in Frankreich.[8] Wie in den Vereinigten Staaten war das für die Industrie nur begrenzt von Nutzen und hielt britische Unternehmen gelegentlich von interessanten kommerziellen Möglichkeiten ab. Die staatlichen F&E-Ausgaben in allen Bereichen stehen seit langem unter Druck – wegen der chronischen Notwendigkeit, die Staatsausgaben zu senken.

Britische Unternehmen waren bei F&E in einigen Branchen offensive Investoren, etwa bei den Chemikalien und Arzneimitteln. Hier halten sie enge Verbindung zur universitären Forschung auf verwandten Gebieten. In den meisten Branchen sind die britischen Firmen jedoch diesbezüglich von ausländischen Konkurrenten übertroffen worden. Viele Firmen betrieben gar keine geordnete Forschung und Entwicklung.[9] Alles in allem liegen die F&E-Ausgaben der Privatwirtschaft in Großbritannien in Prozent des Bruttoinlandsprodukts (1,19 Prozent 1986) deutlich hinter denen Japans (2,19 Prozent), Deutschlands (1,6 Prozent) und Schwedens (1,71 Prozent).[10] Die gesamten nicht rüstungsbestimmten F&E-Ausgaben Großbritanniens in Prozent des Bruttoinlandsprodukts, 1986 bei 1,8 Prozent gelegen, schneiden schlecht ab gegenüber 2,8 Prozent in Japan, 2,6 Prozent in Deutschland und ähnlichen Prozentsätzen in anderen fortschrittlichen Ländern.[11] Zahlreiche Branchen haben nach und nach ihre technische Position verloren. Mit dem Aufkommen der Elektronik, neuer Werkstoffe und neuer Produktionsverfahren hat sich der Niedergang beschleunigt.

Selektive Faktornachteile. Selektive Faktornachteile waren einmal ein Hauptantrieb für Innovationen in der britischen Wirtschaft. Großbritannien, ein relativ kleiner Inselstaat, angewiesen auf viele Rohstoffe aus dem Ausland: Das half dem Land, eine große Handelsnation zu werden. Britische Unternehmen errichteten ein weitgespanntes Handelsnetz, das auch verwandte Branchen – Finanzen, Seefracht und Versicherungen – umfaßte. Später schufen britische Wissenschaftler und Techniker viele fortschrittliche Produkt- und Verfahrenstechnologien, um die importierten Rohstoffe aufzuwerten und neue, fortschrittliche Produkte zu schaffen.

Als der britische Wohlstand wuchs, erzwangen steigende Löhne Verfahrensinnovationen, die die technologische Führung vieler britischer Industrien ankurbelten. Zahlreiche neue Formen der Automation wurden eingeführt. Großbritannien schuf sich in vielen Maschinenbaubranchen eine starke Position.

In der Nachkriegszeit und davor lief der Vorgang jedoch umgekehrt. Bis zur Ausbeutung des Erdöls und Erdgases in der Nordsee nahmen Abwertungen den Druck von der Industrie. Da die britischen Löhne zurückblieben, ließ der Anreiz zu Innovation und Automation nach – jedenfalls im Vergleich zu Deutschland, der Schweiz, Italien und Schweden. Einschränkungen der Arbeitsbedingungen durch die Gewerkschaften schwächten Veränderungen weiter ab. Mit der Zeit drifteten viele britische Fertigungsbranchen in Richtung Preiswettbewerb mit veralteten oder qualitativ geringerwertigen Erzeugnissen und Verfahren. Anstatt die selektiven Nachteile zu überwinden, verließen sich die britischen Unternehmen auf ihre Marktstellung.[12]

Nachfragebedingungen

Großbritannien stand bei der Weltnachfrage nach Konsum- und Industriegütern einmal ganz an der Spitze. Im Konsumbereich sorgten seine frühe Industrialisierung, ein hohes Bildungsniveau, steigende Einkommen und schnell sich mehrender Wohlstand dafür, daß Großbritannien zum führenden Markt für viele fortschrittliche Waren und Dienstleistungen wurde. Britischer Geschmack und britische Kultur waren Exportartikel für das gesamte Europa. Das Empire verstärkte den Hang zu hochwertiger oder luxuriöser Nachfrage. Im Ausland lebende Briten dienten als administrative Elite britischer Kolonien, sie bestimmten den Geschmack der Ausländer, die so wohlhabend waren, daß sie sich Importwaren kaufen konnten.

Im Industriebereich führte die Existenz eines nationalen Vorteils in den verschiedenartigsten Branchen zu einer gehobenen Nachfrage nach vielen der Produkte und Dienstleistungen, die sie verbrauchten. Das breite Spektrum industrieller Stärke half Großbritannien, wie auch Amerika, einen nationalen Vorteil zu schaffen. Zum Teil hält er sich noch in »Mehrfachgeschäfts«-Produkten und Dienstleistungen (Industrien, die an die verschiedensten anderen Industrien verkaufen). Der Handel Großbritanniens belebte die Nachfrage in handelsnahen Branchen wie Versicherungen, Rechts- und Bankwesen. Die Existenz britischer Multis im Ausland und das weltumspannende Britische Empire zogen britische Waren auf die Weltmärkte.

Viele Branchen, in denen Großbritannien ein Wettbewerbsvorteil geblieben ist, haben mit Luxus, Freizeit, Unterhaltung und Wohlstand zu tun. Eine frühe und gehobene Nachfrage legte oft den Keim dazu. Den Vorteil in diesen Branchen konnte Großbritannien aus mehreren Gründen halten. Erstens, weil es dabei meist um Branchen geht, in denen Vorteile aus frühzeitigem Handeln erwachsen. Bei Zigaretten, Porzellan, alkoholischen Getränken, Wollwaren und Toilettenartikeln, um nur einige dieser Branchen aufzuführen, sind internationale Markennamen und Vertriebskanäle, die durch eine frühe Inlandsnachfrage entstanden sind, nur schwer zu schlagen. Wo Großbritannien einen schon dauerhaften Vorteil hat, war der technologische Wandel oft nicht so bedeutend, als daß Neulinge die britischen Unternehmen hätten aushebeln können – vor allem nicht in den gehobenen Segmenten, die kaum preisanfällig sind und in denen die Käufer häufig traditionelle Methoden schätzen. Großbritannien ist auch für heimische Verbraucher nach wie vor ein Standort für Luxus- und Wohlstandsgüter, insbesondere der Raum London. Aber dorthin zieht es auch viele Ausländer, der Theater, der Museen und anderer Manifestationen eines jahrhundertelangen Wohlstands wegen. Wohlhabende Ausländer kaufen ihre Sachen in London und legen damit ein Fundament für die Auslandsnachfrage.

Die breitgefächerte Stärke Großbritanniens bei den Dienstleistungen ist zum Teil Ausdruck historischer und aktueller Nachfragebedingungen. Bei Dienstleistungen im gewerblichen Bereich hat eine Kombination aus qualifizierten Arbeitskräften, Sprachvermögen sowie einer frühen und breitgefächerten Branchenstärke den britischen Unternehmen eine feste Position in vielen Dienstleistungsbranchen beschert, etwa bei Wirtschaftsprüfung, Beratung und Technik. Für den Einzelhandel fiel die Stärke in hochwertigen Konsumgütern und eine anspruchsvolle Londoner Nachfragebasis ins Gewicht. International tätige Einzelhändler sind z. B. Burberry's, Conran's, Laura Ashley und Aquascutum.

Der anhaltende britische Wettbewerbsvorteil in einigen wenigen Branchen außerhalb der Dienstleistungen ist Ausdruck einer ungewöhnlich anspruchsvollen Inlandsnachfrage oder einer besonderen Segmentstruktur der Inlandsnachfrage. Die britischen Verbraucher haben z. B. den höchsten Pro-Kopf-Verbrauch aller Länder an Zucker, ein seit langem bestehender Anreiz für die Süßwarenindustrie. Die gleiche Vorliebe für Leckereien und die Tea-Time-Tradition kommen Großbritannien bei Gebäck und Kuchen zugute. Die Liebe zum Gärtnern hat zu einer starken internationalen Stellung bei Gartengeräten geführt. Die Abneigung britischer Konsumenten, sich lange in der Küche aufzuhalten (im Gegensatz zu Verbrauchern in Frankreich, Italien und Deutschland), förderte die britische Stärke in Tiefkühlkost und vorgefertigten Speisen.

Bei den heimischen Nachfragebedingungen standen die Unternehmen allerdings meistens vor wachsenden Nachteilen. Ein sinkender relativer Lebensstandard hat den *durchschnittlichen* britischen Verbraucher immer mehr von den Bedürfnissen in anderen fortschrittlichen Ländern entfernt. Einige Beobachter bezeichnen den britischen Konsumenten als preisbewußter als die Konsumenten in wohlhabenderen Ländern. Das lenkt die britischen Unternehmen in Marktsegmente, die weniger Gewinn abwerfen und anfälliger für Wettbewerb aus weniger hochentwickelten Ländern sind. Das ist ein ganz wesentlicher Prozeß, durch den ein im Niedergang begriffenes Land Bedingungen schafft, die den Niedergang verstärken. Darüber mehr im nächsten Kapitel.

Der britische Normalverbraucher ist heute ein anspruchsloserer Kunde als Verbraucher in vielen anderen Ländern, und eher als sie findet er sich mit schlechten Dienstleistungen oder unterdurchschnittlicher Qualität ab. Die Kriegszeit und ihre Nachwirkungen haben wohl eine Rolle gespielt; Rationierung gab es bis in die 50er Jahre, und Gebrauchsgüter mittelmäßiger Qualität wurden weitgehend hingenommen. Die gleiche Haltung hat auf Industriegüter übergegriffen, bei denen bis zu einem gewissen Ausmaß Mängel hingenommen, schlechte Qualität und schlechte Dienstleistungen einfach geduldet werden. Einem Ausländer fällt sofort auf, wie ungern die Engländer sich öffentlich beklagen. Leider ist eine unerschütterliche Haltung kein gutes Mittel für die Aufwertung einer Volkswirtschaft. Schlecht ausgebildete Arbeiter und Manager haben zu mangelnder Erfahrung bei der industriellen Beschaffung beigetragen.

Die britischen Nachfragebedingungen wurden auch durch traditionell weitverbreiteten Staatsbesitz und staatliche Regulierung untergraben. So ist z. B. das britische Gesundheitswesen finanziell zu schwach ausgestattet und zu bürokratisch ausgerichtet. Ihm fehlen die Mittel, neueste Technologie und Methodik in großem Stil einzusetzen. Andere bedeutende Industriezweige wie die Luftverkehrsgesellschaften, Eisenbahn und Telekommunikation waren seit je in Staatsbesitz; ihnen wurden die Mittel vorgeschrieben, und die Rolle des anspruchsvollen Käufers – den vielen Produkten und Dienstleistungen gegenüber, die an sie verkauft werden – haben sie nicht spielen können. Die jüngsten Schritte in Richtung Privatisierung sind ein hoffnungsvolles Zeichen des Wandels, wenngleich die Privatisierung selbst einiges zu wünschen übriggelassen hat, wie noch zu erläutern sein wird.

Fehlender Druck von der Nachfrageseite hat sich für viele Güter auch auf traditionellen britischen Auslandsmärkten bemerkbar gemacht. Bis vor etwa zehn Jahren exportierten viele Unternehmen grundsätzlich in die ehemaligen britischen Kolonien, überwiegend also in Entwicklungsländer. Diese Länder gehören in der Regel nicht zu den anspruchsvollsten und kritischsten Kunden von Konsum- und Industriegütern. Britische Waren wurden häufig aus Tradition angenommen, wenn nicht aus politischer und wirtschaftlicher Notwendigkeit. Heute noch ist die britische Handelsbilanz mit Entwicklungsländern sehr viel günstiger als mit fortschrittlichen Ländern wie Deutschland, Schweden und Italien. Auf den traditionellen Märkten Großbritanniens ist nicht nur die Nachfragequalität niedrig; ihr Potential, britische Waren zu kaufen, hat ebenfalls nachgelassen. Das Wachstum im Handel unter fortschrittlichen Ländern hat das des Handels mit Entwicklungsländern überstiegen, was Großbritannien empfindlich trifft.

Die britischen Nachfragebedingungen wurden auch dadurch ausgezehrt, daß seine Cluster ausdünnten. In dem Maße, in dem britische Branchen wettbewerbsunfähig wurden, wurden sie für andere britische Branchen zu immer schlechteren Käufern. Die Spirale schraubte sich immer weiter nach unten, gedämpft nur durch lange Tradition und die Reste technologischer Innovation. Viele britische Herstellerfirmen blieben z. B. hinsichtlich der Verfahrenstechnologie und hinsichtlich ihrer Bereitschaft, in neue Anlagen und Maschinen zu investieren, hinter denen anderer Industriestaaten zurück; das hat vor allem den Wettbewerbsvorteil in Branchen beeinträchtigt, die Produktionsmaschinen herstellen, wie Werkzeugmaschinen, Hubkarren und Prozeßsteuerungen.

Verwandte und unterstützende Branchen

Großbritannien erntete einst die Früchte der Konzentration als eine technisch hochstehende britische Industrie die andere ansporte und stärkte. Britische Waren zogen britische Dienstleistungen auf ausländische Märkte nach und umgekehrt. Multinationale britische Gesellschaften fungierten im Ausland als ein loyaler Markt. Großbritanniens starker Cluster aus Finanzdienstleistungen und handelsnahen Branchen verstärkte sich von selbst.

Im Industriegeschäft dagegen kam es zu einer allmählichen Entflechtung der Cluster, und es blieben nur vereinzelt Wettbewerbsvorteile. Britische Unternehmen sind sehr auf ausländischen Input und Maschinen angewiesen. Bei Automobilen z. B. ging der Wettbewerbsvorteil bei Endprodukten außer in einer kleinen Luxusnische (z. B. Jaguar und Rolls Royce) verloren, und mit ihm bröckelten auf breiter Front Positionen beim Automobilzubehör ab. Das gleiche gilt in noch größerem Maß bei langlebigen Konsumgütern wie Haushaltsgeräten und Unterhaltungselektronik.

Die Bereiche, in denen britische Unternehmen einen Wettbewerbsvorteil behauptet haben, verdanken das zum Teil verwandten und unterstützenden Branchen. Bei Konsumgütern und Dienstleistungen hat ein lebhafter Einzelhandelssektor Innovationszwänge geschaffen. Marks and Spencer z. B. war eine treibende Kraft bei der Aufwertung britischer Zulieferer im Bereich Nahrungsmittel und Bekleidung. Großbritannien gehörte zu den ersten Ländern, das Werbung im Fernsehen zuließ. In puncto werblicher Kreativität werden britische Werbeagenturen als die besten der Welt eingestuft, besser noch als die amerikanischen. Das war ein sehr einträgliches

Umfeld für britische Unternehmen, in dem sie sich stärker in modernem Verbrauchermarketing qualifizieren konnten.

Die Londoner City veranschaulicht einen weiteren Sektor, in dem britische Stärke einen klassischen Cluster abgibt. Großbritanniens beachtliche internationale Finanzdienstleistungsunternehmen sind in der City konzentriert (Handel, Vermögensverwaltung, Versicherungen, Teile des Bankwesens usw.), zusammen mit zahllosen verwandten und unterstützenden Branchen wie den Informations- und Telekommunikationsdienstleistungen (z. B. Reuters), dem Finanzjournalismus, Verlags- und Druckereiwesen, juristischen Dienstleistungen, Finanzwerbung und PR. Die Dynamik dieses Cluster hat Firmen aus der ganzen Welt veranlaßt, sich dort niederzulassen, und London festigt entsprechend seine Stellung als das Finanzzentrum Europas.

Unternehmensstrategie, Struktur und Wettbewerb

Britische Unternehmen haben zu oft eine Führungskultur, die sich gegen Innovation und Wandel auswirkt. Ein Hang zur Tradition, eine engdefinierte Verantwortung, starke Beachtung von Formen und Reglement sind dafür typisch. Daß etwas »nicht erledigt« wurde, ist eine in der britischen Industrie häufig gehörte Floskel.

Zu diesem Führungsverhalten kam ein abträgliches Verhältnis zwischen Arbeitgebern und Gewerkschaften. Ein dem Klassenkampf nahekommendes Klima hat den Status quo eingefroren. Die Gewerkschaften hatten stets viel Macht, restriktive Praktiken durchzusetzen, die die Innovation behindert und die Produktivität verzögert haben. Oft vertreten mehrere eigenständige Gewerkschaften verschiedene Beschäftigungsgruppen in ein und derselben Fabrik oder Verwaltung, was die Verhandlungen zusätzlich erschwert und Verbesserungen einschränkt.

Eine oft schon gemachte, aber höchst bezeichnende Beobachtung britischer Verhältnisse bezieht sich darauf, daß die besten Leute einen Bogen um die Industrie machen. Nach gesellschaftlichen Normen sind bestimmte Berufe annehmbarer, andere dagegen schlicht »Kommerz«. Die Ausnahmen stellen häufig die englischen Erfolgsgeschichten. Spitzenakademiker gingen oft in stark wissenschaftlich ausgerichtete Branchen, in die Chemie oder Pharmazie, dann auch in bestimmte Bereiche, die als kreativ oder gesellschaftlich bedeutsam galten – das Verlagswesen, die Filmbranche oder das Fernsehen –, und schließlich in andere fabrikferne Branchen wie Rechtswesen und Wirtschaftsprüfung. In jüngerer Zeit sind begabte junge Leute oft in Dienstleistungsbranchen – Finanzwesen, Consulting, Werbung und Software – gegangen. Der Zustrom hervorragender Talente hat erheblich zum Aufstieg der Bereiche beigetragen, in denen Großbritannien international erfolgreich war.

Die Motivation der Arbeiter und Angestellten ließ in vielen britischen Branchen schon immer zu wünschen übrig. Zu großer Arbeitseifer oder das Streben nach viel Geld wird in Großbritannien mit Argwohn betrachtet. Abschreckend hohe Steuersätze haben ein übriges getan, die Anreize abzubauen. Großbritannien ist eines der wenigen Länder, das Kapitalgewinne besteuert, was langfristige Investitionen abschreckt. Das Fehlen am Arbeitsplatz hat überhandgenommen; einer Untersuchung zufolge fehlten am Arbeitsplatz 1983 durchschnittlich 12 Prozent der Arbeiter, ein weit höherer Anteil als in anderen fortschrittlichen Ländern.[13]

Die Struktur der britischen Kapitalmärkte hat den Unternehmenszielen Vorschub geleistet, die Innovationen und Investitionen nicht fördern. Die britische Struktur ähnelt dabei der amerikanischen. Institutionelle Anleger sind beherrschend, betrachten sich jedoch, anders als in Deutschland, Japan und der Schweiz, nicht als Daueranleger. Es gibt keine Universalbanken, die die Doppelrolle des Inhabers von Forderungen und Aktien wahrnehmen. Im Ergebnis zeigt sich das gleiche Marktverhalten, das für Amerika typisch ist. Bei institutionellen Aktieninhabern, die sich in erster Linie für Kursgewinne und Dividenden interessieren, ist die Folge ein ausgedehnter Handel mit Wertpapieren, ständiges besorgtes Schielen der Unternehmensleitung auf die Kurse, eine dauernde Tendenz zum Horten und eine explosionsartige Zunahme von Erwerbungen und Übernahmen. Während Übernahmen häufig zu einer deutlichen Kostenverringerung und Rationalisierung der Anlagen führen, zu etwas Positivem also, setzt sich das Muster niedriger Reinvestitionen fort. Die Rate der Nettoanlage-Investitionen in der britischen Wirtschaft der Nachkriegszeit gehörte neben der der Vereinigten Staaten zu den niedrigsten der von uns untersuchten Länder.

Der Inlandswettbewerb in Großbritannien verdiente sich lange Zeit des Prädikat »gentlemanlike«. Zielvorstellung war traditionellerweise eine zufriedenstellende, nicht eine außergewöhnliche Leistung. Den Unternehmen fehlte die starke Gewinnorientierung der Amerikaner oder die für Japaner typische Ausrichtung am Marktanteil. Fusion statt Wettbewerb war eine gebräuchliche Option oder erkannte Notwendigkeit. In der Automobilindustrie wurden Austin und Morris zur British Motor Corporation zusammengeschlossen, und durch eine Fusion mit Leyland entstand dann British Leyland. Solche Manöver brachten oft ein vorhersehbares Ergebnis; es ließ den Mangel an Schwung andauern und trug die Marktstellung weiter ab.

Die nicht am Wettbewerb ausgerichtete Haltung wird durch gesellschaftliche Normen und das Bildungssystem verstärkt. Bedenken hinsichtlich der Etikette und Form bedingen oft ein zögerliches Vorgehen. Wettbewerb gilt vielen Briten als geschmacklos, ja als vulgär.

Das Ziel, den Wettbewerb zu umgehen, läßt sich in der Geschichte der von uns untersuchten Branchen wiederholt beobachten. Das typische Muster bildeten der Unternehmensversuch, Exporte eines neuen Maschinentyps zu blockieren bzw. ein britisches Monopol zu schützen. Das hatte zwangsläufig zur Folge, daß Unternehmen in anderen Ländern gezwungen waren, eine eigene Technologie zu entwickeln, oder Unternehmen verließen Großbritannien, um anderswo einen Betrieb zu gründen. Bei Textilmaschinen z.B. entstanden die schweizerische und deutsche Branche (heute weltweit Branchenführer) zu einem Zeitpunkt, als die Exporte britischer Maschinen eingeschränkt wurden.

Da ein starker Druck fehlte, sei es durch Kunden oder Konkurrenten, richteten sich viele britische Firmen im langsamen Verfall der Marktposition häuslich ein. Die Nachfrage ging wegen schwindender Kundentreue allmählich zurück. Außerhalb der hochpreisigen Konsumgüter drifteten die Produkte zu preisempfindlichen Segmenten und Käufern ab. Zu geringe Investitionen brachten zwar annehmbare finanzielle Ergebnisse, doch das Fundament des Wettbewerbsvorteils schwand dahin.

Der Wettbewerb wurde auch durch eine niedrige Neugründungsrate eingeschränkt. Die gleichen Faktoren, die Berufsentscheidungen und Ziele in etablierten Unternehmen geprägt haben, haben auch das Unternehmertum untergraben. Ein Geschäft aufbauen, um Reichtümer anzuhäufen, war nicht Sache der Oberschicht oder derer, die dazugehören wollen. Die Gründung einer neuen Firma wurde zudem durch die Ansicht erschwert, ein Fehlschlag sei unverzeihlich. Viele Unternehmen und Branchen wurden daher von »Außenseitern« gegründet. Einige kamen aus der unteren Mittelschicht, andere, wie Lord Beaverbrook, Ian MacGregor und, in jüngerer Zeit, Rupert Murdoch, Robert Maxwell und die Brüder Saatchi, kamen aus anderen Ländern nach Großbritannien. Sie fühlten sich an die gängigen Verhaltensweisen und Normen nicht gebunden. Unternehmer wie diese, von einigen anderen mit Entsetzen betrachtet, waren oft die aggressivsten Wettbewerber und haben die behäbigen heimischen Branchen auf Trab gebracht. Nachdem sie Erfolg hatten, versuchten leider viele Unternehmer, die Normen der Oberschicht zu übernehmen und von der Industrie zu distanzieren.

Die Rolle des Staates

Der britische Staat nahm in der Frage der wirtschaftlichen Entwicklung traditionell eine Laisser-faire-Haltung ein – darin in mancher Hinsicht mit der des amerikanischen Staates vergleichbar. Viele Jahrzehnte herrschte die Ansicht vor, es gäbe gar kein Wettbewerbsproblem, oder die Marktanpassungen nähmen sich unweigerlich aller Schwierigkeiten an. Kontrolle der Gesamtnachfrage und eine Zinspolitik, die auf die Inflation und den Wechselkurs wirken sollte, hießen die wichtigsten britischen Instrumente; in ihnen kam die Orientierung an der makroökonomischen, nicht der mikroökonomischen Politik zum Ausdruck. Das Schatzministerium war die beherrschende Kraft der Wirtschaftspolitik, und für sie galt, daß der Aufbau eines starken Wettbewerbs in der Industrie kein wesentliches Ziel darstellte. Die Entdeckung von Erdöl und Erdgas in der Nordsee durchbrach zwar den Kreis von Abwertungen und schuf durch eine stärkere Währung Druck zur Aufwertung der britischen Industrie, verzögerte aber weiterhin die schmerzlichen Anpassungen in der staatlichen Politik. Die Schwierigkeiten in der Industrie und die chronische Arbeitslosigkeit schufen fiskalische Zwänge; man schränkte die Ausgaben für Bildung, Infrastruktur und andere Bereiche ein, wodurch das langfristige Problem noch verschlimmert wurde. Selbst dann, wenn der Staat versuchte, der Industrie zu helfen, waren die ergriffenen Maßnahmen häufig unzureichend und selten von Dauer. Direkte Eingriffe, Subventionen, Zusammenschlüsse und Schutzmaßnahmen waren Ausdruck eines mangelhaften Wettbewerbsmodells. Die von der Wilson-Regierung in den 60er Jahren gegründete Industrial Reorganization Corporation z. B., ein Finanzierungsinstitut für die Umstrukturierung oder Sanierung von Unternehmen, trat unter der falschen Prämisse an, die Ermutigung der britischen Unternehmen zu Fusionen werde Wettbewerber von Weltrang hervorbringen. Die Zusammenlegungen bei Stahl, Automobilen, Werkzeugmaschinen und Computern erwiesen sich allesamt als regelrechte Fehlschläge. Ein Hilfsprogramm für die industrielle Forschung, eine der wenigen direkten Maßnahmen des Staates aus wachsender Besorgnis wegen des industriellen Niedergangs, kam einer Katastrophe gleich. Die britische Regierung versuchte, vielversprechende Technologien auszuwählen und Firmen direkte Zuschüsse für deren Entwicklung zu gewähren; in den meisten Fällen mißlang diese Auswahl. Die für den nationalen Vorteil grundlegenden Bedingungen waren nicht vorhanden. Auch wenn technische Erfolge gelangen, geschäftliche Erfolge gab es kaum. Die Regionalpolitik war ähnlich erfolglos; bei der Vergabe von Subventionen, mit denen Investitionen in wirtschaftlich schwache Gebiete gelockt werden sollten, wurde nicht beachtet, ob ein günstiger »Diamant« vorhanden war, damit sie sich langfristig auszahlten. Nur wenige der Maßnahmen, die durchgeführt wurden, hatten letztlich Bestand.

Mit neuen Regierungen kamen drastische Kehrtwendungen in der Politik. Konservative Regierungen wurden durch Arbeitskämpfe attackiert, bis die Thatcher-Regierung den Trend allmählich umkehrte. Labour-Regierungen neigten dazu, den Gewerkschaftsprogrammen entgegenzukommen, doch diese führten zur Unbeweglichkeit. Lange Auseinandersetzungen über den Staatsbesitz untergruben den Wettbewerb und die Dynamik in betroffenen und verbundenen Branchen. Die enormen Unterschiede zwischen den beiden Parteien ließen es als noch unwahrscheinlicher erscheinen, daß Firmen sich langfristig engagierten. Warum sollte man für morgen investieren, wenn dieses Morgen vielleicht höhere Steuern oder gar die Verstaatlichungen brachte?

In mehreren Branchen, meistens Dienstleistungen, war die staatliche britische Politik dank ihrer Zurückhaltung ein bemerkenswert positiver Faktor. Ungewöhnlich wenig Regulierung in Dienstleistungsbranchen half Nachteile zu vermeiden, mit denen andere Länder konfrontiert waren, und ließ wiederum Innovationen und Veränderungen zu. Ich habe bereits beschrieben, wie britische Firmen den Beschränkungen ausweichen, die ausländischen Auktionshäusern auferlegt werden, und ähnlich maßvoll war die Regulierung auch bei Handel und Versicherungen. Die britischen Unternehmen in diesen Branchen gehören zu den innovativsten Firmen der Welt.

Großbritannien im Ausblick

Der britischen Industrie fehlen seit vielen Jahrzehnten der Schwung und die Fähigkeit, ihren Wettbewerbsvorteil aufzuwerten. Großbritannien fiel wegen zunehmender Nachteile in allen Teilen des »Diamanten« ab. Nach meiner Einschätzung lagen die größten Schwächen im Humankapital, in der geringen Motivation, im fehlenden Wettbewerb und in den zerfallenden Nachfragebedingungen.

Großbritannien veranschaulicht die negative Verstärkung der Bestimmungsfaktoren in besonderem Maße. Schwierigkeiten in einer Branche trafen auch andere. Sinkende Wettbewerbsfähigkeit verschlechterte den Lebensstandard und machte die Verbrauchernachfrage weniger anspruchsvoll und fortschrittlich. Der Druck auf die staatlichen Einnahmen führte zu Kürzungen und Verkürzungen bei der Faktorbildung und bei den staatlichen Sozialleistungen, was noch mehr Branchen traf. Der britische Fall macht auch deutlich, warum es so schwer ist, eine Wirtschaft umzukrempeln, wenn der Niedergang einmal begonnen hat. Es gab keinen Schock oder Ruck, den Zyklus umzukehren; ein Sieg im Krieg hob vielmehr das Selbstvertrauen, und dahinschwindende Marktpositionen und Kundentreue haben das Gefühl eines dringend notwendigen Wandels noch beschwichtigt.

Großbritannien behauptet einen Wettbewerbsvorteil in Branchen, die Nutzen aus der Grundlagenforschung ziehen, aus der Tatsache, daß das Land einen der vorderen Ränge bekleidet, was hochqualifizierte Leute betrifft, deren Löhne im Weltmaßstab relativ niedrig sind, aus einer langen Tradition, die Vorteile aus frühzeitigem Handeln geschaffen hat, aus einer soliden Infrastruktur in Finanzen, Handel und Kunst und aus einer ungewöhnlichen oder hochkarätigen Nachfrage. Derartige Branchen – Verbrauchsgüter und Dienstleistungen der Luxusklasse, Finanzen, Informationen, allgemeine Dienstleistungen für die gewerbliche Wirtschaft – sind in der Mehrzahl im Raum London konzentriert, was die sich selbst verstärkenden Kräfte der geographischen Konzentration veranschaulicht. Das Problem ist, daß sie nicht genügend gutbezahlte Arbeitsplätze für alle Engländer schaffen, und mangelnder Erfolg irgendwo anders in Großbritannien bedeutet, daß die regionalen Unterschiede größer und größer werden.

Anzeichen des Wandels

In Großbritannien gibt es Anzeichen, daß sich wichtige Elemente der Gleichung zu ändern beginnen, beschleunigt durch eine Verlagerung in der politischen Führung. Mit einer umstrittenen Regierungsinitiative soll die Bildung verbessert werden, und die Anzeichen, daß die Unternehmen mehr in die Mitarbeiterschulung investieren, mehren sich. Die Einstellung zur Arbeit, die Standards für die Arbeitszeit und die Bezahlung verändern sich zum Positiven. Sinkende Steuern und die Möglichkeit höherer Einkommen haben die Menschen beflügelt. Ein Abbau der Gewerkschaftsmacht – z.T. durch die von der Thatcher-Regierung erlassenen Gesetze – hat die Beziehungen zwischen Arbeitgebern und -nehmern verbessert, eine Umstrukturierung näher in den Bereich des Möglichen gerückt und das Produktivitätswachstum entfacht. Die Verbrauchernachfrage in den prosperierenden Regionen um London und im Südosten wird fortschrittlicher und wählerischer. Spitzenleute unter den Einzelhändlern stimulieren die Entwicklung neuer Konsumgüter. Die Devisenkontrollen, die 1979 nach vielen Jahrzehnten aufgehoben wurden, haben die britischen Unternehmen neuen Zwängen zum Wettbewerb um Kapital ausgesetzt.

Die Notlage vieler britischer Unternehmen in den 70er und frühen 80er Jahren machte schließlich deutlich, daß es nur die Wahl zwischen Wettbewerb und Untergang gab. Eine Flut von Übernahmen hat die gesetzten Unternehmen aufgescheucht und einen aggressiven Führungsstil bewirkt. Privatisierung hat in Branchen wie der Telekommunikation und der Stromerzeugung für mehr Wettbewerb gesorgt. Die Aufhebung der staatlichen Regulierung verstärkt den Wettbewerb in anderen Branchen wie den Finanzdienstleistungen, wo Großbritanniens Wettbewerbsvorteil profitiert. Aggressiver Wettbewerb wird gesellschaftlich immer hoffähiger, und insgesamt zeigt der Wettbewerb Anzeichen einer Belebung.

Das Unternehmertum weitet sich aus, und in der Thatcher-Ära wird der Unternehmer zum gefeierten Mann. Es hat sich eine Risikokapitalbranche gebildet, die dem übrigen Europa deutlich voraus ist. Schließlich schaffen Auslandsinvestitionen in Montagewerke, größtenteils in notleidenden Gebieten gelegen, begehrte neue Arbeitsplätze. Die jüngsten Erfahrungen Großbritanniens macht das veränderte Klima deutlich, das mit drastischen Änderungen in der Politik einhergeht und in der gesamten Wirtschaft Reaktionen und Gegenreaktionen auslöst.

Aber Großbritannien hat einen breiten industriellen Erfolg, der einen beständigen Anstieg des Lebensstandards stützt, noch längst nicht sicher. Die Qualifikation der Arbeitskräfte ist noch weit hinter der anderer fortschrittlicher Länder zurück, und die Faktorbildung ist nach wie vor schwach. Viele Auslandsinvestitionen werden durch die niedrigen Löhne angeregt, eine Tatsache, die deren positive Auswirkungen für die Aufwertung der Wirtschaft begrenzt. Einige der inzwischen privatisierten staatlichen Unternehmen sind noch immer geschützte Monopole, wenn auch in einem Übergangsstadium. Die Nachfragebedingungen für Güter, die auf den Durchschnittsverbraucher zielen, und für die vielen Industrieprodukte sind nach wie vor ein schwerwiegender Nachteil. Die Ziele von Investoren, Unternehmen und Einzelpersonen erweisen sich als immer noch nicht richtig abgestimmt auf die Innovationen und einen langfristigen Erfolg. Die Investitionsrate in der Industrie ist noch ungenügend. Der Wettbewerb ist schleppend, und der Ruf nach Subventionen und Schutzmaßnahmen will nicht verstummen. Das plötzliche Anziehen des Produktivitätswachstums nach der Umstrukturierung könnte sich als unhaltbar erweisen. Ich komme in Kapitel 13 auf diese Bedenken zurück.

Gegenströmungen in Amerika

Ab Ende der 60er Jahre verloren weite Bereiche der amerikanischen Industrie ihren Wettbewerbsvorteil. Amerikas Warenhandelsbilanz wurde erstmals im 20. Jahrhundert im Jahr 1971 defizitär. Die Handelsprobleme weiteten sich aus, obwohl der Dollarkurs in den späten 70er Jahren fiel. Die Reallöhne flachten nach Jahrzehnten des Wachstums ab und sanken ab 1973. Das lange Zeit nur mäßige Produktivitätswachstum ließ nach. Betrachtet man die Nachkriegszeit als Ganzes, ist das amerikanische Wachstum von Produktivität und Pro-Kopf-Einkommen das niedrigste der acht Länder.[14] Und das gleiche gilt für die Nettoinvestitionsrate in der Industrie (siehe Tabelle 7–1).

Aber der nationale Wettbewerbsvorteil in der amerikanischen Industrie ist voller Widersprüche. Die Durchschnittsproduktivität der amerikanischen Industrie insgesamt liegt im Ländervergleich immer noch an oder nahe der Spitze. Die Vereinigten Staaten wahren ihren Wettbewerbsvorteil in verschiedenen Fertigungsindustrien, darunter auch neuen und wichtigen Branchen wie Computern, Softwarepaketen und Biotechnologie. Amerika ist nach wie vor bei abgepackten Konsumgütern stark und noch immer beherrschend bei Dienstleistungen. Amerikanische Unternehmen sind die oder mit die Branchenführer bei den meisten gewerblich und verbraucherorientierten Dienstleistungen, bei denen internationaler Wettbewerb herrscht, mit Ausnahme der Schiffahrt und des Tourismus (noch verreisen Amerikaner öfter, als Ausländer die USA besuchen). Die internationale Stellung Amerikas bei den Dienstleistungen wird immer deutlicher, da immer mehr Dienstleistungsbranchen sich international betätigen. (Eine höhere relative Produktivität im Dienstleistungssektor, der einen beträchtlichen Teil des Bruttoinlandsprodukts ausmacht, ist ein Grund dafür, daß die Durchschnittsproduktivität in den Vereinigten Staaten im Vergleich zu Ländern wie Japan so hoch ist.) Schließlich behaupten die Vereinigten Staaten auch eine starke Stellung in der Landwirtschaft und verwandten Branchen.

Wegen der besonderen Struktur des amerikanischen Wettbewerbsvorteils eignen sich die Zahlen des Warenhandels nur zum Teil als Maß für die Wettbewerbsstärke der USA. In vielen Branchen, in denen die Vereinigten Staaten an der Spitze liegen, wie bei Dienstleistungen und abgepackten Konsumgütern, beruht der internationale Wettbewerb sehr stark auf direkten Auslandsinvestitionen und nicht auf Exporten. Außerdem besaßen viele amerikanische Unternehmen bereits ausgedehnte Produktionsanlagen im Ausland oder errichteten sie in den turbulenten Jahrzehnten nach dem Zweiten Weltkrieg. Die Exportposition untertreibt demnach für mehrere Branchen, die wahre internationale Marktstellung der USA.

Alles in allem hat es beim Wettbewerbsvorteil jedoch nennenswerte Verluste in vielen hochkarätigen amerikanischen Fertigungsindustrien gegeben, so bei Automobilen, Lastwagen, Werkzeugmaschinen, Halbleitern, Unterhaltungselektronik und zahllosen anderen Produkten. Die Aufwertung der Wirtschaft ist ins Stocken geraten.

Veränderliche Muster des amerikanischen Wettbewerbsvorteils

Tabelle 9–2 nennt die fünfzig amerikanischen Wirtschaftszweige mit dem höchsten Anteil am Weltexport für das Jahr 1985. Viele Amerikaner, die gewohnt sind, die Vereinigten Staaten für eine fortschrittliche Industrienation zu halten, überrascht diese Aufstellung vielleicht. Von den fünfundzwanzig führenden Branchen sind fünfzehn stark rohstoffabhängig (von den fünfzig führenden sind es zweiundzwanzig).[15] Tabelle 9–3 vergleicht das Ausmaß der rohstoffabhängigen Exporte in den drei führenden Industriestaaten. Geschätzte 24,2 Prozent aller US-Exporte sind rohstoffintensiv, weit mehr als in Deutschland oder Japan. Klammert man die rohstoffabhängigen Branchen aus, hat Deutschland mit einer Bevölkerung von 61 Millionen – ohne die fünf neuen Länder – einen ebenso hohen Anteil am Weltexport wie die Vereinigten Staaten mit einer Bevölkerung von 240 Millionen. Japan hat bei den nicht rohstoffabhängigen Branchen einen noch höheren Anteil am Weltexport.

Weil die amerikanischen Exporte so stark von natürlichen Produktionsfaktoren abhängen, reagiert der US-Handel empfindlich auf Faktorkosten und den Wert des Dollar.[16] Zwischen 1978 und 1985, als der Dollarkurs stieg, gingen die rohstoffintensiven Exporte von 28 Prozent des amerikanischen Gesamtexports auf 24 Prozent zurück. Der jüngste Kursrückgang des Dollar hat die rohstoffabhängigen Exporte emporschnellen lassen, aber der Wettbewerbsvorteil in Branchen dieser Art ist bekanntermaßen instabil.

Die rohstoffintensiven Produkte machen zwar einen wesentlichen Teil der wettbewerbsfähigen US-Branchen aus, aber die Auflistung der fünfzig führenden Branchen zeigt doch, daß die Vereinigten Staaten in Branchen wie Rüstungsgüter, Flugzeuge, Computer, Klimaanlagen und elektromedizinische Geräte einige starke Positionen haben. Zigaretten tauchen zwar, als einziges Konsumgut, in der Top-50-Liste auf, aber die amerikanischen Firmen nehmen für viele andere Konsumgüter umfangreiche Direktinvestitionen im Ausland vor, so daß die Exporte die Wettbewerbsstärke unvollkommen wiedergeben.

TABELLE 9–2   Die 50 US-Branchen mit dem höchsten Anteil am Weltexport im Jahr 1985

Branche	Anteil am gesamten Weltexport	Export- wert (Mio. $)	Import- wert (Mio. $)	Anteil am ges. US- Export
Baumwollsamenöl	82.4	124,770	3,047	0.06
Kamerafilme	81.9	885,712	630,695	0.42
Petrolkoks	80.3	760,981	19,522	0.36
Geschäftsflugzeuge und Hubschrauber[1]	79.4	8,823,833	1,806,783	4.14
Säge-, Furnierstämme	75.8	1,170,516	17,408	0.55
Andere Kunstdünger	69.6	1,272,439	992	0.60
Rübenfruchtfleisch, Bagasse	69.5	549,301	7,585	0.26
Ungemahlener Mais	69.5	5,335,039	20,588	2.50
Verbrennungsmotoren und Teile für Flugzeuge	67.4	383,483	9,766	0.18
Sojabohnen	67.1	3,749,941	976	1.76
Ungemahlenes Sorghum	65.8	769,266	13	0.36
Kohle, Braunkohle, Torf	64.4	4,399,776	135,986	2.06
Analog-, Hybridrechner, Speichereinheiten	64.3	4,323,864	4,116,526	203
Frischfisch	63.5	664,102	631,303	0.31
Gasturbinenmotoren für Flugzeuge	62.8	1,229,403	1,254,813	0.58
Militärische Handfeuerwaffen, Munition	62.7	2,888,887	203,863	1.36
Rinder-, Hammelfett	60.3	554,747	–	0.26
Teile für Meß- und Zeichengeräte	60.0	104,473	23,586	0.05
Stickstoff-Phosphat-Dünger	57.3	649,698	30,129	0.30
Radioaktive Stoffe	57.1	980,118	1,399,330	0.46
Flugzeugteile	56.6	5,674,001	1,793,513	2.66
Molke	54.2	199,938	–	0.09
Kriegsschiffe und Boote	53.1	278,283	–	0.13
Ton	52.4	310,053	3,246	0.15
Grüne Erdnüsse	51.3	209,987	463	0.10
Piezoelektrische Kristalle	50.7	3,019,250	1,100,923	1.42
Meß-, Zeichen- u. a. Geräte	48.4	600,200	177,534	0.28
Regenerierte Spinnfasern	48.0	226,088	2,018	0.11
Schreibmaschinen, Scheckschreiber	47.8	167,562	375,209	0.08
Ganz oder teilweise entstielter Tabak	47.7	129,913	177,163	0.06
Eisenkies	47.2	240,557	556,954	0.11
Elektromedizinische Geräte	46.6	865,609	524,326	0.41
Löslicher chemischer Holzstoff	45.3	299,445	62,012	0.14
Unbehandelte Rinder- und Pferdehäute	45.3	1,021,116	30,670	0.48
Zyklischer Alkohol	44.5	154,502	22,238	0.07
Glykoside, Drüsen, Seren	44.5	505,183	201,777	0.24

Branche	Anteil am gesamten Weltexport	Export- wert (Mio. $)	Import- wert (Mio. $)	Anteil am ges. US- Export
Schuhe mit Kork-, Holzsohlen	44.4	80,675	173,548	0.04
Eßbare Innereien	43.1	298,577	7,063	0.14
Walzwerke	42.5	77,911	11,642	0.04
Straßenwalzen, Tiefbaumaschinen etc.	42.2	4,091,920	1,937,088	1.91
Pharmaerzeugnisse (ohne Arzneimittel)	41.8	806,956	52,058	0.38
Flugzeugmotoren und Motorteile	41.6	2,451,731	1,202,089	1.15
Raupenschlepper	40.5	230,718	69,695	0.11
Fungizide, Desinfektionsmittel	40.3	788,551	116,851	0.37
Kraft-Futterpapier	40.3	481,920	–	0.23
Polyäthylen in Stangen	39.9	647,607	151,409	0.30
Polyvinylchlorid in Stangen	39.1	262,736	98,344	0.12
Kunstpelzprodukte	38.9	8,697	–	0.00
KFZ-Fahrgestell	37.7	386,818	968,789	0.18
Büro-, Autom. Datenverarbeitungs- maschinen, Zubehör	37.1	7,816,542	5,326,652	3.70
GESAMT				33,80

[1]Auf Geschäftsflugzeuge entfallen nach Schätzungen 5,5 Billionen $ an Exporten in dieser Gruppe.
ANMERKUNG: Importdaten sind nicht angegeben, wenn der Importwert unter 0,3 Prozent des Gesamt-thandels für 1985 liegt.

Abbildung 9–4 umreißt die wettbewerbsfähigen US-Branchen für 1985. Die Abbildungen 9–5 und B–9 zeigen zusammengefaßte Statistiken. Die Vereinigten Staaten haben eine starke Position bei Forsterzeugnissen und insbesondere bei landwirtschaftsnahen Produkten (sie sind mit Abstand die Nummer eins bei den Gesamtexporten des Nahrungsmittel/Getränke-Cluster). Die Stellung der USA in der Landwirtschaft umfaßt Agrarprodukte, Maschinen, besondere Produktionsmittel und Dienstleistungen, vor allem den Handel. Eine verstärkte Produktion im Ausland schränkt wahrscheinlich das zukünftige Exportwachstum der US-Landwirtschaft ein. Eine beherrschende Stellung haben die Vereinigten Staaten auch in der Rüstung, der Raumfahrt und verwandten Gebieten. Die Schraffur in Abbildung 9–5 macht deutlich, daß die guten Positionen Amerikas bei Rüstung, Verkehr (Flugzeuge) und Computer durch die Staatsausgaben miteinander verbunden sind.
Auch bei Produkten aus dem Bereich Gesundheitswesen hat Amerika gewaltige Stärken, die weiter zunehmen. Ein anderer weltweit führender Cluster besteht bei Computern und Software (wenngleich die Position bei Halbleitern verfällt). Andere starke US-Cluster gibt es in den Bereichen Unterhaltung und Freizeit (außerhalb der Unterhaltungselektronik sind die Vereinigten Staaten dort ungewöhnlich stark), abgepackte Konsumgüter (Food und Non-food), Verbraucherdienstleistungen und Dienstleistungen im gewerblichen Bereich (Finanzdienstleistungen, Unternehmens-

TABELLE 9–3 Rohstoffabhängige Exporte, 1985

	Anteil an Landesexporten			Landesanteil an Weltexporten			Anteil am gesamten Welt-export
	US	D	Japan	US	D	Japan	
ROHSTOFF-ABHÄNGIGE BRANCHEN	24,2%	12,4 %	2,7 %	8,3 %	3,7 %	0,8 %	36,7 %
ROHSTOFF-UNABHÄNGIGE BRANCHEN	75,8 %	87,6 %	97,3 %	15,1 %	14,9 %	16,1 %	63,3 %
GESAMT	100 %	100 %	100 %	12,6 %	10,8 %	10,4 %	100 %

QUELLE: Schätzungen des Autors. Als rohstoffabhängig werden Branchen definiert, die mit landwirtschaftlichen Gütern, Grubengut oder anderen natürlichen oder angebauten Waren zu tun haben, die relativ wenig verarbeitet, nicht abgepackt und kein Markenartikel sind. Die Brancheneinteilung des Internationalen Warenverzeichnisses für den Außenhandel nach der Rohstoffabhängigkeit kann beim Autor erfragt werden.

beratung und Wirtschaftsprüfung). Die frühere und heutige Breite der US-Wirtschaft kommt in der Stärke bei »Mehrfachgeschäfts«-Produkten und vor allem bei Dienstleistungen zum Ausdruck. Die amerikanische Position bei Chemikalien ist zwar stark, jedoch nicht dominierend, Kunststoffe ausgenommen.

Viele Branchen, in denen Amerika einen Wettbewerbsvorteil behauptet, betreffen die politisch sensibelsten Gebiete. Raumfahrt, Rüstung, Computer, Landwirtschaft und viele Dienstleistungen z. B. werden in anderen Ländern stark subventioniert oder protektioniert, eine Beschränkung des internationalen Erfolgs. Anlässe für Handelsstreitigkeiten gibt es ungewöhnlich viele.

Amerika hat eine schwache oder sich abschwächende Position bei verkehrsnahen Produkten oder Dienstleistungen, in vielen Bereichen des Maschinenbaus, bei Werkzeugmaschinen, Büro- und anderen Geräten – mit Ausnahme von Computern –, in der Unterhaltungselektronik, bei langlebigen Konsumgütern aller Art, Bekleidung und verwandten Produkten, Stahl und anderen Werkstoffen sowie Telekommunikationsausrüstung (ausgenommen Schaltanlagen für Großbüros und Faseroptik, wo die USA Stärken haben).

Die auffälligsten Veränderungen zwischen 1971 und 1985 fallen in sehr exponierte Branchen wie Stahl, Automobile, Werkzeugmaschinen, Unterhaltungselektronik und Bürogeräte. Doch der nachlassende Wettbewerbsvorteil amerikanischer Unternehmen ist weit verbreitet und wird in vielen unserer Fallstudien deutlich. Der steigende Dollarkurs der frühen 80er Jahre half ganz sicher nicht, aber die ganzen 70er Jahre war er, bis auf eine kurze Zwischenzeit, gefallen und kam nicht über einen Stand, bei dem die Vereinigten Staaten in den 60er Jahren einen ausgeglichenen Fertigungshandel erreicht hatten.[17] Der Verfall der amerikanischen Position begann

ABBILDUNG 9–4   Ansammlung international wettbewerbsfähiger US-Branchen, 1985

	WERKSTOFFE/METALLE	FORSTERZEUGNISSE
Primärgüter	METALLERZEUGNISSE Werkzeugblätter, -spitzen etc. Kupfer-, Aluminium-drahtseile# *Nägel, Schrauben aus Stahl und Kupfer*#• NICHTEISENMETALLE **Ton** Kupferlegierungen# Zinn, -legierungen, verarbeitet#• *Gewalztes Silber*# ANDERE WERKSTOFFE & ABFÄLLE *Aluminium** *Molybdän, Niobium u.a. Erze* Metallhaltiger Nichteisenabfall. Kupferabfall &-schrott *Anderer NE-Metallschrott*# Edelmetallabfall	HOLZPRODUKTE *Faserholzspäne* **Grobes Sägefurnier, Stämme** Verarbeitetes Holz# ZELLSTOFF *Abfallpapier, Holzstoff*# *Kunstfaserzellstoff* PAPIER *Kraft-Futterpapier, en gros* Kunststoffbeschichtetes Papier
Maschinen	*Walzwerke** Elektrische Industrieöfen Mineralien verarbeitende Maschinen#•.	
Besondere Produktionsmittel	Sonstige feuerfeste Ziegel etc. *Eisenkies*#	
Dienstleistungen	Bergbau*	

Primärgüter	ERDÖL/CHEMIKALIEN	HALBLEITER/COMPUTER
	ROHSTOFFE **Kohle, Braunkohle & Torf*** **Petrolkoks** *Rohöl** ORGANISCHE CHEMIKALIEN Andere zyklische Kohlenwasserstoffverbindungen* Chemisch reine Dimethylbenzole Halogene Kohlenwasserstoffderivate *Zyklische Alkohole etc.** Einbasige Säuren und Derivate **Polysäuren und Derivate** Aminverbindungen Äther, Epoxyde, Acetale Anorganische Ester und andere organische Chemikalien* ANORGANISCHE CHEMIKALIEN Anorganische Säuren etc. Phosphite, Phosphate• *Andere anorganische Chemikalien etc.** KUNSTSTOFFE *Alkyde, Polyalkyde in Platten*** **Polyäthylen in Stangen*** **Polypropylen** *Sonstige Kunststoffe* *Technische Kunststoffe** *Polyamide in Platten•* *Polystyrol in Stangen*• *PVC in Stangen*•	**Analoge & hybride, digitale Speichereinheiten*** *Digitalrechner* *Digitale Zentralrechner* **Teile und Zubehör für Büro- und automatische Datenverarbeitungsmaschinen** Andere elektronische Röhren **Piezoelektrische Kristalle*** Gedruckte Schaltungen & Teile*. *Elektronische Mikroschaltungen***
Maschinen	*Ölfeldausrüstung***	**Anlagen zur Halbleiterherstellung***
Besondere Produktionsmittel		
Dienstleistungen	*Ölfelddienstleistungen*** Tankstellen*	**Kundensoftware*** **Netzverwaltung*** **Informationsverarbeitung*** **Information***

SCHLÜSSEL

Normal
Kursiv
Fett

• Branchen 1978 unter dem Schwellenwert.

Errechnete Restgrößen

Aufgenommen aufgrund eines nennenswerten Exportwerts in einem Branchenbereich.

Anteil am Weltexport 12,3% oder mehr, aber weniger als 24,6%.

Anteil am Weltexport 24,6% oder mehr, aber weniger als 49,2%.

Anteil am Weltexport 49,2% oder mehr.

* Aufgenommen aufgrund der direkten Auslandsinvestitionen.

** Aufgewertet aufgrund der direkten Auslandsinvestitionen.

*** Aufgenommen aufgrund von Inlandsuntersuchungen.

ABB. 9–4 Fortsetzung

Primärgüter	**MEHRFACHGESCHÄFT**		**VERKEHR**	
	AUSRÜSTUNG	GERÄTE	MOTOREN	
Primärgüter	**Fahrstühle, Rolltreppen*** **Klimaanlagen** **Andere Elektromaschinen** *(Verkehrsüberwachungsanlagen, Sicherheitsvorkehrungen etc.)* *Drehkolben- und andere Pumpen für Flüssigkeiten, Teile* Pumpen-, Kompressorenteile Gas-, Flüssigkeitsfilter	Glühbirnen* **Meß-, Zeichen- u.a. Geräte** **Teile für Meß- und Zeichengeräte*** *Überwachungsgeräte für Gas und Flüssigkeiten* *Meß-, Steuergeräte*	**Sonstige Kolbenmotoren** **Verbrennungskolbenmotoren und -teile für Flugzeuge*** **Gasturbinenmotoren für Flugzeuge** Schiffskolbenmotoren, innenbord FAHRZEUGE & AUSRÜSTUNG Spezialkraftfahrzeuge	*Kraftfahrzeuge* **Hubschrauber und sonstige Geschäftsflugzeuge*** Eisenbahnfahrzeuge & zugehörige Ausrüstung#. **Raupenschlepper**** **Straßenwalzen & Tiefbaumaschinen***** *Fahrgestelle für Kraftfahrzeuge* Schlepper, Flöße*.
Maschinen	Maschinen für Spezialbranchen* Spritzmaschinen	Verkaufsautomaten, Waagen*	*Autogenschweißgeräte*	
Besondere Produktionsmittel	*Weichgummiprodukte* **Teile für mechanisches Handwerkszeug*** Nicht montierte Polarisationsplatten*		Kunstgummi **Asbest, Schleifmittel** Radargeräte Antiklopfmittel Reifen* ZUBEHÖRTEILE **Sonstige Kolbenmotorenteile**	*Teile für Flugzeug- und sonstige Motoren* **Sonstige Flugzeugteile** **Gabelstaplerteile*** *KFZ-Aufbauten, Teile, Zubehör* Eisenbahnfahrzeuge und zugehörige Ausrüstungsteile
Dienstleistungen	**Wirtschaftsprüfung*** *Werbung* **Unternehmensberatung*** **Juristische Dienstleistungen*** **Technik/Architektur*** **Bauen*** Auftragsforschung* *Zeitarbeit* Gebäudereinigung* Sicherheitsdienste* **Gewerbliche Wäscherei*** **Arbeitskleidung*** Gewerbliche Reinigung*	**Geschäftsbanken*** **Emissionsbanken*** **Geldanlage*** **Konsumentenkredite*** **Anlagenleasing und -miete*** **Kreditauskunft*** **Abfallwirtschaft*** **Unternehmensschulung*** **Kreditkarten*** Nachbarschaftsläden* **Öffentlichkeitsarbeit***	Fluggesellschaften*** Luftfracht***	

	STROMERZEUGUNG & -VERTEILUNG	BÜRO	TELEKOMMUNIKATION	RÜSTUNG
Primärgüter	ERZEUGUNG Dampfkessel und Hilfsanlagen* Dampfmaschinen, -turbinen • Kernreaktoren, Teile VERTEILUNG Isoliergeräte	**Große leistungsstarke Fotokopiergeräte*** *Mechanische Schreibmaschinen, Scheckschreiber*	Fernseh-, Rundfunksender	**Militärische Handfeuerwaffen, Munition** *Militärflugzeuge**** *Militärische Elektronik**** **Kriegsschiffe***
Maschinen				
Besondere Produktionsmittel	**Radioaktives u.a. Material***			
Dienstleistungen			*Satellitenstarts****	

SCHLÜSSEL

Normal   Anteil am Weltexport 12,3% oder mehr, aber weniger als 24,6%.

Kursiv   *Anteil am Weltexport 24,6% oder mehr, aber weniger als 49,2%.*

Fett   **Anteil am Weltexport 49,2% oder mehr.**

• Branchen 1978 unter dem Schwellenwert.

\# Errechnete Restgrößen.

\#\# Aufgenommen aufgrund eines nennenswerten Exportwerts in einem Branchenbereich.

* Aufgenommen aufgrund der direkten Auslandsinvestitionen.

** Aufgewertet aufgrund der direkten Auslandsinvestitionen.

*** Aufgenommen aufgrund von Inlandsuntersuchungen.

	NAHRUNGSMITTEL/GETRÄNKE	FERTIGNAHRUNG	WOHNEN/HAUSHALT
Primärgüter	**GRUNDNAHRUNGSMITTEL** **Lebende Rinder*** Lebendes Schlachtvieh*. **Frischer Fisch*** Geflügel **Fisch, gesalzen, getrocknet, geräuchert*.** **Geschälter oder ungeschälter Reis** **Reis, verarbeitet, nicht gebrochen** Mehl aus Weizen oder Weizen und Roggen Mehl aus anderen Getreidearten **Sojabohnen** Getrocknete Hülsenfrüchte Orangen, frisch oder getrocknet **Zitronen, Pampelmusen** Rosinen Eßbare Nüsse **Frische Erdnüsse** **Eßbare Abfälle** SPEISEÖL **Rinder-, Hammelfett** **Sojabohnenöl** **Baumwollsamenöl** Sonnenblumenöl.	**Tiefkühlkost*** **Molke*** Frühstücksflocken, Teigwaren* Sonstige Eßwaren und Zubereitungen Fleischabfälle, getrocknet* **Matetee*** GETRÄNKE **Kohlenstoffhaltige Getränke mit Geschmack.**	***Seife, Polituren******
Maschinen			
Besondere Produktionsmittel	Kultivatoren Mähdrescher **Teile für Erntemaschinen** Gewerbliche Nahrungsmittelmaschinen Gewerbliche Kühlanlagen Teile für gewerbliche Kühlanlagen*	Rasenmäher, Ernte- u. a. Maschinen*	
Dienstleistungen	**Konservendosen aus Metall*****, **Bagasse** **Rübenfruchtfleisch,** etc. Heu, Tierfutter* ***Samen etc. für die Aussaat***** **Ungemahlener Weizen etc.** **Ungemahlener Mais** **Ungemahlenes Sorghum** Ölkuchen u. a. Reste LANDWIRTSCHAFTLICHE CHEMIKALIEN **Andere Düngemittel*** **Sonstige Stickstoff-Phosphat-Düngemittel** **Fast food.** ***Essensservice/Verkauf in Automaten*** Handel mit landwirtschaftlichen Gütern***	Natürliche Kalziumphosphate, nicht zermahlen Insektizide ***Fungizide, Desinfektionsmittel****	

	TEXTILIEN/BEKLEIDUNG	GESUNDHEITS-FÜRSORGE	PRIVAT	UNTERHALTUNG/FREIZEIT
Primärgüter	STOFFE Spezielle Textilgewebe* **Schuhe mit Holzsohlen*** **Kunstpelze und -artikel***	ARZNEIMITTEL *Unverpackte Hormone* *Glykoside, Drüsen, Seren* *Hormonhaltige Medikamente**** *Andere pharmazeutische Mittel als Medikamente*•* *Elektromedizinische Geräte* Sonstige medizinische Geräte *Hör-, orthopädische Hilfen* Spritzen*** Kontaktlinsen*** *Einrichtung Operationssäle etc.**	Zigarren, Stumpen, Tabakherstellung* **Zigaretten****	**Filmkameras, Projektoren etc.**** *Fotochemische Produkte**** *Filme & Platten, belichtet#•* *Spielfilme* *Zeitungen, Zeitschriften**** *Sonstige handgemalte Bilder etc.* Bespielte Platten, Bänder *Musikautomaten** Fotoapparate* Entladungslampen*
Maschinen	Teile für Textilverarbeitungsmaschinen **Knopflochmaschinen****			
Besondere Produktionsmittel	Schmälzmittel für Textilien* **Rinder, Pferdefelle, unbehandelt** Andere Pelze, unbehandelt* FASERN & GARNE **Rohbaumwolle, ohne Linters** Diskontinuierliche synthetische Fasern, ungekämmt **Regenerierte Spinnfasern*** Abfall v. synthetischen Fasern* **Textilabfälle** Zellulosederivate Synthetische Fasergarne*		*Tabak, ganz oder teilweise entstielt.* Tabakabfälle*• *Virginia-Tabak, mit Heißluft getrocknet*	
Dienstleistungen		*Gesundheitsfürsorge** *Krankenhausverwaltung**	*Höhere Schul- und Universitätsbildung**** *Studentische Fortbildung****	*Hotels & Hotelverwaltung* *Automiete* *Spielfilmproduktion**** *Prod. v. Fernsehprogrammen****

SCHLÜSSEL

Normal Anteil am Weltexport 12,3% oder mehr, aber weniger als 24,6%.

Kursiv *Anteil am Weltexport 24,6% oder mehr, aber weniger als 49,2%.*

Fett **Anteil am Weltexport 49,2% oder mehr.**

• Branchen 1978 unter dem Schwellenwert.

\# Errechnete Restgrößen

\#\# Aufgenommen aufgrund eines nennenswerten Exportwerts in einem Branchenbereich.

* Aufgenommen aufgrund der direkten Auslandsinvestitionen.

** Aufgewertet aufgrund der direkten Auslandsinvestitionen.

*** Aufgenommen aufgrund von Inlandsuntersuchungen.

ABB. 9 – 5   Exporte wettbewerbsfähiger US-Branchen nach großen Ansammlungen in Prozent

---

Werkstoffe/Metalle
Anteil an Landesexporten: 1.5 (−0.6)
Anteil an Weltexporten der Ansammlung: 2.6 (−0.3)

Forsterzeugnisse
Anteil an Landesexporten: 1.3 (−0.3)
Anteil an Weltexporten der Ansammlung: 5.9 (−0.7)

Erdöl/Chemikalien
Anteil an Landesexporten: 6.3 (1.8)
Anteil an Weltexporten der Ansammlung: 4.1 (0.6)

Halbleiter/Computer
Anteil an Landesexporten: 8.8 (4.5)
Anteil an Weltexporten der Ansammlung: 20.5 (−8.9)

VORGELAGERTE BRANCHEN
Anteil an Landesexporten: 17.9 (5.4)
Anteil an Weltexporten der Ansammlung: 5.7 (0.7)

Mehrfachgeschäft
Anteil an Landesexporten: 9.4 (2.0)
Anteil an Weltexporten der Ansammlung: 18.2 (3.2)

Verkehr
Anteil an Landesexporten: 18.4 (0.5)
Anteil an Weltexporten der Ansammlung: 13.4 (−1.1)

Stromerzeugung & -verteilung
Anteil an Landesexporten: 0.8 (0.2)
Anteil an Weltexporten der Ansammlung: 13.8 (1.7)

Büro
Anteil an Landesexporten: 0.1 (−0.0)
Anteil an Weltexporten der Ansammlung: 7.3 (−0.0)

Telekommunikation
Anteil an Landesexporten: 0.2 (0.2)
Anteil an Weltexporten der Ansammlung: 6.2 (−0.2)

Rüstung
Anteil an Landesexporten: 1.5 (0.1)
Anteil an Weltexporten der Ansammlung: 55.0 (−0.1)

INDUSTRIELLE & UNTERSTÜTZENDE FUNKTIONEN
Anteil an Landesexporten: 30.4 (2.9)
Anteil an Weltexporten der Ansammlung: 14.5 (0.2)

Nahrungsmittel/Getränke
Anteil an Landesexporten: 10.8 (−5.0)
Anteil an Weltexporten der Ansammlung: 12.1 (−2.1)

Textilien/Bekleidung
Anteil an Landesexporten: 2.2 (−0.5)
Anteil an Weltexporten der Ansammlung: 3.7 (−0.5)

Wohnen/Haushalt
Anteil an Landesexporten: 0.0 (−0.1)
Anteil an Weltexporten der Ansammlung: 0.3 (−0.3)

Gesundheitsfürsorge
Anteil an Landesexporten: 2.4 (0.8)
Anteil an Weltexporten der Ansammlung: 19.2 (4.2)

Privat
Anteil an Landesexporten: 0.8 (−1.0)
Anteil an Weltexporten der Ansammlung: 6.4 (−2.9)

Unterhaltung/Freizeit
Anteil an Landesexporten: 1.3 (−0.1)
Anteil an Weltexporten der Ansammlung: 5.7 (−1.0)

ENDVERBRAUCH GÜTER & DIENSTLEISTUNGEN
Anteil an Landesexporten: 17.5 (−5.6)
Anteil an Weltexporten der Ansammlung: 7.9 (−1.4)

Anmerkung: Die Zahlen in Klammern bezeichnen Veränderungen zwischen 1978 und 1985. Die Exporte sind die der wettbewerbsfähigen Branchen, nicht aller Branchen.
▮ Bezeichnet die großen Bereiche, in denen die internationalen Wettbewerbspositionen des Landes miteinander verbunden sind.

viele Jahre vor dem Kursanstieg des Dollar. In einer Branche nach der anderen büßten amerikanische Unternehmen ihre Führung in der Produkt- und Verfahrenstechnologie ein.

Wie konnte eine Position von so beständiger Stärke in technisch hochstehenden, hochproduktiven Bereichen sich in eine Position verwandeln, bei der der Wettbewerbsvorteil in so vielen fortschrittlichen Branchen verfiel und das Wachstum des Pro-Kopf-Einkommens in der Nachkriegszeit das langsamste aller von uns untersuchten Länder war? Warum stockte der Aufwertungsprozeß in der amerikanischen Wirtschaft? Um diese Fragen beantworten zu können, muß ich erneut die Bestimmungsfaktoren des nationalen Wettbewerbsvorteils in ihren Auswirkungen auf die Vereinigten Staaten untersuchen. Dort sind die Gründe für die Schwierigkeiten einiger Branchen und die anhaltend gute Lage anderer zu finden.

Faktorbedingungen

Die Vereinigten Staaten verfügen nach wie vor über natürliche Produktionsfaktoren in vergleichsweise großer Fülle. Branchen wie Aluminium und Kupfer haben ihre Position verloren, wegen schwindender Reserven, hoher Energiekosten und/oder wegen der Erschließung neuer, kostengünstiger Vorkommen im Ausland. Die Landwirtschafts- und Forstprodukten nahestehenden US-Branchen können ihre starke Wettbewerbsposition durch ständige Produktivitätsverbesserungen wahren, auch wenn die Produktion in anderen Ländern steigt.

Amerika bleibt beherrschend in der wissenschaftlichen Forschung, vor allem in den grundlegenden Disziplinen. Daß amerikanische Unternehmen einen Vorteil in der Rüstungs- und Raumfahrtbranche sowie in wissenschaftsnahen Branchen wie Medizin und Biotechnologie gewahrt haben, ist kein Zufall. Dort fließen die technischen Mittel.

Doch in vielen etablierten Branchen ist der technische Vorsprung fast dahin. Amerikanische Unternehmen haben nur schleppend neue Verfahrenstechnologien übernommen, schleppend die Anlagen aufgewertet und schleppend neue Produkte und Merkmale eingeführt. Vor allem Japan meldet einen wachsenden Anteil an Patenten an, einschließlich jener spektakulären, die so oft genannt werden. Insgesamt wurden 1988 47,1 Prozent aller anerkannten US-Patente Nichtamerikanern zuerkannt, der höchste Prozentsatz in der Geschichte. Japanische Firmen sind auf so wichtigen Gebieten wie der modernen Fertigungstechnologie, neuen Werkstoffen und Teilbereichen der Elektronik technologisch führend. Amerika bringt noch immer viel Wissenschaft und Technologie hervor, ist aber zurück, wenn es darum geht, sie in wettbewerbsfähige US-Industrien umzusetzen. Bei Dienstleistungen oder abgepackten Gütern, wo die Technologie nicht so vieles umfaßt und Produkt- und Prozeßveränderungen relativ schnell erfolgen, besteht das Problem nicht. Die Schwierigkeiten tauchen in Branchen wie Automobile, Werkzeug- oder Druckmaschinen auf, wo die Innovation ständige Investitionen in Forschung und Entwicklung verlangt, wo die Einführung neuer Produkte und Verfahren kompliziert und zeitaufwendig und wo komplexe Koordinierung zwischen einzelnen Gebieten erforderlich ist.

Faktorbildung. Die Ursachen für den Rückgang der Führung Amerikas bei den Innovationen sind erheblich und berühren den gesamten »Diamanten«. Zunächst einmal ist Amerika in der Faktorbildung stark zurückgefallen. Die Rate der amerikanischen Gesamtinvestitionen in die Faktorbildung und -aufwertung ist seit den 60er Jahren zurückgegangen, während sie in anderen Ländern zur gleichen Zeit deutlich gestiegen ist, insbesondere dort, wo es um fortschrittliche Branchen geht. Die vielleicht wichtigste Einzelursache für die stockende Vermarktung der Technologie ist der gegenüber anderen Ländern relative Verfall des Humankapitals. Die Gesamtausgaben für die Bildung als Teil des Bruttoinlandsprodukts gehören zwar zu den höchsten, dennoch ist das amerikanische Bildungssystem stark ins Schlingern gekommen.

Die führenden Hochschulen und Universitäten sind unübertroffen, und viele ausländische Studenten kommen zur Ausbildung nach Amerika, vor allem auf der Graduiertenebene. Die hohe Qualität an der Spitze verdeckt jedoch die Probleme überall sonst. Die amerikanische Durchschnittsuniversität erreicht nicht den Standard einer deutschen oder schweizerischen Universität, und der Prozentsatz der Studenten mit einem technischen Hauptfach liegt niedriger.

Noch problematischer ist das Bildungssystem für einen Durchschnittsarbeiter. Die amerikanischen Schulen setzen niedrige Maßstäbe und haben eine schlechte Disziplin. Die Absolventen einer High School sind in so wichtigen Fächern wie Mathematik, Naturwissenschaften und Sprachen deutlich hinter denen anderer fortschrittlicher Länder zurück. Japanische Unternehmen, die in den USA Fabriken errichten, haben z.B. festgestellt, daß die bei der statistischen Fertigungskontrolle benötigten statistischen Methoden, die von den meisten Absolventen japanischer Oberschulen verstanden werden, für viele amerikanische Studenten böhmische Dörfer sind. Das Schuljahr ist kurz, unentschuldigtes Fehlen häufig, die auf Hausaufgaben verwandte Zeit gering und der Wettbewerb unter den Schülern schwach entwickelt. Amerika hat das Problem noch nicht gelöst, wie es benachteiligten Gruppen Zugang zur Bildung gewähren und trotzdem an der Spitze bleiben soll. Unterrichten hat an Ansehen eingebüßt, die Bezahlung nicht mit anderen Berufen Schritt gehalten, und die Durchschnittsqualifikation der Lehrer ist gesunken. Der Wehrdienst, früher einmal ein bedeutender Entwicklungsfaktor für Arbeitskräfte, spielt nur noch eine untergeordnete Rolle.

Die Folge ist eine außerordentlich hohe Rate an funktionellem Analphabetentum bei den amerikanischen Arbeitern. Vielen Arbeitern und Angestellten fehlen die bildungsmäßigen Grundlagen für eine Weiterbildung und die Qualifikation, die für Produktivitätsverbesserungen erforderlich wäre. Die innerbetriebliche Ausbildung nimmt zwar zu, konnte aber dieses Defizit nicht ausgleichen. Die Schulung in amerikanischen Unternehmen bleibt weit hinter der in Japan und Deutschland zurück.

Die Universitätsforschung in den Vereinigten Staaten beweist nach wie vor einmalige Stärke. Doch haben die Forschungsausgaben der Bundesregierung nicht mit der Inflation Schritt gehalten. Lange neigten sie zur Richtung rüstungsnaher Forschung, deren Ausmaß ständig wuchs (1988 67 Prozent). Anders als in den 40er und 50er Jahren befassen sich Rüstungsforschung und -entwicklung jetzt weniger mit Basistechnologien als mit hochspezialisierten Rüstungsanforderungen. Die amerikanischen Ausgaben für die *nicht*rüstungsbedingte Forschung belaufen sich auf etwa 1,9 Prozent des Bruttoinlandsprodukts, gegenüber 2,8 Prozent in Japan und 2,6 Prozent in Deutschland. Selbst die Gesamtausgaben der USA für Forschung und Entwicklung einschließlich der Rüstung liegen, in Prozent des Bruttoinlandsprodukts gemessen, niedriger als die in Japan, Deutschland und Schweden.[18] Die Forschungsausgaben der US-Unternehmen blieben in den 70er Jahren zurück, zu einer Zeit also, als das Ausgabenniveau bei Unternehmen in anderen Ländern stieg.

Die Diskussion über die entscheidende Bedeutung spezieller Faktoren für den Wettbewerbsvorteil – siehe Kapitel 3 – läßt jedoch ein zweifellos wichtigeres Problem vermuten. Die Vereinigten Staaten besitzen zwar wirkungsvolle Mechanismen zur Bildung allgemeiner Faktoren, etwa Spitzenuniversitäten und eine große Wissenschaftsgemeinschaft, ihnen fehlen aber für bestimmte Branchen oft die anderswo existierenden Mechanismen zur Bildung fortschrittlicher und spezieller Faktoren. Mechanismen zur Bildung allgemeiner Faktoren sind *notwendig, aber nicht hinreichend*. Es gibt kein gutentwickeltes Lehrlingssystem, kein starkes Berufsschulsystem, keine Tradition italienischer Art, nach der Generationen in einer Branche arbeiten, und keine so nachdrücklich betriebene innerbetriebliche Ausbildung wie in Japan. Spezialisierte Forschungsinstitute und gemeinschaftlich von Universitäten und Privaten betriebene Forschungsprogramme sind noch verhältnismäßig selten.

Auch im Kapitalbereich hinkte die Faktorbildung hinterher. Eine geringere und abnehmende Quote der privaten Ersparnisse hat den Bestand an investierbarem Kapital eingeschränkt. In den 80er Jahren haben enorme Defizite im Bundeshaushalt einen Großteil der privaten Ersparnisse abgeschöpft und zu riesigen Nettokreditaufnahmen im Ausland geführt. Der Realzins, in den 50er Jahren einer der niedrigsten weltweit, wurde in den 80er Jahren zu einem der höchsten.

Verminderter Aufwertungsdruck. Die selektiven Faktornachteile haben nicht mehr die Funktion eines besonderen Ansporns für die amerikanische Industrie. Das Lohnwachstum blieb in den Vereinigten Staaten hinter dem der meisten anderen fortschrittlichen Länder zurück, was den Druck zu Produktivitätsverbesserungen verringerte. Die amerikanischen Löhne gehören heute nicht mehr zu den höchsten der Welt.

In den 70er und 80er Jahren drängte ein Heer verfügbarer Arbeitskräfte auf den amerikanischen Arbeitsmarkt, eine nachkriegsbedingte Folge des Babybooms, mehr arbeitender Frauen und der Einwanderungen. Da so viele neue Arbeitskräfte greifbar waren, standen die amerikanischen Unternehmen nicht unter dem gleichen Druck zu automatisieren und in differenziertere Bereiche vorzudringen wie die Firmen in anderen fortschrittlichen Ländern. Für die Firmen fehlte die Notwendigkeit, in eine Verbesserung der Qualifikation oder der bisher Beschäftigten zu investieren, weil ein aktuelles Angebot an neuen Arbeitskräften bestand. Während viele neue Arbeitsplätze geschaffen wurden, drosselte sich das Aufwertungstempo in der amerikanischen Wirtschaft. Gleichzeitig konnte es, trotz schleppenden Produktivitätszuwachses, zu wirtschaftlichem Wachstum kommen.[19]

Ebenso wichtig wie der fehlende Druck in einigen Bereichen war die Art der Reaktion auf den Druck in anderen. Weil keine feste Bindung an Stammindustrien bestand und der Inlandswettbewerb versagte, reagierten viele amerikanische Unternehmen auf den steigenden Dollarkurs in den 80er Jahren damit, daß sie Marktpositionen preisgaben, ausverkauften, sich im Ausland eindeckten oder Schutz suchten, anstatt zu innovieren. Die gleichen Umstände bedeuten, daß der Kurssturz des Dollar den Zwang zu Qualitäts- und Produktivitätssteigerungen erhöht hat.

Der Arbeitskräftemangel, der sich in einigen Bereichen abzeichnet, deutet jedoch auf demographische Veränderungen hin, die für die amerikanische Industrie äußerst segensreich sein könnten. Ein knappes Angebot an Arbeitskräften schafft Zwänge zur Aufwertung des Vorteils. Eine aufgeklärte Bevölkerung spart wahrscheinlich mehr. Es müssen sich jedoch noch an anderer Stelle des »Diamanten« Veränderungen ergeben (etwa bei der Faktorbildung, den Zielen und dem Wettbewerb), wenn diese Entwicklung reichlich Früchte tragen soll.

Nachfragebedingungen

Ein weniger ins Auge fallendes, doch ebenso ernstes Problem für den amerikanischen Wettbewerbsvorteil ist ein Zerfall der Nachfragebedingungen. Amerika ist nicht mehr das Land, das stets den Weltmarkt ahnen läßt. Und Amerika ist auch nicht mehr so selbstverständlich die Heimat der anspruchsvollsten Kunden der Welt. Der amerikanische Normalverbraucher und der amerikanische industrielle Käufer verkörpern demnach nicht mehr die gleiche Stärke wie einst.[20] Im Ergebnis zeigt sich eine Unfähigkeit amerikanischer Firmen, bei den Innovationen und Differenzierungsstrategien ausländischer Konkurrenten mitzuhalten. So gerät die Aufwertung der amerikanischen Industrie ins Stocken.

Die amerikanischen Verbraucher sind nicht mehr die wohlhabendsten. Ganz bestimmt gehören sie nicht zu den anspruchsvollsten. Sie geben sich mit Produkten und Dienstleistungen zufrieden, die kein Japaner oder Deutscher abnehmen würde.[21] Diese Beobachtung haben wir ein ums anderemal bei unseren Befragungen leitender Angestellter gemacht, viele davon Amerikaner. Bestätigt wird sie durch das Käuferverhalten in Branchen, die vom Shampoo bis zum Automobil reichen.

Bei den Kundenanforderungen hat es in vielen Branchen eine behutsame Entwicklung gegeben, die sie von einer Strategie, weitgehend von amerikanischen Unternehmen erfunden, abrückt. Bei dem riesigen Inlandsmarkt neigen die amerikanischen Unternehmen zur Herstellung standardisierter Produkte, die in großen Stückzahlen hergestellt und vermarktet werden und sogar weggeworfen werden können. Das erfordert Zugeständnisse beim Produktdesign, der Qualität und dem Service. Das Paradebeispiel dieser Methode ist für mich Wonder Bread, ein Brot, das so ausgeklügelt ist, daß es in Massen hergestellt und vertrieben werden kann, aber jeden Geschmack und Nährwert verloren hat (ausgenommen den, der nachher in Form künstlicher Vitamine wieder zugeführt wird). Diese »Wonder Bread«-Mentalität ist für viele US-Branchen charakteristisch, nicht nur bei abgepackten Konsumgütern, sondern auch bei Gebrauchs- und Industriegütern.

Japan brachte diese Gleichung in den 70er Jahren durcheinander, als es Standardprodukte mit einer wesentlich besseren Qualität auf den Markt warf. Aufgrund des Drucks durch den heimischen Wettbewerb gingen die japanischen Unternehmen jedoch dazu über, neue Modelle und Merkmale in einem Tempo einzuführen, das in der amerikanischen Industrie beispiellos war. Die Produktvielfalt nahm kräftig zu, und die japanischen Firmen lernten, wie man ein breites Sortiment mit Hilfe flexibler Automation wirtschaftlich herstellt.

Inzwischen geht die Nachfrage nach noch mehr Qualität, nach kundenspezifischer Fertigung, Differenzierung und Kundendienst. War der amerikanische Massenmarkt einst eine Stärke, hat der fortschreitende Wettbewerb seine Schwäche aufgezeigt. Die Unternehmen, die aufgrund ihrer nationalen Umstände am besten auf die Bedürfnisse in bestimmten Segmenten eingestellt sind und auf sie eingehen, werden weltweit führend. So werden deutsche Unternehmen bei hochwertigen Küchengeräten immer stärker, während die Italiener gute Geschäfte im Kompaktbereich machen und die Japaner in Segmenten wie Mikrowelle, massiv auf die Elektronik setzen.

Ein weiterer Grund dafür, daß Amerika einiges von seiner Sonderstellung in der Nachfrage eingebüßt hat, betrifft bestimmte Institutionen. Andere Länder haben, was moderne Medien, Ladenketten und andere neuzeitliche Absatzinstrumente angeht, aufgeholt. Ladenketten verschafften den amerikanischen Unternehmen einst einen Vorsprung bei der Vorwegnahme zukünftiger Trends. Das Vordringen der Ketten im Lebensmittel- und übrigen Einzelhandel z.B. ist in einigen europäischen Ländern inzwischen weiter fortgeschritten. Der US-Einzelhandel ist außerdem vermehrt zu Discountläden übergegangen, die dem Kunden wenig Informationen oder Service bieten. Das verstärkt die Tendenz zu Standardprodukten und macht die amerikanischen Einzelhändler zu nicht sonderlich anspruchsvollen und vorwegnehmenden Kunden.

Geprägt werden die Anforderungen der Käufer auch durch ein stärkeres Bemühen vieler Branchen um Sicherheit, Gesundheit, Umweltqualität und Humanität am Arbeitsplatz. Im großen ganzen sind die US-Firmen solchen Wertvorstellungen weniger stark ausgesetzt als die Unternehmen in fortschrittlichen europäischen Ländern. Bei den von uns untersuchten Ländern sind größere soziale Rücksichtsmaßnahmen typisch für Dänemark, Schweden und Deutschland. Zunehmend machen sie sich auch in Japan bemerkbar, eine Folge der drangvollen Enge und der Liebe zur Natur. Bei Lastwagen z.B. waren japanische und schwedische Firmen führend bei der Verbesserung des Führerhauses. Bei Werkzeugmaschinen waren japanische und europäische Firmen führend beteiligt, am Entwurf von Werkzeugen, die Ergonomie und Ausgewogenheit berücksichtigen.

Bei den Konsumgütern tauchte dieser Effekt zuerst bei Verbrauchsgütern auf, bei denen es entscheidend auf Qualität, Zuverlässigkeit und Merkmale ankommt. Bei Fotoapparaten z.B. behaupten sich amerikanische Unternehmen mit einfachen Automatik- und Sofortbildkameras, die qualitativ mäßige Bilder liefern; sie sind aber bei anspruchsvolleren 35-mm-Kameras, die jetzt kompakter und mit elektronischer Steuerung vollgestopft sind, praktisch nicht vertreten. Erstmals zeigen sich Gefahren bei abgepackten Konsumgütern, lange Zeit eine amerikanische Domäne. Während die Nachfragebedingungen für abgepackte Konsumgüter in Deutschland und Schweden schlecht sind, treten Italien, die Schweiz und Großbritannien als Konkurrenten auf. Japan ist in diesen Branchen eine Bedrohung auf lange Sicht, weil es über fortschrittliche Medien und dazu über arbeitsame, wohlhabende und anspruchsvolle Verbraucher verfügt sowie über einen scharfen Inlandswettbewerb. Die US-Industrie müßte sich eigentlich halten, doch die Tatsache, daß viele US-Branchen aus dem

Bereich der abgepackten Konsumgüter auf einige wenige beherrschende Wettbewerber zusammengeschrumpft sind, bedeutet, daß die weitere Führungsrolle der Vereinigten Staaten keineswegs gesichert ist.

Bei Industrie- und Handelsprodukten haben die amerikanischen Nachfragebedingungen gelitten, weil viele Branchenführer hier nicht mehr beheimatet sind. Bei Automobilen sind z. B. die Deutschen und Japaner die fortschrittlichsten Käufer von Zubehörteilen und anderen Produktionsmitteln. Wenn eine amerikanische Branche ihren Wettbewerbsvorteil verliert, verschlechtert sich für ihre Zulieferer ihre Qualität als Kunde. Amerikanische Unternehmen sind für viele Maschinen und moderne Werkstoffe nicht notwendigerweise die fortschrittlichsten Kunden, weil die Fertigungsbetriebe von Weltrang heute oft nicht mehr in amerikanischen Händen sind. Das Vordringen moderner Produktionsmaschinen z. B. erfolgt in Amerika langsamer als in Japan, Schweden, Deutschland und z. T. auch Italien. Die Innovatoren, die als erste neue Werkstoffe einsetzen, sind in vielen Fällen ebenfalls keine Amerikaner. Japanische Unternehmen sind führend in der Anwendung von Keramik, und deutsche Firmen fordern die Amerikaner bei Kunststoffen heraus. Auch andere Länder profitieren von der Sogwirkung, da ihre multinationalen Gesellschaften im Ausland Erfolg haben.

Die Qualität der US-Firmen als industrielle Käufer wird auch durch die Ausbildung und Qualifikation der Arbeitskräfte berührt. Der amerikanische Arbeiter hat häufig keine so gute Schul- und Ausbildung wie sein deutscher oder japanischer Kollege. Die deutschen Drucker z. B. müssen eine dreijährige Lehre absolvieren, während die meisten amerikanischen Drucker am Arbeitsplatz lernen. Mit weniger qualifizierten Arbeitern und oft auch technisch nicht so gut ausgebildeten Führungskräften stellen amerikanische Firmen nicht mehr die höchsten und schärfsten Anforderungen. In verschiedenen Branchen, die wir untersucht haben, waren amerikanische Arbeiter nicht in der Lage, die modernsten ausländischen Maschinen zu bedienen.[22] Für den amerikanischen Markt mußten daher einfachere Modelle entwickelt werden.

Die Regulierung hat unterschiedlich auf die Qualität der US-Nachfrage gewirkt. Die Aufhebung der Regulierung beim Wettbewerb hat Innovationen etwa bei Verkehrsdienstleistungen und Telekommunikation freigesetzt und wird es weiterhin tun – eine erhebliche Stärkung für die Branchen, die sie beliefern. Doch ihr starkes Engagement für Gesundheit, Sicherheit, Umwelt und Arbeitsbedingungen haben die Vereinigten Staaten aufgegeben. So wurden von der Regierung Reagan Sparnormen für Automobile abgeschwächt. Die strengsten Vorschriften werden, jedenfalls auf vielen Gebieten, zuerst im Ausland erlassen. Ausländische Unternehmen lernen früher als die amerikanischen, mit schärferen Vorschriften umzugehen, was ihnen einen Vorsprung verschafft, wenn die USA mit ihren Bestimmungen nachziehen.

Ein weiteres Problem für die US-Innovationen ist das Überhandnehmen der Produkthaftungsprozesse. Während ein strenges Haftungsprinzip für die Industrie eine segensreiche Disziplinierungsmaßnahme darstellt, demonstrieren die Vereinigten Staaten, wie aus einem Vorteil ein Nachteil wird, wenn man ins Extrem verfällt. Die Prozeßrisiken sind so gravierend und die Folgen unter Umständen so verheerend, daß bei Produktinnovationen zwangsläufig vorsichtiger agiert wird als in anderen fortschrittlichen Ländern.

Es bleibt die Feststellung, daß die amerikanischen Nachfragebedingungen in vielen

Bereichen immer noch fortschrittlich sind. Der hohe weibliche Anteil bei den Berufstätigen setzt sich fort, was den Wunsch nach Annehmlichkeit, der seit langem zur amerikanischen Mentalität gehört, beflügelt. Die Amerikaner genießen Unterhaltung und Freizeit, was mit den traditionell hohen Einkommen, der kurzen Arbeitszeit und der unverwechselbar amerikanischen Massenkultur zusammenhängt. (Die Japaner waren bis vor kurzem noch zu beschäftigt für die Freizeit.[23]) Andere Länder mit hohen Einkommen sind konservativer und traditionsgebunden, was die Rate der Innovationen bei der Unterhaltung und den Freizeitaktivitäten einschränkt oder doch verlangsamt. Großbritannien ist auf diesem Gebiet der einzige echte Konkurrent für die USA, und die Vorherrschaft des Englischen als Weltsprache ist sicher nur einer der mitbestimmenden Faktoren.

Die Vereinigten Staaten und Großbritannien sind insgesamt auch bei den Finanzdienstleistungen führend. Dank der geringeren Reglementierung und der anspruchsvolleren heimischen Käufer stehen amerikanische und britische Firmen bei vielen komplexen Finanzdienstleistungen an der Spitze, bei der Anlagenwirtschaft wie bei der Emission neuer Wertpapierformen und bei Dienstleistungen im Zusammenhang mit der Umstrukturierung von Gesellschaften.[24] Die geschichtliche Vorherrschaft beider Länder als Industriemächte hat sicher eine Rolle gespielt, genauso wie die Anhäufung großer Reichtümer, die über mehrere Generationen weitergegeben wurden. Andere historische und auch kulturelle Gegebenheiten spielen ebenfalls hinein. So sind amerikanische Unternehmen international immer noch führend bei Kreditkarten, Konsumentenkrediten und Kreditauskünften, alles eine Folge einer fortgeschrittenen und unersättlichen Inlandsnachfrage nach Kredit. Daß man sich in beiden Ländern ausgiebig mit der Vermögensverwaltung beschäftigt, ist jedoch ein wichtiges Indiz für tendenziellen wirtschaftlichen Niedergang, was im nächsten Kapitel noch zu erläutern sein wird.

Die Vereinigten Staaten haben für viele Dienstleistungen nach wie vor einmalig günstige Nachfragebedingungen. Bei den Dienstleistungen im gewerblichen Bereich waren US-Firmen Unternehmen aus anderen Ländern beim Ausgliedern von Dienstleistungsfunktionen, die traditionellerweise intern durchgeführt wurden, klar überlegen (siehe Kapitel 6). Diese Tatsache und das Ansehen von Jobs im Bereich gewerblicher Dienstleistung sowie ein günstiges Umfeld für Geschäftsgründungen und die Notierung von Dienstleistungsunternehmen an der Börse haben zu einem beständigen amerikanischen Erfolg beigetragen. Eine frühe Sättigung der Inlandsnachfrage hat zu einem massiven Einstieg amerikanischer Dienstleistungsunternehmen im Ausland geführt.

Ein anderer Bereich, der immer noch zu den fortschrittlichsten und anspruchsvollsten der US-Nachfrage gehört, ist die Rüstung – eine Stärke für die Branchen, die rüstungsnahe Güter und Dienstleistungen produzieren. So führen die Vereinigten Staaten weiterhin bei hochspezialisierter elektronischer Ausrüstung und bei Halbleitern, die nach streng militärischen Vorgaben hergestellt werden, wenngleich sie ihre Vorherrschaft bei stärker standardisierten Produkten eingebüßt haben. Doch selbst hier hat eine traditionelle Stärke der USA nachgelassen. Wie sich theoretisch vorhersagen ließ, ist Israel unter dem Druck echter nationaler Bedrohung und als ein Land, in dem die Mitarbeit bei der Verteidigung des Staates höchstes Ansehen genießt, als wichtiger Wettbewerber aufgetreten. Die israelische Armee ist in einigen Bereichen vielleicht der bestinformierte und anspruchsvollste Kunde.

Da die Rüstungsbedürfnisse aber immer spezieller werden, ist die Rüstungsnachfrage nicht in jedem Fall eine Stärke. Der riesige Rüstungsmarkt hat amerikanische Firmen von Segmenten abgelenkt, die für den internationalen Wettbewerb von größerer Bedeutung sind. Bei den Werkzeugmaschinen z. B. lag das Augenmerk der US-Industrie auf den großen und frühen Märkten für numerisch gesteuerte Werkzeuge in der Rüstung und Raumfahrt. Japanische Firmen übernahmen den Markt für Maschinen, die für mittelgroße Produktionsbetriebe bestimmt sind, d. h. das Herzstück der globalen Industrie. Bei modernen Werkstoffen wie Kohlefasern und Keramik waren die amerikanischen Firmen vorwiegend mit der ausgefallenen Nachfrage von Rüstung und Raumfahrt befaßt, während japanische Unternehmen sich in breiten Anwendungsbereichen einen beachtlichen Vorsprung sicherten.

Die amerikanischen Nachfragebedingungen sind also etwas Zweischneidiges. Amerika bleibt in verschiedenen Branchen bei der Nachfrage an vorderster Front. Es ist immer noch das Land, wo so mancher Trend populär wird. Laufschuhe, Freizeitschuhe aus Leder, Blue Jeans sind Beispiele dafür, und amerikanische Unternehmen stellen hier die Branchenführer. Doch die verbreiteten Nachfragevorteile, die nach dem Krieg die ersten Innovationen und die Aufwertung vorantrieben, sind zu einem großen Teil geschrumpft.

Verwandte und unterstützende Branchen

Die Cluster der wettbewerbsfähigen Branchen in der US-Wirtschaft lichten sich, vor allem beim Maschinenbau und bei besonderen Produktionsmitteln. Eine nichtwettbewerbsfähige US-Branche hat oft andere geschädigt. Man blieb z. B. bei den einheimischen Stahllieferanten, als ausländischer Stahl gleich gut oder besser und sehr viel billiger war. Gleiches läßt sich von vielen anderen Produktionsmitteln sagen. Nichtwettbewerbsfähige Zulieferbranchen benachteiligen nicht nur andere US-Hersteller unmittelbar, sondern verlieren auch als Partner an Wert, wenn es um die Stimulierung von Innovationen geht.

Trotz umfangreicher industrieller Zusammenballungen im Land waren die amerikanischen Firmen nicht so erfolgreich wie die anderer Länder, wenn es darum ging, sich die Vorzüge der Cluster zunutze zu machen, um Innovationen zu beschleunigen. Die Beziehungen zu Kunden und Zulieferern tendierte eher zu Opportunismus und Distanz. Ein vertikaler Austausch, für die Innovation so unerläßlich, war in der amerikanischen Industrie eher Ausnahme als die Regel. Die Weitergabe von Erkenntnissen und die gemeinsame Nutzung von Markteinsichten erfolgen nur sporadisch.

Das schloß den Wettbewerbsvorteil in den 60er Jahren nicht aus, als amerikanische Unternehmen einen zwingenden technologischen Vorsprung besaßen und Segmentierung und schnelle neue Produktinnovation nicht so entscheidend waren. Heute dagegen nimmt der Wettbewerbsvorteil diese Eigenschaften massiv in Anspruch, und distanzierte vertikale Beziehungen sind eine ernste Schwäche. Es wird zwar inzwischen mehr Wert auf die Zusammenarbeit mit Zulieferern und Kunden gelegt, aber die amerikanischen Firmen bleiben immer noch zurück.

Allgemeiner gesprochen, das ganze Konzept, den nationalen Cluster zu stärken, wird in Amerika nicht richtig verstanden. Der Horizont der US-Firmen ist noch weitgehend beschränkt. Sie investieren selten in den Aufbau von Zulieferern, in die Förderung spezieller Forschungsinstitute an Universitäten oder in Maßnahmen zur Verbesserung des Bestands an Humankapital, der ihnen und der ganzen heimischen Branche zur Verfügung steht. Amerikanische Branchenverbände sind für ihre Mitglieder kaum eine Hilfe, verglichen mit den Verbänden in anderen Ländern, denn sie sehen ihre Aufgabe selten in der Faktorbildung – was vielleicht die wichtigste Aufgabe ist, die ein Verband haben kann. Bei einer stärkeren internationalen Ausrichtung würden die amerikanischen Branchenverbände die gemeinsamen Interessen ihrer Mitglieder so vertreten, wie die ausländischen Verbände das tun.

Unternehmensstrategie, Struktur und Wettbewerb

In den letzten Jahrzehnten haben sich in amerikanischen Unternehmen Veränderungen ergeben, die das Tempo der Innovation und Aufwertung beeinträchtigen. Eine ist die ständig abnehmende Zahl von Führungskräften mit technischem Vorwissen. Die deutschen, schwedischen oder japanischen Führungskräfte waren meist als Ingenieure oder Naturwissenschaftler ausgebildet. Für sie ist die moderne Technologie eine Sache professionellen Ehrgeizes. Die amerikanischen Manager, die oft ohne technische Ausbildung auskommen müssen, konnten die Vorzüge der Technologie für Produkte und Verfahren weitaus schwerer einschätzen. Ihnen fehlen oft das Vertrauen und die Überzeugungskraft, in Technologie zu investieren.

In Amerika werden besonders Begabte von der Industrie abgelenkt. Spitzenakademiker gehen eher in das Rechtswesen, die Medizin und das Finanzwesen, nicht in technische Berufe. Die fähigsten Leute, die in die Industrie gingen, haben sich etwas Schillerndes ausgesucht, z. B. abgepackte Güter, Unterhaltung, Immobilien, Dienstleistungen, Computer. Es überrascht nicht, daß gerade dies Bereiche amerikanischer Stärke sind.

Amerikanische Unternehmen haben auch unter schlecht ausgebildeten Beschäftigten zu leiden, denen die Grundkenntnisse fehlen, sich moderne Techniken anzueignen. Führungsstrukturen behindern eine Zusammenarbeit über Funktionsebenen hinweg. Starre Arbeitsregelungen sind ein weiteres Hindernis für Innovationen.

Auch Veränderungen in der Motivation der Angestellten und Führungskräfte haben zu einem Stocken des Innovationstempos beigetragen. Angestellte kennen meist keine Bindung an ihren Beruf oder ihre Firma, zum Teil weil sie wenig für ihre berufliche Ausbildung getan haben, zum Teil weil ihre Firma keine Bindung an sie hat. Auch der steigende Wohlstand hat zu einem Rückgang der Arbeitsbereitschaft und zu größerer Beachtung anderer Ziele geführt. Die Folge sind weniger Investitionen in die Aufwertung der Qualifikation und eine langsamere Anhäufung von Produkt- und Verfahrenskenntnissen im Unternehmen selbst.

Unternehmensziele haben sich auch so verändert, daß sie die Aufwertung der Branche untergraben. In der ersten Nachkriegszeit häuften die amerikanischen Kapitalmärkte bergeweise billiges Kapital auf. Das Geld floß in neue Unternehmen und Vorhaben jeder nur erdenklichen Art. Bei niedrigen Zinsen, Zugang zu Aktienkapital und einem Millionenheer ehemaliger Soldaten, das in einem landesweit zuversichtlichen Klima Beschäftigung in der Industrie suchte, gediehen die Innovationen.

In den 70er Jahren hatten sich die Unternehmensziele verlagert. Realzinsen, die über denen der meisten anderen fortschrittlichen Länder lagen, bewirkten eine niedrigere Investitionsrate. Die Zielverlagerung bei den großen Investoren war noch gravierender. Der Anteil des Aktienbesitzes, der von Institutionen gehalten wurde, stieg steil an, wobei ein großer Teil in Pensionsfonds angelegt wurde, deren Beteiligungserträge von der Steuer befreit sind. Anders als die institutionellen Anleger in beinahe allen anderen fortschrittlichen Ländern, die ihren Aktienbestand fast als Daueranlage betrachten und ihre Besitzrechte entsprechend ausüben, stehen die amerikanischen Institutionen unter dem ständigen Druck, vierteljährliche Kursgewinne vorweisen zu müssen. Einige Pensionsberater bekommen dafür Geld, daß sie den Fonds dabei helfen, Anlagenberater auszuwechseln, deren jüngste Leistungen als unzureichend betrachtet wurden. Die Anlagenberater belohnen ihrerseits ihre Angestellten nach den Kursgewinnen ihres Portefeuilles im letzten Quartal oder Jahr. Angesichts des starken Anreizes, Unternehmen zu finden, deren Aktien in naher Zukunft steigen, angesichts auch der unvollständigen Informationen über langfristige Aussichten gehen die Portefeuille-Manager zur vierteljährlichen Gewinnentwicklung über: das hat den vielleicht größten Einfluß auf Kauf- und Verkaufsentscheidungen. Das Resultat dieser Institutionsstruktur ist ein hoher Umschlag an Wertpapieren, der durch die Steuerbefreiung weiter erhöht wird. Die Aktienkurse von Unternehmen, die schlechte Erträge für einen Zeitraum melden, fallen. Die Kurse der Unternehmen, deren Erträge stetig wachsen oder die »Geschäfte« machen, um die Anleger bei Laune zu halten, steigen.

Selbst für die Anleger, die Steuern zahlen müssen, besteht kein Anreiz, nach Unternehmen mit attraktiven langfristigen Aussichten Ausschau zu halten, wenn sie ihre Gewinne reinvestieren, anstatt Dividenden zu zahlen. Amerika gehört zu den wenigen fortschrittlichen Ländern in der Welt, die überhaupt Kapitalgewinne besteuern: Das Steuerreformgesetz von 1986 brachte für Kapitalgewinne und normale Einkommen den gleichen Steuersatz.[25] So zeigen sich hier die gleichen Tendenzen wie bei den institutionellen Anlegern.

Die Auswirkungen dieser Zielverlagerung bei den Anlegern werden verstärkt durch die Unternehmensführung bei den Aktiengesellschaften. Die Anleger üben wenig echten Einfluß auf die Unternehmensführung aus und sind auch selten im Verwaltungsrat vertreten. Die einzige Möglichkeit, eine schlechte Unternehmensführung zurückzuweisen, besteht in einer Übernahme oder Fusion; sie wird von den institutionellen Anlegern begrüßt, weil sie unmittelbaren Kapitalgewinn bringt. Die Manager beschäftigen sich inzwischen intensiv damit, Übernahmen dadurch abzuwehren, daß sie kurzfristige Erträge hochtreiben oder umstrukturieren. Eine Umstrukturierung hat schon oft zu günstigen Verkäufen leistungsschwacher Aktivposten, zu Kosteneinsparungen und manchmal auch zum Rausschmiß einer schlechten Führungscrew geführt, doch sobald die Umstrukturierung abgeschlossen ist, beginnen die gleichen Zwänge von neuem. Das Eingehen großer Verbindlichkeiten im Verlauf der Umstrukturierung – wobei die Erlöse an die Aktionäre gehen anstatt reinvestiert zu werden, wie es bei stark kreditfinanzierten japanischen Unternehmen der Fall war – führt oft zu Risikoscheu und zu einer Verzögerung wirklich strategischer Innovationen.

Der dritte Faden im engmaschigen Netz der Einflüsse auf Unternehmensziele sind die Anreize der Manager. Führungskräfte vieler amerikanischer Aktiengesellschaften erhalten einen großen Teil ihrer Vergütung in der Form von Zulagen, die sich am Jahresergebnis orientieren. Da sie ihren Posten relativ kurz innehaben, verspüren Manager wenig Neigung, diese Jahreszulagen für die ungewisse Aussicht auf höhere Bezüge in der Zukunft aufs Spiel zu setzen. Statt dessen werden Investitionen mit langfristigen Dividendenzahlungen zugunsten hoch ausgewiesener Erträge und Aktienkurse zurückgestellt, damit die Zulagen steigen.

All diese Umstände haben negative Auswirkungen auf den Wettbewerbvorteil. In amerikanischen Unternehmen sind Renditeziele, die zur Abschirmung von Investitionsgelegenheiten genutzt werden, so hoch wie in keinem der von uns untersuchten Länder. Das Sichausruhen auf Marktpositionen ist durchaus üblich. Amerikanische Unternehmen machen lieber einen Bogen um scharfen Wettbewerb gegen ausländische Konkurrenten, als gegen sie anzutreten.[26] Die Art, wie Investitionsrechnungssysteme meistens funktionieren, verstärkt das Problem nur, weil sie in vielen Fällen den Beitrag einer Investition zum grundlegenden Wettbewerbsvorteil des Geschäfts nicht einbeziehen. Verfahren, mit denen unter beliebigen Investitionen ausgewählt werden soll, werden benutzt, nichtbeliebige Investitionen auszusondern, die zur Wahrung der Wettbewerbsfähigkeit erforderlich sind, was zum Horten von Marktpositionen führt. Schließlich haben sich, bezeichnenderweise, amerikanische Unternehmen mehr als vielleicht in allen anderen Ländern Fusionen und Bündnissen zugewandt, ein Weg, um schlagartig zu wachsen und für Wirbel am Aktienmarkt zu sorgen.[27] (Da sich die Vergütung der Manager oft ebenso, oder noch mehr, an der Größe wie an der Rentabilität von Investitionen orientiert, entstehen weitere Anreize zu fusionieren.) Leider fließt wenig von dem Kapital, das bei Übernahmen beteiligt ist, in neue Werksanlagen, neue Produkte und neue Technologien, die einen Wettbewerbsvorteil schaffen. Interne Diversifizierung, die für den nationalen Wettbewerbsvorteil viel vorteilhafter ist als Übernahmen, steht nicht hoch im Kurs.

Ein großer Teil der Fusionstätigkeit in den USA galt der Förderung nichtverbundener Diversifizierung. Vieles davon ist gescheitert – nach meinen Untersuchungen ergibt sich, daß gut die Hälfte der Übernahmen, die ein Sample führender US-Unternehmen vornahm, abgestoßen wurde.[28] Beim Kauf und Verkauf weitgehend unverbundener Unternehmen ist der Wettbewerbsvorteil in unzähligen amerikanischen Branchen ausgehöhlt worden. Die Erfahrungen der Patientenmonitoren-Industrie, die ich im Kapitel 5 beschrieben habe, sind dafür typisch. Aus einem solchen Vorgehen ergibt sich kaum ein Innovations- oder Wettbewerbsvorteil, nur die Illusion, aktiv zu sein.[29] Es bestehen kaum Bindungen an neuerworbene Betriebe oder Kenntnisse, die an sie zu vermitteln wären. Oft wird zuwenig investiert, um den hohen, über dem Buchwert liegenden Preis auszugleichen, der für die Übernahme gezahlt wurde.

Eine letzte Veränderung von grundlegender Bedeutung für die amerikanische Industrie war ein Rückgang des Inlandswettbewerbs. Ein Krebsgeschwür befiel zahlreiche amerikanische Wirtschaftszweige. Nach Jahrzehnten des Erfolgs machten es sich Branchen wie Automobile und Stahl in Oligopolen bequem, in denen der Wettbewerb eingeschränkt war und Innovationen gekappt wurden.

In Amerika (und Europa) wurden nach dem Krieg viele neue Unternehmen gegründet, und der Glaube an den Wettbewerb gewann neue Kraft, als man die Früchte sah.

In vielen Unternehmen stand der Gründer selbst am Ruder. Doch mit der Zeit schwand das Erinnerungsvermögen, und Berufsmanager bekamen das Sagen. Gefördert durch Veränderungen am Kapitalmarkt, verlagerte sich das Schwergewicht oft auf defensive Strategien und weg von den Innovationen. In neuerer Zeit haben Fusionen zwischen führenden Konkurrenten viele amerikanische Branchen zusammenwachsen lassen, was durch eine drastische Abmilderung der kartellrechtlichen Einschränkungen für Fusionen durch die Regierung Reagan ermöglicht wurde.

Amerikanische Unternehmen, die vor internationalen Wettbewerbsproblemen standen, haben schlecht reagiert. Sie haben sich in Fusionen, Schrumpfungen, Reduzierung der Gemeinkosten und Zurückfahren der Überschußkapazitäten geflüchtet. Angesichts des Drucks, die Erträge zu halten, und des fehlenden Verständnisses für die Bedeutung des nationalen Clusters ist man auch dazu übergegangen, sich technisch aufwendige Bauelemente und ganze Produkte im Ausland zu beschaffen. Dieses Vorgehen hat zwar die kurzfristige Ertragskraft gestärkt, aber kaum einen Wettbewerbsvorteil bewirkt. Die Innovation und Aufwertung, die für die Wiederherstellung eines echten Wettbewerbsvorteils erforderlich sind, müssen noch erfolgen.

Amerikanische Unternehmen haben statt dessen gelernt, nach Washington zu pilgern und um Protektion nachzusuchen und über Dumping zu klagen, und daran hat sich trotz des drastischen Kursverlustes des Dollar nichts geändert. Obwohl offiziell eine Politik des freien Handels betrieben wird, hat Amerika in den letzten Jahren des öfteren zu protektionistischen Maßnahmen gegriffen. Ein Netz aus »ordentlichen Absatzvereinbarungen« dieser oder jener Art teilt die Märkte vieler Branchen auf. Halbleiter, Automobile und Werkzeugmaschinen sind nur einige Beispiele. Der Wettbewerb wird unterlaufen, und die heimischen Käufer werden benachteiligt.

Amerika bleibt ein Land, das sich für den Start neuer Unternehmen einmalig gut eignet. Ohne diese Eigenschaft wäre die amerikanische Wirtschaft in ernsten Schwierigkeiten. Amerikanische Firmen haben zwar in neuen Branchen Erfolg, aber die Probleme, die ich angesprochen habe, bedeuten, daß nicht genug neue Unternehmen zu gewichtigen internationalen Wettbewerbern werden.

Die Rolle des Staates

Der amerikanische Staat hat bei einigen politischen Weichenstellungen, die für den amerikanischen Wettbewerbsvorteil entscheidend waren, gezögert. Die erste betrifft die Priorität der Erziehung und Bildung. Auch wenn die Bildung seit neuestem rhetorisch wieder in den Vordergrund rückt, hat es an der Beachtung steigender Bildungsstandards doch gefehlt. Dabei geht das verminderte Bildungsengagement über den Staat hinaus und bezieht auch Schüler und Eltern mit ein.

Den zweiten Bruch mit der amerikanischen Tradition gibt es im Bereich des Wettbewerbs. Die Anwendung der Kartellgesetze wurde auf dem so wichtigen Gebiet der Fusion zwischen Konkurrenten drastisch eingeschränkt. Außerdem entwickelte sich eine permissive Haltung gegenüber Zusammenarbeit und Bündnissen zwischen direkten Konkurrenten. Die Reaktion auf Schwierigkeiten im Handel bestand in der Errichtung unzähliger protektionistischer Hemmnisse und Sondervereinbarungen, und es sollen noch mehr werden.

Zu diesen Verlagerungen kamen in den 80er Jahren riesige Finanzdefizite, die das für Investitionen nötige Kapital abschöpften und den Realzins nach oben trieben, was die Investitionsrate in der Industrie hemmte. Gleichzeitig wurden für Investoren steuerliche Anreize bei Kapitalgewinnen sowie einige andere Investitionsanreize abgeschafft, um das Steueraufkommen zu erhöhen; das hat die Probleme weiter verschärft.

Die Aufhebung der Wettbewerbsregulierung war im großen ganzen eine positive Entwicklung, wenngleich das Ausmaß der Regulierung in den Vereinigten Staaten vergleichsweise gering war. Die Zerschlagung von AT&T z. B. hat enorme Verbesserungen beim Service und ein hohes Innovationstempo gebracht, und das gleiche gilt für andere Branchen wie den LKW-Transport.

Unglücklicherweise wurden jedoch die Aufhebung der Wettbewerbsregulierung und die Angemessenheit einer geringeren Regulierung in anderen Bereichen durcheinandergebracht. Unter der Regierung Reagan lockerte man Umwelt-, Sicherheits- und andere Richtlinien. Strenge, zukunftsweisende Richtlinien haben amerikanische Firmen einst zu Innovationen ermutigt, die ihnen Vorteile in gehobenen Produktbereichen verschafften. Heute sind oft andere Länder auf diesen Gebieten vorn, was ihren Firmen hilft, ausländische Märkte zu erobern.

Die schlichte Wahrheit ist jedoch, daß die Politik der amerikanischen Nachkriegsregierungen die Industrie weitgehend unbeachtet gelassen hat. Das Schwergewicht lag auf sozialen Themen und auf der nationalen Sicherheit. Die Bedürfnisse der Industrie wurden in Verfolgung anderer Ziele häufig geopfert. So wurden Handelsgesetze nicht durchgeführt, um die Entwicklung anderer Länder zu fördern, und Exporte amerikanischer Waren wurden aus weltpolitischen Gründen gesperrt. Die amerikanische Politik beruhte auf der Annahme, die US-Industrie habe eine beherrschende Stellung. Heute steht diese Annahme auf schwankendem Boden, oft aus selbstverschuldeten Gründen.

Amerika im Ausblick

Amerikanische Unternehmen haben den Wettbewerbsvorteil in den verschiedensten Branchen abgewertet. Das grundlegende Problem ist die fehlende Dynamik. Die amerikanische Industrie ist, was Tempo, Art und Ausmaß der Verbesserungen und Innovationen betrifft, auf zu vielen Gebieten zurückgefallen. Das Aufwertungstempo hat sich verlangsamt. Die amerikanische Industrie ist in der Defensive, ganz damit beschäftigt, sich an das zu klammern, was sie hat, anstatt vorwärtszugehen.

Viele reden von der amerikanischen Schwäche bei der »Vermarktung« der Technologie, als ob es ein Technologieproblem wäre. Doch die Ursachen des Vermarktungsproblems sind sehr viel breiter und umfassen den gesamten »Diamanten«: mangelhafte Faktorbildung, schwindende Nachfragequalität, Mangel an wettbewerbsfähigen Zulieferindustrien, produktivitätsfeindliche Ziele und nachlassender Wettbewerb.

Einige Beobachter führen an, die Handelsstatistik gebe die Wettbewerbsposition Amerikas nicht exakt wieder, weil ein erheblicher Teil der US-Importe von den Auslandstöchtern amerikanischer Unternehmen kommen und amerikanische Firmen sehr viel im Ausland produzieren. Das bedeutet nicht, daß die amerikanische

Industrie gesund ist. Importe von den Niederlassungen sind häufig modernste Erzeugnisse, für deren Produktion im Ausland die Qualität und Produktivität ausschlaggebende Gründe waren, nicht die Faktorkosten. Xerox importiert beispielsweise praktisch alle Kleinkopierer, die es in den Vereinigten Staaten verkauft, von seiner japanischen Tochter Fuji-Xerox, weil es selbst nicht in der Lage war, in Amerika einen wettbewerbsfähigen Kleinkopierer zu entwickeln und herzustellen; die Verantwortung für Entwicklung und Produktion liegt voll in Japan. Das wiederholt sich in vielen anderen Unternehmen. Die Auslandstöchter wurden tatsächlich zum heimischen Stützpunkt für Unternehmen in amerikanischem Besitz. Auslandsübernahmen von US-Firmen werden als selbständige Betriebe weitergeführt. Daß etwas in amerikanischem Besitz ist, sagt nichts darüber, wo die Produkte und Verfahren entwickelt werden.

Umgekehrt werden immer mehr amerikanische Firmen von stärkeren Auslandsunternehmen übernommen. Bleiben die übernommenen Firmen weitgehend intakt, wirkt sich der ausländische Besitz kaum auf die Innovationsrate und das Produktivitätswachstum in der amerikanischen Industrie aus. Werden viele der übernommenen Firmen jedoch überwiegend zu Absatzinstrumenten und verlagert sich der effektive heimische Stützpunkt anderswohin, ist das ein Anzeichen dafür, daß vieles im argen liegt. Die Folgerung lautet *nicht,* die Auslandsinvestitionen zu reduzieren, sondern das Umfeld für Innovationen in Amerika entschieden zu verbessern.

Die Arbeitslosigkeit ist in Amerika im Vergleich zu Deutschland und Großbritannien niedrig (im Vergleich zu Japan, Korea, Schweden und der Schweiz allerdings nicht). Die Schaffung neuer Arbeitsplätze hat die Baby-Boom-Generation absorbiert, und die Frauen, die sich auf den Arbeitsmarkt begaben. Neugründungen, aber auch die Nachfrage nach Dienstleistungen und die Stärke in den Dienstleistungsbranchen sind Grundlagen dieses Erfolges. Doch der Zwang zur Automatisierung, der Zwang zur Aufwertung der Arbeitsqualifikation wurde durch die reichlich verfügbaren Arbeitskräfte abgeschwächt. Die Reallöhne sind gesunken, und das langfristige Produktivitätswachstum in der amerikanischen Industrie ist geradezu anämisch.

Das in Abbildung 9–6 zusammengefaßte Muster der Anteilsgewinne und -verluste am Weltexport zwischen 1978 und 1985 liefert ein weiteres Indiz dafür, daß die Aufwertung der amerikanischen Industrie ins Stocken geraten ist. Die Gesamtgewinne oder -verluste beim Anteil am Weltexport sind nicht so entscheidend wie die einzelnen Branchen, in denen die Gewinne oder Verluste auftreten. Die größten Nettogewinne fallen in der Gesundheitsfürsorge und bei Chemikalien an, starken amerikanischen Bereichen. Zwar fallen Gewinne in anderen fortschrittlichen Branchen an, doch entfallen viele davon auf solche, die rohstoffabhängig sind. Umgekehrt sind die Verluste in fortschrittlichen Branchen breit gestreut und waren bei Verkehr, Nahrungsmitteln (vor allem Maschinen) und so wichtigen Branchen wie Halbleiter und Computer besonders hoch. Die Verluste in der Maschinenbauindustrie sind fast doppelt so häufig wie die Gewinne, ein alarmierendes Gefahrensignal für den Aufwertungsprozeß. Alles in allem liegt die Zahl der US-Branchen, die zu einem nennenswerten Exportanteil fähig sind, weit unter der von Deutschland und Japan. Amerika ist kein zweites Großbritannien und läuft kaum Gefahr, seinen Rang als starke Kraft zu verlieren. Amerikas Größe, seine Rohstoffe und die industrielle Breite schließen das weitgehend aus. Die Bestimmungsfaktoren des nationalen

ABB. 9–6 Gewinne oder Verluste wettbewerbsfähiger US-Branchen von 15 Prozent oder mehr am Anteil des Weltexports zwischen 1978 und 1985*

Werkstoffe/Metalle

	Branchen gesamt	Anteil Gewinne	Anteil Verluste
Primärgüter	12	8	8
Maschinen	3	2	1
Besondere Produktionsmittel	2	0	1
Gesamt	17	10	10

Mehrfachgeschäft

	Branchen gesamt	Anteil Gewinne	Anteil Verluste
Primärgüter	11	6	5
Maschinen	3	1	2
Besondere Produktionsmittel	3	0	1
Gesamt	17	7	8

Nahrungsmittel/Getränke

	Branchen gesamt	Anteil Gewinne	Anteil Verluste
Primärgüter	27	10	14
Maschinen	7	2	5
Besondere Produktionsmittel	13	6	7
Gesamt	47	18	26

Forsterzeugnisse

	Branchen gesamt	Anteil Gewinne	Anteil Verluste
Primärgüter	7	2	3
Maschinen	0	0	1
Besondere Produktionsmittel	0	0	0
Gesamt	7	2	4

Verkehr

	Branchen gesamt	Anteil Gewinne	Anteil Verluste
Primärgüter	11	3	9
Maschinen	1	0	1
Besondere Produktionsmittel	10	2	3
Gesamt	22	5	13

Textilien/Bekleidung

	Branchen gesamt	Anteil Gewinne	Anteil Verluste
Primärgüter	3	2	1
Maschinen	1	1	0
Besondere Produktionsmittel	10	5	3
Gesamt	14	8	4

Erdöl/Chemikalien

	Branchen gesamt	Anteil Gewinne	Anteil Verluste
Primärgüter	23	13	6
Maschinen	0	0	0
Besondere Produktionsmittel	0	0	0
Gesamt	23	13	6

Büro

	Branchen gesamt	Anteil Gewinne	Anteil Verluste
Primärgüter	1	1	0
Maschinen	0	0	1
Besondere Produktionsmittel	0	0	0
Gesamt	1	1	1

Gesundheitsfürsorge

	Branchen gesamt	Anteil Gewinne	Anteil Verluste
Primärgüter	8	4	1
Maschinen	0	0	0
Besondere Produktionsmittel	0	0	0
Gesamt	8	4	1

Stromerzeugung und -verteilung

	Branchen gesamt	Anteil Gewinne	Anteil Verluste
Primärgüter	4	3	4
Maschinen	0	0	0
Besondere Produktionsmittel	1	1	1
Gesamt	5	4	5

Wohnen/Haushalt

	Branchen gesamt	Anteil Gewinne	Anteil Verluste
Primärgüter	1	0	1
Maschinen	0	0	0
Besondere Produktionsmittel	0	0	0
Gesamt	1	0	1

Halbleiter/Computer

	Branchen gesamt	Anteil Gewinne	Anteil Verluste
Primärgüter	7	2	3
Maschinen	0	0	0
Besondere Produktionsmittel	0	0	0
Gesamt	7	2	3

Rüstung

	Branchen gesamt	Anteil Gewinne	Anteil Verluste
Primärgüter	2	1	1
Maschinen	0	0	0
Besondere Produktionsmittel	0	0	0
Gesamt	2	1	1

Unterhaltung/Freizeit

	Branchen gesamt	Anteil Gewinne	Anteil Verluste
Primärgüter	10	5	7
Maschinen	0	0	0
Besondere Produktionsmittel	0	0	0
Gesamt	10	5	7

Telekommunikation

	Branchen gesamt	Anteil Gewinne	Anteil Verluste
Primärgüter	1	0	0
Maschinen	0	0	0
Besondere Produktionsmittel	0	0	0
Gesamt	1	0	0

Privat

	Branchen gesamt	Anteil Gewinne	Anteil Verluste
Primärgüter	2	1	5
Maschinen	0	0	0
Besondere Produktionsmittel	3	2	2
Gesamt	5	3	7

VORGELAGERTE BRANCHEN

	Branchen gesamt	Anteil Gewinne	Anteil Verluste
Primärgüter	49	25	20
Maschinen	3	2	2
Besondere Produktionsmittel	2	0	1
Gesamt	54	27	23

INDUSTRIELLE & UNTERSTÜTZENDE FUNKTIONEN

	Branchen gesamt	Anteil Gewinne	Anteil Verluste
Primärgüter	30	14	19
Maschinen	4	1	4
Besondere Produktionsmittel	14	3	5
Gesamt	48	18	28

ENDVERBRAUCH GÜTER & DIENSTLEISTUNGEN

	Branchen gesamt	Anteil Gewinne	Anteil Verluste
Primärgüter	51	22	29
Maschinen	8	3	5
Besondere Produktionsmittel	26	13	12
Gesamt	85	38	46

* Aufgenommen wurden Branchen, die den Schwellenwert 1978 oder 1985 übertroffen haben, einschließlich derer, die 1978 wettbewerbsfähig waren, aber 1985 unter den Schwellenwert fielen oder erstmals einen so hohen Anteil erreichten, daß sie den Schwellenwert 1985 übertrafen. Die Gesamtzahl der wettbewerbsfähigen Branchen bezieht sich auf 1985.

Vorteils sind in vielen Branchen nach wie vor günstig, und die amerikanischen Unternehmen haben viele gute Positionen inne. Das Gleichgewicht zwischen Gewinnen und Verlusten ist weniger abträglich als in einigen anderen Ländern. Die Fähigkeit zu Neugründungen von Unternehmen ist unvermindert stark.

Was jedoch auf dem Spiel steht, ist die Fähigkeit, den amerikanischen Lebensstandard weiter anzuheben. Die Wirtschaft zeigt klare Anzeichen des Nachgebens. Die Faktorbildung stockt, und der Lohndruck, der die weniger Qualifizierten betrifft, hat zu größeren Einkommensunterschieden geführt. Nachlassender Wettbewerb und zu geringe Investitionen haben die Innovation und Aufwertung verlangsamt. Der internationale Erfolg konzentriert sich zunehmend in wissenschafts- und ausgabenintensiven Branchen, in solchen, die mit der Freizeit- und Wohlstandsnachfrage zusammenhängen, und solchen, die auf einheimische Rohstoffe angewiesen sind. Der Sturz des Dollarkurses ist kein Heilmittel für diese grundlegenden Probleme, sondern verschlimmert sie in mancher Hinsicht noch.

Das Produktivitätswachstum hat in den letzten Jahren angezogen, doch sein Rückfall läßt vermuten, daß dies Ausdruck der einmaligen Umstrukturierung und Verkleinerung ist, die in vielen Branchen stattgefunden haben. Die noch immer chronisch niedrige Nettoinvestitionsrate in der Industrie und das Fortbestehen von Wettbewerbszwängen, denen sich viele technisch hochstehende Branchen trotz des niedrigeren Dollarkurses gegenübersehen, lassen ernste Fragen zu, ob die Besserung von Dauer ist. Während die Exporte seit dem dramatischen Fall des Dollar rasch zugenommen haben, deuten sinkende Löhne und die Bedeutung der rohstoffintensiven Exporte auf einen sich verschlechternden Mix des Handels hin, was den amerikanischen Lebensstandard aushöhlt. Der starke Anstieg der Investitionen durch ausländische Unternehmen ist, wie ich angedeutet habe, ebenfalls ein Alarmsignal dafür, daß die Aufwertung der Technologie und Produktivität bei amerikanischen Unternehmen nicht nachkommt.

Weil sie die wirtschaftliche Vorherrschaft so total und so mühelos erreichten, haben die amerikanischen Unternehmen und Politiker es womöglich versäumt, die Grundlagen dieses Erfolges zu ergründen. Das traditionelle Selbstvertrauen Amerikas, das in so krassem Gegensatz zur Umsicht der Deutschen und Japaner steht, ist ein Indiz dafür. In den Vereinigten Staaten ist man unfähig, Einvernehmen auch nur darüber zu erzielen, daß die US-Industrie im internationalen Wettbewerb vor Problemen steht, von Lösungen gar nicht zu reden – und das ist in vieler Hinsicht das beunruhigendste Zeichen überhaupt.

Nachkriegsentwicklung perspektivisch

Alle Länder, die ich behandelt habe, verfügen über einen jeweils einzigartigen Mix erfolgreicher Industrien und haben ihre jetzige Position durch einen einmaligen geschichtlichen Prozeß erlangt, aus Gründen, die zu erklären ich begonnen habe. Die Ballungsgrafiken der einzelnen Länder enthüllen wesentliche und oft auch verblüffende Verbindungen zwischen den Branchen, in denen die Staaten international erfolgreich sind. Diese Verbindungen stützen meine Theorie. Ich glaube, die Cluster wären noch klarer, wenn detailliertere und vollständigere Daten zur Verfügung ständen. Solche Daten würden Verbindungen zwischen den Maschinenbau-, Produktionsmittel- und Endverbrauchsbranchen wahrscheinlich noch deutlicher herausstellen, weil die Kategorien Maschinenbau und Produktionsmittel oft stärker aggregiert sind. Außerdem würden Länder einen größeren Anteil an engen Branchen und Branchensegmenten halten, die jetzt in größeren Gruppen zusammengeworfen sind.

Abbildung 9–7 vergleicht die acht Länder nach dem Prozentsatz ihrer Exporte, die auf die international wettbewerbsfähigen Branchen in allen großen Sektoren entfallen.[30] Sektoren umfassen komplette Cluster einschließlich Maschinenbau und besondere Produktionsmittel, nicht nur Endprodukte. Sind diese zusammengefaßten Statistiken nur ein grobes Anzeichen für die Wettbewerbsposition nationaler Volkswirtschaften, verblüffen die Unterschiede zwischen den Ländern doch. Schweden ist stark auf Werkstoffe/Metalle, Forsterzeugnisse und Verkehr angewiesen; die Schweiz auf das Mehrfachgeschäft, Textilien und Bekleidung, Gesundheitswesen und persönliche Produkte; Japan auf Unterhaltung und Freizeit, Verkehr und Werkstoffe/Metalle; Italien auf Bekleidung, Nahrungsmittel und Haushaltsgüter; Großbritannien auf Erdöl und Chemikalien.

Noch verblüffender in vieler Hinsicht ist Abbildung 9–8, die den Anteil am Weltexport des Clusters zusammenfaßt, der auf die wettbewerbsfähigen Branchen des Landes in allen großen Sektoren entfällt. (Abbildung 9–9 zeigt getrennte Anteile für Erdöl und Chemikalien, wegen der bedeutsamen Unterschiede in der nationalen Position.) Amerika nimmt die führende Position bei Nahrungsmitteln, Gesundheitswesen, Rüstung und Halbleiter/Computer ein. Deutschland führt bei Chemikalien und Werkstoffen/Metallen; Japan bei Unterhaltung/Freizeit, Büroprodukten, Telekommunikation, Stromerzeugung und -verteilung und Verkehr; und Italien bei Textilien/Bekleidung, Wohnen/Haushaltsgüter und persönlichen Produkten.

Schwedens starke Positionen sind in der vorgelagerten und industriellen Ebene der Ballungsgrafik konzentriert, während die von Italien sehr den Endverbrauchsprodukten zuneigen. Japan ist auf der mittleren Ebene der Grafik stark. Die Schweiz, Deutschland und Großbritannien sind eher gleichmäßig auf allen Ebenen vertreten.

Die Muster des Wettbewerbserfolgs in den Länders sind nicht statisch, und die von mir behandelten acht Länder bilden darin keine Ausnahme. Abbildung 9–10 faßt teilweise Anzeichen des sich entwickelnden Wettbewerbsvorteils zusammen, eine summarische Übersicht der Zahl wettbewerbsfähiger Branchen, die zwischen 1978 und 1985 15 Prozent oder mehr vom Anteil am Weltexport gewannen oder verloren. Die Veränderungen sind nach großen Sektoren und innerhalb der Sektoren vertikal geordnet. Die einzelnen Branchen, die gewonnen oder verloren haben, sind weit wichtiger als ihre Summe, weil sie ein Indiz dafür liefern, ob die Wirtschaft gesund aufgewertet wird oder nicht. Ich habe die Besonderheit der gewinnenden und verlierenden Branchen bei der Abhandlung der einzelnen Länder erläutert. Auch das Verhältnis Gewinner : Verlierer ist für einen Vergleich bedeutsamer als die absoluten Zahlen, die auf das Warenverzeichnis in den einzelnen Sektoren reagieren, in denen ein Land wettbewerbsfähig ist, und ebenso auf die Größe des Landes. Diese Daten sind zwar sehr unvollständig, geben aber trotzdem ein ungefähres Bild, das bei eingehenderer Prüfung im allgemeinen bestätigt wird.

Japan, Italien und Korea sind die Länder, die ihre Marktpositionen im internationa-

ABB. 9–7 Anteil an den Landesexporten der wettbewerbsfähigen Branchen nach großen Ansammlungen, 1985

Werkstoffe/Metalle

Land	Wert	(Veränderung)
Schweden	12,5	(−1,7)
Deutschland	10,0	(−2,3)
Korea	9,6	(−1,8)
Japan	9,6	(−6,4)
Italien	8,5	(−1,9)
V. Königreich	4,0	(−1,6)
Schweiz	3,8	(0,1)
USA	1,5	(−0,6)

Forsterzeugnisse

Land	Wert	(Veränderung)
Schweden	17,9	(−2,5)
Deutschland	2,0	(0,3)
USA	1,3	(−0,3)
Schweiz	1,0	(0,3)
Italien	1,0	(+0,0)
Japan	0,2	(+0,0)
Korea	0,2	(−4,0)
V. Königreich	0,1	(−0,1)

Erdöl/Chemikalien

Land	Wert	(Veränderung)
V. Königreich	24,8	(15,0)
Deutschland	8,6	(1,2)
Schweiz	8,0	(1,2)
USA	6,3	(1,8)
Italien	2,5	(0,6)
Schweden	2,6	(0,5)
Korea	1,8	(1,4)
Japan	1,3	(−0,5)

Halbleiter/Computer

Land	Wert	(Veränderung)
USA	8,8	(4,5)
Japan	4,7	(3,6)
Korea	3,8	(0,9)
V. Königreich	3,5	(2,4)
Schweden	2,1	(0,9)
Deutschland	0,6	(0,3)
Schweiz	0,0	(0,1)
Italien	0,4	(+0,0)

VORGELAGERTE BRANCHEN

Land	Wert	(Veränderung)
Schweden	35,1	(−2,9)
V. Königreich	32,4	(15,7)
Deutschland	21,2	(−0,5)
USA	17,9	(5,4)
Japan	15,6	(−3,3)
Korea	15,4	(0,1)
Schweiz	12,5	(1,8)
Italien	12,3	(−1,2)

Mehrfachgeschäft

Land	Wert	(Veränderung)
Schweiz	28,1	(1,6)
USA	9,4	(2,0)
Deutschland	7,0	(0,4)
V. Königreich	6,3	(−2,4)
Japan	3,7	(0,1)
Schweden	4,2	(+0,0)
Italien	3,5	(0,4)
Korea	0,3	(−0,2)

Verkehr

Land	Wert	(Veränderung)
Japan	36,9	(1,0)
Deutschland	23,7	(0,5)
Korea	20,4	(10,4)
V. Königreich	20,5	(−0,4)
Schweden	18,4	(0,5)
USA	12,1	(−5,3)
Italien	6,7	(−4,8)
Schweiz	2,1	(−0,4)

Stromerzeugung & -verteilung

Land	Wert	(Veränderung)
Schweiz	4,4	(−0,6)
Deutschland	3,8	(−1,3)
Japan	3,3	(−0,6)
V. Königreich	2,0	(−0,5)
Korea	1,5	(0,5)
Schweden	1,0	(−0,7)
USA	0,8	(0,2)
Italien	0,8	(−0,4)

Büro

Land	Wert	(Veränderung)
Japan	3,5	(0,5)
Schweiz	2,3	(0,1)
Italien	1,0	(−0,4)
V. Königreich	1,6	(−0,2)
Deutschland	1,6	(−0,0)
Schweden	0,7	(−0,1)
Korea	0,5	(−0,6)
USA	0,1	(−0,0)

Telekommunikation

Land	Wert	(Veränderung)
Schweden	3,7	(0,6)
Japan	3,4	(1,4)
Korea	0,7	(0,3)
Italien	0,5	(−0,0)
V. Königreich	0,3	(−0,1)
USA	0,2	(0,2)
Schweiz	0,0	(−0,1)
Deutschland	0,0	(−0,2)

Rüstung

Land	Wert	(Veränderung)
USA	1,5	(0,1)
Schweden	0,7	(−0,0)
Italien	0,3	(−0,2)
V. Königreich	0,6	(−0,1)
Deutschland	0,0	(0,0)
Korea	0,0	(0,0)
Japan	0,0	(−0,1)
Schweiz	0,0	(−0,2)

INDUSTRIELLE & UNTERSTÜTZENDE FUNKTIONEN

Land	Wert	(Veränderung)
Japan	50,8	(2,3)
Schweiz	36,9	(0,1)
Deutschland	36,2	(−0,7)
Schweden	30,7	(−0,6)
USA	30,4	(2,9)
Korea	23,0	(10,4)
V. Königreich	22,8	(−8,6)
Italien	12,7	(−5,3)

Nahrungsmittel/Getränke

Land	Wert	(Veränderung)
USA	10,8	(−5,0)
Italien	8,8	(0,1)
Deutschland	4,7	(−0,1)
Schweiz	4,7	(0,1)
V. Königreich	4,1	(−1,2)
Korea	4,3	(−4,3)
Schweden	2,5	(0,1)
Japan	0,7	(−0,1)

Textilien/Bekleidung

Land	Wert	(Veränderung)
Korea	29,4	(−10,6)
Italien	19,6	(2,0)
Schweiz	11,0	(−1,0)
Deutschland	5,0	(−0,6)
Japan	3,2	(−1,5)
V. Königreich	2,6	(−1,7)
USA	2,2	(−0,5)
Schweden	1,1	(+0,0)

Wohnen/Haushalt

Land	Wert	(Veränderung)
Italien	9,5	(−0,5)
Schweden	3,9	(+0,0)
Deutschland	3,3	(−0,6)
Korea	2,6	(−0,0)
Japan	2,3	(0,4)
V. Königreich	1,3	(−1,4)
Schweiz	0,9	(0,1)
USA	0,0	(−0,1)

Gesundheitsfürsorge

Land	Wert	(Veränderung)
Schweiz	7,0	(0,2)
Schweden	2,5	(0,6)
USA	2,4	(0,8)
V. Königreich	2,1	(0,1)
Deutschland	1,9	(0,3)
Japan	0,6	(0,1)
Italien	0,6	(0,1)
Korea	0,0	(+0,0)

Privat

Land	Wert	(Veränderung)
Schweiz	8,0	(−2,2)
Italien	4,3	(0,6)
Korea	2,1	(−1,5)
Japan	1,6	(−0,4)
V. Königreich	1,2	(−2,9)
Deutschland	1,1	(+0,0)
USA	0,8	(−1,0)
Schweden	0,1	(0,0)

Unterhaltung/Freizeit

Land	Wert	(Veränderung)
Japan	11,8	(2,4)
Korea	8,0	(1,6)
V. Königreich	3,3	(−0,6)
USA	1,3	(−0,1)
Deutschland	1,1	(−0,1)
Italien	0,9	(−0,5)
Schweiz	0,5	(0,1)
Schweden	0,5	(−0,2)

ENDVERBRAUCH GÜTER & DIENST-LEISTUNGEN

Land	Wert	(Veränderung)
Korea	46,3	(−14,9)
Italien	43,7	(1,8)
Schweiz	32,0	(−2,7)
Japan	20,3	(1,0)
USA	17,5	(−5,6)
Deutschland	17,1	(−1,0)
V. Königreich	14,7	(−7,7)
Schweden	10,6	(0,5)

Anmerkung: Die Zahlen in Klammern bezeichnen Veränderungen zwischen 1978 und 1985. Die Exporte sind die der wettbewerbsfähigen Branchen, nicht die aller Branchen.

Deutschland = Bundesrepublik Deutschland

ABB. 9–8 Anteil der wettbewerbsfähigen Branchen an den Weltexporten der Ansammlung nach Ländern, 1985

Werkstoffe/Metalle
Deutschland	11,9	(−2,5)
Japan	10,8	(−1,7)
Italien	4,2	(−0,4)
V. Königreich	3,3	(−0,4)
USA	2,6	(−0,3)
Schweden	2,4	(−0,1)
Korea	1,8	(+1,0)
Schweiz	0,7	(−0,0)

Forst-erzeugnisse
Schweden	10,5	(−1,3)
Deutschland	7,3	(+2,6)
USA	5,9	(−0,7)
Italien	1,9	(+0,1)
Japan	1,0	(+0,3)
V. Königreich	0,7	(−0,1)
Schweiz	0,6	(+0,1)
Korea	0,4	(−1,2)

Erdöl/Chemikalien
V. Königreich	6,9	(+3,6)
Deutschland	4,6	(−0,7)
USA	4,1	(+0,6)
Japan	1,0	(−0,2)
Italien	0,6	(+0,0)
Schweiz	0,6	(+0,2)
Korea	0,2	(+0,1)
Schweden	0,2	(+0,0)

Halbleiter/Computer
USA	20,5	(−8,9)
Japan	11,3	(+6,3)
V. Königreich	6,3	(−0,6)
Deutschland	1,9	(−1,4)
Korea	1,6	(−0,2)
Schweden	0,9	(−0,4)
Italien	0,4	(−0,5)
Schweiz	0,0	(−0,1)

VORGELAGERTE BRANCHEN
Deutschland	6,3	(−1,9)
USA	5,7	(+0,7)
V. Königreich	5,5	(+2,1)
Japan	4,6	(−0,4)
Schweden	1,7	(−0,4)
Italien	1,6	(−0,4)
Korea	0,8	(0,2)
Schweiz	0,6	(−0,1)

Mehrfachgeschäft
USA	18,2	(+3,2)
Deutschland	10,8	(−1,1)
Schweiz	6,4	(−1,4)
V. Königreich	6,1	(−2,1)
Japan	5,5	(+0,9)
Italien	2,4	(+0,1)
Schweden	1,1	(−0,1)
Korea	0,2	(+0,0)

Verkehr
Japan	22,6	(+4,2)
Deutschland	15,0	(−2,0)
USA	13,4	(−1,1)
V. Königreich	6,1	(−1,9)
Japan	3,5	(+0,9)
Italien	2,3	(−0,2)
Schweden	2,1	(+1,5)
Korea	0,5	(−0,1)

Stromerzeugung & -verteilung
Deutschland	17,3	(−8,1)
Japan	14,6	(+1,0)
USA	13,8	(+1,7)
V. Königreich	7,2	(−0,8)
Italien	4,0	(−0,9)
Schweiz	2,9	(+0,1)
Korea	1,1	(+0,6)
Schweden	1,1	(−0,5)

Büro
Japan	28,0	(+8,5)
Deutschland	16,3	(−2,5)
V. Königreich	8,3	(−0,7)
USA	7,3	(−0,0)
Schweiz	3,8	(−0,8)
Italien	3,6	(−1,5)
Schweden	1,0	(−0,2)
Korea	0,7	(−0,3)

Telekommunikation
Japan	28,1	(+8,8)
USA	6,2	(−0,2)
Schweden	5,5	(−1,5)
V. Königreich	3,9	(−2,2)
Italien	1,9	(−0,8)
Korea	1,0	(+0,5)
Deutschland	0,0	(−7,0)
Schweiz	0,0	(−1,0)

Rüstung
USA	55,0	(−0,1)
V. Königreich	10,3	(−2,7)
Italien	7,4	(−3,3)
Schweden	3,6	(−0,6)
Deutschland	0,0	(0,0)
Schweiz	0,0	(−4,3)
Korea	0,0	(0,0)
Japan	0,3	(0,0)

INDUSTRIELLE & UNTERSTÜTZENDE FUNKTIONEN
Japan	17,4	(+3,5)
USA	14,5	(+0,2)
Deutschland	13,8	(−2,6)
V. Königreich	5,4	(−1,9)
Italien	3,3	(−1,1)
Schweiz	2,1	(−0,6)
Schweden	2,0	(−0,2)
Korea	1,4	(+0,9)

Nahrungsmittel/Getränke
USA	12,1	(−2,1)
Deutschland	4,4	(+0,2)
Italien	3,5	(+0,5)
V. Königreich	2,5	(−0,0)
Japan	0,7	(+0,2)
Korea	0,7	(0,0)
Schweiz	0,6	(−0,0)
Schweden	0,4	(+0,1)

Textilien/Bekleidung
Italien	12,0	(+1,2)
Deutschland	7,1	(−1,6)
Korea	6,6	(+1,3)
Japan	4,9	(−0,5)
USA	3,7	(−0,5)
V. Königreich	2,6	(−1,1)
Schweiz	2,4	(−0,7)
Schweden	0,3	(0,0)

Wohnen/Haushalt
Italien	13,8	(+1,1)
Deutschland	12,0	(−1,8)
Japan	8,2	(+3,4)
V. Königreich	4,2	(−1,7)
Schweden	2,4	(+0,2)
Korea	1,6	(+0,7)
Schweiz	0,6	(+0,1)
USA	0,3	(−0,3)

Gesundheitsfürsorge
USA	19,2	(+4,2)
Deutschland	13,9	(−2,2)
V. Königreich	8,8	(−1,3)
Schweiz	7,2	(−3,4)
Japan	4,7	(+1,9)
Schweden	2,8	(+0,1)
Italien	1,8	(−0,3)
Korea	0,1	(+0,1)

Privat
Deutschland	10,5	(−0,2)
Italien	6,6	(+1,4)
USA	6,4	(−2,8)
Korea	5,3	(+0,3)
Schweiz	4,4	(−1,9)
V. Königreich	2,4	(−4,7)
Korea	1,4	(+0,1)
Schweden	0,1	(+0,0)

Unterhaltung/Freizeit
Japan	32,7	(+8,4)
V. Königreich	6,0	(−1,9)
USA	5,7	(−1,0)
Korea	3,8	(+1,7)
Deutschland	3,6	(−1,3)
Italien	1,3	(−1,0)
Schweden	0,3	(−0,2)
Schweiz	0,2	(+0,1)

ENDVERBRAUCH GÜTER & DIENST-LEISTUNGEN
USA	7,9	(−1,4)
Japan	6,9	(+2,0)
Deutschland	6,8	(−0,7)
Italien	6,7	(+0,6)
V. Königreich	3,4	(−1,0)
Korea	2,7	(+0,7)
Schweiz	1,7	(−0,4)
Schweden	0,6	(+0,1)

Anmerkung: Die Zahlen in Klammern bezeichnen Veränderungen zwischen 1978 und 1985. Die Exporte sind die der wettbewerbsfähigen Branchen, nicht die aller Branchen.

Deutschland = Bundesrepublik Deutschland

ABB. 9–9 Aufgliederung der Erdöl- und Chemikalienexporte wettbewerbsfähiger Branchen nach Ländern, 1985

Anteil an den Landesexporten

Erdöl und verwandte Produkte			Chemikalien		
Vereinigtes Königreich	19.9	(14.5)	Schweiz	6.1	(0.5)
Deutschland	5.1	(0.8)	Deutschland	4.3	(0.8)
Vereinigte Staaten	3.4	(1.5)	Vereinigtes Königreich	3.9	(0.9)
Italien	2.6	(−0.4)	Vereinigte Staaten	2.9	(0.5)
Schweiz	1.9	(0.5)	Italien	1.4	(0.8)
Korea	1.7	(1.5)	Schweden	1.1	(0.3)
Schweden	1.5	(0.3)	Japan	0.8	(−0.1)
Japan	0.5	(0.1)	Korea	0.1	(−0.1)

Anteil an Weltexporten der Ansammlung

Erdöl und verwandte Produkte			Chemikalien		
Vereinigtes Königreich	6.3	(4.3)	Deutschland	16.0	(−2.2)
Deutschland	2.9	(−0.6)	Vereinigte Staaten	12.7	(−1.9)
Vereinigte Staaten	2.3	(0.5)	Vereinigtes Königreich	8.1	(0.8)
Italien	0.6	(−2.1)	Schweiz	3.4	(−1.4)
Japan	0.3	(0.1)	Japan	2.8	(−0.3)
Korea	0.2	(0.2)	Italien	2.3	(1.9)
Schweiz	0.2	(0.0)	Schweden	0.7	(0.1)
Schweden	0.1	(0.0)	Korea	0.1	(0.0)

Anmerkung: Die Zahlen in Klammern bezeichnen Veränderungen zwischen 1978 und 1985.

len Wettbewerb am eindeutigsten verbessern und aufwerten. Wie gesund die italienische und japanische Aufwertung ist, wird durch die starken Verbesserungen beim Maschinenbau und den besonderen Produktionsmitteln deutlich und auch durch die einzelnen Branchen bestätigt, in denen es zu Gewinnen und Verlusten kommt. Gewinne sind in vielen fortschrittlichen Branchen registriert worden, während die Verluste in vielen Fällen in Branchen liegen, die faktorkosten- oder rohstoffanfällig sind. Koreas kräftige Nettogewinne fallen fast ausschließlich in den Primärgüterbereich, aber es sind Güter mit zunehmender Differenzierung. Ein Indiz für die koreanische Aufwertung ist ein hohes Verhältnis Gewinne : Verluste in industriellen und unterstützenden Sektoren; dort hängt der Vorteil normalerweise von einer starken Industriebasis und beträchtlicher technologischer Stärke ab.

Die fünf übrigen Länder haben alle in mehr Branchen Anteile verloren als gewonnen. Die Vereinigten Staaten und Schweden kommen einer ausgeglichenen Bilanz am nächsten. Schweden hat sich in den Clustern behauptet, in denen es traditionell stark war, vor allem im Maschinenbau und bei besonderen Produktionsmitteln; es verliert aber generell an Boden in den Sektoren, in denen es schwach war. Die Vereinigten Staaten bieten ein weniger vorteilhaftes Bild, wie schon geschildert. Während das Verhältnis Gewinne : Verluste im Gesundheitswesen und bei Chemikalien äußerst günstig ist, hat Amerika im Maschinenbau weitaus häufiger Anteile verloren als

ABB. 9 – 10 Gewinne oder Verluste wettbewerbsfähiger Branchen beim Anteil am Weltexport von 15 Prozent oder mehr zwischen 1978 und 1985, nach Ländern*

VORGELAGERTE BRANCHEN

Werkstoffe/Metalle
Land	Gw	Verl
Korea	24	6
Italien	15	15
USA	10	10
Schweden	18	21
Schweiz	3	7
Japan	12	18
Großbritannien	12	24
Deutschland	13	26

Forst-erzeugnisse
Land	Gw	Verl
Schweiz	4	2
Japan	1	0
Deutschland	2	3
Italien	2	3
Großbritannien	0	1
USA	2	4
Korea	2	6
Schweden	7	14

Erdöl/Chemikalien
Land	Gw	Verl
USA	13	6
Korea	6	1
Italien	10	13
Japan	8	11
Schweden	4	1
Großbritannien	14	19
Schweiz	3	11
Deutschland	6	23

Halbleiter/Computer
Land	Gw	Verl
Japan	6	0
Italien	6	1
USA	2	3
Schweden	0	1
Schweiz	2	4
Großbritannien	1	3
Korea	0	4
Deutschland	0	4

VORGELAGERTE BRANCHEN
Land	Gw	Verl
Korea	33	16
USA	27	23
Japan	27	29
Italien	27	31
Schweiz	10	21
Schweden	29	37
Großbritannien	28	48
Deutschland	21	56

PRIMÄR-GÜTER
Land	Gw	Verl
Korea	108	60
USA	95	53
Japan	59	68
Italien	84	98
Schweden	47	66
Schweiz	35	88
Deutschland	50	128
Großbritannien	47	128

INDUSTRIELLE & UNTERSTÜTZENDE FUNKTIONEN

Mehrfachgeschäft
Land	Gw	Verl
Japan	10	1
Italien	8	1
Korea	3	1
Schweden	3	3
USA	6	13
Deutschland	2	10
Schweiz	12	29

Verkehr
Land	Gw	Verl
Japan	40	5
Korea	9	4
Italien	13	13
Schweden	11	11
Schweiz	1	5
USA	5	13
Deutschland	3	23
Großbritannien	2	36

Stromerzeugung & -verteilung
Land	Gw	Verl
Korea	8	1
Japan	10	6
Italien	4	5
Schweden	3	6
Großbritannien	3	8
Schweiz	3	7
Deutschland	5	13

Büro
Land	Gw	Verl
Japan	9	0
Großbritannien	3	3
USA	3	4
Italien	3	6
Korea	3	5
Schweden	2	4
Deutschland	0	7

Tele-kommunikation
Land	Gw	Verl
Japan	3	0
Korea	2	0
Italien	0	0
Großbritannien	0	1
Deutschland	0	2
Schweden	0	2
Schweiz	0	2

Rüstung
Land	Gw	Verl
USA	1	1
Italien	1	0
Korea	0	0
Deutschland	0	0
Japan	0	1
Schweden	0	1
Großbritannien	0	1
Schweiz	0	1

INDUSTRIELLE & UNTERSTÜTZENDE FUNKTIONEN
Land	Gw	Verl
Japan	72	13
Korea	22	7
Italien	28	25
Schweden	19	28
USA	17	28
Schweiz	18	49
Deutschland	10	55
Großbritannien	14	62

MASCHINEN
Land	Gw	Verl
Japan	29	2
Italien	28	2
Schweden	9	7
Korea	1	1
USA	6	11
Schweiz	7	14
Deutschland	5	18
Großbritannien	4	25

ENDVERBRAUCH GÜTER & DIENSTLEISTUNGEN

Nahrungsmittel/Getränke
Land	Gw	Verl
Deutschland	15	11
Italien	12	8
Schweden	12	8
Japan	6	4
Schweiz	5	5
Korea	7	11
USA	18	26
Großbritannien	9	17

Textilien/Bekleidung
Land	Gw	Verl
Korea	32	3
Italien	29	23
USA	8	4
Japan	11	10
Schweden	3	1
Deutschland	12	17
Schweiz	8	18
Großbritannien	4	30

Wohnen/Haushalt
Land	Gw	Verl
Italien	18	8
Japan	7	0
Schweden	6	6
Schweiz	0	1
Korea	3	3
Deutschland	3	12
Großbritannien	2	16

Gesundheitsfürsorge
Land	Gw	Verl
USA	4	1
Schweden	3	1
Schweiz	2	2
Korea	0	1
Italien	0	1
Großbritannien	2	4
Deutschland	1	3
Japan	0	6

Privat
Land	Gw	Verl
Japan	6	1
Korea	8	7
Schweden	1	1
Großbritannien	0	2
Schweiz	6	9
USA	3	7
Italien	2	6
Deutschland	1	7

Unterhaltung/Freizeit
Land	Gw	Verl
Japan	14	3
Korea	13	4
Schweden	1	1
USA	5	7
Schweiz	0	3
Italien	3	7
Deutschland	2	9
Großbritannien	2	11

ENDVERBRAUCH GÜTER & DIENSTLEISTUNGEN
Land	Gw	Verl
Japan	47	19
Italien	78	55
Korea	67	50
Schweden	21	18
USA	38	46
Deutschland	34	59
Schweiz	32	44
Großbritannien	19	80

BESONDERE PRODUKTIONSMITTEL
Land	Gw	Verl
Japan	22	6
Italien	21	11
Schweden	13	10
Korea	13	12
USA	16	18
Schweiz	8	12
Deutschland	10	24
Großbritannien	10	37

* Aufgenommen wurden Branchen, die den Schwellenwert 1978 oder 1985 übertroffen haben, einschließlich derer, die 1978 wettbewerbsfähig waren, aber 1985 unter den Schwellenwert fielen oder erstmals einen so hohen Anteil erreichten, daß sie den Schwellenwert 1985 übertrafen.

Deutschland = Bundesrepublik Deutschland

gewonnen. Außerdem liegen viele Anteilsgewinne der USA bei rohstoffintensiven oder Massengütern in den Bereichen Werkstoffe und Metalle, Nahrungsmittel und Getränke sowie Erdöl und Chemikalien.

Die Schweiz, Deutschland und Großbritannien weisen das schlechteste Verhältnis Gewinne : Verluste auf. In der Schweiz und in Deutschland gibt es erwartete Gewinne in einigen technisch hochstehenden Branchen und erwartete Verluste in faktorkosten- oder rohstoffanfälligen Branchen. Beide Länder verbinden aber auch viele Verluste, klare Anzeichen dafür, daß der Aufwertungsprozeß ins Stocken geraten kann. Sowohl Deutschland wie die Schweiz haben ein negatives Verhältnis Gewinne : Verluste im Maschinenbau. Deutschland muß bei Chemikalien und Verkehrsausrüstung hohe Nettoverluste hinnehmen (beide zum Teil aufgrund von Auslandsinvestitionen), außerdem bei Halbleitern/Computern. Die Schweiz hatte keinen Gewinn und sechs Verluste im Gesundheitswesen, einem wichtigen Bereich der Stärke, und deutliche Nettoverluste bei der Stromerzeugung und -verteilung sowie bei persönlichen Produkten. Sie sind von der Aufwertung her rational schwer zu erklären.

Großbritannien wies durchwegs Nettoverluste und das am wenigsten ermutigende Muster von Gewinnen und Verlusten auf. Der Verfall im Maschinenbau und bei besonderen Produktionsmitteln war relativ größer als bei Grundstoffen. Die meisten Gewinne verzeichneten erdölnahe Branchen und die Branche relativ unverarbeiteter Werkstoffe und Metalle. Einige Gewinne bei Computern (und ein Nettogewinn beim Anteil am gesamten Weltexport des Computer-Clusters) sind positiv, ebenso die britische Stärke im internationalen Dienstleistungswettbewerb; doch die Herausforderung, auch in der britischen Fabrikation den Aufwertungsprozeß erneut aufzunehmen, ist augenfällig.

Ich habe angefangen, diese Kräfte zu erklären. Um sie noch stärker ins Bild zu bringen, muß die Theorie weiter ausgedehnt werden. Die analytische Grundeinheit für das Verständnis des nationalen Vorteils sind die Branche und der Branchen-Cluster. Die gleichen Grundsätze können jedoch bei der Erklärung des Prozesses helfen, durch den ganze Volkswirtschaften vorwärtskommen oder zurückfallen.

KAPITEL 10

DIE WETTBEWERBSENTWICKLUNG
DER VOLKSWIRTSCHAFTEN

Ich habe Land für Land das Muster und die Entwicklung des industriellen Erfolgs in mehreren führenden Handelsnationen untersucht. Es ist klar, daß Volkswirtschaften, wie Industrien, alles andere als statisch sind. Seit dem Zweiten Weltkrieg sind in vielen Ländern erstaunliche Veränderungen im Muster international erfolgreicher Industrien eingetreten. Aufwertung in einer Wirtschaft ist der Schritt zu differenzierteren Quellen des Wettbewerbsvorteils und zu Positionen in Segmenten und Branchen mit höherer Produktivität. Ein solcher Prozeß fördert das schnelle Wachstum der Gesamtproduktivität. Einige Volkswirtschaften haben ein bemerkenswertes Aufwertungstempo an den Tag gelegt. Andere Länder hatten größere Schwierigkeiten, den Aufwertungsprozeß zu halten, und ihr Produktivitätswachstum hat nachgelassen. Untersucht man die Nachkriegsentwicklung der Länder als Gruppe, stellt man fest, daß einige Grundkräfte den Wandel offenbar vorangetrieben haben. Gleichzeitig tauchen erneut charakteristische Aufwertungshindernisse auf.

Meine Absicht hier ist die, meine Theorie auszuweiten, um die Wirtschaft eines Landes als Ganzes zu betrachten, und einige Überlegungen dazu vorzutragen, wie ganze Volkswirtschaften wettbewerbsmäßig fortschreiten. Die analytische Grundeinheit für das Verständnis des nationalen Vorteils sind zwar die Branche und der Branchencluster, doch tendiert der Wettbewerbsvorteil, der von vielen Branchen eines Landes erzielt wird, seiner Art nach dahin, sich insgesamt zu entfalten. Das geschieht aus Gründen, die noch zu erklären sind.

Man kann feststellen, daß Länder in der internationalen Wettbewerbsentwicklung ihrer Industrie unterschiedliche Stadien erreichen. Diese Stadien sind eine Möglichkeit, den Aufwertungsprozeß in einer Volkswirtschaft gesondert darzustellen. Jedes Stadium erfaßt verschiedene Branchen und Branchensegmente und auch verschiedene Unternehmensstrategien. Die Stadien unterscheiden sich auch substantiell im jeweiligen Spektrum staatlicher Maßnahmen gegenüber der Industrie.

Die Stadien liefern einen Rahmen, mit dem wir die Nachkriegsentwicklung der Länder als Gruppe untersuchen können. Sie dienen als Mittel, die Informationsfülle zu jedem Land, das ich vorgestellt habe, zu interpretieren. Die Stadien und die Notwendigkeit, sich zwischen ihnen hin und her zu bewegen, sind auch eine nützliche Grundlage für meine Diskussion über Unternehmensstrategie und staatliche Politik.

Wirtschaftliche Entwicklung

Es wäre eine gelinde Untertreibung festzustellen, daß viel über wirtschaftliche Entwicklung und die Jahrhundertfrage geschrieben worden ist, wie eine Wirtschaft voranschreitet. In der Literatur stehen Fragen im Vordergrund, wie eine Wirtschaft sich von einer landwirtschaftlichen über eine industrielle zu einer postindustriellen Wirtschaft entwickelt, und Fragen nach dem Wandel von Verhaltensweisen und Institutionen, die mit einer solchen Entwicklung einhergehen.[1]

Mein Interesse gilt hier einem anderen und etwas engeren Fragenkomplex. Wirtschaftlicher Wohlstand hängt von der Produktivität ab, mit der nationale Ressourcen eingesetzt werden. Die Ebene und das Wachstum der Produktivität sind einmal von den bestehenden Branchen und Branchensegmenten abhängig, in denen die Unternehmen eines Landes mit Erfolg konkurrieren können, zum anderen von der Art der Wettbewerbsvorteile, die in ihnen erzielt werden. Eine Volkswirtschaft entwickelt sich, indem sie ihre Wettbewerbspositionen *aufwertet,* und zwar durch das Erreichen höherrangiger Wettbewerbsvorteile in bestehenden Branchen und den Ausbau der Fähigkeit, erfolgreich in neuen, hochproduktiven Segmenten und Branchen zu konkurrieren. Ein Handel, bei dem Exporte produktiver Branchen Importe von Produkten ermöglichen, die im Land selbst nur mit geringerer Produktivität hergestellt werden könnten, ist für den Aufwertungsprozeß unerläßlich. Das sind auch direkte Auslandsinvestitionen, die weniger produktive Tätigkeiten ins Ausland verlagern oder sehr produktiven Branchen ermöglichen, wirkungsvoller auf Auslandsmärkte vorzudringen.

Die Branchen eines Landes werten ihre Wettbewerbsvorteile entweder auf und weiten sie aus, oder sie fallen zurück. Die wechselseitige Verstärkung der Branchen in Clustern bedeutet, daß der Aufwertungsprozeß zur Streuung neigt. Wird in einer Branche ein höherrangiger Wettbewerbsvorteil erzielt, hilft das oft andere Branchen aufzuwerten. Wesentlicher Bestandteil des Aufwertungsprozesses ist der *Verlust von Positionen* in preisanfälligen Bereichen und bei Produkten, bei denen eine weniger differenzierte Qualifikation und Technologie gefragt sind.

Doch der Prozeß wirkt auch umgekehrt. Die Unfähigkeit, schnell genug Verbesserungen und Innovationen vorzunehmen, um die Position in fortschrittlichen Branchen und Branchensegmenten zu behaupten, kann die Position in anderen Branchen beeinträchtigen. Wenn die Unternehmen eines Landes bei der Qualität, den Merkmalen und der Verfahrenstechnologie zurückfallen, besteht Anlaß zur Sorge, daß die Aufwertung der Industrie zu stagnieren beginnt. Jede Volkswirtschaft befindet sich ständig in einem Zustand des Übergangs, der das Gleichgewicht dieser Kräfte widerspiegelt.

Die Fähigkeit zur Aufwertung einer Wirtschaft hängt sehr von der Position der Unternehmen in jenem Teil der Wirtschaft ab, der dem internationalen Wettbewerb ausgesetzt ist. Auf diesen Teil der Wirtschaft möchte ich mich hier konzentrieren. Er enthält viele der Branchen und Branchensegmente, in denen die Kraft steckt, ein hohes und steigendes Produktivitätsniveau zu erreichen. Ohne die Fähigkeit, in einer Vielzahl dieser Branchen zu exportieren (und die Position gegen die Importe zu behaupten), läßt das nationale Produktivitätswachstum nach. Die Fähigkeit zu Exporten in fortschrittlichen Branchen, die Importe auf weniger produktiven Gebieten erlaubt, ist für den Aufwertungsprozeß ebenfalls von grundlegender Bedeutung.

Der um sich greifende globale Wettbewerb hat den Teil der führenden Branchen, die dem internationalen Wettbewerb ausgesetzt sind, immer ausschlaggebender für das wirtschaftliche Wohlergehen eines Landes werden lassen. Wie aus Tabelle 1–1 hervorgeht, macht die Summe der Im- und Exporte in einigen Ländern mehr als die Hälfte des Bruttoinlandsprodukts aus. Selbst dort, wo der eigentliche Handel keinen so hohen Prozentsatz am Bruttoinlandsprodukt erreicht, wie etwa in den Vereinigten Staaten, kommt ein großer Teil der Wirtschaft mit dem Handel oder Auslandswettbewerb in Gestalt von Tochtergesellschaften ausländischer Firmen in Berührung. Die Fähigkeit, ein nationales Wohlstandsniveau zu halten, wird zunehmend gefährdet.

Stadien der Wettbewerbsentwicklung

Die Volkswirtschaften weisen einige Stadien der Wettbewerbsentwicklung auf, die die charakteristischen Vorteilsquellen der Unternehmen eines Landes im internationalen Wettbewerb sowie Art und Ausmaß international erfolgreicher Branchen und Cluster wiedergeben.[2] Die Stadien sprechen die Position eines Landes in jenen Branchen an, die dem internationalen Wettbewerb unterliegen, obwohl sie auch den Wettbewerbszustand in vielen rein inländischen Branchen erfassen.[3] Es ist *nicht* unvermeidlich, daß Länder die Stadien durchlaufen.

Die Stadien geben nicht vor, alles über ein Land oder seine Entwicklung zu erklären. Einige wichtige Belange in der Entwicklung werden zwangsläufig ausgelassen, und kein Land füllt ein Stadium ganz genau aus. Die Stadien sind vielmehr ein Versuch, jene Eigenschaften der Industrie eines Landes hervorzuheben, die für den steigenden wirtschaftlichen Wohlstand am wichtigsten sind.

Jede Volkswirtschaft enthält ein breites Branchenspektrum mit sehr unterschiedlichen Quellen für den Wettbewerbsvorteil. Selbst in fortschrittlichen Ländern wie den Vereinigten Staaten und Deutschland gibt es Branchen, deren Wettbewerbsposition sich fast ausschließlich von Rohstoffen herleitet, wenngleich die Wettbewerbsvorteile der meisten erfolgreichen Branchen sehr viel breiter und differenzierter sind.

Trotz der Vielfalt der meisten Volkswirtschaften können wir ein beherrschendes oder sich abzeichnendes Muster in der Art des Wettbewerbsvorteils bei den Unternehmen eines Landes zu einem bestimmten Zeitpunkt feststellen. Das Muster kommt in den Branchen und Segmenten zum Ausdruck, in denen die Unternehmen eines Landes mit Erfolg konkurrieren können, aber auch in den verschiedenen Strategien, die sie einsetzen. Das deshalb, weil der Zustand des »Diamanten« oder die Bestimmungsfaktoren des nationalen Vorteils quer durch eine Vielzahl von Branchen im Land ähnlich sind, obwohl jede Branche ihre besonderen Bedingungen hat. Auch bei der Art des Wettbewerbsvorteils besteht eine zentrale Tendenz, denn der Ballungsprozeß sorgt dafür, daß sich Branchengruppen in einem Land in etwa parallel entwickeln und aufwerten. Darüber hinaus entwickelt sich häufig auch die Qualität der Faktoren quer durch die Branchen parallel, weil Faktor-Pools (etwa ein Bestand an Facharbeitern) Branchengruppen umspannen und faktorbildende Mechanismen sich gemeinsam entfalten (zum Teil wegen des Demonstrationseffekts). Auch Wettbewerbsansätze sowie beherrschende Normen und Wertvorstellungen breiten sich von Branche zu Branche aus.

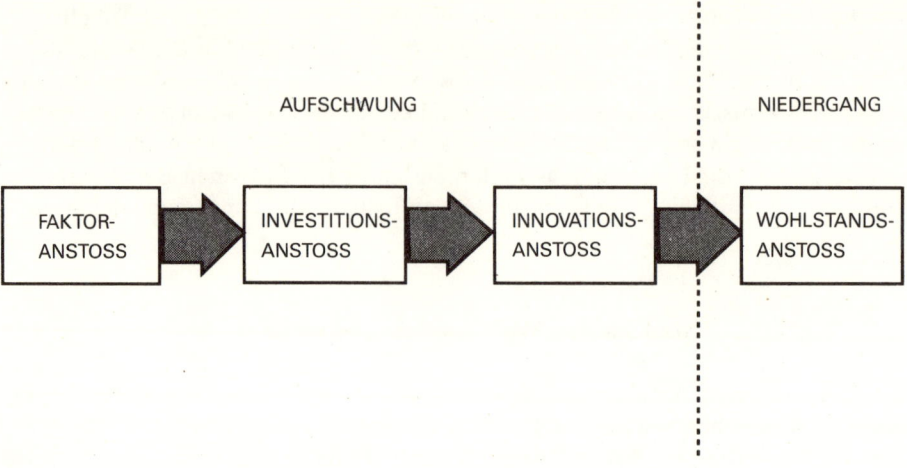

ABB. 10–1   Vier Entwicklungsstadien des nationalen Wettbewerbs

Meine Theorie schlägt vier eigenständige Stadien der nationalen Wettbewerbsentwicklung vor: faktorbedingt, investitionsbedingt, innovationsbedingt und wohlstandsbedingt. Sie sind in Abbildung 10–1 schematisch dargestellt. Die ersten drei Stadien erfordern eine fortlaufende Aufwertung der Wettbewerbsvorteile eines Landes und werden normalerweise mit einem progressiv wachsenden wirtschaftlichen Wohlstand in Verbindung gebracht. Das vierte Stadium steht für Abdriften und letztlich Niedergang. Diese Stadien bieten, auch wenn es sich um grobe schematische Darstellungen handelt, eine Möglichkeit, die Entwicklung von Volkswirtschaften zu verstehen: sowohl die charakteristischen Probleme, vor denen die Unternehmen eines Landes zu verschiedenen Zeitpunkten stehen, als auch die Kräfte, die die Wirtschaft vorantreiben oder stagnieren lassen.

Faktorbedingt

In Ländern dieses Anfangsstadiums ziehen praktisch alle international erfolgreichen Branchen ihren Vorteil fast ausschließlich aus *Basis*-Produktionsfaktoren, seien es Rohstoffe, günstige Wachstumsbedingungen für bestimmte Feldfrüchte oder ein Überfluß an billigen angelernten Arbeitskräften. Im »Diamanten« sind nur Faktorbedingungen ein Vorteil (Abbildung 10–2). Diese Quelle für den Wettbewerbsvorteil schränkt den Umfang der Branchen und Branchensegmente, in denen die Unternehmen eines Landes international erfolgreich konkurrieren können, drastisch ein.
Die heimischen Firmen eines Landes betreiben in einer solchen Wirtschaft Wettbewerb nur über den Preis und nur in solchen Branchen, die entweder wenig Produktoder Verfahrenstechnologie erfordern oder eine Technologie, die billig und überall

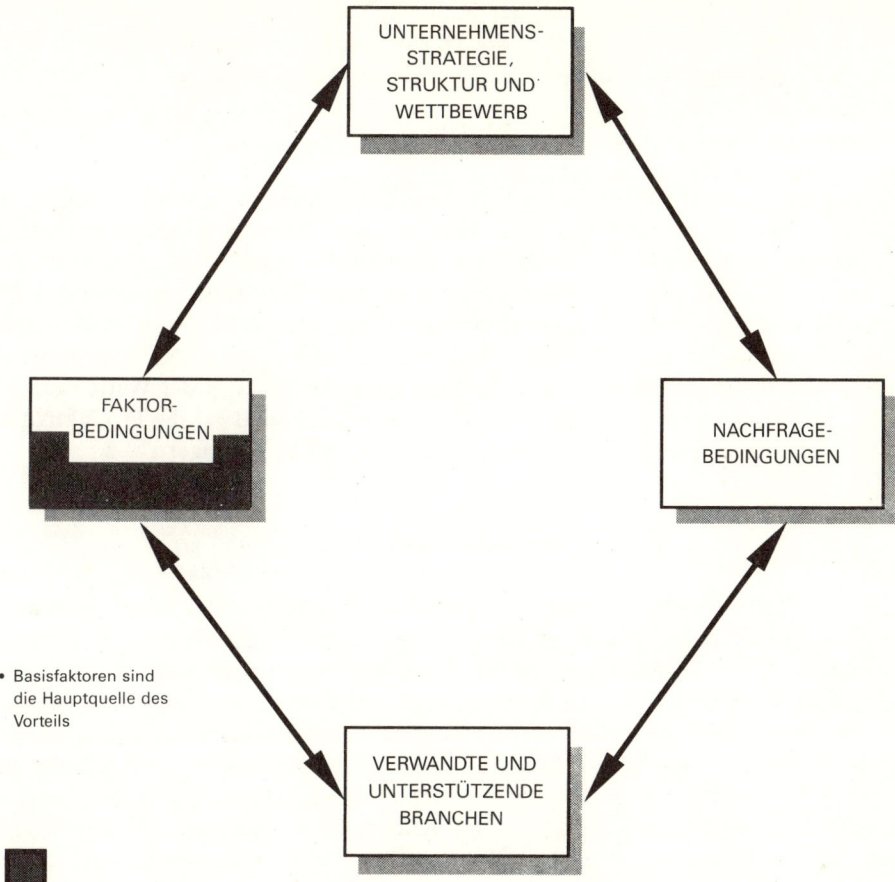

ABB. 10–2   Die von Faktoren angestoßene Wirtschaft

zu haben ist. Die Technologie wird weitgehend aus anderen Ländern besorgt, nicht selbst geschaffen. Das geschieht in einigen Branchen durch Imitieren, häufiger noch durch den Erwerb ausländischer Investitionsgüter. Neuere Produktentwicklungen und Technologien werden durch passive Investitionen in schlüsselfertige Werke erlangt oder direkt von Auslandsfirmen bereitgestellt, die in dem Land Produktionsanlagen betreiben oder mit den Produzenten vor Ort Originalhersteller-Arrangements treffen. Nur sehr wenige Unternehmen eines Landes haben in diesem Stadium direkten Kontakt zum Endverbraucher. Auslandsunternehmen sorgen für den Großteil des Zugangs zu Auslandsmärkten. Die Inlandsnachfrage nach exportierten Gütern ist gering oder kann sogar ganz fehlen.

In diesem Stadium reagiert eine Volkswirtschaft auf weltwirtschaftliche Zyklen und Wechselkurse, die die Nachfrage und relativen Preise treiben. Sie ist auch anfällig für den Verlust des Faktorvorteils an andere Länder und für schnell wechselnde Branchenführungen. Der Besitz reichlicher Rohstoffe kann zwar für längere Zeit ein hohes Pro-Kopf-Einkommen sichern, doch bietet eine faktorbedingte Wirtschaft eine schlechte Grundlage für ein anhaltendes Produktivitätswachstum, wie noch zu erläutern sein wird.

Das faktorbedingte Stadium hat zu irgendeinem Zeitpunkt praktisch jedes Land durchlaufen. Fast alle Entwicklungsländer befinden sich in diesem Stadium und auch praktisch alle zentralen Planwirtschaften. Einige wohlhabende Länder mit üppigen Ressourcen wie Kanada und Australien befinden sich ebenfalls in diesem Stadium. Nur wenige Länder kommen jemals über das faktorbedingte Stadium hinaus. Die Mischung aus inlandsorientierten Industrien in einer faktorbedingten Wirtschaft kann sich mit der Zeit durch Importersatz ausweiten, oftmals die Folge dessen, daß der Inlandsmarkt vor ausländischem Wettbewerb geschützt wird. Den importersetzenden heimischen Industrien fehlt jedoch international gesehen der Wettbewerbsvorteil, und sie können, wenn die Produktion sehr umfassend ist, die Produktivität des Landes aufgrund ihrer Unwirtschaftlichkeit tatsächlich verringern.

Investitionsbedingt

In diesem Stadium beruht der nationale Wettbewerbsvorteil auf der Bereitschaft und Fähigkeit eines Landes und seiner Unternehmen, offensiv zu investieren. Firmen investieren, um moderne, leistungsfähige und oft auch ausgedehnte Anlagen zu bauen, die mit der besten auf den Weltmärkten erhältlichen Technologie ausgestattet sind. Sie investieren auch, um durch Lizenzen, Gemeinschaftsunternehmen und andere Mittel komplexere ausländische Produkt- und Verfahrenstechnologie zu erwerben, die Wettbewerb in anspruchsvolleren Branchen und Branchensegmenten ermöglicht. Diese Technologie gehört normalerweise der vorigen Generation an, denn die internationalen Branchenführer sind im allgemeinen nicht bereit, die neueste Generation zu verkaufen. In diesem Stadium werden ausländische Technologie und Methoden *nicht nur angewandt, sondern übertroffen.* Die Fähigkeit der Industrie eines Landes, ausländische Technologie aufzunehmen und zu verbessern, ist essentiell, will man das investitionsbedingte Stadium erreichen; sie ist auch ein entscheidender Unterschied zwischen den faktor- und investitionsbedingten Stadien. Ausländische Technologie und Methoden werden im eigenen Betrieb gemeistert, und Firmen aus dem Land beginnen mit der Entwicklung eigener Besonderheiten bis hin zu eigenen Produktmodellen. Passive Investitionen in schlüsselfertige Werke reichen nicht länger aus.

Länder, deren Bürger und Unternehmen, sie alle investieren in einer investitionsbedingten Wirtschaft, um die Basisfaktoren zu fortschrittlicheren Faktoren aufzuwerten und eine moderne Infrastruktur zu schaffen. Zunehmend qualifizierte Arbeiter und ein wachsender Bestand an Technikern, die noch relativ bescheidene Löhne erhalten, bedienen die technisch aufwendigen Anlagen und sorgen dafür, daß die Technologie im Betrieb angepaßt und verbessert werden kann. Die Unternehmen des Landes bauen zumindest einige eigene internationale Absatzkanäle auf und stellen direkte Kundenkontakte her, um die Originalhersteller zu ergänzen oder Beziehungen zu Auslandsunternehmen zu bekommen. Der scharfe Inlandswettbewerb in den Branchen, in denen das Land sich am Wettbewerb beteiligt, treibt die Unternehmen dazu, ständig zu investieren, die Kosten zu drücken, die Produktqualität zu verbessern, neue Modelle einzuführen und die Verfahren zu modernisieren. Unternehmensziele, die Investitionen in die Technologie und das Anlagevermögen fördern, sind ebenfalls eine wichtige Voraussetzung. Wesentlich für das Erreichen dieses Stadiums ist die Bereitschaft der Unternehmen des Landes, Risiken einzugehen, und daß Neuzugänge in zahlreichen Branchen für genügend heimische Konkurrenten sorgen, so daß sich ein erbitterter Wettbewerb ergibt.

Im investitionsbedingten Stadium werden Wettbewerbsvorteile aus Verbesserungen der Faktorbedingungen, aus der Unternehmensstrategie, aus der Struktur und dem Wettbewerb gezogen (siehe Abbildung 10-3). Während die Unternehmen eines Landes noch Vorteile bei den Basisfaktorkosten halten, weiten sich die Wettbewerbsvorteile aus und erfassen kostengünstige, aber fortgeschrittenere Faktoren (z. B. Diplomingenieure) und den Bestand gutfunktionierender Mechanismen zur Faktorbildung – etwa Ausbildungseinrichtungen und Forschungsinstitute –, auch wenn die Faktorbestände des Landes noch relativ allgemein sind. Eine aufwendigere und besser angepaßte Technologie wie auch moderne Anlagen ermöglichen in diesem Stadium einen weit wirksameren Einsatz des nationalen Faktorbestandes.

Das investitionsbedingte Stadium ist, wie schon der Name sagt, ein Stadium, in dem die Investitionsfähigkeit und -bereitschaft der Hauptvorteil ist, weniger die Fähigkeit, besondere Produkte anzubieten oder mit besonderen Verfahren zu produzieren. In diesem Stadium konkurrieren Unternehmen noch in den relativ standardisierten, preisempfindlichen Marktsegmenten, und die Produktentwürfe sind oft Ausdruck ausländischer Marktbedürfnisse. Die Produktentwürfe sind um mindestens eine Generation hinter den in der Welt führenden zurück. Die Verfahrenstechnologien entsprechen fast dem neuesten Stand, entwickeln ihn aber nicht weiter. Doch das Spektrum der Branchen und Branchensegmente, in denen die Unternehmen des Landes sich mit Erfolg am Wettbewerb beteiligen können, ist wesentlich breiter als im faktorbedingten Stadium, und die Zugangsbarrieren zu den Branchen sind sehr viel höher. Zwangsläufig übernehmen einige Wirtschaftsbranchen die Führung bei der Aufwertung zum investitionsbedingten Vorteil, danach greift der Prozeß auf andere Branchen über.

Die Inlandsnachfrage ist in diesem Stadium weitgehend undifferenziert, weil der Lebensstandard bescheiden, wenn auch im Wachstum begriffen ist, und weil nur eine schmale, erst aufkommende Basis hochkarätiger Industrieunternehmen besteht. In einigen Branchen kann die Inlandsnachfrage nach exportierten Gütern fast ganz fehlen. Ein Land wertet den Wettbewerbsvorteil in diesem Stadium eher vom Angebotsdruck als vom Nachfragesog her auf.

Dennoch sind die Branchen, in denen ein Land im investitionsbedingten Stadium am ehesten Erfolg hat, die, in denen seine Inlandsmarktnachfrage aufgrund der örtlichen Verhältnisse relativ groß ist (wie beim Schiffsbau in Japan und dann Korea, wo beide Länder aufgrund ihrer Lage einen ungewöhnlich hohen Bedarf an Seetransporten hatten), oder wo die Bedürfnisse des Inlandsmarkts stark solchen Bereichen zuneigen, die anderswo vernachlässigt worden sind (wie Japan bei kleinen Schwarzweißfernsehern). Daher die Teilschattierung der Nachfragebedingungen in Abbildung 10-3.

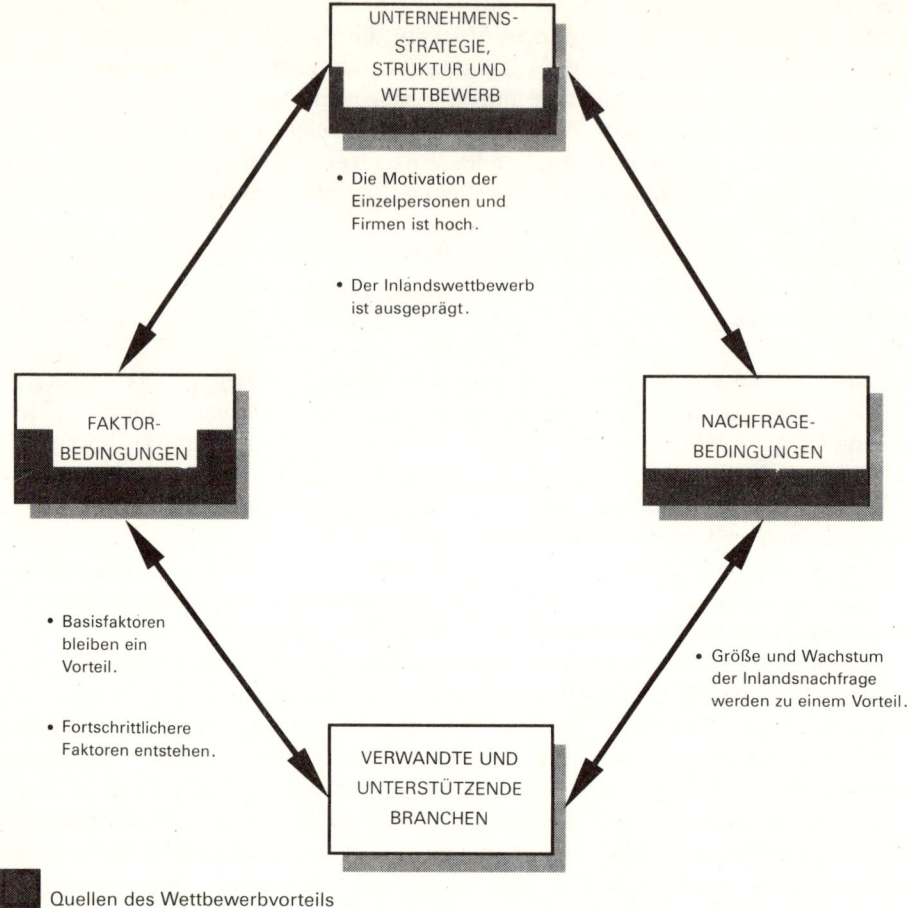

ABB. 10–3   Die von Investitionen angestoßene Wirtschaft

Verwandte und unterstützende Branchen im Land sind in diesem Stadium weitge-
hend unentwickelt. Die Produktion stützt sich fast ausschließlich auf ausländische
Technologie, ausländische Ausrüstung und sogar ausländische Bauelemente. Die
Verfahrenstechnologie ist demzufolge zwar modern, bleibt aber hinter der der
Marktführer zurück, und die Abhängigkeit von ausländischen Zulieferern schränkt
das Innovationstempo ein.
Der investitionsbedingte Weg zum Wettbewerbsvorteil ist nur in bestimmten Bran-
chen möglich, nämlich denen mit deutlichen Einsparungen durch Erhöhung der
Produktionskapazität und mit erheblichem Kapitalbedarf, aber einer doch noch
großen Arbeitskostenkomponente, mit Standardprodukten, mit einem geringen
Dienstleistungsanteil, mit leicht übertragbarer Technologie und vielen Quellen für
Produkt- und Verfahrenstechnologie.[4] Die Vorteile, die ein Land in diesem Stadium
zur Wirkung bringen kann (niedrige Arbeitskosten, große moderne Anlagen), sind in

diesen Branchen besonders wichtig. Normalerweise sind die Branchen relativ gut entwickelt und produzieren entweder Endprodukte, Grundbauelemente oder nicht differenzierte Werkstoffe. In vollentwickelten Branchen können die Werke ausländischer Wettbewerber durchaus veraltet sein, was den Unternehmen eines Landes Gelegenheiten eröffnet, einen Vorteil zu erlangen, weil eine größere Bereitschaft zu Investitionen in moderne Anlagen besteht.

Es wird zwar oft behauptet, Technologie wandere weltweit ungehindert hin und her, doch das stimmt nur teilweise. Unternehmen in einer investitionsbedingten Wirtschaft können Technologie nur in einigen Branchen erwerben und übernehmen. Diese sind so weit entwickelt, daß sie über vielfältige Technologiequellen verfügen, und haben mit relativ eigenständigen Modellen und Produktionsverfahren zu tun, so daß keine angesammelten Erfahrungen und hochspezialisierten Arbeitskräfte benötigt werden. Normalerweise müssen Firmen aus anderen Ländern unter Wettbewerbsdruck stehen, der sie zwingt, sich zum Verkauf von Technologie bereit zu erklären.

Das investitionsbedingte Stadium ist durch schnelle Beschäftigungsgewinne und das Hochtreiben von Löhnen und Faktorkosten charakterisiert. Ein Verlust der Wettbewerbsposition in den preisempfindlichsten Branchen und Branchensegmenten setzt ein. Die Wirtschaft wird weniger anfällig für globale Erschütterungen und Bewegungen der Wechselkurse als im faktorbedingten Stadium, bleibt aber schwach. Fehlschläge in einigen Branchen und plötzlicher Verlust des Vorteils in anderen sind unausweichlich wegen der Unsicherheiten bei der Selektion brauchbarer Auslandstechnologie, beim Bau großer Werke und bei der Verdrängung durch Firmen aus fortschrittlicheren Ländern.

Die angemessene Rolle des Staates im investitionsbedingten Stadium spiegelt die Quellen des Wettbewerbsvorteils in einer solchen Wirtschaft. Vorausgesetzt, daß der Wettbewerb noch schwer auf den Faktoren und der Investitionsbereitschaft lastet, kann dem Staat eine wesentliche Rolle zufallen. Sie kann nützlich sein, wenn knappes Kapital in bestimmte Branchen gelenkt werden soll, oder für die Förderung der Risikobereitschaft oder das Gewähren vorübergehenden Schutzes, um zum Einstieg heimischer Wettbewerber anzuregen und zum Bau von Anlagen wirtschaftlicher Größe, zur Belebung und Beeinflussung des Erwerbs ausländischer Technologie und zur Ermutigung des Exports. In diesem Stadium muß der Staat bei Investitionen normalerweise vorangehen, um Faktoren zu schaffen und aufzuwerten, wenngleich auch die Unternehmen anfangen müssen, eine größere Rolle zu übernehmen.

Das investitionsbedingte Modell erfordert einen nationalen Konsens, der Investition und langfristiges Wirtschaftswachstum höher bewertet als laufenden Verbrauch und Einkommensverteilung. Ein solcher Konsens war z. B in Japan und Korea deutlich.[5] Wirksame Politik in diesem Stadium verlangt offenbar einen politischen Prozeß, der sowohl disziplinierte und harte Entscheidungen wie auch einen langen Zeithorizont zuläßt. Erforderlich ist eine ständige Bereitschaft, die Faktorqualität zu verbessern und in andere Voraussetzungen für die Aufwertung des Wettbewerbs zu investieren. Einige Branchen werden anderen vielleicht vorgezogen. Starken Unternehmensinteressen muß häufig entgegengetreten werden, damit ein angemessener Inlandswettbewerb gesichert ist. Schutzmaßnahmen müssen zeitlich begrenzt sein, trotz des unausweichlichen Drucks, sie zu verewigen, damit Verbesserungen und Innovationen angekurbelt werden. Politische Zwänge bedeuten oft, daß einige wichtige Elemente des investitionsbedingten Modells trotz guter Absichten nicht umgesetzt werden, was die Entwicklung über das faktorbedingte Stadium hinaus scheitern läßt. Eine politisch stabile Regierung, personelle Kontinuität bei der Administration und die Fähigkeit, Sonderinteressen entgegenzutreten, die nach Vergünstigungen streben, sind zur Förderung des Fortkommens alle höchst wünschenswert.

Das investitionsbedingte Stadium zu erreichen ist seit langem möglich. Erhebliche Kapitalströme zwischen Ländern sind nichts Neues, und das Beschaffen ausländischer Technologie und sogar von Personal auch nicht. Im 19. Jahrhundert z. B. wurde britische und französische Technologie sorgfältig studiert und Ingenieure ins Land geholt, um deutsche Branchen aufzuwerten, wie schon dargelegt. Auch die amerikanische Wirtschaft hat dieses Stadium durchlaufen. Das investitionsbedingte Stadium ist in der Nachkriegszeit jedoch möglicherweise schneller steuerbar geworden als je zuvor. Es ist aufgrund der größeren Globalisierung der Märkte für Produktionsmittel, Technologie und Kapital zugänglicher geworden, und ebenso aufgrund einer aggressiven nationalen Industriepolitik.

Nur sehr wenigen Entwicklungsländern gelingt jemals der Sprung in dieses Stadium. Nach dem Zweiten Weltkrieg haben es nur Japan und, in neuerer Zeit, Korea geschafft. Taiwan, Singapur, Hongkong, Spanien und in geringerem Umfang Brasilien lassen Anzeichen erkennen, als würden sie dieses Stadium erreichen. Allen fehlen jedoch noch wichtige Elemente, seien es leistungsfähige heimische Betriebe, innerbetriebliche Fähigkeiten zur Verbesserung der Produkt- und Verfahrenstechnologie, internationale Absatzkanäle, die von den Unternehmen des Landes beherrscht werden, ausreichend fortschrittliche Faktoren oder ein echter Inlandswettbewerb. Es gibt viele Fallgruben auf dem Weg zum investitionsbedingten Stadium, auf die ich zurückkomme, wenn ich über die staatliche Politik spreche. Nicht alle Länder, die in diese Richtung aufbrechen, haben Erfolg.

Innovationsbedingt

Im innovationsbedingten Stadium ist der ganze »Diamant« in einer weiten Branchenskala vertreten. Wie Abbildung 10–4 zeigt, sind alle Bestimmungsfaktoren aktiv und wirken massiv wechselseitig aufeinander ein.

Das Mix aus Branchen und Branchensegmenten, in denen die Unternehmen des Landes erfolgreich Wettbewerb betreiben können, wird breiter und aufgewertet, obwohl sich in einzelnen Branchen und Clustern das besondere Umfeld und die Geschichte des Landes spiegeln. Die Verbrauchernachfrage wird immer anspruchsvoller, weil die persönlichen Einkommen, das Bildungsniveau, der Wunsch nach Annehmlichkeit und die belebende Wirkung des Inlandwettbewerbs steigen. Die wachsende Wettbewerbskraft der Unternehmen des Landes in verschiedenen Branchen bewirkt außerdem das Aufkommen anspruchsvoller inländischer Industriekunden. Die Neuzugänge entfachen in vielen Branchen einen heftigen Inlandswettbewerb, der Verbesserungen und Innovationen beschleunigt. In den wichtigen Clustern entwickeln sich unterstützende Branchen von Weltrang. Aus verwandten Branchen entstehen neue wettbewerbsfähige Industrien.

Ein Wettbewerbsvorteil durch Faktorkosten wird immer seltener, da der zunehmende Erfolg in vielen Branchen die Faktorkosten und den Währungswert nach oben treibt. Anstelle von Faktorkostenvorteilen regen selektive Faktornachteile Innovationen an; sie bringen die Produkt- und Verfahrenstechnologie voran. Die Differenziertheit von etablierten Universitäten, Forschungseinrichtungen und Infrastruktur wächst. Neue Mechanismen kommen auf, die fortschrittliche und spezielle Faktoren schaffen und beständig aufwerten und die immer stärker an bestimmte Branchen gebunden sind. Branchen-»Diamanten« verstärken sich selbst, was auch ganze Branchencluster tun.

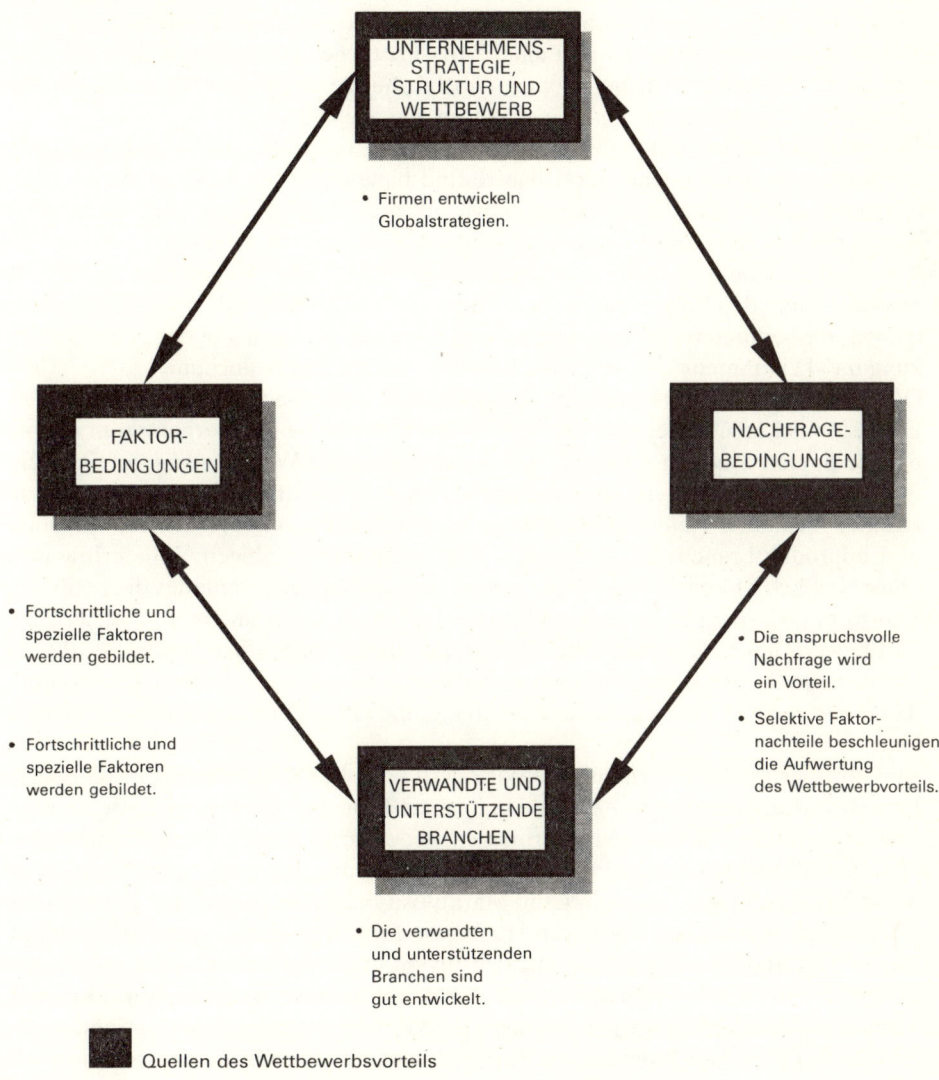

ABB. 10–4   Die von Innovationen angestoßene Wirtschaft

Dieses Stadium wird innovationsbedingt genannt, weil Unternehmen Technologie und Methoden aus anderen Ländern nicht nur sich aneignen und verbessern, sondern sie selbst *schaffen*. Die heimischen Unternehmen eines Landes drücken den neuesten Stand in der Produkt- und Verfahrenstechnologie, dem Marketing und anderen Aspekten des Wettbewerbs durch. Günstige Nachfragebedingungen, eine Zulieferbasis, spezielle Faktoren und die Existenz verwandter Branchen im Land ermöglichen den Unternehmen, zu innovieren und die Innovationen durchzuhalten. Die Fähigkeit zu Innovationen eröffnet den Weg zu noch mehr neuen Branchen.

Unternehmen in einer investitionsbedingten Wirtschaft konkurrieren international in differenzierten Branchensegmenten. Sie betreiben weiter über die Kosten Wettbewerb, aber wo es darauf ankommt, nicht über Faktorkosten, sondern dank eines hohen Qualifikationsniveaus und einer fortschrittlichen Technologie über die Produktivität. Preisempfindliche, weniger hochstehende Segmente werden nach und nach an Unternehmen aus anderen Ländern abgetreten.

Unternehmen treten mit selbständigen Globalstrategien an, verfügen über eigene internationale Absatz- und Servicenetze und bauen sich im Ausland ein Markenimage auf. Die Auslandsproduktion entwickelt sich in den Branchen, deren Struktur eine verstreute Wertkette begünstigt, entweder um Kosten zu senken oder um die Absatzeffektivität in anderen Ländern zu steigern. Das innovationsbedingte Stadium markiert damit den Beginn bedeutender direkter Auslandsinvestitionen. Ein Land im innovationsbedingten Stadium kommt in den Genuß aller Früchte der Selbstverstärkung im »Diamanten« – in einer wachsenden Anzahl von Branchen.

Das innovationsbedingte Stadium umfaßt Länder verschiedener Fortschrittsstufen. Einige Branchen übernehmen am Anfang die Führung beim Übergang zum innovationsbedingten Stadium dadurch, daß sie höherrangige Wettbewerbsvorteile erzielen. Die Aufwertung greift dann auf andere über. In diesem Stadium kommt es früh zu einer vertikalen *Tiefenstaffelung* eingeführter Branchencluster. Wettbewerbsfähige Endproduktbranchen sind ein Schritt zu wettbewerbsfähigen Zulieferbranchen (einschließlich Maschinenbau) oder umgekehrt. Sie bedienen anfangs die heimische Industrie, aber in einer gesunden Wirtschaft gehen sie mehr und mehr zum globalen Wettbewerb über. Tiefgestaffelte Cluster, oft aus Branchen hervorgehend, die mit einem faktor- oder investitionsbedingten Vorteil angefangen haben, signalisieren, daß die Wirtschaft ein bescheidenes Maß an innovativer Leistungsfähigkeit erreicht hat.

Eine fortschrittlichere, dynamische Wirtschaft kann das Spektrum der erfolgreichen Branchen (horizontal) *erweitern* und ganz neue Cluster hervorbringen. Beide brauchen die gesunde Bildung neuer Firmen entweder durch eingesessene Unternehmen oder im Rahmen von Neugründungen. Die Aufwertung der nationalen Produktivität wirkt sich günstig aus, wenn ein Land Marktpositionen hat, die sich zur Expansion in verschiedenen Branchen eignen und nicht von Exporten einiger weniger abhängen. Das verringert die Erschütterung, die sich aus strukturellen Veränderungen in einigen Branchen, aus der Spezialisierung von Firmen in immer produktiveren Marktsegmenten und aus der Verlagerung weniger produktiver Tätigkeiten ins Ausland ergibt. Gleichzeitig bietet die Existenz von Firmen in einem breiten Branchenspektrum viele Gelegenheiten zur Verbesserung und Innovation, was die Produktivität erhöht. Die Breite schafft mehr Möglichkeiten für ein Übergreifen und Wechselspiel der Branchen, die für den Aufwertungsprozeß so wichtig sind.

Eine stärker werdende internationale Position bei gehobenen Dienstleistungen ist ebenfalls charakteristisch für eine innovationsbedingte Wirtschaft und Ausdruck der aufgewerteten Wettbewerbsvorteile in der Industrie. Faktor- und investitionsbedingte Länder sind in internationalen Dienstleistungsbranchen selten erfolgreich, ausgenommen jene, die von Arbeitskosten abhängen (z. B. die Seefracht generell und einige Segmente der internationalen Bauwirtschaft). In einer innovationsbedingten Wirtschaft entwickeln fortschrittlichere Unternehmen immer differenziertere Dienstleistungsbedürfnisse, etwa im Marketing, in der Technik und beim Testen. Zeitgleich haben sich qualifiziertere Arbeitskräfte und andere Faktoren herausgebildet, die für gehobene Dienstleistungen wie Technik und Werbung gebraucht werden. Außerdem können die Dienstleistungsunternehmen eines Landes durch dessen zunehmenden Bedarf an globalen Produktionsfirmen ins Ausland gezogen werden. Verbraucher mit höheren Einkommen, steigender Ausbildung und Qualifikation beginnen ebenfalls, gehobene Dienstleistungen in Anspruch zu nehmen. Diese Inlandsnachfrage kann die Grundlage für die Bildung internationaler Positionen sein.

Alle innovationsbedingten Volkswirtschaften haben aufgrund ihres hohen Stands und Wohlstand einen höheren *heimischen* Dienstleistungsanteil als Länder in einem früheren Stadium. Ob ein innovationsbedingtes Land jedoch auf breiter Basis *internationale* Stärke bei den Dienstleistungen entwickelt, hängt von – bereits erörterten – Umständen ab. Die Vereinigten Staaten und die Schweiz z. B. haben dies geschafft, Deutschland und Italien im großen ganzen nicht.

Das innovationsbedingte Stadium ist gegen makroökonomische Schwankungen und exogene Ereignisse äußerst widerstandsfähig, vor allem wenn das Land die Fähigkeit erlangt, Cluster zu erweitern. Branchen sind weniger anfällig für Kostenschocks und Wechselkursbewegungen, weil sie über die Technologie und Differenzierung Wettbewerb betreiben. Die Globalisierung der Unternehmensstrategien bietet außerdem einen Puffer gegen derartige Schwankungen. Die starke Ausbreitung erfolgreicher Branchen vermindert die Abhängigkeit von irgendeinem Sektor.

Die angemessene Rolle des Staates in diesem Stadium unterscheidet sich deutlich von der im vorigen. Die richtige Haltung zu Interventionen und Arten der Interventionen wechselt. Kapitalzuteilung, Schutzmaßnahmen, Lizenzüberwachung, Exportsubventionen und andere Formen des direkten Eingriffs verlieren beim innovationsbedingten Wettbewerb an Bedeutung oder Wirksamkeit. Der Anstoß zu Innovationen, die Kenntnisse dazu und die Signale, die ihre Richtung angeben, müssen weitgehend aus dem privaten Bereich kommen. Wenn eine Volkswirtschaft sich ausbreitet und tiefer staffelt, kann der Staat nicht hoffen, alle bestehenden und alle neuen Branchen und dazu die Verbindungen zwischen ihnen im Auge zu behalten. Zunehmend reicher und internationaler werdende Firmen lassen sich auch nicht mehr so gern führen. Die Bemühungen des Staates erfolgen vielmehr am besten *indirekt*, etwa als Anreiz für die Bildung zusätzlicher und moderner Faktoren, zur Verbesserung der Qualität der Inlandsnachfrage, zur Anregung von Firmengründungen, zur Wahrung des Inlandswettbewerbs; und sie erfolgen noch auf anderen Gebieten, auf die ich in Kapitel 12 eingehe. Die Unternehmen müssen vermehrt selbst eine führende Rolle bei der Faktorbildung übernehmen.

Großbritannien erreichte das innovationsbedingte Stadium in der ersten Hälfte des 19. Jahrhunderts. Amerika, Deutschland und Schweden schafften es in den Jahrzehnten vor und kurz nach der Wende zum 20. Jahrhundert. Italien und Japan erreichten das innovationsbedingte Stadium erst in den 70er Jahren (im Fall Italien kann man vielleicht von Wiedererreichen sprechen). Die nördlichen Gebiete des heutigen Italien erreichten das innovationsbedingte Stadium bereits im 12. Jahrhundert, wenngleich der industrielle Rahmen der damaligen Zeit ein ganz anderer war.

Wohlstandsbedingt

Ein Land durchläuft die drei ersten Stadien der Wettbewerbsentwicklung, wenn es einen dynamischen Prozeß zur Aufwertung eines nationalen Vorteils aufrechterhalten kann. Das erfordert den Schritt zu differenzierteren Wettbewerbsvorteilen und die Verbreiterung des Branchenspektrums, in dem Unternehmen erfolgreich konkurrieren können. Dabei gehen Positionen in weniger fortschrittlichen Bereichen mit geringerer Produktivität verloren.

Das wohlstandsbedingte Stadium führt dagegen letztlich zum Niedergang. Die treibende Kraft in einer wohlstandsbedingten Wirtschaft ist der Wohlstand, der schon erreicht worden ist. Das Problem ist, daß eine von vergangenem Wohlstand angetriebene Wirtschaft nicht imstande ist, ihren Wohlstand zu halten. Das vor allem deshalb, weil die Motivation der Investoren, Manager und Wirtschaftssubjekte sich so verlagert, daß beständige Investition und Innovation und damit die Aufwertung beeinträchtigt werden. Neue Ziele werden gesetzt, darunter häufig auch sozial begrüßenswerte, die die Ziele verdrängen, die den Fortschritt in der Wirtschaft aufrechterhalten haben.

Im wohlstandsbedingten Stadium verlieren die Unternehmen allmählich aus verschiedenen Gründen ihren Wettbewerbsvorteil in internationalen Branchen. Nachlassender Wettbewerb ist oft die Ursache des Problems. Es rührt daher, daß mehr darauf geachtet wurde, die Position zu halten als sie auszubauen; daß die Unternehmensmotivation, zu investieren, sank und starke Unternehmen sich durch Einfluß auf die staatliche Politik absondern konnten.[6] Gewerkschaftliche Vertrauensleute steigen anstelle der Unternehmer und Firmengründer in gehobene Managementpositionen auf. Der Glaube an den Wettbewerb schwindet nicht nur in Unternehmen, sondern auch bei Gewerkschaften, die beide das Gefühl für das Risiko verlieren. Der Innovationsdruck wird schwächer, wie auch die Bereitschaft sinkt, sich über Normen hinwegzusetzen und Mißfallen auf sich zu nehmen. Beschäftigte verlieren die Motivation, wenn sie hohe Einkommensstufen erreichen und ihre Interessen sich ausweiten. Das Verhältnis Arbeitnehmer : Arbeitgeber verhärtet sich, da jede Seite danach strebt, den Status quo und den Anspruch darauf zu wahren. Das belastet die Fähigkeit, die Produktivität zu verbessern, um mit den steigenden Löhnen Schritt zu halten.

Das Ansehen, in der Industrie zu arbeiten, kann zugunsten anderer Berufe sinken. Der Wunsch nach einer praktischen Ausbildung nimmt ab. Bildungsstandards fallen, da die Beachtung durch Gesellschaft und Eltern nachläßt. Die Rate der Investitionen in die Faktorbildung geht tendenziell nach unten und verlagert sich in Gebiete, die für die Industrie ungünstiger sind. Eine Tendenz zur Vermögensbesteuerung angesichts reicher werdender Länder verringert den Anreiz, in die Industrie zu investieren.

Insgesamt ist ein chronisches Defizit bei Investitionen in die Industrie eine ironische Begleiterscheinung der wohlstandsbedingten Wirtschaft.

Der wachsende Bestand an investierbarem Kapital, der mit dem vergangenen Erfolg einhergeht, kann auch Verschiebungen auf den Kapitalmärkten des Landes auslösen. Die Ziele der Investoren können sich von der Kapitalbildung zur Kapitalwahrung verlagern. Eine Verlangsamung der Innovationen in der Wirtschaft führt zu einem Rückgang attraktiver Investitionsgelegenheiten in der Industrie. Investitionen in Finanzanlagen verdrängen Investitionen in Sachanlagen.

Ein Symptom, das mit einem Schritt zum wohlstandsbedingten Stadium einhergehen kann, sind verbreitete Fusionen und Übernahmen. Unternehmen mit einem Cashflow, der die innerbetrieblichen Bedürfnisse übersteigt, suchen rasches Wachstum, ohne Neugründungen zu riskieren. Auch Fusionen können den wachsenden Wunsch spiegeln, den Wettbewerb abzubauen und die Stabilität zu erhöhen. Fusionen schaffen die Illusion vom Fortschritt, ohne neue Betriebe zu gründen oder den Wettbewerbsvorteil in bestehenden Betrieben grundlegend zu steigern. Sie verlangsamen die Innovationen oft noch mehr. Das wohlstandsbedingte Stadium ist in Abbildung 10–5 dargestellt.

Greifbare Zeichen dafür, daß eine Wirtschaft in das wohlstandsbedingte Stadium eingetreten ist, zeigen sich wegen der durch Kundentreue und etablierte Marktpositionen geschaffenen Stoßkraft vielleicht erst allmählich. Sobald jedoch der Verlust des Vorteils in einigen hochproduktiven Branchen und Branchensegmenten einsetzt, greift er, gewissermaßen in einem Entflechtungsprozeß, auf andere über. Branchen, die keine Innovationen mehr vornehmen, werden schlechte Kunden für die Branchen, die erstere beliefern; sie verlieren die Fähigkeit, zu Innovationen in den Branchen, die sie beliefern, beizutragen oder sie zu beschleunigen. Die Wirtschaft schrumpft, verliert den Wettbewerbsvorteil zuerst in Grundstoffindustrien und bei Endprodukten, später bei Bauelementen und dann bei Maschinen. Vereinzelt kann ein Wettbewerbsvorteil dort überdauern, wo das Land eine besonders einmalige Nachfrage hat oder in bestimmten verwandten Branchen gut eingeführt ist. Ausländische Unternehmen, die zunehmend den echten Wettbewerbsvorteil besitzen, schicken sich an, die Unternehmen des Landes zu übernehmen und sie in Globalstrategien zu integrieren, wobei der heimische Stützpunkt irgendwo anders ist. Wechselweise gründen Auslandsfirmen Niederlassungen in dem Land, was einen Verfall des Anteils für die heimischen Wettbewerber zur Folge hat.

Wenn Unternehmen höherrangige Wettbewerbsvorteile einbüßen, schrumpfen viele heimische Industrien und betreiben nur noch über den Preis Wettbewerb. Ein träges Lohn- und Beschäftigtenwachstum und steigende Arbeitslosigkeit nehmen weitere Anreize, die Produktivität zu verbessern, und sie tragen zum Verlust weiterer Marktpositionen bei. Das persönliche Einkommen fällt hinter das in anderen fortschrittlichen Ländern zurück, was die Qualität und Differenzierung der Inlandsnachfrage schmälert. Ironischerweise behauptet das Land vielleicht seine Position in einigen Branchen, die auf Facharbeiter angewiesen sind, weil ihre Löhne unter die in anderen fortschrittlichen Ländern fallen. Unter dem steigenden Druck verschlechtert sich das Verhältnis Arbeitnehmer : Arbeitgeber weiter und untergräbt die Innovationen noch mehr. Die Unternehmen werden defensiv und pessimistisch, und der Ruf nach staatlicher Hilfe und Intervention wird lauter, was die Dynamik weiter schwächt.

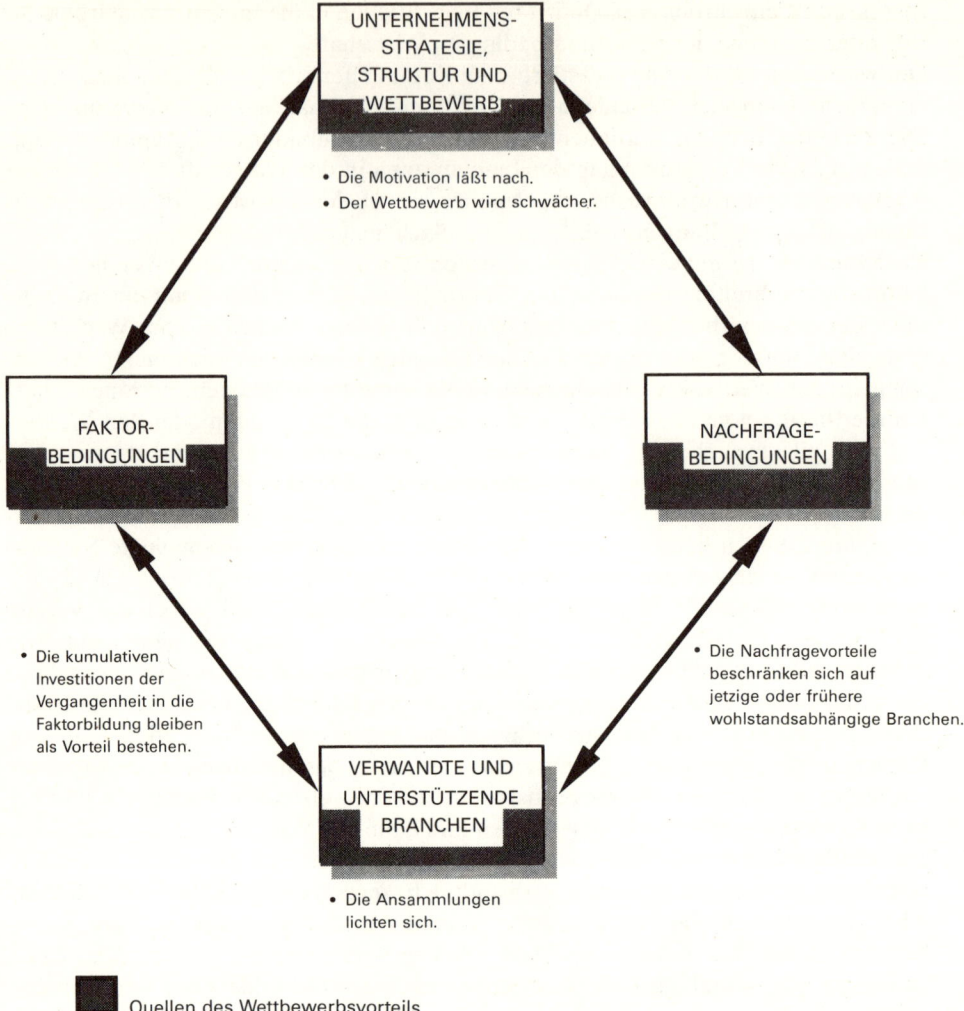

ABB. 10–5   Die vom Wohlstand angestoßene Wirtschaft

Während beim innovationsbedingten Stadium die Fähigkeit, zu innovieren und den Wettbewerbsvorteil zu halten, relativ weit verbreitet ist, ist das wohlstandsbedingte Stadium durch eine Einengung des Branchenspektrums charakterisiert, in dem Unternehmen den Wettbewerbsvorteil auf vier große Gruppen stützen können. Die erste sind Branchen, in denen das Land weiter eine anspruchsvolle und moderne Nachfrage behält, weil es Wohlstand gebildet hat in Form angesammelter Vermögenswerte, hoher Einkommen oder Luxusbedürfnisse (Beispiele sind Finanzdienstleistungen, abgepackte Güter des täglichen Bedarfs und Unterhaltung). Eine zweite Gruppe umfaßt Branchen, in denen der Wettbewerbsvorteil das Ergebnis langwieriger kumulativer Investitionen ist: in Grundlagenforschung, Kunst, hochspezialisierte

Formen höherer Bildung, Pools hochspezialisierter Fachkräfte auf engumrissenen Gebieten oder andere Bereiche staatlicher Ausgaben wie das Rüstungs- oder das Gesundheitswesen. All das sind Erscheinungen einer langen Geschichte nationalen Wohlstands (Beispiele für Branchen, in denen derartige Vorteile wichtig sind, sind die Biotechnologie, Bildungsdienstleistungen, Raumfahrt und Rüstungsgüter). Eine dritte Gruppe versammelt Branchen, in denen der Wettbewerbsvorteil aufgrund von Vorteilen aus frühem Handeln erhalten wurde (auf der Grundlage geschichtlicher nationaler Erfolge). Typisch für diese – besonders langlebigen – Branchen sind die mit einer starken Markentreue (z. B. Zigaretten) oder solche, in denen es keine Unterbrechung der Produkt- oder Arbeitsveränderungen gegeben hat. Die vierte Gruppe umschließt die Branchen, in denen das Land Basisfaktorvorteile oder ererbtes Vermögen hält. In allen vier Branchengruppen kommt damit zum Ausdruck, daß in einer solchen Wirtschaft der Wohlstand die treibende Kraft ist.

Da der Wettbewerb in vielen Dienstleistungsbranchen multiinländisch ist oder über Auslandsniederlassungen erfolgt, ist der Anteil der Dienstleistungen am Bruttoinlandsprodukt weniger anfällig für den internationalen Wettbewerb als die Fabrikation. Daher bedeutet der Verlust der Herstellungspositionen in einer wohlstandsbedingten Wirtschaft oft, daß auf die Dienstleistungen ein rasch steigender Anteil am Volkseinkommen entfällt. Die Position des Landes in einigen Dienstleistungen (und einigen Produktionsbereichen) kann sich sogar ausweiten, weil der Wohlstand günstige Bedingungen für die Inlandsnachfrage schafft. Die wachsende Bedeutung der Dienstleistungen in allen fortschrittlichen Volkswirtschaften erschwert jedoch jede Verallgemeinerung über den Anteil am Bruttoinlandsprodukt, wie er von Dienstleistungen in verschiedenen Stadien dargestellt wird. Internationaler Erfolg in Dienstleistungen ist *kein* Signal für einen beginnenden Niedergang. Die einzelnen Dienstleistungsbranchen, in denen ein Land Erfolg hat, sind ein besseres Indiz für das Stadium der Wirtschaft des Landes.

Das wohlstandsbedingte Stadium ist ein Stadium des Abdriftens und letztlich des Niedergangs, weil das Spektrum der Branchen, in denen der Wettbewerbsvorteil gehalten werden kann, nicht mehr ausreicht, die Arbeitskräfte produktiv einzusetzen und einen steigenden Lebensstandard zu sichern. Ein Land in diesem Stadium ist ein Land der Gegensätze. Auf der einen Seite ist es ein »reiches« Land mit einigen sehr liquiden Unternehmen und einigen sehr wohlhabenden Bürgern, die die späten Früchte erfolgreicher Branchen und akkumulierter nationaler Investitionen genießen. Es ist oft ein Land mit hochgesteckten sozialen Zielen. Die nach draußen gehenden direkten Auslandsinvestitionen können trotz Unterkapitalisierung der im Inland sitzenden Industrie beträchtlich sein. Auslandsinvestitionen wandeln sich jedoch: von Investitionen, die Know-how vermitteln oder heimische Positionen ausweiten (typisch für das innovationsbedingte Stadium), in reine Geldinvestitionen. Unternehmen können ihre Mittel auch dazu nutzen, ausländische Firmen mit einem Wettbewerbsvorteil zu erwerben, doch werden diese selbständig von ausländischen Führungskräften gemanagt.

Auf der anderen Seite zeigt sich das wohlstandsbedingte Stadium als ein anfälliges, in dem ein Zerfall der Zielstrebigkeit einsetzen kann. Nimmt dieser Zerfall zu, kommen viele Unternehmen in Schwierigkeiten; von Arbeitslosigkeit oder Unterbeschäftigung geht wiederum ein ständiger Druck aus, und der durchschnittliche Lebensstandard sinkt. Sozialprogramme überfordern die Fähigkeit der Wirtschaft, sie zu bezahlen. Die Besteuerung des Vermögens neben der des Einkommens wird unter Umständen als der einzige Weg gesehen, die Dinge in den Griff zu bekommen – dies verringert die Anreize aber noch mehr. Der sich daraus ergebende Niedergang kann sich sehr lang hinziehen, bis irgend etwas die Wirtschaft wachrüttelt.

Großbritannien ist ein Land, dessen Wirtschaft vor einiger Zeit das wohlstandsbedingte Stadium erreichte, und mehrere andere Länder haben dieses Stadium entweder erreicht oder standen Ende der 80er Jahre kurz davor; ich komme noch darauf zurück.

Voraussetzungen für den Fortgang des Wettbewerbs

Die Industrie eines Landes durchläuft die ersten drei Stadien, weil Kräfte am Werk sind, die die Möglichkeiten für höherrangige Wettbewerbsvorteile schaffen und die Industrie unter Druck setzen, sie zu suchen und umzusetzen. Es kommt zu einer systematischen Aufwertung des »Diamanten«.

Im folgenden einige der aufschlußreichsten Bedingungen für den Aufstieg eines Landes in höheren Stadien:

● *Faktorbildende Mechanismen:* Das Wettbewerbspotential einer Volkswirtschaft wird durch die Quantität und vor allem die Qualität ihrer Produktionsfaktoren begrenzt. Gut funktionierende Mechanismen, die Faktoren bilden und aufwerten, liefern die Grundlage für einen höherrangigen Vorteil, weil jedes der ersten drei Stadien fortschrittlichere und speziellere Faktoren verlangt.

● *Motivation:* Das Fortschreiten von einem Stadium zum nächsten erfordert Arbeiter und Manager, die motiviert sind, lange zu arbeiten, höhere Löhne zu erhalten, höhere Gewinne anzustreben, neue Firmen zu gründen und größere Unternehmen zu schaffen. Unerläßlich für die Aufrechterhaltung der Motivation ist, daß die Beschäftigten glauben, für harte Arbeit und gute Ideen belohnt zu werden. Auch die Kapitaleigner müssen zu ständigen Investitionen motiviert werden.

● *Inlandswettbewerb:* Scharfer Wettbewerb unter den inländischen Konkurrenten in den verschiedensten Branchen ist notwendig, um Innovationen und die Aufwertung des Wettbewerbsvorteils zu veranlassen. Der Wettbewerb überwindet die Trägheit dadurch, daß er die Angst vor dem Scheitern schürt. Ein aktiver Wettbewerb zwischen heimischen Firmen hat auch wichtige übergreifende Auswirkungen auf die anderen Bestimmungsfaktoren.

● *Aufwertung der Nachfrage:* Die Aufwertung der Nachfragequalität schafft die Möglichkeit für Erfolge in gehobeneren Segmenten und fortschrittlicheren Branchen. Auch anspruchsvolle Kunden erzwingen Verbesserungen. Die Nachfrage wird aufgewertet, wenn das Vorhandensein einer wettbewerbsfähigen Branche einen anspruchsvollen Kunden für andere Branchen schafft. Sie wird ebenfalls aufgewertet, wenn Einkommen steigen und die Menschen arbeitsamer und gebildeter werden. Das Streben nach mehr gesellschaftlicher Anerkennung und Investitionen in Bereiche wie Gesundheitsfürsorge und Umweltschutz schaffen auf der Nachfrageseite Anreize für weitere neue Branchen.

● *Selektive Faktornachteile:* Selektive Faktornachteile bei weniger entwickelten

Faktoren geben den Anstoß, die Produktivität zu steigern und die Wettbewerbsvorteile zu höherrangigen aufzuwerten, vorausgesetzt es bestehen die richtige Motivation und ein ausgeprägter Inlandswettbewerb.

● *Kapazität zur Gründung neuer Betriebe:* Sich auf ein höheres Stadium hinzubewegen erfordert das Vorhandensein wirkungsvoller Mechanismen, damit neue Betriebe entstehen, entweder über Neugründungen oder intern über bereits existierende Firmen. Die Gründung neuer Firmen ist wesentlich für einen gesunden Wettbewerb, für ein Fortschreiten in neue und differenziertere Branchensegmente, für die Entwicklung von Zulieferern und verbundenen Branchen, und letztlich auch für die Entwicklung von Clustern.

Diese Kräfte sind nicht nur einzeln notwendig, sie bilden auch einen wirksamen Kreis, in dem eine Kraft die andere stärkt. Die Aufwertung erfordert Faktorbedingungen, die immer fortgeschrittener, immer spezieller sind. Aber der produktivere Einsatz von Faktoren ist angewiesen auf die Verbesserung der Nachfragebedingungen, den Anstoß durch selektive Nachteile und die Existenz technisch hochstehender unterstützender Branchen. Doch führen sie nur dann wirklich zu einer Aufwertung, wenn die Ziele zu ständigen Investitionen reizen und wenn der Wettbewerb dies erzwingt. Aber Wettbewerb und Entwicklung sowohl der unterstützenden wie der verwandten Branchen, die für die Aufwertung notwendig sind, bleiben auf die aktive Gründung neuer Betriebe angewiesen. Die wechselseitige Abhängigkeit beim Aufwertungsprozeß bedeutet, daß all diese Kräfte vorhanden sein müssen.[7] Das Fortschrittstempo eines Landes wird von seinem schwächsten Glied bestimmt.

Wie stark die Kräfte eines Landes sind und wie lange sie angespannt werden können, schwankt im Entwicklungsablauf der Volkswirtschaft erheblich. Wie stark die Kräfte sind, hängt bekanntermaßen von nationalen Umständen ab. Der Staat spielt durch seine politischen Entscheidungen eine Rolle, die Unternehmen durch die Wahl ihrer Strategien. Passen sich die staatliche Politik und die Strategien der Unternehmen nicht einander an, wenn eine Wirtschaft fortschreitet, hindert das einzelne Firmen und das Land, sich weiterzuentwickeln.

Der Zufall ist oft ein Auslöser, der der Wirtschaft eines Landes ermöglicht, schnell Fortschritte zu machen. Größere Brüche wie Kriege, Währungsschnitte, Verschiebungen der Inputpreise und Nachfrageschübe bieten Ländern in guter Position die Möglichkeit, in verschiedenen Branchen schnell voranzukommen. Störungen und Brüche können heimische Branchenstrukturen auch auftauen, können Unternehmen und Einzelpersonen neu motivieren. Die beiden Weltkriege z.B. waren sowohl für die amerikanische wie für die deutsche Wirtschaftsdynamik von großer Bedeutung (siehe Kapitel 7). In Japan setzte die Zerschlagung der *Zaibatsu* verkrustete und mächtige Positionen frei.

Länder straucheln oder fallen in ihrer wirtschaftlichen Entwicklung zurück, wenn die Kräfte nachlassen. Das geschieht, wenn die staatliche Politik die Kräfte bremst oder deren Wirkung verhindert (z.B. wenn sie Lohnerhöhungen niederhält oder den Großteil des verfügbaren Einkommens wegsteuert), die Hoffnungen und Erwartungen der Bürger gedämpft werden, die Fähigkeit oder Bereitschaft zu sozialen Investitionen verlorengeht oder Sonderinteressen den Status quo zementieren – um nur einige der Möglichkeiten aufzuzählen.

Solange ein Land bei den Einkommen und den angesammelten Vermögen nicht ein bestimmtes Niveau erreicht hat, besteht die Gefahr, nicht zum wohlstandsbedingten Stadium aufzusteigen, sondern zurückzufallen. Nachlassender Wettbewerb, fehlende Faktorbildung, abnehmende Motivation und abbröckelnde Nachfragequalität sind Ursachen eines sich verlangsamenden Verbesserungs- und Innovationstempos. Dänemark ist so ein Land, das vor dieser Gefahr steht. Da Positionen in modernen Branchen und Branchensegmenten verlorengehen, bildet sich schließlich ein Druck auf die Löhne und den Lebensstandard. Wegen Trägheit, staatlicher Eingriffe und ähnlichem kann es Jahre dauern, bis das erkennbar wird.

Länder, die sich eines hohen Wohlstands erfreuen dürfen, kommen aus den gleichen Gründen in das wohlstandsbedingte Stadium. Nachlassende Motivation und rückläufiger Wettbewerb sind die beiden Hauptursachen. Sie untergraben den Wettbewerbsvorteil in vielen Branchen nicht nur direkt, sondern bewirken auch einen Rückgang der privaten und sozialen Investitionen in die Faktorbildung und lenken sie in Formen um, die für die Industrie weniger vorteilhaft sind.

Der Prozeß der nationalen wirtschaftlichen Entwicklung

Jedes Land macht seinen ganz eigenen Entwicklungsprozeß durch. Die Branchenmischung und die eingeschlagene Bahn, auf der die Wirtschaft die Stadien durchläuft (oder auch nicht durchläuft), sind ein Abbild der besonderen Umstände jedes Landes in bezug auf den »Diamanten«. Nicht unwesentlich ist die Landesgeschichte, da sie die Grundlage der Kenntnisse prägt, die sich herausgebildet haben, die herrschenden Wertvorstellungen und Verhaltensnormen, die Bedürfnisse, den Geschmack; ferner die Vorlieben, die den Nachfragemustern zugrunde liegen, und die Herausforderungen, die sich stellen oder vor denen man steht.

Die einzelnen Branchen, die den Ausgangspunkt für die Entwicklung bilden, hängen sehr von der landeseigenen Rohstoffausstattung ab. Rohstoffreiche Länder wie Schweden und die Vereinigten Staaten beginnen den Aufwertungsprozeß aus einer Position internationalen Erfolgs in rohstoffabhängigen Branchen wie Eisen und Stahl, Forst- und Landwirtschaftsprodukte. Um diese Gebiete bilden sich Cluster, und am Ende expandiert die Wirtschaft, und neue Branchen entstehen, wenn die für die Aufwertung notwendigen Kräfte vorhanden sind. Rohstoffarme Länder wie Japan, Korea, die Schweiz und Italien haben von einer Position internationalen Erfolges aus begonnen – bei arbeitsintensiven Endverbrauchsbranchen wie Textilien und Bekleidung, Wohnen und Haushaltsprodukte und was immer an Landwirtschafts- und Nahrungsmittelprodukten örtlich herstellbar war. Diese Branchen werden das Fundament für Cluster, und der Wettbewerbsvorteil wird in verwandte oder andere Branchen ausgeweitet, wo günstige Bedingungen für die Inlandsnachfrage herrschen.

Die Wirtschaft beginnt mit der Aufwertung oben in der Clustergrafik (vorgelagerte Branchen) oder unten (Endverbrauch Güter und Dienstleistungen). Starke Positionen in industriellen und unterstützenden Funktionen, die Mitte der Clustergrafik, tauchen erst spät im investitionsbedingten oder früh im innovationsbedingten Stadium auf. Das Erzielen eines Wettbewerbsvorteils in den industriellen und unterstützenden Sektoren erfordert eine Vorabbasis starker heimischer Unternehmen und technologischer Fähigkeiten auf höherer Ebene. Korea hat z. B. in den 80er Jahren nur Positionsansätze in solchen Branchen, während Japan seit einigen Jahren starke Gewinne aus ihnen schöpft. Die Fähigkeit, in vielen Maschinenbaubranchen zu konkurrieren, zuerst im Inland, dann weltweit, ist ein verläßliches Anzeichen für das innovationsbedingte Stadium, denn sie signalisiert die Fähigkeit zu Verfahrensinnovationen. Ein Wettbewerbserfolg in der Kategorie Mehrfachgeschäft und differenzierte allgemeine Dienstleistungen im gewerblichen Bereich sind ein Zeichen dafür, einen wirklich breiten und fortgeschrittenen innovationsbedingten Wettbewerbsvorteil erlangt zu haben. Diese Branchen sind auf technisch hochstehende, heimische Unterneh-

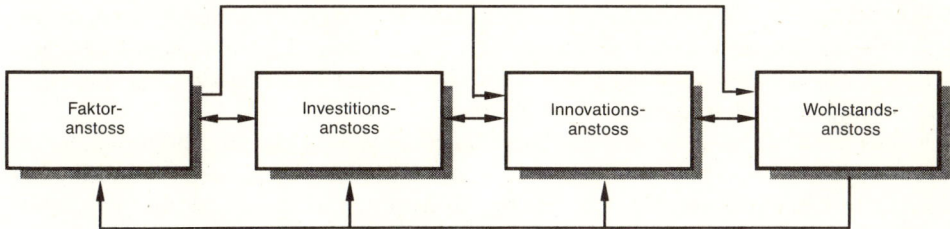

ABB. 10–6

men verschiedenster Branchen als Kunden angewiesen. Ein verbreiteter Wettbewerbserfolg im Gesundheitswesen, bei persönlichen Produkten und im Sektor Unterhaltung/Freizeit ist ebenfalls Indiz für eine fortschrittliche Wirtschaft mit differenzierter Technologie und gutverdienenden Verbrauchern.

Der Durchlauf durch die Stadien kann viele Wege nehmen, es gibt nicht nur eine einzige Route (siehe Abbildung 10–6).[8]

Die Entwicklung scheint oft in abrupten Aufwertungsschüben zu verlaufen, auf die Perioden unscheinbarer Veränderungen folgen. Das ist Ausdruck der gewaltigen Verstärkung, die im »Diamanten« sowohl innerhalb der Cluster wie zwischen ihnen stattfindet. Ein Wettbewerbserfolg in einer Branche z. B. löst eine Aufwertung oder Neuzugänge in mehreren anderen Branchen aus. Demonstrationseffekte, durch die sich Vorgehensweisen, Normen und Wertvorstellungen verbreiten, dienen ebenfalls dem schnellen Fortschreiten.

Länder machen nicht zwangsläufig Fortschritte. Viele Länder kommen nie über das faktorbedingte oder innovationsbedingte Stadium hinaus, aus den schon genannten Gründen. Meine Theorie deutet tatsächlich auf weit außergewöhnlichere Herausforderungen für die Entwicklungsländer hin als die, die sich aus einem Entwicklungsmodell ergeben, in dem Verbesserungen der Faktorquantität und -qualität das Hauptanliegen sind. Japan, dasjenige Land, das nach dem Krieg am schnellsten voranschritt, hat jedes der drei ersten Stadien durchlaufen. Das investitionsbedingte Stadium war, obwohl mit Herausforderungen und Schwierigkeiten befrachtet, in einigen Ländern ein Mittel zur Beschleunigung des Entwicklungsprozesses. Die Volkswirtschaften sind aber offenbar in der Lage, in einem längeren Zeitraum direkt vom faktorbedingten zum innovationsbedingten Stadium zu wechseln und das investitionsbedingte Stadium dabei mehr oder weniger zu überspringen. Ein Beispiel dafür ist Italien, dessen Versuche mit dem investitionsbedingten Modell scheiterten, worauf ich noch zu sprechen komme. Die Fähigkeit, das investitionsbedingte Stadium auszulassen und dennoch zügig Fortschritte zu machen, erfordert einen langen historischen Zeitraum industrieller Betätigung und damit einen Fundus aus menschlichem Kapital, Bildungseinrichtungen u. ä.

Das wirtschaftliche Wohlergehen steigt im allgemeinen, wenn ein Land die ersten drei Stadien durchläuft, weil die Aufwertung eine zunehmende nationale Produktivität zur Folge hat. Ein Land, das für seine Größe ungewöhnlich reich an Rohstoffen ist, kann trotz einer Position im faktorbedingten Stadium ein hohes Volkseinkommen haben, wenngleich dieses wohl nicht unbegrenzt zu halten sein wird. Als Beispiele können Kuwait und Saudi-Arabien dienen, die aufgrund des Ölreichtums seit Jahrzehnten hohe Pro-Kopf-Einkommen aufweisen. Kanada ist ein weiteres Land, dessen gewaltige Rohstoffvorkommen lange Zeit einen hohen Lebensstandard gesichert haben, obwohl außerhalb der rohstoffintensiven Bereiche kaum eine Branche einen internationalen Wettbewerbsvorteil besitzt.

Rohstoffabhängigkeit liefert ein Land letztlich jedoch der Erschöpfung, neuen Auslandsquellen, oder technologischen Veränderungen aus, die den Rohstoffbedarf verringern bzw. eliminieren. Übermäßige Rohstoffvorkommen schaffen auch unterschwellige Probleme. Sie sorgen für ein zufriedenstellendes oder gar hohes Volkseinkommen ohne die Notwendigkeit, den »Diamanten« aufzuwerten. Aber gerade das macht es schwierig, über den rohstoffabhängigen Vorteil hinauszukommen oder ihn zu ersetzen. Gleichzeitig schließt das Lohnniveau, das durch den Rohstoffreichtum gestützt wird, einen Wettbewerb in den Branchen aus, die als Grundlage für neue Cluster dienen, wie elektronische Güter oder Industriegeräte und Bauelemente mittleren Differenzierungsgrades. Wo die Ressourcen üppig genug fließen, kann ein Land direkt vom faktorbedingten zum wohlstandsbedingten Stadium wechseln. Ein Rückgang des Wettbewerbs, ein gegnerisches Verhältnis zwischen Gewerkschaften und Arbeitgebern sowie umfassende Schutzmaßnahmen können eintreten, wenn das Hauptaugenmerk in der Wirtschaft der Wahrung des Status quo gilt. Länder wie Kanada und Norwegen stehen vor dieser Gefahr.

Der Verlaß auf den faktorbedingten Vorteil bietet also keine solide Grundlage für ein dauerndes Produktivitätswachstum oder die Ausweitung des international erfolgreichen Branchenspektrums. Nur wenige Länder mit wirklich reichen Rohstoffvorkommen haben in diesem Jahrhundert des wissensbedingten internationalen Wettbewerbs dauernden Wohlstand erreicht. Die Vereinigten Staaten mit ihrem in der Geschichte einzigartigen Glauben an den Wettbewerb, mit den vielen Einwandererwellen, die eine neue Motivation brachten, sind vielleicht die einzige wirkliche Ausnahme.

Das wohlstandsbedingte Stadium führt, tritt es einmal ein, letztlich zu einem langsamen Niedergang des wirtschaftlichen Wohlstands. Es können Jahrzehnte vergehen, bis die Gesamtdaten den grundlegenden Verlust des Wettbewerbsvorteils anzeigen, weil die guten Positionen des Landes in vielen Branchen, sei es aus Trägheit oder aufgrund von Vorteilen aus frühzeitigem Handeln, bestehenbleiben. Die Freizeit- und Luxusnachfrage kann sogar neue Branchen stiften. In der Zeit des Übergangs vom innovationsbedingten zum wohlstandsbedingten Stadium können die Ertragskraft des Unternehmens und der Lebensstandard sogar noch *steigen* – nämlich dann, wenn die Unternehmen Marktpositionen halten (also weniger in sie investieren) und

Manager und Angestellte Gehaltserhöhungen erhalten, die den Produktivitätsverbesserungen vorauseilen.

Es ist möglich, daß ein Land, das im wohlstandsbedingten Stadium untergegangen ist, bis zum faktorbedingten Stadium zurückgeht. Wenn Positionen in den Branchen mit höherer Produktivität verlorengehen, können Löhne und andere Faktorkosten schließlich vergleichsweise so stark fallen, daß ein Land wieder Wettbewerb über die Faktorkosten betreibt. Großbritannien z. B. hat einen Verfall der relativen Löhne bis zu dem Punkt erlebt, daß durch die niedrigen Lohnkosten inzwischen Auslandsinvestitionen ins Land gelockt werden. Italien, die beherrschende Handelsmacht im 12. und 13. Jahrhundert, hat offenbar den ganzen Kreis, vom innovationsbedingten über das wohlstandsbedingte und faktorbedingte zum innovationsbedingten Stadium, durchschritten.[9] Der Niedergang einer wohlstandsbedingten Wirtschaft kann jedoch durch politische Veränderungen, größere Unterbrechungen oder Verschiebungen der gesellschaftlichen Wertvorstellungen aufgehalten werden.

Die Stadien und die Nachkriegswirtschaft der Länder

Die Stadien bieten einen Rahmen, geeignet, um die schon behandelten Länder erneut und aus anderem Blickwinkel zu betrachten. Jedes Land befindet sich in einem etwas anderen Stadium nationaler Wettbewerbsentwicklung und geht seinen ganz eigenen Entwicklungsweg. Eine erneute Betrachtung der acht Länder sowie eine kurze Studie von Singapur und Dänemark, auf die ich nicht näher eingegangen bin, bringt ein neues Verständnis ihres wirtschaftlichen Fortschritts und auch weitere Einsichten in das Stadienkonzept. Das dient auch als Ausgangspunkt für die Bestimmung der Kernfragen, vor denen jedes Land in Zukunft stehen wird: das Thema von Kapitel 13.

Abbildung 10–7 taxiert die Position jedes Landes in den Entwicklungsstadien des Wettbewerbs und nähert sich der in der Nachkriegszeit erfolgten Entwicklung des nationalen Vorteils. Die Position jedes Landes ist nur als Hinweis gedacht. Sie gibt meine Sicht der sich verlagernden Muster des nationalen Vorteils und der Stärke der Kräfte wieder, die am Werk sind, um die Industrie des Landes aufzuwerten. Eine kurze Erörterung der Position jedes Landes dient als Rückblick auf die vorangegangenen drei Kapitel. Singapur, ein Land, das ich nicht näher behandelt habe, wurde 1965 eine unabhängige Republik. Es hat seit seiner Gründung zwar deutliche Fortschritte gemacht, ist aber nach wie vor eine faktorbedingte Wirtschaft. Singapur dient im wesentlichen als Produktionsstätte für ausländische Multis, die angezogen werden durch Singapurs relativ kostengünstige, gut ausgebildete Arbeitskräfte und leistungsfähige Infrastruktur einschließlich der Straßen, Häfen, Flughäfen und Telekommunikation. Einheimische Unternehmen müssen sich erst noch in größerem Umfang entwickeln, in der Wirtschaftspolitik wurden sie bisher kaum beachtet. Die Verbesserung des Lebensstandards in Singapur entstand aus der Qualitätsaufwertung bei Arbeitskräften und Infrastruktur, die das Ziel hatte, die Arbeitsqualität zu steigern. Singapurs außergewöhnliche Leistung in diesen Bereichen hat das Land aus dem Kreis vergleichbarer Länder herausgehoben. Es hat z. B. pro Kopf die mit

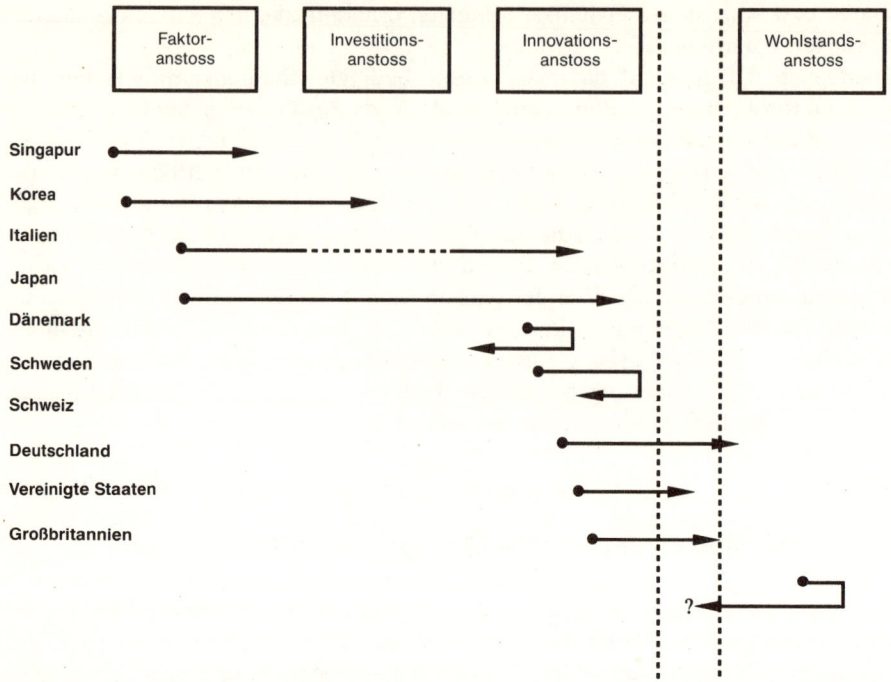

ABB. 10–7 Geschätzte Entwicklung der Entwicklung des nationalen Wettbewerbs in der Nachkriegszeit

Abstand größte Zahl an Studenten, die in den Vereinigten Staaten studieren (siehe Tabelle 8–9). Aber Singapur ist noch immer eine ausländische Produktionsstätte, kein echter heimischer Stützpunkt. Seine wirtschaftliche Entwicklung, die überwiegend auf ausländische Multis baut, hat einen schnellen Fortschritt gebracht und birgt weniger Risiken als der koreanische Weg. Bis Singapur jedoch ein heimischer Stützpunkt wird, bleiben seine Aufstiegschancen begrenzt.

Korea begann die 50er Jahre im faktorbedingten Stadium. Internationalen Erfolg hatte es in erster Linie bei Bekleidung und rohstoffabhängigen Gütern. Im Gegensatz zu Singapur und allen anderen asiatischen Schwellenländern einschließlich Taiwan erreichte Korea in den 80er Jahren das investitionsbedingte Stadium. Der Staat und die koreanischen Unternehmen schlugen den riskanteren Weg ein, die Rolle der ausländischen Multis zu begrenzen, suchten die heimische Industrie zu festigen und nahmen im Ausland große Kredite zur Finanzierung offensiver Investitionen auf. Das Ergebnis sind die Fähigkeit zu dauernder Aufwertung der Industrie und ein weit größerer, langfristiger Wohlstand.

Korea liefert tatsächlich ein erstaunliches Beispiel für das investitionsbedingte Stadium. Durch den Erwerb ausländischer Technologie, offensive Investitionen in großräumige, moderne Anlagen, Risikobereitschaft und scharfen Inlandswettbewerb hat sich Korea in einigen etwas fortschrittlicheren Branchen international gute Positionen erobert. Koreanische Unternehmen betreiben Wettbewerb überwiegend in preisempfindlichen Segmenten und mit kostenorientierten Strategien. Die Produkt- und Verfahrenstechnologie ist modern, aber nicht auf dem neuesten Stand. Der Wettbewerbsvorteil beruht auf noch niedrigen Löhnen für qualifizierte und sehr produktive Arbeitskräfte sowie auf modernen, leistungsfähigen Anlagen. Der koreanische Staat hat bisher eine einflußreiche Rolle gespielt, knappes Kapital gelenkt, Auslandsinvestitionen begrenzt, bei ausländischen Technologielizenzen geholfen und den Inlandsmarkt geschützt. Wie Singapur hat auch Korea massiv investiert, um das Arbeitskräftepotential und die Infrastruktur aufzuwerten. Anders als in Singapur stützt sich die koreanische Entwicklung stark auf koreanische Unternehmen, wenngleich multinationale Gesellschaften eine gewisse Rolle spielen. In weit größerem Umfang als Singapur haben koreanische Unternehmen und der Staat auch damit begonnen, in die Forschung zu investieren.

Was Korea, außer dem erbitterten Inlandswettbewerb, am meisten abhebt, ist seine Fähigkeit, sich sowohl ganz anzupassen als auch ausländische Technologie zu übertreffen. Die innerbetrieblichen technologischen Fähigkeiten der koreanischen Unternehmen nehmen rasch zu. Auch eigene internationale Absatzkanäle und internationale Markennamen werden aufgebaut. Eine Gruppe koreanischer Multis ist erstmals mit Globalstrategien angetreten. Dem Land fehlen allerdings noch die Nachfragebedingungen sowie verwandte und unterstützende Branchen, die für das Erzielen eines innovationsbedingten Wettbewerbsvorteils erforderlich sind. Korea beteiligt sich überwiegend mit Endprodukten am Wettbewerb, die allerdings technisch immer aufwendiger werden. Seine Marktposition in den industriellen und unterstützenden Branchen wird besser, ein Zeichen der Aufwertung. Aber die Produktentwürfe stammen noch weitgehend aus dem Ausland, und die Produkte werden aus ausländischen Bauelementen mit ausländischen Maschinen hergestellt. Die Inlandsnachfrage ist selten so fortgeschritten und anspruchsvoll, daß sie eine echte Innovation stützen könnte. Die Aufgabe, vor der die koreanische Industrie steht, lautet: Wie soll die Aufwertung fortgesetzt werden, damit das innovationsbedingte Stadium erreicht wird?

Dänemark, das zweite Land, das wir untersucht, aber nicht eingehend erörtert haben, erreichte um 1960 das innovationsbedingte Stadium. Dänische Unternehmen haben sich vorwiegend in großen Branchenclustern Positionen geschaffen und behauptet, die in Beziehung stehen zu Landwirtschaft und Nahrungsmitteln, Haushaltsprodukten und der Gesundheitsfürsorge. Doch die Dynamik der dänischen Wirtschaft bleibt hinter der vieler anderer Länder zurück. Eine schwankende Motivation, zuwenig Wettbewerb und eine ständig drohende staatliche Einflußnahme sind einige der drängendsten Probleme. Auch die Aufwertungsrate der Faktorqualität erreicht in Dänemark nicht die anderer fortschrittlicher Länder. Wie Tabelle 7–1 zeigt, ist das dänische Produktivitätswachstum insgesamt schwach, besonders in der Produktion. Sollten die gegenwärtigen langfristigen Trends andauern, ist Dänemark immer mehr auf Faktorkosten und die Tochtergesellschaften ausländischer Multis angewiesen, wenn es um seinen wirtschaftlichen – mutmaßlich begrenzten – Wohlstand geht.

Italien ist in der Nachkriegszeit vom faktor- zum innovationsbedingten nationalen Vorteil gestürmt. Der Umfang seiner Aufwertung wurde nur von Japan übertroffen. Italien ging mit einer desolaten Wirtschaft aus dem Krieg hervor, und der Wettbewerbsvorteil der italienischen Firmen beruhte weitgehend auf niedrigen Arbeitskosten. Doch eine anspruchsvolle Inlandsnachfrage, wagemutige Unternehmer und ein äußerst lebhafter Inlandswettbewerb brachten Italien gute Positionen in technisch hochstehenderen Segmenten und immer mehr Branchen. Die Cluster verdichteten sich zu Bausteinen und einem breiten Spektrum in der Maschinenbauindustrie. Die sich selbst verstärkenden Verbindungen zwischen Kunden, Zulieferern und Maschinenbauern führten zu einer raschen Aufwertung. Erhebliche Lohnsteigerungen ab 1969 und die Beendigung einer Politik der Lira-Abwertung 1978 waren für viele italienische Branchen der endgültige Anstoß zur Verbesserung ihres Wettbewerbsvorteils. Um 1980 erreichte die italienische Wirtschaft das innovationsbedingte Stadium. Italien durchlief nicht wahrnehmbar das investitionsbedingte Stadium, das für Japan und Korea ein Charakteristikum gewesen war. Es entwickelte sich im Verlauf einiger Jahrzehnte vielmehr direkt vom faktorbedingten zum innovationsbedingten Stadium, wobei es sich auf eine jahrhundertealte Industriegeschichte stützte, auf qualifizierte Arbeitskräfte, eine reiche wissenschaftliche und kulturelle Tradition mit entsprechend anspruchsvoller Nachfrage, auf solide fundierten Wohlstand und eine Ausgangsposition beim Lebensstandard, die höher lag als in Asien. Italien erzielte seine Erfolge vorwiegend in Branchen, die nicht größenanfällig sind und keine hohen Kapitalinvestitionen benötigen. Als das italienische Potential auf ein hohes Maß an Motivation, auf Druck seitens der selektiven Nachteile und erbitterten Wettbewerb traf, war eine rasche industrielle Aufwertung die Folge.

Anfang der 70er Jahre wurde u. a. massiv in die Branchen Stahl, Automobile, Chemie und Energie investiert, als der italienische Staat sich bemühte, das investitionsbedingte Modell durchzusetzen. Doch die meisten dieser Bemühungen waren erfolglos, was am Mangel eines wirksamen Inlandswettbewerbs lag und an Nachteilen bei anderen Bestimmungsfaktoren: Inlandsnachfrage, Infrastruktur und geeigneter Qualifikation. Der instabile und für politische Pressionen anfällige italienische Staat erwies sich als unfähig, hier die notwendigen Schritte zu unternehmen. Italien machte deutlich, daß ein Erfolg beim investitionsbedingten Modell keineswegs sicher ist. Glücklicherweise besaß das Land außerhalb der Branchen, in denen die staatlichen Eingriffe sich bemerkbar machten, den Unterbau für das innovationsbedingte Stadium.

Die italienische Wirtschaft hat eine bemerkenswerte Fähigkeit zur Aufwertung bewiesen. Der Wettbewerbsvorteil in vielen Branchen hat sich zunehmend zur Unterteilung und Differenzierung verlagert. Eine fortschrittliche Produktionstechnologie wurde eingeführt. Tiefgestaffelte Cluster haben sich bei Mode, Einrichtungsgegenständen, Nahrungsmitteln und in anderen Sektoren gebildet.[10] Italiens Marktposition konnte erhebliche Verbesserungen im Maschinenbau und bei besonderen Produktionsmitteln verzeichnen, und das Ausmaß an Zugewinnen wird nur von Japan erreicht. Alles in allem profitiert Italien noch vom positiven Schwung, wenngleich seine Entwicklung an Grenzen stößt, falls sich nicht die Unternehmensstrategien und die staatliche Politik weiterbewegen.

Schweden ging aus dem Zweiten Weltkrieg im innovationsbedingten Stadium hervor, das es bereits in den ersten Jahrzehnten des 20. Jahrhunderts erreicht hatte. Ein großer Teil der schwedischen Wirtschaft war lange Zeit von Rohstoffen abhängig. Bald nach dem Krieg aber erfreute man sich schon eines schnell steigenden Lebensstandards, zumal schwedische Unternehmen ihre Wettbewerbspositionen über die Rohstoffbranchen auf Verkehrsausrüstung, Maschinenbau und andere fortschrittliche Branchen ausdehnten, die mit etablierten Clustern verbunden waren. Eine gehobene Inlandsnachfrage, ungewöhnlich reger Austausch innerhalb der Cluster sowie eine hohe und zunehmende Arbeitsqualität begünstigten die Aufwertung. Starke Zwänge durch selektive Faktornachteile, weil Schwedens Rohstoffposition dank neuer Quellen unter Druck geriet, führten zu einem steigenden Technologieniveau und einem Schritt zu anspruchsvolleren Segmenten. Hohe Investitionen in das Gesundheitswesen und andere staatliche Sozialleistungen schufen ebenfalls gehobene Nachfrage nach neuen Produkten.

Schweden hat in den letzten Jahrzehnten einen Vorteil in vielen seiner traditionellen Branchen bewahrt, hat ihn sogar ausgebaut, und das Tempo der Produktivitätsverbesserungen in der Herstellung ist geblieben. Doch Schweden läuft aus mehreren Gründen Gefahr, daß das Aufwertungstempo nachläßt. Ein Grund ist die Politik regelmäßiger Abwertungen, die den Preiswettbewerb verstärkt und weitere Schritte weg von den faktorabhängigen Branchen verzögert hat. Ein niedriges Niveau individueller Anreize, ein stockender Inlandswettbewerb und ein langsames Tempo bei Firmenneugründungen sind weitere Fragezeichen hinter dem schwedischen Erfolg. Ein anderes Problem steckt in dem großen staatlichen Sektor, der ausgebildete Arbeitskräfte in Beschäftigungen mit relativ geringer Produktivität holt, und das zu einer Zeit, wo schwedische Unternehmen ihre Produktion ins Ausland verlegen, weil sie zu Hause keine Facharbeiter bekommen. Schweden hat außerhalb seiner traditionellen großen Cluster unter dem Strich Positionen verloren. Das Wachstum der Gesamtproduktivität in der Wirtschaft ist gering. Schwedens egalitäre Haltung bedeutet zwar, daß ein Wechsel in das wohlstandsbedingte Stadium unwahrscheinlich ist, aber das Fortschrittstempo kann sich verlangsamen. Die relative Wahrung des schwedischen Lebensstandards wird unter diesen Umständen immer schwieriger.

Japan schrieb nach dem Krieg die Erfolgsstory Nummer eins. Das Land begann die Zeit mit einem faktorbedingten nationalen Vorteil und betrieb Wettbewerb hauptsächlich über die niedrigen Arbeitskosten in der Textil- und anderen undifferenzierten Branchen. Viele Voraussetzungen bei Humankapital und technologischen Mitteln waren jedoch gegeben, so daß eine schnelle Aufwertung möglich war. Japan erreichte bald das investitionsbedingte Stadium, es erzielte Erfolge u. a. bei Schiffsbau, Stahl, Radios, Kleinwagen und Reifen. Offensiver Erwerb ausländischer Technologie, Investitionen in große, moderne Anlagen und ein scharfer Wettbewerb trafen auf noch geringe Arbeitskosten und ergaben in den betreffenden Branchen einen starken Kostenvorteil. Im Gegensatz zu Korea konnten japanische Unternehmen vergleichsweise leicht auf die Auslandsmärkte in Segmenten vordringen, für die eine Inlandsnachfrage bestand, die aber von ausländischen Konkurrenten vernachlässigt wurden. Normalerweise hoben die japanischen Exporte erst ab, nachdem der Inlandsmarkt gesättigt war. So wurden die Nachfragebedingungen ziemlich früh ein Vorteil, der das Aufwertungstempo in der Wirtschaft beschleunigte.

Japan erreichte das innovationsbedingte Stadium Ende der 70er Jahre. Die Faktorbedingungen erfuhren weiterhin eine schnelle Aufwertung. Internationale Diversifizierung brachte den Einstieg in verwandte, unterstützende und nachgelagerte Branchen. Japan erzielte nach 1978 die höchsten Nettogewinne beim Exportanteil im Maschinenbau und bei besonderen Produktionsmitteln. Selektive Faktornachteile wie hohe Energiekosten und Arbeitskräftemangel förderten Automation und Innovation. Cluster bildeten und verbreiterten sich, und die japanische Inlandsnachfrage wurde in immer mehr Branchen zur anspruchsvollsten der Welt. Ausgeprägter Inlandswettbewerb führte zu einer schnellen Verbesserung. Gleichzeitig sind Marktpositionen in rohstoffanfälligen und weniger differenzierten Branchen abgebröckelt.

Ausmaß und Geschwindigkeit der Entwicklung Japans sind in der modernen Wettbewerbsgeschichte ohne Beispiel. Der dramatische Kursanstieg des Yen seit 1986 wertete, zusammen mit sich ändernden Unternehmensstrategien und der Politik des Staates, die Wirtschaft Ende der 80er Jahre noch weiter auf. Japanische Unternehmen übernahmen in immer mehr Branchen die technologische Führung und Differenzierung. Japan hält auch eine führende internationale Position in verschiedenen Branchen, die die Aufwertung vieler anderer Industrien – wie Halbleiter, Roboter und moderne Werkstoffe – fördert. Es sind jedoch ständige Modifikationen in Politik wie in Unternehmensstrategie notwendig, wenn Japan seinen Aufwärtstrend weiter behaupten soll.

Drei andere Länder, die Schweiz, Deutschland und die Vereinigten Staaten, befanden sich lange im innovationsbedingten Stadium und haben in der Nachkriegsära im Wohlstand gelebt. Alle lassen jedoch in unterschiedlichem Maß Anzeichen eines Übergangs zum wohlstandsbedingten Stadium erkennen. Seit 1978 haben alle drei Länder mehr internationale Positionen in fortgeschrittenen Branchen verloren als gewonnen. Sollten sich diese Trends fortsetzen, käme es am Ende zu einem Rückgang des relativen Lebensstandards.

Die Schweiz, die vor dem Zweiten Weltkrieg in das innovationsbedingte Stadium eintrat, hat für ein Land ihrer Größe eine sehr breitfundierte Wirtschaft; darin drückt sich aus, daß sie in vielen Branchen nur in den anspruchsvollsten Segmenten Wettbewerb betreibt. Zahllose Vorteile haben die beständige Aufwertung der schweizerischen Industrie im Lauf der Zeit gefördert, etwa die steigende Qualifikation der Arbeitskräfte, eine starke technologische Grundlage, eine anspruchsvolle Nachfrage und ein erbarmungsloser Druck durch hohe Löhne. Ständige Investitionen wurden durch niedrige Zinsen und für Investoren lohnende Ziele begünstigt.

Die Schweiz hat allerdings ihren Anteil am Weltexport in viel mehr Branchen verloren als gewonnen, auch in Spitzenbranchen wie Geräte- und Maschinenbau. Viele Branchen, die einen Vorteil gehalten haben, sind mit Luxusnachfrage oder Wohlstand verbunden. Wachsende Sorge bereiten der fehlende Inlandswettbewerb und eine Finanzstruktur, die die Dynamik lähmt. Der jahrzehntelange Wohlstand hat der Motivation und Risikobereitschaft seinen Tribut abverlangt. Ob es so viele Firmenneugründungen gibt, daß der Wettbewerb angeregt und eine Produktivitätssteigerung gefördert wird, bleibt ungewiß.

Deutschland erreichte das innovationsbedingte Stadium um die Jahrhundertwende, vor allem wegen seiner Vorherrschaft in Wissenschaft und Technologie. Der deutsche Erfolg hat sich auf einzigartige Weise selbst verstärkt, da starke Positionen im Maschinenbau aus der Stärke in Verbraucherindustrien hervorgingen. Eine wettbewerbsfähige Branche zog oft mehrere andere nach. Beispiellose Mechanismen zur Aufwertung menschlicher und technischer Ressourcen waren vorhanden. Ein günstiger »Diamant« ermöglichte Deutschland, zweimal nach Weltkriegen einen innovationsbedingten Vorteil zurückzuerobern.

Aber auch Deutschland zeigt Anzeichen eines Wechsels in das wohlstandsbedingte Stadium. Die Verluste bei den Marktanteilen übersteigen die Gewinne bei weitem.

Wie bei der Schweiz umfassen sie viele fortschrittliche Branchen – im Maschinenbau, bei Instrumenten, Verkehrsausrüstung und besonders Chemikalien –, daneben eher vorhersehbare Einbußen in rohstoffanfälligen und weniger hochstehenden Branchen. Sich entwickelnde Finanzmärkte und ein neuer, auf Geldgeschäfte ausgerichteter Managertyp verschieben die Ziele der Investoren und Unternehmen. Die Gewerkschaften sind eine Kraft, die die Dynamik zusehends hemmt. Der Inlandswettbewerb läßt, so die unmißverständlichen Anzeichen, nach. Die Unfähigkeit, mit Erfolg in neue Branchen einzusteigen, ist beunruhigend und wird durch die drückende Arbeitslosigkeit noch drängender.

Die Vereinigten Staaten erreichten das innovationsbedingte Stadium in den letzten Jahrzehnten des 19. Jahrhunderts, wenngleich sie noch sehr viel Handel treiben, der stark rohstoffabhängig ist. Breite und Tiefe der amerikanischen Wettbewerbspositionen entwickelten sich vom Zweiten Weltkrieg bis in die 60er Jahre merklich. Amerika bot ein einmaliges Umfeld für einen innovationsbedingten Vorteil in vielen Branchen: Massive Investitionen in die Faktoraufwertung, richtungweisende Nachfragebedingungen, starke individuelle Motivation, ein fester Glaube an den Wettbewerb und die Führung in wichtigen unterstützenden Branchen wie Elektronik, Kunststoffe, Werkzeugmaschinen und Werbung sind nur einige der vielen Stärken, die ich in Kapitel 7 aufgeführt habe.

Seither hat jedoch auch Amerika einen ähnlich schmerzlichen Verlust an Wettbewerbsvorteilen erlebt wie die Schweiz oder Deutschland. Die Vereinigten Staaten verlieren Vorteile in den falschen Branchen und Branchensegmenten, und viele Gewinne entfallen auf rohstoffabhängige und relativ wenig verarbeitete Güter. Die Bandbreite der Branchen, die wesentliche Exporte stützen können, ist für ein Land der Größe Amerikas gering. Die Vereinigten Staaten sind ausinnoviert. Amerikanische Unternehmen behaupten zwar viele Wettbewerbspositionen, und die Bildung neuer Firmen ist nach wie vor gesund, aber es gibt doch klare Anzeichen dafür, daß die Aufwertung in der US-Wirtschaft ins Stocken geraten ist.

Die Branchen, in denen die Vereinigten Staaten einen Wettbewerbsvorteil halten, sind häufig mit Freizeit, Massenkonsum, Vermögensverwaltung, erheblichen kumulierten Investitionen in Universitäten und Grundlagenforschung, mit dem riesigen Verteidigungshaushalt und mit Rohstoffen verbunden. Anzeichen für einen Trend zum wohlstandsbedingten Stadium lassen sich in zunehmender Anpassung und nachlassendem Wettbewerb erkennen, in steigendem Protektionismus sowie in Investoren- und Unternehmenszielen, die offenbar zu einer dauernden Unterinvestition in der Industrie geführt haben. Diese und andere Veränderungen stellen, zusammen mit einer schwachen Verbesserungsrate bei der Qualifikation der Arbeitskräfte, eine ernste Bedrohung für die Dynamik der amerikanischen Wirtschaft dar, insbesondere für ihre Fähigkeit zu einer weiteren Aufwärtsentwicklung.

Großbritannien ist ein Land, das Jahrzehnte im wohlstandsbedingten Stadium gefangen war. Es hatte unter den von uns untersuchten Ländern das bei weitem schlechteste Gewinn-Verlust-Verhältnis an Exportanteilen. Als Folge des langsamen Aufwertungstempos der Wirtschaft hat der britische Lebensstandard, verglichen mit dem anderer fortschrittlicher Länder, jahrzehntelang an Boden verloren. Aber Großbritannien hat, was typisch für das wohlstandsbedingte Stadium ist, viele reiche Leute und erfreut sich eines Wohlstands in verschiedenen Bereichen, auch wenn ein großer Teil des Landes zurückgeblieben ist.

Großbritannien erreichte das wohlstandsbedingte Stadium zu einem Zeitpunkt, als nachlassende Motivation und rückläufige Arbeitsqualität die Investitionsrate abschwächten. Vornehm zurückhaltender Wettbewerb und Nachsicht gegenüber einheimischen Kunden (und denen aus dem Commonwealth) erzwangen kaum Verbesserungen. Die Begabtesten gingen oft nicht in die Industrie. Ohne eine wirksame Kontrolle über die Anteilseigner führten unternehmerische Selbstherrlichkeit und Mangel an Druck nur zu allmählichen Verbesserungen und allzu geringen Investitionen in die Betriebsanlagen, die Technologie und die Qualifikation. Diese Probleme verstärkten sich gegenseitig.

Die Erfolgs- und Mißerfolgsmuster der britischen Industrie vermitteln ein anschauliches Bild einer wohlstandsbedingten Wirtschaft. Erstaunlich viele Branchen auf der Liste international erfolgreicher britischer Branchen haben mit vergangenem Wohlstand, mit Freizeit, Unterhaltung, hochwertigen Konsumgütern und Vermögensverwaltung zu tun. Die Reihe reicht von Zigaretten, Whisky und Spirituosen über Auktionen, Spielfilme, Schallplatten, Bücher, gehobene Einrichtungsgegenstände, teure Kleidung, Finanzdienstleistungen und Dienstleistungen im gewerblichen Bereich bis zum Einzelhandel der gehobenen Preisklasse. Branchen wie Arzneimittel, Chemikalien und Consulting stützen sich auf jahrzehntelange Investitionen in die Infrastruktur, in die Wissenschaft und einen kleinen, aber elitären Kreis von Arbeitskräften. Viele internationale Wirtschaftszweige einschließlich mehrerer Verbrauchsgüterindustrien sind ein Abbild britischen Industrieerfolgs der Vergangenheit, der sich durch Vorteile aufgrund frühen Handelns gehalten hat. Wegen der hinterherhinkenden Bezahlung qualifizierter Wissenschaftler und anderer Facharbeiter, Folge einer langen wohlstandsbedingten Wirtschaftsperiode, wurde Großbritannien zu einem kostengünstigen Standort für Forschung und Wettbewerb in so hochqualifizierten Branchen wie Verlagswesen, Consulting und Werbung. Ein nicht unerheblicher Anteil der britischen Exporte ist schließlich auch das Ergebnis ererbter Rohstoffe, insbesondere Erdöl und Erdgas.

Der Wettbewerbsvorteil, den Großbritannien in den meisten Fertigungsindustrien und bei Zwischenprodukten besaß, ist abgebröckelt. Gemessen am Weltexport der Cluster und dem britischen Anteil daran, war der Verlust in diesen Branchen am größten. Auch bei vielen Massenkonsumgütern und Maschinen haben britische Unternehmen Positionen eingebüßt.

Großbritannien veranschaulicht die sich selbst verstärkende Abwärtsspirale des wohlstandsbedingten Stadiums. Ein Positionsverlust in einer Branche greift auf andere Branchen über. Der Druck auf die Beschäftigung ist gewachsen. Knappe Staatseinnahmen haben zu Haushaltszwängen und damit zu Ausgabenkürzungen bei Bildung, Forschung und Entwicklung und bei der Infrastruktur geführt. Ein relativ sinkendes Niveau bei den Durchschnittseinkommen hat die Bedingungen der Verbrauchernachfrage beeinträchtigt, ausgenommen der sich haltende Luxusbereich.

Die jüngste Entwicklung in Großbritannien ist dennoch ermutigend, und das Produktivitätswachstum hat mit der Umstrukturierung und Verkleinerung in der Industrie zugenommen. Doch ein langfristiger Umschwung ist noch längst nicht sicher. Anlaß zu grundlegender Sorge um die Entwicklung der britischen Wirtschaft macht die ständig absinkende Qualifikation des Durchschnittsarbeiters, im Vergleich zu der in anderen Ländern; dann das Fehlen einer anspruchsvollen Inlandsnachfrage in vielen

Branchen und ein unzureichender Wettbewerb. Der Antrieb, der entsteht, wenn ein Land das wohlstandsbedingte Stadium erreicht, braucht Jahrzehnte oder länger, bis er zum Stillstand kommt und sich umkehrt.

Wirtschaftlicher Fortschritt in der Nachkriegsära im Vergleich

Die erfolgreichen Länder nach dem Krieg haben Notlagen erlebt. Sie besaßen nur wenige offenkundige Vorteile. Deutschland, Japan und Italien gehörten zu den besiegten Ländern. Deutschland und Korea wurden politisch geteilt und verloren dabei rohstoffreiches Land. Der größte Arbeitskräftemangel, die drastischsten Lohnerhöhungen, die höchsten Energiekosten und die geringsten eigenen Ressourcen waren oft die Begleitumstände der schnellsten Aufwertung und der markantesten Fortschritte. Das galt so lange, wie die Qualifikation der Arbeitskräfte und die wissenschaftliche Grundlage auf hohem Niveau lagen oder schnell zunahmen, wie Angestellte, Manager und Investoren zu laufenden Investitionen motiviert waren und ein aktiver Inlandswettbewerb bestand, der ständig Verbesserungen erzwang.

Aber unabhängig von der Nachkriegsleistung, jedes der hier skizzierten Länder steht vor Herausforderungen, wenn es seinen wirtschaftlichen Wohlstand behaupten und verbessern will. Diese Herausforderungen betreffen die Unternehmen wie den Staat. Die Unternehmen müssen ihre Strategien ändern, wenn Wettbewerbsvorteile angesichts stärker werdender internationaler Konkurrenten geschaffen und gehalten werden sollen. Die staatliche Politik muß auf lokaler, regionaler und nationaler Ebene ein Umfeld schaffen, das differenzierteren Wettbewerbsvorteilen förderlich ist. Die Politik muß sich entwickeln und die sich ändernde Wettbewerbsposition der Industrie eines Landes spiegeln.

Unternehmensstrategie und staatliche Politik sind die Themen der beiden nächsten Kapitel. Nach den grundsätzlichen Darlegungen komme ich im letzten Kapitel auf die Länder zurück, um meine Theorie näher zu erläutern – indem ich einige der wichtigsten Fragen beleuchte, vor denen Unternehmen und Staaten stehen.

TEIL 4
FOLGERUNGEN

KAPITEL 11

UNTERNEHMENSSTRATEGIE

Unternehmen stehen in der vordersten Linie des internationalen Wettbewerbs, nicht Länder. Sie müssen zunehmend global konkurrieren. Doch die Globalisierung hebt die Bedeutung des Landes nicht auf. Wir haben gesehen, welch zentrale Rolle der Heimatstaat hat für den internationalen Erfolg eines Unternehmens. Der heimische Stützpunkt prägt die Fähigkeit eines Unternehmens, bei Technologie und Methoden schnell zu innovieren, und das in die richtige Richtung. Er ist der Ort, von dem der Wettbewerbsvorteil letztlich ausgeht und von dem aus er gewahrt werden muß. Eine Globalstrategie ergänzt und festigt den am heimischen Stützpunkt geschaffenen Wettbewerbsvorteil; sie ist die Glasur, nicht der Kuchen.[1]

Aber wie günstig die nationalen Umstände immer sind, der Erfolg ist nicht gesichert. Einige Unternehmen eines Landes haben Erfolg, während andere scheitern. Obwohl Amerika der weltweite Branchenführer bei Computern ist und beispielsweise IBM, Digital und Cray Hervorragendes leisten, haben zahllose andere amerikanische Computerfirmen Pleite gemacht oder sind verschwunden. Japanische Unternehmen beherrschen das Geschäft mit Kleinkopierern. Aber Canon und Ricoh sind erfolgreicher als eine Vielzahl anderer japanischer Kopiererkonkurrenten. Ein Heimatstützpunkt im richtigen Land hilft sehr, ist jedoch kein Garant für Erfolg. Ein Heimatstützpunkt im falschen Land wirft grundlegende strategische Bedenken auf.

Die wichtigsten Quellen des nationalen Vorteils müssen aktiv gesucht und genutzt werden, im Gegensatz zu niedrigen Faktorkosten, die einfach durch Betätigung in dem Land verfügbar sind. International erfolgreiche Unternehmen stehen, wenn es um die Schaffung eines Wettbewerbsvorteils geht, nicht passiv abseits. Die Firmen, die wir untersucht haben, waren ständig dabei, neue Vorteile zu entdecken und gegen Konkurrenten anzutreten, um sie zu schützen. Sie waren durch ihr nationales Umfeld bestens placiert. Sie unternahmen Schritte, um ihren Heimatstaat (und Standort im Land) zu einem noch günstigeren Umfeld für den Wettbewerbsvorteil zu machen. Schließlich verstärkten sie ihre stützpunktbedingten Vorteile und eliminierten die stützpunktbedingten Nachteile mit Hilfe von Globalstrategien, die gezielt die in anderen Ländern vorhandenen Vorteile nutzten. Ein Wettbewerbsvorteil ergibt sich letztlich aus einer wirksamen Kombination von nationalen Umständen und Unternehmensstrategie. Die Bedingungen in einem Land können ein Umfeld schaffen, in dem Firmen einen internationalen Wettbewerbsvorteil erzielen können, aber es liegt am Unternehmen, die Gelegenheit zu ergreifen.

Die Maßnahmen, die erforderlich sind, einen internationalen Wettbewerbsvorteil zu schaffen und zu behaupten, sind schwierig und oft äußerst lästig. Es gibt andere

Wege, ein gutes Ergebnis zu erzielen, etwa den Schutz des Staates zu suchen, eine Marktposition durch Unterinvestition zu halten und überhaupt globale Branchen zu meiden. Mehrere große italienische Unternehmen wirtschaften heute dank staatlicher Interventionen, die einen wirksamen Wettbewerb ausgeschaltet haben, sehr rentabel. In einer Welt zunehmend globalen Wettbewerbs haben diese Alternativen jedoch ihre eigenen Gefahren. In Italien z.B. wird der Abbau der europäischen Marktbarrieren eine ernste Bedrohung für die Unternehmen, die mit politischen, nicht mit wirtschaftlichen Strategien Erfolg gehabt haben.

Die Prämisse dieses Kapitels lautet, daß ein Unternehmen die Schaffung und Wahrung eines Wettbewerbsvorteils ins Auge fassen muß, der an den weltbesten Konkurrenten gemessen wird. Ich unterstelle auch, daß das Unternehmen bereit ist, bei der Suche nach einem echten internationalen Vorteil einen bequemen Weg aufzugeben, und daß es dauerhaften Erfolg anstrebt, nicht bloßes Überleben oder den kurzfristigen Gewinn, den das Halten einer Marktposition abwirft. Viele der Grundsätze, die ich hier beschreibe, sind für Unternehmen in reinen Binnenbranchen genauso wichtig.

Der Wettbewerbsvorteil
im internationalen Wettbewerb

Unsere Untersuchung hat einen genauen Blick getan auf die Geschichte von gut hundert Branchen. Die von den erfolgreichen Firmen im einzelnen angewandten Strategien waren in jeder Hinsicht verschieden. Doch jede Firma (und jede nationale Branche), die einen anhaltenden Wettbewerbsvorteil genoß, zeigte bestimmte grundlegende Verhaltensweisen. Obwohl die Strategien sich unterschieden, waren sie sich in Art und zeitlichem Ablauf bemerkenswert ähnlich – was Dinge wieder aufgreift, die ich in Kapitel 2 beschrieben habe. In der nationalen Branche herrschte eine Mentalität und Haltung gegenüber dem Wettbewerb vor, die sie von ihren Konkurrenten abhob. So wesentlich diese Grundsätze für den Inlandswettbewerb sind, durch den globalen Wettbewerb werden sie noch entscheidender.

1. *Der Wettbewerbsvorteil erwächst grundsätzlich aus Verbesserung, Innovation und Veränderung.* Unternehmen erzielen einen Vorteil gegenüber internationalen Wettbewerbern, weil sie eine neue Basis für den Wettbewerb erkennen oder neue und bessere Mittel finden, auf die alte Art zu konkurrieren. Sony rüstete als erster Radios mit Transistoren aus. Boeing hatte die Idee einer Flugzeugfamilie und betrieb als Branchenerster offensiven Wettbewerb auf globaler Ebene. Yamaha entdeckte, wie man die Produktion von bis dahin in Handarbeit hergestellten Klavieren automatisieren kann. Sandvik und Atlas Copco führten die »schwedische Methode« des Bergbaus ein. Die Geschichte praktisch jedes globalen Branchenführers enthält solche Erkenntnisse und Leistungen.

Innovation in strategischer Sicht wird im weitesten Sinn zu definieren sein. Sie umfaßt nicht nur neue Technologien, sondern auch neue Methoden oder Verfahren, etwas zu tun, die manchmal ganz alltäglich erscheinen. Innovation kann sich in einem neuen Produktentwurf zeigen, in einem neuen Produktionsverfahren, einem neuen Marketingansatz oder einem neuen Ausbildungs- oder Organisationsweg. Sie kann praktisch jede Tätigkeit in der Wertkette umfassen.

Auf internationalen Märkten nehmen Innovationen, die einen Wettbewerbsvorteil ergeben, nicht nur heimische, sondern auch ausländische Bedürfnisse vorweg. Einige Innovationen schaffen einen Wettbewerbsvorteil, wenn ein Unternehmen ein völlig neues Käuferbedürfnis erkennt oder ein Marktsegment bedient, das die Konkurrenz vernachlässigt hat. Ein Vorteil entsteht, weil ausländische Wettbewerber sich mit einer wirksamen Antwort häufig Zeit lassen. Japanische Unternehmen erlangten z. B. in vielen Branchen einen Vorteil, weil sie sich auf kleinere, kompakte, leistungsschwächere Produktvarianten verlegten, die ausländische Hersteller als weniger wichtig und nicht so gewinnbringend abtaten. Innovationen, die zu einem Wettbewerbsvorteil führen, beruhen oft auch auf neuen Methoden oder einer Technologie, die bestehende Vermögenswerte und Anlagen veraltet erscheinen lassen. Konkurrenten versäumen zu reagieren, weil sie befürchten, ihre bisherigen Investitionen erschienen dann um so veralteter.

Der Heimatstaat ist ein wesentlicher Bestandteil des Prozesses, die Gelegenheit zur Innovation zu erkennen und wie sie erfolgreich durchzuführen sei. Eine der Hauptaufgaben jedes Unternehmens besteht darin, sich so zu postieren, daß es sich verbessern und innovieren kann. Ein Teil der Aufgabe ist, bestmöglichen Nutzen aus dem nationalen Umfeld zu ziehen, damit man die Möglichkeiten zur Innovation wahrnimmt und organisatorische Trägheit bei ihrer Verwirklichung überwindet.

2. *Der Wettbewerbsvorteil umfaßt die gesamte Wertkette.* Die Wertkette ist das gesamte Gebiet von Aktivitäten, die zur Bildung und Nutzung eines Produkts gehören; sie umfaßt die Wertketten des Unternehmens, der Zulieferer, Absatzkanäle und Kunden. Ein enger und ständiger Austausch mit Zulieferern und Absatzwegen ist für den Prozeß der Vorteilsbildung und -wahrung unerläßlich. Ein Wettbewerbsvorteil ergibt sich häufig aus der Erkenntnis neuer Wege zur Gestaltung und Handhabung des gesamten Wertsystems. Unternehmen reorganisieren oder integrieren ihren Verkehr mit Zulieferern, ändern die Absatzstrategien und kombinieren Aktivitäten bei Kunden um oder integrieren sie.

Ein Beispiel bietet das italienische Bekleidungsunternehmen Benetton. Die Herstellung erfolgt über ein Netz eigener und selbständiger Fertigungsbetriebe, die lose mit konzessionierten Einzelhändlern verbunden sind und Informationssysteme auf dem neuesten Stand benutzen. Im gesamten Wertsystem gestaltete und kombinierte Benetton seine Aktivitäten neu, um den Lagerbestand zu minimieren, eine schnelle Auslieferung zu gewährleisten und schnell auf Modetrends reagieren zu können. Die Kleidungsstücke werden z. B. zuerst hergestellt und später gefärbt, wenn die Farbtrends besser abzusehen sind. Damit der Bestand kontrolliert und die Auslieferung beschleunigt werden kann, können die Einzelhändler nur feste Warensortimente ordern. Verschiedene Zusammenstellungen für den Einzelhandel sind in Konzession gegeben worden, um so verschiedene Marktsegmente anzusprechen, auch den Kindermarkt.

Die Bedeutung des gesamten Wertsystems für den Wettbewerbsvorteil wird durch das Vorherrschen von Clustern deutlich. Die Präsenz von Zulieferern von Weltrang und Benutzern in einem Land ist ein bedeutender Aktivposten und wird mit einem internationalen Vorteil in zahllosen Branchen assoziiert. Die stärksten Wettbewerbsvorteile entstehen oft aus Clustern, die geographisch beschränkt sind.

Die Unternehmen müssen so Wettbewerb betreiben, daß sie einen Vorteil von der Existenz des nationalen Clusters haben. Um diesen Vorteil zu halten, müssen die Unternehmen diese Cluster häufig schaffen oder ausweiten, indem sie das Entstehen von Zulieferern fördern, die Ansprüche der Kunden steigern oder zum Einstieg in verwandte Branchen ermuntern.

3. *Der Wettbewerbsvorteil ist nur durch anhaltende Verbesserungen zu wahren.* Es gibt kaum einen Wettbewerbsvorteil, der nicht imitiert werden kann. Koreanische Firmen haben mit der Fähigkeit japanischer Unternehmen gleichgezogen, standardisierte Fernsehgeräte und Videorecorder in Großserien zu fertigen. Brasilianische Firmen haben bei Freizeitschuhen aus Leder eine Technologie und ein Design, die dem italienischen vergleichbar sind.

Unternehmen (und nationale Branchen), die in der Stagnation verharren, werden von der Konkurrenz am Ende übernommen. Manchmal können eingefahrene Wettbewerbspositionen Jahre oder Jahrzehnte gehalten werden, wenn der Aufwärtstrend stockt, weil starke Vorteile aus frühem Handeln bestehen: langjährige Kundenbeziehungen, Größeneinsparungen bei bestehenden Technologien und Treue bei den Vertriebspartnern. Doch die dynamischeren Konkurrenten finden schließlich Wege, die diese Vorteile umgehen, weil sie bessere oder billigere Methoden entdecken. Britische und später auch amerikanische Unternehmen der Werkzeugmaschinenbranche verloren binnen eines Jahrzehnts fast ein Jahrhundert alte Positionen, als ausländische Konkurrenten sich die neue Computertechnologie zunutze machten. Deutsche Unternehmen büßten aus ähnlichen Gründen ihre Führung bei Fotoapparaten ein, als japanische Firmen sich energisch der Entwicklung von Spiegelreflexkameras und der Einführung der Elektronik zuwandten. Im Schiffsbau verloren japanische Unternehmen einen beträchtlichen Anteil, als die Entwicklung sich verlangsamte und koreanische Firmen die japanischen Billiglohnstrategien kopierten.

Ein einmal errungener Vorteil ist nur durch ständiges Suchen nach anderen und besseren Methoden und durch laufende Veränderungen des Firmenverhaltens im Rahmen einer Gesamtstrategie zu halten. Das Unternehmen, das beispielsweise mit einer Differenzierungsstrategie antrat, muß diese Differenzierung durch ständige Neuerungen ergänzen oder sein Differenzierungsvermögen zumindest auf herkömmliche Weise verbessern. Doch die Notwendigkeit zu ständigen Innovationen läuft den Organisationsrichtlinien in den meisten Unternehmen zuwider. Die Firmen führen eher keine Änderungen durch. Vor allem in einem erfolgreichen Unternehmen wirken starke Kräfte gegen eine Veränderungsstrategie. Alte Vorgehensweisen institutionalisieren sich in Verfahren und Führungspraktiken. Spezialisierte Anlagen entstehen. Die Beschäftigten werden in nur einer Richtung ausgebildet. Die Selbstauswahl zieht neue Leute an, die an die bestehenden Methoden glauben und besonders geeignet sind, sie auszuführen. Die Strategie wird fast zur Religion und jegliches Hinterfragen beinahe schon als Ketzerei betrachtet. Informationen, die das aktuelle Vorgehen gefährden könnten, werden ausgesondert oder abgetan. Wer alte Erfahrungen in Frage stellt, wird hinausgeekelt oder kaltgestellt. Wenn eine Organisation sich entfaltet, nimmt das Bedürfnis nach Stabilität und Sicherheit offenbar zu. Es bedarf großer Anstrengungen, sich diesen Kräften entgegenzustemmen. Sie kommen selten aus der Mitte einer Organisation. Unternehmen verändern sich schwerlich über Nacht; die Umgebung setzt ihnen zu oder *zwingt* sie zu Änderungen.

Ein Unternehmen muß sich Zwängen und Anregungen von außen stellen, die die Notwendigkeit zu handeln, begründen und steuern. Es muß den Anstoß zur Änderung schaffen. Wie ein Unternehmen seine Stellung im Heimatstaat und anderswo wählt, ist dabei ein wichtiges Instrument.

Die Schwierigkeit zu innovieren besteht darin, daß die Katalysatoren für die Innovation oft »Außenseiter« für das Unternehmen, die Branche, die festgefügte Gesellschaftsstruktur sind, oder Ausländer. Außenseiter können Veränderungen erkennen, die unbeachtet bleiben oder die den herkömmlichen Erfahrungen widersprechen. Außenseiter sind weder an alte Strategien gebunden noch haben sie Bedenken, sich über die Branche oder gesellschaftliche Normen hinwegzusetzen. Wie ein Unternehmen und seine Führung sich gleich »Außenseitern« verhalten können, ist eine interessante Herausforderung. Ob die Rolle des Außenseiters von Firmen aus dem Land selbst oder von denen des Auslands gespielt werden kann, hat sehr viel damit zu tun, ob die Industrie eines Landes Fortschritte macht.

4. *Die Wahrung des Vorteils erfordert, daß seine Quellen aufgewertet werden.* Der Wettbewerbsvorteil eines Unternehmens kann aus jeder Aktivität in der Wertkette erwachsen, von der Produktentwicklung bis zum Kundendienst. Die Vorteilsquellen unterscheiden sich in ihrer Dauerhaftigkeit. Leicht kopierbare Vorteile sind Basisfaktorkosten, Unternehmensverfahren, die wenig eigene Technologie erfordern, und einmalige Konstruktionsentwürfe. Höherrangige, dauerhaftere Vorteile sind z. B. eingeführte Markennamen, die auf jahrelangen Absatzbemühungen oder eigener Verfahrenstechnologie beruhen. Die koreanischen Elektronikfirmen etwa müssen noch dauerhafte Vorteile entwickeln. Sie betreiben grundsätzlich Wettbewerb über die Arbeitskosten und benutzen japanische Produktionsausrüstung sowie japanisches und amerikanisches Zubehör. Die großen amerikanischen Computerunternehmen haben dagegen weit dauerhaftere Vorteile, u. a. Einsparungen aufgrund hoher, angesammelter Investitionen in Forschung und Entwicklung, Entwicklungskapazitäten für eigene Software, eingeführte Servicenetze, deren Kosten durch viele, bereits installierte Maschinen amortisiert sind, und Kundentreue dank der durch Kompatibilitätsanforderungen verursachten erheblichen Umsteigekosten.

Niederrangigere Vorteile sind meistens statisch und passiv. Sie lassen sich durch einfaches Wiederholen nachvollziehen. Faktorkosten wechseln schnell. Bei globalem Wettbewerb können Faktorkosten ebenfalls sehr leicht zunichte gemacht werden, wenn ausländische Unternehmen sich im Heimatstaat einer Firma niederlassen oder sich dort Technologie beschaffen. Die ausländischen Wettbewerber imitieren die Verfahren und kaufen die gleiche Produktionsausrüstung. Faktorkosten- und niederrangige Vorteile sind nicht nur unbeständig, sondern erfordern im allgemeinen Wettbewerb über den Preis, und zwar in preisempfindlichen Branchensegmenten. Solche Segmente sind oft besonders anfällig für neue Einsteiger. Die koreanische Bauindustrie z. B. sieht sich hartem Wettbewerb aus Thailand und den Philippinen gegenüber, weil sie nicht schnell genug über arbeitsintensive Infrastrukturprojekte hinaus zu stärker technologisch ausgerichteten Projekten und Fertigungsanlagen fortgeschritten ist.

Dauerhaftere Wettbewerbsvorteile hängen normalerweise vom Besitz qualifizierter Arbeitskräfte und interner technischer Leistungsfähigkeit ab. Sie erfordern ständige Investitionen in besondere Fertigkeiten und Vermögenswerte und auch laufende

Änderungen. Aus diesen Gründen sind Differenzierungsstrategien, bei denen es um hohe Produktqualität, fortschrittliche Merkmale, gehobenen Service und einen Strom von Produktinnovationen geht, meistens dauerhafter als Strategien auf Kostenbasis, auch dauerhafter als die, die auf Einsparungen durch Erhöhung der Produktionskapazitäten oder großen Anfangsinvestitionen beruhen. Sie können von Mitwettbewerbern, die sich die neuesten Maschinen und Anlagen besorgen, kopiert werden.

Die Wahrung eines Vorteils verlangt, daß ein Unternehmen stets *früher* handelt als die Konkurrenz, will es seine Vorteilsquellen erweitern und sie vor allem aufwerten. Der Besitz vieler Vorteilsquellen bedeutet, daß der Nachahmer viel zu kopieren hat. Die Aufwertung der Quellen bedeutet, daß es für den Nachahmer schwieriger wird, sie alle zu erreichen.

Sich umgekehrt auf weniger gehobene Vorteile zu stützen ist riskant. Eine nationale Branche, die aufhört, zu höheren Formen des Wettbewerbsvorteils fortzuschreiten, wird wahrscheinlich überholt. Die italienischen Hersteller von Haushaltsgeräten z. B. betrieben einen sehr erfolgreichen Kostenwettbewerb beim Verkauf mittelgroßer und kompakter Haushaltsgeräte, die im Inland auf Originalherstellerbasis von großen Ketten produziert wurden. Vielleicht haben sie zu lange auf diese Strategie gebaut. Deutsche Wettbewerber haben auf der Grundlage differenzierterer Produkte und einer starken Markenidentität Boden gutgemacht.

Dauerhaftere Wettbewerbsvorteile zu schaffen kann durchaus erfordern, daß ein Unternehmen seine weniger dauerhaften Vorteile abwertet, selbst wenn sie noch Vorteile sind. So konnten z. B. japanische Firmen einen Vorteil in vielen Branchen halten, weil sie den Vorteil der relativ billigen und produktiven Arbeit und des Wettbewerbs bei differenzierten Produktarten zu einem Zeitpunkt wegrationalisierten, als sie noch mit Erfolg standardisierte Billigprodukte herstellten.

Die Wahrung des Wettbewerbsvorteils verlangt, daß ein Unternehmen an sich selbst eine Art »schöpferische Zerstörung« betreibt, wie Schumpeter es nennt. Es muß seine alten Vorteile zerstören, indem es neue schafft. Andernfalls macht das irgendein Konkurrent.[2]

Die Vorteilsaufwertung konfrontiert noch schärfer mit den organisatorischen Herausforderungen, die ich schon erwähnt habe. Die Schwierigkeit organisatorischer Veränderungen, insbesondere derjenigen, die frühere Ansätze verdrängen, beruht darin, daß steigende Faktorkosten, eine starke heimische Währung oder andere selektive Faktornachteile verkappte Segnungen sein können. Sie drängen eine Organisation zu Produktivitätsverbesserungen, Produktaufwertung und einer Globalisierung der Strategie. Das Ergebnis ist eine dauerhaftere Wettbewerbsposition. Das ist die Lehre aus Dutzenden schweizerischer und deutscher Branchen, in denen Firmen zu fortschrittlichen Bereichen und/oder automatisierten, komplexen Produktionsprozessen übergegangen sind, um hohe Arbeitskosten auszugleichen.

Der Führer eines Unternehmens muß einen Zusammenhang schaffen, in dem die Erweiterung und Aufwertung des Vorteils als normal und erwartet betrachtet wird. So sollte es normal sein, früh zu handeln und auf faktorkostenbedingte Zwänge zu achten, und nicht nur passiv darauf zu hoffen, daß sie durch die Politik des Staates umgekehrt werden. In der Praxis ist eine solche Orientierung am Wandel von innen her schwer zu verwirklichen. Ein Firmenchef muß ein Klima schaffen, das die

Notwendigkeit einer Aufwertung hervorhebt und verlangt, daß sie auch stattfindet. Das Streben nach Wettbewerbspositionen müßte es eigentlich erleichtern, Möglichkeiten zur Aufwertung des Wettbewerbsvorteils zu erspüren und auf sie einzugehen. 5. *Die Wahrung eines Vorteils erfordert letztlich einen globalen Strategieansatz.* Ein Unternehmen kann langfristig im internationalen Wettbewerb keinen Wettbewerbsvorteil aufrechterhalten, ohne die Vorteile seines heimischen Stützpunkts mit einem globalen Strategieansatz zu nutzen und auszuweiten. Ein globaler Ansatz ergänzt die Vorteile des heimischen Stützpunkts und hilft, dessen Nachteile aufzuheben. Deutsche Chemieunternehmen setzen eine umfangreiche Auslandsproduktion und weltweite Absatznetze ein, um ihre Führung zu festigen, genauso wie die schweizerischen Pharmakonzerne, schwedische LKW-Hersteller und japanische Unternehmen der Unterhaltungselektronik.

Ein globaler Strategieansatz schließt mehrere wichtige Elemente ein, die ich in Kapitel 2 abgehandelt habe. Erstens zielt er zweifelsohne auf den Verkauf weltweit, nicht nur auf dem Inlandsmarkt. Der internationale Absatz wird keineswegs als Zusatzgeschäft angesehen, sondern als wesentlicher Bestandteil der Strategie. Das Unternehmen baut einen internationalen Markennamen auf und richtet internationale Absatzkanäle ein, die es kontrolliert. Zweitens schließt eine Globalstrategie das Verlegen von Aktivitäten in andere Länder ein, um lokale Vorteile wahrzunehmen, bestimmte Nachteile zu neutralisieren oder das Vordringen auf den örtlichen Markt zu erleichtern. Drittens, und das ist das Wichtigste, umschließt eine Globalstrategie das Koordinieren und Integrieren von Aktivitäten auf weltweiter Grundlage, um Einsparungen durch Erhöhung der Produktionskapazitäten oder durch Lernen zu erzielen, um die Vorteile eines einheitlichen Marktimage wahrzunehmen, und schließlich, um internationale Kunden zu beliefern. Nur international tätig zu sein ist nicht das gleiche wie eine Globalstrategie, solange diese Art von Integration und Kooperation nicht stattfindet. Aus dem globalen Netz gezogene Vorteile kommen zu denen des heimischen Stützpunktes hinzu und machen diesen dauerhafter. Die Größenordnung aufgrund der weltweiten Verkäufe kann beispielsweise einen höheren Ausgabensatz für Forschung und Entwicklung zulassen, so daß man Nutzen aus anspruchsvollen heimischen Kunden und Zulieferern ziehen kann.

Ein Unternehmen muß eine Globalstrategie anstreben, sobald seine Ressourcen und die Wettbewerbsposition dies zulassen, vorausgesetzt es tritt in einer globalen Branche an. Hohe inländische Kapital- und Faktorkosten und eine starke Währung sind im globalen Wettbewerb keine Entschuldigung. Mit einer Globalstrategie können Nachteile dieser Art umgangen werden. Doch weltweiter Wettbewerb ist kein Ersatz für Verbesserungen und Innovationen zu Hause. Wie wir noch sehen werden, bedroht zuviel Vertrauen auf Aktivitäten in anderen Ländern die Dauerhaftigkeit des Wettbewerbsvorteils eines Unternehmens.

Der Kontext für den Wettbewerbsvorteil

Diese Erfordernisse des Wettbewerbsvorteils begründen eine Haltung, die nicht in vielen Unternehmen anzutreffen ist. Die zur Schaffung und Aufrechterhaltung eines Vorteils notwendigen Handlungen sind vielmehr unnatürlich. In den meisten Unternehmen wird Stabilität geschätzt, nicht Veränderung. Der Schutz alter Vorstellungen und Methoden wird zur Hauptbeschäftigung, nicht die Schaffung neuer.

Die langfristige Aufgabe für jedes Unternehmen ist die, sich in eine Position zu begeben, in der die von mir beschriebenen Erfordernisse des Wettbewerbsvorteils am ehesten wahrzunehmen und am besten zu beachten sind. Die Aufgabe wird dadurch erschwert, daß die Neigung, alte Verhaltensweisen beizubehalten, stark ausgeprägt ist. Ein Problem besteht darin, ein Unternehmen an neue Markt- und technologische Gelegenheiten heranzuführen, die nicht immer leicht zu erkennen sind. Ein anderes darin, auf Veränderungen vorzubereiten, indem man die Qualifikation der Beschäftigten aufwertet und erweitert und die wissenschaftliche und Erfahrungsgrundlage des Unternehmens verbessert. Die wichtigste Aufgabe besteht schließlich darin, Selbstgefälligkeit und Trägheit zu überwinden, damit nach den neuen Gelegenheiten und Umständen *gehandelt* wird.

Die Aufgabe zu handeln fällt letztlich dem Unternehmensführer zu. Mit Recht hat man der Bedeutung weitsichtiger Führer für das Erzielen ungewöhnlicher organisatorischer Erfolge große Beachtung geschenkt. Unsere Untersuchung hat viele Beispiele für weitsichtige Männer zutage gefördert, die großen Einfluß auf ihr Unternehmen und ihre Branche hatten. Einige der Namen sind sicher bekannt (Thomas J. Watson jr., Willis Carrier, Akio Morita, Koji Kobayashi, Carl Duisberg, Robert Bosch, Emil Barell und Robert Sulzer), während andere vielleicht weniger bekannt sind (Gaetano Barbieri, Henry Wild und Friedrich Koenig).

Aber woher bezieht ein führender Industrieller seine Weitsicht, und wie wird sie vermittelt, damit eine organisatorische Leistung erreicht wird? Große Führer werden von der Umgebung beeinflußt, in der sie arbeiten. Innovationen finden statt, weil die heimische Umgebung sie anregt. Innovationen haben Erfolg, weil die heimische Umgebung sie fördert und sogar erzwingt. Die richtige Umgebung prägt nicht nur die Wahrnehmungen und Prioritäten des Führers, sondern liefert auch den Katalysator, der es ihm ermöglicht, die Trägheit zu überwinden und organisatorische Änderungen herbeizuführen.

In verschiedenen Branchen verschiedener Länder treten zum Teil deshalb große Führer in Erscheinung, weil die nationalen Umstände sie anziehen und ermuntern: Weitsichtige Führer der Unterhaltungselektronik sind in Japan konzentriert, die der chemischen und pharmazeutischen Industrie in Deutschland und der Schweiz, die der Computerindustrie in Amerika. Eine führende Rolle ist für jede Erfolgsgeschichte wichtig, aber sie reicht allein nicht aus, sie zu erklären. In vielen Branchen liefert die nationale Umgebung ein oder zwei Ländern einen klaren Vorteil gegenüber ihren ausländischen Wettbewerbern. Die Führungsrolle entscheidet häufig darüber, welches oder welche Unternehmen ihn nutzen.

Allgemeiner gesprochen hat die Fähigkeit jedes Unternehmens zu Innovationen viel mit der Umgebung zu tun, der es ausgesetzt ist, mit den Informationsquellen, die ihm zur Verfügung stehen und die es aufsucht, und mit der Art der Aufgaben, für die es sich entscheidet. Das Streben nach sicheren Häfen und bequemen Kundenbeziehungen verstärkt nur alte Verhaltensweisen. Das Beibehalten von Zulieferern, die abhängig sind, nimmt einer Quelle den Anreiz, die Hilfe und die Einsicht. Die Parteinahme gegen zwingende Produktstandards übermittelt einer Organisation die falschen Signale über Richtlinien und Bestrebungen.

Innovationen entstehen durch Druck und Herausforderung. Sie erwachsen auch aus der Suche nach den richtigen Herausforderungen. Es ist ganz wesentlich Sache des Firmenchefs, das Umfeld zu schaffen, das diesen Bedingungen gerecht wird. Ein wesentlicher Teil der Aufgabe besteht darin, für den Wettbewerb in der Branche den nationalen »Diamanten« zu nutzen, der gerade vorhanden ist.

Zwang zur Innovation

Ein Unternehmen sollte den Druck und die Herausforderung suchen, nicht versuchen, ihnen auszuweichen. Ein Teil der Aufgabe besteht darin, Nutzen aus dem Heimatstaat zu ziehen, um den Anstoß zu Innovationen zu geben. Im folgenden einige Möglichkeiten dazu:

An die anspruchsvollsten Kunden und Vertriebskanäle verkaufen. Einige Kunden (und Vertriebskanäle) regen die schnellsten Verbesserungen an, weil sie informiert sind und die beste Leistung erwarten. Sie setzen einen Maßstab für das Unternehmen und bieten das wertvollste Feedback. Anspruchsvolle Kunden und Vertriebskanäle müssen nicht die einzigen Kunden des Unternehmens sein, und eine ausschließliche Ausrichtung auf sie kann die langfristige Rentabilität unnötig einschränken. Die Belieferung einer solchen Kundengruppe, die ausgesucht wurde, weil ihre Bedürfnisse den speziellen Wettbewerbsansatz des Unternehmens ankurbeln, muß jedoch eindeutiger Bestandteil jeder Strategie sein.

Die Kunden mit den schwierigsten Bedürfnissen aussuchen. Kunden, die vor besonders schwierigen Arbeitsbedingungen stehen (etwa Klima, Wartungsanforderungen oder Laufzeiten), die mit Faktorkostennachteilen im eigenen Betrieb zu tun haben, die einen ungewöhnlichen Leistungsdruck erzeugen, die einem besonders scharfen Wettbewerb ausgesetzt sind, oder die mit Strategien Wettbewerb betreiben, die besonders hohe Produkt- oder Serviceanforderungen an die Firma stellen, sind Kunden, die ein Experimentierfeld (und den Druck) abgeben für die Verbesserung der Leistung, für die Ausweitung von Merkmalen und den Service. Solche Kunden sollten erkannt und gepflegt werden. Sie werden Teil des Forschungs- und Entwicklungsprogramms eines Unternehmens.

Normen aufstellen, die die strengsten Bestimmungen oder Produktstandards übertreffen. Einige Gebiete (oder Benutzerbranchen) werden hinsichtlich der Strenge von Produktstandards, Umweltbestimmungen, Lärmrichtlinien u. ä. eine Führungsrolle einnehmen. Strenge Vorschriften sind kein Hindernis, sondern eine Gelegenheit zu frühem Handeln, um Produkte und Verfahren aufzuwerten. Ältere oder einfachere Modelle können woanders abgesetzt werden.

Sich bei den fortschrittlichsten und internationalen Zulieferern des Inlands eindecken. Zulieferer, die selbst einen Wettbewerbsvorteil und auch den Einblick besitzen, den die internationale Betätigung ermöglicht, fordern das Unternehmen zu Verbesserungen und Aufwertungen heraus und bieten auch Erkenntnisse und Hilfe dabei.

Beschäftigte als Dauermitarbeiter behandeln. Wenn ein Beschäftigter wie jemand behandelt wird, der auf Dauer eingestellt ist, nicht wie jemand, der bei nächster Gelegenheit vor die Tür gesetzt wird, entsteht ein Druck, der den Wettbewerbsvorteil aufwertet und aufrechterhält. Neue Mitarbeiter werden mit Bedacht eingestellt, und es gibt ständige Bemühungen, die Produktivität zu verbessern, statt die Zahl der Beschäftigten zu erhöhen. Die Beschäftigten werden laufend weitergebildet, damit gehobenere Wettbewerbsvorteile gefördert werden. Man weist ihnen neue Aufgaben zu, anstatt sie zu entlassen. Ideen für neue Produkte und eine verbundene Diversifizierung werden angeregt, damit qualifizierte Mitarbeiter neu eingesetzt werden können.

Die Gewerkschaften müssen ihr Verhalten ebenfalls ändern. Behinderungen von Produktivitätsverbesserungen, Flexibilität am Arbeitsplatz und leistungsbedingtem Aufstieg müssen aus der Welt geschafft werden.

Herausragende Wettbewerber zum Vorbild nehmen. Die Konkurrenten, die einem Unternehmen in den Wettbewerbsvorteilen am meisten entsprechen oder sie übertreffen, müssen zum Vergleichsmaßstab werden. Diese Konkurrenten können eine Erfahrungsquelle und ein Fixpunkt werden, die kleinliche Befürchtungen ausräumen und Veränderungen in der gesamten Betriebsorganisation bewirken. Sie werden der gemeinsame Gegner, der aus dem Feld geschlagen werden muß. Komatsu (Japan) z. B. hat Caterpillar (Vereinigte Staaten) lange so gesehen, und das Ziel, Caterpillar zu übertreffen, hat bei Komatsu zu bemerkenswerten Verbesserungen der Produktqualität, der Produktivität und der Beziehungen zu den Absatzkanälen geführt.

Das heißt nicht, daß ein Unternehmen solche Wettbewerber nachahmen sollte, denn Nachahmungsstrategien sind selten erfolgreich. Komatsu betreibt in wesentlicher Hinsicht einen anderen Wettbewerb als Caterpillar. Trotzdem sollten hervorragende Wettbewerber als Bezugspunkt und Anstoß dienen. Statt dessen neigen die Unternehmen dazu, sich mit Konkurrenten zu vergleichen, gegenüber denen sie gut abschneiden. Das verstärkt nur die Selbstgefälligkeit und Trägheit.

Diese Empfehlungen erscheinen vielleicht intuitionsfeindlich. Das Ideal scheint die Stabilität, wie sie folgsame Kunden, abhängige Zulieferer und verschlafene Konkurrenten gewähren. Diese durchaus verständliche Suche nach einem ruhigen Geschäftsleben hat viele Unternehmen veranlaßt, direkte Konkurrenten aufzukaufen oder sich mit ihnen zu arrangieren. In einer abgeschlossenen, statischen Welt wäre ein Monopol für die Unternehmen tatsächlich die bequemste und gewinnträchtigste Lösung. In der Wirklichkeit ist Wettbewerb jedoch etwas Dynamisches. Unternehmen unterliegen anderen Unternehmen, die aus einem dynamischeren Umfeld kommen. Gute Manager sind immer etwas gehetzt. Sie respektieren und studieren die Konkurrenz. Die Haltung, sich Herausforderungen zu stellen, gehört zu den unternehmerischen Normen. Ein Unternehmen, das Stabilität schätzt und keinen Wettbewerb kennt, züchtet dagegen Trägheit und wird verwundbar. Einige Unternehmen erhalten nur die Legende aufrecht, sie glaubten an den Wettbewerb. Erfolg stellt sich ein, wenn aus der Legende Wirklichkeit wird.

Wäre der Wettbewerb rein inländisch, könnte es den Anschein haben, als schlüge sich die Auseinandersetzung mit mächtigen Kunden und erbitterten Konkurrenten – eben wegen der höheren Käufermacht und des scharfen Wettbewerbs – in einer geringeren

Unternehmensrentabilität nieder. Doch selbst bei Inlandswettbewerb ermöglicht der Gewinn eines Wettbewerbsvorteils dem Unternehmen, mehr zu leisten als die Branche. Ein Unternehmen braucht nicht ausschließlich anspruchsvolle Kunden zu beliefern und sollte auch nicht den bedingungslosen Wettbewerb mit jedem Konkurrenten suchen. Das Ziel bei der Suche nach Druck und Herausforderung besteht darin, die Bedingungen zu schaffen, unter denen der Wettbewerbsvorteil aufrechterhalten werden kann. Kurzfristiger Druck führt zu langfristigem Bestand des Vorteils. Beim globalen Wettbewerb ist der Druck durch anspruchsvolle heimische Kunden, leistungsfähige Zulieferer und offensive heimische Konkurrenten für die langfristige Rentabilität noch wertvoller und notwendiger. Sie treiben das Unternehmen beim Fortschritt und der Aufwertung zu einem Tempo, das höher ist als das der internationalen Konkurrenten, und bewirken einen dauerhaften Wettbewerbsvorteil sowie eine überlegene langfristige Rentabilität. Eine straffe heimische Branchenstruktur schafft einen Vorteil in der internationalen Branche. Ein bequemer und problemloser heimischer Stützpunkt macht ein Unternehmen dagegen anfällig für Konkurrenten, die im eigenen Land mehr Dynamik haben.

Ein heimischer Stützpunkt mit anspruchsvollen Kunden, zwingenden Bedürfnissen und leistungsfähigen Konkurrenten ist also ein eindeutiger Vorteil für ein Unternehmen. Die Unternehmen müssen sich allerdings eine Position verschaffen, um die Segnungen wahrnehmen zu können. Falls ein Unternehmen keinem Zwang zu Verbesserungen und Innovationen ausgesetzt ist, muß es ihn erzeugen.

Branchenveränderungen wahrnehmen

Neben dem Zwang zu Innovationen ist ein früher Einblick in Bedürfnisse, Umweltkräfte und Trends, die andere nicht zur Kenntnis genommen haben, die aber anderswo wichtig sind, einer der wichtigsten Vorteile einer Branche. Die japanischen Unternehmen wurden früh und deutlich auf die Bedeutung sparsamen Energieverbrauchs aufmerksam gemacht. Amerikanische Unternehmen waren beim Erkennen der Nachfrage nach neuen Dienstleistungen oft einen Schritt voraus, was ihnen in vielen Dienstleistungsbranchen einen Vorsprung verschaffte. Bessere Einblicke und frühe Warnsignale führen zu Wettbewerbsvorteilen. Unternehmen erlangen eine Wettbewerbsposition, bevor Konkurrenten eine Gelegenheit (oder eine Bedrohung) bemerken, und können reagieren.

Möglichkeiten für neue Strategien deutlicher oder früher zu erkennen ergeben sich teilweise einfach daraus, zur richtigen Zeit im richtigen Land zu sein. Aber es ist für ein Unternehmen möglich, sich aktiver in Stellung zu bringen, um die Signale des Wandels zu erkennen und danach zu handeln. Es muß den richtigen Ansatz oder Ort im Land suchen und sich bemühen, die Filter auszuschalten, die den Informationsfluß verzerren oder einschränken.

Die Kunden (und Absatzkanäle) mit den Bedürfnissen, die am meisten vorwegnehmen, erkennen und beliefern. Einige Kunden stoßen aufgrund ihrer Demographie, Lage, Branche oder Strategie früher als andere auf neue Probleme oder haben neue Bedürfnisse. Universitätskliniken z. B. haben mit den schwierigsten Fällen zu tun und erproben im allgemeinen als erste neue medizinische Verfahren und Ausrüstung.

Kunden mit dem größten Arbeitskräftemangel sind ungewöhnlich stark interessiert an neuen Automatisierungsmöglichkeiten oder Dienstleistungen, die menschliche Arbeit einsparen.

Kunden mit vorweggenommenen Bedürfnissen sollten als solche identifiziert, als vorrangig angesehen und gepflegt werden. Die Leiter aller Abteilungen, auch der Firmenchef, sollten regelmäßig Kontakt zu ihnen unterhalten.

Alle auftauchenden neuen Kunden oder Absatzkanäle prüfen. Gerade neue Kunden oder Absatzkanäle bieten oft die Gelegenheit zu Verschiebungen der Wettbewerbsposition. Das frühe Aufkommen des Vorstadtmarkts in den Vereinigten Staaten schuf beispielsweise in zahlreichen Branchen Gelegenheiten für neue Produkte, etwa Heimwerkergeräte, die später auf Auslandsmärkte vordrangen.

Die Orte suchen, deren Bestimmungen diejenigen anderer Orte ahnen lassen. Einige Gebiete und Städte sind, was ihren Umgang mit sozialen Problemen wie Sicherheit, Umweltqualität u. ä. angeht, anderen voraus. Anstatt solche Regionen zu meiden, was einige Unternehmen tun, sollten sie gesucht werden. Die Unternehmen sollten sich zum Ziel setzen, die Standards dieser Regionen zu erfüllen oder zu überbieten. Ein Vorteil stellt sich ein, sobald andere Regionen und schließlich auch Länder dem Beispiel folgen und ihre Bestimmungen ebenfalls ändern.

Trends bei den Faktorkosten entdecken und hervorheben. Kostensteigerungen bei bestimmten Faktoren oder anderen Produktionsmitteln können zukünftige Gelegenheiten anzeigen, Konkurrenten durch Innovationen zu überspringen, um diese Faktoren wirtschaftlicher einzusetzen oder sie ganz zu meiden. Ein Unternehmen sollte wissen, welche Märkte oder Regionen solche Trends wahrscheinlich zuerst widerspiegeln.

Ständige Beziehungen zu Forschungszentren und den besonders begabten Wirtschaftsobjekten pflegen. Ein Unternehmen muß die Plätze im Land bestimmen, wo die besten neuen Erkenntnisse entstehen, die für die Branche maßgebend sind oder sein könnten. Genauso wichtig ist es, die Schulen, Institutionen und andere Unternehmen zu erkennen, wo die besten Spezialisten ausgebildet werden, die die Branche braucht. Investitionen in Zeit, Geld und ständige Kontakte sind erforderlich, damit der Zugang zu Menschen und Forschung gesichert ist. Sich regelmäßig Leute aus den besten Schulen oder anderen Ausbildungsstätten zu holen ist eine gute Methode, dem Unternehmen neue Ideen und Erkenntnisse zuzuführen.

Alle Konkurrenten studieren, vor allem die neuen und unkonventionellen. Konkurrenten kommen manchmal zuerst auf neue Gedanken. Innovatoren sind häufig kleinere, stärker spezialisierte Wettbewerber, die in der Branche neu sind. Im andern Fall sind es Firmen unter der Leitung von Managern mit anderen Branchenerfahrungen, die nicht durch herkömmliches Wissen gebunden sind. Die Schwierigkeit des Wandels, von der ich schon gesprochen habe, bedeutet, daß in der Industrie oftmals »Außenseiter« die Innovatoren sind, mit weniger Scheuklappen, die das Erkennen neuer Möglichkeiten verstellen, und mit weniger Bedenken, wenn alte Praktiken aufgegeben werden sollen. Die Unternehmen sollten sich die fortschrittlichsten oder unkonventionellsten Wettbewerber aussuchen und eingehend studieren, auch ausländische Wettbewerber, die vielleicht die Vorteile eines ganz anders gearteten heimischen Stützpunkts nutzen. Das Ziel ist, zum einen von den Konkurrenten zu lernen, zum andern aber auch eine Strategie zu entwickeln, um ihnen entgegenzutreten.

Einige Außenseiter in das Führungsteam aufnehmen. Die Einbindung neuer Gedanken in den Führungsprozeß wird durch die Existenz eines oder mehrerer »Außenseiter« oft beschleunigt – Manager aus anderen Unternehmen oder Branchen oder aus den ausländischen Niederlassungen des Unternehmens. Für die Ansammlung von Erfahrungen ist zwar die innerbetriebliche Ausbildung der meisten Führungskräfte wünschenswert, doch kommt das planmäßige Bemühen, eine neue Managementperspektive einzuführen, dem Innovationsprozeß zugute.

Austausch innerhalb der nationalen Ansammlung

Ein Unternehmen erlangt durch die Existenz erstklassiger Kunden, Zulieferer und verwandter Branchen in seinem Heimatstaat wichtige Wettbewerbsvorteile. Sie geben Einblick in zukünftige Marktbedürfnisse und technologische Entwicklungen. Sie tragen zu einem Klima, aufgeschlossen für Veränderungen und Verbesserungen, bei und werden Partner und Verbündete im Innovationsprozeß. Ein starker Cluster im eigenen Land läßt dem Informationsfluß freien Lauf und erlaubt intensivere und offenere Kontakte, als dies beim Handel mit ausländischen Firmen möglich ist. Zu einem Cluster zu gehören, der in einem geographisch begrenzten Gebiet angesiedelt ist, ist noch wertvoller.

Kunden, Absatzkanäle und Zulieferer. Die erste zu überwindende Hürde, wenn man den Vorteil des heimischen Clusters nutzen will, ist verhaltensbedingt. Es betrifft die Erkenntnis, daß heimische Kunden und Zulieferer im internationalen Wettbewerb Verbündete sind, nicht nur die andere Seite des Geschäfts. Ein Unternehmen muß sich mit anderen Branchen im Cluster so austauschen, wie ich das in den Kapiteln 3 und 4 beschrieben habe:
– Regelmäßiger Kontakt auf der Führungsebene
– Offizieller und ständiger Austausch zwischen Forschungseinrichtungen
– Gegenseitig als Teststätten für neue Produkte oder Dienstleistungen dienen
– Zusammenarbeit beim Eindringen in internationale Märkte und ihrer Belieferung
Zur Arbeit mit Kunden, Zulieferern und Absatzkanälen gehört auch, ihnen zu helfen, ihre eigenen Wettbewerbsvorteile aufzuwerten und auszuweiten. Denn ihre Gesundheit und Stärke erhöht nur ihre Befähigung, das Innovationstempo des Unternehmens zu beschleunigen. Ein offener Austausch mit einheimischen Kunden und Zulieferern und früher Zugang zu neuen Geräten, Dienstleistungen und Ideen sind für die Wahrung des Wettbewerbsvorteils maßgeblich. Ein solcher Austausch ist freier, aktueller und bedeutungsvoller, als das im allgemeinen bei Auslandsfirmen möglich ist.
Die Aufmunterung und Hilfe für heimische Kunden und Zulieferer, weltweit Wettbewerb zu betreiben, ist ein Teil der Aufgabe, sie aufzuwerten. Die heimischen Kunden und Zulieferer eines Unternehmens können den Wettbewerbsvorteil in vielen Fällen letztlich nur halten, wenn sie weltweit Wettbewerb betreiben. Kunden und Zulieferer müssen sich dem Druck des weltweiten Wettbewerbs aussetzen, wenn sie sich weiterentwickeln wollen. Der Versuch, sie in Abhängigkeit zu halten und sie am Verkauf ihrer Produkte im Ausland zu hindern, ist letztlich Selbstbetrug.

Es könnte den Anschein haben, daß international tätige Kunden und Zulieferer Gefahr laufen, sich ausländischen Unternehmen anzunähern. Bedenken dieser Art sind zwar verständlich, jedoch Ausdruck einer statischen und zu engen Sicht des Wettbewerbsvorteils. Ein Wettbewerbsvorteil erwächst aus ständigen Verbesserungen und Innovationen. Sich um den Schutz der Geheimnisse von heute zu sorgen ist weniger wichtig als die von morgen zu schaffen.

Der Versuch, heimische Zulieferer am Verkauf der aktuellen Gerätegeneration außerhalb des Landes zu hindern, ist ein Blick zurück, anstatt nach vorn auf die nächste Quelle des Wettbewerbsvorteils. Das Bemühen, alte Vorteile zu bewahren, anstatt neue zu schaffen, führt schließlich zu einem Verlust der Position. In der Geschichte der britischen Industrie geschah das viele Male, und das Ergebnis war immer das gleiche: ausländische Zulieferer wurden angespornt, in den Markt einzusteigen und zu innovieren, und die britischen Lieferanten wurden wettbewerbsunfähig. Eine zögerliche Ermunterung der heimischen Kunden, im Ausland zu verkaufen und sogar zu produzieren, ist ebenfalls ein Blick zurück. Es ist sehr viel besser, sich dem Druck anspruchsvollerer heimischer Kunden zu stellen und die Fähigkeit zu entwickeln, sie auch im Ausland zu beliefern. Inländische Kunden und Zulieferer mit globalem Wirkungskreis und globaler Zielsetzung liefern einen besseren Einblick in internationale, nicht nur heimische Bedürfnisse und technologische Möglichkeiten. Kunden und Zulieferer, die nicht abhängig sind, fordern das Unternehmen um so eher zu Verbesserungen und Aufwertungen heraus – dem einzigen Weg zur Wahrung des Wettbewerbsvorteils.

Eine Orientierung an engeren vertikalen Beziehungen setzt sich gerade in vielen amerikanischen Unternehmen durch; in japanischen und schwedischen Unternehmen ist dies gang und gäbe. Der Austausch mit Kunden, Vertriebswegen und Zulieferern birgt immer einige Spannungen, denn es ist unausweichlich, mit ihnen über Preise und Dienstleistungen zu verhandeln. In globalen Branchen gleicht der aus dem Austausch erzielbare Wettbewerbsvorteil die Einbuße an Verhandlungsmacht jedoch mehr als aus. Der Austausch sollte keine ein-, sondern gegenseitige Abhängigkeit schaffen. Ein Unternehmen sollte mit mehreren Zulieferern und Kunden zusammenarbeiten, nicht nur mit einem. Wie der Fall Japan zeigt (Kapitel 8), bedeutet die enge Zusammenarbeit mit Zulieferern keine Beschneidung der Verhandlungsmacht.

Verwandte Branchen. Branchen, die von der Technologie, den Absatzwegen, den Kunden oder der Art her, wie Kunden Produkte erlangen oder verwenden, verwandt sind, haben für die Bildung und Wahrung des Wettbewerbsvorteils potentielle Bedeutung. Die Existenz derartiger Branchen in einem Land verdient besondere Beachtung. Diese Branchen sind oft der Ursprung wichtiger Innovationen. Sie können auch zu neuen Zulieferern, Kunden oder sogar Wettbewerbern werden.

Zum mindesten sollte die Führungsmannschaft wichtige Unternehmen verwandter Branchen regelmäßig aufsuchen. Sinn dieser Besuche ist der Austausch von Gedanken über Entwicklungen in der Branche. Offizielle gemeinsame Forschungsprojekte oder andere, stärker strukturierte Mittel und Wege, neue Ideen zu erkunden, sind dort ratsam, wo die verwandte Branche mehr direkte Möglichkeiten hat, auf den Wettbewerbsvorteil einzuwirken.

Standortbestimmung im Land. Ein Unternehmen sollte für seine Aktivitäten und seinen Hauptsitz die Standorte im Land wählen, wo anspruchsvolle Kunden, wichtige Zulieferer, Gruppierungen von Konkurrenten oder für die Branche besonders wichtige faktorbildende Mechanismen konzentriert sind (etwa Universitäten mit besonderen Fachrichtungen oder Speziallaboratorien für wichtige Technologien). Die räumliche Nähe gestaltet die Beziehungen in einem Cluster intensiver und leichter. Sie erhöht außerdem den Wert des Inlandswettbewerbs für den Wettbewerbsvorteil.

Belieferung heimischer Kunden, die international und multinational sind

Um einen heimischen Wettbewerbsvorteil in eine Globalstrategie umzuwandeln, sollte ein Unternehmen im Inland die Kunden bestimmen und beliefern, die es auch im Ausland beliefern kann. Solche Kunden sind Inlandsunternehmen, die international auftreten, Einzelpersonen, die oft in andere Länder reisen, und Tochtergesellschaften ausländischer Firmen vor Ort. Solche Kunden ins Auge zu fassen hat zwei Vorteile. Erstens können sie auf Auslandsmärkten eine Nachfragebasis bilden, die die Einstiegskosten ausgleichen hilft. Zweitens, noch wichtiger, sind sie häufig anspruchsvolle Kunden, die einen Einblick in internationale Marktbedürfnisse bieten können.
Beispiele für Firmen und Branchen, die von solchen Sogwirkungen profitiert haben, ließen sich für praktisch jedes von uns untersuchte Land anführen. Wie in Kapitel 9 beschrieben, gründete der internationale Erfolg Großbritanniens und später Amerikas zu einem erheblichen Teil darauf, die Bedürfnisse heimischer Kunden im Ausland zu befriedigen. Die internationalen und multinationalen Kunden eines Landes sind für die sie beliefernden Branchen ein wichtiger Aktivposten.

Das nationale Wettbewerbsumfeld verbessern

Die Wahrung des Wettbewerbsvorteils hängt nicht nur davon ab, das Beste aus dem nationalen Umfeld zu machen. Die Unternehmen müssen selbst mitwirken, um ihren heimischen Stützpunkt zu verbessern, indem sie den nationalen »Diamanten« aufwerten. Ein Unternehmen macht von seinem Heimatstaat Gebrauch (etwa von den Faktoren, den heimischen Zulieferern, den Nachfragebedingungen), um die eigenen Wettbewerbsvorteile auszuweiten und aufzuwerten. Das Unternehmen ist daran interessiert, den heimischen Stützpunkt zu einer Plattform für den internationalen Erfolg auszubauen.
Diese Aufgabe verlangt, daß ein Unternehmen versteht, wie jeder Teil des »Diamanten« am besten zum Wettbewerbsvorteil beiträgt. Sie verlangt auch eine langfristige Perspektive, denn die zur Verbesserung des heimischen Stützpunkts erforderlichen Investitionen brauchen oft Jahre oder Jahrzehnte, bis sie sich auszahlen. Außerdem werden die kurzfristigen Gewinne durch einen Verzicht auf derartige Investitionen erhöht und dadurch, daß wichtige Aktivitäten ins Ausland verlegt werden, anstatt die Fähigkeit zu verbessern, sie im eigenen Land durchzuführen. Beides verringert die Dauerhaftigkeit der Wettbewerbsvorteile eines Unternehmens.

Unternehmen neigen dazu, andere für die Aufgabe verantwortlich zu halten, sich um hochqualifizierte Arbeitskräfte, die Infrastruktur und wissenschaftliche Erkenntnisse zu bemühen. Ein anderes verbreitetes Mißverständnis ist, den heimischen Stützpunkt für unwichtig zu halten, weil der Wettbewerb global ist. Bei den von uns untersuchten Ländern ist die Sichtweise, den heimischen Stützpunkt zu verbessern, in den Vereinigten Staaten, Großbritannien und Schweden noch am wenigsten verbreitet. Zu oft überlassen amerikanische und vor allem britische Unternehmen Investitionen in den nationalen »Diamanten« anderen oder dem Staat. Im Ergebnis werden die Unternehmen zwar »gut geführt«, ihnen fehlen aber die Arbeitskräfte, die Technologie und der Zugang zu leistungsfähigen Zulieferern und Kunden, die nötig wären, um gegen ausländische Konkurrenten zu bestehen.

Die Rolle des Unternehmens bei der Faktorbildung

Fortschrittliche und spezielle Produktionsfaktoren wie hochqualifizierte Arbeitskräfte, eine branchenspezifische Infrastruktur und regionale wissenschaftliche Spezialkenntnisse sind für den Wettbewerbsvorteil unabdingbar. Welches Niveau die Unternehmen eines Landes beim Wettbewerbsvorteil erreichen können, wird durch die Quantität und vor allem die Qualität der Faktoren bestimmt. Aber ein Land erbt sie nicht, es schafft sie. Dem Staat kommt zwar eine konstruktive und wichtige Rolle bei der Faktorbildung zu, aber sie kann ihm nicht allein überlassen werden.
In fast allen wettbewerbsfähigen Branchen, die wir, unabhängig vom Land, untersucht haben, ergriffen führende Unternehmen eindeutige Maßnahmen, um Faktoren zu schaffen oder sicherzustellen, daß Institutionen gegründet oder veranlaßt wurden, dies zu tun. Die Unternehmen gaben sich nicht mit dem Status quo der Faktorentwicklung im Land zufrieden, sie versuchten vielmehr, sie zu beschleunigen. Italienische Industrieverbände investieren in die Absatzinformation, die Verfahrenstechnologie und die gemeinsame Infrastruktur, u. a. in den Branchen Wollstoffe, Fliesen und Beleuchtung. Schweizerische und deutsche Firmen beteiligen sich zahlreich an der Lehrlingsausbildung. In Großbritannien sind für erfolgreiche Branchen wie die Chemie und Arzneimittel enge Bindungen an Universitäten und staatliche Forschungsinstitute typisch, wenngleich eine solche Zusammenarbeit in Großbritannien eher die Ausnahme als die Regel ist.

Unternehmensinvestitionen in die Faktorbildung. Unternehmen müssen durch die eigene Ausbildung, Forschung und den Ausbau der Infrastruktur in die Faktorbildung investieren. Innerbetriebliche Bemühungen zur Faktorbildung ergeben die speziellsten und oft auch wichtigsten Faktoren. Die wettbewerbsfähigen Unternehmen, die wir untersucht haben, verfügten in der Regel über gutentwickelte, eigene Ausbildungsprogramme und zweigten im Vergleich zu ihren Konkurrenten überdurchschnittlich viel für Forschung und Entwicklung ab. Führende japanische Unternehmen haben oft eigene Schulen und bauen im Eiltempo Kapazität für die Grundlagenforschung in firmeneigenen Labors auf. Internationale Branchenführer waren auch oft Pioniere oder treibende Kraft bei Verbesserungen der Infrastruktur. So sah sich Yamaha in Japan einem Mangel an qualifizierten Klaviertechnikern gegenüber.

Die Firma baute ein eigenes Ausbildungsprogramm auf, das inzwischen international hoch angesehen ist. Der Nutzen floß Yamaha und der gesamten japanischen Branche zu. Die firmeneigenen Investitionen in die Faktorbildung müssen nicht restlos aus dem eigenen Haus kommen, sondern können auch auf externe Quellen zurückgreifen wie Schulen, auf die Mitarbeiter des Unternehmens geschickt werden, oder Einrichtungen im Rahmen der Auftragsforschung.

Das typische Argument gegen Unternehmensinvestitionen in die Faktorbildung, das man in Amerika oft hört, ist das der sogenannten »Trittbrettfahrer«. Unternehmen zögern mit derartigen Investitionen, weil ausgebildete Mitarbeiter die Firma verlassen, Technologie kopiert wird und Infrastruktur auch anderen zugute kommt. Auch wenn dieser Gedanke etwas für sich hat, ist er doch nur wieder Zeichen einer statischen Sicht des Wettbewerbs. Kaum eine der von uns untersuchten besonders wettbewerbsfähigen Firmen handelte in diesem Glauben. Ausgebildete Mitarbeiter verlassen innovative, erfolgreiche Firmen, doch selten in großer Zahl. Die Fluktuation hängt von den Investitionen selbst ab, die die Unternehmen in die Faktorbildung stecken. Unternehmen, die in ihre Mitarbeiter investieren und Innovationen und Veränderungen offen gegenüberstehen, haben beim Stammpersonal nur eine geringe Fluktuation. Ausscheidende Mitarbeiter sind vielleicht ein Segen für die Landesbranche, wenn sie am Ende Zulieferer oder Kunden werden.

Entscheidender noch: Der regelmäßige und schnelle technische Fortschritt, nicht einmalige Umwälzungen, ist das Geheimnis, einen Wettbewerbsvorteil zu behaupten. Ein Unternehmen, dessen Strategie darin besteht, sich an die Investitionen anderer anzuhängen, bleibt letztlich auf der Strecke, weil es per se ständig hinterherhinkt. Die Technologie ist zwangsläufig in den meisten nationalen Branchen verbreitet und wird schließlich von ausländischen Konkurrenten kopiert. Die Verbreitung von Innovationen im Land selbst kommt jedoch der nationalen Branche zugute, weil sie Fortschritt und Aufwertung anregt; das tun auch Ausgliederungen aus eingesessenen Firmen.

Investitionen in die Faktorbildung zu versäumen ist im internationalen Wettbewerb ein tödlicher Fehler. Die Investitionen eines Unternehmens kommen zwar in einem gewissen Umfang immer auch der Konkurrenz zugute, doch die kurzfristigen Kosten, die das verursacht, werden normalerweise durch die höhere Innovationsrate, die solche Investitionen ermöglichen, ausgeglichen. Investitionen in die Faktorbildung amortisieren sich mittel- bis langfristig. Es bedarf mehrerer Jahre ständiger Investitionen, bevor man ein Ergebnis sieht. Einmalige Investitionen sind oft wirkungslos.

Im Vergleich zu den Vereinigten Staaten macht es die geringere Fluktuation in Ländern wie Japan und Deutschland den Unternehmen dort sicher leichter, den Nutzen aus Investitionen in das Personal wahrzunehmen. Man kann jedoch zahllose US-Firmen anführen, die als Ausnahme die Regel bestätigen. IBM, DuPont, Hewlett-Packard u.a. zeigen, daß ständige Investitionen in die Technologie und die Menschen hohe Erträge im Sinne internationalen Erfolgs bringen können.

Ein schon genannter Weg, sowohl bei Managern wie Beschäftigten die richtige Einstellung zur Faktorbildung zu fördern, ist der, daß ein Unternehmen sich verpflichtet, ein Höchstmaß an Dauerbeschäftigten zu halten. Die Beschäftigung als dauerhaft zu betrachten schafft sowohl für das Unternehmen wie für die Beschäftigten die besten Anreize, in die Aufwertung der Qualifikation zu investieren.

Branchen- oder Clusterprogramme zur Faktorbildung. In vieler Hinsicht genauso wichtig wie die betriebsinternen Bemühungen einer Firma zur Faktorbildung ist der Bestand an speziellen Faktoren, die im Land verfügbar sind. Die Unternehmen können durch branchen- oder clusterweite (sektorale) Programme auf sie einwirken. Unternehmen können in Informationen, Berufsschulen, Infrastruktur und Forschung investieren, was der gesamten Landesbranche auf verschiedene Weise nützt. Ein Weg führt über die Fachverbände. In der italienischen Bekleidungs-, Schuh-, Fliesen- und Möbelindustrie z. B. spielten Branchenverbände eine Rolle; sie verbesserten Kommunikation und logistische Einrichtungen, erforschten Verfahrenstechnologie und veranstalteten Fachmessen. Die Unternehmen in diesen Branchen liefern sich einen erbitterten Wettbewerb, erkennen aber die Notwendigkeit an, den Faktorbestand aufzuwerten, den sie alle in Anspruch nehmen. In Japan umfassen Dachverbände oft viele verschiedene Branchen innerhalb eines Sektors und fördern faktorbildende Investitionen, die dem Cluster zugute kommen. In Amerika spielt der Verband der Elektronikindustrie eine aktive Rolle bei der Zusammenarbeit mit Schule und Universitäten.

Fachverbände sind häufig in erster Linie Interessenverbände, vor allem in den Vereinigten Staaten. Das vergeudet ihren wichtigsten potentiellen Vorteil. Sobald das Management erkennt, daß der nationale Faktorbestand entscheidende Bedeutung hat für den Erfolg gegenüber Firmen aus anderen Ländern, ändert sich die Ansicht über die Rolle der Fachverbände meist grundlegend.[3]

Unternehmen können auch andere institutionelle Mechanismen einsetzen, um in die branchen- oder clusterweite Faktorbildung zu investieren. Zusammenarbeit zwischen direkten Konkurrenten bei Forschung und Entwicklung ist jedoch ein riskanter Weg. Von den praktischen Führungsproblemen ganz abgesehen, besteht dabei die Gefahr, Innovationsanreize zu schwächen und Experimente mit alternativen Methoden auszuschließen, die aber beide für ein beständiges Weiterkommen notwendig sind. Ich behandle die gemeinsame Forschung und Entwicklung ebenso wie andere Formen der Zusammenarbeit und ihre angemessene Rolle in Unternehmensstrategien im nächsten Kapitel.

Einflußnahme und Beteiligung bei der Faktorbildung von Staat und Gemeinden. Unternehmen können die Faktorbildung durch aktive Beteiligung an den Bemühungen der staatlichen Stellen, der Ausbildungsinstitute und der Kommunen beeinflussen. Unternehmen haben durchaus eine Verantwortung, vom eigenen Interesse ganz zu schweigen, Art und Inhalt von Promotionsprogrammen, Forschungsrichtlinien und öffentlichem Dienst zu beeinflussen. Konzentrierte Anstrengung eines Unternehmens oder einer Unternehmensgruppe kann manches ändern. Nestlé z. B. gründete und unterstützte das IMI in Genf, das eine der führenden europäischen Business Schools wurde.[4] Nestlé hat vom ständigen Zustrom begabter Manager und einer Einrichtung zur laufenden Managerausbildung profitiert. Die deutschen Chemieunternehmen haben Verbindungen zu allen großen deutschen Universitäten und unterstützen Institute, die sich der chemischen Forschung widmen, was zum Aufwertungstempo in der Industrie beiträgt.

Unternehmen können die Faktorbildung in Ausbildungseinrichtungen auf viele Arten prägen. Einmal durch Förderung von Studenten oder dadurch, daß Mitarbeiter der Firma zum Studium geschickt werden. Dann dadurch, daß sie den Instituten aktiv helfen, die Bedürfnisse der Industrie zu erkennen, Studienpläne entwerfen, Graduierte unterbringen und finanzielle Unterstützung leisten für Geräte und Anlagen, Dozentenstellen, Stipendien, ebenso Anerkennungsprogramme für hervorragende Professoren und Studenten. Unternehmen können Arbeitsbeziehungen zu Fakultäten interessanter Fachrichtungen herstellen, um diesen Fakultäten zu helfen, die Bedürfnisse der Industrie zu verstehen und die Studenten entsprechend anzuleiten. Auch die Forschungsprogramme der für eine Branche relevanten Gebiete können auf viele Arten verbessert werden. Ein Unternehmen muß regelmäßige Kontakte zu allen Forschungszentren unterhalten, die sich auf seine Aktivitäten auswirken, indem es Besuche der Fakultät in den firmeneigenen Forschungseinrichtungen fördert, Programme entwirft, bei denen Forscher aus dem Unternehmen an Universitätslabors arbeiten und umgekehrt, und sich an gemeinsamen Stipendienprogrammen beteiligt.

Das Unternehmen kann die Bildung neuer Universitätsabteilungen oder Forschungsinstitute auf den für die Branche wichtigen Gebieten sponsern. Durch besondere Forschungsaufträge in den für die Firma interessanten Bereichen kann die Forschung führender Wissenschaftler finanziert werden. Ein Unternehmen kann Forschungsanlagen und gestiftete Forschungspositionen finanziell unterstützen. Schließlich können Unternehmen auch beratend an der Gestaltung von Forschungsthemen und Prioritäten mitwirken. Der private Zeitbereich und die Beachtung durch herausragende Persönlichkeiten sind für Bildungseinrichtungen und staatliche Organe genauso wichtig wie Geld.

Ein hohes Maß unternehmerischer Beteiligung an derartigen Aktivitäten ist für Deutschland und die Schweiz typisch – mit ein Grund dafür, daß diese Länder jahrzehntelang Faktoren aufwerten und Innovationen in der Industrie aufrechterhalten konnten. In Deutschland z. B. beteiligt sich praktisch jedes bedeutende Unternehmen an Lehrlingsprogrammen in Zusammenarbeit mit örtlichen Berufsschulen, unterhält enge Kontakte zu Universitätsabteilungen am Ort und fördert die Forschung an unabhängigen Forschungsinstituten. In Japan erfolgt die Bildung fortschrittlicher Faktoren meistens in den Unternehmen selbst, und Kontakte zu Schulen und Universitäten sind nicht so wichtig – was eine Schwäche bedeutet. In Amerika werden solche Bemühungen oft als Dienst an der Gemeinde oder etwas gesehen, wozu Unternehmen »sozial verpflichtet« sind.

Bei diesen wie branchenweiten Anstrengungen zur Faktorbildung neigen Unternehmen dazu, ihr eigenes Interesse zu eng zu sehen. Sie versäumen, zu universitären Forschungsprogrammen beizutragen, weil sie nicht allein Zugriff auf die Ergebnisse haben können. Sie zögern, Berufsschulen einzurichten, weil auch die Konkurrenz sie nutzen kann. Diese Haltung gibt eine enge und unangemessene Sichtweise dessen wieder, wie ein Wettbewerbsvorteil gebildet wird. Ein Unternehmen sollte am Bestand der verfügbaren Faktoren interessiert sein, auch (und ganz besonders) wenn sie Zulieferern, Kunden und Konkurrenten ebenfalls zugute kommen.

Bildung und Aufwertung des nationalen Clusters

Die Existenz erstklassiger Zulieferer, Kunden und verwandter Branchen im Heimatstaat ist für den Wettbewerbsvorteil eines Unternehmens besonders wertvoll. Unternehmen können und sollten bei der Bildung von Clustern aktiv mitwirken. Ein Aspekt dabei ist, den heimischen Kunden zu helfen, ihre Wettbewerbsposition aufzuwerten und international zu werden. Dazu gehört auch, sie zu ermuntern, im Ausland zu investieren und ihnen Aus- wie Inlandsgeschäfte zukommen zu lassen. Daheim international erfolgreiche Industriekunden zu haben macht diese nicht nur anspruchsvoller und läßt sie ausländische Bedürfnisse besser vorwegnehmen, sondern bedeutet auch, daß sie größere Kunden sind. Auch Konsumgüterfirmen profitieren auf lange Sicht von Bemühungen, die Inlandsnachfrage anspruchsvoller zu machen. Japanische Hersteller von Musikinstrumenten haben, unter der Führung von Yamaha und Suzuki, die Inlandsnachfrage (und später auch die Auslandsnachfrage) dadurch ausgeweitet und aufgewertet, daß sie Musikschulen gründeten.

Unternehmen sollten die Etablierung lokaler Zulieferer, sofern es sich um wichtige Produktionsmittel (einschließlich Dienstleistungen) handelt, tatkräftig betreiben; es sei denn, es gibt sie bereits. Sie sollten ihnen bei der Aufwertung ihrer Fähigkeiten helfen und sie ermuntern, sich am internationalen Wettbewerb zu beteiligen. Heimische Zulieferer zu fördern ist auf lange Sicht besser für die Wahrung des Wettbewerbsvorteils, als sich ausschließlich auf ausländische Zulieferer zu verlassen, wenngleich ein Unternehmen mit beiden verkehren muß. Zulieferer von Weltrang im eigenen Land beschleunigen den Innovationsprozeß sowie die Differenzierung und Dauerhaftigkeit des Wettbewerbsvorteils. IBM z. B. trägt dem durch seine ständigen Bemühungen Rechnung, amerikanische Halbleiterfirmen und Halbleiterhersteller zu unterstützen. Unternehmen sollten außerdem tun, was sie können, um verwandte Branchen im Land, die lokale Quellen neuer Technologie erschließen könnten, kräftig anzukurbeln.

In einigen Fällen könnten Firmen es für notwendig und wünschenswert halten, in vorgelagerte und verwandte Branchen einzusteigen, um ihre Entwicklung zu beschleunigen. Ich habe zu Beginn des fünften Kapitels beschrieben, wie der deutsche Druckmaschinenpionier Koenig & Bauer in die Papierherstellung eingestiegen ist, um die Belieferung mit hochklassigem Papier sicherzustellen, als die Branche sich im 19. Jahrhundert entwickelte. Die NEC Corporation, heute weltweit Branchenführer bei Halbleitern, stieg in diese Branche ein, um qualitativ hochwertige Chips zu liefern, die sie für ihre Telekommunikationsprodukte brauchte. Corning, bei Faseroptikkabeln führend, war ein früher und bedeutender Partner bei optischen Anschlüssen und Fotodioden, die gleichermaßen wichtig für die gesamte Faseroptik sind. In einigen Fällen, so bei Koenig & Bauer und bei Corning, verließen Unternehmen schließlich vorgelagerte oder verwandte Branchen in dem Moment, als die heimische Branche fest im Sattel saß. Ihr Einstieg erwies sich jedoch als ein wichtiger Beitrag, der die heimischen Branchen aufwertete und weitere Wettbewerber anlockte.

Unternehmen zögern oft aus verschiedenen Gründen, ihren heimischen Kunden und Zulieferern zu helfen oder sie zu ermuntern, ins internationale Geschäft einzusteigen. Zum einen befürchten sie, sie könnten woanders kaufen oder ihre Technologie oder

Dienstleistungen an ausländische Konkurrenten verkaufen. Zum andern geht es ihnen darum, die eigene Technologie zu schützen. Ich habe mich z. B. mit mehreren italienischen Fliesenherstellern unterhalten, die besorgt darüber waren, daß italienische Ausrüstungshersteller auch im Ausland verkauften. Beide Befürchtungen sind, wie bereits dargelegt, unbegründet. Ein dritter Grund für das Zögern bei Investitionen, die zur Aufwertung heimischer Zulieferer führen sollen, ist die Angst, dies könne die kurzfristigen finanziellen Ergebnisse drücken. Ganz zu einem ausländischen Zulieferer überzugehen mag zwar lohnender erscheinen, doch lassen viele Branchenerfahrungen vermuten, daß dies durchaus den langfristigen Wettbewerbsvorteil untergraben kann.

Heimische, aber international tätige Zulieferer, Kunden und verwandte Branchen bieten noch einen weiteren wichtigen Vorteil. Ich habe schon auf die Gefahren hingewiesen, daß ein Cluster sich isolieren kann. Dieses Risiko verringert sich, wenn Firmen aus vielen Branchen des Clusters Globalstrategien haben und auch im Ausland tätig sind.

Der Auftrag, den heimischen Cluster aufzubauen und aufzuwerten, bedeutet nicht, ausländische Kunden und Zulieferer nicht zu beachten oder zu benachteiligen. Sie sind nach wie vor wichtig. Gemeint ist vielmehr, daß heimische Kunden und Zulieferer ungeteilte Beachtung und Unterstützung erhalten sollten, selbst wenn sie am Anfang noch kleiner oder technisch noch nicht so weit sind.

Die Sorge um das Wohlergehen heimischer Kunden, Zulieferer und verwandter Branchen ist nicht von wirtschaftlichem Nationalismus bestimmt, sondern davon, wie Verbesserungen und Innovationen in Wirklichkeit ablaufen. Protektion von Kunden und Zulieferern ist unangebracht. Ausländische Kunden und Zulieferer sind ebenfalls Bestandteil der Strategie – ich werde das noch erläutern.

Die Bedeutung des Inlandswettbewerbs

Unternehmen haben ein ureigenes Interesse an leistungsfähigen heimischen Wettbewerbern. Was ein Land in einer Branche erfolgreich macht, ist zum Teil ein scharfer Inlandswettbewerb. Nur selten erlangen Unternehmen ohne starken Wettbewerb im eigenen Land international einen Wettbewerbsvorteil. Ich habe dargelegt, wie wichtig der Inlandswettbewerb für den gesamten nationalen »Diamanten« ist, etwas bei der Faktorbildung, der Entwicklung von Zulieferern und Aufwertung der Nachfrage. Ein ausgeprägter Inlandswettbewerb ist ein nationaler Aktivposten, doch die Tendenz geht dahin, ihn als Verpflichtung zu empfinden. Die Unternehmen klagen über ausufernden Wettbewerb. Eine Fusion mit inländischen Konkurrenten wird als günstig für den internationalen Erfolg betrachtet. Diese Ansicht ist besonders in den Vereinigten Staaten aufgekommen, in jüngster Zeit auch in Europa als Reaktion auf eine potentielle Liberalisierung des Handels in der EG. Die dahinterstehende Logik lautet, daß ein größerer Anteil am Inlandsmarkt zu einer kritischen Masse führt und den Unternehmen ermöglicht, durch Erhöhung der Produktionskapazitäten in den Genuß von Einsparungen zu kommen.

Diese Haltung ist zwar verständlich, aber Ausdruck einer unvollständigen Sicht des Wettbewerbsvorteils. Für den Wettbewerbsvorteil entscheidend ist nicht eine statische Effizienz, sondern die Dynamik eines Unternehmens. Den Unternehmen ist nicht damit gedient, wenn der Inlandswettbewerb ausgeschaltet wird. Es ist besser, durch internationale Expansion groß zu werden als durch Beherrschen des Inlandsmarkts. Die Übernahme führender Konkurrenten im Ausland ist der im Inland aus ebendiesen Gründen vorzuziehen. Sie beschleunigt auch den Prozeß, durch den ein Unternehmen seine Strategie globalisiert, um heimische Vorteile zu ergänzen oder heimische Nachteile auszumerzen.

Der Fall Japan macht besonders gut deutlich, wie eine Gruppe aktiver Inlandskonkurrenten, von denen viele weltweit konkurrieren, nicht nur für jeden die notwendige Größe erzielen, sondern auch eine starke internationale Position schaffen kann. Die Existenz eines aktiven Inlandswettbewerbs hilft, einen internationalen Erfolg aufrechtzuerhalten. Inländische Konkurrenten aufzukaufen ist der leichtere Weg, aber nur selten der richtige.

Beeinflussen der staatlichen Politik

Den Unternehmen kommt die wichtige Aufgabe zu, bei der Gestaltung der staatlichen Politik mitzuwirken und sich mit ihrem Gewicht und ihrer Hilfe hinter konstruktive Pläne des Staates zu stellen. Leider erkennen Unternehmen zuweilen ihre langfristigen Interessen nicht richtig, wenn es um staatliche Politik geht. Tatsächlich sind sie sich manchmal selbst der größte Feind. Unternehmen drängen oft auf schnelle Lösungen, die die Aussicht auf einen langfristigen Wettbewerbsvorteil schmälern: Schutzmaßnahmen, staatliche Abnahmegarantien, Lockerung regulierender Bestimmungen, Kapital- und Energiesubventionen, Fusionsgenehmigungen und so fort. Aus dem nächsten Kapitel wird deutlich, daß dies ein schlechtes Begehren ist.

Die Unternehmen sollten eine staatliche Politik favorisieren, die den nationalen »Diamanten« in ihrer Branche erweitert, etwa Investitionen in die Faktorbildung und Hilfe beim Zugang zu Auslandsmärkten. Der größte Fehler ist der, eine Politik zu unterstützen, die einen echten Wettbewerbsvorteil aushöhlt, den Anstoß zu Verbesserungen und Innovationen schwächt und ein Abhängigkeitsverhältnis zum Staat schafft.

Wettbewerb – wo und wie

Der Heimatstaat eines Unternehmens prägt mit, wo und wie ein Erfolg beim globalen Wettbewerb wahrscheinlich wird. Deutschland ist ein hervorragendes Umfeld für den Wettbewerb bei Druckmaschinen, aber kein sehr anregendes für einen internationalen Erfolg bei stark umworbenen Konsumgütern. Italien bildet einen bemerkenswerten Rahmen für Innovationen bei Mode und Einrichtungsgegenständen, aber eine dürftige Umgebung für Erfolg in Branchen, die an Behörden verkaufen, oder für Infrastrukturprojekte.

Innerhalb einer Branche begünstigen die Umstände eines Landes auch den Wettbewerb in bestimmten Branchensegmenten und mit bestimmten Wettbewerbsstrategien. Aufgrund der örtlichen Wohnbedingungen z. B. ist Japan ein guter heimischer Stützpunkt für einen globalen Wettbewerb bei kompakten Haushaltsgeräten und solchen, die der Sache nach kompakt sind (wie Mikrowellenherd), aber ein schlechter heimischer Stützpunkt für den Wettbewerb bei großen Kühlschränken. Bei kompakten Haushaltsgeräten ist das japanische Umfeld besonders anregend für Differenzierungsstrategien auf der Grundlage schneller Modellwechsel und hoher Produktqualität. Korea, noch ohne gehobene Inlandsnachfrage und weit von wichtigen Märkten entfernt, bietet ein Umfeld, das kostengünstige Strategien in relativ standardisierten Produktbereichen begünstigt. Die Nachfragebedingungen in Korea bedeuten auch, daß Unternehmen fast ausnahmslos mit kompakten, kleineren Modellen Wettbewerb betreiben.

Der nationale »Diamant« wird zum Kernpunkt bei der Wahl der Branchen, in denen man konkurrieren will, und bei der geeigneten Strategie. Der heimische Stützpunkt ist ein wichtiger Bestimmungsfaktor für die Stärken und Schwächen eines Unternehmens im Vergleich zu seinen ausländischen Konkurrenten.

Analyse der internationalen Konkurrenz

Für die Analyse der ausländischen Wettbewerber ist es wesentlich, ihren heimischen Stützpunkt zu kennen. Ihr Heimatstaat gewährt Vor- und Nachteile. Er prägt auch ihre voraussichtlichen zukünftigen Strategien.[5] Der »Diamant« dient als ein wichtiges Instrument zur Analyse der Wettbewerber in internationalen Branchen.

Ich habe in den Kapiteln 7, 8 und 9 einen Überblick über die Muster des nationalen Vorteils in verschiedenen Ländern gegeben. Diese Kapitel können als Ausgangspunkt für branchen- und unternehmensspezifische Untersuchungen über Wettbewerber aus diesen Ländern dienen. Kriterien von besonderem Interesse sind bei der Analyse internationaler Wettbewerber folgende:

Ziele. Die Unternehmensziele können in den einzelnen Ländern sehr verschieden sein, was mit so unterschiedlichen Faktoren zusammenhängt wie Kapitalmarktbedingungen, Besitz- und unternehmerische Führungsstrukturen, Hintergrund des Managements, Art des Inlandswettbewerbs, Grad der Bindung an die Branche und die heimische Region. Vielen koreanischen Unternehmen geht es in erster Linie um Wachstum und Umsatz. Deutsche Firmen formulieren Ziele häufig in technischen Kategorien und bewerten die Rentabilität in differenzierten Bereichen höher als den Marktanteil. Japanische Unternehmen haben geduldige institutionelle Anleger als Aktionäre und legen besonderes Gewicht auf den Marktanteil als das Maß dessen, wo sie stehen. Jeder einzelne Wettbewerber in einem Land hat seine ganz eigenen Ziele, doch die nationale Umgebung übt immer einen wichtigen Einfluß aus.

Wettbewerbsvorteile und -nachteile. Der »Diamant« liefert einen Rahmen für die Überprüfung wichtiger Gebiete mit Wettbewerbsstärken und -schwächen. Im folgenden nur einige Beispiele:

Faktorbedingungen: Internationale Wettbewerber werden bei den verfügbaren Faktoren unterschiedliche Zusammensetzung und Kosten haben und auch bei der Rate der Faktorbildung differieren. So profitieren schwedische Automobilunternehmen vom System des Solidaritätslohns, das die Löhne der schwedischen Automobilarbeiter denen anderer schwedischer Branchen stärker angleicht, sie aber spürbar unter denen der Automobilarbeiter in anderen fortschrittlichen Ländern hält.

Nachfragebedingungen: Wettbewerber aus anderen Ländern stehen vor anderen Segmentstrukturen der Inlandsnachfrage, anderen heimischen Kundenbedürfnissen und heimischen Kunden, die unterschiedlich anspruchsvoll sind. Die Nachfragebedingungen an ihrem heimischen Stützpunkt helfen bei der Vorhersage, in welche Richtungen die Produktveränderungen bei den ausländischen Wettbewerbern gehen, welchen mutmaßlichen Erfolg sie bei der Produktentwicklung haben u. a. m.

Verwandte und unterstützende Branchen: In anderen Ländern ansässige Wettbewerber unterscheiden sich in der Zahl der heimischen Zulieferer, der Qualität des Austauschs mit Zulieferbranchen und dem Vorhandensein verwandter Branchen. Italienische Schuh- und Lederwarenhersteller z. B. haben frühen Zugang zu neuen gegerbten Lederarten, weil die in der Welt führende Gerbindustrie in Italien sitzt.

Unternehmensstrategie, Struktur und Wettbewerb: Das Umfeld im Heimatstaat beeinflußt die strategischen Entscheidungen der ausländischen Wettbewerber erheblich. An den italienischen Herstellern von Verpackungsmaschinen ist z. B. das italienische Umfeld abzulesen. Es sind meistens Kleinbetriebe unter strenger patriarchalischer Führung. Die Firmenbesitzer haben zu wichtigen Kunden persönliche Beziehungen. Das macht sie ungewöhnlich aufgeschlossen für Markttrends und versetzt sie in die Lage, Maschinen genau auf die Kundenbelange abzustimmen.

Das wahrscheinliche Verhalten voraussagen. Nationale Besonderheiten geben wichtige Hinweise auf das wahrscheinliche Verhalten ausländischer Wettbewerber. Jeder der Bestimmungsfaktoren birgt Einblicke in zukünftige Schritte. Einige Fragen, die beantwortet werden müssen, sind in Tabelle 11–1 aufgeführt.

Branchen und Strategien wählen

Der heimische Stützpunkt eines Unternehmens bietet nicht in allen Branchen gleiche Chancen für den internationalen Erfolg. Wir haben gesehen, daß ein japanisches Unternehmen wahrscheinlich eher bei Schreibgeräten, modernen Werkstoffen oder Telefaxgeräten Weltgeltung erlangt als bei Nahrungsmitteln und Getränken, der Raumfahrt oder Möbeln. Ein schweizerisches Unternehmen hat wahrscheinlich eher mit Klimaanlagen oder behandelten Nahrungsmitteln Erfolg als mit Spielfilmen oder Computern. Amerikanische Unternehmen machen sich besser in Branchen mit bahnbrechender Technologie, die die Universitätsforschung und Finanzierung durch Risikokapitalgeber nutzen, als in vollentwickelten Branchen, die ständig hohe Investitionen benötigen und unbeständige Gewinne abwerfen (z. B. Werkzeugmaschinen oder Stahl).

Das gleiche gilt für die Wahl der Strategie. Amerikanische Schuh- und Bekleidungshersteller scheitern im allgemeinen bei relativ stark standardisierten Produkten, gegen internationale Konkurrenz aber sie hatten dort Erfolg, wo sie sich auf Designerbekleidung der gehobenen Preisklasse konzentrierten (Ralph Lauren) oder auf

TABELLE 11–1   Das Verhalten ausländischer Konkurrenten voraussagen

---

UNTERNEHMENSSTRATEGIE, STRUKTUR UND WETTBEWERB

- Wie prägen die Unternehmensziele Strategien, Zeithorizonte und Zielbereiche?
- Wie zwingt die Art des Inlandswettbewerbs die Unternehmen zu Veränderungen?

FAKTORBEDINGUNGEN

- Welche Richtung nimmt die branchenverbundene Forschung im Land, welche Ausbildung erhalten neue Angestellte?
- Wie wird der von selektiven Faktornachteilen ausgehende Druck die Strategien verändern?

NACHFRAGEBEDINGUNGEN

- Welche Branchenbereiche werden wahrscheinlich aufgrund ihrer heimischen Bedeutung besonders hervorgehoben?
- Welche Bedürfnistrends der heimischen Kunden prägen die Erkenntnisse der Wettbewerber über neue Produktrichtungen?

VERWANDTE UND UNTERSTÜTZENDE BRANCHEN

- Wie entstellen Entwicklungen in heimischen Zulieferbranchen die Richtung der technischen Entwicklung?
- Wie bestimmen Einstiege aus verwandten Branchen das Wesen des Inlandswettbewerbs neu oder zwingen Firmen zum Wandel?

---

besondere amerikanische Bereiche wie Laufschuhe (Nike, New Balance), Jeans (Levi's, Farah) und lederne Freizeitschuhe (Timberland, Topsiders, Bass). Deutsche optische Unternehmen tun sich bei Massenverbrauchsgütern schwer, haben aber in speziellen Branchensegmenten Erfolg.

Die Wahrscheinlichkeit, daß ein Unternehmen in einer Branche Durchbrüche oder Innovationen von strategischer Bedeutung erzielen kann, wird ebenfalls durch seinen Heimatstaat beeinflußt. Innovationen und unternehmerisches Verhalten sind zum Teil vom Zufall abhängig. Erklärtermaßen hängt dies auch in beträchtlichem Maß von der Umgebung ab, in der der Innovator oder Unternehmer arbeitet. Der »Diamant« hat starken Einfluß darauf, welches Land (ja sogar welche Region darin) der Ursprung der Innovation ist. Wichtige Innovationen in Dänemark z. B. hat es bei Enzymen für die Lebensmittelbehandlung gegeben, bei natürlichen Vitaminen, Meßgeräten für die Lebensmittelbehandlung und Medikamenten aus Tierorganen (Insulin, das Antikoagulans Heparin). In einem Land, dessen Exporte von einem großen Cluster nahrungsmittel- und getränkenaher Branchen beherrscht werden, ist das kaum Zufall. Eine Firma oder Einzelperson hat die besten Chancen auf Erfolg bei Innovationen oder bei der Gründung eines neuen Betriebs dort, wo der nationale »Diamant« das beste Umfeld bietet.

Der heimische Stützpunkt eines Unternehmens bestimmt zum Teil dessen Wettbewerbsvor- und -nachteile in globalen Branchen. Koreanische Unternehmen aus der Automobil- und Bekleidungsindustrie verfügen über einen großen Bestand an strebsamen, disziplinierten Arbeitskräften, die noch bescheidene Löhne erhalten. Doch den Firmen fehlt die anspruchsvolle Inlandsnachfrage, und sie müssen viele Zubehörteile und die meisten Maschinen importieren, weil die heimischen Zulieferer schlecht entwickelt sind. Die amerikanischen Hersteller medizinischer Geräte müssen relativ hohe Löhne verkraften und stehen unter dem Druck, eine hohe Rentabilität auszuweisen; doch sie profitieren von den anspruchsvollsten Kunden der Welt, einer schnellen Bildung spezieller Faktoren sowohl in der medizinischen Wissenschaft als auch bei den Arbeitskräften und einer Sogwirkung von in den Vereinigten Staaten ausgebildeten Medizinern, die im Ausland arbeiten.

Die für den Wettbewerbsvorteil wichtigsten nationalen Umstände hängen von der Branche und Strategie eines Unternehmens ab. In einer rohstoff- oder basisfaktorbedingten Branche ist eine Versorgung mit hochwertigen oder kostengünstigen Faktoren das wichtigste nationale Merkmal. In einer modeanfälligen Branche sind fortschrittliche und exklusive Kunden unabdingbar. In einer stark auf wissenschaftlicher Forschung beruhenden Branche ist die Qualität der faktorbildenden Mechanismen bei Arbeitskräften und Technologie zusammen mit dem Zugang zu anspruchsvollen Kunden und Zulieferern entscheidend.

Kostenorientierte Strategien reagieren stärker auf Faktorkosten, das Ausmaß der Inlandsnachfrage und die Bedingungen, welche Investitionen in Großanlagen begünstigen. Differenzierungsstrategien neigen zu einer größeren Abhängigkeit von Fachkräften, anspruchsvollen heimischen Kunden und inländischen Zulieferbranchen von Weltrang. Gezielte Strategien stützen sich auf ungewöhnliche Nachfrage in bestimmten Bereichen oder auf Faktorbedingungen oder Zulieferzugang, die dem Wettbewerb in einem bestimmten Produktbereich zugute kommen.

Da der Wettbewerb globaler wird und Entwicklungen wie die europäische Handelsliberalisierung und der freie Handel zwischen den Vereinigten Staaten und Kanada eine Abschaffung der künstlichen Verzerrungen versprechen, die Unternehmen gegen die Marktkräfte abgeschirmt haben, müssen die Unternehmen zunehmend in Branchen und Segmenten konkurrieren, in denen sie echte Stärken haben. Das muß vermehrt vom nationalen »Diamanten« gelenkt werden. Ein Unternehmen kann die Erfolgschancen steigern, wenn es in Branchen und mit Strategien Wettbewerb betreibt, wo das Land ein für den Wettbewerbsvorteil ungewöhnlich ergiebiges Umfeld bietet. Die Fragen in Tabelle 11–2 sollen solche Bereiche erschließen. Besonders wichtig ist bei der Beantwortung dieser Fragen eine vorausschauende Haltung. Das Hauptaugenmerk muß dem Wesen des sich entwickelnden Wettbewerbs gelten, nicht den bisherigen Erfordernissen für einen Erfolg.

Ricola, der schweizerische Hersteller von Kräuterbonbons, liefert ein gutes Beispiel für die Wahl eines Segments, das nationale Vorteile nutzt. Ricola hatte Erfolg, als das Sortiment (bei Hunderten von möglichen Segmenten) auf Kräuter- und Hustenbonbons konzentriert wurde. Kräuterarzneien haben in der Schweiz eine lange Tradition

TABELLE 11–2   Auswahl von Branchen und Branchensegmenten, für die das Land ein günstiger heimischer Stützpunkt ist

UNTERNEHMENSSTRATEGIE, STRUKTUR UND WETTBEWERB

- Werden Führungsstil und vorherrschende Organisationsstrukturen im Land den Branchenanforderungen gerecht?
- Welche Strategien nutzen nationale Organisationsnormen?
- Zieht die Branche besonders Begabte im Land an?
- Passen die Ziele der Investoren zu den Wettbewerbsbedürfnissen der Branche?
- Gibt es leistungsfähige heimische Konkurrenten?

FAKTORBEDINGUNGEN

- Besitzt das Land besonders fortschrittliche oder geeignete Produktionsfaktoren? In welchen Segmenten? Für welche Strategien?
- Hat das Land überlegene faktorbildende Mechanismen in der Branche (z. B. spezielle Forschungsprogramme, überragende Bildungseinrichtungen)?
- Zeigen selektive Faktornachteile im Land maßgebliche Auslandsverhältnisse an?

NACHFRAGEBEDINGUNGEN

- Sind die Branchenkunden des Landes die fortschrittlichsten oder anspruchsvollsten? In welchen Segmenten?
- Hat das Land in der Branche ungewöhnliche Bedürfnisse, die signifikant sind, aber woanders leicht übergangen werden?
- Nehmen die Kundenbedürfnisse im Land die anderer Länder vorweg?
- Sind die Absatzkanäle im Land differenziert und deuten sie internationale Trends an?

VERWANDTE UND UNTERSTÜTZENDE BRANCHEN

- Hat das Land Zulieferbranchen von Weltrang? Für welche Bereiche?
- Gibt es starke Positionen in wichtigen verwandten Branchen?

und passen zur Sorge der Schweizer um ihre Gesundheit. In diesem Bereich sind die schweizerischen Kunden ein gutes Versuchsfeld für Marketingansprachen. Ricola ging energisch vor, um durch wirtschaftliche Produktion und weltweiten Absatz Einsparungen durch Erhöhung der Produktionskapazität in seinem engen Sortiment zu erzielen. Die Firma nutzte die schweizerische Position in verwandten Branchen, indem sie im Huckepackverfahren Toblers internationale Vertriebskanäle in Anspruch nahm, um auf ausländische Märkte vorzudringen. Sie machte sich bei ihrer internationalen Absatzkampagne auch den schweizerischen Ruf der hohen Reinheitsnormen zunutze. Ricola hatte durch die bedachte Wahl eines Segments Erfolg, in dem die Schweiz die Vorteile des heimischen Stützpunkts bot. Die Erfolgsaussichten in anderen Segmenten wären gering gewesen.

Auf Auslandsmärkte vordringen

Die gleichen Grundsätze, wie schon beschrieben, gelten auch für die beste Art, in Auslandsmärkte einzudringen. Ein Unternehmen sollte Segmente auswählen, für die der heimische Stützpunkt zwar Vorteile bietet, die aber im Ausland bescheidene oder erst aufkommende Segmente sind. Einheimische Firmen oder internationale Konkurrenten, die in anderen Ländern sitzen, haben sich oft woanders engagiert und sind für einen Kampf schlecht gerüstet.
Eine andere Möglichkeit, in Auslandsmärkte einzudringen, ist die, heimischen Multis zu folgen. Das bietet nicht nur einen Halt, sondern führt auch zu Segmenten, in denen lokale Unternehmen vielleicht im Nachteil sind.

Diversifizierung

Diversifizierung gehört zwar in praktisch jedem Land zur Unternehmensstrategie, die erzielten Ergebnisse waren jedoch bestenfalls gemischt. Eine breite Diversifizierung in nicht verwandte Branchen war unter den internationalen Branchenführern, die wir untersucht haben, selten. Sie tendierten vielmehr dahin, in ein oder zwei Kernbranchen oder Branchensegmenten zu konkurrieren, denen sie sich dann restlos widmeten. Auf jeden breit diversifizierten Hitachi oder Siemens kamen einige Boeings, Koenig & Bauer, FANUCs, Novo Industris oder SKFs, die zwar weltweit Wettbewerb betreiben, aber ganz auf ihren Kernbereich konzentriert sind.
Die *interne* Diversifizierung, nicht der Erwerb, hat in erstaunlichem Umfang zu guten internationalen Marktpositionen geführt. Sandviks Schritt vom Spezialstahl zu Steinbohrern, die Diversifizierung schweizerischer Pharmaunternehmen von Farbstoffen, Canons Entwicklung von Kameras zu Taschenrechnern, zu Fotokopierern, zu Telefaxgeräten sind nur ein paar Beispiele. Wo in internationalen Erfolgsstories Erwerbungen eine Rolle spielten, waren sie oft bescheiden oder ganz gezielt, dienten als Einstieg oder verstärkten einen internen Einstieg. Hewlett-Packards Übernahme von Sanborn, dem Hersteller von Patientenmonitoren, bot HP die Gelegenheit, seine Kenntnisse in Marketing, Technologie und internationalem Vertrieb auf eine neue Branche anzuwenden. Jedesmal, wenn ein Unternehmen in breitem Umfang anfing zu diversifizieren, war das im allgemeinen ein Zeichen dafür, daß der Wettbewerbsvorteil im Begriff war zu schwinden. Wo die Diversifizierung durch mehrere große Übernahmen erfolgte, war das Zeichen noch zuverlässiger.[6]
Die Gründe für das gute Abschneiden der Diversifizierung sind nicht schwer zu verstehen, betrachtet man sie im Lichte meiner Theorie. Verbesserungen und Inno-

vationen sind das Herzstück des Wettbewerbsvorteils. Sie entstehen aus Spezifizierung, Engagement und ständigen Investitionen in eine Branche. Diversifizierung in einem Cluster bzw. Diversifizierung, die den Cluster erweitert, regt meistens neue Wettbewerbswege an, da komplementäre Kenntnisse und Mittel hier zum Tragen kommen. Die interne Diversifizierung erleichtert den Transfer von Kenntnissen und Mitteln, der ziemlich schwer durchzuführen ist, wenn ein selbständiges Unternehmen mit seinem eigenen Werdegang und seiner Art zu handeln erworben wird. Der interne Einstieg neigt dazu, die Gesamtrate der Investitionen in die Faktorbildung zu erhöhen. Bei der Diversifizierung in engverwandte Bereiche besteht auch eine starke Verpflichtung zum Erfolg, weil dem Stammgeschäft Vorteile zuwachsen und sich Auswirkungen auf das Image des Gesamtunternehmens ergeben.

Eine nicht verwandte Diversifizierung, vor allem durch Übernahme, trägt nicht zur Innovation bei. Die nicht verwandte Diversifizierung lenkt fast zwangsläufig von Spezifizierung, Engagement und ständigen Investitionen in die Kernbranchen ab, egal mit welch guten Absichten sich die Unternehmensleitung am Anfang trägt. Übernommene Firmen, die keine Verbindung zu bestehenden Geschäften haben, sehen sich oft finanziellen Zwängen gegenüber, als müßten sie den Kaufpreis rechtfertigen. Für Manager eines diversifizierten Unternehmens ist es außerdem schwierig, in Branchen fortschrittlich zu sein, die sie nicht kennen. Der Prozeß der Innovation und Veränderung wird unterlaufen. In mehreren US-Branchen, die wir untersucht haben, verringerte die Übernahme von Wettbewerbern durch breit diversifizierte Firmen die Innovations- und Investitionsrate. Zu den Beispielen gehören Spritzen, Patientenmonitoren, Ölfeldausrüstung und Werkzeugmaschinen. Dieses Muster ist weit verbreitet.

Die Länder, in denen die nicht verwandte Diversifizierung die populärste war und Übernahmen heute am leichtesten sind, sind die Vereinigten Staaten und Großbritannien. In beiden Ländern hat die Diversifizierung offenbar zu Wettbewerbsproblemen beigetragen. Auf dem europäischen Festland und in Japan sind viele der stärksten internationalen Unternehmen entweder nicht diversifiziert oder haben in engverwandte Branchen diversifiziert, oft über interne Entwicklungen. Es gibt jedoch beunruhigende Zeichen, daß die nicht verwandte Diversifizierung in beiden Gebieten auf dem Vormarsch ist.

In Korea war die nicht verwandte Diversifizierung mit dem investitionsbedingten Wettbewerbsvorteil vereinbar. Die Fähigkeit der *Chaebol*, Kapital wie Managementtalente in neue Gebiete zu lenken, war so lange ein Segen, wie Korea mit knappem Kapital und begrenzten technischen und unternehmerischen Mitteln ausgestattet war (siehe Kapitel 8). Für die Zukunft droht dieses Diversifizierungsmuster jedoch, den weiteren nationalen Fortschritt zu untergraben. Die großen *Chaebol* steigen aufgrund eines falschen Selbstvertrauens in zu viele nicht verwandte Branchen ein, und die Aussichten, in derart ungleichen Branchen einen Wettbewerbsvorteil zu erzielen, sind düster. Ich gehe auf diese Fragen noch ein, wenn ich zu den Programmen komme, vor denen die einzelnen Länder stehen.

Was aus meiner Theorie für die Diversifizierungsstrategie folgt, ist dies:[7]
– Neue Branchen für die Diversifizierung sollten auf der Grundlage derer ausgesucht werden, wo ein vorteilhafter nationaler »Diamant« vorhanden ist oder geschaffen werden kann. Diversifizierungsvorschläge sollten auf die Attraktivität des heimischen Stützpunkts hin überprüft werden.

– Eine Diversifizierung hat dann am ehesten Erfolg, wenn sie den Clustern, in denen das Unternehmen bereits Wettbewerb betreibt, folgt oder sie erweitert.

– Die interne, durch kleine Erwerbungen ergänzte Entwicklung neuer Geschäfte schafft und bewahrt einen Wettbewerbsvorteil eher als die Übernahme großer, eingeführter Unternehmen.

– Eine Diversifizierung in Geschäfte, denen gemeinsame Kunden, Vertriebskanäle, Zulieferer oder enge technologische Verbindungen fehlen, wird wahrscheinlich nicht nur fehlschlagen, sondern auch die Aussichten, den Vorteil in den Kernbereichen zu wahren, beeinträchtigen.

Selektive Vorteile in anderen Ländern erschließen

Im heutigen internationalen Wettbewerb darf ein Unternehmen nicht nur auf sein nationales Umfeld bauen, wenn es seinen Wettbewerbsvorteil wahren will. Ein Unternehmen muß seine Vorteile gezielt vermehren oder heimische Nachteile durch Tätigkeiten in anderen Ländern abbauen. Nur darum geht es bei einer Globalstrategie.

In der Theorie könnte man meinen, ein multinationales Unternehmen könne durch Gründung von Niederlassungen im Ausland alle Vorteile jedes Landes nutzen. In der Praxis läuft es selten so. Den Nutzen eines heimischen Stützpunkts zu erzielen erfordert einen Insiderstatus im nationalen »Diamanten«. Das ist schwer zu realisieren, wenn ein anderes Land nicht wirklich der heimische Stützpunkt ist. Ein Unternehmen muß Teil des kulturellen Umfelds werden, den Druck des Inlandswettbewerbs spüren und ganz in das Netz eindringen, das vom nationalen Cluster verkörpert wird.[8] Für eine ausländische Tochtergesellschaft ist es nicht nur schwer, ein echter Insider zu werden, noch schwerer ist es, fern von der Zentrale und dem eigentlichen Forschungszentrum die Globalstrategie der Muttergesellschaft nachhaltig zu beeinflussen.[9]

Tatsächlich wird es für die Tochter um so schwieriger, die an einem anderen heimischen Stützpunkt festgelegte Globalstrategie zu beeinflussen, je mehr sie zum Insider in einem Land wird. Die Tochter wird als »abhängig« von ihrem Land gesehen und verliert in der Zentrale an Glaubwürdigkeit. Umgekehrt, je stärker eine Tochter in die von einem anderen heimischen Stützpunkt ausgehende Globalstrategie integriert ist, desto geringer werden ihre Chancen, daß sie in dem Land ein Insider wird. Ihr fehlt die volle Stärke der Herstellungs- und Forschungsanlagen.

Ein Unternehmen kann für jedes eigenständige Geschäft oder Segment nur einen echten heimischen Stützpunkt haben. Wenn es versucht, sich mehrere zuzulegen, teilt es die strategische Autorität auf, zerstückelt die technologische Entwicklung und verzichtet auf die synergistischen Vorteile, die wesentlichen Erkenntnisse zu konzentrieren. Das Wichtigste aber ist, daß es die Dynamik opfert, die aus der echten Integration in einem nationalen »Diamanten« erwächst.

Das Ziel eines Weltunternehmens sollte nicht sein, die heimischen stützpunktbedingten Vorteile anderer Länder zu kopieren. Das erfordert eine Verlegung seines heimischen Stützpunkts (s. u.). Das Ziel ist vielmehr, gezielt die Vorteilsquellen in

anderen nationalen »Diamanten« zu erschließen, um die eigenen Vorteile zu ergänzen.

Eine Globalstrategie kann einen schwachen heimischen Stützpunkt nicht ersetzen.
Den Wettbewerbsvorteil langfristig zu halten ist schwer, wenn nicht die meisten
Stützmauern für Innovation im eigenen Land vorhanden sind. Innovation zum
Ausgleich örtlicher Faktornachteile führt zu einem dauerhafteren Vorteil als Beschaffung im Ausland. Heimische Zulieferer und Kunden aufzubauen ist für Verbesserun-
gen und Innovationen besser, als sich nur auf ausländische zu verlassen. Das Ziel
sollte immer sein, die heimischen Fähigkeiten aufzuwerten, damit die ausländischen
Aktivitäten für den Wettbewerbsvorteil insgesamt nur selektiv und eine Ergänzung
sind.[10] Eine Globalstrategie kann Nachteile auf ein Minimum reduzieren oder neutralisieren. Nur selten kann sie einen Wettbewerbsvorteil schaffen, wenn der heimische
Stützpunkt nicht gesund ist. So riskieren einige schwedische und schweizerische
Unternehmen ihre Fähigkeit, Positionen als Innovatoren zu halten, weil sie aus dem
Wunsch, »global zu sein«, versäumen, in ihr heimisches Umfeld zu investieren.

Anspruchsvolle Kunden und Märkte bedienen

Um den Wettbewerbsvorteil in Weltbranchen aufrechtzuerhalten, muß ein Unternehmen an die Märkte aller wichtigen Länder verkaufen. Besonders wichtig sind
Länder mit fortschrittlichen und anspruchsvollen Kunden. Es sind kaum alle die
fortschrittlichsten und anspruchsvollsten Kunden zu Hause ansässig, selbst unter den
günstigsten Umständen nicht. Das Erkennen anspruchsvoller Kunden in anderen
Ländern hilft dem Unternehmen, die wichtigsten neuen Bedürfnisse zu verstehen und
Zwänge zu schaffen, die einen raschen Fortschritt bei Produkten und Dienstleistungen bewirken. Länder mit anspruchsvollen Kunden können durchaus die sein, in
denen führende internationale Wettbewerber ansässig sind – was es um so verlocken-
der macht, in sie einzudringen.

Benetton, der führende italienische Bekleidungsproduzent, folgte diesem Grundsatz
sehr früh auf seinem Weg zu einem internationalen Unternehmen. Der Firmenchef
Luciano Benetton beschreibt den Prozeß mit folgenden Worten:

»Wir haben es immer für wesentlich gehalten, seit 1969 eigentlich, unsere Aktivitäten
über Italien hinaus auszuweiten. Wir haben unseren ersten Laden 1969 in Paris
eröffnet, das war für uns eine große Herausforderung. Es war nicht leicht, auf den
französischen Markt zu gehen. Ich kam mir wie ein Schüler vor einer schweren
Prüfung vor, als ich beschloß, es zu versuchen und italienische Mode nach Paris zu
bringen. Zunächst versuchten wir, die Pariser Verbraucher zufriedenzustellen, wirklich anspruchsvolle Kunden«, erinnert er sich und fügt hinzu, daß ihm nach dem
Erfolg von Benetton in Paris klar war, »wir könnten es überall schaffen.«[11]

Wifag, der schweizerische Hersteller von Druckmaschinen, gibt ein weiteres Beispiel
ab. Er betrieb mit Nachdruck den Vorstoß auf den deutschen Markt, die Heimat nicht
nur anspruchsvoller Kunden, sondern auch der meisten Wettbewerber von Weltrang.
Zu seinen stolzesten Erfolgen gehört der Verkauf einer Druckmaschine in Augsburg,
der Heimatstadt von MAN, einem führenden deutschen Hersteller. Diese Einstellung ist es, die Wifag in die Lage versetzt, als führender internationaler Wettbewerber
zu bestehen.

Ein Unternehmen muß damit beginnen, die Länder zu bestimmen, wo fortschrittliche Kunden ihren Heimatstützpunkt haben und investieren, wenn es Zugang bekommen möchte. Bei der Telekommunikation z. B. sind die Vereinigten Staaten ein äußerst fortschrittlicher Markt, weil Anbieter von Telekommunikationsdienstleistungen in Privatbesitz sind, weil ein ausgeprägter Wettbewerb zwischen AT&T, MCI und Sprint besteht und weil eine Vielzahl großer, weitgestreuter Käufer von Telekommunikationsdiensten mit komplexen Informationsbedürfnissen vorhanden ist. NEC, das führende japanische Unternehmen für Telekommunikationsausrüstung, erkannte vor vielen Jahren, daß es in den Vereinigten Staaten zum Wettbewerb antreten mußte. Wenn es dort Erfolg hätte, so die Überlegung, würde es Vorteile erzielen, die ihm ermöglichten, in jedem anderen Land zu reüssieren. NEC ließ sich auf einen langen und oft enttäuschenden Weg ein, Zugang zum US-Markt zu finden. Dem bisherigen Ergebnis nach liegt ein bedingter Erfolg vor, wenn man die US-übliche Rentabilität zugrunde legt. Der Nutzen für die globale Position von NEC ist jedoch gar nicht abzuschätzen.[12]

Zugang zu anspruchsvollen und kritischen Kunden in anderen Ländern zu finden erfordert oft mehrere Schritte über einen längeren Zeitraum und in jedem Fall Investitionen. Manchmal ist der Zugang ganz leicht und erfordert lediglich Marktpräsenz. In anderen Fällen führt der einzige Weg zu einem ersten Zugang über die Vergabe von Zulieferaufträgen oder den Verkauf unter eigenem Namen. Der nächste Schritt besteht normalerweise darin, relativ einfache Artikel aus dem Sortiment zu liefern oder Produkte, die auf unterversorgte Nischen zielen. Investitionen in eine lokale Produktionsanlage könnten ein nächster Schritt auf dem Weg sein. Wo Schutzmaßnahmen oder hohe Zugangsbarrieren bestehen, kann der geplante Einstieg gezielte Bündnisse mit ortsansässigen Firmen erfordern.

Sobald ein Unternehmen Zugang zu anspruchsvollen Kunden hat, muß es die Chancen energisch nutzen. Eine solche Chance ist die Gelegenheit, neue Produkte oder Dienstleistungen auf dem fortschrittlichsten Markt zu testen. Procter & Gamble testet z. B. neuartige Wegwerfwindeln auch in Japan, nicht nur in den Vereinigten Staaten. Die japanischen Verbraucher gehören bei Windeln zu den anspruchsvollsten der Welt, und Procter & Gamble unterzieht sich bei der Produktentwicklung inzwischen dieser Disziplin. Montblanc (Deutschland) sucht ähnlich einen umfassenden Input von japanischen Kunden, wenn neue Füllfederhalter entwickelt werden. Das Unternehmen hält die japanischen Käufer heute für die anspruchsvollsten der Welt.

Weltweite Produktion

Ein Unternehmen sollte sein Produktionssystem global begreifen (siehe Kapitel 2). Hewlett-Packard z. B. läßt sehr viel in Singapur montieren, und weltweit führende schwedische und deutsche LKW-Hersteller montieren in mehreren Ländern. Bestimmte Aktivitäten in der Wertkette sollten in die Länder verlegt werden, die Vorteile bieten. Es gibt keinen Grund, Basisfaktornachteile hinzunehmen. Das Verlegen ausgesuchter Produktionstätigkeiten ins Ausland erleichtert auch den Zugang zu Auslandsmärkten und signalisiert den ausländischen Kunden ein größeres Engagement. Auch Verarbeitungskenntnisse sollten durch Koordination unter den internationalen Produktionsstätten immer dort beschafft werden, wo gute Ideen entstehen.

Im Ausland zu wirtschaften oder sich dort Verfahrenstechnologie zu beschaffen bedeutet jedoch nicht, die Verantwortung für die betreffenden Aktivitäten abzugeben. Falls das geschieht, untergräbt die Firma ihre Möglichkeiten für einen Wettbewerbsvorteil und riskiert, immer einen Schritt hinter den ausländischen Konkurrenten zurückzubleiben. Kenntnisse und Fähigkeit, das Produkt zu entwickeln und aufzuwerten, und den gesamten Produktionsprozeß zu verbessern und zu betreiben, *müssen* im eigenen Land bleiben. Auslandsaktivitäten sollten als gezielt betrachtet werden. Zugleich sollten kontinuierlich Anstrengungen unternommen werden, Fähigkeiten im Unternehmen und im nationalen Cluster aufzuwerten.

Im Ausland beschaffen

Ein Unternehmen muß bereit sein, Produkte oder Ausrüstung bei ausländischen Firmen zu beschaffen, sofern sie überlegen sind, während es gleichzeitig daran arbeitet, die heimischen Zulieferer aufzuwerten. Zugang zu den weltbesten Produktionsmitteln ist notwendig, wenn der Wettbewerbsvorteil gehalten werden soll. Treue gegenüber heimischen Zulieferern um ihrer selbst willen bewirkt letztlich genau das Gegenteil. Dadurch, daß die amerikanischen Automobilhersteller z. B. nicht den billigeren Auslandsstahl gekauft haben, haben sie der amerikanischen Stahlindustrie auf lange Sicht nicht wirklich geholfen und die eigene Wettbewerbsposition geschwächt.

Die beste Form der Treue gegenüber heimischen Zulieferern ist die, sie unmißverständlich mit der Notwendigkeit zu konfrontieren, hinsichtlich Qualität und Produktivität mit ihren ausländischen Konkurrenten gleichzuziehen, wenn sie im Geschäft bleiben wollen. Man sollte den heimischen Zulieferern etwas Spielraum einräumen, damit sie Zeit zur Anpassung haben, und ihnen technische Hilfe und Unterstützung bei der Aufwertung zukommen lassen. Aber garantieren kann man den heimischen Zulieferern das Geschäft nicht. Wenn sie nicht energisch darangehen, die Qualität zu verbessern, die Produktivität zu erhöhen und ihre Strategie zu globalisieren, nützt die Unterstützung der heimischen Zulieferer letztlich niemandem.

Technologische Entwicklung im Ausland

Ein Unternehmen, das einen Wettbewerbsvorteil anstrebt, muß von *aller* wichtigen wissenschaftlichen Arbeit in der Welt wissen, die mit seiner Branche zu tun hat, und sollte idealerweise zum Teil Zugang zu ihr haben. Wie günstig der Heimatstützpunkt auch ist, brauchbare Forschung findet wahrscheinlich außerhalb des eigenen Landes statt. Heute sollte ein Unternehmen, das einen Wettbewerbsvorteil sucht, seine Strategie in Frage stellen, wenn es nicht wenigstens eine ausländische technologische Prüf- oder Forschungsanlage besitzt. Solche Anlagen sollten in Ländern mit dem besten nationalen »Diamanten« liegen, nicht einfach in denen mit einem Spitzenlabor.

Damit die Erschließungsvorteile der ausländischen Technologieentwicklung auch genutzt werden können, müssen die im Ausland eingesetzten Beschäftigten so gut sein, daß sie die örtlichen Forschungstendenzen verstehen und interpretieren können. Eine kritische Masse an Bemühungen in einem Land ist auch deshalb erforderlich, damit man von den örtlichen Wissenschaftlern akzeptiert wird. Ein gewisses Maß an Gegenseitigkeit wird stets verlangt. Ein Unternehmen muß bereit sein, Geld und Personal in Universitäten und Branchenbemühungen des anderen Landes zu investieren und auch die eigenen Ideen in etwa offenzulegen, wenn es eine Gegenleistung erwartet. Wenn das Unternehmen seinen Wettbewerbsvorteil als Ergebnis ständiger Verbesserungen begreift, ihn nicht in der Wahrung der Geheimnisse von heute sieht, wird es sich mit dieser Art von Austausch sehr viel leichter tun.

Ein gutes Beispiel für ein Unternehmen, das so vorgeht, ist Novo Industri aus Dänemark. Novo hat Japan und Amerika als die Länder erkannt, in denen – neben Dänemark – biotechnologische Forschung von Weltrang betrieben wird: eine entscheidende Technologie für das Geschäft Novos mit Insulin und Enzymen. Novo hat erheblich in Forschungsanlagen in beiden Ländern investiert. Solche Beispiele kommen in den Branchen, die wir untersucht haben, häufig vor. Schweizerische Pharmaunternehmen unterhalten seit langem Forschungszentren in Großbritannien und den Vereinigten Staaten. Schwedische Unternehmen entwickeln Software in Amerika, genauso wie schweizerische und deutsche Firmen. Japanische Unternehmen investieren seit langem in technologische Entwicklungszentren im Ausland, die sie nicht nur als Horchposten benutzen, sondern auch zur Erschließung der besten Talentschmieden der Welt für Spezialgebiete.

Ein Unternehmen kann die technologische Entwicklung im Ausland immer nur *selektiv* erschließen. Wenn ihm im eigenen Land das technische Rüstzeug, ein Zuliefererstamm und das Grundlagenwissen in den entscheidenden Technologien fehlen, wird es schwer, einen so umfassenden Zugang zu Entwicklungen im Ausland zu finden, daß ein Wettbewerbsvorteil gesichert ist. Vielleicht muß für den Wettbewerb in der Branche der heimische Stützpunkt verlegt werden.

Die Strategie, rasch technologische Unabhängigkeit zu erreichen, ist für viele globale Branchenführer charakteristisch. In der japanischen Automobilindustrie strebte z. B. Toyota von Anfang an nach Unabhängigkeit in der Autotechnologie, während andere japanische Firmen Gemeinschaftsunternehmen gründeten oder Technologielizenzen von Auslandsfirmen erwarben. Toyotas schnellerer Aufstieg in der Produkt- wie in der Verfahrenstechnologie, wo das Unternehmen u. a. das *Kanban*-System (Just-in-time-Lieferung von Zubehörteilen) erfand, bedeutete, daß Toyota aus einer Gruppe starker japanischer Wettbewerber als Branchenführer hervorging.

Den besten ausländischen Wettbewerbern entgegentreten

Ein Unternehmen muß den besten Konkurrenten auf dem Markt entgegentreten, um seinen Wettbewerbsvorteil zu halten und aufzuwerten. Leistungsstarke Wettbewerber liefern den Maßstab für den Wettbewerbsvorteil. Sie sind außerdem der beste Anreiz für Innovationen und Veränderungen. Schließlich muß ein Unternehmen auch einen Weg finden, Vorteile gegenüber den besten Konkurrenten zu erzielen, um seine Marktposition zu sichern. Ein anderer Grund, den besten Konkurrenten auf allen wichtigen Märkten entgegenzutreten, ist der, ihnen den Gewinn auf sicheren Märkten streitig zu machen, um so die niedrigen Gewinne auf umkämpften Märkten aufzubessern.[13]

Im Idealfall sitzen die besten Wettbewerber im Inland. Der Wettbewerb gegen sie führt zu vielen sich selbst verstärkenden Vorteilen für die Industrie des ganzen Landes. Ein Unternehmen muß den besten Konkurrenten aber auch in anderen Ländern entgegentreten.

Koreanische Unternehmen z. B. betrachten japanische Wettbewerber als ihre Haupt-konkurrenten, aus strategischen wie aus historischen Gründen. Deshalb besteht wenig Gefahr, daß koreanische Firmen in die klassische Falle tappen, wie das Firmen in Ländern mit niedrigen Arbeitskosten tun, nämlich bei den Arbeitskosten als dem einzigen Vorteil zu bleiben. Die Koreaner sind dabei, ihre japanischen Konkurrenten bei der Produktdifferenzierung, der Verfahrenstechnologie und der Präsenz auf Auslandsmärkten herauszufordern. Das ist ein weiteres Beispiel dafür, daß die Aufrechterhaltung des Vorteils von einem Unternehmen verlangt, Druck auszuüben, nicht ihm auszuweichen.

Ein spezielleres Beispiel für den Versuch, den besten Konkurrenten entgegenzutre-ten, ist der Schritt des führenden spanischen Fliesenherstellers, Porcelonosa, eine Geschäftsniederlassung im italienischen Sassuolo einzurichten. Spanien ist nach Italien die Nummer zwei unter den Fliesenherstellern. Porcelonosas Niederlassung mitten im dynamischsten nationalen Branchen-»Diamanten« der Welt ist ein wichti-ger Draht für Informationen und Herausforderungen.

Standortwahl für regionale Hauptverwaltungen

Die Grundsätze, wie beschrieben, wirken sich auf die Wahl des Standorts regionaler Hauptverwaltungen aus, die für die Aktivitäten eines Unternehmens in verschiede-nen Ländern verantwortlich sind. Der Standort der regionalen Hauptverwaltung wird am besten nicht nach Kriterien verwaltungsmäßiger Bequemlichkeit ausgewählt, sondern in das Land mit dem günstigsten nationalen »Diamanten« gelegt. Besonders wichtig bei der Standortwahl ist es, die Firma markanten Bedürfnissen und Zwängen auszusetzen, die im eigenen Land fehlen. Bezweckt wird damit, die Chancen, daß glaubwürdige Informationen zurück zum heimischen Stützpunkt fließen, zu ergreifen und sie zu erhöhen. So verlegte DuPont seine europäische Hauptverwaltung für landwirtschaftliche Chemikalien von Genf nach Paris, um die Vorteile eines besser entwickelten Clusters nutzen zu können. Frankreich ist nach den Vereinigten Staaten der zweitgrößte Markt für landwirtschaftliche Schutzmaßnahmen und dazu ein äußerst anspruchsvoller.

Selektive Übernahmen im Ausland

Übernahmen im Ausland können zwei Zwecken dienen. Der eine ist, Zugang zu einem Auslandsmarkt bzw. zu selektiven Fachkenntnissen zu erlangen. Hier besteht zwar die Herausforderung, die erworbene Firma in die Globalstrategie einzubeziehen, doch wirft das kaum größere Fragen auf. Der andere Grund für eine Auslandsübernahme ist der, Zugang zu einem äußerst günstigen nationalen »Diamanten« zu erhalten. Manchmal ist die Übernahme eines lokalen Unternehmens der einzige gangbare Weg, sich die Vorteile eines anderen Landes zu erschließen, weil ein Außenstehender sich schwertut, in derart weite, systemische Vorteile einzudringen. Die Schwierigkeit bei der letztgenannten Übernahmeart besteht darin, die Leistungsfähigkeit der erworbenen Firma zu erhalten, damit man von ihrem nationalen Umfeld profitiert, während sie gleichzeitig in die Globalstrategie des Unternehmens einbezogen wird.

Häufig muß ein Kompromiß eingegangen werden. Der Erfolg bei Auslandsübernahmen dieser Art erfordert üblicherweise, sich für eine von zwei Richtungen zu entscheiden. Die eine ist die, die erworbene Firma zum neuen heimischen Globalstützpunkt für das Unternehmen – branchen- oder segmentbezogen – zu machen und ihr andere Einheiten unterzuordnen. Der andere Ansatz besteht in der Bestimmung der Aktivitäten, bei denen das übernommene Unternehmen am meisten zur globalen Gesamtposition beitragen kann, und darin die Bemühungen ausschließlich darauf zu konzentrieren. Das neuerworbene ausländische Unternehmen kann beispielsweise die Verantwortung für ein Produkt im Sortiment oder eine Stufe des Produktionsprozesses erhalten, wo sein nationaler »Diamant« besonders überlegen ist.

Das Zwischenstadium, den übernommenen Betrieb als Einzelunternehmen weiterzuführen und gleichzeitig zu versuchen, ihn in die Globalstrategie einzubauen, birgt die große Gefahr, beides nicht zu erreichen. Die weitgehende Integration einer übernommenen Firma in die Globalstrategie kann durchaus ihre Position im nationalen Cluster dadurch gefährden, daß sie von der Gestaltung der Strategie entfernt und der vollen Möglichkeiten bei Forschung und Entwicklung beraubt wird. Eine solche Lösung schließt die aufgeschlossene und schnelle Reaktion auf örtliche Bedingungen aus, die freilich notwendig ist, will man vom nationalen Vorteil profitieren. Dem Betrieb eine gezielte Aufgabe und weitgehende Selbständigkeit zu geben scheint der bessere Weg zu sein. Daß die übernommene Firma ihre Position im nationalen Cluster behauptet und zügig auf nationale Umstände reagiert, ist jedoch keinesfalls gewährleistet.

Die Rolle von Allianzen

Allianzen oder Zusammenschlüsse sind ein letzter Mechanismus, mit dem ein Unternehmen versuchen kann, nationale Vorteile in anderen Ländern zu erschließen. Allianzen sind langfristige Abmachungen zwischen Unternehmen verschiedener Länder, die über normale Markttransaktionen hinausgehen, aber vor einer Fusion zurückschrecken. Sie treten in vielen Formen auf: Gemeinschaftsunternehmen, Lizenzen, gegenseitige Lizenzen, Absatz- und Lieferabsprachen. Im internationalen

Wettbewerb sind sie hervorgetreten, weil sie die Globalisierung der Strategie beschleunigen können, Einsparungen durch Erhöhung der Produktionskapazitäten nutzen, Zugang zu Technologie oder Märkten schaffen und auch andere Vorteile bieten, ohne daß die Unabhängigkeit des Unternehmens aufgegeben werden muß oder eine teure Fusion erforderlich wäre.[14] Besonders verbreitet sind sie in Branchen, die einen strukturellen Wandel durchmachen, vor allem, wenn viele Firmen sich bedroht fühlen.

Allianzen sind eine verlockende Lösung für das Dilemma einer Firma, die die stützpunktbedingten Vorteile eines anderen Landes sucht, ohne die eigenen aufzugeben. Leider sind Allianzen selten eine Lösung. Sie können zwar einzelne Vorteile bieten, bedeuten aber immer auch erhebliche Kosten, wenn man die Koordination bedenkt, die Abstimmung der Ziele mit einem selbständigen Betrieb, das Entstehen eines Wettbewerbers und die Preisgabe von Gewinnen. Wegen dieser Kosten sind viele Allianzen nur von begrenzter Dauer und zum Scheitern verurteilt. Sie sind häufig eine Übergangslösung, keine festen Arrangements.

Allianzen verlagern den echten Wettbewerbsvorteil nur, wenn sich die beste heimische Grundlage für den Wettbewerb in der Branche verschiebt. Hier nutzen Unternehmen aus dem neuen Land Allianzen oft, um das Erreichen einer internationalen Position zu beschleunigen. Japanische Unternehmen haben Allianzen z. B. genutzt, um schneller in eine ganze Reihe Branchen einzudringen, in denen sie am Ende die Vorherrschaft besaßen.

Kein Unternehmen darf bei Erkenntnissen und Vermögenswerten, die für seinen Wettbewerbsvorteil wesentlich sind, von einem anderen selbständigen Unternehmen abhängen. Falls es das tut, läuft das Unternehmen große Gefahr, seinen Wettbewerbsvorteil auf lange Sicht zu verlieren. Allianzen neigen zur Absicherung von Mittelmaß, nicht zur Schaffung einer weltweiten Branchenführung. Die größte Gefahr der Allianzen besteht darin, daß sie *die firmeneigenen Aufwertungsbemühungen abhalten.* Dazu kann es kommen, weil die Firmenleitung sich damit begnügt, sich auf den Partner zu verlassen. Dazu kann es auch kommen, weil die Allianz einen drohenden Wettbewerber beseitigt hat.

Die besten Bündnisse sind äußerst selektiv und umfassen bestimmte Aktivitäten in der Wertkette oder spezifische Sortimente oder Märkte. Sie suchen eine bestimmte Technologie oder Zugang zu einem besonderen Markt. Die Beteiligten betrachten sie oft als vorübergehend. Ist ein breiteres Bündnis zur Erringung der Vorteile nötig, die für den Wettbewerbserfolg erforderlich sind, steht das Unternehmen vor einem fundamentalen Problem. Es muß seine Wahl des Segments oder der Strategie in der Branche in Frage stellen. Es muß auch bezweifeln, ob sein heimischer Stützpunkt für den weltweiten Wettbewerb geeignet ist. Am Ende muß der Bündnispartner unter Umständen übernommen werden (oder das Unternehmen selbst übernehmen), damit eine dauerhafte internationale Position erzielt wird.

Standortbestimmung des heimischen Stützpunkts

Einige Länder sind für den Wettbewerb in bestimmten Branchen, Branchensegmenten oder mit bestimmten Strategien weit bessere heimische Stützpunkte als andere. Die Behauptung, der heimische Stützpunkt sei unmaßgeblich, da ein Weltunternehmen die Vorteile vieler heimischer Stützpunkte nutzen kann, trifft, wie beschrieben, selten zu. Die Rolle des Landes für den internationalen Erfolg umfaßt weit mehr als die Faktorkosten. Der nationale »Diamant« ist aus der Ferne äußerst schwer zu durchdringen oder zu kopieren (aus dem Land selbst heraus selbstverständlich auch), wenn ein Land nicht wirklich der Ort ist, wo die Strategie festgelegt, Produkte und Verfahren letztlich geschaffen werden und das Unternehmen versucht, Insider in einem nationalen Cluster zu sein.[15] Wenn ein Unternehmen danach strebt, viele heimische Stützpunkte zu haben, erntet es wahrscheinlich die Vorteile keines einzigen.

Je globaler der Wettbewerb, desto wichtiger wird seltsamerweise der heimische Stützpunkt. In Europa haben z.B. Länder ihre Position in vielen Branchen nicht deshalb behauptet, weil das Land ein guter heimischer Stützpunkt war, sondern dank Schutzmaßnahmen und Handelshemmnissen. Wenn diese Barrieren fallen, was in den nächsten Jahren möglich ist, wird der heimische Stützpunkt noch wichtiger.

Soll ein Unternehmen im globalen Wettbewerb Erfolg haben, muß es seinen heimischen Stützpunkt für den Wettbewerb in einer bestimmten Branche oder bestimmten Branchensegmenten eventuell verlegen. Wenn die Umstände im Heimatstaat nicht die für den Wettbewerbsvorteil erforderlichen Innovationen fördern und sie selbst nicht verbessert werden können, muß ein Unternehmen seinen heimischen Stützpunkt in ein Land verlegen, das die für den internationalen Erfolg notwendigen Instrumente besser katalysiert und bereitstellt. Das bedeutet, das Führungsteam muß versetzt und vielleicht ausgetauscht werden. Es bedeutet auch, die Hauptmittel für F&E sowie für den Absatz müssen verlegt werden. Man beachte, daß ein Unternehmen für klar unterschiedene Geschäfte verschiedene heimische Stützpunkte haben kann.[16]

Aus den gleichen Überlegungen ergibt sich, daß ein Unternehmen verschiedene Länder als heimischen Stützpunkt für den globalen Wettbewerb in jeweils verschiedenen Branchensegmenten wählen kann. Das bedeutet, daß die betreffenden Länder weltweit die strategische Verantwortung für und Herrschaft über wesentliche technische, produktionsbedingte und internationale Marketingmittel besitzen.

Einige internationale Unternehmen haben außerhalb des Mutterlandes Hauptverwaltungen für weltweit arbeitende Sparten errichtet. C. H. F. Müller (Deutschland), zu Philips gehörig, ist z.B. weltweit für Röntgenröhren, Röntgengeneratoren und nuklearmedizinische Computersysteme verantwortlich. Zudem verlegte Philips seine Hauptverwaltung für wichtige Haushaltsgeräte von Holland nach Italien, ein Land, das ein äußerst wettbewerbsfähiger Standort für die Haushaltsgeräteindustrie ist. Andere Beispiele zeigen, daß es nichts Neues ist, einen heimischen Stützpunkt außerhalb des Heimatlandes der Muttergesellschaft einzurichten. So hat Sandvik (Schweden) seinen heimischen Stützpunkt für Fördersysteme seit den 50er Jahren in Stuttgart. In Deutschland sitzen nämlich die anspruchsvollsten Kunden und verwandten Werkzeugmaschinenbranchen.

Noch sind derartige Beispiele nicht allzu zahlreich, doch ihre Häufigkeit nimmt, wie wir festgestellt haben, zu. Siemens investiert in größerem Umfang, um die Vereinigten Staaten zum Zentrum seiner Vorhaben für medizinische Geräte zu machen und dabei von der Rolle der Vereinigten Staaten als fortschrittlichstem Markt der Welt zu profitieren (vgl. den Bericht über Patientenmonitoren in Kapitel 5). Xerox hat die weltweite Verantwortung für Kleinkopierer seinem japanischen Gemeinschaftsunternehmen Fuji-Xerox übertragen. Japan ist sowohl der fortschrittlichste Binnenmarkt der Welt für Kleinkopierer als auch der Standort des beherrschenden Clusters der Kleinkopiererkonkurrenten, -zulieferindustrien und verwandten Branchen (z. B. Telefaxgeräte). Xerox kam zu dem Schluß, daß es bei Kleinkopierern nicht von einem Stützpunkt in den USA aus weltweit Wettbewerb betreiben könne.

Da der Wettbewerb immer globaler wird, muß jedes Unternehmen die Wahl eines Heimatstützpunkts für ein bestimmtes Geschäft genauestens prüfen. Weitere Firmen müssen darauf gefaßt sein, den Heimatstützpunkt zu verlegen, vielleicht der letzte Schritt zur Globalstrategie. Die Verlegung des heimischen Stützpunkts erfordert, daß das neue Land wirklich zum Zentrum für die weltweite Strategie in einer Branche wird. Den am alten Heimatstützpunkt verbleibenden Mitarbeitern müssen neue Anreize gegeben werden, die sie motivieren, stützende Aufgaben zu übernehmen. Die Unternehmensleitung aus dem Mutterland muß der Tendenz entgegensteuern, sich in strategische Fragen einzumischen.

Die Rolle der Führung

Was ich in diesem Kapitel beschrieben habe, ist ein unternehmerisches Führungskonzept. Führer glauben an Wandel. Sie haben Einblick darein, wie der Wettbewerb geändert werden kann, und dulden bei der Ausführung keine Beschränkungen. Führer verleihen ihrem Unternehmen die Kraft, sich Wettbewerbsaufgaben zu stellen, anspruchsvolle Bedürfnisse zu befriedigen und vor allem Fortschritte zu machen. Sie finden Wege, die Engpässe, die den Informationsfluß hemmen und Innovationen verhindern, zu überwinden. Sie zügeln und erzeugen sogar Zwänge von außen, um Wandel herbeizuführen.

Führernaturen sehen den Wettbewerb sehr weit, wobei ihr nationales Umfeld Bestandteil des Wettbewerbserfolgs ist. Sie setzen alles daran, dieses Umfeld zu verbessern und entsprechende (wenn auch manchmal schmerzliche) staatliche Maßnahmen hervorzulocken. Führer werden daher oft wie Staatsmänner gesehen, wenngleich nur wenige ihr Handeln so beschreiben würden. Führer denken auch international, nicht nur, wenn sie ihren wirklichen Wettbewerbsvorteil bemessen, sondern auch wenn sie die Strategie festlegen, um ihn zu vergrößern und auszuweiten.

Dieses Führungskonzept ist in vielen Unternehmen verlorengegangen. Zu viele Unternehmen und zu viele Manager sehen die wahren Grundlagen des Wettbewerbsvorteils falsch. Sie verlegen sich darauf, das finanzielle Ergebnis zu verbessern, den Staat um Hilfe anzugehen und dadurch Stabilität zu suchen, daß sie Bündnisse eingehen und mit Konkurrenten fusionieren. Schritte dieser Art sind weder gut für die Unternehmen noch gut für das Land. Die Wettbewerbswirklichkeit von heute erfordert mehr.

KAPITEL 12

STAATLICHE POLITIK

Der Staat spielt im internationalen Wettbewerb eine bedeutende Rolle, doch ist sie anders als gemeinhin angenommen. Ich beabsichtige hier, die Folgerungen meiner Theorie für die Politik des Staates zu untersuchen. Im Extrem sehen einige den Staat bestenfalls als passiven Teilnehmer am internationalen Wettbewerb. Weil die Bestimmungsfaktoren des nationalen Vorteils so tief in den Käufern eines Landes, seiner Geschichte und anderen einmaligen Umständen verwurzelt sind, könnte man argumentieren, der Staat sei machtlos. Die ihm angemessene Rolle wäre dann, sich zurückzulehnen und die Marktkräfte walten zu lassen. Meine Theorie und das Material unserer Untersuchung stützen diese Sicht nicht. Die staatliche Politik berührt den nationalen Vorteil, positiv wie negativ, wie aus vielen früheren Erörterungen hervorgeht.

Die Rolle des Staates bei der Schaffung und Wahrung des nationalen Vorteils ist zwar bedeutsam, doch zwangsläufig *partiell*. Ohne das Vorhandensein grundlegender nationaler Umstände, die den Wettbewerbsvorteil in einer bestimmten Branche unterstützen, schlagen die besten politischen Absichten fehl. Der Staat beherrscht den nationalen Wettbewerbsvorteil nicht, er kann ihn nur beeinflussen. Für die politisch Verantwortlichen ist eine zurückhaltendere und bedachtere Rolle allemal angebracht.

Das Hauptziel staatlicher Politik in bezug auf die Wirtschaft ist, *die Ressourcen (Arbeit und Kapital) eines Landes mit hoher und zunehmender Produktivität einzusetzen.*[1] Wie schon ausgeführt, ist die Produktivität die eigentliche Ursache des Lebensstandards eines Landes. Um ein Produktivitätswachstum zu erzielen, muß eine Volkswirtschaft ständig aufgewertet werden. Das erfordert anhaltende Verbesserungen und Innovationen in bestehenden Industrien und die Fähigkeit, sich mit Erfolg in *neuen* Industrien dem Wettbewerb zu stellen. Die Gründung neuer Betriebe ist nötig, damit Arbeitsplätze für neu hinzukommende Beschäftigte entstehen, Arbeitsplätze ersetzt werden, die durch Produktivitätsgewinne in anderen erfolgreichen Branchen verlorengingen, und Arbeitsplätze auch in weniger produktiven, zunehmend wettbewerbsunfähigen Branchen ersetzt werden.

Die angemessene Rolle für die staatliche Politik gegenüber der Industrie eines Landes ist, diese Dynamik und Aufwertung anzuregen. Ziel des Staates sollte sein, ein Umfeld zu schaffen, in dem Unternehmen Wettbewerbsvorteile in etablierten Branchen aufwerten können, indem sie aufwendigere Technologie und Methoden einführen und in fortschrittlichere Segmente vordringen. Die Politik des Staates sollte auch die Fähigkeit der Unternehmen des Landes fördern, in neue Branchen einzusteigen, in denen sich eine höhere Produktivität erreichen läßt als bei den Positionen, die in unproduktiveren Branchen und Branchensegmenten aufgegeben wurden.

Ausdruck einer aufgewerteten Wirtschaft ist, daß weniger produktive Arbeiten über Auslandsinvestitionen und Beschaffung im Ausland in andere Länder verlegt werden. Das ist ein gesunder Vorgang, wenn tatsächlich die weniger produktiven Arbeiten ins Ausland gegeben werden. Gehen hochproduktive Arbeiten an ausländische Wettbewerber verloren, wie es im letzten Jahrzehnt in einer Reihe amerikanischer, deutscher und britischer Industrien der Fall war, ist das langfristige wirtschaftliche Wohlergehen in Gefahr.

Die Bestimmung volkswirtschaftlicher Ziele in anderen Kategorien als denen langfristigen Produktivitätswachstums ist ein grundlegender Fehler, der zu unpassenden Maßnahmen führt. Kein Land kann in jeder Branche Nettoexporte erzielen, wie ich in Kapitel 1 dargelegt habe. Bemühungen, alle Branchen zu halten, senken den Lebensstandard des Landes. Der Ausgleich des Handels an sich ist kein geeignetes Ziel, genausowenig wie der Versuch, die »Wettbewerbsfähigkeit« durch ein Niedrighalten des Währungswerts in die Höhe zu treiben. Wenn Maßnahmen jedoch an ihrer Wirkung auf die Dynamik und das anhaltende Produktivitätswachstum gemessen werden, sind die Chancen, dem wirklichen wirtschaftlichen Fortschritt entgegenzuarbeiten, weit geringer.

Ist die erste Vorbedingung für eine vernünftige Politik gegenüber der Industrie das angemessene Ziel, so ist die zweite ein passendes Modell zur Stützung des Wettbewerbserfolgs. Viele politisch Verantwortliche gehen die Aufgabe mit einer falschen Voraussetzung an. Falls der Wettbewerbsvorteil bedingt, als weitgehend durch makroökonomische Faktoren oder Faktorkosten angesehen wird, können bei dem Versuch, die Industrie zu fördern, durchaus die falschen Instrumente eingesetzt werden. Wie dargelegt, beeinflussen die Bestimmungsfaktoren des nationalen Vorteils die Fähigkeit der Unternehmen eines Landes zur Innovation und Aufwertung; sie gehen weit über Löhne, Zinsen und den Wechselkurs hinaus. Wie wir sehen werden, können viele der Maßnahmen, die Staaten aus ihrer engen, statischen Sicht des Wettbewerbsvorteils ergreifen, um der Industrie zu »helfen«, auf lange Sicht tatsächlich schaden. Auch Maßnahmen, die geeignet erscheinen, wenn nur ein einzelnes Gebiet wie F&E, Besteuerung oder Regulierung für sich betrachtet wird, werden fraglich, wenn man sie in einem vollständigeren und integrierten Rahmen sieht.

Meine Theorie sieht eine andere, weit vielgestaltigere Rolle für den Staat vor, sogar für Teile des Staates, die weit von der Wirtschaftspolitik entfernt sind. Ein in sich stimmiges Programm wird in einer Vielzahl von Bereichen gebraucht, weil scheinbar getrennte Maßnahmen oft voneinander abhängen. Die Wirkung von Entscheidungen in einem politischen Bereich ist häufig von den in anderen Bereichen getroffenen abhängig (in Anbetracht der systemischen Natur des »Diamanten« könnte man das erwarten). Die wirksamsten Einflüsse des Staates in fortschrittlichen Ländern sind oft langsam und indirekt.

Jeder der vielen politischen Bereiche, der auf den nationalen Vorteil einwirken kann, ist ein Gegenstand für sich. Ich kann nicht hoffen, hier eine umfassende Abhandlung zu liefern oder alle Überlegungen einzubringen, die Einfluß auf einzelne politische Entscheidungen haben. Das Ziel ist bescheidener, nämlich zu skizzieren, wie die

Theorie genutzt werden kann, um einzelne politische Alternative wie auch den Gesamtansatz eines Landes zur Wirtschaftspolitik zu erhellen.

In fast allen Ländern greifen die Regierungen heute zu Maßnahmen, die die Wettbewerbsfähigkeit verbessern sollen. Hier einige der bekanntesten und verbreitetsten politischen Anstöße: Abwertung, Aufhebung von Regulierungsmaßnahmen, Privatisierung, Lockerung von Produkt- und Umweltrichtlinien, Förderung der Zusammenarbeit zwischen Unternehmen und anderer Arten der Kooperation, Fusionsanreize, Steuerreform, Regionalentwicklung, Aushandeln freiwilliger Beschränkungen oder geregelte Absatzvereinbarungen, Bemühungen zur Verbesserung des allgemeinen Bildungssystems, Erhöhung der staatlichen Forschungsinvestitionen, Regierungsprogramme zur Finanzierung neuer Unternehmen, eine maßgeblichere Förderung der Rüstung und andere Formen staatlicher Beschaffung. Meine Theorie bietet einen Maßstab, mit dem diese Initiativen gemessen werden können.

Vorbedingungen einer staatlichen Industriepolitik

Der Staat kann von der kommunalen bis zur nationalen Ebene den Wettbewerbsvorteil in einer Branche beeinflussen, wenn seine Maßnahmen einen oder mehrere der vier Bestimmungsfaktoren beeinflussen. Auf der breitesten Ebene müssen eine Reihe von Prämissen die staatliche Politik leiten, wenn sie den nationalen Wettbewerbsvorteil vergrößern, nicht schmälern soll. Diese Prämissen ziehen sich durch die gesamte Diskussion über spezielle Maßnahmenbereiche und bieten einige Anhaltspunkte, anhand derer jede staatliche Wirtschaftsinitiative bewertet werden kann.

1. *Unternehmen konkurrieren in Branchen, nicht in Ländern.* Die Unternehmen eines Landes müssen im Vergleich mit Konkurrenten aus anderen Ländern letztlich selbst einen Wettbewerbsvorteil schaffen und behaupten. Der Staat war bei der Leitung von Unternehmen und der Reaktion auf die fließenden Marktveränderungen, wie sie für den internationalen Wettbewerb so charakteristisch sind, bisher bemerkenswert erfolglos. Selbst wenn ihm die besten Beamten zur Verfügung stehen, trifft er unberechenbare Entscheidungen über die zu fördernden Branchen, die investitionswürdigen Technologien und die Wettbewerbsvorteile, die am geeignetsten und am ehesten erreichbar sind. Beispiele für Tendenzen, daß der Staat bei Unternehmensentscheidungen eine Schattenrolle spielt, gibt es in Japan, Korea, Singapur, Großbritannien, Frankreich und vielen anderen Ländern. Der Staat kann nicht so einfach mit den Marktkräften harmonieren wie die Branchenteilnehmer, und er kann seine Entscheidungen praktisch auch nicht von politischen Kräften trennen, die sie verzerren.

Wettbewerbsfähige Branchen kann der Staat nicht schaffen, das müssen die Unternehmen tun. Die Rolle des Staates beim Wettbewerb ist von Hause aus begrenzt, weil viele andere Eigenschaften eines Landes auf ihn einwirken. Der Staat kann allerdings den *Kontext* und das *institutionelle Gefüge* im Umkreis der Unternehmen prägen oder beeinflussen, ebenso den *Input*, den sie in Anspruch nehmen. Erfolgreiche staatliche

Maßnahmen sind die, die ein Umfeld schaffen, in dem Unternehmen einen Wettbewerbsvorteil erreichen können, anstatt den Staat unmittelbar in den Prozeß hineinzuziehen – ausgenommen Länder in einem frühen Entwicklungsstadium. Die wirksamsten Rollen des Staates sind indirekter Art.

Die angemessene Rolle des Staates besteht darin, die Kräfte im »Diamanten« freizusetzen und noch zu verstärken. Das schafft Gelegenheiten und Zwänge zu fortlaufenden Innovationen. Unter besten Bedingungen versteht der japanische Staat dies wie kein anderer. Dadurch, daß er früh die Nachfrage anregt, die Branchen durch symbolische Kooperationsprojekte vor die Notwendigkeit zu Spitzentechnologie stellt, Preise aussetzt, um Qualität hervorzuheben und zu belohnen, Wettbewerb und andere Maßnahmen fördert, wird das Innovations- und Aufwertungstempo beschleunigt. Unter schlechtesten Bedingungen versuchen die japanischen Bürokraten allerdings, die Industriestruktur zu manipulieren (indem sie den Einstieg erschweren oder Fusionen fördern), den Binnenmarkt zu lange zu schützen und auf politischen Druck auszuweichen, um unrentabel wirtschaftende Einzelhändler, Händler, Bauern und Industriebetriebe gegen Wettbewerb abzuschirmen. Branchen, die diese staatliche »Hilfe« ignorieren, haben Erfolg, während diejenigen, die auf sie bauen, die Produktivität des Landes senken.

Der Staat sollte die Industrie bei der Bestimmung der zu schaffenden Faktoren einbeziehen und die Unternehmen ermutigen, bei der Faktorbildung selbst mitzuwirken. Die entscheidenden Faktoren sind speziell und nehmen die aufkommenden Bedürfnisse der Industrie vorweg. Der Staat kann die richtigen Faktoren nicht selbst aussuchen oder erfolgreich schaffen. In der Forschungs- und Entwicklungspolitik hat Deutschland z. B. einen guten Ruf im Aufwerten von Technologie, weil die meiste staatlich finanzierte Forschung in Form von Gemeinschaftsprojekten mit Forschungsinstituten unter Einschluß von Firmen, teilweiser Finanzierung von Forschungsaufträgen, die Firmen an Universitäten vergeben, oder von Anreizen für die betriebliche Forschung erfolgt. Großbritannien und Frankreich dagegen erzielten bei der Finanzierung der Forschung und Entwicklung recht gemischte Ergebnisse, weil Expertenstäbe auf Ministerialebene mit der Selektion der zu unterstützenden Projekte beauftragt waren. In den Vereinigten Staaten brachte das gewaltige Bundesforschungsprogramm der letzten Jahrzehnte dem Wettbewerbsvorteil nur einen Zufallsnutzen, weil die Ausgaben in den meisten Fällen weitgehend ohne Verbindung zur Industrie erfolgt sind.

Der Staat sollte eine direkte Rolle nur dort spielen, wo Unternehmen nicht handeln können (etwa in der Handelspolitik) oder wo äußere Umstände sie zu Unterinvestitionen zwingen. Diese Umstände treten dort ein, wo der Nutzen für das Land als Ganzes den Nutzen übertrifft, der einem einzelnen Unternehmen oder Wirtschaftssubjekt zufällt, so daß private Organisationen in solchen Bereichen aus der Sicht des Landes zu Unterinvestitionen neigen. Als Beispiele seien allgemeine Bildung genannt, Umweltqualität und einige Arten von F&E, die die Produktivität in vielen Branchen nach oben treiben können.

2. *Der Wettbewerbsvorteil eines Landes in einer Branche ist relativ.* Viele Diskussionen über den nationalen Vorteil sind intensiv nach innen gerichtet. Aber die Standards für den Wettbewerbsvorteil werden nicht in einem Land festgelegt, sondern von Unternehmen in anderen Ländern. Die Qualifikation und Motivation der Arbeiter anders-

wo bestimmen darüber, was zu Hause verlangt wird. Das absolute Produktivitätswachstum ist sehr viel unwichtiger als die relative Produktivität im Vergleich mit
Unternehmen anderer Länder.[2] Die Standards sind ständig gestiegen, insbesondere
seit den 60er Jahren. In Großbritannien, den Vereinigten Staaten und Dänemark liegt
das Problem weniger darin, daß die Industrie überhaupt keine Verbesserungen
erzielt, sondern darin, daß dies nicht schnell genug geschehen ist.

Internationale Standards setzen die politischen Mindestziele, wenn ein Land seine
Wirtschaft aufwerten soll. In der Festlegung der Politik bei der Ingenieursausbildung
beispielsweise sind die japanischen und deutschen Richtlinien für die Zahl der
Graduierten und die Ausbildung, die sie erhalten, das geeignete Ziel. Ein Verbesse-
rungszuwachs über die eigene historische Leistung eines Landes reicht nicht.

3. *Dynamik führt zu einem Wettbewerbsvorteil, nicht kurzfristige Kostenvorteile.* Ein
nationaler Wettbewerbsvorteil erwächst aus der Fähigkeit der Unternehmen eines
Landes, unaufhörlich Verbesserungen und Innovationen vorzunehmen. Alte Vorteile werden letztendlich von Firmen aus einem anderen Land kopiert, oder sie veralten.
Maßnahmen, die statische, kurzfristige Kostenvorteile vermitteln, aber ungewollt
Innovation und Dynamik untergraben, stellen den häufigsten und inhaltsschwersten
Fehler in der staatlichen Industriepolitik dar. In dem Wunsch, zu helfen, werden nur
allzu leicht Maßnahmen ergriffen wie die Billigung von Gemeinschaftsprojekten, die
eine angeblich »verschwenderische« Forschung und Entwicklung vermeiden, oder
die Zustimmung zu Fusionen, die zwar Effizienz bei den Gemeinkosten des Unternehmens ermöglichen, aber den Inlandswettbewerb ausschalten. Maßnahmen dieser
Art und viele andere, die der Staat ergreift, verzögern oder beseitigen im allgemeinen
die erkannte Notwendigkeit zu Verbesserung und Innovation, oder sie übermitteln
die falschen Signale über den Innovationsort. Selbst ein zehnprozentiger Kostenrück-
gang dank Einsparungen durch die Erhöhung der Produktionskapazität, der durch
eine heimische Fusion oder durch Kooperationsbemühungen kaum zu erzielen ist,
wird im Nu egalisiert von raschen Produkt- und Verfahrensverbesserungen und der
Jagd nach Umsatz auf den Weltmärkten – Dynamik, die derartige Maßnahmen
untergraben.

Zwang und ein Gefühl der Dringlichkeit sind wesentlicher Bestandteil des nationalen
Wettbewerbsvorteils. Italienische Firmen stiegen beispielsweise in gehobene Branchensegmente auf, nicht als die Lira billig war, sondern als eine steigende Lira in den
70er Jahren die Unternehmen zwang, die Produkte aufzuwerten und moderne
Technologie einzuführen. Nur wenn die Innovationsbedingungen fruchtbar sind
(z. B. anspruchsvolle Kunden, scharfer Inlandswettbewerb), sind Maßnahmen wie
die geschilderten überhaupt zu rechtfertigen, mit Ausnahme in Ländern im frühen
Entwicklungsstadium (faktorbedingt oder früh investitionsbedingt).

4. *Nationaler wirtschaftlicher Wohlstand verlangt, daß die Branchen aufwerten.* Einige
Basen für den Wettbewerbsvorteil führen zu einer höheren (und dauerhafteren)
nationalen Produktivität als andere. Ein Wettbewerbsvorteil, der auf Quellen beruht
wie Rohstoffen im Überfluß, billiger Arbeitskraft, abgewerteter Währung oder gar
einer einzigen neuen Produktidee, wird häufig mit geringerer Produktivität in Verbindung gebracht und ist bekanntermaßen labil. Den Wettbewerbsvorteil auf solche
Quellen zu stützen führt die Unternehmen zu preisorientierten Strategien und
preisanfälligen Marktsegmenten. Die Erfahrung lehrt, daß ebendiese Strategien

besonders anfällig sind, nicht nur für die Bedrohung durch Firmen aus anderen Ländern, sondern auch für protektionistische Maßnahmen. Unternehmen, die über niedrige Preise Wettbewerb betreiben, fordern zu Dumpingpreisen heraus und reagieren sehr empfindlich auf Zölle. Ein einfaches Nachahmen durch Firmen aus Entwicklungsländern oder staatliche Subventionen in großem Stil können derartige Vorteile ebenfalls zunichte machen.

Die höchstrangigen Vorteile, die mit einem hohen Produktivitätsstand assoziiert werden, sind die, die aus einem ständig steigenden Technologieniveau erwachsen, einem Strom neuer Modelle, aus Investitionen in den Aufbau enger Kundenbeziehungen und Einsparungen durch Erhöhung der Produktionskapazität, die aus einer weltweiten Marktpräsenz entstehen. Die dauerhaftesten Strategien sind die, die den Markt ausweiten und aufwerten, nicht einfach nur ausländischen Firmen Geschäfte wegnehmen. Länder, deren Wettbewerbsvorteile davon abhängen, die Märkte anderer Länder zu überschwemmen, sind für die staatlichen Reaktionen des Auslands anfällig. Wo die Unternehmen eines Landes eine überlegene Differenzierung besitzen und bisher unbeachtete Marktbereiche avisieren, sind diese Risiken geringer.

Staatliche Politik muß sich darum kümmern, das Fundament für die Aufwertung des Wettbewerbsvorteils in der Industrie eines Landes zu legen, und die Unternehmen zur Aufwertung drängen. Allzuoft gehen die Maßnahmen jedoch dahin, alte Vorteile zu wahren und den Aufwertungsprozeß in Wirklichkeit aufzuhalten.

5. *Der Wettbewerbsvorteil eines Landes in Branchen ist oft geographisch konzentriert.* Ich habe anhand vieler Beispiele dargelegt, daß international erfolgreiche Branchen und Branchencluster häufig in einer Stadt oder Region massiert sind, und die Grundlage für den Vorteil ist oft sehr lokal. Die geographische Konzentration ist für die Entstehung des Wettbewerbsvorteils wichtig und verstärkt die Kräfte, die den Vorteil aufwerten und bewahren. Die Landesregierung spielt zwar eine Rolle bei der Aufwertung der Industrie, doch ist die Rolle des Staates auf Länder- und Kommunalebene potentiell ebenso stark oder noch stärker.

In den Diskussionen über die Politik zur Förderung der Wettbewerbsfähigkeit geht es vorwiegend um die Regierung des Landes und übergreifende nationale Umstände. Ebensoviel oder mehr Aufmerksamkeit erheischen Gebiete wie Universitätsbildung, Infrastruktur, örtliche Regulierungen, örtliche Forschungsinitiativen und Information auf regionaler und lokaler Ebene. Bei unserer Untersuchung hatten staatliche Initiativen etwa in Baden-Württemberg und einzelnen italienischen Städten nachweislich einen größeren Einfluß auf den Wettbewerbsvorteil als alle nationalen politischen Initiativen.

6. *Der Wettbewerbsvorteil in den Branchen eines Landes entsteht im Lauf von zehn oder mehr Jahren, nicht in drei- oder vierjährigen Konjunkturzyklen.* Der Wettbewerbsvorteil entsteht durch einen langen Prozeß der Aufwertung menschlichen Fachwissens, durch Investitionen in Produkte und Verfahren, durch den Aufbau von Clustern und das Eindringen in Auslandsmärkte. Die japanischen Automobilhersteller begannen z. B. in den 50er Jahren mit dem Export, erlangten aber erst in den 70er Jahren eine starke internationale Stellung.

Aber zehn Jahre sind in der Politik eine Ewigkeit. Die Wirtschaftspolitik in praktisch allen Ländern befaßt sich hauptsächlich mit kurzfristigen ökonomischen Schwankungen. Die Konzentration des Staates auf die Verbesserung der Gesamthandelsbilanz durch Lohnkontrollen, Interventionen am Devisenmarkt, Inflationsbekämpfung und andere Maßnahmen berührt viele Branchen vielleicht am Rand, ist jedoch weit davon entfernt, den langfristigen Wettbewerbsvorteil in irgendeiner Branche entscheidend zu prägen. Staaten neigen außerdem zu Maßnahmen mit erkennbarer kurzfristiger Wirkung, wie Subventionen, Schutzmaßnahmen und arrangierte Fusionen. Ein solches Vorgehen dämpft die Innovation und baut die Durchschnittsproduktivität in der Wirtschaft ab.

Viele der besonders vorteilhaften Maßnahmen im Geltungsgebiet des Staates – Faktorbildung, Wettbewerbspolitik und Aufwertung der Nachfragequalität – wirken langsam und zäh. Viele wünschenswerte Maßnahmen haben kurzfristig auch nachteilige Auswirkungen. So stiftet die Aufhebung der Regulierung einer geschützten Branche Unruhe und kann zu Firmenzusammenbrüchen führen. Solche Folgen und auch der lange Zeithorizont für wünschenswerte Maßnahmen setzen einen Preis aus für ein politisches System, das Kontinuität ermöglicht und dem Druck von Sonderinteressen einigen Widerstand leistet. Japan profitiert z. B. von einem Regierungssystem, in dem Karrierebeamte politische Entscheidungen stark beeinflussen, wenn nicht bestimmen. Außerdem ist die politische Mehrheit in der Nachkriegszeit die gleiche geblieben, was ein stabiles politisches Umfeld bietet. Italien und die Vereinigten Staaten stellen das andere Extrem dar, mit häufigen Wechseln in politischen Schlüsselstellungen und einem politischen System, das ungewöhnlich anfällig erscheint für Einflüsse von Sonderinteressen.

7. *Länder erzielen Vorteile aufgrund von Unterschieden, nicht von Ähnlichkeiten.* Jedes Land besitzt ein einzigartiges Aufgebot an wettbewerbsfähigen Branchen, aber kein Land ist in allen wettbewerbsfähig oder kann es sein. Wettbewerbsfähigkeit resultiert aus dem Zusammengehen des einmaligen Umfelds eines Landes mit den Quellen des Wettbewerbsvorteils in bestimmten Branchen. Der Erfolg Italiens in aufgesplitterten Branchen und beim Wettbewerb mit ganz gezielten Strategien nutzt ganz spezielle Eigenschaften des italienischen Umfelds. Die meisten Beobachter der italienischen Wirtschaften haben Italien permanent unterschätzt, weil sie amerikanische, deutsche oder japanische Normen auf eine ganz anders strukturierte Wirtschaft angewandt haben. Nationale Unterschiede (bei der Nachfrage, der Qualifikation, den Zulieferern und herausragenden Ausbildungsgebieten) sind wertvoll und für den Wettbewerbsvorteil oft unentbehrlich.

Es gibt zwar einige allgemeine Grundsätze und Maßnahmen, die fast jeder Volkswirtschaft nutzen, doch ist es falsch, wenn ein Land sich zu sehr an ein wirtschaftliches Entwicklungsmodell hält, das für ein anderes Land entworfen wurde. Dem Fortschrittsmodell eines anderen Landes nachzueifern – die gleichen Branchen, die gleichen Strategien, die gleichen staatlichen Programme – läßt ein Land nur einen bestimmten Entwicklungsstand erreichen. Die Aufgabe für den Staat besteht darin, die grundlegenden Prinzipien des nationalen Vorteils zu begreifen und sie in politisches Handeln umzusetzen, das die besonderen Umstände des Landes spiegelt. Maßnahmen, die für ein Land gut sind, können für ein anderes völlig fehl am Platz sein.

8. *Viele Kategorisierungen, mit denen Branchen unterteilt oder nach Prioritäten geordnet werden, haben wenig Bedeutung.* Bei dem Bemühen, die wirtschaftliche Entwicklung zu fördern, besteht die Versuchung, das industrielle Fundament eines

Landes in Kategorien zu unterteilen, in High- oder Low-Tech, auf- oder absteigend, wachsend oder gesättigt, Herstellung oder Dienstleistung, arbeits- (kapital-) oder erfahrungsintensiv. Der aus solchen Unterscheidungen gezogene Schluß unterstellt, daß einige Kategorien besser als andere sind – typisch High-Tech, erfahrungsintensiv usw. Viel Aufhebens wird um solche Unterscheidungen gemacht bei der Bewertung einer Volkswirtschaft wie bei der Wahl von Maßnahmen.

Dieses Denkmuster hält einer genaueren Überprüfung nicht stand. Italien hat ein lebhaftes Wirtschaftswachstum und einen steigenden Lebensstandard dadurch erreicht, daß es einen soliden nationalen Vorteil in vielen »traditionellen« und »reifen« Branchen wie Textilien, Bekleidung, Möbel und Schuhe erzielt hat. Das gelang ihm durch die Einführung moderner Verfahrenstechnologie und die drastische Steigerung des Wissensgehalts bei Design, neuen Werkstoffen und rascher Innovation. Die Produktivität ist wesentlich gestiegen. Deutschland, Schweden und die Schweiz haben hohe positive Handelsbilanzen vorgelegt und einen hohen Lebensstandard aufrechterhalten, was nicht zuletzt auf die Wahrung des Vorteils in einigen »reifen« Branchen zurückging, wie Personen- und Lastwagen, Textil- und andere Maschinen sowie Bergbauausrüstung.

Die meisten Branchen sind High-Tech- oder wissensintensive Branchen, oder sie werden es. Elektronik, neue Werkstoffe, Informationssysteme und andere Erscheinungsformen der modernen Technologie ändern die Produkt- und Wertkette in praktisch allen Branchen.[3] Was im einen Land eine vollentwickelte Branche darstellt, ist in einem anderen ein Wachstumszweig, falls die Unternehmen dort dynamisch sind. Fabrikation ist nicht »besser« als Dienstleistungen, weil beide untrennbar miteinander verbunden sind und viele Dienstleistungen modernste Technologie und einen hohen Produktivitätsstand verlangen.

Die staatliche Politik muß für ein Umfeld sorgen, in dem *jede* Branche gedeihen kann, wenn nur die Unternehmen innovativ sind und hohe Produktivität erreichen. Eine diversifizierte Wirtschaft hat für eine Vielzahl Branchen Platz, die Menschen mit unterschiedlichen Fähigkeiten und Ambitionen Beschäftigung bieten können.[4] Umgekehrt sind nur wenige Branchen so unentbehrlich, daß ein Land unproduktiven heimischen Wettbewerbern den Markt garantieren sollte. Das wichtigste Unterscheidungsmerkmal bei Branchen (und Segmenten) ist die Produktivität wegen ihrer Verbindungen zum Lebensstandard. Branchen und Technologien, die die potentielle Produktivität vieler anderer Branchen berühren, verdienen durchaus besondere Beachtung, wenngleich ihre Zahl begrenzt ist. Maßnahmen zur Aufwertung derartiger Branchen müssen jedoch auf die Vorbedingungen, wie beschrieben, achten und nicht versuchen, Unternehmensgewinne zu garantieren oder durch Quoten Anteile am Auslandsmarkt zu sichern.

9. *Der Prozeß, einen Vorteil zu halten, kann für die Unternehmen und alle, die in ihnen arbeiten, äußerst lästig sein.* Einen Vorteil zu wahren bringt ständigen Druck und Herausforderungen mit sich, erfordert laufend Verbesserungen und fortwährende Investitionen. Viele Unternehmen ziehen mehr Stabilität und ein Umfeld vor, in dem der Wohlstand garantiert wird, anstatt ihn sich immer neu erarbeiten zu müssen.

Diese durchaus verständliche Neigung kommt auf vielerlei Arten zum Ausdruck. Eine besteht im Druck auf den Staat mit dem Ziel einer Abwertung, um die Preise zu entlasten. Eine andere in dem Wunsch nach Schutz vor ausländischen Konkurrenten, der im allgemeinen mit den »unfairen« Vorteilen gerechtfertigt wird, die jene besitzen. Eine dritte Art äußert sich in dem Wunsch, den »übermäßigen« Inlandswettbewerb zu bremsen, entweder durch Kartelle (in der Schweiz ziemlich verbreitet) oder Fusionen zwischen führenden Konkurrenten – nach amerikanischer oder skandinavischer Art. Noch eine andere Tendenz ist die Diversifizierung, um unangenehmen Problemen in der Hauptbranche auszuweichen, anstatt sich die Mühe zu machen, sie anzugehen.

All diese und andere, ähnlich geartete Tendenzen sind auf lange Sicht der Untergang einer nationalen Branche. Viele Unternehmen, Angestellte und Arbeiterführer erliegen der menschlichen Natur und verlieren die Übersicht darüber, was ihnen tatsächlich einen Wettbewerbsvorteil verschafft. Sie propagieren und unterstützen Maßnahmen, die gar nicht wirklich in ihrem langfristigen Interesse sind. Eine solche Handlungsweise verzögert Veränderungen, dämpft die Innovation, schneidet die Unternehmen von den Vorzügen der Cluster ab und wirkt in genau die andere Richtung wie die, die für den Wettbewerbsvorteil notwendig wäre. Das Verzögern von Veränderungen funktioniert nur, wenn der Inlandsmarkt weiterhin geschützt wird. Das schiebt Veränderungen noch länger hinaus und schadet sowohl den Verbrauchern des Landes als auch anderen Branchen, die von der geschützten Branche abhängen.

Daraus lassen sich zwei allgemeine Lehren für die staatliche Politik ziehen. Erstens ändern sich Unternehmen (und Gewerkschaften) nicht, wenn sie glauben, daß die staatliche »Hilfe« ihnen die Notwendigkeit dazu erspart. Direkte staatliche »Unterstützung« tendiert in einer Firma oder Branche auch stark dahin, Kräfte zu mobilisieren, die sie veranlassen, sich auszubreiten und zu vermehren. Zweitens kann die Auswahl nur von Maßnahmen, die örtliche Unternehmen zufriedenstellen, durchaus das Gegenteil bewirken. Staatliche Beamte müssen den berechtigten Bedenken, Ängsten und Unsicherheiten, mit denen die Branche konfrontiert ist, wohlwollend gegenüberstehen. Doch die Entscheidung für Maßnahmen, die auf der einhelligen Unterstützung von Unternehmen oder Gewerkschaften beruhen, wozu die Politiker unter dem kurzfristigen Druck zur Wiederwahl neigen, kann ebensoviel Schaden wie Gutes anrichten.[5]

Staatliche Politik und nationaler Vorteil

Es gibt ein weites Feld staatlicher Maßnahmen, die sich in irgendeiner Form auf den nationalen Vorteil in einer Branche oder Branchengruppe auswirken. Bildungspolitik, Steuerpolitik, Gesundheitspolitik, Kartellrecht, Regulierungsmaßnahmen, Umweltpolitik, Finanz- und Geldpolitik und viele andere kommen in Betracht. Das ist eine der großen Kampfansagen der Politik an die Industrie – das Programm fast jeder staatlichen Behörde und jedes gesetzgebenden Ausschusses berührt den nationalen Wettbewerbsvorteil in irgendeiner Weise. Doch in den meisten Staaten ist das eigentlich die Aufgabe einiger weniger Behörden. Alle Länder, die wir untersucht haben, litten in einem gewissen Maß unter Überschneidungen der Zuständigkeiten staatlicher Behörden und entsprechend inkonsequenten Maßnahmen gegenüber der Industrie.[6]

Viele Maßnahmen der staatlichen Politik bezüglich der Wettbewerbsfähigkeit kreisen um politische Bereiche wie Steuerpolitik, Bildung oder Regulierung. Das ist nicht die beste Methode, wie ich meine. Die staatliche Politik ist nicht um ihrer selbst willen wichtig, sondern durch ihren Einfluß auf den »Diamanten«. Große Bereiche der Politik, wie die Regulierung, beeinflussen den Wettbewerb auf viele Arten. Die Regulierung von Produktnormen beeinflußt z. B. die Nachfragebedingungen, während die Regulierung der Branchenstruktur die Art des Inlandswettbewerbs berührt. In einigen Fällen kann eine Lockerung der Regulierung angemessen sein, in anderen eine Verschärfung.

Aufschlußreicher ist es, die staatlichen Maßnahmen in ihrer Wirkung auf die einzelnen Bestimmungsfaktoren im »Diamanten« zu untersuchen. Das deckt die zugrundeliegenden Mechanismen auf, durch die jede Politik auf den nationalen Vorteil einwirkt. Da das Spektrum der Maßnahmen, die die Bestimmungsfaktoren beeinflussen können, breit ist, kann ich hier nur auf die verbreitetsten und wichtigsten eingehen. Es ist auch nicht möglich, alle Feinheiten und speziellen Programmvarianten zu behandeln, die in jedem Bereich zur Verfügung stehen – viele hätten ein eigenes Buch verdient.

Der Einfluß des Staates auf die Faktorbedingungen

Die in einer Wirtschaft mögliche Aufwertungsrate wird vom Tempo bestimmt, mit dem die Faktorquantität und vor allem -qualität zunimmt. Um eine hohe Produktivität zu erreichen, müssen die Unternehmen Zugang zu einem besseren Bestand an fortschrittlichen und spezialisierten Arbeitskräften, an Wissenschaftserkenntnissen, Wirtschaftsinformationen, Infrastruktur und anderen Produktionsfaktoren haben. Die Faktorbedingungen müssen die Unternehmen ebenfalls ermutigen, ihre Wettbewerbsvorteile im Lauf der Zeit aufzuwerten. Die staatliche Politik spielt in all diesen Bereichen eine Rolle.

Faktorbildung

Zu den wichtigsten und traditionellsten Funktionen des Staates gehören die Faktorbildung und -aufwertung, ob es sich um qualifizierte Arbeitskräfte, wissenschaftliche Grundkenntnisse, Wirtschaftsinformationen oder Infrastruktur handelt. Ein Land erzielt einen Vorteil weniger aus den heute verfügbaren Faktoren als aus dem Vorhandensein einzigartiger institutioneller Mechanismen, mit denen es sie ständig aufwerten kann. Die Anforderungen an die Faktoren sind unerbittlich gestiegen. So sind Arbeitskräfte nur mit Grundkenntnissen im Lesen und Schreiben heute kein wirklicher Vorteil mehr.

Der Staat wird häufig als die Haupttriebkraft der Faktorbildung angesehen. Er trägt tatsächlich die Verantwortung für wichtige Bereiche wie die Ausbildung an den Grund- und höheren Schulen, die grundlegende Infrastruktur und die Forschung auf

Gebieten von so weitreichender sozialer Bedeutung wie das Gesundheitswesen. Die Rolle des Staates bei der Faktorbildung in diesen Bereichen wird durch äußere Umstände oder Vorteile für die Wirtschaft gerechtfertigt, die die für das einzelne Wirtschaftssubjekt übersteigen; das ist dort besonders signifikant, wo Faktoren in einer Vielzahl von Branchen eingesetzt werden können. Die Industrie eines Landes erleidet einen Nachteil, wenn der Staat dieser Verantwortung nicht richtig nachkommt; die Probleme der Amerikaner mit Lese- und Schreibkenntnissen sowie dem Basiswissen der Arbeiter beweisen es.

Doch die staatlichen faktorbildenden Mechanismen sind selten schon an sich eine Quelle des Wettbewerbsvorteils. Die direkten Bemühungen des Staates zur Faktorbildung erfolgen zweckmäßigerweise in allgemeinen Bereichen, doch die für den Wettbewerbsvorteil bezeichnendsten Faktoren sind fortschrittliche und spezielle Faktoren und untrennbar mit Branchen oder Branchengruppen verbunden. In den von uns untersuchten Branchen betraf die wichtigste Faktorbildung die Unternehmen, wenn auch manchmal in Zusammenarbeit mit staatlichen Stellen. Zu den Mechanismen gehörten spezielle Lehrlingsprogramme, Forschungsvorhaben in Universitäten gemeinsam mit der Branche, Aktivitäten von Fachverbänden und als Wichtigstes die Privatinvestitionen der Unternehmen selbst. Inlandswettbewerb, Zusammenballung und geographische Konzentration erwiesen sich alle als unentbehrlich für die Faktoraufwertungsrate, weil sie die Initiativzentren vermehrten, eine kritische Masse an Beachtung und Engagement anzogen und die Investitionen öffentlicher Einrichtungen ankurbelten.

Staatliche Bemühungen zur Bildung spezieller Faktoren bergen die Gefahr, die falschen Faktoren zur falschen Zeit zu bilden. Der staatliche Bildungsapparat vieler Länder hat trotz drängenden Bedarfs in der Industrie die Notwendigkeit neuer Ausbildungsarten oder der Ausbildung auf neuen Gebieten – z. B. Informationstechnologie – Jahre zu spät erkannt und auf sie reagiert. Beide, Staat *und* Industrie, müssen in die Faktorbildung investieren. Der Prozeß der Faktorbildung profitiert erheblich von der Nähe klarer wirtschaftlicher Interessen. Ohne sie sind die geschaffenen Faktoren unzureichend, ungeeignet, verspätet oder zu allgemein.

Die Faktorbildung ist am lebhaftesten und wirksamsten in den Ländern, in denen weitgehend Verständnis für die Bedeutung der Faktorbildung für den wirtschaftlichen Wohlstand und Einmütigkeit darüber herrschen, daß ständig investiert werden muß. Bildung und Ausbildung, Forschung und Infrastruktur gelten in Deutschland, Japan, Korea und Singapur als unentbehrlich. In Amerika gibt man dazu im wesentlichen Lippenbekenntnisse ab, in Großbritannien wird noch darüber debattiert. In Italien hat eine historische Abneigung gegen den Zentralstaat die Faktorbildung verkümmern lassen und der Möglichkeit Grenzen gesetzt, die Wettbewerbsvorteile in der Industrie aufzuwerten.

Bildung und Ausbildung. Die Erlangung gehobener Wettbewerbsvorteile und der Wettbewerb in fortschrittlichen Segmenten und neuen Branchen erfordern Arbeitskräfte mit wachsenden Kenntnissen und Fähigkeiten. Die Qualifikation der Arbeitskräfte muß ständig steigen, wenn die Wirtschaft eines Landes aufgewertet werden soll. Das Erreichen einer höheren Produktivität verlangt nicht nur qualifiziertere Manager und Angestellte, die Verbesserung des Humankapitals in anderen Ländern setzt selbst für die Aufrechterhaltung der gegenwärtigen Wettbewerbsposition höhere Maßstäbe.

Unsere Untersuchung läßt kaum einen Zweifel daran, daß Bildung und Ausbildung ganz entscheidend für den nationalen Wettbewerbsvorteil sind. Die von uns untersuchten Länder, die am meisten in die Bildung investieren (Deutschland, Japan und Korea), hatten in vielen Branchen Vorteile, die sich zum Teil auf das Arbeitskräftepotential zurückführen ließen. Noch aufschlußreicher ist, daß in jedem Land die wettbewerbsfähigsten Branchen oft die waren, bei denen besonders viel in Bildung und Ausbildung investiert worden war. In Großbritannien z. B. greifen die chemische und pharmazeutische Industrie auf Fachrichtungen und Fähigkeiten zurück, in denen die britischen Universitäten stark sind, obwohl das Bildungssystem im allgemeinen einiges zu wünschen übrigläßt. In Schweden ist die Ausbildung im Maschinenbau hervorragend, und viele erfolgreiche Branchen sind von dieser Disziplin abhängig. In den Vereinigten Staaten stehen Raumfahrt und Arzneimittel für Branchen, in denen Unternehmen und Universitäten eng zusammenarbeiten, und beides sind starke Gebiete.

Bildung und Ausbildung sind vielleicht der bedeutendste langfristige Einzelansatz, der allen staatlichen Ebenen zur Aufwertung der Industrie zur Verfügung steht. Die Verbesserung des allgemeinen Bildungssystems ist eine der Hauptaufgaben des Staates und eine Sache der Wirtschafts-, nicht nur der Sozialpolitik. Gleichzeitig reicht das allgemeine Bildungssystem jedoch nicht aus, einen nationalen Vorteil zu sichern. Genauso wichtig ist das Festlegen von Maßnahmen, die das Bildungssystem mit der Industrie verbinden und sie zu eigenen Ausbildungsanstrengungen anspornen.

Die Wirksamkeit eines Bildungssystems hängt zum Teil von der Ausgabenrate ab. Ebenso wichtig oder noch wichtiger ist jedoch die Vorgehensweise. Die angemessenen Maßnahmen in Bildung und Ausbildung müssen die besonderen Umstände jedes Landes widerspiegeln; aus unserer Untersuchung ergeben sich die folgenden Eigenschaften einer gesunden Bildungspolitik:

1. *Bildungsanforderungen sind hoch.* Das Bildungs- und Ausbildungssystem muß hohe Leistungen fordern, und Schüler wie Studenten müssen sich um ihr Fortkommen bemühen. Viele Länder, darunter die Vereinigten Staaten, Großbritannien, Schweden und Deutschland, durchliefen in den 70er Jahren eine Phase der Lockerung der Bildungsanforderungen und/oder der Abschaffung von Zensuren. Tatsache ist, daß die Anforderungen an Arbeiter, Techniker und Manager in der Welt hoch sind und steigen. Kein Land wird es zu etwas bringen, wenn seine Bürger diesen Anforderungen nicht gerecht werden.

Hohe Anforderungen sind ohne irgendeine Beteiligung des Landes oder Staates schwer durchzusetzen, und das Festlegen von Anforderungen gehört zu den wichtigen Aufgaben des Staates. Strenge nationale Anforderungen werden in Japan, Korea und der Schweiz gestellt, und Deutschland kennt Länderrichtlinien. Die Vereinigten Staaten und Großbritannien haben die Anforderungen ausführlich debattiert; lokale Kontrollen haben zu ungleichen Anforderungen beigetragen, die zu oft auf den kleinsten gemeinsamen Nenner hinauslaufen. Großbritannien hat Ende der 80er Jahre ein umstrittenes Programm zur Steigerung der Anforderungen ins Leben gerufen; ich komme darauf in Kapitel 13 zu sprechen.

Hohe Anforderungen in der Bildung und Ausbildung sind nicht unvereinbar mit freiem Zugang zu ihnen. Außer durch das Senken der Anforderungen wird der Zugang besser auf andere Art eröffnet, etwa durch die großzügige finanzielle Förderung von Schülern und Studenten aus allen Schichten und Programme für eine frühere Zulassung, um die Vorbereitung der Schüler und Studenten zu verbessern.

2. *Unterrichten ist eine angesehene und wertvolle Tätigkeit.* Eine gute Bildung ist einfach nicht möglich ohne einen Stamm an gutausgebildeten und fachkundigen Lehrern auf allen Ebenen bis hinauf zum Professor. In den Vereinigten Staaten galt das Unterrichten nicht als besonders attraktiv, vor allem im Sekundarbereich. Die Qualifikationen liegen relativ niedrig, die Bezahlung ist deutlich schlechter als in der Industrie, viele Lehrstellen sind nicht oder unzureichend besetzt (vor allem in den Naturwissenschaften und der Technik). In Japan und Korea dagegen ist das Unterrichten auf allen Stufen hoch angesehen, und die Lehrstellen sind mit hervorragenden Kräften besetzt.[7] Das gleiche galt bis Ende der 70er Jahre in Deutschland, doch das Ansehen der Lehrer bis in die höhere Schule hinein ist in den 80er Jahren gesunken.

3. *Die meisten Schüler und Studenten erhalten eine leicht praxisorientierte Ausbildung.* Schüler und Studenten müssen mit den erforderlichen Kenntnissen ausgestattet werden, damit sie sich in der Wirtschaft wirkungsvoll betätigen können. Einige finden zwar einen Platz in den Geisteswissenschaften oder anderen außerindustriellen Gebieten, die meisten aber nicht. Die Mehrzahl der Schüler und Studenten braucht das Grundlagenwissen, das ihnen ermöglicht, in der Industrie oder direkt am Arbeitsplatz ausgebildet zu werden. Mathematik, Computerkenntnisse, Schreiben, naturwissenschaftliches Basiswissen und Sprachen sind lebensnotwendig. Die notwendigen Mindestanforderungen sind mit dem Fortschritt der Technologie unaufhörlich gestiegen.

Die Ausbildung eines guten Teils der besonders befähigten Studenten eines Landes in Naturwissenschaft und Technik bringt einer aufgewerteten Wirtschaft den größten Nutzen. Ein solcher Stamm an Begabten trägt nicht nur als Angestellte zur Innovation und Aufwertung bei, sondern auch als Manager, was genauso wichtig ist.

4. *Auch neben der Universität existieren angesehene und erstklassige Formen höherer Bildung.* Die meisten Schüler betreiben keine weiterführenden akademischen Studien. Doch eine Wirtschaft kann nicht rasch aufgewertet werden, wenn diese Schüler nicht die Kenntnisse, die für eine ständige persönliche Weiterentwicklung notwendig sind, oder die in bestimmten Branchen erforderlichen Fachkenntnisse erhalten. In einigen Ländern sind technische Hochschulen und Berufsschulen eine anerkannte Alternative zur Universitätsausbildung, etwa in Deutschland und Korea. Auf bestimmten Gebieten haben deutsche technische Hochschulen einen besseren Ruf als reguläre Universitäten. In Japan spielen die Unternehmen selbst eine große Rolle in der nachschulischen Ausbildung.

In Großbritannien, einem Land mit Problemen hinsichtlich seiner Arbeitskäfte, wurde dem Studium der Geistes- und reinen Wissenschaften traditionell der größte Wert beigemessen, nicht der Technik oder dem Beruf. Ein ähnliches Bild gaben die Vereinigten Staaten ab. Ein hoher Prozentsatz an Studenten ist nicht unbedingt ein Zeichen für die effektivste Entwicklung des Humankapitals. Ein System zur beruflichen, technischen und speziellen Branchenausbildung hat in jeder fortschrittlichen Wirtschaft höchste Priorität.

5. *Zwischen Bildungseinrichtungen und Arbeitgebern besteht eine enge Verbindung.*
Viele der besonders erfolgreichen Branchen, die wir in den einzelnen Ländern
untersucht haben, hatten starke Bande zu Universitäten und technischen Hochschulen geknüpft. Das deutsche (und schweizerische) Lehrlingssystem ist ein außergewöhnliches Beispiel für ein System, in dem Millionen junge Menschen etwa drei Jahre
lang Bildung und Ausbildung am Arbeitsplatz kombinieren.

Enge Verbindungen zwischen Bildungseinrichtungen und Arbeitgebern werden gefördert, wenn einzelne Schulen und Universitäten so flexibel sind, sich den speziellen
Anforderungen der örtlichen Branchen anzupassen, wie es in Deutschland der Fall
ist. Eine starre, zentrale Kontrolle mag zwar der Aufrechterhaltung von Standards
dienen, kann sich aber gegen die Bildung spezieller Faktoren in geographisch
konzentrierten Branchen auswirken, die für die Aufwertung des Wettbewerbsvorteils
so unentbehrlich ist.

6. *Unternehmen investieren über Branchenverbände oder einzeln massiv in laufende
innerbetriebliche Ausbildung.* Erfolgreiche Unternehmen akzeptieren und spielen
ihre eigene Rolle bei der Ausbildung und Schulung. In Japan betrachten Unternehmen es als eine ihrer Hauptaufgaben, eine ständige Weiterbildung anzubieten. Die
Angestellten müssen Prüfungen ablegen, um aufzusteigen. Fachverbände stellen
einen weiteren Mechanismus dar, mit dem Unternehmen Ausbildung in wichtigen
Kenntnissen bieten können, die die ganze Branche braucht; von Fachverbänden
organisierte Programme trafen wir in den von uns untersuchten Branchen häufig an.
Verbände sind eine Möglichkeit, eine kritische Masse zu erreichen, auch wenn die
einzelnen Firmen klein sind.

Staatliche Politik darf Investitionen von Unternehmen oder Fachverbänden in die
Entwicklung des Humankapitals nicht ungewollt hemmen, sei es durch die Besteuerung von Ausbildungszuschüssen, sei es durch Arbeitsgesetze, die Ausbildungsinitiativen von Arbeitgebern behindern. Die Notwendigkeit, für die Unternehmensausbildung deutliche Anreize zu schaffen, ist weniger plausibel, denn Unternehmen in
Ländern wie Japan und Deutschland investieren aus wettbewerbsbedingter Notwendigkeit, nicht aufgrund staatlicher Veranlassung. Ausbildungssubventionen, wie im
Fall von Forschungs- und Entwicklungszuschüssen, sind oft unnötig, wenn Firmen
und Beschäftigte eine dauerhafte Bindung an ihre Branche haben und mit einem
ausgeprägten Wettbewerb konfrontiert sind.

7. *Einwanderungsmaßnahmen ermöglichen den Zuzug von Fachkräften.* Der Zuzug
von Fachkräften ist ein Merkmal vieler erfolgreicher Branchen, die wir untersucht
haben. Länder wie die Vereinigten Staaten, die Fachkräften relativ offen gegenüberstehen, haben davon profitiert. Länder mit einer restriktiven Haltung, wie die
Schweiz, arbeiten gegen die Industrie.

Wissenschaft und Technologie. Eine aufgewertete Wirtschaft verlangt einen ständig
steigenden technologischen Stand. Verbesserungen in der Technologie sind, grob
gesagt, wesentlich für eine Steigerung der Effizienz, das Erzielen höherer Preise
durch bessere Qualität und das Vordringen in neue Branchen und Branchensegmente
– die Grundlagen des Produktivitätswachstums. Verbesserungen in Wissenschaft und
Technologie anzuregen ist eine weithin anerkannte Aufgabe des Staates. Forschung
und Entwicklung können nicht den Unternehmen allein überlassen werden, weil der

Nutzen für die Volkswirtschaft aufgrund übergreifender Wirkungen den für einzelne Unternehmen übersteigt. Der technologische Fortschritt kommt nicht nur einem Unternehmen zugute, oft hebt er das Entwicklungstempo in der gesamten Landesbranche und auch in verbundenen Branchen. Das gilt im besonderen für die Grundlagenforschung und für Bereiche mit Anwendungsmöglichkeiten in zahlreichen Branchen: z. B. moderne Werkstoffe, Informationstechnologie, flexible Produktionssysteme, Gesundheitswissenschaften, Umweltwissenschaften und Energie.

Praktisch jedes fortschrittliche Land, die von uns untersuchten Länder eingeschlossen, trifft Maßnahmen zur Förderung der Forschung. In unterschiedlichem Ausmaß beteiligen sich die Staaten in eigenen Laboratorien auch direkt an der Forschung. Beispiele aus meiner früheren Darlegung zeigen die Bandbreite der Ansätze. Italien bietet steuerliche Anreize für den Einbau bewährter Fabrikautomaten. Deutschland finanziert zum Teil Forschungsprojekte in Unternehmen und bürgt, zusammen mit der Industrie, für mehrere Fraunhofer- und Max-Planck-Institute, die auf verschiedenen zentralen Gebieten forschen. Die Vereinigten Staaten betreiben Forschung, die Milliardenwerte darstellt, in bundeseigenen Labors wie den National Institutes of Health, finanzieren über die National Science Foundation die universitäre Forschung und leisten enorme Forschungsanstrengungen auf rüstungsnahen Gebieten. In Japan wird zum Teil in Labors geforscht, die mit Ministerien zusammenhängen, und das MITI sowie andere staatliche Stellen fördern und finanzieren teilweise gemeinschaftliche Forschungsprojekte, an denen Unternehmen unterschiedlicher Richtungen beteiligt sind, wenngleich nur ein bescheidener Teil der universitären Forschung staatlich gefördert wird.

Der übergeordnete Grundsatz bei der Beachtung von Wissenschaft und Technologie sollte darin bestehen, *Innovationspolitik* zu betreiben, nicht nur Wissenschafts- und Technologiepolitik. Wissenschaft und Technologie können bei der Suche nach einer Steigerung des nationalen Vorteils nicht von ihrer kommerziellen Anwendung getrennt werden. Politik zur Förderung kommerzieller Innovation muß über die Wissenschaft und Technologie hinausgehen und Politik mit Blick auf Wettbewerb, Regulierung und andere Bereiche, die sich auf den »Diamanten« auswirken, einschließen.

Auf dem besonderen Gebiet der Wissenschaft und Technologie ist eine wirkungsvolle Politik durch Folgendes charakterisiert:

1. *Eine Übereinstimmung zwischen Wissenschafts- und Technologiepolitik und den Mustern des Wettbewerbsvorteils in der Landesbranche.* Die geeignete Politik gegenüber Wissenschaft und Technologie muß mit der Zusammensetzung der wettbewerbsfähigen Branchen im Land, dem Stand der Wettbewerbsentwicklung und der Leistungsfähigkeit der Firmen und Forschungsuniversitäten übereinstimmen. Grundlagenforschung in Informatik ist z. B. in Dänemark wahrscheinlich weder nützlich noch notwendig, ein aktives biotechnologisches Programm dagegen schon, weil diese Technologie viele landwirtschaftsnahe Branchen in Dänemark beeinflußt. Die Programme sollten sich auf Technologien konzentrieren, die viele (alte oder neue) Branchen betreffen oder wichtig für die Vertiefung oder Aufwertung nationaler Branchencluster sind.

2. *Schwergewicht auf Universitätsforschung statt staatlicher Labors.* Die Aufwertung in einer Wirtschaft wird stark vorangetrieben, wenn die staatlichen Investitionen in Forschung und Entwicklung sich eindeutig an der Universitätsforschung ausrichten, entweder direkt oder über eine staatliche Teilfinanzierung von gemeinschaftlichen Forschungsaufträgen mit Universitäten. Universitätsforschung bietet einige Vorteile für die Ankurbelung des Produktivitätswachstums in einer Volkswirtschaft. Erstens werden neue Generationen von Wissenschaftlern und Technikern praktisch als Nebenprodukt der Forschungsarbeit in den aktuellsten Problemen ausgebildet. Zweitens wird die Verbreitung der Forschung durch die relative Offenheit des universitären Rahmens gefördert. Drittens sind universitäre Forschungsinstitute und -labors ideale Brutstätten für neue Betriebe, denn Professoren und vor allem Studenten erkennen kommerziell nutzbare Ideen und gründen neue Firmen oder bringen die Ideen in bestehende Unternehmen ein. Das System der Universitätsforschung ist die große Stärke der Vereinigten Staaten und erklärt einen erheblichen Teil des amerikanischen Erfolgs bei Neugründungen. Das Fehlen einer gutentwickelten Universitätsforschung ist eine der Hürden, die Japan bei der weiteren Aufwertung seiner Wirtschaft wird überwinden müssen.

Die Vergabe eines größeren Anteils staatlicher Forschungsmittel an staatliche Labors, wie sie in einigen europäischen Ländern stattfindet, wird der Industrie wahrscheinlich weniger nützen. Die Forschung in staatlichen Labors ist oft weit von kommerzieller Anwendung entfernt, ihre Verbreitung ist schwierig, und die Wissenschaftler verstehen die Marktbedürfnisse oft nicht oder denken nicht unternehmerisch.

3. *Hauptschwergewicht auf kommerziell bedeutsamen Technologien.* Forschung mit direktem Bezug zur Industrie hat in der Wirtschaft eine besonders nachhaltige Wirkung. In Japan, Deutschland und Schweden entfällt ein sehr viel höherer Prozentsatz der staatlichen Forschungsausgaben auf die industrielle Forschung als in den Vereinigten Staaten und Großbritannien, wie Tabelle 12–1 zeigt. Auf die rüstungsnahe Forschung entfielen in den Vereinigsten Staaten und Großbritannien für das Berichtsjahr 68 bzw. 49 Prozent der staatlichen Gesamtausgaben für Forschung und Entwicklung.[8] Rüstungsbedingte Forschung und Entwicklung kann nicht als Rückgrat für die technologische Strategie eines Landes gelten. Sie ist nicht mehr auf die Schlüsseltechnologien konzentriert, wie das in den 30er, 40er und 50er Jahren der Fall war. Sie kann zwar zu kommerziellen Anregungen führen, doch betrachten viele Beobachter die Bedürfnisse der Rüstung und der Industrie als nicht mehr übereinstimmend.[9] Ich habe schon darauf hingewiesen, wie die Rüstungsnachfrage Unternehmen von Branchensegmenten ablenken kann, die kommerziell (und global) wichtig sind.

4. *Starke Verbindungen zwischen Forschungsinstituten und Industrie.* Wie immer die institutionelle Anordnung für das Betreiben von Forschung und Entwicklung ist, sie funktioniert am besten in dem Umfeld, wo die Forschungseinrichtungen klare Verbindungen zur Industrie haben. Jedes Land gibt zwar Lippenbekenntnisse zu diesem Ziel ab, doch in Wirklichkeit sind die Verbindungen häufig sehr locker. In den USA z.B. starten die staatlichen Labors gerade erst einen ernst zu nehmenden

TABELLE 12–1   Geschätzte Verteilung der nationalen Ausgaben für F&E nach Gruppen (letztes verfügbares Jahr)

Land	Nationale F&E-Ausg. in % Privater Sektor	Nationale F&E-Ausg. in % Staatl. Sektor	Staatl. F&E-Ausg. für Rüstung in %	Nationale F&E-Ausg. f. Nichtrüstungs-gebiete in %
Dänemark (1985)	55,7	44,3	0,5	99,9
Deutschland (1987)	59,1	40,9	12,5	94,8
Italien (1987)	43,7	56,3	7,8	95,3
Japan (1986)	78,8	21,2	3,5	99,3
Schweden (1987)	58,4	41,6	26,9	88,7
Schweiz (1986)	87,2	12,8	17,2	97,9
Großbritannien (1986)	49,2	50,8	49,2	74,8
USA (1988)	53,5	46,5	68,1	68,3

QUELLE: Organisation für wirtschaftliche Zusammenarbeit und Entwicklung, *Main Science and Technology Indicators,* 1989.
ANMERKUNG: Wegen weiterer F&E-Daten vgl. Abbildung 13–1.

Versuch, sich mit Unternehmen und der Verbreitung ihrer Forschungsergebnisse auszutauschen.

Die Verbindungen können mittels verschiedener Mechanismen gestaltet werden:

● *Besondere Forschungseinrichtungen, die auf Branchencluster oder das Eindringen in Technologien spezialisiert sind.* Eine der herausragenden Erkenntnisse unserer Untersuchung ist die Häufigkeit, mit der international führende nationale Branchen mit spezialisierten Forschungsinstituten oder Universitätsabteilungen verbunden sind, die oft in unmittelbarer Nachbarschaft liegen. Die Filmschule in Hollywood und die auf Wachstum und Behandlung von Blumen spezialisierten Forschungsinstitute in Holland, die ich schon angesprochen habe, sind nur zwei von vielen ähnlichen Beispielen. Diese Einrichtungen, in die die Industrie und der Staat Geld und wissenschaftliches Know-how einbringen können, bilden einen natürlichen Faktor für die Lösung von Branchenproblemen und den Anstoß zu energischeren Forschungsbemühungen einzelner Unternehmen. Die seit langem führende deutsche Messerwarenindustrie ist z. B. in Solingen konzentriert; seit vielen Jahren betreibt die Stadt ein Institut für Materialtests, das der Branche zuarbeitet. Fachverbände spielen in vielen Ländern eine wichtige Rolle bei der Finanzierung derartiger spezialisierter Forschungsinstitute und rufen sie sogar selbst ins Leben.

● *Forschungsaufträge.* Forschungsaufträge zwischen Unternehmen und staatlichen Forschungsinstituten oder Universitäten sorgen für etwas Marktdisziplin und erleichtern einen reibungsloseren Austausch. Der Staat kann entsprechende Mittel bereitstellen oder anderweitig für einen Teil der Kosten aufkommen. Die Ermunterung der Industrie, sich um derartige Forschungsaufträge zu bemühen, ist eine besonders gute Möglichkeit, die Forschung in Klein- oder Mittelbetrieben zu unterstützen.

● *Eindeutige Verbreitungsmechanismen.* Die Forschung in staatlichen Laboratorien und die staatlich geförderte Forschung an den Universitäten findet ohne bestimmte Mechanismen keine Verbreitung. In Dänemark z. B. stellt ein gutentwickeltes System vom Staat bezahlter landwirtschaftlicher Berater eine starke Kraft zur Verbreitung neuer landwirtschaftliche Technologie dar. In den Vereinigten Staaten hat die NASA konstruktive Schritte unternommen, um die Verbreitung ihrer Technologie voranzutreiben, was für bundesstaatliche Forschungsprogramme in den USA ungewöhnlich ist.

5. *Ermunterung zu Forschungstätigkeit in Unternehmen.* Der bei weitem wichtigste Einfluß auf die Innovation kommt von den Forschungs- und Entwicklungsbemühungen der Unternehmen. Die Firmen selbst müssen die Technologie auf die Bedürfnisse ihrer Branche anwenden. Wie Tabelle 12–1 zeigt, schwankt der Beitrag des privaten Sektors zur nationalen Forschung und Entwicklung von Land zu Land ganz beträchtlich. In Italien und Großbritannien ist er am niedrigsten, in Japan und der Schweiz am höchsten. In Ländern wie Japan brauchten die Unternehmen wegen ihrer Zielsetzung und des ausgeprägten Inlandswettbewerbs in vielen Branchen nur einen leichten Anstoß zu offensiven Investitionen in die Forschung. In anderen Ländern ist unter Umständen ein stärkerer Anstoß nötig, bis die Forschung zu einem beständigen Element der Unternehmensstrategie wird.
Die Mittel zur Belebung der Forschung in den Unternehmen sind von Land zu Land unterschiedlich. In Deutschland, Dänemark und Großbritannien etwa gewährt der Staat *den Unternehmen direkte Forschungsbeihilfen oder Subventionen.* Dieses Vorgehen ist fragwürdig, und die diesbezüglichen Erfahrungen konnten wenig befriedigen. Selbst unter günstigsten Umständen ist es noch schwierig genug, die wirklich kommerziellen Aussichten eines Forschungsprojekts zu beurteilen. Wenn Unternehmen das finanzielle Risiko nicht tragen müssen, schlagen sie oft schlechte Projekte vor oder leiten sie nicht gut. Sie verwenden darüber hinaus staatliche Mittel für Projekte, die sie ohnehin durchgeführt hätten, oder sie geben den Umfang der tatsächlich erfolgten Forschungsarbeit zu hoch an. Sowohl Deutschland wie Großbritannien sind sehr zu Recht von dieser Praxis abgerückt.
Ein anderer Weg ist die Gewährung von *Steuervergünstigungen* an Unternehmen, um sie zu Forschungs- und Entwicklungsausgaben zu animieren, wie dies in den Vereinigten Staaten praktiziert wurde. Es gibt wenig konkrete Beweise für den Erfolg von Steuervergünstigungen, aber ich glaube, sie sprechen nicht die wichtigsten Bestimmungsfaktoren erfolgreicher Forschungs- und Entwicklungstätigkeit an. Viele fortschrittliche Länder (etwa Deutschland und Schweden) haben keine derartigen besonderen Anreize für Forschung und Entwicklung, und dennoch gehören ihre Unternehmen auf diesem Gebiet zu den offensiven Investoren.
Andere Teile des »Diamanten« sind für die Ausprägung der innovativen Tätigkeit der Unternehmen eines Landes entscheidender als Forschungs- und Entwicklungsanreize. Maßnahmen, die einen scharfen Inlandswettbewerb sichern, die Inlandsnachfrage anspruchsvoller machen, den Umfang an Markt- und technischen Informationen im Land vergrößern und geeignete Unternehmensziele fördern, bieten die besten Methoden zur Entwicklung von Wissenschaft und Technologie im Land als Ganzem und zur Belebung von Forschung und Entwicklung in den Unternehmen. Ich komme in diesem Kapitel noch auf die wichtige Rolle von *Maßnahmen zur Belebung einer frühen und fortgeschrittenen Nachfrage* zu sprechen.

Die wirksamsten Mittel zur direkten Belebung der Industrieforschung und -entwicklung sind offenbar die Teilfinanzierung spezialisierter Forschungsinstitute, die Verbindung zu Branchenclustern haben, die Teilsubventionierung von Forschungsaufträgen zwischen Unternehmen und Forschungsinstituten, vor allem bei kleinen Firmen, und die großzügige Unterstützung der Universitäten. Sie alle waren in vielen der von uns untersuchten Branchen bedeutungsvoll für den Wettbewerbserfolg.

6. *Hauptgewicht auf der Beschleunigung des Innovationstempos, nicht der Verlangsamung der Verbreitung.* Der Schutz des geistigen Eigentums ist ein legitimer Teil der Sicherstellung angemessener Anreize für die Forschung und Entwicklung. Man muß jedoch abwägen. Was den Wettbewerbsvorteil aufrechterhält und das nationale Produktivitätswachstum stärkt, sind laufende und kräftige Innovationen. Aktiver Wettbewerb im nationalen Cluster ist wesentlicher Bestandteil der erfolgreichen Innovation. Lange Patentdauer und ein breiter Copyright-Schutz dienen dem Schutz alter Ideen, behindern jedoch den Schöpfungsprozeß neuer. Das Hauptaugenmerk in der Forschungs- und Entwicklungspolitik sollte darauf liegen, schnellere Innovationen zu fördern, nicht die Verbreitung zu verlangsamen. Unternehmen (und Länder) behaupten ihre Position selten lange nur dadurch, daß sie die Geheimnisse von gestern schützen.

7. *Eine begrenzte Rolle für die Gemeinschaftsforschung.* Viel Beachtung wurde in den letzten Jahren der gemeinschaftlichen Forschung als Mittel zur Förderung des Innovationstempos in der Industrie gewidmet. Ein wichtiger Grund für dieses Interesse liegt in den vielen vom MITI geförderten gemeinschaftlichen Forschungsprojekten in Japan. Es lassen sich drei Hauptargumente für die Gemeinschaftsforschung anführen: die unabhängige Forschung mehrerer Firmen ist »Verschwendung und Doppelarbeit«; durch gemeinsame Anstrengungen werden bei der Forschung und Entwicklung Größeneinsparungen erreicht; Unternehmen, die einzeln handeln, investieren zuwenig in die Forschung und Entwicklung, weil sie nicht alle Vorteile für sich nutzen können. In den Vereinigten Staaten sind die Kartellgesetze ausdrücklich deshalb abgeändert worden, um in der Forschung und Entwicklung mehr Kooperation zu ermöglichen. Eine Vielzahl gemeinschaftlicher europäischer Forschungsprojekte ist in Arbeit oder wird geplant, und mehrere Superprojekte über Schlüsseltechnologien (z. B. ESPRIT, das Projekt über Informationstechnologie) beschäftigen inzwischen Unternehmen aus mehreren Ländern.
Der Fall Japan ist im Zusammenhang unserer Zehn-Länder-Untersuchung eher die Ausnahme als die Regel. In zahllosen technologisch hochstehenden Branchen sind Unternehmen ohne Gemeinschaftsforschung erfolgreich. Außerdem läßt ein genauerer Blick auf die gemeinschaftlichen Forschungs- und Entwicklungsprojekte in Japan vermuten, daß sie oft weitgehend falsch ausgelegt worden sind.
Japanische Unternehmen beteiligen sich an solchen Projekten aus dem Wunsch heraus, mit dem MITI zusammenzuarbeiten, ihr Firmenimage aufrechtzuerhalten und das Risiko einzugrenzen, daß Konkurrenten einen Vorteil erlangen. Die Unternehmen stellen nicht unbedingt ihre besten Wissenschaftler und Ingenieure für solche Projekte ab. Unternehmensvertreter tauschen sich fast täglich mit betriebseigenen Labors aus, um Gedanken in eigene Forschungsprojekte einzubringen. Unterneh-

men verwenden normalerweise viel mehr Zeit auf die eigene private Forschung auf den gleichen Gebieten als auf das Gemeinschaftsprojekt, und sie führen einen erbitterten Wettbewerb, um die eigenen Technologien auf den Markt zu bringen. Der finanzielle Beitrag des Staates ist üblicherweise gering.

Die wichtigste Aufgabe der japanischen Gemeinschaftsforschung besteht darin, die Bedeutung aufkommender technischer Gebiete *öffentlich zu machen* und *die firmeneigene Forschung anzukurbeln,* nicht darin, in der Forschung und Entwicklung Effizienz zu erzielen. Das MITI meint, die japanischen Unternehmen würden nicht immer nach vorn blicken und bräuchten offenkundige und deutliche Anreize, damit sie in neue Gebiete investieren. Gemeinschaftsprojekte tun dies und erhöhen die betrieblichen Ausgaben für Forschung und Entwicklung, weil die Firmen wissen, daß auch ihre Konkurrenten ein Gebiet prüfen. Leitende Angestellte haben mir beispielsweise erzählt, die Existenz eines Gemeinschaftsprojekts sei ein guter Hebel für F&E-Führungskräfte eines Unternehmens, das Topmanagement zu Investitionen in ein Gebiet zu überreden. Gemeinschaftsprojekte erleichtern auch manchmal den Prozeß, sich auf grundlegende technische Standards zu einigen. Wie ich noch erörtern werde, ist dies oftmals für die Beschleunigung des Innovationstempos in einer Branche wichtig.

In den von uns untersuchten Branchen war der Wettbewerb zwischen mehreren Unternehmen die bei weitem stärkste Kraft zur Belebung der Innovation, die sich in einem Wettbewerbsvorteil niederschlug. Jede doppelte Anstrengung wird mehr als ausgeglichen durch einen stärkeren Innovationszwang, die Erforschung mehrfach einsetzbarer technischer Methoden, die dazu dienen, die Wahrscheinlichkeit des technologischen Fortschritts zu erhöhen und sein Tempo zu steigern, und die Anregungen, die sich ergeben, wenn mehrere Unternehmen in einem heimischen Branchencluster sich an Forschung und Entwicklung beteiligen, die den Fortschritt ebenfalls beschleunigen.

Starkem Wettbewerbsdruck ausgesetzte Firmen sind gezwungen, in bessere Technologie zu investieren, damit andere keinen Vorteil erzielen, der ihnen ermöglicht, ihre Marktposition zu verbessern. Obwohl Innovationen imitiert werden, ist die Ausbreitung unvollständig und erfolgt zeitlich verzögert. Der Innovator erntet oft ein dauerhaftes Plus für sein Image.[10] Wenn die Innovationen sich im heimischen Cluster ausbreiten, macht die gesamte nationale Branche außerdem schnellere Fortschritte als die ausländischen Konkurrenten.

Gemeinschaftsprojekte sind nur unter bestimmten Voraussetzungen vorteilhaft. Erstens sollten sie in Bereichen eher grundlegender Produkt- und Verfahrensforschung angesiedelt sein oder den neuesten Stand der Technik nachholen, nicht Dinge, die eng mit firmeneigenen Vorteilsquellen verbunden sind. Zweitens sollten gemeinschaftliche Anstrengungen nur einen *kleinen Teil* der Gesamtforschung der Unternehmen auf einem Gebiet ausmachen. Entfällt ein großer Teil von Forschung und Entwicklung der Unternehmen auf Gemeinschaftsprojekte, begrenzt dies das Risiko, daß irgendein Unternehmen bei dem technischen Wettlauf zurückfällt, und das Fortschrittstempo in der Branche läßt nach. Wenn Gemeinschaftsprojekte in den Mittelpunkt von Forschung und Entwicklung rücken, besteht durchaus die Möglichkeit, daß andere Seiten des Wettbewerbs abstumpfen. Drittens sollte gemeinschaftliche Forschung nur indirekt sein und durch *eigene* und unabhängige Einrichtungen erfolgen, zu denen die Mehrheit der Branchenmitglieder Zugang hat. Beispiele sind Universitätslaboratorien, Elitezentren wie das, das gerade von der American National Science Foundation für Technik eingerichtet wird, und andere quasi unabhängige Forschungsinstitute (ein in Deutschland häufiges Modell). Ein solcher Aufbau verringert die Führungsprobleme und reduziert die Gefahren für den Wettbewerb auf ein Minimum. Gemeinschaftsprojekte mehrerer Firmen sind zudem bekanntermaßen schwer zu leiten, weil die Beteiligten es mit komplexen Motiven zu tun haben. Ob sie tatsächlich zu leistungsfähiger Forschung und Entwicklung führen, ist fraglich. Viertens umfassen die nützlichsten Gemeinschaftsprojekte häufig Gebiete, die auf verschiedene Branchen einwirken und erhebliche Investitionen in Forschung und Entwicklung erfordern. In Japan wurde beispielsweise das Projekt eines automatischen Nähsystems geschaffen, an dem Firmen aus der Textil-, Chemie, Nähmaschinen-, Software- und Einzelhandelsbranche beteiligt waren. Ziel ist, den arbeitsintensiven Produktionsprozeß bei Kleidung stärker zu automatisieren.

Jede gemeinschaftliche Forschung und Entwicklung sollte mehrere Unternehmen umfassen, die aktive Wettbewerber sind, und sich nicht auf ein paar beherrschende oder begünstigte Firmen beschränken. Im Idealfall sollten mehrere Konkurrenten aus einem Land beteiligt sein, auch wenn Firmen aus anderen Ländern mitarbeiten. Ohne die Beteiligung aktiver Wettbewerber belebt gemeinschaftliche Forschung und Entwicklung die private Innovation im nationalen Cluster wahrscheinlich nicht. Die europäischen Konsortien, an denen in vielen Fällen nur ein beherrschendes und häufig geschütztes Unternehmen aus jedem Land beteiligt ist, spielen vielleicht eine Rolle, wo es um das Aufholen von Basistechnologie geht; sie bieten jedoch ungewisse Aussichten bei der Schaffung und erfolgreichen Vermarktung neuer Technologien.

Der Fall der gemeinschaftlichen Forschung verdeutlicht sehr gut die notwendige Übereinstimmung zwischen dem besonderen Branchenumfeld eines Landes und den Maßnahmen, die es ergreift. Japanische Unternehmen befinden sich im Nachteil, weil die universitäre Forschung und die Forschungsinstitute nicht gut entwickelt sind. Es ist ein Ausgleichsmechanismus nötig. Gemeinschaftsprojekte sind in Japan deshalb erfolgreich, weil sie Technologien einsetzen, die direkt mit Branchenfragen zu tun haben, weil das Gemeinschaftsprojekt nur einen kleinen Teil der gesamten Forschungsarbeit des Unternehmens ausmacht, weil einflußreiche und neutrale Vertreter der Ministerien bei Konflikten schlichten und weil der starke Inlandswettbewerb in Japan eine geringe Bedrohung des Wettbewerbs garantiert.

Infrastruktur. Die Aufwertung der Industrie eines Landes hängt von einer modernen und sich verbessernden Infrastruktur ab. Das gilt besonders für den modernen Verkehr, Logistik und Telekommunikation, die alle wesentlich für die Einführung moderner Technologien und den Wettbewerb auf internationalen Märkten sind. Sowohl die Unternehmen wie der Staat haben bei der Schaffung und Aufwertung der Infrastruktur eine Funktion. Der Staat hat geschichtlich in den meisten Ländern die größere Rolle gespielt. Zunehmend greift die Privatisierung um sich, und Firmengruppen und sogar private Verkäufer investieren in spezialisierte Anlagen. Von den Ländern, die wir untersucht haben, haben Japan, Korea und Singapur die offensivste Haltung bei Investitionen in die Infrastruktur eingenommen – zu ihrem Vorteil. Großbritannien und Italien haben eindeutig zuwenig investiert. Es ist jedoch interessant festzuhalten, daß in den italienischen Branchen mit einem Wettbewerbsvorteil Branchenverbände und lokale staatliche Stellen häufig zusammengearbeitet haben, um die eigene, ganz spezielle Infrastruktur dort zu verbessern oder zu festigen, wo die Regierung des Landes versagt hat. Im Raum Prato z.B. ist der Telefondienst besser als überall sonst in Italien. Das ist ein weiterer Vorteil des Clusters.

Obwohl die Infrastruktur selten Ausgangspunkt eines nationalen Wettbewerbsvorteils ist, außer wenn sie hochspezialisiert und auf bestimmte Branchen zugeschnitten ist, kann sie durchaus ein Nachteil sein. Infrastruktur bedeutet heute mehr als Straßen und Telefon. Wichtig sind u.a. kulturelle Aktivitäten und Freizeitgestaltung, die qualifizierte Personen zum Leben und Arbeiten an einen Ort ziehen. Im sehr erfolgreichen Bundesland Baden-Württemberg z.B. spielen Investitionen dieser Art eine bedeutende Rolle in der Wirtschaftspolitik.

Kapital. Die Aufwertung einer Volkswirtschaft erfordert, daß reichlich Kapital zu geringen Realkosten verfügbar ist und über das Bankensystem und andere Kapitalmärkte wirkungsvoll den Investitionen mit der höchsten Produktivität zugeführt wird. Niedrige Kapitalkosten ermuntern nicht nur zu dem hohen Investitionsniveau, das für eine Steigerung der Produktivität notwendig ist, sondern fördern auch ständige Investitionen, weil sie den Diskontsatz senken. Hohe Zinsen schließen ständige Investitionen nicht aus, wenn andere Bestimmungsfaktoren des nationalen Vorteils günstig sind, wie die Beispiele Italiens und Koreas zeigen. Trotz längerer Perioden mit hohen Realzinsen haben beide Länder eine hohe Nettoinvestitionsrate, die die Aufwertung gefördert hat. In beiden Ländern wird die Fähigkeit zur weiteren Entwicklung der Wirtschaft allerdings eingeschränkt, wenn sich der Zugang zu billigem Kapital nicht verbessert und breiter wird (siehe Kapitel 13).

Der Staat wirkt sowohl auf das Angebot und die Kosten des Kapitals als auch auf die Märkte ein, über die es verteilt wird. Das Kapitalangebot eines Landes wird am stärksten beeinflußt durch die private Sparquote, die Größe des staatlichen Haushaltsüberschusses oder -defizits und die ausländischen Kapitalströme. Die staatliche Politik kann alle drei tangieren. In Singapur gibt es z.B. ein Zwangssparprogramm, das mit dem Sozialversicherungssystem verbunden ist. Dadurch ist ein gewaltiger Kapitalbestand aufgelaufen, den anzulegen die Fähigkeiten der singapurianischen Wirtschaft überfordert. Steuerpolitik ist ein anderes beliebtes Instrument zur Belebung oder Verzögerung von Ersparnissen. Japan hat bis in jüngste Zeit das private Sparen angeregt, indem es die Zinsen aus Postsparkonten von der Steuer befreit und alternative Investitionsmöglichkeiten begrenzt hat. Die Vereinigten Staaten dagegen haben das Sparen seit jeher behindert und den Verbrauch begünstigt, indem sie zuließen, die privaten Sollzinsen abzusetzen (wenngleich das jetzt ausläuft), die Hypothekenzinsen für Wohnungen abzusetzen, und indem sie die Zinseinnahmen voll besteuerten.

Die Steuerung der staatlichen Defizite, die nicht für die Finanzierung produktivitätssteigernder Investitionen in der Wirtschaft gebraucht werden, ist vielleicht der direkteste Weg, auf dem der Staat den Bestand an Investitionskapital beeinflussen kann. In Italien und neuerdings auch in den Vereinigten Staaten haben die staatlichen Defizite Investitionen in die Infrastruktur oder andere Bereiche, die das Produktivitätswachstum fördern, nicht reflektiert. Ohne ausgleichenden Nutzen haben sie nur dazu gedient, die Realzinsen für die Industrie zu erhöhen. Die Globalisierung der Kapitalmärkte wirkt in die Richtung einer länderweiten Angleichung der realen Kapitalkosten, aber nationale Unterschiede bleiben dennoch bedeutsam und haben Bestand.

Wirksame Mechanismen zur Kapitalverteilung sind für die wirtschaftliche Aufwertung in vieler Hinsicht genauso wichtig wie die Verfügbarkeit von Kapital. Erfolgreiche, aufstrebende Unternehmen müssen freien und gerechten Zugang zum Kapitalbestand eines Landes haben, damit sie ihre Entwicklung finanzieren und höherrangige Wettbewerbsvorteile anstreben können. Länder wie Italien und Korea sind in ihrer weiteren Entwicklung durch die schlechtentwickelten Kapitalmärkte behindert. Korea erreichte, wie Japan, das investitionsbedingte Stadium durch ein System, bei dem der Staat knappes Kapital lieh und zinsvergünstigt an ausgewählte Branchen vergab. Eine direkte Funktion des Staates bei der Zuteilung von Kapital fördert die Aufwertung der Industrie dennoch nur bis zu einem gewissen Grad. Danach müssen die Marktmechanismen greifen. Ich möchte im folgenden einige der wünschenswerten Eigenschaften der Kapitalmärkte für das wirtschaftliche Fortkommen erörtern.

Informationen. Umfang und Qualität der in einem Land verfügbaren Informationen werden für den heutigen internationalen Wettbewerb immer wichtiger. Informationen sind ein Mittel, die Trägheit in den Unternehmen zu überwinden und ein Gefühl für das zu schaffen, was notwendig ist. Sie sind wesentlicher Bestandteil der Aufwertung des Wettbewerbsvorteils in eingeführten Branchen und des erfolgreichen Wettbewerbs in neuen Branchen. Informationen über Märkte, Technologie und Wettbewerb prägen die Entscheidungen der Unternehmen. Sie machen auf neue Bedürfnisse und Gelegenheiten aufmerksam und decken Bedrohungen auf.

Der Bestand an Informationen in einem Land speist sich aus tausend Quellen. Firmenunterlagen, technische Veröffentlichungen, Patentberichte, private Informanten und die Presse sind nur einige davon. Der Staat spielt in den meisten Ländern eine nützliche Rolle bei der Erweiterung des den Unternehmen zugänglichen Informationsbestands, etwa durch staatliche Statistiken und andere Veröffentlichungen sowie durch Publizitätsbestimmungen. Genauso wichtig wie das Schaffen von Informationen ist es, sie zu verbreiten. Staatliche Maßnahmen zur Förderung der Verbreitung durch Informationsbüros wie den National Technical Information Service (Vereinigte Staaten) und andere Vorrichtungen begünstigen die Aufwertung der Industrie.

Eine der wichtigsten Aufgaben des Staates ist das *Anzeigen*, mit dem er die Unternehmen auf Informationen und wichtige Fragen aufmerksam macht. Das beste Beispiel für diese Aufgabe liefert heute das MITI in Japan. Das MITI leitet oder beauftragt zahlreiche Studiengruppen, Branchenausschüsse und Berichte, die sich mit neuen Technologien, Entwicklungen im internationalen Wettbewerb und Zukunftsfragen befassen. Dafür werden die besten japanischen Fachleute, Wissenschaftler, hochkarätige Branchenvertreter und Regierungsbeamte eingesetzt. Die Berichte werden weit verbreitet und veröffentlicht und in der Presse ausführlich behandelt. Der Hauptzweck dieser Studien besteht darin, Unternehmen auf sich abzeichnende Trends und Probleme aufmerksam zu machen und sie zu Reaktionen anzuhalten.

Den Unternehmen steht frei, so zu reagieren, wie sie möchten. Aufgrund der weiten Verbreitung der Studien in der Branche ist den Unternehmen jedoch klar, daß ihre Konkurrenten sie kennen. Das regt dazu an, sich in der Firma damit zu befassen und zu reagieren.

Direktsubventionen. Unternehmen direkte Zuschüsse zu gewähren war ein bekanntes Mittel, das die Staaten in der Hoffnung einsetzten, die Faktorkosten zu beeinflussen und den Wettbewerbsvorteil anderweitig zu prägen. Subventioniertes Kapital, subventionierte Forschung, subventionierte Rohstoffe, subventionierte Exporte und direkte Beihilfen sind Mittel, die von fast jedem Land in dieser oder jener Branche eingesetzt werden. Ziel ist, daß der Wettbewerbsvorteil zugunsten des eigenen Landes ausschlägt.

Subventionen werden selten mit einem echten Wettbewerbsvorteil assoziiert. Wir stießen im Gegenteil immer wieder auf Beispiele, bei denen sie mit chronischen Fehlschlägen in Verbindung gebracht wurden – der deutsche und schwedische Schiffsbau, das amerikanische Speditionswesen, die italienische Raumfahrt usw. Im Kontext des »Diamanten« sind die Gründe evident. Subventionen verzögern die Anpassung und Innovation, anstatt sie zu fördern. Die meisten Subventionsformen sind explizit oder implizit eingeschränkt, etwa dadurch, wo Fabriken errichtet oder wie viele Arbeitsplätze abgebaut werden können. Das begrenzt die Flexibilität und beeinträchtigt die Innovationen.

Ständige Subventionen lähmen die Anreize und schaffen ein Abhängigkeitsverhältnis. Unterstützung durch den Staat macht es schwierig, die Industrie zu Investitionen zu bewegen und ohne sie Risiken einzugehen. Die Aufmerksamkeit richtet sich auf die Erneuerung der Innovation anstatt darauf, einen echten Wettbewerbsvorteil zu schaffen. Eine subventionierte Branche gibt ihre Wettbewerbsfähigkeit an andere weiter. Subventionen, einmal angelaufen, sind schwer wieder abzubauen. Und was noch schlimmer ist, Subventionen an eine notleidende Branche ermuntern andere Branchen, sich ebenfalls darum zu bemühen.

Grundsätzlich gilt, daß steuerliche Anreize sich besser als Subventionen dazu eignen, die Aufwertung einer Branche zu fördern, weil sie die Unternehmen zwingen, ein Projekt nur dann in Angriff zu nehmen, wenn die Aussicht auf wirtschaftlichen Ertrag besteht. Direkte Subventionen sind nur vorteilhaft, wenn sie lediglich einen kleinen Teil der anfallenden Kosten abdecken und als Richtungsvorgaben für angemessenes Unternehmensverhalten dienen. Die japanischen gemeinschaftlichen Forschungsprojekte und die italienischen Anreize zum Kauf moderner Produktionsmaschinen sind zwei Beispiele.

Indirekte Subventionen auf Gebieten wie Bildung, universitäre Forschung und moderne Infrastruktur sind aus der Sicht, die Wettbewerbsposition der Industrien eines Landes zu verbessern, eine weit bessere Anlage staatlicher Mittel. Ähnlich sind Anreize für Käufer oft ein wirksamerer Weg, die Entwicklung fortschrittlicher neuer Produkte zu beleben als Unternehmen direkt zu unterstützen.

Maßnahmen gegenüber Faktor und Devisenmärkten

Makro- und mikroökonomische Maßnahmen zur Beeinflussung der Faktorkosten und des Wechselkurses durch Interventionen auf den Faktor- und Devisenmärkten sind ein wichtiger Bestandteil der Bemühungen vieler Länder zur Verbesserung der Wettbewerbsfähigkeit der Industrie. Steuer- und Geldpolitik, Regulierung der Energiemärkte und Maßnahmen zur Beeinflussung der gesamten Handelstätigkeit sind hervorragende Mittel, um Lohnniveau, Energiekosten und Wechselkurse zu beeinflussen. Der Grundgedanke ist, daß niedrigere Faktorkosten oder ein niedrigerer Wechselkurs den Unternehmen helfen, erfolgreicher auf internationalen Märkten zu konkurrieren. Die Reagan-Regierung baute z. B. stark auf eine Dollarabwertung als Mittel gegen das amerikanische Handelsbilanzdefizit.

Solche Maßnahmen beruhen auf einer unvollständigen Sicht der Bestimmungsfaktoren des Wettbewerbsvorteils und des Aufwertungsprozesses, der den wirtschaftlichen Wohlstand bestimmt. Länder wie Deutschland, die Schweiz und im letzten Jahrzehnt auch Japan haben steigende Löhne, teure Energie und eine starke Währung erlebt, den Wettbewerbsvorteil in der Industrie aber trotzdem gehalten oder ausgebaut. Das Beispiel Japans ist hier besonders anschaulich. Der Nixon-Schock, die Energieschocks und zuletzt der Yen-Schock haben eine Stärkung und Aufwertung des Wettbewerbsvorteils in der japanischen Industrie bewirkt, nicht eine Schwächung der Position.

Derartige Zwänge durch selektive Faktornachteile wirken nicht nur direkt auf die Branchen ein, sondern schaffen ein Feedback, das zu Innovationen durch Zulieferer von Maschinen und Produktionsmitteln anregt. Umgekehrt hatte in Ländern wie Großbritannien, Schweden und Italien eine Abfolge von Abwertungen oder künstlich niedrig gehaltenen Produktionsmittelpreisen keine Auswirkungen auf den langfristigen Branchenerfolg.

Wenn alle anderen Umstände gleichblieben, würde sich ein Rückgang der Faktorkosten oder Auslandspreise tatsächlich günstig auf die Branche auswirken. Die Schwierigkeit ist, daß die Faktorkosten nur in den Branchen entscheidend für den Wettbewerbsvorteil sind, wo die Technologie keinen hohen Stand hat, leicht zugänglich ist und die Basisfaktorkosten den Großteil der Kosten ausmachen.[11] In den meisten Branchen, die die Kraft zu hoher Produktivität haben, beruht der Wettbewerbsvorteil jedoch auf Innovation. Was bei statischer Sicht des Wettbewerbs günstig ist, untergräbt den Wettbewerbsvorteil bei dynamischer Sicht. Das künstliche Bremsen des Anstiegs der Faktorkosten oder Interventionen, um den Wechselkurs zu drücken, nimmt den Druck zur Innovation und Aufwertung und dirigiert die Unternehmen in preis- und kostenanfällige Marktsegmente, wo der Wettbewerbsvorteil letztlich nicht so gut zu halten ist. Anstatt die Qualität zu verbessern, anspruchsvollere neue Modelle einzuführen und die Herstellungskosten durch Automatisierung zu senken, atmen die Unternehmen erleichtert auf und horten Gewinne. Da die Unternehmen anderer Länder schneller innovieren, ist das Ergebnis ein langfristiger Verlust der nationalen Position. In der amerikanischen Automobilindustrie z. B. bestand die Reaktion auf höhere japanische Preise aufgrund des fallenden Dollarkurses gegenüber dem Yen darin, die Preise zu erhöhen (und hohe Gewinne einzufahren), anstatt Marktpositionen zurückzugewinnen. Inzwischen haben die japanischen Autoproduzenten mit aller Macht die Produktivität verbessert sowie die Produktmerkmale und Technologie aufgewertet.

Für die Politik folgt daraus nicht, daß der Staat sich bemühen sollte, die Faktorkosten oder den Wechselkurs in die Höhe zu treiben, sondern daß den Aufwärtsbewegungen, die Marktkräfte widerspiegeln, nicht entgegengewirkt und normalerweise nichts unternommen werden sollte, sie zu drücken. Für die Politik ergeben sich folgende speziellere Überlegungen:

1. *Abwertung.* Der Wert einer Landeswährung hängt von einer Fülle von Einflüssen ab, u. a. dem Haushaltsdefizit und den Zinsen. Vorausgesetzt, daß ausländische und heimische Güter nicht hundertprozentig substituierbar sind, bewirkt eine Abwertung eine Zunahme der Exporte und Abnahme der Importe, was die Handelsbilanz verbessert. Das Ausmaß der Abwertung, das für die Wiederherstellung eines ausgeglichenen Handels notwendig ist, hängt vom allgemeinen Zustand des Wettbewerbsvorteils der Industrie eines Landes ab, der bestimmt, wie groß eine Preisveränderung sein muß, damit sich genug heimische und ausländische Käufer veranlaßt sehen, von ausländischen auf inländische Güter umzusteigen. Die Abwertung ist jedoch ein unerwünschtes Mittel zum Handelsausgleich, weil sie den Lebensstandard des Landes senkt. Sie verteuert die ausländischen Waren und verbilligt die landeseigenen Produkte auf den Auslandsmärkten.[12]

Das ernsthaftere Problem bei der Abwertung sind jedoch ihre Auswirkungen auf den Prozeß der Höherbewertung in einer Volkswirtschaft. Die Aussicht auf einen niedrigeren Wechselkurs bringt Unternehmen in die Nähe einer Abhängigkeit vom Preiswettbewerb und in die Nähe eines Wettbewerbs in preisanfälligen Segmenten und Branchen. Automatisierung und andere Formen der Innovation, die die Produktivität verbessern, lassen nach, und die Verschiebung zu höherrangigen Wettbewerbsvorteilen wird verzögert.[13] Die Abwertung kann dann durchaus zu einem Zwang führen, nochmals abzuwerten. In der Nachkriegszeit haben die Länder die Erfahrung gemacht, daß eine Abwertung selten ein langfristiges Produktivitätswachstum bewirkt. Der beste Fall für eine Abwertung ist der, wenn ein Land sich in einem relativ frühen Stadium der Wettbewerbsentwicklung befindet (faktor- oder investitionsbedingtes Stadium). Doch selbst hier blockiert ein übermäßiges Vertrauen auf Maßnahmen, die die Wertsteigerung einer Währung künstlich aufhalten, letztlich einen Fortschritt.

Man muß gegeneinander abwägen. Der Währungsdruck muß groß genug sein, eine Wirtschaftsaufwertung zu fördern, aber nicht so groß, daß er der Faktorqualität und anderen Voraussetzungen für eine erfolgreiche Aufwertung vorauseilt. Eine starke Währung ist beim Aufwertungsprozeß am vorteilhaftesten, wenn andere Teile des »Diamanten« günstig sind (etwa ein gesunder Inlandswettbewerb und Zugang zu Facharbeitern). Ein ständig steigender Wechselkurs, der die normalen Marktkräfte wiedergibt, regt die Wirtschaftsaufwertung höchstwahrscheinlich an. Der Fall Japan zeigt jedoch, daß ein Währungsschock eine Quelle der Dynamik sein kann, vorausgesetzt, die Industrie des Landes hat im gesamten »Diamanten« starke Vorteile. Der Staat sollte versuchen, einen künstlich hohen Wechselkurs zu senken, aber nur zur Kaufkraftparität.

2. *Produktionsmittelpreise.* Der Aufwertung des Wettbewerbsvorteils dient es, wenn die heimischen Produktionsmittelkosten eines Landes denen in anderen Ländern etwas vorauseilen, damit die Unternehmen früh vor Trends gewarnt werden, die auf

den internationalen Wettbewerb einwirken. Der Staat muß der Versuchung widerstehen, die Produktionsmittelpreise künstlich niedrig halten zu wollen. So war es bei den Energiepreisen in den USA. Der amerikanischen Industrie wurde auf lange Sicht nicht geholfen, denn die US-Firmen fielen beim Energiesparen zurück, und die Unternehmen anderer Länder konnten eine Marktposition erobern.

3. *Löhne.* Maßnahmen zur Verlangsamung von Lohnsteigerungen sind oft unangebracht. Die Löhne sollten mit dem Produktivitätswachstum oder etwas schneller steigen können. Das schafft den positiven Zwang, fortgeschrittenere Quellen des Wettbewerbsvorteils zu suchen und in anspruchsvolleren Branchen und Branchensegmenten Wettbewerb zu betreiben. Steigende Löhne bewirken auch eine höhere Kaufkraft für mehr und bessere Waren und verbessern die Nachfragebedingungen. Lohnsteigerungen, die längere Zeit deutlich über dem Produktivitätswachstum liegen, sind jedoch Grund zur Sorge.

4. *Arbeitskräftezunahme.* Eine rasche Zunahme der verfügbaren Arbeitskräfte heizt das Wirtschaftswachstum an, weil neue Beschäftigte Waren und Dienstleistungen brauchen und die Kaufkraft ausweiten. Eine schnelle Zunahme der Arbeitskräfte kann die Aufwertung einer Wirtschaft allerdings auch hemmen. Bei einem verfügbaren Angebot an Beschäftigten wird der Druck, die Produktivität zu steigern, die Fähigkeiten aufzuwerten und fortschrittlichere Formen des Wettbewerbsvorteils zu suchen, gemildert. Eine ähnliche Wirkung stellt sich ein, wenn in Massen ungelernte Arbeiter einwandern, wie es in Deutschland und der Schweiz der Fall war, wenngleich eine Einwanderung aus humanitären Gründen durchaus wünschenswert sein kann. (Uneingeschränkte Bewegungsfreiheit für Fachkräfte ist dagegen generell vorteilhaft für den Aufwertungsprozeß.) Zum Teil könnte das schleppende Produktivitätswachstum in der amerikanischen Industrie auf den Zuwachs der Bevölkerung zurückgehen, der größer ist als in den meisten anderen Ländern (Tabelle 7–1), wobei eine höhere Einwanderungsquote kaum qualifizierter Arbeitskräfte und eine größere Bereitschaft bei Frauen, sich dem Arbeitsmarkt anzuschließen, hinzukommen.

Ähnliche Überlegungen erklären zum Teil die anhaltende Arbeitslosigkeit. Eine hohe Arbeitslosenquote verringert die Anreize für das Produktivitätswachstum und die Aufwertung. Wo der Wettbewerb international ist, kann das zu mehr Arbeitslosigkeit führen.

Die hier angestellten Überlegungen sind zwangsläufig unvollständig. Jedes dieser politischen Felder wird von einer Vielzahl Variabler beeinflußt, die weit über die Wettbewerbsposition der Industrie eines Landes hinausgehen, und jedes hat größere Auswirkungen. Doch anzumerken bleibt, daß die für die Aufwertung der Industrie vorteilhafteste Politik oft das Gegenteil derjenigen ist, die am Anfang die angemessene zu schein scheint, vor allem in Ländern, die den Wettbewerb in fortschrittlichen Branchen suchen. Was bei einem statischen Wettbewerbsbegriff günstig scheint, verzögert die Innovation bei einem dynamischen.

Die für die wirtschaftliche Aufwertung vorteilhafteste Haltung gegenüber den Faktor- und Devisenmärkten ist bei der Industrie oft unpopulär und ruft häufig Unmut hervor. Trotz politischer Pressionen ist es jedoch notwendig, der Versuchung zu Eingriffen in die Faktormärkte zu widerstehen. Ein politisch besseres Vorgehen besteht darin, das *Reagieren* auf Faktorkosten oder Währungsverschiebungen zu einer nationalen Priorität zu machen (so wiederholt in Japan geschehen).

Wie ich in Kapitel 3 erörtert habe, haben selektive Faktornachteile nicht die gewünschte Wirkung, wenn der Innovation wesentliche Hindernisse entgegenstehen. Andere Bestimmungsfaktoren (vor allem die Faktorqualität, Ziele und der Inlandswettbewerb) müssen sie stützen, weil die zur Aufwertung der Wettbewerbsvorteile führenden Kräfte ein eigenes System bilden. Das macht die Maßnahmen gegenüber der Industrie voneinander abhängig und abhängig auch vom Gesamtstadium der Wettbewerbsentwicklung in der Industrie eines Landes.

Natürlich müssen Faktornachteile selektiv sein, wenn sie motivieren, nicht entmutigen sollen. Faktorkosten, die völlig von denen anderer Länder mit vergleichbarer wirtschaftlicher Entwicklung abweichen, sind ein Anlaß zur Sorge, und die Politik sollte darauf hinwirken, sie einander näherzubringen. Doch nach niedrigeren Faktorkosten zu suchen ist nicht das geeignete Ziel.

Der Einfluß des Staates auf die Nachfragebedingungen

Die Aufwertung eines Wettbewerbsvorteils in der Branche eines Landes erfordert eine gehobene und anspruchsvolle Nachfrage. Die staatliche Politik zur Beeinflussung der Nachfrage hat sich üblicherweise darauf konzentriert, durch Staatsausgaben oder das Beeinflussen der Verfügbarkeit oder Kosten von Krediten auf die Gesamtmenge der Inlandsnachfrage einzuwirken. Derartige Bemühungen gehören zum Inventar makroökonomischer Politik. In Japan z. B. wird heute der Steigerung der Inlandsnachfrage als Ersatz für Exporte viel Beachtung geschenkt.

Meine Theorie räumt den Maßnahmen, die die Nachfrage beeinflussen, eine andere und sehr viel größere Rolle ein. Die größte Bedeutung der Inlandsnachfrage für den Wettbewerbsvorteil liegt nicht in der Gesamtnachfrage, sondern in den Nachfragebedingungen in bestimmten Branchen. Der Staat beeinflußt sie auf viele Arten, oft unbeabsichtigte und nicht zum Ziel führende, weil er eine unvollständige Vorstellung dessen hat, was den Wettbewerbsvorteil bestimmt. Schlimmer noch, Länder, die einem »exportbedingten« Entwicklungsmodell zu folgen suchen, vernachlässigen die Inlandsnachfrage total, was die Entwicklung einschränkt.

Das Hauptziel von Maßnahmen auf der Nachfrageseite sollte die Verbesserung der *Qualität* der Inlandsnachfrage sein. Die Nachfragequalität, deren Dimensionen ich in Kapitel 3 umrissen habe, spielt beim Aufwertungsprozeß eine zentrale Rolle. Der Staat verfügt über erstaunlich viele Hebel zur Anhebung der Nachfragequalität, wenn ihm die Bedeutung dessen bewußt wird.

Staatliche Beschaffungsmaßnahmen

Den direktesten Einfluß auf die Nachfragebedingungen hat der Staat in seiner Funktion als Käufer vieler Güter und Dienstleistungen. Staatliche Stellen oder staatseigene Unternehmen sind die Hauptabnehmer der rüstungsnahen Branchen, der Branchen aus dem Umfeld der Infrastruktur (z. B. staatliche Fluggesellschaften, Stromversorgungs- oder Telefongesellschaften) und vieler anderer Güter und Dienstleistungen.

Die staatliche Beschaffungstätigkeit kann für oder gegen den nationalen Wettbewerbsvorteil wirken. Sie wirkt gegen ihn, wenn die Käufe des Staates ein garantierter Markt werden, wie es nur zu oft geschieht. Die deutsche Bundespost, ein staatliches Telekommunikationsmonopol, ist ein schlagendes Beispiel. In den Vereinigten Staaten gibt es »Kauft amerikanisch«-Gesetze, die bestimmte Beschaffungsmaßnahmen beeinflussen;[14] ähnliche Gesetze oder De-facto-Ausschlüsse ausländischer Lieferanten sind auch in anderen Ländern an der Tagesordnung. Einheimische Firmen in solcher Umgebung betrachten die staatliche Nachfrage als ein Geburtsrecht. Der staatliche Markt rückt in den Mittelpunkt der Aufmerksamkeit, und einheimische Firmen versuchen, über ihre Lobby ungewöhnliche Produktanforderungen oder sonstige Regulierungen durchzusetzen, um die internationale Konkurrenz auszuschließen.

Der Ausschluß ausländischer Lieferanten wird als Hilfe für die heimischen Unternehmen angesehen. In Wirklichkeit ist das Ergebnis in den meisten Branchen so, daß Innovation und Aufwertung durch heimische Unternehmen zurückgehen. Ihre Produkte und Dienstleistungen weichen in Qualität, Merkmalen und Kosten von dem ab, was international gefragt ist. Die inländischen Firmen können auf den internationalen Märkten nicht mehr konkurrieren, und es wird daheim eine noch unverhohlenere Begünstigung notwendig, um sie zu stützen.

Die staatliche Beschaffungspolitik kann unter folgenden Umständen eine positive Kraft zur Aufwertung des nationalen Wettbewerbsvorteils sein:

● *Frühe Nachfrage*. Die staatliche Beschaffung sollte für eine frühe Nachfrage nach gehobenen neuen Produkten oder Dienstleistungen sorgen und die heimischen Lieferanten in neue Bereiche drängen.

● *Anspruchsvolle und informierte Kunden*. Die staatlichen Stellen sollten strenge Produktanforderungen festlegen und anspruchsvolle Produktvarianten anstreben, nicht einfach das hinnehmen, was die heimischen Lieferanten anbieten.

● *Beschaffung, die internationale Bedürfnisse wiedergibt*. Die Anforderungen des Staates sollten mit Blick auf das festgelegt werden, was in anderen fortschrittlichen Ländern geschätzt wird, nicht nur die typischen Bedürfnisse des Landes spiegeln. Im Idealfall nehmen die staatlichen Anforderungen die Bedürfnisse in anderen Ländern vorweg.

● *Beschaffungsverfahren, die die Innovation erleichtern*. Staatliche Beschaffungsmaßnahmen, die die Innovation erleichtern, wirken sich zum Vorteil der Industrie eines Landes aus. In Dänemark z. B. bietet der nationale Gesundheitsdienst in den dänischen Krankenhäusern kostenlose Tests für neue Produkte an. Er sammelt außerdem ausgesuchte Daten aller Patienten, was den Lieferanten von Produkten für den Gesundheitsdienst ermöglicht, Patientengruppen mit ganz spezifischen Merkmalen für Forschungs- und Testzwecke zu bestimmen. Diese Vorgehensweise ist einer der Gründe, warum das kleine Dänemark sich im Bereich des Gesundheitswesens so gut behauptet.

● *Wettbewerb*. Die staatliche Beschaffung muß ein starkes Wettbewerbselement enthalten, wenn sie die heimische Industrie aufwerten soll. In Japan z. B. hat die Nippon Telephone and Telegraph (NTT) ihre Rolle als staatlicher Abnehmer besser als die meisten staatlichen Telekommunikationsmonopole gespielt (NTT wurde 1985 privatisiert). Sie bestellte normalerweise Systeme der nächsten Generation, nicht das, was die japanischen Lieferanten gerade produzierten. Entscheidend aber war, daß NTT für jedes Produkt mehrere Lieferanten hatte, was den Inlandswettbewerb für das Geschäft sicherte. Trotz der einschneidenden Zugangsbeschränkungen zu den ausländischen Telekommunikationsmärkten haben japanische Unternehmen sich im Ausland gut in Bereichen gehalten, in denen die japanische Inlandsnachfrage besonders zwingend ist (etwa bei Mikrowellengeräten), und die japanischen Geräte sind technisch dementsprechend aufwendig.

Auf lange Sicht muß ausländischen Anbietern zumindest ein bedingter Zugang zum Inlandsmarkt gewährt werden, damit die Innovation durch heimische Unternehmen weiter angeregt wird. NTT war in dieser Beziehung zu langsam. Sind die heimischen Firmen schwach, ist der beste Weg der, ausländischen Anbietern einige Aufträge zu geben und die heimischen Firmen zu zwingen, ihre Position nach einem Zeitplan aufzuwerten, wenn sie einen großen Anteil am Geschäft behalten wollen. Ausländische Unternehmen ganz auszuschließen und den heimischen Firmen das Geschäft zu garantieren bedeutet höchstwahrscheinlich, daß die heimischen Firmen heimisch bleiben.

Rüstungsbeschaffung. Die Rüstungsbeschaffung stellt in einigen Ländern wie Großbritannien und den Vereinigten Staaten einen erheblichen Teil der Nachfrage dar. Sie wird weithin als günstig für den nationalen Vorteil gehalten und ist für einige technisch aufwendige Produkte ein bedeutender und früher Markt.

Aber die Rüstungsnachfrage ist ein äußerst zweifelhafter Segen, wie schon angedeutet. Die Rüstungsbedürfnisse sind bei vielen Produkten ganz anders als die privaten Bedürfnisse. In den Jahren vor und nach dem Zweiten Weltkrieg belebten Rüstungsbedürfnisse die Grundlagenforschung in den Schlüsseltechnologien – der Raumfahrt, der Elektronik und den Kunststoffen. Die Anregungen waren beträchtlich. Mit dem Fortschreiten der Rüstungstechnologie drifteten rüstungsbedingte und private Bedürfnisse jedoch häufig auseinander. Heute sind die Rüstungsanforderungen hochspezialisiert. Und wo sich Rüstungs- und Privatbedürfnisse tatsächlich überschneiden, sind die entsprechenden Kosten-Leistungs-Verhältnisse im allgemeinen sehr unterschiedlich. Rüstungsunternehmen, die am stärksten dazu neigen, technologische Anregungen zu erkennen und durchzuführen, haben im kommerziellen Bereich höchst gemischte Ergebnisse vorzuweisen, weil die Bestimmungsfaktoren des Wettbewerbsvorteils so differieren.

In Ländern, wo die Rüstungsausgaben einen erheblichen Teil des Bruttosozialprodukts ausmachen, stellt der Rüstungsmarkt in vielen Branchen ein größeres Marktsegment dar. Die einheimischen Firmen neigen dazu, sich auf dieses Segment zu konzentrieren, nicht nur weil es groß ist, sondern auch weil es sich oft früh entwickelt. Das Ergebnis kann sein, daß Firmen auf dem Rüstungsmarkt Erfolg haben, es aber nicht schaffen, die Produktvarianten und die Kostenposition zu entwickeln, die für die Belieferung der zivilen Märkte, die sehr viel größere internationale Märkte darstellen, notwendig wären. Ausländische Konkurrenten, die durch Rüstungsnachfrage kaum oder gar nicht abgelenkt werden, konzentrieren sich unentwegt auf den zivilen Markt. Die amerikanischen Werkzeugmaschinenhersteller hatten diese Schwierigkeit bei computer-NC-gesteuerten Werkzeugmaschinen. Rüstungsnachfrage ist zwar ein wichtiger Vorteil in einigen Branchen, wo es ganz wesentliche

Einsparungen durch Erhöhung der Produktionskapazität gibt und der Rüstungsbereich einen großen Teil des Gesamtmarkts darstellt (vor allem in der Raumfahrt), aber in anderen Branchen ist sie eher ein Nachteil, weil sie die falschen Signale bezüglich der Marktbedürfnisse aussendet.

Das Rüstungsgeschäft ist auch ein fragwürdiges Instrument für die Entwicklung einer Volkswirtschaft.[15] Rüstungsnachfrage lenkt nicht nur häufig ab, die Ziele einer Rüstungsbehörde stimmen auch nicht mit denen überein, die sich für die Aufwertung der Industrie am besten eignen. Aus der Sicht einer rein nationalen Rüstung wäre es wünschenswert, in allen wichtigen Branchen genügend heimische Kapazität zu haben. Die Rüstungsbehörden neigen folglich zu dem Versuch, die heimischen Firmen zu unterstützen und zu schützen, anstatt bei der Beschaffung echten Wettbewerb einzuführen und als anspruchsvoller und kritischer Kunde aufzutreten. Der kommerzielle Vorteil des Landes wird durch ein derartiges Vorgehen beeinträchtigt, nicht vergrößert, und das Produktivitätswachstum geht zurück. Es sollte auch angemerkt werden, daß hohe Rüstungsausgaben durchaus von Investitionen in die Faktorbildung in Bereichen wie Bildung, Forschung und Infrastruktur ablenken können, was die Aufwertung einer Volkswirtschaft ebenfalls verlangsamt.[16]

Regulierung von Produkten und Verfahren

Der Staat beeinflußt die Nachfragebedingungen durch Regulierungen, die sich auf die Produktanforderungen und die Verfahren auswirken, mit denen Produkte hergestellt werden, wie jene, die die Produktleistung, Produktsicherheit, Auswirkungen auf die Umwelt (etwa die, wo es um Lärm, Verschmutzung, Rückgewinnung und optische Auswirkungen geht), die Energieausnutzung der Erzeugnisse und die Betriebspraktiken der Unternehmen bestimmen (etwa die Arbeitsbedingungen für Angestellte). Der Staat setzt nicht nur Standardrichtlinien direkt fest, viele Länder haben auch nationale oder regionale Richtlinienausschüsse: etwa der Deutsche Normenausschuß (Deutsche Industrienorm oder DIN), das *Underwriters Laboratory* in den USA und die japanischen Industrienormen. Diese Normen finden häufig in Gesetze Eingang.

Das letzte Jahrzehnt holte zum Gegenschlag aus gegen sämtliche Formen der Regulierung, und nirgendwo war er stärker als in den Vereinigten Staaten. Die Regulierung läßt sich grob in zwei Arten unterteilen, in die, die mit *Normen* der einen oder anderen Art zu tun hat, wie ich sie beschrieben habe, und in die, die mit dem *Wettbewerb* zusammenhängt. Zur Regulierung des Wettbewerbs gehören Maßnahmen wie Zugangsbeschränkungen, Regeln für die Preisgestaltung und Gesetze, die andere Fragen der Branchenstruktur bestimmen bzw. die Art, wie Unternehmen Wettbewerb betreiben können.

Die Regulierung des Wettbewerbs beeinflußt den Inlandswettbewerb und die Gründung neuer Betriebe, worüber noch zu sprechen sein wird. Die Regulierung von Normen wirkt sich entscheidend auf die Nachfragebedingungen aus. Es könnte den Anschein haben, als wäre die Regulierung von Normen ein Eingriff des Staates in den Wettbewerb, der den Wettbewerbsvorteil untergräbt.[17] Statt dessen kann häufig das Gegenteil der Fall sein.

Strenge Normen für Produktleistung, Produktsicherheit und Auswirkungen auf die Umwelt tragen zur Schaffung und Aufwertung des Wettbewerbsvorteils bei. Sie zwingen die Unternehmen, die Qualität zu verbessern, die Technologie aufzuwerten und in Bereichen wichtiger Kunden-(und Sozial-)Belange Merkmale zu bieten. Japan z. B. führte in den 50er und 60er Jahren strenge Qualitätsnormen ein. Sie waren ein Anstoß zur Qualitätsverbesserung in der japanischen Industrie. Auch die deutschen DIN-Normen sind für ihre Strenge und Genauigkeit bekannt. Sie werden zwar gelegentlich als protektionistisch angegriffen, doch ausländische Unternehmen mögen sie zum Teil deshalb nicht, weil sie schwer zu erreichen sind. Auch Normen auf Branchenebene können die Aufwertung vorantreiben. Das Solinger Gesetz von 1938 z. B. legte strenge Richtlinien für die Qualität von Messerwaren fest, zudem das Recht, den Namen Solingen zu gebrauchen. Das Gesetz, eine Reaktion auf Praktiken, die eine Verschlechterung der Produktqualität zur Folge hatten, erwies sich als ein wichtiges Instrument zur Wahrung der deutschen Differenzierung.

Besonders vorteilhaft sind scharfe Regulierungen, die sich international ausbreitende Normen *vorwegnehmen*. Sie bringen den Unternehmen eines Landes einen Vorteil bei der Entwicklung von Produkten und Dienstleistungen, die anderswo geschätzt werden. Soziale Belange, wie die Umwelt, sind immer stärker differenzierende Faktoren auf den fortschrittlichen Märkten, und die Regulierung beeinflußt wiederum die Reaktion der Unternehmen eines Landes darauf. Schwedens strenge Vorschriften für Produktsicherheit und Umweltschutz z. B. boten eine Quelle für den Wettbewerbsvorteil in verschiedenen Branchen. So produziert Atlas Copco geräuscharme Kompressoren, die auch im Stadtgebiet eingesetzt werden können und die Bewohner kaum stören. Ein anderes Beispiel ist das japanische Energiespargesetz von 1979. Dieses Gesetz legte strenge Normen für den Energieverbrauch bei Klimaanlagen, Kühlschränken und Automobilen fest, was viele Produktverbesserungen zur Folge hatte, die Japans internationale Stellung gestärkt haben.

Hohe Anforderungen ermuntern zu ihrer Erfüllung auch zur Gründung spezialisierter Herstellungs- und Dienstleistungsbetriebe, die eine starke internationale Position erringen können. Amerikanische Unternehmen waren bisher beim Export von Umweltschutzgeräten und -dienstleistungen führend, worin die fortschrittlichen heimischen Normen zum Ausdruck kamen. Weil Deutschland, Schweden und Dänemark die Vereinigten Staaten bei einigen Normen zur Umweltqualität überholt haben, beliefern ihre Firmen auf diesem Gebiet in steigendem Maß die Weltmärkte.

Unternehmen wie Staaten sehen häufig nur die kurzfristig anfallenden Kosten, wenn die strengen Normen erfüllt werden, nicht den langfristigen Nutzen für die Innovation. Die Unternehmen weisen darauf hin, daß ausländische Konkurrenten ohne diese Normen einen Kostenvorteil hätten. Ein solcher Denkansatz beruht auf einer unvollständigen Sicht dessen, wie ein Wettbewerbsvorteil entsteht und gewahrt wird. Schlecht funktionierende, unsichere oder umweltschädliche Produkte zu verkaufen ist kein Weg zu einem wirklichen Wettbewerbsvorteil in Spitzenbranchen oder Branchensegmenten, insbesondere nicht in einer Welt, in der das Umweltbewußtsein und die Sorge um das soziale Wohlergehen in allen fortschrittlichen Ländern auf dem Vormarsch sind. Anspruchsvolle Kunden sind normalerweise eher für sicherere, sauberere, leisere Produkte aufgeschlossen als der Staat. Unternehmen mit dem Können, derartige Produkte herzustellen, haben ein Sesam-öffne-Dich für den Zugang zu ausländischen Märkten in der Hand und können häufig den Prozeß beschleunigen, durch den ausländische Regulierungen verschärft werden. Alte Modelle können Kunden auf Märkten mit zahmen Vorschriften angeboten werden oder Entwicklungsländern, die sich keine neueren leisten können.

Die Regulierungen schwächen den Wettbewerbsvorteil jedoch, wenn sie hinter denen anderer Länder *zurückbleiben* oder *unzeitgemäß* sind. Solche Regulierungen hemmen die Innovation oder lenken die Innovationen heimischer Firmen in eine falsche Richtung. Ein Elektrocode, der auf einer zwanzig Jahre alten Technologie beruht, arbeitet gegen den Wettbewerbsvorteil aller Branchen in einem Land, auf die er einwirkt. Grenzen für die biotechnologische Forschung in Ländern wie Deutschland gefährden Branchen wie die landwirtschaftliche Chemie und Arzneimittel, für die diese Technologie wichtig ist. Ähnlich bewirkt die Praxis, typische lokale Regulierungen zum Schutz einer heimischen Branche einzusetzen, nur, daß sie einen inländischen Wettbewerbserfolg erzielt. Es ist nicht immer leicht zu entscheiden, welche Regulierungen fortschrittlich und welche rückschrittlich sind. Das wird nirgendwo deutlicher als in der Kernenergie. Doch auf den meisten Gebieten läßt sich der Grundsatz, fortschrittliche Regulierungen festzulegen, praktisch anwenden.

Ein markantes Beispiel für einen Bereich, in dem regulierende Maßnahmen für oder gegen den nationalen Vorteil wirken können, ist die *Produkthaftung*. Produkthaftungsgesetze können den Wettbewerbsvorteil begünstigen, indem sie wie ein anspruchsvoller Kunde handeln und die Entwicklung besserer Produkte anregen. In den Vereinigten Staaten ist die Produkthaftung dagegen so extrem und unsicher, daß sie die Innovation verzögert. Das gesetzliche und regulierungsbedingte Klima setzt die Unternehmen der ständigen Gefahr kostspieliger und – ebenso wichtig – langwieriger Produkthaftungsprozesse aus. Das bestehende Verfahren geht über jedes vernünftige Bedürfnis zum Schutz der Verbraucher hinaus, wie andere Länder es durch pragmatischere Regelungen vorgeführt haben.

Ein wichtiger Unterschied bei der Bewertung von Regulierungsnormen, wie er in meinem Produkthaftungsbeispiel anklang, ist der zwischen dem *Inhalt* der Normen und dem *Prozeß* ihrer Durchführung. Beides wird oft verwechselt. Der nationale Vorteil wird durch strenge Normen erhöht, die *schnell*, *wirksam* und *konsequent* angewandt werden. Sie haben die gleiche Funktion wie ein anspruchsvoller Kunde. Eine langsame oder zögerliche Anwendung von Normen verschwendet dagegen Ressourcen und schwächt die Innovation. Ein gutes Beispiel ist die sterile Lebensmittelverpackung. Die Technologie wurde in der Schweiz und Deutschland rasch angenommen, in den USA dagegen erst mehr als zehn Jahre später. Logischerweise wurden ausländische Unternehmen, die weit mehr Erfahrung mit dieser Technologie hatten, die beherrschenden Anbieter auf dem US-Markt, als sie schließlich auch in den USA übernommen wurde.[18] Strenge Normen und ein wirksames Verfahren, sie durchzusetzen, sind die beste Kombination für den nationalen Vorteil.[19]

Struktur der Käuferbranche

Staatliche Regulierung und auf staatlichen Besitz zielende Maßnahmen wirken sich auf die Struktur von Branchen aus, die wichtige Käufer anderer Produkte und

Dienstleistungen sind, etwa auf den Gebieten des Gesundheitswesens, der Elektrizität und Telekommunikation. Regulierungen oder Staatsbesitz sind für Zulieferindustrien dann vorteilhaft, wenn sie eine Branche anregen, wie ein anspruchsvollerer Kunde mit zwingenderen und gehobeneren Bedürfnissen zu handeln. Sie wirken gegen lokale Zulieferer, wenn sie die Innovation verzögern und Zurückhaltung in die Kaufentscheidungen tragen.

In den meisten Fällen schaffen Privatbesitz und Wettbewerbsdruck das beste Umfeld, das die Branchen dazu bringt, die Rolle anspruchsvoller und vorwegnehmender Kunden zu spielen. Sie bewirken größere Anreize zu schnellen Innovationen in Branchen und weniger Störungen beim Kauf durch politische und bürokratische Beschränkungen. Einige dem Staat gehörende Monopolunternehmen handeln wie anspruchsvolle Kunden, doch ist das eher die Ausnahme als die Regel. Die Gesundheitsfürsorge bietet ein Beispiel: In den Vereinigten Staaten war das weitgehend private und dezentrale Gesundheitssystem, das durch einen starken Wettbewerb gekennzeichnet ist, die vielleicht größte einzelne Vorteilsquelle für die Lieferanten von Gütern und Dienstleistungen aus dem Bereich der Gesundheitsfürsorge. In den meisten anderen Ländern verzögern die teilweise oder ganz in staatlichem Besitz befindlichen Gesundheitssysteme die Innovation. Viele neue Produkte, Verfahren und Dienstleistungen haben sich in den Vereinigten Staaten zuerst oder sehr viel schneller durchgesetzt, unter anderem Herzschrittmacher, Einwegspritzen und Patientenmonitoren.

Ein Gebiet, auf dem die staatliche Politik häufig die Struktur der Käuferbranchen beeinflußt, sind der Einzelhandel und der Vertrieb. Viele Länder haben Regelungen, die kleine selbständige Groß- und Einzelhändler vor dem Wachstum großer Ketten schützen, oder andere Restriktionen gegen die Bildung moderner Vertriebsstrukturen. Gesetze gegen Warenhausketten wurden zwar in den Vereinigten Staaten schon vor mehreren Jahrzehnten abgeschafft, es gibt sie in unterschiedlicher Form aber noch in Ländern wie Japan und Italien.

Während solche Gesetze irgendwelchen sozialen Zwecken dienten und eine Form des Schutzes darstellen können, weil zersplitterte Kanäle für ausländische Konkurrenten schwerer zu durchdringen sind, haben Beschränkungen moderner Vertriebskanäle eine doppelt negative Wirkung auf die Aufwertung des Wettbewerbsvorteils. Erstens erhöhen sie künstlich die Kosten und verringern die Arbeitsproduktivität im Einzel- und Großhandel, was das nationale Produktivitätswachstum hemmt. Zweitens helfen sie, die Entwicklung anspruchsvoller und erstklassiger Kanäle in einem Land zu blockieren und untergraben auf lange Sicht die Wettbewerbsvorteile all der Branchen, die sie beliefern oder über sie verkaufen. Die Unternehmen eines Landes sind gezwungen zu lernen, wie sie mit fortschrittlichen und anspruchsvollen Kanälen im Ausland umzugehen haben, nicht zu Hause. Der unwirtschaftliche und unzeitgemäße japanische Vertriebs- und Einzelhandelsbereich z. B. schränkt die japanischen Unternehmen immer mehr ein.

Amerikanische Unternehmen haben dagegen wichtige Vorteile aus dem Innovationsfluß im heimischen Einzelhandel und Vertrieb gezogen.[20] Der allgemeine Grundsatz bei diesem und vielen anderen Aspekten staatlicher Politik ist: ein Land profitiert, wenn seine Verhältnisse mit denen in anderen Ländern im Gleichklang oder ihnen gar voraus sind.

Frühe oder anspruchsvolle Nachfrage anregen

Der Staat hat die Möglichkeit, frühe oder anspruchsvolle Nachfrage noch auf andere Art zu beleben, was die Aufwertung der Industrie fördert. Bei Robotern z. B. gab der japanische Staat den Firmen Anreize zum Kauf bewährter Roboter und gründete eine Leasingfirma, die bei der Finanzierung half.[21] Noch deutlichere Anreize zum Kauf fortschrittlicher Produktionsmaschinen bietet Italien.

Solche Programme machen aus den Käufern eines Landes frühe Erwerber fortschrittlicher neuer Produkte und Dienstleistungen und regen die Unternehmen zu Innovationen an, damit sie sie beliefern können. Solche Programme *verringern aber auch das von den Firmen empfundene Risiko*, daß die Nachfrage sich vielleicht nicht einstellt. Offene oder stillschweigende Zusicherungen zukünftiger Nachfrage kurbeln Investitionen sowohl in Forschung und Entwicklung als auch in wirksame ertragbringende Aktiva an.

Frühe und anspruchsvolle Nachfrage anzuregen (oder zuzusagen) bietet so lange einen Vorteil, wie Produktvarianten nachgefragt werden, die auch für andere Länder geeignet sind. Bei der Befriedigung der frühen Nachfrage muß zudem aktiver Inlandswettbewerb herrschen, sonst werden die heimischen Lieferanten eingeschläfert statt aufgeladen.

Die Strategie, den Kunden Anreize zu bieten, damit sie früh die Spitzenprodukte kaufen, ist für die Innovation und den Wettbewerbsvorteil oft besser als eine direkte Subventionierung von Unternehmen. Steht der Kunde im Mittelpunkt, müssen die Unternehmen sich weiterhin um die Befriedigung seiner Bedürfnisse bemühen. Der Wettbewerb zwischen den Unternehmen wird angeregt. Eine solche Strategie hilft zweifellos, auch die *Kunden* aufzuwerten, und fördert den sich wechselseitig verstärkenden Prozeß, durch den die Kunden eines Landes anspruchsvoller werden und ihrerseits die lokalen Lieferanten anspornen.

Es gibt viele spezielle Mechanismen, mit denen die staatliche Politik eine frühe, nachhaltige oder anspruchsvolle Nachfrage nach Produkten und Dienstleistungen wecken kann. Das nordische mobile Telefonprogramm z. B. war ein gemeinschaftliches Vorhaben der skandinavischen Länder, in jedem der Länder mobile Telefonsysteme einzurichten, lange bevor sie woanders verbreitet waren. Skandinavischen Gerätelieferanten wie Nokia aus Finnland bescherte das eine internationale Position in dieser Branche.

Gelegentlich ist frühe oder ausgeprägte Nachfrage das Nebenprodukt des sozialen Engagements eines Landes. In Schweden genießt z. B. gleicher Zugang für behinderte Personen eine ungewöhnlich hohe Priorität. Der hohe Stand der Behindertenunterstützung brachte eine aktive schwedische Industrie hervor, die entsprechende Produkte anbot. In Dänemark war die frühe Entscheidung des Staates, Hörhilfen für diejenigen zu bezahlen, die sie brauchten, der Auslöser für den internationalen Erfolg dänischer Firmen in dieser Branche. In Japan hatte eine Entscheidung, breiten Bevölkerungsschichten Musikunterricht zu bieten, zur Folge, daß jede Staatsschule sich ein Klavier zulegte. Das kam der japanischen Klavierindustrie nicht nur deshalb zugute, weil Nachfrage entstand, sondern auch weil die Aufmerksamkeit der Branche auf die Entwicklung preiswerter, seriengefertigter Klaviere gelenkt wurde, zumal ausländische Klaviere für die Schulen zu teuer waren. Die daraus entstehenden

Produkt- und Verfahrensinnovationen legten den Grundstein zu einer international erfolgreichen Industrie (Yamaha und Kawai sind Branchenführer). Das frühe Engagement für die umweltfreundliche Windenergie brachte eine international tätige dänische Windmühlenindustrie hervor.

Auch Gesetze, die um Fortschrittlichkeit bemüht sind, können eine frühe Nachfrage wecken. So gab in Japan eine Entscheidung des Justizministeriums, mit Telefax erstellte Dokumente für rechtliche Zwecke zuzulassen, den Anstoß für die Nachfrage nach Telefaxgeräten. Potentiell bedeutsam für eine gehobene Nachfrage werden Maßnahmen, die die Verwendung von Krediten steuern.[22]

Aus dieser und früheren Erörterungen geht hervor, daß es viele staatliche Stellen mit einigen Möglichkeiten gibt, die Bedingungen der Inlandsnachfrage zu beeinflussen. So unterschiedliche Stellen wie der staatliche Gesundheitsdienst, die Umweltschutzbehörden, das Bildungs-, Verkehrs- und Verteidigungsministerium wirken daran mit, durch eigene Beschaffungsmaßnahmen oder dadurch, wie sie andere heimische Kunden lenken oder beeinflussen. Viele dieser Behörden und Ministerien sehen sich jedoch selten als jemand, der auf den nationalen Wettbewerbsvorteil einwirkt; sie definieren ihre Rolle weitgehend in Kategorien der sozialen oder öffentlichen Wohlfahrt. Das verkennt einen wichtigen Ansatzpunkt zur Aufwertung der Volkswirtschaft.

Kundeninformation

Die staatliche Politik kann die Nachfragequalität dadurch verbessern, daß sie den Kunden genaue und vollständige Informationen liefert oder verlangt, daß die Unternehmen derartige Informationen bereitstellen. Informationen ermöglichen eine bessere und anspruchsvollere Wahl und zwingen die Unternehmen, die Leistung aufzuwerten. Beschwerdemöglichkeiten, vor allem wenn die Beschwerden veröffentlicht werden, sind ein zusätzlicher Anstoß für Verbesserungen.

Technische Normen

Die staatliche Politik beeinflußt über ihre Rolle bei der Festlegung technischer Normen die Innovations- und Aufwertungsrate in der Industrie. Auf vielen Gebieten (etwa bei Fernseh-, Telefaxgeräten und der Datenübertragung) sind Normen erforderlich für die Kompatibilität von Geräten oder Dienstleistungen. Wo der Prozeß der Normenfestlegung lang und beschwerlich ist und die basistechnologischen Parameter zweifelhaft bleiben, verlangsamt sich der Innovationsprozeß. Wenn umgekehrt grundlegende Normen festgesetzt werden, richten sich die Unternehmen sofort darauf ein, zur Erfüllung dieser Normen Produkte und Verfahren zu entwickeln und zu verbessern.[23]

Staatliche Politik fördert die Aufwertung des Wettbewerbsvorteils, wenn sie die frühe Übernahme technischer Normen unterstützt, die einen insgesamt hohen technologischen Stand verkörpern. In den Vereinigten Staaten und oft in Europa wird der Prozeß, technische Normen zu erreichen, häufig hinausgezögert, da die Firmen sich in eine günstige Position bringen wollen. In Japan dagegen hat das MITI oft beträchtlichen Druck auf die Unternehmen ausgeübt, grundlegende Normen festzusetzen, und sie gedrängt, die nächste Stufe des Innovationszyklus zu erklimmen. Die Normen für Nähmaschinenteile wurden beispielsweise gleich nach dem Zweiten Weltkrieg festgelegt. Das spornte zahllose Teilezulieferer an, senkte die Zugangsbarrieren bei der Nähmaschinenmontage und beschleunigte die Beachtung neuer Merkmale und der Qualität. Bei Fernsehgeräten, Telefax und anderen Produkten kam der japanischen Industrie eine relativ rasche Einigung über Normen zugute, so daß sie zur schnellen Einführung neuer Modelle und Merkmale übergehen konnte.[24]

Auslandshilfe und politische Bindungen

Der Staat beeinflußt die Nachfragebedingungen für seine Unternehmen durch Auslandshilfe, die explizit oder implizit an den Erwerb von Gütern und Dienstleistungen des Landes gebunden ist. Die kolonialen Bindungen früher hatten eine noch stärkere Wirkung. Kolonien sind heute zwar selten, besondere Käufer-, Handels- und politische Beziehungen zwischen Ländern jedoch nicht. Die traditionellen Kolonialbande sind heute immer noch ein bemerkenswert beständiger Einfluß, was an großen, im Ausland lebenden Gemeinden, geschichtlichen Einflüssen auf soziale Normen und Produktstandards und vielen anderen übriggebliebenen Einflüssen liegt.

Auslandshilfe und besondere Käuferbeziehungen bewirken praktisch eine Ausweitung des Inlandsmarkts. Das Ergebnis sind für die Unternehmen eines Landes »abhängige« Märkte. Der pragmatische Einsatz von Auslandshilfe kann der Industrie eines Landes zwar nutzen, doch sind zwei Dinge zu beachten.[25] Das erste ist, daß jeder »abhängige« Markt dazu neigt, die Unternehmen davon abzuhalten, eine mehr globale Markteinstellung einzunehmen. Wie in Kapitel 9 besprochen, waren britische Unternehmen z. B. zu sehr darauf fixiert, noch bestehende und ehemalige Teile des Empire zu beliefern. Schweden und die Schweiz dagegen, die keine Kolonien besaßen, bemühten sich sehr früh um eine breitangelegte Durchdringung der Auslandsmärkte.

Eine zweite Schwierigkeit bei Märkten, die durch Auslandshilfe oder besondere Käuferbeziehungen entstehen, ist die, daß es selten fortschrittliche und anspruchsvolle Märkte sind. Wenn die Unternehmen eines Landes sich auf sie konzentrieren, werden ihre Fähigkeiten vielleicht nicht so ausgebildet, daß sie den strengeren Anforderungen anderer fortschrittlicher Länder genügen. Das war für die britischen Unternehmen ein Problem, als sie die ehemaligen Kolonien belieferten, und auch für amerikanische Firmen, als sie sich auf Lateinamerika konzentrierten. Für die staatliche Politik heißt das, nicht einen Bogen um die Auslandshilfe zu machen, in ihr aber auch nicht ein Hauptinstrument der Politik gegenüber der Industrie zu sehen.

Der Einfluß des Staates auf verwandte und unterstützende Branchen

Staatliche Politik hat eine Funktion bei der Gestaltung der Breite und des internationalen Erfolgs verwandter und unterstützender Branchen in einem Land, die wesentlich sind für die wettbewerbsmäßige Aufwertung anderer Branchen. Die gleichen Maßnahmen, die ich beschrieben habe und die den Wettbewerbsvorteil in der Industrie steigern, kommen im allgemeinen bestimmten verwandten und unterstützenden Branchen zugute. Die Förderung der Halbleiterindustrie in Japan z. B. hat, weil sie ein wichtiger Zulieferer ist, vielen anderen Branchen genutzt.

Es gibt mehrere politische Felder von besonderer Bedeutung, weil sie auf Industrien einwirken, die mit anderen verwandt sind oder andere Industrien bzw. die Bildung von Clustern unterstützen. Einige davon werden im folgenden behandelt.

Maßnahmen gegenüber den Medien

Medien sind nach unserer Definition all die Mittel, mit denen Unternehmen über ihre Produkte und Dienstleistungen mit Kunden kommunizieren können. Dazu gehören Fernsehen, Rundfunk, Zeitschriften, Zeitungen, Direktversand und Telefonverkauf. Die Existenz fortschrittlicher und innovativer Medien in einem Land ist eine Quelle des nationalen Vorteils. Solche Medien bringen die Unternehmen eines Landes mit den ausgeklügeltsten Vertriebskanälen in Berührung und führen zu Innovationen beim inländischen Vertrieb, die anderswo als Vorteile dienen. Die Politik der USA sorgt beispielsweise für den Privatbesitz bei Medien und macht relativ wenige Auflagen bei der Werbung und anderen Verkaufsvorgängen. Die Folge: Wichtige Medien wie das Fernsehen kamen zuerst in Amerika auf, und amerikanische Unternehmen standen oft an der Spitze der Absatztechnologie. Das hat mit zur außergewöhnlichen Stärke der USA bei abgepackten Konsumgütern und Dienstleistungen beigetragen, bei denen der Massenabsatz der Schlüssel zum Wettbewerbserfolg war, nicht einmalige Produkte oder Dienstleistungen.

In anderen Ländern hat die Tendenz bestanden, den Gebrauch der Medien stärker einzuschränken, vor allem Fernsehen und Rundfunk. In Schweden, das einen Extremfall darstellt, ist Werbung in Fernsehen und Rundfunk nicht gestattet. Es lassen sich zwar legitime gesellschaftliche Gründe für derartige Vorschriften anführen, ihre indirekten Auswirkungen auf die Industrie werden jedoch oft übersehen. Staatliche Maßnahmen, die dem Verbraucher in irgendeiner Form den Zugang zu Informationen, aus welchem sozialen Grund auch immer, verwehren, fordern, was den internationalen Erfolg eines Landes angeht, einen subtilen Preis. Die Unternehmen eines Landes, die zu Hause kein fortschrittliches Marketing praktizieren können, werden es kaum je beherrschen. Schwedische Firmen sind z. B. international kaum erfolgreich bei abgepackten Konsumgüter- und Dienstleistungsbranchen gewesen, bei denen es um Massenabsatz ging.

Man kann die Länder aufreihen nach der Verfügbarkeit der Medien sowie der Sanktionen und Grenzen ihrer Nutzung. Zwischen diesem Spektrum und dem Wettbewerbsvorteil bei in Massen abgesetzten Verbrauchsgütern und Dienstleistungen besteht eine verblüffende Wechselbeziehung. Japan und Großbritannien, die beide über fortschrittliche kommerzielle Medien verfügen und reichlich Fernsehwerbung zulassen, sind in beiden Branchen die einzigen wirklichen Konkurrenten amerikanischer Unternehmen.

Bildung von Clustern

Der nationale Vorteil liegt ebensosehr in Clustern wie in einzelnen Branchen. Das Vorhandensein von Kunden, Zulieferern und verwandten Branchen von Weltrang in einem Land löst einen sich selbst verstärkenden Nutzen bei der Aufwertung des Wettbewerbsvorteils in der Industrie aus. Der staatlichen Politik kommt eine wichtige Rolle zu bei der Entfaltung und Stärkung der Cluster.

Cluster entstehen und wachsen oft ganz von selbst. Staatliche Politik hatte mit den Anfängen im Silicon Valley oder der Konzentration technischer Betriebe um das italienische Modena wenig zu tun. Wenn ein Cluster jedoch anfängt sich auszubilden, kann der Staat auf allen Ebenen zu seiner Kräftigung beitragen. Am ehesten geschieht das über Investitionen in die Bildung spezieller Faktoren: technische Institute an Universitäten, Schulungszentren, Datenbanken und eine spezielle Infrastruktur. In Deutschland z. B. beteiligen sich die Länderregierungen oft aktiv an der Förderung von Bildungseinrichtungen und anderen Projekten, die eng mit der Konzentration örtlicher Unternehmen zusammenhängen. In den Vereinigten Staaten werden Bemühungen zur Unterstützung von Clustern häufiger, insbesondere auf bundesstaatlicher und regionaler Ebene. Das *Research Triangle* im US-Staat North Carolina ist ein Beispiel dafür. Aufgrund der großen Bedeutung geographischer Konzentration für den nationalen Vorteil spielen der Staat und regionale Behörden eine wesentliche Rolle bei der Clusterbildung.

Neben der Stärkung oder Erweiterung bestehender Cluster sind einige Länder dazu übergegangen, neue Cluster hervorzubringen. So hat die Regierung in Korea im Raum Kumi ein spezielles Industriegebiet für elektroniknahe Unternehmen eingerichtet; durch Bereitstellung einer speziellen Infrastruktur und technischer Zentren sollen verschiedene Unternehmen angelockt werden, deren geographische Konzentration sich dann selbst verstärkt. In Japan läuft ein ähnliches, wenn auch weniger massiertes Vorhaben zur Gründung einer »Technopolis« in Tsukuba. Neue Cluster sind am wirksamsten, wenn sie um einen Kern aus Fachwissen gebaut werden, etwa den Fachbereich einer Universität oder eine Gruppe von Spezialkliniken. Industriezonen, die allen Firmen zur Nutzung offenstehen, bieten dagegen nur begrenzte Vorteile.

Staatliche Politik hat höchstwahrscheinlich mehr Erfolg, wenn sie einen bestehenden oder entstehenden Branchencluster unterstützt, als wenn sie einen völlig neuen zu fördern versucht, wie verlockend das für das nationale Ansehen auch sein mag. Ein Land wie Dänemark tut besser daran, auf bestehende Cluster beim Gesundheitswesen und Umweltschutz zu setzen als etwa eine Flugzeugindustrie aus dem Boden zu stampfen. Die meisten Regionen haben etwas, worauf sie bauen können. Die auf die Bildung von Clustern gerichtete Politik einer Zentralregierung konzentriert sich besser auf die Ermunterung und Unterstützung vieler lokaler Bemühungen als nur ausgesuchter zentraler Vorhaben.

Die Staaten haben sich bei der Auswahl von Sektoren, die über die differenzierten Bedingungen für einen nationalen Vorteil verfügen, bisher nicht gerade mit Ruhm bekleckert. Die Existenz eines eingeführten Clusters zeigt das Vorhandensein einiger für den Wettbewerbsvorteil günstiger Bestimmungsfaktoren an, was die Wahrscheinlichkeit erhöht, daß staatliche Investitionen Früchte tragen. Die Fixierung auf »neue« Industrien verstellt den Blick dafür, daß Cluster immer eine Mischung aus traditionellen und neuen Industrien sind. Selbst »reife« Branchen arbeiten mit neuen Technologien. Eine »reife« Branche, etwa die Nahrungsmittelverarbeitung, kann den Weg zu vielen verbundenen neuen Gebieten weisen, von der Biotechnologie bis zur Verfahrensausrüstung.

Bei der Festsetzung von Maßnahmen zur Aufwertung oder Vergrößerung von Clustern müssen sich Kunden, Zulieferer und verwandte Branchen häufig parallel entwickeln, um den Wettbewerbsvorteil bestmöglich fördern zu können.[26] Die Einrichtung eines technischen Instituts zugunsten von Werkzeugmaschinenherstellern erzielt nur dann die größte Wirkung, wenn örtlich erstklassige Hersteller vorhanden sind, die mit den Maschinen umgehen und sich am Entwicklungsprozeß beteiligen können. Allgemeiner ausgedrückt, alle Teile des »Diamanten« müssen Fortschritte machen, wenn ein echter Wettbewerbsvorteil entstehen soll. Staatliche Politik muß bei der Schaffung eines Wettbewerbsvorteils die Verzahnung der einzelnen Branchen erkennen. Das japanische Projekt »automatisches Nähsystem«, ein Vorhaben zur Entwicklung einer vollautomatisierten Bekleidungsherstellung, umfaßt eine Vielzahl verschiedener Endprodukt- und Zulieferbranchen. Es steht für eine Initiativpolitik, die die Bemühungen eines ganzen Clusters zusammenfaßt. Wird das Projekt ein Erfolg, wertet es den Wettbewerbsvorteil einer ganzen Gruppe verbundener Branchen auf.

Regionalpolitik

Volkswirtschaften entwickeln sich selten gleichmäßig. Einige Regionen oder Städte übertreffen andere an wirtschaftlichem Erfolg. In Großbritannien und Deutschland liegen die wirtschaftlich schwachen Gebiete im Norden, in Italien im Süden. Die Gründe für diese Unterschiede lassen sich durch die gleichen Überlegungen erklären wie die, die im »Diamanten« erfaßt sind: Faktorbedingungen, Nachfragebedingungen, die Existenz unterstützender Branchen und so fort.

Bei der Ankurbelung der Wirtschaftsentwicklung in den relativ schwachen Gebieten betreiben viele Länder eine unterschiedliche Regionalpolitik. Regionalpolitik ist selten besonders erfolgreich, weil sie in der Regel zu allgemeinen Subventionen greift, die Unternehmen veranlassen oder »bestechen« sollen, Fabriken oder andere Anlagen in einer bestimmten Region anzusiedeln. Großbritannien und Italien sind typische Beispiele dafür. Subventionen als Anreiz für Firmen, ihre Tätigkeit dorthin zu verlegen, wo sie sie eigentlich nicht ausüben möchten, sind kaum ein Weg, eine solide wirtschaftliche Grundlage oder einen Wettbewerbsvorteil zu schaffen. Die schwache Region wird kein echter heimischer Stützpunkt, wie ein Unternehmen ihn bräuchte, um einen Wettbewerbsvorteil in anderen Gebieten zu verstärken oder die Gründung neuer Betriebe anzuregen.

Regionalpolitik ist wirksamer, wenn sie dem Grundsatz folgt, sich auf Cluster zu stützen. Anziehungspunkte für Cluster in der Form von Universitäten, Forschungslaboratorien, spezieller Infrastruktur oder Facharbeitern bewirken sehr viel mehr als Subventionen. Die beste Regionalpolitik bestimmt Kernzonen industrieller Stärke und baut darauf auf, um geographisch konzentrierte Cluster anzuregen. Eine Branche schafft gehobene Nachfrage oder Produktionsmittel für andere. Das ist weit besser, als eine bunt zusammengewürfelte Gruppe von Firmen anzuspornen, Zulieferbetriebe oder Vertriebszentren an einem Ort zu errichten, den sie nie weiterentwickeln oder aufwerten werden.

Der Einfluß des Staates auf Unternehmensstrategie, Struktur und Wettbewerb

Staatliche Politik hat viele Einflußmöglichkeiten darauf, wie Unternehmen entstehen, organisiert sind und geleitet werden, sowie auf deren Ziele und Wettbewerb. Die staatliche Politik in diesen Bereichen macht in vielen Ländern seit Ende der 80er Jahre einen Wandel durch, nicht immer zum Besseren.

Internationalisierung

Wahrung und Ausbau des Wettbewerbsvorteils erfordern, daß die Unternehmen eines Landes einen globalen Strategieansatz wählen. Die staatliche Politik spielt bei diesem Prozeß eine Rolle durch Vorschriften über direkte Auslandsinvestitionen, Devisen- und Importkontrollen u. a. m. Im Kern sollte sie energisch eine internationale Einstellung und die Exporte fördern. Eine Möglichkeit dazu liegt in der Bereitstellung und Verbreitung von Informationen über Auslandsmärkte und Technik. Japans JETRO (der japanische Verband für Außenhandel und Forschung) mit seinen zahlreichen Auslandsbüros und einem Stab, der sich ganz der Hilfe japanischer Exporteure verschrieben hat, ist das vielleicht markanteste Beispiel. Solche Maßnahmen zur Exportförderung wirken am ehesten dann, wenn sie eine enge Verbindung zu Branchen und Branchenclustern haben. Staatliche Politik sollte möglichst alle Devisenbeschränkungen, Beschränkungen der Auslandsinvestitionen sowie des Zu- und Abgangs von Facharbeitern vermeiden, weil sie die Internationalisierung behindern.

Die Internationalisierung der Unternehmen eines Landes wird nicht ohne Argwohn betrachtet. Einige sehen eine unvermeidliche Spaltung in die Bedürfnisse des Landes (und seiner Bürger) und die der Unternehmen. Wenn Firmen im Ausland investieren oder Technologie dorthin liefern, gilt das als Beweis für eine Schädigung oder Preisgabe des Landes. Die Vergabe von Technologielizenzen ins Ausland wird als Verrat von Landesgeheimnissen empfunden.

Derartige Argumente haben einen emotionalen Beiklang. Die Spaltung in die Interessen des Landes und die seiner Unternehmen ist auf lange Sicht falsch. Die Globalisierung der Strategie und die Beschaffung nicht so hochwertiger Produkte und

Bauelemente im Ausland sind wesentlicher Bestandteil des Prozesses, die Wettbewerbsvorteile und die Wirtschaft aufzuwerten. In einer sich entwickelnden Wirtschaft
bedroht die Internationalisierung die heimischen Arbeitsplätze nicht, sondern erhöht
deren Produktivität. Die Internationalisierung verringert auch die Anfälligkeit einer
Wirtschaft für die Wechselkurse. In Japan wurde ausgiebig über die schnelle Globalisierung der Strategien debattiert, unmittelbar nach dem starken Kursanstieg des Yen
ab 1986. Am Ausgang des Jahrzehnts sind die japanischen Exporte und das Wirtschaftswachstum jedoch stabil, da die Globalstrategien zur Festigung der Unterneh-
menspositionen auf den Auslandsmärkten gegriffen haben.[27]

Die Spaltung langfristiger Interessen der Unternehmen und der des Landes *ist*
Realität, wenn Unternehmen ins internationale Geschäft einsteigen und dabei die
weniger produktiven Tätigkeiten nicht ins Ausland verlegen, sondern die besonders
produktiven. Das geschieht, wenn der nationale »Diamant« nicht gesund ist, wenn
Firmen also Ziele haben, die nicht die laufenden, zur Aufwertung ihrer heimischen
Aktivitäten erforderlichen Investitionen fördern, oder wenn der Wettbewerbsdruck
für Innovationen zu gering ist. Die falsche Arbeit ins Ausland zu vergeben kann
andererseits Ausdruck von unzureichender Faktorbildung sein, auf Schwächen in
entscheidenden unterstützenden Branchen beruhen oder auf anderen Nachteilen.

Ein Land profitiert von dieser Art der Internationalisierung nicht, und die Unternehmen langfristig ebensowenig. Wie ich im vorigen Kapitel besprochen habe, ergibt
Innovation zu Hause normalerweise einen dauerhafteren Wettbewerbsvorteil als die
Verlegung eines Großteils der Produktion und der Kontrolle über die Verfahrenstechnologie ins Ausland. Der Aufbau heimischer Zulieferer bewirkt einen dauerhafteren Vorteil als das ausschließliche Vertrauen auf ausländische Zulieferer.

Doch selbst wenn die Internationalisierung Formen annimmt, die nicht zum Ziel
führen, ist der Versuch, sie zu unterbinden, keine angemessene Politik. Maßnahmen,
die den Prozeß der Internationalisierung behindern, retten heute vielleicht ein paar
Arbeitsplätze, schließen jedoch meistens die Möglichkeit aus, sie morgen zu retten,
es sei denn durch Subventionen. Unternehmen von der Internationalisierung abzuhalten ist nicht die Antwort. Die Politik sollte sich statt dessen mit den eigentlichen
Gründen befassen, warum Unternehmen beim Aufwerten scheitern.

Ziele

Die Unternehmen wie auch die Menschen, die in ihnen arbeiten, müssen Ziele haben,
die zu Arbeitsamkeit und beständigem Engagement für ihre Branche anspornen, soll
der nationale Vorteil weite Verbreitung finden. Solche Ziele sind notwendig, wenn
die Unternehmen sich steigern und innovieren und wenn neue Betriebe gegründet
werden sollen. In den Zielen spiegelt sich eine breite Vielfalt der Landesverhältnisse,
von denen viele außerhalb der direkten Einflußsphäre der staatlichen Politik liegen.
Soziale Einstellungen gegenüber Wohlstand und Aufstiegsstreben und der gesellschaftliche Rang der wirtschaftlichen Tätigkeit sind wichtige Einflüsse, sind zudem
Ausdruck der Landesgeschichte, der religiösen Zugehörigkeiten, der Gesellschaftsstruktur und des bestehenden Wohlstandsniveaus. Doch auch auf Ziele kann sich
staatliche Politik nachhaltig auswirken.

Ziele einzelner. Die Ziele einzelner Personen werden auf verschiedene Weise wirksam durch den Staat beeinflußt. Erstens über die Steuerpolitik. Die Steuerpolitik muß zu Anstrengungen ermuntern, nicht deren Früchte durch hohe Grenzsteuersätze wegsteuern. In jüngster Zeit haben einige Ländern versucht, steuerliche Anreize zu schaffen, um Praktiken zu fördern, die Löhne stärker mit der Leistung zu verbinden. Dieses Ziel ist in einem allgemeineren Sinn zwar erstrebenswert, damit mehr Engagement und Einsatz geweckt werden, doch einige der Methoden, die darauf abzielen, können das Gegenteil bewirken. Wenn die steuerlichen Anreize eine starke Koppelung der Vergütung an laufende Gewinne oder aktuelle Aktienkurse bewirken, können langfristige Investitionen und Innovationen leiden.

Eine weitere Einflußmöglichkeit des Staates auf die Ziele einzelner besteht durch Maßnahmen, die auf die Arbeitsmärkte des Landes einwirken. Das Wirken der Arbeitsmärkte ist ein Thema, das weit über den Rahmen dieses Buches hinausgeht. Aus der Theorie, aber auch aus der Branchenuntersuchung geht hervor, daß hochmobile Arbeit nicht unbedingt das Ideal ist für die Aufwertung einer Volkswirtschaft. Die Arbeitskräfte müssen die von Hause aus unproduktiven Branchen verlassen, doch die Beschäftigten brauchen eine Bindung an ihren Beruf und ihr Unternehmen, wenn es zu einer Aufwertung des Wettbewerbsvorteils kommen soll. Die Produktivität einer Branche ist nicht vorgegeben oder fest, wie viele Diskussionen über die Arbeitsmobilität anzunehmen scheinen, sondern kann durch richtige Verhaltensweisen von Einzelpersonen und Unternehmen gesteigert werden. Die Beispiele Italien und Japan sind aufschlußreich, denn in beiden Ländern sind die Arbeitskräfte relativ immobil, die Wachstumsraten der Produktivität jedoch hoch.

Das Engagement von Arbeitern und Managern für ihr Unternehmen und die Branche erfordert Wechselseitigkeit. Aus der Sicht beider, der Individuen wie der Unternehmen, schafft eine Politik der Dauerbeschäftigung – außer in Notfällen – den Anreiz, Mitarbeiter bedacht einzustellen, sie zu schulen und aufzuwerten und ihnen gegebenenfalls andere Plätze anzubieten statt ihnen zu kündigen (was eine engverbundene Diversifizierung fördert). Der Fall Japan zeigt dieses Verhalten sehr anschaulich. Maßnahmen, die zu wechselseitigem Engagement auffordern, sind erstrebenswert, ob es nun um Arbeitsgesetze, die steuerliche Behandlung von Ausbildungsbeihilfen oder ähnliches geht. Maßnahmen zur Förderung der Arbeitsmobilität erscheinen unangebracht, außer in strukturell abfallenden, notleidenden Branchen.

Der Staat kann auch die Beweggründe einzelner durch Maßnahmen beeinflussen, die Bürgern *Zugang zu Aufstieg auf der Grundlage des Verdienstes* bieten. Deren Bedeutung für die wirtschaftliche Aufwertung ist kaum zu überschätzen. Die meisten amerikanischen Unternehmen entstammten nicht der oberen Gesellschaftsschicht. In Großbritannien wurden die meisten erfolgreichen Unternehmen nicht von Angehörigen der Oberschicht gegründet, sondern von Personen des Mittel- und unteren Mittelstandes, wie in Kapitel 9 beschrieben. Die Möglichkeit der persönlichen Leistung, die auf dem Verdienst beruht, ermuntert zu Investitionen in den Ausbau der Qualifikation, der Risikobereitschaft und zu ungewöhnlichen Anstrengungen. Sie ergibt sich aus Maßnahmen wie einem offenen Bildungssystem, finanzieller Hilfe für Bildung und Ausbildung bedürftiger Personen und durchgreifenden Mitteln gegen Diskriminierung.

Unternehmensziele. Auch die Unternehmensziele werden vom Staat beeinflußt, vor allem über Maßnahmen, die die Ziele von Investoren, die Art der Unternehmenskontrolle und die Ziele von Führungskräften berühren. Der Wettbewerbsvorteil verlangt ständige Investitionen in eine Branche. Die Investoren dürfen eine solche Managementpolitik nicht stören, was geschieht, wenn die Aktienkurse fallen als Reaktion auf kurzfristige Gewinnschwankungen, die Investitionen in neue Produkte, neue Anlagen oder andere Stützungsmaßnahmen des Wettbewerbsvorteils widerspiegeln.[28] Länder wie Japan und Deutschland mit einer institutionellen Struktur, in der Investoren Aktien wegen langfristigen Wertzuwachses halten und selten Papiere verkaufen, haben einen bedeutenden Vorteil. Die Anreize für Manager dürfen sich auch nicht gegen Investitionen und Risikobereitschaft, die zur Aufwertung der Produktivität gebraucht werden, auswirken.

Einige Investitionsformen, insbesondere ständige Unternehmensinvestitionen in Forschung und Entwicklung, neue Anlagen und Ausbildung, sind für die Volkswirtschaft vorteilhafter als andere. Sie stärken das Produktivitätswachstum in der Industrie und sorgen für günstige Nebenwirkungen in anderen verwandten und unterstützenden Branchen. Sie tragen nicht nur zu den Erträgen der Investoren bei, sondern auch zu steigenden Löhnen für die Beschäftigten. Dem Staat kommt eine legitime Aufgabe dabei zu, solche Investitionen vor anderen, die einen geringeren sozialen Ertrag abwerfen, zu fördern, auch wenn der private Ertrag vielleicht gleich ist. Das gilt besonders für Länder, in denen die Ziele der Investoren aufgrund der Anlagestruktur am stärksten von langfristiger Kapitalwertsteigerung abweichen. Eigenartigerweise trägt ein Rückgang der Transaktionskosten bei Investitionen, die die Finanzmärkte »effizienter« machen, zu einem Anstieg beim Handel bei, um von kurzfristigen Kursschwankungen zu profitieren, und kann Unternehmensinvestitionen abschrecken. Das Ziel der Politik heißt: keine Überinvestition, die nationale Ressourcen vergeudet. Auch wenn es eine sozial optimale Investitionsrate gibt, die die Produktivität des Landes am besten fördert, ist das Problem der meisten Volkswirtschaften doch eine Unterinvestition in wünschenswerter Form, nicht eine Überinvestition.

Eine Maßnahme zur Anregung hoher und anhaltender Investitionsraten in der Industrie ist die wohlwollende steuerliche Behandlung langfristiger Kapitalgewinne aus Kapitalbeteiligungen an Unternehmen. Das motiviert Anleger, in Unternehmen zu investieren oder Unternehmen zu gründen, deren Anteile aufgrund eines sich verbessernden Wettbewerbsvorteils über einen langen Zeitraum gute Erträge abwerfen.[29] Viele führende Länder haben überhaupt keine Kapitalertragssteuern. Von den Ländern, die sie haben, besteuern die meisten kurzfristige Erträge sehr viel höher als langfristige, ein wünschenswertes Vorgehen. In den Vereinigten Staaten sind die Kapitalertragssteuern am höchsten, Großbritannien ausgenommen, und seit der Steuerreform von 1986 genauso hoch wie die Steuer auf normale Einkommen. Die Pensionsfonds, die von allen Steuern befreit sind, haben noch größere Anreize, nach laufenden Einkommen statt langfristigem Wertzuwachs zu streben. In anderen Ländern besteht ein Trend zur Angleichung der Steuersätze für Einkommen und Kapitalerträge. Großbritannien ist schon dazu übergegangen. Derartige Maßnahmen beruhen auf einer zu engen Sicht der Leistungsfähigkeit der Finanzmärkte und führen wahrscheinlich nicht zu den für die Industrie eines Landes gewünschten Zielen.[30]

Das Verhalten von Investoren und Managern wird auch durch den Prozeß der Unternehmenskontrolle beeinflußt. Wenn die Aktionäre außer dem Verkauf ihrer Aktien keinen Einfluß auf die Unternehmensleitung haben, werden Aktienhandel und Übernahmen ermutigt, und das Management wird zur Unterinvestition neigen, um die Kurse stützen zu können und Übernahmen zu vermeiden. Übernahmen können zwar Vorteile dadurch bringen, daß sie zu Kostensenkungen, dem Verkauf unrentabler Vermögenswerte und mehr Motivation bei den neuen Privatbesitzern anregen, sind aber dennoch nur die zweitbeste Lösung. Die beste Lösung sind Investoren mit geeigneteren Gütern und ein Kontrollverfahren, das dem Management die richtigen Anreize bietet. Übernahmen erfordern, daß ein Unternehmen hohe Schulden tilgt, deren Ertrag *nicht in das Geschäft investiert worden ist*, damit eine Verbesserung der Wettbewerbsposition erreicht wird. Der sich daraus ergebende Druck auf den aktuellen Cash-flow birgt die Gefahr, die echte Innovationsrate zu drücken. Die neuen Eigentümer sind vielleicht auch mehr daran interessiert, das Unternehmen wieder zu verkaufen als einen weltweiten Branchenführer aus ihm zu machen.

Kontrollstrukturen, bei denen ein Verwaltungsrat die Interessen der Investoren vertritt und große Investoren eine Rolle im Management spielen (etwa wenn institutionelle Anleger im Verwaltungsrat sitzen), führen tendenziell zu mehr Nachdruck auf den Aufbau eines langfristigen Wertes für die Aktionäre. Das kommt dem langfristigen Produktivitätswachstum zugute und damit dem Lebensstandard im Land. Regelungen, die eine wesentliche Kontrollfunktion der Anteilsinhaber im Unternehmen unterstützen, sind wünschenswert. Den Gläubigern zu gestatten, Anteile zu halten, wie es in Deutschland und Japan üblich ist, kann ebenfalls ein dauerhafteres Engagement für den Aufbau eines Wettbewerbsvorteils fördern anstatt für vorrangige Schuldendeckung und Sicherheit.

Die Ziele der Führungskräfte spielen bei den Unternehmenszielen ebenfalls eine Rolle. Das an kurzfristigen Ergebnissen ausgerichtete Gehalt ist investitions- und innovationsfeindlich, eine Ausrichtung am langfristigen Erfolg hat gegenteilige Wirkung. Staatliche Politik kann die Gehaltsmethoden durch die steuerliche Behandlung beeinflussen. Eine Angleichung der Steuersätze für normale Einkommen und langfristige Kapitalerträge z. B. wirkt sich gegen den langfristigen Aktienbesitz und für jährliche Gratifikationen aus. Bezugsrechte auf neue Aktien sind, weil nicht mit dem Risiko des tatsächlichen Besitzes behaftet, kein so starker Antrieb wie der Besitz von Aktien. Langfristige Aktienbezugsrechte können dagegen ein nützlicher Anreiz sein, und Steuerbestimmungen sollten sich nicht gegen sie auswirken.

Eine andere Maßnahme, die Einfluß auf Unternehmensziele hat, sind die Bilanzierungsvorschriften über die Verwendung der Rücklagen (nicht besteuerte Abzüge von den Einkünften), die den ausgewiesenen Ertrag schmälern, das Kapital jedoch erhöhen. In Ländern wie Japan, Deutschland, Schweden und der Schweiz können Unternehmen großzügige Rücklagen für die Überbrückung schwieriger Zeiten bilden. Rücklagen können dabei helfen, Überreaktionen zum Schutz kurzfristiger Finanzergebnisse zu vermeiden. Die Gefahr derartiger Maßnahmen, die in der Schweiz sichtbar wird, liegt darin, daß ein Mangel an wirksamem Wettbewerb die Rücklagen in Barrieren gegen Umstrukturierung und Innovation verwandelt.

Inlandswettbewerb

Kaum eine Funktion des Staates ist wichtiger für die Aufwertung einer Wirtschaft als die Sicherung eines starken Inlandswettbewerbs. Der Wettbewerb im eigenen Land ist nicht nur für die Pflege der Innovation von einzigartiger Bedeutung, er kommt auch der nationalen Industrie und dem nationalen Cluster auf verschiedene Arten zugute – wie bereits beschrieben und erläutert. Die Wahrung eines ausgeprägten Inlandswettbewerbs dient der Sicherstellung, daß die Unternehmen eines Landes aus anderen Teilen des »Diamanten« Vorteile ziehen, etwa aus anspruchsvollen Kunden und selektiven Faktornachteilen, statt Marktpositionen zu pflegen, staatliche Hilfe zu suchen oder sich im Ausland hochproduktive Produktionsmaschinen zu beschaffen.

Die Bedeutung des Inlandswettbewerbs für den nationalen Vorteil hat erhebliche Auswirkungen auf die Kartellpolitik, insbesondere die Maßnahmen gegen Fusionen und Bündnisse. Doch die Notwendigkeit von Kartellgesetzen ist in Frage gestellt worden, weil die Branchen immer globaler werden und häufig das Argument zu hören ist, die heimischen Firmen müßten fusionieren, um Einsparungen durch die Erhöhung der Produktionskapazität zu erzielen. Die Aussichten auf eine größere europäische Vereinigung haben z. B. in Europa eine hektische Betriebsamkeit ausgelöst, die offenbar alle Jahrzehnte wiederkehrt. Die Manager rufen oft als erste und am lautesten nach einer schnellen Zustimmung zu Fusionen oder Bündnissen, weil die Ausschaltung heimischer Konkurrenten eine verlockende Möglichkeit darstellt, die kurzfristigen Gewinne zu erhöhen.

Einen beherrschenden heimischen Wettbewerber zu schaffen ergibt tatsächlich auch selten einen internationalen Wettbewerbsvorteil. Unternehmen, die zu Hause nicht konkurrieren müssen, sind im Ausland selten erfolgreich. Einsparungen durch Erhöhung der Produktionskapazität erzielt man am besten durch weltweiten Verkauf, nicht durch Beherrschen des Inlandsmarkts (siehe Kapitel 3 und 4).

Die Theorie vom Landesmeister oder die Vorstellung, daß heimische Firmen leistungsfähiger sind, wenn sie sich zu ein oder zwei großen nationalen Wettbewerbern zusammenschließen, ist weder logisch (siehe Kapitel 3) noch geschichtlich haltbar. Jedes Land hat seine Beispiele. In Großbritannien bieten British Leyland, ICL und Alfred Herbert gutes Anschauungsmaterial dafür, daß die Zusammenlegung eines nationalen Wirtschaftszweiges selten Erfolg bringt.[31] Dagegen wird ein aktiver Inlandswettbewerb immer wieder mit internationalem Erfolg in Verbindung gebracht, wie die vorangegangenen Kapitel reichlich belegt haben.

Praktische politische Gründe machen den Landesmeisteransatz auch zum politischen Alptraum. Bei nur ein oder zwei heimischen Unternehmen besteht eine starke Neigung zu Sonderabmachungen und einer Vorzugsbehandlung durch den Staat, was die Anreize nimmt. Produktanforderungen, die praktisch protektionistischen Charakter haben, werden festgeschrieben. Die Abnahme durch den Staat ist garantiert, ohne daß irgendeine Konkurrenz von ausländischen (oder heimischen) Wettbewerbern zu gewärtigen wäre. Der Staat drängt andere Inlandsfirmen, die schlechten Produkte des Landesmeisters zu kaufen. Das Fehlen des Inlandswettbewerbs veranlaßt das beherrschende Unternehmen, auf lokale Faktorkosten zu vertrauen, statt den Wettbewerbsvorteil aufzuwerten. Wenn die Innovationen nachlassen, nimmt der Umfang der staatlichen Unterstützung meistens zu, da mehr Hilfe notwendig ist, die

Position des Unternehmens zu stützen. Eine staatliche Politik, die zu Fusionen ermutigt, neigt auch dazu, sich selbst zu stärken. Die Ermutigung zu einer Fusion hat häufig eine Reihe weiterer Fusionen zur Folge.

Nachsicht gegenüber Kartellen ist auch eine Falle. Es fällt schwer, Beispiele für einen echten Wettbewerbsvorteil in Branchen zu finden, in denen es Kartelle gibt. In der Schweiz, die noch immer keine strengen Kartellgesetze hat, haben Kartelle den nationalen Wettbewerbsvorteil z. B. in den Branchen Armbanduhren und Bier ausgehöhlt. Kartelle schwächen oder unterbinden den sich selbst stärkenden Aufwertungsprozeß, der aus dem Inlandswettbewerb entsteht. Ein Kartell kann zwar eine Zeitlang Gewinne machen, im allgemeinen bedeutet es jedoch den Anfang vom Ende internationalen Erfolgs.

Eine starke Kartellpolitik vor allem im Bereich horizontaler Fusionen, Bündnisse und Absprachen ist für die Aufwertungsrate in einer Wirtschaft unerläßlich. Fusionen, Übernahmen und Bündnisse, in die Branchenführer verwickelt sind, sollten verboten werden. (Die Übernahme kleinerer inländischer Konkurrenten durch ein Unternehmen einer verwandten Branche, das Fachkenntnisse übertragen will, ist für den Wettbewerbsvorteil potentiell günstiger und sollte erlaubt sein.) Für heimische und ausländische Unternehmen sollten die gleichen Anforderungen an Fusionen und Bündnissen gelten, damit Übernahmen, die den Inlandswettbewerb erheblich bedrohen, verboten werden können. Die Politik sollte unmißverständlich im Inland wie im Ausland den internen Einstieg begünstigen, nicht die Übernahme.[32] Direkte Absprachen zwischen Firmen sollten gesetzlich verboten werden. Gemeinschaftsunternehmen mit direkter Zusammenarbeit zwischen Konkurrenten müssen strengen Richtlinien genügen, wie an anderer Stelle dieses Kapitels angeführt.

Nachsicht gegenüber Fusionen und Bündnissen (und Monopolen) hat in Ländern wie den Vereinigten Staaten, Italien, Schweden, der Schweiz und Deutschland nicht zu den gewünschten Zielen geführt. Diese Maßnahmen sind Teil eines irritierenden Trends, der den Wettbewerb als »verschwenderisch« oder »übertrieben« ansieht; er hat in den letzten zehn Jahren die Runde gemacht, wie schon einmal in den 30er Jahren. »Verschwenderischer« und »übertriebener« Wettbewerb ist tatsächlich der Kern des nationalen Vorteils. Der einzige in sich stimmige Fall, den Wettbewerb in ausgewählten Situationen aufzuheben, ist der, den Fluß von Ressourcen aus strukturell notleidenden Branchen zu fördern.

Die Kartellgesetze sollten streng sein gegen horizontale Kooperationen und Fusionen; Maßnahmen, die unrentable oder zurückgebliebene Konkurrenten schützen, sollten abgeschafft werden. In der Art wurden Kartellgesetze in den meisten Ländern angewandt. In Japan und Italien etwa werden kleine Einzelhändler vor wirtschaftlicher arbeitenden Ketten geschützt. In den Vereinigten Staaten wurde Eastman Kodak gerichtlich belangt, als die Einführung neuer Produkte eingesessene und potentielle Konkurrenten benachteiligte. Ein Unternehmensverhalten, das Innovationen und Produktivitätswachstum mit sich bringt, wie offensive Investitionen und die Einführung neuer Produkte, sollte nicht abgeschreckt werden, selbst wenn Konkurrenten als Folge davon Marktanteile verlieren.

Kartellgesetze dürfen auch keine Schranke für vertikale Zusammenarbeit zwischen Zulieferern und Kunden sein, die so wesentlich ist für den Innovationsprozeß. Vertikale Aktivitäten sollten grundsätzlich nicht behindert werden, solange sie anderen Wettbewerbern nicht unzulässig den Zugang zu Kunden, Absatzkanälen oder Zulieferern verwehren. Ähnlich sollte die Kartellpolitik sich nicht in die Tätigkeit der Fachverbände einmischen, die mit der Faktorbildung – Ausbildung, Infrastruktur und Forschung – zu tun hat, solange sie andere nicht ausschließt. Was die Fachverbände betrifft, haben die amerikanischen Kartellgesetze die gewünschten Ziele überhaupt nicht erreicht und zur Wirkungslosigkeit der meisten Verbände, was die Erhöhung des nationalen Vorteils betrifft, noch beigetragen. Zu viele Verbände verwenden, da sie nichts anderes zu tun haben, ihre ganze Kraft auf den Lobbyismus.

Regulierung des Wettbewerbs. Die Regulierung des Wettbewerbs durch Maßnahmen wie Aufrechterhaltung eines Staatsmonopols, Überwachung des Zugangs oder Festlegung von Preisen wirkt sich normalerweise gegen die Aufwertung des Wettbewerbsvorteils in einer Volkswirtschaft aus. Sie hat doppelt negative Folgen. Erstens die Lähmung von Wettbewerb und Innovation. Ohne offenen Wettbewerb büßen die Firmen ihre Dynamik ein und kümmern sich nur noch um den Umgang mit den Regulierungsbeamten und die Wahrung ihres Besitzstandes.

Regulierung des Wettbewerbs macht die Branche häufig auch zu einem weniger begehrten Kunden oder Zulieferer, wie schon erörtert. Ein Mangel an Dynamik und Innovation in der Branche kommt in weniger fortschrittlichen und gehobenen Bedürfnissen nach Produktionsmitteln zum Ausdruck, zudem schlägt er sich in der Bereitstellung weniger innovativer neuer Produkte oder Dienstleistungen für die heimischen Kundenindustrien nieder.

Das Land, in dem der Wettbewerb am wenigsten reguliert wurde, war oft der internationale Branchenführer. In der Versicherungsbranche z. B. hat das britische Laisser-faire ein ungewöhnliches Maß an Innovationen ermöglicht, und London hat seine Stellung als internationale Versicherungsmetropole behauptet. Während die Regulierung zum Schutz von Verbrauchern, Arbeitern oder der Umwelt durchaus erstrebenswert ist, ist es die Behinderung neuer Produkte und Verfahren durch einschränkenden Wettbewerb meistens nicht.

Die Aufhebung der Wettbewerbsregulierung und die Privatisierung staatlicher Monopole treiben den nationalen Vorteil im allgemeinen voran. Sie beleben den Wettbewerb und entfalten Nebenwirkungen auf verbundene Branchen. Telekommunikationsdienstleistungen z. B. sind heute in den Vereinigten Staaten nach der Zerschlagung von AT & T ein Tummelplatz für Verbesserungen und Innovationen, trotz einiger früher Bedenken. Doch die Aufhebung der Regulierung und Vorantreibung der Privatisierung werden ohne aktiven *Inlandswettbewerb* keinen Erfolg zeitigen. Eine starke Kartellpolitik ist notwendig, um die gewünschte Wirkung zu sichern. Die Deregulierungs- und Privatisierungsbemühungen in Großbritannien und den Vereinigten Staaten wurden durch – widersprüchliche – Beachtung des Wettbewerbs behindert.

Neben der Regulierung der Branchenstruktur sollten auch staatliche Einschränkungen von Praktiken, die innovationsbedingt sind, unterbunden werden. Beispiele sind Arbeitsgesetze, die die Umbenennung von Stellen erschweren, sowie Auflagen für Unternehmen bei der Standortwahl. Solche Einschränkungen beeinträchtigen die Grundlagen eines dauerhaften nationalen Vorteils. Es müssen andere und bessere Wege gefunden werden, um die sozialen Bedenken anzusprechen, die in derartigen Maßnahmen zum Ausdruck kommen.

Schutz und Inlandswettbewerb. Schutzmaßnahmen in ihren verschiedenen Formen schirmen die Unternehmen vor dem Druck des internationalen Wettbewerbs ab. Protektion wird in allen Ländern praktiziert, auch in den Vereinigten Staaten.[33] Gerechtfertigt wird sie normalerweise mit Hilfe für aufkommende heimische Branchen[34] oder mit der Notwendigkeit einer »Verschnaufpause« für eine bestehende Branche, damit sie sich anpassen kann. Beide Rechtfertigungen meinen zwar kurzfristigen Schutz, im Ergebnis wird er jedoch häufig langfristig gewährt. Unsere Untersuchung hat ergeben, daß Schutzmaßnahmen in der großen Mehrzahl aller Fälle nicht wirken.

Junge Branchen. Der Schutz junger Branchen kann in Ländern wirksam sein, in denen alteingesessene Wettbewerber in einer Branche, in der es starke ausländische Konkurrenten gibt, fehlen. Durch Hinauszögern des Zugangs für die ausländische Konkurrenz können sich vielleicht heimische Wettbewerber etablieren und den sich selbst verstärkenden Prozeß auslösen, der den nationalen »Diamanten« erweitert und aufwertet. Der Schutz einer jungen Branche ist nur in Entwicklungsländern ohne starke industrielle Grundlage gerechtfertigt, und da auch nur in Branchen, in denen ausländische Konkurrenten sich bereits festgesetzt haben.

Doch Protektion ist, selbst wenn sie gerechtfertigt werden kann, eine riskante Politik und nicht oft von Erfolg gekrönt.[35] Sie wirkt nur unter drei Bedingungen. Die erste ist das Vorhandensein eines wirksamen Inlandswettbewerbs. Ausgeprägter Inlandswettbewerb ersetzt internationalen Wettbewerbsdruck. Wettbewerb im eigenen Land und Sättigung des heimischen Marktes lenken die Aufmerksamkeit auf ausländische Märkte. Bei dieser Inlandsstruktur schwächen Schutzmaßnahmen die Anreize für Innovation und Aufwertung nicht ab.

Protektion eines beherrschenden heimischen Unternehmens hat selten einen echten Wettbewerbsvorteil zur Folge. Ohne Wettbewerb wird die geschützte Branche es überhaupt nie so weit bringen, international erfolgreich zu werden. Schutzmaßnahmen hatten in der japanischen und koreanischen Entwicklungsphase nur deshalb einen gewissen Erfolg, weil sie von Inlandswettbewerb begleitet wurden. In beiden Ländern gab es in den geschützten Branchen, die einen Wettbewerbsvorteil erlangten, ständig mehrere potente Wettbewerber. So war es beispielsweise bei Automobilen, Stahl, Werkzeugmaschinen, Elektronik und zahlreichen anderen japanischen Branchen. Seltsamerweise versuchte das MITI, den Zugang zu mehreren wichtigen Branchen zu begrenzen, weil es unpassenderweise darauf bedacht war, Größeneinsparungen zu erreichen und übermäßigen Wettbewerb zu vermeiden. Zum Glück für Japan weigerten sich Unternehmen wiederholt, den Belehrungen des MITI zu folgen.[36] In Korea sind in den meisten bedeutenden Exportbranchen mehrere, wenn nicht alle vier großen Industriegruppen vertreten. Der erbitterte Kampf zwischen diesen Erzrivalen war wesentlich für ihre rasche Innovation und ihren Erfolg im Ausland, wie bereits dargelegt.

Ein erfolgreicher Schutz bedingt als zweites, daß im Land die Voraussetzungen für einen günstigen nationalen »Diamanten« vorhanden sind. Eine Landesbranche wird beim Wettbewerb im Ausland meistens scheitern, wenn sie daheim nicht über geeignete Nachfragebedingungen, einen Bestand an speziellen Faktoren und andere Umstände verfügt, die die Entwicklung dauerhafter Vorteile begünstigen.

Die dritte Voraussetzung für einen erfolgreichen Schutz ist, ihn *zeitlich zu begrenzen*. Jede geschützte Branche leidet am Ende unter dem Mangel an vollständigem Wettbewerb. Schutz wird zu Droge, die süchtig macht. Er fordert außerdem in aller Regel einen Preis in Gestalt politischer Schuldscheine und Auflagen für das Handeln der heimischen Unternehmen. Die Aufmerksamkeit der Firmen wird auf den Inlandsmarkt gelenkt.

Sowohl in Japan wie in Korea sind die erfolgreichen Branchen im allgemeinen die, deren Schutz aufgehoben wurde oder werden soll. Die Unternehmen wurden im voraus unterrichtet, daß dies demnächst geschehen werde, und die Ankündigung wurde in die Tat umgesetzt. Der Zugang ausländischer Konkurrenten setzte häufig einen neuen Innovationsschub frei. Bei Baumaschinen z. B. beherrschte Komatsu den Inlandsmarkt, solange die Firma geschützt wurde, doch ihre Produkte waren schlecht und die Herstellung unwirtschaftlich. Als Caterpillar die Genehmigung zu einem Gemeinschaftsunternehmen mit Mitsubishi erhielt, um in Japan als Wettbewerber aufzutreten, leitete Komatsu eine Phase intensiver Innovation und Aufwertung ein, die das Unternehmen zu einem lebensfähigen globalen Wettbewerber machte.[37]

Die Abschaffung der Protektion kann die Aufwertung der Branche stärken, wenn weniger gehobene Bereiche etwas vor den anderen geöffnet werden. So wurden in Japan die Importbeschränkungen für Werkzeugmaschinen zunächst für Maschinen mit Handbetrieb gelockert, was (zusammen mit anderen Maßnahmen) einen Schritt in Richtung numerisch gesteuerter Anlagen auslöste. Ein derartiges Vorgehen hat allerdings nur dann Erfolg, wenn andere Teile des »Diamanten« die Aufwertung unterstützen.

Zeitlich begrenzte Schutzmaßnahmen durchzuführen setzt ungewöhnliche Unabhängigkeit und Kontinuität in der Politik voraus, und zwar auf der Linie, wie ich sie schon beschrieben habe. In vielen Ländern ist »vorübergehender Schutz« ein Oxymoron.

Verschnaufpause. Schutz gewähren, damit eingeführte Branchen sich anpassen, bringt selten Erfolg. Bei den von uns untersuchten Branchen sind wir auf nur wenige Beispiele gestoßen, in denen ein einmal verlorengegangener Vorteil zurückgewonnen wurde. Das in der Praxis beste Ergebnis bestand darin, daß eine Branche bis auf einen Kern schrumpfte, der überlebensfähig war.

Schutz gewähren, um eine Verschnaufpause zu ermöglichen, spricht nicht die eigentlichen Ursachen des Branchenniedergangs an, die in einem ungünstigen »Diamanten« liegen. Schutz verzögert oft die Umstrukturierung zu Bereichen mit echtem Wettbewerbsvorteil, anstatt sie zu beschleunigen. Er ermöglicht Firmen, in Segmenten zu bleiben, in denen es ihnen an wirklicher Stärke fehlt. Er schiebt die schmerzlichen Veränderungen hinaus, die notwendig sind, um den Wettbewerbsvorteil nach Jahren des Abdriftens wiederherzustellen. Firmen passen sich nur widerwillig an, wenn sie glauben, der Anpassung mit Hilfe des Staates ausweichen zu können. Schutzmaßnahmen, die an einen Anpassungsplan gebunden sind, sind im allgemeinen unpraktisch, weil ein durch einen politischen Prozeß entstandener Anpassungsplan nicht die Pleiten und den drastischen Kapazitätsrückgang einschließt, die im Grunde gebraucht werden.

Protektion hält sich wahrscheinlich in offener wie in versteckter Form weit über den

Punkt hinaus, an dem sie eigentlich hätte enden sollen. Die Automobilindustrie der USA bietet dazu ein anschauliches Beispiel. Ihr fehlt noch immer ein klarer Wettbewerbsvorteil, und die Gewinne hängen noch immer stark von der »freiwilligen Selbstbeschränkung« der Japaner ab. Die US-Halbleiterindustrie geht den gleichen beunruhigenden Weg: zuerst eine ordentliche Vertriebsvereinbarung, um sich gegen Importe zu schützen; als nächstes die Absegnung und staatliche Subventionierung von Sematech, einem Gemeinschaftsprojekt über Produktionstechnologie; und jüngst ein Versuch zur Gründung eines Firmenkonsortiums, um tatsächlich unter Freistellung von den Kartellgesetzen Speicherchips herzustellen. Japan zeigt es noch deutlicher. Das MITI hat Dutzende von »Umstrukturierungs-« und »Rezessionskartellen« eingerichtet. Nur wenige haben es bis zu einer international wettbewerbsfähigen Branche gebracht.

Kooperation zwischen Unternehmen. Das Interesse an zwischenbetrieblichen Kooperationsvorhaben verschiedenster Art zur Steigerung der Wettbewerbsfähigkeit nimmt zu, im allgemeinen mit dem Hinweis, doppelte Anstrengungen zu vermeiden und Größeneinsparungen zu erzielen. Einige Formen der Zusammenarbeit sind zwar nützlich, viele dagegen nicht. Eine Kooperation zwischen direkten Konkurrenten untergräbt den Wettbewerbsvorteil in der Regel langfristig. Sie verringert die Anreize, schwächt den Wettbewerb und verlangsamt so am Ende den Fortschritt. Sie begrenzt die Erforschung alternativer Methoden. Kooperation deutet auf Fusion hin. Sie leistet dem Ruf nach Protektion Vorschub. Direkte Zusammenarbeit ist nicht nur gefährlich für die Rechtsordnung, sondern oft auch eine schlechte Strategie (siehe Kapitel 2 und 11). Die gemeinsame Produktion führender Wettbewerber sollte verboten werden wie auch die meisten Formen direkter Kooperation zwischen Branchenführern.
Indirekte Zusammenarbeit, bei der gemeinsame Bemühungen unter Einbeziehung von Wettbewerbern durch unabhängige Organisationen erfolgen, können unter bestimmten Umständen nützlich sein. Ich habe die Bedingungen bereits erörtert, unter denen gemeinsame Forschung und Entwicklung durch unabhängige Organisationen angemessen ist. Kooperation durch Fachverbände zum Zweck der Faktorbildung ist ebenfalls wünschenswert: in Gestalt von Ausbildungszentren, spezieller Infrastruktur und der Förderung universitärer Forschungszentren. Wie bei der gemeinsamen Forschung und Entwicklung sollten solche Bemühungen über eine unabhängige Organisation erfolgen, zu der die Mehrheit der Unternehmen Zugang hat. Auch branchenweite Projekte können eine Rolle spielen, etwa das Organisieren von Fachmessen und die Absatzförderung auf Auslandsmärkten. Wirksame Fachverbandsarbeit zur Faktorbildung und Marktentwicklung gibt es verbreitet in Deutschland, Italien, Japan und anderen Ländern. Optimal ist die Struktur, in der Gemeinschaftsaktivitäten unabhängig geleitet werden und exakt umrissen sind, damit die Beteiligten nicht unterschiedlich motiviert werden. Gleichzeitig müssen Unternehmen mit Nachdruck über die Produktentwicklung, die Preisgestaltung und andere Aspekte der Strategie Wettbewerb betreiben.
Schließlich ist auch die vertikale Kooperation (Kunde – Zulieferer) für den nationalen Vorteil günstig, solange nicht ein oder zwei Firmen Verbindungen eingehen, die alle anderen ausschließen. Die vertikale Kooperation ist wesentlicher Bestandteil des

Innovationsprozesses. Die gemeinschaftliche Produktion hingegen ist im allgemeinen abträglich für den Wettbewerbsvorteil, denn sie schränkt die Investitionen sowohl in die Kapazität als auch in die Verfahrenstechnologie ein und neigt dazu, den Wettbewerb in anderen Bereichen zu bremsen.

Neugründungen

Neugründungen sind wesentlich für die Aufwertung des Wettbewerbsvorteils in einer Volkswirtschaft. Die neuen Wettbewerber setzen neue Technologien ein, beliefern neue Segmente, sorgen für benötigte Produktionsmittel oder bieten spezielle Dienstleistungen an. Verwandte Diversifizierer, die, aus einem anderen Geschäft kommend, in ein neues Geschäft einsteigen, wenden neue Kenntnisse und Mittel im Branchenwettbewerb an, die häufig die Innovation anspornen. Neugründungen sind für die wechselseitige Stärkung des nationalen »Diamanten« und für die Bildung von Clustern wesentlich.

Neugründungen sind nicht nur für den Aufwertungsprozeß in einer Wirtschaft essentiell, sondern schwächen auch einige gefährliche Kräfte ab, die den wirtschaftlichen Fortschritt schädigen. Neugründungen sind notwendig, damit Arbeitsplätze ersetzt werden, die in etablierten Branchen und Branchensegmenten bei der Verbesserung der Produktivität freigesetzt worden sind. Wenn die Gründung neuer Betriebe ins Stocken gerät, können die Aussichten auf neue Arbeitsplätze sich verschlechtern und die Arbeiter und ihre Gewerkschaften entsprechend scharf reagieren. Bei einem Überangebot an Arbeit und geringeren Lohnsteigerungen sind die Unternehmen weniger geneigt, in die Verbesserung der Qualifikation der Arbeiter und die Steigerung der Produktivität zu investieren. Der Staat wird zu schlechten Maßnahmen gezwungen, die zu Lasten eines langfristigen Wettbewerbsvorteils kurzfristig Arbeitsplätze schützen. Auslandsinvestitionen zur Globalisierung von Strategien werden abgeschreckt, Subventionen fließen in bedrohte Sektoren, und etablierte Branchen sichern sich erfolgreich Schutz vor dem Auslandswettbewerb.

Die staatliche Politik beeinflußt Neugründungen indirekt durch ihre Auswirkungen auf die Ziele, wovon schon die Rede war. Der vielleicht wichtigste einzelne Bestimmungsfaktor unternehmerischen Handelns ist die Bereitschaft, Risiken einzugehen. Das ist nicht nur eine Frage der Belohnung des Erfolgs, sondern auch der Einstellung zum Scheitern. Die Vereinigten Staaten und Italien wurden damit gesegnet, Scheitern nicht als Stigma zu empfinden. In Deutschland, der Schweiz, Großbritannien und Singapur wird Scheitern dagegen fast als persönliche Katastrophe betrachtet. Der Staat kann bei der Gestaltung solcher Haltungen nur eine bedingte und duldende Rolle spielen.

Neugründungen können ohne eine starke Bereitschaft zum Wettbewerb nicht gedeihen. Maßnahmen, die etablierte Wettbewerber schützen, sollten abgeschafft werden. Der interne Einstieg muß den Vorzug vor Fusionen haben.

Eine andere wesentliche Zutat bei der Neugründung sind Ideen. Ständige Investitionen des Staates auf allen Ebenen, in technische Hochschulen und Universitäten und auch in universitäre Forschungsvorhaben, die mit solchen Institutionen verbunden sind, können eine wichtige Rolle bei der Gründung neuer Firmen und Branchen spielen. Regeln über die Behandlung von Patenten und Fakultätsaktivitäten an Universitäten sollten diesen Prozeß nicht abschrecken. In Japan z. B. sind Richtlinien für die Betätigung von Fakultätsmitgliedern – im Vergleich zu anderen Ländern – lästig, und Neuanfänge, die aus der Universitätsforschung hervorgehen, sind relativ selten.

Ein anderer wesentlicher Bestandteil bei Neugründungen ist das Kapital. Die direkte staatliche Bereitstellung von Risikokapital oder Subventionen für neue Unternehmen ist für gewöhnlich wirkungslos. Bürokratismus und die Unfähigkeit, gute Projekte auszuwählen, führen zu schlechten Entscheidungen. Privates Risikokapital durch steuerliche Anreize für langfristige Kapitalerträge zu mobilisieren ist eine weit bessere Lösung, weil mit größerer Wahrscheinlichkeit ein Markttest angewandt wird. Die Verfügbarkeit von Risikokapital führt nicht zu erfolgreichen Neugründungen; andere Teile des nationalen »Diamanten« sind jedoch günstig.

Staatliche Politik muß schließlich auch für die Realität, was es heißt, eine neue Firma zu gründen, empfänglich sein. Regulierungen und Auflagen können kleinen Firmen eine besonders schwere Last aufbürden. Fortschrittliche Regelungen für neue Unternehmen und Hilfe beim Aufspüren der Infrastruktur sind durchaus erwünscht.

Handelspolitik

Der nationale Wettbewerbsvorteil schlägt sich nur dann ganz in steigender Produktivität nieder, wenn die Unternehmen eines Landes Zugang zu Auslandsmärkten haben. Ein vorrangiges Ziel für den Staat sollte es sein, sich nachdrücklich für einen freien Marktzugang in jedem anderen Land einzusetzen. Handelspolitik sollte nicht nur passiv auf Klagen oder auf jene Branchen reagieren, die den größten politischen Einfluß aufbringen können, sondern muß versuchen, die Märkte zu öffnen, wo immer ein Land einen Wettbewerbsvorteil hat. Ähnlich sollten Verhandlungen nicht erst eine Geschichte des Schadens nötig haben oder sich überwiegend notleidenden Branchen zuwenden, sondern sich gleichermaßen mit aktuellen oder beginnenden Problemen befassen.

Ziel der Handelspolitik sollte es sein, Märkte zu öffnen und ungerechte Praktiken abzuschaffen, nicht heimische Wettbewerber zu schützen. Richtlinien für Interventionen sollten von offenkundig ungerechten Praktiken ausgehen oder von einer im Vergleich zu anderen Ländern verzerrten Handelsstruktur. Schlechte finanzielle Ergebnisse heimischer Firmen sind ein unzureichendes Kriterium, denn sie können Ausdruck fehlender Innovation und Dynamik sein, nicht unbedingt Ausdruck eines unlauteren ausländischen Wettbewerbs.

Abhilfe sollte sich auf den Abbau der Hindernisse konzentrieren, nicht auf die direkte Regulierung der Ex- oder Importe. Absprachen über einen geregelten Markt oder freiwillige Beschränkungen der Art, daß Märkte aufgeteilt oder definitiv kartelliert werden, sind gefährlich, unwirksam und für die Verbraucher oft extrem teuer.[38] Das sind auch andere spezifische Mengenziele für Ex- oder Importe, die zur Folge haben, daß unwirtschaftlichen Unternehmen ein Markt garantiert wird, anstatt daß der Staat die Innovation in der betreffenden Landesbranche fördert.

Auch das Dumping steckt voller Gefahren. Zu oft wird es, wie immer häufiger in den

Vereinigten Staaten, zur Schwächung des Preiswettbewerbs und zum Schutz unrentabler Firmen eingesetzt. Dumpingstrafen sollten nur verhängt werden, wenn fortlaufend zu Preisen unter den variablen Kosten verkauft wird.

In einigen fortschrittlichen Ländern besteht eine zunehmende Tendenz zum »gelenkten« Handel, bei dem über Mengenziele eine Aufteilung der Märkte angestrebt wird. Der Exporterfolg und die geringen Importe Japans sind die Hauptrechtfertigungen. Der gelenkte Handel ist ein kartellierter Handel, er verlangsamt die Aufwertung von Branchen und Volkswirtschaften. Die Importe Japans steigen rasch, und der ständige Druck auf das Land, die Importe durch andere Verfahren zu erhöhen, ist sehr viel wirksamer.

Ausgleichszölle, die Unternehmen aus dem regelwidrigen Land strafen, egal wo die Waren tatsächlich hergestellt werden, sind ein weit besseres Mittel gegen unlautere Handelspraktiken als Mengenbeschränkungen. Ein anderes Mittel, das bei der zunehmenden Globalisierung des Wettbewerbs an Bedeutung gewinnt, besteht darin, Firmen aus den regelwidrigen Ländern auszuschließen von Investitionen in Form von Übernahmen oder Produktionsanlagen im Land. Das verhindert, daß Firmen aus dem regelwidrigen Land unlautere Handelspraktiken ummünzen in eine gute Position in dem Land, das weitgehend frei von den Zwangsmitteln ist.

All diese Mittel des unlauteren Wettbewerbs bergen jedoch die Gefahr, daß zurückgeschlagen wird. Es ist schwer, Mittel zu finden, die den heimischen Firmen nicht die Anreize zum Innovieren und Exportieren nehmen und die heimischen Kunden zumindest zeitweise nicht belasten. Ziel der Mittel ist also nicht, daß sie zur Dauereinrichtung werden, sondern daß sie Anpassungen bewirken, die ihre möglichst schnelle Abschaffung ermöglichen. Jede Maßnahme sollte einen Selbstauflösungsprozeß enthalten, damit die politischen Zwänge, die sie zur Dauereinrichtung machen wollen, abgeschwächt werden. Für erfolgreiche Verhandlungen in der komplexen Welt des internationalen Handels braucht ein Land erstklassige Leute, die ihr Fach beherrschen. Japan und Korea schicken ihre erste Garnitur, während die Vereinigten Staaten alle zwei Jahre einen Neuernannten entsenden. Es muß auch eine für Handelsgespräche verantwortliche Stelle geben, die für den obersten Regierungsbeamten des Landes spricht, wie es sie außer in den USA in den meisten Ländern gibt. Die Handelsgesetze sollten so geschaffen sein, daß sie den Vertretern des Landes ein Maximum an Verhandlungsmacht geben. Der Zugang zu den landeseigenen Märkten ist bei Verhandlungen das einzige wirkliche Druckmittel, und dieses Mittel muß gezielt eingesetzt werden. Die politische Realität im Ausland bedeutet, daß ernst zu nehmende Drohungen unerläßlich sind.

Ausländische Investitionen im Land

Die Politik gegenüber Investitionen ausländischer Unternehmen war lange eine Angelegenheit des Staates. Sie wirft Fragen der nationalen Souveränität und der Auswirkungen auf die Industrie eines Landes auf. Auslandsinvestitionen sind Ausdruck des globalen Wettbewerbs und der Notwendigkeit globaler Strategien; sie können Teil des Prozesses sein, mit dem eine Volkswirtschaft ihre Produktivität verbessert. Ausländische Investitionen, die überwiegend den passiven Besitz von

Firmen eines Landes umfassen, werfen für die Politik kaum Fragen auf. Hier ist das Land noch der heimische Stützpunkt, und die Nationalität des Besitzers an sich hat wenig Einfluß auf die wirtschaftliche Aufwertung.[39] Wo ausländische Investitionen die Form von Produktionsanlagen oder Übernahmen heimischer Firmen annehmen, die in Absatz- oder Produktionszweige umgewandelt werden, ist das ein Zeichen dafür, daß Auslandsfirmen einen Wettbewerbsvorteil in der Branche besitzen. Hier erhöhen die ausländischen Investitionen immer noch die Produktivität des Landes, weil sie Verbesserungen durch heimische Unternehmen anregen und die weniger leistungsfähigen Konkurrenten verdrängen.

In fortschrittlichen Ländern sollten Eingriffe in Auslandsinvestitionen nur in zwei Fällen erfolgen. Erstens dort, wo sie den gesunden Wettbewerb bedrohen, etwa wenn ein bedeutender ausländischer Wettbewerber ein führendes heimisches Unternehmen erwirbt. Zweitens dort, wo für die Branche der Zugang zum Markt im Heimatstaat des Auslandsunternehmens beschränkt ist oder das Land nach internationalen Regeln unlautere Handelspraktiken oder Investitionen vornimmt. Wo es Handelsverzerrungen gibt, benachteiligt eine Einschränkung der Investitionsmöglichkeiten ausländischer Unternehmen letztere nicht nur, sondern spornt sie auch an, bei der Abschaffung der inkriminierten Praktiken mitzuhelfen, was ein wünschenswertes Ergebnis ist.

Eingriffe zur Beschränkung ausländischer Investitionen in einem Land werden normalerweise zwar nicht gutgeheißen, doch können umfassende Auslandsinvestitionen eine wichtige Botschaft vermitteln. Außer wenn sie weitgehend passiv sind, zeigen sie nämlich im allgemeinen an, daß der Prozeß der Wettbewerbsaufwertung in einer Volkswirtschaft *nicht ganz gesund* ist, weil den heimischen Unternehmen in vielen Branchen die Fähigkeit fehlt, ihre Marktposition gegen ausländische Firmen zu verteidigen. Großbritannien hat z. B. Ende der 80er Jahre eine Woge ausländischer Investitionen erlebt. Ein beträchtlicher Teil davon ging, angelockt durch niedrige Löhne, in weniger anspruchsvolle Tätigkeiten, z. B. die Montage. Obwohl die entstandenen Arbeitsplätze ein Beitrag zur britischen Wirtschaft sind, ist der Umfang der Auslandsinvestitionen doch ein Zeichen dafür, daß die Aufwertungsrate der britischen Industrie hinter der anderer fortschrittlicher Länder zurückbleibt. Die gleichen Bedenken lassen sich, wenn auch nicht so extrem, über die Vereinigten Staaten äußern.

Ins Land strömende Auslandsinvestitionen sind nie eine Lösung für die Wettbewerbsprobleme dieses Landes. Eingriffe führen zwar, außer unter den genannten Umständen, nicht zum gewünschten Ziel, doch sind umfassende Auslandsinvestitionen ein Zeichen, daß politischen Initiativen in Richtung Industrie hohe Priorität eingeräumt werden muß.

Staatliche Politik und die Entwicklungsstadien des Wettbewerbs

Die geeignete staatliche Industriepolitik verändert sich mit den einzelnen Entwicklungsstadien des Wettbewerbs, die das betreffende Land durchläuft. Die verschiedenen Maßnahmen müssen zu jeder Zeit miteinander übereinstimmen und die Eigenart des Wettbewerbsvorteils in der Industrie eines Landes wiedergeben.

Den größten *direkten* Einfluß auf den nationalen Vorteil hat der Staat in den faktor- und investitionsbedingten Stadien. Die ihm zur Verfügung stehenden Instrumentarien wie Kapital, Subventionen und vorübergehender Schutz sind in diesen Entwicklungsstadien des nationalen Wettbewerbs äußerst wirksam. Im Anfangsstadium muß der Staat auch die Führung bei der Faktorbildung übernehmen: zu Ersparnissen oder Kreditaufnahme im Ausland animieren, um Kapital zu bilden, Bildung und Infrastruktur aufwerten und die Entwicklung einer technologischen Basis in die Wege leiten.

In diesem Stadium kann der Staat eine wichtige Rolle etwa auf folgenden Gebieten spielen: knappes Kapital in ausgewählte Branchen lenken, die Risikobereitschaft durch explizite oder implizite Hilfsgarantien fördern, den Erwerb ausländischer Technologie anregen und beeinflussen und vorübergehenden Schutz gewähren, um einen Einstieg zu unterstützen, der zu Inlandswettbewerb und zum Bau moderner Anlagen führt. Auch die Rolle des Staates, die Industrie zur Aufwertung herauszufordern und zu ermahnen, ist äußerst wichtig, wie der Fall Japan und der Fall Korea zeigen. Abwertung oder Interventionen, um die Wechselkurssteigerungen zu bremsen, sind nur im Anfangsstadium vorteilhaft, wenn die Unternehmen eines Landes beim Vorstoß auf die Auslandsmärkte noch auf den Preiswettbewerb angewiesen sind. Früh im Entwicklungsprozeß ist der Staat oft eine treibende Kraft, wenngleich er ohne aktiven Inlandswettbewerb und ohne investitionsfördernde Ziele der Unternehmen wie der Individuen keinen Erfolg hätte.

Sobald das Land jedoch danach strebt, vom frühen investitionsbedingten zum innovationsbedingten Stadium aufzusteigen, müssen die Unternehmen vermehrt zur treibenden Kraft werden. Sie müssen die Entscheidung über den Einstieg in neue Geschäfte treffen und die Freiheit haben, weltweit Wettbewerb zu betreiben. Unternehmen und Bildungseinrichtungen, die unabhängig handeln, müssen bei der Faktorbildung ebenfalls eine größere Rolle spielen. Gleichzeitig müssen die öffentlichen Kapitalmärkte und ein unabhängiges und wettbewerbsfähiges Bankensystem in den Mittelpunkt der Kapitalbildung rücken, um sicherzustellen, daß Kapital reichlich und zügig in erfolgversprechende Sektoren fließt.

Die Rolle des Staates muß fast ausschließlich *indirekt* werden. Seine frühen Werkzeuge verlieren an Wirksamkeit und können durchaus das Gegenteil bewirken. Eine Abwertung kann z. B. dem Prozeß der Wirtschaftsaufwertung zuvorkommen. Zeitlich begrenzter Schutz für Unternehmen, die bereits gut eingeführt sind, kann der Abhängigkeit Vorschub leisten und zu einer Dauereinrichtung werden, was fast dafür garantiert, daß die Wirtschaft keine Fortschritte macht. Benötigt werden sehr spezielle Faktoren. Eine starre, zentrale Kontrolle in Bereichen wie Bildung und Forschung kann die Bereitschaft und den speziellen Zuschnitt auf einzelne Branchen- und lokale Erfordernisse lähmen.

Die Hauptaufgabe des Staates im innovationsbedingten Stadium heißt, ein Umfeld zu schaffen, in dem Unternehmen innovativ und dynamisch sind und bleiben. Seine Rolle muß sich wandeln vom Akteur und Entscheidungsträger zum Helfer, Signalgeber und Antreiber. Eingriffe müssen drastisch zurückgehen. Der bedeutendste Einfluß des Staates in diesem Stadium liegt im Schaffen fortschrittlicher Faktoren, in der Aufwertung der Nachfragebedingungen (wie durch das Festlegen zwingender Anforderungen und durch Anhebung der Ambitionen etwa bei der Gesundheitsfürsorge und der Umweltqualität), in der Entflechtung wirtschaftlicher Macht, der Sicherung des Wettbewerbs und dem Setzen von Zeichen. Kartellgesetze, seinerzeit vielleicht nicht so notwendig, als die heimischen Konkurrenten sich noch darum bemühten, Fuß zu fassen, werden unentbehrlich.

Der internationale Erfolg eines Landes schafft selbst einige der Instrumentarien ab, die dem Staat in frühen Stadien zur Verfügung stehen. Zugang zu Auslandsmärkten zu erhalten erfordert letztlich ein wechselseitiges Verhalten, was die Möglichkeiten für einen vorübergehenden Schutz begrenzt. Die internationale Staatsbürgerschaft verlangt andere, neue Verhaltensnormen. Zur gleichen Zeit, da die Unternehmen eines Landes größer und globaler werden, werden sie auch weniger von makroökonomischen Faktoren berührt und sind nicht mehr so zugänglich für staatliche Einflüsterungen. Die bloße Breite und Komplexität der Wirtschaft und die gegenseitigen Abhängigkeiten unter den Branchen schließen einen erfolgreichen Versuch beim Mikromanagement aus.

Wenn sich die nationale Politik gegenüber der Industrie nicht ändert, sobald sich ein Land der Schwelle zu einem fortgeschritteneren Stadium nähert, wird die Aufwertung der Industrie verzögert oder blockiert. Dieser Grundsatz wurde von vielen Landesregierungen verletzt; sie waren entweder nicht bereit, ihre Macht und ihren Einfluß auf die Industrie aufzugeben, oder sie verstanden nicht, daß frühere Maßnahmen kontraproduktiv werden, wenn Unternehmen nach höherrangigen Wettbewerbsvorteilen streben. Der Kreislauf Schutz – Abwertung – Subventionen ist schwer zu durchbrechen.

Die staatliche Politik muß sich entwickeln, um die Bedürfnisse einer aufgewerteten Industrie vorwegzunehmen. Der Staat muß in vieler Hinsicht den meisten Unternehmen *voraus* sein, um ihnen Fortschritte zu ermöglichen und sie dazu anzuregen. Der politische Druck, mit den alten Maßnahmen weiterzumachen, ist allerdings stark, zumal sich die Unternehmen an sie gewöhnt haben (und viele dabei reich geworden sind).

Bestimmung

Ich habe bisher eine Vielzahl politischer Bereiche behandelt, die eine Beziehung zur Industrie haben, aber ein wichtiges Thema noch nicht erwähnt, das in den letzten Jahren bei Debatten über Industriepolitik ganz vorne lag: Bestimmung. Bestimmung ist der Vorgang, gewisse Wirtschaftszweige für eine Unterstützung und Entwicklung zu bestimmen. Das steht in Widerspruch zu dem Gedanken, der Staat habe die Aufgabe, ein Umfeld zu schaffen, in dem jedes Unternehmen aus jeder Branche die Möglichkeit zum Aufstieg hat. Von Japan, Korea und anderen Ländern wird häufig behauptet, sie praktizierten Bestimmung, was in nationalen Wirtschaftsplänen zum Ausdruck komme, die einige Branchen als vorrangig bezeichnen.

Bestimmung ist keine Einzelmaßnahme, sondern umfaßt ein Bündel von Maßnahmen, zu denen oft Subventionen, gezielter Schutz und Kapitallenkung gehören. Die Bestimmung eines Landes unterscheidet sich jedoch oft von der eines anderen. Bestimmung, die zu tun hat mit staatlichen Weißbüchern, Investitionen in spezielle

Bildungseinrichtungen, Forschungsmöglichkeiten an Universitäten und der Förderung von Messen, könnte *indirekte Bestimmung* genannt werden. Es ist etwas völlig anderes als *direkte Bestimmung*, bei der es um Eingriffe in Gestalt von Subventionen, Schutzmaßnahmen und gemakelter Marktaufteilung oder Fusionen geht.

Jedes Land praktiziert stillschweigend irgendeine Art von Bestimmung, ob es sich nun dazu bekennt oder nicht. Staatliche Programme neigen zwangsläufig zu bestimmten Branchen, zu anderen weniger. In den Vereinigten Staaten z. B. stellt die Rüstungsforschung der Bundesregierung praktisch eine Hilfe für einige Branchen dar, für andere nicht. Die Frage lautet daher nicht, ob eine Bestimmung stattfindet, sondern wie ein Land damit zurechtkommt.

Bestimmung entstellt Marktsignale dadurch, daß sie die Anreize für Privatunternehmen verändert, sich in einer Branche dem Wettbewerb zu stellen. Durch Bereitstellen von Kapital, Aufblähen der Inlandsnachfrage u. ä. verbessert die staatliche Politik die erwarteten Erträge. Bestimmung signalisiert auch das Vertrauen des Staates in die Zukunftsaussichten der betreffenden Branche sowie seine stillschweigende Zusicherung, sie zu unterstützen. Das zieht häufig privates Kapital von Banken und anderen Quellen an. Die bloße Tatsache, daß der Staat eine Branche als vorrangig bestimmt, kann genügen, private Anreize umzulenken, auch ohne jede direkte staatliche Hilfe.

Ob Bestimmung vernünftig ist, hängt von der besonderen Mischung der Maßnahmen ab, die eingesetzt werden. Dauersubventionen, Schutz ohne Inlandswettbewerb und garantierte staatliche Abnahme mittelmäßiger heimischer Produkte schlagen fehl. Sie sind schlicht ein ungeeigneter politischer Ansatz, egal in welchem Entwicklungsstadium sich die Industrie eines Landes befindet.

Wie geeignet die Bestimmung ist, hängt auch von der Wahl der Branchen und dem Entwicklungsstadium des nationalen Wettbewerbs ab. Eine offene Bestimmung ist riskant, weil sie impliziert, die Umverteilung der Ressourcen in ausgewählte Branchen käme der Wirtschaft insgesamt zugute. Das ist keineswegs sicher. Die koreanische Bestimmung hat beispielsweise die Ressourcen hin zu wenigen großen Industriegruppen verlagert und dadurch zwangsläufig die Unternehmer in vielen hoffnungsvollen Branchen bedrängt.

Offene Bestimmung verlangt auch die Auswahl von Branchen, in denen die grundlegenden Bestimmungsfaktoren des nationalen Wettbewerbsvorteils vorhanden sind oder entwickelt werden können. Selbst die erfolgreichsten Bestimmungsexperten können bestenfalls gemischte Ergebnisse vorweisen. Korea ist es z. B. in fast allen chemischen und Maschinenbranchen schlecht ergangen, obwohl sie mit Hilfe nationaler Wirtschaftspläne ausgesucht worden waren. In diesen Branchen erwiesen sich die politischen Druckmittel des Staates als unerheblich für den Wettbewerbsvorteil, der stärker von hochspezialisierter Technologie, Kenntnissen über Anwendungsmöglichkeiten anspruchsvoller Benutzer und Kundenbeziehungen abhängig war. Die Arbeitskosten fielen vergleichsweise kaum ins Gewicht, und die internationalen Wettbewerber besaßen bereits leistungsfähige Fabriken von Weltrang. Erfolgreicher war die koreanische Bestimmung dagegen in Branchen wie Schiffsbau und Stahl, wo niedrige Arbeitskosten und massive Investitionen in moderne Anlagen entscheidende Vorteile brachten, angesichts der Arbeitsintensität dieser Branchen und angesichts der veralteten Kapazitäten der amerikanischen wie der europäischen Konkurrenten. Auch Japan hat, wie schon erwähnt, durchwachsene Ergebnisse bei der Bestimmung vorzuweisen.

Wenn der Staat, vor allem durch direkte Bestimmung, Marktsignale verzerrt, kann er nicht darauf bauen, daß die Unternehmen nur in von Grund auf gesunde Branchen investieren. Damit ruht die Last auf den staatlichen Planern, die die differenzierten Bedingungen für den nationalen Vorteil verstehen müssen. Da viele Staaten diese Entscheidungen auf das falsche Modell gründen, nämlich eins, das von Faktorkosten oder Größeneinsparungen bestimmt wird, sind die Ergebnisse nur allzu vorhersehbar. Ein Land nach dem andern drängt sich in die gleichen Branchen und die gleichen preisanfälligen Marktsegmente, baut riesige, subventionierte Werke und schafft zusätzliche Überkapazität.[40] Ein weiteres Problem bei der direkten Bestimmung besteht darin, daß sie, einmal angelaufen, nur schwer zu stoppen ist. Die Branchen gewöhnen sich an die Unterstützung und wollen sie beibehalten. Das trifft besonders für die Länder zu, in denen das politische System Interessengruppen ermöglicht, beträchtlichen Einfluß auszuüben.

Die direkte Bestimmung hat wahrscheinlich nur in dem Stadium Erfolg, in dem ein Land einen investitionsbedingten nationalen Vorteil besitzt. Die bei der Bestimmung beteiligten Maßnahmen können, richtig angewandt, die Grundlagen des Wettbewerbsvorteils in diesem Stadium in ausgewählten Branchen erheblich beeinflussen. In ihrer direktesten Form gelingt es der Bestimmung jedoch nicht, einer Wirtschaft zu einem innovationsbedingten Vorteil zu verhelfen, weil sie nicht die wirklichen Bestimmungsfaktoren des Vorteils anspricht. Die Politik muß sich auf sehr viel indirektere Formen staatlicher Hilfe verlegen, die Bemühungen *jeder* Branche unterstützen soll, ihre Nachfragebedingungen, das Arbeitskräftepotential und das wissenschaftliche Fachwissen aufzuwerten. Der Staat hat zudem die legitime und wichtige Aufgabe, die Entwicklung bestimmter Fähigkeiten oder Technologien zu fördern, die für die Aufwertung in *einer größeren Zahl von Branchen* wichtig sind. Die japanische Politik hat diese Umschichtung bereits weitgehend vollzogen, während viele Beobachter sie noch als ein Beispiel für den Erfolg der direkten Bestimmung werten.

Staatliche Politik in Entwicklungsländern

Mein Hauptaugenmerk lag zwar auf relativ fortschrittlichen Ländern, doch lassen sich die Grundsätze ebenso auf Entwicklungsländer anwenden. Es liegt sehr viel Material vor zu diesem Thema, das ich hier nicht vollständig oder erschöpfend abhandeln kann. Das Folgende sollte als einige allgemeine Beobachtungen angesehen werden, die die Folgerungen meiner Theorie für die frühen Stadien des Entwicklungsprozesses darstellen. Ich konzentriere mich hier auf Entwicklungsländer, soweit sie einen grundlegenden Entwicklungsstand erreicht haben und ein gehobeneres Niveau anstreben.

Die Hauptaufgabe, vor der die Entwicklungsländer stehen, besteht darin, sich der Zwangsjacke des faktorbedingten nationalen Vorteils zu entziehen (Kapitel 10). Ein Wettbewerbsvorteil in Entwicklungsländern stellt sich meistens ausschließlich in Branchen ein, in denen Rohstoffe, billige Arbeitskräfte, standortbedingte Faktoren und andere Basisfaktorvorteile eine anfällige und oft unbeständige Fähigkeit zu Exporten bieten. Die Abhängigkeit von solchen Branchen, in denen die Exporte unweigerlich preisempfindlich sind, macht ein Land für Schwankungen des Wechselkurses und der Faktorkosten anfällig. Viele dieser Branchen wachsen außerdem nicht, da die Ressourcenintensität der fortgeschrittenen Volkswirtschaften abnimmt und die Nachfrage anspruchsvoller wird.

Wettbewerb in solchen Branchen bedeutet letztlich, daß die Entwicklungsländer am meisten unter protektionistischen Maßnahmen in den entwickelten Ländern leiden. Durch Aufhebung der Handelsbeschränkungen in Sektoren wie Textilien und Landwirtschaft, denen viele Branchen angehören, die in einem Entwicklungsland die Exportbranchen der ersten Stunde sein sollten, täten die fortschrittlichen Länder wahrscheinlich mehr Gutes als mit allen Auslandshilfeprogrammen zusammen.[41]

Wenn es den Fortschritt will, steht das Entwicklungsland vor der beängstigenden Aufgabe, alle vier Teile des nationalen »Diamanten« so weit aufzuwerten, daß es die Schwelle erreicht, die für den Wettbewerb in fortschrittlichen Branchen erforderlich ist. Tatsächlich enthält meine Theorie eine weit beängstigendere Bedrohung für ein Entwicklungsland als ein Modell, das sich wesentlich auf Faktorkosten, Faktorqualität und Größeneinsparungen stützt. Die gegenseitige Abhängigkeit der Bestimmungsfaktoren, die ich hervorgehoben habe, bedeutet, daß der Schwächste das Entwicklungstempo bestimmt. Die Bildung fortschrittlicher Faktoren besitzt vielleicht die höchste Priorität. Bildung, standortbedingte technische Fähigkeiten, eine Informationsbasis und moderne Infrastruktur sind Voraussetzungen. Das investitionsbedingte Stadium bietet einen Ansatz zur Beschleunigung der Entwicklung; in Japan und Korea war er sehr erfolgreich.[42]

Doch für eine Weiterentwicklung sind anspruchsvolle Inlandsnachfrage und unterstützende Branchen notwendig. Länder wie Japan, Italien und Korea haben eine alte Kultur und Geschichte, die eine Grundlage für Vorteile auf der Nachfrageseite bilden; für die meisten Entwicklungsländer trifft das nicht in dem Maße zu. Die Veränderungen in der Technologie bedrohen, wie schon geschildert, die traditionelle Rolle der Entwicklungsländer, Waren anzubieten, die ehemals arbeits- und rohstoffintensiv waren.

Gegenwärtig zeichnen sich für die Entwicklungsländer zwei hoffnungsvolle Veränderungen ab. Zum einen der Vormarsch völlig neuer Technologien, wie der Elektronik und neuer Werkstoffe, die immer neue Produkte und Branchen hervorzubringen versprechen. Zum andern die Verlangsamung oder gar der Rückgang beim Bevölkerungswachstum in den Industrienationen, was bedeutet, daß diese Engpässe auf der Personalseite Gelegenheiten in den Entwicklungsländern schaffen.

Dies ist zwar nicht der Ort, näher auf die Maßnahmen zur Gestaltung von Entwicklungsländern einzugehen, aber aus meiner Theorie ergaben sich doch einige wichtige Fragen. Viele der gleichen Überlegungen lassen sich ohne weiteres auf das Problem eines Staates oder einer Region anwenden, die ihre Wirtschaft aufzuwerten suchen.

Markt- oder Planwirtschaft

Die Bestimmungsfaktoren des nationalen Vorteils führen zu pessimistischen Aussichten für die zentrale Planwirtschaft. Ihr fehlen viele der wichtigsten Elemente des »Diamanten«. Sie hat nur einige wenige Mechanismen zur Bildung spezieller Faktoren. Einschränkungen bei den Entscheidungen des Kunden verhindern den Druck einer anspruchsvollen Nachfrage. Das Fehlen des Wettbewerbs unterbindet weitgehend den Austausch mit verwandten und unterstützenden Branchen. Mangelnde Motivation und der eingeschränkte Informationsfluß beeinträchtigen die Aufwertung. Am wichtigsten jedoch, es findet kein wirksamer Inlandswettbewerb statt.

Die zentrale Planwirtschaft ist fast dazu verurteilt, über den Preis und in standardisierten Segmenten Wettbewerb zu betreiben. Der nationale Vorteil ist fast ausschließlich faktorbedingt. Ausnahmen bilden jene besonderen Umstände, wo man einige der Kräfte im »Diamanten« wirken läßt. Eine umfassende wirtschaftliche Umstrukturierung ist zur Unterstützung des Fortschritts notwendig.

Entwicklungsprioritäten

Geht man über den faktorbedingten nationalen Vorteil hinaus, verdienen mehrere Entscheidungen besondere Beachtung. Eine betrifft die Branchen und Branchensegmente, auf die es sich zu konzentrieren gilt. Angesichts begrenzter Mittel können Entwicklungsländer nicht alles tun. Es muß vor allem irgendeine Linie bei der Faktorbildung geben. Allgemeine Faktoren sind zwar eine Voraussetzung für die Entwicklung fortschrittlicher Faktoren, bieten aber selbst keinen Vorteil im modernen internationalen Wettbewerb.

Eine Schulmeinung besagt, die Länder sollten versuchen, die Importe zu ersetzen. Das erfordert die Einrichtung von Schlüsselindustrien wie Stahl und Chemie im Land. Der Grundgedanke ist, daß die dann freien Devisen für den Kauf gehobener Produkte verwendet werden können, was der Aufwertung des industriellen Könnens zugute kommt.

Die im »Diamanten« zum Ausdruck kommenden Prinzipien werfen Fragen zu diesem Vorgehen auf.[43] Der Importersatz zieht ein Land tendenziell in wenig attraktive Branchen oder solche, in denen kaum Aussicht auf einen Wettbewerbsvorteil besteht. Schutzmaßnahmen können zwar den Inlandsmarkt garantieren, doch fehlt den Unternehmen eines Landes der Vorteil auf den internationalen Märkten. Schwache Positionen sind anfällig für Konjunkturzyklen und Währungsumschichtungen.

Ähnliche Fragen kann man zu einer Entwicklungsstrategie stellen, die ausschließlich auf der Bestimmung von Branchen beruht, in denen das Land nur Basisfaktorvorteile hat. Diese Grundlage für einen Vorteil ist nicht haltbar und kann den möglichen Lebensstandard einschränken. Norwegen ist in diese Falle getappt, als es ganz auf seinen billigen Strom (aus Wasserkraft) als Hebel für den Einstieg in einige energieintensive Branchen setzte und sich sehr stark auf das Nordseeöl verließ. Kanada, Australien und Neuseeland haben mit einem nationalen Vorteil hauptsächlich in Rohstoffbranchen ein ähnliches Problem. In gewisser Hinsicht hat ein Land, das *keine* natürlichen Faktoren im Überfluß besitzt, eine Art Vorteil bei der wirtschaftlichen Entwicklung. Es kommt nicht in die Versuchung, sich zu sehr auf natürliche Vorteile zu verlassen.

Ein besseres Modell, um Entwicklungsprioritäten zu setzen, ist das Prinzip des Clusters. Ein Land hat höchstwahrscheinlich nicht in isolierten Branchen Erfolg, sondern nur, wenn es ganze Cluster aufbaut. Als erstes muß ein Land jene Branchen bestimmen, in denen seine Faktorvorteile im Moment einen gewissen Wettbewerbs-vorteil bieten, in denen aber auch *andere* Bestimmungsfaktoren des nationalen Vorteils tatsächlich oder grundsätzlich vorhanden sind. Die in Kapitel 11 angeführten Fragen können dabei als erste Kriterien dienen. Diese Branchen werden die ersten Entwicklungszentren. Die Substituierung des Imports gelingt, wenn die Bestim-mungsfaktoren vorhanden sind. Ein Land muß sich jedoch beeilen, seine Vorteile in diesen Branchen über die Basisfaktorkosten hinaus aufzuwerten.

Mit diesen Branchen als Basis besteht der nächste Schritt darin, die Entwicklung vorgelagerter, nachgelagerter oder verbundener Branchen anzukurbeln, in denen der Vorteil nicht so faktoranfällig ist. Die Investitionen in die Bildung, Forschung und Infrastruktur sollten sich auf solche Cluster konzentrieren. Einheimische Gesell-schaften sollten ermuntert werden, international tätig zu werden, Technologie und Können zu erwerben und sich direkten Zugang zu Auslandsmärkten zu verschaffen. Neben dem Ausbau von Clustern aus faktorbedingten Branchen heraus nennt die Theorie einen parallelen Entwicklungsfluß, der auf der Nachfrage beruht. Der Staat und die heimischen Unternehmen sollten jene Branchen bestimmen (oder eher Branchensegmente), in denen seine Nachfragebedingungen günstig sind. Das sind Branchen, in denen anspruchsvolle Kunden existieren oder die heimischen Bedürf-nisse sich abheben. In Singapur etwa können das Produkte für den Gebrauch in tropischem Klima oder Produkte und Dienstleistungen sein, die mit Seefracht und Logistik zu tun haben. Es ist durchaus möglich, daß solche Segmente von anderen Unternehmen aus anderen Ländern vernachlässigt werden und eine Einstiegsstrate-gie zum Aufbau einer breiteren internationalen Position ermöglichen. Produkte, die ausdrücklich Bedürfnisse in anderen Entwicklungsländern befriedigen sollen (etwa Maschinen, die mit Billigtreibstoff laufen, oder einfache Haushaltsgeräte), stellen ebenfalls ein Gelegenheitsziel dar, das gern von Unternehmen aus fortschrittlichen Ländern übergangen wird.[44] Eine Aufwertung der heimischen Nachfragebedingun-gen, damit ein Vordringen auf *fortgeschrittene* Auslandsmärkte möglich wird, ist allerdings eine erschreckende Aufgabe, denn sie beschneidet letztlich das Ausmaß der Entwicklung.

Ein wichtiger Einwand bei jedem Versuch, Entwicklungsprioritäten zu setzen, egal wie gut die Absichten sind, gilt der Schwierigkeit staatlicher Organisationen, die erforderliche Analyse durchzuführen. Bürokratische Strukturen und politische Zwänge schaffen einen Rahmen, der für objektive Entscheidungen schlecht geeignet ist.

Einheimische Unternehmen oder ausländische Multis

Eine andere wichtige Frage für die Entwicklung eines Landes lautet, ob die Wirtschaft überwiegend mit einheimischen Unternehmen aufgebaut werden soll oder über Investitionen multinationaler Gesellschaften aus dem Ausland. Ausländische Multis bieten einige offenkundige Vorzüge. Sie können schnell Arbeitsplätze schaffen, gefragte technische Mittel stellen, Einheimische ausbilden, und sie vermeiden, das knappe heimische Kapital zu riskieren. Irland und Singapur haben mit großem Erfolg zahlungsfähige ausländische Multis angezogen. Diese Länder haben seit Anfang der

70er Jahre einen schnellen wirtschaftlichen Aufschwung erlebt, wenngleich in den 80er Jahren einige Probleme aufgetaucht sind.[45]

Ausländische multinationale Unternehmen sind ein wichtiger Bestandteil des wirtschaftlichen Entwicklungsprozesses, vor allem im Anfangsstadium. Sie können letztlich allerdings nicht der *einzige* Motor für die Schaffung eines nationalen Vorteils in fortschrittlichen Branchen sein. Multinationale Unternehmen verlegen Aktivitäten der Wertkette ins Ausland, was Teil der integrierten Globalstrategie ist (siehe Kapitel 2). Solche Investitionen erfolgen im allgemeinen aus Faktorkostengründen oder um geschützte Märkte zu erschließen.

Auch wenn diese Investitionen manchmal erweitert und aufgewertet werden, liegt es selten im Interesse eines multinationalen Unternehmens, aus einem Entwicklungsland ein bedeutendes Zentrum für die Produktion differenzierter Bauelemente oder für wichtige Forschung und Entwicklung zu machen. Das sind immer und zuallererst Betätigungen für den heimischen Stützpunkt des Multis, für Länder mit Märkten, die groß genug sind, um die lokalen Behörden zu deutlichen Konzessionen zu bewegen, oder für Länder mit Besonderheiten (eventuell Nachfragebedingungen), die einen Standort dort wichtig für Innovationen erscheinen lassen. Außerdem bringen ausländische Niederlassungen nicht unbedingt Manager hervor, die sich an Exporten und internationalem Wettbewerb ausrichten.

Eine Entwicklungsstrategie, die nur auf ausländische multinationale Gesellschaften setzt, kann ein Land dazu verurteilen, eine faktorbedingte Wirtschaft zu bleiben. Ist das Vertrauen auf ausländische Multis zu ausgeprägt, wird das Land für keine Branche zum heimischen Stützpunkt. Gleichzeitig können multinationale Unternehmen den Standort wechseln, wenn die Faktorkosten sich verändern oder die Löhne zu sehr steigen. Die Folge, daß keine fortschrittlicheren Formen des Wettbewerbsvorteils entwickelt werden, ist ein Handikap für die wirtschaftliche Entwicklung; rascher Fortschritt ist möglich, aber nur innerhalb dieser Grenzen.

Das Wachstum einheimischer Unternehmen ist ein sehr viel langsamerer und ein in vieler Hinsicht riskanterer Prozeß, als ausländische multinationale Gesellschaften anzuziehen. Aber wenn es gelingt, kann das Ergebnis das Mittel sein, über den faktorbedingten Vorteil hinauszukommen; Japan und in jüngster Zeit Korea haben dies vorgeführt. Einheimische Unternehmen betrachten das Land als heimischen Stützpunkt. Sie beleben den Prozeß, fortschrittliche und spezielle Faktoren zu bilden. Sind die in Kapitel 4 beschriebenen Bedingungen erfüllt, werten sie die Wettbewerbsvorteile über die Basisfaktoren hinaus auf. Vorausgesetzt, der Staat greift nicht ein, entwickeln sie schließlich Globalstrategien, die den Wettbewerbsvorteil dauerhafter machen und weiter aufwerten. Wenn das Land sich schließlich entwickelt, werden die faktorkostenanfälligen Aktivitäten ins Ausland verlegt, was die Produktivität des Landes hebt.

Ausländische multinationale Gesellschaften sollten nur *ein Bestandteil* der Wirtschaftsstrategie eines aufstrebenden Landes sein, und zwar ein fortschrittlicher. Irgendwann im Entwicklungsprozeß sollte sich die Aufmerksamkeit den einheimischen Unternehmen zuwenden. In Singapur und Irland war diese Zuwendung aus meiner Sicht zu schwach und kam zu spät. Keines der beiden Länder hat sich wirklich zu dem langsamen Prozeß bekannt, eine breitere Basis aus einheimischen Firmen zu entwickeln.

Es sollten ausländische Multis umworben werden, die in Branchen innerhalb jener breiten Sektoren tätig sind, in denen die Unternehmen des Landes am Ende selbst einen Wettbewerbsvorteil erringen könnten. Hier können multinationale Gesellschaften einen Cluster ins Leben rufen. Sie können als anspruchsvolle heimische Kunden auftreten und den Einstieg Einheimischer in unterstützende Branchen oder neue Segmente forcieren. Es sollten pro Branche mehrere Multis gesucht werden, nicht nur einer, damit der Wettbewerb belebt wird, der Kreise zieht und dem Land zugute kommt und unterstützende oder verwandte Branchen anregt. Der Staat sollte die Bildung und Aufwertung einheimischer Unternehmen in verwandten und unterstützenden Branchen ermuntern, und zwar zu solchen Branchen, in denen multinationale Gesellschaften wirtschaften, nicht nur mit einem Auge bei der Substituierung der Importe, sondern letztlich als internationale Wettbewerber. Dazu kommt es allerdings nicht ohne eine gleichzeitige Anhebung der Qualifikation der Beschäftigten, eine wissenschaftliche Basis und eine Infrastruktur in all diesen Bereichen, damit die höherrangigen Wettbewerbsvorteile gefördert werden.

Es sollten auch multinationale Gesellschaften gepflegt werden, deren rationale Begründung für die Ansiedlung in einem Land über Basisfaktorüberlegungen hinausgeht. Wenn ein Multi sich in einem Land nur wegen billiger Arbeitskräfte niederläßt, ist die Stabilität der Investition letztlich fragwürdig. Wenn das Land jedoch ein guter Standort als regionales Produktions- und Vertriebszentrum ist oder wenn die lokalen Bedingungen es zu einem begehrten Produktentwicklungszentrum in einem bestimmten Segment machen, hat das multinationale Unternehmen nachhaltigere Gründe für Investitionen in das Land und die Aufwertung dieser Investitionen in der Zeit. Das Ideal ist, das Land zu einem zweiten »heimischen Stützpunkt« zu machen.

Zulieferer des Originalherstellers oder globaler Wettbewerber

Eine weitere strategische Entscheidung, vor der in Entwicklungsländern sowohl der Staat wie die Unternehmen stehen: Soll eine Strategie verfolgt werden, für ausländische Firmen Zulieferer eines Originalherstellers zu sein, oder soll man versuchen, eine Globalstrategie zu entwickeln? In der Praxis versuchen die meisten Länder diese Optionen irgendwie zu kombinieren, doch die relativen Gewichte können stark differieren. Die koreanische Politik geht z. B. eher dahin, Unternehmen zur Entwicklung von Globalstrategien zu ermuntern. Führende koreanische Gruppen versuchen, international bekannte Markennamen zu schaffen, ausländische Vertriebsgesellschaften zu gründen und sogar ausländische Fabriken zu bauen, ungeachtet der Tatsache, daß der Hauptvorteil Koreas niedrige Arbeitskosten waren. Die taiwanesischen Unternehmen verfolgen dagegen eher den reinen Originalherstellerweg. Viele der Exportgüter Taiwans sind Hausmarken; selbst die meisten führenden taiwanesischen Unternehmen haben erst nominell in eigene ausländische Absatzkanäle investiert.

Um einen dauerhaften nationalen Vorteil zu erreichen, der über die Basisfaktorausstattung hinausgeht, ist der Weg des globalen Wettbewerbers erstrebenswerter. Globalstrategien schaffen nicht nur selbst neue Quellen für den Wettbewerbsvorteil, sondern bieten auch eine bessere Grundlage für proaktive Innovationen, statt einer passiven Reaktion auf ausländische Originalhersteller-Kundenanfragen. Die Entwicklung Taiwans wird eingeschränkt bleiben, bis seine Unternehmen energische Schritte unternehmen, um ihre Strategien zu ändern.

Die Rolle des Staates

Viele Abhandlungen über nationale Wettbewerbsfähigkeit weisen dem Staat die überragende Rolle zu. Unsere Untersuchung von zehn Ländern stützt diese Sicht nicht. Der nationale Wettbewerbsvorteil in einer Branche hängt von grundlegenden Bestimmungsfaktoren ab, die in vielen Belangen tief verwurzelt sind. Dem Staat kommt eine wichtige Aufgabe bei der Beeinflussung des »Diamanten« zu, doch diese Aufgabe ist letztlich nur ein Teil. Sie hat nur dann Erfolg, wenn sie mit den Bestimmungsfaktoren zusammenwirkt.

Die angemessene Rolle des Staates bei der Steigerung des nationalen Vorteils ist das Gegenteil dessen, was häufig angenommen wird. Nicht wenige sehen den Staat als einen Helfer oder Förderer der Industrie. Doch viele der Wege, auf denen der Staat zu »helfen« versucht, können den Unternehmen eines Landes auf lange Sicht definitiv schaden (z. B. Subventionen, inländische Fusionen, die Förderung eines hohen Kooperationsniveaus, garantierte staatliche Abnahme und künstliche Abwertung der Währung). Maßnahmen dieser Art bedeuten, daß Firmen nicht die Schritte unternehmen, die zur Schaffung eines dauerhaften Wettbewerbsvorteils notwendig sind, und verzögern die Aufwertung der Wirtschaft. Zuviel staatliche Förderung erschwert es auch, die Industrie dazu zu bringen, ohne sie zu investieren und Risiken einzugehen. Gleichzeitig erzeugt Hilfe die Nachfrage nach weiterer Hilfe.

Die angemessene Rolle des Staates ist die eines *Anschiebers und Herausforderers*. Druck und sogar Bedrängnis spielen bei der Schaffung eines nationalen Wettbewerbsvorteils eine entscheidende Rolle. Das sind Antriebskräfte, die der Staat durch zuviel Hilfe schwächt. Die Rolle des Staates sollte darin bestehen, die Kräfte des »Diamanten« zu vermitteln und zu verstärken und bei der Aufwertung der Bestimmungsfaktoren zu helfen. Eine vernünftige staatliche Politik versucht, durch aktive Bemühungen zur Förderung der Faktorbildung die für den Wettbewerb erforderlichen Instrumente bereitzustellen und gleichzeitig eine gewisse Unruhe und einen starken Wettbewerbsdruck sicherzustellen. Die angemessene Rolle des Staates ist es, Unternehmen zu ermuntern und auch zu nötigen, ihre Ambitionen anzuheben und sich auf eine höhere Wettbewerbsebene zu begeben, auch wenn das ein beunruhigender oder gar unangenehmer Prozeß ist.

Ganz allgemein ist eine der Hauptaufgaben des Staates die, Signale zu geben. Er kann darauf einwirken, wie Unternehmen Wettbewerb betreiben, indem er die Prioritäten und zu gewärtigenden Herausforderungen nennt und hervorhebt. Die staatlichen Führungspersonen haben eine Bühne, von der aus sie Fragen von nationaler Bedeutung benennen und Verhaltensweisen bei bestimmten Problemen in einer Branche gestalten können. Ein gutes Beispiel ist die Kampagne der japanischen Regierung, die Aufmerksamkeit des Landes auf die Qualität zu lenken, um den Ruch der »billigen« japanischen Erzeugnisse abzuschütteln. Einer der auffälligsten Punkte des

Programms war die Schaffung des Deming-Preises. Diese Auszeichnung besitzt ein enormes Ansehen und signalisiert allen japanischen Unternehmen unmißverständlich die Anforderungen für einen erfolgreichen Wettbewerb.

Einige Länder haben einen eingebauten nationalen Konsens über die Bedeutung des wirtschaftlichen Erfolgs. Das ist häufig in Ländern so, die schwere Zeiten durchgemacht haben oder sich verwundbar fühlen, wie Deutschland, Japan und Korea. In Ländern, die lange Perioden des Wohlstands erlebt haben, wie Großbritannien und die Vereinigten Staaten, wurden wettbewerbsbedingte Angriffe instinktiv oft eher als Ausdruck unlauteren ausländischen Wettbewerbs aufgefaßt denn als Anzeichen von Problemen, die zu Hause zu lösen sind. Den staatlichen Führungspersonen kommt durchaus eine Rolle zu bei der Schaffung oder Anhebung der nationalen Priorität, die dem Wettbewerb eingeräumt wird.

Die stärksten dem Staat zur Verfügung stehenden Mittel zur Beeinflussung des nationalen Wettbewerbsvorteils *wirken langsam*, wie etwa die Bildung fortschrittlicher Faktoren, die Belebung des Inlandswettbewerbs, die Bestimmung nationaler Prioritäten und das Einwirken auf die Anhebung der Nachfrage. Solche Mittel können durchaus unbeliebt sein, wie etwa die Anregung zu Neuzugängen und das Schaffen von Zwängen zur Aufwertung dadurch, daß man einen Anstieg der Faktorkosten zuläßt. Die schnellen, einfachen Rollen des Staates (Subventionen, Schutzmaßnahmen, makroökonomische Steuerung) sind entweder unzureichend oder bringen nicht den gewünschten Erfolg. Der Langzeithorizont und die lästige Art der wirksamsten Maßnahmen schaffen schwierige Herausforderungen in Ländern, in denen Interessengruppen Macht haben oder kein nationaler Konsens über die industrielle Entwicklung besteht.

Es ist eine eher gefährliche Tendenz anzunehmen, daß bei genügend Zusammenarbeit zwischen Staat und Wirtschaft sowie zwischen den Firmen innerhalb des Landes und länderübergreifend alle Unternehmen und Branchen gewinnen können. Wie ich schon erwähnt habe, kann zuviel Zusammenarbeit bewirken, daß nur wenige Branchen eines Landes jemals gewinnen. Die Staaten und Unternehmen müssen sich klarmachen, daß dies eine falsche Hoffnung ist.

Die staatliche Industriepolitik muß erkennen, daß der »Diamant« ein System ist, das die Maßnahmen in vielen Bereichen voneinander abhängig macht. Das schwächste Glied bestimmt die Entwicklung in einer Wirtschaft, so daß Fortschritt bei jedem Bestimmungsfaktor gebraucht wird. Gleichzeitig haben Maßnahmen zur Verbesserung eines Aspekts des nationalen Umfelds oft unbeabsichtigte Folgen, wenn andere nicht ebenfalls beachtet werden. Ein stärkerer Inlandswettbewerb kann z. B. die Beschaffung von Arbeitskräften im Ausland beschleunigen, falls die Qualifikation der Arbeitskräfte unzureichend ist und die Unternehmensziele nicht für ständige Investitionen eintreten.

Der Staat sollte seine Rolle hinsichtlich des nationalen Wettbewerbsvorteils nicht überschätzen oder überreizen. Tut er das, schafft er eine Wirtschaft aus abhängigen, rückschrittlichen und letztlich erfolglosen Unternehmen. Gleichzeitig muß der Staat jene Bereiche erkennen, wo er einen berechtigten Einfluß auf die Bedingungen für den wirtschaftlichen Wohlstand hat. Diese Bereiche sind anders und in vieler Hinsicht breiter gelagert als die, die in vielen aktuellen politischen Debatten einen so großen Raum einnehmen.

Der nationale Wettbewerbsvorteil ist kein Nullsummenspiel. Die Unternehmen eines Landes müssen nicht auf Kosten eines anderen Erfolg haben. Bei einer engen Sicht des nationalen Wettbewerbsvorteils, die nur um Faktorkosten und Größeneinsparungen kreist, gleiten politische Diskussionen nur zu schnell in ein »wir gegen sie« ab.[46] In Wirklichkeit sind sehr viel mehr Kräfte am Werk. Die dem anhaltenden nationalen Vorteil zugrunde liegenden Ursachen sind Verbesserung und Innovation. Die Unternehmen aller Länder können schneller innovieren und die Produktivität von Arbeit und Kapital damit aufwerten. Der weltwirtschaftliche Wohlstand hängt von schnellen Innovationen durch fortschrittliche Länder ab, die neue Produkte schaffen und vergleichsweise weniger produktive Tätigkeiten an Entwicklungsländer abtreten. Wenn die Innovationsrate abnimmt, weil eine »Wir gegen sie«-Haltung zu Subventionen, Schutzmaßnahmen und Zusammenschlüssen führt, was die Anreize lähmt, sind die Folgen für fortgeschrittene und weniger fortgeschrittene Länder gleichermaßen gravierend.

KAPITEL 13

DIE PROGRAMME DER LÄNDER

Was ist mit der Zukunft? Die wirtschaftliche Hauptsorge jedes Landes sollte die Aufwertung der Wirtschaftsleistung sein, damit die Unternehmen differenziertere Wettbewerbsvorteile und eine höhere Produktivität erzielen. Nur so kann es einen Anstieg des Lebensstandards und wirtschaftlichen Wohlstand geben. Der Aufwertungsprozeß verlangt, daß die Unternehmen des Landes ihre Fähigkeiten und Technologie beständig verbessern und ihre Strategien entfalten, wollen sie gegen die immer besser werdende internationale Konkurrenz Wettbewerbsvorteile erzielen und behaupten. Die Aufgabe der Regierung des Landes ist es, Maßnahmen festzusetzen, die die Grundlage liefern für Humankapital, Wissenschaft und Technologie sowie die Infrastruktur, um eine Aufwertung zu ermöglichen. Der Staat muß, und das ist ebenso wichtig, seine Unternehmen ermuntern, herausfordern und sogar zum Fortschritt zwingen.

Jedes Land steht ungeachtet seiner gegenwärtigen Position vor Problemen, wenn es eine höhere Ebene des Wettbewerbs und der Produktivität erreicht. Diese Probleme, so könnte man sagen, begründen das nationale Wirtschaftsprogramm. Das Programm hängt vom Stadium der nationalen Wettbewerbsentwicklung ab, die die Bestimmungsfaktoren eines Landes erreicht hat. Die für die koreanischen Unternehmen und den koreanischen Staat wesentlichen Punkte unterscheiden sich sehr von denen, mit denen Schweden oder Italien zu tun hat, denn die Branchenmischung, die Art der bestehenden Wettbewerbsvorteile und die Strategien, mit denen sie erreicht werden, sind Ausdruck eines je verschiedenen nationalen Umfeldes. Länder im investitionsbedingten Stadium streben das innovationsbedingte Stadium an. Länder, die einen innovationsbedingten Vorteil erlangt haben, müssen sich davor hüten, zur wohlstandsbedingten Wirtschaft getrieben zu werden.

Die Probleme jedes Landes und auch die beste Art sie anzupacken, sind jeweils einzigartig. Jedes Land hat seine Geschichte, Gesellschaftsstruktur und Einrichtungen, die sich auf die machbaren Wahlmöglichkeiten auswirken. Unternehmensstrategien oder staatlichen Maßnahmen anderer Ländern nachzueifern kann im Anfangsstadium des Entwicklungsprozesses angemessen sein, wird die Industrie eines Landes aber bei fortschrittlichen Branchen kaum je in führende Positionen bringen. Ich habe die verschiedenen Maßnahmen der Unternehmen und des Staates in jedem Land eingehend beschrieben; die Unterschiede waren oft das Entscheidende. Es ist ebenso evident, daß sowohl die Unternehmensstrategien wie die staatliche Politik in einem Land sich mit den Fortschritten des Landes entwickeln müssen.

Meine Absicht hier ist es aufzuzeigen, wie meine Theorie zur Bestimmung der wichtigen langfristigen Fragen angewendet werden kann, vor denen die Unternehmen eines Landes und der Staat stehen, wenn es um die Aufwertung des Wettbewerbsvorteils in der Industrie und der gesamten Volkswirtschaft geht. Dazu werde ich noch einmal die Länder aufsuchen, mit denen wir uns befaßt haben, und einige der Beschränkungen beleuchten, die meiner Meinung nach überwunden werden müssen, wenn in den nächsten Jahrzehnten weiter aufgewertet werden soll. Da die Fragen, vor denen eine Volkswirtschaft steht, in jedem Entwicklungsstadium des Wettbewerbs jeweils andere sind, benutze ich Abbildung 13–1, die aus Kapitel 10 übernommen wurde, als Leitfaden für meine Erörterungen und lege damit auch die Reihenfolge fest, in der ich die Länder behandle.

Ich habe nicht vor, mir anzumaßen, politische Ratschläge zu erteilen, sondern Problemstellungen aufzuzeigen. Das geeignete Bündel von Maßnahmen, diese Probleme anzugehen, muß für die einzigartigen Umstände eines Landes empfänglich sein. Es verlangt eine sorgsame Ausgewogenheit der politischen, sozialen und wirtschaftlichen Entscheidungen, an die kein Außenstehender rühren sollte; ein Land kann die Industrie nur im eigenen Rahmen aufwerten. Mein Augenmerk gilt dem wirtschaftlichen Wohlstand, aber es müssen auch Kompromisse mit anderen nationalen Zielen eingegangen werden. Letztlich haben nur die Bürger eines Landes das Recht zu bestimmen, wie und wie schnell gehandelt werden soll.

Die Abhandlung hier muß notgedrungen selektiv verfahren, denn ich kann nicht

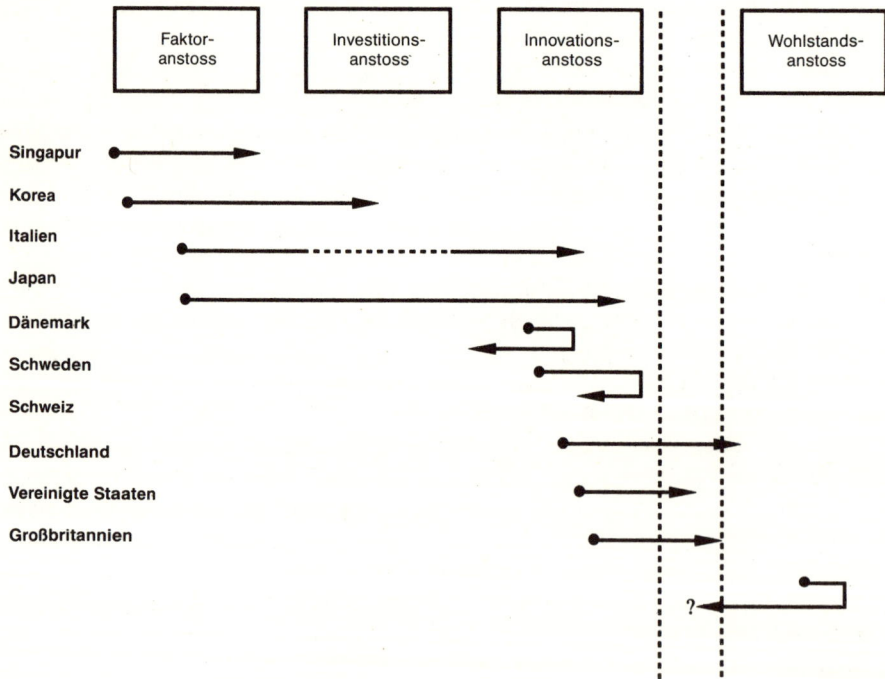

ABB. 13–1 Geschätzte Entwicklung der nationalen Wettbewerbsentwicklung in der Nachkriegszeit

hoffen, alle relevanten Punkte besprechen zu können. Ich bin mir der kontroversen Natur einiger der Punkte bewußt und auch der Gefahr, daß ihnen hier zuviel Aufmerksamkeit zukommt, anstatt der Theorie vom Wettbewerbsvorteil der Nationen, die doch mein eigentliches Anliegen ist. Trotzdem sind einige Überlegungen über die Zukunft jedes Landes ein passender Weg, mein Werk abzuschließen und eine Diskussion in Unternehmen und unter Politikern über die vor ihnen liegenden Entscheidungen anzuregen.

Jedes Land kann seinen wirtschaftlichen Wohlstand steigern, wenn es ihm gelingt, die Zwänge für die Aufwertung seiner Industrie zu lockern. Es gab in den letzten Jahren eine Tendenz, die nationale Wettbewerbsfähigkeit als einen Kampf zu sehen, den einige Länder auf Kosten anderer gewinnen.[1] Wie so viele andere Aspekte der Wettbewerbsdebatte ist auch das Ausdruck einer statischen Sicht des Wettbewerbs. Wie ich dargelegt habe, ist der nationale Wettbewerbsvorteil kein Nullsummenspiel. Ständig entstehen neue Branchen und ebenso neue Bedürfnisse in bestehenden Branchen, die befriedigt werden müssen. Steigende Produktivität in allen Branchen wird durch die fortschreitende Technologie ermöglicht. Innovation und Veränderung machen den Kuchen größer. Der Fortschritt in vielen Ländern wird die wirtschaftlichen Aktivitäten ausweiten und den Gesamtlebensstandard in der Weltwirtschaft erhöhen.

Das Programm für Korea

Korea hat eine bemerkenswerte Erfolgsgeschichte geschrieben. Es hat erreicht, was kein anderes Entwicklungsland nach dem Krieg erreicht hat – die Entwicklung bis zur Schwelle des innovationsbedingten Status. Die koreanische Industrie hat sich von der anderer asiatischer Schwellenländer, mit denen das Land oft verglichen wird, abgesetzt. Die übrigen asiatischen Schwellenländer, selbst Taiwan in beachtlichem Umfang, leiten ihren nationalen Wettbewerbsvorteil überwiegend von Basisproduktionsfaktoren her. Sie konkurrieren auf den Auslandsmärkten über Beschaffungsvereinbarungen mit japanischen oder westlichen Firmen. Die Produkte sind größtenteils im Ausland entworfen.

Korea ist über den faktorbedingten nationalen Vorteil hinaus zum investitionsbedingten Vorteil vorgerückt. Koreanische Unternehmen haben offensiv in moderne Verfahrenstechnologie und großräumige Produktionsanlagen investiert. Sie haben frühe und energische Bemühungen zur Entwicklung ihrer eigenen Produkttechnologie unternommen und sich dabei auf einen wachsenden Bestand an bestens ausgebildeten koreanischen Ingenieuren und wissenschaftlichem Personal gestützt. Sie haben außerdem früh angefangen, eigene Markennamen und internationale Absatzkanäle aufzubauen, eine unabdingbare Voraussetzung für einen höherrangigen Vorteil. Produktionsanlagen im Ausland sind im Bau.[2]

Die koreanische Industrie muß allerdings noch den Übergang zum innovationsbedingten Stadium bewältigen. Noch betreiben die koreanischen Unternehmen im wesentlichen über den Preis Wettbewerb. Bei Produkt- und Verfahrensinnovationen sind sie hinter den führenden Ländern zurück. Vorhanden ist, ohne daß größere

Veränderungen nötig wären, ein Potential für anhaltendes Wachstum und einige Erweiterungen von Branchen, in denen Korea Erfolg hat. Doch die koreanische Industrie muß sich in wichtiger Hinsicht entwickeln, wenn das Land seinen erhofften Platz gleich hinter Japan einnehmen soll. Es gibt Indizien, daß Unternehmen und der Staat sich Veränderungen widersetzen, die für eine Weiterentwicklung notwendig sind. Korea bietet ein gutes Beispiel für die Veränderungen in der Politik und der Unternehmensstrategie, die für den Übergang vom investitionsbedingten zum innovationsbedingten Stadium erforderlich sind. Im folgenden einige der Punkte, mit denen koreanische Unternehmen und der koreanische Staat konfrontiert sind:

Investitionen in fortschrittliche Faktoren. Korea hat eine gute Ausgangsposition bei den Arbeitskräften und eine wissenschaftliche Basis: unentbehrliche Grundlagen der Innovation und Aufwertung seiner Wirtschaft. Die Aufgabe ist, eine noch höhere Ebene anzustreben bei der Ausbildung, Qualifikation und lokaler wissenschaftlicher Betätigung, die immer stärker auf bestimmte Branchen zugeschnitten sind. Die koreanischen Unternehmen müssen erstklassige Einrichtungen für die Bildung spezieller Faktoren schaffen, fördern und mehr Verantwortung für die interne Ausbildung und technologische Entwicklung übernehmen. Die koreanischen Unternehmen werden nicht über Niedrigpreisbereiche hinauskommen, wenn ihre personellen und technischen Fähigkeiten sich nicht denen der japanischen oder westlichen Firmen angleichen.

Aufwertungsdruck. Länder mit einer sich rasch entwickelnden Industrie werden zwangsläufig mit einem Auftrieb der Faktorkosten und des Währungswerts konfrontiert. Sowohl die Unternehmen wie die Regierung in vielen Ländern neigen dazu, diese Kräfte wegen der damit verbundenen kurzfristigen Kosten nach Möglichkeit zurückzudrängen. Doch steigende Löhne und eine steigende Währung fördern eine echte Wirtschaftsentwicklung, behindern sie nicht. Sie animieren zu den richtigen Innovationen und damit zur gewünschten Neuorientierung der Unternehmensstrategien. Selektive Faktornachteile liefern auch ein Feedback zur Aufwertung von Zulieferindustrien, weil sie die koreanischen Unternehmen zu anspruchsvolleren Käufern von Maschinen und Produktionsmitteln machen.

Steigende Löhne haben noch andere systemische Vorteile. Sie erzeugen nicht nur Innovationsdruck, sondern wirken auch auf eine Qualitätsverbesserung der Verbrauchernachfrage hin, indem sie die Nachfrage in anspruchsvollere Segmente heben und den Verbrauch auf neue Branchen ausdehnen. Schließlich verbreiten steigende Löhne Wohlstand unter den Arbeitern und erhalten deren Motivation aufrecht, sich weiterzuqualifizieren, was das Tempo erhöht, in dem Unternehmen sich entwickeln können.

Bei der allgemeinen Neigung, in Märkte einzugreifen, um Löhne und andere Faktorkosten niedrig zu halten, und sich einer Währungsaufwertung zu widersetzen, bildet Korea keine Ausnahme. Die gegenwärtige Unruhe in der Arbeiterschaft wegen der Löhne und Arbeitsbedingungen ist ein Ausdruck der Gefahren, sich weiterhin vornehmlich mit Faktorkosten zu beschäftigen. Die Anpassung der Löhne und des Währungswertes sollten idealerweise allmählich erfolgen, doch sind diese Anpassungen Teil dessen, wie sich die koreanische Wirtschaft weiterentwickelt.

Ein leistungsfähiger Kapitalmarkt. Eine weitere Aufwertung der koreanischen Wirtschaft erfordert, daß sich die Kapitalmärkte entwickeln und zu sehr viel leistungsfähigeren Instrumenten für die Zuteilung von Mitteln an aussichtsreiche Unternehmen werden. Auf diese Weise wird der Wettbewerb erhalten, werden neue Branchen entstehen. Die realen koreanischen Zinssätze waren die bei weitem höchsten der Länder, die wir untersucht haben (siehe Tabelle 7–3). Die koreanische Regierung hat bisher das meiste Investitionskapital über zinsverbilligte Kredite gelenkt, viele davon über die großen koreanischen *Chaebol*. Außerhalb der staatlich begünstigten Gebiete waren die Kapitalkosten jedoch unerschwinglich und hemmten die Entwicklung der wettbewerbsfähigen Unternehmen.

Da Korea zu einem Nettogläubigerland wird und die hohen privaten Sparquoten eine schnelle Kapitalbildung bewirken, müssen die Geldmittel in wirksame Kapitalmärkte fließen, damit die Zinsen fallen und ein Fonds für Beteiligungskapital gebildet wird. Der Staat kann die Rolle des Kapitalzuweisers angesichts der Wirtschaftsdiversifizierung nicht mehr erfolgreich wahrnehmen. Die Märkte müssen den Zugang zum Kapital für alle aussichtsreichen Unternehmen eröffnen, nicht nur für die *Chaebol*. Entsprechende Regelungen und institutionelle Strukturen müssen eingeführt werden, um das Vertrauen von Investoren und Unternehmern in den Markt zu sichern.

Vorteile auf der Nachfrageseite. Einen innovationsbedingten Stand in einem Land zu erreichen setzt voraus, daß es den gesamten »Diamanten« der Bestimmungsfaktoren entfaltet. Ein wichtiges Element, das in Korea fehlt, sind günstige Nachfragebedingungen. Die koreanischen Unternehmen werden es schwer haben, ohne eine anspruchsvollere Inlandsnachfrage in einem größeren Branchenspektrum echte Innovationen durchzuführen. Ihre Marktferne, in Kilometern wie auch in den andersgearteten Käuferbedürfnissen, erschwert, neue Bedürfnisse vorwegzunehmen oder neue Marktsegmente zu schaffen.

Bei Industriegütern und Dienstleistungen wird die Inlandsnachfrage höchstwahrscheinlich in den Branchen gehoben und anspruchsvoll, in denen koreanische Unternehmen selbst bedeutende internationale Wettbewerber sind. Die Zulieferer dieser Branchen sind Hauptanwärter auf einen zukünftigen Wettbewerbsvorteil.

Bei den Verbrauchern erfordert das Erreichen einer gehobenen Inlandsnachfrage ein steigendes Wohlstandsniveau und ein höheres Maß an Verbraucherinformationen (z. B. über Entwicklungen im Ausland). Die koreanischen Käufer müssen die besten verfügbaren Produkte und Dienstleistungen kennen und angeboten bekommen. Das setzt voraus, Importe zuzulassen und auch ausländische Produkte und Dienstleistungen im eigenen Land herzustellen.

Die Entwicklung einer gehobenen Inlandsnachfrage muß bei den koreanischen Unternehmen und dem Staat einen hohen Stellenwert bekommen; beide neigen sie dazu, sie zugunsten von Exportmärkten zu vernachlässigen. Der Staat sollte Schritte zur Belebung einer gehobenen, frühen Inlandsnachfrage unternehmen, wie bereits im vorigen Kapitel beschrieben. Er sollte Steuern vermeiden, die die Nachfrage nach Produktmodellen der gehobenen oder höchsten Preisklasse dämpfen. Bei Automobilen z. B. kommen beim Wettbewerb in den mittel- und hochpreisigen Segmenten schwere Zeiten auf die koreanischen Unternehmen zu, bis die in Korea extrem hohen

Steuern auf solche Modelle gesenkt werden (erste Schritte in dieser Hinsicht sind erfolgt).

Tiefe Staffelung der Cluster. Das andere entscheidende Glied, das in der koreanischen und allen Wirtschaften im investitionsbedingten Stadium fehlt, ist das Vorhandensein verwandter und vor allem unterstützender Branchen. Es müssen sich Branchencluster bilden und vertiefen, wenn die koreanische Wirtschaft ins nächste Stadium aufsteigen soll. Viele Beobachter haben zwar die Abhängigkeit der koreanischen Unternehmen von importierten Zubehörteilen und Maschinen bemerkt, aber kaum einer hat die wirkliche Bedeutung erfaßt. Das Problem sind nicht die Kosten der Produktionsmittel oder das Währungsrisiko, sondern die Auswirkungen auf den Innovationsprozeß. Ohne flexible Beziehungen zu leistungsfähigen heimischen Zulieferern werden die koreanischen Unternehmen in der Verfahrenstechnologie zurückbleiben und nicht die Produktionsmittel haben, die zur Belieferung der neuen Produktbereiche gebraucht werden.

Der Maschinenbau und andere Zulieferbranchen sollten idealerweise von den großen koreanischen *Chaebol* unabhängig sein. Andernfalls lähmt ein garantierter Absatz an andere Gruppenunternehmen den Anreiz. Das Errichten von Positionen in Zulieferbranchen innerhalb der Gruppen schränkt auch den Wettbewerb in der heimischen Industrie ein; es verkleinert den Markt, der für andere heimische Zulieferer zur Verfügung steht, was sich als schädlich für die Innovation erweisen wird. Die große Bedeutung, die den Gruppen in der koreanischen Wirtschaft zukommt, macht diese Dinge besonders wichtig.

In Branchen wie Automobile und Schiffsbau gibt es einige Anzeichen einer Aufwertung im heimischen Maschinenbau und anderen Zulieferindustrien. Doch das Engagement der meisten koreanischen Unternehmen gilt immer noch den Endprodukten. Die Firmen lassen z. B. wenig von dem Nachdruck auf den Aufbau eigener Produktionsanlagen erkennen, der so charakteristisch für die japanische Industrie ist. Erfolg in den Produktionsmittel- und Maschinenbaubranchen setzt die Beherrschung neuer, spezieller Technologien voraus und auch den Ausbau vertikaler Beziehungen zwischen den koreanischen Unternehmen, die noch unentwickelt und nicht erprobt sind.

Neuorientierung der Wettbewerbsstrategie. Ein wesentlicher Bestandteil einer Verschiebung zum innovationsbedingten Vorteil ist, daß die Unternehmen ihre Strategien vom Kostenwettbewerb weg erweitern. Kostenwettbewerb in preisempfindlichen Segmenten ist oft unrentabel. Solche Strategien sind stets anfällig für das nächste Billiglohnland oder das nächstgelegene Land wie Malaysia oder Thailand, das bereit ist, den Bau großer, moderner Fabriken zu subventionieren.

Die koreanischen Unternehmen betreiben heute konstant über Kostenstrategien Wettbewerb. Sie müssen ihre Wettbewerbsvorteile aufwerten und lernen, über die Differenzierung Wettbewerb zu machen – ein Prozeß, der Jahrzehnte erfordern kann. Das verlangt echte Innovationen, nicht die Imitation von Produkten und Verfahren der Japaner und anderer Wettbewerber. Die Unternehmen müssen ihre Strategien zunehmend gegen die anderer koreanischer Wettbewerber abgrenzen. In der Vergangenheit hat bei allen koreanischen Unternehmen eine starke Tendenz bestanden, anderen nachzueifern und in den gleichen Bereichen Preiswettbewerb zu betreiben. Das verlangsamt die Bildung dauerhafterer Wettbewerbsvorteile.

Diversifizierungsmuster. Die koreanischen *Chaebol* sind zu schwerfälligen Misch-konzernen geworden. Ihre weitere Entwicklung als internationale Wettbewerber verlangt eine Verlagerung von der unverbundenen Diversifizierung zu stärker inte-grierten Unternehmensstrategien. Jede Gruppe muß einen engeren Gebietsbereich bestimmen, der durch Technologien, Absatzkanäle oder Kunden verbunden ist, und in dem sie versucht, weltweit Branchenführer zu werden.
Der Absatz von Firmen am Rande dieser Kernbereiche ermöglicht die Konzentrie-rung von Unternehmensmitteln auf die Verbesserung der Technologie, die Entwick-lung eines Markenbewußtseins, die Beherrschung von Produktionskenntnissen und die Festigung ausländischer Vertriebskanäle. All diese Schritte sind wesentlich für die Entwicklung vom kostenorientierten Wettbewerbsvorteil zum Vorteil, der auf Inno-vationen und Differenzierung beruht. Diese Verschiebung in der Unternehmensstra-tegie kommt nicht nur allen Gruppen, sondern der gesamten koreanischen Wirtschaft zugute. Japan erlebte einen Aufschwung, nachdem die *Zaibatsu* aufgelöst wurden. Eine Verschiebung der Strategien bei den koreanischen *Chaebol* begünstigt den nationalen Vorteil Koreas auf mannigfache Art.

Entflechtung der Wirtschaft. Die koreanische Wirtschaft hat bisher von der Existenz der *Chaebol* profitiert. Sie haben Mittel mobilisiert, Risikobereitschaft gezeigt und in verschiedenen Branchen an der Spitze des Erfolgs gestanden. Der heftige Wettbe-werb zwischen ihnen war entscheidend für die Dynamik Koreas.
Im jetzigen Stadium muß sich jedoch die Rolle der Gruppe in der Wirtschaft nicht nur ändern, sondern in den Hintergrund treten, wenn der rasche Aufstieg sich fortsetzen soll. Die Existenz unabhängiger Unternehmen, stärker auf bestimmte Spezialgebiete konzentriert, fördert die Innovation und ist eine Kraft zur Aufwertung des Wettbe-werbsvorteils. Mehr Initiativzentren, mehr potentielle Käufer für neue Produkte und Dienstleistungen und weniger politische Macht in den Händen einer kleinen Firmen-gruppe sind für die weitere Wirtschaftsentwicklung Koreas von größter Bedeutung. Das gilt ganz besonders für den Maschinenbau, besondere Produktionsmittel, Zwi-schenprodukte, abgepackte Konsumgüter und Dienstleistungen.

Inlandswettbewerb. Wie in jeder sich stürmisch entwickelnden Wirtschaft war der Nachdruck des Inlandswettbewerbs wesentlich für den bisherigen industriellen Erfolg Koreas. Er hat die Dynamik gefördert und Korea von anderen Entwicklungsländern abgehoben, die versucht haben, ihre Wirtschaft über staatseigene Unternehmen oder geschützte Monopole aufzuwerten.
In Korea herrscht ein unvermeidlicher Druck, der den Inlandswettbewerb drosselt. Außerdem ist die Fähigkeit der großen Gruppen, Einsteiger einzuschüchtern, dank ihrer Größe und Beziehungen zur Regierung beträchtlich. Die koreanische Regie-rung muß der Tendenz entgegentreten, sich auf die kurzfristige »Ineffizienz« des Inlandswettbewerbs zu konzentrieren und seine grundlegende Bedeutung für einen energischen Fortschritt zu verkennen. Strenge Kartellgesetze sind notwendig, ebenso eine Orientierung, die eine zu starke Konzentration in den koreanischen Branchen

verhindert. Fusionen, die eine Branche auf ein oder zwei Unternehmen zusammenschrumpfen lassen, sollten verboten werden.

Korea hat 1981 die Monopolverordnung und das Preisbindungsgesetz erlassen, ein vielversprechender Versuch, etwas gegen mißbräuchliche Preisgestaltung und andere Behinderungen des offenen Wettbewerbs zu tun. Die Durchsetzung ging jedoch viel zu langsam voran und wird von Interessengruppen torpediert. Koreas Vorsatz, einen ungehinderten Wettbewerb zu pflegen und ihn auszuweiten, stellt einen wichtigen Bestimmungsfaktor der zukünftigen koreanischen Entwicklung dar.

Eine veränderte Rolle des Staates. Eine weitere Voraussetzung für den Übergang zum innovationsbedingten Stadium ist die Neubestimmung der Funktion des koreanischen Staates. Direkte Eingriffe in einzelne Branchen, Vertrauen auf die *Chaebol* als ein Hauptinstrument zur Entwicklung, verbreitete Schutzmaßnahmen, Hervorhebung der Basisfaktoren und Kapitallenkung durch staatliche Entscheidungen waren in den Anfangsstadien angemessen (siehe Kapitel 10 und 12). Diese Maßnahmen müssen jedoch neuen Prioritäten Platz machen, wenn die koreanische Industrie weiter fortschreiten soll.

Der Schritt zum nächsten Stadium verlangt, daß die wirtschaftliche Entscheidungsfindung entflochten und auf eine wachsende Zahl von Stellen im Privatsektor verteilt wird. Die Hauptfunktion des Staates muß sich verlagern, von direkten Eingriffen zur Bereitstellung der Basismittel für die Aufwertung und Schaffung eines aggressiveren Umfelds, in dem die Unternehmen konkurrieren. Das Festlegen von Regeln und das Signalisieren müssen an die Stelle direkter Entscheidungsbefugnis treten. Bemühungen, Investitionen in fortschrittliche und spezielle Faktoren anzuregen, die Inlandsnachfrage aufzuwerten, Produkt- und Umweltnormen von Weltgeltung aufzustellen, die Wirtschaftsmacht zu entflechten und den Wettbewerb zu bewahren sind zentrale Aufgaben des Staates beim Aufstieg zum innovationsbedingten Stadium. Die Faktorbildung muß mehr und mehr an die Industrie wie auch an Universitäten und Forschungsinstitute mit engen Verbindungen zur Industrie fallen.

Jedem Staat, der eine aktive Rolle gewohnt ist, wird es schwerfallen, derartige Umstellungen vorzunehmen. Wieweit die koreanische Regierung dazu fähig ist, muß sich noch zeigen. Man muß jedoch feststellen, daß die Politik der koreanischen Regierung Fortschritte gemacht hat, was Gutes für die Zukunft des Landes ahnen läßt.

Das Programm für Italien

Italien hat sich in wenigen Jahrzehnten von einer Wirtschaft, die auf niedrige Löhne, umfassende Subventionen und verbreitete Schutzmaßnahmen angewiesen war, zu einer innovativen Wirtschaft mit vielen besonders dynamischen Branchen entwickelt. Beschleunigt durch steigende Löhne und starre Arbeitsbestimmungen, die zu Innovationen anspornten, und das Ende einer Politik der Geldabwertung, waren die italienischen Unternehmen gezwungen, die Produkt- und Verfahrenstechnologie aufzuwerten, und sie taten es auch.

Die italienische Industrie hat eine bemerkenswerte Fähigkeit gezeigt, Produktneuerungen vorzunehmen, aber auch modernste Herstellungs- und andere Technologien in relativ kleine und mittelgroße Betriebe einzuführen. Anspruchsvolle und fortschrittliche inländische Kunden und die Entwicklung italienischer Zulieferbranchen von Weltrang haben zu dem Prozeß beigetragen. Ein ausgeprägter, oft persönlich geführter Inlandswettbewerb fördert, zusammen mit Zielen, die eindeutig langfristig ausgerichtet sind, einen raschen Wandel. Ein wirksames Umfeld für die Gründung neuer Firmen in Italien führt zu einer ständigen Aufteilung der Branchen und einer Ausweitung auf verwandte Gebiete.

Das italienische Umfeld hat in einigen Branchen verblüffende Erfolge bewirkt, aber auch Grenzen gesetzt. Es schränkt die weitere Aufwertung des Wettbewerbsvorteils in etablierten Branchen ein und hat unnötigerweise die Branchenarten begrenzt, in denen italienische Firmen international erfolgreich sind. Wesentliche Wirtschaftsbereiche sind unproduktiv und wettbewerbsunfähig, engen den italienischen Wohlstand ein und verbrauchen öffentliche Mittel. Eine Aufwertung und Ausweitung der italienischen Wettbewerbspositionen ist nötig, damit die noch relativ hohe Arbeitslosigkeit abgebaut und ein weiteres Produktivitätswachstum möglich wird.

Die tendenzielle Liberalisierung der europäischen Märkte erhöht nur den Einsatz. Große Bereiche der italienischen Wirtschaft werden dank ihrer Dynamik von der Liberalisierung profitieren. Andere sind dagegen ernsthaft bedroht, weil sie keinen echten Wettbewerbsvorteil haben und den Schutz verlieren. Eine Verschiebung in der traditionellen Übereinkunft zwischen dem Big Business, den Arbeitern und den Politikern ist in Italien fast unmöglich. Vor allem Italien bietet die europäische Liberalisierung die Notwendigkeit und damit Gelegenheit für eine neue Ordnung. Wichtige Veränderungen in der italienischen Politik müssen aber noch erfolgen.

Italien ist ein Beispiel für die Beschränkungen eines weiteren Aufstiegs, die von einem Land auferlegt werden, dessen Regierung ihrer Verantwortung nicht richtig gerecht geworden ist und wo Unternehmensstrategien sich durchlavieren mußten. Im folgenden die Darstellung einiger der Fragen, mit denen beide Wirtschaftspartner, die Unternehmen wie die Regierung, konfrontiert werden, wenn die italienische Wirtschaft weiter Fortschritte machen soll:

Entwicklung des Humankapitals. Die italienische Industrie hatte eher mit informeller als formeller Bildung und Ausbildung Erfolg. Das fachliche Können wird in den Familien und durch Verbreitung von Kenntnissen innerhalb örtlicher italienischer Branchencluster aufgebaut, etwa bei Textilien, Bekleidung, Möbeln und im Maschinenbau.

Die Fähigkeit, die bestehenden Branchen aufzuwerten, erfordert ein stärkeres und besser ausgebildetes Arbeitskräftepotential. Um weiter voranzukommen und am Arbeitsplatz zu lernen, brauchen die Italiener bessere Kenntnisse in Mathematik, Informatik und anderen grundlegenden Gebieten. Damit der italienische Erfolg sich auf neue Gebiete ausdehnen kann, ist ein Bestand an stärker formell ausgebildeten Arbeitskräften Voraussetzung. Besser ausgebildete Ingenieure und Wissenschaftler sind ein Erfordernis wie die Qualifikation in anderen modernen Fächern.

Ein weiterer Fortschritt in der italienischen Industrie verlangt ein größeres Engagement für die Aufwertung des staatlichen italienischen Schulwesens und vielleicht die

Bildung neuer Privatuniversitäten wie in Japan und Deutschland. Das italienische Bildungssystem hat auf der Universitäts- und Postgraduiertenebene viele Verbesserungsmöglichkeiten. Einige hervorragende Fakultäten und Fachbereiche genügen nicht. Den Universitätsprogrammen fehlt die konstante Qualität, und neue Erkenntnisse auf neuen Gebieten werden nicht schnell genug aufgenommen. Die Magisterprogramme sind unterentwickelt, Doktorandenprogramme existieren fast überhaupt nicht. Wichtige Fachkenntnisse sind rar.

Die Entwicklung des Humankapitals kann allerdings nicht allein dem Staat überlassen werden. Italienische Unternehmen müssen sich bei Investitionen in die Verbesserung der öffentlichen und privaten Bildung und deren Förderung stärker engagieren. Sie müssen außerdem mehr innerbetriebliche Ausbildungsprogramme als Ergänzung zur Rolle der Schulen schaffen. Die öffentliche Bildung ist in den allgemeineren Fächern am erfolgreichsten. Firmenausbildung und Bemühungen der Fachverbände müssen sich den kleinen und solchen Fachgebieten widmen, die in bestimmten Branchen gebraucht werden.

Forschung und Entwicklung (F&E). Italien hat von allen fortschrittlichen Ländern eine der niedrigsten Ausgabenraten für F&E in Prozent des Bruttoinlandsprodukts. Es liegt diesbezüglich z. B. deutlich hinter Deutschland, Frankreich, Großbritannien, Schweden und den Niederlanden (siehe Tabelle 13–1). Italien hatte im allgemeinen in den Branchen (und Branchensegmenten) Erfolg, die keine großen Ausgaben für Forschung und Entwicklung erforderten. Die italienischen Firmen waren in der Übernahme und Verbesserung eingeführter Technologien immer aggressiv und erfolgreich.

Um eine anhaltende Aufwertung des Wettbewerbsvorteils und einen erfolgreichen Wettbewerb in neuen Branchen zu ermöglichen, ist in Unternehmen und anderen Institutionen jedoch mehr formelle Forschung und Entwicklung nötig. Eine kluge Anpassung ausländischer Technologie bringt die italienische Industrie nicht viel weiter. Sie braucht jedoch die Fähigkeit zu grundlegenderen Innovationen und auch das technologische Fundament, in neue Branchen einzusteigen.

Die italienische Forschung ist im Vergleich mit anderen fortschrittlichen Ländern finanziell nicht ausreichend ausgestattet, ja sie ist unterentwickelt. Die Universitätsforschung verläuft uneinheitlich. Die Anlagen entsprechen nicht dem Weltmaßstab. Staatliche Forschungsinvestitionen bleiben hinter denen anderer Länder zurück. Italienische Spitzenwissenschaftler arbeiten oft im Ausland.

Mehr Forschungsförderung, vor allem an den Universitäten, ist in Italien dringend notwendig. Es wäre ein Fehler zu versuchen, sich auf Forschung auf sogenannten »Hochtechnologie«-Gebieten wie Halbleiter, Großrechner oder Biotechnologie zu konzentrieren, ein Vorgehen, das von einer Reihe Italiener befürwortet wird. Dabei würde man in die Falle tappen, anderen Ländern blindlings nachzueifern, und den italienischen Kontext verkennen. Auch gesamteuropäische Superprojekte sind nicht die angemessene Antwort, wie ich in Kapitel 12 erläutert habe.

Der italienischen Wirtschaft ist besser gedient, wenn das Gesamtniveau des technologischen Könnens in allen Branchen angehoben wird. Ein besserer Schwerpunkt ist die angewandte Forschung auf Gebieten, die einen Querschnitt darstellen: Software, Informationssysteme, neue Werkstoffe und moderne Herstellungstechnologien. Ak-

TABELLE 13–1   Geschätzte Gesamtausgaben für F&E in Prozent des Bruttosozialprodukts in ausgewählten Ländern, 1975–1987

	1975	1977	1979	1981	1983	1985	1987
Schweden	1,7	1,8	1,9	2,2	2,5	2,8	3,0
Japan	2,0	2,0	2,3	2,6	2,8	2,9	
		42,1					
Deutschland	2,2	2,1	2,4	2,4	2,5	2,7	2,8
Vereinigte Staaten	2,3	2,3	2,3	2,4	2,7	2,8	2,6
Großbritannien	2,2	n/a	n/a	2,4	2,3	2,2	2,4**
Frankreich	1,8	1,8	1,8	2,0	2,3	2,3	2,3
Schweiz	2,4	2,3	2,4	2,3	2,3	n/a	n/a
Niederlande	2,0	1,9	1,9	2,0	2,0	2,1	n/a
Norwegen	1,3	1,4	1,4	1,3	1,4	1,5	1,9
Finnland	0,9	1,0	1,0	1,2	1,3	1,5	1,7
Belgien	1,3	1,3	1,4	n/a	1,5	n/a	n/a
Italien	0,9	0,9	0,8	1,0	1,1	1,4	1,5
Kanada	1,1	1,1	1,1	1,2	1,3	1,4	1,4**
Österreich	0,9	n/a	n/a	1,2	1,2	1,3	1,3
Dänemark	1,3	1,0	1,0	1,1	1,2	1,3	n/a
Australien	n/a	n/a	n/a	1,0	1,0	1,1	n/a
Irland	0,8	0,8	0,7	0,7	0,7	0,8	n/a
Spanien	0,4	n/a	0,4	0,4	0,5	0,5*	n/a
Korea	n/a	n/a	n/a	n/a	1,1	n/a	n/a
Singapur	n/a	n/a	n/a	n/a	n/a	0,5*	n/a
Taiwan	n/a	n/a	n/a	n/a	n/a	1,1	n/a
OECD TOTAL	1,9	1,8	1,9	2,0	2,2	2,4	
EG TOTAL	1,6	1,6	1,6	1,8	1,8	1,9	

QUELLE: *International Science & Technology Data Update 1988,* Washington, D.C.: National Science Foundation, erscheint in Kürze. OECD/STIID Datenbank, April 1987.

*Daten für 1984

**Daten für 1986

ANMERKUNG: Das Sozialprodukt bezieht sich für einige Länder auf das Bruttoinlandsprodukt, für andere auf das Bruttosozialprodukt. In der Praxis sind die Unterschiede zwischen beiden nicht so erheblich, als daß der internationale F&E-Vergleich nennenswert tangiert wird.

tive universitäre Forschungsprogramme auf solchen Gebieten spornen auch die Unternehmer an, wenn Studenten und Fakultäten neue Firmen gründen. Eine italienische Forschungsstrategie trägt dann am meisten zur industriellen Aufwertung bei, wenn sie das Schwergewicht auf Technologien legt, die für bestehende Cluster erfolgreicher italienischer Branchen von Bedeutung sind. Die Schaffung von Programmen auf Gebieten wie automatisierter Bekleidungsherstellung, Steuerungssystemen für Produktionsmaschinen usw. hebt die etablierten italienischen Positionen und wertet sie auf.

Wenn die italienischen Unternehmen einen dauerhafteren Wettbewerbsvorteil erzielen sollen, werden sie sich stärker der Forschung widmen müssen. Die staatlich finanzierte Forschung und Entwicklung in Prozent des Bruttoinlandsprodukts in Italien hinkt der anderer fortschrittlicher Länder hinterher, doch ist es der höchste Prozentsatz der nationalen Gesamtforschung und -entwicklung der fortschrittlichen Länder, die wir untersucht haben (Tabelle 12–1), weil der Beitrag des Privatsektors so gering ist. Die Forschung und Entwicklung des Privatsektors in Prozent des Bruttoinlandsprodukts liegt in den Vereinigten Staaten 2,6mal höher als in Italien, in Deutschland und Schweden etwa dreimal und in Japan fast viermal höher. Italienische Unternehmen brauchen die Fähigkeit, neue Technologien früh zu meistern, damit sie ihre Stellung gegen sich verbessernde Konkurrenten aus Asien, Spanien und anderen Ländern behaupten können. Die Unternehmen müssen mehr formelle innerbetriebliche Forschungsprogramme schaffen, ergänzt durch Forschungsinstitute, die von Industrieverbänden und über Forschungsaufträge für Universitäten gefördert werden. Bürokratische Hindernisse, die heute die Beziehungen zwischen universitären Forschungsinstituten und der Industrie einengen, sollten beseitigt werden.

Infrastruktur. Die italienische Infrastruktur hat einem größeren Wettbewerbsvorteil in vielen Branchen im Weg gestanden. Schlechte Häfen, schlechte Flughäfen, schlechte Telekommunikation und ein altertümliches Finanzsystem nutzen niemandem. Häufige Streiks machen wichtige Dienstleistungen unzuverlässig. Die Kosten der Unternehmen steigen unnötig. Ein Erfolg in Branchen, die auf eine wirksame Logistik und andere Infrastruktur angewiesen sind, wird erschwert.

Ein wirtschaftlicher Fortschritt Italiens wird zum Teil von einem Konsens im Land abhängen, den Stand der Dinge zu ändern. Ein Teil der Lösung besteht in größeren Investitionen. Ein Milliarden-Dollar-Vertrag mit AT&T zur Verbesserung des italienischen Telefonsystems, unterzeichnet 1989, ist ein hoffnungsvoller Schritt, und derartige Bemühungen können ausgeweitet werden. Das Erzielen schneller Verbesserungen in der Infrastruktur wird auch von Maßnahmen zur Einführung von mehr Wettbewerb profitieren. Neueinsteiger werden die staatseigenen Firmen herausfordern und vorantreiben. Die italienischen Unternehmer werden die Situation schnell verbessern, wenn man sie läßt, wie das Beispiel Fernsehen gezeigt hat. Die neuen privaten Fernsehsender sind nicht nur im Interesse der Zuschauer, sondern haben auch das staatliche Fernsehen zu Verbesserungen gedrängt.

Die Privatisierung staatseigener Firmen ist auf bestimmten Infrastrukturgebieten vielleicht auch deswegen notwendig, damit sinnvolle Verbesserungen kommen. Es ist jedoch für die Italiener wichtig zu wissen, daß eine Privatisierung nur dann den vollen Nutzen bringt, wenn sie so durchgeführt wird, daß der Wettbewerb gesichert ist.

Finanzmärkte. Italien verfügt zwar über einen hohen Kapitalbestand, doch die Struktur der italienischen Finanzmärkte schränkt eine weitere Aufwertung der italienischen Industrie ernstlich ein. Der Mailänder Aktienmarkt ist kaum entwickelt und wenig leistungsfähig. Die Kurse können von einigen großen Anlegern beeinflußt werden, und Marktschwächen begünstigen einige wenige Finanzgruppen. Die meisten italienischen Unternehmer möchten mit den öffentlichen Märkten nichts zu schaffen haben, und ihre Unternehmen bleiben im Privatbesitz. Mittelgroße italienische Firmen haben Schwierigkeiten, die Mittel aufzubringen, um ihre Wettbewerbsvorteile auszuweiten, im Ausland zu investieren oder in verbundene Gebiete zu diversifizieren, was viel Geld erfordert.

Unterentwickelte Finanzmärkte engen nicht nur den Fortschritt auf bestehenden Gebieten ein, sondern begrenzen auch den Erfolg in neueren kapitalintensiven Branchen, die eben die Arbeitskräfte aufnehmen könnten, die durch steigende Produktivität und den Verlust der Position an Konkurrenten aus Schwellenländern freigesetzt worden sind. Nur Staatsbetriebe und einige Finanzgruppen können die Mittel aufbringen, die für den Einstieg in solche Branchen nötig sind. Italienische Wettbewerber, sofern in kapitalintensiven Branchen überhaupt vorhanden, haben meistens beherrschende und geschützte heimische Positionen und sind selten so dynamisch, daß sie international Erfolg haben.

Das italienische Bankensystem bedarf ebenfalls der Verbesserung. Den meisten italienischen Banken sind größere langfristige Ausleihen verwehrt. Das meiste Anleihekapital wird kurzfristig vergeben. Eine Mischung aus Vorschriften, Schutz vor ausländischer Konkurrenz und Staatsbesitz schließt einen Wettbewerb unter Banken fast völlig aus und hat zu eklatanter Ineffizienz geführt, vom Mangel an Innovationen ganz zu schweigen. Die internationale Stellung der italienischen Banken ist entsprechend schwach, und die Wahrscheinlichkeit, daß sie in Zukunft international erfolgreich werden, bleibt ohne echten Inlandswettbewerb gering. Die italienischen Banken neigen zur Risikoscheu, und das meiste Bankkapital fließt in Staatsprojekte oder zu den großen Gruppen. Langfristiges Kapital steht für die meisten dynamischen Firmen Italiens kaum zur Verfügung.

Auch Risikokapital ist in Italien beklagenswert knapp. Die Märkte für Risikokapital sind jung und deutlich hinter denen der Vereinigten Staaten und Großbritanniens zurück. Ein großer Teil des vorhandenen Risikokapitals wird aufgrund der Risikoscheu überhaupt nicht in neue Geschäfte investiert.

Die wenigen großen Gesellschaften Italiens, Finanzholdings wie die Fiat-, die De-Benedetti- und die Ferruzzi-Gruppe, haben sich zu Mischkonzernen mit vielen nicht verbundenen Betrieben entwickelt. Der Kauf und Verkauf von Wertpapierpositionen in Unternehmen erfolgt in einem relativ kleinen Kreis von Wirtschaftsführern und unterliegt kaum einer Überprüfung durch Aktionäre. Die Gruppen sind in ihrer gegenwärtigen Struktur zu gemischt, als daß sie ihren Töchtern einen großen Wettbewerbsvorteil mitgeben könnten, ausgenommen den Zugang zu Kapital.

Es wird Italien schwerfallen, zu einer Wirtschaft mit größeren und differenzierteren Wettbewerbsvorteilen aufzusteigen, wenn sich seine Finanzmärkte nicht weiterentwickeln. Der Zugang zu Kapital muß ausgedehnt und Kapital durch einen offeneren und rationalen Prozeß zugeteilt werden. Die Bankengesetzgebung sollte mehr langfristige Kredite zulassen. Der Wettbewerb unter Banken sollte *vor* der Liberalisierung der europäischen Märkte angeregt werden, wenn die italienischen Banken eine Chance haben sollen, ihre Position zu behaupten oder gar zu stärken. Der italienische Aktienmarkt muß ein leistungsfähiger Markt werden, der die jüngsten Veränderungen ausbaut und beschleunigt. Offene Investmentfonds und andere Wege zu breiterem Aktienbesitz müssen liberalisiert werden. Publizitätsvorschriften, Gesetze gegen Insidergeschäfte und eine strengere Aufsicht durch die Wertpapierkommission (CON-SOB) sind notwendig, um Anleger zu schützen und Unternehmer anzulocken. Die Verfügbarkeit von Risikokapital muß über staatliche Quellen hinaus vergrößert werden, und zwar durch Anreize für private Investoren von Risikokapital.

Ein offenerer, besser überwachter und weniger konzentrierter Aktienmarkt wird das Geld für eine neue Generation mittlerer und großer italienischer Firmen bereitstellen. Derartige Veränderungen schützen auch gutgeführte italienische Firmen vor der Übernahme und fördern eine vernünftigere Diversifizierung. Die europäische Liberalisierung erleichtert den großen italienischen Unternehmen vielleicht, Kapital außerhalb Italiens zu beschaffen. Ein besser funktionierender heimischer Kapitalmarkt ist jedoch für die Finanzierung der kleinen und mittelgroßen Firmen, die für den wirtschaftlichen Aufschwung Italiens so wichtig sind, von unschätzbarem Wert.

Kapitalangebot. Eine weitere Aufwertung der italienischen Industrie wird durch die relativ hohen Kapitalkosten in Italien eingeschränkt, insbesondere für die kleinen und mittleren Betriebe. Sie müssen sehr viel höhere Realzinsen als die Großunternehmen mit ihrem weit besseren Zugang zum Bankensystem hinnehmen. Eine Öffnung der italienischen Kapitalmärkte hilft die Kapitalkosten für die Industrie senken. Ohne Verpflichtung zum Abbau des öffentlichen Defizits wird der Aufschwung jedoch vereitelt. Die Finanzierung des Defizits und die Bedienung der riesigen italienischen Staatsverschuldung zieht Gelder in Staatsanleihen und Schatzwechsel und neutralisiert die hohe private Sparrate. Der italienische Markt für Industrieschuldverschreibungen ist klein und nur einigen Großunternehmen zugänglich. Ein Abbau des Defizits ist unerläßlich, um Kapital freizusetzen, das besser für die Produktivitätssteigerung der Industrie verwandt würde.

Staatsbesitz. Die italienische Industrie ist international in praktisch keiner Branche erfolgreich, in der der italienische Staat als wichtiger Kunde, Zulieferer oder Produzent auftritt. Ein erheblicher Teil der italienischen Wirtschaft ist in Staatsbesitz oder wird vom Staat betrieben. Die Probleme bei der Infrastruktur und den staatlichen Dienstleistungen wurden schon angesprochen. Im staatlichen Produktionssektor haben nur wenige Firmen international einen echten Wettbewerbsvorteil. Der Staatsbesitz im Herstellungsbereich war oft die Folge der Übernahme gescheiterter Unternehmen, was selten zu einem Wettbewerbsvorteil führt.

Staatsbesitz verursacht drei wesentliche Kosten. Erstens geringere Wirtschaftlichkeit und Mangel an Dynamik in den betroffenen Branchen. Die Produktivität der italienischen Wirtschaft ist niedrig. Zweitens die Auswirkungen unrationeller staatlicher Aktivitäten auf die italienischen Branchen, die beim Staat kaufen müssen. Die dritte Kostenart durch Staatsbesitz ergibt sich aus der Rolle der staatseigenen Unternehmen als Kunden. Die italienische Industrie ist international selten in Branchen erfolgreich, in denen der italienische Staat ein wichtiger Kunde ist, wie bei

Produkten und Dienstleistungen der Gesundheitsfürsorge, der Verkehrsausrüstung, Stromerzeugung und -verteilung, Telekommunikation und Rüstung.

Staatseigene Betriebe und italienische Behörden verletzen häufig die Grundsätze eines guten Kunden – sie innovieren zu langsam, Spezifizierungen und Anforderungen sind hinter denen anderer Länder zurück, auf Kaufentscheidungen wird kräftiger politischer Einfluß ausgeübt, und zu viele Käufe erfolgen unter Ausschluß von Wettbewerb.

Es ist nötig, die Größe des staatlichen Bereichs in Italien zu verringern, wenn die Wirtschaft sich schnell entfalten soll. Die Privatisierung sollte so durchgeführt werden, daß ein gesunder Inlandswettbewerb entsteht und nicht ein öffentliches Monopol durch ein privates ersetzt wird. Das heißt, die italienischen Staatsbetriebe sollten nicht an Wettbewerber oder Firmen verkauft werden, die sie zerstückeln und an Wettbewerber verkaufen. Wo Staatsbesitz erhalten bleibt, bringt eine Änderung der Beschaffungspraktiken in der Richtung, wie ich sie in Kapitel 12 umrissen habe, wesentliche Vorteile für andere italienische Wirtschaftszweige.

Regulierung. Die Regulierung in Italien verursacht unnötige Kosten und behindert die Innovation. Das Widersinnige ist, daß italienische Produkte trotz umfangreicher Regulierung nicht sicherer sind, die italienische Umwelt nicht besser geschützt ist und die italienischen Verbraucher über keine besseren Dienstleistungen oder mehr Auswahl verfügen. Zu oft beeinträchtigen Reglementierungen den Wettbewerb und verlocken zu Begünstigungen.

Die italienischen Reglementierungen sind wirksamer, wenn sie sich darauf verlegen, höhere Anforderungen in sozialen Bereichen zu stellen und Anreize für Unternehmen schaffen, sie zu erfüllen, was wegführt vom direkten Eingriff in das Verhalten der Unternehmen. Reglementierungen, die Innovation und Wettbewerb fördern, anstatt bestehende Produkte und Produzenten zu schützen, bringen den größten Nutzen. Aufsichtsbehörden brauchen gesetzliche Autorität, die eine gewisse Unabhängigkeit vom politischen Prozeß Italiens garantiert. Die Durchführung der Regulierung muß umorganisiert und beschleunigt werden.

Wettbewerb. Italien bietet ein erstaunliches Beispiel dafür, wie wichtig der Inlandswettbewerb für den internationalen Erfolg ist. Das Land ist äußerst wettbewerbsfähig in den Branchen, in denen es viele heimische Wettbewerber gibt, und der Inlandswettbewerb ist scharf – bei Keramikfliesen, Schuhen, Bekleidung, Stoffen, Möbeln, Teigwaren und vielen anderen Erzeugnissen. Italien ist international dort kaum erfolgreich, wo entweder kein Inlandswettbewerb herrscht oder der Wettbewerb durch staatliche Maßnahmen oder formlose Vereinbarungen stark eingeschränkt ist, beispielsweise im staatlichen Bereich und bei den Banken. Die Firmen in diesen Branchen erwirtschaften vielleicht Gewinn, weil sie im Inland geschützt werden oder am Inlandsmarkt eine beherrschende Stellung besitzen, aber die meisten haben international gesehen keinen echten Wettbewerbsvorteil.

Der italienischen Industrie wird es schwerfallen, sich weiterzuentwickeln, wenn der Wettbewerb nicht verstärkt wird. Italien ist eines der wenigen fortschrittlichen Länder, das kein Kartellgesetz kennt. Ein solches Gesetz hat heute einen hohen Stellenwert, genauso wie die Abschaffung von Reglementierungen, die den Marktzugang einschränken oder praktisch zu einem Kartell führen. Fusionen zwischen führenden italienischen Unternehmen sollten verboten werden. Die Privatisierung staatseigener Firmen sollte so durchgeführt werden, daß der Wettbewerb gestärkt und nicht geschwächt wird. Als beispielsweise Alfa Romeo an Fiat verkauft wurde, war die Durchschlagskraft der italienischen Branche bedroht.

Es besteht die echte Gefahr, daß die italienische Politik das Problem verschlimmert, nicht mindert. Da die Branchen immer globaler werden und eine größere europäische Integration wahrscheinlicher wird, behaupten viele Italiener, auch ihre Unternehmen müßten größer werden, um konkurrieren zu können. Das wird zur Rechtfertigung von Fusionen zwischen führenden italienischen Unternehmen herangezogen. Aus schon genannten Gründen sind *inländische* Zusammenschlüsse, die einen wirksamen Wettbewerb in Italien ausschließen, ein schwerwiegender Fehler. Die für die italienischen Firmen bessere Lösung ist, durch Expansion *im Ausland* größer zu werden, und der Erwerb ausländischer Firmen ist ein Weg dorthin. Ein scharfer Inlandswettbewerb zwischen Wettbewerbern, die weltweit konkurrieren, schafft die stärksten und dauerhaftesten Wettbewerbsvorteile.

Regionalpolitik. Viele Länder haben Regionen mit unterschiedlichem Wohlstand, und Italien macht hier keine Ausnahme. Eine Regionalpolitik mit langer Geschichte, die erhebliche öffentliche Mittel einsetzt, hat versucht, die Kluft zwischen dem Norden und dem Süden zu überbrücken. Bis auf wenige Ausnahmen war die italienische Regionalpolitik erfolglos. Sie stützte sich auf den Einsatz von Subventionen, mit denen italienische Firmen animiert werden sollten, Betriebe im Mezzogiorno anzusiedeln. Das Schwergewicht lag auf der Großindustrie wie Automobile, Chemie und Stahl. Isoliert liegende Werke und andere Anlagen ohne Anbindung an etablierte Industriecluster und ohne die richtigen Arbeitskräfte, Infrastruktur und Zulieferer hatten kaum eine Chance, jemals einen Wettbewerbsvorteil zu erringen.[3] Eine wirksamere Methode, die Industrie im Süden auszubauen und zu beleben, ist der Rückgriff auf Cluster. Erfolgreiche Branchen erwachsen aus einer bestehenden und sich bildenden Massierung von Firmen, Fähigkeiten sowie verwandten und unterstützenden Branchen. Es gibt im Süden potentielle Cluster um nahrungsmittelnahe Branchen und den Tourismus – um nur zwei Möglichkeiten zu nennen. Die staatliche Hilfe sollte etwa in der Form von spezialisierten Bildungseinrichtungen, Forschungsinstituten an örtlichen Universitäten, spezieller Infrastruktur und Exportförderung erfolgen. Zulieferern und verwandten Branchen können Anreize gegeben werden, sich in der Nähe anzusiedeln.

Die staatliche Politik Italiens wird wirkungsvoller, wenn sie von direkten Subventionen zu *steuerlichen Anreizen* übergeht, die an das Erzielen von Gewinnen gekoppelt sind. Zu oft sind Subventionen an Unternehmen gegangen, bei denen diesbezüglich kaum Aussichten bestanden.

Unternehmensstrategie und Struktur. Die italienischen Unternehmen müssen ihre Strategien und Führungsmethoden entwickeln, wenn ihre Wettbewerbsvorteile behauptet und ausgebaut werden sollen. Darüber hinaus müssen sie sich stärker für die Ausbildung der Arbeitskräfte und die Forschung einsetzen, wie ich schon dargelegt habe. Der Führungsstil der Vergangenheit hat sich in Klein- und Mittelbetrieben bewährt. Ein hohes Maß an Verpflichtung gegenüber dem Betrieb, eine familienähnliche Ausrichtung und Flexibilität müssen erhalten bleiben und durch professionellere Führungsstrukturen ergänzt werden. Die Einstellung besser ausgebildeter Manager, moderne Informationstechnologie und wirksamere Kontrollen werden den italienischen Unternehmen ermöglichen, die Größenordnung und Komplexität zu überschreiten, die ein charismatischer Firmenchef allein noch überschauen kann. Ohne eine professionellere Führungsstruktur waren die italienischen Unternehmen nicht in der Lage zu wachsen oder standen, wenn sie von ihrem Stammgeschäft abwichen, vor großen Schwierigkeiten. Solche Strukturen können die italienischen Unternehmen leistungsfähiger machen.

Die italienischen Unternehmen werden globalere Strategien übernehmen müssen. In vielen Branchen werden gut ausgebaute ausländische Vertriebskanäle und in einigen Fällen eine Auslandsproduktion nötig sein, um Wettbewerbsvorteile zu halten und auszubauen. Bündnisse mit ausländischen Unternehmen, für viele italienische Firmen eine verlockende Alternative, weil sie die notwendigen Investitionen begrenzen, sind à la longue nicht die richtige Antwort. Die italienischen Firmen haben ihr Schicksal selbst zu bestimmen und im Betrieb die entscheidenden Aktivposten und Fähigkeiten zu entwickeln, die für den Wettbewerbsvorteil gebraucht werden, sonst halten sie ihn nie. Bündnisse können ein guter Übergangsschritt sein oder für ganz spezielle Ziele eingesetzt werden, sind aber an sich keine ausreichende langfristige Strategie.[4]

Schließlich stehen italienische Firmen vor der Gefahr, beim Diversifizieren die Fehler von Unternehmen aus anderen Ländern zu wiederholen. Die unverbundene Diversifizierung hat sich auf lange Sicht als schrecklicher Fehlschlag erwiesen. Die Ineffizienz der italienischen Kapitalmärkte und künstliche Beschränkungen des Wettbewerbs haben Mischkonzernen in der Vergangenheit die Existenz ermöglicht. Doch die Zeiten ändern sich schnell. Die italienischen Finanzgruppen müssen weg von ihrem Mischkonzerndasein und sich auf einige engverbundene Stammgeschäfte konzentrieren, in denen sie eine weltweit führende Position erreichen können. Größe um ihrer selbst willen ist für den Wettbewerbsvorteil unwichtig. Bei der Suche nach neuen Geschäften müssen sich die italienischen Mittelbetriebe auf zusammenhängende Gebiete konzentrieren und der Versuchung widerstehen, in unverbundene Branchen einzusteigen, gleichgültig wie schnell sie wachsen. So sind z. B. der Einstieg von Benetton bei Finanzdienstleistungen und Berlusconis Schritt von Fernsehprogrammen zum Einzelhandel fragwürdig. Der Schritt von Ferruzzi/Montedison, die Vielfalt zu beschneiden und weltweit im Stammgeschäft zu konkurrieren, erscheint als ein besseres Modell für die italienische Industrie.

Das Programm für Schweden

Schweden trat zunächst als innovationsbedingte Wirtschaft in Erscheinung, als technologische Umwälzungen um die Jahrhundertwende die Voraussetzungen für gehobenere Wettbewerbsvorteile und den Einstieg in fortschrittlichere Branchen schufen. Die Produktivität ist seither ständig gestiegen, vor allem in der Herstellung, und mit ihr der Wohlstand. Die schwedische Wirtschaft ist stark zusammengeballt, und schwedische Firmen konnten ihre Wettbewerbspositionen in vielen Branchen behaupten. Die Forschungs- und Entwicklungsinvestitionen sind hoch. Weltweit gespannte Netze bringen den ungewöhnlich vielen großen schwedischen Multis solide Vorteile. Die Umstrukturierung von Branchen, die anfällig für Faktorkosten waren, ging im Vergleich mit anderen Ländern schnell über die Bühne.

Doch die schwedische Wirtschaft sitzt in einer Art Falle. Sie ist eng, selbst im Vergleich mit so kleinen Ländern wie der Schweiz, und Schweden hat eine schwache Position bei Konsumgütern, internationalen Dienstleistungen und anderen großen Bereichen. Die Mechanismen zur Erweiterung der Wirtschaft, die so wichtig für das Produktivitätswachstum ist, klemmen. Nach dem Zweiten Weltkrieg sind nur wenige internationale Firmen gleich welcher Größe gegründet worden. Der Innovationsprozeß in Schweden ist langsam und auf ein relativ schmales Gebietsspektrum beschränkt – schwedische Firmen haben selten in Branchen mit kurzen Produktlebenszyklen Erfolg. Der weite öffentliche Sektor behindert die Entwicklung des Privatsektors auf großen und wichtigen Gebieten.

Die traditionellen Industrien Schwedens wachsen nicht, und einige seiner rohstoffabhängigen Branchen schrumpfen. Die schwedische Wirtschaft ist für ein fortschrittliches Land ungewöhnlich faktorkostenabhängig. Die Abwertung hat einen Verfall der Exporte in den stärker rohstofforientierten Grundstoffindustrien gebremst. Der Staatsdienst hat Arbeitskräfte übernommen, die durch die industrielle Umstrukturierung freigesetzt worden sind. Dieser Ausgleich droht jedoch zu kippen. Das Wachstum der Gesamtproduktivität ist mager.

Schweden verkörpert ein Land, in dem einige bewußte politische Entscheidungen und nationale Wertvorstellungen in Widerspruch zu den Erfordernissen eines weiteren wirtschaftlichen Aufschwungs geraten können. Für Schweden gilt, ein Abdriften zu vermeiden, das am Ende zu einem niedrigeren relativen Lebensstandard führt. Zu einigen wesentlichen Fragen für schwedische Unternehmen und den schwedischen Staat ist einiges anzumerken:

Der politische Rahmen. Abwertung war eines der Hauptinstrumente zur Verbesserung der internationalen Position der schwedischen Industrie, das den Exporten in einigen Branchen tatsächlich Auftrieb gegeben hat. Die Debatte über die Wettbewerbsfähigkeit in Schweden beschäftigt sich auch sehr stark mit Löhnen und Strompreisen. Die Konzentration auf diese Gebiete spiegelt jedoch ein zu enges Modell vom nationalen Wettbewerbsvorteil, das zu sehr auf Faktorkosten beruht. Das ist zwar verständlich bei der großen Rolle der rohstoffabhängigen Branchen in der schwedischen Wirtschaft, doch verzögert es den Prozeß, mit dem Schweden seine wirtschaftliche Grundlage sowohl erweitert als auch aufwertet. Der Staat wie die Industrie müssen ein breiteres Programm aufstellen, um den Wettbewerbsvorteil zu vergrößern und auszuweiten. Ohne dieses Programm wird der Druck auf die schwedische Industrie anhalten.

Investitionen in die Faktorbildung. Ein fortschrittliches Land wie Schweden kann seinen relativen wirtschaftlichen Wohlstand nur halten, wenn sein Faktorbestand qualitativ so schnell zunimmt wie in anderen fortschrittlichen Ländern. Das Investitionstempo in Schweden muß steigen. Angesichts des Fortschritts anderer Länder ist das Bildungssystem vielleicht nicht länger überlegen genug, einen Vorteil zu gewähren. Auch eine größere Spezialisierung bei der Ausbildung ist nötig, ebenso eine höhere Priorität für besonders vitale Bereiche, die auf viele Branchen einwirken, wie Software, Computer und neue Werkstoffe. Mangel an hochqualifizierten Arbeitskräften und technischem Personal hält die Aufwertung der Wirtschaft zurück.

Der schwedische Staat kann nicht selbst die Lösung des Problems sein, doch er neigt dazu, eine zu große Rolle zu beanspruchen. Mehr öffentliche Forschungsgelder müssen zu den Universitäten gelenkt werden, anstatt über staatlich verwaltete Programme zu laufen. Die schwedischen Unternehmen müssen die eigene Rate der Investitionen in die Ausbildung der Arbeitskräfte und Technologie weiter anheben. Gemeinsame Investitionen in die Faktorbildung unter Einschluß der Kunden, Zulieferer und verwandten Branchen sollten ebenfalls erhöht werden.

Nachfragebedingungen. Die Gründung neuer Betriebe in Schweden wird ohne Verbesserungen bei den Nachfragebedingungen für Konsumgüter und Dienstleistungen gehemmt. Die Steuerpolitik, die die tatsächliche Kaufkraft für moderne Konsumgüter reduziert, hält die gehobene Inlandsnachfrage in solchen Branchen zurück. Das tut auch eine sich schemenhaft abzeichnende Rolle des Staates im Dienstleistungssektor, die die Wahl der Verbraucher einengt und die Gründung neuer Unternehmen blockiert. Einschränkend wirken auch Verbote in der Werbung und anderen modernen Marketingtechniken.

Schweden hat einige potentielle Vorteile bei Dienstleistungen im gewerblichen Bereich und für Verbraucher, so u. a. Sprachkenntnisse, Neutralität, einen guten Ruf im Automatisieren von Dienstleistungstätigkeiten und eine Gruppe großer schwedischer Multis, die eine Grundlage für die Auslandsnachfrage bilden. Ikea, der internationale Möbeleinzelhändler, beweist, daß Schweden bei Dienstleistungen international erfolgreich sein kann und eine positive Sogwirkung in der Herstellung zu erreichen vermag. Bei einer Aufwertung der Bedingungen für die Inlandsnachfrage und einem besseren Klima für Betriebsgründungen (s. u.) könnte das Fundament der schwedischen Wirtschaft expandieren.

Die Rolle des öffentlichen Sektors. Angesichts der allgemeinen schwedischen Übereinstimmung hinsichtlich eines großen öffentlichen Sektors ist es unrealistisch, eine umfassende Privatisierung der öffentlichen Tätigkeiten zu erwarten. Die Herausforderung in Schweden lautet vielmehr, die Leistung der staatlichen Betätigung zu verbessern und sicherzustellen, daß sie der schwedischen Industrie den maximalen Gesamtnutzen bringt. Jede staatliche Stelle muß neben ihrer normalen Arbeit den Auftrag haben, so zu arbeiten, daß Innovation und Dynamik in der Industrie stimuliert werden. Die Beschaffung im Gesundheitsbereich muß z. B. großes Gewicht darauf legen, neue schwedische medizinische Produkte und Dienstleistungen zu unterstützen.

Eine stark steigende Produktivität bei staatlichen Dienstleistungen und anderen Bereichen ist notwendig, um das Produktivitätswachstum in der schwedischen Wirtschaft zu unterstützen. Ein Schritt in Richtung Privatisierung ist auf lange Sicht die einzige Möglichkeit sicherzustellen, daß die Produktivitätssteigerung und die Internationalisierung jetzt noch staatlicher Tätigkeiten gefördert werden. So gesehen ist die jüngste Maßnahme, den schwedischen Staatskonzern Procordia teilweise zu privatisieren, ein positiver Schritt. Das ist auch allein schon die Tatsache, daß in der Sozialdemokratischen Partei eine Debatte über Privatisierung und andere Änderungen der Rolle des öffentlichen Sektors stattfindet.

Es gibt noch einen anderen zwingenden Grund, die Größe des staatlichen Sektors abzubauen. Schwedische Firmen verlegen Teile der Produktion ins Ausland, weil es an ausgebildeten Arbeitskräften fehlt, und das in einer Zeit, in der ein großer Teil der schwedischen Arbeiter für staatliche Aktivitäten mit relativ geringer Produktivität eingesetzt wird. Dieser Zustand hält nicht nur die gegenwärtige nationale Produktivität zurück, sondern gefährdet auch die Fähigkeit, sie zu erhöhen. Die Ressourcen müssen neu und außerhalb des öffentlichen Sektors eingesetzt werden, wenn die schwedische Wirtschaft wirklich Fortschritte machen soll.

Motivation. Die Ziele der Einzelpersonen und Unternehmen in Schweden werden durch eine Umwelt geprägt, die bescheidene wirtschaftliche Ambitionen fördert. Die Steuersätze waren extrem hoch, die gesellschaftlichen Normen wirkten auf die Schaffung von Wohlstand durch die Unternehmer abschreckend. Arbeiter und Angestellte sind diszipliniert, qualifiziert und leistungsfähig, lassen aber manchmal die Bereitschaft vermissen, Risiken auf sich zu nehmen und neue Gebiete zu erschließen, was für die Bildung und Aufwertung des Wettbewerbsvorteils so entscheidend ist.

Die Steuerpolitik ist der am leichtesten zu verändernde Teil der Gleichung, und in Schweden beginnt ein konstruktiver Dialog. Eine Verringerung des Umfangs des staatlichen Sektors ist zum Teil deshalb wünschenswert, weil er eine Senkung der Steuersätze ermöglichen würde. Eine verstärkte Anwendung der Gewinnbeteiligung in der Industrie und eine stärkere Koppelung der Bezahlung an Fähigkeiten und Leistung des einzelnen sind mögliche, aber schwierigere Schritte. Der Entschluß einiger schwedischer Unternehmen, den Mitarbeitern Schuldverschreibungen anzubieten, die in Aktien umgewandelt werden können, ist, obwohl von vielen schwedischen Gewerkschaften bisher abgelehnt, eine positive Entwicklung. Ein weiteres Fortschrittszeichen ist eine Diskussion über die Begrenzung steuerfreier Rücklagen, die in schwedischen Unternehmen für mehr Leistungsdruck sorgen würde.

Wettbewerb. Das vielleicht größte Einzelhindernis für die Aufwertung der schwedischen Industrie ist ein langsamer Rückgang des Inlandswettbewerbs. Offener Inlandsmarkt und Globalstrategien sind in einigen Branchen zwar ein Teilersatz für den Inlandswettbewerb, doch die schwedische Dynamik hat gelitten. Das Innovations- und Aufwertungstempo in der schwedischen Industrie steigt wahrscheinlich nicht ohne eine Umkehr des Trends zu lokalen Monopolen und Kooperation zwischen Konkurrenten. In Schweden herrscht zuviel Nachsicht gegenüber Fusionen, dem Tausch des Sortiments und stillschweigender Koordinierung. Außerdem gibt es die Haltung, daß bei genügender Zusammenarbeit alle profitieren. Die Industrie wählt den einfachen Weg und kauft heimische Konkurrenten auf, anstatt sie durch Innovation zu schlagen, was der Industrie des ganzen Landes zugute käme (durch schnellere Faktorbildung, Aufbau von Zulieferern und andere nützliche Maßnahmen, wie sie in den Kapiteln 3 und 4 beschrieben sind).

Kartellgesetze werden auf Inlandsbranchen angewandt, auf internationale Branchen jedoch nicht, mit der Begründung, den schwedischen Unternehmen damit zu ermöglichen, eine bestimmte Größenordnung für den Wettbewerb auf Weltmärkten zu erreichen. Ich glaube, das ist falsch für das Land und die Unternehmen. Das Landesmeisterkonzept zeigt Fehler, selbst in einem kleinen Land. Schweden profitiert, wenn es den Inlandswettbewerb bewahrt und geschützte heimische Sektoren, z. B. die Dienstleistungen, öffnet.

Neugründungen. Eine weitere wichtige Aufgabe für die schwedische Industrie besteht in der Gründung neuer Betriebe, sowohl durch neue Firmen wie durch etablierte schwedische Unternehmen. Schweden muß das Branchenspektrum erweitern, in dem internationale Erfolge erzielt werden. Ohne neue Industrien und die Arbeitsplätze, die sie schaffen, wird Schwedens Wohlstand am Ende Schaden nehmen.
Zur Stärkung der Unternehmer muß die schwedische Steuerpolitik gründlich überprüft werden. Das jetzige Niveau der Erträge nach Steuern vermag die Unternehmer nicht zu bewegen, das Risiko von Neugründungen einzugehen, vor allem wenn man das fehlende Sozialprestige derartigen Tuns bedenkt. Die Steuergesetze machen es den Unternehmern schwer, durch den Aufbau einer Firma privaten Reichtum zu schaffen, und veranlassen aufstrebende schwedische Firmen, zu schnell an Großunternehmen zu verkaufen.
Die staatliche Politik muß sich der Bedürfnisse der kleinen, nicht nur der großen Firmen annehmen. Anreize sind erforderlich, um etwa einen Markt für echtes privates Risikokapital zu starten. Das gegenwärtige Risikokapitalsystem, im wesentlichen von Regierungsstellen verwaltet, ist weitgehend verbeamtet und wirkungslos. Eine Kampagne von Führungskräften aus Wirtschaft und Politik, die die Öffentlichkeit über die wichtige Rolle neuer Industrien aufklären soll, wird helfen, die Einstellung zum Prestige im Land zu verschieben, und mehr Unternehmer ermuntern. Es gibt einige Anzeichen, daß die Universitätsabsolventen heute größeres Interesse am Unternehmerdasein haben. Diese ermutigende Entwicklung sollte gestärkt werden, damit gesellschaftlicher Druck sie nicht stoppt und angehende Unternehmer ihr Glück nicht außerhalb Schwedens suchen.

Unternehmensstrategie. Schwedische Unternehmen sind international eingestellt, was ihnen bei der Wahrung des Wettbewerbsvorteils auf internationalen Märkten zugute gekommen ist. Aber es besteht die wachsende Gefahr, daß sie in ihrer Begeisterung für die Globalisierung den heimischen Stützpunkt vernachlässigen. Globalstrategien ergänzen und erweitern den Wettbewerbsvorteil, bringen ihn jedoch selten hervor. Innovation ist auf eine gesunde heimische Umgebung angewiesen.
Zum Teil wegen des Mangels an Fachkräften zeigen Unternehmen Anzeichen, ins Ausland zu gehen und nicht in die Aufwertung Schwedens zu investieren. Die Folge wären eine verringerte Innovationsfähigkeit und weitere Beschränkungen für Neugründungen. Ein Unternehmen braucht einen echten heimischen Stützpunkt, um dynamisch zu bleiben. Es ist wichtig für Schweden, daß seine führenden Unternehmen im Land ansässig bleiben, auch wenn sie stark international ausgerichtet sind.

Die Wahl der Werte. Ich erkenne an, daß derartige Veränderungen einigen tiefverwurzelten schwedischen Wertvorstellungen zuwiderlaufen: der Einkommensumverteilung, dem Egalitarismus, einem großen Interesse am Gemeinwohl, Zusammenarbeit statt Wettbewerb und einer gewichtigen Rolle des Staates. Diese Wertvorstellungen standen bisher mit dem steigenden wirtschaftlichen Wohlstand in Einklang. Zunehmend könnten jedoch Entwicklungen in der internationalen Wirtschaft das schwedische Volk zwingen, zwischen der Wahrung dieser Werte in jeder Hinsicht und der Aufrechterhaltung des schwedischen Lebensstandards zu wählen.

Die schwedischen Werte halten die Gefahr gering, daß Schweden ins wohlstandsbedingte Stadium abgleitet, eine ernste Sorge in Ländern wie den Vereinigten Staaten, Deutschland und der Schweiz. Doch sie schwächen die Dynamik, die zur Aufrechterhaltung der relativen Position als eine innovationsbedingte Wirtschaft erforderlich ist. Einige nationale Wertvorstellungen wie das Sicherheits- und Umweltbewußtsein werden eine Stärke im internationalen Wettbewerb bleiben. Andere wie die Einkommensumverteilung, der Egalitarismus und eine nach wie vor gewichtige Rolle des Staates bei Dienstleistungen können die weitere Entwicklung einschränken. Schweden zeigt einige interessante Anzeichen für Veränderungen, und die Aussichten auf eine neue Aufschwungsperiode in der schwedischen Industrie haben sich verbessert.

Das Programm für Japan

Japan hat nach dem Krieg einen bemerkenswerten Übergang vom faktorbedingten zum innovationsbedingten Stadium geschafft. Seine Unternehmen sind vom Wettbewerb über den Preis zum Wettbewerb über moderne Produkte und Verfahren fortgeschritten. Japan verkörpert den Aufwertungsprozeß der Industrie wie kein anderes Land. Das System der Bestimmungsfaktoren in Japan hat eine außergewöhnliche Dynamik und Innovationen in vielen Branchen gezeitigt. Japan erlebt die positiven, sich verstärkenden Auswirkungen des »Diamanten«, denn eine wettbewerbsfähige Branche bringt eine andere hervor, und die Nachfragebedingungen verbessern sich. Der Anstoß erweitert das Fundament der erfolgreichen Branchen. Die jüngste Kurssteigerung des Yen hat eine weitere Aufwertung der Quellen des Wettbewerbsvorteils in der japanischen Industrie nach sich gezogen. Immer mehr Unternehmen betreiben Wettbewerb über die Differenzierung, fortschrittliche Produkttechnologie und verbesserte Produktivität. Noch bedeutsamer ist vielleicht, daß der Yen-Schock letztlich die Übernahme wirklich globaler Strategien durch japanische Unternehmen beschleunigt hat, ein Bereich, in dem viele zu langsam reagiert haben. Direkte Auslandsinvestitionen nehmen in vielen international erfolgreichen Branchen rasch zu und treiben die Produktivität hoch, weil weniger aufwendige Aktivitäten woandershin verlegt werden. Das erleichtert nicht nur den Umgang mit dem Protektionismus, sondern macht die japanische Wirtschaft auch unempfindlicher gegen inländische Faktorkosten. Es erlaubt japanischen Firmen auch, besser in verschiedenen Branchen zu konkurrieren, wenn die räumliche Nähe von Belang ist. Die persönlichen Einkommen in Japan steigen. Die Inlandsnachfrage nach vielen Gütern ist teils durch die Wohnbedingungen, teils durch die wenige Freizeit eingeschränkt worden. Die Arbeitszeiten in großen japanischen Unternehmen werden, gefördert durch den Staat, kürzer, eine Veränderung, die das Wachstum in den freizeitnahen Branchen erheblich anheizen wird.[5] Die zahlenmäßige Zunahme der Zweitwohnungen schafft, zusammen mit einem Umbauboom bei bestehenden Häusern und Wohnungen (in Japan spricht man in diesem Zusammenhang von »Wohnraumneubeschaffung«), neue Nachfrage nach Möbeln und Haushaltsprodukten. Es gibt also mehr Gelegenheiten als genug, neue Arbeitsplätze zu schaffen, die alle Beschäftigten aufnehmen können, die durch Auslandsinvestitionen, mehr Importe und das Wachstum der heimischen Produktivität freigesetzt worden sind. Das Ausmaß der direkten Eingriffe des Staates in die Wirtschaft ist merklich zurückgegangen, wie es auch sein sollte.

Bei einer so positiven Grundlage ist an der andauernden Gesundheit der japanischen Wirtschaft auf mittlere Sicht nicht zu zweifeln. Das drängendste unmittelbare Problem für Japan ist der große unproduktive Teil der Wirtschaft, der nicht am japanischen Wirtschaftswunder teilhat und die Produktivität des Landes drückt. Auf lange Sicht ist die Herausforderung für ein Land wie Japan noch elementarer – wie soll die Dynamik bewahrt und ein Abtreiben in die wohlstandsbedingte Wirtschaft vermieden werden? Da sich die Gewinne häufen, Schulden zurückgezahlt werden und der Wohlstand zunimmt, werden Kräfte mobilisiert, die Folgen haben, wie sie aus der Wirtschaftsgeschichte Deutschlands, der Vereinigten Staaten und Großbritanniens bekannt sind. Die Wachstumsrate der Produktivität insgesamt und bei der Produktion im besonderen ist in der japanischen Wirtschaft merklich zurückgegangen.

Japan bietet ein Beispiel für das Programm, wie es sich einem sehr erfolgreichen Land stellt, das versucht, die Grundlagen dieses Erfolges zu wahren und den Aufwertungsprozeß fortzusetzen. Im folgenden einige der brennenden Fragen, vor denen Japan steht:

Bildung. Die Aufwertung einer Wirtschaft verlangt auch eine Aufwertung der in ihr arbeitenden Menschen. Die höhere Schulbildung und vor allem die Ausbildung an den Berufsschulen und Universitäten müssen verbessert werden. Das Bildungssystem hat der japanischen Industrie bisher zwar genutzt, doch die Zukunft verlangt immer mehr Facharbeiter, neue Qualifikationsarten für den Wettbewerb in neuen Branchen und eine wachsende Globalisierung. Die japanischen Beschäftigten und Manager müssen auf den Gebieten Software, Computer, internationales Geschäft, Sprachen, Marketing und bei anderen Grundlagen zukünftiger Branchen eine höhere Qualifikation vorweisen. Im Bereich Computer z. B. war es so, daß 1987 nur 14 Prozent der Grundschulen und 36 Prozent der unteren Klassen der weiterführenden Schulen im Sekundarbereich mehr als einen Computer besaßen, verglichen mit 85 bzw. 92 Prozent in den Vereinigten Staaten und 99 bzw. 100 Prozent in Großbritannien – 1984.[6]

Die innerbetriebliche Schulung ist zwar auch weiterhin von größter Bedeutung, erfaßt aber doch nur einen Teil der in den großen Gesellschaften Beschäftigten. Sie kann nicht als Ersatz dienen für die Ausbildung an erstklassigen Universitäten oder für eine nachschulische Berufsausbildung, um die Lücke bei der Ausbildung in Fachgebieten zu schließen und die Bedürfnisse der Industrie zu befriedigen.

Eine strenge Überwachung und Standardisierung auf allen Ebenen des japanischen

Bildungssystems haben dem Land bisher gedient, werden jedoch den weiteren wirtschaftlichen Fortschritt zunehmend hemmen. Die Lehrpläne müssen flexibler werden und auf die Bedürfnisse der Studenten und der örtlichen Industrie zugeschnitten sein. Gute Universitäten sind als Grundlage vorhanden, doch die Leistungsanforderungen an den Universitäten müssen steigen, der Unterricht muß besser und die Kursarbeit erweitert und aufgewertet werden, insbesondere auf nichttechnischen Gebieten. Eine besonders dringende Notwendigkeit besteht bei der Verbesserung der Universitätslehrpläne im Bereich Computer. Auch die japanischen Berufsschulen stehen noch am Anfang ihrer Entwicklung, und der Zulauf steigt rasch. Sie haben eine ungeheuer wichtige Aufgabe bei der Vermittlung von Spezialkenntnissen, die für bestimmte Branchen gebraucht werden; zudem können sie auf Marktbedürfnisse besser eingehen als die öffentlichen Bildungseinrichtungen. Bemühungen zur Entfaltung und wesentlichen qualitativen Aufwertung der Berufsschulausbildung sollte eine hohe Priorität eingeräumt werden.

Universitätsforschung. Eine starke Grundlagenforschung und Forschung auf neuen Gebieten werden für einen beständigen Fortschritt immer wichtiger, wenn eine Wirtschaft sich entwickelt. Das japanische Forschungs- und Entwicklungssystem muß wesentlich breiter werden und sich aus der Abhängigkeit von den großen Unternehmen lösen. Das fehlende Glied ist das universitäre Forschungsprogramm. Ein Grundlagenforschungspool wird immer notwendiger, damit die Unternehmensforschung weiter fortschreiten und die grundlegende innovatorische Haltung sich ausweiten kann. Die Universitätsforschung kann auch als wirksamer Brutofen für neue Unternehmen und als die Stätte dienen, wo Spitzenforscher für die Industrie ausgebildet werden.

Die japanischen Unternehmen müssen sich noch stärker für den Aufbau von Bindungen an die Universitäten einsetzen. Gemeinschaftliche Forschung mit Universitäten ist selten. Finanzielle und personelle Beiträge sind eine notwendige Ergänzung öffentlicher Mittel. Die Forschungsverbindungen laufen an (wie das bis jetzt noch erfolglose TRON Computerprojekt [The Real-Time Operating system Nucleus]), und Universitäten wie die in Tokio richten von Unternehmen geförderte Kurse ein. Solche Bemühungen müssen sich ausweiten.

Zum Teil wird der Prozeß zur Aufwertung sowohl der universitären Ausbildungsprogramme wie auch der Forschungsaktivitäten darin bestehen, die oft rigorosen Beschränkungen des Handlungsspielraums der staatlichen Universitäten und ihrer Fakultäten zu lockern. Das Bildungsministerium muß, wie das MITI, lernen, flexibler zu werden und weniger einzugreifen. Gleichzeitig sollte die Entwicklung der Privatuniversitäten, die in ihren Experimenten und Innovationen frei sind, ermutigt und gefördert werden.

Nachfragebedingungen. Nachfragebedingungen führen die Entwicklung fortschrittlicher Volkswirtschaften an. Der wachsende Überfluß Japans belebt die wirtschaftliche Entwicklung durch die Schaffung und Ausweitung der Nachfrage nach fortschrittlichen Gütern und Dienstleistungen. Dem Staat kommt eine Rolle beim Ausräumen aller Hindernisse für diesen Prozeß zu. Die zunehmende Freizeit belebt bereits die Entwicklung neuer Produkte und Dienstleistungen. Die Unternehmen und der Staat sollten handeln und diese positiven Entwicklungen nutzen. Fortschritte bei Verbesserungen des Wohnens sind besonders wichtig, weil sie Nachfrage nach vielen neuen Branchen wecken, die vielleicht die internationalen Erfolgsgeschichten von morgen schreiben (z. B. elektronische Steuerungen für die Wohnung und raumsparende Badezimmereinheiten). Mittel für die Verbesserung der Lebensqualität einzusetzen hat einen doppelten Nutzen. Kapitalinvestitionen etwa in den Verkehr, die Telekommunikation, die Gesundheitsfürsorge, kulturelle Einrichtungen und andere verbessern nicht nur das Leben der Menschen, sondern lösen Innovationen in Branchen aus, die sie beliefern.

Weitere Beschränkungen der japanischen Nachfragebedingungen sind folgende:

Das Vertriebssystem. Das anachronistische Vertriebssystem des japanischen Groß- und Einzelhandels stellt zunehmend ein Hindernis für den internationalen Erfolg in den davon betroffenen Branchen dar. In Branchen wie abgepackte Konsumgüter müssen die japanischen Unternehmen erstklassiges Marketing zu Hause lernen können. Japan wird Schwierigkeiten haben, in Branchen zu innovieren, welche stark von Vertriebskanälen abhängen, die nicht Weltklasse sind. Künstliche Beschränkungen der Modernisierung des Vertriebssystems im Groß- und Einzelhandel sollten abgeschafft werden. Das erhöht die Produktivität des Landes unmittelbar und ermutigt auch zu größeren Importen, die den gleichen Effekt haben können.

Gesundheitsfürsorge. Japans Gesundheitsfürsorge ist so strukturiert, daß das System die Innovationsrate bei Produkten und Dienstleistungen dämpft. Dieser gewaltige Sektor ist für das öffentliche Wohl und die Produktivität des Landes maßgeblich und nimmt an Bedeutung immer noch zu, weil Japan vor den schwierigsten Altersproblemen aller fortschrittlichen Länder steht. In diesem Riesensektor wird Japan so lange mit einem Nachteil konkurrieren, bis die Praxis der Beschaffung und Erbringung von Dienstleistungen effektiver, flexibler und differenzierter geworden ist. Die zentrale Überwachung sollte abnehmen. Nur dann werden die Zulieferer die dringendsten Anforderungen verstehen, die den internationalen Wettbewerbsvorteil voranbringen.

Dienstleistungen. Zum Prozeß der beständigen Entwicklung in fortschrittlichen Ländern gehört die wachsende internationale Rolle der Dienstleistungen. Viele japanische Dienstleistungsunternehmen sind im Inland gut entwickelt, doch haben die meisten auf den internationalen Märkten keine bedeutende Position inne. Das schränkt die tiefere Staffelung der Branchencluster ein und begrenzt die mögliche Aufwertung der Wirtschaft. Die japanischen Dienstleistungsunternehmen haben aufgrund der vielen Japaner und japanischen multinationalen Gesellschaften im Ausland zunehmend potentielle Vorteile. Japanische Dienstleistungsbranchen, die daraus Kapital geschlagen haben, wie Banken und Handel, haben sich schwergetan, nichtjapanische Kunden energisch aufzubauen.

Internationaler Erfolg bei Dienstleistungen verlangt nicht nur entscheidende Anstrengungen gegenüber nichtjapanischen Kunden, sondern auch bessere Sprachkenntnisse, mehr Systematisierung der Dienstleistungsaufgaben, differenzierteren Gebrauch der Informationstechnologie (wo Japan hinterherhinkt) und massive Investitionen in ausländische Standorte sowie die Einstellung/Ausbildung qualifizierter Mitarbeiter.

Außerdem müssen staatliche oder andere Beschränkungen, die den Wettbewerb und die Dynamik bei Vertrieb, Bau, Finanzdienstleistungen und anderen heimischen Dienstleistungsbranchen schwächen, abgemildert werden, da sie sonst einen internationalen Erfolg verhindern. Der gleiche Grundsatz wie bei den Dienstleistungen gilt für die Produktion. Ohne aktiven Wettbewerb und die Freizügigkeit, zu Hause zu innovieren, haben die japanischen Dienstleistungsunternehmen nur geringe Chancen auf Erfolg im Ausland.

Unproduktive Sektoren. Japan besteht in vieler Hinsicht aus zwei Wirtschaften. Es hat einerseits einige der produktivsten Branchen aller Länder mit der Fähigkeit zu schneller Aufwertung, andererseits aber große Sektoren, deren Produktivität gering ist. Vertrieb und Einzelhandel wurden schon erwähnt. Auch viele andere Dienstleistungen sind in der Produktivität zurück, u. a. der riesige Baubereich. In der Baubranche sind, wie bei vielen anderen Dienstleistungen auch, Kartelle und andere Wettbewerbsbeschränkungen überaus häufig.[7]

Aber das Problem beschränkt sich nicht auf Dienstleistungen. In verschiedenen Landwirtschafts- und Produktionsbranchen liegt Japan bei der Produktivität und/oder Qualität ebenfalls weit hinter den weltbesten Wettbewerbern zurück. Viele dieser Branchen sind auf irgendeine Weise vom heimischen und internationalen Wettbewerb abgeschnitten. Beispiele sind Erdöl und verwandte Produkte, Aluminiumverhüttung, Tabak, Nahrungsmittel, Papierprodukte, Fasern und lose Chemikalien. In vielen dieser Branchen haben vom MITI geduldete »Rezessions«- und »Rationalisierungs«-Kartelle das Überleben unwirtschaftlich arbeitender Wettbewerber ermöglicht und Importe wirksam unterbunden. Nur ganz wenige der vielen Branchen, in denen solche Kartelle zugelassen waren, haben später jemals eine nennenswerte internationale Marktposition erlangt.

So große Bereiche mit unterdurchschnittlicher Produktivität drücken die Gesamtproduktivität der japanischen Wirtschaft. In der Wirtschaft insgesamt liegt die Durchschnittsproduktivität deutlich unter der etwa der Vereinigten Staaten oder Deutschlands. Für den Produktionsbereich schätzt eine Studie, daß die Durchschnittsproduktion pro Arbeiterstunde in Japan 1985 um 32 Prozent unter der der Vereinigten Staaten lag.[8] Die Belastung durch unproduktive Bereiche wird zunehmend eine Beschränkung, die die rasche Aufwertung in international wettbewerbsfähigen Sektoren nicht mehr wird überwinden können. Wie Tabelle 7–1 belegt, hat sich die Wachstumsrate der japanischen Gesamtproduktivität verlangsamt. Der Zuwachs des japanischen Lebensstandards wird letztlich darunter leiden.

Die Öffnung der unproduktiven Sektoren für den Wettbewerb (s. u.) ist ein wesentliches Mittel. Ein anderes ist der Handel. Japan muß mehr importieren, wenn das kräftige Produktivitätswachstum anhalten soll. Wie ich in Kapitel 1 erläutert habe, regen Importe Produktivitätsverbesserungen in inländischen Branchen an und setzen Mittel frei (Arbeit und Kapital), die die Expansion produktiverer Sektoren ermöglichen. Die japanischen Importe in Prozent des Bruttoinlandsprodukts lagen 1987 bei 6,9 Prozent, der *niedrigste* Satz aller von uns untersuchten Länder einschließlich der Vereinigten Staaten (9,5 Prozent). Das Vordringen von Importen in Japan ist jahrzehntelang fast unverändert geblieben, in anderen Ländern dagegen deutlich gestiegen. Eine höhere Importquote ist unerläßlich, nicht nur um mit den Handelsproblemen fertig zu werden, wie ich noch erläutern werde, sondern auch um eine beständige Steigerung des wirtschaftlichen Wohlstands in Japan zu sichern. Die Importe nehmen zwar seit Ende der 80er Jahre zu, doch gibt es in Japan eine tiefsitzende Überzeugung, daß Importe unerwünscht sind. Sie zu überwinden ist eine der Voraussetzungen für die weitere Aufwertung der japanischen Wirtschaft.

Ziele. Eine anscheinend unausweichliche Tendenz in erfolgreichen Ländern ist die Verschiebung der Ziele von Einzelpersonen, Investoren und Unternehmen, die die Auftriebskraft in der Industrie bedroht. Die Gefahr einer solchen Verschiebung, nicht zuletzt durch den Erfolg selbst hervorgerufen, wird für Japan zunehmend aktuell.

Steigende Einkommen und ein sich schnell anhäufender Wohlstand in Japan drohen die Motive der Wirtschaftssubjekte zu verändern. Viele Japaner weisen auf eine sinkende Bereitschaft junger Leute hin, in der Fabrik zu arbeiten oder sich für ihr Unternehmen einzusetzen. Stellenwechsel mitten im Berufsleben werden häufiger. Eine Erhebung über Universitätsabsolventen in Naturwissenschaften und Technik hat jüngst ergeben, daß ein abnehmender Prozentsatz eine Stellung in der Produktion anstrebte, der Anteil derjenigen, die in die Finanzbranche, das Versicherungswesen und die Immobilienbranche gehen wollten, sich jedoch seit 1986 verdoppelt hat.[9] Mancher beschäftigt sich vielleicht auch zu sehr damit, den bestehenden Reichtum zu maximieren, anstatt neuen zu schaffen, und eine Liberalisierung der Investitionsmöglichkeiten, die dem einzelnen offenstehen, begünstigt eine solche Verlagerung nur. Aus all diesen Gründen kann die Motivation am Arbeitsplatz allmählich nachlassen.

Eine neue Managergeneration übernimmt in der japanischen Industrie das Ruder. Sie tritt in vielen Fällen an die Stelle der Gründer und Unternehmer, die Unternehmen nach dem Krieg aufgebaut haben. Es besteht die Gefahr, daß Weitsicht und Gründungen durch Verwalten und Zurückhaltung ersetzt werden.

Unternehmen finden es vielleicht auch einfacher, Geld am Aktienmarkt zu verdienen, mit Immobilien zu spekulieren und Firmen aufzukaufen, als neue Produkte und Verfahren zu schaffen. Tatsächlich wurde in einem neueren Bericht festgestellt, daß 55 Prozent von 1010 an der Tokioter Börse notierten Unternehmen Gewinne durch »Geldspiele« meldeten, wie die Japaner es nennen, eine Rekordzahl.[10] Eine solche Verschiebung hemmt die produktiven Investitionen und die Innovation. Ein hohes Wohlstandsniveau tendiert zu erhöhter Risikoscheu in einer Wirtschaft. Aber Wohlstand muß eingesetzt werden, wenn eine Wirtschaft weiterwachsen soll.

Die Evolution der japanischen Kapitalmärkte, zum Teil durch allgemeine weltweite Finanzmarktänderungen vorangetrieben, könnte sich tiefgreifend auf die Ziele der japanischen Anleger und damit auf die der Unternehmen auswirken. Institutionelle Anleger ohne Stimmrecht in der Geschäftsführung gewinnen zunehmend an Einfluß am japanischen Aktienmarkt. Nach Jahrzehnten der Passivität werden sie unter wachsenden Druck kommen, höhere Investitionsrenditen zu erzielen. Die Effektenhäuser Nomura, Daiwa, Nikko und Yamaichi, die »Großen Vier«, vereinen 80 Prozent des Handels an der Tokioter Börse auf sich. Sie sind (wegen der Provisionen) weit stärker am Handel interessiert als die Banken und Versicherungen. Der An- und

Verkauf von Kapitalbeteiligungen durch institutionelle Anleger zeigt ansteigende Tendenz.

Bisher hat der wachsende japanische Aktienmarkt ansehnliche Renditen erbracht. Die Entwicklung an den japanischen Kapitalmärkten kann, zusammen mit den wachsenden Beständen japanischen Unternehmenskapitals im Ausland, bei den japanischen Unternehmen zu einem abnehmenden Interesse an laufenden Investitionen führen.

Eine Kapitalmarktordnung muß vermeiden, die gleiche Tendenz bei kurzfristigen Kurssteigerungen und Fusionen zu fördern, die allein von finanziellen Überlegungen bestimmt werden und inzwischen die Märkte in Amerika beherrschen. Auch die Steuerpolitik muß sicherstellen, daß die Anleger geeignete Anreize haben. Der Schritt, in Japan langfristige Kapitalgewinne zu besteuern, kann ein Schuß nach hinten sein.

Unternehmensstrategie. Die japanischen Unternehmen haben bereits damit begonnen, von Kosten- auf Differenzierungsstrategien umzusteigen und ein höheres technologisches Innovationsniveau anzustreben. Ihre nächste Herausforderung wird sein, zur Folgegeneration der Globalstrategien überzugehen. Der erste Schritt ist der Export von einer heimischen Produktionsgrundlage aus. Der nächste Schritt besteht in der Verteilung der Aktivitäten, einschließlich der weniger aufwendigen Produktion, auf ausländische Standorte. Angeregt durch die Aufwärtsentwicklung des Yen, haben japanische Unternehmen diesen Prozeß ernsthaft in Angriff genommen. Das Risiko ist, daß die ausländischen Niederlassungen, wenn sie einmal errichtet sind, sich zu weitgehend selbständigen Einheiten entwickeln. Das passierte vielen europäischen und amerikanischen multinationalen Gesellschaften. Die Aufgabe lautet statt dessen, die Aktivitäten der Niederlassungen zu koordinieren und zu integrieren.

Ein anderes entscheidendes Gebiet bei Strategien werden die zukünftigen Maßnahmen zur Diversifizierung sein. Die japanische Industrie hat es ganz besonders gut verstanden, durch *interne* Diversifizierung in verwandte Branchen zu wachsen, die die besten Aussichten auf die Schaffung eines Wettbewerbsvorteils bietet. Es gibt jedoch Anzeichen, daß eine voraussagbare Kombination von Umständen dieses Muster allmählich ändert.

Japanische Unternehmen häufen große Barbestände an, die ihre Möglichkeiten übersteigen, intern neue Firmen aufzubauen. Die Dividendenausschüttung bei japanischen Unternehmen ist gering, denn die Gewinne mußten bisher zur Finanzierung des Wachstums reinvestiert werden. Wenn die Ausschüttung nicht steigt (und wegen attraktiver Kursgewinne ist wenig Druck zur Erhöhung der Dividenden spürbar), bedeutet die Notwendigkeit, Kapital einzusetzen, daß allmählich nichtverbundene (Mischkonzern-)Formen der Diversifizierung auftauchen. Das geschieht bereits in großen japanischen Unternehmen. Sony stieg beispielsweise bei Lebensversicherungen ein und New Nippon Steel beim Versandhandel. Gleichzeitig nehmen Fusionen und Erwerbungen zu. Die Fusionen zwischen japanischen Unternehmen sind von 140 im Jahr 1984 auf 223 in 1988 gestiegen, und die Erwerbungen ausländischer Firmen durch Japaner haben in der gleichen Zeit von 44 auf 315 zugenommen.[11]

Sollte diese Bewegung sich ausbreiten, wie sie es seit den 70er Jahren in den Vereinigten Staaten getan hat, läßt die Erfahrung vermuten, daß sie das Innovationstempo in der japanischen Wirtschaft allmählich verlangsamt. Das Schwergewicht wird sich auf den Kauf und Verkauf von Vermögenswerten verlagern anstatt auf die Investitionen, die zur Schaffung eines Wettbewerbsvorteils erforderlich sind. Die Zeichen mehren sich, daß der überwiegende Teil der nichtverbundenen Diversifizierung, gleich welcher Nationalität, scheitert. Beide japanischen Beispiele, die ich oben angeführt habe, waren Fehlschläge, und vorhersehbare dazu.

Wettbewerb. Der scharfe Wettbewerb, der so bezeichnend ist für die international erfolgreichen Sektoren der japanischen Wirtschaft, ist anfälliger, als es vielleicht scheint. Gleichzeitig verlieren Unternehmen, die internationalen Erfolg und die Anhäufung erheblicher Mittel und Macht gewohnt sind, womöglich allmählich den Geschmack am Wettbewerb. Unternehmen, die mit gesättigten Märkten zu tun haben, gehen den Staat eher um Entlastung an. Wenn Fusionen sich häufen und die Zwänge am Aktienmarkt zunehmen, fangen die Branchen vielleicht an, sich zusammenzuschließen. Die Fusion zwischen der Mitsui Bank und der Taiyo Koba Bank zur zweitgrößten Bank Japans, die 1989 bekannt wurde, könnte durchaus zukünftige Entwicklungen andeuten. Unterdessen haben sich, wie ich ausgeführt habe, andere große Teile der Wirtschaft an die Abschirmung gegen den Wettbewerb gewöhnt und widersetzen sich Veränderungen.

Der erbitterte, für viele japanische Branchen typische Wettbewerb hat die Vollstreckung von Kartellgesetzen relativ unwichtig erscheinen lassen. Man sollte nicht meinen, daß dies immer so ist. Es ist noch gar nicht lange her, daß die japanische Wirtschaft durch die großen Industriegruppen wirkungsvoll kartelliert war. Und noch neueren Datums ist, daß der japanische Staat in wichtigen Branchen den Zugang zu begrenzen und Zusammenschlüsse zu fördern suchte. Das MITI neigt noch immer dazu, den Zugang zu überwachen und »Rezessionskartelle« zu dulden, die unfähige Wettbewerber über Wasser halten. Es liegt auf der Hand, daß derartige Maßnahmen kaum zu produktiven Branchen führen, von internationalem Erfolg ganz zu schweigen.

Die Kartellgesetze, die in Japan seit dem Zweiten Weltkrieg existieren, insbesondere die, die Fusionen betreffen, sind wichtige Gesetze. Wettbewerbsbeschränkungen in der Herstellung und bei den Dienstleistungen müssen abgeschafft werden. Die Beseitigung staatlicher und anderer Importhindernisse ist für die Wahrung der industriellen Lebensfähigkeit ebenfalls wesentlich. Den Wettbewerb im Licht vergangener Erfolge zu erhalten und auszuweiten ist für Japan vielleicht die größte Herausforderung.

Handel. Der Exporterfolg Japans hat in verschiedenen Branchen Handelsspannungen nach sich gezogen. Häufig bestand die Lösung dieser Probleme darin, »Marktregelungsabsprachen« oder andere Exportbeschränkungen mit einzelnen Ländern auszuhandeln. Normalerweise werden für japanische Exporte in ein fremdes Land Quoten festgesetzt, die auf geschichtlichen Marktanteilen beruhen.

Diese Methode, Handelsspannungen anzugehen, hat Mängel. Sie friert den Status quo ein und neigt dazu, den Wettbewerb in japanischen Branchen zu lähmen. Da solche Maßnahmen um sich greifen, ist der Lebensnerv des japanischen Wettbewerbs bedroht. Gleichzeitig machen Japans noch relativ geschlossene Märkte – die nicht formell geschützt sind, weshalb einfache Vergleiche der Handelsschranken manchmal in die Irre führen – Japan anfälliger für ein geeinigtes Europa und aggressivere Vereinigte Staaten.

Der beste Weg für Japan, die Handelsspannungen abzubauen, sind Importe. Sie nehmen nicht nur den protektionistischen Druck weg, sondern sind auch, wie schon erörtert, wesentlich für die Verbesserung der Produktivität der japanischen Wirtschaft. Die Importbehinderungen sind zwar komplex, am verhängnisvollsten ist jedoch die japanische Vorstellung, Importe würden nur zur Besänftigung der Ausländer gebraucht. In diesem Stadium der wirtschaftlichen Entwicklung Japans ist der Einsatz sehr viel höher. Japan hat Ende der 80er Jahre beispiellose Maßnahmen zum Ausbau der Importe vorgenommen, wie die Finanzierung von Importen durch die japanische Export-Import-Bank und steuerliche Anreize für den Kauf importierter Waren; über weitere solche Maßnahmen wird nachgedacht. Sie haben für Japan hohe Priorität.

Das japanische Umfeld hat politische Initiativen auf diesen Gebieten bisher überflüssig gemacht. Der Wettbewerb hat sich in wichtigen Wirtschaftssektoren gut entwickelt. Investoren waren Daueranleger. Manager haben kurzfristige Kursschwankungen zugunsten beständiger Investitionen zum Aufbau ihrer Unternehmen nahezu ignoriert. Es kann nicht als sicher gelten, daß diese Vorteile sich halten.

Die Japaner haben inzwischen viele Vermutungen über ihr Wettbewerbssystem angestellt. Die Amerikaner haben die gleichen Vermutungen angestellt und erst spät auf eine Häufung wichtiger Veränderungen im Land selbst und auch im internationalen Wettbewerbsumfeld reagiert. Es ist sicher, daß sich die japanische Industrie weiterentwickelt. Die Unternehmensstrategie und die politischen Maßnahmen müssen sich mit ihr entwickeln.

Das Programm für die Schweiz

Die Schweiz hat jahrzehntelang Wohlstand erlebt. Er ging aus der langen Geschichte einer innovationsbedingten Wirtschaft hervor und bringt dem internationalen Wettbewerb viele Stärken. Das breite Spektrum der schweizerischen Marktpositionen ist eine stabilisierende Kraft in der Wirtschaft, genau wie die starke Globalisierung vieler schweizerischer Firmen, die ihnen ermöglicht, auf Veränderungen der Faktorkosten und des Wechselkurses zu reagieren.

Die schweizerischen Unternehmen haben bei den Nachfragebedingungen Vorteile, die sich wahrscheinlich halten. Der Inlandsmarkt, anspruchsvoll wie er ist, nimmt Trends in anderen fortschrittlichen Ländern vorweg. Da sich die weltweiten Käuferbedürfnisse stärker aufteilen und der Wunsch nach Qualität, individueller Anfertigung und Service wächst, kommen sie den Schweizer Stärken entgegen. Das wachsende internationale Umweltbewußtsein und die Sorge um das Belegschaftswohl findet die Schweiz bereits auf dem Posten. Die richtige Sorte selektiver Faktornachteile wird in der Schweiz weiterhin Druck auf Veränderungen ausüben, frühzeitiger als in vielen anderen Ländern. Das Verhältnis Arbeitgeber – Arbeitnehmer bleibt positiv und anpassungsfähig.

Doch es gibt beunruhigende Anzeichen dafür, daß die Dynamik der schweizerischen Industrie nachläßt. Zu viele Unternehmen sind offenbar entschlossen, das zu verteidigen, was sie haben, anstatt neue Vorteile zu schaffen. Veränderungen wird Widerstand entgegengebracht oder durch Kompromisse ausgewichen. Fusionen führen in wichtigen Branchen zu Konzentrationen. Die Motivation nimmt ab. Risikobereitschaft und unternehmerisches Denken scheinen zu schwinden. Der Zuwachs des Pro-Kopf-Einkommens und der Produktivität ist mäßig.

Die Schweiz läßt Anzeichen einer Tendenz zum wohlstandsbedingten Stadium erkennen, die den nationalen Wohlstand am Ende einschränken wird. Mit wachsender Aussicht auf eine europäische Liberalisierung, die Wettbewerbstempo und -intensität erhöht und den Ländern in der EG Vorteile bringt, könnte die schweizerische Industrie zurückfallen und deutschen oder italienischen Unternehmen im europäischen Geschäft unterliegen.

Die Schweiz ist ein Land, das viele der Risiken eines lang anhaltenden Wohlstands deutlich macht. Im folgenden einige der entscheidenden Faktoren, die die weitere Entwicklung der Schweiz einschränken:

Humankapital. Der Erfolg der Schweiz hängt von der Fähigkeit ab, die Industrie aufzuwerten und in hochstehenden und stark differenzierten Branchensegmenten zu konkurrieren. Er ist grundsätzlich darauf zurückzuführen, daß die Schweiz über eines der qualifiziertesten und spezialisiertesten Arbeitskräftepotentiale der Welt verfügt, noch extremer als Schweden, weil es dem Land an Rohstoffen fehlt.

Die Schweiz hat eine solide Tradition in Investitionen zur Aufwertung des Humankapitals. Nicht so klar ist, ob das schweizerische Bildungssystem mit der Unbeweglichkeit, die den meisten Staatsbürokratien eigen ist, sich schnell genug neuen Gebieten anpaßt, etwa der Informationstechnologie, neuen Werkstoffen, moderner Produktionstechnologie und der Telekommunikation.

Anlaß zur Sorge sind auch die strengen Zuzugsbeschränkungen für Facharbeiter in der Schweiz, in der gleichzeitig die Zuwanderung »saisonaler« ungelernter Arbeitskräfte hoch war. Das hat die abwegige Wirkung, den Aufwertungsprozeß einzuschränken und gleichzeitig den Druck zur Erhöhung der Produktivität durch Einsparen ungelernter Arbeiter zu mindern.

Technologische Infrastruktur. Die schweizerischen Staatsausgaben für Forschung und Entwicklung in Prozent des Bruttoinlandsprodukts sind die geringsten aller von uns untersuchten fortschrittlichen Länder. Die Unternehmen sollten eigentlich die Hauptlast der Forschung und Entwicklung tragen, doch die basiswissenschaftliche Infrastruktur in der Schweiz hält mit der anderer fortschrittlicher Länder nicht Schritt. Das trägt nicht nur zur Verlangsamung der technologischen Entwicklung auf neuen Gebieten bei, sondern kann auch dazu führen, daß angehende Wissenschaftler und Ingenieure nicht mehr in genügender Anzahl in die Industrie gehen wollen.

Öffentliche Infrastruktur und Dienstleistungen. Der staatliche Sektor ist für die Schweiz eine wachsende Belastung. Das drückt nicht nur die Produktivität des Landes, sondern schöpft auch knappe Arbeitskräfte ab, die in der Industrie dringend benötigt werden.

Die starke Rolle des Staates hat weiter zur Folge, daß die Schweiz unter hohen Kosten und einem geringen Innovationstempo in der Telekommunikation leidet, und auch der Verkehr und andere öffentliche Dienstleistungen haben mit einem übermächtigen Staat zu kämpfen. Die Rolle des Staates muß neu überdacht werden. Zulassung des Zugangs der Privatwirtschaft und Schritte zur Privatisierung von Staatsbetrieben sollten nicht nur die Dienstleistungen verbessern, sondern auch die Inlandsnachfrage qualitativ anheben.

Regulierung. In der Schweiz besteht eine zunehmende Tendenz zu Regulierungen, um Innovation und Aufwertung zu verlangsamen, was zum Teil Ausdruck des Wunsches nach Stabilität und das Erbe des ständigen Wohlstands ist. Bekannte Beispiele sind restriktive Arbeitsbestimmungen, die Überstunden oder Nachtarbeit begrenzen und ein niedriges Pensionsalter festsetzen, Umsatzsteuern auf Finanzdienstleistungen, die die Branche aus der Schweiz treiben, und Preiskontrollen. Eine Rückkehr zur schweizerischen Tradition der Nichteinmischung ist dringend notwendig.

Inlandswettbewerb. Die Schweiz hat seit jeher ein schwaches Kartellrecht, ist nachsichtig gegenüber Monopolen und neigt zu anderen Formen der »Kooperation« in der Wirtschaft wie den »Gentlemen's Agreements«. Ganz ähnlich ist die Maßnahme, Zollfreiheitsbarrieren zu errichten, die die schweizerische Industrie wirksam vor dem internationalen Wettbewerb schützen, und schweizerischen Firmen die Abnahme durch den Staat zu garantieren. Seit neuestem sind Fusionen im Kommen, die eine Vorherrschaft in der schweizerischen Industrie schaffen, wie der Erwerb von Rüti und Sauer durch Sulzer in der Textilmaschinenbranche und die Fusion von Wild und Kern bei Vermessungsgeräten. All diese Bedrohungen des Wettbewerbs arbeiten gegen die langfristigen Interessen des Landes und der schweizerischen Unternehmen. Das Innovationstempo sinkt, und die Verbesserung der Produktivität wird gedämpft.
Eine neue Haltung zur Wettbewerbspolitik wird sich in der Schweiz groß auszahlen. Die Vorstellung, daß Kartelle und Fusionen auch in einem kleinen Land funktionieren, wird durch die Erkenntnisse nicht erhärtet. Die schweizerischen Unternehmen müssen lernen, einen gesunden Wettbewerb als notwendig für ihren international langfristigen Erfolg anzunehmen. Das wird um so notwendiger, als der europäische Wettbewerb zunimmt.

Ziele. Die Ziele der schweizerischen Unternehmen haben sich im letzten Jahrzehnt offenbar vom Aufbau ab- und der Verteidigung und der Protektion zugewandt. Die schweizerischen Anleger und Manager haben einen langen Zeithorizont und große Investitionsbereitschaft für den Aufbau von Marktpositionen besessen, zum Teil wegen der Rolle der Banken und anderer institutioneller Anleger bei der Unternehmenskontrolle. Bei soviel Reichtum und nachlassendem Wettbewerb hat sich der lange Zeithorizont jedoch als lähmend erwiesen. Große Rücklagen ohne Belastung der Bilanzstruktur und Stammaktien mit bedingter Dividendenzahlung sind bei nachlassendem Wettbewerb zu Schwächen geworden. Sie vermitteln dem schweizerischen Management ein falsches Gefühl von Sicherheit und behindern wirklichen Wandel.

Die Wiederbelebung des Wettbewerbs hat höchste Dringlichkeit. Die schweizerische Dynamik würde aber auch schon von einem Abbau des Schutzes profitieren, den die Stammaktien mit bedingter Dividendenzahlung bieten, und von der Forderung, daß Unternehmen bei Ertragsmeldungen die Rücklagen in die Kapitalbasis einbeziehen. Eine Kapitalmarktstruktur, wie sie für die Vereinigten Staaten und Großbritannien charakteristisch ist, ist *nicht* das Ziel. Dennoch käme ein höherer Druck der Anleger auf das Management der schweizerischen Wirtschaft zugute.

Auch die individuelle Motivation ist geschwunden, da ein angespannter Arbeitsmarkt und mehr Freizeit das Engagement und die Risikobereitschaft in der Industrie verringert haben. Niedrigere Grenzsteuersätze, eine leistungsbezogenere Bezahlung (die schweizerischen Führungskräfte haben mit die höchsten Festgehälter, aber nur geringe oder gar keine Gratifikationen) und bessere Möglichkeiten für einen schnellen, verdienstbezogenen Aufstieg würden die Dynamik der schweizerischen Industrie steigern.

Neugründungen. Der Schweiz fehlt eine Umgebung für Neugründungen, die mit der anderer wichtiger Länder wie der Vereinigten Staaten, Japans, Italiens, Großbritanniens und Koreas vergleichbar wäre. Ein Problem ist das Fehlen von Risikokapital. Die konservativen schweizerischen Banken haben kein Risikokapital bereitgestellt, und eine unabhängige Risikokapitalbranche hat sich nur langsam entwickelt. Ein anderes, möglicherweise ernsthafteres Problem ist die Risikoscheu, z. T. darauf zurückzuführen, daß die meisten Schweizer besonders wohlhabend sind. Das hält sie davon ab, Chancen zu ergreifen, die einen Fehlschlag bedeuten könnten.

Ohne ein besseres Ergebnis bei den Neugründungen wird die Schweiz nicht weiterhin netto Arbeitsplätze schaffen, den Inlandswettbewerb stärken und das Fundament für zukünftige Branchen legen können. Sowohl die Wirtschaft wie der Staat in der Schweiz müssen schweizerische Wege finden, mehr unternehmerisches Handeln zu wecken.

Das Programm für Deutschland

Deutschland wurde Ende des 19. Jahrhunderts eine Industriemacht, als es in Wissenschaft und Technologie Weltrang erreichte. Seitdem war es eine innovationsbedingte Wirtschaft. Das gewaltige Branchenspektrum, in dem Deutschland einen Wettbewerbsvorteil hat, hat die deutsche Wirtschaft im internationalen Wettbewerb stark gemacht. Deutsche Unternehmen betreiben normalerweise über die Differenzierung Wettbewerb, nicht über die Kosten. Sie besitzen Vorteile aus frühem Handeln dank einer soliden Verkaufsbasis, gutentwickelter ausländischer Absatz- und Servicenetze und internationaler Präsenz in vielen Produktionsbranchen. Die Dynamik der deutschen Industrie wurde durch ein hohes Tempo bei der Faktorbildung, selektive Faktornachteile und Zwänge auf der Nachfrageseite beständig angeregt.

Doch es gibt einige echte Bedrohungen für die deutsche Dynamik. Deutschland hat mehr als drei Jahrzehnte ununterbrochenen Wohlstands erlebt und nach etlichen Maßstäben einen der höchsten Lebensstandards der Welt. Die deutsche Industrie weist zwar ein beträchtliches Spektrum auf, und die Positionen in den meisten etablierten deutschen Branchen sind gehalten worden, doch verlieren viel mehr Branchen Weltanteile, als sie dazugewinnen. Die Gründung neuer Firmen in Deutschland reicht nicht aus, mit der hartnäckig hohen Arbeitslosenquote fertig zu werden. Bedeutende kommerzielle und wissenschaftliche Durchbrüche deutscher Unternehmen sind seltener geworden. Deutschland steht nur bei einigen neuen Verbrauchsgüter- oder Dienstleistungsbranchen an vorderster Front.

Gleichzeitig gibt es erste Anzeichen für eine Verschiebung der Ziele. Die Arbeitszeit wird kürzer, andere Lebensbereiche treten in den Vordergrund. Anleger und Firmenleitungen scheinen sich zunehmend um Aktienkurse und Fusionen zu sorgen. Der Wettbewerb zeigt Anzeichen von Schwund. In den Unternehmen kann sich Selbstzufriedenheit breitmachen. Einige Indizien lassen das Muster erahnen. Die deutschen Kamerahersteller reagierten z. B. zu spät auf die japanische Konkurrenz. Füllhalter- und Bleistiftfirmen haben die Innovationsinitiative verloren.

Mit den Anzeichen der Selbstzufriedenheit wachsen auch die Barrieren gegen Veränderungen. Die beiden Weltkriege haben die deutsche Wirtschaft zerstört. Doch sie motivierten, brachen bestehende Strukturen auf, regten zahlreiche Innovationen an, um darüber hinwegzukommen, daß ihr Land von der übrigen Welt abgeschnitten war. Nach Jahrzehnten des Erfolgs zeigen sich erneut Tendenzen zu Einigung und Konzentration, wie sie in den Jahren zwischen den Kriegen offenkundig waren. Außerdem geht der anhaltende Wohlstand nicht spurlos am Verhalten der deutschen Gewerkschaften vorbei. Die Gewerkschaften beschäftigen sich zunehmend damit, den Status quo zu wahren – als existiere die übrige Welt überhaupt nicht – und Barrieren zu errichten gegen Veränderungen. Darüber hinaus steht der Entscheidungsprozeß in den deutschen Chefetagen vor wachsenden Schwierigkeiten, da der Konsens zwischen Arbeitgebern und Arbeitnehmern zerfällt.

All diese Anzeichen deuten die Möglichkeit an, daß die Wirtschaft auf das wohlstandsbedingte Stadium zusteuert. Die Zahlen in Tabelle 7–1 zeigen für die deutsche Wirtschaft in den 80er Jahren ein langsames Wachstum des Pro-Kopf-Einkommens, ein langsames Produktivitätswachstum, eine verringerte Investitionsrate. Das sind beunruhigende Anzeichen für ein Nachlassen der Dynamik. Im folgenden einige der Probleme der deutschen Unternehmen und des Staates, wenn die Aufwertung der Industrie in den kommenden Jahrzehnten sich fortsetzen soll:

Faktorbildung auf neuen Wissensgebieten. Eine echte Bedrohung ist für viele deutsche Branchen die Unfähigkeit, innovativ zu bleiben, was auf den Mangel an Qualifikation und Fachwissen auf neuen Wissensgebieten wie Halbleiter, Computer, Software und Biotechnik zurückgeht. Viele deutsche Firmen waren zwar in der Lage, sich diese Kenntnisse im Ausland anzueignen und sie auf ihr Spezialgebiet anzuwenden, doch bedarf es massiver nationaler Investitionen in die Schulung und Grundlagenforschung auf diesen Gebieten, wenn neue Branchen geschaffen werden und deutsche Unternehmen von der Defensive in die Offensive gehen sollen.

Die neuen Wissensgebiete brauchen Beachtung und Ansehen, wenn sie den jahrzehntelangen Einfluß des Maschinenbaus und der Naturwissenschaften überwinden wollen. Die Biotechnologie ist ein typisches Beispiel dafür, wie die Einstellung zu den neuen Wissensgebieten hinter der anderer Länder herhinkt. Die deutschen Gesetze für die biotechnologische Forschung sind so streng, daß BASF und Hoechst diese Forschung bei ihren amerikanischen Tochtergesellschaften unterbringen und andere Firmen in Großbritannien Forschung betreiben.

Staatlich geförderte F&E-Superprojekte, die sich um beherrschende Unternehmen gruppieren, sind höchstwahrscheinlich erfolglos, wenn man von den Erfahrungen anderer Länder und den Lehren aus der deutschen Geschichte ausgeht. Auch gesamteuropäische Bemühungen sind wahrscheinlich nicht erfolgreich. Der beste Ansatz ist aktiver Wettbewerb zwischen mehreren deutschen Firmen, die eng mit Universitäten und unabhängigen Forschungsinstituten zusammenarbeiten.

Dienstleistungen. Der Entwicklungszustand der internationalen Dienstleistungen in Deutschland ist verkümmert, was mit der Inlandsnachfrage nach Dienstleistungen zusammenhängt: offenbar bleibt sie hinter der anderer Länder zurück, mit einer Tendenz zur Ausführung von Dienstleistungen im Betrieb und mit Problemen bei der Neugründung von Firmen (s. u.). Von Bedeutung sind auch die relative Schwäche bei der Ausbildung in den Sozialwissenschaften und im Management sowie die Existenz eines großen staatlichen Dienstleistungssektors, der private Initiativen behindert.

Ohne einen gesunden Dienstleistungssektor, in dem deutsche Firmen in mehreren Branchen einen internationalen Wettbewerbsvorteil haben, verzögert sich die Aufwertung der deutschen Wirtschaft.

Unterstützende Branchen. Deutsche Unternehmen werden große Schwierigkeiten haben, höhere Differenzierungsebenen zu erreichen und bei gehobenen Konsumgütern und Dienstleistungen erfolgreich zu sein, solange die Instrumente des modernen Marketings und Vertriebs zu Hause nicht zur Verfügung stehen. Deutsche Firmen sind in der modernen Marktforschung, der Erforschung des Verbraucherverhaltens und anderen Marketingverfahren deutlich zurück. Das Problem liegt zum Teil in der Schwäche bei den Sozialwissenschaften und der Managementausbildung an Universitäten. Außerdem sind die Fernsehwerbung, die Öffnungszeiten der Geschäfte, die leistungsfähige Paketzustellung und andere Fortschritte eingeengt oder blockiert durch Bestimmungen, die zwar manchmal legitime Zwecke verfolgen, aber die Entwicklung der deutschen Wirtschaft behindern.

Motivation. Die Investitionsmotivation und -bereitschaft der deutschen Beschäftigten, Manager und Anleger läßt Anzeichen eines Rückgangs erkennen. Sollte sich dieser Trend fortsetzen, stellt er eine elementare Bedrohung dar, was die Fähigkeit der deutschen Industrie zu einer weiteren Aufwertung betrifft. Nach Jahrzehnten des Aufschwungs sprechen Anzeichen dafür, daß sich die Gewichte verlagern: Wahrung statt Verbesserung. Besonders deutlich wird der Wandel im Verhalten der deutschen Gewerkschaften, die in die unglückliche Rolle geraten sind, Innovation zu behindern und den Status quo hochzuhalten. Die deutschen Arbeiter votieren für die kürzeste Arbeitszeit aller Länder, was zwar ein Wohlstandszeichen ist, aber auch ein Angriff auf das zukünftige Produktivitätswachstum.

Deutsche Führungskräfte und Investoren zeigen Anzeichen von weniger Einsatz für das Stammgeschäft. Die Sensibilität für kurzfristige Aktienkursentwicklungen steigt. Finanzmanager übernehmen in immer mehr Unternehmen das Ruder. Die Diversifizierung durch Übernahmen, auch in nichtverbundenen Bereichen, ist im Vormarsch. Der Fall der AEG, bei dem mehrere völlig unterschiedliche Firmen fusioniert wurden, belegt, daß eine nichtverbundene Diversifizierung in Deutschland keineswegs erfolgreicher verläuft als in anderen Ländern.

Während diese Veränderungen schon seit einiger Zeit zu beobachten waren, ist eine Änderung im deutschen Steuerrecht ein neues Element, das Anlaß zur Sorge bietet für zukünftige Anleger- und Unternehmensziele in Deutschland. Ab Januar 1990 wurde die Besteuerung der langfristigen Kapitalgewinne aus Veräußerungen oder Aufgaben neu geregelt. Der Zeithorizont der Anleger wird kürzer. Schon die Ankündigung dieser Veränderung hat bereits zum Verkauf einiger deutscher Privatunternehmen geführt, und die Zahl der Fusionen wird wahrscheinlich steigen. Die Verlagerung vom privaten zum öffentlichen Besitz kann die Investitionsrate senken und den Einsatz für das Stammgeschäft schmälern. Ebenso können die Märkte für Risikokapital und Erstemissionen Rückschläge erleiden. Anstatt die Steuern auf Kapitalgewinne zu erhöhen, wäre es zur Steigerung der Einnahmen als Ausgleich für einen Rückgang bei der Einkommenssteuer besser, die Steuer auf kurzfristige Kapitalgewinne zu erhöhen, Abschreibungsmöglichkeiten abzuschaffen, um das steuerpflichtige Einkommen zu steigern und die Staatsquote zu verringern.

Wettbewerb. Die deutsche Industrie, vor allem im Bereich der größeren Unternehmen, zeigt eine beunruhigende Neigung zu Kooperation und Einigung, die an die US-Wirtschaft vor und während der Stagnation der letzten Jahrzehnte erinnert. Ein Fusionsprozeß hat in wichtigen deutschen Branchen straffe Oligopole geschaffen. Deutsche Firmen übernehmen gelegentlich die Führung in Fusionen oder Bündnissen, die den Wettbewerb in der gesamten europäischen Industrie bedrohen. Die Aufsichtsräte werfen eine weitere Frage auf. Häufig hat jede der großen deutschen Banken Vertreter im Aufsichtsrat der Großunternehmen einer Branche. Wie gut die Absichten auch sein mögen, die wichtige Rolle ein und derselben Bank bei Entscheidungen so vieler bedeutender Unternehmen muß einfach Fragen nach dem Inlandswettbewerb aufwerfen. Eine solche Rolle verstärkt auch die Tendenz zu Fusionen und finanzpolitischer Ausrichtung, von denen ich schon gesprochen habe. Auch die Vertretung im Aufsichtsrat von Wettbewerbern weckt Bedenken.

Eine nachlassende Wettbewerbskultur wäre mit der schnellste Weg für die deutsche Industrie, ihre internationale Position zu verlieren. Sowohl die Administration wie die Führungskräfte der Unternehmen müssen die Gefahren erkennen. Die starken Kartellgesetze, die nach dem Zweiten Weltkrieg erlassen wurden, sollten nicht gelockert, die jüngsten Diskussionen über Verschärfungen vielmehr gefördert werden. Einige Richtlinien für Besitzverflechtungen und Sitze im Verwaltungsrat unter Wettbewerbern sind vonnöten. Künstliche Importbeschränkungen sollten, sofern sie bestehen, abgeschafft werden. Fusionen und Bündnisse zwischen führenden heimischen Wettbewerbern sollten verboten und Fusionsanforderungen verschärft werden. Gesetze, die unter bestimmten Umständen Kartelle zulassen, sollten abgeändert werden. Wie ich schon in Kapitel 12 dargelegt habe, verbessern heimische Monopole die deutsche Wettbewerbsfähigkeit nicht. Schließlich sollte sich Deutschland den Tendenzen in der EG-Kommission, Kooperation und Konzentration in fortschrittlichen Technologiebranchen zu fördern, widersetzen.

Aufhebung der Regulierung und Privatisierung. Ein Instrument, Wettbewerb in den bestehenden deutschen Branchen auszulösen und ihn in neuen Branchen zu schaffen, ist die Aufhebung der Regulierung und Privatisierung. Bei der Privatisierung hat es zwar schon Fortschritte gegeben, aber in Branchen wie der Telekommunikation und dem Verkehr muß noch einiges getan werden. Das stärkt nicht nur den Wettbewerb in diesen Branchen direkt, sondern hat auch positive Nebenwirkungen auf andere Branchen, für die erstere Zulieferer oder Kunden sind. Staatliche Unternehmen sollten jedoch nicht an führende Wettbewerber verkauft werden.

Neugründungen. Die Gründung neuer Firmen in Deutschland ist ins Stocken geraten. Seit dem Nachkriegsaufschwung sind nur wenige Unternehmen von Bedeutung gegründet worden. Wie in der Schweiz liegt das Problem zum Teil in der Haltung zum Risiko. Scheitern ist in Deutschland inakzeptabel, und eine sichere Stellung in einem etablierten Unternehmen ist der bevorzugte Berufsweg. Es herrscht wenig von jenem Wunsch nach Unabhängigkeit, der die italienischen Unternehmer beflügelt, oder vom Gefühl unbegrenzter Möglichkeiten, das in den Vereinigten Staaten Berge versetzt hat. Darüber hinaus hat sich die herrschende Meinung dem Unternehmer gegenüber verändert; seit den 70er Jahren ist er in der öffentlichen Vorstellung nicht länger eine treibende Kraft in der Wirtschaft, sondern jemand, der den Wohlstand anderer »ausbeutet«. Eine andere Seite des Problems ist das Fehlen gutentwickelter Risikokapitalmärkte, sei es beim Spekulationskapital, bei Erstemissionen oder im Bankensystem – was zum Teil auf Schutzbestimmungen für Anleger zurückgeht, die Institutionen unangemessen von Investitionen in neue Unternehmen abhalten.
Eine weitere Einschränkung ist die geringe Zahl bahnbrechender wissenschaftlicher Arbeiten auf neuen Gebieten. Deutsche Unternehmen sind gewaltige Verbesserer auf bestehenden technologischen Gebieten, tun jedoch nicht genug, um die Entwicklung auf den neuesten Gebieten voranzubringen. Die Ableger, die bei Neugründungen so wichtig sind, werden selten. Eine höhere Rate an Investitionen in neue Wissensgebiete zahlt sich nicht nur für die bestehenden Branchen aus, sondern auch für die Gründung neuer Firmen.
In den letzten Jahren hat sich in Deutschland ein Risikokapitalmarkt entwickelt, ein vielversprechendes Zeichen. In der Nähe führender Universitäten wurden Zentren zur Unterstützung neuer Technologieunternehmen eingerichtet. Diese Initiativen zu erweitern und auf andere Gebiete auszudehnen ist eine der dringendsten nationalen Aufgaben. Aber eine Wende ist damit noch keineswegs in Sicht. Gesetze und Bestimmungen, die die Investition von Risikokapital einschränken, sollten abgeschafft, besondere Anreize für Gewinne aus langfristigen Kapitalanlagen sollten neu geschaffen werden.
Der Wille, sich mit diesem Programm zu befassen und die deutsche Dynamik wiederherzustellen, hat vielleicht einen unerwarteten Ursprung. Die Schritte zur deutschen Einheit, die sich aus den folgenschweren politischen Veränderungen 1989 ergeben haben, sind für die Wirtschaft eine sowohl belebende wie auch beunruhigende Kraft. Die Notwendigkeit, neue Arbeitskräfte aufzunehmen, neue Marktnachfrage zu befriedigen und sich mit Unternehmen auseinanderzusetzen, die von der zentralen Planung befreit wurden, könnte der Industrie und den Arbeitskräften Deutschlands eine neue und konstruktivere Aufgabe zuweisen. Entscheidend ist, ob

Deutschland sich für eine neue Ära individueller Initiativen und offenen Wettbewerbs entscheidet oder danach trachtet, Störungen und Brüche zu vermeiden durch
Interventionen, Konzentrationen und Absprachen.

Das Programm für Großbritannien

Großbritannien ist seit einiger Zeit im wohlstandsbedingten Stadium gefangen. Sein
relativer Lebensstandard hat entsprechend gelitten, vor allem der des Durchschnittsarbeiters. Der Verlust des Wettbewerbsvorteils erhielt eine Eigendynamik. Die
Schwäche einer Branche steckte andere an. Sinkende Einkommen beeinträchtigten
die Nachfragequalität. Druck auf die Staatseinkünfte führte zu Unterinvestitionen in
die Faktorbildung, die Infrastruktur und den öffentlichen Dienst, was den Wettbewerbsvorteil noch weiter untergrub. Diese Entwicklung ist, wenn sie einmal wirkt,
schwer zu stoppen.

Es gibt einige Zeichen der Erneuerung beim britischen Wettbewerbsvorteil. Die
Positionen in den Branchen Chemie, Erdöl, Arzneimittel, Software, Verlage, Finanzdienstleistungen und Konsumgüter sind gehalten worden. Daneben gibt es einen
immer stärker werdenden Einzelhandel und Anzeichen für eine Erholung bei den
Produktionsunternehmen. Produktivitätswachstum und Investitionen haben sich
verbessert.

Die Thatcher-Regierung war zweifellos ein wichtiger Katalysator für die Veränderungen. Angesichts der enormen Kraft, die beim wirtschaftlichen Abdriften entsteht, ist
es lehrreich festzuhalten, daß nur eine Regierung mit einer so langen Amtszeit und
politischen Macht diese Kraft ansatzweise ablenken konnte. Aber in Großbritannien
sind auch andere Kräfte am Werk, die geholfen haben. Wirtschaftliche Notwendigkeit, sich wandelnde soziale Normen, die Übernahme und der Umschwung schwieriger Unternehmen haben ebenfalls zu der neuen kräftigen Woge beigesteuert, die
viele britische Firmen und Branchen emporgehoben hat.

Die Erneuerung der britischen Industrie ist jedoch zerbrechlich und uneinheitlich.
Nach wie vor gibt es viele Arbeitslose. Die Erneuerung ist in vielen Branchen auf eine
einmalige Umstrukturierung und Kostensenkung beschränkt, die in einigen Fällen
durch ein neues Gleichgewicht der Kräfte zwischen Gewerkschaften und Arbeitgebern ermöglicht wurden. Fusionen bestimmen das Bild, aber der Nutzen für den
echten Wettbewerbsvorteil ist weniger deutlich. Vor allem in der Herstellung haben
die britischen Firmen einige alte Sünden wiedergutgemacht, aber die meisten müssen
noch die Grundlage für den zukünftigen Vorteil schaffen. Das erfordert neue
Produkte und neue Verfahren, und es erfordert Innovationen.

Ein guter Teil des britischen Beschäftigungswachstums ging auf Investitionen ausländischer Unternehmen zurück. Vieles davon ist jedoch faktorkostenbedingt. Die
ausländischen Investitionen gingen überwiegend in Montagewerke, nutzten die
Existenz billiger, meistens ungelernter Arbeiter. Die ausländischen Investitionen
boten der britischen Industrie zwar einige willkommene Vorteile, doch eine Wirtschaft, deren Wachstum von Montageaußenposten ausländischer Firmen abhängt, ist
vom Produktivitätswachstum her eingeschränkt.

Großbritannien macht die Probleme deutlich, vor denen ein Land steht, das den Aufwertungsprozeß erneut zu starten versucht. Im folgenden einige der Fragen, die Großbritannien angehen muß, wenn ein dauerhafter Fortschritt stattfinden soll:

Humankapital. Auch wenn die Beobachtung nicht neu ist, muß doch festgehalten werden, daß Großbritannien das innovationsbedingte Stadium nicht wieder erreicht, wenn es nicht ein erstklassiges Bildungs- und Ausbildungssystem erhält, das alle sozioökonomischen und Befähigungsebenen umfaßt. Die Rate der sozialen Investitionen muß deutlich steigen, die Anforderungen müssen erhöht und durchgesetzt, die technischen Gebiete stärker betont werden. Das ist die für Großbritannien vielleicht brennendste Frage und der Bereich, in dem die laufenden Maßnahmen am wenigsten hoffen lassen.

Die Bildungspolitik der Thatcher-Regierung bemühte sich um eine Erhöhung der Anforderungen. Das Ausbildungsreformgesetz von 1988, das die Bildungsanforderungen vereinheitlichte und einen Kernlehrplan einführte, war ein mutiger Schritt. Mehrere geplante City-Fachhochschulen sollen die technische Ausbildung verbessern, wenngleich erst eine den Lehrbetrieb aufgenommen hat.

Doch der eigentliche Vorstoß bisher bestand offenbar darin, die Entscheidungsfindung unter Kontrolle zu bekommen. Die Mittel für die Bildung wurden gekürzt, vielleicht weil höhere Ausgaben als ungeeignet angesehen werden, bevor nicht eine neue Struktur vorhanden ist. Doch das trägt nichts zur Bewältigung der beklagenswert unzulänglichen Einrichtungen bei und droht, gute Lehrer zu vergraulen und die Qualität von Forschung und Lehre auf Dauer zu verschlechtern. Das britische Bildungssystem umzugestalten ist zwingend notwendig.

Das Programm, das auf die britischen Unternehmen zukommt, ist ebenfalls beträchtlich. Sie müssen begreifen, daß ihr Wettbewerbsvorteil ohne einen breiteren Kader qualifizierter Arbeitskräfte eingeschränkt bleibt. Das schließt auch die Führungsebenen ein, wo die britischen Unternehmen weit weniger Hochschulabsolventen aufzuweisen haben als andere fortschrittliche Länder. Britische Unternehmen werden profitieren, wenn sie eng mit lokalen Universitäten zusammenarbeiten und Lehrpläne entwickeln, die Forschung auf verwandten Gebieten fördern und Akademiker einstellen. Die Investitionen der Unternehmen in Universitäten sind noch immer minimal. Die Unterstützung für die neuen City-Fachhochschulen z. B. ist Flickwerk. Die Unternehmen müssen auch mehr Verantwortung für die betriebsinterne Ausbildung aller Beschäftigten übernehmen, wo bisher wenig Fortschritte gemacht worden sind im Vergleich mit anderen Industrieländern.

Verbessert werden muß nicht nur die Qualifikation der Arbeitskräfte, sondern auch die Art ihrer Führung. Die Beziehungen zwischen Arbeitgebern und Arbeitnehmern in Großbritannien wirken immer noch gegen beide Seiten. Gegenseitiges Mißtrauen, zu viele Gewerkschaften in einem einzigen Unternehmen und häufiges Fehlen am Arbeitsplatz sind nur einige der Hürden für Verbesserung und Innovation, die die britische Industrie zurückhalten.

Forschung und Entwicklung. Großbritannien bleibt mit seinem Anteil des Bruttoinlandsprodukts, der für die Forschung bestimmt ist, hinter anderen führenden Ländern zurück. Die staatlichen Investitionen in F&E in Prozent des Bruttoinlandsprodukts sind zwar die höchsten aller von uns untersuchten Länder, doch die Hälfte davon geht in die Rüstung und ist für die Industrie von zweifelhaftem Wert. Die staatlichen Investitionen sollten beibehalten werden, aber die Mittel sollten über Universitäten und spezialisierte Forschungsinstitute laufen, nicht direkt in Subventionen fließen.

Bedenklicher in vieler Hinsicht als das staatliche F&E-Programm ist die niedrige Rate der Gesamtausgaben für F&E in den Unternehmen. Eine Neuorientierung sowohl der staatlichen wie privatwirtschaftlichen Beachtung von Forschung und Entwicklung ist für einen erfolgreichen Neubeginn des Auswertungsprozesses nötig.

Nachfragebedingungen. Ohne anspruchsvolle und gehobene Kunden bleiben Innovation und Dynamik in der britischen Industrie schwach. Großbritannien hat auf der Nachfrageseite Vorteile bei Luxus- und Freizeitgütern. Die Aufgabe besteht darin, die britische Verbraucher- und Industrienachfrage aufzuwerten und die Bereiche auszuweiten, in denen britische Unternehmen von anspruchsvollen und gutinformierten Kunden profitierten. Eine Verbesserung der Bildung und Ausbildung von Arbeitern und Managern trägt zu diesem Ziel bei.

Die wohlhabenden Londoner und südöstlichen Märkte können bei den Nachfragebedingungen der neuen britischen Verbraucher ganz vorn stehen. Eine Abschaffung staatlich geduldeter Monopole und Regelungen, die die Auswahl des Verbrauchers beschränken, sorgen ebenfalls für mehr Druck von der Nachfrageseite.

Finanzmärkte. Die Londoner Finanzmärkte haben zur Wiederbelebung der britischen Industrie beigetragen, indem sie als Instrument zur Finanzierung neuer Unternehmen und zur Umstrukturierung alter gedient haben. Doch mit Riesenschritten naht der Zeitpunkt, an dem sie vielleicht ein Hindernis für den britischen Wettbewerbsvorteil werden, kein Segen.

Wie in den Vereinigten Staaten haben institutionelle Anleger offenbar kaum eine Bindung an die Unternehmen und spielen auch in der Unternehmensführung keine wichtige Rolle. Steuergesetze, die über die Behandlung des ideellen Firmenwerts entscheiden, begünstigen Fusionen. Die Unternehmensziele kreisen um kurzfristige finanzielle Ergebnisse. Es ist eine Gruppe großer britischer Mischkonzerne entstanden, die nichtverbundene Firmen kaufen und verkaufen, deren finanzielle Ausrichtung langfristig jedoch wenig zur Aufwertung eines echten Wettbewerbsvorteils in der britischen Industrie beiträgt. Einige von ihnen, wie BAT und Lonrho, sind unter Beschuß geraten.

1988 wurden die Sätze der langfristigen Kapitalertragssteuer (inflationsbereinigt) denen für normale Einkommen angeglichen, was Investoren den Anreiz nahm, sich länger an Unternehmen zu binden. Die Folge von alldem ist, daß der Ertragdruck nach amerikanischer Art das britische Führungsdenken einzunehmen droht. Eine langfristige Ausrichtung liegt im Interesse der Volkswirtschaft. Die Maßnahmen sollten so gewählt werden, daß sie erreicht wird.

Regulierung und Staatsbesitz. Die britische Industrie wurde (wie die vieler anderer Länder auch) von Monopolunternehmen und Schutzbestimmungen auf wichtigen Gebieten wie Telekommunikation, Häfen und Gesundheitsfürsorge, um nur ein paar zu nennen, langsam zugrunde gerichtet. Die Innovation auf diesen Gebieten ist verkümmert, und sie beeinträchtigen darüber hinaus den Wettbewerbsvorteil in den Branchen, die von ihnen abhängen, ebenso in denen, die sie beliefern.

Die Privatisierung hat in Großbritannien schnell Fuß gefaßt, was sehr positiv ist. Es besteht jedoch nach wie vor eine Tendenz, Monopolpositionen oder Wettbewerbshindernisse zu erhalten.[12] Im Fall der Luftverkehrsgesellschaften z. B. wurde die Fusion zwischen British Airways und British Caledonian zugelassen.

Privatisierung ohne wirksamen Wettbewerb vernichtet viel von den wirtschaftlichen Zielen des politischen Wandels. Die Thatcher-Regierung ließ glücklicherweise Anzeichen erkennen, als würde sie das verstehen; British Airways wurde gezwungen, einige Routen an Wettbewerber abzutreten, und die jüngste Privatisierung der Elektrizitätsindustrie war der Versuch, dadurch Wettbewerb bei der Stromerzeugung einzuführen, daß sie zwei eigenständige Unternehmen schuf. Dennoch ist eine konsequentere Beschäftigung mit dem Wettbewerb erforderlich.

Wettbewerb. Eine Umkehr der jahrzehntealten Selbstzufriedenheit der Unternehmen in Großbritannien kann nur durch einen harten Inlandswettbewerb erreicht werden. Wo es in einer Branche nur ein oder zwei britische Unternehmen gibt, ist der Druck zu Intervention und Produktion unwiderstehlich. Die jetzige Welle der Fusionen und Übernahmen droht beim Zusammenschluß der britischen Industrie zu weit zu gehen. Das US-Modell ist ein schlechtes Beispiel.

In Großbritannien wird eine klare Ausrichtung am Kartellrecht immer notwendiger. Bemühungen von 1989, mehr Wettbewerb in Bereiche wie den Anwaltsberuf und die Gesundheitsfürsorge zu bringen, sind zwar trotz einiger Durchführungsschwierigkeiten ein positiver Schritt; eine ernstere Angelegenheit ist jedoch der Wettbewerbszustand im Kernbereich der britischen Industrie. GEC und Siemens erhielten z. B. vor kurzem die Erlaubnis, Plessey unter sich aufzuteilen und damit einen echten britischen Konkurrenten auszuschalten.

Neugründungen. Wirtschaftlicher Wohlstand in Großbritannien bleibt unvollständig ohne ein schnelleres Tempo bei Firmenneugründungen, um beim Abbau der britischen Arbeitslosigkeit voranzukommen. Eine Wiederbelebung eingeführter Branchen hat oft weniger Beschäftigte zur Folge, nicht mehr. Die Neugründung von Firmen hängt von Fähigkeiten und Ideen ab, von richtigen Motiven und Zielen, einem aktiven Wettbewerb und dem Zugang zu Kapital. Einer der dringenden Gründe für die Verbesserung der britischen Ausbildung, besonders der an den Universitäten, ist der Beitrag zum Anstoß neuer Vorhaben. Großbritannien kann sich bei der Schaffung von Arbeitsplätzen nicht auf Investitionen des Auslands verlassen.

Das Programm für die Vereinigten Staaten

Die Vereinigten Staaten sind in ein Stadium eingetreten, in dem wohl über ihren wirtschaftlichen Wohlstand der nächsten Jahrzehnte entschieden wird. Die Wirtschaft treibt seit mindestens zehn Jahren dem wohlstandsbedingten Stadium zu. Positionen in vielen Spitzenbranchen sind zerfallen. Die Ziele von Unternehmen und Anlegern haben sich von ständigen Investitionen abgewandt. Der Wettbewerb hat nachgelassen. Die Kluft beim Lebensstandard zwischen den qualifizierten Beschäftigten mit guter Ausbildung und den schlechter ausgebildeten wird offenkundiger. Unternehmen wenden sich mit Ersuchen um Aufhebung von Wettbewerbszwängen an den Staat, die Appetit auf noch mehr Hilfe machen. Die Orientierung hat sich von der Offensive ab- und der Defensive zugewandt.

Die jüngsten Verbesserungen beim Produktivitätswachstum und bei den Exporten sind zwar ermutigend, aber noch kein Zeichen für einen grundlegenden Wandel. Das Produktivitätswachstum ist nicht zuletzt Ausdruck einer einmaligen Umstrukturierung und Schrumpfung in vielen Branchen, und neueste Zahlen zeigen, daß die Zeit des Zuwachses über frühere Durchschnittswerte hinaus von kurzer Dauer sein kann. Die Nettoinvestitionen liegen unter denen anderer Länder, obwohl die Industrie fast voll ausgelastet ist. Das Exportwachstum spiegelt eine starke Abwertung des Dollar und einen Abfall der Reallöhne, was beides den langfristigen Lebensstandard senkt. Die Grundlagen für ein neues, anhaltendes Produktivitätswachstum sind noch nicht vorhanden.

Es existieren viele Bereiche für einen grundlegenden Vorteil, etwa Spitzenuniversitäten, einzigartige Nachfragebedingungen auf einigen Gebieten, Risikobereitschaft und hochaktive Neugründungen von Firmen. Außerdem sind demographische Kräfte wirksam, die den Druck erzeugen, der das Produktivitätswachstum und die Sparquoten in die Höhe treibt. Der schnelle Wandel in der Technologie verspricht viele Chancen für den amerikanischen Erfindungsgeist und unternehmerisches Handeln. Sie schaffen die Grundlagen dafür, daß die Vereinigten Staaten in ein Stadium anhaltenden Wohlstands treten. Gleichzeitig gibt der Abbau von Positionen in den letzten zwei Jahrzehnten für die weitere Entwicklung starke Einschränkungen zu erkennen.

Es wird darüber debattiert, ob Amerika eine Großmacht bleibt oder nicht, und beides findet entschiedene Verfechter.[13] Doch diese Debatte geht um die falsche Frage. Daß Amerika eine Großmacht bleibt, steht außer Zweifel, schon allein wegen der Größe, der Rohstoffe und Stärken, die ich bereits charakterisiert habe. Es geht vielmehr um die Frage, ob die amerikanische Wirtschaft die Spannkraft aufbringt, den amerikanischen Lebensstandard zu halten oder zu erhöhen, oder ob das Land im Vergleich mit anderen langsam den Boden unter den Füßen verliert. Es geht darum, ob Amerika seine Fähigkeit zum Wettbewerb in anspruchsvollen Segmenten oder Branchen wiederherstellt oder ob Handelsprobleme durch fortwährende Abwertung, Reallohnopfer und Exporte rohstoffintensiver Produkte »gelöst« werden.

Amerikanische Unternehmen und die amerikanische Regierung selbst müssen wichtige Entscheidungen fällen. Das Land schwankt zwischen einem erneuten Bekenntnis zu traditionellen amerikanischen Werten und einem Rückzug auf Zusammenschluß, Protektion und Abwehr. Einige der wichtigsten Entscheidungen sind diese:

Das politische Modell. Die amerikanische Politik der letzten Jahrzehnte beruhte des öfteren anscheinend auf der impliziten Annahme, der Wert des Dollar, die Einmischung des Staates und ungerechte Praktiken anderer Länder seien der Grund für alle Schwierigkeiten, mit denen die US-Industrie zu tun habe. Eine solche Sicht des nationalen Vorteils ist, um es ganz vorsichtig auszudrücken, unvollständig. Sie hat zu Maßnahmen wie der Lockerung von Regulierungsnormen und der Zustimmung zu horizontalen Fusionen geführt, die der amerikanischen Industrie normalerweise schaden, statt zu nützen. Entscheidender ist, daß die Übernahme dieses Modells Schritte in vielen bedeutenden politischen Bereichen verzögert hat, die außerhalb liegen.

Vielleicht ist es noch richtiger zu sagen, daß überhaupt keine wirkliche Übereinstimmung über ein politisches Modell bestanden hat. Es wurde viel Energie auf die Debatte verwendet, ob es Probleme in der US-Industrie gäbe, als sich die große Mehrheit der US-Industrie einig war, daß es sie gibt. Sowohl die amerikanischen Unternehmen wie die US-Regierung brauchen eine neue und vielfältigere Sicht der Grundlagen des nationalen Vorteils. Unternehmen und Staat müssen begreifen, daß Verbesserung und Innovation das Herzstück des nationalen Erfolgs sind, nicht niedrige Löhne, lasche Regelungen oder einfache Fusionen.

Humankapital. Amerika kann seine Vorherrschaft bei Innovationen nicht ohne Arbeitskräfte zurückgewinnen, die nicht wenigstens genauso gut geschult sind wie die in anderen fortschrittlichen Ländern. Auf den höchsten Ausbildungsebenen hat das Land zwar Stärken, doch die *Durchschnitts*qualität der Arbeitskräfte bleibt hinter der anderer fortschrittlicher Länder zurück. Da der Wettbewerb international geworden ist und zunehmend auf Kenntnissen beruht, werden unqualifizierte Arbeitskräfte in ihrem Lebensunterhalt durch die niedrigeren Löhne in den Entwicklungsländern zunehmend bedroht.[14] Eine grundlegende Bereitschaft zur Aufwertung der Arbeitskräfte ist notwendig.

Amerika gibt mehr Geld für die öffentliche Bildung aus als die meisten anderen fortschrittlichen Länder (6,8 Prozent vom Bruttosozialprodukt 1987 gegenüber 5 Prozent in Japan und 4,5 Prozent in Deutschland).[15] Das Problem ist weniger das Geld als die Qualität. Es besteht Bedarf an höheren Anforderungen an die Ausbildungsqualität, die denen anderer vergleichbarer Länder entsprechen oder sie übertreffen. Die Unterrichtszeit muß verlängert werden. Neue Programme werden benötigt, um die Bezahlung der Lehrer, ihr Ansehen und ihre Fachkenntnisse anzuheben. Man muß sich – sofort – landesweit um eine Aufwertung der technischen und Berufsschulen bemühen, die ein unentbehrliches Glied in der Ausbildung spezialisierter Arbeitskräfte für die Industrie sind. Die Bildung sollte in der Hand des Staates bleiben; die Rolle des Staates in der Bildung ist nicht nur legitim, sondern auch ungeheuer wichtig zu einem Zeitpunkt, da die Bemühungen des Staates unzulänglich sind. Landesweite Normen werden rasch dabei helfen, die Leistungsziele zu erhöhen. Bundesmittel werden zur Beschleunigung der Verbesserungen bei den Anlagen und der Unterrichtsqualität benötigt.

Doch eine Verbesserung des allgemeinen Bildungssystems in den Vereinigten Staaten reicht *nicht*. Für den Wettbewerbsvorteil werden Spezialkenntnisse, die auf bestimmte Branchen zugeschnitten sind, verlangt. Die amerikanischen Unternehmen müssen deutlicher begreifen, daß letztlich die Arbeitskräfte ihre langfristige Wettbewerbsposition im Vergleich mit internationalen Konkurrenten bestimmen, nicht die Kapitalkosten oder der Wert des Dollar. Die Firmen müssen einen aktiven Part bei der Ausbildung und ständigen Aufwertung ihrer Beschäftigten spielen. Die amerikanischen Unternehmen müssen enger mit den Bildungseinrichtungen ihrer Region zusammenarbeiten und auch mit denen sonst im Land, die über erstklassige Programme mit Bezug zu ihrer Branche verfügen. Gemeinschaftsprogramme mit lokalen Einrichtungen (Schulen und Universitäten) steigern die Qualität der Programme und ihre Bedeutung für die Branche. Auch die Fachverbände müssen sich ihrer Rolle als Ausbilder stärker bewußt werden, müssen Ausbildungszentren schaffen und mit Bildungseinrichtungen zusammenarbeiten.

Es gibt Grund zum Optimismus. Die amerikanische Industrie mit ihrem im letzten Jahrzehnt rasch anwachsenden Arbeitskräftepotential konnte das Problem Qualität des Humankapitals weitgehend unbeachtet lassen. Zwänge zur Aufwertung der Qualifikation, um die Produktivität der Beschäftigten zu verbessern, wurden abgeschwächt. In den kommenden Jahrzehnten wird der Arbeitskräftezuwachs jedoch drastisch zurückgehen und sich zudem weitgehend auf Minderheiten und Einwanderer beschränken, die auf der Qualifikationsleiter ganz unten stehen. Personalengpässe sind bereits erkennbar.

Diese Kräfte versprechen den Privatsektor in Amerika aufzurütteln, damit er das Arbeitskräfteproblem endlich löst. Die Unternehmen investieren vielleicht mehr in ihre Beschäftigten und fangen an, sie als einen Aktivposten zu sehen – eine Denkweise, die in anderen Ländern, wo Arbeiter knapp sind, bereits vorherrscht. Zur gleichen Zeit kommen die Kinder der Babyboomeltern in die Schule. Wenn diese Eltern, von denen viele ein Produkt der öffentlichen Bildung sind, den aktuellen Zustand der amerikanischen Schulen erkennen, werden Kräfte mobilisiert, die Situation zu verbessern. Eltern und Unternehmen haben Gelegenheit, die Entwicklung des amerikanischen Humankapitals in den kommenden Jahrzehnten zu ändern. Der Staat muß seinen Teil dazu beitragen, diese Bemühungen anzuregen und zu unterstützen.

Forschung und Entwicklung. Die Vereinigten Staaten haben ein unerreichtes Universitätssystem und verfügen über erhebliche staatliche Investitionen in Forschung und Entwicklung. Das Problem ist nicht so sehr die Größe der staatlichen Investitionen oder die Qualität der Einrichtungen, sondern Richtung, Tempo und Prioritäten der amerikanischen Aktivitäten. Die Vereinigten Staaten geben viel Geld für die Forschung aus, können aber nicht auf rüstungsbedingte F&E als Motor der Forschung und Entwicklung in den USA bauen. 1988 lagen die Bundeszuschüsse für die zivile F&E real 14 Prozent unter dem Stand von 1980.[16]

Neben den Bemühungen für mehr F&E in den Firmen muß größeres Gewicht auf die Belebung der Nachfrage nach innovativen neuen Produkten gelegt werden. Wie die Erfahrung in anderen Ländern gelehrt hat, sind Anreize zum Kauf moderner Produkte für heimische Kunden ein starker Anstoß zu Innovationen in den Branchen, die sie beliefern. Selektive Steuergutschriften bei Investitionen für Käufe moderner Fabrik- und Büroautomaten, rasche Zustimmung der Aufsichtsbehörden zu neuen Produkten sind nur zwei der in anderen Ländern angewandten Methoden, die Erfolg versprechen.

Der Kern des öffentlichen F&E-Systems der USA sollten die Universitäten sein. Dieser Bereich ist eine der besonderen Stärken der USA, und Universitäten sind außerdem ein guter Ausgangsort für Firmengründungen. Die Mittel für die Universitätsforschung sind real die gleichen wie vor zwanzig Jahren, und die Forschungsanlagen bedürfen besonders dringend der Erneuerung, weil die Gelder für Anlagen drastisch gekürzt worden sind. Von den Bundesmitteln für F&E in den Vereinigten Staaten sollte mehr über die National Science Foundation (NSF) an die Universitäten gehen statt an staatliche Labors. Verglichen mit der Laborforschung erhöht das die Verbreitungsrate. Gleichzeitig sollten jedoch mehr Produkte die Entwicklung von Technologien berücksichtigen, die für die Industrie unentbehrlich sind. Bisher lag das Hauptaugenmerk der NSF immer auf der reinen Forschung.

Zwischen Unternehmen und Universitäten muß es zu einem weit intensiveren Austausch kommen, zum Teil um mehr angewandte Forschung anzukurbeln. In der akademischen Gemeinschaft herrscht ein tiefsitzendes Mißtrauen gegen eine Zusammenarbeit Universität – Industrie, weil man sich um die Unabhängigkeit und akademische Freiheit sorgt. Das deutsche und schweizerische Beispiel lassen vermuten, eine solche Zusammenarbeit könnte für beide Seiten vorteilhaft sein.

Die amerikanische Universitätsforschung stellt eine wichtige und ergiebige Quelle für den Wettbewerbsvorteil von US-Unternehmen dar. Trotz der Vorteile durch die räumliche Nähe scheinen die amerikanischen Unternehmen, was die Nutzung dieser Vorteile betrifft, oft hinter ausländischen Firmen zurückzubleiben.[17] Die Unternehmen müssen die bedeutenden Forschungszentren für Technologien, die für ihre Branche wichtig sind, bestimmen und pflegen und zu Investitionen bereit sein, um bevorzugten Zugang zu erhalten. Gemeinsam finanzierte Forschungsinstitute, die von den Fachverbänden gefördert werden und allen Mitgliedern offenstehen, sind ein guter Ansatz. Große F&E-Gemeinschaftsprojekte zwischen Wettbewerbern sind *keine* Antwort (siehe Kapitel 12).

Der eigentliche Schlüssel zu einem höheren Innovationstempo in der amerikanischen Industrie liegt im Verhalten der amerikanischen Unternehmen. Die Investitionsrate bei Innovationen muß steigen, wenn die Unternehmen den Wettbewerbsvorteil halten sollen. Doch die F&E-Ausgabenrate bei den amerikanischen Unternehmen ist langsamer gestiegen als in anderen fortschrittlichen Ländern, und Vorabdaten zeigen einen Rückgang der realen Ausgaben für 1989.

Leider zeigen amerikanische Unternehmen und der amerikanische Staat Anzeichen, als läge ihnen mehr an den Innovationen von gestern als denen von morgen. Bemühungen, die Patentdauer zu verlängern, Gesetze, die das Nachmachen von Produktentwürfen und Merkmalen nachhaltig einschränken sollen, und eine verbreitete Hysterie wegen des Technologietransfers durch Lizenzen ins Ausland, all das spiegelt einen Mangel an Zuversicht und den Wunsch, die Kraft des Wettbewerbs zu stutzen. Die Geschichte zeigt, daß dies kein Weg ist, einen Wettbewerbsvorteil zu behaupten. Es müssen zwar genügend Anreize für Innovationen vorhanden sein, doch liefern andere Länder und auch die Geschichte der US-Industrie genug Beweise, daß es solche Anreize reichlich gibt, ohne daß man auf Maßnahmen zurückgreifen müßte, die die Verbreitung von Technologie unterbinden. Ein schneller technologischer Fortschritt und die Verbreitung von Technologie innerhalb internationaler Cluster stellen die beste Kombination dar für Produktivitätswachstum und anhaltenden wirtschaftlichen Wohlstand. Ein aktiver Wettbewerb, Ziele, die ständige Investitionen in die Industrie fördern, und die Verbesserung der Qualifikation der Arbeitskräfte sind die Möglichkeiten schlechthin, ihn zu verwirklichen.

Nationale Ersparnisse. Eine niedrige private Sparquote und ein hohes Haushaltsdefizit haben die Zinsen in den USA in die Höhe getrieben und die Aktienkurse gedrückt, was US-Unternehmen von Investitionen abgehalten hat. Ein Grund, warum US-Unternehmen ihre Marktposition verlieren, ist der, daß sie nur durch Horten Gewinnziele erreichen können, die sehr viel höher liegen als die in Deutschland, Japan und praktisch allen von uns untersuchten Ländern.

Das Ankurbeln privater Ersparnisse ist mühsam, weil die Ursachen der Sparquote nur unvollständig verstanden werden, doch sollten die diesbezüglichen steuerpolitischen Bemühungen (wie die weitere Begrenzung der Abzugsfähigkeit der Sollzinsen, Erhöhung der Einschußsätze bei Kreditkäufen und steuerliche Anreize für langfristige Sparformen) und andere Mittel unvermindert weiterlaufen. Auch ein Abbau des Haushaltsdefizits ist notwendig, weil es Ersparnisse abschöpft, die statt dessen die Zinsen senken, die Aktienkurse in die Höhe treiben und Investitionen anregen könnten. Viele Beobachter halten Defizite grundsätzlich für eine Belastung der Wirtschaft und ein Problem für zukünftige Generationen. Ebenso schwer sind ihre Folgen für die Anreize der Industrie.

Nachfragebedingungen. Die Nachfragebedingungen in den Vereinigten Staaten müssen sich verbessern, soll die amerikanische Industrie ihr altes Innovationsgeschick zurückerobern. Im folgenden einige der beachtenswerteren Bereiche:

Regulierung. Die Vereinigten Staaten haben in Bereichen wie Produktsicherheit, Umweltqualität, sparsamer Energieverbrauch und Arbeitsbedingungen Abstand von fortschrittlichen und zwingenden Normen genommen, weil sie der irrigen Ansicht sind, sie »schadeten« der Industrie. Ein Beispiel dafür war die Maßnahme der Reagan-Regierung, die Bundesnormen für Benzinverbrauch zu lockern, und das zu einem Zeitpunkt, als die Energieimporte ein beträchtliches Ausmaß hatten und das Verbrauchen von Benzin große Umweltprobleme schaffte. (Die Überprüfung dieser unglücklichen Maßnahme durch die Bush-Regierung und deren neue Umweltinitiativen sind ermutigend.) Ohne fortschrittliche Regelungen bei berechtigten sozialen Belangen verliert die US-Industrie den Innovationswettlauf in den betroffenen Branchen, und es wird schwer sein, anspruchsvollen Kunden im Ausland US-Produkte zu verkaufen. Strenge Normen für Produkte, Umweltqualität u. ä. kommen nicht nur den sozialen Erfordernissen zugute, sondern sind auch für die wirtschaftlichen Erfordernisse unentbehrlich.

Durchführungsanforderungen auf allen staatlichen Ebenen müssen auch mit mehr Rücksicht auf ihre Auswirkungen auf den Innovationsprozeß festgelegt werden. Regelungen sollten die Nachfrage nach aufkommenden neuen Technologien und Produkten beleben. Zu oft haben sie die entgegengesetzte Wirkung.

Genauso wichtig wie die Durchführungsnormen ist jedoch der *Prozeß*, mit dem sie geschaffen und geltend gemacht werden. Verzögerungen und Unsicherheit bei Entscheidungen über Normen sowie beim Befürworten oder Ablehnen von Produkten und Maßnahmen vergeuden Zeit und Mittel; sie sind eine unnötige Belastung der Innovation in der Industrie. Die Vereinigten Staaten brauchen eine gründliche Überprüfung des Regulierungsprozesses einschließlich der Gesetze, die Entstehung und Ausführung der Regelungen bestimmen, ferner die Produktzulassung, das Recht und den Prozeß der Überprüfung und die Möglichkeit zu gerichtlichen Eingriffen. Der Aufsichtsprozeß kann angemessene Sicherungen enthalten und gleichzeitig Normen weniger willkürlich machen, kann die Zeit für die Festlegung neuer Normen und die Produktzulassung verkürzen und überflüssige Prüfungen und Anfechtungen begrenzen. Gesetzlich vorgegebene Zeitpläne und die Zulassung nur einer juristischen Anfechtung bei der Entscheidung des Aufsichtsverfahrens sind hoffnungsvolle Ansätze.

Das gleiche gilt für die technischen Normen. Die Möglichkeit zu juristischen Anfechtungen auf jeder Prozeßebene verschlimmert das Problem. Ein rationaleres und zeitlich gestrafteres Vorgehen bei der Festlegung von Normen würde dem Wettbewerb helfen, sich über kleinliches Gezänk um technische Vorgaben hinwegzusetzen. Es würde die Verbesserung und Aufwertung der Produkte und auch den Einstieg der USA in ausländische Märkte beschleunigen.

Rüstungsbeschaffung. Es hat in neuerer Zeit Vorschläge gegeben, das Verteidigungsministerium solle mit seiner Beschaffung aktiver auf die Unterstützung der Industrie einwirken. Mehr Rücksicht bei der Rüstungsbeschaffung auf die Bedürfnisse der Industrie ist zwar wünschenswert, und ich habe im vorigen Kapitel auch einige Richtlinien für eine angemessene Beschaffung genannt, doch ist das Verteidigungsministerium kein Instrument, auf das man zu sehr bauen sollte. Die Ziele des Pentagon neigen dazu, die heimischen Wettbewerber zu halten. Das birgt die Gefahr in sich, zu Schutzmaßnahmen zu führen und den Wettbewerb zu beeinträchtigten. Außerdem sind die Rüstungsanforderungen nicht die gleichen wie die privaten Anforderungen der meisten Branchen. Zuviel Einfluß für das Verteidigungsministerium kann ablenken.

Produkthaftung. Es wird Zeit für eine systematische Überprüfung des amerikanischen Produkthaftungssystems. Die Unternehmen für die Produkthaftung verantwortlich zu machen trägt dazu bei, erstklassige Waren und Dienstleistungen zu erhalten. Doch die Leichtigkeit, mit der man in den Vereinigten Staaten einen Prozeß anstrengen kann, der oft kaum etwas einbringt, und die gewaltigen und unkalkulierbaren Ansprüche aus Schadenersatz gehen weit über das hinaus, was dem Verbraucher oder der US-Industrie nutzt.

Die Auswirkungen des jetzigen Systems sind oft lähmend für die Innovation, wie bei der in Kapitel 5 dargestellten Branche der Patientenmonitoren. Dort wurde den US-Firmen ein vielversprechender Innovationsweg in »geschlossene Regelkreis-« oder selbstregelnde Überwachungssysteme beinahe verschlossen. Andere Länder haben Produkthaftungssysteme, die den Verbraucher schützen, ohne die Innovation vollkommen durcheinanderzubringen. Eine schnelle Überprüfung der Gerichtsverfahren, vernünftige Obergrenzen für Schadenersatz und vorgeschriebene Lösungswege ohne langwierige Prozesse wären hoffnungsvolle Schritte.

Ziele. Zu den wichtigsten Fragen, vor denen die amerikanische Industrie steht, gehören die Ziele der Investoren, der Manager und der Beschäftigten. Alle drei haben sich derart geändert, daß sie sich gegen eine wirtschaftliche Aufwertung der amerikanischen Industrie auswirken. Die Ziele der Investoren wurden durch Veränderungen an den amerikanischen Finanzmärkten neu bestimmt. Die institutionellen Anleger sind zwar Besitzer, haben aber wenig Einfluß auf die Unternehmensführung. Die Finanzinstitute lassen sich dadurch leiten, wie die eigene Leistung gemessen wird, und kaufen oder stoßen Wertpapierpositionen ab, statt sich langfristig beim Aufbau von Unternehmen zu engagieren. Der laufende Ertragszuwachs ist einer der Hauptbestimmungsfaktoren der Aktienkurse. Übernahmen werden als das einzige Mittel des Umgangs mit einer Unternehmensführung, die sich verschanzt hat, geschätzt und angestrebt. Ein Trend zu mehr Gewicht für institutionelle Anleger in der Unternehmensführung kreist sinnigerweise darum, die vom Management errichteten Barrieren gegen Übernahmen abzubauen, nicht um die Beeinflussung der langfristigen Strategie der Unternehmen.

US-Anleger haben steigende Kapitalertragssteuern erlebt. Die meisten fortschrittlichen Länder besteuern langfristige Kapitalgewinne überhaupt nicht, ermuntern vielmehr zu Investitionen mit langem Zeithorizont, die sowohl einen bedeutenden sozialen wie privaten Nutzen haben (siehe Tabelle 13–2).

Manager, die Gratifikationen auf der Grundlage des jährlichen Ergebnisses erhalten und ihre Stellung nur ein paar Jahre innehaben, konzentrieren sich ganz auf die Jahresleistung. Um das Unternehmen auszubauen, haben sie sich zunehmend auf Fusionen verlegt, die der aktuellen Rentabilität kein Opfer abverlangen. Da die Vergütung häufig stärker an die Größe als an Gewinne gebunden ist, werden Fusionen noch attraktiver. Die Angst vor einer Übernahme treibt zu einer verstärkten Beachtung der Aktienkurse. Beständige Investitionen und Risikobereitschaft, die der Aufbau eines Wettbewerbsvorteils erfordert, bleiben auf der Strecke.

Auch die Beschäftigten fühlen sich ihrem Unternehmen oder ihrem Beruf immer weniger verpflichtet. Die einzelnen Wirtschaftssubjekte und Familien investieren nicht genug in Bildung und Ausbildung. Fortschritt wird durch Umschichtung von Unternehmen und Positionen erreicht statt durch Investitionen in die Qualifikation. Die Unternehmen zeigen ihrerseits oft auch kein Engagement. Sie heuern und feuern ungestraft und investieren zuwenig in die Entwicklung des Humankapitals.

All das muß sich ändern, wenn die Innovations- und Aufwertungsrate in der amerikanischen Industrie steigen soll. Für die Änderung von Unternehmens- und Managerzielen sind Übernahmen nicht die beste Gesamtlösung, wie ich im vorigen Kapitel nachgewiesen habe. Ein steuerlicher Anreiz für langfristige (fünf Jahre und mehr) Kapitalerträge aus Kapitalbeteiligungen an Unternehmen wäre ein positiver Schritt. Bei Obligationen, Immobilien oder anderen Vermögenswerten wäre ein ähnlicher Anreiz nicht nötig oder gerechtfertigt. Anreize für langfristige Kapitalerträge müssen erweitert werden, sie sollten nicht nur normale Investoren erfassen, sondern auch Institutionen wie Pensionsfonds, deren Investitionen jetzt von der Steuer befreit sind. Der Grenzsteuersatz auf ganz kurzfristige Kapitalerträge (weniger als zwölf Monate) kann für Einzelpersonen und Unternehmen erhöht werden, um ständige Investitionen noch weiter anzuregen und mögliche steuerliche Einnahmeverluste auszugleichen.

TABELLE 13–2 Kapitalertragssteuern in führenden Ländern, 1988

	Maximaler langfristiger Satz	Maximaler kurzfristiger Satz
Vereinigte Staaten[1]	33%[1]	33%
Großbritannien	40%[2]	40%
Schweden	0%[3]	70%
Kanada	17,51%	17,51%
Frankreich	16%	16%
Deutschland	Befreit[4]	56%
Belgien	Befreit	Befreit
Italien	Befreit[5]	Befreit
Japan	Befreit	Befreit
Niederlande	Befreit	Befreit
Hongkong	Befreit	Befreit
Singapur	Befreit	Befreit
Korea	Befreit	Befreit
Taiwan	Befreit	Befreit
Malaysia	Befreit	Befreit

QUELLEN: *The Wall Street Journal,* 8. März 1988; Zusätze und Korrekturen vom Verfasser.

[1] Die Sätze sind die gleichen wie bei regulären Einkommen. Viele Bundesstaaten und Städte besteuern Kapitalerträge ebenfalls.

[2] Die maximalen lang- und kurzfristigen Sätze wurden am 6. April 1988 auf 40 Prozent angehoben und sind damit so hoch wie bei normalen Einkommen. Die Kapitalerträge sind inflationsindexiert.

[3] Der Satz sinkt bei vielen Vermögenswerten nach fünf Jahren auf 0 Prozent.

[4] Es ist geplant, die Kapitalertragssätze an die der Normaleinkommen zu koppeln. Die höchsten kurz- und langfristigen Sätze erreichen 1990 53 Prozent.

[5] Italien plant ebenfalls die Einführung einer Kapitalertragssteuer.

Gebraucht wird außerdem ein neuer Ansatz bei der Unternehmensführung, bei dem das langfristige Wohlergehen des Unternehmens zum zentralen Punkt wird. Eine Lockerung der Grenzen der Kapitalbeteiligung von Banken z. B. ist eine Möglichkeit, eine konstruktivere Rolle der Kapitalgeber zu fördern, die intensivere, langfristige Beziehungen zu Firmen aufnehmen könnten. Einschränkungen bei Übernahmen sind jedoch nicht geeignet, weil sie ein nützliches Druckmittel gegen das Management darstellen.

Unternehmensstrategie. Amerikanische Unternehmen, die auf den internationalen Märkten mehr Positionen einbüßen als gewinnen, müssen ihren Strategieansatz überprüfen. Das größte Problem ist, daß Investition und Innovation nicht mehr im Mittelpunkt stehen. Anstatt zu investieren, fusionieren Unternehmen. Anstatt zu innovieren, beschaffen sie sich Produkte und Bauelemente im Ausland, die mit verbesserter Technologie rationeller zu Hause hergestellt werden könnten. Anstatt zu investieren, um ihre heimischen Zulieferer, ihre Schulen und Universitäten zu verbessern, bedrängen sie die Politiker wegen schärferer Handelsgesetze, um sich gegen ausländische Konkurrenz zu schützen. Anstatt im eigenen Unternehmen Qualifikation und Fähigkeiten zu entwickeln, nehmen sie zu Bündnissen als einer leichteren »Lösung« Zuflucht.

Im Bereich der Unternehmensstrategie ist die Anziehungskraft der Diversifizierung in der amerikanischen Industrie ungebrochen. Trotz jahrzehntelanger Beweise, daß nichtverbundene Fusionen meistens unrentabel sind, halten sie sich. Anstatt intern das Geschäft zu beleben, indem man die Unternehmenserfahrung nutzt, erwerben Unternehmen Firmen, die unmöglich einzugliedern sind.

Eine Umorientierung ist in vielen amerikanischen Unternehmen nötig, wollen sie einen echten Wettbewerbsvorteil erzielen. Ich habe in Kapitel 11 einige der erforderlichen Schritte umrissen. Mehr als alles andere ist ein neues Gefühl für Herausforderung gefragt.

Wettbewerb. Nichts hat mehr zum Abgleiten der amerikanischen Industrie beigetragen als der nachlassende Wettbewerb. Eine lange Zeit, in der die amerikanischen Firmen von ausländischen Konkurrenten kaum gefordert wurden, führte zu verschlafenen Oligopolen, bei denen der Inlandswettbewerb gedämpft war. Ab den 60er Jahren begannen Fusionen viele Branchen zusammenzuschließen. Eine Lockerung der Anwendung der Kartellgesetze im Bereich der Fusionen ermöglichte führenden Wettbewerbern, andere führende Wettbewerber aufzukaufen. Seit neuestem werden derartige Transaktionen irrigerweise als wettbewerbsfördernd gerechtfertigt. Auch Allianzen zwischen führenden Wettbewerbern häufen sich und werden zu selten angegriffen.

Daß bei den Fusionen von der Anwendung der Kartellgesetze abgewichen wurde, hat auch einige positive Entwicklungen beeinträchtigt, die im Bereich der Deregulierung stattgefunden haben. Fusionen haben z. B. bei den Luftverkehrsgesellschaften zur Bildung definitiver Regionalmonopole geführt, obwohl die Aufhebung der Regulierung anfangs zahlreiche neue Einsteiger und eine Woge von Innovationen nach sich zog.

Zur gleichen Zeit, als der Wettbewerb nachließ, verlagerte sich die US-Handelspolitik in den 70er und 80er Jahren zum Protektionismus. Die internationalen Märkte wurden durch die verschiedensten Sondervereinbarungen und Absprachen aufgeteilt. Das Handelsgesetz von 1988 erlaubt unglücklicherweise jeder Branche, die unter Wettbewerbsdruck steht, Schutz zu suchen, gleichgültig ob unlautere Handelspraktiken angewandt wurden oder nicht. Das Ergebnis war ein weiterer Rückgang des Inlandswettbewerbs und eine Verringerung des Wettbewerbsdrucks aus dem Ausland, was den Innovations- und Aufwertungsprozeß in der US-Industrie verlangsamte. Bei Halbleitern z. B. führte eine Vereinbarung mit Japan zu steigenden Preisen, wodurch sich die japanischen Gewinne erhöhten, und überdies zu Chip-Engpässen in der US-Industrie.

Eine neue Bereitschaft zum Wettbewerb erscheint dringend notwendig. Noch wichtiger ist der Inlandswettbewerb in einem Bereich, wenn Weltmärkte träge heimische Branchen für Angriffe anfällig machen. Fusionen und Bündnisse zwischen führenden Wettbewerbern sollten verboten werden. Die gleichen Richtlinien, die für Fusionen zwischen US-Unternehmen gelten, sollten angewandt werden, wenn es um die Genehmigung von Übernahmen amerikanischer Firmen durch ausländische Unternehmen geht. Auslandsinvestitionen in den Vereinigten Staaten auf dem Weg über Erwerbungen sollten verboten werden, wenn sie den Wettbewerb beeinträchtigen. Direkte Zusammenarbeit zwischen führenden Wettbewerbern sollte erschwert, gemeinsame Forschung und Entwicklung nur unter den im vorigen Kapitel genannten Bedingungen genehmigt werden. Eine Lockerung des Kartellrechts, um führenden Wettbewerbern ein gemeinsames Produzieren zu ermöglichen, ist unangebracht. Gleichzeitig sollten kartellrechtliche Beschränkungen der Tätigkeit von Fachverbänden und der vertikalen Kooperation gelockert werden, mit eingebauten Sicherungen für die Fälle, wo Absprachen oder eine Monopolisierung beabsichtigt sind.

Handelspolitik. Die amerikanische Handelspolitik hat es versäumt, sich mit dem real vorhandenen Protektionismus und Interventionismus auseinanderzusetzen, welche die in vielen Ländern existierenden internationalen Regeln verletzen. Gleichzeitig hat sie sich in die Richtung »geregelter Marktabsprachen« entwickelt, die den Wettbewerb im Kern treffen. Dieser Umgang mit Handelsproblemen ist, wie ich dargelegt habe, durch und durch falsch. Der Versuch, US-Firmen den Absatz in irgendeinem Land oder einen Anteil am US-Markt zu garantieren, verzögert auf lange Sicht die Innovation. Gelenkter Handel ist kartellierter Handel und keine wirkliche Lösung. »Zeitlich begrenzter« Schutz, um eine Anpassung zu ermöglichen, ist selten erfolgreich, wie bereits in Kapitel 12 ausgeführt.

Die Handelspolitik sollte sich auf unlautere Subventionen und Handelsschranken konzentrieren und ihnen mit Ausgleichszöllen und Beschränkungen der Industrieinvestitionen in den Vereinigten Staaten durch die Wettbewerber des Landes entgegentreten, bis die ausländischen Praktiken abgestellt werden. Gleichzeitig hat das Kartellamt den Inlandswettbewerb genau im Auge zu behalten. Damit wirksame Handelspolitik betrieben werden kann, muß eindeutiger für den US-Handel gesprochen werden. Im Vergleich zu anderen Ländern haben die Vereinigten Staaten eine umständliche Struktur, was die Formulierung und Durchführung der Handelspolitik betrifft. Zu viele Bundesbehörden mit widersprüchlichen Zielen sind daran beteiligt. Handelspolitik sind normalerweise Ad-hoc-Maßnahmen, die durch den individuellen Fall bestimmt werden. Handelsgesetze sind schon zu oft von den Unternehmen instrumentiert worden, um sich Schutz zu verschaffen und den schwierigen Maßnahmen aus dem Weg zu gehen, die der echte Wettbewerb verlangt. Statt dessen wird eine stärker integrierte Handelspolitik der Art gebraucht, wie ich sie in Kapitel 12 beschrieben habe.

Eine neue Philosophie. Was in den Vereinigten Staaten in vieler Hinsicht am dringendsten gebraucht wird, ist eine veränderte Haltung. In der amerikanischen Industrie und Regierung haben sich Defensive und ein Mangel an Zuversicht breitgemacht. Es herrscht die Einstellung vor, der US-Wirtschaft helfen Abwertung, Lockerung von Bestimmungen, Abschaffung von Kartellgesetzen, Zusammenarbeit zwischen führenden Wettbewerbern, Maßnahmen, die bei bestimmten Technologien ein Monopol schaffen, und »zeitlich begrenzter« Schutz. Diese Maßnahmen, so verlockend sie auf den ersten Blick scheinen mögen, machen nur einen weiteren Verlust des Wettbewerbsvorteils wahrscheinlicher. Es besteht eine zunehmende Tendenz, sich wegen der Lösung von Wettbewerbsproblemen an den Staat zu wenden, was, einmal angelaufen, sich selbst erhält und am Ende selbst zerstört. Eine Rückbesinnung auf einige vernachlässigte alte Werte wie Einzelinitiative, Bildung, Wettbewerb, langfristige Investitionen, strenge Bestimmungen und Freihandel ist überfällig.

Länderprogramme im Ausblick

Jedes Land hat seine eigenen Probleme und auch seine eigenen Gelegenheiten und Beschränkungen im Umgang mit ihnen. Bei unserem Blick auf die einzelnen Länder treten jedoch klar umrissene Themen hervor. Das Tempo der Faktorbildung und Aufwertung bestimmt das mögliche Tempo, mit dem eine Volkswirtschaft sich entfalten kann. Die Intensität des Inlandswettbewerbs hat großen Einfluß darauf, ob diese Möglichkeiten erreicht werden. Die Aufrechterhaltung des Wettbewerbs ist eine Daueraufgabe, die um so schwieriger wird, je länger der Wohlstand eines Landes anhält. Das gilt auch für die Schaffung und Wahrung der Ziele für Unternehmen und Beschäftigte. Sich entwickelnde Nachfragebedingungen sind ebenfalls notwendig, damit diese Unternehmen neue Kundenbedürfnisse erkennen und dazu herausgefordert werden, sie zu befriedigen.

Die Unternehmensstrategien müssen sich ständig weiterentwickeln. Den Verlockungen der nichtverbundenen Diversifizierung ist schwer zu widerstehen. Es muß ein gutfunktionierender Kapitalmarkt, ergänzt durch Investoren, die sich für Unternehmen einsetzen und aktiv an deren Leitung beteiligt sind, geschaffen und gepflegt werden – sollen die Unternehmen und auch die Volkswirtschaft gedeihen. Doch die wachsende »Effizienz« der Kapitalmärkte in vielen Ländern birgt paradoxerweise die Gefahr, daß die Rate der Investitionen in Unternehmen zurückgeht. Schließlich muß staatliche Politik ständig in Bewegung sein, um die Grundlage für eine modernere Wirtschaft zu schaffen. Doch der Fortgang der Politik wird unweigerlich von politischen Zwängen und Sonderinteressen behindert, die unter den bisherigen Regeln floriert haben. Er wird auch durch die Annahme aufgehalten, daß die gleiche Formel immer wirkt, selbst wenn sich das Wesen des internationalen Wettbewerbs und die Position einer Landesbranche verändert haben.

Wie meine Erörterung der acht Länder gezeigt hat, herrscht kein Mangel an Problemen. Es besteht immer die Versuchung, ihnen durch Protektion oder Isolation auszuweichen. Immer lockt der falsche Köder der Stabilität, der wirtschaftlichen Konzentration. Ob die Weltwirtschaft vorankommt und welches Schicksal auf die einzelnen Länder wartet, hängt stark davon ab, ob die Länder in der Lage sind, sich diesen Tendenzen zu widersetzen.

NACHWORT

Die vorliegende Untersuchung hat versucht, einen umfassenden und organischen Einblick zu geben, wie Unternehmen, Branchen und Volkswirtschaften sich entwikkeln, und die praktische Anwendung darzustellen. Ich habe vor allem die Hoffnung, die Perspektive neu zu gestalten, unter der Unternehmen und Regierungen die eigentlichen Grundlagen des Wettbewerbserfolgs betrachten. Vieles von dem, was Unternehmensstrategie und staatliche Politik heute leitet, beruht auf mangelhaften Voraussetzungen, die revidiert werden müssen. Unternehmen und Volkswirtschaften gedeihen durch Zwänge, Herausforderungen und neue Chancen, nicht durch ein gefügiges Umfeld oder »Hilfe« von außen, die die Notwendigkeit zu Verbesserungen beseitigt. Fortschritt entsteht aus Wandel, nicht aus der Fixierung auf Stabilität, die ihn blockiert.

Meine Theorie ist sehr optimistisch und bietet allen Unternehmen und Ländern die Chance zum Wohlstand, wenngleich nicht alle sie begreifen. Die Unternehmen haben es selbst in der Hand, ihren langfristigen Wettbewerbserfolg zu bestimmen. Nationaler wirtschaftlicher Wohlstand ist kein Nullsummenspiel, bei dem der Vorteil eines Landes zu Lasten anderer geht. Ein gesunder Prozeß wirtschaftlicher Aufwertung kann allen Ländern einen steigenden Lebensstandard bescheren. Die Entscheidungen, die für ein Handeln nach den Voraussetzungen wirtschaftlichen Erfolgs oder ein Nichthandeln erforderlich sind, liegen letztlich bei den Ländern und Unternehmen selbst. Doch Unternehmensstrategie und Landespolitik können nicht durch bloßes Reagieren auf die heutigen Probleme bestimmt werden; sie erfordern eine umfassende Sicht des Wettbewerbs, und ich habe hier versucht, eine solche Sicht zu vermitteln.

Meine Theorie betont und stärkt die Bedeutung der Unterschiede in den Ländern und der Unterschiede im Nationalcharakter. In vielen Diskussionen über den internationalen Wettbewerb werden heute eine globale Homogenität und eine geringere Rolle der Länder hervorgehoben. Doch in Wirklichkeit machen nationale Unterschiede das eigentliche Wesen des Wettbewerbserfolgs aus.

Ein Land hat in den Branchen Erfolg, die am stärksten Gebrauch von besonderen Faktoren ihrer Geschichte und ihres Nationalcharakters machen. Unternehmen können sich in zunehmendem Maß Arbeit, Material, Bauelemente und sogar grundlegende Produkt- und Verfahrenstechnologien auf den Weltmärkten beschaffen. Da der Wettbewerb wissensintensiver geworden ist, ist der Einfluß des nationalen Umfelds noch wichtiger geworden. Das Umfeld bestimmt, wie Chancen wahrgenommen, besondere Fähigkeiten und Mittel entwickelt werden, es prägt den Druck auf die Unternehmen, schnell und wirksam ihre Mittel zu mobilisieren. Die Schaffung

von Wissen und die Fähigkeit zu handeln sind das Ergebnis eines stark ortsgebunde-
nen Prozesses, und sie sind es, die den Wettbewerbserfolg bestimmen. Die Regionen
im Land unterscheiden sich in ihrem wirtschaftlichen Wohlstand als Ergebnis der
gleichen Kräfte. Im relativen Niedergang rohstoffreicher Regionen manifestiert sich
die neue Ordnung ebenso.

Manche widersetzen sich dem offenen internationalen Wettbewerb, aus dem Wunsch
heraus, die nationale Identität zu wahren. Anstatt den Charakter eines Landes jedoch
zu verschütten, verleiht die Beseitigung des Protektionismus und anderer Verzerrungen des freien und offenen internationalen Wettbewerbs dem Nationalcharakter
unbestreitbar mehr Bedeutung. Globalisierung macht die Länder wichtiger, nicht
unwichtiger.

Beherrschende Länder tendieren irgendwann in ihrer Geschichte dahin, ihre Kultur
und ihren Charakter in andere Länder zu exportieren, wie Großbritannien es im
Empire getan hat und Amerika es in diesem Jahrhundert tat: durch seine Medien,
politische und militärische Macht und seine Unternehmen. Ein solcher Prozeß stärkt
den Wettbewerbsvorteil des exportierenden Landes, weil er im Ausland Nachfrage
nach den Produkten des Landes schafft. Doch das britische und amerikanische
Beispiel zeigen, daß der Nationalcharakter anderer Länder intakt bleibt und die
Macht, Kultur zu exportieren, keine Garantie für einen dauerhaften wirtschaftlichen
Erfolg ist.

Diese Untersuchung hat mich auf eine Art, die ich nicht vorhersehen konnte, zu der
Überzeugung gebracht, daß Anreize, Bemühungen, Ausdauer, Innovationen und
vor allem der Wettbewerb in jedem Land die Grundlagen des wirtschaftlichen
Fortschritts sind und damit auch die Voraussetzung für produktive, zufriedene
Bürger. Mir ist bewußt, daß dies implizite Wertvorstellungen oder gar eine Ideologie
ausdrücken könnte, die viele nicht teilen. Doch ich predige keine Ideologie. Diese
Untersuchung belegt, daß Unternehmen unabhängig von den Wertvorstellungen
oder der Ideologie in ihrem Land auf globalen Wettbewerbsmärkten aufeinandertref-
fen – und deren Wirken habe ich zu beschreiben versucht. Meine Schilderung ihres
Verhaltens ist ideologisch neutral; sie spiegelt einfach, wie es auf der Welt zugeht.

Ich kann verstehen, daß meine Vorstellung vom wirtschaftlichen Fortschritt dem
einen oder anderen vielleicht Unbehagen bereitet. Die individuellen Anreize und der
Wettbewerb, die ich hervorgehoben habe, laufen in mancher Hinsicht dem Egalitarismus und den Gruppennormen zuwider, die man in Schweden kennt, oder der
Abneigung gegen erbitterten Wettbewerb, wie man sie häufig in Großbritannien
antrifft. Ich bin jedoch überzeugt, daß auf lange Sicht die Fähigkeit zur Verwirklichung nationaler Wertvorstellungen heute von einer gesunden Wirtschaft und dem
Besitz qualifizierter, produktiver Menschen abhängt. Da der globale Wettbewerb
immer härter wird, müssen Länder vielleicht immer häufiger wählen zwischen der
Wahrung bestimmter Werte und fortwährendem nationalem Wohlergehen. In Schweden z. B. stärkt das Umweltbewußtsein den nationalen Vorteil, während eine extreme
Einkommensverteilung zunehmend von ihm ablenkt. Der Schutz Japans für seine
Bauern und kleinen Händler und die Abneigung Deutschlands gegen Werbung
werden ähnlich immer kostspieliger.

Dieses Buch erscheint in einer Zeit bemerkenswerter Veränderungen bei den fundamentalen Regeln, die einige Volkswirtschaften leiten. Sozialistische Länder in Ost-

europa und Asien geben offen zu, daß einige ihrer grundlegenden Prämissen ein Hindernis für das wirtschaftliche Wohlergehen waren. Zögernd gehen sie auf wirtschaftliche Strukturen mit mehr Wettbewerb und Leistungsanreizen zu, deren Bedeutung für den nationalen Wettbewerbsvorteil Thema dieser Untersuchung war. Kapitalistische Länder wie Großbritannien und Schweden, ehedem sehr angetan von Grundsätzen wie Staatsbesitz und Umverteilung, sind dabei, sie abzuändern.

Fast könnte man bei dieser wirtschaftlichen Annäherung ein Gefühl der Erleichterung verspüren. Wie tröstlich, sich eine Welt vorzustellen, in der Länder ungeachtet ihrer heimischen Ideologie erfolgreich und friedlich um Weltmärkte konkurrieren könnten. Man kann nur hoffen, daß die Welt so einfach wird.

Wie ich in früheren Kapiteln ausgeführt habe, gibt es beunruhigende Anzeichen, daß westliche Länder, die für jahrzehntelangen Wohlstand stehen, von einigen jener Werte abrücken, die die sozialistische Welt gerade im Begriff ist, zögernd anzunehmen. In einst überzeugten kapitalistischen Ländern stößt man auf Versuche, den Wettbewerb abzuschwächen, Märkte einzufrieren, starre Positionen aufrechtzuerhalten und zu schützen und den Horizont einzuengen. Unternehmen und Länder gehen daran, alte Technologien zu schützen, statt neue zu entwickeln. Euphemismen wie Kooperation, Bündnisse und privatwirtschaftlich-staatliche Zusammenarbeit sind die Worte der Stunde. Doch sie verlangsamen den Wettbewerbsprozeß und erwecken den Anschein, daß alles ungeachtet jeder Qualifikation und Initiative gedeihen kann.

Solche Entwicklungen lassen die aufregenden Aussichten in Europa in der Schwebe. Die Möglichkeit, in Europa Handels- und Investitionsbeschränkungen abzubauen, liefert die Chance und den Druck für einen Innovationsschub und eine Dynamik, wie es sie seit Jahrzehnten nicht gegeben hat. Aber eine Woge von Fusionen, Bündnissen und Konsortien droht den wirksamen europäischen Wettbewerb in wichtigen Branchen auszuschalten. Wir erfahren beispielsweise, daß Importquoten für japanische Autos beibehalten werden sollen, und lokale Inhaltsvorschriften haben sich in »Dumping«-Untersuchungen eingeschlichen und werden dazu benutzt, Importe amerikanischer Fernsehprogramme zu erschweren. Sollte diese Entwicklung die Oberhand gewinnen, werden sich die 90er Jahre in der europäischen Wirtschaftsgeschichte als ein Wendepunkt der falschen Art erweisen.

Die Vereinigten Staaten laufen Gefahr, den gleichen Kräften zu erliegen. Durch Rufe nach Lockerung von Kartellgesetzen, Förderung der Kooperation, Manipulation des Handels, den Einsatz von Dumpingbestimmungen zur Blockade des Preiswettbewerbs und die Begrenzung der Verbreitung von Technologie zieht Amerika sich vom Wettbewerb zurück. Die falschen Ängste der Amerikaner vor Japan und ihre falschen Argumente, die Protektion und andere Formen der Intervention rechtfertigen, erinnern bedenklich an die falschen Sorgen, die sich die Europäer in den 60er Jahren über die amerikanische Vorherrschaft machten.

So erschreckend das sein mag, es sollte doch nicht überraschen. Bei allen Prozessen, die mit großen Anstrengungen und dem Bedürfnis nach radikaler Veränderung verbunden sind, besteht ein starkes und vielleicht unausweichliches Verlangen, den Prozeß zu beenden, sobald die Anfangsziele erreicht sind. Wenn das eintritt, ziehen Einzelpersonen wie auch Länder es offenbar vor, zu konsumieren, von ihrem Wohlstand zu leben und keinen neuen Wohlstand zu schaffen.

Eng verwandt mit diesem Phänomen sind Bemühungen von Wohlstandsländern, den Prozeß struktureller Veränderungen und Aufwertungen zu steuern und zu schützen; doch bergen gerade diese Bemühungen die große Gefahr, ihn zu ersticken. Soziale Eingriffe sind dem Experimentieren und Innovieren nicht förderlich, sie schwächen das Produktivitätswachstum. Zuviel staatliche Unterstützung zerstört auch die Bereitschaft des Privatsektors, zu investieren und Risiken einzugehen.

Wir müssen diese Tendenz nicht einfach hinnehmen. Unternehmen und Länder haben die Kraft zu wählen: zwischen den falschen Verlockungen Konzentration, Zusammenarbeit und Protektion sowie der erneuten Bekräftigung einer Wirtschaftsordnung, die sich auf Innovation, Wettbewerb und Lohn für Leistung stützt. Letztere Wahl ist unsere größte Hoffnung auf einen dauerhaften wirtschaftlichen Wohlstand.

Dies ist eine Zeit für politisch und wirtschaftlich Führende, nicht für Buchhalter. Ein langsames Bevölkerungs- und damit Arbeitskräftewachstum in allen fortschrittlichen Ländern macht es nötig, Fachkenntnisse und Engagement auf ein höheres Niveau zu bringen. Das langsame Bevölkerungswachstum in den fortschrittlichen Ländern eröffnet auch die ermutigende Aussicht auf eine hellere wirtschaftliche Zukunft für die Entwicklungsländer, die über reichliche Arbeitskräfte verfügen. Umwälzende neuen Technologien (Informationssysteme, Biotechnik, neue Werkstoffe, superschnelle Mikrochips u. a.) bieten die Chance zu einer Epoche der Innovation und gesteigerter Produktivität in praktisch allen Branchen, wie es sie in der Geschichte der industriellen Entwicklung vielleicht noch nie gegeben hat. Wir müssen die Herausforderung nur annehmen und danach handeln.

ANHANG A

METHODIK DER CLUSTERGRAFIKEN

Die Daten für die Clustergrafiken kamen aus verschiedenen Quellen. Die Hauptquelle war das *United Nations International Trade Statistic Yearbook*. Andere Quellen lieferten nationale Daten über direkte Auslandsinvestitionen und den Dienstleistungshandel, Daten von Fachverbänden und Feldbefragungen.

Für die Grafik jedes Landes wurden die Branchen bestimmt (Güter und Dienstleistungen), in denen das Land im internationalen Wettbewerb erfolgreich war. Die einzelnen Branchen wurden eng definiert und ganz eindeutigen Geschäftsbereichen zugeordnet (etwa Landwirtschaftstraktoren), nicht großen Sektoren (etwa Landwirtschaftsmaschinen). Der internationale Erfolg wurde am Vorhandensein nennenswerter Exporte oder direkter Auslandsinvestitionen gemessen, die sich aus im Heimatstaat gewonnenen Stärken oder Fähigkeiten speisten (im Gegensatz zu Portfolioinvestitionen im Ausland).

Diese Werte versuchen, an die Stelle eines echten internationalen Wettbewerbsvorteils in einer Branche zu treten. Die heimische Rentabilität ist kein verläßliches Maß für den internationalen Erfolg, weil es Protektion gibt. Es bestehen auch Unterschiede bei den Publizitätsvorschriften, den Buchungskonventionen, den nicht ausgewiesenen Rücklagen und der Verfügbarkeit der Daten, die direkte Rentabilitätsvergleiche äußerst fragwürdig machen. Diversifizierung bedeutet schließlich, daß es nicht möglich ist, Rentabilität branchenweise zusammenzustellen.

Ausgangspunkt für die Vorbereitung der Grafiken waren die Handelsstatistiken der UNO. Es wurden alle drei-, vier- und fünfstufigen SITC-Branchen (SITC – Internationales Warenverzeichnis für den Außenhandel) bestimmt, in denen der Landesanteil an den Weltmarktexporten in der Branche dem Durchschnittsanteil am Welthandel in dem Jahr gleich war oder ihn überstieg (der sogenannte Stichwert des Landes). Im Fall Japan lag der Stichwert für 1985 z. B. bei 10,1 Prozent der Weltexporte. Die Verwendung dieses Stichwertes entspricht der Auswahl jener Branchen, in denen das Land einen komparativen Vorteil aufweist, wie es im Sprachgebrauch des internationalen Handels heißt.

Wir haben wichtige Branchen auf dem niedrigsten Gesamtniveau aufgenommen, für das Daten veröffentlicht wurden. Um Doppelzählungen zu vermeiden, wurde die vierstellige Branche ausgesondert, wo es Nennungen von fünfstufigen Branchen gab. Wo einige der fünfstelligen Branchen nicht in einer vierstelligen Kategorie genannt waren, wurde eine Differenz errechnet, indem die genannten fünfstelligen Branchen von der vierstelligen Branche abgezogen und ihr Exportanteil errechnet wurde. Wo die Differenz den Stichwert überstieg, wurde sie aufgenommen. Branchennamen für die Differenzbranchen wurden nach dem Internationalen Warenverzeichnis für den Außenhandel vergeben. Die gleiche Methode wurde angewandt, um dreistufige Branchen auszusondern, wo vierstufige genannt waren.

Die Branchenliste lieferte den Grundstock für die Clustergrafik. Der erste Schritt bei der Vorbereitung der Grafik bestand darin, jene Branchen aus der Liste zu streichen, die eine negative Handelsbilanz hatten, es sei denn, der Anteil des Landes am Weltexport in der Branche war zwei- oder dreimal so hoch wie sein Durchschnittsanteil. Der logische Grund für dieses Verfahren war, daß eine negative Handelsbilanz ernsthafte Zweifel an der Stärke des heimischen Wettbewerbsvorteils des Landes in der Branche aufwirft, sofern sein Anteil an den Weltexporten nicht sehr hoch war. Im letzteren Fall bot sich als Erklärung an, daß das Land eine starke Position in ein oder mehr Segmenten der Branche hatte (nach der Definition des Internationalen Warenverzeichnisses für den Außenhandel), allerdings eine schwache Position in anderen. Eine Aufnahme der Branche war demnach gerechtfertigt. Die Entscheidung für das Doppelte des Stichwertanteils war willkürlich.

Der zweite logische Grund für das Streichen von Branchen lag dort vor, wo die Exporte des Landes als von Auslandsfirmen beherrscht galten, die in dem Land im Rahmen einer globalen Herstellungsstrategie produzierten. Weil Einzeldaten über Auslandsinvestitionen selten sind, wurden relativ wenige Branchen aus diesem Grund ausgeschlossen. Fragwürdige Fälle wurden mit einer Fußnote versehen.

Wir haben auch einige Branchen aus der Liste gestrichen, wenn sie fast ausschließlich mit Nachbarländern Handel trieben. Der Export amerikanischer Automobilfahrgestelle z.B. ist stark kanadalastig. Ein Übergewicht beim Handel mit Nachbarn ließ darauf schließen, daß der Wettbewerbsvorteil des Landes international betrachtet nicht bedeutend und der Handel lediglich Ausdruck der geographischen Nähe war, sofern wir nicht Anzeichen für erhebliche direkte Auslandsinvestitionen von Unternehmen jenes Landes in die Branche hatten. Im letzteren Fall blieb die Branche auf der Liste.

Die aus den Handelsdaten der UNO hervorgegangene Branchenliste wurde auf verschiedene Weise ergänzt. Erstens wurden Branchen hinzugenommen, wenn verfügbare Daten darauf hindeuteten, daß Unternehmen des Landes erhebliche direkte Auslandsinvestitionen vorgenommen hatten, sofern die Investitionen auf Fähigkeiten und Stärken beruhten, die in dem Land entwickelt worden waren. Wir fanden nur einige Beispiele in den Herstellungs- und Landwirtschaftsbereichen, wo es beträchtliche Auslandsinvestitionen und nicht *auch* einen nennenswerten Exportanteil gab. Exporte und Auslandsinvestitionen kommen zusammen vor und ergänzen sich in Globalstrategien.

Auch Dienstleistungsbranchen wurden in die Clustergrafik aufgenommen; dazu benutzten wir internationale Daten über unsichtbaren Handel, andere Veröffentlichungen und Befragungen.

Schließlich wurden auch noch einige Spezialbranchen in die Liste aufgenommen, oft als Unterkategorie größerer Branchen, die in den Handelsdaten auftauchten. Wir nahmen Branchen auf, wo es eindeutige Hinweise auf eine beachtliche Wettbewerbsstärke gab. In allen Fällen flossen die verfügbaren Daten und unsere Beurteilung in die Einstufung der Stärke der Landesposition in der Branche ein. Alle Branchen, die aufgrund anderer Quellen in die Clustergrafiken aufgenommen wurden, sind mit einem Stern gekennzeichnet.

In mehreren Branchen wurde die durch Exporte gemessene Stärke der Landesposition in einer Branche aufgewertet. Das geschah hauptsächlich in Branchen, in denen das Land erhebliche direkte Auslandsinvestitionen in eine Branche aufwies, in der es auch einen wesentlichen Anteil an den Weltexporten besaß. In diesen Fällen steht ein Doppelstern hinter dem Eintrag.

Wir haben auch Branchen in die Grafik aufgenommen, deren Exportwert zu den fünfzig führenden Branchen im Land gehörte und deren Handelsbilanz positiv bis leicht negativ war, auch wenn der Anteil des Landes an den Weltexporten unter dem Stichwert lag. Das Vorhandensein bedeutender Exporte für das Land wurde als Zeichen für einen Wettbewerbsvorteil in einem oder mehreren Branchensegmenten genommen, sofern wir nicht irgendwelche Hinweise auf größere Subventionen oder andere Handelsverzerrungen hatten.

Die Auswahl der Branchen aufgrund der von der UNO errechneten Daten erforderte auf seiten der Forscher zwangsläufig einiges Urteilsvermögen. Da Daten über Auslandsinvestitionen und Dienstleistungshandel sehr unvollständig sind, blieb keine andere Wahl als Beurteilungen auf der Grundlage mehrerer Quellen. Die Alternative, alle Branchen wegzulassen, die nicht in den Handelsstatistiken der UNO auftauchten, wurde als unannehmbar betrachtet, weil dann in einigen Ländern große Gruppen wichtiger Branchen übergangen worden wären.

Unsere Haltung bei der Aufnahme von Branchen, die in den Handelsstatistiken nicht berücksichtigt werden, war konservativ. Wir verlangten einen eindeutigen Beweis für Wettbewerbsstärke, bevor wir eine Branche in die Grafik aufnahmen. Trotzdem bleiben zweifellos Irrtümer oder Auslassungen. Leider ist es nicht möglich, die Quellen anzuführen, die bei der Auswahl der Branchen benutzt wurden. Sie können vom Autor direkt erfragt werden.

Die Clustergrafik

Die Clustergrafik stellt einen Versuch dar, alle Branchen aufzuführen, in denen ein Land einen Wettbewerbsvorteil hat, und zwar so, daß das Muster der wettbewerbsfähigen Branchen und die Verbindungen zwischen ihnen sichtbar werden. Weil meine Theorie soviel Wert auf die Nachfragebedingungen, aber auch auf die vertikalen Verbindungen zwischen den Branchen legt, basiert die Hauptunterteilung in der Grafik, wie sie in Abbildung A–1 dargestellt ist, auf der Endverbrauchsanwendung. Ihre logische Erklärung ist in Kapitel 7 beschrieben.

Innerhalb großer Endverbrauchskategorien hebt die Grafik die vertikalen Verbindungen zwischen Branchen hervor. Die Primärgüter sind als erste aufgeführt, je nach Eignung unterteilt in unabhängige Komponenten und Endprodukte. Danach sind die Maschinen für die Herstellung der Primärgüter aufgeführt. Dann sind die besonderen Produktionsmittel genannt, die dabei verarbeitet werden. Als letztes sind die eng verwandten Dienstleistungsbranchen aufgeführt. Wo die Endverbrauchsanwendung mit keinem der großen Sektoren eindeutig verbunden war, wurde die Branche dem Mehrfachgeschäft zugeschlagen.

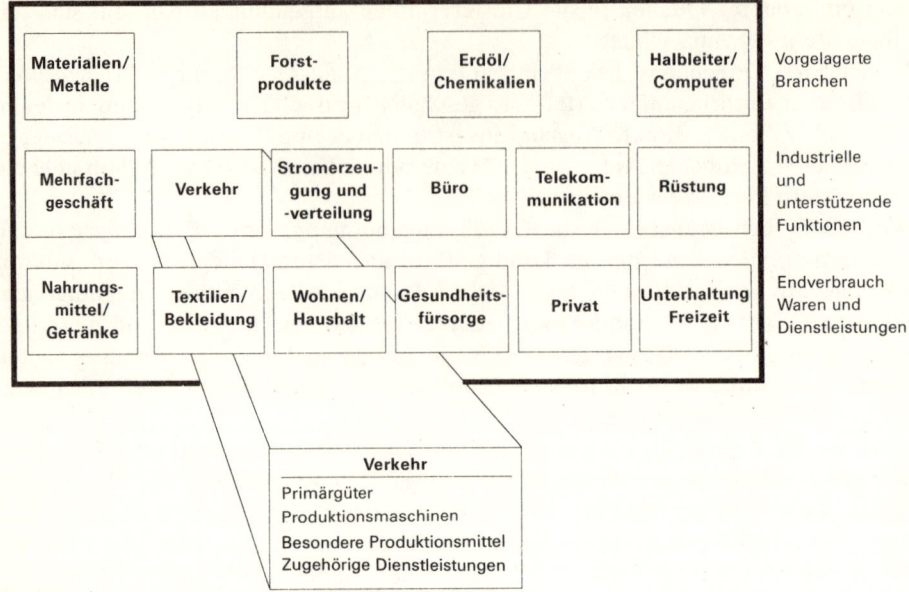

ABB. A–1   Die Clustergrafik

Die Branchen sind nach bestem Wissen der Forscher und aufgrund eingehender Kenntnisse über das jeweilige Land in der Grafik plaziert. Die Plazierungen wurden in den meisten Fällen von Fachleuten aus dem Land überprüft. Die gleiche Branche kann an mehreren Stellen der Grafik in verschiedenen Ländern auftauchen, wenn der Forscher der Meinung war, daß die Bereiche relativer Stärke so am besten zum Ausdruck kommen. So können z. B. Pumpen in einem Land als Maschine für den Einsatz in der chemischen Industrie aufgeführt sein, wenn den Forschern Informationen vorlagen, daß die Pumpenhersteller des Landes in dieser speziellen Endnutzung stark waren. In einem anderen Land tauchen Pumpen vielleicht in der Kategorie Mehrfachgeschäft auf, wenn die Pumpenhersteller des Landes ein breites Pumpensortiment an verschiedene Branchen lieferten.

Bei der Plazierung bestimmter Branchen wurden bestimmte Konventionen befolgt. Im Bereich Nahrungsmittel/Getränke wurden Nahrungsmittel, die in ihrer ursprünglichen Form verkauft werden, unter den Grundnahrungsmitteln aufgeführt, während Nahrungsmittel, die in irgendeiner Form behandelt wurden, unter Verarbeitete Nahrungsmittel fielen. Nahrungsmittelerzeugnisse, die nicht für den menschlichen Verzehr bestimmt waren, also meistens Tiernahrung, wurden als besondere Produktionsmittel aufgelistet. Im Textilcluster wurden Fasern und Garne als besondere Produktionsmittel geführt; im Verkehrscluster wurden Zubehörteile als besondere Produktionsmittel angeführt. Im Cluster Mehrfachgeschäft aufgeführte Branchen waren Branchen, die Produkte für Industriezwecke herstellten, aber nicht als eine bestimmte Branche erfaßt werden konnten.

Um auch optisch die Branchen mit einer besonders starken Position hervorzuheben, wurden die Branchen in den Ballungsgrafiken in drei verschiedenen Schriftgraden dargestellt. Branchen mit einem Anteil am Weltexport vom Stichwert bis zum *doppelten* Stichwert sind normal ausgedruckt. Branchen mit Exportanteilen vom *Zwei- bis Vierfachen* des Stichwerts sind kursiv wiedergegeben. Branchen mit *mehr als dem Vierfachen* des Stichwerts sind fett ausgedruckt. Sternchen bezeichnen Branchen, die hinzugefügt oder aufgewertet wurden.

Das Grundklassifizierungssystem der Grafik kann vielleicht nicht alle Branchenverbindungen erfassen, vor allem nicht diejenigen zwischen horizontal verbundenen Branchen. Bei jedem Land wurden Schattierungen verwendet, um einige der wichtigsten dieser Verbindungen aufzuzeigen.

Die Clustergrafiken der einzelnen Länder offenbaren erhebliche und oft erstaunliche Verbindungen zwischen den Branchen, in denen das Land international erfolgreich ist. Aufgrund unserer Untersuchung glaube ich, daß die Cluster noch deutlicher ausfielen, wenn eingehendere und vollständigere Daten zur Verfügung ständen. Solche Daten würden wahrscheinlich Verbindungen zwischen Maschinenbau-, Produktionsmittel- und Endverbrauchsbranchen klarer hervorheben, weil Maschinenbau und Produktionsmittel oft stärker massiert sind. Außerdem hätten die Länder einen höheren Anteil an engeren Branchen und Branchensegmenten, die jetzt in größeren Gruppen zusammengefaßt sind.

Jede Clustergrafik ist notgedrungen eine Annäherung, und es kann durchaus Meinungsunterschiede hinsichtlich der Titel, Untertitel und Einteilung bestimmter Branchen geben. Trotzdem glaube ich, daß die Clustergrafiken ein genaues und hoffentlich auch nützliches Gesamtbild der Wirtschaft des untersuchten Landes bieten. Andere Länder können die Grafiken bei einer späteren Untersuchung ergänzen und verbessern.

Positionsänderungen

Die Clustergrafiken wurden 1985, 1978 und 1971 erstellt. Die meisten Analysen über Positionsveränderungen waren für den Vergleich zwischen 1978 und 1985 nötig. Das deshalb, weil 1978 das erste Jahr war, in dem das neue, detailliertere Warenverzeichnis für den Außenhandel (SITC 2. Fassung) verwendet wurde. Die sehr viel unbefriedigenderen Daten für 1971 wurden nur auf große Trends hin untersucht, ausgenommen die der Vereinigten Staaten.

Außer der sich ändernden Zusammensetzung der Clustergrafiken haben wir branchenweise die Veränderungen beim Anteil am Weltexport untersucht. Dabei wurde das Muster derartiger Veränderungen nach Art der Branche und des Clusters analysiert.

Angesichts der knappen Daten war eine eingehende Untersuchung über Positionsveränderungen bei den Dienstleistungen nicht möglich, auch bei den Branchen mit erheblichen direkten Auslandsinvestitionen nicht. Qualitative Eindrücke von den Positionsveränderungen solcher Branchen, die aus unserer Felduntersuchung herauszulesen waren, werden abgehandelt.

Berechnungen der Handelsmuster

Bei der Untersuchung der Handelsmuster wurden mehrere Werte verwendet, um die relative Position eines Landes in einer bestimmten Branche oder einem bestimmten Cluster zu vergleichen. Der erste Wert ist der *Exportanteil* oder der Anteil des Landes an den Weltmarktexporten in der Branche. Der Exportanteil der Schweiz an Armbanduhren in Höhe von 34,1 Prozent zeigt z. B. an, daß auf die Schweiz 1985 über ein Drittel des Gesamtwertes der Uhrenexporte entfiel.

Der zweite Wert war der *Anteil am Gesamtexport des Landes*, also der absolute Anteil an den Gesamtexporten eines Landes für eine bestimmte Branche oder einen Branchencluster. Der dritte errechnete Wert war der *Anteil am Weltexport des Clusters*. Dazu wurde eine Ballungsgrafik mit allen Branchen für die Weltwirtschaft erstellt. Die Branchen wurden nach dem in den meisten Ländern häufigsten Endverbrauch eingeteilt. Die Position jedes Landes in jedem großen Cluster wurde mit dem Weltcluster verglichen, und zwar hinsichtlich des Exportanteils, der Positionsveränderung und der Größe. Gelegentlich kann der Cluster eines Landes Branchen enthalten, die wegen der besonderen Zielmärkte von Unternehmen dieses Landes nicht in der weltweiten Clustergrafik erscheinen.

Der Anteil am Weltexport des Clusters verglich die Exporte des Landes mit den gesamten Weltexporten der Branchen im Cluster. So zeigt z. B. ein 17,9%iger Anteil am Weltexport des Clusters Nahrungsmittel/Getränke, besondere Produktionsmittel, für die Vereinigten Staaten, daß auf die USA 17,9 Prozent des gesamten Weltexports aller besonderen Produktionsmittel entfielen, die mit Nahrungsmitteln und Getränken zu tun hatten. Weil die Einteilung der Branchen in Cluster zwischen den Ländern mitunter differierte, wurden die Weltexporte im Cluster angepaßt, damit die Gesamtheit der Branchen für Berechnungszwecke vergleichbar war.

Unsere Vergleichsanalyse in und zwischen Ländern begann mit einem Blick auf Veränderungen bei diesen Grundwerten. Wie bei den Clustergrafiken waren unsere Bezugsjahre 1978 und 1985. Wir untersuchten Veränderungen beim Exportanteil in einer Branche, um die Muster zu erkennen. Besonders interessierte uns auch, wie verschiedene vertikale Stufen entweder Positionen gewannen oder verloren, und auch die sich verändernden Branchenpositionen auf den drei Ebenen in der gesamten Clustergrafik.

Rohstoffabhängigkeit

Da es meiner Theorie zufolge nützlich erscheint, zwischen einem Wettbewerbsvorteil aufgrund ererbter Faktoren und dem aufgrund anderer Quellen zu unterscheiden, untersuchten wir die Exporte ausgewählter Länder, um ihre Rohstoffabhängigkeit zu messen. Wir bestimmten 264 Branchen, die sehr stark von Rohstoffen abhingen (einschließlich landwirtschaftlich nutzbarem Boden) und in denen eine begrenzte Weiterverarbeitung durch das exportierende Land erfolgte, ausgehend von Branchendefinitionen und allgemeinen Erkenntnissen über die Branchen selbst. Die sich daraus ergebende Zusammenfassung findet sich in Kapitel 9.

ERGÄNZENDE DATEN
ZU DEN
NATIONALEN HANDELSMUSTERN

TABELLE B–1   Die 50 US-Branchen mit dem wertmäßig höchsten Weltexport, 1971

Branche	Anteil am gesamten Weltexport	Export- wert (Mio. $)	Import- wert (Mio. $)	Anteil am ges. US-Expt.
Flugzeuge	77,5	2,552,652	79,887	5,9
Automobilzubehör	32,3	2,175,245	1,105,072	5,0
Sojabohnen	97,4	1,326,819	8	3,1
Personenkraftwagen	8,8	1,188,933	5,296,466	2,7
Nichtelektrische Antriebsmaschinen	25,8	1,187,741	921,674	2,7
Rohweizen	35,8	1,004,729	648	2,3
Organische Chemikalien	44,1	989,723	400,286	2,3
Büromaschinenteile	55,9	927,810	121,151	2,1
Kohle, ohne Briketts	53,4	901,598	569	2,1
Flugzeugteile	49,3	852,619	257,888	2,0
Unverarbeiteter Mais	39,6	746,415	7,693	1,7
Bagger, Planierraupen	35,6	711,140	0	1,6
Andere nichtelektrische Geräte	17,5	697,413	255,299	1,6
Rohbaumwolle	25,1	583,162	6,568	1,3
LKWs, Sattelschlepper	16,3	542,259	437,840	1,2
Hub-, Verladegeräte	25,0	497,138	74,704	1,1
Andere Telekommunikationsgeräte	28,8	492,649	243,036	1,1
Transistoren, Röhren	32,7	480,147	259,160	1,1
Rohtabak	41,1	466,135	88,724	1,1
Meß-, Steuergeräte	32,0	463,004	61,750	1,1
Buchungsgeräte, Computer	35,2	462,382	196,190	1,1
Medizinische und optische Geräte	18,5	431,410	319,364	1,0
Chemikalien	18,0	423,826	95,342	1,0
Pflanzenölrückstände	41,6	419,954	1,319	1,0
Spezialtraktoren	34,2	417,783	87,172	1,0
Elektronische Meß- und Steuergeräte	29,7	417,330	83,370	1,0
Elektromaschinen	16,8	400,778	241,468	0,9
Flugbenzin, Düsenturbinen	36,8	381,077	34,505	0,9
Elektrische Antriebsmaschinen	18,1	344,630	145,792	0,8
Schaltgeräte	17,2	339,748	116,900	0,8
Nichtflüchtige Speiseöle	33,1	326,749	22,457	0,8
Polymerisationsprodukte	12,4	322,943	0	0,7
Kraftpapier, Pappe	37,2	283,110	10,322	0,7
Metallbearbeitungsmaschinen	12,8	272,179	90,302	0,6
Busse, Straßenzugmaschinen	22,3	267,935	28,540	0,6
Grobes Sägefurnier, Furnierstämme	75,5	264,628	3,943	0,6

Branche	Anteil am gesamten Weltexport	Export-wert (Mio. $)	Import-wert (Mio. $)	Anteil am ges. US-Expt.
Fotofilme	27,3	259,298	111,008	0,6
Pumpen für Flüssigkeiten	24,2	242,221	53,321	0,6
Tierische Öle und Fette	47,4	241,836	11,926	0,6
Medizinische und				
pharmazeutische Produkte	17,7	233,247	109,457	0,5
Gewerbliche Kühlanlagen	39,3	232,303	0	0,5
Pumpen für Gase	23,9	230,507	74,165	0,5
Vaselin, mineralische Abfälle	10,4	224,011	57,113	0,5
Motorwerkzeug	19,8	219,113	73,257	0,5
Metallerzeugnisse	13,2	217,831	207,767	0,5
Hähne, Ventile	18,6	215,762	57,436	0,5
Eisen- und Stahlschrott	37,1	215,761	13,551	0,5
Kondensationsprodukte	16,4	211,217	0	0,5
Werkzeuge	16,4	210,428	97,774	0,5
Zellstoff und Papierabfälle	24,6	207,933	119,656	0,5
GESAMT				63,9

ANMERKUNG: Importwerte sind nicht angegeben, wenn der Importwert unter 0,3 Prozent des Gesamthandels für 1985 liegt.

Abbildung B–1 Exporte nach Clustern und vertikaler Stufung in Prozent, Vereinigte Staaten, 1971

	Werkstoffe/Metalle		Forsterzeugnisse		Erdöl/Chemikalien		Halbleiter/Computer		VORGELAGERTE BRANCHEN	
	AGL	AWA	AGL	AWA	AGL	AWA	AGL	AWA	AGL	AWA
Primärgüter	2,2	3,0	2,1	7,5	6,1	6,4	2,2	33,9	12,6	4,0
Maschinen	0,5	23,0	–	0,0	–	–	–	–	0,5	13,7
Besondere Produktionsmittel	0,2	1,1	–	–	–	–	–	–	0,2	1,1
Gesamt	**2,9**	**3,1**	**2,1**	**7,1**	**6,1**	**6,4**	**2,2**	**33,9**	**13,3**	**5,9**

	Mehrfachgeschäft		Verkehr		Stromerzeugung und -verteilung		Büro		Telekommunikation		Rüstung		INDUSTRIELLE & UNTERSTÜTZENDE FUNKTIONEN	
	AGL	AWA	AGL	AWA	AGL	AWA	AGL	AWA	AGL	AWA	AGL	AWA	AGL	AWA
Primärgüter	6,9	18,3	13,1	18,2	4,4	19,4	2,2	27,0	1,1	17,3	–	0,0	27,7	18,7
Maschinen	2,1	12,7	0,0	0,0	–	–	0,3	17,5	–	–	–	–	2,4	2,8
Besondere Produktionsmittel	–	0,0	8,0	28,0	0,6	66,5	–	–	–	–	–	–	8,6	27,0
Gesamt	**9,0**	**15,9**	**21,1**	**20,9**	**5,0**	**21,1**	**2,5**	**25,3**	**1,1**	**17,3**	**–**	**0,0**	**38,7**	**19,5**

	Nahrungsmittel/Getränke		Textilien/Bekleidung		Wohnen/Haushalt		Gesundheitsfürsorge		Privat		Unterhaltung/Freizeit		ENDVERBRAUCH GÜTER & DIENSTLEISTUNGEN	
	AGL	AWA	AGL	AWA	AGL	AWA	AGL	AWA	AGL	AWA	AGL	AWA	AGL	AWA
Primärgüter	7,2	9,4	0,1	0,3	0,2	1,1	0,7	8,6	0,5	8,6	1,9	5,9	10,6	6,2
Maschinen	1,1	18,9	–	0,0	–	–	–	–	–	–	–	–	1,1	7,0
Besondere Produktionsmittel	6,1	16,6	1,9	6,4	0,0	0,0	–	–	1,2	10,9	–	0,0	9,2	0,8
Gesamt	**14,4**	**12,1**	**2,0**	**2,7**	**0,2**	**0,9**	**0,7**	**8,6**	**1,7**	**10,1**	**1,9**	**5,3**	**20,9**	**7,5**

	73,0	**10,3**

Anmerkung: Additionsfehler durch Abrundung möglich.

Schlüssel: AGL Anteil an Gesamtexporten des Landes
AWA Anteil an Weltexporten der Clusters

TABELLE B–2 Die 50 schweizerischen Branchen mit dem wertmäßig höchsten Export, 1985

Branche	Anteil am gesamten Weltexport	Exportwert (Mio. $)	Importwert (Mio. $)	Anteil am ges. schweiz. Export
Armbanduhren	34,1	1,413,763	47,464	5,14
Hormonhaltige Medikamente	12,3	961,084	246,227	3,50
Meß-, Steuergeräte	4,9	775,446	335,890	2,82
Heterozyklische Verbindungen	14,0	696,186	245,601	2,53
Synthetische organische Farbstoffe	25,3	664,318	211,208	2,42
Schaltgeräte	5,4	613,595	275,710	2,23
Geschliffene ungefaßte Nichtindustriediamanten	9,6	585,833	909,277	2,13
Spezialmaschinen	5,0	474,241	132,651	1,73
Werkzeugmaschinen für Metall	15,3	424,457	55,467	1,54
Schmuck aus Edelmetall	8,1	372,719	531,262	1,36
Webmaschinen (Webstühle)	45,1	361,864	11,671	1,32
Amidverbindungen	26,6	321,689	34,613	1,17
Andere Metallbearbeitungsmaschinen	9,5	314,943	85,821	1,15
Rohdiamanten, unsortiert	89,3	303,694	15,548	1,10
Herbizide	20,6	275,488	24,629	1,00
Phenoplast	6,2	263,147	236,642	0,96
Elektromaschinen	5,1	253,299	137,625	0,92
Käse und Quark	6,2	236,760	68,825	0,86
Edelmetallschmuck, Perlen	23,9	230,464	65,241	0,84
Elektromechanisches Handwerkszeug	17,6	228,209	48,674	0,83
Gebleichte gewebte Baumwolle	5,1	224,392	77,982	0,82
Copolymere aus Vinylchlorid	5,2	216,765	487,505	0,79
Schreib-, Buchbindereimaschinen, Zubehörteile	10,5	215,268	59,212	0,78
Sauerstoff-Aminoverbindungen	10,8	212,415	69,353	0,77
Texturiertes Garn mit Polyamid	25,9	212,011	36,925	0,77
Uhren, Uhren- und Armbanduhrenteile	13,0	210,745	83,206	0,77
Erzeugnisse aus unedlem Metall	2,9	204,132	170,143	0,74
Verschiedene chemische Produkte	2,5	201,124	214,703	0,73
Hähne, Ventile	3,7	200,934	135,124	0,73
Parfummischungen	17,2	194,333	22,396	0,71
Gleichstrommotoren, Motorgeneratoren	6,4	192,597	152,555	0,70
Provitamine und Vitamine	21,9	191,703	74,055	0,70
Kunststoffartikel	2,8	182,566	233,626	0,66

Branche	Anteil am gesamten Weltexport	Export- wert (Mio. $)	Import- wert (Mio. $)	Anteil am ges. schweiz. Export
Webstuhl-, Strickmaschinenteile	24,1	181,030	38,107	0,66
Lüfter, Gebläse und Teile	19,2	180,650	87,975	0,66
Verpackungs-, Flaschenfüllmaschinen	7,7	179,912	85,955	0,65
Gemälde	10,3	169,447	121,838	0,62
Optische Geräte	9,9	169,289	65,462	0,62
Funktelefone, TV-Kameras, Teile	1,2	168,583	156,930	0,61
Edel-, Halbedelsteine	15,2	168,344	210,450	0,61
Nichtmonetäres Gold	2,2	165,753	102,666	0,60
Eßwaren, Fertiggerichte	4,7	165,002	59,652	0,60
Blätter, Werkzeugspitzen	4,8	161,881	93,149	0,59
Gasgeneratoren, Ofenbrenner	3,9	161,457	84,255	0,59
Gewalztes Platin, Platinmetalle	13,6	158,800	90,900	0,58
Medizinisches Gerät	3,7	153,235	77,915	0,56
Alkaloide und Derivate	32,0	152,366	8,588	0,55
Uhren mit Wasserwerk	17,3	151,578	89,838	0,55
Hör-, orthopädische Hilfen	15,9	151,006	37,710	0,55
Strahltriebwerke	6,8	141,765	49,331	0,52
GESAMT				55,34

ANMERKUNG: Importwerte sind nicht angegeben, wenn der Importwert unter 0,3 Prozent des Gesamthandels für 1985 liegt.

ABBILDUNG B–2 Exporte nach Cluster und vertikaler Stufung in Prozent, Schweiz

Werkstoffe/Metalle

	AGL	Δ AGL	AWA	Δ AWA
Primärgüter	3,6	0,2	0,9	+0,0
Maschinen	0,2	–0,1	1,3	–0,1
Besondere Produktionsmittel	–	–	–	–
Gesamt	3,8	0,1	0,7	–0,1

Forsterzeugnisse

	AGL	Δ AGL	AWA	Δ AWA
Primärgüter	0,8	0,3	0,5	0,1
Maschinen	0,2	+0,0	2,1	–0,0
Besondere Produktionsmittel	–	–	–	–
Gesamt	1,0	0,3	0,6	0,1

Erdöl/Chemikalien

	AGL	Δ AGL	AWA	Δ AWA
Primärgüter	8,0	1,2	0,7	–0,2
Maschinen	–	–	–	–
Besondere Produktionsmittel	–	–	–	–
Gesamt	8,0	1,2	0,6	–0,2

Halbleiter/Computer

	AGL	Δ AGL	AWA	Δ AWA
Primärgüter	0,0	+0,0	0,0	–0,1
Maschinen	–	–	–	–
Besondere Produktionsmittel	–	–	–	–
Gesamt	0,0	+0,0	0,0	–0,1

VORGELAGERTE BRANCHEN

	AGL	AWA
	12,5	0,6
	0,4	0,7
Gesamt	12,8	0,6

Mehrfachgeschäft

	AGL	Δ AGL	AWA	Δ AWA
Primärgüter	16,0	0,9	5,0	–1,4
Maschinen	8,9	0,9	8,8	–0,2
Besondere Produktionsmittel	3,3	–0,2	16,7	–7,2
Gesamt	28,1	1,6	6,4	–1,4

Verkehr

	AGL	Δ AGL	AWA	Δ AWA
Primärgüter	1,6	–0,4	0,2	–0,1
Maschinen	–	–	–	–
Besondere Produktionsmittel	0,4	+0,0	0,1	–0,1
Gesamt	2,1	–0,4	0,5	–0,1

Stromerzeugung und -verteilung

	AGL	Δ AGL	AWA	Δ AWA
Primärgüter	4,4	–0,6	3,4	–1,1
Maschinen	–	–	–	–
Besondere Produktionsmittel	–	–	–	–
Gesamt	4,4	–0,6	2,9	0,1

Büro

	AGL	Δ AGL	AWA	Δ AWA
Primärgüter	0,6	–0,2	1,7	–0,8
Maschinen	1,6	0,1	11,0	–2,7
Besondere Produktionsmittel	0,2	0,2	7,1	1,0
Gesamt	2,3	0,1	3,8	–0,8

Telekommunikation

	AGL	Δ AGL	AWA	Δ AWA
Primärgüter	0,0	–0,1	0,0	–1,0
Maschinen	–	–	–	–
Besondere Produktionsmittel	–	–	–	–
Gesamt	0,0	–0,1	0,0	–1,0

Rüstung

	AGL	Δ AGL	AWA	Δ AWA
Primärgüter	0,0	–0,7	0,0	–4,3
Maschinen	–	–	–	–
Besondere Produktionsmittel	–	–	–	–
Gesamt	0,0	–0,7	0,0	–4,3

INDUSTRIELLE & UNTERSTÜTZENDE FUNKTIONEN

	AGL	AWA
	22,6	1,8
	10,4	7,8
	3,9	1,2
Gesamt	36,9	2,1

Nahrungsmittel/Getränke

	AGL	Δ AGL	AWA	Δ AWA
Primärgüter	2,1	–0,0	0,5	–0,0
Maschinen	1,1	–0,1	2,1	–0,1
Besondere Produktionsmittel	1,5	0,2	0,6	+0,0
Gesamt	4,7	0,1	0,6	–0,0

Textilien/Bekleidung

	AGL	Δ AGL	AWA	Δ AWA
Primärgüter	2,6	–0,2	1,0	–0,4
Maschinen	3,9	–0,6	12,5	–2,4
Besondere Produktionsmittel	4,5	–0,2	3,1	–0,5
Gesamt	11,0	–1,0	2,4	–0,7

Wohnen/Haushalt

	AGL	Δ AGL	AWA	Δ AWA
Primärgüter	0,9	0,1	0,6	–0,0
Maschinen	–	–	–	–
Besondere Produktionsmittel	–	–	–	–
Gesamt	0,9	0,1	0,6	0,1

Gesundheitsfürsorge

	AGL	Δ AGL	AWA	Δ AWA
Primärgüter	7,0	0,2	7,2	–3,4
Maschinen	–	–	–	–
Besondere Produktionsmittel	–	–	–	–
Gesamt	7,0	0,2	7,2	–3,4

Privat

	AGL	Δ AGL	AWA	Δ AWA
Primärgüter	8,0	–2,2	6,3	–5,5
Maschinen	–	–	–	–
Besondere Produktionsmittel	–	–	–	–
Gesamt	8,0	–2,2	4,4	–1,9

Unterhaltung/Freizeit

	AGL	Δ AGL	AWA	Δ AWA
Primärgüter	0,3	0,1	0,1	+0,0
Maschinen	0,0	–0,1	2,1	–0,7
Besondere Produktionsmittel	0,2	+0,0	0,6	–0,1
Gesamt	0,5	0,1	0,2	0,1

ENDVERBRAUCH GÜTER & DIENSTLEISTUNGEN

	AGL	AWA
	20,8	1,6
	5,0	5,5
	6,2	1,2
Gesamt	32,0	1,7
	81,8	1,4

Anmerkung: Additionsfehler durch Abrundung möglich.

Schlüssel: AGL Anteil an Gesamtexporten des Landes 1985.
Δ AGL Veränderung beim Anteil an Landesexporten 1978–1985.
AWA Anteil an Weltexporten des Clusters 1985.
Δ AWA Veränderung beim Anteil an Weltexporten des Clusters 1978–1985.

TABELLE B–3 Vergleichsprofil wettbewerbsfähiger Branchen nach Ländern, die Anteile am Weltexport gewonnen und verloren haben

		Ø ges. Weltexp. Industr. (000) 1985	Ø ges. Landes-Industr. (000) 1985	Gewichtete Ø-Änderung bei Weltindustrieexporten 1978–85	Gewichtete Ø-Änderung bei Landesindustrieexporten 1978–85
Japan	Zunahme	$2.981.099	$732.956	55,24 %	136,22 %
	Abnahme	1.667.419	267.516	36,00	(11,48)
Korea	Zunahme	1.932.087	159.706	44,71	287,93
	Abnahme	1.587.293	55.700	64,57	(12,44)
Schweden	Zunahme	2.632.655	119.379	42,86	78,74
	Abnahme	1.983.637	93.831	50,64	0,73
Schweiz	Zunahme	1.391.817	91.146	29,35	95,36
	Abnahme	2.006.804	108.865	54,84	(3,28)
Vereinigte Staaten	Zunahme	1.777.908	562.672	55,74	148,69
	Abnahme	1.481.673	255.086	47,70	(14,57)
Deutschland	Zunahme	917.058	212.003	21,26	59,83
	Abnahme	2.283.197	345.330	59,31	7,77
Italien	Zunahme	1.388.338	174.093	26,68	82,58
	Abnahme	3.023.434	168.382	60,87	(4,20)
Vereinigtes Königreich	Zunahme*	4.923.368	545.550	63,53	314,94
	Zunahme*	1.837.540	248.035	70,73	170,91
	Abnahme	1.798.914	130.998	46,57	(18,37)
Durchschnitt	Zunahme*	1.857.313	287.499	43,32	132,47
	Abnahme	1.979.046	178.214	46,63	(5,55)

* Ohne Rohöl, Motoren- und Flugbenzin sowie flüssiges Propan und Butan (nur Vereinigtes Königreich). Durchschnittswerte nach der Branchengröße in jeder Gruppe gewichtet.

QUELLE: Berechnungen nach *United Nations Trade Statistics*.

ABBILDUNG B–3 Exporte nach Cluster und vertikaler Stufung in Prozent, Schweden

Band 1

	Werkstoffe/Metalle				Forsterzeugnisse				Erdöl/Chemikalien				Halbleiter/Computer				VORGELAGERTE BRANCHEN	
	AGL	Δ AGL	AWA	Δ AWA	AGL	Δ AGL	AWA	Δ AWA	AGL	Δ AGL	AWA	Δ AWA	AGL	Δ AGL	AWA	Δ AWA	AGL	AWA
Primärgüter	9,9	−1,8	2,8	0,1	17,4	−2,4	11,0	−1,4	2,6	0,5	0,2	+0,0	2,1	0,9	0,9	−0,4	32,0	1,6
Maschinen	0,6	−0,0	1,8	0,4	0,4	−0,1	5,8	−1,6	–	–	–	–	–	–	–	–	1,0	2,6
Besondere Produktionsmittel	2,0	0,1	1,7	−0,2	0,1	−0,0	2,1	−0,2	–	–	–	–	–	–	–	–	2,1	1,7
Gesamt	12,5	−1,7	2,4	−0,1	17,9	−2,5	10,5	−1,3	2,6	0,5	0,2	+0,0	2,1	0,9	0,9	−0,4	35,1	1,7

Band 2

	Mehrfachgeschäft				Verkehr				Stromerzeugung und -verteilung				Büro				Telekommunikation				Rüstung				INDUSTRIELLE & UNTERSTÜTZENDE FUNKTIONEN	
	AGL	Δ AGL	AWA	Δ AWA	AGL	Δ AGL	AWA	Δ AWA	AGL	Δ AGL	AWA	Δ AWA	AGL	Δ AGL	AWA	Δ AWA	AGL	Δ AGL	AWA	Δ AWA	AGL	Δ AGL	AWA	Δ AWA	AGL	AWA
Primärgüter	4,2	+0,0	1,5	−0,2	14,7	−0,3	2,3	−0,2	0,9	−0,7	1,2	−0,5	0,5	−0,1	1,1	−0,2	3,7	0,6	5,5	−1,5	0,7	−0,0	3,6	−0,6	24,7	2,3
Maschinen	0,0	0,0	0,0	0,0	1,3	−0,2	12,5	−2,2	–	–	–	–	0,2	−0,0	1,2	−0,4	–	–	–	–	–	–	–	–	1,5	1,5
Besondere Produktionsmittel	0,0	0,0	0,0	0,0	4,5	+0,0	1,7	−0,2	0,1	0,0	0,5	−0,0	0,0	0,0	0,0	0,0	–	–	–	–	–	–	–	–	4,6	1,5
Gesamt	4,2	+0,0	1,1	−0,1	20,5	−0,4	2,3	−0,2	1,0	−0,7	1,1	−0,5	0,7	−0,1	1,0	−0,2	3,7	0,6	5,5	−1,5	0,7	−0,0	3,6	−0,6	30,7	2,0

Band 3

	Nahrungsmittel/Getränke				Textilien/Bekleidung				Wohnen/Haushalt				Gesundheitsfürsorge				Privat				Unterhaltung/Freizeit				ENDVERBRAUCH GÜTER & DIENSTLEISTUNGEN	
	AGL	Δ AGL	AWA	Δ AWA	AGL	Δ AGL	AWA	Δ AWA	AGL	Δ AGL	AWA	Δ AWA	AGL	Δ AGL	AWA	Δ AWA	AGL	Δ AGL	AWA	Δ AWA	AGL	Δ AGL	AWA	Δ AWA	AGL	AWA
Primärgüter	1,0	0,2	0,2	0,1	0,6	0,1	0,2	+0,0	3,6	0,1	2,7	0,2	2,5	0,6	2,8	0,1	0,1	0	0,1	−0,0	0,5	−0,2	0,3	−0,2	8,3	0,7
Maschinen	0,8	−0,4	1,9	−0,3	0,2	+0,0	0,9	0,2	–	–	–	–	–	–	–	–	–	–	–	–	–	–	–	–	1,0	1,5
Besondere Produktionsmittel	0,7	0,3	0,3	0,2	0,3	−0,1	0,3	−0,0	0,3	−0,1	1,0	0,1	–	–	–	–	0,0	0,0	0,0	0,0	0,0	0,0	0,0	0,0	1,3	0,3
Gesamt	2,5	0,1	0,4	0,1	1,1	+0,0	0,3	0,0	3,9	+0,0	2,4	0,2	2,5	0,6	2,8	0,1	0,1	0,0	0,1	+0,0	0,5	−0,2	0,3	−0,2	10,6	0,6
																									76,4	1,4

Anmerkung: Additionsfehler durch Abrundung möglich.

Schlüssel: AGL Anteil an Gesamtexporten des Landes 1985.
Δ AGL Veränderung beim Anteil an Landesexporten 1978–1985.
AWA Anteil an Weltexporten des Clusters 1985.
Δ AWA Veränderung beim Anteil an Weltexporten des Clusters 1978–1985.

TABELLE B–4   Die 50 schwedischen Branchen mit dem wertmäßig höchsten Export, 1985

Branche	Anteil am gesamten Weltexport	Export- wert (Mio. $)	Import- wert (Mio. $)	Anteil am ges. schwed. Export
PKWs	2,6	2,101,624	986,086	6,90
LKWs	4,4	938,790	169,263	3,08
Autokarosserie, -teile, -zubehör	2,2	893,713	722,476	2,94
Nadelschnittholz	26,4	888,112	10,168	2,92
Gebleichter Natron- und Sulfatzellstoff	15,5	818,021	16,369	2,69
Telekommunikationsgeräte, Teile	4,7	644,128	210,783	2,12
ADV-Geräte	8,4	565,341	655,235	1,86
Kraftpapier, Pappe	41,7	545,304	13,676	1,79
Gasöle	3,2	539,714	737,835	1,77
Zeitungsdruckpapier	8,9	514,813	—	1,69
Schnurtelefonanlagen	9,3	489,513	31,043	1,61
Straßenwalzen/Tiefbaumaschinen	4,8	460,792	81,504	1,51
Medizinische und pharmazeutische Produkte	2,6	405,469	31,178	1,33
Kraft-Futterpapier	31,7	378,722	—	1,24
Copolymervinylchlorid	2,0	361,300	50,013	1,19
Meß-, Steuergeräte	2,3	360,963	352,025	1,19
Heizöl	1,4	359,659	484,837	1,18
Blätter, Werkzeugspitzen	9,9	337,832	89,082	1,11
Anderes Kunstdruckpapier	12,6	328,646	64,447	1,08
Anderes Papier und Pappe	8,7	318,969	47,718	1,05
Spezialmaschinen	3,0	287,183	205,891	0,94
ADV-Maschinenteile	1,3	277,463	444,782	0,91
Schaltvorrichtungen	2,2	244,509	331,298	0,80
Artikel aus vorgeschnittenem Papier	5,9	232,765	90,981	0,76
Zentrifugen	17,2	230,085	33,056	0,76
Ungestrichenes Schreibpapier	7,1	229,894	13,158	0,76
Holzmöbel	5,7	229,668	64,997	0,75
Nichtgesintertes Eisenerz	4,4	215,835	2,464	0,71
Kohlenstoffreicher Stabstahl	7,7	211,841	53,283	0,70
Nahtlose Eisen-, Stahlrohre	3,5	202,930	52,413	0,67
Düsentreibstoff	2,4	200,072	405,689	0,66
Waffen, Munition	4,2	191,485	56,473	0,63
Andere Frachtschiffe	1,6	191,154	193,445	0,63

Branche	Anteil am gesamten Weltexport	Export-wert (Mio. $)	Import-wert (Mio. $)	Anteil am ges. schwed. Export
Kunststoffartikel	2,8	183,461	192,980	0,60
Gestrichenes Schreibpapier	5,8	182,844	30,696	0,60
Kugel-, Rollenlager	5,6	180,596	111,955	0,59
Teile für Hub-, Verlademaschinen	4,7	179,081	98,858	0,59
Gehobeltes Nadelschnittholz	5,5	174,783	251	0,57
Andere Erzeugnisse aus unedlem Metall	2,5	173,840	173,259	0,57
KFZ-Kolbenmotoren	2,9	172,944	48,699	0,57
Andere Haushaltsgeräte	2,6	168,162	124,305	0,55
Gasgeneratoren, Ofenbrenner	3,9	163,838	93,459	0,54
Mechanisches Handwerkszeug	19,8	159,776	14,088	0,52
Kunststoffbeschichtetes Papier	15,0	159,384	35,919	0,52
Bauholz, vorgefertigt	14,0	155,515	17,074	0,51
Flugzeuge, 2000–15000 kg	14,3	155,499	14,949	0,51
Tankschiffe	6,1	148,092	1,287	0,49
Kohlenstoffreiches Stahlgrobblech	22,9	147,522	7,066	0,48
Verschiedene chemische Erzeugnisse	1,8	147,521	179,345	0,48
Eisenerz-Agglomerate	7,7	142,702	74	0,47
GESAMT				59,09

ANMERKUNG: Importwerte sind nicht angegeben, wenn der Importwert unter 0,3 Prozent des Gesamthandels für 1985 liegt.

ABBILDUNG B–4 Exporte nach Cluster und vertikaler Stufung in Prozent, Deutschland (Bundesrepublik)

Werkstoffe/Metalle

	AGL	Δ AGL	AWA	Δ AWA
Primärgüter	8,4	–1,0	13,7	–0,9
Maschinen	0,9	–0,4	16,5	–2,9
Besondere Produktionsmittel	0,6	–0,9	5,1	–6,6
Gesamt	10,0	–2,3	11,9	–2,5

Forsterzeugnisse

	AGL	Δ AGL	AWA	Δ AWA
Primärgüter	1,6	0,3	6,2	1,0
Maschinen	0,4	+0,0	25,9	–4,8
Besondere Produktionsmittel	0,1	+0,0	24,2	4,8
Gesamt	2,0	0,3	7,3	2,6

Erdöl/Chemikalien

	AGL	Δ AGL	AWA	Δ AWA
Primärgüter	8,5	1,3	4,5	–0,7
Maschinen	0,2	–0,0	21,3	–3,1
Besondere Produktionsmittel	–	–	–	–
Gesamt	8,6	1,2	4,6	–0,7

Halbleiter/Computer

	AGL	Δ AGL	AWA	Δ AWA
Primärgüter	0,6	0,3	1,9	–1,4
Maschinen	–	–	–	–
Besondere Produktionsmittel	–	–	–	–
Gesamt	0,6	0,3	1,9	–1,4

VORGELAGERTE BRANCHEN

	AGL	AWA
Primärgüter	19,1	6,1
Maschinen	1,4	18,6
Besondere Produktionsmittel	0,7	5,3
Gesamt	21,2	6,3

Mehrfachgeschäft

	AGL	Δ AGL	AWA	Δ AWA
Primärgüter	7,0	0,4	14,8	–2,3
Maschinen	0,0	0,0	0,0	0,0
Besondere Produktionsmittel	0,0	0,0	0,0	0,0
Gesamt	7,0	0,4	10,8	–1,1

Verkehr

	AGL	Δ AGL	AWA	Δ AWA
Primärgüter	19,3	1,8	19,2	0,7
Maschinen	3,7	–1,3	22,7	–8,1
Besondere Produktionsmittel	0,8	–0,1	1,8	–0,5
Gesamt	23,7	0,5	15,0	–2,0

Stromerzeugung und -verteilung

	AGL	Δ AGL	AWA	Δ AWA
Primärgüter	3,8	–1,3	19,7	–8,7
Maschinen	–	–	–	–
Besondere Produktionsmittel	0,0	0,0	0,0	0,0
Gesamt	3,8	–1,3	17,3	–8,1

Büro

	AGL	Δ AGL	AWA	Δ AWA
Primärgüter	0,8	–0,1	12,3	–3,0
Maschinen	0,8	0,1	36,7	–2,2
Besondere Produktionsmittel	0,1	0,0	6,7	–2,3
Gesamt	1,6	–0,0	16,3	–2,5

Telekommunikation

	AGL	Δ AGL	AWA	Δ AWA
Primärgüter	0,0	–0,2	0,0	–7,0
Maschinen	–	–	–	–
Besondere Produktionsmittel	–	–	–	–
Gesamt	0,0	–0,2	0,0	–7,0

Rüstung

	AGL	Δ AGL	AWA	Δ AWA
Primärgüter	0,0	0,0	0,0	0,0
Maschinen	–	–	–	–
Besondere Produktionsmittel	–	–	–	–
Gesamt	0,0	0,0	0,0	0,0

INDUSTRIELLE & UNTERSTÜTZENDE FUNKTIONEN

	AGL	AWA
Primärgüter	30,9	16,9
Maschinen	4,4	13,6
Besondere Produktionsmittel	0,9	1,7
Gesamt	36,2	13,8

Nahrungsmittel/Getränke

	AGL	Δ AGL	AWA	Δ AWA
Primärgüter	1,9	0,1	2,9	0,4
Maschinen	1,5	–0,2	19,1	–0,4
Besondere Produktionsmittel	1,3	0,0	4,0	0,2
Gesamt	4,7	–0,1	4,4	0,2

Textilien/Bekleidung

	AGL	Δ AGL	AWA	Δ AWA
Primärgüter	1,8	–0,3	4,4	–1,4
Maschinen	1,3	–0,1	27,0	–0,4
Besondere Produktionsmittel	1,9	–0,3	8,7	–1,2
Gesamt	5,0	–0,6	7,1	–1,6

Wohnen/Haushalt

	AGL	Δ AGL	AWA	Δ AWA
Primärgüter	3,0	–0,4	14,1	–2,2
Maschinen	0,3	–0,2	26,3	–3,7
Besondere Produktionsmittel	0,0	0,0	0,0	0,0
Gesamt	3,3	–0,6	12,0	–1,8

Gesundheitsfürsorge

	AGL	Δ AGL	AWA	Δ AWA
Primärgüter	1,9	0,3	13,9	–2,2
Maschinen	–	–	–	–
Besondere Produktionsmittel	–	–	–	–
Gesamt	1,9	0,3	13,9	–2,2

Privat

	AGL	Δ AGL	AWA	Δ AWA
Primärgüter	1,1	+0,0	15,3	–5,0
Maschinen	–	–	–	–
Besondere Produktionsmittel	0,0	0,0	0,0	0,0
Gesamt	1,1	+0,0	10,5	–0,2

Unterhaltung/Freizeit

	AGL	Δ AGL	AWA	Δ AWA
Primärgüter	0,6	–0,2	1,9	–1,6
Maschinen	+0,0	–0,0	29,9	16,5
Besondere Produktionsmittel	0,5	0,2	12,4	1,6
Gesamt	1,1	–0,1	3,6	–1,3

ENDVERBRAUCH GÜTER & DIENSTLEISTUNGEN

	AGL	AWA
Primärgüter	10,3	6,3
Maschinen	3,1	22,3
Besondere Produktionsmittel	3,7	5,2
Gesamt	17,1	6,8
	74,4	8,7

Anmerkung: Additionsfehler durch Abrundung möglich.

Schlüssel: AGL Anteil an Gesamtexporten des Landes 1985.
Δ AGL Veränderung beim Anteil an Landesexporten 1978–1985.
AWA Anteil an Weltexporten des Clusters 1985.
Δ AWA Veränderung beim Anteil an Weltexporten des Clusters 1978–1985.

TABELLE B–5   Die 50 deutschen Branchen mit dem wertmäßig höchsten Export, 1985

Branche	Anteil am gesamten Weltexport	Export- wert (Mio. $)	Import- wert (Mio. $)	Anteil am ges. deutsch. Export
PKWs	23,2	19,118,000	4,344,396	10,42
Autokarosserien, -teile, -zubehör	15,5	6,341,841	2,134,554	3,46
Meß-, Steuergeräte	15,8	2,484,492	1,382,339	1,35
Schaltvorrichtungen	21,4	2,427,723	984,522	1,32
Flugzeuge über 15 000 kg	38,1	2,377,571	2,362,416	1,30
LKWs	9,9	2,089,820	449,741	1,14
Verschiedene chemische Produkte	24,5	1,997,810	964,465	1,09
Spezialmaschinen	18,9	1,781,181	637,921	0,97
Teile für Büro-, ADV-Geräte	7,9	1,661,001	2,063,364	0,91
ADV-Peripheriegeräte	15,3	1,443,513	1,499,948	0,79
Kunststoffartikel	19,8	1,274,569	653,337	0,69
Medikamente mit Hormonen	16,1	1,258,691	678,727	0,69
Kolbenmotorenteile	14,5	1,207,932	296,223	0,66
Erzeugnisse aus unedlem Metall	16,4	1,163,157	586,727	0,63
Hähne, Ventile	21,1	1,156,869	487,103	0,63
Nahtlose Eisen-, Stahlrohre	19,9	1,145,710	176,128	0,62
Funktelefone, TV-Kameras, Teile	8,0	1,109,642	807,686	0,61
Kondensationsprodukte	25,9	1,094,911	505,275	0,60
Andere Haushaltsgeräte	15,8	1,012,347	474,679	0,55
Straßenwalzen/Tiefbaumaschinen	10,4	1,010,463	287,696	0,55
Wellen, Kurbeln, Rollen	29,9	960,332	294,859	0,52
Gasgeneratoren, Ofenbrenner	22,2	927,559	218,586	0,51
Rotationsmaschinen	51,1	923,218	50,671	0,50
Erdölgase	8,1	922,456	5,914,597	0,50
Dünnblech aus Eisen, einfachem Stahl	16,7	896,142	514,027	0,49
KFZ-Kolbenmotoren	14,5	872,278	754,087	0,48
Medizinische Geräte	20,9	859,792	343,001	0,47
Synthetische organische Farbstoffe	32,4	849,848	153,271	0,46
Gummi-, kunststoffverarbeitende Maschinen	35,5	849,798	107,651	0,46
Metallbearbeitungsmaschinen	24,6	815,380	267,162	0,44
Flugzeugteile	8,1	811,723	1,177,712	0,44
Radschlepper	23,5	810,339	94,275	0,44
Verpackungs-, Flaschenfüllmaschinen	34,1	802,409	125,408	0,44

Branche	Anteil am gesamten Weltexport	Export- wert (Mio. $)	Import- wert (Mio. $)	Anteil am ges. deutsch. Export
Holzmöbel	19,8	797,212	526,253	0,43
Kugel-, Rollenlager	24,3	782,989	417,090	0,43
Artikel aus vorgeschnittenem Papier	19,6	774,632	387,527	0,42
Andere Hub-, Verladegeräte	19,2	731,961	135,819	0,40
Elektronische Mikroschaltungen	5,9	720,432	1,323,628	0,39
Azyklische Alkohole	21,5	713,425	381,830	0,39
Heterozyklische Verbindungen	14,3	712,932	496,440	0,39
Textil-, Ledermaschinen	30,4	695,938	106,064	0,38
Gewebte Baumwolle, gebleicht	15,5	681,016	355,560	0,37
Polymerisationsprodukte	16,2	679,882	352,908	0,37
Blätter, Werkzeugspitzen	19,9	677,492	404,001	0,37
Rindfleisch mit Knochen	22,3	672,096	222,944	0,37
Eisen-, Stahlblech	13,6	658,354	279,951	0,36
Alubleche, -bänder	20,1	654,541	317,370	0,36
Elektromaschinen	13,0	653,247	434,304	0,36
Schlosserwaren	26,0	646,838	204,307	0,35
Isolierdraht, -kabel	12,2	646,668	377,144	0,35
GESAMT				41,62

ANMERKUNG: Importwerte sind nicht angegeben, wenn der Importwert unter 0,3 Prozent des Gesamthandels für 1985 liegt.

ABBILDUNG B–5 Exporte nach Cluster und vertikaler Stufung in Prozent, Japan

Vorgelagerte Branchen

	Werkstoffe/Metalle				Forsterzeugnisse				Erdöl/Chemikalien				Halbleiter/Computer				VORGELAGERTE BRANCHEN	
	AGL	Δ AGL	AWA	Δ AWA	AGL	Δ AGL	AWA	Δ AWA	AGL	Δ AGL	AWA	Δ AWA	AGL	Δ AGL	AWA	Δ AWA	AGL	AWA
Primärgüter	8,9	−5,7	14,2	−1,3	0,2	+0,0	1,1	0,3	1,3	−0,5	1,0	−0,2	4,7	3,6	11,3	6,3	15,0	4,8
Maschinen	0,7	−0,7	11,3	−2,1	0,0	0,0	0,0	0,0	–	–	–	–	–	–	–	–	0,7	11,3
Besondere Produktionsmittel	0,0	0,0	0,0	0,0	–	–	–	–	–	–	–	–	–	–	–	–	–	–
Gesamt	9,6	−6,4	10,8	−1,7	0,2	+0,0	1,0	0,3	1,3	−0,5	1,0	−0,2	4,7	3,6	11,3	6,3	15,6	4,6

Industrielle & Unterstützende Funktionen

	Mehrfachgeschäft				Verkehr				Stromerzeugung und -verteilung				Büro				Tele-kommunikation				Rüstung				INDUSTRIELLE & UNTERSTÜTZENDE FUNKTIONEN	
	AGL	Δ AGL	AWA	Δ AWA	AGL	Δ AGL	AWA	Δ AWA	AGL	Δ AGL	AWA	Δ AWA	AGL	Δ AGL	AWA	Δ AWA	AGL	Δ AGL	AWA	Δ AWA	AGL	Δ AGL	AWA	Δ AWA	AGL	AWA
Primärgüter	2,6	−0,4	5,2	0,0	27,1	−0,9	23,7	3,5	3,3	−0,6	16,6	1,4	3,3	0,4	35,5	10,7	3,4	1,4	28,1	8,8	0,0	−0,1	0,3	−0,1	39,7	19,0
Maschinen	0,9	0,3	5,8	3,2	2,7	0,7	22,4	10,4	0,0	0,0	0,0	0,0	0,2	0,1	9,1	6,2	–	–	–	–	–	–	–	–	3,8	12,9
Besondere Produktionsmittel	0,2	0,1	7,0	2,8	7,1	1,2	15,2	4,1	0,0	0,0	0,0	0,0	0,0	0,0	0,0	0,0	–	–	–	–	–	–	–	–	7,3	13,7
Gesamt	3,7	0,1	5,5	0,9	36,9	1,0	22,6	4,2	3,3	−0,6	14,6	1,0	3,5	0,5	28,0	8,5	3,4	1,4	28,1	8,8	0,0	−0,1	0,3	−0,1	50,8	17,4

Endverbrauch Güter & Dienstleistungen

	Nahrungsmittel/Getränke				Textilien/Bekleidung				Wohnen/Haushalt				Gesundheitsfürsorge				Privat				Unterhaltung/Freizeit				ENDVERBRAUCH GÜTER & DIENSTLEISTUNGEN	
	AGL	Δ AGL	AWA	Δ AWA	AGL	Δ AGL	AWA	Δ AWA	AGL	Δ AGL	AWA	Δ AWA	AGL	Δ AGL	AWA	Δ AWA	AGL	Δ AGL	AWA	Δ AWA	AGL	Δ AGL	AWA	Δ AWA	AGL	AWA
Primärgüter	0,3	−0,2	0,4	−0,1	1,8	−0,8	4,2	−0,7	2,0	0,3	8,7	3,3	0,7	0,3	4,7	1,9	1,3	−0,4	6,6	−1,5	10,9	2,6	35,8	9,9	17,0	8,3
Maschinen	0,3	0,2	3,9	2,9	0,8	−0,2	16,0	2,6	–	–	–	–	–	–	–	–	–	–	–	–	–	–	–	–	1,1	8,3
Besondere Produktionsmittel	0,1	−0,1	0,4	+0,0	0,6	−0,5	4,1	−0,3	0,3	0,1	6,1	3,5	–	–	–	–	0,3	−0,1	2,6	1,1	0,9	−0,2	15,8	−0,7	2,2	3,2
Gesamt	0,7	−0,1	0,7	0,2	3,2	−1,5	4,9	−0,5	2,3	0,4	8,2	3,4	0,7	0,3	4,7	1,9	1,6	−0,4	5,3	0,3	11,8	2,4	32,7	8,4	20,3	6,9

Gesamt: 86,7 | 9,2

Anmerkung: Additionsfehler durch Abrundung möglich.

Schlüssel: AGL Anteil an Gesamtexporten des Landes 1985.
Δ AGL Veränderung beim Anteil an Landesexporten 1978–1985.
AWA Anteil an Weltexporten des Clusters 1985.
Δ AWA Veränderung beim Anteil an Weltexporten des Clusters 1978–1985.

TABELLE B–6   Die 50 japanischen Branchen mit dem wertmäßig höchsten Export, 1985

Branche	Anteil am gesamten Weltexport	Export-wert (Mio. $)	Import-wert (Mio. $)	Anteil am ges. japan. Export
PKWs	30,8	25,402,210	538,683	14,46
LKWs, Sattelschlepper	37,5	7,956,271	16,969	4,53
Videorecorder, Tonaufnahmegeräte	80,7	6,622,119	9,924	3,77
KFZ-Karosserien, -Teile, -Zubehör	12,8	5,227,670	187,706	2,98
Andere Frachtschiffe	35,7	4,399,729	216,601	2,50
Funktelefone, TV-Kameras, Teile	28,6	3,945,888	302,334	2,25
ADV-Peripheriegeräte	37,9	3,571,949	427,126	2,03
Farbfernsehgeräte	49,5	2,691,101	6,899	1,53
Elektronische Mikroschaltungen	19,9	2,415,252	699,618	1,37
Nahtlose Eisen-, Stahlrohre	38,7	2,227,632	6,587	1,27
ADV-Geräteteile	10,0	2,105,665	501,908	1,20
Motorräder	82,0	2,092,416	16,684	1,19
Fotoapparate, Thermokopierer	65,9	2,032,389	6,055	1,16
Gewalzte Dünnbleche aus Eisen und einfachem Stahl	35,2	1,893,459	84,656	1,08
Schaltvorrichtungen	16,5	1,877,891	34,619	1,07
Diktiergeräte	71,7	1,817,413	15,194	1,03
Einzelbildkameras, Blitzgeräte	62,2	1,608,936	82,174	0,92
Bespielte Tonträger	41,5	1,589,513	96,184	0,90
Meß-, Steuergeräte	9,3	1,459,409	924,601	0,83
Synthetische Kontinuegewebe ohne Flor	34,7	1,456,391	31,808	0,83
Rohre, Leitungen aus Eisen, Stahl	30,6	1,437,337	17,006	0,82
Universalbleche aus Eisen, Stahl	29,3	1,419,903	11,577	0,81
Andere Haushaltsgeräte	21,8	1,401,394	72,247	0,80
Schnurtelefone	26,2	1,378,545	57,018	0,78
Spezialmaschinen	14,3	1,349,143	290,643	0,77
Kolbenmotorenteile	15,9	1,320,517	45,806	0,75
Kofferradios	48,4	1,171,209	31,718	0,67
Andere Elektrogeräte	20,3	1,014,478	427,359	0,58
Werkzeugmaschinen für Metall	36,5	1,009,629	111,274	0,57
Armbanduhren	24,0	997,512	160,139	0,57
Mikrofone, Lautsprecher, Verstärker	55,7	981,176	51,602	0,56
Selbstfahrende Löffelbagger	38,4	964,654	—	0,55
Autoradios	42,5	908,083	3,052	0,52
LKW-Reifen	39,1	860,530	4,411	0,49

Branche	Anteil am gesamten Weltexport	Export-wert (Mio. $)	Import-wert (Mio. $)	Anteil am ges. japan. Export
Piezoelektrische Kristalle	14,0	835,800	43,896	0,48
KFZ-Kolbenmotoren	13,5	813,915	25,749	0,46
Stabstahl, andere Stahlträger	24,1	811,754	—	0,46
Tankschiffe	31,7	767,626	13,116	0,44
Straßenwalzen/Tiefbaumaschinen	7,8	754,372	56,111	0,43
Motorradteile, -zubehör	53,4	747,246	13,370	0,43
TV-Bildröhren	42,2	709,509	35,503	0,40
Isolierdraht, -kabel	13,3	700,607	58,421	0,40
Eisen-, einfache Stahlcoils	18,5	695,106	337,018	0,40
Gasgeneratoren, Ofenbrenner	16,7	694,773	107,846	0,40
Fernseh-, Rundfunkgeräte	29,8	692,249	14,810	0,39
Klaviere, Musikinstrumente, Teile	51,0	687,841	47,188	0,39
Gaspumpen	24,1	686,437	63,585	0,39
Webwaren aus Kunstfasern	16,0	668,946	77,921	0,38
Rechenmaschinen	69,7	660,432	11,294	0,38
Gewalztes Grobblech aus Eisen und einfachem Stahl	25,1	653,184	210,305	0,37
GESAMT				62,74

ANMERKUNG: Importwerte sind nicht angegeben, wenn der Importwert unter 0,3 Prozent des Gesamthandels für 1985 liegt.

ABBILDUNG B–6 Exporte nach Cluster und vertikaler Stufung in Prozent, Italien

Werkstoffe/Metalle

	AGL	Δ AGL	AWA	Δ AWA
Primärgüter	6,7	−1,9	4,7	−0,5
Maschinen	1,7	−0,0	13,3	3,58
Besondere Produktionsmittel	0,1	−0,0	0,3	−0,0
Gesamt	**8,5**	**−1,9**	**4,2**	**−0,4**

Forsterzeugnisse

	AGL	Δ AGL	AWA	Δ AWA
Primärgüter	0,7	−0,0	1,6	+0,0
Maschinen	0,3	+0,1	8,1	1,7
Besondere Produktionsmittel	–	–	–	–
Gesamt	**1,0**	**+0,0**	**1,9**	**0,1**

Erdöl/Chemikalien

	AGL	Δ AGL	AWA	Δ AWA
Primärgüter	2,5	0,6	0,6	+0,0
Maschinen	–	–	–	–
Besondere Produktionsmittel	–	–	–	–
Gesamt	**2,5**	**0,6**	**0,6**	**+0,0**

Halbleiter/Computer

	AGL	Δ AGL	AWA	Δ AWA
Primärgüter	0,4	+0,0	0,4	−0,5
Maschinen	–	–	–	–
Besondere Produktionsmittel	–	–	–	–
Gesamt	**0,4**	**+0,0**	**0,4**	**−0,5**

VORGELAGERTE BRANCHEN

	AGL	AWA
Primärgüter	10,3	1,5
Maschinen	2,0	12,3
Besondere Produktionsmittel	0,1	0,2
Gesamt	**12,3**	**1,6**

Mehrfachgeschäft

	AGL	Δ AGL	AWA	Δ AWA
Primärgüter	3,1	0,4	2,1	−0,0
Maschinen	0,2	0,1	0,5	0,2
Besondere Produktionsmittel	0,2	0,0	2,4	−0,3
Gesamt	**3,5**	**0,4**	**2,4**	**0,1**

Verkehr

	AGL	Δ AGL	AWA	Δ AWA
Primärgüter	2,2	−3,0	2,2	−1,4
Maschinen	2,4	+0,2	12,6	2,3
Besondere Produktionsmittel	2,1	2,0	3,7	−2,6
Gesamt	**6,7**	**−4,8**	**3,5**	**−1,5**

Stromerzeugung und -verteilung

	AGL	Δ AGL	AWA	Δ AWA
Primärgüter	0,8	−0,4	4,5	−0,9
Maschinen	–	–	–	–
Besondere Produktionsmittel	0,0	0,0	0,0	0,0
Gesamt	**0,8**	**−0,4**	**4,0**	**−0,9**

Büro

	AGL	Δ AGL	AWA	Δ AWA
Primärgüter	0,7	−0,4	3,7	−2,1
Maschinen	0,2	+0,0	3,2	0,1
Besondere Produktionsmittel	0,1	+0,0	3,0	2,1
Gesamt	**1,0**	**−0,4**	**3,6**	**−1,5**

Telekommunikation

	AGL	Δ AGL	AWA	Δ AWA
Primärgüter	0,5	−0,0	1,9	−0,9
Maschinen	–	–	–	–
Besondere Produktionsmittel	–	–	–	–
Gesamt	**0,5**	**−0,0**	**1,9**	**−0,9**

Rüstung

	AGL	Δ AGL	AWA	Δ AWA
Primärgüter	0,3	−0,2	7,4	−3,3
Maschinen	–	–	–	–
Besondere Produktionsmittel	–	–	–	–
Gesamt	**0,3**	**−0,2**	**7,4**	**−3,3**

INDUSTRIELLE & UNTERSTÜTZENDE FUNKTIONEN

	AGL	AWA
Primärgüter	7,7	3,0
Maschinen	2,7	4,7
Besondere Produktionsmittel	2,3	3,4
Gesamt	**12,7**	**3,3**

Nahrungsmittel/Getränke

	AGL	Δ AGL	AWA	Δ AWA
Primärgüter	0,6	−0,1	3,6	0,5
Maschinen	2,5	0,2	13,5	3,3
Besondere Produktionsmittel	0,6	−0,1	0,9	−0,0
Gesamt	**8,8**	**0,1**	**3,5**	**0,5**

Textilien/Bekleidung

	AGL	Δ AGL	AWA	Δ AWA
Primärgüter	15,2	0,7	14,6	−0,2
Maschinen	1,3	0,3	11,9	3,8
Besondere Produktionsmittel	3,1	1,1	6,6	2,5
Gesamt	**19,6**	**2,0**	**12,0**	**1,2**

Wohnen/Haushalt

	AGL	Δ AGL	AWA	Δ AWA
Primärgüter	8,8	−0,2	17,2	0,8
Maschinen	0,5	−0,3	7,6	−0,9
Besondere Produktionsmittel	0,2	0,0	2,0	0,4
Gesamt	**9,5**	**−0,5**	**13,8**	**1,1**

Gesundheitsfürsorge

	AGL	Δ AGL	AWA	Δ AWA
Primärgüter	0,6	0,1	1,8	−0,3
Maschinen	–	–	–	–
Besondere Produktionsmittel	–	–	–	–
Gesamt	**0,6**	**0,1**	**1,8**	**−0,3**

Privat

	AGL	Δ AGL	AWA	Δ AWA
Primärgüter	4,3	0,6	9,7	−0,3
Maschinen	0,0	0,0	0,0	0,0
Besondere Produktionsmittel	0,0	0,0	0,0	0,0
Gesamt	**4,3**	**0,6**	**6,6**	**1,4**

Unterhaltung/Freizeit

	AGL	Δ AGL	AWA	Δ AWA
Primärgüter	0,9	−0,4	1,5	−1,1
Maschinen	0,0	−0,0	0,5	−0,1
Besondere Produktionsmittel	0,0	–	0,0	–
Gesamt	**0,9**	**−0,5**	**1,3**	**−1,0**

ENDVERBRAUCH GÜTER & DIENSTLEISTUNGEN

	AGL	AWA
Primärgüter	35,4	7,9
Maschinen	4,3	12,0
Besondere Produktionsmittel	3,9	2,4
Gesamt	**43,7**	**6,7**

	68,7	**3,7**

Anmerkung: Additionsfehler durch Abrundung möglich.

Schlüssel: AGL Anteil an Gesamtexporten des Landes 1985.
Δ AGL Veränderung beim Anteil an Landesexporten 1978–1985.
AWA Anteil an Weltexporten des Clusters 1985.
Δ AWA Veränderung beim Anteil an Weltexporten des Clusters 1978–1985.

TABELLE B–7   Die 50 italienischen Branchen mit dem wertmäßig höchsten Export, 1985

Branche	Anteil am gesamten Weltexport	Export- wert (Mio. $)	Import- wert (Mio. $)	Anteil am ges. italien. Export
Lederschuhe	32,8	3,285,427	178,156	4,16
Edelmetallschmuck	49,6	2,288,256	19,978	2,90
KFZ-Karosserien, -Teile, -Zubehör	4,0	1,644,122	865,691	2,08
PKWs	2,0	1,638,791	3,669,976	2,08
Holzmöbel	25,5	1,026,911	40,390	1,30
Glasierte Keramik	56,6	866,879	16,437	1,10
Maschinen zur Holz-, Glasverarbeitung	8,8	831,627	275,187	1,05
Wein	20,7	803,915	75,121	1,02
ADV-Peripheriegeräte	8,4	786,775	928,607	1,00
Düsentreibstoff, anderes Leichtöl	6,4	781,320	674,639	0,99
Synthetikgewebe	18,1	753,426	189,393	0,95
Hähne, Ventile	13,2	726,767	205,779	0,92
Bearbeitete Bausteine	62,2	701,208	5,319	0,89
LKWs	3,3	694,554	535,189	0,88
Teile für Büro-, ADV-Geräte	3,3	692,904	760,634	0,88
Sessel und andere Sitzmöbel	30,6	685,124	29,894	0,87
Andere Sweater, Pullover	24,5	641,799	16,830	0,81
Kunststoffartikel	9,8	632,351	271,758	0,80
Sweater etc. aus Kunstfasern	34,0	631,213	5,419	0,80
Erzeugnisse aus unedlem Metall	8,7	616,699	260,504	0,78
Gasöle	3,3	553,334	1,649,392	0,70
Radschlepper	14,9	514,936	43,309	0,65
Gasgeneratoren, Ofenbrenner	12,3	514,691	91,237	0,65
Andere Webwaren	32,3	510,145	48,634	0,65
Schaltvorrichtungen	4,4	502,573	487,539	0,64
Wollsweater	33,1	499,221	55,460	0,63
Damenoberbekleidung	26,2	491,478	50,159	0,62
Heizöl	1,9	490,142	3,116,200	0,62
Haushaltsgeräte	7,6	485,888	188,573	0,62
Werkzeugmaschinen für Holz, Keramik	24,7	485,500	35,141	0,61
Verpackungs-, Flaschenfüllmaschinen	19,8	464,507	55,063	0,59
Rinds-, Pferdeleder	17,4	454,579	290,265	0,58
Gummi-, Kunststoffschuhe	41,9	452,469	20,402	0,57

Branche	Anteil am gesamten Weltexport	Export- wert (Mio. $)	Import- wert (Mio. $)	Anteil am ges. italien. Export
Leder	24,6	452,233	266,5421	0,57
Herrenmäntel	19,8	435,710	99,379	0,55
Gemüsekonserven	17,1	430,238	126,441	0,54
Meß-, Steuergeräte	2,7	426,624	814,429	0,54
Andere Textil-, Ledermaschinen	18,6	425,736	100,203	0,54
Kerosin einschl. Düsentreibstoff	9,2	410,426	–	0,52
Funktelefone, TV-Kameras, Teile	3,0	410,425	346,499	0,52
Eisen-, Stahlkonstruktionen und Teile	8,4	409,784	29,403	0,52
Haushaltswaschmaschinen	38,2	396,595	32,123	0,50
Digitale Zentralrechner	7,7	389,930	448,014	0,49
Flugzeugteile	3,8	384,641	300,101	0,49
Nahtlose Eisen-, Stahlrohre	6,4	370,376	115,942	0,47
Gaspumpen	12,6	360,249	133,105	0,46
Motoren-, Flugbenzin	4,3	358,507	52,938	0,45
Andere Metallbearbeitungsmaschinen	10,8	358,400	90,504	0,45
Andere Polymerisationsprodukte	8,5	358,211	236,037	0,45
Verschiedene chemische Produkte	4,3	354,530	615,330	0,45
GESAMT				42,90

ANMERKUNG: Importwerte sind nicht angegeben, wenn der Importwert unter 0,3 Prozent des Gesamthandels für 1985 liegt.

ABBILDUNG B–7 Exporte nach Cluster und vertikaler Stufung in Prozent, Korea

VORGELAGERTE BRANCHEN

Werkstoffe/Metalle

	AGL	Δ AGL	AWA	Δ AWA
Primärgüter	9,6	1,8	2,5	1,5
Maschinen	0,0	0,0	0,0	0,0
Besondere Produktionsmittel	0,0	0,0	0,0	0,0
Gesamt	**9,6**	**1,8**	**1,8**	**1,0**

Forsterzeugnisse

	AGL	Δ AGL	AWA	Δ AWA
Primärgüter	0,2	-4,0	0,4	-1,3
Maschinen	0,0	0,0	0,0	0,0
Besondere Produktionsmittel	–	–	–	–
Gesamt	**0,2**	**-4,0**	**0,4**	**-1,2**

Erdöl/Chemikalien

	AGL	Δ AGL	AWA	Δ AWA
Primärgüter	1,8	1,4	0,2	0,1
Maschinen	–	–	–	–
Besondere Produktionsmittel	–	–	–	–
Gesamt	**1,8**	**1,4**	**0,2**	**0,1**

Halbleiter/Computer

	AGL	Δ AGL	AWA	Δ AWA
Primärgüter	3,8	0,9	1,6	-0,2
Maschinen	–	–	–	–
Besondere Produktionsmittel	–	–	–	–
Gesamt	**3,8**	**0,9**	**1,6**	**-0,2**

VORGELAGERTE BRANCHEN

	AGL	AWA
Primärgüter	15,4	0,8
Maschinen	–	–
Besondere Produktionsmittel	–	–
Gesamt	**15,4**	**0,8**

INDUSTRIELLE & UNTERSTÜTZENDE FUNKTIONEN

Mehrfachgeschäft

	AGL	Δ AGL	AWA	Δ AWA
Primärgüter	0,3	-0,2	0,2	+0,0
Maschinen	0,0	0,0	0,0	0,0
Besondere Produktionsmittel	0,0	0,0	0,0	0,0
Gesamt	**0,3**	**-0,2**	**0,2**	**+0,0**

Verkehr

	AGL	Δ AGL	AWA	Δ AWA
Primärgüter	17,6	10,7	2,6	2,0
Maschinen	0,0	0,0	0,0	0,0
Besondere Produktionsmittel	2,4	-0,3	0,9	0,2
Gesamt	**20,0**	**10,4**	**2,1**	**1,5**

Stromerzeugung und -verteilung

	AGL	Δ AGL	AWA	Δ AWA
Primärgüter	1,5	0,5	1,2	0,7
Maschinen	0,0	0,0	0,0	0,0
Besondere Produktionsmittel	0,0	0,0	0,0	0,0
Gesamt	**1,5**	**0,5**	**1,1**	**0,6**

Büro

	AGL	Δ AGL	AWA	Δ AWA
Primärgüter	0,5	-0,6	1,0	-0,3
Maschinen	0,0	0,0	0,0	0,0
Besondere Produktionsmittel	0,0	0,0	0,0	0,0
Gesamt	**0,5**	**-0,6**	**0,7**	**-0,3**

Telekommunikation

	AGL	Δ AGL	AWA	Δ AWA
Primärgüter	0,7	0,3	1,0	0,5
Maschinen	–	–	–	–
Besondere Produktionsmittel	–	–	–	–
Gesamt	**0,7**	**0,3**	**1,0**	**0,5**

Rüstung

	AGL	Δ AGL	AWA	Δ AWA
Primärgüter	0,0	0,0	0,0	0,0
Maschinen	–	–	–	–
Besondere Produktionsmittel	–	–	–	–
Gesamt	**0,0**	**0,0**	**0,0**	**0,0**

INDUSTRIELLE & UNTERSTÜTZENDE FUNKTIONEN

	AGL	AWA
Primärgüter	20,5	1,7
Maschinen	–	–
Besondere Produktionsmittel	2,4	0,8
Gesamt	**23,0**	**1,4**

ENDVERBRAUCH GÜTER & DIENSTLEISTUNGEN

Nahrungsmittel/Getränke

	AGL	Δ AGL	AWA	Δ AWA
Primärgüter	3,3	-3,4	0,8	0,0
Maschinen	+0,0	-0,0	0,1	+0,0
Besondere Produktionsmittel	0,9	-0,9	0,5	0,0
Gesamt	**4,3**	**-4,3**	**0,7**	**0,0**

Textilien/Bekleidung

	AGL	Δ AGL	AWA	Δ AWA
Primärgüter	27,3	-10,0	9,6	1,3
Maschinen	0,0	-0,1	0,1	-0,1
Besondere Produktionsmittel	2,1	-0,5	1,6	0,6
Gesamt	**29,4**	**-10,6**	**6,6**	**1,3**

Wohnen/Haushalt

	AGL	Δ AGL	AWA	Δ AWA
Primärgüter	2,6	-0,0	1,9	0,9
Maschinen	–	–	–	–
Besondere Produktionsmittel	0,0	0,0	0,0	0,0
Gesamt	**2,6**	**-0,0**	**1,6**	**0,7**

Gesundheitsfürsorge

	AGL	Δ AGL	AWA	Δ AWA
Primärgüter	0,0	+0,0	0,1	0,1
Maschinen	–	–	–	–
Besondere Produktionsmittel	–	–	–	–
Gesamt	**0,0**	**+0,0**	**0,1**	**0,1**

Privat

	AGL	Δ AGL	AWA	Δ AWA
Primärgüter	1,9	-1,0	1,7	0,1
Maschinen	–	–	–	–
Besondere Produktionsmittel	0,3	-0,6	0,5	-0,0
Gesamt	**2,1**	**-1,5**	**1,4**	**0,1**

Unterhaltung/Freizeit

	AGL	Δ AGL	AWA	Δ AWA
Primärgüter	7,4	1,1	4,2	1,7
Maschinen	–	–	–	–
Besondere Produktionsmittel	0,5	0,5	1,6	1,5
Gesamt	**8,0**	**1,6**	**3,8**	**1,7**

ENDVERBRAUCH GÜTER & DIENSTLEISTUNGEN

	AGL	AWA
Primärgüter	42,5	3,6
Maschinen	+0,0	0,1
Besondere Produktionsmittel	3,8	0,9
Gesamt	**46,3**	**2,7**
	84,7	**1,6**

Anmerkung: Additionsfehler durch Abrundung möglich.

Schlüssel: AGL Anteil an Gesamtexporten des Landes 1985.
Δ AGL Veränderung beim Anteil an Landesexporten 1978–1985.
AWA Anteil an Weltexporten des Clusters 1985.
Δ AWA Veränderung beim Anteil an Weltexporten des Clusters 1978–1985.

TABELLE B–8   Die 50 koreanischen Branchen mit dem wertmäßig höchsten Export, 1985

Branche	Anteil am gesamten Weltexport	Exportwert (Mio. $)	Importwert (Mio. $)	Anteil am ges. korean. Export
Andere Frachtschiffe	36,9	4,545,449	3,296,174	15,01
Lederschuhe	14,3	1,436,334	–	4,74
Synthetische Kontinuegewebe ohne Flor	21,1	885,906	69,888	2,93
Elektronische Mikroschaltungen	6,3	760,213	261,271	2,51
Eisen-, Stahlkonstruktionen, Teile	14,4	700,826	28,280	2,31
Lederkleidung, Zubehör	26,7	539,989	862	1,78
PKWs	0,6	518,789	–	1,71
Spielzeug, Heimspiele	10,8	475,254	7,283	1,57
Sweater aus synthetischen Fasern	24,2	448,201	–	1,48
Herrenjacketts, -blazer	39,4	417,910	233	1,38
Rohre, Leitungen aus Eisen, Stahl	8,1	381,006	40,035	1,26
Farbfernsehgeräte	6,9	376,049	5,626	1,24
Tankschiffe	14,1	342,319	17,381	1,13
Reiseartikel, -taschen	24,6	337,005	1,274	1,11
Heizöl	1,1	300,988	271,955	0,99
Baumwollsweater	11,4	299,388	512	0,99
Eisen-, einfache Stahlcoils	7,8	293,666	280,343	0,97
Herrenhemden aus Kunstfasern	40,9	292,283	–	0,97
Unterwäsche aus Wolle, Fasern	13,7	283,956	677	0,94
Container, auch für Straße und Schiene	32,2	279,798	11,815	0,92
Herrenmäntel, -oberbekleidung	11,9	261,603	160	0,86
Tiefkühlfisch, ohne Filets	15,7	260,784	58,225	0,86
Flugzeug-, Motorradreifen	9,6	249,212	3,175	0,82
Düsentreibstoff	2,0	242,708	158,076	0,80
Off-line-Datenverarbeitungsgeräte	41,8	238,310	73,350	0,79
Spülmaschinen, Rasierapparate, Haushaltsgeräte	3,6	233,057	16,371	0,77
Bespielte Tonträger	6,0	231,939	20,412	0,77
Frische, tiefgekühlte Schalentiere	4,4	223,669	17,582	0,74
Synthetische Webwaren	5,3	219,732	119,297	0,73
Flugzeuge über 15 000 kg	3,5	215,745	204,617	0,71
Schwarzweiß-Fernsehgeräte	52,4	215,041	347	0,71
Damenmäntel, Jacketts aus Kunstfasern	31,8	212,399	–	0,70
Herrenhemden aus Baumwolle	15,0	211,624	–	0,70
Eisenträger, anderer Stabstahl	6,3	210,964	–	0,70

Branche	Anteil am gesamten Weltexport	Export- wert (Mio. $)	Import- wert (Mio. $)	Anteil am ges. korean. Export
Telekommunikationsgeräte, Teile	1,5	209,727	368,652	0,69
Videorecorder, Tonaufnahmegeräte	2,5	206,562	12,745	0,68
Gewalztes Dünnblech aus Eisen und einfachem Stahl	3,8	202,556	49,701	0,67
Kinderwagen, Teile	7,3	188,476	50,826	0,62
Textilien	11,2	186,546	2,054	0,62
Nichtelektrische Öfen, Heizgeräte	9,8	185,942	12,278	0,61
Autoradios	8,6	182,887	5,368	0,60
Kofferradios	7,2	174,489	1,023	0,58
Fernsehbildröhren	9,7	162,286	41,177	0,54
Pelzartikel	14,7	161,287	994	0,53
ADV-Geräteteile	0,7	157,694	133,357	0,52
Dioden, Transistoren	5,2	154,821	74,388	0,51
Damenblusen aus synthetischen Fasern	16,4	149,778	–	0,49
Gewalztes Grobblech aus Eisen und einfachem Stahl	5,5	144,248	140,708	0,48
Andere Radiogeräte	11,9	142,529	9,432	0,47
Gasöle	0,8	139,262	–	0,46
GESAMT				65,67

ANMERKUNG: Importwerte sind nicht angegeben, wenn der Importwert unter 0,3 Prozent des Gesamthandels für 1985 liegt.

ABBILDUNG B–8 Exporte nach Cluster und vertikaler Stufung in Prozent, Vereinigtes Königreich

Werkstoffe/Metalle

	AGL	Δ AGL	AWA	Δ AWA
Primärgüter	3,1	–0,9	3,7	+0,0
Maschinen	0,3	–0,4	5,1	–1,2
Besondere Produktionsmittel	0,6	–0,3	1,6	–1,0
Gesamt	4,0	–1,6	3,3	–0,4

Forsterzeugnisse

	AGL	Δ AGL	AWA	Δ AWA
Primärgüter	0,0	–0,1	0,0	–0,2
Maschinen	0,1	+0,0	4,5	0,8
Besondere Produktionsmittel	–	–	–	–
Gesamt	0,1	–0,1	0,7	–0,1

Erdöl/Chemikalien

	AGL	Δ AGL	AWA	Δ AWA
Primärgüter	23,8	15,3	6,9	3,8
Maschinen	1,0	–0,3	9,1	–0,6
Besondere Produktionsmittel	–	–	–	–
Gesamt	24,8	15,0	6,9	3,6

Halbleiter/Computer

	AGL	Δ AGL	AWA	Δ AWA
Primärgüter	3,5	2,4	6,3	–0,6
Maschinen	–	–	–	–
Besondere Produktionsmittel	–	–	–	–
Gesamt	3,5	2,4	6,3	–0,6

Mehrfachgeschäft

	AGL	Δ AGL	AWA	Δ AWA
Primärgüter	4,4	–1,7	5,3	–2,5
Maschinen	1,8	–0,6	9,0	–1,0
Besondere Produktionsmittel	0,1	–0,0	5,0	–1,0
Gesamt	6,3	–2,4	6,1	–2,1

Verkehr

	AGL	Δ AGL	AWA	Δ AWA
Primärgüter	3,8	–3,4	2,3	–1,6
Maschinen	0,3	–0,3	11,4	–7,8
Besondere Produktionsmittel	7,9	–1,6	10,0	–2,6
Gesamt	12,1	–5,3	4,6	–1,9

Stromerzeugung und -verteilung

	AGL	Δ AGL	AWA	Δ AWA
Primärgüter	2,0	–0,5	8,2	–0,8
Maschinen	–	–	–	–
Besondere Produktionsmittel	0,0	0,0	0,0	0,0
Gesamt	2,0	–0,5	7,2	–0,8

Büro

	AGL	Δ AGL	AWA	Δ AWA
Primärgüter	1,1	–0,2	7,8	0,5
Maschinen	0,3	–0,0	8,5	–1,4
Besondere Produktionsmittel	0,2	+0,0	12,7	–0,9
Gesamt	1,6	–0,2	8,3	–0,7

Telekommunikation

	AGL	Δ AGL	AWA	Δ AWA
Primärgüter	0,3	–0,1	3,9	–2,2
Maschinen	–	–	–	–
Besondere Produktionsmittel	–	–	–	–
Gesamt	0,3	–0,1	3,9	–2,2

Rüstung

	AGL	Δ AGL	AWA	Δ AWA
Primärgüter	0,6	–0,1	10,3	–2,7
Maschinen	–	–	–	–
Besondere Produktionsmittel	–	–	–	–
Gesamt	0,6	–0,1	10,3	–2,7

Nahrungsmittel/Getränke

	AGL	Δ AGL	AWA	Δ AWA
Primärgüter	3,4	–0,9	3,1	0,0
Maschinen	0,2	–0,3	3,1	–1,1
Besondere Produktionsmittel	0,6	0,1	1,2	0,3
Gesamt	4,1	–1,2	2,5	–0,0

Textilien/Bekleidung

	AGL	Δ AGL	AWA	Δ AWA
Primärgüter	1,1	–0,6	1,8	–0,7
Maschinen	0,1	–0,4	3,8	–2,6
Besondere Produktionsmittel	1,5	–0,8	4,0	–1,2
Gesamt	2,6	–1,7	2,6	–1,1

Wohnen/Haushalt

	AGL	Δ AGL	AWA	Δ AWA
Primärgüter	0,9	–1,0	3,9	–1,6
Maschinen	–	–	–	–
Besondere Produktionsmittel	0,5	–0,4	5,8	–1,9
Gesamt	1,3	–1,4	4,2	–1,7

Gesundheitsfürsorge

	AGL	Δ AGL	AWA	Δ AWA
Primärgüter	2,1	0,1	8,8	–1,3
Maschinen	–	–	–	–
Besondere Produktionsmittel	–	–	–	–
Gesamt	2,1	0,1	8,8	–1,3

Privat

	AGL	Δ AGL	AWA	Δ AWA
Primärgüter	1,2	–2,9	3,6	–10,1
Maschinen	–	–	–	–
Besondere Produktionsmittel	0,0	0,0	0,0	0,0
Gesamt	1,2	–2,9	2,4	–4,7

Unterhaltung/Freizeit

	AGL	Δ AGL	AWA	Δ AWA
Primärgüter	3,3	–0,6	7,1	–2,4
Maschinen	–	–	–	–
Besondere Produktionsmittel	0,0	0,0	0,0	0,0
Gesamt	3,3	–0,6	6,0	–1,9

VORGELAGERTE BRANCHEN

	AGL	AWA
Primärgüter	30,4	5,7
Maschinen	1,4	7,0
Besondere Produktionsmittel	0,6	1,6
Gesamt	32,4	5,5

INDUSTRIELLE & UNTERSTÜTZENDE FUNKTIONEN

	AGL	AWA
Primärgüter	12,2	4,1
Maschinen	2,4	9,2
Besondere Produktionsmittel	8,2	9,2
Gesamt	22,8	5,4

ENDVERBRAUCH GÜTER & DIENSTLEISTUNGEN

	AGL	AWA
Primärgüter	11,9	3,9
Maschinen	0,2	3,4
Besondere Produktionsmittel	2,6	2,1
Gesamt	14,7	3,4
	70,0	4,8

Anmerkung: Additionsfehler durch Abrundung möglich.

Schlüssel: AGL Anteil an Gesamtexporten des Landes 1985.
Δ AGL Veränderung beim Anteil an Landesexporten 1978–1985.
AWA Anteil an Weltexporten des Clusters 1985.
Δ AWA Veränderung beim Anteil an Weltexporten des Clusters 1978–1985.

TABELLE B–9   Die 50 Branchen des Vereinigten Königreichs mit dem wertmäßig höchsten Export, 1985

Branche	Anteil am gesamten Weltexport	Export-wert (Mio. $)	Import-wert (Mio. $)	Anteil am ges. brit. Export
Rohöl	9,8	16,715,740	5,457,394	16,50
Büro-, ADV-Geräteteile, Zubehör	13,1	2,749,948	1,890,312	2,71
KFZ-Karosserien, -Teile, -Zubehör	6,1	2,511,869	2,124,648	2,48
Meß-, Steuergeräte	12,7	2,004,327	1,622,250	1,98
Flugzeugteile	19,1	1,912,422	858,464	1,89
PKWs	2,1	1,737,123	5,367,945	1,71
Einfach bearbeitete Rohdiamanten, sortiert	37,1	1,471,103	1,209,695	1,45
Whiskey	77,7	1,294,923	9,993	1,28
Gasöle	7,4	1,246,235	392,256	1,23
Hormonhaltige Medikamente	14,1	1,105,672	439,318	1,09
Flugzeugtriebwerke und -motoren, Teile	17,1	1,010,906	730,433	1,00
Motoren-, Flugbenzin	11,8	984,500	153,973	0,97
Strahltriebwerke	44,5	922,434	550,747	0,91
Elektronische Mikroschaltungen	7,4	894,693	1,169,129	0,88
ADV-Peripheriegeräte	8,8	826,208	1,975,888	0,82
Digitale Zentralrechner	15,2	775,895	1,016,452	0,77
Spezialmaschinen	8,1	769,269	573,807	0,76
Schaltvorrichtungen	6,6	748,891	790,277	0,74
Andere Elektromaschinen	14,4	720,408	367,991	0,71
Tiefbaumaschinen	7,3	710,585	26,180	0,70
Verschiedene chemische Produkte	8,2	672,666	533,826	0,66
Flugzeuge 2000–15 000 kg	56,5	615,942	67,163	0,61
Gedruckte Bücher, Broschüren	18,5	609,928	338,993	0,60
Flüssiges Propan, Butan	7,1	597,260	102,674	0,59
Radschlepper	16,6	573,576	190,964	0,57
Funktelefone, TV-Kameras, Teile	4,0	558,027	648,966	0,55
Heizöl	2,1	554,542	3,180,750	0,55
Waffen, Munition	12,0	551,806	269,708	0,54
Zigaretten	16,7	541,417	98,558	0,53
Erzeugnisse aus unedlem Metall	7,6	537,902	582,973	0,53
Gemälde	31,3	513,459	480,170	0,51
Kolbenmotorenteile	5,8	485,606	321,299	0,48
Alte Stiche	39,8	479,984	293,430	0,47

Branche	Anteil am gesamten Weltexport	Export-wert (Mio. $)	Import-wert (Mio. $)	Anteil am ges. brit. Export
Radioaktive Elemente	15,0	471,301	426,915	0,47
Hähne, Ventile	8,5	465,290	436,710	0,46
Parfums, Kosmetika	13,5	456,565	304,587	0,45
Flugzeuge über 15000 kg	7,3	454,719	1,058,329	0,45
Kunststoffartikel	6,7	429,940	531,499	0,42
Heterozyklische Verbindungen	8,6	427,414	408,179	0,42
Rohgerste	16,4	414,202	32,818	0,41
Anderer Eisen- und Stahlschrott	14,5	411,429	12,738	0,41
Eisen-, Stahlkonstruktionen, Teile	7,9	381,679	126,174	0,38
Medizinische Geräte	9,3	381,457	270,380	0,38
LKWs	1,8	376,243	628,097	0,37
Schmiermittel (hoher Ölanteil)	10,4	374,451	361,588	0,37
Antiklopfmittel	18,5	369,613	84,342	0,36
Isolierdraht, -kabel	6,9	365,374	294,587	0,36
Benzin und andere Leichtöle	2,8	345,303	719,599	0,34
Polysäuren und Derivate	17,4	331,110	60,641	0,33
Schreib-, Buchbindereimaschinen, Teile	16,1	328,878	273,553	0,32
GESAMT				54,47

ANMERKUNG: Importwerte sind nicht angegeben, wenn der Importwert unter 0,3 Prozent des Gesamthandels für 1985 liegt.

ABBILDUNG B–9 Exporte nach Cluster und vertikaler Stufung in Prozent, Vereinigte Staaten 1985

	Werkstoffe/Metalle				Forsterzeugnisse				Erdöl/Chemikalien				Halbleiter/Computer				VORGELAGERTE BRANCHEN	
	AGL	ΔAGL	AWA	ΔAWA	AGL	ΔAGL	AWA	ΔAWA	AGL	ΔAGL	AWA	ΔAWA	AGL	ΔAGL	AWA	ΔAWA	AGL	AWA
Primärgüter	1,1	−0,5	3,0	−0,3	1,3	−0,3	5,8	−0,7	6,3	1,8	4,1	0,6	8,8	4,5	20,5	−8,9	17,5	6,0
Maschinen	0,2	−0,1	4,2	−0,2	0,0	−0,0	7,0	−1,3	–	–	–	–	–	–	–	–	0,2	4,8
Besondere Produktionsmittel	0,2	−0,0	0,9	−0,1	–	–	–	–	–	–	–	–	–	–	–	–	0,2	0,9
Gesamt	**1,5**	**−0,6**	**2,6**	**−0,3**	**1,3**	**−0,3**	**5,9**	**−0,7**	**6,3**	**1,8**	**4,1**	**0,6**	**8,8**	**4,5**	**20,5**	**−8,9**	**17,9**	**5,7**

	Mehrfachgeschäft				Verkehr				Stromerzeugung und -verteilung				Büro				Telekommunikation				Rüstung				INDUSTRIELLE & UNTERSTÜTZENDE FUNKTIONEN	
	AGL	ΔAGL	AWA	ΔAWA	AGL	ΔAGL	AWA	ΔAWA	AGL	ΔAGL	AWA	ΔAWA	AGL	ΔAGL	AWA	ΔAWA	AGL	ΔAGL	AWA	ΔAWA	AGL	ΔAGL	AWA	ΔAWA	AGL	AWA
Primärgüter	7,9	1,7	20,5	3,1	7,6	−1,3	7,4	−3,0	0,4	0,1	12,0	1,3	0,1	+0,0	7,3	0,8	0,2	0,2	6,2	−0,2	1,5	0,1	55,0	−0,1	17,6	11,6
Maschinen	1,3	0,3	10,6	3,3	0,0	−0,1	21,2	−5,0	–	–	–	–	0,0	−0,1	10,6	−3,8	–	–	–	–	–	–	–	–	1,3	11,7
Besondere Produktionsmittel	0,3	−0,0	19,2	−2,9	10,7	1,8	27,9	3,3	0,5	0,1	27,2	3,3	0,0	0,0	0,0	0,0	–	–	–	–	–	–	–	–	11,4	26,8
Gesamt	**9,4**	**2,0**	**18,2**	**3,2**	**18,4**	**0,5**	**13,4**	**−1,1**	**0,8**	**0,2**	**13,8**	**1,7**	**0,1**	**−0,0**	**7,3**	**−0,0**	**0,2**	**0,2**	**6,2**	**−0,2**	**1,5**	**0,1**	**55,0**	**−0,1**	**30,4**	**14,5**

	Nahrungsmittel/Getränke				Textilien/Bekleidung				Wohnen/Haushalt				Gesundheitsfürsorge				Privat				Unterhaltung/Freizeit				ENDVERBRAUCH GÜTER & DIENSTLEISTUNGEN	
	AGL	ΔAGL	AWA	ΔAWA	AGL	ΔAGL	AWA	ΔAWA	AGL	ΔAGL	AWA	ΔAWA	AGL	ΔAGL	AWA	ΔAWA	AGL	ΔAGL	AWA	ΔAWA	AGL	ΔAGL	AWA	ΔAWA	AGL	AWA
Primärgüter	4,6	−2,7	8,4	−2,1	0,2	−0,0	0,6	−0,1	0,0	−0,1	0,4	−0,4	2,4	0,8	19,2	4,2	0,6	−0,2	8,4	−2,6	1,3	−0,1	6,7	−1,3	9,2	6,2
Maschinen	0,7	−0,6	14,6	−3,4	0,1	−0,0	1,3	0,1	–	–	–	–	–	–	–	–	–	–	–	–	0	−0	0	−0	0,8	9,7
Besondere Produktionsmittel	5,4	−1,7	18,5	−2,3	2,0	−0,4	10,9	−0,5	0,0	0,0	0,0	0,0	–	–	–	–	0,2	−0,8	2,2	−5,2	–	–	–	–	7,6	11,9
Gesamt	**10,8**	**−5,0**	**12,1**	**−2,1**	**2,2**	**−0,5**	**3,7**	**−0,5**	**0,0**	**−0,1**	**0,3**	**−0,3**	**2,4**	**0,8**	**19,2**	**4,2**	**0,8**	**−1,0**	**6,4**	**−2,9**	**1,3**	**−0,1**	**5,7**	**−1,0**	**17,5**	**7,9**

65,8   9,0

Anmerkung: Additionsfehler durch Abrundung möglich.

Schlüssel: AGL Anteil an Gesamtexporten des Landes 1985.
Δ AGL Veränderung beim Anteil an Landesexporten 1978–1985.
AWA Anteil an Weltexporten des Clusters 1985.
Δ AWA Veränderung beim Anteil an Weltexporten des Clusters 1978–1985.

TABELLE B–10   Die 50 US-Branchen mit dem wertmäßig höchsten Export, 1985

Branche	Anteil am gesamten Weltexport	Export-wert (Mio. $)	Import-wert (Mio. $)	Anteil am ges. amer. Export
KFZ-Karosserien, -Teile, -Zubehör	25,6	10,476,330	9,669,742	4,92
Geschäftsflugzeuge und -hubschrauber	79,4	8,823,833	1,806,783	4,14
Büro-, ADV-Geräteteile	37,1	7,816,542	5,326,652	3,67
PKWs	7,5	6,153,653	39,088,930	2,89
Flugzeugteile	56,6	5,674,001	1,793,513	2,66
Unverarbeiteter Mais	69,5	5,335,039	20,588	2,50
Meß-, Steuergeräte	28,1	4,422,593	1,883,423	2,07
Kohle, Braunkohle und Torf	64,4	4,399,776	135,986	2,06
Analog-,Hybridrechner,Speichereinheiten	64,3	4,323,864	4,116,526	0,20
Straßenwalzen/Tiefbaumaschinen	42,2	4,091,920	193,708	0,19
Sojabohnen	67,1	3,749,941	976	1,76
Piezoelektrische Kristalle	50,7	3,019,250	1,100,923	1,42
Waffen, Munition	62,7	2,888,887	203,863	1,36
Flugzeugtriebwerke und Motorenteile	41,6	2,451,731	1,202,089	1,15
Spezialmaschinen	22,5	2,121,790	1,681,149	1,00
Kolbenmotórenteile	24,9	2,069,649	1,431,972	0,97
LKWs	9,8	2,069,200	7,489,290	0,97
Funktelefone, TV-Kameras, Teile	15,0	2,066,605	4,647,997	0,97
Heizöl	7,2	1,889,673	7,652,369	0,89
Schaltvorrichtungen	15,6	1,775,540	1,794,662	0,83
Elektronische Mikroschaltungen	13,8	1,678,027	4,421,879	0,79
Rohbaumwolle	34,2	1,634,779	15,773	0,77
Digitale Zentralrechner	30,4	1,548,476	–	0,73
Digitalcomputer	35,8	1,519,395	–	0,71
Nichtmonetäres Gold	17,4	1,322,441	2,690,974	0,62
Elektromaschinen	25,9	1,298,038	1,641,469	0,61
Andere Kunstdünger	69,6	1,272,439	992	0,60
Gasturbinen	62,8	1,229,403	1,254,813	0,58
KFZ-Kolbenmotoren	20,1	1,209,376	1,904,459	0,57
Zigaretten	36,6	1,183,792	21,863	0,56
Grobes Sägefurnier, Furnierstämme	75,8	1,170,516	17,408	0,55
Verschiedene chemische Produkte	14,2	1,155,456	395,435	0,54
Rinder-, Pferdehäute, ungegerbt	45,3	1,021,116	30,670	0,48
Hormonhaltige Medikamente	12,7	997,437	816,088	0,47

Branche	Anteil am gesamten Weltexport	Export-wert (Mio. $)	Import-wert (Mio. $)	Anteil am ges. amer. Export
Radioaktive Stoffe	57,1	980,118	1,399,330	0,46
Kunststoffartikel	14,9	962,927	1,670,496	0,45
Gebleichter nichtlöslicher Zellstoff	17,8	937,298	1,225,127	0,44
Schnurtelefonanlagen	17,2	906,005	2,099,325	0,43
Andere anorganische Chemikalien	30,4	904,765	341,823	0,42
Fotofilme, nicht belichtet, nicht entwickelt	81,9	885,712	630,695	0,42
Ölkuchen und Sojarückstände	21,7	870,651	–	0,41
Elektromedizinische Geräte	46,6	865,609	524,326	0,41
Medizinische Geräte	20,1	828,165	524,589	0,39
Isolierdraht, -kabel	15,5	820,142	1,420,983	0,38
Pharmazeutische Artikel ohne Medikamente	41,8	806,956	52,058	0,38
Fungizide, Desinfektionsmittel	40,3	788,551	116,851	0,37
Sorghum, unverarbeitet	65,8	769,266	13	0,36
Flüssigkeitspumpen	25,9	761,027	625,712	0,36
Petrolkoks	80,3	760,981	19,522	0,36
Klimaanlagen	35,4	751,041	309,924	0,35
GESAMT				51,59

ANMERKUNG: Importwerte sind nicht angegeben, wenn der Importwert unter 0,3 Prozent des Gesamthandels für 1985 liegt.

ANMERKUNGEN

Vorwort
1 Regierungsausschuß für industrielle Wettbewerbsfähigkeit (1985).
2 Die Mittel für die dänische Untersuchung wurden zur Verfügung gestellt von der nationalen Industrie- und Handelskammer, dem Denmark Employees Capital Pensionsfonds, dem Rat für Forschungspolitik und Planung, der dänischen Gesellschaft für chemische, Bau-, Elektro- und Baumaschineningenieure sowie der *Borsen Daily*.

Kapitel 1
1 Die Bezeichnungen Korea und Deutschland beziehen sich durchwegs auf Südkorea bzw. die Bundesrepublik Deutschland.
2 In den 50er, 60er und sogar 70er Jahren wurde in vielen Büchern versucht, die Wettbewerbsfähigkeit der Vereinigten Staaten und das Muster des US-Handels zu erklären. Das war Ausdruck der beherrschenden Stellung, die US-Unternehmen in so vielen Branchen innehatten. Das heutige Interesse gilt Japan und der Erklärung seines Erfolgs. Neuere Modelle untersuchen japanische Maßnahmen wie etwa zeitlich begrenzte Protektion.
3 Vgl. Yoshino (1968), Athos und Pascale (1981) sowie Abernathy und Hayes (1980) zur Diskussion über die Tugenden der japanischen Unternehmensführung und die Fehler der amerikanischen. Servan-Schreiber (1968) gehört zu den bekanntesten Arbeiten über die Überlegenheit des amerikanischen Managements.
4 Die jährlich von der European Management Foundation herausgegebene Rangfolge der Wettbewerbsfähigkeit, die sich auf sehr viele solche Werte stützt, ist zwar interessant, sieht aber von vornherein als erwiesen an, was ein wettbewerbsfähiges Land ist. Den vielen Werten fehlt auch eine klare Theorie, die sie erklärt und zusammenfaßt.
5 Der Begriff *Produktivität* meint hier reale Produktivität, wobei der Ausstoß inflationsbereinigt ist.
6 In vielen Abhandlungen über Produktivität wird der Begriff enger gefaßt und meint Effizienz.
7 In vielen Diskussionen über die Wettbewerbsfähigkeit werden die Branchen »mit hoher Wertschöpfung« hervorgehoben, weil sie als die gelten, die am meisten zum wirtschaftlichen Wohlstand beisteuern. Wertschöpfung ist die Differenz zwischen Ertrag und Kosten der gekauften Produktionsmittel. Wertschöpfung an sich hat

nur beiläufig mit Arbeits- und Kapitalproduktivität zu tun. Wertschöpfung pro Arbeiter oder andere direktere Maße für die Arbeits- und Kapitalproduktivität sind weit bessere und genauere Indikatoren.

8 Im Grenzbereich wird die Produktivität der in allen Branchen eingesetzten Mittel von den Marktkräften angeglichen. Entscheidend für den nationalen wirtschaftlichen Wohlstand ist jedoch, ein Gleichgewicht zu erzielen, bei dem die sich ergebende *Durchschnitts*produktivität der Mittel möglichst hoch ist. Das hängt von der Erhöhung der Faktorqualität und der Steigerung des technologischen Niveaus im weitesten Sinn ab, auf dem die Faktoren eingesetzt werden. Die Gelegenheit dazu schwankt je nach Branche und Branchensegment, und die Produktivitätsunterschiede zwischen Firmen in bestimmten Branchen und Branchensegmenten können wegen unterschiedlicher Qualifikation und Technologie ebenfalls beträchtlich sein. Ein zentraler Punkt dieses Buches ist der Prozeß, mit dem die Qualifikation und die Techniken, die eine hohe Durchschnittsproduktivität stützen, geschaffen werden.

9 Natürlich ist auch die Fähigkeit, die Produktivität in allen größeren Sektoren einer Volkswirtschaft zu steigern, wichtig für den wirtschaftlichen Wohlstand, nicht nur die Herstellung.

10 Die Rolle der wachsenden Exportbereiche bei der Erhöhung der Löhne und dem Hochtreiben des Wechselkurses wird manchmal holländische Krankheit genannt, in Anlehnung an das bekannte Beispiel, wie sich die Erdgasexporte auf die holländische Herstellung auswirkten. Vgl. Corden und Neary (1982). Der Exporterfolg in Holland ging allerdings auf unerwartete Rohstoffgewinne zurück, nicht auf dauerhafte Produktivitätssteigerungen in der Industrie. Mit dem Gewinn wurde ein aufgeblähtes Sozialfürsorgesystem finanziert, aber keine Maßnahmen in den Bereichen Bildung, Forschung oder Infrastruktur, die zur Erhöhung der zukünftigen Produktivität notwendig gewesen wären. Am Ende konnte selbst der unerwartete Rohstoffgewinn die Sozialausgaben nicht finanzieren.

11 Der Gesamtwert der Güter, Dienstleistungen und finanziellen Vermögenswerte, die ein Land an die übrige Welt verkauft, muß notwendigerweise dem entsprechen, was es kauft. Das bedeutet, daß ein positives Handelsungleichgewicht, das durch die Ansammlung ausländischer Forderungen und Vermögenswerte ausgeglichen werden muß, sich selbst begrenzende Kräfte freisetzt.

12 Rein inländische Branchen sind ebenfalls wichtig für den nationalen wirtschaftlichen Wohlstand, weil ihre Produktivität die Produktivität des Landes erhöht oder schmälert. Jedes Land, in dem viele rein inländische Branchen, die einen bedeutenden Teil jeder Wirtschaft ausmachen, unrentabel sind, erlebt Einbußen beim Lebensstandard, wie es bei Italien und Japan der Fall ist. Der Einfluß der internationalen Branchen auf die Produktivität des Landes ist normalerweise jedoch größer, weil sie exportieren und damit die Produktion über die Inlandsbedürfnisse hinaus ausweiten können. Hohe Produktivität in solchen Branchen zu erreichen ermöglicht also eine größere positive Auswirkung auf die Produktivität des Landes.

13 Der Verlust an Importen und Auslandsinvestitionen oder das Schrumpfen von Marktpositionen bringt besonders bezeichnende Anpassungskosten mit sich. Die Aktionäre, Manager und Arbeiter in weniger produktiven Unternehmen und

Branchen stehen vor wirtschaftlichen Verlusten und Erschütterungen. Der Staat kommt unter politischen Druck, einzugreifen.

Die Aufwertung einer Wirtschaft funktioniert am besten, wenn die notwendige Schrumpfung allmählich und in mehreren Branchen vor sich geht, nicht abrupt und nur in einigen wenigen Branchen, dann das hält die sozialen und wirtschaftlichen Anpassungskosten und die Wahrscheinlichkeit kontraproduktiver Eingriffe niedrig.

Zum Teil wegen dieser Anpassungskosten hat der Prozeß, die Produktivität des Landes aufzuwerten, Vorteile, wenn ein Land Marktpositionen mit Expansionsmöglichkeiten in den verschiedensten Branchen besitzt, statt auf Exporte aus nur einigen wenigen angewiesen zu sein. Das verringert die Erschütterung, die sich aus strukturellen Veränderungen in einigen Branchen und der Spezialisierung von Unternehmen in immer mehr produktiven Marktbereichen sowie der Verlagerung weniger produktiver Tätigkeiten ins Ausland ergibt. Gleichzeitig bietet die Existenz vieler Firmen in einem breiten Branchenspektrum viele Wege zu Verbesserungen und Innovationen, die die Produktivität steigern. Außerdem schafft die Breite mehr Möglichkeiten für Ausgliederungen und wechselseitige Befruchtungen zwischen den Branchen. Wie in den folgenden Kapiteln noch deutlicher wird, sind die Wechselbeziehungen zwischen verwandten Branchen für den Aufwertungsprozeß ganz wesentlich. Die Schweiz ist ein Land, das deutlich macht, wie eine Volkswirtschaft mit einer breiten Vielfalt internationaler Marktpositionen zu einer jahrzehntelangen Aufwertung imstande war, während Schweden mit einer sehr viel stärker auf einige Bereiche konzentrierten Wirtschaft größere Schwierigkeiten hatte und immer wieder auf Abwertungen zurückgreifen mußte.

14 Die Beweise sind im übrigen zwingend, daß die Kosten einer solchen Intervention pro geretteten Arbeitsplatz sowohl für die nationale Staatskasse wie für die Verbraucher des Landes extrem hoch sind. Vgl. OECD (1984).

15 Der Handel (die Summe der Im- und Exporte) stellt in allen fortschrittlichen Volkswirtschaften einen bedeutenden Teil der Erzeugung dar (etwa 15 Prozent in den Vereinigten Staaten, 25 Prozent in Japan und 55 Prozent in Deutschland). Ein noch größerer Teil der Volkswirtschaften ist dem internationalen Wettbewerb *ausgesetzt*. Branchen und Branchensegmente, die modernste Technologie und Facharbeiter einsetzen und damit die größten Möglichkeiten für eine hohe Produktivität bieten, sind dem Handel in der Regel stärker ausgesetzt als die meisten Branchen. Sehr viele Tätigkeiten, von der Produktion bis zur Forschung und Entwicklung, können ohne weiteres im Ausland durchgeführt werden.

16 Die *Terms of trade* eines Landes werden durch eine Veränderung der Wechselkurse beeinflußt, wenn die im Inland hergestellten und die ausländischen Güter differenziert und nicht voll substituierbar sind, was eine realistische Annahme ist.

17 Wir untersuchen diese Fragen für die einzelnen Länder im Teil III.

18 Vgl. Maddison (1987) und Nelson (1981) wegen eines Überblicks.

19 Die meisten Untersuchungen über Muster nationalen Erfolgs in Branchen galten großen Industriebereichen wie der Verkehrsausrüstung, Nahrungsmitteln und Getränken oder dem Maschinenbau. Das Bild auf dieser Ebene ist oft unscharf, weil die größeren Länder in praktisch allen Bereichen exportieren. Tatsächlich war eine vielbeachtete Erkenntnis in der Literatur über den internationalen

Handel das Vorherrschen des sogenannten brancheninternen Handels oder Handels zwischen Ländern mit ähnlichen Gütern. Zur umfassendsten Abhandlung vgl. Grubel und Lloyd (1975).

20 Zu staatlichen Verzerrungen kommt es vor allem in der Bekleidungsbranche, der Landwirtschaft, bei Automobilen, Flugzeugen und der Telekommunikation, um nur ein paar zu nennen. Protektion und administrative Regelungen z. B. haben die Muster des nationalen Vorteils in Europa erheblich verzerrt. Der Beginn des Jahres 1992 in Europa, wenn wirkliche Handelsschranken fallen, bedeutet, daß Volkswirtschaften sich wahrscheinlich noch stärker in den Branchen konzentrieren, in denen sie einen echten Wettbewerbsvorteil haben.

21 Der Begriff *komparativer Vorteil* wird heute wesentlich zwangloser gebraucht. Von Ländern heißt es manchmal, sie hätten einen komparativen Vorteil, wenn die Industrie erfolgreich exportiert. Diese nachträgliche Auslegung des komparativen Vorteils erklärt selbstverständlich überhaupt nichts.

22 Moderne Fassungen der Ricardianischen Theorie nehmen einen Produktionsfaktor an (Arbeit) und daß die Länder in dem Ausmaß verschieden sind, in dem Arbeit für die Herstellung eines Gutes gebraucht wird. Vgl. Dornbusch, Fisher und Samuelson (1977).

23 Vgl. zu dieser weitreichenden Aussage Ohlin (1933). Ohlin erfaßte bei der Behandlung der Faktoren viele der Schwierigkeiten des aktuellen Wettbewerbs. Spätere Abhandlungen, die mathematisch zunehmend strenger wurden, waren konventioneller.

24 Die für den komparativen Vorteil maßgeblichen Produktionsfaktoren werden normalerweise ziemlich allgemein definiert, etwa Arbeit, Rohstoffe, Kapital u. ä. Es hat viele Versuche gegeben, die Theorie zu präzisieren und auszuweiten und auch zur statistischen Erklärung der allgemeinen Muster des Handels zwischen Ländern heranzuziehen. Zu einer Übersicht über die Theorie und Material vgl. Jones und Kenen (1984).

Ein Großteil der Literatur über den komparativen Vorteil erscheint in der Form mathematischer Modelle, mit denen Behauptungen über die Zusammensetzung des Handels und die Auswirkungen veränderter Parameter wie Anzahl der Güter, Länder und Produktionsfaktoren auf den Handel abgeleitet werden sollen. Diese Modelle beruhen auf Annahmen, die nicht den Anspruch erheben, der Vielfalt des echten Wettbewerbs nahezukommen: Arbeit und Kapital sind z. B. häufig die einzigen Produktionsfaktoren, die in den Ländern hergestellten Produkte werden als identisch angenommen, und die Produktionsfunktionen (und damit die Produktivität) gelten als konstant.

Empirische Tests des komparativen Vorteils waren schwierig, weil es Probleme gab, Tests zu konstruieren, die sich im Licht ihrer Gesamtnatur rigoros von der Theorie herleiten. Neuere Beispiele sind Harkness (1983), Sveikauskas (1983) und Leamer (1984). Empirische Tests sind generell auf breite Branchengruppen begrenzt wie arbeits- oder qualifikationsintensive Industrien. Die Ergebnisse waren gemischt, haben aber dennoch einige der allgemeinen Annahmen der Theorie in etwa unterstützt, auch wenn sie nicht viel über die Schwankungen der Handelsmuster zwischen Ländern aussagen.

Verfeinerungen der Theorie haben die Rolle der qualifizierten Arbeit und des

Human- und Sachkapitals in seiner Beziehung zur Arbeit eingeführt. In jüngerer Zeit wurden Versuche unternommen, bestimmte zentrale Annahmen der Theorie zu lockern, wie das Fehlen der Einsparungen durch Erhöhung der Produktionskapazität: darauf komme ich später.

25 Vgl. z. B. Zysman und Tyson (1983).

26 Leontiews (1954) berühmtes Paradoxon, bei dem die kapitalreichen Vereinigten Staaten arbeitsintensive Waren exportierten, ist nur ein Vorbehalt in einer langen Debatte darüber, ob das Heckscher-Ohlin-Samuelson-Modell (Samuelson lieferte wichtige späte Beiträge) erklärt, welche Länder bei bestimmten Produkten einen komparativen Vorteil hatten. Vgl. die Bewertung von Hindley und Smith (1984). Die Auflösung dieses Paradoxons sehen viele in der Argumentation von Leamer (1984), die Vereinigten Staaten seien in der Zeit der Leontiew-Untersuchung ein Nettoexporteur sowohl von Arbeit als auch von Kapitaldienstleistungen gewesen.

27 Die Lockerung dieser Annahme, um Faktormobilität zuzulassen, beseitigt die logische Grundlage für den Handel. Doch trotz zunehmender Faktormobilität hat der Handel weiter zugenommen.

28 Zu einer Kritik vgl. Helpman und Krugman (1985). Die Theorie sagt auch die Angleichung der Faktorpreise (z. B. der Löhne) zwischen den Ländern voraus, wozu es eindeutig nicht gekommen ist.

29 Länder können eine so moderne Infrastruktur in ein paar Jahrzehnten aus dem Boden stampfen, wie beispielsweise Singapur und Korea bewiesen haben. Entwicklungsländer können durch Überspringen technologischer Zwischengenerationen sogar die Infrastruktur seit langem fortschrittlicher Länder verbessern, wie jedem klar wird, der das Telefonieren in Singapur mit dem in vielen Teilen Europas vergleicht.

30 Holländisches Kapital half z. B. die industrielle Revolution in Großbritannien finanzieren, während die amerikanische Eisenbahn und andere Industrien mit britischem Kapital finanziert wurden.

31 Für einige Länder ist das vielleicht das Beste, was sie erhoffen können, doch steht fest, daß ein faktorkostenbedingter Wettbewerbsvorteil kein erstrebenswertes langfristiges Ziel ist.

32 Ein neues Paradigma bringt den Entwicklungsländern beunruhigende Herausforderungen, wie ich in den Kapiteln 10 und 12 darlegen werde.

33 Vgl. Helpman und Krugman (1985). Zunehmend wird in der Literatur über die Beziehung zwischen unvollkommenem Wettbewerb und Handel die Rolle dieser und anderer Marktunvollkommenheiten bei der Bestimmung des Handels untersucht. Der Grundtenor: Praktisch jede Marktunvollkommenheit schafft eine logische Grundlage für den Handel, selbst wenn die Faktorkosten länderübergreifend gleich sind. Marktunvollkommenheiten fordern auch die Strategie heraus. Unentschieden bleibt die Hauptfrage, die uns hier beschäftigt, nämlich die besonderen Handelsmuster.

Eine verwandte Literatur, die manchmal »strategische Handelstheorie« genannt wird, untersucht die Auswirkungen von Marktunvollkommenheiten auf die staatliche Politik. Diese Literatur ist letztlich normativ: sie zeigt, wie staatliche Interventionen beim Vorhandensein von Marktunvollkommenheiten auf die

Handelsmuster einwirken können, indem sie die Bereitschaft der Unternehmen beeinflussen. Die untersuchten Modelle sind jedoch konventionell, und die Ergebnisse der verschiedenen Modelle sind äußerst anfällig dafür, welche von mehreren plausiblen besonderen Annahmen über Firmenverhalten gewählt wird. Vgl. z. B. Brander und Spencer (1983), Krishna (1984) und Krugman (1986). Dixit (1984) liefert eine Kritik.

34 Diese Beobachtung wurde von Deardorff (1984) und anderen gemacht.

35 Ähnlich ist der Schutz des Inlandsmarkts keine Garantie dafür, in den Genuß verfügbarer Größeneinsparungen auf Weltmärkten zu kommen. Zunehmende Größeneinsparungen wurden zur Rechtfertigung der Protektion herangezogen, denn wenn die Fertigung die Position eines Landes in Branchen mit steigenden Erträgen verbessert, erhöht das den nationalen Wohlstand. Vgl. Graham (1923).

36 Wegen einer Übersicht vgl. Wells (1972).

37 Vernon (1966) ist der ursprüngliche Autor.

38 Andere Fäden der Forschung über die Rolle des Inlandsmarkts werden in Kapitel 3 erörtert.

39 Die Ansicht, daß es verschiedene Erklärungen für den internationalen Erfolg gibt, die sich auf verschiedene Branchen anwenden lassen, hat einige Autoren bewogen, die Branchen in Gruppen einzuteilen wie traditionell, wissensintensiv, rohstoffintensiv, anfällig für Größe oder Massenproduktion und hochtechnologisch (oder wissenschaftsorientiert). Eine solche Systematik geht auf Pavitt (1984) zurück. Ziel derartiger Kategorien ist es, die verschiedenen Bestimmungsfaktoren des Wettbewerbserfolgs in verschiedenen Branchen wiederzugeben. Vgl. z. B. Arndt und Bouton (1987).

Die Schwierigkeit bei derartigen Verallgemeinerungen liegt darin, daß der technologische Wandel und die Globalisierung der Strategie die Kategorien verwischt haben. Bei flexibler Fertigung, Informationssystemen und anderen technologischen Entwicklungen ist in den 80er Jahren fast jede Branche wissensintensiv. »Traditionelle« Wirtschaftszweige wie Bekleidung und Möbel werden durch neue Produktions- und Vertriebsmethoden revolutioniert. Die Größeneinsparungen in der Produktion gehen generell zurück, nehmen im Marketing und Vertrieb jedoch zu. Keine einfache Branchenaufteilung kann die Ursprungsvielfalt des Wettbewerbsvorteils, und wie sie erlangt wird, erfassen. Wie wir sehen werden, widerspricht ihr eine umfassendere Theorie.

40 Zu Übersichten vgl. Hood und Young (1979), Dunning (1981) und Caves (1982). Dunnings Arbeit (1989) aktualisiert seine sogenannte »eklektische« Theorie.

41 Handel und Auslandsinvestitionen wirken normalerweise gemeinsam bei der Expansion erfolgreicher Unternehmen mit (zu Material vgl. Blomström, Lipsey und Kulchycky [1988]). Die gleichen Arten von Vermögenswerten und Fähigkeiten schaffen das Potential für beide.

42 Die Vorstellung vom heimischen Stützpunkt bezieht sich auf eine bestimmte Branche. Ein multinationaler Konzern mit breitem Programm kann heimische Stützpunkte für den Wettbewerb in verschiedenen Branchen und Ländern haben.

43 Nach Meinung einiger Beobachter werden Unternehmen zu Lasten ihres Landes wettbewerbsfähig, wenn sie sich Teile im Ausland beschaffen, dort produzieren oder Produkte entwickeln. Staatliche Maßnahmen, die verhindern sollen, daß

heimische Firmen im Ausland produzieren oder Produktionsmittel beschaffen, sind Selbstbetrug, so verlockend sie sein mögen. Das Unterbinden derartiger Aktionen beeinträchtigt nur die Fähigkeit, den Vorteil in einer Branche zu behaupten. Die einzige wirkliche Lösung besteht darin, die Umstände im Land zu ändern, damit die Firmen sich entschließen, mehr zu Hause zu wirtschaften. Vgl. Kapitel 12.

44 Bei Röntgengeräten z. B. ist C. H. F. Müller im Besitz von Philips (Holland). Doch die deutsche Tochtergesellschaft behält die volle strategische Herrschaft und hat zusammen mit Siemens weltweit eine starke Stellung in der Röntgengeräteindustrie. Deutschland ist trotz ausländischer Besitzer der heimische Stützpunkt.

45 Nicht nur die Handelstheorie, sondern auch ein großer Teil der Wachstumstheorie beruht auf dieser Sichtweise. Vgl. Romer (1987).

46 Meine Grundeinstellung neigt eher Schumpeter (1934, 1942) als der Neoklassik zu. Unternehmer und Innovation sind für den nationalen Vorteil von zentraler Bedeutung. Die Frage, warum einige Unternehmen und Personen in bestimmten Branchen innovieren und warum sie in bestimmten Ländern sitzen, steht im Mittelpunkt eines Großteils der folgenden Ausführungen.

47 Viele Abhandlungen sind zu diesem Schluß gekommen. Vgl. die berühmten Arbeiten von Solow (1957) und Denison (1962).

48 Faktoren sind zu einem vorgegebenen Zeitpunkt immer noch knapp, doch meine Untersuchungen lassen vermuten, daß es zahlreiche Möglichkeiten zur Aufwertung ihrer Qualität oder zu einem produktiveren Einsatz gibt und daß die Gewinne erheblich sind.

49 Diese fortschrittlichen Länder hatten unterschiedlichen Erfolg bei der Wahrung des Vorteils. Vgl. Kapitel 7 bis 9.

50 Die Untersuchung wurde auf relativ entwickelte Länder begrenzt, weil sie sich auf den Wettbewerb in vergleichsweise fortschrittlichen Ländern konzentrierte. Obwohl keine Entwicklungsländer untersucht wurden, erforschte die Untersuchung die Bestimmungsfaktoren des Wettbewerbserfolgs in den Branchen, in denen die Entwicklungsländer Wettbewerbsambitionen haben. Ich glaube, die Untersuchung enthält viele Folgerungen für Unternehmen und Regierungen in Entwicklungsländern. Vgl. Kapitel 10.

51 Bemerkenswerte Beispiele sind Vogel (1985), McCraw (1986) und Prestowitz (1988).

52 Vgl. Kapitel 8 und 12.

53 Die Handelsmuster wurden nach der fünfstufigen Unterteilung des Internationalen Warenverzeichnisses für den Außenhandel gemessen.

54 Die meisten empirischen Untersuchungen über die nationale Wettbewerbsfähigkeit oder die Handelsmuster stützten sich auf statistische Erhebungen über Handelsmuster zu einem bestimmten Zeitpunkt. Grenzen bei den verfügbaren Daten bedeuteten jedoch, daß nur eine Branchenauswahl in einem Land untersucht wurde. Die Branchen werden allgemein definiert, erklärende Variable gibt es kaum. Bei den meisten statistischen Untersuchungen wurden Handel und Auslandsinvestitionen getrennt untersucht. Die Ergebnisse für die Beziehung zwischen Handel und Auslandsinvestitionen reichen von neutral bis komplementär.

55 Eine Branche wurde als wettbewerbsfähig bezeichnet, wenn ihr Anteil an den Weltexporten den Durchschnittsanteil des Landes an den Weltexporten überstieg, die Branche eine positive Handelsbilanz hatte und bestimmte andere Bedingungen erfüllt waren, die im Anhang A genannt sind. Die Branchen, die diese Bedingungen erfüllten, vereinten normalerweise zwei Drittel oder mehr vom Gesamtexport eines Landes auf sich. Wir haben Branchen hinzugenommen, die nennenswerte Auslandsinvestitionen vornahmen, vorausgesetzt es waren keine passiven Portfolioinvestitionen oder es betraf keine Übernahmen selbständig geführter Auslandsunternehmen. Ein gutes Beispiel für Portfolioinvestitionen sind die erheblichen japanischen Investitionen in US-Immobilien. Ähnlich wurde die internationale Position einer Firma wie Thompson CSF (Frankreich) bei Fernsehgeräten, die im wesentlichen aus erworbenen Auslandsunternehmen besteht, die man intakt ließ, nicht als Zeichen eines international starken französischen Wettbewerbsvorteils genommen.

Wir haben Branchen ausgeschlossen, für die bewiesen war, daß die Exporte auf ausländische Produktionsniederlassungen in dem Land zurückgingen. Ausgeschlossen wurden auch Branchen, deren internationaler Erfolg hauptsächlich Nachbarländer betraf, und Branchen mit chronischen Subventionen oder chronischen Verlusten, die keine vernünftige Aussicht auf zukünftigen Gewinn boten. Es gab Branchen, deren internationale Position nicht den zugrunde liegenden Wettbewerbsvorteil wiedergab. Im späteren Untersuchungsstadium, in dem wir detaillierte Fallstudien betrachteten, konnte die Existenz eines Wettbewerbsvorteils direkter überprüft werden.

56 Diese Jahre wurden ausgewählt, weil sie der längste verfügbare Zeitraum waren, für den es Veränderungen im Internationalen Warenverzeichnis für den Außenhandel (SITC) gab. Unser Hauptaugenmerk galt den Daten von 1978 und 1985, weil uns das weniger zusammengeballte, 1978 eingeführte Branchenverzeichnis (SITC Fassung II) zur Verfügung stand, das den aktuellen Branchenstand besser wiedergab.

57 Zur Ergänzung der statistischen Quellen zogen wir Befragungen heran, um erfolgreiche Branchen und Branchensegmente zu bestimmen und Branchen ausschließen zu können, in denen der Erfolg Ausdruck von Auslandsinvestitionen oder anderen ungewöhnlichen Umständen war.

58 Wir befragten in jedem Land auch hohe Regierungsbeamte, Bankiers, führende Industrielle und andere Beobachter mit einem guten Überblick über die Wirtschaft und recherchierten ergänzend in Bibliotheken. Wir wollten den institutionellen Rahmen jedes Landes kennenlernen, sein Verhältnis zur Industrie sowie die soziale, politische und wirtschaftliche Struktur. Von besonderem Interesse waren Bereiche wie die staatliche Politik gegenüber der Industrie, das Wesen der Gesundheitsfürsorge, Bildungs- und Finanzsysteme, der institutionelle Aufbau der Forschung und Entwicklung sowie das Muster der lokalen Nachfrage nach Waren und Dienstleistungen.

59 Die Geschichte der Branchen stützte sich auf historische Quellen, wichtige Firmendokumente und Befragungen ehemaliger Branchenangehöriger, Industriebeobachter und Fachverbandspersonal. Fallstudien gingen als Konzept an Branchenmitglieder, die kommentieren und ergänzen konnten. In einigen Fällen

wurden Fallstudien auch durch Fachleute von Firmen, die in anderen Ländern angesiedelt waren, überprüft.

Kapitel 2

1 Über all diese Themen ist zwar viel geschrieben worden, aber der Leser braucht ein Grundverständnis, auf dem die folgenden Kapitel aufbauen können. Am umfassendsten wird meine Theorie von der Wettbewerbsstrategie und dem Wettbewerbsvorteil bei Porter (1980, 1985 und 1986) dargestellt. Was hier folgt, verdichtet die Theorie und fügt einige neue Elemente an, die für eine allgemeinere Theorie der Wettbewerbsdynamik von Belang sind.

2 Diese Vorstellungen gelten gleichermaßen für Produkte und Dienstleistungen. Ich gebrauche oft nur den Begriff Produkt, um Wiederholungen zu vermeiden.

3 Zugangsbarrieren, die eine Branche für Wettbewerber interessant machen, machen es einem neuen Einsteiger gleichzeitig schwer, eine gute Position zu erlangen.

4 Bei vielen Konsumgütern und einigen Industrieprodukten gibt es sowohl einen unmittelbaren Käufer (z. B. einen Einzelhändler) wie auch einen Endverbraucher (z. B. den Haushalt). Die Verhandlungsstärke des unmittelbaren Käufers entscheidet über die Rentabilität, aber die Macht und Preisempfindlichkeit des Endverbrauchers beeinflussen nachhaltig die des Zwischenkäufers.

5 Wegen einer vollständigen Erörterung vgl. Porter (1980).

6 Die Bedingungen werden bei Porter (1985), Kapitel 1, beschrieben.

7 Die Unterscheidung zwischen einem Branchensegment und einer Branche ist manchmal eine Frage des Grades und kann unter Managern zu endlosen Diskussionen führen. Der wesentliche Punkt, den die Unternehmen nicht aus dem Auge verlieren dürfen, ist der Wettbewerbsvorteil. Die richtige Definition von Branche und Branchensegment ist die, die Unterschiede bei den Hauptquellen des Wettbewerbsvorteils herausarbeitet. Im Zweifel entscheidet man sich am besten für eine enge Definition, wenngleich man beim Festlegen der Strategie ein Auge auf die Wechselbeziehungen zu anderen Bereichen und Branchen haben sollte.

Ein Test auf die richtige Definition ist das Verhalten der Wettbewerber. Wo sich Verhalten von Wettbewerbern aus einem Segment nicht mit dem in anderen Segmenten überschneidet, bietet dieses Segment vielleicht genügend verschiedene Quellen für einen Wettbewerbsvorteil, so daß eine strategisch eigene Branche entstehen kann.

8 Es gibt in vielen Branchen einige verbreitete (wenn auch nicht allgemeine) Unterschiede bei der Wahl des Programmumfangs. Deutsche, japanische, schwedische und amerikanische Unternehmen bieten meistens ein relativ breites Sortiment an, während sich italienische, schweizerische und koreanische Unternehmen eher auf Bereiche konzentrieren. Japanische Unternehmen tendieren neben dem breiten Sortiment außerdem zum Wettbewerb in verschiedenen verwandten Branchen. Diese Unterschiede beim Programmumfang erkläre ich in den folgenden Kapiteln. Sie wirken sich auf nationale Erfolgsmuster in verschiedenen Branchen aus.

9 Diese Verbindungen lassen zwar die Notwendigkeit zur Zusammenarbeit mit

Zulieferern und Vertriebskanälen ahnen, ändern aber doch nichts an der Tatsache, daß ein Unternehmen mit ihnen darüber verhandeln muß, wie die Gewinne aufgeteilt werden. Zusammenarbeit schließt hartes Verhandeln nicht aus; hartes Verhandeln bringt Zulieferer und Vertriebskanäle vielmehr zum Teil dazu, ihr Handeln zu ändern, so daß mehr Zusammenarbeit erreicht wird. Entgegen der öffentlichen Behauptung haben japanische Unternehmen, die für kooperative Zuliefererbeziehungen bekannt sind, für wichtige Produktionsmittel viele Zulieferer und verhandeln offensiv. Die Zulieferer führender japanischer Unternehmen erzielen normalerweise geringere Erträge als die Firmen, die sie beliefern.

10 Ich behandle die strukturellen Bestimmungsfaktoren der relativen Kosten der Wettbewerber, die ich Kostenführer nenne, in Porter (1985), Kapitel 3.

11 Die Strategie, die Konkurrenten lediglich zu kopieren und beim Vorteil nur auf billige Arbeitskräfte oder Rohstoffe zu bauen, die oft von Firmen aus Entwicklungsländern angewandt wird, ist in weniger hochstehenden Branchen und Branchenbereichen möglich, aber nur selten durchzuhalten oder die Grundlage für eine wirtschaftliche Entwicklung über ein bestimmtes Niveau hinaus.

12 Eine Innovation ist nach meinem Sprachgebrauch ein neuer Weg, etwas zu tun (von manchen eine Erfindung genannt), was *kommerziell genutzt* werden kann. Der Innovationsprozeß kann nicht vom strategischen und wettbewerbsmäßigen Kontext eines Unternehmens getrennt werden.

13 Meine Theorie und Erkenntnisse heben die unvollständigen Informationen und organisatorischen Barrieren beim Erkennen und Eingehen auf neue Wettbewerbsmöglichkeiten hervor. Neuere Untersuchungen über technologische Innovationen mit einer etwas engeren Sichtweise machen die wachsende Erkenntnis deutlich, daß große Unsicherheit die neue Technologie umgibt, daß Firmen in der gleichen Branche sehr unterschiedliche technologische Methoden verfolgen und daß es beim technischen Wissen in vielen Fällen um praktisches Lernen geht, das gesetzlich geschützt und schwer zu vermitteln ist (vgl. Nelson [1981] und Dosi [1988] wegen einer Übersicht). Diese Besonderheiten gelten allgemeiner und strategisch betrachtet noch mehr für Innovationen.

14 Investitionen in derart spezialisierte Vermögenswerte werden in der betriebswirtschaftlichen Literatur manchmal *Engagement* genannt. Ghemawat (erscheint demnächst) hat diesen Begriff erweitert, um einige dynamische Strategieaspekte zu erhellen.

15 Wegen einer interessanten Untersuchung über Dauerhaftigkeit bei einer Auswahl von einhundert Unternehmen vgl. Ghemawat (1986).

16 Ist der Urheber der ursprünglichen Strategie noch da, ist eine Änderung vielleicht unmöglich. Richard Tedlow (erscheint 1990) hat z. B. geschildert, wie Henry Ford und Robert Woodruff (Coca-Cola), die beide ein stattliches Alter erreichten, notwendige Strategieveränderungen in ihren Unternehmen blockierten.

17 Schumpeters (1934, Kapitel 2) vorzügliche Darstellung über den Unternehmer und die Führung beleuchtet einige dieser Fragen.

18 Manchmal ist die geographische Reichweite des Wettbewerbs regional begrenzt (z. B. auf Europa), nicht weltweit. Die grundlegenden strategischen Fragen sind jedoch die gleichen.

19 Viele der Fragen hier werden eingehender bei Porter (1986) behandelt. Das Buch

enthält für den interessierten Leser ausführliche Hinweise auf einschlägige Literatur.

20 Wegen einer weiteren brauchbaren Arbeit über die Beziehung zwischen Aktivitäten und Globalstrategie vgl. Kogut (1984, 1985).

21 So wünscht der Staat vielleicht eine national autonome Entscheidungsfindung oder möchte in den Genuß der Ausgliederungseffekte der heimischen Forschung und Entwicklung und der Schulung von Facharbeitern kommen.

22 Zu einer weiteren Erörterung dieser Organisationsfragen vgl. Bartlett und Ghoshal (1989), Keegan (1989) und Prahalad und Doz (1987).

23 Wie das Globalisierungsmuster je nach Branchenbereich anders sein kann, kann es sich auch nach Ländergruppen unterscheiden. Es gibt oft Ländergruppen, unter denen die Vorteile einer globalen oder regionalen Strategie besonders stark sind: so haben beispielsweise Länder mit ähnlichen klimatischen Bedingungen ähnliche Produktanforderungen. Andere einschlägige Einteilungen können vorgenommen werden aufgrund der Sprache, des Zustands der wirtschaftlichen Entwicklung, des Ausmaßes der staatlichen Eingriffe in den Wettbewerb sowie geschichtlicher oder aktueller politischer Bindungen.

24 Zur ausführlichen Behandlung der Bündnisse vgl. Porter (1986).

25 Diese Eigenschaften unterscheiden sich erheblich von den Überlegungen, die in den neoklassischen komparativen Vorteil Eingang finden, und sind oft auch von ihnen unabhängig.

Kapitel 3

1 Was die Bedeutung der Innovation im internationalen Wettbewerb zwischen Ländern angeht, enthält die Literatur über Forschung und Entwicklung sowie technologische Innovation viele brauchbare Einsichten. Ich nenne in diesem Kapitel einige ausgewählte Beispiele und behandle das Schrifttum insgesamt unter Anmerkung 33 in Kapitel 4.

2 Gebraucht wird eine Theorie des Ungleichgewichts, keine Theorie, die einen festen Bestand an Ressourcen und eine konstante Technologie annimmt, innerhalb derer die Unternehmen das Optimum anstreben. Durch die Übernahme dieser Voraussetzungen haben viele neoklassische Wirtschaftstheorien, darunter auch die Wachstumstheorie, durch Annahmen ausgeklammert, was erklärt werden muß. Tatsächlich entwickelt sich die Technologie ständig weiter, und Ressourcen werden fortwährend neu geschaffen und aufgewertet. Worauf es ankommt, ist nicht ein Optimum innerhalb bestehender Beschränkungen, sondern die Veränderung der Beschränkungen.

3 Neuere Entwicklungen in der Handelstheorie haben durch die Aufnahme von Marktunvollkommenheiten einen vielversprechenden Anfang gemacht. Wie in Anmerkung 33, Kapitel 1, erörtert, haben die neueren Modelle jedoch noch keine Erklärung dafür, warum Länder in bestimmten Branchen zu Exporten in der Lage sind.

4 Verwandte oder verbundene Branchen sind Branchen, in denen Unternehmen Aktivitäten in der Wertkette branchenübergreifend gemeinsam nutzen (z. B. Vertriebskanäle, technologische Entwicklung) oder eigene Kenntnisse von einer

Branche auf die andere übertragen können. Ein Beispiel für drei verwandte Branchen sind PKWs, Kleinlaster und Gabelstapler (die für den Materialtransport innerhalb und außerhalb von Fabriken und Lagerhäusern gebraucht werden).

5 Während die Globalisierung einen differenzierten Zugang zu den klassischen Produktionsfaktoren weniger wahrscheinlich und bedeutend macht, werden Informationen auf den Märkten weit weniger erfolgreich gehandelt, vor allem wenn sie spezialisiert sind und sich auf Personal und Verfahren beziehen. Zu einer interessanten Untersuchung, die auf die Rolle der differenzierten Information und Lernrate beim Wettbewerbserfolg in der Unternehmensführung abstellt, vgl. Jaikumar und Bohn (1989).

6 Die Bestimmungsfaktoren sind wahrnehmbare Besonderheiten eines Landes. Jeder hat informatorische Besonderheiten, wirkt sich auf verfügbare Ressourcen oder Kenntnisse aus (auch auf organisatorische Fähigkeiten), beeinflußt die Ziele der verschiedenen Beteiligten (in sehr weitem Sinn) am Branchenwettbewerb und spielt eine Rolle beim Druck auf Unternehmen. Auch wenn es möglich ist, die Theorie neu um diese vier Eigenschaften zu formulieren, ist ein solches Vorgehen weniger operational und intuitiv nicht so klar.

7 In Begriffen, die einem Wirtschaftler vertraut sind, führen das Wirken der Bestimmungsfaktoren und ihre Wechselwirkungen zu erheblichen externen Einsparungen im Land, oft in einer bestimmten Stadt oder Region, die von einem anderen heimischen Stützpunkt aus schwer zu erschließen sind.

8 Der systematische Charakter des »Diamanten« verschleiert manchmal Ursache und Wirkung, worauf ich noch zu sprechen komme.

9 Eine wichtige Unterscheidung in der Theorie, auf die ich in Kapitel 1 hingewiesen habe, ist die zwischen absolutem und komparativem Vorteil. Der absolute Vorteil gibt eine Faktorausstattung wieder, die das Land zum Produzenten eines Gutes mit den weltweit niedrigsten Kosten macht. Der relative Vorteil ist eine schwächere Bedingung, bei der das Land die Güter exportiert, die seine relativ reichlich vorhandenen Faktoren intensiv nutzen. Er bringt dennoch Gewinn aus dem Handel, weil er für das Land die Opportunitätskosten eines alternativen Einsatzes der Ressourcen wiedergibt. Ein Land kann ein Gut importieren, für das es einen absoluten Vorteil besitzt, wenn es die Faktoren an anderer Stelle produktiver einsetzen kann.

10 Weniger stark gedrängte Darstellungen unterteilen die Arbeit in einige Qualifikationsklassen und fügen ein paar andere Kategorien wie Infrastruktur hinzu. Eine der am wenigsten gedrängten Untersuchungen, Leamer (1984), umfaßt Kapital, drei Arten Arbeit, vier Arten Boden, Kohle, Erze und Öl. Doch selbst dieses Maß an Verdichtung ist noch viel zu hoch, die Unterschiede zwischen Ländern zu erfassen, die zu einem Wettbewerbsvorteil führen.

11 Die Standardhandelstheorie, bei der die Technologie unter den Ländern konstant (und fest) ist und die Produkte nicht differenziert sind, läßt diese Fragen außer acht.

12 Die Mobilität von Facharbeitern und technischem Wissen ist alles andere als neu. Unsere Branchenuntersuchungen bescherten wiederholt Beispiele, die bis ins frühe 19. Jahrhundert zurückreichten. Britische Ingenieure und Techniker z. B. wurden oft geholt, um bei der Gründung von Industrien in anderen Ländern zu helfen.

13 Einige Beobachter, die die verminderte Rolle der Basisfaktoren und die Tatsache anführen, daß die multinationale Gesellschaft sie überall erschließen kann, behaupten, das nehme dem Land die Rolle im internationalen Wettbewerb überhaupt. Vgl. etwa Reich (1989), der behauptet, die amerikanische Wirtschaft habe aufgehört zu existieren. Doch das hieße das Kind mit dem Bade ausschütten. Basisfaktoren wie ungelernte Arbeit sind keine Quelle für den Wettbewerbsvorteil und erbringen keine hohen Erträge, doch die wachsende Bedeutung der Innovation, Qualifikation und schnellen Veränderung beim Wettbewerb, der immer wissensintensiver wird, hat das Land zweifellos wichtiger gemacht.

14 Ein solcher Bestand existiert in den Vereinigten Staaten und in geringerem Umfang in Großbritannien. Auf dem europäischen Festland und in Japan produzieren die meisten Softwarefirmen Kundensoftware unter Vertrag, keine allgemein verwendbare Software, die von Anfang an Investitionen für die Produktentwicklung benötigt.

15 Wenn Vorteile bei fortschrittlichen und speziellen Faktoren aufgehoben werden, können Basisfaktoren entscheidend werden, wenngleich Vorteile bei ihnen nicht stabil sind. Im Schiffsbau z. B. wurden skandinavische Designerfahrung und Konstruktionstechniken durch Lizenzvergabe in den Fernen Osten derart verbreitet, daß sie die weit niedrigeren Löhne der asiatischen Arbeiter, deren Fähigkeiten zunahmen, nicht ausgleichen konnten. So wurden die Kosten für angelernte Arbeitskräfte, einen Basisfaktor, für den Wettbewerbsvorteil außerhalb spezieller Bereiche entscheidend. Japan besaß eine Zeitlang einen Arbeitskostenvorteil, der jedoch auf Korea überging.

16 Neue Finanzinstrumente werden erfunden, die z. B. eine feinere Abstimmung von Risiko/Ertrag auf die Art der Investitionsgelegenheit zulassen und Investitionen zusammenfassen, um eine Finanzierung auf öffentlichen Märkten zu ermöglichen, wo wohlhabende Privatanleger einmal die einzige Finanzierungsquelle waren.

17 In der klassischen und neoklassischen Handelstheorie wird der Faktorbestand eines Landes als fest angenommen. Die Unternehmen streben in den Grenzen dieses festen Bestands das Optimum an, indem sie die Faktoren in bestimmten Branchen einsetzen.
Mehrere Autoren haben darauf hingewiesen, daß Faktoren geschaffen werden können, was auf jeden Fall bis auf Friedrich List (1856) zurückgeht. Zu neueren Aussagen vgl. Zysman und Tyson (1983) sowie Scott und Lodge (1985). Die Frage, wo, wie und in welchen Formen die Faktorbildung erfolgt und wie sie mit dem nationalen Wettbewerbsvorteil zusammenhängt, ist nicht so gut erfaßt.

18 Die Faktorbildung ist kumulativ; eine Generation ererbt die Faktoren, die die vorige Generation geschaffen hat.

19 Einrichtungen, die spezielle Faktoren schaffen, sind schwer zu kopieren, während die räumliche Nähe einen ständigen Austausch mit den Unternehmen eines Landes erleichtert.

20 Wo der Überfluß eines Faktors zu seiner unrentablen Nutzung führt, ist ein Unternehmen besonders anfällig für Verlagerungen bei den Faktorkosten.

21 Ich behandle die Rolle des Wechselkurses bei der wirtschaftlichen Aufwertung in Kapitel 12.

22 In einigen Beispielen übersteigen die Mittel, die zur Innovation im Umkreis von Faktornachteilen erforderlich sind, den langfristigen Nutzen. Hier verhindern die Basisfaktornachteile das Erzielen eines Wettbewerbsvorteils. Gerade diese Abhängigkeit von Basisfaktoren bedeutet jedoch, daß solche Branchen wahrscheinlich durch eine niedrige oder mäßige Produktivität gekennzeichnet und daher weniger wichtig für die wirtschaftliche Aufwertung sind.

23 In mehreren Untersuchungen wurde die Theorie der induzierten Innovation analysiert, in der Unternehmen im Umkreis der relativ teuren Faktoren innovieren. Diese Arbeit befaßt sich mit der Rolle der Faktorkosten in der Richtung technologischer Veränderungen und wurde kaum mit der nationalen Wettbewerbsfähigkeit in Verbindung gebracht. Zu einer Übersicht vgl. Davidson (1976) und David (1975). Zu früheren Untersuchungen vgl. Rothbart (1946) und Habakkuk (1962). Rosenberg (1976) schuf den nützlichen Begriff »Sammelvorrichtungen«, um auf Innovationsanreize hinzuweisen.

Es ist in der Literatur etwas umstritten, ob Faktorkosten eine Wirkung haben sollten. Einige Autoren erklären, ein Unternehmen werde bei Investitionen in Innovationen immer gewinnmaximierende Entscheidungen treffen, um die Faktorintensität zu verringern, ungeachtet der relativen Faktorkosten. Diese Richtung betrachtet die Innovation und ihre Ursachen allzu eng und macht eine m. E. falsche Annahme über die den Unternehmen verfügbaren Informationen hinsichtlich der Amortisation bestimmter Investitionen in Innovationen und ihrer Anreize sowie der Fähigkeit zu innovieren. Unter realistischeren Voraussetzungen kommt den Faktorunterschieden zwischen den Ländern eine bedeutende Rolle zu.

Faktorsparende Innovationen werden in der Literatur über die internationale Wirtschaft erwähnt. Vgl. Vernon (1966), der arbeitsparende Innovationen amerikanischer Unternehmen behandelt, und Franko (1976), der die weite Verbreitung arbeitsparender Innovationen in Europa als eine Folge der Arbeitskräfteknappheit hervorhebt.

Schließlich enthält die Literatur über Innovationen einige wichtige Arbeiten über Innovationsanreize, einschließlich einiger, die Ähnlichkeit mit Faktornachteilen haben. Ein besonders aufschlußreiches Beispiel liefert Rosenberg (1976).

24 Technologische Möglichkeiten können bedeuten, daß selektive Faktornachteile überhaupt nicht ausgeglichen oder überwunden werden können, jedenfalls nicht wirtschaftlich. Die schwedischen Schiffsbauer, die vor hohen Arbeitskosten standen, nahmen Innovationen vor, um den Produktionsprozeß zu automatisieren. Die schwedischen Unternehmen waren jedoch nicht in der Lage, einen nennenswerten Arbeitsanteil zu ersetzen. Die Arbeitskosten blieben ein großer Teil der Kosten, und die schwedischen Innovationen wurden bald von japanischen Werften kopiert und verbessert. Das Ergebnis war ein Verlust der Wettbewerbsposition.

25 Zu einer Darstellung vgl. Danielson (1988).

26 Die Luftfracht wird auf dem Flughafen Schiphol so professionell abgewickelt, daß die Region weitere versandnahe Branchen angezogen hat.

27 Vernons Theorie vom Produktzyklus (1966) beruht zum Teil auf Einflüssen der Nachfrageseite. Eine andere interessante dänische Untersuchung, die empirisch

einen gewissen Einfluß der Inlandsmarktnachfrage auf Handelsmuster bestätigt, stammt von Anderson, Dalum und Villumsen (1981).

28 Die Rolle der Besonderheiten der Inlandsnachfrage im Handel wird von Staffan Linder (1961) hervorgehoben. Linder erklärt, es müsse Inlandsnachfrage nach einem Produkt bestehen, bevor ein Land dieses Produkt exportiert, weil Inlandsnachfrage notwendig ist, damit die inländischen Firmen lernen, wie mit Erfolg in der Branche gewirtschaftet wird. Er stellt weiter fest, daß der Handel zwischen Ländern mit ähnlicher Nachfrage am größten ist, weil die von den heimischen Firmen gemachte Erfahrung sich in Gütern niederschlägt, die von diesen Ländern geschätzt werden. Linder behauptet, Ähnlichkeit im Pro-Kopf-Einkommen sei die beste Gewähr für Ähnlichkeit in der Nachfrage, und der Handel zwischen Ländern mit ähnlichem Pro-Kopf-Einkommen sei deshalb besonders intensiv.
Linders Theorie enthält wichtige und zutreffende Annahmen. Da jedoch viele Länder nach Linders weiterer Definition ähnliche Pro-Kopf-Einkommen und eine ähnliche Nachfrage haben, ist die Wirkung dieser Variablen bei der Bestimmung der Handelsmuster heute vielleicht etwas weniger zwingend als in den späten 50er und frühen 60er Jahren, als Linder schrieb. Außerdem prognostiziert Ähnlichkeit im Pro-Kopf-Einkommen die Ähnlichkeit der Nachfrage nicht mehr so eindeutig wie früher. Die Globalisierung des Wettbewerbs, schnelle und ungehinderte internationale Kommunikation und der Wunsch der Entwicklungsländer, die modernsten Produkte zu besitzen, all das bedeutet, daß bei der Nachfrage in vielen Ländern weitgehende Ähnlichkeit besteht.
Linders Theorie betont die Bedeutung der Inlandsnachfrage für den Handel und daß weitgehende Ähnlichkeiten in der Nachfrage für den Handel notwendig sind. Doch das sagt weder die Richtung des Handels voraus noch offenbart es die besonderen Eigenschaften der Inlandsnachfrage, die einem Land ermöglichen, einen Vorteil in einer bestimmten Branche zu erzielen. Spezifische *Unterschiede* in der Nachfrage unter Ländern sind es, die innerhalb sich breit überschneidender Nachfragestrukturen wesentlich für die Erlangung eines Wettbewerbsvorteils sind.

29 Viele Untersuchungen über Produktinnovationen belegen die Bedeutung eines genauen Verständnisses der Käuferbedürfnisse für den Wettbewerbserfolg. Erkennen der Marktbedürfnisse, der richtige Zeitpunkt für die Produkteinführung und das Marketing stehen immer ganz oben auf der Liste der Ursachen des Erfolgs und Mißerfolgs neuer Produkte. Alle sind Variationen des gleichen Themas. Zu einer Übersicht vgl. Cooper (1986). Was aus den bisherigen Untersuchungen nicht so klar wird, ist, *warum* einige Unternehmen die Bedürfnisse besser erkennen können als andere. Das ist die Frage, auf die es mir hier ankommt.

30 Dieser Einfluß ist ganz besonders entscheidend, wenn eine Firma sich konstituiert und anfängt, sich einen Wettbewerbsvorteil zu schaffen.

31 Ein echter »Insider« in einem anderen Land zu werden erfordert eine lange Anwesenheit, Unternehmensführung durch Einheimische und ziemlich viel lokale Selbständigkeit. Doch diese Umstände verringern den Einfluß der ausländischen Tochtergesellschaft auf die Entwicklung der globalen Produktvielfalt.

32 Auf ausländische Bedürfnisse wird mit Merkmalen oder Veränderungen reagiert, nicht mit einer Änderung des Stammprodukts.

33 Dies war die Schlußfolgerung aus dem wichtigen Frühwerk von Drèze (1961) über Belgien. Er behauptete, daß kleine Länder mit ethnischer und kultureller Vielfalt wie Belgien nicht in der Lage wären, die für den Wettbewerb bei stil- und designbetonten Produkten notwendige Größenordnung zu erreichen, weil die lokalen Bereiche zu klein seien. Statt dessen, so argumentierte er, spezialisierte sich Belgien auf die Produktion von Waren, die auf den Weltmärkten stärker standardisiert waren.

Auch Grubel und Lloyd (1975) hoben diese Tatsache in ihrer verdienstvollen Arbeit über innerindustriellen Handel oder Handel mit ähnlichen Gütern zwischen Ländern hervor. Sie meinten, ein solcher Handel sei mit der herkömmlichen Handelstheorie schwer zu erklären. Wo es bei der Herstellung einzelner Produktarten Einsparungen durch Erhöhung der Produktionskapazitäten gibt, spezialisieren sich die Länder nach Ansicht von Grubel und Lloyd und treiben untereinander Handel.

34 Ethier (1979) erklärt vor dem Hintergrund einer solchen Sichtweise, daß die nationale Größe unwichtig sei.

35 Informierte und anspruchsvolle Käufer werden häufig mit einem schnellen Vordringen verbesserter Produkte und kurzen Produktlebenszyklen in Verbindung gebracht.

36 Die Rolle des anspruchsvollen Käufers kann bis zu einem gewissen Grad auch von ausländischen Tochtergesellschaften in einem Land gespielt werden. In Singapur konzentrieren sich sehr stark die führenden Elektronikunternehmen der Welt, die die Stadt als Produktionsbasis benutzen. Sie stellen einen einzigartigen Aktivposten dar, den Singapur noch nutzen muß.

37 Vgl. z. B. Scott und Lodge (1985) und Wells (1972).

38 Der Hinweis auf Japan ist eigenartig angesichts der relativen Größe des japanischen Inlandsmarkts, des zweitgrößten der Welt. Ich werde darauf zurückkommen, warum japanische Firmen exportieren.

39 Sein Blickwinkel ist zwar enger, doch enthält Schmookler (1966) eine aufschlußreiche Erörterung über die Rolle der Marktgröße und des Wachstums bei der Belebung technologischer Innovationen.

40 Der Vorteil einer frühen Nachfrage in einem Land ist von verschiedenen Autoren abgehandelt worden. Vernons Produktzyklus des internationalen Handels (1966) ist ein bekanntes Beispiel. Die Vereinigten Staaten als das fortschrittlichste Land hatten nach allgemeinem Dafürhalten die früheste Nachfrage nach modernen Produkten. Wie Vernon selbst jedoch erkannt hat, kommt es heute in den Vereinigten Staaten nicht mehr zwangsläufig zu einer frühen Nachfrage.

41 Wo Unternehmen eines Landes bereits mit anderen Produkten international vertreten sind, ist eine Sättigung des Inlandsmarkts nicht so notwendig für die Ankurbelung des Auslandsumsatzes neuer Produkte und Modelle.

42 Hirschman (1958) betont in seinem aufschlußreichen Buch über Wirtschaftsentwicklung die Bedeutung der komplementären Zusammenhänge und Verbindungen zwischen den Branchen für den Entwicklungsprozeß, in erster Linie dadurch, daß Nachfrage nach den Produkten des jeweils anderen in einer bestimmten Größenordnung entsteht. Ich erweitere die Art derartiger Verbindungen und weise ihnen eine wichtige Rolle nicht nur für die Zusammensetzung der heimi-

schen Wirtschaft zu, sondern auch für die Branchen, in denen ein Land international erfolgreich sein kann.

43 Die Ansiedlung von Tochtergesellschaften im Heimatstaat eines Zulieferers leidet umgekehrt unter ähnlichen Problemen.

44 Neuzugänge werden ebenfalls oft angeregt, ein wichtiger Einfluß, auf den ich im nächsten Kapitel zu sprechen komme.

45 Vgl. z.B. Lieberman (1988).

46 Es hat einige Versuche gegeben, internationale Unterschiede bei Managementpraktiken zu messen, eine mit Schwierigkeiten befrachtete Aufgabe. Ich kann nicht hoffen, hier einen vollständigen Rahmen zu liefern, doch hebt unsere Untersuchung die Bedeutung solcher Unterschiede und ihre Relevanz für eine umfassende Theorie des nationalen Vorteils hervor. Der wichtige Punkt, der hier herausgestellt wird, ist, daß die bestehenden Managementpraktiken in einigen Branchen ein Vorteil sind, in anderen ein Nachteil.

47 Chandlers (demnächst erscheinende) geschichtliche Untersuchung des Aufstiegs des multinationalen Unternehmens, die parallel zu meiner eigenen Untersuchung lief, hebt die Entwicklung interner Qualifikation und Führungsfähigkeiten beim Wachstum erfolgreicher internationaler Wettbewerber hervor. Mir geht es mehr um das Firmenumfeld und wie es die Strategiebildung, Qualifikation, organisatorische Abmachungen und den Erfolg auf bestimmten Gebieten beeinflußt.

48 Chandlers Untersuchung liefert eine weitere Darstellung der Rolle der sozialen Faktoren und der Tradition darüber, wie Unternehmen geführt werden, und über ihren *Modus operandi*. Für Großbritannien zeigt Chandlers Untersuchung z.B., daß britische Firmen sich der Übernahme von Führungshierarchien eher widersetzten als Unternehmen in Deutschland und den Vereinigten Staaten. Letztlich schränkte das ihren Wettbewerbsvorteil in einigen Branchen ein, da der Wettbewerb schwieriger und globaler wurde. Vgl. Chandler in Porter (1986) und Chandler (in Vorbereitung).

49 Während ein Großteil der Wirtschaftstheorie die Ziele der Unternehmen als identisch betrachtet und sie im Sinne der Gewinn- oder Nutzenmaximierung formuliert, sind Ziele in der Wirklichkeit sehr viel komplexer. Betroffen sind u. a. Fragen wie der Zeithorizont, erforderliche Rendite, wahrgenommenes Prestige und der Umfang der aufgewendeten Mühe. Die Überlegungen, die in Leibensteins Begriff der X-Effizienz enthalten sind, sind ziemlich wichtig. Vgl. Leibenstein (1966) und Franz (1988).

50 Ich möchte diesen Begriff für Unternehmen verwenden, deren Anteile im Besitz von Privatpersonen und anderen Gesellschaften sind und an den öffentlichen Kapitalmärkten gehandelt werden. Privatunternehmen sind Firmen, die sich ganz im Besitz einiger Privatpersonen befinden. Staatseigene Betriebe sind im Besitz des Staates.

51 Aufkäufe einer Gesellschaft durch das eigene Management, sogenannte Leveraged Buyouts (LBO), die in den 80er Jahren in Amerika überhandgenommen haben, werden als eine Lösung der falschen Anreize der Manager betrachtet. Durch das Angebot einer Mehrheitsbeteiligung an die Manager und den Fortfall des Drucks durch den öffentlichen Kapitalmarkt bieten LBOs Verantwortung und Motivation. Bei sonst unveränderten Umständen tendieren LBOs dahin, die

Motivation zu steigern, und führen zum Verkauf unrentabler Vermögensteile. Weil das Unternehmen aber hohe Schulden macht, deren Erträge nicht in die Firma investiert werden, herrscht ein starker Druck, einen kurzfristigen Cashflow zu erzeugen. Die mögliche Belastung für die Investitionen und die Risikobereitschaft können bedeuten, daß die LBO-Behandlung schlimmer ist als die Krankheit. Eine bessere Gesamtlösung für den nationalen Wettbewerbsvorteil wäre, die Ziele der öffentlichen Investoren auszutauschen und den Führungsprozeß zu verbessern.

52 Vgl. Ravenscraft und Scherer (1987). Die gleiche Perspektive findet man bei Porter (1987).

53 Der Trend, der diese Ansichten wiedergibt, besteht darin, Beschränkungen für Fusionen und Absprachen zur Zusammenarbeit zwischen heimischen Konkurrenten zu lockern. Diese Maßnahmen sind oft ein schwerwiegender Fehler, wie wir in Kapitel 12 erörtern werden.

54 Heimische Wettbewerber konkurrieren vielleicht nicht zwangsläufig frontal in jedem Bereich, sind jedoch potentielle Einsteiger in die Produktbereiche des jeweils anderen. In der italienischen Maschinenbaubranche z. B. sind in jedem Spezialbereich meistens ein oder zwei Firmen stark, aber viele andere könnten an ihre Stelle treten.

55 Interessant ist die Feststellung, daß in Japan einige der aufsehenerregendsten Erfolge (etwa Automobile, Stahl, Werkzeugmaschinen) in Branchen erfolgten, zu denen der Staat den Zugang zu begrenzen versucht hatte, aber gescheitert war.

56 Wegen einer Zusammenfassung und Erörterung der vielen Beweise dafür, daß Landesmeister im internationalen Wettbewerb meistens versagen, vgl. Adams und Brock (1988).

57 Die Literatur über Innovationen untermauert empirisch und theoretisch den Gedanken, daß Wettbewerb mit größeren Innovationsraten verbunden ist. Vgl. Arrows (1962) frühen theoretischen Nachweis und die ausgezeichnete Kritik von Scherer (1980). Eine interessante neuere Untersuchung über die pharmazeutische Industrie von Thomas (1989) kommt zu dem Ergebnis, daß sowohl mehr Inlandswettbewerb als auch eine strenge nationale Regulierung das Tempo der Innovationen durch Unternehmen eines Landes im Vergleich zu anderen erhöhen.

58 Die rasche landesweite Mobilität der Technologie wurde in den letzten Jahren hervorgehoben. Wie ich noch erläutern werde, gilt das besonders für weniger fortgeschrittene Bereiche und ist keine Bedrohung für den Wettbewerbsvorteil in Branchen, wo das heimische Umfeld ständige Innovationen fördert. Viele Innovationen sind auch mit Lernen verbunden, das für bestimmte Bereiche und Strategien typisch ist, und sind langsamer zu verbreiten als eine Technologie, die durch Produktentwürfe oder Produktionsmaschinen verkörpert wird.

59 Schumpeter (1942) betont zwar die Bedeutung der Innovation, erklärt aber, daß ein großes Unternehmen mit Marktmacht innovativer ist, nicht eine Gruppe mehrerer Konkurrenten. Die Innovationsliteratur stützt diese Ansicht nicht; sie wurde auch in den Branchen, die wir untersuchten, nicht bestätigt. Innovationen werden nicht wegen der Stabilität und nur bei ausreichenden Ressourcen vorgenommen, wie Schumpeter behauptete, sondern weil Zwänge und Herausforderungen bestehen. Eine je nach Branche unterschiedliche Mindestgrößenordnung

ist notwendig, damit Forschung und Entwicklung erfolgreich sind, doch die kleineren Firmen und die »Außenseiter« sind die eigentlichen Motoren der schöpferischen Zerstörung.

60 In einer Branche wie Schaltvorrichtungen für zentrale Telefonanlagen z. B. sind die Größeneinsparungen (hauptsächlich in der Forschung und Entwicklung) gewaltig. Japan hat wie die Vereinigten Staaten mehrere Wettbewerber, aber kleine Länder wie Schweden (Ericsson) und Kanada (Northern Telecom) haben nur einen.

61 Die Wirtschaftstheorie betont die Anreize zu Innovationen aufgrund der Eignung, die durch das Vorhandensein vieler Konkurrenten verringert werden. Solche Anreize sind zwar notwendig, beim unvollkommenen Wettbewerb hat ein Unternehmen jedoch den Anreiz zu innovieren, wenn es in seinem engen Zielmarktbereich einen beständigen Vorteil erlangen kann, auch wenn andere die Innovation kopieren oder übernehmen, um in anderen Bereichen zu konkurrieren. Wer als erster innoviert, erzielt auch Vorteile, die die Innovation selbst dann rechtfertigen, wenn andere sich anhängen. Ein Innovationsanreiz entsteht auch durch die Strafe, wenn man *nicht* innoviert, obwohl andere es tun, was in vielen Arbeiten nicht hervorgehoben wird. Dieser negative Anreiz ist in unserer Untersuchung bei der Bestimmung der Innovationsrate genauso wichtig wie oder noch wichtiger als positive Anreize, und zwar wegen der Trägheit und Selbstzufriedenheit vieler Unternehmen.

Meine Theorie legt darüber hinaus nahe, daß der Inlandswettbewerb und seine Auswirkungen auf den nationalen »Diamanten« Investitionen in Innovationen wirksamer machen. Selbst wenn man die obigen Argumente unberücksichtigt läßt, die größere Wirksamkeit von Investitionen in Innovationen kann dort, wo Inlandswettbewerb herrscht, eine geringere Eignung aufwiegen und zu größeren Innovationsbemühungen führen. Vgl. Enright (1990).

Viele Diskussionen über Eignung haben auch einen verborgenen inländischen Dreh- und Angelpunkt. Beim globalen Wettbewerb kann eine Gruppe nationaler Wettbewerber, die insgesamt schneller als die ausländische Konkurrenz innovieren, für *alle* Beteiligten Gewinne durch Exportieren machen, vor allem wenn sie alle in etwas anderen Bereichen konkurrieren.

62 Kartelle und umfassende Zusammenarbeit zwischen direkten Konkurrenten ist mit der Wahrung des Wettbewerbsvorteils nur in dem seltenen Fall vereinbar, wo ein scharfer Wettbewerb über wichtige Variable, insbesondere die Technologie, aufrechterhalten werden kann.

63 Die Wahrscheinlichkeit von Ablegern ist im allgemeinen in der Anfangsphase der Branchenentwicklung am größten, oder wenn es zu strukturellen Veränderungen auf Märkten oder in der Technologie kommt.

64 Gelegentlich übernehmen eingesessene Unternehmen kleinere Firmen und bauen sie aus, und gründen so einen neuen Betrieb. Dieses Vorgehen bei Übernahmen kommt dem nationalen Vorteil zwar zugute, ist aber die Ausnahme, nicht die Regel. Empirisches Material (Ravenscraft und Scherer [1987] z. B.) und unsere eigenen Fallstudien bestätigen, daß viele Erwerbungen nicht der Grundstein für Wachstum sind, sondern zu Geld gemacht werden. Dabei bleibt die Innovation auf der Strecke.

65 Sie werden vielleicht zum Teil von lokalen Bedingungen beeinflußt.

66 Das hat auch Olson (1982) hervorgehoben, der sich auf die abträglichen Auswirkungen von Kriegen auf Kartelle und Zusammenschlüsse konzentriert, die Veränderungen einfrieren. Ich glaube, Kriegsfolgen sind viel weitgehender, und möchte einige der Gründe dafür den Kapiteln 7 und 8 erkunden.

67 Die Rolle des Staates wird häufig überschätzt, weil die wirtschaftlichen Stützen des Erfolgs nicht in Untersuchungen analysiert werden, die sich vornehmen, den Einfluß des Staates zu erforschen. Die meisten Untersuchungen haben sich außerdem auf einige große, sehr auffällige Branchen wie Stahl, Schiffsbau, Automobile und Halbleiter konzentriert, wo Beachtung durch den Staat unvermeidlich ist. Diese Branchen sind alles andere als eine repräsentative Auswahl der Wirtschaft eines Landes. Die meisten Untersuchungen behandeln auch nur ein oder zwei Länder, die ausgewählt wurden, weil die Regierung offenbar wichtig ist. Unsere Branchen- und Länderauswahl bemüht sich darum, repräsentativer zu sein.

Kapitel 4

1 Größe und Qualität der öffentlichen Investitionen in allgemeine Faktoren können durch die Verhaltensweisen der Geschäftswelt und der privaten Bürger beeinflußt werden und werden es auch.

2 In Europa gibt es nur wenige Lehrstühle, und eine Abteilung hat oft nur einen Professor, der einen Stab von Mitarbeitern hat. Das Angebot an Lehrstühlen ist von Land zu Land verschieden und oft ein interessanter Indikator der Bereiche, in denen die Faktorbildung am fortgeschrittensten ist, wobei eine zeitliche Verzögerung das Tempo der Hochschuleinrichtungen zum Ausdruck bringt.

3 Investitionen in die Faktorbildung sind abhängig vom Gemeinwohl oder äußeren Problemen, bei denen Unternehmen nicht alle Vorteile erfassen können. Der Inlandswettbewerb hilft jedoch die institutionelle Struktur gestalten, damit solche Probleme überwunden werden, weil er die Bildung und das Verhalten unabhängiger Einrichtungen und auch die Anreize außenstehender Akteure beeinflußt, die über faktorbildende Investitionen nachdenken.

4 Durch seine vielen Kontakte zu Außenstehenden vermittelt jedes Unternehmen Informationen über sich und seine Branche. Ein Großunternehmen erregt nicht doppelt soviel Aufmerksamkeit wie zwei kleinere, deren Größe gerade irgendeine Mindestschwelle überschreitet, so daß also viele Konkurrenten normalerweise mehr Wirkung erzielen.

5 Die wirtschaftliche Standorttheorie zeigt, daß Firmen sich dicht beieinander ansiedeln, um Zugang zu einem möglichst breiten Kundenaufgebot zu erhalten. Hier ist die logische Erklärung ähnlich.

6 Das geht auf Adam Smith (1776) zurück. Zu neueren Erkenntnissen vgl. Stigler (1951).

7 Auf diese Weise hilft eine Gruppe Konkurrenten, geschäftliche Fehlschläge zu verringern.

8 Vgl. z. B. Marshall ([1890] 1920).

9 Um die Sache technischer darzustellen: Der Inlandswettbewerb hat eine positive

Signalwirkung, verringert geschäftliche Fehlschläge und erhöht die Anreize für Einzelpersonen, Zulieferer und faktorbildende Einrichtungen.

10 Zu Daten, die das erhärten, vgl. Jerusalem Institute of Management (1987).

11 Leamer (1984) entdeckte beim Anhäufen von Handelsgütern, mit denen Handelsmodelle getestet werden sollten, Waren-»Cluster« mit stark übereinstimmenden Exporten. Leamer merkte an, daß Handelsmodelle Schwierigkeiten haben, das Phänomen zu erklären.

12 Einige französische Autoren (vgl. Toledano [1978]) haben den Begriff *filières* geprägt, um Gruppen technologisch interdependenter Bereiche zu bezeichnen. Ihre Bedeutung ist in der Tatsache zu sehen, daß technologische Interdependenzen bedeuten können, daß technologische Stärke in einem Bereich von der Stärke in einem anderen abhängt. Der Begriff *filières* ist ein wertvoller Vorläufer des allgemeineren Begriffs Cluster. Er beleuchtet einen Grund, warum es zu Clusterbildung kommen kann, weil nämlich die technischen Verbindungen eng sind, und warum es zum wechselseitigen Vorteil nötig sein kann, in verwandten Bereichen in einem Land präsent zu sein.

Andere Arbeiten über Innovation deuten, auch wenn sie nicht die internationale Wettbewerbsfähigkeit behandeln, ebenfalls auf die Zusammenballung hin, indem sie die wechselseitigen technologischen Abhängigkeiten zwischen den Branchen hervorheben. Vgl. z. B. Abernathy und Utterback (1978) und Rosenberg (1979).

Andere brauchbare Vorläufer des Begriffes Cluster finden sich in der schwedischen Literatur. Darin kommt zum Teil das Gefüge der schwedischen Wirtschaft zum Ausdruck, in der die Aktivitäten der großen schwedischen Multis oft eng miteinander verbunden sind. Ein früher Beitrag ist Dahméns (1950, 1988) Gedanke der Entwicklungsblöcke. Dahmén betont die notwendige Verbindung zwischen der Fähigkeit zur Entfaltung in einem Bereich und dem Fortschritt in einem anderen. In seinen Beispielen spricht Dahmén oft von Stufen oder vertikalen Aktivitäten in einer bestimmten Branche. Diese interessante Arbeit deutet darauf hin, daß Verbindungen zwischen Branchen für das Erlangen eines Vorteils wichtig sind.

Eine neuere Richtung vertritt die Arbeit von Lars Gunnar Mattsson (1987). Er hat ein Netzgeflecht oder Beziehungen zwischen Firmen und einigen ihrer Besonderheiten graphisch dargestellt. Diese Arbeit deutet den Austausch unter Firmen innerhalb von Ansammlungen an.

Schließlich liefert neuere empirische Forschung über Diversifizierungsmuster in Ländern Material, daß die Diversifizierung oft der Input-Output-Matrix folgt, oder zwischen Branchen mit Liefer- und Kaufbeziehungen. Das stimmt mit den Mechanismen überein, die zu Ansammlungen führen. Vgl. Lemelin (1982) und MacDonald (1985).

13 Es ist wichtig, an dieser Stelle anzumerken, daß der Prozeß auch umgekehrt abläuft. Die wettbewerbsunfähige Branche kann andere Branchen durch ihre Rolle als Käufer unterwandern.

14 Externe Einsparungen, die ich schon beschrieben habe, breiten sich in Clustern aus, nicht nur in einzelnen nationalen Branchen. Die Existenz von Clustern hilft bei der Milderung einiger der Probleme des Gemeinwohls, die faktorbildende Investitionen einschränken.

15 Ein Teil des Problems ist auch das, was Wirtschaftler »Informationsblockade« nennen, Informationen, die nicht glaubhaft an eine andere Stelle vermittelt werden können, weil der Inhaber der Information den anderen nicht davon überzeugen kann, daß die Information wertvoll ist, ohne sie zu enthüllen.

16 Sie erleichtern geschäftliche Schwierigkeiten, wie Williamson (1975, 1985) es ausdrückt.

17 Sie fördern auch einen stärkeren Informationsaustausch.

18 Große Gruppen, die es auch in Ländern wie Belgien und Frankreich gibt, sind für den Wettbewerbsvorteil weniger förderlich, weil es in erster Linie Finanzholdings sind.

19 Lars Gunnar Mattssons (1987) interessante Arbeit über »Netze«, die auch unabhängige Firmen einbezieht, gibt den Austausch in Clustern wieder. Da er in Schweden arbeitet, überrascht es vielleicht nicht, daß seine Aufmerksamkeit auf sie gelenkt wurde.

20 Sabel, der die italienische Industrie untersucht hat, hat die Bedeutung regionalisierter »Industriebezirke« hervorgehoben und sich vor dem Hintergrund sinkender Größeneinsparungen für ihre gesteigerte Bedeutung eingesetzt. Vgl. Sabel (1987) und Piore und Sabel (1983).

21 Vgl. Marshall ([1890] 1920).

22 Die geographische Nähe von Konkurrenten wirft interessante Fragen darüber auf, ob nicht eine Stadt oder Region anstelle des Landes die richtige Untersuchungseinheit ist. Es gibt in vielen Ländern beim wirtschaftlichen Wohlstand erhebliche Unterschiede zwischen einzelnen Regionen, und rohstoffreiche Regionen fallen im Vergleich mit rohstoffarmen ab. Ich komme auf diese Frage zurück.

23 Die lange Arbeitstradition in Standorttheorie und Wirtschaftsgeographie birgt nützliche Parallelen. Weber (1929) stellte eine Theorie auf, in der das Ziel des Industriestandorts darin lag, die Gesamtkosten einschließlich Transport zu minimieren. Lösch (1954) entwickelte ein Modell, bei dem räumliche Angebots- und Nachfrageüberlegungen in einen optimalen Standort eingingen. Wirtschaftsgeographen bestimmen »Clustereinsparungen« massierter Fabriken in einer Region, die Spezialisierungseinsparungen in den Vordergrund stellen. Vgl. O'Sullivan (1981) und Lloyd und Dicken (1977).

Verwandte Literatur über Regionalentwicklung in Hochtechnologiebranchen enthält ebenfalls nützliche Einsichten. Das Phänomen Silicon Valley wurde besonders eingehend untersucht. Vgl. z. B. Hall und Markusen (1985).

Meine Theorie sieht die geographische Konzentration als Teil des allgemeineren Prozesses, durch den ein Vorteil geschaffen und gewahrt wird. Wirtschaftsgeographie ist in der Wirtschaftswissenschaft nicht als Kerndisziplin betrachtet worden; doch das sollte sie, wie meine Untersuchung nahelegt. Enright (1990) untersucht in seiner Doktorarbeit das Phänomen der geographischen Konzentration sehr genau, sowohl mit formalen Modellen wie expirischer Arbeit.

24 Die geographische Nähe hat auch wichtige Auswirkungen auf den Ruf, die ein opportunistisches Verhalten begrenzen. Das erleichtert den vertikalen Austausch in den Clustern (vgl. Enright 1990). Lundvall (1985, 1988) hat die Interdependenz zwischen Verbrauchern und Zulieferern in einer Region oder einem Land als wichtig für die technologische Innovation bezeichnet.

25 Diese Argumente helfen auch erklären, warum externe Einsparungen besonders wichtig innerhalb eines Landes (oder einer Region) sind, und nicht zwischen Ländern.

26 Die Arbeit von Jacobs (1984) beleuchtet die wichtige Rolle der Städte bei der wirtschaftlichen Entwicklung. Städte oder Regionen sind oft der Ort des Wettbewerbsvorteils in einer Branche. Ich habe gezeigt, daß die Stadt als Standort einer bestimmten Branche Teil des Wettbewerbsprozesses ist. Der Handel einer Stadt oder Region mit anderen im Land spielt eine parallele Rolle für den internationalen Handel bei der Beeinflussung der lokalen Produktivität.

27 Die starken Auswirkungen der neuen Technologien wie Informationssysteme selbst in »reifen« Branchen stellen eine elementare Bedrohung der normalen Rolle der Länder in der sich entfaltenden Welt dar, die in traditionellen und entwickelten Branchen Wettbewerb betrieben haben. Doch die gleichen Technologien erweitern das mögliche Branchenspektrum in der Weltwirtschaft und damit die Gesamtgröße des Kuchens, und das langsame Bevölkerungswachstum in den fortschrittlichen Ländern schränkt den Bestand an Arbeitskräften und damit die Größe der Branchen ein, an denen solche Länder sich beteiligen können. Welche Kräfte sich als stärker erweisen, ist wichtig für den zukünftigen Wohlstand in den Entwicklungsländern. Vgl. Kapitel 12.

28 Olson (1982) beschreibt diesen Prozeß auf faszinierende Weise. Vgl. auch Etzioni (1985).

29 Die schweizerischen Wettbewerber mit hochwertigen Armbanduhren haben ihre Position gehalten.

30 Ich bin Richard Tedlow für die Anregung zu diesem Begriff dankbar.

31 Vgl. wegen einer Beschreibung Lazonick (1983).

32 Steigende Faktorkosten und ein Druck, der die Währung des Landes nach oben treibt, helfen die Ressourcen in produktivere Branchen verlagern.

33 Die Literatur über technologische Innovation enthält viele Einsichten für das Verständnis des internationalen Wettbewerbs, obwohl sie weitgehend in einem inländischen Kontext entstanden ist. Sie hat einzeln die Rolle von Verbrauchern, Zulieferern und der Firmen selbst als Innovationsquelle bestimmt. Vgl. z. B. von Hippels (1988) interessantes Buch und auch die Klassiker von Schmookler (1966), Abernathy und Utterback (1975), Rosenberg (1976), Freeman (1982), Nelson und Winter (1982) u. a. Eine ausführliche Debatte hat »Nachfragesog« gegen »Technologieschub« ins Feld geführt.

Meine Theorie faßt diese und andere Quellen in einem größeren Rahmen zusammen. Innovation kann nicht aus ihrem strategischen und wettbewerbsmäßigen Zusammenhang gelöst werden. Viele Innovationen schließen Technologie im engen wissenschaftlichen Sinn nicht ein, sondern Verbesserungen bei Vorgehensweisen. Das Umfeld eines Unternehmens ist für die Innovationen genauso wichtig wie das, was innerbetrieblich vor sich geht, oder noch wichtiger. Informationen zu erhalten und sie zu deuten ist für den Innovationsprozeß ganz wesentlich. Innovation ist in Unternehmen ein unnatürlicher Akt, der allein durch Druck auf die Motivation entsteht. Meine Theorie zeigt, wie eine ganze Phalanx von Bestimmungsfaktoren wechselseitig aufeinander einwirkt und den Innovationsprozeß gestaltet. Nachfragesog und Technologieschub sind beide notwendig, ebenso wie das richtige Wettbewerbsumfeld und Zugang zu geeigneten Faktoren.

34 Der »Diamant« bietet auch einen größeren Überblick über die Bestimmungsfaktoren von Investitionen. Investitionen werden von den Kapitalkosten beeinflußt, aber Korea und Italien belegen, daß die Investitionsanlässe weit vielfältiger sind. Konkurrenz, nachfragebedingte Zwänge, Ziele des Unternehmens und der Manager sowie andere Einflüsse spielen eine zweifellos wichtigere Rolle.

35 Das gleiche Thema taucht bei Untersuchungen des sozialen Fortschritts in verschiedenen Disziplinen auf. Max Weber schrieb über die Beweggründe, die aus der protestantischen Ethik erwachsen. David McClellands (1969) Arbeit über Leistungsmotivation enthält diesen Gedanken. Ich habe hier versucht, ihm im Zusammenhang mit dem Branchenwettbewerb konkrete Formen zu geben.

36 Der örtliche »Diamant« wirkt sich zentral auf den Lern- und Verbreitungsprozeß in einer Landesbranche aus. Die Verbreitung von Informationen durch den »Diamanten« führt zu einem Feedback und beeinflußt die Richtungen der technologischen Entwicklung.

37 In dieser Hinsicht verallgemeinert das System hier ein Thema, das inzwischen auch in anderen Arbeiten aufgetaucht ist. Spence (1983) betont die Wirkungen der Geschichte in der industriellen Organisation. Mehrere Autoren haben auf den »Abhängigkeitspfad« der industriellen Entwicklung für Produkte hingewiesen, die Teil von Netzen sind oder mit anderen Produkten zusammenpassen müssen. Eine frühe Führung auf einem solchen Markt schafft aufgrund der Bedeutung der installierten Basis oft beträchtliche Zugangsbarrieren. Vgl. Saloner (1986).

38 In mancher Hinsicht ähnelt die Situation den neuesten Chaostheorien, bei denen der Weg vorausgesagt werden kann, obwohl die Anfangsbedingungen unbekannt sind.

Kapitel 5

1 Andere ausgewählte Fallstudien finden sich in Porter und Enright, *Studies in National Advantage,* in Vorbereitung.

2 Die Untersuchung zu diesem Fall leitete Claas van der Linde von der St. Gallener Wirtschaftshochschule.

3 Japan kam mit 19,1 Prozent Anteil an den Weltexporten auf Rang zwei.

4 Alle Zahlen sind zu DM-Kursen von Anfang 1988 umgerechnet.

5 Wolf (1981).

6 Das war in Deutschland zu der Zeit typisch, weil viele Deutsche den starken Wunsch nach höherer Bildung verspürten.

7 Wolf (1981).

8 Ibd.

9 Die beiden Maschinen wurden heimlich aufgestellt, um keine Unruhe unter den vielen Druckern aufkommen zu lassen, die freigesetzt wurden. Vgl. Goebel (1956).

10 Wolf (1981).

11 Koenig, F. G., Brief vom November 1816, zitiert in ibd.

12 Goebel (1956).

13 Wolf (1981) ist für einen großen Teil dieses Abschnitts die Hauptquelle.

14 Unternehmenspapiere.

15 Koenig & Bauer AG, *Details and Facts on the Development and Structure of the Enterprise*, Firmengeschichte.

16 Branchenquelle, 18. Mai 1987.

17 Wolf (1981).

18 VDMA (1986).

19 Auch die Leistungsfähigkeit der Fertigung hatte nach dem Zweiten Weltkrieg einen Aufschwung erlebt. Die meisten deutschen Fabriken mußten neu gebaut werden, und die deutschen Unternehmen planten und bauten die modernsten Produktionsanlagen der Welt.

20 Branchenquelle, 18. Mai 1987.

21 Wolf (1981).

22 Bundesverband Druck, *Jahresbericht 1985* (Wiesbaden, 1986), S. 33.

23 *Frankfurter Allgemeine Zeitung*, 7. Juni 1988.

24 Wolf (1981).

25 Die BASF hielt nach Schätzungen einen 14%igen Anteil am europäischen Druckfarbenmarkt und 17 Prozent am US-Markt. Der Auslandsumsatz machte etwa 80 Prozent des Gesamtumsatzes aus.

26 Branchenquelle, 9. September 1988.

27 Harris wurde 1988 für 300 Millionen $ von Heidelberg erworben.

28 Branchenquelle, 9. September 1988.

29 Die Untersuchung für diese Fallstudie wurde vom wissenschaftlichen Assistenten William M. McClements geleitet.

30 1987 machten die Exporte etwa 10 Prozent der gesamten Inlandsproduktion aus, die auf ca. 650 Millionen $ geschätzt wurde.

31 Ein Arzt aus Australien hatte zur gleichen Zeit eine ähnliche Idee, doch die Umsetzung erfolgte zuerst und am schnellsten in den Vereinigten Staaten.

32 Interview mit einem führenden Branchenvertreter, 25. August 1988.

33 Frost und Sullivan (1984).

34 Deutschland war einer der anspruchsvollsten europäischen Märkte für Gesundheitsfürsorge, ähnlich wie Schweden und Dänemark.

35 Interview mit einem führenden Branchenvertreter, 22. April 1988.

36 Interview mit einem führenden Branchenvertreter, 8. September 1988.

37 Dieser Fall wurde von Michael J. Enright vorbereitet; Paolo Tenti assistierte.

38 1987 produzierte Italien mengenmäßig etwa 29 Prozent aller Keramikfliesen auf der Welt (350 Millionen m^2), deutlich vor Spanien mit 15 Prozent und Brasilien mit 14 Prozent (Schätzungen von Assopiastrelle). Der wertmäßige Anteil Italiens an den Weltexporten lag 1986 bei 59 Prozent, vor dem zweitplazierten Spanien mit 11 Prozent und Deutschland mit 10 Prozent auf dem dritten Rang. Vereinte Nationen (1988).

39 1987 entfielen auf das Gebiet der Emilia-Romagna 85 Prozent der italienischen Produktion und 79 Prozent der italienischen Beschäftigten der Branche. Die überwältigende Mehrheit der Firmen lag in einem ganz kleinen Gebiet der Provinzen von Modena und Reggio Emilia, das sich etwa 10 Kilometer um den Mittelpunkt Sassuolo erstreckte.

40 Interview mit Giorgio Saltini, 25. Juni 1986; Interview mit Antonio Camellini, 22. Juli 1986.

41 Banca Nazionale del Lavoro (1973).
42 In den Jahren nach dem Zweiten Weltkrieg war es leicht, Fliesen ohne offizielle Rechnung zu verkaufen. Die geringe Größe vieler der betroffenen Betriebe machte es dem Staat schwer, diesen Geschäften auf die Spur zu kommen. Eine Zeitlang profitierten die Firmen von dieser zusätzlichen Form der Steuervermeidung.
43 Interview mit Graziano Sezzi, 22. Juli 1986.
44 Bursi (1984).
45 Interview mit Mauro Poppi, 22. Juli 1986.
46 Saltini; Camellini.
47 Die Inlandsnachfrage wurde angefacht dadurch, daß in Italien so viele gute Fliesenleger zu relativ niedrigen Kosten verfügbar waren. Italienische Fliesenhersteller veranstalteten Kurse und boten umfassende Anweisungen zum Verlegen. All das hing mit der Größe und dem hohen Anspruch der italienischen Nachfrage zusammen.
48 Nach Daten aus Sezzi (1979).
49 Camellini; Interview mit Pedro Riaza, 26. Oktober 1988.
50 Schätzungen auf der Grundlage einer Auswahl von 152 Firmen und 500 Einzelhändlern. Vgl. CRESME (1986).
51 CRESME (1986).
52 CRESME (1986).
53 Camellini.
54 Diese Schätzungen geben neuere Bedingungen wieder, lassen aber auf frühere Verhältnisse schließen. (Der Durchschnitt lag bei 35 Prozent für alle US-Hersteller.) Lukes (1983).
55 Utili (1983).
56 Prodi (1966).
57 Databank (1985).
58 Utili (1983). 1987 waren Brennzeiten von vierzig Minuten normal.
59 Nach Daten von Assopiastrelle.
60 Interview mit Luciano Galassini, 20. Oktober 1988.
61 *Business Week*, 15. Oktober 1984.
62 *Il Giornale*, 19. September 1988.
63 Bursi (1984).
64 Nach Daten von Assopiastrelle (April 1988).
65 Baccarani (1985) verwendete eine ähnliche Systematik.
66 Roncaccioli (1986).
67 Databank (1985). Im September 1988 vertrat die *cassa integrazione* etwa 2,4 Prozent aller Beschäftigten.
68 Lukes (1983).
69 Interview mit Pedro Riaza, 26. Oktober 1988.
70 Nomisma (1983).
71 Ibd.
72 Dieser Abschnitt beruht auf einer Studie, die von Michael J. Enright zusammen mit einem Forschungsteam an der Hitotsubashi Universität vorbereitet wurde.
73 Dieser Zahl lag eine sehr weitgehende Definition eines Roboters zugrunde.

74 Sadamoto (1981).

75 Ibd.

76 Ibd.

77 Interview mit Branchenfachmann, 27. Februar 1987.

78 Automaten für die Leiterplatteninstallation waren in der Gesamtzahl enthalten.

79 Entnommen aus Yonemoto (1987).

80 Sadamoto (1981).

81 Vereinte Nationen Economic Commission for Europe (1985).

82 Auch Roboterhersteller aus anderen Ländern hatten derartige Abkommen getroffen.

83 US-Wirtschaftsministerium (1987).

84 Ibd.

85 Databank (1986).

Kapitel 6

1 Vgl. United States Office of Technology Assessment (1986). Die statistischen Schwierigkeiten bei der Erfassung des Dienstleistungshandels sind groß. Viele internationale Dienstleistungsgeschäfte werden gar nicht erfaßt, weil keine Waren die Grenze überschreiten, die untersucht und gezählt werden könnten. Vorgänge, die sowohl Güter als auch Dienstleistungen betreffen, werden normalerweise dem Warenbereich zugeordnet. Ein großer Teil der Auslandtätigkeit der Dienstleistungsunternehmen läuft über die Auslandsniederlassungen. Diese Tätigkeit wird unter allgemeinen Kategorien wie Lizenzgebühren oder Gewinnabführung in der volkswirtschaftlichen Gesamtrechnung zusammengefaßt. Wegen einer Erörterung einiger Erfassungsprobleme im Dienstleistungshandel vgl. Sapir (1982) und Schott (1983).

2 Viele Dienstleistungsbranchen enthalten ein erfaßbares Element oder eine Komponente, etwa einen Wirtschaftsprüfer, der einen Bilanzbericht liefert.

3 Viele Autoren haben über die genaue Definition dessen gestritten, was eine Dienstleistung ist oder nicht ist und wie Dienstleistungen von Industrieerzeugnissen unterschieden werden können. Es gibt tatsächlich viele Nuancen bei der Definition von Dienstleistungen, doch sie sind für meine Untersuchungen nicht besonders wichtig.

4 Wissenschaftler haben das typische Wachstumsmuster im Dienstleistungssektor einer sich entwickelnden Volkswirtschaft festgehalten. Als Standardhinweis vgl. Chenery und Syrquin (1975). Dienstleistungen gewinnen, wenn ein Land sich entwickelt, aus ähnlichen Gründen an Bedeutung wie denen, die ich hier erörtere. Unser Interesse gilt hier dem *internationalen* Wettbewerb bei Dienstleistungen, nicht der Rolle der Dienstleistungen in der heimischen Wirtschaft. Aber die besondere Rolle einzelner Dienstleistungen in der Wirtschaft hängt mit der Fähigkeit zusammen, sich am internationalen Wettbewerb zu beteiligen.

5 Einen positiven Zusammenhang zwischen dem Prozentsatz der Gesamtbeschäftigung in einem Land, dargestellt am Dienstleistungssektor und dem Pro-Kopf-Einkommen, und der Verstädterung stellen Thompson und Stollar (1983) her.

6 Viele der gleichen Kräfte, die zur Desintegration von Dienstleistungen führen,

tendieren auch dahin, den Umfang der vertikalen Integration in vielen Fertigungsindustrien zu verringern.

7 Theodore Levitt hat diese Massenproduktion die »Industrialisierung« von Dienstleistungen genannt. Vgl. Levitt (1976).

8 In Schweden hat es interessanterweise einige Bemühungen gegeben, »Bürokratie« zu exportieren, etwa Systeme zur Ausgabe von Führerscheinen und die
Verwaltung von Gesundheitseinrichtungen. Es ist zwar zu Auslandsabsätzen
gekommen, das meiste jedoch in Ländern der dritten Welt und vergleichsweise
unbedeutend.

9 Andere Systematisierungen des internationalen Dienstleistungswettbewerbs, die
sich unterschiedlich mit meiner überschneiden, finden sich in Riddle (1986), Sapir
(1982) und Gray (1983) sowie anderen.

10 Einem internationalen Unternehmen steht es frei, wo es den Standort für Lager,
Verkaufs- und Dienstleistungsbüros und regionale Zentralen für die Verwaltung
einer Ländergruppe wählt. Singapur bemüht sich z. B. aktiv darum, derartige
regionale Verkaufs- und Vertriebszentren für Südostasien ins Land zu holen. Die
Schweiz hat eine starke Stellung hinsichtlich europäischer Firmenzentralen, genau wie Belgien (Brüssel).

11 Vgl. Sölvell (1979).

12 Die staatlichen Quellen sind sehr gedrängt und werfen viele Dienstleistungsbranchen zusammen. Daten über den Dienstleistungshandel enthalten normalerweise
auch Lizenzgebühren, Gewinnrückführungen und andere Finanzströme, die oft
wenig mit Dienstleistungen zu tun haben. Daten über Auslandsinvestitionen in
Dienstleistungsbranchen fehlen im wesentlichen.

13 Es gibt relativ wenige theoretische oder empirische Arbeiten über den komparativen Vorteil in Dienstleistungsbranchen. Die meisten Autoren erklären, die
herkömmliche Handelstheorie lasse sich weitgehend auf die Dienstleistungen
anwenden; vgl. Sapir (1982) und Katouzian (1970). Sampson und Snape (1985)
u. a. weisen darauf hin, daß die bei Dienstleistungen vorherrschende Faktor- und
Kundenmobilität das Problem erschwert. Die Bemühungen, die herkömmliche
Handelstheorie auf Dienstleistungen anzuwenden, sind ein Anfang, aber die
Probleme, die ich in Kapitel 1 genannt habe, bleiben.

14 Zu einer Bestandsaufnahme der Literatur über soziale Unterschiede, die sich auf
Dienstleistungen auswirken können, vgl. Riddle (1986).

15 Die ganze Vorstellung von standardisierten Produkten (einige würden sagen auf
einem niedrigen gemeinsamen Nenner), Verfügbarkeit, Massenproduktion und
Massenabsatz ist in den amerikanischen Nachfragemustern tief verwurzelt. Vgl.
Kapitel 7.

16 International Financial Law Review (1985).

17 Besonders wichtig ist Freiheit von Regulierung für die Entwicklung neuer Dienstleistungen und die internationale Arbeit. Regulierungen zur Sicherung der erforderlichen Kapitaldecke oder zum Schutz vor Betrug andererseits behindern echte
Innovationen und Wettbewerb nicht, sondern fördern sie.

18 Welche Rolle Dienstleistungen in einer sich entwickelnden Wirtschaft spielen,
wird in Kapitel 10 erörtert.

19 Dieser Abschnitt stützt sich auf Projektfallstudien, u. a. William McClements,

The U. S. Engineering and Construction Industry, Paolo Tenti, *The Italian Engineering and Construction Industry*, und Dong-Sung Cho, *The Korean Heavy Construction Industry*.

20 *Engineering News-Record*, 7. Juli 1988, und *International Construction Week*, 11. Juni 1988.

21 Vgl. Nukazawa (1980).

22 Das Kaufen von Waren band Kapital, das Fungieren nur als Vermittler dagegen nicht. Es schuf vielmehr Anreize, große Warenmengen zu bewegen.

23 Bei weniger heimischer Kunst aus dem Vereinigten Königreich waren scharfe Einschränkungen zum Schutz nationaler Schätze weniger wahrscheinlich.

Kapitel 7

1 Die internationale Arbeitsteilung ist, handelstheoretisch ausgedrückt, spezieller geworden.

2 Zur Untersuchung über Dänemark vgl. Pade und Moller (1988).

3 Inlandsrentabilität ist aus drei Gründen kein gutes Zeichen für einen echten internationalen Wettbewerbsvorteil. Erstens kann ein staatlicher Eingriff den internationalen Wettbewerb behindern und heimische Gewinne künstlich fördern. In Italien z. B. arbeiten einige große Unternehmen äußerst rentabel, weil sie praktisch ein lokales Monopol besitzen und irgendwie auch vor ausländischer Konkurrenz geschützt werden, aber international haben sie keinen Wettbewerbsvorteil. Zweitens können in einer Branche oder Wirtschaft, in der viele Firmen eine Strategie des Hortens verfolgen, Firmen ihre Rentabilität aufrechterhalten, obwohl sie Wettbewerbsfähigkeit einbüßen. Schließlich machen Unterschiede bei den Bilanzierungsrichtlinien beim Erstellen von Bilanzen einen Rentabilitätsvergleich zwischen einzelnen Ländern problematisch, was auch für das Fehlen systematischer Daten in vielen Ländern gilt.

4 Es sollte festgehalten werden, daß alle Länder, die ich abhandle, im Vergleich zur Gesamtheit der Länder bedeutende Handelsnationen mit beachtlichen Stärken sind. Daß ich viele Vorteile anführe, bedeutet nicht, daß viele Länder sie besitzen.

5 Die Clustergrafik hat einige Ähnlichkeiten mit den Input-Output-Tabellen von Leontiew, weil sie vertikale Strömungen zwischen Branchen darzustellen versucht. Doch die Gruppierung und Darstellung der Branchen hat umfassendere Ziele.

6 National Science Foundation (1986).

7 Vgl. McCraw (1986).

8 Das andere Land mit internationalem Erfolg bei in großen Mengen hergestellten Süßwaren war interessanterweise das Vereinigte Königreich (z. B. Cadbury's und Rowntree's). Einige der Gründe dafür kommen in Kapitel 9 zur Sprache.

9 Daß die Vereinigten Staaten ein früher Markt für moderne Güter waren, wurde in vielen Berichten hervorgehoben und ist die Grundlage für Vernons Lebenszyklus-Theorie des internationalen Handels. Vgl. Vernon (1966).

10 In den meisten fortschrittlichen Ländern waren die elektronischen Medien in Staatsbesitz oder unter staatlicher Kontrolle, und Werbung existierte nicht oder war eingeschränkt. In Ländern wie Deutschland und Schweden gelten für die

Fernsehwerbung bis heute starke Einschränkungen, wenngleich sich Änderungen abzeichnen.

11 Einige Aspekte der amerikanischen Kartellpolitik wie der Robinson-Patman Act (der die Preisbindung der zweiten Hand regelt) waren, wie festgehalten werden muß, nicht sehr hilfreich und tendierten dahin, ineffiziente Wettbewerber zu schützen, anstatt den Wettbewerb zu wahren.

12 Maddisons (1987) Überblick über geschichtliche Wachstums- und Produktivitätsdaten kommt zu dem Schluß, daß die Vereinigten Staaten das Vereinigte Königreich um 1890 überholten und bis 1950 sehr leistungsfähig waren, danach aber merklich abfielen.

13 Michael J. Enright und Professor Silvio Borner haben maßgeblich zu diesem Abschnitt beigetragen.

14 Aluminiumprodukte und Chemikalien werden aus importierten Rohstoffen hergestellt.

15 Die fünfzig vom Exportwert her führenden schweizerischen Branchen vereinen 51,2 Prozent aller schweizerischen Exporte auf sich, nach Abzug der Handelsgüter, was ebenfalls relativ wenig im Vergleich zu Japan, Korea und Schweden ist.

16 Diese Daten umfassen zwangsläufig nur die Exporte, nicht die Umsätze der ausländischen Produktionstöchter entweder in Branchen mit hohen oder niedrigen Exportanteilen, die der Clustergrafik aufgrund erheblicher direkter Auslandsinvestitionen zugeschlagen werden.
Wie im Anhang A erwähnt, wurden Branchen in der Clustergrafik für verschiedene Länder gelegentlich unterschiedlich eingestuft, je nach den Bereichen, in denen die Unternehmen des Landes konkurrierten. In Fällen wie diesem wurde die Weltclustergrafik durch Addieren oder Subtrahieren von Branchen vor der Berechnung des nationalen Exportanteils angepaßt. Die sich ergebenden Zahlen sind zwar Näherungswerte, tatsächlich aber ein guter Anhaltspunkt für die Position jedes Landes in den Ansammlungen.

17 Der Prozentsatz der Schweizer, die tatsächlich eine Universität besuchen, liegt interessanterweise unter dem vieler anderer fortschrittlicher Länder.

18 Der Arbeitskräftemangel war so ernst, daß die schweizerischen Unternehmen für einfachere Arbeiten bald Wanderarbeiter einstellten. Dieses Vorgehen zehrte auf lange Sicht an der Produktivitätssteigerung und war für die schweizerische Industrie vielleicht ebensosehr ein Nachteil wie ein Vorteil.

19 In einigen wichtigen konsumnahen Branchen wurden dagegen Richtlinien auf Anweisung schweizerischer Fachverbände und Gewerkschaften eingeführt, die zollgleiche Importbeschränkungen darstellen. Sie schwächen die Innovationskraft, und die schweizerischen Unternehmen in diesen Branchen sind international nicht erfolgreich.

20 Die einzige Ausnahme ist vielleicht die pharmazeutische Industrie, wo die Schweizer in den letzten Jahren mehrere Nobelpreise gewonnen haben.

21 Danthine und Lambelet (1987).

22 Dank Angleichungen für diese Reserven sind viele schweizerische Unternehmen mit scheinbar bescheidenen Gewinnen in Wirklichkeit ziemlich rentabel.

23 Örjan Sölvell, mein wissenschaftlicher Mitarbeiter in Schweden, hat maßgeblich zu diesem Abschnitt beigetragen.

24 Auf die siebzehn größten multinationalen Konzerne Schwedens entfielen auch ein Drittel der schwedischen Industriearbeiter und 60 Prozent der Ausgaben der Industrie für Forschung und Entwicklung. *Regeringens Proposition* (1986–1987).

25 Tabelle B–4 nennt die fünfzig schwedischen Branchen mit dem höchsten Exportwert. Schweden hat hohe absolute Exporte bei PKWs und LKWs, allerdings einen bescheidenen Anteil am jeweiligen Weltexport. Die Auslandsproduktion der schwedischen LKW-Hersteller ist beachtlich. Auch die Exporte von Erdölprodukten sind hoch, doch die schwedische Handelsbilanz ist eindeutig negativ. Nur zwei Branchen auf der Liste der Top fünfzig übertrafen nicht den Stichwert des schwedischen Exportanteils, so daß sie sich als wettbewerbsfähige Branche hätten qualifizieren können. Beide haben eine negative Handelsbilanz.

26 Unter den schwedischen Unternehmen gibt es nur drei bedeutende Hersteller von Konsumgütern: Electrolux (Haushaltsgeräte, Staubsauger, Gartengeräte), Wasabröd (Knäckebrot, von Sandoz [Schweiz] erworben) und Mölnlycke (Windeln und Monatsbinden, Verbindung zu Forsterzeugnissen). Volvo und Saab stellen Personenwagen her, die übrige Produktion gehört zum industriellen Bereich. Die schwedische Firma Match stellt einige Konsumgüter her (Streichhölzer und Feuerzeuge), ist aber mehr mit Forsterzeugnissen verbunden.

27 Schweden hatte einmal dank einer großen Schiffsfrachtbranche eine positive Handelsbilanz bei Dienstleistungen.

28 Schweden erzeugt auch über 40 Prozent seines Stroms mit Kernkraft, der höchste Prozentsatz der Welt. Aufgrund großer Umwelt- und Sicherheitsbedenken, was bezeichnend für Schweden ist, wurde jedoch ein Plan aufgestellt, die Kernenergie bis 2010 auslaufen zu lassen. Das erhöht wahrscheinlich nicht nur die schwedischen Energiekosten, sondern führt auch zu einem Verlust der schwedischen Position bei Kernenergieanlagen. Die schwedische Position bei Kernenergieanlagen ist ein weiteres Beispiel für die Bedeutung der Inlandsnachfrage.

29 Automatisierte Tankstellen, Parkscheinautomaten und Bankautomaten z. B. sind in Schweden etwas ganz Normales.

30 Die Abwertungen haben die schwedischen Arbeitskosten pro Einheit im Vergleich zu anderen fortschrittlichen OECD-Ländern auf ein relativ niedriges Niveau gebracht. Der Schritt zur Abwertung hat zu einer Verzögerung dieser für die wirtschaftliche Aufwertung förderlichen Zwänge beigetragen. Er hat gleichermaßen beispielsweise ein verlangsamtes Vordringen von Industrierobotern in den letzten Jahren bewirkt.

31 Vahlne (1986).

32 Volvo schickt beispielsweise ein Team los, das jeden schweren LKW-Unfall in Schweden untersucht.

33 Dieser Grenzsteuersatz umfaßt Bundes- und Kommunalsteuern. Ein Anfang 1989 gemachter Vorschlag würde den Satz für Familien mit niedrigem und mittlerem Einkommen senken.

34 Die Fernsehwerbung ist in Schweden über Parabolantennen und Kabelsysteme, die ausländische Programme empfangen, auf dem Vormarsch.

35 Ein Problem dieser Struktur ist, daß schwedische Multis oft unabhängige »Landesfürsten« haben, die eine globale Einbindung der Strategie erschweren.

36 Vgl. Sölvell (1987).

37 Es hat einen Trend gegeben, daß Führungskräfte vermehrt eine nichttechnische Ausbildung mitbringen, ein Gefahrensignal im Rahmen der anderen Länder, die wir untersucht haben, weil die Ziele sich vom technischen Fortschritt zu finanziellen Ergebnissen verlagern können. Vgl. Carlson (1986).

38 Der Druck eines relativ offenen Marktes hat diese Reserven ermöglicht, die in den letzten Jahren einem konstruktiveren Zweck gedient haben als in der Schweiz.

39 *Regeringens Proposition* (1986–1987).

40 Claas van der Linde, mein wissenschaftlicher Mitarbeiter in Deutschland, und Michael J. Enright haben maßgeblich an diesem Abschnitt mitgearbeitet.

41 Die Lage Deutschlands, das von mehreren Ländern umgeben ist, nützt zweifellos. Doch der Handel mit den Nachbarländern ist nicht für die bemerkenswerte Exportkraft Deutschlands verantwortlich. Die Industrie exportiert in sehr viele Länder.

42 Während der industriellen Aufbauphase vor dem Zweiten Weltkrieg lag das Schwergewicht aus Sicherheitsgründen auf dem östlichen Teil Deutschlands.

43 Tabelle B–5 zeigt die vom Exportwert her fünfzig führenden deutschen Branchen. Nur sieben von fünfzig blieben unter dem deutschen Stichwert, vier von ihnen mit einer stark negativen Handelsbilanz. Lastkraftwagen (wo es massive direkte Auslandsinvestitionen gibt), Straßenwalzen, Fernsehkameras und Funktelefone sind unterteilte Wirtschaftszweige, in denen deutsche Unternehmen beachtliche Vorteile haben. Diese Branchen sind in die Clustergrafik mit aufgenommen worden.

44 Die einzigen deutschen Branchen, auf die mehr als 2 Prozent der deutschen Exporte entfallen, sind mit der Automobilindustrie verbunden. PKWs stellten 1985 10,4 Prozent der deutschen Exporte, und Autoteile brachten es auf 3,5 Prozent. Andere Branchen, auf die mehr als 1 Prozent entfiel, waren Lastwagen, Schaltvorrichtungen, Meß- und Steuergeräte, verschiedene chemische Produkte und Flugzeuge über 15 000 kg.

45 Das Fehlen beherrschender Positionen in großen Branchen trägt etwas zur Zahl der deutschen Wirtschaftszweige bei, die den Durchschnittsanteil Deutschlands an der Weltproduktion übertreffen. Doch ein absoluter Grenzwert beim Anteil am Weltexport enthüllt im Vergleich zu anderen Ländern den gleichen Schluß.

46 Der deutsche Anteil an den Weltexporten in diesem Bereich wird durch massive Auslandsinvestitionen niedrig gehalten.

47 Die Deutschen haben keinen Job, sondern einen *Beruf*, ein Begriff, bei dem immer auch die Berufung mitschwingt.

48 Die Schulpflicht kam in Deutschland auf. Hohe staatliche Investitionen in die allgemeine und technische Ausbildung gehen bis ins 19. Jahrhundert zurück. Vgl. Landes (1969).

49 Die Ende der 60er Jahre beginnende Studentenbewegung hat bei der Entscheidungsfindung in den deutschen Universitäten zu einer Blockade geführt. Einige herausragende Professoren kehren den deutschen Universitäten den Rücken und nehmen eine Berufung in andere Länder an oder wenden sich anderen Aufgaben zu, ein Anlaß zur Sorge.

50 Das schweizerische System ist dem deutschen nachempfunden.

51 In jüngster Zeit wurde das System abgeändert, so daß der Lehrling jetzt einige Monate im Betrieb verbringt und dann einige Monate in der Schule.

52 Heute sind solche Durchbrüche seltener. Die Innovationen sind zwar stetig, aber zuwachsbezogen, eine Schwachstelle, zum Teil weil Deutschland auf einigen neueren technischen Gebieten wie Halbleiter, Computer und Biotechnologie nicht zu den Branchenführern gehört.

53 Zahlen zu geschichtlichen Preisen. Statistisches Bundesamt (1982, 1987).

54 National Science Foundation (1986).

55 MAC Group (1988). Der Konsumentenkredit ist in Deutschland stark im Kommen, eines von vielen Anzeichen für sich ändernde deutsche Verhaltensweisen, auf die ich später eingehe.

56 Von den Ländern, die wir untersucht haben, war Deutschland, was die Bedeutung des Familienbetriebs betraf, Italien am ähnlichsten.

57 In Einheiten gemessen. Verband der Automobilindustrie (1986).

58 Elektronik, Informatik, Physik und Chemie stehen auf der Liste ebenfalls weit oben. Die Wirtschaftswissenschaften rangieren auf der Liste interessanterweise ganz unten, das Hauptfach von nicht einmal 2 Prozent der deutschen Studenten.

59 Ein Lehrling wird selten die Firma wechseln. Die meisten Beschäftigten halten ihrem Unternehmen die Treue.

60 Monopolkommission (1988); *Frankfurter Allgemeine Zeitung*, 14. Juni 1989, Seite 17.

61 In der deutschen Regierung hat es einige Bemühungen gegeben, dem Kartellrecht mehr Geltung zu verschaffen (vgl. Adams und Brock [1988]), doch die Nachsicht gegenüber Fusionen hält sich. Kartelle werden unter bestimmten Bedingungen erlaubt, und der Bundeswirtschaftsminister kann ein Fusionsverbot des Kartellamts ohne Anrufung eines Gerichts aufheben. Das geschah bei der Fusion von Daimler-Benz und MBB.

62 Vgl. Maddison (1987).

Kapitel 8

1 Hirotaka Takeuchi, mein wissenschaftlicher Mitarbeiter in Japan, hat maßgeblichen Anteil an diesem Abschnitt. Auch Michael J. Enright hat zahlreiche Beiträge geliefert.

2 Japans fünfzig vom Exportwert her führende Branchen sind in Tabelle B-6 aufgeführt. Nur zwei haben den japanischen Stichwert nicht erreicht: Meß- und Steuergeräte und Straßenwalzen. Beides sind unterteilte Branchen, für die die Handelsbilanz positiv ist, so daß sie dennoch in die Clustergrafik aufgenommen wurden (Abbildung 8-1). Auf den Branchenlisten mit dem Exportwert und den Exportanteilen gibt es große Überschneidungen.

3 Heute stammen etwa 15 Prozent des Stroms aus Wasserkraft, gegenüber etwa 50 Prozent 1960. Die Kernenergie nimmt einen wachsenden Anteil ein.

4 Die konfuzianische Lehre, die Bildung, Selbstbesserung, harte Arbeit und Achtung vor der Familie fordert, hatte in der Zeit vor dem Zweiten Weltkrieg Einfluß. Für die Nachkriegsgeneration war sie nicht mehr so wichtig, erlangte aber in den 80er Jahren in Ländern wie Taiwan und Korea mehr Einfluß.

5 Das japanische Erbe des gemeinschaftlichen landwirtschaftlichen Anbaus im Gegensatz zur individuellen Jagdtradition in Ländern wie Deutschland wird von

einigen Beobachtern ebenfalls als Erklärung für die Bereitschaft zur Zusammenarbeit genannt. Vgl. Lodge und Vogel (1987).

6 Zikopoulos (Hrsg.) (1988). Nach Schätzungen studierten 1987 nur 800 US-Bürger an japanischen Universitäten.

7 In vielen Entwicklungsländern steht Kapital für die Industrie nicht zur Verfügung, und zwar wegen Kapitalflucht und weil Ersparnisse nicht in Einrichtungen hinterlegt werden, wo sie arbeiten können, sondern »unter der Matratze« versteckt werden.

8 Die Steuerfreiheit für Postspurguthaben wurde am 1. April 1988 aufgehoben.

9 Die japanischen Mütter werden manchmal »Bildungsmütter« oder *kyoiku-mama* genannt.

10 Im Gegensatz zu anderen Ländern wie Deutschland und der Schweiz hat die staatliche Politik den Import von Arbeitern ausgeschlossen. 1985 waren 0,7 Prozent der Bevölkerung als ausländische Arbeiter und Manager registriert, im Vergleich zu 14,5 Prozent in der Schweiz und 7,2 Prozent in Deutschland. Das wirkte sich in einem noch stärkeren Druck zur Steigerung der Produktivität aus, anstatt mit ausländischen Arbeitern die weniger produktiven Arbeitsplätze zu besetzen. Die koreanischen Arbeiter, die während der japanischen Besetzung Koreas nach Japan kamen, um dort zu arbeiten, wurden als Ausländer registriert und erhielten nicht die japanische Staatsbürgerschaft.

11 Teilzeitarbeit, ein weiterer Anstoß für die Produktivität, entwickelte sich in Japan aus ähnlichen Gründen ziemlich früh.

12 Waren Material, Maschinen oder andere benötigte Artikel knapp, beschafften sich japanische Unternehmen mit viel Geschick Rohstoffe, Bauelemente und Maschinen überall auf der Welt, wo es kostengünstig war.

13 Die starke Abhängigkeit von importiertem Erdöl bedeutete auch, daß die Ölschocks zu einer Abwertung des Yen führten.

14 Die positive Reaktion der japanischen Industrie auf die Aufwertung hing mit Stärken bei anderen Bestimmungsfaktoren zusammen, insbesondere der Faktoraufwertung, Zielen, die Unternehmen zu intensivem Engagement für ihre Branche veranlaßten, und einem ausgeprägten Inlandswettbewerb. In anderen Ländern ohne diese Begleitumstände kann eine Aufwertung zu Stagnation und Forderungen nach staatlicher Intervention führen, die ihrerseits eine Anpassung behindern.
Der scharfe Inlandswettbewerb in Japan bedeutete auch, daß die Abwertungsperioden kein Nachlassen der Innovation mit sich brachten.

15 Selbst heute machen die Exporte weniger als 15 Prozent vom japanischen Bruttoinlandsprodukt aus, verglichen mit 28 Prozent in Deutschland und 40 Prozent in der Schweiz.

16 Die amerikanischen Halbleiterfirmen haben sich eine starke Position bei komplexen logischen Chips wie Mikroprozessoren bewahrt, wo die Stärke der USA in Computern, Raumfahrt und Rüstung eine große Inlandsnachfrage schafft, nicht aber bei normalen Speicherchips.

17 US-Firmen gehörten zwar zu den frühen Wettbewerbern in beiden Branchen, doch die Marktdurchdringung erfolgte in Japan schneller als in den Vereinigten Staaten. Bei Kopiergeräten z.B. führte der starke Bedarf in Japan zu einer

stärkeren Inanspruchnahme der schmutzigen, stinkenden Diazokopien, einem Vorläufer des Kopierens mit unbeschichtetem Papier.

18 Es gibt Ausnahmen wie Yamahas Einstieg in die Motorradbranche (ursprünglich ein Musikinstrumentenhersteller). Noch andere Elemente des »Diamanten« waren am Werk. Yamahas heimlicher Stützpunkt liegt in Hamamatsu, in der Nähe von Honda. Auch Suzuki sitzt in Hamamatsu. Der Erfolg Hondas mit Motorrädern überzeugte Yamaha, daß man selbst auch Erfolg in dieser Branche haben könne.

19 Das japanische Beispiel wirft interessante Fragen zur Zukunft der Beziehungen zwischen den koreanischen Arbeitgebern und Arbeitnehmern auf, die gegenwärtig eine unruhige Phase durchlaufen.

20 Die absoluten Elitestellungen in Japan sind die in den Ministerien, von denen das Finanzministerium und das MITI die angesehensten sind.

21 Japanische (und deutsche) Firmenhandbücher nennen routinemäßig auch das Exportverhältnis jedes Unternehmens, eine Angabe, die in US-Publikationen nicht üblich ist.

22 Statistiken lassen vermuten, daß die Konzentration in der japanischen Industrie zumindest in den 60er und 70er Jahren abgenommen hat und die japanische Industrie insgesamt nicht so stark konzentriert ist wie die der Vereinigten Staaten. Vgl. Caves und Uekusa (1976) und Iguchi (1987).

23 Die Ausnahmen sind meistens in den älteren Branchen wie bei Musikinstrumenten, wo Yamaha beim Anteil weit vor Kawai und anderen liegt.

24 Einige Beobachter haben für Branchen wie Kameras und Kopiergeräte in den Vereinigten Staaten niedrigere Preise als in Japan als Beweis für Absprachen im Inland bezeichnet. Diese Sichtweise ist falsch. Die Preise sind in den Vereinigten Staaten manchmal niedriger als in Japan, und zwar wegen des ineffizienten mehrstufigen japanischen Vertriebssystems sowie in Zeiten erbitterter Kämpfe um US-Marktanteile. Auch Kursschwankungen führen zu einem »grauen Markt«.

25 Wenn das geschah, wurden die Unternehmen wenigstens nach ihrer Wettbewerbsfähigkeit ausgewählt. Die Zahl der japanischen Wettbewerber, die exportieren durften, wurde in einigen Branchen ebenfalls begrenzt; auch dort waren heimische Stärke und Leistungsfähigkeit die Kriterien. Einige Anreize für Verbesserungen und Aufwertungen wurden aufrechterhalten.

26 Viele andere kleinere Zufallsereignisse haben einzelne Branchen beeinflußt.

27 Shinohara (1982) konzentriert sich mit Recht auf die Fähigkeit der japanischen Industrie zur Umwandlung.

28 Paolo Tenti, mein wissenschaftlicher Mitarbeiter in Italien, hat maßgeblichen Anteil an diesem Abschnitt, desgleichen Michael J. Enright.

29 Zwölf der wertmäßig führenden fünfzig italienischen Branchen hatten einen Exportanteil, der unter dem Stichwert lag. Sechs hatten eine negative Handelsbilanz, drei andere einen knappen Handelsüberschuß. Die Probleme Italiens mit großen Branchen werden unten besprochen. Lastwagen wurden aufgrund nennenswerter direkter Auslandsinvestitionen in die Clustergrafik aufgenommen, die Italiens wahre Position verbessern. Auch Personenwagen und Teile wurden aufgenommen, obgleich Italiens Position bei größeren PKWs von heimischer Protektion und Subvention profitiert.

30 Bei Fahrzeugen der Klasse A, der kleinsten Kategorie, hatte Fiat 1987 auf dem außeritalienischen europäischen Markt einen Anteil von 35 Prozent, auf dem italienischen Markt einen Anteil von 87 Prozent. Fiat hat am italienischen Markt insgesamt einen Anteil von über 50 Prozent. DRI-McGraw-Hill (1987).

31 Piore und Sabel (1983) gehörten zu den ersten ausländischen Beobachtern der besonderen Struktur und Leistung der italienischen Industrie.

32 Vgl. Tabelle B−7.

33 Die Ausnahme ist Olivettis europäische Position bei Personalcomputern.

34 Onida (1985) hat die Abhängigkeit erfolgreicher italienischer Produzenten von importierten Chemikalien und elektronischen Bauteilen vorgeführt.

35 *Business Week* (15. Oktober 1984).

36 *Engineering News Record* (7. Juli 1988).

37 European Management Foundation (1986).

38 Diese Betriebe sind in vielen italienischen Exportindustrien wichtige Beteiligte.

39 1988 wurde eine Steuer von 12,5 Prozent auf Staatsanleihen und die Schatzwechselzinsen eingeführt, doch der Zinssatz hat sich angepaßt, so daß die Nettorendite unverändert blieb.

40 Investmentfonds durften in Italien 1983 nur begrenzt Staatsanleihen kaufen. Italienische Banken wurden seit dem Bankenkrach von 1933 daran gehindert, Kapitalbeteiligungen an Unternehmen zu halten und größere langfristige Darlehen zu vergeben. Langfristige Darlehen sind Sache spezieller Kreditinstitute, die Gelder grundsätzlich an Großunternehmen und den Staat ausleihen.

41 Wenige Italiener benutzen Schecks, weil ihre Abrechnung lange dauert. Italien hat nur 0,3 Bankkonten pro Kopf, gegenüber 0,8 in Belgien und Frankreich, 0,9 in Deutschland und den Niederlanden und 1,8 im Vereinigten Königreich. Die britische Stärke bei Finanzdienstleistungen kommt in diesen Zahlen zum Ausdruck, die die Rolle des Inlandswettbewerbs beim Ankurbeln der Inlandsnachfrage verdeutlichen. Vgl. Eurostat Dafsa (1988).

42 Zikopoulos (Hrsg.) (1988).

43 Ein neuer Vorstoß zur Verleihung einer Forschungsdoktorwürde steckt noch in den Anfängen.

44 Untersuchungsmaterial läßt vermuten, daß die formale Forschung stark produktbezogen ist. Vgl. Sirilli (1984, 1987).

45 Wegen einer Quelle vgl. *Advertising Age* (1985). Diese Meinung wurde bei Branchenbeobachtern allgemein vertreten.

46 MAC Group (1988).

47 Italienische Firmen, die sie anbieten, betreiben selbst fast ausschließlich in besonderen Nischen Wettbewerb oder damit, daß sie speziell angefertigte Maschinen und andere Produktionsmittel liefern.

48 Obwohl italienische Firmen uns gegenüber klagten, daß ihre italienischen Zulieferer die neueste Technologie im Ausland anböten, wurde in der Praxis doch deutlich, daß in Italien ein besonderes Verhältnis bestand, vor allem beim technologischen und gedanklichen Austausch.

49 Der führende italienische Fernsehunternehmer Berlusconi nutzte ein Schlupfloch im italienischen Gesetz, das direkten Wettbewerb mit staatseigenen Stationen verbietet.

50 Ein starker Unternehmer- und Wettbewerbsgeist geht wenigstens bis auf den harten Wettbewerb zwischen den Republiken (etwa Genua, Pisa und Venedig) zurück, der der Vereinigung Italiens vorausgeht.

51 Als z. B. das staatseigene Unternehmen Alfa Romeo vor kurzem privatisiert wurde, wurde es trotz starkem Interesse von Ford an Fiat verkauft.

52 Sie ist zwar sozialistisch ausgerichtet, doch sollte festgehalten werden, daß die Kommunistische Partei Italiens weit von dem entfernt ist, was die meisten als kommunistisch bezeichnen würden.

53 Dong-Sung Cho, mein wissenschaftlicher Mitarbeiter in Südkorea, hat maßgeblichen Anteil an diesem Abschnitt.

54 Auf die fünfzig wertmäßig größten Exporteure entfallen 65 Prozent der koreanischen Exporte (vgl. Tabelle B−8). Bis auf fünf übertreffen alle den Stichwert des koreanischen Exportanteils, wobei drei eine negative oder schwache Handelsbilanz aufweisen. Eine Branche, PKWs, wurde in die Clustergrafik aufgenommen, weil ihre Exporte bedeutend sind und rasch steigen und Korea eine starke Position in diesem Bereich hat.

55 Koreas große allgemeine Handelsunternehmen sind erfolgreich, aber fast ausschließlich mit Handel nach und aus Korea befaßt. Sie haben noch nicht den wirklich globalen Stand der schweizerischen, holländischen und einiger japanischer Handelsgesellschaften erreicht, die auch bei umfangreichen Handelsgeschäften beteiligt sind, die nicht das eigene Land betreffen.

56 Ein anderes Anzeichen ist, daß Korea durch 178 Branchen vertreten wird, die den Stichwert erreichen, von denen 76 entweder zur Eisen- und Stahlbranche oder zur Textil- und Bekleidungsindustrie gehören. Die Schweiz wird dagegen durch 189 Branchen vertreten, und kein einziger Bereich hat eine beherrschende Position.

57 Economic Planning Board (1987).

58 Einige Führungskräfte erklären, das Gesetz sei überflüssig, weil Unternehmen sich aus eigenen Stücken für die Schulung einsetzen würden.

59 Praktisch erfolgte die Teilung schon vor dem Krieg.

60 Vgl. Mason et al. (1980).

61 Der koreanische Staat war bereit, einzuschreiten und einigen Gescheiterten zu helfen.

62 Seok Ki Kim (1987).

63 So erhielten z. B. die *chaebol* den Löwenanteil an Exportanreizen, zinsverbilligten Krediten und Investitionsgenehmigungen. Sie wurden außerdem gebeten, zu günstigen Bedingungen notleidende oder staatseigene Betriebe zu übernehmen.

64 Beobachter außerhalb Koreas neigten ebenfalls dazu, die durch die Wettbewerbsinvestitionen verursachten Überkapazitäten als Verschwendung anzusehen, nicht als Anstoß für die Aufwertung der koreanischen Industrie.

65 Wegen einer Diskussion vgl. Mason et al. (1980).

66 Die zehn Produkte sind Klaviere, Turnschuhe, Mikrowellenherde, Brillengestelle, Angelruten, Reiseartikel, Spielzeug, Porzellan, Farbfernseher und Videorecorder.

Kapitel 9

1 Vgl. z. B. Barnett (1987) sowie Lazonick und Elbaum (1986).

2 Tabelle B–9 zeigt die fünfzig britischen Unternehmen mit den wertmäßig höchsten Exporten. Neben erdölnahen Branchen erscheinen auf dieser Liste bescheidene britische Positionen in verschiedenen großen Branchen wie Automobile und Computeranlagen, in die erhebliche direkte Auslandsinvestitionen in Großbritannien fließen. Von den fünfzig wertmäßig beim Export führenden britischen Unternehmen übertreffen bis auf fünf alle den Stichwert für den britischen Exportanteil, und alle haben eine hohe negative Handelsbilanz. Feldstudien lassen vermuten, daß die Tochtergesellschaften ausländischer Unternehmen für einen erheblichen Teil der britischen Exporte verantwortlich sind.

3 Gute Positionen in einigen anderen Branchen wie Edelmetalle, Edelsteine und Gemälde sind eine Folge der Stärke im Auktionswesen und Handel, nicht von in Großbritannien hergestellten Gütern.

4 Britische Erfolge in computernahen Branchen werden stark von amerikanischen Investitionen im Vereinigten Königreich beeinflußt.

5 Das Ingenieurwesen wird in Großbritannien verächtlich als »angewandte«, nicht als reine Wissenschaft angesehen. Es gibt für britische Ingenieure keine staatliche Bescheinigung oder Anerkennung, so daß jeder den Titel führen kann. In Ländern wie Italien, Deutschland, Schweden und Japan ist der Titel Ingenieur geschützt und angesehen.

6 Diese Besonderheiten der britischen Bildung haben eine lange Geschichte. Vgl. Weiner (1981).

7 Clutterbuch und Crainer (1988).

8 National Science Foundation (1988).

9 Vgl. Pavitt (1980).

10 Organisation für wirtschaftliche Zusammenarbeit und Entwicklung (1989).

11 Ibd. (1988).

12 Der britischen Industrie mangelte es häufig auch an Wettbewerbskraft, wie ich noch erläutern werde.

13 *The Economist*, 20. Mai 1989.

14 Der relative amerikanische Lebensstandard schneidet besser ab bei Vergleichen, die sich an der Kaufkraftparität auszurichten versuchen; die relative Position der USA verschlechtert sich aber dennoch.

15 Die fünfzig vom Exportwert her führenden amerikanischen Branchen in Tabelle B–10 zeigen einen geringeren Anteil der rohstoffintensiven Branchen (dreizehn von fünfzig). Nur drei der fünfzig Branchen erreichen nicht den US-Stichwert für den Exportanteil, und alle haben eine hohe negative Handelsbilanz.

16 Vergleichbare Zahlen können wegen Änderungen im Warenverzeichnis für den Außenhandel nicht berechnet werden, doch nach unseren Schätzungen machen die rohstoffabhängigen Exporte bestenfalls etwa 29 Prozent aller US-Exporte für 1971 aus.

17 Vgl. Dornbusch, Krugman und Park (1989).

18 Vgl. Tabelle 13–1.

19 Untersuchungen von Jorgenson (1987) haben gezeigt, daß das amerikanische Wirtschaftswachstum der letzten Jahrzehnte weitgehend eine Folge des Wachs-

tums der Faktoren, nicht einer verbesserten Technologie war. Dieser Schluß, der in krassem Widerspruch zu Untersuchungen von Solow und Denison über frühere Zeiträume steht, spricht für eine rückläufige Innovations- und Aufwertungsrate in der amerikanischen Industrie und ist in der Tat beunruhigend.

20 Die amerikanischen Verbraucher kaufen, wie die britischen Verbraucher, große Mengen importierter Güter. Einige Beobachter nehmen das als Zeichen dafür, daß sie besonders anspruchsvoll sind. In Wirklichkeit erkennen die amerikanischen und britischen Verbraucher endlich, was Käufer aus anderen Ländern längst erkannt haben. Angesichts offenkundiger Unterschiede in Qualität und Aussehen kaufen sie ausländische Produkte, die in ihrem Heimatstaat bereits akzeptiert sind.

21 Eine interessante Tatsache, die sich auf das Verhalten gegenüber Produktqualität und Haltbarkeit auswirken kann, ist, daß in den Vereinigten Staaten überwiegend mit Kreditkarten bezahlt wird. In Japan und Deutschland bezahlen die Verbraucher bar, was offenbar den Wunsch nach hoher Qualität verstärkt, wie unsere Befragungen zeigen.

22 Das macht deutlich, warum bloßes Mehrausgeben für moderne Geräte nicht die Lösung der Qualitäts- und Produktivitätsprobleme in der amerikanischen Industrie ist.

23 Bei den heiklen und trendbewußten japanischen Verbrauchern erwarte ich, daß die vermehrte Freizeit in Japan sich in solchen Branchen in einer sehr hohen Innovationsrate niederschlägt. Japan kann durchaus zu einem Exportland auf diesen Gebieten werden.

24 Der internationale Erfolg japanischer Finanzdienstleistungsunternehmen geht bis jetzt fast ausschließlich auf die Gebiete zurück, in denen der Zugang zu billigem Kapital die Hauptgrundlage des Wettbewerbsvorteils ist. Sie sind kaum in anspruchsvolle Finanzdienstleistungen und Geschäfte mit nichtjapanischen Kunden vorgedrungen.

25 Vgl. Tabelle 13–2. Großbritannien ergriff im April 1988 eine ähnliche Maßnahme, und Deutschland hat angekündigt, es ebenso zu machen.

26 Einige neuere Beispiele sind General Electrics Tausch der darbenden Konsumelektronik gegen Thompsons (Frankreich) medizinischen Gerätebereich und der Verkauf von Firestones Reifengeschäft an Bridgestone (Japan).

27 Weil die meisten Aktien in den Vereinigten Staaten von Anlegern gehalten werden, die wenig Unternehmensloyalität kennen (im Gegensatz zu Deutschland und Japan), sind Fusionen relativ einfach durchzuziehen. Fast alle US-Unternehmen sind »im Spiel«.

28 Vgl. Porter (1987).

29 All diese Entwicklungen haben zu einer einmalig fortschrittlichen und anspruchsvollen Nachfrage nach Finanzdienstleistungen beigetragen, und es überrascht nicht, daß US-Unternehmen bei vielen von ihnen weltweit führend sind. Amerikanische Finanzdienstleistungsunternehmen waren die ersten mit großangelegten Fusionen und Übernahmen, Junk Bonds, Leveraged Buyouts und vielen neuen Versicherungsarten und Finanzinvestitionen. Die amerikanische Industrie hat allerdings, was den Wettbewerbsvorteil angeht, einen stolzen Preis gezahlt.

30 Daten für weniger gedrängte Vergleiche finden sich in den Tabellen der einzelnen

Länder im Anhang B. Sie zeigen Länderunterschiede im Muster des Wettbewerbserfolgs, die noch verblüffender sind als diese allgemeineren Vergleiche.

Kapitel 10

1 Es sollte angemerkt werden, daß die Entwicklungsliteratur auf einige der Fragen hinweist, die ich hier und an anderer Stelle im Buch behandle. Ich hoffe, daß mein etwas anderer Ausgangspunkt und Bezugsrahmen eine weitere nützliche Perspektive liefern.

2 Rostows (1971) Stufenmodell versucht, die Wirtschaft allgemeiner zu charakterisieren, und befaßt sich hauptsächlich mit früheren Stufen des Entwicklungsprozesses.

3 Der Zustand des Wettbewerbsvorteils in internationalen Branchen spiegelt tendenziell den Zustand in reinen Inlandsbranchen wegen gleichlaufender Entwicklungen beim Nachfrageanspruch, den Faktorbedingungen, unterstützenden Branchen und anderen nationalen branchenübergreifenden Umständen. Es gibt auch äußere Umstände bei der Faktorbildung, der Nachfrage, dem Technologietransfer und anderen Bereichen, über die ich in Kapitel 4 gesprochen habe und die Branchen überspannen, aber auch die Rolle der Clusterbildung. Auch heimische Branchen müssen um Arbeitskräfte und Kapital kämpfen und deshalb eine ausreichende Produktivität erzielen, damit sie Löhne zahlen können, die Arbeitskräfte anlocken und halten, und sie müssen eine annehmbare Kapitalrendite erwirtschaften. Wenn man sich nicht dem Auslandswettbewerb stellen muß, kann die Effizienz des Einsatzes von Arbeitskräften und Kapital in den heimischen Branchen allerdings geringer als in anderen Ländern sein. Das schränkt die nationale Produktivität ein und bürdet den Verbrauchern und Unternehmen des Landes höhere Kosten auf.

4 In Kapitel 4 habe ich die Branchenarten besprochen, in denen nicht der gesamte »Diamant« für den Wettbewerbsvorteil gebraucht wurde.

5 Eine ausgezeichnete Erörterung über den japanischen Konsens bietet Yamamura in Krugman, Hrsg. (1986).

6 Mancur Olsons (1982) interessantes Buch über den Niedergang von Ländern hebt einige der Ursprünge solcher Starrheiten hervor. Er verbindet sie mit der Bildung von »Vertriebszusammenschlüssen« oder Quasikartellen, in denen Firmen und Beschäftigte versuchen, einen größeren Anteil am wirtschaftlichen Kuchen zu verschachern, anstatt ihn zu vergrößern.

7 Die Erforschung des Produktivitätswachstums hat drei Quellen herausgehoben: technologische Veränderungen, Kapitalbildung und sich verbessernde Bildungs- und Qualifikationsniveaus. Nelsons ausgezeichnete Übersicht (1981) bestimmt diese Quellen und trifft die wichtige Feststellung, daß sie sowohl ergänzen als auch verstärken (vgl. auch Lindbeck [1983]). Ich betrachte technologische Veränderungen und Kapitalbildung als endogen und versuche, sie als das Ergebnis des »Diamanten« darzustellen, bei dem Investitionen in die Fähigkeiten eine Rolle spielen. Es ist die wechselseitige Verstärkung zwischen diesen Variablen, wie Nelson nahelegt, die das Produktivitätswachstum bestimmt.

8 Ein Problem bei vielen Stufenmodellen, einschließlich dem von Rostow (1971), ist ein Gefühl, daß man durch sie unvermeidlich fortschreitet.

9 Ein interessanter Bericht über die italienische Entwicklung findet sich bei Baumol (1985).

10 Italien und Dänemark weisen hinsichtlich der Zusammenstellung der Branchen, in denen sie konkurrieren, wichtige Ähnlichkeiten auf. Beide Länder sind bei Nahrungsmitteln und Möbeln stark und konkurrieren in vielen zersplitterten Branchenstrukturen. Italien ist dank seiner viel größeren Dynamik wesentlich erfolgreicher. In Dänemark fehlen der offensive Inlandswettbewerb und das hohe Maß an individueller und familiärer Bereitschaft, die für den italienischen Erfolg so wichtig ist.

Kapitel 11

1 Ich teile die Ansicht vieler über die Bedeutung der Globalstrategie. Vgl. z. B. Porter (1986). Doch die Untersuchungen für dieses Buch haben deutlich gemacht, daß die Globalisierung die wichtige Rolle des Heimatstaates nicht ausschließt. Die Bedeutung des Standortes, insbesondere des heimischen Stützpunkts, ist weit größer, als ich angenommen habe.

2 Schumpeters Theorie (1942) postulierte, daß neue Unternehmen die alten Führer unweigerlich hinter sich lassen. Diese Gefahr ist zwar tatsächlich vorhanden, doch können Firmen, die meist aufgrund eines lebhaften nationalen Umfelds in der Lage sind, ihre Dynamik zu wahren, ihre Führungsrolle jahrzehntelang halten.

3 Wenn Fachverbände zu Kartellen entarten, können sie die Wettbewerbsposition der nationalen Branche schwächen und die Verbraucher schädigen. Die Kartellbehörden in den Vereinigten Staaten haben deshalb ein wachsames Auge auf die Aktivitäten der Fachverbände, wofür einer der Gründe darin liegt, daß die meisten US-Fachverbände grundsätzlich Lobbyismus betreiben und Branchenstatistiken sammeln, anstatt sich um wichtigere Dinge zu kümmern wie die Ausbildung oder die Förderung technischer Bemühungen im Universitätsbereich.
Wo die Hauptaufgabe der Fachverbände in der Faktorbildung besteht, sollten sie kaum kartellrechtliche Bedenken auslösen, und ihre Tätigkeit wird der Industrie des Landes nützen. Die Beteiligung von Zulieferern und Kunden an den Fachverbänden ist eine nützliche Kontrolle gegen Mißbrauch und auch ein Weg, die möglichen Vorteile auszuweiten.

4 IMI soll demnächst mit IMEDE fusionieren, einer anderen, in der Schweiz ansässigen Business School.

5 Wie Wettbewerber generell zu analysieren sind, habe ich in Porter (1980), Kapitel 3, beschrieben.

6 Diese Schlußfolgerungen decken sich mit denen, zu denen ich bei Untersuchungen in den Vereinigten Staaten gekommen bin. Vgl. Porter (1987).

7 Zu weiteren Erörterungen über eine erfolgreiche Diversifizierung vgl. Porter (1987).

8 Ohmae (1985) ist auf dem richtigen Weg, wenn er davon spricht, ein Insider in allen drei wichtigen Regionen der Welt zu werden. Ein Unternehmen kann zwar die selektiven Vorteile des Auslands durch Übernahmen, Bündnisse und lokale Niederlassungen erschließen, doch hat jedes Unternehmen in einer bestimmten Branche nur einen echten heimischen Stützpunkt.

9 Ein Teil der Schwierigkeiten, die eine multinationale Gesellschaft hat, wenn sie über eine Tochter die Vorteile eines anderen Landes nutzen will, sind die gemeinhin so genannten geschäftlichen Fehlschläge (vgl. Williamson [1975]), zu denen Dinge gehören wie das Problem, glaubhaft Informationen zu vermitteln. Doch es sollte klar sein, daß die Behinderungen sehr viel weiter reichen.

10 Diese Ansicht, die vielleicht nationalistisch erscheint, beruht nicht auf Chauvinismus, sondern auf den Realitäten der Wahrung des Wettbewerbsvorteils.

11 *Financial Times*, 4. Juli 1988.

12 Ericsson (Schweden) ging ebenfalls sehr früh ähnlich vor, was von anderen aufgegriffen wurde.

13 Dieser Punkt wird von amerikanischen Unternehmen oft übersehen, die »internationalen Wettbewerb« als das Konkurrieren mit ausländischen Firmen betrachten, die in den amerikanischen Markt eindringen wollen, nicht als die Auseinandersetzung mit ausländischen Wettbewerbern auf Auslandsmärkten.

14 Zu einer ausführlicheren Erörterung der strategischen rationalen Begründung für Bündnisse und einigen Materials darüber, wo sie am stärksten vertreten sind, vgl. Porter (1986).

15 Der heimische Stützpunkt braucht nicht das Land des Eigentümers zu sein oder der Ort, wo die meisten Investoren wohnen, wie ich in Kapitel 1 beschrieben habe.

16 Fälle von Unternehmen, deren heimischer Stützpunkt nicht eindeutig ist, wie z. B. bei Royal Dutch Shell, lassen sich oft dadurch lösen, daß man zwischen der Gesellschaft insgesamt und einzelnen Geschäftsbereichen unterscheidet. Bei Shell z. B. ist der heimische Stützpunkt für viele vorgelagerte Bereiche Holland, der für nachgelagerte Aktivitäten Großbritannien.

Kapitel 12

1 Wie in Kapitel 1 beschrieben, bezieht sich die Produktivität auf die Einnahmen, die durch die Beschäftigten pro Zeiteinheit (die die Löhne bestimmt) erwirtschaftet werden, und auf den durch das Kapital erwirtschafteten Ertrag. Das sind die beiden Quellen des Volkseinkommens.

2 Vgl. Dahmén (1982) wegen einer interessanten Darstellung der Mängel, solche Indices bei der Auslegung der Leistungsfähigkeit der schwedischen Industrie zu verwenden.

3 Protektionistische Maßnahmen, die Importe in diesen Branchen abhalten, bergen die große Gefahr, eine ganze Phalanx anderer Wirtschaftszweige zu schädigen, die von ihnen abhängig sind.

4 Eine lokale Branche im Namen der nationalen Sicherheit fördern und sie gleichzeitig vor dem Innovationsdruck abschirmen ist eine weitere Falle, in die viele Länder getappt sind.

5 Auch hier haben wieder Länder wie Japan, wo die meisten politischen Maßnahmen von langgedienten Staatsbediensteten vorgenommen werden, einen eingebauten Vorteil. Die Vereinigten Staaten sind das andere Extrem, denn dort müssen fast alle Beamten in wichtigen politischen Stellungen immer wiedergewählt werden, oder sie werden ernannt und wechseln sehr schnell mit jeder neuen Regierung.

6 Die Unzahl von Möglichkeiten, mit denen der Staat auf den nationalen Vorteil einwirken kann, läßt die Vorstellung von einer nationalen Wirtschaftsstrategie zu einer reinen Fiktion werden. Keines der von uns untersuchten Länder hat eine Strategie. Keines führt all die Maßnahmen bewußt und konsequent durch, die in irgendeiner Weise Einfluß auf die Industrie haben, nicht einmal Japan. Das ist wahrscheinlich gar nicht machbar und auch nicht unbedingt wünschenswert. Es bringt ein Land dahin, den Staat durch ein Management zu ersetzen, was Innovationen abschreckt und die Aufwertung der Industrie eines Landes verlangsamt.

7 Zu einer Erörterung Koreas vgl. Snodgrass in Mason et al. (1980).

8 National Science Foundation (1988).

9 Eine neuere Untersuchung über Israel, das einen großen Rüstungssektor hat, macht die geringe Zahl der Rüstungsableger deutlich. Vgl. Jerusalem Institute of Management (1987).

10 Viele Abhandlungen über Gemeinschaftsforschung befassen sich mit Problemen der Angemessenheit von Gewinnen der F&E (vgl. z. B. Ouchi und Bolton [1988]). Wenn ein Unternehmen keine Gewinne aus der Innovation ziehen kann, heißt es, es investiert zuwenig in die F&E. Gemeinschaftliche F&E wird empfohlen, weil sie die Angemessenheit verbessert.

Vernachlässigt wird dabei, daß das Vermeiden von Verlusten ein genauso starker, wenn nicht stärkerer Anreiz für Investitionen in die F&E ist. Die Angst vor Verlusten besiegt die organisatorische Trägheit, die den Innovationsprozeß hemmt, und das ist ein Grund, warum der Inlandswettbewerb so wichtig für die Innovation ist. Außerdem erfordern Innovationen viele Spezialkenntnisse, die auf die besondere Strategie eines Unternehmens zugeschnitten sind und sich langsamer und unvollständiger ausbreiten, als oft angenommen wird, so daß die technologische Führung bestehenbleibt und auch den Ruf des Innovators hebt. Zur weiteren Diskussion dieser Frage vgl. Kapitel 3.

11 Diese Bedingung wird am besten bei Grundstoffen und anderen rohstoffintensiven Branchen wie Nutzholz, Aluminium und nicht verarbeiteten landwirtschaftlichen Produkten erfüllt. Doch selbst in solchen Branchen können die technologischen Unterschiede zwischen Ländern erheblich sein und die Unterschiede in den Faktorkosten teilweise oder ganz aufheben.

12 Tatsächlich ist ein Druck auf die Währung eines Landes ein Zeichen, daß es in seiner Industrie Produktivitätsprobleme gibt.

13 Die Unternehmen reagieren auf einen steigenden Währungswert anders als auf einen fallenden, weil die Innovations- und Verbesserungsbemühungen der Unternehmen durch Zwänge und Herausforderungen stark beeinflußt werden.

14 Viele Amerikaner, die sich solcher Gesetze nicht bewußt sind, verhalten sich vielleicht unbewußt scheinheilig, wenn sie andere Länder wegen deren restriktiver staatlicher Beschaffungspolitik gegenüber heimischen Firmen verurteilen.

15 In den Vereinigten Staaten wurde angeregt, das Verteidigungsministerium gezielt als Werkzeug zur Stärkung der Wettbewerbsfähigkeit der Industrie einzusetzen. Wie ich in Kapitel 13 darlege, steckt ein solches Vorgehen voller Schwierigkeiten.

16 Kennedys (1987) These, die Rüstung und wirtschaftlichen Wohlstand verbindet, hebt diesen Punkt hervor.

17 Viele Formen der Regulierung zielen darauf ab, mit wichtigen sozialen Problemen fertig zu werden, wo eine private Entscheidung schlicht nicht funktioniert. Sicherheits- und Umweltregelungen z. B. sind Ausdruck sozialer Normen, deren unvoreingenommene Festlegung man von Unternehmen nicht erwarten kann. Man kann im Einzelfall die Art anzweifeln, wie derartige Regelungen durchgeführt werden, nicht jedoch ihre grundsätzliche Berechtigung.

18 Ein anderes Beispiel ist die Kernenergie, in der die Vereinigten Staaten einmal ein bedeutender Exporteur von Kernreaktortechnologie waren. Unsichere und zaghaft angewandte Sicherheitsbestimmungen schufen Nachfragebedingungen, die die Entwicklung von Atomanlagen in den Vereinigten Staaten zum Stillstand gebracht haben. Die Vereinigten Staaten haben auf diesem Gebiet kräftige Exporteinbußen erlitten, und andere Länder sind dabei, die technologische Führung zu übernehmen.

19 In den Vereinigten Staaten wurde der Regulierungsprozeß zuwenig beachtet, die Ausschaltung oder Verwässerung von Normen dagegen zu sehr. Die Wirtschaft hat es außerdem versäumt, genügend zur Verbesserung des Regulierungsprozesses beizutragen. Bei Arzneimitteln z. B. erhält Merck sehr schnell die Freigabe, weil das Unternehmen sich intensiv darum bemüht, der amerikanischen Arzneimittelbehörde die Überprüfung der Anwendung zu erleichtern. Zu viele Unternehmen, amerikanische und nichtamerikanische, halten jede Regulierung instinktiv für schlecht. Das schadet ihrem echten Wettbewerbsvorteil.

20 Wenn die Vertriebskanäle in einem Land differenzierter werden, besteht die erste Reaktion häufig darin, mehr aus dem Ausland zu beziehen, falls die ausländischen Lieferanten wettbewerbsfähiger sind. Das kann die heimischen Lieferanten kurzfristig treffen, während es gleichzeitig langfristig die Voraussetzungen für den Wettbewerbsvorteil dadurch in Bewegung setzt, daß es die Aufwertung der Lieferanten fördert, vorausgesetzt andere Elemente des »Diamanten« sind vorhanden.

21 Ein ähnliches Leasingunternehmen, JECC, wurde zuvor für Computer gegründet. Der Käufer mußte, wenn er die Voraussetzungen erfüllen wollte, ein Gerät der neuesten Generation kaufen.

22 Die staatliche Politik, die den Kreditkauf beeinflußt, war traditionellerweise ein Mittel, die Größe der Gesamtnachfrage anzuregen oder zu bremsen. Interessanter für den langfristigen nationalen Vorteil und auch spekulativer sind die Auswirkungen des Kreditkaufs auf die Nachfragequalität. Es scheint eine andere Mentalität in den Ländern zu herrschen, wo die meisten Käufer bar bezahlen, wie in Deutschland und Japan. Es wird genau ausgewählt, und Qualität und Haltbarkeit sind ganz entscheidend. Allem Anschein nach läßt Kredit mehr Kompromisse zwischen Preis und Qualität zu, während es in der Praxis in den von uns untersuchten Ländern offenbar einen positiven Zusammenhang zwischen Barkauf und Anspruchshaltung des Käufers gibt. Dieses Gebiet verdient, näher untersucht zu werden.

23 Zu einer Erörterung, die diesen Gedanken stützt, vgl. Ergas (1984).

24 Meine Theorie wirft einige interessante Fragen über die Bewegung zur Vereinheitlichung der Normen auf dem europäischen Markt auf. Das Motiv ist, Europa zu einem einzigen großen Markt zu machen. Doch die Größe der »Inlands«-Nachfrage begünstigt nicht eindeutig den nationalen Wettbewerbsvorteil.

Ein nationaler Wettbewerbsvorteil erwächst normalerweise aus *Unterschieden* zwischen lokalen Nachfragebedingungen und denen in anderen Ländern, und zwar auf Gebieten wie Bereichsstruktur, Ansprüche oder Timing. Wird die Möglichkeit für derartige Unterschiede ausgeschlossen oder werden Normen auf den kleinstmöglichen gemeinsamen Nenner reduziert, könnte es für jedes europäische Unternehmen schwieriger sein, einen Vorteil zu erzielen. Umgekehrt sind Zollsenkungen und der Abbau vorübergehender Handelsbeschränkungen in Europa für das Produktivitätswachstum zweifellos von Nutzen.

25 Länder wie die Vereinigten Staaten und das Vereinigte Königreich können in dieser Beziehung eine Menge von Ländern wie Italien und Japan lernen, die die Auslandshilfe nachdrücklicher mit den Käufen von heimischen Unternehmen verbinden.

26 Das ist eine wichtige Erkenntnis in Hirschmans (1958) Anmerkung über Verbindungen im Entwicklungsprozeß und auch in Dahméns (1950) Arbeit über »Entwicklungsblöcke«.

27 Untersuchungen in Schweden und der Schweiz sind der Frage nachgegangen, ob Auslandsinvestitionen durch die Unternehmen eines Landes zu Hause Arbeitsplätze kosten. In beiden Fällen war der Schluß negativ. In diesen Ländern hat ein Konsens die Internationalisierung gefördert, vielleicht weil ihr Inlandsmarkt so klein ist. Vgl. Borner (1986) und Vahlne (1986).

28 Völlig mobiles Kapital ist nur dann wünschenswert, wenn die Technologie konstant ist und die Kapitalverzinsung als gegeben angenommen wird. Tatsächlich können jedoch beharrliche Investitionen und starke Innovationsanreize das Technologieniveau *verändern* und die langfristige Rendite eines Unternehmens drastisch verbessern.

29 Einen Handel mit Aktien wird es immer noch geben, doch mehr vor dem Hintergrund unterschiedlicher Ansichten der Investoren über die langfristigen Aussichten.

30 Es gibt kaum einen Grund und noch weniger eine wirtschaftliche Rechtfertigung für eine günstige Besteuerung von Kapitalgewinnen aus Kapitalanlagen, bei denen es sich nicht um Unternehmensbeteiligungen handelt, wie Immobilien, Kunstwerke und Obligationen, weil sie nicht die gleiche Wirkung auf das Produktivitätswachstum haben. Ein Kapitalgewinn aus Obligationen z. B. ergibt sich meistens aus Zinsschwankungen, seltener aus verbesserten Unternehmensaussichten.

31 Dieses Versäumnis, den heimischen Wettbewerb einzubeziehen, war das Hauptmanko der französischen »indikativen Planung«, die den Zusammenschluß der französischen Branchen in den Vordergrund stellt. Erwähnung verdient die französische Politik allerdings, weil sie die Entwicklung von Clustern beachtete, ein sehr konstruktives Vorgehen.

32 Maßnahmen zur Umgestaltung der Unternehmensziele in Richtung anhaltend hoher Investitionsraten erhalten ebenfalls große Bedeutung beim Abbau der Neigung zu Übernahmen.

33 Zu den geschützten US-Branchen gehören u. a. Automobile, Schiffsbau, Werkzeugmaschinen und Halbleiter.

34 Zu einer klassischen Aussage vgl. List [1856] (1922).

35 Argumente dafür finden sich bei Zysman und Tyson (1983).

36 Das MITI neigt seitdem nicht mehr so sehr zu Eingriffen in den Wettbewerb, wenngleich seine Vorliebe, sich kontraproduktiv einzumischen, noch nicht ganz gebändigt ist, wie ich noch darlegen werde.

37 Die Forderung, daß Caterpillar ein Gemeinschaftsunternehmen eingeht, war an sich schon eine leichtere Form der Protektion. Sie erwies sich jedoch als ein Schritt zu mehr Wettbewerb, und die Partnerschaft mit Mitsubishi machte Caterpillar auf dem Inlandsmarkt mehr zu einem Insider.

38 Vgl. die positive Diskussion bei Zysman und Tyson (1983). Ein OECD-Bericht (1984) dokumentiert die volkswirtschaftlichen Kosten geregelter Marktabsprachen in mehreren Fällen.

39 Ausländischer Besitz bedeutet natürlich, daß der Gewinn in das Land der Besitzer fließt, was eine mögliche Quelle für das Volkseinkommen verstopft.

40 Die direkte Bestimmung hat nur dann eine Erfolgschance, wenn ein oder zwei Länder sie in einer bestimmten Branche praktizieren, doch die heutige Neigung der Länder, einander nachzuahmen, macht das ziemlich unwahrscheinlich.

41 Ich bin Michael J. Enright dankbar dafür, daß er diesen Punkt herausgestellt hat.

42 Ich habe den Prozeß des Schritts zum investitions- und innovationsbedingten Vorteil in Kapitel 10 beschrieben. Alle besonderen Maßnahmenbereiche und wie diese Maßnahmen am besten durchzuführen sind, wurden weiter oben in diesem Kapitel behandelt.

43 Shinohara (1982) hat in seinem interessanten Buch über die japanische Wirtschaftsentwicklung ähnliche Bedenken geäußert.

44 Der Verkauf an Entwicklungsländer beschert das doppelte Problem begrenzter Devisen und eines Hangs zum Protektionismus. Doch ein bilateraler Handel zwischen Entwicklungsländern kann, beim Grundsatz der Gegenseitigkeit, diese Probleme umgehen.

45 Kanada und Australien sind ebenfalls Länder, die stark von ausländischen multinationalen Unternehmen abhängen.

46 Eine solche Haltung ist ein unglückliches Nebenprodukt der »strategischen Handelstheorie«, die zeigt, wie ein Land unter bestimmten Voraussetzungen durch Eingriffe in den Wettbewerb auf Kosten anderer Länder profitieren kann. Die Modelle beruhen auf einem stilisierten Teilbegriff des internationalen Wettbewerbs, und die Ergebnisse sind äußerst anfällig für kleine Veränderungen der Annahmen, wie ihre Autoren erkennen. Der Fall einer umfassenden Intervention wurde nicht aufgestellt. Vgl. Krugman (1986).

Kapitel 13

1 Solche Ansichten sind jahrhundertelang immer wieder aufgetaucht.

2 Wie ich in Kapitel 8 gezeigt habe, sind die koreanischen Unternehmen schneller zu Globalstrategien übergegangen als viele japanische. Das zeigt, daß der Weltmarkt in den 80er Jahren protektionistischer war als in den 70ern, was die Exporte erschwerte; es spricht auch für eine größere Risikobereitschaft der koreanischen Unternehmen.

3 Die anvisierten Branchen hatten auch große Werke, deren Leitung im Süden noch

schwieriger ist als im übrigen Italien, weil es u. a. an einer industriellen Tradition fehlt, was zu häufigeren Schwierigkeiten zwischen Arbeitgebern und -nehmern führt.

4 Zu einer ausführlicheren Erörterung über Bündnisse vgl. Kapitel 11.

5 Samstagsarbeit, in den japanischen Unternehmen früher die Regel, wird in den größeren Unternehmen inzwischen mit staatlicher Ermunterung abgebaut.

6 Japanisches Entwicklungszentrum für Informationsverarbeitung (1988).

7 Die Durchschnittsproduktivität der US-Wirtschaft profitiert dagegen von einer weit höheren Effizienz bei den meisten Dienstleistungen, die in jeder fortschrittlichen Wirtschaft einen großen Teil des Bruttosozialprodukts darstellen.

8 Japanisches Produktivitätszentrum (1988).

9 Industrial Structure Council Machinery Industry Committee (1989). Zwischen 1986 und 1988 sank der Anteil der Studenten, die eine Stelle in der Produktion suchten, von 45 auf 32 Prozent, während der entsprechende Anteil im Bereich Finanzen, Versicherungen und Immobilien von 6,3 auf 12,2 Prozent stieg.

10 *Asahi Shinbun*, 10. Juni 1989.

11 OS Publications (1989).

12 Zu einer kritischen Diskussion über die britische Privatisierung vgl. Vickers und Yarrow (1988).

13 Wichtige Aussagen bei Kennedy (1987) und Huntington (1988). Huntington prägte den Ausdruck »Abschwüngler« für diejenigen, die an der weiteren Vorherrschaft Amerikas zweifeln – was schon ein Kommentar zum Thema ist.

14 Die Zunahme der arbeitenden Armen in den 80er Jahren ist Ausdruck dieser Überlegungen. Als der Wettbewerb geschützter war, waren die Löhne der einfacheren Arbeiter Ausdruck der heimischen Umstände.

15 Ausschuß für Wettbewerbsfähigkeit (1989).

16 Vgl. Ausschuß für Wettbewerbsfähigkeit (1988).

17 Eine 85-Millionen-$-Vereinbarung zwischen Shiseido (Japan) und der dermatologischen Abteilung der Harvard Medical School über Hautforschung von 1989 ist nur ein Beispiel für eine offensivere Pflege der Universitätsbeziehungen durch ausländische Unternehmen.

Anhang A

1 Cheng Gaik Ong spielte die Hauptrolle bei der Zusammenstellung und Analyse der Clustergrafiken, assistiert von Thomas P. Lockerby. Bei der Vorbereitung und Abstimmung der jeweiligen Grafiken wirkten auch Wissenschaftler aus den einzelnen Ländern mit.

BIBLIOGRAPHIE

ABERNATHY, WILLIAM J., UND HAYES, ROBERT H. »Managing Our Way to Economic Decline,« *Harvard Business Review,* Juli–August 1980, 67–77.

ABERNATHY, WILLIAM J., UND UTTERBACK, JAMES M. »Patterns of Industrial Innovation,« *Technology Review,* Band 80, Nummer 7, Juni–Juli 1978, 40–47.

ADAMS, WALTER, UND BROCK, JAMES W. »The Bigness Mystique and the Merger Policy Debate: An International Perspective,« *Northwestern Journal of International Law and Business,* Band 9, Nummer 1, Frühjahr 1988, 1–48.

Advertising Age. »Feeding Italians' Hunger of Fashion,« Band 56, Nummer 26, April 4, 22–25.

AGMON, TAMIR, UND KINDLEBERGER, CHARLES P. *Multinationals From Small Countries.* Cambridge, Mass.: MIT Press, 1977.

ALEXANDER, ALBERT N. »Services Exports: Brightening the 80's,« *Business America,* Oktober 20, 1980, 25–26.

ANDERSEN, ESBEN S.; DALUM, BENT; UND VILLUMSEN, GERT. *International Specialization and the Home Market: An Empirical Analysis.* Institut for Produktion, Aalborg Universitetscenter, Dänemark, Dezember 1981.

ARNDT, SVEN W., UND BOUTON, LAWRENCE. *Competitiveness: The United States in World Trade.* Washington, D.C.: American Enterprise Institute for Public Policy Research, 1987.

ARROW, KENNETH J. »The Economic Implications of Learning by Doing,« *Review of Economic Studies,* Juni 1962, Band 29, 155–173.

ARTHUR, W. BRIAN. »Competing Techniques and Lock-in by Historical Events. The Dynamics of Allocation Under Increasing Returns,« IIASA, Luxembourg, 1983, verbesserte Auflage, Center for Economic Research, Stanford University, 1985.

–. »Industry Location and the Importance of History,« Center for Economic Policy Research, Referat Nummer 43, Stanford University, 1986.

–. »Competing Technologies: An Overview,« in Dosi, Hrsg., 1988.

ATHOS, ANTHONY, UND PASCALE, RICHARD. *The Art of Japanese Management.* New York: Simon & Schuster, 1981.

AUJAC, H. »La Hiérarchie des industries dans un tableau d'échanges industriels.« *Revue Economique,* Band 2, Nummer 2, 1960, 169–238.

BACCARANI, CLAUDIO. *Profilo di maturità di un settore: struttura e strategie.* Padua: CEDAM, 1985.

BALDWIN, WILLIAM L., UND SCOTT, JOHN T. *Market Structure and Technological Change.* Chur, Schweiz und New York: Harvard Academic Press, 1987.

Banca Nazionale del Lavoro (Ufficio Studi). *Ceramiche per pavimenti e rivestimenti.* Rom, April 1973, 22.

BARNETT, CORRELLI. *The Pride and the Fall: The Illusion and Reality of Britain as a Great Nation.* New York: The Free Press, 1987.

BARTLETT, CHRISTOPHER A. »Multinational Structural Evolution: The Changing Decision Environment in the International Division.« DBA Dissertation, Harvard Graduate School of Business Administration, 1979.

BARTLETT, CHRISTOPHER A., UND GHOSHAL, SUMANTRA. *Managing Across Borders: The Transnational Solution.* Boston: Harvard Business School Press, 1989.

BAUMOL, WILLIAM J. »Rebirth of a Fallen Leader: Italy and the Long Period Data,« *Atlantic Economic Journal,* Band 13, September 1985, 12–26.

BELASSA, BELA. »A ›Stages Approach‹ to Comparative Advantage,« in *National and International Issues,* Hrsg. Irma Adelman. London: Macmillan, 1979, 121–156.

BENZ, STEPHEN F. »High Technology Occupations Lead Growth in Services Employment,« *Business America,* Band 7, September 3, 1984, 19–21.

BHAGWATI, JAGDISH N. »Splintering and Disembodiment of Services and Developing Nations,« *The World Economy,* Band 7, Nummer 2, Juni 1984, 133–144.

BLAUG, MARK. *Economic Theory in Retrospect.* Cambridge: Cambridge University Press, 1985 (4. Aufl.).

BLOMSTRÖM, MAGNUS; LIPSEY, ROBERT E.; UND KULCHYCKY, KSENIA. »U.S. and Swedish Direct Investment and Exports.« In *Trade Policy Issues and Empirical Analysis,* Hrsg. Robert E. Baldwin. Chicago: University of Chicago Press, 1988.

BORNER, S. *Internationalization of Industry: An Assessment in the Light of a Small Open Economy* (Schweiz). Berlin: Springer, 1986.

BORNER, S., UND WEHRLE, F. *Die Sechste Schweiz: Überleben auf dem Weltmarkt.* Zürich und Schwäbisch Hall: Orell Füssli, 1984.

BOUBLIL, ALAIN. *Le Socialisme industriel.* Paris: Presses Universitaires de France, 1977, 322.

BRANDER, JAMES A., UND SPENCER, BARBARA J. »Tariffs and the Extraction of Foreign Monopoly Rents Under Potential Entry,« *Canadian Journal of Economics.* Nummer 14, November–Februar 1981, 371–389.

–. »International R&D Rivalry and Industrial Strategy,« *Review of Economic Studies,* Band L(4), Nummer 163, Oktober 1983, 707–722.

BRUGGER, ERNST A., UND STUCKEY, BARBARA. »Regional Economic Structure and Innovative Behavior in Switzerland,« *Regional Studies,* Band 21, Nummer 3, 1987, 241–254.

BUCKLEY, PETER J., UND CASSON, MARK C. *The Future of the Multinational Enterprise.* London: Holmes and Meier, 1976.

BURSI, TIZIANO. *Il settore meccano-ceramico nel comprensorio della ceramica: struttura e processi di crescita.* Mailand: Franco Angeli, 1984.

Business America. »Switzerland's Service Oriented Economy Offers Growing Markets for Wide Range of Computers and Peripheral Equipment,« Band 5, Juni 14, 1982, 20–21.

–. »Service Industries,« Band 8, Oktober 15, 1985, 13–14.

Business Week. »The Next Trade Crisis May Be Just Around the Corner,« Auslandsausgabe, März 19, 1984, 48–56.

–. »Why Italian Design Is Sweeping the World,« Oktober 15, 1984, 170.

BUZZELL, ROBERT D. »Can You Standardize Multinational Marketing?« *Harvard Business Review,* November–Dezember 1968, 102–113.

CAMPBELL, NIGEL. »Sources of Competitive Rivalry in Japan,« *Journal of Product Innovation Management,* Band 4, 1985, 224–231.

CARLSON, SUNE. »A Century's Captains of Industry,« *Scandinaviska Enskilda Banken Quarterly Review,* Nummer 2, 1986, 52–60.

CASSON, MARK C. »Transaction Costs and the Theory of the Multinational Enterprise.« In *New Theories of the Multinational Enterprise,* Hrsg. Alan Rugman. London: Croom Helm, 1982.

CAVES, RICHARD E. *Multinational Enterprise and Economic Analysis.* Cambridge: Cambridge University Press, 1982.

CAVES, RICHARD E., UND JONES RONALD W. *World Trade and Payments.* Boston: Little, Brown, 1985 (4. Aufl.).

CAVES, RICHARD E., UND UEKUSA, MASU. *Industrial Organization in Japan.* Washington, D.C.: Brookings Institute, 1976.

CHANDLER, ALFRED. »The Evolution of Modern Global Competition.« In *Competition in Global Industries,* Hrsg. Michael E. Porter. Boston: Harvard Business School Press, 1986.

–. *Scale and Scope: The Dynamics of Western Managerial Capitalism.* Cambridge, Mass.: Harvard University Press, erscheint demnächst.

CHANG, WINSTON W. »Production Externalities, Variable Returns to Scale, and the Theory of Trade,« *International Economic Review,* Band 22, Nummer 3, Oktober 1981, 511–525.

CHENERY, HOLLIS, UND SYRQUIN, MOISES. *Patterns of Development.* London: Für die Weltbank herausgegeben von Oxford University Press, 1975.

CLUTTERBUCK, DAVID, UND CRAINER, STUART. *The Decline and Rise of British Industry.* London: Mercury, 1988.

COOPER, RICHARD N. *Economic Policy in an Interdependent World.* Cambridge, Mass.: MIT Press, 1986.

CORDEN, MAX, UND NEARY, J. PETER. »Booming Sector and De-industrialisation in a Small Open Economy,« *Economic Journal,* Band 92, Dezember 1982, 825–848.

COUNCIL ON COMPETITIVENESS. *Picking Up the Pace.* Washington, D.C., September 1988.

CRESME. *Caratteristiche distributive e di mercato delle piastrelle di ceramica.* Rom: Druck für Assopiastrelle, 1986, 55.

DAHMÉN, ERIK. *Entrepreneurial Activity and the Development of Swedish Industry, 1919–1939.* Stockholm: Industriens utredningsinstitut, 1950.

–. »A Neo-Schumpeterian Analysis of the Recent Industrial Development of Swe-

den,« in *Economics in the Long View: Applications and Cases,* Band 3, Hrsg. Charles
T. Kindleberger und G. De Tella. London: Macmillan, 1982.

–. »Development Blocks in Industrial Economics.« Referat bei Seminar über neue
Fragen der BWL, Case Western Reserve University, Ohio, Juni 1988. Erscheint in
Scandinavian Economic Review.

DANIELSON, RICHARD RENNER, JR. »Formulation of a Strategy for Dutch Cut-
Flower Exports to the United States,« unveröffentlichte Doktorarbeit, Nijenrode,
Holland, Februar 1988.

DANTHINE, JEAN-PIERRE, UND LAMBELET, JEAN-CHRISTIAN. »The Swiss Case,«
Economic Policy, Band 5, Oktober 1987, 149–179.

Databank. *Competitors Report on Ceramic Tiles.* Mailand, 1985, 18.

–. *Data e analisi: robotics.* Mailand, 1986.

DAVID, PAUL A. *Technical Choice, Innovation and Economic Growth.* Cambridge:
Cambridge University Press, 1975.

DAVIDSON, WILLIAM H. »Patterns of Factor Saving Innovation in the Industrialized
World,« *European Economic Review,* Band 8, 1976, 207–217.

DEARDORFF, ALAN V. »Testing Trade Theories and Predicting Trade Flows,« in
Jones, Ronald W., und Kenen, Peter B., Hrsg. 1984, 467–517.

DE BERNIS, DESTANNE. »Industries industrialisantes et contenu d'une politique
d'intégration régionale,« *Economie Appliquée,* Band 19, Nummer 3–4, 1966,
415–473.

DENISON, EDWARD. *The Sources of Economic Growth.* Committee for Economic
Development, Washington, D.C., 1962.

Dentsu Japan Marketing. »The Service Economies of Japan and Other Major
Countries – An International Comparison,« 20–25.

DIXIT, AVINASH K. »International Trade Policy for Oligopolistic Industries,« *Economic Journal,* Ergänzung zu Band 94, Dezember 1984, 1–16.

DORNBUSCH, RÜDIGER; FISHER, STANLEY; UND SAMUELSON, PAUL A. »Comparative Advantage, Trade and Payments in a Ricardian Model with a Continuum of
Goods,« *American Economic Review,* Band 67, Dezember 1977, 823–839.

DORNBUSCH, RÜDIGER; KRUGMAN, PAUL; UND PARK, YUNG CHUL. »Meeting World
Challenges: U.S. Manufacturing in the 1990s,« Eastman Kodak Company, Commu-
nications and Public Affairs, Rochester, N.Y.; 1989.

DOSI, GIOVANNI, ED. *Technical Change and Economic Theory,* London und New York: Pinter Publishers, 1988.

DOSI, GIOVANNI; PAVITT, KEITH; UND SOETE, LUC. *The Economics of Technical Change and International Trade,* Brighton: Wheatsheaf, erscheint demnächst.

DOZ, YVES. »National Policies and Multinational Management.« DBA Dissertation, Harvard Graduate School of Business Administration, 1976.

DRÈZE, JACQUES. »Les exportations intra-C.E.F. en 1958 et la position Belge,« *Recherches Economiques de Louvain,* Band 27, Nummer 8, 1961.

DRI/McGRAW-HILL. *World Automotive Forecast Report.* London: DRI Europe, 1987.

DRUCKER, PETER F. *The Frontier of Management; Where Tomorrow's Decisions Are Being Shaped Today.* New York: Truman Tally Books, 1986.

DUNNING, JOHN H. *International Production and the Multinational Enterprise.* London: Allen & Unwin, 1981.

–. »The Eclectic Paradigm of International Production: A Restatement and Some Possible Explanation,« Graduate School of Management, Rutgers University Arbeitsbericht 87–006, Juni 1987.

DUNNING, JOHN, UND McQUEEN, MATTHEW. »The Eclectic Theory of International Production: A Case Study of the International Hotel Industry,« *Managerial and Decision Economics,* Band 2, Dezember 1981, 197–210.

The Economist, Business in Britain Survey, Mai 20, 1989.

Economic Planning Board, *Social Indicators in Korea,* Seoul, Korea, 1987.

Engineering News-Record, Juli 7, 1988.

ENRIGHT, MICHAEL J. »Geographical Concentration and Industrial Organization,« unveröffentlichte Dissertation, Harvard University, 1990.

ERGAS, HENRY. »Why Do Some Countries Innovate More Than Others?« Center for European Policy Studies Referat Nummer 5, Brüssel, 1984.

ETHIER, WILFRED J. »Internationally Deceasing Costs and World Trade,« *Journal of International Economics,* Band 9, 1979, 1–24.

ETZIONI, AMITAI. »The Political Economy of Imperfect Competition,« *Journal of Public Policy,* Band 5, Teil II, Mai 1985, 169–186.

European Management Foundation, *Report on International Competitiveness,* Genf, 1986.

Eurostat Dafsa, »Le secteur bancaire en Europe,« Sonderbericht, Paris, 1988.

Financial Times. »Benetton ›To Gain Nothing,‹« Juli 4, 1988, Querschnitt durch die italienische Industrie, 2.

FLAHERTY, THERESE M.; GHOSHAL, SUMANTRA; UND STOBAUGH, ROBERT B. »Competitive Advantage versus Global Competition: The Effects of R&D Intensity on U.S. Trade,« Harvard Business School Referat, Oktober 1984.

FRANKEL, H. »Industrialization of Agricultural Countries and the Possibilities of a New International Division of Labor,« *Economic Journal,* Band 53, Juni–September 1943, 188–201.

–. »Obsolescence and Technological Change in a Maturing Economy,« *American Economic Review,* Band 45, Nummer 3, Mai 1956, 94–112.

Frankfurter Allgemeine Zeitung. »Voith hatte noch nie so viele Aufträge für Papiermaschinen,« Juni 7, 1988, 15.

–. »Die gedruckte Information bleibt das wichtigste Medium,« August 23, 1988, 12.

–. »Das Flaggschiff des MAN-Konzerns hat nochmals an Fahrt gewonnen.« Dezember 11, 1988, 15.

FRANKO, LAWRENCE G. *The European Multinationals: A Renewed Challenge to American and British Big Business.* Stamford, Conn.: Greylock, 1976.

FRANZ, ROGER S. *X-Efficiency: Theory, Evidence and Applications.* Boston: Kluwer, Dordrecht, 1988.

FREEMAN, CHRISTOPHER. *The Economics of Industrial Innovation,* 2. Auflage, London: Francis Pinter, 1982 (1. Aufl.), Penguin, 1974).

FROST & SULLIVAN. *The European Market for Patient Monitoring Equipment.* New York: Frost & Sullivan, Mai 1984, 63.

GHEMAWAT, PANKAJ. »Sustainable Advantage,« *Harvard Business Review,* Band 64, September–Oktober 1986, 53–58.

–. *Commitment: The Dynamic Theory of Strategy,* erscheint demnächst.

GIARINI, ORIO. *The Emerging Service Economy.* Oxford: Pergamon Press, 1987.

GOEBEL, THEODOR. *Friedrich Koenig und die Erfindung der Schnellpresse.* Nachdruck Würzburg: Schnellpressenfabrik Koenig & Bauer AG, 1956 (1883).

GRAHAM, FRANK D. »Some Aspects of Protection Further Considered,« *Quarterly Journal of Economics,* Band 37, 1923, 199–227.

GRAMMA, S.P.A. *Il management d'impresa nelle aziende italiane: comparazione Italia-USA-Giappone di strategia e organizzazione.* Mailand, Juni 1988.

GRAY, PETER H. »A Negotiating Strategy for Trade in Services,« *Journal of World Trade Law,* Band 17, September–Oktober 1983, 337–388.

GRUBEL, HERBERT G., UND LLOYD, P.J. *Intra-industry Trade: The Theory and Measurement of International Trade in Differentiated Products.* London, New York: Macmillan (Vertrieb in den Vereinigten Staaten durch Halsted Press), 1975.

GRUBER, WILLIAM; MEHTA, DILEEP; UND VERNON, RAYMOND. »The R&D Factor in International Trade and Investment of United States Industries,« *Journal of Political Economy,* Band 75, Nummer 1, Februar 1967, 20–37.

HABAKKUK, H.J. *American and British Technology in the Nineteenth Century.* Cambridge: Cambridge University Press, 1962.

HALL, PETER, UND MARKUSEN, ANN, Hrsg. *Silicon Landscapes.* Boston: Allen & Unwin, 1985.

HAMEL, GARY, UND PRAHALAD, C.K. »Do You Really Have a Global Strategy?« *Harvard Business Review,* Nummer 4, Juli–August 1985, 139–148.

HANNAN, MICHAEL T., UND FREEMAN, JOHN. »Structural Inertia and Organizational Change,« *American Sociological Review,* Band 49, Nummer 2, April 1984, 149–164.

HARKNESS, JON. »The Factor-Proportions Model with Many Nations, Goods and Factors: Theory and Evidence,« *Review of Economics and Statistics,* Band 65, Nummer 2, Mai 1983, 298–305.

HAYES, ROBERT H.; WHEELWRIGHT, STEVEN C.; UND CLARC, KIM B. *Dynamic Manufacturing: Creating the Learning Organization.* New York: The Free Press, 1988.

HELPMAN, ELHANAN, UND KRUGMAN, PAUL R. *Market Structure and Foreign Trade: Increasing Returns, Imperfect Competition, and the International Economy.* Cambridge, Mass.: MIT Press, 1985.

HINDLEY, BRIAN, UND SMITH, ALASDAIR. »Comparative Advantage and Trade in Services,« *The World Economy,* Band 7, Nummer 4, Dezember 1984, 369–390.

HIRSCH, SEEV. »The United States Electronics Industry in International Trade,« *National Institute Economic Review,* Nummer 34, November 1965; auch in Wells (1972).

–. »Technological Factors in the Composition and Direction of Israel's Industrial Exports.« In *Technological Factors in International Trade,* Hrsg. Raymond Vernon. New York: National Bureau of Economic Research, 1970.

HIRSCHMAN, ALBERT O. *The Strategy of Economic Development.* New Haven: Yale University Press, 1958.

HIRSCHMEIER, JOHANNES, UND YUI, TSUNCHIKO. *The Development of Japanese Business 1600–1980.* London: George Allen Unwin, 1981 (2. Aufl.).

HLADIK, KAREN. »International Joint Ventures: An Empirical Investigation into the Characteristics of Recent U.S.-Foreign Joint Venture Partnerships.« Doktorarbeit, Business Economics Program, Harvard University, 1984.

HOOD, NEIL, UND YOUNG, STEPHEN. *The Economics of Multinational Enterprise.* London: Longman Group, 1979.

HOUT, THOMAS; PORTER, MICHAEL E.; UND RUDDEN, EILEEN. »How Global Companies Win Out,« *Harvard Business Review,* September–Oktober 1982, 98–108.

HUNTINGTON, SAMUEL P. »The U.S. – Decline or Renewal?,« *Foreign Affairs,* Band 67, Nummer 2, 1988, 76–96.

HYMER, STEPHEN H. »The International Operations of National Firms: A Study of Direct Foreign Investment.« Doktorarbeit, Massachusetts Institute of Technology, 1960. Herausgegeben Cambridge, Mass.: MIT Press, 1976.

IGUCHI, TOMIO. »Aggregate Concentration, Turnover, and Mobility Among the Largest Manufacturing Firms in Japan.« *Antitrust Bulletin,* Band 32, Nummer 4, 1987, 939–965.

Il Giornale. Beilage der Fliesenindustrie in Nr. 35, September 19, 1988, 4.

International Construction Week, Juli 11, 1988.

International Financial Law Review. »Lawyers Question Foreign Offices,« Oktober 1985, 7–11.

JACOBS, JANE. *Cities and the Wealth of Nations: Principles of Economic Life.* New York: Random House, 1984.

JAIKUMAR, RAMCHANDRAN, UND BOHN, ROGER E. »The Dynamic Approach: An Alternative Paradigm for Operations Management,« Referat, gehalten bei Manufacturing International '88 ASME Conference Proceedings, April 1988.

JAPAN INFORMATION PROCESSING DEVELOPMENT CENTER. *Informatization White Paper for 1988 edition.* Tokio: JIPDEC, 1988.

Japan Productivity Center. »International Comparison of Labor Productivity,« Tokio, Februar 1988.

Jerusalem Institute of Management. *Export-led Growth Strategy for Israel.* Tel Aviv: Jerusalem Institute of Management, 1987.

JOHANSON, JAN, UND MATTSSON, LARS GUNNAR. »Internationalisation in Industrial Systems – A Network Approach.« In *Strategies in Global Competition,* Hrsg. Neil Hood und Jan-Erik Vahlne. London: Croom Helm, 1988.

JOHNSON, CHALMERS. *MITI and the Japanese Miracle: The Growth of Industrialized Policy, 1925–1975.* Stanford, Calif.: Stanford University Press, 1982.

JONES, RONALD W., UND KENEN, PETER B., Hrsg. *Handbook of International Economics.* Amsterdam, New York: North-Holland (Vertrieb in den Vereinigten Staaten und Kanada durch Elsevier Science Publishing Company), 1984.

JORGENSON, DALE W.; GOLLOP, FRANK M.; UND FRAUMENI, BARBARA M. *Productivity and U.S. Economic Growth.* Cambridge, Mass.: Harvard University Press, 1987.

KATOUZIAN, M. A. »The Development of the Service Sector: A New Approach,« *Oxford Economic Papers,* Band 22, Nummer 3, November 1970, 362–382.

KEEGAN, WARREN J. *Global Marketing Management.* Englewood Cliffs, N. J.: Prentice-Hall, 1989 (4. Aufl.).

KENNEDY, PAUL. *The Rise and Fall of the Great Powers.* New York: Random House, 1987.

KIM, SEOK K. »Business Concentration and Government Policy.« DBA Dissertation, Harvard University, 1987.

KINDLEBERGER, CHARLES P., UND AUDRETSCH, DAVID B. *The Multinational Corporation in the 1980s.* Cambridge, Mass.: MIT Press, 1983.

KNICKERBOCKER, FREDERICK T. *Oligopolistic Reaction and Multinational Enterprise.* Cambridge, Mass.: Harvard University Press, 1973.

KOGUT, BRUCE. »Normative Observations on the International Value-Added Chain and Strategic Groups,« *Journal of International Business Studies,* Band 15, Nummer 3, 1984, 151–167.

–. »Designing Global Strategies: Comparative and Competitive Value-Added Chains,« *Sloan Management Review,* Band 26, Nummer 4, Sommer 1985, 15–28.

KRISHNA, KALA. »Trade Restrictions as Facilitating Practices,« Woodrow Wilson School, Princeton University, Diskussionspapier Nr. 55, 1984.

KRUGMAN, PAUL R. »Scale Economies, Product Differentiation, and the Pattern of Trade,« *American Economic Review,* Band 70, Nummer 5, Dezember 1980, 950–959.

–. Hrsg. *Strategic Trade Policy and the New International Economics.* Cambridge, Mass.: MIT Press, 1986.

LAFAY, BRENDER, UND CHEVALLIER. »Trois expériences de spécialisation internationale: France, Allemagne, Japon.« *Statistiques et Etudes Financières,* Série Orange, Nummer 30, 1977, 23–41.

LANDAU, RALPH. »U.S. Economic Growth,« *Scientific American,* Band 256, Nummer 6, Juni 1988, 44–52.

LANDES, DAVID S. *The Unbound Prometheus.* Cambridge: Cambridge University Press, 1969.

LANTNER, R. *Théorie de la dominance économique.* Paris: Dunod, 1974, 315.

LAWRENCE, PAUL R., UND LORSCH, JAY W. *Organization and Environment.* Boston: Division of Research, Harvard Graduate School of Business Administration, 1967.

LAZONICK, WILLIAM. »Industrial Organization and Technological Change: The Decline of the British Cotton Industry,« *Business History Review,* Band 52, Nummer 2, Sommer 1983, 195–236.

LAZONICK, WILLIAM, UND ELBAUM, BERNARD. *The Decline of the British Economy.* Oxford, New York: Clarendon, 1986.

LEAMER, EDWARD E. »The Leontief Paradox Reconsidered,« *Journal of Political Economy,* Band 88, 1980, 495–503.

–. *Sources of International Comparative Advantage: Theory and Evidence.* Cambridge, Mass.: MIT Press, 1984.

LEIBENSTEIN, HARVEY. »Allocative Efficiency vs. X-Efficiency,« *American Economic Review,* Band 56, Juni 1966, 392–415.

LEIGH, BRUCE. »The Italians: The Best Europeans?« *International Management,* Band 42, Nummer 5, Mai 1987, 24–31.

LEMELIN, ANDRE. »Relatedness in the Patterns of Interindustry Diversification,« *Review of Economics and Statistics,* Band 64, November 1982, 646–657.

LEONTIEF, WASSILY. »Domestic Production and Foreign Trade: The American Capital Position Re-examined,« *Economica Internazionale,* Band 7, Februar 1954, 3–32.

LEVITT, THEODORE. »The Industrialization of Services,« *Harvard Business Review,* September–Oktober 1976, 63–74.

–. »The Globalization of Markets«, *Harvard Business Review,* Mai–Juni 1983, 92–102.

LIEBERMAN, MARVIN. »Learning, Productivity, and U. S.-Japan Industrial Competitivness.« In *Managing International Manufacturing,* Hrsg. Kasra Ferdows. Nord-Holland, 1988.

LINDBECK, ASSAR. *Swedish Economic Policy.* Berkeley und Los Angeles: University of California Press, 1974.

–. »The Recent Slowdown of Productivity Growth,« *Economic Journal,* Band 93, 1983, 13–34.

LINDER, STAFFAN. *An Essay on Trade and Transformation.* New York: John Wiley, 1961.

LIST, FRIEDRICH. *The National System of Political Economy.* 1856. Übersetzung Sampson S. Lloyd, Nachdruck London: Longman's, 1922.

LITTLE, JANE SNEDDON. »Intra-Firm Trade: An Update,« *New England Economic Review,* Mai–Juni 1987, 46–51.

LLOYD, PETER E., UND DICKEN, PETER. *Location in Space.* London: Harper & Row, 1977.

LODGE, GEORGE C., UND VOGEL, EZRA F., Hrsg. *Ideology and National Competitiveness: An Analysis of Nine Countries.* Boston: Harvard Business School Press, 1987.

LÖSCH, AUGUST. *The Economics of Location.* New Haven: Yale University Press, 1954.

LUKES, JAMES J. *Competitive Assessment of the U.S. Ceramic Floor and Wall Tile Industry.* Washington, D.C.: Wirtschaftsministerium, 1983, 45–49.

LUNDVALL, BENGT-AKE. *Product Innovation and User-Producer Interaction.* Aalborg: Aalborg University Press, 1985.

–. »Innovation as an Interactive Process: User-Producer Relations,« in Dosi Hrsg., 1988.

MAC Group, »The Effects of 1992 on Financial Services in the EEC,« Sonderbericht, März 1988.

MACDONALD, JAMES M. »R and D and the Directions of Diversification,« *Review of Economics and Statistics,* November 1985, Band 67, Nummer 4, 583–590.

MADDISON, ANGUS. *Phases of Capitalist Development.* New York: Oxford University Press, 1982.

–. »Growth and Slowdown in Advanced Capitalist Economies: Techniques of Quantitative Assessment,« *Journal of Economic Literature,* Band 25, Juni 1987, 649–698.

MALMGREN, HARALD B. »Negotiating International Rules for Trade in Services,« *World Economy,* Band 8, Nummer 2, März 1985, 11–26.

MARIOTTI, SERGIO, UND CAINARCA, GIAN CARLO. »The Evolution of Transaction Governance in the Textile-Clothing Industry,« *Journal of Economic Behavior and Organization,* Band 7, Nummer 4, Dezember 1986, 351–374.

Marketing News. »Puerto Rico Service Firms with Tax Breaks,« Band 18, Oktober 12, 1984, 24–25.

MARSHALL, ALFRED. *Principles of Economics.* 1890. Nachdruck London: Macmillan, 1920 (8. Aufl.).

MASON, EDWARD S., et al. *The Economic and Social Modernization of the Republic of Korea.* Cambridge, Mass.: Harvard University Press, 1980.

MATTHEWS, KENT, UND MINFORD, PATRICK. »Mrs. Thatcher's Economic Policies, 1979–87.« *Economic Policy,* Band 2, Nummer 2, Oktober 1987, 57–101.

MATTSSON, LARS GUNNAR. »Management of Strategic Change in a ›Markets-as-Networks‹ Perspective.« In *The Management of Strategic Change,* Hrsg. Andrew M. Pettigrew. Oxford, New York: Basil Blackwell, 1987.

MCADAM, BRUCE M. »The Growing Role of the Service Sector in the U.S. Economy,« *U.S. Industrial Outlook,* 1985, 38–43.

McCLELLAND, DAVID C. *Motivating Economic Achievement.* New York: The Free Press, 1969.

McCRAW, THOMAS K., Hrsg. *America Versus Japan.* Boston: Harvard Business School Press, 1986.

MEADE, JAMES E. »External Economies and Diseconomies in Competitive Situations«, *Economic Journal,* Band 62, März 1952, 54–67.

MONOPOLKOMMISSION. Die Wettbewerbsordnung erweitern. Hauptgutachten 1986/1987. Baden-Baden, 1988.

National Science Foundation. »The Science and Technology Resources of West Germany: A Comparison with the United States,« Sonderbericht Nummer 86–310, Washington, D.C., März 1986.

–. »International Science and Technology Data Update 1988, NSF89–307, Washington, D.C., 1988.

NELSON, RICHARD R. »Research on Productivity Growth and Differences: Dead Ends and New Departures,« *Journal of Economic Literature,* Band 19, Nummer 3, September 1981, 1029–1064.

NELSON, RICHARD R., UND WINTER, SIDNEY G. *An Evolutionary Theory of Economic Change,* Cambridge, Mass.: Belknap Press of Harvard University Press, 1982.

The New York Times. »Chip Makers Will Seek U.S. Aid to Spur Output,« September 10, 1988, 37.

NOMISMA, S.P.A. *L'industria delle piastrelle di ceramica nel mondo.* Sassuolo: Edi-Cer, 1983.

NUKAZAWA, KAZUO. *Implications of Japan's Emerging Service Economy.* Tokio: Keidanren, 1980.

OHLIN, BERTIL. *Interregional and International Trade.* Cambridge, Mass.: Harvard University Press, 1933.

OHMAE, KENICHI. *Triad Power: The Coming Shape of Global Competition.* New York: The Free Press; London: Collier Macmillan, 1985.

OLSON, MANCUR. *The Rise and Decline of Nations: Economic Growth, Stagflation, and Social Rigidities.* New Haven: Yale University Press, 1982.

ONIDA, FABRIZIO, Hrsg. *Innovazione, competitività e vincolo energetico.* Bologna: Il Mulino, 1985.

Organization for Economic Cooperation and Development, »Competition and Trade Policies: Their Interaction,« 1984.

–, »Main Science Technology and Indicators,« 1988.

–, »Main Science Technology and Indicators,« 1989.

OS Publications. *All About M&A,* Tokyo, 1989.

O'SULLIVAN, PATRICK. *Geographical Economics.* London: Macmillan, 1981.

OUCHI, WILLIAM G. *Theory Z: How American Business Can Meet the Japanese Challenge.* Reading, Mass.: Addison-Wesley, 1981.

OUCHI, WILLIAM G., UND BOLTON, MICHELE K. »The Logic of Joint Research and Development,« *California Management Review,* Band 30, Nummer 3, Frühjahr 1988, 9–33.

PADE, HENRIK, UND MLLER, KIM. *Industrial Success.* Gylling Dänemark: Samfundslitteratur, 1988.

PALMER, JOHN D. »Consumer Service Industry Exports: New Attitudes and Concepts Needed for Neglected Sectors,« *Columbia Journal of World Business,* Band 20, Frühjahr 1985, 69–74.

PAVITT, KEITH. *Technical Innovation and British Economic Performance,* London: Macmillan, 1980.

–. »Sectoral Patterns of Technical Change: Towards a Taxonomy and a Theory,« *Research Policy,* Band 13, Dezember 1984, 343–373.

–. »Technological Accumulation, Diversification and Organization in UK Companies, 1945–83,« DRC Diskussionspapier, SPRU, University of Sussex, Brighton, 1988.

PERLMUTTER, HOWARD V. »The Tortuous Evolution of the Multinational Corporation,« *Columbia Journal of World Business,* Band 4, Nummer 1, Januar–Februar 1969, 9–18.

PERROUX, F. »L'effet d'entraînement: de l'analyse au repérage quantitatif,« *Economie Appliquée,* Nummer 2–3–4, 1973, 647–674.

PETERS, THOMAS J. *Thriving on Chaos: Handbook for a Management Revolution.* New York: Knopf, 1987.

PIORE, MICHAEL J., UND SABEL, CHARLES F. »Italian Small Business Development: Lessons for U.S. Policy.« In *American Industry in International Competition, Gov-*

ernment Policies and Corporate Strategies, Hrsg. John Zysman und Laura Tyson. Ithaca, London: Cornell University Press, 1983.

PORTER, MICHAEL E. *Competitive Strategy: Techniques for Analyzing Industries and Competitors*. New York: The Free Press, 1980.

–. *Competitive Advantage: Creating and Sustaining Superior Performance*. New York: The Free Press, 1985a.

–. »Beyond Comparative Advantage.« Referat. Harvard Graduate School of Business Administration, August 1985b.

–. Hrsg. *Competition in Global Industries*. Boston: Harvard Business School Press, 1986.

–. »From Competitive Advantage to Corporate Strategy,« *Harvard Business Review*, Mai–Juni 1987, 43–59.

PORTER, MICHAEL E., UND ENRIGHT, MICHAEL J. *Studies in National Advantage*, erscheint demnächst.

PORTER, MICHAEL E., UND MILLAR, VICTOR E. »How Information Gives You Competitive Advantage,« *Harvard Business Review*, Nummer 4, Juli–August 1985, 149–160.

PRAHALAD, C. K. »The Strategic Process in a Multinational Corporation.« DBA Dissertation, Harvard Graduate School of Business Administration, 1975.

PRAHALAD, C. K., UND DOZ, YVES. *The Multinational Mission: Balancing Local Demands and Global Vision*. New York: The Free Press; London: Collier Macmillan, 1987.

President's Commission on Industrial Competitiveness, *Global Competition: The New Reality*, Bericht des Präsidialausschusses für industrielle Wettbewerbsfähigkeit, Bände I und II, Washington, D.C.: U.S. Government Printing Office, Januar 1985.

PRESTOWITZ, CLYDE V. *Trading Places: How We Allowed Japan to Take the Lead*. New York: Basic Book, 1988.

PRODI, ROMANO. *Modello di sviluppo di un settore in rapida crescita*. Mailand: Franco Angeli, 1966, 123–127.

PRYOR, MILLARD H. »Planning in a Worldwide Business,« *Harvard Business Review*, Januar–Februar 1965, 130–139.

RAVENSCRAFT, DAVID J., UND SCHERER, FREDERICK M. *Mergers, Sell-offs, and Economic Efficiency*. Washington, D. C.: Brookings Institution, 1987.

Regeringens Proposition. »Näringspolitik infor 90-talet,« Band 74, 1986–1987.

REICH, ROBERT. »As the World Turns,« *The New Republic,* Mai 1, 1989, 23–28.

Republik Korea, Wirtschaftlicher Planungsausschuß, *Social Indicators in Korea,* 1987.

RIDDLE, DOROTHY I. *Service-Led Growth: The Role of the Service Sector in World Development*. New York: Praeger, 1986.

ROMER, PAUL M. »Capital Accumulation in the Theory of Long-Run Growth,« in *Modern Business Cycle Theory,* Hrsg. Robert J. Barro. Cambridge: Harvard University Press, 1989.

RONCACCIOLI, ANGELA. *Un' analisi empirica dell' imprenditorialitá: l'industria delle piastrelle di ceramica*. Padua: CEDAM, 1986.

RONSTADT, ROBERT C. »International R&D: The Establishment and Evolution of Research and Development Abroad by Seven U.S. Multinationals,« *Journal of International Business Studies,* Band 9, Nummer 1, Frühjahr–Sommer 1978, 7–23.

ROSENBERG, NATHAN. *Perspectives on Technology*. Cambridge: Cambridge University Press, 1976.

–. »Technological Interdependence in the American Economy,« *Technology and Culture,* Band 20, Nummer 1, Januar 1979, 25–49.

ROSTOW, WALT W. *The Stages of Economic Growth*. Cambridge: Cambridge University Press, 1971 (2. Aufl.).

ROTHBART, ERWIN. »Causes of the Superior Efficiency of USA Industry as Compared with British Industry,« *Economic Journal,* Band 56, September 1946, 383–390.

SABEL, CHARLES F. »The Reemergence of Regional Economies: Changes in the Scale of Production,« Bericht für den sozialwissenschaftlichen Forschungsrat, Westeuropäischer Ausschuß, August 1987.

SADAMOTO, KUNI. Hrsg. *Robots in the Japanese Economy*. Tokio: Survey Japan, 1981.

SALONER, GARTH UND FARRELL, JOSEPH. »Installed Base and Compatibility: Predation, Product Preannouncements and Innovation,« *American Economic Review,* Band 76, Nummer 5, 1986, 940–955.

SAMPSON, GARY P., UND SNAPE, RICHARD H. »Identifying the Issues in Trade in Services,« *The World Economy,* Band 8, Nummer 2, Juni 1985, 171–182.

SAPIR, ANDRÉ. »Trade in Services: Policy Issues for the Eighties,« *Columbia Journal of World Business,* Band 17, Herbst 1982, 77–83.

SCHERER, FREDERICK M. *Industrial Market Structure and Economic Performance.* Chicago: Rand McNally College Publishing Company, 1980.

–. »Inter-Industry Technology Flows in the United States,« *Research Policy,* Band 2, Nummer 4, August 1982, 227–245.

SCHMOOKLER, JACOB. *Invention and Economic Growth.* Cambridge: Harvard University Press, 1966.

SCHOTT, JEFFREY J. »Protectionist Threat to Trade and Investment in Services,« *World Economy,* Band 6, Nummer 2, Juni 1983, 195–214.

SCHUMPETER, JOSEPH A. *The Theory of Economic Development.* Cambridge, Mass.: Harvard University Press, 1934.

–. *Capitalism, Socialism and Democracy.* New York: Harper & Row, 1942.

SCOTT, BRUCE R.; LODGE, GEORGE C.; UND BOWER, JOSEPH L., Hrsg. *U. S. Competitiveness in the World Economy.* Boston: Harvard Business School Press, 1985.

SEZZI, GRAZIANO. *Struttura e tendenza dell' industria italiana delle piastrelle di ceramica.* Sassuolo: Assopiastrelle, 1979.

SHELP, RONALD K. *Beyond Industrialization: Ascendancy of the Global Service Economy.* New York: Praeger, 1981.

–. »A Service Economy,« *The Journal of the Institute for Socioeconomic Studies.* Herbst 1983, Band 8, 26–38.

SHINOHARA, MIYOHEI. *Industrial Growth, Trade and Dynamic Patterns in the Japanese Economy.* Tokio: University of Tokio Press, 1982.

SIRILLI, GIORGIO. »The Innovative Activities of Researchers in Italian Industry,« *Research Policy,* Band 13, Nummer 2, April 1984, 63–83.

–. »Patents and Inventions: An Empirical Study,« *Research Policy,* Band 16, Nummer 4, August 1987, 157–174.

SMITH, ADAM. *An Inquiry into the Nature and Causes of the Wealth of Nations.* 1776. New York: The Modern Library, 1937.

SOLOW, ROBERT. »Technological Change and the Aggregate Production Function,« *The Review of Economics and Statistics,* Band 39, Nummer 3, August 1957, 312–320.

SÖLVELL, ÖRJAN. »Swedish Technical Consultants: The Spearhead Effect,« unveröffentlicht, Institut für internationale Wirtschaft, Wirtschaftswissenschaftliche Fakultät, Stockholm 1979.

–. »Entry Barriers and Foreign Penetrations: Emerging Patterns of International Competition in Two Electrical Engineering Industries.« Dissertation, Institut für intern. Wirtschaft, Wirtschaftswissenschaftl. Fakultät, Stockholm 1987. Veröffentlicht Stockholm: Gotab, 1987.

SPENCE, A. MICHAEL, UND KREPS, DAVID M. »Modelling the Role of History in Industrial Organization and Competition,« Working Paper Nr. 992, Harvard Institute of Economic Research, Juli 1983.

Statistisches Bundesamt, Statistisches Jahrbuch 1982 für die Bundesrepublik Deutschland. Wiesbaden, 1982.

Statistisches Bundesamt, Statistisches Jahrbuch 1987 für die Bundesrepublik Deutschland. Wiesbaden, 1987.

STIGLER, GEORGE J. »The Division of Labor Is Limited by the Extent of the Market,« *Journal of Political Economy,* Band 59, Nummer 3, Juni 1951, 185–193.

STOBAUGH, ROBERT B., et al. *Nine Investments Abroad and Their Impact at Home: Case Studies on Multinational Enterprise and the U. S. Economy.* Boston: Harvard Business School Division of Research, 1976.

STOPFORD, JON J., UND WELLS, LOUIS T., JR. *Managing the Multinational Organization of the Firm and Overlap of Subsidiaries.* New York: Basic Books, 1972.

SVEIKAUSKAS, LEO. »Science and Technology in United States Foreign Trade,« *Economic Journal,* Band 93, September 1983, 542–554.

SWEDENBORG, BIRGITTA. *The Multinational Operations of Swedish Firms: An Analysis of Determinants and Effects.* Stockholm: Industrieinstitut für Wirtschafts- und Sozialforschung, 1979.

SYLOS LABINI, PAOLO. *Oligopoly and Technical Progress.* Cambridge: Harvard University Press, 1984 (2. Aufl.).

TEDLOW, RICHARD. *Creating Mass Markets.* New York: Basic Books, 1990, erscheint demnächst.

TEECE, DAVID J. »Multinational Enterprise: Market Failure and Market Power Considerations,« *Sloan Management Review,* Band 22, Nummer 3, September 1981, 3–17.

–. »Transaction Cost Economics and the Multinational Enterprise: An Assessment,« Referat IB-3, Business School, University of California at Berkeley, Januar 1985.

Telesis Consultancy Group. »A Review of Industrial Policy,« National Economic and Social Council, 1982, Dublin: TCG, 1983.

THARAKAN, P. K. MATHEW, Hrsg. *Intra-Industry Trade: Empirical and Methodological Aspects.* Niederlande: Elsevier Science Publishers, 1983.

THOMAS, LACY G. »Spare the Rod and Spoil the Industry: Vigorous Competition and Vigorous Regulation Promote Global Competitive Advantage: A Ten-Nation Study of Government Industrial Policies and Corporate Pharmaceutical Competitive Advantage.« Columbia Business School Referat, Oktober, 1989.

THOMPSON, G. RODNEY, UND STOLLAR, ANDREW J. »An Empirical Test of an International Model of Relative Tertiary Employment,« *Economic Development and Cultural Change,* Band 31, Nummer 4, Juli 1983, 775–785.

TOLEDANO, JOELLE. »A propos des filières industrielles,« *Revue d'Economie Industrielle,* Band 6, Nummer 4, 1978, 149–158.

Vereinte Nationen. *U. N. International Trade Statistics Yearbook, 1986.* New York: United Nations, 1988.

Vereinte Nationen, Zentrum für übernationale Zusammenarbeit. *Salient Features and Trends in Foreign Direct Investment.* New York: United Nations, 1984.

Vereinte Nationen, Wirtschaftskommission für Europa. *Production and Use of Industrial Robots.* New York: United Nations, 1985.

Vereinte Nationen, Büro für wirtschaftliche Zusammenarbeit und Entwicklung, Bericht Wissenschaftsressourcen, Nummer 7, Paris, 1983.

US-Wirtschaftsministerium. *A Competitive Assessment of the U. S. Robotics Industry.* Washington, D. C., 1987, 16–17.

United States Office of Technology Assessment. »Trade in Services: Exports and Foreign Revenues,« September 1986.

UTILI, GABRIELLA. *Trasformazione e sviluppo dell' industria italiana delle piastrelle di ceramica.* Sassuolo: EdiCer, 1983.

UTTERBACK, JAMES M., UND ABERNATHY, WILLIAM J. »A Dynamic Model of Product and Process Innovation,« *Omega,* Band 3, 639–656.

VAHLNE, JAN-ERIK. *Multinationals: The Swedish Case. London: Croom Helm, 1986.*

VERBAND DER AUTOMOBILINDUSTRIE (VDA). *Jahresbericht 85/86.* Frankfurt, 1986, 85.

VERBAND DEUTSCHER MASCHINEN- UND ANLAGENBAU (VDMA). *Fachgemeinschaft Druck- und Papiertechnik* (Heft). Frankfurt, 1986, 11.

VERNON, RAYMOND. »International Investment and International Trade in the Product Cycle,« *Quarterly Journal of Economics,* Band 80, Nummer 2, Mai 1966, 190–207.

–. »The Location of Economic Activity.« In *Economic Analysis and the Multinational Enterprise,* Hrsg. John H. Dunning. London: George Allen & Unwin, 1974.

VICKERS, JOHN S., UND YARROW, GEORGE K. *Privatization and the Natural Monopolies.* London: Public Policy Center, 1988.

VOGEL, EZRA F. *Comeback, Case by Case: Building the Resurgence of American Business.* New York: Simon & Schuster, 1985.

VON HIPPEL, ERIC. *Sources of Innovation.* New York: Oxford University Press, 1988.

WATERMAN, ROBERT H., JR. *The Renewal Factor: How the Best Get and Keep the Competitive Edge.* Toronto, New York: Bantam Books, 1987.

WEBER, ALFRED. *Theory of the Location of Industries.* Übersetzung Carl J. Friedrich. Chicago: University of Chicago Press, 1981.

WEINER, MARTIN J. *English Culture and the Decline of the Industrial Spirit, 1850–1950.* Cambridge: Cambridge University Press, 1981.

WELLS, LOUIS T., JR., Hrsg. *The Product Life Cycle and International Trade.* Division of Research, Graduate School of Business Administration, Harvard University, Boston, 1972.

WILLIAMSON, OLIVER E. *Markets and Hierarchies.* New York: The Free Press, 1975.

–. *The Economic Institutions of Capitalism: Firms, Markets, Relational Contracting.* New York: The Free Press; London: Collier Macmillan, 1985.

WIND, YORAM; DOUGLAS, SUSAN P.; UND PERLMUTTER, HOWARD V. »Guidelines for Developing International Marketing Strategies,« *Journal of Marketing,* Band 37, Nummer 2, April 1973, 14–23.

WOLF, HANS-JÜRGEN. *Schwarze Kunst: Eine Illustrierte Geschichte der Druckverfahren.* Frankfurt: Deutscher Fachverlag, 1981.

YONEMOTO, KANJI. »Robotization in Japan,« *Japan Industrial Robot Association,* Februar, 1987.

YOSHINO, MICHAEL Y. *Japanese Management System: Tradition and Innovation,* Cambridge, Mass.: MIT Press, 1968.

ZIKOPOULOS, MARIANTHI, Hrsg. *Open Doors: 1987/1988 Report on International Educational Exchange.* New York: Institute of International Education, 1988.

ZYSMAN, JOHN, UND TYSON, LAURA, Hrsg. *American Industry in International Competition, Government Policies and Corporate Strategies.* Ithaca, N. Y., London: Cornell University Press, 1983.

REGISTER